八閩文庫

文獻集成

252

福建文獻集成

續編 史部 一二

吳格 主編

海峽出版發行集團
THE STRAITS PUBLISHING & DISTRIBUTING GROUP
福建人民出版社

本册目次

歷代紀元宅都記略二卷附年號相同攷一卷

[清] 侯官郭柏蒼輯

福建省圖書館藏稿本

歷代紀元宅都記略二卷附年號相同攷一卷，清郭柏蒼輯。柏蒼（一八一五—一八九〇），字蒹秋，侯官人。道光二十年（一八四〇）舉人。曾任縣學訓導，捐貲爲内閣中書。咸豐七年（一八五七）辦福州團練得力，授主事，賞員外郎銜。里居以著述自娱。藏書美富，築有古天開圖畫樓、補蕉山館、紅雨山房、三峰草廬等藏書處。撰有左傳臆説、閩産録異、海錯百一録、竹間十日話、全閩明詩傳、補蕉山館詩、鄂跗草堂詩、三峰草廬詩、沁泉山館詩、柳湄小榭詩、雲閒堂詩、葭柎草堂集等，刊有郭氏叢刻行世。

是書稿紙版心上方鐫有書名「歷代紀元宅都記略」，魚尾下鐫「卷」字，以便填寫卷數，版心下鐫「古天開圖畫樓鈔本」，係訂製專用稿紙。前有道光二十四年孫亦謀序、道光十八年郭氏自序（原題「丁酉」，乃前一年，墨筆塗改爲「戊戌」），次凡例。書分二卷，詳記歷代帝王紀元改元、建都遷都之年，上卷自伏羲氏至隋恭帝，下卷自唐迄明。末附年號相同攷一卷，記歷代重複之帝王年號。

是書之撰述，乃如孫序所言，「紀元、宅都之際，其古今得失之林乎」，「使考史者得案其得失焉」。郭氏自序亦謂「正閏之際，遷徙之間，實稽古之要樞，觀時之寶鑑」。又舉歷朝而言之，其改元者，「漢武之元狩以記祥瑞，漢宣之地節以壓災異」。其遷都者，「殷以五遷定國，周以作洛安民。唐幸東都而祚圮，宋因南渡而氣微」。知亦爲考史知得失而作。

按明清考歷代建都、遷都事跡之撰作頗豐。明張岱夜航船建都篇羅列歷代帝王建都、遷都之所甚詳。明清之際顧炎武撰歷代帝王宅京記，所録歷代建都，上起伏羲，下迄於元，備載城郭、宫室、都邑、寺觀及建置年月事跡。清初黄宗羲明夷待訪録建都則詳論明代建都北京之失。郭氏此書，亦本歷代帝王宅京記而作，所考歷朝建都、遷都文字，多節録顧氏之書，漢以前尤甚，間或略加考證。所引尚書、詩經、孟子、春秋、史記、後漢書郡國志、水經註、括地志等書，多轉引自顧氏書中，而其自序、凡例未及顧氏一字，不免有掠美之嫌。

是書體例與顧氏之書不同，大異者有三。其一，是書記歷代宅都之地外，亦記歷朝紀元。其凡例謂偏重記宅都之地，而非紀元，然因無紀元則宅都無所附麗，故兼及之。故即無遷都之事，亦載歷朝帝王年號，其下注始元之年干支，以便推考。一年之中多次改元者，則注明改元月份。顧氏之書則僅記建都、遷都之年號，偏重紀地。其二，是書僅録歷朝「正統」之年號、宅都，分霸者不録。分霸後登正統者，以得位之年爲編年之始。蓋郭氏所據者司馬光資治通鑑、朱熹資治通鑑綱目，參以正史及諸家正統之例。如三國之繼統從通鑑綱目，漢末列蜀劉備漢昭烈帝、劉禪漢後帝，不載魏、吴；前後五代之繼統則從通鑑；宋、遼、金並立，則僅記宋爲正統。顧氏書中詳載遼、金都城，是書則宋以後直接元，不載遼、金。其三，顧氏之書所載迄於元，是書則及於明。其雖不及顧氏之書詳備，然合歷朝宅都之地與紀元成一編，經緯交錯，頗爲簡要，亦可謂别具巧思。（林振岳）

嗟乎紀元宅都之際其古今得失之林乎昔讀
春秋而歷也春秋表年以紀事書王以尊統誠
周于上而天道明統正于下而人道備故其時諸隘
之疆侯問鼎之寰服莫能自為正朔以歸令統國
丹則春秋之旨嚴也都於西而周以興遷於東而
周以衰蜀是楚之滅申而東南之蔽失晉滅虢而西
歸之道斷甚至襄王之世復以溫原賜晉舉殽
函之險固河內之殷實悉界諸他人自是王朝不
復能出一旅而奉天討罪觀於斯又不可以覘世變

歷代紀元宅都記略　吾天開圖書　本

之感乎。故讀春秋而不知春秋之義例，不足以讀史；論春秋而不得春秋之局勢，不足以論史。正朔之行，郡城之建，史氏特筆而書之，六經手可以窺微言矣。夫自涑水司馬氏輯資治通鑑，一生精力萃于此書。宋朱子復本綱目筆削爲之嚴，功懲益備。外如尹起莘之發明，劉友益之書法，汪克寬之考異，王幼學之集覽，徐昭文之考証，陳濟之正誤，馮智舒之質實，援引幽邃，采掇宏富，通貫曉析，無美弗臻，然而於史中所載某

年建元某年改元某君定都某君遷都於舉
而彙聚之如入着眉如龍點睛纍如貫珠瞭如指
掌使考史丼洋者按貫得失而則未之有及郭子兼
秋閉戶自精采輯成帙書成余取而閱之乃悅於
于郭子之志非為便于考覽謂其謂紀元宅都
可以覘歷代之得失也至于得失之故則郭子序中已
言之極矣何待余言
道光二十四年歲次甲辰九月朔後四日年愚
弟孫六謀頓首拜撰

古天開圖畫樓鈔本

讀史以長學識非以淹洽為功然若是煩者十之八九溫公於言閱通鑑未盡一卷已欠伸思卧況讀之終篇惟王益柔一人耳大作篇未必能然也且雜記至七而欲原原本本將一代之事了了於人人通徹於胸[illegible]然安十年相與寢處島道以即余有典故於史書尤好搜羅風毛麟角什襲而藏是离豹斑少[illegible]窺輒輟正於義例終不究心蓋以春秋之旨微也素王不書策皆不記予初亦畏之其後乃悟凡史著之有所防而於所謂紀元宅都者不敢

古天鼎閣畫禪鈔本

忽視矣。正閏之際，遷徙之間，實稽古之要樞，觀時之
寶鑑也。華纂攜子而通鑑右側書平魏文為
朱子仍帝蜀。殷以五遷定國，周以作洛安民，庚幸
東都為祚地，宋因南渡而氣微，此其大著者也。即
小之如漢武之元狩以記祥瑞，漢宣之地節以厭災，
以至於名之意義，更號之緣故，不可不以忠慮。代宗
納汾陽之議，不遷洛陽；宋失稽遷，晉王之請，仍都
東京。都燕之形勢，議論紛紛，得失不可不審。如此者未矣。
古者以時事表年，無符瑞之紀，而帝治以休，因聚

邑成都無要害之取而民氣以請爲政者人而不

在天譯郭思之也道光戊戌閏秋月蕙秋郭柏蒼

序於紅雨山房

古天開圖畫樓鈔本

歷代紀元年者言全　卷

凡例

一紀元起於漢武帝建元元年武帝以前不載武帝以後正帝而未及改元者仍列出以備世次（如後周恭帝元昭宗寧宗之類）

一歷代〻〻之初僭各霸後登正統若以得位之年爲開年之始

一朱子綱目晉隋之間一百七十年唐宋之間五十三年皆不得謂之正統然欲著歷代相傳之次序則不得不取南宋南齊南梁南陳後梁後唐後晉後漢後周之年歸故三國之繼統從朱子前後五代之繼統則從溫公

三

一年號之下旁注元年甲子以便推算

一歲二三改元者注某月改元其、某月改元其、以便

稽考

一年號相同者另作攷附於卷末

一三代以前宅都詳見經傳學識卑陋未能廣搜考訂

一是編專記宅都若寢廟宮殿苑囿池沼概不錄

一是編所記紀元宅都俱係正統外霸有不錄

一年號議而不用宅都議而不遷概不載

一是編記宅都於紀元之後以隆武以還有不遷從之君鮮

不紀元之帝也

一紀元之書已有專刻是編非記紀元也各紀元初宅都各

而附載故并及之

一歷代宅都俱有攷據但未曾比附列閱者仍不能曉是

編特為貫之其差錯遺漏之處仍俟博雅者論正

一引用諸書非司馬氏通鑑即朱子綱目時或參以正史及諸家

紀載務求詳明而止

一是編共分二卷自伏羲氏至隋恭帝為一卷自唐至明

為一卷末附年號相同攷

歷代紀元宅都記畧卷一

閩侯官郭柏蒼蒹秋輯

伏羲氏

都於陳今河南陳州府○春秋傳曰陳太昊之虛也按今陳州有太昊陵

神農氏

初都陳後居曲阜今山東兗州府曲阜縣○水經注曰陳城故陳國也

伏羲神農並都之按左傳魯有大庭氏之庫又劉楨魯都賦蓋大庭氏肇建厥居少昊受命亦茲都焉

黄帝

古天開圖畫樓鈔本

居軒轅之邱（山海經曰在窮山之際西射之南）邑於涿鹿之阿（今直隸保安州）○漢郡國志上谷郡涿鹿縣引帝王世紀曰黃帝所都有蚩尤城阪泉地黃帝祠

少昊

自窮桑登帝位（在魯城北）居曲阜（今曲阜縣有少昊陵）○春秋傳曰封伯禽于少昊之虛（按注少昊虛曲阜也在魯城內）

顓頊

都帝邱（今山東東昌府濮州）○春秋傳曰衛顓頊之虛也故爲帝邱（按注衛今東郡濮陽縣昔帝顓頊居之其城內有顓頊冢）

帝嚳

都亳今河南河南府偃師縣○小徑注曰亳本帝嚳之墟在禹貢豫州河洛之間

唐堯

都平陽今山西平陽府臨汾縣○書五子之歌曰惟彼陶唐有此冀方

虞舜

都蒲坂今山西蒲州府○皇甫謐曰舜所都或言蒲坂或言平陽或言潘潘今上谷嬀州城是也

夏禹

都安邑今山西平陽府解州安邑縣按郡縣志夏縣北十五里安邑故城禹所都也

商湯

居亳○書序曰自契至於成湯八遷湯始居亳從先王居傳

古天開圖畫樓鈔本

六

曰契父帝嚳都亳湯自商邱遷焉故曰從先王居書立政三亳按皇甫謐曰殷有三亳一在梁國一在河洛之間穀熟為南亳即湯都也蒙為北亳即景亳是湯所受命也偃師為西亳即盤庚所徙者也立政之篇曰三亳阪尹

商仲丁

遷于囂在今河南滎澤縣按書正義曰李顒云囂在陳留浚儀縣皇甫謐云仲丁自亳徙囂在河北或曰今河南敖倉二說未知孰是○按敖即今滎澤縣

商河亶甲

居相按書傳曰在河北今河南彰德府安陽縣

商祖乙

圮于耿按書傳曰圮於相遷於耿河水所毀曰圮水經注曰汾水又西逕耿鄉城北故殷邢也帝祖乙自相徙此為河所毀故書序曰祖乙圮于耿今山西絳州河津縣

商盤庚

遷于殷○史記曰帝盤庚之時殷已都河北盤庚渡河南

復居成湯之故居按水經注曰陽渠又東逕亳殷南昔盤庚所遷改商曰殷者也

商武乙

徙朝歌今河南衛輝府汲縣。史記曰武乙立殷復去亳徙河北又曰昔唐人都河東殷人都河內周人都河南夫三河在天下之中若鼎足王者所更居也

周太王

居邠于岐山今陝西鳳翔府岐山縣。詩曰古公亶父來朝走馬率西水滸至于岐下孟子曰太王邠狄人侵之去之岐山之下居焉

周文王

作豐今陝西西安府鄠縣南有酆城。詩曰文王受命有此武功既伐于崇作邑于豐

歷代紀元宅都記略卷一

古天閒圖畫樓鈔本

○鎬在豐水東豐在豐水西相去二十五里

俾

周武王

宅鎬今陝西西安府咸陽縣西南既克商遷九鼎于雒邑今河南河南府洛陽縣○詩曰考卜維王宅是鎬京維龜正之 成之春秋傳曰武王克商遷九鼎于雒邑

周成王

使召公相宅以書召誥惟太保先周公相宅又太保朝至于洛卜宅厥既得卜則經營又太保乃以庶殷攻位于洛汭又洛誥周公曰予惟乙卯朝至于洛師我卜河朔黎水我乃卜澗水東瀍水西惟洛食我又卜瀍水東亦惟洛食伻來以圖及獻卜汲冢周書作洛解曰周公俘殷獻民遷于九畢俾康叔宇于殷俾中旄父宇于東乃作大邑成周于土中城方千七百二十丈郛方七

今河南河南府洛陽縣西故城是也

百里南繫于洛水地因于郟山以為天下之大湊制郊甸方六百里國西土為方千里分以百縣縣有四郡郡有四鄙大縣立城方王城三之一小縣立城方王城九之一乃設丘兆于南郊以祀上帝配以后稷日月星辰先王皆與食建大社于周中其壝東青土南赤土西白土北驪土中央疊以黃土將建諸侯鑿取其方一面之土苞以黃土苴以白茅以為土封故曰受列土于周室位五宮大廟宗宮考宮路寢明堂咸有四阿反坫重亢重郎常累復格藻棁設移旅楹舂常畫旅內階玄階堤唐山廧應門庫臺玄閫○按郟方七百里博物記作郟方七十里又曰戊辰王在新邑烝祭歲文王騂牛一武王騂牛一

周平王

東遷居雒邑史記曰平王立東遷于雒邑辟戎寇詩譜曰王城者周東都王城畿內方六百里之地其封域在禹貢豫州太華外方之間北得河陽漸冀州之南始武王作邑于鎬京謂之宗周是為西都周公攝政五年成王在豐欲宅

今河南河南府洛陽縣東故城是也

洛邑使召公先相宅既成謂之王城是為東都今河南是也

召公既相宅周公往營成周今洛陽是也成王居洛邑遷

殷頑民於成周復還歸豐西都王□於東厲政教大衰十

一世幽王嬖褒姒生伯服廢申后太子宜咎奔申申侯

與犬戎攻宗周殺幽王於戲晉文侯鄭武公迎宜咎于申

而立之是為平王以亂故徙居東都王城

周敬王

遷都成周括地志曰故王城本郟鄏周公新築在洛州

河南縣北九里苑內東北隅自平王以下十二王皆都此城至

按秦存莊王之帝應該列于始皇下

九

敬王乃還都成周至赧王又居王城也

周赧王

居王城 即東都洛邑 ○考見敬王

秦始皇帝

都咸陽 在今陝西西安府咸陽縣東二十里 ○按史記曰秦之先中潏保西垂 非子居犬邱封邑于秦 莊公復居犬邱 文公元年居西垂宮 四年居汧渭之會 寧公徙居平陽 德公居雍 獻公居櫟陽 孝公十二年作為咸陽築冀闕徙都之 是秦當孝公時已都咸陽 始皇不過仍先公之舊耳

漢太祖高皇帝

初王漢中 今陝西漢中府南鄭縣 二年冬 時無紀元但稱二年 十一月都櫟陽 今陝西西安府臨潼縣東北櫟陽鎮 五年春二月甲午即皇帝位于汜水之陽乃西

幸洛陽高帝本紀曰五年帝乃都洛陽夏五月置酒洛陽南宮六年冬十二月至洛陽居南宮因戍卒婁敬之說即日

車駕西都關中七年春二月自櫟陽徙都長安漢地理志長安縣高帝五年置長安本御名盧綰封長安侯在今陝西西安府長安縣西故城是也〇史記劉敬傳曰戍卒婁敬

求見說上曰陛下都洛陽豈欲與周室比隆哉上曰然敬

曰陛下取天下與周室異周之先自后稷堯封之邰積德

累善十有餘世公劉避桀居豳太王以狄伐故去豳杖馬

箠居岐周人爭隨之及文王為西伯斷虞芮之訟始受命

呂望伯夷自海濱來歸之武王伐紂不期而會孟津之上

八百諸侯皆曰紂可伐矣遂滅殷成王即位周公之屬

傳相子乃營成周洛邑以此為天下之中也諸侯四方納貢
職道里均矣有德則易以王無德則易以亡凡居此者欲
令務以德致人不欲依阻險令後世驕奢以虐民也故周
之盛時天下和洽四夷鄉風慕義懷德附離而並事天
子不屯一卒不戰一士莫不賓服效其貢職及周之
衰也分而為兩天下莫朝周不能制也非其德薄也而形
勢弱也今陛下起豐擊沛收卒三千人以之徑往而卷
蜀漢定三秦與項羽戰滎陽爭成皐之口大戰七十小
戰四十使天下之民肝腦塗地父子暴骨中野不可勝

十

數哭泣之聲未絕傷夷者未起而欲比隆于成康之時

臣竊以為不侔也且夫秦地被山帶河四塞以為固卒然有急

百萬之衆可具也因秦之故資甚美膏腴之地此所謂天府

者也陛下入關而都之山東雖亂秦之故地可全而有也夫

與人鬭不搤其亢拊其背未能全其勝也今陛下入關而都

案秦之故地此亦搤天下之亢而拊其背也高帝問羣

臣羣臣皆山東人爭言周王數百年秦二世即亡不

如都周上疑未能決及留侯明言入關便即日車駕西

都關中事詳留侯世家○史記高祖本紀曰上擊韓王信還過

長安蕭何治未央宮立東闕北闕前殿武庫太倉上見

其壯麗甚怒謂何曰天下匈匈苦戰數歲成敗未可知是

何治宮室過度也何曰天下方未定故可因以就宮室且

夫天子以四海為家非令壯麗亡以重威且亡令後世有以

加也上說自櫟陽徙都長安

漢　孝惠帝

元年春正月城長安三年春發長安六百里內男女

十四萬六千人城長安三十日罷夏六月發諸侯王列侯

徒隸二萬人城長安五年春正月復發長安六百里

始○紀○元○

紀元通考曰自古帝王未有年號起于漢武帝建元元年劉貢父曰封禪書云其後三年有司言元宜以天瑞命不宜以一二數推

內男女十四萬五千人城長安三十日罷秋九月長安城成 按史記呂

后本紀曰三年方築長安城四年就半五年六年成就五年九月成與史記略異 據漢書

漢世宗孝武帝 諱徹高帝曾孫景帝太子以三年庚子正月立改元二年甲午二月崩在位五十四年壽七十一歲葬茂陵

建元辛丑○按自古帝王未有年號起于漢武帝建元元年 元光丁未 元朔癸丑 元狩己未

元鼎乙丑 元封辛未 太初丁丑○按太初元年應劭曰初用夏正以正月為歲首故改元太初 天漢辛巳

○按天漢元年應劭曰頻年苦旱故改元為天漢以祈甘雨師古曰大雅雲漢之詩美宣王遇旱災修德勤政而能致雨故依以為年號也

太始乙酉○按太始元年應劭曰言遇渙天下與民更始也 征和己丑○按征和元年應劭曰言征伐四夷而天下和平 後元癸巳

漢孝昭帝 諱弗陵武帝少子後元二年甲午二月立元平元年丁未四月崩在位十三年壽二十一歲葬平陵

始元乙未 元鳳辛丑○按元鳳元年應劭曰三年中鳳凰比下東海海西樂鄉故以冠元 元平丁未

一元曰建元二元以長星曰光今元以郊得一角獸曰狩云此得其後三年故盡元狩六年至元鼎三年也於元鼎四年方得寶鼎又死緣先三年稱之以此而言自元鼎以前之年皆有司追命其實年號之起在元鼎故元封改元始為元封元年也資治通鑑元鼎元年注應劭曰得寶鼎故改元攷異曰漢書武紀此年云得鼎非

漢中宗孝宣皇帝 諱詢武帝曾孫戾太子孫史皇孫子元平元年丁未七月立黃龍元年壬申十二月崩在位二十五年壽四十三歲葬杜陵

本始戊申 地節壬子○按地節元年應劭曰以地震山崩水出于是改元曰地節欲令地得其節 元康丙辰

神爵庚申○按神爵元年胡三省曰以神爵降集紀元 五鳳甲子 甘露戊辰○按甘露元年胡三省曰以甘露降紀元

黃龍壬申

漢高宗孝元皇帝 諱奭宣帝太子黃龍元年壬申十二月立竟寧元年戊子五月崩在位十六年壽四十三歲葬渭陵

初元癸酉 永光戊寅 建昭癸未 竟寧戊子○按竟寧元年應劭曰呼韓邪單于願保塞邊竟得以安寧故以冠元師古曰按如應說竟讀為境古字實同但詔云長無兵革之事竟者終極之言言永安寧也漢無兵革中外安寧豈止境上

依本字讀義更宏通

漢統宗孝成皇帝 諱驁元帝太子竟寧元年戊子六月立綏和二年甲寅三月崩在位二十六年壽四十五歲葬延陵

建始己丑

古天明圖書寮鈔本

十二

水上滎陽云六月汾陰縣河東汾水上掘封禪為欒大封樂通侯云云是夏六月汾陰巫錦為民祠魏脽后土營旁得鼎武紀元鼎四年十月幸汾陰十一月立后土祠于汾陰脽上六月汾陰縣后土祠旁孔樂志又云元鼎五年汾陰縣恩澤侯表元鼎四年四月乙巳樂大封侯按列嘉應花年蓋武紀因今年改元而誤增此得鼎一子耳非兩曹得鼎于汾水上也封禪

河平 癸巳○按河平元年胡三省曰以決堤塞輒平紀元 陽朔 丁酉○按陽朔元年應劭曰時陰陽微故改元欲陽氣之蘊是也師古曰應說非也朔始也以山陽大出石中言陽氣之始 鴻嘉 辛丑 永始 乙巳 〻〻 綏和 癸丑

漢孝哀帝諱欣元帝孫定陶王康子綏和二年甲寅三月立元壽二年庚申六月崩在位六年壽二十六歲葬義陵

建平 乙卯○按建平二年六月從夏賀良等議詔以建平二年為太初元年號曰陳聖劉太平皇帝漏刻以[redacted]百二十為度八月詔曰賀良而不改是謂過矣六月甲子詔書非赦令皆蠲除之 元壽 己未

漢孝平帝諱衎元帝庶孫中山王興子元壽二年庚申九月立元始五年乙丑十二月王莽[redacted]弑之在位五年壽十四歲葬康陵

元始 辛酉

漢孺子諱嬰宣帝元孫廣戚侯顯子居攝元年丙寅三月立初始元年戊辰十二月王莽篡位廢為定安公更始三年己酉正月為淮陽王所殺在位三年壽二十一歲

為天子封泰山反至甘泉有司言寶鼎出為元鼎以今年為元封元年按則元鼎年號亦如建元元光皆後來追改之耳

居攝 丙寅

初始 戊辰○按王莽傳作初始 宋庠紀元通譜作始初

王莽 孝元后之姪也初封新都侯竊位十五年更始元年癸未九月伏誅莽始建國于己巳末有年號至甲戌借號曰天鳳

始建國 己巳○按胡三省曰去年十二月莽改元以十二月為歲首通鑑不書不與其改正朔也 天鳳 甲戌 地皇 庚辰

漢淮陽王 名玄舂陵戴侯曾孫光武帝族兄更始元年癸未二月立建武元年乙酉十二月為赤眉所殺在位二年 葬霸陵

更始 癸未

王莽傳曰更始都長安居長樂宮府藏完具獨未央宮燒更始至歲餘政教不行明年夏赤眉樊崇等衆數十萬人入關立劉盆子稱尚書公卿攻更始更 手之赤眉遂燒長安宮室市里害更始民饑餓相食死者數十萬

古天開圖畫樓鈔本

十二

長安為虛城中無人行宗廟園陵皆發掘惟霸陵杜
陵完六月世祖即位然後宗廟社稷復立天下〻〻
漢世祖光武帝 諱秀景帝弟十子長沙定王發〻後南頓令欽〻子更始三年乙酉六月即位都雒陽中元二年丁巳二月崩在位
三十三年壽六十二歲葬原陵
建武 乙酉 中元 丙辰○按攷異曰續漢志云以建武三十二年為建武中元元年又按隸釋曰成都有漢蜀郡太守何君尊揵閣碑末云建武中元二年六月[illegible]建武中元實四字紀元也○按玉海曰去中元或曰建武中元
建武元年夏六月己未即皇帝位于鄗南冬十月癸丑車
駕入雒陽遂定都焉 光武本紀曰建武元年冬十月癸丑車駕入雒陽幸南宮卻非殿遂定都焉 ○後漢
書杜篤傳曰篤以關中表裏山河先帝舊京不宜改營

雒邑之上奏論都賦王景傳曰先是杜篤奏上論遷都
欲令車駕遷還長安耆老聞者皆動懷土之心莫不眷
然佇立西望景以宮廟已立恐人情疑惑會時有神雀諸
瑞乃作金人論頌雒邑之美天人之符

漢顯宗孝明帝 諱莊光武帝四子中元二年丁巳二月立永平十八年乙亥八月崩在位十八年壽四十八歲葬顯節陵

永平戊午 戊午

漢肅宗孝章帝 諱炟明帝五子永平十八年乙亥八月立章和二年戊子正月崩在位十三年壽三十二歲葬敬陵

建初丙子 元和甲申 章和丁亥 按元和四年詔以瑞物仍集改元章和胡三省曰言和氣之致祥也

漢穆宗孝和帝 諱肇章帝四子章和二年戊子二月立元興元年乙巳十二月崩在位十七年壽二十七歲葬慎陵

古天閑圖畫樓抄本

永元己丑 元興乙巳

漢孝殤帝 諱隆和帝少子元興元年乙巳十二月立延平元年丙午八月崩在位一年壽二歲葬康陵

延平丙午

漢恭宗孝安帝 諱祜清河王慶子殤帝崩迎立延平元年丙午八月立延光四年乙丑三月崩在位十九年壽三十二歲葬恭陵

永初丁未 元初甲寅 永寧庚申 建光辛酉 延光壬戌

漢敬宗孝順帝 諱保安帝太子延光四年乙丑三月章帝孫北鄉侯懿立十月殤十一月順帝乃立建康元年甲申八月崩在位十九年壽三十歲葬憲陵

永建丙寅 陽嘉壬申 永和丙子 漢安壬午 建康甲申

漢孝冲帝 諱炳順帝太子建康元年甲申八月立永嘉元年乙酉正月崩在位一年三歲葬懷陵

永嘉乙酉

漢孝質帝諱纘章帝元孫勃海孝王鴻子永嘉元年乙酉正月立本初元年丙戌閏六月梁冀弒之在位一年九歲葬靜陵

本初丙戌

漢孝桓帝諱志章帝曾孫蠡吾侯翼子本初元年丙戌閏六月立永康元年丁未十二月崩在位二十一年壽三十六崩葬宣陵

建和丁亥　和平庚寅　元嘉辛卯　永興癸巳　永壽乙未　延熹戊戌

永康丁未

漢孝靈帝諱宏章帝元孫解瀆亭侯萇子建寧元年戊申正月春立中平六年己巳四月崩在位二十二年壽三十四崩葬文陵

建寧戊申　熹平壬子　光和戊午　中平甲子

漢少帝諱辯靈帝長子中平六年己巳四月立九月董卓廢為弘農王初平元年庚午正月卓弒之在位五月壽十五歲

古天祿圖畫樓鈔本

十五

光熹 昭寧 己巳○按靈帝中平六年己巳四月戊午少帝改元光熹八月辛未改元昭寧

漢孝愍帝 諱協靈帝中子昭寧元年己巳九月立延康元年庚子十月禪于魏曹丕廢帝為山陽公建興十二年甲寅三月崩在位三十二年壽五十四歲葬禪陵○按漢謚帝曰愍魏謚帝曰獻通鑑以魏為正統故從魏謚綱目帝漢而亦書獻帝者未及改耳

永漢 己巳○按少帝昭寧元年己巳九月甲戌愍帝改元永漢十二月詔除光熹昭寧永漢三號復稱中平六年 初平 庚午

興平 甲戌 建安 丙子 延康 庚子○按愍帝建安二十五年庚子三月改元延康十月辛未魏文帝改元黃初

初平元年春二月丁亥遷都長安三月乙巳車駕入長安幸未央宮興平二年秋七月車駕東歸建安元年秋七月甲子車駕至雒陽八月庚申遷都許今河南許州

○後漢書楊彪傳曰關東兵起董卓懼欲遷都以

十六

遠其難乃大會公卿議曰高祖都關中十有一世光武宮雒
陽於今亦十世矣按石包讖宜徙都長安以應天人之意百
官無敢言者彪曰移都改制天下大事故盤庚五遷殷民
胥怨昔關中遭王莽變亂宮室焚蕩民庶塗炭百
不一在光武受命更都雒邑今天下無虞百姓樂安明公建
立聖主光隆漢祚無故捐宗廟棄園陵恐百姓驚動必
有糜沸之亂石包讖妖邪之書豈可信用卓曰關中肥
饒故秦得并吞六國且隴右材木自出致之甚易又杜陵
南山下有武帝故瓦陶竈數千所並功營之可使一朝而

古天開圖畫樓鈔本

辦爲姓何足與議若有前郤我以大兵驅之可令詣滄海
彪曰天下動之至易安之甚難惟明公慮焉卓作色曰公欲沮
國計耶太尉黃琬曰此國之大事楊公之言得無可思卓
不答司空荀爽見卓意壯恐害彪等因從容言曰相
國豈樂此耶山東兵起非一日可禁故當遷以圖之此秦
漢之勢也卓意小解議罷卓使司隸校尉宣播以
災異奏免琬彪等○後漢書本紀曰車駕至雒陽
幸故中常侍趙忠宅八月辛丑幸南宮楊安殿是時
宮室燒盡百官披荊棘依墻壁間州郡各擁強兵而

委輸不至羣僚飢乏尚書郎以下自出採稆或飢死墻壁
間或為兵士所殺
漢昭烈帝諱備景帝第九子中山靖王勝之後祖雄父弘章武元年辛丑四月即位于成都三年癸卯四月崩在位三年壽六十三葬惠陵
章武辛丑
建安二十六年按建安二十五年庚子三月改元延康此稱二十六年據三國志四月丙午即皇帝位
於成都武擔之南今四川成都府
漢後帝諱禪昭烈帝太子章武三年癸卯五月立炎興元年癸未十月國亡晉武帝泰始七年辛卯十一月殂在位四十一年壽六十五歲葬禪陵

十七

建興癸卯 延熙戊午 景耀戊寅 炎興癸未

晉世祖武帝諱炎河內溫人漢征西將軍司馬鈞之後祖懿父昭魏

元帝咸熙二年乙酉十二月受受禪都洛陽太熙元年庚戌

四月崩在位二十八年

壽五十五歲葬峻陽陵

泰始乙酉 咸寧乙未 太康庚子 太熙庚戌

泰始元年冬十二月受魏禪都洛陽是編以蜀為正後司書受魏禪者[redacted]從史文以紀實也

晉書滅蜀

晉惠帝諱衷武帝第二子太熙元年庚戌四月立光熙元年

丙寅十一月中毒崩在位十七年壽四十八歲葬太陽陵

永熙庚戌 永平 元康辛亥○按永熙二年辛亥正月乙酉改元永平三月壬辰改元元康 永康庚申

永寧辛酉 太安壬戌 永安 建武 永興甲子○按太安三年甲子正月甲子改元永安七月庚申改元建武十一月丙午復稱永安十二月丁亥改元永興 光熙丙寅

永興元年冬十一月河間王顒使其將張方劫帝幸長安以征西府為宮光熙元年夏六月帝還洛陽

晉懷帝諱熾武帝二十五子光熙元年丙寅十一月立永嘉五年辛未六月蒙塵七年癸酉正月劉聰弒之在位六年壽三十歲

永嘉 丁卯

永嘉五年夏六月劉曜王彌寇洛陽帝蒙塵於平陽○晉書本紀曰東海王越之出也使河南尹潘滔居守大將軍苟晞表遷都倉垣帝將從之諸大臣畏滔不敢奉詔且宮中及黃門戀貲財不欲出至是饑甚人相食百官流亡者十八九帝召群臣會議將行而警衛不備帝撫手嘆曰如何曾

乘輿乃使司徒傅祗出詣河陰修理舟揖為水行之備

朝士數十人導從帝步出西掖門至銅駝街為盜所掠不得進

而還

晉愍帝諱業武帝孫吳孝王晏子出繼伯父秦王東（柬）永嘉六年壬申八月尊為太子稱制関中七年癸酉四月即位建興四年丙子十一月蒙塵建武元年丁丑十二月刘聰弑之在位四年壽十八歲

建興癸酉

建興元年夏四月壬申即皇帝位於長安四年秋八月刘曜犯長安帝蒙塵於平陽冬十一月

晉中宗元帝諱睿宣帝曾孫琅邪王覲子建武元年丁丑三月即王位于建康大興元年戊寅三月即帝位永昌

元年壬午閏十一月崩在位六年壽四十七歲葬建平陵

建武丁丑　大興戊寅　永昌壬午

大興元年春三月丙辰即皇帝位於建康晉書元帝本紀曰建武元年春三月立宗廟社稷於建康○按愍帝建興元年改建業為建康今江蘇江寧府○晉書王導傳曰蘇峻既平宗廟宮室並為灰燼溫嶠議遷都豫章三吳之豪請都會稽二論紛紜未有所適導曰建康古之金陵舊為帝里又孫仲謀劉玄德俱言王者之宅古之帝王不以豐儉移都苟宏衛文大帛之冠則無往不可若不績其麻則樂土為墟矣且北寇游魂伺我之隙一旦示弱竄於蠻越求之望實懼

古天閑圖畫樓鈔本

6
十九

允良計今特宜鎮之以靜羣情自安由是嶠等謀並不行

晉肅宗明帝諱紹元帝太子永昌元年壬午閏十一月
立太寧三年乙酉閏八月崩在位三年壽二十七歲葬武平陵

太寧癸未

晉顯宗成帝諱衍明帝長子太寧三年乙酉閏八月立咸康
八年壬寅六月崩在位十七年壽二十二歲葬興平陵

咸和丙戌　咸康乙未

晉康帝諱岳成帝母弟咸康八年壬寅八月立建元
二年甲辰九月崩在位二年壽二十三歲葬崇平陵

建元癸卯

晉孝宗穆帝諱聃康帝太子建元二年甲辰九月立升平
五年辛酉五月崩在位十七年壽十九歲葬永平陵

永和乙巳　升平丁巳

晋哀帝 讳丕成帝長子升平五年辛酉五月立興寧三年乙丑二月崩在位四年寿二十五歲葬安平陵

隆和 壬戌 興寧 癸亥

晋海西公 讳奕哀帝母弟興寧三年乙丑二月立太和六年辛未十一月桓温廢之孝武帝太元十一年丙戌十月殂在位六年寿四十五歲

太和 丙寅

晋太宗簡文帝 讳昱元帝少子太和六年辛未十一月立咸安二年壬申七月崩在位二年寿五十三歲葬高平陵

咸安 辛未

晋烈宗孝武帝 讳曜簡文帝第三子咸安二年壬申七月立太元二十一年丙申張貴人弑之在位二十四年寿三十五歲葬隆平陵

寧康 癸酉 太元 丙子

晋安帝 讳德宗孝武帝長子太元二十一年丙申九月立義熙十四年戊午十二月刘裕弑之在位二十二年寿三十七歲葬休平陵

廿

隆安或曰崇安

隆安丁酉　按已元興壬寅　義熙乙巳

晉恭帝　諱德文安帝弟義熙十四年戊午十二月立元熙二年庚申六月劉裕受禪封為零陵王永初二年辛酉九月宋人弒之在位二年壽三十七年葬沖平陵

元熙　己未

宋高祖武帝　姓劉諱裕漢楚元王交二十一世孫元熙二年庚申六月受晉禪永初三年壬戌五月崩在位三年壽六十七歲葬初寧陵

永初　庚申

都建康　按宋高祖受晉禪仍都建康

宋營陽王　諱義符武帝太子永初三年壬戌五月立景平二年甲子六月徐羨之使安泰弒之在位一年壽十九歲

刪

景平　癸亥

宋太祖文帝 諱義隆武帝第三子景平二年甲子八月立元嘉三十年
癸巳二月太子劭弒之在位三十年壽四十七歲葬長寧陵

元嘉 甲子

宋世祖孝武帝 諱駿文帝第三子元嘉三十年癸巳四月立大明
八年甲辰閏五月崩在位十一年壽三十五歲葬景寧陵

孝建 甲午○按孝建元年胡三省曰上既平元凶之乱依故事即位踰年
而改元孝建者蓋欲以孝建平禍乱安宗庙之功

大明 丁酉

宋廢帝 諱子業孝武帝長子大明八年甲辰五月立
景和元年乙巳十一月壽寂之弒之在位一年壽十七歲

永光

景和 乙巳○按廢帝永光元年乙巳
八月癸酉改元景和

宋太宗明帝 諱彧文帝十一子景和元年乙巳十二月立泰豫
元年壬子四月崩在位八年壽三十四歲葬高寧陵

泰始 乙巳 泰豫 壬子

古天開圖畫樓鈔本

宋蒼梧王諱昱明帝長子泰豫元年壬子四月立元徽五年
丁巳七月蕭道成弑之在位五年壽十五歲葬郊壇西

元徽癸丑

宋順帝諱準明帝子實桂陽王休範之子元徽五年丁巳七月立昇平
三年己未四月蕭道成受禪帝為衛士所弑在位三年壽十三歲葬
遂寧陵

昇明丁巳

齊太祖高帝南蘭陵人淮陰令蕭整之元孫承之之子諱道成昇平
三年己未四月受宋禪建元四年壬戌三月崩在位
四年壽五十六
歲葬泰安陵

建元己未

都建康按齊太祖受宋
禪仍都建康

賾

齊世祖武帝諱賾高帝長子建元四年壬戌三月立永明十一年
癸酉七月崩在位十一年壽五十四歲葬景安陵

永明癸亥

齊鬱林王諱昭業文惠太子長子高帝曾孫永明十一年癸酉七月立隆昌元
年甲戌七月蕭鸞使蕭諶弑之于西弄在位一年壽二十二歲

隆昌甲戌

齊海陵王諱昭文文惠第二子鬱林王弟初封新安王隆昌元年
甲戌七月立改元延興十月降為海陵王蕭鸞自立十一月弑之

延興甲戌

齊高宗明帝諱鸞高帝兄始安貞王道生之子延興元年甲戌十月立
永泰元年戊寅七月崩在位五年壽四十七歲葬興安陵

建武甲戌　永泰戊寅

齊東昏侯諱寶卷明帝二子永泰元年戊寅七月立永元三年
辛巳三月廢十二月張稷弑之在位三年壽十九歲

歷代紀元宅都記　卷一

古天開圖畫樓鈔本

廿二

永元 己卯

齊和帝 諱寶融明帝八子永元三年辛巳三月立中興二年壬午四月蕭衍
受禪封為巴陵王遷鄴伯禽弒之于姑孰在位一年壽十五歲葬恭

安陵

中興 辛巳

梁高祖武帝 諱衍齊高帝族弟順之之子中興二年壬午四月受齊禪
太清三年己巳五月崩于淨居寺在位四十八年壽八十六歲葬修陵

天監 壬午 普通 庚子 大通 丁未 中大通 己酉 大同 乙卯 中大同 丙寅

太清 丁卯

都建康 按梁武帝受齊
禪仍都建康

梁太宗簡文帝 諱綱武帝第三子太清三年己巳五月立大寶二年辛
未八月侯景廢之十月弒之在位二年壽四十九歲葬莊陵

廿三

大寶 庚午

梁世祖元帝 諱繹武帝第七子承聖元年壬申十一月即位于江陵三年甲戌十二月魏人陷江陵被害在位三年壽四十七歲葬津陽門外陳文帝天嘉元年庚辰詔葬于江寧

承聖 壬申

元年冬十一月丙子即皇帝位於江陵

梁敬帝 諱方智元帝第九子初封晉安王紹泰元年乙亥十月即位於建康太平二年丁丑十月陳霸先受禪封為江陰王永定二年戊寅四月弑之在位三年壽一十六歲

紹泰 乙亥 太平 丙子

紹泰元年十月即位於建康

古天開圖畫樓鈔本

陳高祖武帝 姓陳諱霸先吳興長城下若里人父文讚太平二年丁丑
十月霸先受梁禪永定三年己卯六月崩在位三
年壽五十七歲葬萬安陵
永定 丁丑
都建康 按陳武帝受梁禪仍都建康
陳世祖文帝 諱蒨武帝兄始興王道譚長子永定三年己卯六月
立天康元年丙戌四月崩在位七年壽四十五歲葬永寧陵
天嘉 庚辰 天康 丙戌
天嘉五年秋九月城西城
陳臨海王 諱伯宗文帝嫡長子天康元年丙戌四月立光大二年
戊子十一月叔安成王[illegible]弒之在位二年壽十九歲
光大 丁亥

陳高宗宣帝　諱頊道譚第二子文帝弟大建元年已丑正月立十の年壬寅正月崩在位十の年寿五十三歲葬顯寧陵

大建　已丑

陳長城煬公　諱叔宝宣帝嫡長子大建十の年壬寅正月立禎明三年己酉正月隋滅其国仁寿の年甲子十二月殂在位七年寿五十二歲

至德　癸卯　禎明　丁未

隋高祖文帝　諱堅華陰人漢太尉楊震之後父忠有功北周賜姓普六茹陳宣帝大建十三年辛丑二月堅廢北周静帝自立改元開皇至九年已酉正月滅陳仁寿四年甲子七月太子廣弑之在位二十五年寿六十の歲葬泰陵

開皇　辛丑○按開皇二十年太史令袁充表称隋興以後晝日漸長開皇元年冬至之景長一丈二尺七寸二分自爾漸短至十七年短于旧三寸七分日去極近則景短而日長日去極遠則景長而日短行内道則去極近行外道則去極遠謹按元命包曰日月出内璣璣得其常京房別傳曰太平日行上道升平行次道霸代行下道伏惟大隋啓運上感乾元景短日長振古希有上臨朝謂百官曰景長之慶天之祐也今

歷代紀元宅都記略

古天開圖畫樓鈔本

太子新立当須改元宜取日長之意以为年號改明年为仁壽元年　仁壽辛酉

開皇二年夏六月丙申作新都于龍首山今陝西西安府冬十二月丙子

名新都曰大興城三年春三月丙辰遷于新都○隋書高

祖本紀曰詔曰朕祗奉上玄君臨萬國屬生人之敝處前代

之宮常以为作之者勞居之者逸改創之事心未遑也而王公大

[redacted]臣陳謀獻策咸云羲農以降至於姬刘有当代而屢遷

無革命而不徙曹馬之後時見因循乃末代之宴安非

往聖之宏議此城從漢彫殘日久屢为戰場旧經喪亂

今之宮室事近权宜又非謀筮從龜瞻星揆日不足建皇

王之邑合大衆所聚論變通之數稽幽顯之符同心固請辭
情深切然則京師天下之府四海歸嚮非朕一人之所獨
有苟利於物其可違乎且殷之五遷恐人盡死是則以吉
凶之土制長短之命謀新去故如農望秋雖劬勞其
究安宅今區宇寧一陰陽順序安安以遷勿懷胥怨龍
首山川原秀麗卉物滋阜卜食相土宜建都邑定鼎之
基永固無窮之業在斯公私府宅規模遠近營構資
費隨事條奏乃詔左僕射高熲（頻）將作大匠（匠）劉龍鉅鹿
郡公賀婁子幹太府少卿高龍叉等創造新都

古天開圖畫樓鈔本

庾季才傳曰高祖將遷都夜與高熲蘇威二人定議庾季才旦而奏曰臣仰观之象俯察圖記必有遷都之事且漢營此城經今將八百歲水皆鹹鹵不甚宜人願陛下协天人之心為遷徙之計高祖愕然謂熲等曰是何神也遂發詔施行

隋煬帝諱廣文帝第二子仁壽四年甲子七月立大業十四年戊寅三月宇文化及弒之于江都在位十三年壽五十歲葬江都雷塘

大業乙丑

元年春三月丁未營洛陽為東京　煬帝本紀曰仁壽四年冬十一月癸丑詔曰乾道变化陰陽所以消息沿創不同生靈所以順叙若使天意不変施化何以成四時人事不易為政何以釐萬姓易不云乎通其変使民不倦変則通通則久有徳則可久有功則可大朕又聞之安安而能遷民用不変是故姬邑兩周如武王之意殷人五徙成湯后之業洛邑自古之都王畿之內天地之所合陰陽之所和控以三河固以四塞水陸通貢賦

此眼

等故漢祖曰吾行天下多矣唯見洛陽自古皇王何嘗不留意所不都者蓋有由焉或以九州未一或以困其府庫作洛之制所以未暇也我有隋之始便欲創茲日復一日越暨于今永懷先旨興言感哽朕肅膺寶曆纂臨萬邦遵而不失思奉先志今者漢王諒悖逆毒被山東遂使州縣或淪非所此由關河懸遠兵不赴急加以并州移戶復在河南周遷殷民意在于此況復南服遐遠東夏殷大因机順動今也其時群司百辟僉諧厥議但成周墟堉弗堪葺宇今可于伊洛營建東京便即設官分職以為民極也夫宮室之制本以便生人上棟下宇足避風露高臺廣厦豈曰適形故傳云儉德之共侈惡之大宣尼有云与其奢也寧儉豈謂瑤臺瓊室方為宮殿者乎土階采椽而非帝王者乎是知非以天下奉一人乃以一人主天下也民惟邦本本固邦寧百姓不足君孰与足今所營構務從節儉無令雕牆峻宇復起于當今欲使卑宮菲食將貽于後世有司明為條格稱朕意焉大業元年春三月丁未詔尚書令楊素納言楊達將作大匠宇文愷營建東京徙豫州郭下居民以實之又于皂澗營顯仁宮採海內奇禽異獸草木之類以實園苑徙天下富商大賈數萬家於東京 二年春正月辛酉東京成五年春正月丙子改東京為東都 兩京記曰煬帝登北邙觀伊闕曰此龍門耶自古何為不建都于此蘇威曰以俟陛下大業元年自故都

歷代紀元宅都記略

古天開圖畫樓鈔本

移于今所其地周之王城九年春三月丁丑發丁男十万城大興
初謂之東京改為東都

隋恭帝諱侑元德太子昭子煬帝之孫大業十三年丁丑十一月即
位于長安義寧二年戊寅五月禪于唐武德二年己卯
八月殂在位一
年壽十五歲

義寧　丁丑

元年十一月即位於長安

歷代紀元宅都記畧卷一終

畧

歷代紀元宅都記畧卷二

閩候官郭柏蒼蒹秋輯

唐高祖神堯大聖光孝皇帝姓李諱淵隴西成紀人七世祖西涼武昭王暠祖虎佐北周伐魏有功父昞襲封至淵赴安克隋以義寧二年戊寅五月即位於長安武德九年丙戌八月禪位太宗貞觀九年乙未五月崩立位九年壽七十一葬獻陵

武德戊寅

受隋禪都長安○新唐書突厥傳曰突厥兜歲盜邊或說帝曰虜數內犯者以府庫子女所在我能去長安則戎心止矣帝使中書侍郎宇文士及踰南山抵樊鄧

古天開圖畫樓鈔本

將徙都而羣臣贊遷秦王即太宗初封秦王獨曰夷狄自古爲中國患未聞周漢爲遷也願假數年請取可汗以報帝乃止

唐太宗文武大聖大廣孝皇帝 諱世民高祖次子武德九年丙戌八月立貞觀二十三年己酉五月崩在位二十三年壽五十三歲葬昭陵

貞觀 丁亥

唐高宗天皇大聖大宏孝皇帝 諱治太宗第九子貞觀二十三年己酉五月立弘道元年癸未十二月崩在位三十四年壽五十六歲葬乾陵

永徽 庚戌 顯慶 丙辰 龍朔 辛酉 麟德 甲子 按麟德元年胡三省曰去年絳州

即位嗣聖元年二月八日降廬陵
王聖曆元年九月十五日即冊
為皇太子神龍二年正月二十四
日重即帝位云云○蔡按正
史高宗薨于弘道元年十二月
中宗立嗣聖元年正月李云二
二月誤也又按中宗以神龍元
年乙巳復辟李云二年未誤所據
位李翱係唐人其說豈盡

麟見又含元殿前麟趾見於是改元乾封丙寅○按乾封元年正月戊辰朔祀昊天上帝於泰山南己巳登泰山封玉牒壬申改元總章戊辰○按總章元年胡三省曰以明堂作明堂改元咸亨庚午上元甲戌儀鳳丙子調露己卯永隆庚辰

開耀辛巳永淳壬午弘道癸未

永徽五年冬十月和雇雍州四萬一千人築長安外郭三旬而畢顯慶二年冬十二月丁卯以洛陽宮為東都唐書○李氏刊誤云高宗以伊洛勝概每樂巡幸是時武后殺蕭妃寃出宮室不安竟因登封遂成都洛

地理志曰東都隋置武德四年廢其年十一月改東都六年九月改洛州貞觀六年號洛陽宮顯慶二年曰東都○東都城左成皐右函谷前伊闕後邙

○按李氏刊誤云高祖武德七年正月改東都為洛州唐書作六年與此異

唐中宗孝和大聖大昭孝皇帝諱顯高宗七子弘道元年癸未十二月立嗣聖元年甲申二月武后廢為廬陵王居於房州十五年戊戌三月召還東都九月立為太子○李翱卓異記云中宗皇帝以弘道元年二月六日皇太子

古天開圖畫樓鈔本

[illegible]存以俟考

嗣聖 甲申

唐豫王 即睿宗諱旦高宗八子嗣聖元年甲申二月武后所立尋廢之

文明 甲申

曌

則天順聖皇后 名曌高宗后嗣聖元年甲申七月稱制九月改元天宅至天授元年庚寅九月改國號曰周稱帝神龍元年乙巳正月中宗復辟遷於上陽宮十一月崩臨朝二十一年壽八十二歲

光宅 甲申 垂拱 乙酉 永昌 己丑 載初 己丑 庚寅 天授 庚寅 如意

長壽 壬辰○按天授三年壬辰四月改元如意九月庚子改元長壽 延載 甲午 證聖 天冊萬歲

乙未○按證聖元年乙未九月甲寅改元天冊萬歲 萬歲登封 萬歲通天 丙申○按天冊萬歲二年丙申臘月甲戌改元萬歲登封三月丁巳改元萬歲通天○按○永昌元年己丑十一月庚辰朔日南至改為載初元年正月以十二月為臘月夏正月為一月故此稱

朧、月
神功 丁酉。按神功元年九月改元胡三省曰以契丹破滅九姓就成改元神功
聖歷 戊戌
久視 庚子
大足
長安 辛丑。按久視二年辛丑正月丁丑改之大足十月壬寅改之長安。又按長安元年正月丁丑以成州言佛迹見改之大足十月辛酉改之長安[illegible]朝野僉載云司刑寺囚于圜獄外羅墻角迹作聖人迹五尺至夜半三百人一时大叫内史推问云昨夜有聖人長三丈面作金色云汝等並寃枉卯有恩赦把火照之見有僞迹卽大赦改元大足識者曰武家理天下足也[illegible]
神龍 乙巳
光宅元年 按唐書地理志作二年 秋九月甲寅改東都為神都長壽元年秋九月癸卯以并州 按改為太原府今山西太原府 為北都 按唐書地理志北都天授元年置。資治通鑑曰初隋煬帝作東都無外城僅有短垣而已武后長壽元年鳳閣侍郎李昭德始築之。通典曰武太后長壽元年以并州為后之故里改為北都

唐中宗孝和大聖大昭孝皇帝 神龍元年乙巳正月復辟景龍四年庚戌六月韋后弑之在位六年壽五十五歲葬定陵

神龍乙巳 景龍丁未

神龍之年春二月甲寅復以神都為東都北都為并州

唐睿宗元真大聖大興孝皇帝 景龍四年庚戌六月即位七月改元景雲至延和元年壬子八月禪位玄宗開元四年丙辰六月崩在位三年壽五十五歲葬橋陵

景雲庚戌 太極 延和壬子。按景雲三年壬子正月己丑改元太極五月辛巳改元延和

唐玄宗至道大聖大明孝皇帝 諱隆基睿宗三子延和之年壬子八月立天寶十五載丙申六月幸蜀八月自神都遣使禪位于肅宗至德二年丁酉十二月還京師上元三年壬寅建巳月崩在位四十四年壽七十八歲葬泰陵

先天壬子 開元癸丑 天寶壬午

開元元年十二月以東都為河南府九年春正月丙辰以蒲州今山西蒲州府為河中府置中都夏六月己卯罷中都舊唐書作秋七月戊申

十一年春正月辛卯以并州為太原府置北都按唐書元宗本紀開元五年冬十一月詔并州宜置北都改州為太原府十八年夏四月乙卯築西京外郭九十月

而功畢天寶元年以京師為西京東都為東京北都為

北京○按罷中都通典時揚州功曹參軍麗正殿學士韓

覃上疏曰臣聞禮記月令曰孟夏之月無起土功無

聚大衆昔魯莊城中邱春秋書譏其為役戒今建國都

古天開圖書館樓鈔本

乃長久々大業也犯天地之大禁襲春秋之所書奪人盛
農々時愚臣竊以爲甚不可也且若兩都舊制分官衆多
費耗用度尚以爲損豈可更建中都半支河東國々股
肱郡也勁銳強兵盡出於是其地隘狹今又置都使
十萬之户將安投乎且隨東都而棄西都自西都而遷
中都取樂一君々欲以遂萬人之患移在都國々多不恤
危亡之變悦在游幸之娛不顧兆庶之困非所以深根
固蒂不拔之策矣昔漢帝感鍾離之意言自息子德
陽之殿趙主採續咸之諫止遷鄴都之宮臣愚識

戴戌

彊

頒下明詔罷中都則獲福之疆天下幸甚六月三日詔停。

六典曰京兆、、、原为三都

唐肅宗文武明德大聖大宣孝皇帝 諱亨玄宗三子天寶十五載丙申七月即位于靈武至德二載丁酉十一月入京师宝應元年壬寅四月崩在位七年壽五十二歲葬建陵

至德丙申 乾元戊戌 上元庚子 口按高宗甲戌改之上元 寶應壬寅

至德二載冬十二月戊午朔以蜀郡为南京鳳翔郡为西京西京为中京 唐書肅宗本紀曰至德二載冬十二月戊午詔曰頃者上皇在蜀朕亦居岐其以蜀郡为成都府鳳翔郡府为南京鳳翔府为西京西京为中京府尹以下秩同京兆 上元元年秋九月甲午以荊州为江陵府置南都復以南京为蜀郡二年秋九月壬寅罷京

古天開圖畫樓鈔本

兆河南太原鳳翔四京及江陵南都之號元年上元二年九月壬寅去年號但稱元年以建子月為歲首月者皆以所建為數又據上元三年壬寅建巳月甲子改元寶應復以建寅月為正月月數以舊紀去年號稱元年以其年四月改元寶應故也建卯月辛亥敕復以京兆府為上都新唐書地理志曰上都初曰京師天寶元年曰西京至德二載曰中京上元二年復曰西京肅宗元年曰上都河南府為東都鳳翔府為西都江陵府為南都太原府為北都唐書地理志曰北都天授元年置會要長壽元年九月七日置改并州為太原府神龍元年罷開元十一年復置天寶元年曰北京上元二年罷肅宗元年其年四月改元寶應復為北都○

新唐書呂諲傳曰為荊州刺史澧朗峽忠等五州節度使建請以南都詔可於是更號江陵府以諲為尹置永平軍萬人遏吳蜀之衝以河南之岳潭郴邵道連

黔中〻語九七州隸黔道

唐代宗睿文孝〻〻一帝 諱豫肅宗長子寶應元年壬寅四月立大歷十四年己未五月崩在位十七年壽五十二歲葬原陵

廣德 癸卯〇授廣德元年吐蕃犯京畿上幸陝州程元振勸帝且都洛陽以避蕃寇代宗從之下詔有日郭子儀聞之附章論奏代宗乃止十一月車駕自陝還宮事詳旧唐書郭子儀傳 永泰 乙巳 大歷 丙午

唐德宗神武孝文皇帝 諱适代宗長子大歷十四年己未五月立貞元二十一年乙酉正月崩在位二十五年壽六十四歲葬崇陵

建中 庚申 興元 甲子 貞元 乙丑

唐順宗至德弘道大聖大安孝皇帝 諱誦德宗長子貞元二十一年乙酉正月立八月改元永貞禪位憲宗元和之年丙戌正月崩在位一年壽四十六歲葬豐陵

古天開圖畫樓鈔本

永貞 乙酉

唐憲宗昭文章武大聖至神孝皇帝 諱純，順宗長子。永貞元年乙酉八月立，元和十五年庚子正月暴崩，宦者陳宏志弒之。在位十五年，壽四十三，葬景陵。

元和 丙戌

唐穆宗睿聖文惠孝皇帝 諱恒，憲宗三子。元和十五年庚子閏正月立，長慶四年甲辰正月餌金丹崩。在位四年，壽三十歲，葬光陵。

長慶 辛丑

唐敬宗睿武昭愍孝皇帝 諱湛，穆宗長子。長慶四年甲辰正月立，寶歷二年丙午十二月宦者蘊佐明等弒之。在位二年，壽十八，葬莊陵。

福建文獻集成續編 史部

七二

寶曆乙巳

唐文宗元聖昭獻孝皇帝 諱昂穆宗三子寶曆二年丙午十二月立開成五年庚申正月崩在位十四年

壽三十三歲

葬章陵

太和丁未 開成丙辰

唐武宗至道昭肅孝皇帝 諱炎穆宗五子開成五年庚申正月立會昌六年丙寅三月服丹藥

崩在位六年壽三十三歲葬端陵

會昌辛酉

唐宣宗元聖至明成文獻武睿智章仁神聰懿道大孝

皇帝 諱忱憲宗十三子會昌六年丙寅三月立大中十三年己卯八月餌藥崩在位十三年壽五十歲葬貞陵

古天開圖畫樓鈔本

孜

大中 丁卯

唐懿宗昭聖恭惠孝皇帝諱漼宣宗長子大中十三年己卯八月立咸通十四年癸巳七月崩在位十四年壽四十一歲葬簡陵

咸通 庚辰

唐僖宗惠聖恭定孝皇帝諱儇懿宗五子咸通十四年癸巳七月立文德元年戊申三月崩在位十五年壽二十七歲葬靖陵

乾符 甲午 廣明 庚子 中和 辛丑 光啓 乙巳 按旧唐書僖宗紀曰光啓元年十二月沙陀逼京師田令孜奉帝幸鳳翔初黃巢據京師九衢三內宮室宛然及諸道兵破賊爭貨相攻縱火宮[illegible]市閭里十焚六七賊平之後令京兆尹王徽補葺至是乱兵復焚宮闕蕭條鞠为茂草矣

文德 戊申

按照慶作傑恐誤
王即位至光化三年十一月三日遂爲太上皇至天復元年正月一日返政□都即自古未有○蒼按正史僖宗崩於文德元年三月昭宗即於是月即位李氏以爲龍紀元年自壽王即位又按唐鑑文德元年三月壬寅帝疾大漸皇弟吉王保長而賢羣臣屬望十軍觀軍容使楊復恭請立皇弟壽王傑是日下詔立傑爲皇太弟監軍國事庚□不云即位未知何謂作誤

唐昭宗聖穆景文孝皇帝諱曄懿宗七子文德元年戊申三月立
天祐元年甲子正月朱全忠逼帝遷都
洛陽八月弒　在位一十
五年壽三十八崩葬和陵○李翺卓異記云昭宗皇帝龍紀元年三月十三日自壽
龍紀己酉　大順庚戌　景福壬子　乾寧甲寅　光化戊午
天復辛酉　天祐甲子○玉海云天祐或曰天順
天祐元年春正月壬戌朱全忠逼帝幸東都夏閏四
月甲辰車駕至東都○舊唐書昭宗紀曰乾寧四年
七月丙申上幸華州九月己卯朔汴州朱全忠河南尹張
全義與關東諸侯俱上表言秦中有災請車駕遷都
洛陽全忠全義言已表率諸藩繕治洛陽宮室僅

古天開圖畫樓鈔本

詔答之天祐元年正月己酉全忠率師屯河中遣牙將寇

彥卿按五代史寇彥卿傳曰初太祖與崔胤謀欲迁都洛陽而昭宗不許其後昭宗奔于鳳翔太祖以兵圍之昭宗既出明年太祖以兵至河中遣彥卿奉表迫請迁都彥卿因悉驅徙長安居人以東人皆折屋為栰浮渭而下道路號哭仰天大罵曰國賊崔胤朱温使我至此昭宗亦顧瞻陵廟傍徨不忍去謂其左右為俚語云紇干山頭凍死雀何不飛去生處樂相與泣下沾襟奉表請車駕迁都洛陽全忠令長安居人按籍迁居徹屋木自渭浮河而下連甍號哭月餘不息秦人大罵於路曰國賊崔胤呂朱温傾覆社稷俾我及此天乎天乎丁巳車駕發京師癸亥次陝州閏四月丁酉車駕發陝州甲辰至東都由徽安門入是日大風雨雷步不辨物色日暎少止上謁太

廟神畢還宮御正殿宣勞從官衛士受賀之已上御光

政門大赦制曰乃睠中州便侯伯會朝之路運逢百六順古

今禳避之宜況建邦舊京我家二宅轘轅通於左郟鄏

引於前周平王之東遷更延姬姓漢光武之定業克茂劉

宗肇尋新都於天永命皆因否運復啓昌期或西避

於戎狄或我殲於妖孽朕遭家不造布德不明十載以

來三罹播越亦屢災纏秦雍叛起邠岐將幸右門以

避衛兵之亂載遷華嶽仍寓鐵邑之侵是危匆矣

及車輿陵脅匆火延宮廟迫遷車遠監構結姦兇

古天開圖畫樓鈔本

致劉季述幽朕于下宮韓全誨劫予于右輔莫匪兵圍內
殿焰亘九重皆思假武以安身唯效指鹿而威衆矯宣天
憲欺蔑外藩行書詔以任情欲忠良而獲罪雖羣方岳
牧協力匡扶拘戎律於阻修報朝恩而陽越逼副之帥
梁王全忠以並鎮近輔惡兵四藩遠赴岐陽躬迎大
駕辛勤百戰耆勤兇渠營野三年竟迴鑾輅咸鎬
載新坎宮瀨讓桂絶歎於闡閹流方崇再造之功以正
中興之運又邠岐結釁巴蜀連兵上負國恩下隳鄰好
焚宮烈火更延爇於親鄰郤駕兇鋒浸延侵於禁

左列祧而右崇社稷霸屬廣前廣殿而後重廊藹然

苑抑又太乙遊變併集六宮罰星熒惑久纏東井元象荐 薦

災於秦分地形無過於洛陽爰有一二藎臣洎四方同

志竭心王室共贊嘉謀覲鎮定之謨航大河而畢至陳徐

路蔡輦巨軸以偕來披荊棘而立朝廷剗灰燼而化畢 輪奐

邃公卿僉議龜筮協從甲子令年孟夏初吉備法

駕而離分陝列百官而入洛郊觀比殿繁良多嘉慰

詔罷太廟憂惕驚懷登御端門軫惻興感蓋以一

人爲祐致茲煌麗寧工役艱疲忠良者庠克建再

造之業冀延八百之基宜覃渙汗之恩俟此雍熙之

古天開圖畫樓鈔本

歷代紀元宅都記略 卷

慶滌瑕盪垢咸与維新可大赦天下改天復四年為天
祐元年於戲肆青闈闔印安宮闈雖九廟几筵已遷
於新室而山陵松柏遥隔於舊都収務又寧难申惓
慕文武百辟執事具僚從我千里而來諒爾一心蒞政
恩覃功往効責從新方當開国之初必弃慢攸之罰

唐昭宣光烈孝皇帝 諱祝昭宗九子天祐元年甲子八月立四年丁卯三月遜位于梁朱全忠封为濟陰王開平二年戊辰正月弑之於曹州在位四年壽十七崩葬温陵

天祐甲子

後梁太祖神武元聖孝皇帝 宋州碭山午溝里人朱誠之第三子諱晃本名温賜名全忠天祐四年丁卯代唐都汴

乾化二年壬申六月次子友珪弑之
在位六年壽六十一歲葬宣陵

開平丁卯 乾化辛未

開平元年夏四月戊辰以汴州為開封府今河南開封府建東都以唐東都為西都五代史職方考曰洛陽梁唐晋漢周常以為都唐故為東都梁為西都後唐為洛京晋為西京漢周因之廢西京為雍州佑國軍冊府元龜曰後梁太祖開平元年夏四月戊辰廢西京以京兆府為大安府置佑國軍

後梁末帝 諱瑱太祖三子乾化三年癸酉二月即位於東都龍德三年癸未十月自殺在位十一年壽三十六歲

貞明乙亥 ○按後梁太祖以辛未五月改元乾化至壬申終而癸酉二月末帝復稱乾化至乙亥十一月 龍德辛巳

後唐莊宗光聖神閔孝皇帝 姓朱邪沙陀人諱存勗克用長子先世事唐賜姓李龍德三年癸未四月即位於晉陽十月滅梁還都洛陽同光四年丙戌四月伶人郭從謙弑之在位四年壽四十三歲葬雍陵又名伊陵

古天開圖畫樓鈔本

同光癸未

元年夏四月己巳以魏州為興唐府建東京（冊府元龜曰後唐莊宗同光元年夏四月即位於魏州是月升魏州為東京改元城縣曰興唐貴鄉縣曰廣晉都督府曰興唐府）太原府建西京以鎮州為真定府建北都冬十一月乙巳罷北都為鎮州成德軍以太原為北都（五代史職方考曰并州後唐建北都）丙戌復汴州為宣武軍辛酉復西京為京兆府（復以永平軍大安府為西京京兆府。按永平軍即佑國軍後梁開平元年置佑國軍三年改為永平軍）三年春三月辛酉改東京為鄴都以洛京為東都

後唐明宗聖德和武欽孝皇帝（諱亶克用養子本名邈佶烈賜名嗣源同光四年丙戌四月

入洛即位長興四年癸巳十一月崩在位八年壽六十七歲葬徽陵

天成丙戌　長興庚寅

天成四年夏六月戊申罷鄴都

後唐愍帝 諱從厚明宗第三子長興四年癸巳十二月立應順元年甲午四月潞王篡位五月弒之

應順甲午四月改清泰元年正月戊寅愍帝改元應順
胡三省曰取應天順人為義非繼體之君所以紀元也

後唐廢帝 諱從珂本姓王鎮州平山人明宗養子封潞王應順元年甲午四月入京即位清泰三年丙申閏十一月自焚在位三年
壽五十三歲晉高祖葬其骨于徽陵

清泰甲午

後晉高祖聖文章武明德孝皇帝 姓石諱敬瑭其父臬捩雞本出西夷清泰三年丙申十一

古天開圖畫樓鈔本

月即位天福七年壬寅六月崩在位七年壽五十二世葬顯陵

天福丙申

三年冬十月庚辰復以汴州為東京五代史職方考曰汴州唐故曰宣武軍梁以汴州為開封府建為東都後唐滅梁復為宣武軍晉天福三年升為東京漢周因之洛陽為西京以西京為雍州晉昌軍一作冬十月丙辰廢西京為晉昌軍十一月辛亥復鄴都○三年冬十月庚辰詔曰為國之規在於敏政建都之法務要利民歷覽前經朗然通論顧惟涼德獲啓丕基當數朝戰伐之餘是兆庶殘傷之後車徒既廣帑廩咸虛經年之輓粟飛芻繼日之勞民動衆常煩漕運不給供須今汴州水陸要

衛山河形勢乃萬庾千箱之地是四通八達之郊爰自按

巡益觀宜便俾升都邑以利兵民汴州宜升為東京開封

府仍升為開封浚儀兩縣為赤縣餘者為畿縣應旧制開

封府時所管屬縣並可仍旧割屬收管亦升為畿縣是

洛京改為西京雍京改為晋昌軍

後晋出帝諱重貴高祖之敬儒之子天福七年壬寅六月立開運三年丙午十二月為契丹所滅封負義侯徙之黃龍府在位四年不知所終

開運甲辰○按後晋高祖以丙申十一月改元天福至壬寅六月崩而出帝稱至甲辰七月始改開運開運迄四年丁未二月後漢高祖復稱天福十

二年

古天開圖畫樓鈔本

後漢高祖睿文聖武昭肅孝皇帝 諱暠沙陀部人劉琠之子本名知遠即位改名 丁未二月稱帝

於晉陽 改都汴 乾祐元年戊申 正月崩在位一年壽五十四 葬睿陵

天福丁未 仍稱天福注 見上出帝 乾祐戊申

都東京 仍後晉舊都按天福十二年丁未六月戊辰詔曰汴都重地 汴水名 區控襟喉於八方便梯航於萬國眷言王氣先稱皇居其汴州宜仍舊為東京

後漢隱帝 諱承祐高祖二子乾祐元年戊申二月立三年庚戌 八月郭威反被弒于趙村 在位三年壽二十歲葬潁陵

乾祐戊申 按後漢高祖戊申正月改元乾祐尋崩而隱帝稱至 庚戌十一月隱帝崩明年辛亥後周太祖改元 廣順

後周太祖聖神恭肅文武孝皇帝 邢州堯山人姓郭諱威父名簡廣順 元年辛亥正月弒湘陰公劉贇自立

顯德元年甲寅正月崩在 位三年壽五十一 葬嵩陵

廣順辛亥 顯德甲寅

史

廣順二年春正月詔開封府修補京師羅郭牽府界丁

夫五萬五千版築旬日罷顯德元年春正月戊寅罷鄴都

五代史職方考曰魏州唐故因曰大名府置天雄軍五代皆因之後唐建鄴都晉漢
因之至周罷大名府後唐曰興唐晉曰廣晉漢周復曰大名

後周世宗睿武孝文皇帝

諱榮邢州龍岡人聖穆柴皇后兄守禮之子太祖
養為子顯德元年甲寅正月立六年己未六月

崩在位六年壽三十
九歲葬慶陵

顯德甲寅

三年春正月戊戌發開封府曹滑鄭州民十餘萬築大梁

外城○顯德二年夏四月乙卯詔曰惟王建國實曰京師度

地居民固有前列東京華夷臻湊水陸會通時向隆平日

古天開圖畫樓鈔本

增繁盛而都城因旧制度未恢諸衛軍營或多窄陋百司
公署無處興修加以坊市之中邸店有限工商外至億兆
無窮僦賃之資增添不定貧闕之户供辦實艱而又屋
宇交連街衢湫隘入夏有暑濕之苦居常多烟火之
憂將便公私須廣都邑宜令所司於京城四面別築
羅城先立標幟候冬末春初農務閑时即量差近
甸人夫漸次修築春作纔動便令放散如或土工未
畢則迤邐次年修築所冀寬容辦集今後凡有
營葬及興置宅竈并草市並須去標幟七里外其

宋太祖以
門使太祖志焉也
馬力盡乘為城也

標幟內侯官中辟掌畫定街巷軍營倉場諸司公廨

院務了即任百姓營造○畫墁錄云周世祖展汴京外郭登朱雀

後周恭帝 諱宗訓世宗之子顯德六年己未卜立明年正月未及改元遜位于宋開寶六年癸酉三月殂壽二十一歲葬順陵

宋太祖啟運立極英武睿文神德聖功至明大孝皇帝

涿郡人姓趙諱匡胤父弘殷生太祖於洛陽夾馬營仕周為殿前都點恭帝元年庚申正月陳橋兵變還朝稱帝改元建隆開寶九年丙子十月崩在位十七年壽五十歲葬永昌陵

建隆 庚申 乾德 癸亥 開寶 戊辰

都東京 宋史地理志曰東京汴之開封也梁為東都後唐罷晉復為東京宋因周之舊為都建隆三年廣皇城東北隅命有司畫洛陽宮殿之制按圖修之而皇居始壯麗矣 開寶元年春正月甲午增治京城○王

古天開圖畫樓鈔本

歷代紀元宅都記略 卷

在讀地理通釋曰太祖生於洛陽有遷都之意晉王言非便太祖曰朕將西遷者欲據山河之固而去冗兵王又言在德不在險太祖曰不出百年天下民力殫矣東都事畧曰太祖幸西京有遷都意李懷忠乘間言曰汴都歲漕江淮米四五百万斛贍軍數十万計帑藏重兵在焉陛下遽欲都洛陽臣実未見其利会晉王亦以為言太祖曰遷洛未久又當遷雍晉王叩其指太祖曰吾將西遷者無他據山河之勝而去冗兵循周漢故事以安天下晉王又言在德不在險太祖不應晉王出太祖謂侍臣曰晉王之言若從之患不在今日自此去不出百年天下民力殫矣乃不果遷遂還京师

宋太宗至仁應道神功聖德文武大明廣孝皇帝諱炅太祖弟開宝九年丙子十月立至道三年丁酉三月崩在位二十一年壽五十九歲葬永熙陵

太平興國丙子 雍熙甲申 端拱戊子 淳化庚寅 至道乙未

宋真宗膺符稽古神功讓德文明武定章聖元孝皇帝 諱恒太宗三子至道

三年丁酉三月立乾興元年壬戌三月
崩在位二十五年壽五十五葬永定陵

咸平戊戌 景德甲辰 大中祥符戊申 天禧丁巳 乾興壬戌

景德三年春二月甲申以宋州為應天府大中祥符七年春正月建應天府為南京○玉海曰宋州景德三年二月甲甲升應天府祥符七年正月丙辰升南京詔曰洪惟藝祖歷試是邦同豳土之肇基在春陵之王氣稽唐氏晉陽之制肇建新都

宋仁宗體天法道極功全德神文聖武睿哲明孝皇帝 諱禎真宗六子乾興元

年壬戌二月立嘉祐八年癸卯三月崩在位四十一年壽五十四歲葬永昭陵

天聖癸亥　明道壬申　景祐甲戌　寶元戊寅　康定庚辰　慶曆辛巳

皇祐己丑　至和甲午　嘉祐丙申

慶曆二年夏五月戊午建大名府為北京王應麟曰慶曆二年戊午升大名府為北京

詔曰席萬盈之懿兆冠千里之上腴隱然北門壯我中夏○宋實范仲淹傳時呂夷簡執政他日

論建都之事仲淹曰洛陽險固而汴為四戰之地太平宜

居汴即有事必居洛陽當漸廣儲蓄繕宮室帝問夷簡

夷簡曰此仲淹迂闊之論也仲淹乃為四論以獻○呂夷簡傳

曰契丹聚兵幽薊聲言將入寇議者請城洛陽夷簡

謂契丹畏壯侮怯遽城洛陽亡以示威景德之役非乘輿濟
河則契丹未易服也宜建都大名示將親征以伐其謀或曰此
虛聲爾不若修洛陽夷簡曰此子囊城郢計也使契丹得
渡河雖高城深池何可恃耶乃建北京

宋英宗體乾膺歷隆功盛德憲文肅武睿聖宣孝皇帝諱曙太宗之曾孫商王元份之孫濮安懿王允讓之子嘉祐八年癸卯三月立治平四年丁未正月崩在位四年壽三十六歲葬永厚陵

治平甲辰

宋神宗紹天法古運德建功英文烈武欽文聖孝皇帝諱頊英宗太子治平二十四年丁未正月立元豐八年乙丑三月崩在位十八年壽三十八歲葬永裕陵

古天開圖畫樓鈔本

熙寧戊申元豐戊午〇趙德麟侯鯖錄旧城周廻二十里一百五十五步即汴州城唐建中二年节度使李勉重築国初号曰闕城亦曰裏城新城乃周世宗显德二年四月诏别築新城周廻四十八里二百二十三步号曰外城又曰罗城亦曰新城元豐中裕陵命内侍宋用臣重築之

熙寧八年秋八月庚戌發河北京東兵及監牧卒修都城

宋哲宗憲元繼道顯德定功欽文睿武齊聖昭孝皇帝諱煦神宗八子元豐八年乙丑三月立元符三年庚辰正月崩在位十五年寿二十五岁葬永泰陵

元祐丙寅〇按宋元通鑑曰哲宗元祐九年四月癸丑白虹貫日曾布上疏請復先帝政事且乞改元以順天意帝從之詔改元祐九年為紹聖元年於是天下曉然知帝意所向矣

紹聖甲戌

元符戊寅〇按宋元通鑑曰哲宗元符三年十一月徽宗詔改明年元議以元祐紹聖均有所失欲以大公至正消釋朋党遂改之為建中靖国詔下御史中丞王覲言建中之名虽取皇極然重襲前代紀号非是宜以德宗為戒建中靖国元年權給事任伯雨言自古未有君子小人雜然並進可以致治者二者並用終于君子盡去小人独留唐德宗坐此致播迁之禍建

中乃其紀号不可以不戒右司諫江公望上疏言陛下詔旨亦稱思建皇極端好惡
以示人本中和而立政皇天后土實聞此言今若渝之其若昊天后土何十一月詔改

元曾布主于紹述請改明
年元為崇寧從之

宋徽宗體仁合道駿烈遜功聖文仁德憲慈顯孝皇帝 諱佶神宗十一子元符

三年庚辰正月立宣和七年乙巳十二月禪位於欽宗靖康二年丁未の月
蒙塵紹興五年乙卯の月崩於金紹興十二年壬戌攢於永祐陵在位二

十五年壽
五十の歲

建中靖国 辛巳 崇寧 壬午 大觀 丁亥 政和 辛卯 重和 戊戌

宣和 己亥

政和六年春二月庚寅廣京城

宋欽宗恭文順德仁孝皇帝 諱桓徽宗長子宣和七年乙巳十
二月立靖康二年丁未の月蒙塵

宗

紹興二十六年丙子六月崩于金乾道八年
壬辰金葬於鞏洛之原在位一年壽六十一歲

靖康丙午

宋高宗受命中興全功至德聖神武文昭仁憲孝皇帝諱構徽宗九子

靖康二年丁未五月立於南京紹興八年戊戌定都臨安紹興三十二年
壬午六月禅位于孝宗淳熙十四年丁未十月崩在位三十六年壽八十一

二世攢
永思陵

建炎丁未 紹興辛亥

建炎元年夏五月庚寅朔即位于南京應天府地理通釋曰南京應天

府閼伯所居商邱周為宋國漢為梁國隋唐為宋州太祖以歸德軍節
度使即位定有天下之號曰宋景德四年升為應天府大中祥符七年升南
京高宗即位於此○按景
德四年他書作景德三年

三年秋七月辛卯以杭州為臨安府紹

興元年冬十一月戊戌詔駐蹕臨安二年春正月己未幸臨安城

宋孝宗紹統同道冠德昭功哲文神武明聖成孝皇帝諱眘太祖之七世孫秀王子偁之子紹興三十五年壬午五月立淳熙十六年己酉二月禪位於光宗紹熙五年甲寅六月崩在位二十七年壽六十八歲攢永阜陵

隆興癸未 乾道乙酉 淳熙甲午 ○按宋史陳亮傳曰淳熙五年亮詣闕上書曰夫吳蜀天地之偏氣錢唐又吳之一隅當唐之衰錢鏐以閭巷之雄起王其地自以不能獨立常朝事中國以爲重及我宋受命俶以其家入京師而自獻其土故錢唐終始五代被兵最少而二百年之間人物日以繁盛遂甲于東南及建炎紹興之間爲六飛所駐之地當時論者固已疑其不足以張形勢而爭恢復矣秦檜又從而備百司庶府以講禮樂于其中其風俗固已華靡士大夫又從而治園囿臺榭以樂其生於干戈之餘上下晏安而錢塘爲樂國矣一隙之地本不足以容萬乘而鎮壓且五十年山川之氣蓋亦發洩而無餘矣故穀粟桑麻絲枲之利歲耗於一歲禽獸魚鼈草木之生日微于一日而上下不以爲異也公卿將相大抵多江浙閩蜀之人而人才亦日以凡場屋之士以十萬數而文墨小異已足以稱雄於其間矣陛下據錢塘已耗之氣用閩浙日衰之士而欲鼓東南習脆弱之民北向以爭中原臣是以知其難也荊襄之地在春秋時楚

者況

用以內視齊晉而齊晉不能屈也及戰國之際獨能與秦爭帝其後三百餘年而
光武起於南陽同時共與往往多南陽故人又二百餘年遂為三國交兵之地諸葛亮
由此起輔先主荊楚之士從之如雲而漢氏賴以復存於蜀周瑜魯肅呂蒙陸遜
陸抗鄧艾羊祜皆以其地顯名又百餘年而晉氏南渡荊襄常雄于東南而東
南往往倚以為強梁竟以此代齊及其氣發泄無餘而隋唐以來遂為偏方下州五代
之際高氏獨常臣　事諸國本朝二百年之間降為荒落之邦北連許汝民居
稀少土產卑薄人才之能通姓名于上國者如晨星之相望況至于建炎紹興之
際群盜出沒于其間而被禍尤極以迄于今雖南北分畫交兵往往又置于不足
用民食無所從出而兵不可由此而進議者或以為憂而不知其勢之足用也
其地雖要為偏方然猶偏方之氣五六百年而不發泄者況其東通吳會西
連巴蜀南極湖湘北控關洛左右伸縮皆足以為進取之機今誠能開墾其人
地洗濯其人以發泄其氣而用之使足以接關洛之氣則可以爭衡于中國
矣是亦形勢消長之常數也陛下慨然移都建業百官庶府皆從草
創軍國之儀皆從簡略又作行宮于武昌以示不敢寧居之意常以
江淮之師為金人侵軼之備而精擇一人之沈鷙有謀開豁無他者以
荊襄之任寬其文法聽其廢置撫摩振厲於三數年之間則國家
之勢成矣

宋光宗循道憲仁明功茂德溫文順武聖哲慈孝皇帝 諱惇 孝宗三子 淳熙十六年己酉二月立 紹熙五年甲寅七月禪位于寧宗 慶元六年庚申八月崩在位五年壽五十四歲葬永崇陵

紹熙 庚戌

宋寧宗法天備道純德茂功仁文哲武聖睿恭孝皇帝 諱擴 光宗三子 紹熙五年甲寅七月立 嘉定十七年甲申 八月崩在位三十年壽五十七歲攢永茂陵

慶元 乙卯 嘉泰 辛酉 開禧 乙丑 嘉定 戊辰

宋理宗建道備德大功復興烈文仁武聖明安孝皇帝 諱昀 太祖之十世孫榮王希瓐之子 嘉定十七年甲申八月立 景定五年甲子十月崩在位四十年壽六十四歲攢永穆陵

寶慶 乙酉 紹定 戊子 端平 甲午 嘉熙 丁酉 淳祐 辛丑 寶祐 癸丑

古天閒圖畫樓鈔本

開慶己未 景定庚申

宋度宗端文明武景孝皇帝 諱禥理宗弟榮王與芮之子景定五年甲子十月立咸淳十年甲戌七月崩在位十年壽三十三歲攢永紹陵

咸淳乙丑

宋恭宗少帝 諱㬎度宗次子咸淳十年甲戌七月立時年二歲德祐二年丙子三月蒙塵元人廢為瀛国公在位二年至元二十五年戊子遣學佛於吐蕃不知所終

德祐乙亥

宋端宗裕文昭武愍孝皇帝 諱昰度宗長子德祐二年丙子五月即位于福州景炎三年戊寅四月崩於硇州在位二年壽十一歲葬永福陵

灤

景炎 丙子

宋帝昺 諱昺，度宗末子，景炎三年戊寅五月立，祥興二年己卯二月崩于海中，在位一年，九歲。

祥興 戊寅

元世祖聖德神功文武皇帝 蒙古奇渥溫氏，諱忽必烈，太祖鐵木真之孫，拖雷之子，憲宗蒙哥之母弟。宋理宗景定元年庚申立，改元中統，五年甲子改元至元，至十六年己卯二月滅宋，三十一年甲午正月崩，都燕京，在位三十五年，壽八十歲，葬起輦谷，在漠北，諱帝陵葬于此。

至元 甲子四 按之世祖以至元十六年己卯滅宋

二十年夏六月丙申，發軍完大都，即燕京城。按之初國號曰蒙古，太祖始即位于斡難河之源，十五年建都和林，世祖以憲宗六年春三月命僧子聰卜地于桓州東灤水北，城開平府，經營宮室，中統四年五月戊子陞開平府為上都至元元年八月乙卯改燕京為中都四年春正月城中都始建宗廟宮室九年春二月壬辰改中都為大都元史劉秉忠傳曰初帝命秉忠即子聰相地于桓州東灤水北建城郭于龍岡三年而畢名曰開平繼升為上都而以燕為中都四年又命秉忠築中都城始建宗廟宮室八月奏建國号曰大元而以中都為大都

元成宗欽明廣孝皇帝　諱鐵木耳世祖孫真金之子至元三十一年甲午正月立大德十一年丁未正月崩在位十三年壽四十二

元貞乙未　大德丁酉

元武宗仁惠宣孝皇帝　諱海山真金孫答剌麻八剌子大德十一年丁未正月立於上都至大四年辛亥正月崩在位四年壽三十一歲

至大戊申

元仁宗聖文欽孝皇帝 諱愛育黎拔力八達 武宗弟 至大[illegible]四年 亥正月立 延祐七年 庚申正月崩 在位九年 寿三十六歳

皇慶 壬子 延祐 甲寅

元英宗睿聖文孝皇帝 諱碩德八剌 仁宗太子 延祐七年庚申正月立 至治三年癸亥八月鉄失弑之于南坡 在位

三年寿 二十一歳

至治 辛酉

元泰定帝 諱也孫鉄木兒 真金之孫 甘剌麻之子 至治三年癸亥九月立于龍居河 致和元年戊辰七月崩 在位五年 寿二十六歳

泰定 甲子 致和 戊辰

元文宗聖明元孝皇帝 諱圖帖睦爾 武宗子 致和元年戊辰八月泰定帝太子阿速吉八立于上都 改元天順 九月文宗立于大都 陷上都 阿速吉八不知所終 天歷二年己巳 明宗行在 罷文宗帝號 遂立為皇太子 八月文宗復位上都 九月還大都 至順三年壬申

古天開圖畫樓鈔本

八月崩在位五
年壽二十九歲

天歷戊辰　至順庚午

元明宗順天立道睿文智武大聖孝皇帝　諱和世㻋文宗兄天歷二
年己巳正月即位于朔

寧之北八月暴
崩不改元

元寧宗沖聖嗣孝皇帝　諱懿璘質班明宗次子封鄜王至順
三年壬申十月立時年七歲是崩不改元

元惠宗順帝　諱妥懽帖睦爾明宗長子元統元年癸酉六月帝
立于上都至正二十八年戊申八月國亡洪武三年庚戌

四月殂在位三十
六年壽五十一歲

元統癸酉　至元乙亥○按世祖亦稱至元　至正辛巳

元昭宗　諱愛猷識里達臘順帝太子洪　三年庚戌即位應昌改
元宣光是以北元李文忠圍之以餘兵走和林至庚申年殂

宣光庚戌

明太祖開天行道肇紀立極大聖至神仁文義武俊德成功

高皇帝姓朱諱元璋其先句容人至正十二年辛卯閏三月起兵濠梁二十八年戊申正月即位于建康改元洪武至三十一年戊寅五月崩壽七十一歲葬孝陵

洪武戊申

元年八月己巳以應天為南京開封為北京二年九月

癸卯以臨濠為中都八年夏四月罷營中都〇明史

劉基傳曰元年會基有妻喪請告歸時帝方營中

都又銳意滅擴廓基瀕行奏曰鳳陽雖帝鄉非

古天開圖畫樓鈔本

建卯地王保保未可輕也已而竟西失利擴廓竟走河

漠北為邊患

明恭閔惠皇帝 諱允炆太祖太子標之子洪武三十一年戊寅閏五月立
明年改元建文至四年壬午六月靖難兵入金川

門帝出亡天順
中迎入西內以壽終

建文 己卯○按太祖洪武止三十一年而建文四年六月成祖
復○稱洪武三十五年蓋革建文稱洪武也今不從

明成祖啟天弘道高明肇運聖武神功純仁至孝文皇帝

諱棣太祖四子建文元年己卯七月起兵于燕四年壬午六月即位
都南京明年改元永樂至九年辛丑遷都北京二十二年甲辰七月

崩榆木川壽六十五
葬長陵

永樂 癸未

元年正月以北平為北京二月改北平曰順天府按洪武元年八月壬午帝幸北京改大都路曰北平府四年閏月閏七月壬戌詔以明年五月建北京宮殿分遣大臣採木於四川湖廣江西浙江山西十八年十二月癸亥北京郊廟宮殿成十九年春正月遷都北京改京師為南京以北京為京師徙都之明史陳瑄傳曰永樂四年董建北京宮殿經畫有條理甚見獎重夏原吉傳曰十八年北京宮殿成使原吉南召太子太孫既至原吉言連歲營建今告成宜撫流亡蠲逋負以寬民力明年三殿災原吉以申前請亟令所司行之初殿災詔求直言羣臣多言都

古天開圖畫樓鈔本

北京不便帝怒殺主事蕭儀曰方遷都時與大臣密議久而後定非輕率也言者因劾大臣帝命跪午門外質辯大臣爭詈言者原吉獨奏曰彼應詔無罪臣等備員大臣不能協贊大計罪在臣等帝意解兩宥之或尤原吉背初議曰吾輩歷事久言雖失幸上憐之若言官得罪所損不細矣衆始歎服

明仁宗敬天體道純誠至德宏文欽武章聖達孝昭皇帝諱高熾成祖太子永樂二十二年甲辰八月立明年改元洪熙五月崩壽四十八葬獻陵

洪熙乙巳

明宣宗憲天崇道英明神聖欽文昭武寬仁純孝章皇帝諱瞻基仁宗太子洪熙元年乙巳六月立明年改元宣德至十年乙卯正月崩壽三十八歲葬景陵

宣德 丙午

明英宗法天立道仁明誠敬昭文憲武至德廣孝睿皇帝諱祁鎮宣宗太子宣德十年乙卯正月立明年改元正統至十四年己巳七月蒙塵

正統 丙辰

明代宗恭仁康定景皇帝諱祁鈺英宗弟正統十四年己巳九月立明年改元景泰至八年丁丑正月遜位于英宗尋崩

景泰 庚午

古天開圖畫樓鈔本

明英宗法天立道仁明誠敬昭文憲武至德廣孝睿皇帝 景泰元年庚午八月

還京八年丁丑正月復辟改元天順至八年甲申正月崩前後在位二十二年壽三十八歲葬裕陵

天順 丁丑

明憲宗繼天凝道誠明仁敬崇文肅武宏德聖孝純皇帝 諱見深英宗太子天順八年甲申正月立明年改元成化至二十三年丁未八月崩壽四十一歲葬茂陵

成化 乙酉

明孝宗建天明道誠純中正聖文神武至仁大德敬皇帝 諱祐樘憲宗太子成化二十三年丁未九月立明年改元弘治至十八年乙丑五月崩壽三十六歲葬泰陵

弘治 戊申

注 築外城一十五里

明武宗承天達道英肅睿哲昭德顯功弘文思孝毅皇帝 諱厚照孝宗太子

治十八年乙丑五月立明年改元正德至十六年辛巳三月崩壽三十一歲葬康陵

正德 丙寅

明世宗欽天履道英毅神聖宣文廣武洪仁大孝肅皇帝 諱厚熜憲宗孫興獻王子武宗從弟正德十六年辛巳四月立明年改元嘉靖至四十五年丙寅十二月崩壽六十歲葬永陵

嘉靖 壬午

三十一年冬十月築京師外城 [redacted] 築外城 一十五里 三十二年冬十月

京師外城成

明穆宗契天隆道淵懿寬仁顯文光武純德弘孝莊皇帝 諱載

歷代紀元宅都記略 三六

古天開圖畫樓鈔本

莊世宗三子嘉靖四十五年丙寅十二月立明年改元
隆慶至六年壬申六月崩壽三十六歲葬昭陵

隆慶丁卯

明神宗範天合道哲肅敦簡光文章武安仁止孝顯皇帝諱翊
鈞穆宗太子隆慶六年壬申六月立明年改元萬曆
至四十八年庚申七月崩壽五十八歲葬定陵

萬曆癸酉

明光宗崇天契道英睿恭純憲文景武淵仁懿孝貞皇帝
諱常洛神宗太子萬曆四十八年庚申七月立九月崩
稱九月以後為泰昌元年壽三十歲葬慶陵

泰昌庚申

明熹宗達天闡道敦孝篤友章文襄武靖穆莊勤悊皇帝

讳由校光宗長子泰昌元年庚申九月立明年改元
天啓至七年丁卯八月崩寿二十三岁葬德陵

天啓 辛酉

明莊烈愍皇帝 讳由檢光宗五子天啓七年丁卯八月立明年改元崇禎
至十七年甲申三月崩国亡寿三十五岁葬思陵神宗孙
福王由崧以甲申五月立于南京改元弘光明年五月 大兵执归 京师

崇禎 戊辰

古天開圖畫樓鈔本

年號相同攷

與分霸僭竊外國相同者不錄與擬議不用相同者亦錄

建元 漢武帝 辛丑 晉康帝 癸卯 齊高帝 己未

元康 漢宣帝 丙辰至己未 晉惠帝 辛亥至己未

永光 漢元帝 戊寅 宋廢帝 乙巳

建武 漢光武帝 乙酉至丙辰 晉惠帝 甲子 晉元帝 丁丑至戊寅 齊明帝 甲戌至丁丑

永平 漢明帝 戊午至乙亥 晉惠帝 辛亥

元和 漢章帝 甲申至丙戌 唐憲宗 丙戌至庚子

永元 漢和帝 己丑至乙巳 齊東昏侯 己卯至庚辰

元興 漢和帝 乙巳 晉安帝 壬寅至癸卯

元初 漢安帝 丁未至癸丑 宋武帝 庚申至壬戌

永寧 漢安帝 庚申 晉惠帝 辛酉

永和 漢順帝 丙子至辛巳 晉穆帝 乙巳至丙辰

永嘉 漢沖帝 乙酉 晉懷帝 丁卯至壬申

元嘉 漢桓帝 辛卯至壬辰 宋文帝 甲子至癸巳

永興 漢桓帝 癸巳至甲午 晉惠帝 甲子至丙寅

永康 漢桓帝 丁未 晉惠帝 庚申至辛酉

建興 漢後帝 癸卯至丁巳 晉愍帝 癸酉至丙子

泰始 晉武帝 乙酉至甲午 宋明帝 乙巳至辛亥

永昌 晉元帝 壬午 唐武后 己丑

太和 晉海西公 丙寅至辛未 唐文宗 丁未至乙卯

永泰 齊明帝 戊寅 唐代宗 乙巳至丙午

至德 陳長城煬公 癸卯至丙午 唐肅宗 丙申至戊戌

上元 唐高宗 甲戌至丙子 唐肅宗 庚子至壬寅

天福 後晉高祖 丙申 後漢高祖 丁未

至元 元世祖 甲子至甲午 元順帝 乙亥至庚辰

古天開圖畫樓鈔本

編年紀事一卷

〔清〕侯官李彦彬撰

福建省圖書館藏清抄本

編年紀事一卷，清李彥彬撰。彥彬（一七九二—一八三七），字則雅，號蘭屏，又號榕亭，侯官人。道光三年（一八二三）進士。選翰林院庶吉士，充武英殿纂修，官至刑部主事。與弟彥章秉承家學，俱以德行文章著稱，時有「雙珠」之譽。喜好金石字畫，曾營建石畫園，廣收書史名墨，召聚賓客雅集。撰有蘭亭年譜、山谷年譜、榕亭詩文鈔等。傳見民國閩侯縣志。

是書取編年紀事之體，上起唐高祖武德元年（六一八），下迄清仁宗嘉慶二年（一七九七）。所紀以朝代及年號爲綱，凡千餘年間之建元改號，即如武后改元之頻繁，五代十國之紛擾，皆脉絡分明，有條不紊。其紀事偏重將相名臣、文人學士之生卒年月及仕宦行跡，所記多達數百人，而以杜甫、韓愈、白居易、歐陽修、蘇軾、黄庭堅、米芾、陳師道、朱熹、陸游、趙孟頫、鄧文原、虞集、張雨、吴寬、沈周、李東陽、李夢陽、王陽明、文徵明、董其昌、朱彝尊、孫承澤、吴偉業、王士禎、查慎行諸人行實較爲詳悉。此外兼及朝廷大政、軍國要事，尤多關涉文獻典籍之事，如唐貞觀十四年「命孔穎達會諸儒撰五經正義」，開成二年十月「國子監石經成」，後唐長興三年「初刻九經印板」，後周廣順三年「周九經成，田敏所刻」，宋端拱元年「詔分三館書萬餘卷，别爲書庫，始省祕閣之名」，咸平二年「詔邢昺、杜鎬、舒雅、孫奭等，校定周禮、儀、公穀春秋、孝經、論語、爾雅義疏」，咸平四年

「須九經於州縣學校」。諸如此類，可見其編纂旨趣與學術嚮向。

是書記諸人生平行實，頗爲審慎。如唐高宗顯慶三年記「褚遂良卒，年六十三」，注云「新舊書皆同此」，四年又記「褚遂良卒，年六十四」，注云「此張懷瓘書斷」。宋仁宗天聖六年記「十二月丁卯，林和靖卒，年六十二」，景祐元年又記「青箱雜記是年林和靖尚在，當攷」。元順帝至正八年記「張伯雨卒，年七十二」，十年又記「張伯雨卒，年六十八」，注云「須查，與上不同」。康熙廿一年記「顧寧人卒，年七十」，注云：「全祖望云年六十九，卒於辛酉，誤也。今據昆山志。」然亦頗有訛誤疏漏，如宋太宗太平興國「八年癸卯，太平御覽成」，當爲「癸未」。宋真宗天禧四年「張橫渠生」，宋神宗熙寧十年「張子卒，年四十七」，當爲「五十七」。宋哲宗「元符二年己卯正月，伊川易學生，年六十七」，「伊川易學生」不文，疑當作「伊川易傳成」。元順帝「至元元年辛巳」，當爲「至正」。萬曆四十六年記云「是爲我大清太祖高皇帝天命元年」，天命元年實爲萬曆四十四年。乾隆十七年記「厲樊榭卒，年六十一」，十八年又記「厲太鴻卒，年六十二」，按厲鶚字太鴻，號樊榭，其卒年當爲乾隆十七年。

是書僅存福建省圖書館藏稿本，卷前題「編年紀事」四字，不分卷，前後鈐有「連理平安室主」、「蓬瀛簪筆殿閣聯珂」、「蘭屏公稿」、「蘭卿公稿」、「曾藏林汾貽處」諸印。卷端不題書名、撰者，且無序例。據嘉慶元年所記「今上御極」云云，知其編纂於嘉慶間，蓋爲彦彬少時研讀史籍，隨手札記編連成册，以備查檢考證之用，並非有體系之著作。林汾貽乃林

則徐裔孫，林則徐與李氏昆弟交誼尤篤。李氏昆弟物故後，林則徐曾爲其校理遺書，則此本之遞藏，實淵源有自矣。（張　文）

编年纪事

唐高祖武德元年戊寅
四年辛巳初行開元通宝錢置天策上將十八學士
九年丙戌置宏文館
太宗貞觀元年丁亥
六年壬辰七月十二日詢書傳授訣付善奴
十一年丁酉以武氏為才人
十二年戊戌虞世南卒年八十一
十四年庚子命孔穎達會諸儒撰五经正義
十七年癸卯圖功臣于凌烟閣
高宗永徽元年庚戌
五年甲寅以太宗才人武氏為昭儀
六年乙卯立武氏為后

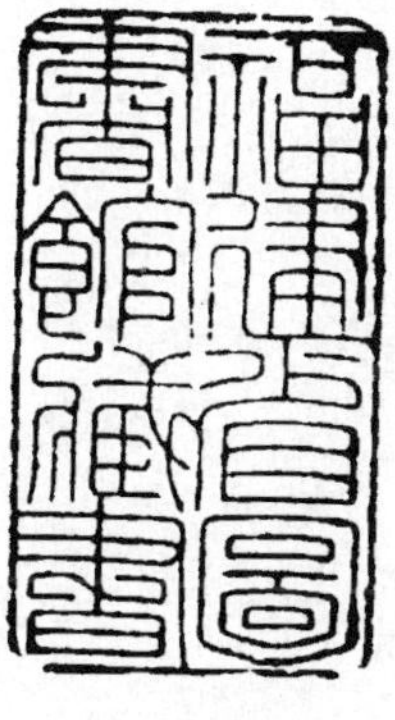

顯慶元年丙辰

三年戊午褚遂良卒年六十三新旧書皆同此

四年己未褚遂良卒年六十四此張懷瓘書斷

五年庚申令皇后决有司奏事

龍朔元年辛酉

麟德元年甲子

乾封元年丙寅封禪太山

總章元年戊辰

咸亨元年庚午

上元元年甲戌帝称天皇后称天后

儀鳳元年丙子

調露元年己卯

永隆元年庚辰
開耀元年辛巳
永淳元年壬午
弘道元年癸未
中宗嗣聖元年甲申
二月睿宗文明元年
九月太后光宅元年
太后垂拱元年乙酉即嗣聖二年
垂拱二年
垂拱三年
垂拱四年
永昌元年己丑即嗣聖六年周以十一月爲歲首

天授元年即嗣聖七年
天授二年
如意元年壬辰即改長壽元年即嗣聖九年
長壽二年
延載元年甲午嗣聖十一
證聖元年乙未即改天冊万歲元年嗣聖十二
万歲登封元年丙申即改万歲通天元年嗣聖十三
神功元年丁酉嗣聖十四
聖歷元年戊戌嗣聖十五
聖歷二年
久視元年庚子嗣聖十七　周復以正月為歲首
大足元年辛丑即改長安元年嗣聖十八　李太白生　王右丞生

長安二年壬寅

長安三年癸卯

長安四年甲辰 嗣聖廿一年

神龍元年乙巳帝復位遷太后于上陽宮復國號曰唐

景龍（隆）元年丁未

二年戊申置修文館學士

三年己酉顏真卿生

睿宗景雲元年庚戌

太極元年壬子八月即傳位

元宗先天元年壬子杜工部生

元宗開元元年癸丑

十年壬戌李泌生

十三年乙丑東封太山
十四年丙寅命張說修五礼
十九年辛未杜少陵年廿游吳越
二十年壬申開元礼成
廿一年癸酉張九齡同平章事
廿三年甲乙亥杜少陵自吳越歸赴京兆貢舉不第
廿四年丙子張九齡上千秋金鑑錄
廿五年丁丑少陵遊齊趙
廿八年庚辰張九齡卒
廿九年辛巳少陵在東都
天寶元年壬午安祿山為平盧節度使
二年癸未

三載甲申

四載乙酉八月以楊太真为貴妃　少陵在齊州

五載丙戌少陵歸長安

六載丁亥少陵應詔退留長安

十載辛卯少陵進三大禮賦待詔集賢院

十四載乙未少陵授河西尉不拜改右衛率府曹參軍十一月往奉先

肅宗至德元載丙辰

二載丁酉四月少陵脫賊至鳳翔拜右拾遺八月放鄜州省家

十二月上皇還西京

乾元元年戊戌少陵出為華州司功

二年己亥三月九節度之師潰于相州　少陵七月客秦州十二月

入蜀

上元元年庚子少陵卜居浣花溪

二年辛丑以建子為歲首　七月王右丞卒年六十一

宝應元年壬寅復以建寅為正月　李白卒年六十二

代宗廣德元年癸卯

二年甲辰李光弼卒

永泰元年乙巳

大歷元年丙午

三年戊申韓文公生少陵去夔出峽

四年己酉少陵之潭州

五年庚戌杜少陵卒年五十九

七年壬子正月廿日白居易生　刘禹錫生

八年癸丑李翺生　柳宗元生　柳公權生

德宗建中元年庚申徐浩德宗初卒年八十
二年辛酉六月郭子儀卒年八十五
四年癸亥四月帝如奉天朱泚據長安
興元元年甲子六月李晟收復京師帝還長安　八月顏真卿为李希
烈所害年七十六
貞元元年乙丑僧懷素年六十一
五年己巳李泌卒年六十八
九年癸酉李晟卒
廿一年乙酉王洽貞元末年時人云化去
憲宗元和元年丙戌韓文公召拜國子博士
三年戊子韓文公分教東都
五年庚寅韓文公為河南令

六年辛卯韓文公拜職方員外郎作石鼓歌

十年乙未白樂天改江州司馬

十一年丙申韓文公拜右庶子

十二年丁酉十月擒吳元濟　白樂天在江州香炉峯下築草堂

十三年戊戌白樂天除忠州刺史

十四年己亥韓文公貶潮州　十月五日柳宗元卒年四十七

十五年庚子韓文公移袁州召拜國子祭酒

穆宗長慶元年辛丑

二年壬寅白香山除杭州刺史

三年癸卯韓文公拜吏部侍郎

四年甲辰冬韓文公卒年五十七　杭州築白堤

敬宗寶歷元年乙巳白樂天除蘇州刺史

文宗大和元年丁未
三年己酉白樂天以太子賓客分司東都
四年庚戌牛僧孺同平章事
五年辛亥李㴑卒年五十九
七年癸丑李德裕同平章事
九年乙卯十一月甘露之变
開成元年丙辰
二年丁巳十月國子監石经成
四年己未裴度卒
武宗會昌元年辛酉
二年壬戌劉禹錫卒
六年丙寅八月白樂天卒年七十五

宣帝大中元年丁卯
三年己巳李德裕卒于崖州年六十三
六年壬申二月十六日钱鏐生　十月廿一日梁太祖朱晃生
懿宗咸通元年庚辰柳公權以太子太保致仕年八十八
僖宗乾符元年甲午後蜀孟知祥生
二年乙未黄巢聚衆應王仙芝
廣明元年庚子黄巢僭號
中和元年辛丑正月幸成都
三年癸卯五月克李克用破黄巢收復長安　三月楊行密起兵
光啓元年乙巳後唐莊宗李存勖生
文德元年戊申
昭宗龍紀元年己酉

七

大順元年庚戌

二年辛亥王建克成都自称兩川留後

景福元年壬子晉高祖石敬瑭生

乾寧元年甲寅

三年丙辰武安年推馬殷为留後　錢鏐克越州董昌伏誅

翁諫議中探花使　是年楊行密全有淮南之地　北漢劉旻生

光化元年戊午

天復元年辛酉

天祐元年甲子周太祖郭威生

昭宣帝天祐二年乙丑

四年丁卯唐亡

梁太祖朱晃開平元年西川稱唐天復七年

梁開平二年戊辰一　晉岐淮南稱唐天祐五年　吳越天寶元年

蜀高祖王建武成元年

開平三年己巳梁遷都洛陽

開平四年庚午淮南稱吳

梁乾化元年辛未　蜀永平元年

乾化二年壬申

乾化三年癸酉

乾化四年甲戌

梁貞明元年乙亥

貞明二年丙子　蜀通正元年　遼太祖神册元年

貞明三年丁丑　蜀天漢元年　漢乾亨元年

七

貞明四年戊寅　蜀光天元年

貞明五年己卯後蜀孟昶生　　蜀乾德元年　　楊吴武義元年

梁龍德元年辛巳　吴順義元年

龍德二年壬午　遼太祖改天贊元年

龍德三年癸未四月以後唐莊宗同光元年

後唐同光二年甲申　吴越宝大元年

同光三年乙酉　蜀咸康元年　漢白龍元年

同光四年丙戌四月以後明宗天成元年　吴越宝正元年　遼太宗天顯元年

後唐天成二年丁亥　吴乾貞元年

天成三年戊子　漢大有元年

天成四年己丑　吴太和元年

唐長興元年庚寅

長興三年壬辰唐初刻九经板

長興四年癸巳　閩龍啓元年

唐閔帝應順元年四月以後唐主從珂清泰元年甲午

清泰二年乙未　吳天祚元年　閩永和元年

清泰三年丙申十一月以後晉高祖天福元年　閩通文元年

晉天福二年丁酉　南唐昇元元年　吳亡南唐代　契丹改國號遼

天福三年戊戌　蜀廣政元年　遼太宗改會同元年

天福四年己亥　閩永隆元年

天福七年壬寅　南漢光大元年

天福八年癸卯　南唐保大元年　殷天德元年　南漢乾和元年

晉開運元年甲辰

九

開運二年乙巳

開運三年丙午

後漢高祖仍晉稱晉天福十二年丁未改號漢　遼太宗太同元年

　　遼世宗天禄元年

漢乾祐元年戊申

乾祐二年己酉

乾祐三年庚戌

周太祖廣順元年辛亥　北漢乾祐四年　遼穆宗應歷元年

廣順二年壬子

廣順三年癸丑　周九經成田敏所刻

周顯德元甲寅

顯德二年乙卯　吴越王俶造塔

顯德四年丁巳　北漢天會元年
顯德五年戊午　唐中興元年
顯德六年己未　南漢大寶元年

宋太祖建隆元年庚申

乾德四年丙寅求遺書

五年丁卯林和靖生

開宝四年辛未　南漢亡　唐改号江南

五年壬申始放進士榜

六年癸酉行開宝通礼書二百巻

九年丙子十二月太宗太平興國元年

太平興國二年丁丑

三年戊寅立崇文院　呉越王俶以其地来帰

八年癸卯太平御覧成

雍熙元年甲申求遺書

端拱元年戊子詔分三館書万餘巻別為書庫始有祕閣之名

二年己丑八月二日丑時范仲淹生

淳化元年庚寅

二年辛卯徐鉉卒

三年壬辰趙普卒　名終南隱士种放不至

四年癸巳呂蒙正復相　胡瑗

五年甲午置起居院

至道元年乙未

三年丁酉分天下州軍為十五路

真宗咸平元年戊戌

二年己亥曹彬卒　詔邢昺杜鎬舒雅孫奭等校定周礼儀公穀春秋孝经论语尔疋義疏

四年辛丑頒九經于州縣学校

五年壬寅梅聖俞生
景德元年甲辰畢士安寇準相　富弼生
二年乙巳畢士安卒年六十八
三年丙午王旦相
四年丁未六月廿一日寅時歐陽修生
大中祥符元年戊申韓琦生
二年己酉李泰伯生
四年庚戌呂蒙正卒　邵雍生
五年壬子蔡襄生
天禧元年丁巳九月王旦卒年六十一　周子生
三年己未寇準復相　曾鞏生　十月十八日司馬光生
四年庚申張橫渠生　二月廿二日蘇頌生

五年辛酉十一月十二日辰時王安石生
仁宗天聖元年寇準卒于雷州
五年丁卯范純仁生
六年戊辰十二月丁卯林和靖卒年六十二
八年庚午歐陽永叔试礼部第一
九年辛未歐陽公到西留守推官任時錢惟演为留守
明道元年壬申大程子生　王令生
二年癸酉二程子生
景祐元年甲戌元昊反　青箱雜記是年林和靖尚在当攷　永叔授
宣德郎试太理评事兼監察御史充鎮南軍節度掌書記館閣校勘
三年丙子十二月十九日卯時坡公生　永叔謫夷陵令
四年丁丑永叔移光化軍乾德縣令

十二

宝元元年戊寅王曾卒　元昊稱帝　孔經父文仲生

姚景叔師雄生

二年己卯二月廿日蘇子由生　朱長文生　永叔復舊官權武成軍節度判官廳公事

康定元年庚辰永叔復充館閣校勘仍修崇文總目

慶曆元年辛巳曾子固上歐公書時年二十三　崇文總目成永叔改集賢校理

二年壬午徵處士孫復為國子監直講　陸農師佃生

三年癸未八月十七日集韻印成　永叔轉太常寺知諫院

四年甲申歐陽公進朋黨論除龍圖閣直學士同北都轉運按察使

五年乙酉六月十二日辰時黃山谷生　永叔知滁州子奕生

姚定夫酢生

六年丙戌歐公在滁自号醉翁
七年丁亥夏竦相
八年戊子夏元昊卒　文彦博討貝州入相　蘇子美卒年四十一
歐公知楊州
皇祐元年己丑宋庠相　歐公移知潁州　秦少游生
二年庚寅永叔改知應天府約梅聖俞買田于潁
三年辛卯十一月范文正在青社書伯夷頌　十二月米芾生
夏竦卒
四年壬辰范文正卒年六十四　賀方回生　張文潛耒生在考
五年癸巳狄青平儂智高　楊龜山生中立　晁無咎生補之
八月十日陳無己師道生
至和元年甲午張耒生

十二

有

二年乙未文彥博富弼相

嘉祐元年丙申

二年丁酉歐陽修知貢舉　邵子文伯溫生

三年戊戌韓琦相　永叔加龍圖閣學士權知開封府

四年己亥召河南處士邵雍不至　晁說之以道生

山谷遊學淮南　東坡詩起是年

五年庚子歐陽修等上新唐書　梅聖俞卒年五十九

六年辛丑十二月東坡到鳳翔判官任　尹彥明焞生

英宗治平元年甲辰山谷赴試禮部留京師

二年乙巳詔議崇奉濮王禮　東坡自鳳翔還朝

三年丙午宋元憲庠生卒年七十一

四年丁未蔡襄卒年五十六　永叔除觀文殿學士轉刑部尚書知

亳州

神宗熙寧元年詔王安石越次入對　永叔轉兵部尚書知青州

金太祖生　刘原父卒年五十　九月山谷到汝州任

二年己酉九月行青苗法

三年庚戌韓絳王安石相　歐陽公号六一居士

四年辛亥更定科舉法專以經義論策試士　歐陽公致仕歸潁

十一月東坡到杭州通判任

五年壬子歐公卒年六十六　羅從彥生　山谷除北京國子教授

東坡季子過生

六年癸丑周子卒年五十七

七年甲寅胡安國生字康侯　十一月東坡到密州任

八年乙卯王安石上三經新義詔頒于學宮　韓琦卒年六十八

十年丁巳邵子卒年六十七　張子卒年四十七　葉夢得生鈔

四月東坡赴徐州任

元豐元年戊午張文潛云廿五歲過南豐于山陽　程致道俱生

二年己未元章官長沙　正月廿日文与可卒　汪彥章藻生

劉一止生　四月東坡到湖州任　黃伯思生

三年庚申二月東坡到黃州　山谷改官吉州太和縣是年游山谷寺始

号山谷老人

四年辛酉山谷赴太和　趙德甫生　孫仲益覿生

五年壬戌元章過金陵　東坡之号在是春有謂在四年者未然也

年四十七

六年癸亥曾子固卒年六十五　陳后山詩編起此年

七年甲子四月東坡自黃州赴汝州任由九江府至筠州　司馬溫

公上資治通鑑　山谷赴德州　曾幾生字志甫
八年乙丑六月後山谷赴京　十月東坡到登州十二月入侍延和
五月王珪卒　六月大程子卒年五十四　李伯紀綱生
哲宗元祐元年丙寅九月朔司馬光卒年六十八　東坡除翰林院學
士　山谷在祕書省　后山在京師　王介甫卒年六十六
二年丁卯禁用王氏経義字説　元章過甬上　山谷在祕省兼
史局
三年戊辰元章遊吴興　后山在徐州　孔文仲卒年五十一
范純仁相　蘇頌為吏部尚書　孫莘老為吏部侍郎
四年己巳七月東坡到杭　六月子由入翰林
五年庚午后山在潁州
六年辛未四月東坡還朝除翰林承旨　八月出知潁州

十二月張方平卒年八十五　是年米黻始書为芾
七年壬申山谷護母喪歸里　元章在雍邱　三月東坡到揚州
九月以兵部尚書召還朝　九月太皇太后高氏崩十月帝始親
政
八年癸酉東坡任端明侍讀二學士八月出知定州　山谷除編修
官辭免　李延平生
紹聖元年甲戌除字說之禁　山谷除知宣州又除知鄂州十月離分
寧自言是年黃龍山中忽得草書三昧　十月元章東歸
十月東坡到惠州
二年乙亥山谷赴黔州貶所　后山丁母憂歸　八月元章觀潮
于浙江亭
三年丙子山谷在黔州　后山寓曹州

四年丁丑文潞公卒　元章在漣水　六月東坡渡海到儋州
元符元年戊寅山谷遷戎州　后山在徐州　二月米長文卒年六
十
二年己卯正月伊川易學生年六十七
三年庚辰蘇子由歸潁昌　八月十二日秦少游卒年五十二
徽宗建中靖國元年辛巳正月東坡度嶺北歸　七月廿八日東坡卒
年六十六　山谷自去冬放還是春解舟江安四月抵荊南自此
至明年凡留荊南十閱月　蘇子容卒　王止仲卒　十二
月后山卒于館　秦少游卒年五十三
崇寧元年壬午禁元祐法立党人碑　蔡京為相　山谷九月至鄂州
米老九月十五日跋云時以芾字行適一紀
二年癸未山谷在鄂州十一月謫宜州

十七

三年甲申山谷自潭歷[illegible]衡永全州靜江以趋貶所　元章除書[illegible]
學博士　鄭樵生
四年乙酉九月三十日山谷卒于宜州年六十一　元章在無為州
五年丙戌毀党人碑
大觀元年丁亥九月庚午二程子卒年七十五　元章卒于淮陽軍廨
年五十七
政和二年壬辰蘇子由卒年七十四　王十朋生
七年丁酉洪适景伯生
重和元年戊戌黄伯思卒年四十
宣和元年己亥鄭俠卒年七十九
二年庚子洪遵生
四年壬寅金克遼燕京万歲山成更名曰艮嶽

五年癸卯十二月蘇過卒年五十二　洪邁生　禁元祐學術

六年甲辰楊万里生

七年乙巳十月十七日陸游生

欽宗靖康元年丙午七月十五日周必大生　范成大生　除元祐

黨籍學術之禁　十一月金陷西京

高宗建炎元年丁未

三年己酉七月晁說之卒年七十一　洪皓使金　苗劉之乱

金人陷南京帝至臨安

四年庚申九月十五日甲寅午時朱子生

紹興元年辛亥秦檜相

三年癸丑張栻生　婁機生

五年乙卯楊時卒　金亶宗仍称天會十三年

十八

七年丁巳三月十七日呂祖謙生
八年戊午宋都臨安　胡安國進春秋傳　陳簡齋卒年四十九
九年己未二月陸象山生
十年庚申李綱卒年五十八　岳飛大破金于朱仙鎮旋奉詔班師
十一年辛酉秦檜殺岳忠武
十三年癸亥帝自書六經刻石太學　洪皓還自燕　放翁以試
南省至臨安　三月朱子父韋齋先生卒
十八年戊辰春朱子登王佐榜進士
二十年庚午葉水心生
廿一年辛未韓世忠卒　朱子授同安簿
廿三年癸酉放翁試鎖廳第一　朱子始更學于延平李先生之門
三月張鎡功甫生　金主亮貞元元年　金遷都燕

廿五年乙亥秦檜死
廿六年丙子王庭筠生
廿八年戊寅放翁除寧德主簿　金营汴宫
廿九年己卯朱子監潭州南岳庙名不赴
三十年庚辰放翁到行在除删定官
三十一年辛巳虞允文敗金師于采石　鄭樵上通志
三十二年壬午鄭樵卒年五十九　虞允文与吴璘經略中原
孝宗隆興元年癸未李延平卒年七十一　張浚相
二年甲申張浚卒　放翁到鎮江通判任
乾道元年乙酉七月放翁改任通判隆興軍府事
二年丙戌五月曾幾卒年八十三
五年己丑虞允文相

六年庚寅放翁到夔州通判任　朱子得雲谷于建陽縣西北榜之
曰晦庵晦庵之号始此年四十一
七年辛卯王十朋卒
八年壬辰朱子作通鑑綱目　放翁應辟樞密使王炎幕府以左丞
議郎權四川宣撫使幹办公事
九年癸巳放翁權通判蜀州事
淳熙元年甲午洪文安遵卒年五十五
二年乙未放翁到成都路安撫司參議官任　二月虞允文卒年六十五　六月范成大帥蜀与
放翁為文字交　七月朱子作晦庵于芦峯之雲谷自為記
三年丙申名朱子为秘書郎不至　陸游是年始号放翁年五十二
在成都　金大定十六年王庭筠登進士第
五年戊戌秋放翁到行在除提舉福建常平茶塩公事　魏了翁生

朱子權發遣南康軍三月到任

七年庚子放翁召詣行在仍除外官汎江東歸　二月七日張南軒卒年四十八

八年辛丑放翁家居　朱子提舉浙東常平茶塩行社倉法　呂祖謙卒年四十五

九年壬寅放翁除主管成都玉局觀

十年癸卯岳珂生

十一年甲辰洪文惠适卒年六十八

十三年丙午放翁除知嚴州　張即之生

十四年丁未周必大相　劉後村生

十五年戊申放翁召還行在

十六年己酉二月放翁除實録院檢討官十二月被劾去官歸

光宗紹熙元年庚戌放翁家居冬提舉武夷沖祐觀此數年放翁皆家居矣　金昌宗明昌元年　元裕之生　六月二十日耶律楚材生

三年壬子十二月十四日陸象山卒年五十四　朱子始築室于建陽之攷亭成韋齋先生之志也

寧宗慶元元年乙卯朱子自筮得遯之同人自號遯翁

二年丙辰禁用僞学之党

五年己未韓侂冑封平原郡王

六年庚申三月甲子朱子卒年七十一

嘉泰元年辛酉

二年壬戌放翁應詔同修孝宗實録六月入都　金王庭筠卒年四十七

三年癸亥放翁除宝謨閣待制　十一月陳止齋卒年六十七
四年甲子放翁致仕以下數年放翁皆家居　十月一日周益公卒
年七十九
開禧元年乙丑
二年丙寅五月二日楊万里卒年八十三　蒙古称帝于斡难河
三年丁卯放翁封渭南縣伯　十一月韓侂胄誅
嘉定元年戊辰史弥遠相
二年己巳九月許文正生于金
三年庚午放翁卒年八十六
四年辛未金党懷英卒年七十八　十一月婁機卒年七十九
六年癸酉樓攻愧卒年七十七　金改至寧元年九月以後金宣宗
貞祐元年

七年甲戌金徙都汴京　蒙古入燕
八年乙亥八月乙卯元世祖生　金築汴京裏城
十二年己卯金河北郡縣俱降蒙古　王應麟生竹汀攷作十六年生
十四年辛巳元遺山登進士第
十五年壬午六月李雁湖卒
十六年癸未郝經生　葉水心年七十四
十七年甲申馬端臨文獻通考所載事至嘉定末年
理宗寶慶元年乙酉
二年丙戌二月廿四日亥時謝疊山生
三年丁亥王秋澗生　正月十一日牟巘生　五月十一日方回生
夏亡自元昊至是一百九十五年初蒙古所滅
紹定元年戊子

三年庚寅四月二日丑時胡三省生
四年辛卯陳田宝刻蒙編成
五年壬辰五月十二日趙秉文卒　周公謹生于富春縣齋
蒙古圍金汴京　金哀宗正大九年正月改開興四月改天興元
年
七月癸巳元遺山撰中州集時遺山在聊城　五月金主走蔡州
十月史彌遠死
端平元年甲午真西山進大學衍義　金亡凡九世一百廿年
二年乙未真西山卒
三年丙申崔与立相
嘉熙元年丁酉
三年己亥崔与立卒

四年庚子方鳳生

淳祐元年辛丑求遺書

四年甲辰五月耶律楚材卒年五十五

五年乙巳姒侶相

八年戊申曾宏父石刻鋪敘斷手于是年二月

九年己酉正月十九日申時吳澂生　閏二月九日亥時刘因生

十一年辛亥游侶卒

十二年壬子張疇齋生

宝祐元年癸丑

二年甲寅九月九日趙子昂生

四年丙辰文信國及第

五年丁巳元遺山卒年六十六　鮮于樞生

六年戊午鄭善之生
開慶元年己未賈似道相
景定元年庚申
四年癸亥張即之年七十八
度宗咸淳元年乙丑
三年丁卯袁桷生
五年己巳正月廿九日劉後村卒年八十三　黃大癡生
六年庚午八月一日柳貫生
八年壬申虞集生
十年甲戌王柏魯齋生
帝㬎德祐元年乙亥郝經卒年五十三　元伯顏入建康
二年丙子五月以後宋端宗景炎元年即元世祖至元十三年伯顏入臨安

元太祖至元十三年丙子伯顏入臨安
十四年丁丑黄溍生　張雨生
十五年戊寅五月宋帝昺祥興元年
十六年己卯宋陸秀夫負帝昺同溺于海　馬祖常生
孛术魯翀生
十七年庚辰吳仲圭生　鮮于伯機于至元渡江始學書時年廿四
十八年辛巳許文正卒年七十三
十九年壬午十二月九日文信國卒年四十七
二十年癸未歐陽圭齋生
廿三年丙戌趙子昂應名至京
廿四年丁亥六月子昂授兵部郎中奉使還家　七月廿二日王元
章生　王秋澗六十

廿五年戊子遣故宋主㬵學佛于吐蕃　子昂以夫人北上

廿六年己丑四月謝疊山卒時年六十四

廿七年庚寅子昂遷集賢學士　鄧善之授杭州儒學正

廿九年壬辰閏六月鄭元祐生　子昂出同知濟南路總管府事暫

還吳興

三十年癸巳四月剡因卒年四十五

卅一年甲午蘇天爵生　朱德潤生

成宗元貞元年乙未康里子山生　子昂自濟南赴史館復歸吳興有

乙未自燕收回画目

二年丙申十二月廿五日楊廉夫生　六月王應麟卒年七十六竹汀攷作七十四

大德元年丁酉剡須溪卒年六十六　吳立夫生

二年戊戌鄧善之調崇德州教授

三年己亥子昂以集賢直學士行江浙儒學提舉

五年辛丑正月七日倪瓚生　　子昂過会稽　　鄧善之擢應奉翰林文字

六年壬寅鮮于樞卒年四十六　　道園為大都路儒學教授

七年癸卯金仁山卒年七十二

八年甲辰六月王秋澗卒年七十八　　正月八日汪克寬生

九年乙巳鄧善之升修撰

十年丙午王叔明少于仲圭廿歲小于大癡卅歲雲林年相若

十一年丁未道園擢國子助教丁母憂

武宗至大元年戊申

二年己酉迺賢生　　道園服除補助教

三年庚戌善之授江浙儒學提舉　子昂名至京師以翰林侍讀學士撰更定祝文旋謁告去　頤阿瑛生　宋濂生

四年辛亥吾子行卒　年巘卒年八十五　劉伯溫基生

仁宗皇慶元年壬子徙大都路石鼓于國子監　吳澄為國子司業

熊勿軒卒年六十　善之名為國子司業

延祐元年甲寅子昂為集賢侍講學士　道園改太常博士

三年丙辰子昂為翰林學士承旨　春道園奉旨修嶽祀于江瀆

四年丁巳善之升翰林待制　五月十三日丑時戴良生

道園遷集賢修撰

五年戊午春道園被旨名集賢直學士吳澄于家

善之出簽江南浙江肅政廉訪司事

六年己未子昂得請南歸　善夫移江東道　道園除翰林待制

せの

兼國史院編修官丁父憂　三月十二日王逢生
英宗至治元年辛酉袁清容遷侍講學士　王子充褘生
二年壬戌善之召為集賢直學士　六月子昂卒年六十九
文獻通攷刻成端臨自校　元復初卒
泰定帝泰定元年甲子貫酸齋卒年三十九　善之兼經筵以疾乞致
仕歸
三年丙寅道園遷秘書少監
四年丁卯道園辭翰林直學士俄以前職兼經筵官　袁清容卒年
六十一　楊廉夫登李黼榜二甲進士
文宗天歷元年戊辰九月十三日文宗即位　九月十八日丁丑明太
祖生　鄧善夫卒年七十一　道園兼國子祭酒　白珽卒
年八十一

二年己巳三月建奎章閣虞集撰記

至順元年庚午道園辭奎章閣侍書學士為御試讀卷官皇朝経世大典總裁官　倪雲林過浙江道歸梅里　杜工部謚文貞以紐憐大監之請

二年辛未経世大典書成　盧熊生

三年壬申道園為翰林侍講學士　范德機卒

順帝元統元年癸酉八月道園謝病歸臨川　徐良夫生　張羽生六月草廬卒年八十五　十一月張伯雨菌山巢居成　青田劉文成登第

二年甲戌張伯雨客于義興王氏

至元元年乙亥二月伯雨還銭唐

二年丙子伯雨年六十以上塚告歸　高季迪啓生

廿六

三年丁丑許白雲卒

四年戊寅孛木魯翀卒年六十　　馬祖常卒年六十

六年庚辰四月九日吳立夫卒年四十四

至元元年辛巳

二年壬午十一月柳貫卒年七十三

三年癸未詔修遼金宋三史

四年甲申錢良右卒年六十七　　揭曼碩卒年七十一　　石民瞻

年八十五

五年乙酉康里子山卒年五十一

八年戊子五月虞集卒年七十七　　張伯雨卒年七十二

十年庚寅七月張伯雨卒年六十八（須查与上不同）

十二年壬辰蘇天爵卒年五十九

十四年甲午吴仲圭卒年七十五
十五年乙未六月明太祖起兵　鄭明德除平江路儒學教授
十七年丁酉歐陽圭齋卒年八十五　黄溍卒年八十一字晉卿
方希直孝孺生　沈民則度生
十八年戊戌大癡年九十　正月余忠宣死安慶
十九年己亥正月王元章卒年七十三　明太祖國号吴
廿四年甲辰十一月鄭元祐卒年七十三　六月十七日朱德潤卒
廿五年乙巳楊士奇生　劉璚伯玉生
年七十二

廿七

明太祖洪武元年戊申閏七月徐達入元都

二年己酉二月詔修元史修礼書　三月顧仲瑛卒年六十

楊廉夫名纂修礼樂不就　解縉生　十一月趙汸卒

三年庚戌五月十三日楊廉夫卒年七十五

五年壬子十一月汪克寬卒年六十九　王子充褘卒年五十二

七年甲寅十一月十一日倪雲林卒年七十四　高彥迪卒年卅九

八年乙卯劉誠意卒年六十五

九年丙辰正月十三日午時曹月川生

十三年庚申盧熊卒年五十

十四年辛酉宋濂卒于夔州年七十二　宋璲仲珩卒

十五年壬戌十一月置殿閣大學士

十六年癸亥四月戴良卒年六十七

十八年乙丑三月始選進士入翰林及為庶吉士　張羽卒年五十三
九月十日王叔明卒于獄
二十年丁卯宋克仲温卒于鳳翔同知年六十一
廿一年戊辰王達卒年七十　夏仲昭昶生
廿六年癸酉薛瑄生
廿八年乙亥趙古則卒　四月廿日徐良夫卒年六十三
廿九年丙子杜東原生　杜用嘉瓊生想即東原也
惠帝建文元年己卯
四年壬午方希直孝孺卒年四十六
成祖永樂元年癸未改北平為順天府置北京　沈度應薦擢翰林典
籍
十二年甲午翁襄敏生　命胡廣等修五經四書性理

十三年乙未夏仲昭以進士簡入中書科習字

十八年庚子葉盛生　偶武孟桓卒年八十二

十九年辛丑自南京取回書籍收貯于左順門北廊

仁宗洪熙元年乙巳張汝弼生

宣宗宣德元年丙午

二年丁未沈石田生

三年戊申陳白沙生

九年甲寅六月十四日曹月川卒年五十九　史明古生

沈明則度卒年七十八

十年乙卯十二月二十九日吳匏庵生

英宗正統元年丙辰始置提調學政官

二年丁巳劉璹伯玉卒

五年庚申楊榮卒年八十

六年辛酉移左順門書籍于文淵閣東閣編置書目凡七千二百五十

　六部用廣運之宝

九年甲子朱存理生　三月楊士奇卒年八十

十年乙丑文温州生

十一年七月楊溥卒年七十五

十二年六月九日李東陽生八月丙生

十四年己巳全琮生　八月帝北狩　十二月廿八日謝遷生

景帝景泰元年庚午王守溪生字濟之名鏊　八月上皇至自瓦剌居

　南宮

四年癸酉蔡清生

七年丙子楊君謙循吉生

[illegible]

英宗天順元年丁丑正月復辟　夏仲昭以太常卿致仕年七十（据崑山志又十三年卒）

二年戊寅　錢竹汀云都元敬生至嘉靖四年六十八下注云翁覃溪云年六十七

三年己卯都元敬生　吳小仙偉生

四年庚辰祝枝山允明生

七年癸未匏庵入成均

八年甲申六月薛文清卒年七十二

憲宗成化元年乙酉

二年丙戌石田四十歲石田画自四十外始拓为巨幅

四年戊子匏庵中京闈

五年己丑吳与弼卒年七十九

六年庚寅二月四日唐寅生　十一月六日文徵明生

六月夏仲昭卒昶年八十三據姜二酉無声詩史

八年壬辰匏庵授修撰　九月三十日王陽明生

十二月七日李空同生名夢陽字獻吉

十年甲午杜東原卒年七十九　葉與中盛卒年五十五文莊

三邊設總制自此始命王越　杜用嘉瓊卒想即東原年七十九吳中往哲

記云年八十一無声詩史及名賢小紀云年八十

十一年乙未六月二十日康海生　錢孔周生

十二年丙申七月二日顧華玉璘生

十三年丁酉八月十日陸深生字子淵

十五年己亥徐昌谷生名禎卿

十八年壬寅七月一日陳道復生字白陽　翁襄敏卒年六十九

卅

十九年癸卯顧應祥生　八月六日何大復生

二十年甲辰孫太初生　沈石田五十六歲始号白石翁金琮为製

白石翁印石田用此印自是年始

廿三年丁未六月張東海卒

孝宗宏治元年戊申楊用修慎生

三年庚戌黃佐生

五年壬子姚公綬卒年七十一　王文成廿一歲舉浙江鄉試

六年癸丑空同成進士

七年甲寅十一月八日王雅宜生

八年乙卯彭孔嘉生　匏庵擢吏部右侍郎

九年丙辰六月史明古卒年六十三　陸叔平治生

十年丁巳四月十三日文彭生　柯奇純維騏生

十一年戊午空同授户部主事　唐子畏中鄉試第一時年廿九

文宗儒守温州年五十三　石田七十二

十二年己未王文成年廿八成進士　鄭室甫曉生　文休承嘉生

十三年庚申陳白沙卒年七十三

十四年辛酉金琮卒　十二月十四日高叔嗣生

十五年壬戌十月廿六日袁袠生

十六年癸亥懿庵進礼部尚書掌詹事府事兼翰林院學士

十七年甲子七月十日懿庵卒于官年七十

十八年乙丑空同進員外郎下獄釋出　徐昌穀成進士

彭孔嘉年生

武宗正德元年丙寅王守溪相　空同進郎中　歸熙甫有光生

王文成謫龍場驛丞

二年丁卯唐應德順之生

三年戊辰空同下獄康對山救免之　蔡虛齋卒年五十六

　五月吴小仙偉卒年五十　錢叔寶穀生

四年己巳王慎中生字道思　八月二日石田周卒年八十三

　十月廿六日黄姬水生　陸樹声生　莫如忠生

六年辛未三月徐昌谷禎卿卒年三十三

七年壬申十二月李茶陵致仕歸

八年癸酉七月廿五日朱性甫卒年七十

九年甲戌周天球生字公瑕　李于鱗生攀龍

十一年丙子七月李茶陵卒年七十　五月十七日楊椒山生

　王文成升南贑巡撫明年正月至贑

十二年丁丑

十三年戊寅何大復督學陝西
十四年己卯六月王文成平宸濠　文肇祉生
十五年庚辰孫太初卒年三十七
十六年辛巳八月五日何大復卒年三十九　宋石门旭生
　二月四日徐文長生　王文成升南京兵部尚書封新建伯
世宗嘉靖元年壬午文衡山貢于成均　徐叔明學謨生
二年癸未王新甫宗沐生　四月衡山至京授翰林待詔
　十二月二日唐子畏卒年五十四
三年甲申王文恪卒年七十五名鏊字濟之
四年乙酉九月廿二日都元敬卒年六十七　袁永之領薦應天第一
五年丙戌冬文衡山告歸　祝枝山卒年六十七　劉健卒年九
十四　王慎中成進士年十八　王弇州生世貞

六年丁亥衡山到家築玉磬山房　張伯起生

七年戊子十一月王文成守仁卒年五十七

八年己丑九月廿九日李空同卒年五十八　文元發生彭次子

閏六 十年辛卯二月十八日謝遷卒年八十三

十一年壬辰孫雪居生

十二年癸巳四月廿日王雅宜卒年四十

閏二 十三年甲午七月廿一日王荊石　王元馭錫爵生

十四年乙未八月十七日申時行生　王百穀生　六月十三日

王褒卒

閏十二 十五年丙申于慎行生　王敬美生　十月十日呂叔簡坤生

十六年丁酉高叔嗣卒年卅七

閏七 十八年己亥十一月廿六日陳道復卒年五十八

十九年庚子十二月康海卒年六十六
二十年辛丑正月三日蔡羽卒　正月薛蕙卒年五十三
五月崔銑卒　焦弱侯竑生
閏五　廿一年壬寅夏言罷嚴嵩相
廿三年甲辰七月詹事陸子淵深卒年六十八　楊君謙循吉卒年八十九　彭孔加五十
閏正　廿四年乙巳閏正月八月顧華玉璘卒年七十（俟考）　十一月魏校卒
廿五年丙午皇甫涍子安卒年五十
閏九　廿六年丁未袁褧永之卒年四十六　章仲玉生
廿八年己酉錢同愛孔周卒年七十五
閏六　廿九年庚戌趙高邑生　八月十四日湯若士生
三十年辛亥椒山以諫馬市貶狄道典史　邢侗生　唐時升生

卅一年壬子翁万達卒　徐文貞階入閣年五十九

十二月楙山到任

閏三 卅二年癸丑正月二日楙山劾嚴嵩　正月戊寅朔日食

正月十八日始奏嚴嵩十大罪

閏十一 卅四年乙卯正月十九日董文敏生　十月楙山為嚴嵩所害年四十

卅五年丙辰八月李攀龍自直隸順天府知府升陝西按察使司付使

提调學校

閏七 卅七年戊午陳眉公生名繼儒字仲醇　十一月廿三日馮琦生

卅八年己未二月廿日文徵明卒年九十　六月楊升庵卒于永昌

年七十二

是年嵩陽帖歸項氏　王慎中卒年五十一字道思

卅九年庚申唐應德順之卒年五十四

閏五 四十年辛酉

四十一年壬戌嚴嵩以罪免　浙江海倭釁起壬子而稍息于壬戌

凡十年　王元美時方銜恤家居　徐元扈光啓生

閏二　四十三年甲子

四十四年乙丑程孟陽嘉燧生　嚴世蕃伏誅　五月文嘉奉檄

閱官籍嚴氏書畫三閱月始畢　李君實日華生

顧璘初起元生

閏十　四十五年丙寅七月廿六日黃佐卒年七十七　鄭窒甫曉卒年六

十八據鄭氏譜　彭孔嘉年卒六十二竹汀云

穆宗隆慶元年丁卯張江陵相　婁子柔堅生

閏六　三年己巳

四年庚午李于鱗攀龍卒年五十七

五年辛未文彭年七十五　歸震川卒年六十六

閏三 六年壬申文彭卒年七十六
神宗万歷元年癸酉十二月八日清河張應文彝齋手装蘇蹟
王元美任湖廣按察使七月望与守巡道遊赤壁
閏十二 二年甲戌五月二日黄姬水卒年六十七　曹能始生　柯奇純
維騏卒年七十八
三年乙亥文五峯伯仁卒年七十四　李流芳生字長蘅
嚴思永衍生
四年丙子宋珏生　陸叔平卒年八十一 竹汀云
閏八 五年丁丑文元發選授浦江知縣　張丑生
六年戊寅高拱卒年六十七　沈景倩德符生
七年己卯八月四日俞仲蔚卒
閏四 八年庚辰林茂之生

十年壬午張居正卒年五十八

閏二 十一年癸未追奪張居正官　文休承嘉卒年八十三

十二年孫奇逢生

十三年乙酉二月九日黄石齋生

十五年丁亥文肇祉卒年六十九　汪砢玉生

閏六 十六年戊子文元發卒年六十　王敬美卒年五十三

十七年己丑董文敏選庶常　莫如忠卒年八十一

十八年庚寅王弇州卒年六十五 據王錫爵撰墓志史稿云廿一年卒者誤

閏三 十九年辛卯王新甫宗沐卒年六十九 史無年壽據文武星案

二十年壬辰王烟客時敏生字遜之　王鐸生　孫耳伯退谷承澤生

此條應查有云卅七年己酉生者

閏十一 廿一年癸巳徐文長卒年七十三　周天球年八十　孫退谷生

廿三年乙未九月周天球卒年八十二　十一月三日馮銓生

閏八　廿四年丙申蕭尺木生

廿五年丁酉陳洪綬生　嘉興馮開之祭酒夢禎年五十歲八月廿二生辰家有快雪堂

廿六年戊戌正月五日毛晉子晉生　于慎行卒年六十三　金聲生

王圓照鑑生　李映碧生

閏四　廿七年己亥九月一日王穉登卒年七十九　陳章侯洪綬生

廿九年辛丑茅坤卒年九十

三十年壬寅金俊明生

閏九　卅二年九月起原任湖廣副使董其昌為提督本省學政

王伯穀年七十

卅三年陸樹聲卒年九十七　孫雪居年七十四

卅四年丙午傅山生

閏六 卅五年丁未

卅六年戊申章藻年六十二　蒙古喀尔喀諸部悉歸我

大清

卅七年己酉益都馮溥生　五月廿日吴偉業生字駿公

疑年錄云孫耳伯承澤生

閏二 卅八年庚戌八月八日黃太沖宗羲生　十二月廿九日王荊石卒

年七十七 王元馭想即此

卅九年辛亥三月十五日冒辟疆生　陳瑚生

閏十二 四十年壬子四月七日周亮工生字元亮　錢飲光生

張尔岐生　常熟錢陸燦生

四十一年癸丑曹秋岳溶生　顧寧人生

四十二年甲寅七月十九日申時行卒年八十　八月四日宋荔裳
生　馮定遠班生

閏八 四十三年乙卯九月八日查士標生　盛符升生

四十四年丙辰黃宗炎生　婁子柔堅年十貢于春官

四十五年丁巳湯若士卒年七十八　魏象樞生 環極

四十六年戊午是為我

大清

太祖高皇帝天命元年　閏四月尤侗生　十一月廿一日施閏章生

六月八日呂叔簡坤卒年八十三自撰墓志及家傳

閏八 四十八年焦竑卒年八十　十月十五日毛稚黃生　梁清標生

閏八月十五日張綱孫生　是年史自八月後為泰昌元年時人

筆札則九月望後稱泰昌元年

熹宗天啓元年辛酉

二年壬戌董文敏擢太常卿

三年癸亥秋董文敏擢礼部右侍郎　毛大可生　項復初卒名
德新子京第三子

四年甲子陳其年生　汪苕文生琬

五年乙丑正月董文敏拜南京礼部尚書

六年丙寅董文敏請告歸　李本寧卒年八十　冬宋比玉自南
雍還閩　閏六月朔黄尊素卒年四十三　黄汝亨卒年七十
九

七年丁卯是為我
大清
太宗文皇帝天聰元年林侗生　湯文正生

莊烈帝崇禎元年戊辰顧起年卒字璘初年六十四　姜西溟宸英生

二年己巳八月廿一日未時朱竹垞生　李長蘅卒年五十五名流芳

三年庚午十月十八日陸稼書生　三月廿五日王西樵生

黄俞邰生　梅村中鄉試　婁堅卒年六十八或云堅生于万歷甲寅卒年当七十七

四年辛未吳漢槎生　吳梅村会試第一殿試一甲第二年廿三

徐乾學生字原一

五年壬申董文敏再入都以故官掌詹事　二月廿一日王石谷生

見沈歸愚作墓志　十月四日宋玨卒年五十七　吳漁山歷生

六年癸酉胡渭生朏明　徐元扈光啓卒年七十二　萬充宗斯大生

梅定九文鼎生

七年甲戌閏八月廿八日亥時王漁洋生　六月文徵卒年四十一

唐東江生　正月廿六日酉時宋牧仲生　趙均四十四
八年乙亥董文敏以礼部兼太子太保致仕　李良年生
碩符稹生　文點生　李君實日華卒年七十一
九年丙子我
大清群臣奉
太宗寬溫仁聖皇帝尊號建國
大清以天聰十年為崇德元年　董文敏卒年八十二　文震孟卒
吳梅村典湖廣鄉試　閻百詩生若璩　唐叔達時升卒年八
十六
十年丁丑顧梁汾生
十二年己卯陳眉公卒年八十二　陳子端廷敬生
十三年庚辰五月趙均卒年五十　八月石齋下獄

十四年辛巳張天如卒

十五年壬午張玉書生　王原祁茂京生　九月六日李光地生

九月望汴梁没于水　沈景倩德符卒年六十五

十六年癸未十二月程孟陽卒年七十九　万季野斯同生

大清

世祖章皇帝順治元年甲申吳雯生

二年乙酉竹垞詩起是年　金聲卒年四十八　高江村生

嚴永思衍卒年七十一　王方若武丹生

三年丙戌三月五日石齋卒年六十二　潘次耕耒生

五年戊子文從簡卒　張漢瞻雲章生

七年庚寅五月七日查初白生　十月絳云火

八年辛卯漁洋年十八中鄉試　王鐸罷官歸里時年六十

九年壬辰四月郭宗昌卒　陳洪綬卒年五十四毛大可集作五十四竹汀六云五十
六月宋權卒　王鐸卒　八月朱崑田生
十年癸巳四月梅村徵為國子祭酒　孫退谷致仕始築室西山自
号退翁
十二年乙未漁洋中會試
十三年丙申漁洋詩編年始此　梅村丁母憂歸　竹垞遊粵
湯西厓右曾生　除夕徐用錫生　劉太山生
十四年丁酉二月吳梅村南歸　毛子晉年六十四以正月五日生辰
十五年戊戌漁洋二甲歸里　竹垞自粵歸　汪退谷生名士鋐
字文升　孫退谷年六十六
十六年己亥漁洋選揚州推官　七月毛子晉卒年六十二
正月十三日万九沙生

十七年庚子林古度八十一　林吉人生

十八年辛丑王烟客七十　二月廿七日何義門生　宋荔裳在浙江按察任

聖祖仁皇帝康熙元年壬寅竹垞遊永嘉　吴梅村長子元朗生

趙秋谷生名執信字由符

二年癸卯梅村次子中麗生　馮溥乞假歸

三年甲辰竹垞冬之雲中　梅村幼子少融生　十月漁洋内遷礼部主事　宋牧仲通判黄州

四年乙巳竹垞遊太原　三月五日陳士業卒年六十九

陸奎勳生　馮溥五月入京七月補吏部侍郎

六年丁未竹垞七古入正調始　馮溥時始有育嬰堂初買隙地種柳為万柳堂

七年戊申王虛舟生　蕭尺木七十三　九月廿日黃唐堂生
馮溥擢都御史　二月靈皋生　孫退谷年七
八年己酉漁洋権清江浦関　竹垞之号始是年
十七　十二月励廷儀生
九年庚戌竹垞至京　任啟運生　馮溥升刑部尚書
陳少章景雲生
十年辛亥杜子皇年六十　漁洋遷戶部郎中　秋梅村卒年六
十三　馮溥為大學士　馮定遠班卒年六十八　惠天牧
士奇生
十一年壬子十二月馮銓卒　漁洋典四川試十一月丁母憂
周亮工卒年六十一　僧繼起卒年六十九　閏七月廿八日
蔣拙存生　孫鍾元年九十一　孫退谷八十　王敬哉七

十一　碩甯人六十　九月廿五日王罕皆生　孫無言年
六十　黃崑圃生
十二年癸丑三月四日宋荔裳卒　金孝章卒年七十二　七月
廿二日王西樵卒年四十八　沈確士生　九月十二日龔孝
升卒　七月辛未馬驌卒　十一月吳三桂反　李巨來生
十四年乙卯李巨來生　四月廿一日孫奇逢卒年九十四　孫退
谷卒年八十三　陳瑚卒年六十三　康熙初兩坊衙門裁去
至是復設方局
十五年丙辰漁洋補戶部郎　陳祖范生
十六年丁巳王圓照卒年八十　計甫草卒　張稷若爾岐卒
十七年戊午漁洋補翰林侍講　陳亦韓選安邑丞　福建平
十八年己未正月六日王交河生　三月御試博學宏詞諸臣五月

授職　竹垞騰笑集始此　初白慎旃集始此　兩廣平

閏八十九年庚申王烟客卒年八十九　昌巢民七十　四川平

二十年辛酉竹垞典江南試　翁左白先生生蘇斋之伯　七月十七

日江永慎修生　雲南平　西南新闢詔舉山林隱逸之士

廿一年壬戌五月陳其年卒施愚山集陳其年卒在廿二年二月須攷　二月廿六日鄭

江璣尺生　馮益都相國予告八月廿七出京　李石台卒

顧寧人卒年七十全祖望云年六十九卒于辛酉誤也今據崑山志

廿二年癸亥竹垞入南書房　閏六月十三日施愚山卒年六十六

漁洋撰五七古言詩　万充宗卒年四十九　高南阜鳳翰生

顧炎武卒于華陰年七十一

廿三年甲子漁洋奉令祭告南海　是年五月初白肄業國學

魏叔子卒　正月竹垞被劾謫官　夏于成龍卒

廿四年乙丑三月毛大可奏進韻書　九月漁洋丁父憂歸里
納蘭性德卒　曹秋岳卒年七十三　十一月張式承宮贊卒
何義門貢成均　傅山卒年八十　滕王閣燬于火
廿五年丙寅黃宗炎卒
廿六年丁卯漁洋撰唐詩十選　朱司空之弼卒　工部尚書湯
斌卒年六十一　金農冬心卒　應撝謙卒年六十九
七月魏象樞卒年七十一字環極
廿七年戊辰漁洋撰三昧集　十月毛稚黃卒年六十九　沈冠
雲生　梁清標入相　汪琬年六十五　張天扉鵬翀生
廿八年己巳黃梨洲年八十
廿九年庚午漁洋服除補少詹三月遷左副都御史七月遷兵部督捕
右侍郎　十二月十三日汪鈍翁卒琬　五月稼書行取試四

川道御史
三十年辛未漁洋典會試　三月廿日張得天生　八月一日梁清標卒年七十二　十二月十一日馮溥卒年八十三　王勤中惲正叔劉山蔚皆以是年卒　夏稼書言事擬謫奉天尋復官冬改官歸　滕王閣落成
卅一年壬申漁洋調戶部侍郎　正月竹垞復罷官三月出都汪由敦生師敏　十二月廿八日陸稼書卒年六十三　五月二日厉太鴻生
卅二年癸酉竹垞遊粵　初白中北闈鄉試　十二月冒辟疆卒年八十三　鄭谷山口卒
卅三年甲戌長洲徐枋昭法卒　徐乾學卒年六十四原一
卅四年乙亥七月三日黃梨洲卒年八十六居易錄作八十四名宗羲字太沖

尹望山生

卅五年丙子漁洋祭告西嶽　杭大宗生

卅六年丁丑十一月廿一日高念東卒年八十六　十月五日惠棟生　十月廿八日查士標卒年八十三　禹貢錐指作于此時自甲戌起而其書有壬午冬自識則自甲戌後又九年矣

卅七年戊寅竹垞初白同遊閩　黄石齋夫人蔡氏卒年八十　漁洋遷左都御史直南書房　四月七日崑山朱柏廬卒年七十二名用純字致一

卅八年己卯竹垞經義攷成　朱崑田卒年四十八　姜西溟卒年七十二　漁洋遷刑部尚書　十二月廿二日諸城劉文正公生

卅九年庚辰沈大成生

四十年辛巳商蒼雨監生

四十一年壬午四月万季野卒年六十　十月初白岯瞻入直南書房　十月十九日秦蕙田文恭生

四十二年癸未初白選庶常　正月王熙卒年七十六　金侃亦陶卒

四十三年甲申八月韓慕廬（元少）卒年六十八　[illegible]月尤侗卒年八十七

四月文与也卒年七十　初白授編修　漁洋罷官帰

六月八日閻百詩卒年六十九　吴雯卒年六十一　十一月廿二日邵長蘅卒年六十八

四十四年乙酉正月竹垞明詩綜成　全謝山祖望生

四十五年丙戌王受銘又曾生

四十七年戊子潘稼堂卒年六十三（名耒字次耕）　林侗八十二

錢籜石生
四十八年己丑十月十三日子時竹垞卒年八十一　陳六謙卒
十二月廿日張樹彤先生生　春王鴻緒解組歸重得落水蘭亭
四十九年庚寅十二月陳子端廷敬以耳疾乞休
五十年辛卯五月十一日酉時漁洋卒年七十六　毛大可年八十
九　五月張玉書卒詔陳廷敬仍入直
五十一年壬辰胡東樵年八十　宋牧仲年七十九　四月陳廷
敬卒年七十四
五十二年癸巳初白假歸　唐東江年八十　王石谷年八十二
張庚生
五十三年甲午屺瞻授編修　胡朏明卒年八十二正月九日　九月
汪退谷以左中允在京候補

五十四年乙未王原祁卒年七十四　是秋李安溪歸閩年七十四

石谷年八十四　春王鳴緒重入都　吴漁山歷年八十四尚强健張雲章為作傳後浮海去不知所終　褚寅亮生字搢升

五十五年丙申袁枚生　蕭山志云毛大可是年卒年九十四

五十六年丁酉顧憩閑八十歲　王石谷以十月十三日卒年八十六見沈歸愚所撰墓志与陳祖范撰墓表同再查之　盧文弨生

五十七年戊戌初白敬業堂集成　王方若式丹卒年七十四

五十九年庚子七月王秋史華卒年六十

六十年辛丑梅定九卒

六十一年壬寅湯西厓右曾卒年六十七　六月九日屺瞻卒年六十二

王西莊生

世宗憲皇帝雍正元年癸卯八月橫雲王司農卒　汪退谷卒年六十

六字文廾　　十二月戴震生　唐賓君孫華卒年九十
三年乙巳十月廿八日卯時蔣心畬生　張尚瑗七十
四年丙午四月王虛舟假歸　重陽後二月翁蘿軒八十　張漢
瞻雲章卒年七十九
五年丁未初白續集終　初白卒年　十八　王虛舟在惠山
七年己酉朱竹君生
八年庚戌王蒻林遊惠山　厲太鴻游焦山　八月十八日畢沅
生
九年辛亥九月王耘渠卒　趙秋谷七十　五月五日曹仁虎生
嚴長明生
十年壬子秋樊榭在揚州賦碧山銀槎
十二年甲寅李巨來六十

十三年乙卯王虛舟年六十八　錢塘字學淵生

高宗純皇帝乾隆元年丙辰九月一日楊賓實卒年七十八

　賜祿書謚配享孔廟

二年丁巳二月廿三日交河卒年五十六

三年戊午万九沙卒八十　孫莪山年八十二

五年庚申儲晒夫年八十

六年辛酉万九沙卒年八十三　三月惠仲孺士奇卒年七十一

　王与（畾）中樾鋐卒年七十四

八年癸亥九月廿六日蔣拙存卒年七十二　王若林卒年七十六

　金坛志云年七十二　高南阜年六十一自銘生壙　邵晉涵二雲生

九年甲子趙秋（田符）谷卒年八十三執信

十年乙丑二月廿九日鄭江璣尺卒　張得天卒年五十五

張鵬翀（天扉）卒五十八
十二年丁卯陳少章景雲卒年七十八
十三年戊辰鮑西岡鈖卒年五十九　黃唐堂卒年八十一
十四年己巳八月十八日方望溪卒年八十二　六月十七日周京
穆门卒年七十三
十五年庚午李巨來卒年七十八
十六年辛未正月十四日王已山卒年八十　厉樊榭六十
十七年壬申十月廿五日沈冠雲彤卒年六十五　厉樊榭卒年六
十一
十八年癸酉翁左白先生卒年七十三　厉太鸿卒年六十二
二十年甲戌（乙亥）全紹衣祖望卒年五十一
廿一年乙亥丙子正月廿三日阿文勤卒　黃崑圃卒年八十五

廿三年戊寅五月廿二日惠棟卒年六十二　汪師敏由敦卒年六十七

廿五年庚辰九月十五日金冬心卒年七十四

廿六年辛巳曹六圃六十三歲

廿七年壬午江永卒年八十二　王受銘又曾卒年五十七

廿八年癸未十一月梁薌林卒年六十七

廿九年甲申九月九日巳時秦味經文恭卒蕙田年六十三

卅二年丁亥商蒼雨盤卒年六十七

卅四年己丑尹文端年七十五　沈確士卒年九十七

卅五年庚寅錢文端八十六　沈季士七十一

卅七年壬辰冬錢稼軒卒年五十三

卅八年癸巳春詔校永樂大典　杭大宗卒年七十八

四十二年丁酉五月戴震卒年五十五
四十六年辛丑朱竹君卒年五十三
四十八年癸卯春瓜洲浚河得建炎官印
四十九年甲辰蔣心餘卒年六十
五十二年丁未八月八日曹習庵卒年五十(三)　嚴道甫長明卒年
五十七
五十五年庚戌褚搢升寅亮卒年七十六　錢學淵塘卒年五十六
六十年乙卯盧文弨卒七十九
今上御極嘉慶元年丙辰六月十五日邵二雲卒五十四終于講學
二年丁巳七月畢沅卒年六十八　袁枚卒年八十二
王西莊卒年七十六

歷代年號分韻一卷

[清] 閩縣林春溥撰

福建省圖書館藏稿本

歷代年號分韻一卷，清林春溥撰。春溥（一七七五—一八六一），字立源，號鑑塘，閩縣人。嘉慶七年（一八〇二）進士，改庶吉士，散館授編修。旋丁内艱歸，主講玉屏書院。二十二年派修國史。道光元年（一八二一），充文淵閣校理。歷南浦、鵝湖、鼇峰書院講席。撰有竹柏山房十五種等。

是書外封題「歷代年號分韻稿」，係林氏手稿本。書中録古今年號，以韻分繫，頗便尋檢。始韻部「一東」，止「十七洽」。書前録有花村談往、萬曆野獲編論古今紀年改元之説三段。卷首題「歷代年號分韻」，下題「僞號附」，次行首列韻目，又次行頂格録以該韻作尾字年號，次小字記帝號、改元時間，最末單列數字，爲該年號使用年數。如首條「普通（梁武帝十九年庚子改元，七）」，乃記梁武帝十九年庚子（五二〇）改元普通，該年號共使用七年。其不常見者，則注明出處，所徵引者有玉海、唐書、元史等。天頭偶有續補所見者，如「一東」部上補有「道隆（大理，見玉海）」等條。書中亦偶記外蕃渤海國、安南乃至日本年號，然不齊備，殆據所見而録。如「一屋」部録有日本年號「文禄（日本王平秀吉，見明史）」，平秀吉即豐臣秀吉，蓋據明史所見而録者，非有意一一搜羅也。

書中有林氏自鈐「竹柏山房藏本」朱文方印。（林振岳）

歷代年號分韻稿

花村看行侍者談往曰國家以改元爲重然歷世無窮美名有限遂有前後相復之嫌宋有鄙者晉惠亦同渠號一同吳號建興魏之太和晉元之建武魏孝之永興唐肅之上元皆自同一代之號乾德爲號遂因宮人鑑背而始知隆興併號也因曾布日錄而後見然所當避者不止重複一節如諡法康定靖康之歎是也如陵名熙寧崇寧皆同劉宋陵名是也又不可蹈襲宮名如宣和乃契丹宮門之名欽宗彼見欲而始悔是也是以當國改元宜博洽之士如永樂乃前涼張重華宋方臘及南唐賊張遇賢所僭年號隆慶乃金國宮名當時無一人記憶何也宋太宗謂宰相須用讀書人豈虛語哉又當詳考國運如宋改治平而說者謂火德不宜用水而我朝土德不宜用木犯之有耗損元氣之嫌又當察國姓如周高祖姓宇文改元宣政當時以為亡日是也又當詳避國號如唐僖宗改元廣明當時以為唐去其口而著黃家日月後果為黃巢所篡大宋雜合之讖微而難避宋宜熟察桓玄改元大亨議者云一人二月了果二月而舉與及巨於江陵齊後主改元隆化以為降死隨煬帝改元大業以為大苦末齊顯祖改元天保識一人只十果十年而終宋徽宗改元宣和云一家有

二日果微欽同帝欽宗改元靖康謂立十二月果周歲為金擄云佐矣

矣無名司馬々名升平有不滿斗々諺大足異數足而別天改々昌宗

乃二日而李　謝々成為負戈美為犬羊舉為享不成而神宗廟々

純臣旁作屯而孝宗秉々泰昌亦二日也而是年天啓號々崇禎山也

而歷於一宗々旨隆武乃降止也一年而唐王即改國家無替有大數

存焉而建元議號不可不詳慎也

沈德符萬曆野獲編曰古來紀年而有犯重複者即本朝亦有々如永

樂天順正德皆是也惟上所紀宸翰而犯先帝紀年雖前代所無然

興邸已有隆慶殿改名慶源宣府又有隆慶衛改名延慶衛府隆

慶郡王載㙇改封鄭城不免為一番紛更而憲宗第六女下嫁駙馬

游泰者亦號隆慶公主則不及追改矣又亦嘗欽州曾以宋孝宗潛邸

升為隆慶府金章宗從單后宮亦名隆慶皆始然可目之一時者遑

寓訂那前此如宣宗宣德之號雖前所無但梁武起兵用齊宣德

太后命令隋宮有宣德郎宰人五代錢氏曾號湖州為宣德軍宋正

朝為宣德門宋元豐官制有宣德郎本朝洪武間有宣德侯金朝

無元有宣德府即今宣府是也似亦未能精考世宗入纘初擬紹治為

謂而上不用此非舊家語為不足紹而綴綫不綴闕之意已萌於隱
微時輔臣不及窺其端耳況嘉靖二字王守仁已先示於所撰文
矣識名之說良不可誣又嘉字古以紀年者不少惟宋理宗之嘉熙
當時雜合之為有力者表出之甫即位惟桂萼以翻議驟得柄政
盡逐故老非有力而何
又正統七年秋妖賊李珍率苗賊作衆罪立僭稱皇帝書天順
年號為都指揮湛清擒獲解京磔之不數月而上皇復辟正用此
紀年蓋機兆之先偶然但天順二字在遼穆宗已自稱為徽號今
宣宗時益都楊安兒者亦僭號天順至於元泰定帝崩其太子阿速吉
八即位於上都亦以天順為年號俱著之史冊時武人不事學不足責徐
武功亦不學之甚矣

歷代年號分韻　僭號附

一東

普通　梁武帝十九年庚子改七

中大通　梁武帝二十八年己酉改六

第通　蜀書帝見玉海

咸通　唐懿宗元年庚辰改十四

十年改○南詔酋法見通鑑

八月

會同　五代晉石敬瑭高祖二年丁酉遼太宗耶律德光元年改

代晉石敬瑭高祖四年己亥閩王曦僭元四

道隆　大理見玉海

建隆　宋太祖元年庚申改三

正隆　南宋高宗三十年丙子金完顏亮海陵王亮八年改五

紹隆　安南見元史

建中　唐德宗元年庚申改四

元豐　宋神宗十一年戊午改八

○正豐　高氏見玉海

二冬

元封　漢武帝三十一年辛未改六

大通　梁武帝二十八年丁未改二

進通　唐高祖六年癸未王摩娑僭元

大同　梁武帝三十五年乙卯改十一　又五代漢高祖劉知遠元年丁未正月遼太宗耶律德光

中大同　梁武帝四十五年丙寅改一

永隆　唐高宗三十一年庚辰改一　又隋恭帝元年丁丑梁師都僭元十　又五

唐隆　唐睿宗元年庚戌溫王重茂僭元

壽隆　宋哲宗十年乙亥遼道宗耶律洪基四十四年改六

神功　唐中宗十四年丁酉武后改一

大中　唐宣宗元年丁卯改十三

天聰　我大清文皇帝元年丁卯改崇德　太宗七年九

乾封　唐高宗十七年丙寅改二

登封　唐中宗十三年丙申武后改
年辛丑四月段子璋僭元五月伏誅
又東晉安帝二年戊戌後燕蘭汗僭元一
景龍　唐中宗四年丁未改四
咸雍　宋英宗二年乙巳契丹耶律洪（道宗）基十一年改十
興龍　元錦州賊張致

四支

延熹　東漢桓帝十二年戊戌改九
延熙　三國漢後帝十六年戊午改二十
咸熙　三國魏（元帝）奐五年甲申改二
永熙　晉惠帝元年庚戌改一　又梁武帝三十一年壬子魏（孝武帝）拓拔脩元年十二月改
光熙　晉惠帝十七年丙寅改一
義熙　東晉安帝九年乙巳改十四
重熙　宋仁宗十年壬申契丹耶律宗（興宗）真二年改後追改重和
紹熙　南宋光宗元年庚戌改五

黃龍　漢宣帝二十五年壬申改一　又三國吳（大帝）孫權八年己酉改三　又唐肅宗六
青龍　三國魏（明帝）叡七年癸丑改四　又東晉穆帝六年庚戌趙石祗僭元一
神龍　唐中宗二年乙酉改二
白龍　五代唐（莊宗）李存勖二年甲申南漢劉巖八年改四
○黑龍　五代蜀張育

光熹　東漢少帝元年己巳四月改三月
又東晉成帝九年甲子趙石虎僭元一
太熙　晉武帝二十六年庚戌改一
元熙　晉惠帝十五年甲子漢劉淵僭元四　又東晉恭帝元年己未改一
建熙　東晉穆帝十六年庚申前燕慕容暐僭元十一
雍熙　宋太宗九年甲申改四
淳熙　南宋孝宗十二年甲午改十六
嘉熙　南宋理宗十三年丁酉改四

開熙 元順帝三十五年丙午夏明昇　洪熙 明仁宗元年乙巳改一
僭元五
神龜 梁武帝十七年戊戌魏孝明帝拓拔詡　孝基 梁武帝二十八年己酉四月魏北海王拓拔
三年改二　顥僭元一月
天禧 宋真宗二十年丁巳改五 又南宋孝宗六年戊子西遼耶律直魯古僭元三十二
開禧 南宋寧宗十一年乙丑改三　○隆基 遼渤海將高永昌
寶龜 日本　白龜 日本

五徵

龍元 東晉孝武帝二十四年丙申後　元徽 南朝宋蒼梧王元年癸丑改五
涼呂光十二年改三
永徽 唐高宗元年庚戌改六　○天威 元耶斯伯見耶律留哥傳

六魚

太初 漢武帝三十七年丁丑改四 又東晉孝武帝十六年戊子西秦乞伏乾歸僭元二十一
又東晉孝武帝十四年丙戌秦苻登僭元　又東晉安帝元年丁酉南涼禿
髮烏孤僭元三 ○南朝宋元凶劭　建初 東漢章帝元年丙子改八 又晉惠
東晉安帝九年乙巳西涼李暠六年改　帝十四年癸亥蜀李特僭元一 又
十三 ○東晉後秦姚萇　永初 東漢安帝元年丁未改七 南朝宋
元初 東、、安、八年甲寅改六　武帝元年庚申改三
景初 三國魏書明帝叡十一年丁巳改一　黃初 三國魏書文帝丕元年庚子改七
本初 東漢質帝元年丙戌改一

光初 東晉元帝二年戊寅前趙劉曜僭元十一　皇初 東晉孝武帝二十二年甲午後秦姚興僭元五
延初 東晉孝武帝二十二年甲午前秦苻登僭元二　載初 唐中宗六年乙丑武后改一 又唐肅宗二年丁酉安慶緒僭元
○廣初 五代吳越錢鏐見玉海

七虞

赤烏 三國吳大帝孫權十七年戊午改十三　白烏 隋煬帝九年癸酉向海明僭元
乾符 唐僖宗元年甲午改六　大中祥符 宋真宗十一年戊申改九
元符 宋哲宗十三年戊寅改三　奲都 宋仁宗三十六年丁酉夏趙諒祚十年改六
平都 梁武帝三十五年丙辰汾胡王巨觸僭元　○赤符 元廣東賊朱光卿

十一真

永淳 唐高宗三十三年壬午改一　咸淳 南宋度宗元年乙丑改十
法輪 隋恭帝二年戊寅高曇晟僭元

十二文

太平真君 六朝宋文帝十七年庚辰魏太武拓跋燾十八年改十一　景雲 唐睿宗元年庚戌改二

通文 五代晉高祖石敬瑭元年丙申閩王　建文 明惠帝元年己卯改四
祖僭元三
○聖君 六朝後魏司馬小君
見這武諸子傳

十三元

建元 漢武帝元年辛丑改六　晉愍帝三年乙亥漢劉聰六年改一　東晉康帝元年
癸卯改二　東晉哀帝四年乙丑前秦苻堅九年改二十一　東晉孝武帝十六年戊子
魏翟遼僭元三　六朝齊高帝元年己未改四　後元 漢武帝五十三年癸巳改二
始元 漢昭帝元年乙未改六　初元 漢元帝元年癸酉改五
建武中元 東漢光武三十二年丙辰改二　永元 東漢和帝元年己丑改十六　東晉
元帝四年庚辰涼張茂僭元四
六朝齊東昏侯元年己卯改三　正元 三國魏少帝曹髦元年甲戌改二
景元 三國魏元帝曹奐元年庚辰改四　太元 三國吳大帝孫權三十年辛未改一　東晉明
帝二年甲申涼張駿僭元二十四　東晉
孝武帝四年丙子改二十一　○東晉前涼張茂　燕元 東晉穆帝五年己酉前燕慕容儁僭
東晉明帝二年甲申前涼張駿　元三　東晉孝武帝十二年甲申後燕
慕容垂僭元十二　承元 六朝宋文帝五年戊辰北涼沮渠蒙遜
二十九年改三
上元 唐高宗二十五年甲戌改二　唐肅宗　開元 唐元宗元年癸丑改二十九
元年庚子改二
乾元 唐肅宗三年戊戌改二　五代晉石重　興元 唐德宗五年甲子改一
貴元年癸卯南漢劉晟僭元　寶元 宋仁宗十五年丁丑改二
貞元 唐德宗六年乙丑改二十　南宋高宗
二十七年癸酉金完顏亮五年改三
昇元 五代晉高祖石敬瑭二年丁酉南唐李　慶元 南宋寧宗元年乙卯改六
昇僭元六
昇

至元 南宋理宗四十年甲子元世祖五年甲申改三十一 元順帝 ○天元 元順帝子愛猷識理達臘見高麗史
三年乙亥改六 又日本
添元 乱利也先
見明史
十四寒
漢安 東漢順帝十七年壬午改二 建安 東漢獻帝八年丁丑改二十四
永安 三國吳孫休景帝元年戊寅改六 晉惠帝十五年甲子正月改六月 東晉安帝五年十
辛丑北涼沮渠蒙遜僭元十一 梁武帝二十七年戊申魏拓拔攸元年改一 宋哲宗
十四年己卯夏趙乾順十四年改三 西東晉 泰安 晉惠帝十三年壬戌改二
前涼張寔
太安 東晉孝武帝十三年乙酉前秦苻丕僭元九 又後涼呂光僭元四 六朝宋孝武帝
二年乙未魏拓拔文成帝濬三年改五 宋神宗八年乙卯夏趙秉常六年改十一
大安 宋神宗十八年乙丑遼耶律道宗洪基三十三年改十 南宋寧宗十五年己巳金衛王永濟
僭元三
咸安 東晉簡文帝元年辛未改二 隆安 東晉安帝元年丁酉改五
興安 六朝宋文帝二十九年壬辰魏拓拔文成帝濬 天安 六朝宋明帝二年丙午魏獻文帝拓拔
元年改一 宏元年改一
長安 唐中宗十八年辛丑武后改五 天佑民安 宋哲宗六年辛未夏趙乾順
五年改八
承安 南宋寧宗二年丙辰金章宗完顏璟七 貞觀 唐太宗元年丁亥改二十三 宋徽宗
年改五 二年壬午夏趙乾順十八年改十三
大觀 宋徽宗七年丁亥改四 ○廣安 六朝後魏葛榮
仁安 外蕃渤海王武藝 政安 南詔
見唐書
一先

永延 日本
元延 漢成帝二十一年己酉改四
通天 唐中宗十三年丙申武后改一
應天 唐肅宗六年辛丑史思明三年改一 唐僖宗六年乙丑李希烈二年改一 五代梁太祖温五年辛未燕劉守光僭元 寧宗十三年丁卯夏趙安全僭元三 ○安南陳暠簽立 南漢劉玢僭元一
○大天 宋洞庭賊楊幺

太延 六朝宋文帝十二年乙亥魏太武拓拔燾 十三年改五
順天 唐肅宗四年己亥史思明僭元二 ○安南黎利 唐昭宗七年乙卯董昌僭元 ○金崔寧戚都 唐德宗四年癸亥朱泚僭元一 南宋
宅見侯擎傳
光天 五代梁末帝友貞三年戊寅蜀高祖王建 九年改一 五代晉高祖石敬瑭七年壬寅
應乾 五代晉出帝石重貴元年癸卯南漢劉晟僭元
○保天 大理見玉海

二蕭

建昭 漢元帝十六年癸未改五

五歌

征和 漢武帝四十九年己丑改四
元和 東漢章帝九年甲申改三 唐順宗元年丙戌改十五 ○安南黎寧
永和 東漢順帝十一年丙子改六 東晉穆帝元年乙巳改十二 六朝宋文帝十年癸酉北涼沮渠牧犍僭元六 東晉安帝二十年丙辰後秦姚泓僭元 五代唐廢帝李從珂二年乙未閩王延鈞二年改一
光和 東漢靈帝十一年戊午改六

綏和 漢成帝二十五年癸丑改二
章和 東漢章帝十二年丁亥改二
建和 東漢桓帝元年丁亥改三 東晉安帝四年庚子南涼禿髮利鹿孤僭元二
太和 三國魏明帝叡元年丁未改六 東晉成帝三年戊子後趙石勒十年改二 東晉康

帝二年甲辰蜀李勢僭元二 東晉康帝元年丙寅改六 六朝宋順帝元年丁巳魏孝文
拓拔宏元年改二十三 唐文宗元年丁未改九 五代唐明宗李嗣源四年己丑吳楊溥九年改六

泰和 南宋寧宗七年辛酉金章宗完顏璟[illegible]年改八

隆和 東晉哀帝元年壬戌改一

延和 六朝宋文帝九年壬申魏太武拓拔燾 十年改二 唐睿宗三年壬子改六月

興和 六朝梁武帝三十八年己未東魏孝靜帝善見二年改四

中和 唐僖宗八年辛丑改四

重和 宋仁宗十一年癸酉契丹興宗耶律宗真追改二 十二 宋徽宗十八年戊戌改一

政和 宋徽宗十一年辛卯改七

乾和 五代晉出帝石重貴元年癸卯南漢劉晟 僭元十五

嘉禾 三國吳大帝孫權十一年壬子改六

六麻

鴻嘉 漢成帝十三年辛丑改四

永嘉 東漢沖帝元年乙酉改一 東晉元帝六年壬午改一

子改三十

咸和 東晉成帝元年丙戌改九 ○外蕃渤海王彝震見玉海

義和 六朝宋文帝八年辛未北涼沮渠蒙遜 三十二年改二

景和 六朝宋廢帝元年乙巳九月改三月

天和 六朝陳文帝七年丙戌北周武帝宇文邕六年改六 唐肅宗二年丁酉安慶緒僭元

統和 宋太宗八年癸未遼聖宗耶律隆緒僭元年改 十九

至和 宋仁宗三十一年癸巳改二

宣和 宋徽宗十九年己亥改七

致和 元泰定帝五年戊辰改一

○保和 南詔

陽嘉 東漢順帝七年壬申改四

元嘉 東漢桓帝五年辛卯改二 晉懷帝元年丁卯改六 六朝宋文帝元年甲

麟嘉 晉愍帝四年丙子漢劉聰七年改二 東晉孝武帝十七年己丑後涼呂光

五年改七

天嘉 六朝陳文帝元年庚辰改六

○義嘉 六朝宋晉安王子勛

神嘉 六朝後魏山胡劉蠡升見北齊書

七陽

永康 東漢桓帝二十一年丁未改一 晉惠帝十一年庚申改一 東晉孝武帝二十四年丙申後燕慕容寶僭元一 東晉安帝十六年壬子西秦乞伏熾盤僭元七

元康 漢宣帝九年丙辰改四 晉惠帝二年辛亥三月改九

咸康 東晉成帝十年乙未改八 五代唐莊宗李存勖三年乙酉蜀王衍七年改一

建康 東漢順帝十九年甲申改一 ○晉南陽王保

延康 東漢獻帝三十一年庚子改一 唐高祖元年戊寅沈法興僭元二○元廣州賊林桂芳

太康 晉武帝十六年庚子改十 宋神宗八年乙卯遼道宗耶律洪基二十二年改十

寧康 東晉孝武帝元年癸酉改三 六朝陳文帝七年丙戌改七

天康 六朝陳文帝七年丙戌改一 ○東晉桓謙

靖康 宋欽宗元年丙午改一

地皇 偽新王莽十二年庚辰改四

開皇 隋文帝元年辛丑改四二十

天皇 唐高宗五年甲子朱泚二年改尋伏誅

鳳凰 三國吳孫皓末帝九年壬辰改三 東晉孝武帝十一年丙戌前涼張大豫僭元○東晉男妖賊李宏見晉書周訪傳

漢昌 東晉元帝二年戊寅漢劉粲僭元一

宏昌 東晉安帝六年壬寅南涼禿髮傉檀僭元六

建昌 東晉前秦賊帥張琚

隆昌 六朝齊鬱林王元年癸酉七月改一

延昌 六朝梁武帝十一年壬辰魏宣武帝拓拔恪十三年改二

孝昌 六朝梁武帝二十四年乙巳魏孝明帝拓拔詡十年改三

大昌 六朝梁武帝三十一年壬子四月魏孝武帝拓拔修僭元年七月改

德昌 六朝陳宣帝八年丙申北齊高延宗僭元年改

永昌 唐中宗六年己丑武后改一 明崇禎十七年甲申闖賊李自成僭元一

會昌 唐武宗元年辛酉改六

阜昌 南宋高宗五年辛亥齊劉豫僭元六

重光 安慶緒 李懷

宣光 元順帝子愛猷識理達臘

明昌 南宋光宗元年庚戌金章宗顈璟元年改六

元光 漢武帝七年丁未改六 南宋寧宗二十八年壬午金蒲鮮萬奴八年改二〇

建光 東漢安帝十年辛酉改一〇六朝後魏翟遼見玉海 東晉後秦竇光

壽光 東晉穆帝十一年乙卯苻秦苻生僭元二

承光 六朝宋文帝二年乙丑夏赫連昌僭元三 六朝陳宣帝九年丁酉北齊高幼主恒元年改

勝光 六朝宋文帝五年戊辰夏赫連定僭元三

正光 六朝梁武帝十九年庚子魏孝明帝拓拔詡五年改五

鳳翔 東晉安帝十七年癸丑夏赫連勃勃七年改五

總章 唐高宗十九年戊辰改二

聖王 宋洞庭賊楊么

泰昌 明光宗元年庚申改一月

永光 漢元帝六年戊寅改五 六朝宋廢帝元年乙巳改八月

延光 東漢安帝十六年壬戌改四

始光 六朝宋文帝元年甲子魏太武拓拔燾元年改四

興光 六朝宋武帝元年甲午十月魏文成帝拓拔濬二年改一

同光 五代唐李存勖莊宗元年癸未改四

泰常 東晉安帝二十年丙辰魏元明帝拓拔嗣八年改八

〇真王 六朝後魏杜洛周破六韓拔陵

延祥 高宗見玉海

八庚

元平 漢昭帝十三年丁未改一

河平 漢成帝五年癸巳改四

建平 六朝宋南譙王義宣 後魏京兆王元愉 胡白亞栗斯

建平 漢哀帝元年乙卯改四 東晉成帝五年庚寅趙石勒十二年改四 東晉孝武帝十四年丙戌西燕慕容永僭元一 東晉安帝二年戊戌後燕慕容盛僭元一 東晉安帝四年庚子南燕慕容德三年改五〇東晉恭帝燕慕容望年戊子魏拓拔什翼犍九年改四 隋恭帝元年丁丑李密僭元一 五代梁太祖朱溫四年庚午蜀王建三年改六

永平 東漢明帝元年戊午改十八 晉惠帝二年辛亥正月改二月 六朝梁武帝七

皓平 秦苻登 見玉海

延平 东漢殤帝元年丙午改一 东晋安帝元年丁酉後燕慕容麟僭元二

和平 东漢桓帝四年庚寅改一 东晋穆帝十年甲寅凉張祚僭元一 六朝宋武

仁平 日本 帝七年庚子魏拓拔濬八年改六

熹平 东漢靈帝五年壬子改六

中平 东漢靈帝十七年甲子改六

初平 东漢獻帝二年辛未改四

興平 东漢獻帝六年乙亥改二 〇六朝齊 唐寓之 帝十二年戊申南凉秃髮傉檀七年改六

嘉平 三國魏曹芳十年己巳改五 晋懷帝 五年辛未漢劉聰二年改四 东晋安

太平 三國吳孫亮五年丙子改二 东晋安帝 十三年己酉北燕馮跋僭元二十二 六朝梁敬帝二年丙子改二 隋煬帝十二年丙子林士宏僭元六 宋真宗二十四年辛酉契丹聖宗隆緒四十年改十

晏平 晉惠帝十七年丙寅蜀李雄三年改五

升平 东晋穆帝十三年丁巳改五

昌平 东晋孝武帝十四年丙戌西燕段隨僭元 旋誅

建平 东晋安帝二年戊戌南燕慕容德僭元二

正平 六朝宋文帝二十八年辛卯魏拓拔燾二十九年改一 六朝梁武帝四十七年戊辰蕭正燾景太年改德僭元尋亡 隋恭帝元年丁丑郭子和僭元一

承平 六朝宋文帝二十九年壬辰魏拓拔余南安王僭元六月改 〇六朝後魏侍真

景平 六朝宋少帝元年癸亥改一

興平 六朝梁武帝十五年丙申魏拓拔孝明帝 附僞元年改

武平 六朝陳宣帝二年庚寅北齊高緯後主 六年改六 陳宣帝九年丁酉北齊范陽

高 汪 裕義僭元尋亡 年改

右平 六朝陳宣帝九年丁酉劉沒鐸僭元三十七 通鑑作石平 玉海作右平

羅平 唐懿宗元年庚辰二月仇甫僭元 八月伏誅

開平 五代梁太祖朱温元年丁卯改四

咸平 宋真宗元年戊戌改六

治平 宋英宗元年甲辰改四 元順帝十九年辛卯天完徐壽輝僭元七

天儀治平 宋哲宗二年丁卯夏趙乾順僭元四

端平 南宋理宗十年甲午改三

建衡 三國吳孫晧（末帝）六年己丑改三

玉衡 晉惠帝五年辛未蜀李雄八年改二十四

太清 東晉哀帝二年癸亥涼張錫僭元十四 南朝梁武帝四十六年丁卯改三

河清 南朝陳文帝三年壬午北齊（武成帝）高湛二年改三

咸清 南宋高宗十年丙辰西遼蕭氏塔不煙僭元六

天成 南朝梁敬帝元年乙亥蕭淵明僭元尋亡 隋煬帝十二年丙子梁師乞僭元一 唐肅宗二年丁酉安慶緒僭元 五代唐（明宗）李嗣源元年丙戌改四 南宋寧宗二十一年乙亥耶律廝不僭元年改 ○隋末高開道

武成 南朝陳武帝三年己卯北周（明帝）宇文毓元年改二 唐高宗五年甲子李弟孤僭元一 五代梁（太祖）朱溫二年戊辰蜀王建僭元二

大成 南朝陳宣帝十一年己亥北周（宣帝）宇文贇二年改 ○明白蓮賊徐鴻儒見趙彥傳

開成 唐文宗十年丙辰改五

建明 東晉孝武帝十八年丙戌西燕慕容覬僭元尋遇害 南朝梁武帝二九年庚戌魏拓拔曄元年改一 ○上朝後魏呂苟兒

大明 南朝宋孝武帝四年丁酉改八

昇明 南朝宋順帝元年丁巳改一

承明 南朝宋蒼梧王四年丙辰魏（孝文帝）拓拔宏六年改一

永明 南朝齊武帝元年癸亥改十一

景明 南朝齊東昏侯二年庚辰魏（宣武帝）拓拔恪元年改四

乾明 南朝陳文帝元年庚辰正月北齊（廢帝）高殷元年改七月

楨明 南朝陳後主五年丁未改三

開明 唐高祖元年戊寅王世充僭元二

貞明 五代梁末帝友貞三年癸酉改六 ○南詔酋法見通鑑

天明 唐高祖六年癸未輔公祏僭元一

文明 唐中宗元年甲申青武后廢帝立睿宗旦改七月

廣明 唐僖宗七年庚子改一

建宏 南朝宋武帝元年庚申西秦乞伏熾盤八年改八

永宏 南朝宋文帝五年戊辰西秦乞伏暮末僭元三

大亨 東晉安帝六年壬寅桓元僭元一

咸亨 唐高宗二十一年庚午改四

寬宏 日本

乾亨　五代梁（末帝）朱瑱（友貞）三年丁丑南漢劉巖僭元七　宋太宗四年己卯遼（景宗）耶律賢十一年改四

永貞　唐順宗元年乙酉改八月

建貞　唐僖宗十三年丙午朱玫立肅宗元孫煴改一

乾貞　五代唐（明宗）李嗣源二年丁亥八月吳楊溥七年改二

元貞　元成宗元年乙未改二

崇禎　明莊烈帝元年戊辰改十七

〇利貞　大理見玉海

鳳鳴　隋末蕭銑

聖明　六朝後魏汪物以陳勝見景穆諸子傳

九青

竟寧　漢元帝十六年戊子改一

永寧　东晉安帝九年庚申改一　晉惠帝十二年辛酉改一　东晉穆帝六年庚戌趙石祗僭元二　宋徽宗十五年乙未夏趙乾順三十二年改五〇安南陳山僭花玉

建寧　东漢靈帝元年戊申改四

昭寧　东漢少帝元年己巳七月改三月　齊（武成帝）高湛元年改一　〇交趾李乾德

太寧　東晉穆帝五年己酉趙石虎十五年改一　南朝陳文帝二年辛巳北

泰寧　东晉明帝元年癸未改三

咸寧　晉武帝十一年乙未改五　东晉安帝三年己亥後涼呂纂僭元二

興寧　东晉哀帝二年癸亥改三

康寧　东晉穆帝二年丙午蜀李勢三年改二

義寧　隋恭帝元年丁丑改一

乾寧　唐昭宗六年甲寅改四

保寧　宋太祖十年己巳遼（景宗）耶律賢元年改十

清寧　宋仁宗三十四年乙未契丹（道宗）耶律洪基元年改十

熙寧　宋神宗元年戊申改十

崇寧　宋徽宗二年壬午改五

至寧　南宋寧宗十九年癸酉金（衛王）永濟五年改尋被弒

〇雍寧 五代西夏乾順　紹寧 安南黎麟　延寧 安南黎濬　天瑞景星 南詔

十五畫

元興 東漢和帝十七年乙巳改一　三國吳孫皓（末帝）元年甲申改一　東晉安帝元年壬寅改三

建興 三國漢後帝元年癸卯改十五　三國吳孫亮（廢帝）元年壬申改二　晉惠帝十五年甲子蜀李雄僭元二　晉愍帝元年癸酉改四　〇後燕慕容垂十年改　（外蕃建興，渤海王仁秀，言義見元史）

永興 東漢桓帝七年癸巳改二　晉惠帝十五年甲子十二月改二　東晉穆帝六年庚戌冉魏冉閔僭元三　東晉穆帝十三年丁巳前秦苻堅僭元二　東晉安帝十三年己酉魏拓拔嗣僭元五年改　南朝梁武帝三十一年壬子魏拓拔延僭元年改

炎興 三國漢後帝四十年癸未改一

光興 晉懷帝四年庚午漢劉聰僭元一

泰興 東晉元帝二年戊寅改四　隋恭帝元年丁丑薛舉僭元一

太興 南朝宋文帝八年辛未北燕馮宏僭元五

漢興 東晉成帝十三年戊戌蜀李壽僭元更國號漢六

中興 東晉孝武帝十四年丙戌西燕慕容永僭元九　南朝齊和帝元年辛巳改一　南朝梁武帝三十年辛亥魏拓拔朗元年改　五代周世宗柴榮五年戊午三月　南唐李璟十六年改二月　〇外蕃渤海王華璵見雲書　南詔酋龍化元三　南宋理宗八年壬辰金哀宗守緒九年改二

天興 東晉安帝二年戊戌魏拓拔珪十三年改六　隋恭帝元年丁丑劉武周僭元二

泰興 東晉安帝二十一年丁巳西涼李歆僭元二

真興 東晉恭帝元年己未夏赫連勃勃十三年改六

延興 南朝宋明帝七年辛亥魏孝文帝拓拔宏元年改五　南朝齊海陵王元年甲戌七月改一

皇興 南朝宋明帝三年丁未魏獻文帝拓拔宏二年改四

更興 南朝梁武帝二十九年庚戌魏拓拔（北海王）拔顥二年改一又拓拔悅元年改一

燕興 東晉孝武帝十二年甲申前燕慕容泓僭元

始興 隋煬帝十二年丙子十二月操師乞僭元　隋恭帝二年戊寅高開道僭元二

乾興 宋真宗二十五年壬戌改一

德興 宋徽宗二十二年壬寅北遼秦王定元年改一

長興 五代唐明宗李嗣源五年庚寅改四

隆興 南宋孝宗元年癸未改二

開興 南宋理宗八年壬辰正月金哀宗完顏守緒九年改三月

紹興 南宋高宗五年辛亥改三十二 南宋高宗十二年壬戌西遼耶

律表 刊元年改十二

祥興 南宋帝昺元年戊寅改二

玉恒 東晉成帝十年乙未蜀李期僭元 三

龍昇 東晉安帝十年丁未夏赫連勃勃僭元六

○龍興 漢末公孫述 東晉石虎時安定賊李子楊

魯興 六朝後魏賊帥鮮于修禮

大興 外番渤海王欽茂見尾出

十四鹽

建炎 南宋高宗元年丁未改四

景炎 南宋端宗元年丙子改三

二膧

垂拱 唐中宗二年乙酉武后改四　端拱 宋太宗十三年戊子改二

四紙

太始 漢武帝四十五年乙酉改四　東晉穆帝十一年乙卯涼張祚元倩僭元八　南朝宋明
帝元年乙巳改七　南朝梁簡文帝二年辛未侯景僭元二　○渤海王明忠言義

泰始 晉武帝元年乙酉改十　○南朝宋氏
帥趙廣見宋書劉粹傳　五代蜀賊程道養　本始 漢宣帝元年戊申改四

建始 漢成帝元年己丑改四　晉惠帝十二年辛酉趙王倫僭元尋伏誅　東晉安帝
元年丁酉後燕慕容評僭元　東晉安帝十六年丁未後燕慕容熙七年
改一　東晉安帝七年癸卯桓元二年改　永始 漢成帝十七年乙巳改四　東晉安帝七
年癸卯桓元二年改
○東晉前涼張元靚

元始 漢平帝元年辛酉改五　東晉安帝
十六年壬子北涼沮渠蒙遜十二年改十六　和始 漢孺子嬰三年戊辰改一

更始 漢聖公元年癸未改二　東晉孝武帝十三年乙酉慕容沖僭元二　東晉安帝十三年
己酉西秦乞伏乾歸二十二年改三

正始 三國魏曹芳廢帝元年庚申改九　東晉安帝十七年丁未後燕高雲僭元　南朝梁武
帝三年甲申　魏宣武帝拓拔恪五年改四

皇始 東晉穆帝七年辛亥前秦苻健僭元四　東晉孝武帝二十一年丙申魏拓拔珪
十一年改二

宏始 東晉安帝三年己亥後秦姚興六　光始 東晉安帝五年辛丑後燕慕容
年改十七　熙僭元六

天璽 三國吳孫皓末帝十三年丙申改一　東晉穆帝八年壬子前燕慕容儁四年改五　東
晉安帝三年己亥北涼段業三年改二

神璽 東晉安帝元年丁酉北涼段業
僭元二　天紀 三國吳孫皓末帝十四年丁酉改四

龍紀 唐昭宗元年己酉改一
庚子 東晉安帝四年庚子西涼李暠僭元五

久視 唐中宗十七年庚子武后改一
至治 元英宗元年辛酉改三

宏治 明孝宗元年戊申改十八
○正治 元温州誠係空崖

文治 大理 日本
白雉 日本王孝德見元史

○六語
隆緒 六朝後魏 蕭寶寅

七麌
建武 東漢光武帝元年乙酉改三十一 晉惠帝十五年甲子七月改四 東晉元帝元年丁丑改一 東晉成帝十年乙未趙石虎僭元十四 東晉孝武帝十四年丙戌西燕慕容忠僭元一 六朝齊明帝元年甲戌改四 六朝梁武帝二十八年己酉魏北海王顥僭元一

章武 三國蜀昭烈帝元年辛丑改三
黄武 三國吳孫權大帝元年壬寅改七

昌武 東晉安帝二十二年戊午夏赫連勃勃十二年改一
聖武 唐肅宗元年丙申安祿山僭元一

洪武 明太祖元年戊申改三十一
天輔 六 宋徽宗十七年丁酉金太祖二年改

○「太武 東晉蜀李雄」 神帝 六朝後魏万俟醜奴
神武 交趾係日尊見宋史 玉海作李日尊

八薺
天啓 南朝陳武帝二年戊寅後梁蕭莊元年改尋亡 元順帝二十六年戊戌徐壽輝八年改尋亡二 明熹宗元年辛酉改七 ○六朝後魏徐州刺史元法僧

光啓 唐僖宗十二年乙巳改三
龍啓 五代唐明宗嗣源八年癸巳閩王延鈞僭元二

十賄
延載 唐中宗十一年甲午武后改一
十六銑
天顯 五代唐明宗李嗣源元年丙戌遼太宗
陳光元年改一
十七篠
○平趙 東晉巴酋内渠知
十九皓
大寶 南朝梁簡文帝元年庚午改二
十三 ○安南黎麟
五代周世宗柴榮五年戊午南漢劉鋹僭元
天寶 唐元宗三十年癸未改十四 五代梁太祖
朱溫二年戊辰吳越錢鏐僭元十一
開寶 宋太祖九年戊辰改九
天保 南朝梁簡文帝元年庚午北齊文宣帝高
洋元年改十 ○又朝梁蕭巋廿
大保 南朝陳文帝三年壬午後梁明帝
巋元年改二十四
天造 唐高祖五年壬午劉黑闥僭元一
宏道 唐高宗三十四年癸未改一
至道 宋太宗二十年乙未改三
乾道 宋神宗元年戊申夏趙秉常僭元二
南宋孝宗三年乙酉改九
明道 宋仁宗十年壬申改二
顯道 宋仁宗十年壬申夏趙元昊僭元二
福聖承道 宋仁宗三十二年癸巳夏趙諒
祚五年改四
○康保 日本
永保 日本
紹寶 安南/見元史
陳日烜
崇興大寶 南詔

二十二養

元象 南朝梁武帝三十七年戊午東魏善見（孝靖帝）元年改一

大象 南朝陳宣帝十一年己亥北周宇文闡（静帝）元年改二

○寶象 交趾陳日尊見宋史 玉海作李日尊

天紀寶象 交趾見玉海

二十三梗

嘉靖 明世宗元年壬午改四十五

二十四迥

元鼎 漢武帝二十五年乙丑改六

寶鼎 三國吳孫皓（末帝）三年丙戌改三

定鼎 東晉孝武帝十九年辛卯後魏翟釗僭元

神鼎 東晉孝安帝五年辛丑後涼呂隆僭元

二十五有

丁丑 隋恭帝元年丁丑竇建德僭元一

大有 五代唐李嗣源（明宗）三年戊子南漢劉巖十三年改十四

明受 南宋高宗三年己酉苗傅劉正彥作亂劫帝傳位皇子旉改旋伏誅

一送

五鳳 漢宣帝十七年甲子改四　三國吳廢帝孫亮三年甲戌改二　隋恭帝二年戊寅竇建德二年改二

元鳳 漢昭帝七年辛丑改六

天鳳 僞新王莽六年甲戌改六

神鳳 三國吳大帝孫權三十一年壬申改一　○晉山都賊郅沈

永鳳 晉懷帝二年戊辰僞劉淵五年改一

鳴鳳 隋恭帝元年丁丑蕭銑僭元三

儀鳳 唐高宗二十七年丙子改三

龍鳳 元順帝二十三年乙未宋韓林兒僭元七

二宋

大統 南朝梁武帝三十四年乙卯西魏文帝寶炬元年改十七

天統 南朝陳文帝六年乙酉北齊後主高緯元年改五　元順帝二十二年壬寅大夏明玉珍僭元四　○又相後魏邢杲

金統 唐僖宗七年庚子黃巢三年改四

乾統 宋徽宗元年辛巳遼天祚帝耶律延禧元年改十

皇統 南宋高宗十五年辛酉金熙宗完顏亶八年改八

元統 南宋寧宗十九年癸酉遼耶律留哥元年改二　元順帝元年癸酉改二

中統 元世祖元年庚申改四　南宋理宗三十六年庚申

正統 明英宗元年丙辰改十四

○景統 安南黎暉

明統 南詔

四寘

建義 東晉孝武帝十三年乙酉西秦乞伏國仁僭元三　南朝梁武帝二十七年戊申魏拓拔攸元年改一　○東晉氐王楊難當　六朝附雜直睇

武義 五代梁末帝友貞五年己卯吳王錢鏐十二年改二　○五代吳楊隆演

大順義 元順帝二十八年庚子漢陳友諒僭元三

順義 五代梁末帝朱友貞七年辛巳吳楊溥僭元六

河瑞 晉懷帝三年己巳漢劉淵六年改一

神瑞 東晉安帝十八年甲寅魏明元帝拓拔嗣六年改二

天賜 東晉安帝八年甲辰魏拓拔珪十九年改五 ○金紀軍賊見完顏佐傳

如意 唐中宗九年壬辰武后改一

天嗣 宋徽宗二十三年癸卯遼蕭幹元年改二

○瑞聰 宋廣源蕭儂智高 見玉海

景瑞 同上

承智 南詔舊法 見通鑑

大利 安南黎濤

六御

太豫 南朝宋明帝八年壬子改一

七遇

甘露 漢宣帝二十一年戊辰改四 三國魏曹髦少帝三年丙子改四 三國吳孫晧末帝二年乙酉改一 東晉穆帝十五年乙未前秦苻堅三年改六 五代唐李嗣源明宗元年丙戌遼義宗元年改十一

調露 唐高宗三十年己卯改一

天祚 五代唐李從珂廢帝二年乙未吳楊溥二年改二

天授禮法延祚 宋仁宗十六年戊寅夏趙元昊七年改十一

八霽

大世 隋煬帝十年甲戌劉迦論僭元

○建世 漢末劉盆子

九泰

永泰　南朝齊明帝五年戊寅改一　唐代宗三年乙巳改一
永泰　南朝梁武帝二十七年戊申魏拓拔釗僭元一

普泰　南朝梁武帝三十年辛亥魏拓拔恭（節閔帝）僭元年改
紹泰　南朝梁敬帝元年乙亥改一

皇泰　隋恭帝二年戊寅改一
清泰　五代唐（廢帝）李從珂元年甲午改二

文泰　五代周柴榮（世宗）五年戊午南唐李璟十六年改三
開泰　宋真宗十五年壬子契丹（聖宗）隆緒三十年改九

嘉泰　南宋寧宗七年辛酉改四
天泰　南宋寧宗二十一年乙亥金蒲鮮萬奴元年改二

景泰　明景帝元年庚午改七
光大　南朝陳臨海王元年丁亥改二

寶大　五代唐（莊宗）李存勗二年甲申吳越錢鏐六年改二
保大　五代南唐（中主）李景元年癸卯南唐李璟僭元十五　宋徽宗二十一年辛丑遼（天祚帝）耶律延禧二十一年改一

正大　南宋寧宗三十年甲申金（哀宗）完顏守緒元年改八
至大　元武宗元年戊申改四

天會　五代周柴榮（世宗）四年丁巳北漢劉承鈞四年改十一　宋徽宗二十三年癸卯金（太宗）完顏晟元年改十三年子熙宗實襲歸共十五年

○昌泰　元成帝時樓濟州起兵復宋　見鄭所南集
十二震
彝泰　土蕃贊普

大順　唐昭宗二年庚戌改二　中原師張獻忠僭元二　明崇禎十七年甲申
應順　五代唐（愍帝）李從厚元年甲午改四月

廣順　五代周（太祖）郭威元年辛亥改三
天順　元文宗元年戊辰八月泰定帝子阿速吉八僭元　明英宗復辟元年丁丑改八　○金鴨安兒見僕散安貞傳

至順　元文宗三年庚午改三
○化順　宋蜀賊王均

光順　安南黎灝
洪順　安南黎晭

十三問

廣運 南朝陳後主四年丙午後梁蕭琮元年改一 宋太祖九年戊辰北漢劉繼元僭元十二 宋仁宗十二年甲戌夏趙元昊三年改

開運 五代晉出帝石重貴二年甲辰改四 宋仁宗十二年甲戌夏趙元昊三年改

○應運 宋李順

十四願

永建 東漢順帝元年丙寅改六 南朝宋武帝元年庚申西涼李恂僭元一

孝建 南朝宋孝武帝元年甲午改三

皇建 南朝陳文帝元年庚辰八月北齊肅宗高演元年改一 南宋寧宗十六年庚午夏趙安全四年改一

太建 南朝陳宣帝元年己丑改十四

○始建 北朝後魏陳雙熾

天建 北朝後魏莫折念生 見蕭寶寅傳

十五翰

天漢 漢武帝四十一年辛巳改四 五代梁末帝友貞三年丁丑蜀王建八年改一

永漢 東漢獻帝元年庚午改一 南朝梁武帝四十一年壬戌劉敬躬僭元三十五

天贊 五代梁末帝友貞八年壬午遼太祖耶律阿保機七年改四

○紹漢 後涼呂孫聞

十七霰

天春 南宋高宗十二年戊午金熙宗完顏亶四年改三

十八嘯

景耀 三國漢後帝三十六年戊寅改五

開耀 唐高宗三十二年辛巳改一

○光照 安南蔡囂

二十二禡

隆化 南朝陳宣帝八年丙申北齊安德王高延宗元年改一

光化 唐昭宗十年戊午改三

乾化 五代梁太祖朱溫五年辛未改二癸酉末帝友貞討友珪立仍稱乾化凡四

淳化 宋太宗十五年庚寅改五

拱化 宋仁宗四十二年癸卯夏趙諒祚十七年改五

成化 明憲宗元年乙酉改二十三

王霸 唐僖宗五年戊戌黃巢僭元二

二十三漾

太上 東晉安帝九年乙巳南燕慕容超僭元五

○神上 後漢賊帥張曼成

二十四敬

神慶 南朝宋文帝五年戊辰魏太武拓拔燾五年改四

顯慶 唐高宗七年丙辰改五

長慶 唐穆宗元年辛丑改四

天賜禮盛國慶 宋神宗三年庚戌夏趙秉常三年改五

大慶 宋仁宗十三年乙亥夏趙元昊四年改三 宋高宗十四年庚申夏趙仁孝僭元三 南天慶 宋徽宗十一年辛卯遼天祚帝耶律延禧十一年改十 南宋光宗五年甲寅夏趙純佑僭元十三 ○日本

延慶 宋徽宗二十五年乙巳西遼耶律大石元年改二 人慶 南宋高宗十七年癸亥夏趙仁孝四年改四

崇慶 南宋寧宗十八年壬申金衛王永濟四年改一 寶慶 南宋理宗元年乙酉改三

開慶 南宋理宗三十五年己未改一 皇慶 元仁宗元年壬子改二

隆慶 明穆宗元年丁卯改六 承聖 南朝梁孝元帝二年壬申改三

嗣聖 唐中宗元年甲申改一 證聖 唐中宗十二年乙未武后改

昇聖 宋貝州賊王則

顯聖 唐肅宗六年辛丑三月史朝義僭元二 天聖 宋仁宗元年癸亥改九

身聖 金信州賊

天祐垂聖 宋仁宗二十九年庚寅夏趙諒祚二年改三 通聖 隋恭帝元年丁丑曹武徽僭元

契丹德壽陁鎖見內族襄傳

紹聖 宋哲宗九年甲戌改四 天正 南朝梁孝元帝元年壬申蕭紀僭元君正 南朝梁豫章王棟為侯景所立改祚慶 ○金移剌窩斡見逆臣傳

通正 五代梁末帝友貞四年丙子蜀王建七年改一 寶正 五代唐明宗李嗣源元年丙戌吳越錢鏐九年改五十二

大正 安南莫方瀛

至正 元順帝九年辛巳改二十七 宣政 南朝陳宣帝十年戊戌北周宣帝宇文贇元年改一

明政 唐高祖元年戊寅李子通僭元二 廣政 五代晉高祖石敬瑭三年戊戌蜀孟昶僭元二十七

天盛 南宋高宗二十一年丁卯夏趙仁孝九年改二十一 天命 我朝高皇帝元年丙辰改十一書明萬曆四十四年

○明聖 南詔 元聖 安南黎蒼 端慶 安南黎誼 興慶 安南莆完 同慶 于闐見玉海 彰聖嘉慶 交趾見玉海

二十五徑

大定 南朝梁敬帝元年乙亥後梁宣帝蕭詧元年改八 南朝陳宣帝十三年辛丑北周宇文闡三年改
一 南宋高宗三十一年辛巳金世宗完顏雍元年改二十九

永定 南朝陳武帝元年丁丑改三 保定 南朝陳文帝二年辛巳北周武帝宇文邕元年改五

康定 宋仁宗十七年己卯改一 武定 南朝梁武帝四十二年癸亥東魏孝靜帝元善見五年改

天安禮定 宋哲宗元年丙寅夏趙秉常十八年改一 嘉定 南宋寧宗十四年戊辰改十七

光定 南宋寧宗十七年 辛未夏趙遵頊僭元十二 興定 南宋寧宗二十三年丁丑金蒲鮮萬奴三年改五

乾定 南宋寧宗二十九年癸未夏趙德旺僭元四 紹定 南宋理宗四年戊子改六

景定 南宋理宗三十六年庚申改五 泰定 元泰定帝元年甲子改四○明葉宗留之黨陳鑑胡見張驥及袁璡傳

寶應 唐肅宗七年壬寅改一 寶勝 唐肅宗七年壬寅袁鼂僭元二

○天平寶勝 日本 德勝 明西華賊劉千斤 見白圭傳 興勝 明白蓮賊徐鴻儒 見趙彥傳

二十六宥

元狩 漢武帝十九年己未改六 元壽 漢哀帝五年己未改二

永壽 東漢桓帝九年乙未改三 光壽 東晉穆帝十三年丁巳前燕慕容儁九年改三

仁壽 隋文帝十二年辛酉改四 天壽 隋恭帝二年戊寅宇文化及僭元一 ○唐僕王

長壽 唐中宗九年壬辰武后改一 隆壽 元順帝二十一年癸卯陳友諒子理僭元一

天授 唐中宗七年庚寅武后改二 又北朝後魏陳郡賊劉獲鄭辯 天祐 唐昭宗十六年甲子改（是年昭宣帝立不改元凡四年丁卯唐亡而晉王李克用岐王李茂貞吳王楊渥仍稱天祐）元順帝二十一年癸巳閩張士誠僭元十四

景祐 宋仁宗十一年癸酉改四

皇祐 宋仁宗二十六年戊子改五

嘉祐 宋仁宗三十三年乙未改八

元祐 宋哲宗元年丙寅改八

乾祐 五代漢（高祖）劉智遠二年戊申改 隱帝亦沿稱三年被弒 北漢（高祖）劉崇稱乾祐北漢三年辛甲 世宗子承鈞仍稱乾祐九年 南宋孝宗六年戊子夏趙仁孝三十一年改元六

貞祐 二 南宋寧宗十九年癸酉金（宣宗）珣元年改

淳祐 南宋理宗十一年辛丑改十二

寶祐 南宋理宗二十九年癸丑改六

德祐 南宋恭宗元年乙亥改二

延祐 元仁宗三年甲寅改七

三十陷

天監 南朝梁武帝元年壬午改十八

一屋

景福 唐昭宗四年壬子改二 宋仁宗九年辛未 契丹耶律（興宗）宗真元年改一

天福 五代晉（高祖）石敬瑭元年丙申改七 癸卯出帝重貴仍稱 見于出帝重貴 漢（高祖）劉智遠稱號稱八年丁未 稱十二年

建福 一 宋徽宗二十二年壬寅遼（宣宗）耶律淳元年改

崇福 南宋高宗二十八年甲戌西遼承天后耶律氏元年改十四

天復 唐昭宗十三年辛酉改三（甲子改元天祐西蜀王建仍稱天復凡七） 宋徽宗二十三年癸卯遼天回離保元年改一

克復 唐睿宗元年庚戌進王重福僭元

天祿 五代漢（高祖）劉智遠元年丁未九月遼（世宗）耶律阮改元年改四

漢復 漢末隗囂

文祿 日本王平秀吉 見明史

二沃

大足 唐中宗十八年辛丑武后改

三覺

元朔 漢武帝十三年癸丑改六

陽朔 漢成帝九年丁酉改四

龍朔 唐高宗十二年辛丑改三

四質

應律 後周太祖廣順元年辛亥遼穆宗耶律述律元年改十八

[illegible]戌 宋洞庭賊楊么

七曷

昌達 隋恭帝二年戊寅朱粲僭元一

九屑

地節 漢宣帝五年壬子改四　○武烈 明麻城賊李天保 見李震傳

十藥

神爵 漢宣帝十三年庚申改四　白雀 東晉孝武、、十二年甲申後秦姚萇僭元十

永樂 東晉穆帝二年丙午涼張重華僭元八 明成祖元年癸未改二十二○五代南唐賊帥張遇賢據循州方臘見宣和遺事　長樂 東晉安帝三年己亥後燕慕容盛二年改二

安樂 隋恭帝二年戊寅李軌僭元一　○朱雀 外番渤海王言義見唐書

十一陌

天冊 三國吳孫晧末帝十二年乙未改一 唐中宗十二年乙未武后改一○五代姜昌見新唐書　神冊 五代梁末帝朱友貞二年丙子遼太祖耶律阿保機元年改六

光宅 唐中宗元年甲申九月武后改一　聖曆 唐中宗十五年戊戌武后改

十二錫

聖曆 唐中宗十五年戊戌武后改二　大曆 唐代宗四年丙午改十四

寶曆 唐敬(?)宗元年乙巳改二　鳳曆 五代梁太祖朱溫六年壬申子友珪篡帝年改

應曆 五代周太祖元年辛亥遼穆宗耶律述律元年改十八

慶曆 宋仁宗十八年庚辰改八　神曆 宋徽宗二十三年癸卯北遼雅里元年改

天曆 元文宗元年戊辰改二 ○日本
萬曆 明神宗元年癸酉改四十八

正曆 外蕃南海王 高侍見唐玉 啓曆 宋廣源酋 儂智高
延曆 日本 及

十三職

始建國 偽新王莽元年己巳改五
建國 東晉成帝十三年代王什翼犍僭元三十九

登國 東晉孝武帝十四年丙戌魏拓拔珪元年改十
太平興國 宋太宗元年丙子改八

延嗣寧國 一 宋仁宗二十八年己丑夏趙諒祚僭元
建中靖國 宋徽宗元年辛巳改一

收國 宋徽宗十五年乙未金太祖元年改二
康國 南宋高宗元年丁未西遼耶律大石三年改九

建德 南朝陳宣帝四年壬辰北周武帝宇文邕十二年改六
武德 唐高祖元年戊寅改九

麟德 唐高宗十五年甲子改二
至德 元年壬寅改四 唐肅宗元年丙申改二

廣德 唐代宗元年癸卯改二
文德 唐僖宗十五年戊申改一

龍德 五代梁末帝友貞七年巳卯改三
乾德 宋太祖四年癸亥改一 五代後梁末帝友貞五年己卯蜀王衍元六 ○隋末輔公祏見玉海

景德 宋真宗七年甲辰改四
明德 五代唐潞王從珂元年 後蜀孟知祥僭元四 ○又太祖 二齊

○五朝梁友珪殺氏李貴見梁武紀 元已改金見耶律留哥傳

天德 五代閩王延羲元年癸卯閩之延政僭元三 宋高宗二十三年己巳金海陵王亮篡改元六年改四
顯德 五代周太祖郭威四年甲寅改 世宗柴榮 恭帝宗訓仍其號凡六年

大德 南宋高宗九年乙卯夏趙乾順五十五年改三 元成宗三年丁酉改十一
元德 宋徽宗二十年庚子夏趙乾順三十八年改七

正德 南宋高宗元年丁未夏趙乾順四十六年改八 明武宗元年丙寅改十六
宣德 明宣宗元年丙午改十

崇德 我朝文皇帝十年丙子改九當明崇禎九年

太極 唐睿宗三年壬子改四月

永隆 外蕃南海王元瑜 見玉海

洪德 安南黎灝

建極 南詔酋龍 見玉海

昇國 唐台州賊袁晁

十六葉

居攝 漢孺子嬰元年丙寅改二

十七洽

大業 隋煬帝元年乙丑改十二

竹書紀年六國年表一卷

[清] 閩縣林春溥撰

福建省圖書館藏稿本

竹書紀年六國年表一卷，清林春溥撰。此稿本上欄刻印有干支，始「甲子」，迄「癸酉」，乃合史記六國年表、竹書紀年記載，分年繫事，製爲史表。首行列周朝年號，始周元王元年，迄周隱王十七年。下各行分記晉、魏、趙、韓、齊、楚、燕、越各國年號及大事。三家分晉以前，紀晉國年號事跡，以後則紀魏、趙、韓三國年號事跡。又竹書紀年周平王東遷以後，惟載晉事，分晉以後，惟載魏事，蓋魏承晉史，故表中載魏國事跡尤詳。

按竹書紀年一書，四庫館臣稱爲僞撰，非汲冢原書。林氏頗信其書，曾撰有竹書紀年補正。表中以竹書紀年記載爲主，其與史記六國年表有異者，則以朱筆記於表中、墨筆記於天頭。如竹書紀年周元王元年在丙寅（公元前四七五），六國年表則在乙丑（公元前四七六），稿中於「乙丑」以朱筆記「史元乙丑」。又如壬申（周威烈王十七年，公元前四〇九）列魏國行「魏文侯伐秦，還築汾陰、郃陽」，旁朱筆註「史後一年」，即謂史記六國年表所記較竹書紀年後一年。表中偶引左傳之說，如「己巳」（周元王四年，公元前四七二）列越國行，記「越滅吴」，旁以朱筆記「左傳在前一年」。又按晉唐時，束晳、杜預、臣瓚、司馬彪、劉知幾等皆曾據紀年訂正史記之失；近世學者楊寬、錢穆等，皆取信紀年，以訂史表。林氏將竹書紀年、六國年表所記彙於一表，朱墨分註異同，條理簡明，頗便尋檢。

是書用訂製黑格稿紙，卷首題「竹書紀年六國年表」，下鈐有「春溥」、「竹柏山房藏本」朱文方印，爲林氏手稿。（林振岳）

竹書紀年六國年表

	周	晉	魏	趙	韓	齊	秦	楚	燕	越
甲子										
乙丑	史元乙丑	定公三十六		簡子四十二	宣子	平公驁五年	厲共公元年	惠王三年十	獻公十七年	句踐二十一
丙寅	周元王元年	晉定公卒 史表同	魏	趙	韓	齊	秦	楚	燕	越句踐
丁卯	二	晉出公元年								
戊辰	三									
己巳	四									
庚午	五									越滅吳 左傳在前一年
辛未	六	絳絕于梁 丹水三日絕不流								
壬申	七 王崩 史八年	荀瑤城宅陽				齊人鄭人伐衛				
癸酉	周貞定王元年 崩 史並同	晉出公七年 史表同	魏	趙	韓	齊	秦	楚	燕	越句踐 徙都琅琊

秦表甚孝公元年

甲戌	乙亥	丙子	丁丑	戊寅	己卯	庚辰	辛巳	壬午	癸未
二	三	四	五	六	七	八	九	十	十一
				河絕于扈	蜀[illegible]城南梁				出公奔齊史同
								齊宣公元年〇按索隱史作四年	
		句踐卒衛悼益年卒于越	越鹿郢元年					鹿郢卒	越不壽元年

福建文獻集成續編　史部

史表趙襄子元年

史表齊宣公元年

史表是年魏為桓子韓為康子

索隱引出公二十三年奔楚楚殺出公

史表燕成公元年

甲申	乙酉	丙戌	丁亥	戊子	己丑	庚寅	辛卯	壬辰	癸巳
十二	十三	十四	十五	十六	十七	十八	十九	二十	二十一
荀瑤伐中山取窮魚之丘 上世家表哀公驕元年無懿公	韓龐取秦武城 史表哀公忌元年		懿公驕元年	趙韓魏滅知伯	晉出公出奔立昭公之孫敬公	晉敬公元年			
			燕成公元年 史後五年						
								越不壽見殺	越朱句元年

史表秦躁公元年

甲午	乙未	丙申	丁酉	戊戌	己亥	庚子	辛丑	壬寅	癸卯
二十二	二十三	二十四	二十五	二十六	二十七	二十八王陟	周考王元年	二	三
						晉敬公十一年	世家哀公十六年卒与表異		
							魏文侯立		
		齊宣公十五年田莊子卒	田悼子立						
楚滅蔡		楚滅杞							
								燕文公元年	

史表秦懷公元年

索隱是年魏文侯元年
史表燕湣公元年

甲辰	四	史表幽公柳元年								
乙巳	五									
丙午	六									
丁未	七	晋敬公六年	魏文侯立 索隱引元年							
戊申	八									
己酉	九									
庚戌	十							楚滅莒		
辛亥	十一	晋敬公卒								
壬子	十二	晋幽公柳元年 魯悼公卒								
癸丑	十三	史表同								

史表秦靈公元年 魏文侯韓武子趙桓子元年

史表趙獻侯元年

甲寅	十四	魯季孙會晉幽公于楚丘			
乙卯	十五 王陟				
丙辰	威烈王元年				
丁巳	二				
戊午	三	晉大旱			
己未	四				
庚申	五	月[illegible]出相及孛			
辛酉	六	秦嬴賊幽公魏文侯立幽公子止			
壬戌	七	晉烈公元年史表同		趙獻子城泫氏	韓武子都平陽
癸亥	八			城平邑	

史表秦簡公元年

据索隱云年為趙烈侯[illegible]元年

趙烈侯元年田史表作

史表是年又為韓景侯元年

干支										
甲子	九		楚人伐我南鄙至上洛					伐魏南鄙		
乙丑	十								楚文王二十四年卒	
丙寅	十一					田居思伐邯鄲圍平邑			秦簡公元年	越滅滕
丁卯	十二						秦簡公元年			朱句伐郯以郯子鵠歸
戊辰	十三									
己巳	十四									越朱句卒
庚午	十五									越翳元年
辛未	十六		史後一年	邯鄲韓率及齊田肸戰敗		田肸及趙韓率取平邑新城				
壬申	十七		魏文侯伐秦建渠洛陰合陽年	趙烈侯元年		田悼子卒公孫會以廩丘叛田布帥師	表後四年世家後五年			
癸酉	十八命韓趙魏伐齊入長城		王命與韓趙伐齊	趙烈侯以王命伐齊	韓景子以王命伐齊	田和立 周正二月齊宣公薨				

史表齊康公元年

史表楚聲公元年

史表是年趙武侯元年又韓烈侯元年秦惠公元年

甲戌	乙亥	丙子	丁丑	戊寅	己卯	庚辰	辛巳	壬午	癸未
十九	二十	二十一	二十二	二十三命晉魏趙韓為諸侯	二十四王崩	周安王元年	二	三	四
				命為侯					
				命為侯					
				命為侯					
齊康公元年				齊康公五年田侯午生					
	秦蕳公九年卒	秦敬公元年							

按索隱云年表魏武侯元年 魏文侯三十八年卒 與世家合

魏武侯元年 當趙烈侯十四年 史記烈侯只九年

按索隱云年表晉桓公元年

晉桓公元年

甲申	乙酉	丙戌	丁亥	戊子	己丑	庚寅	辛卯	壬辰	癸巳
五	六	七	八	九	十	十一	十二	十三	十四
				晉烈公元年 史同	晉桓公頃元年 表作孝公傾			晉桓公元年 ○索隱引	
	魏武侯元年								
	趙烈侯十四年								
			秦敬公十二年卒	秦惠公元年					

田和始命為侯遷齊康公
史表元年趙敬侯元年又韓
文侯元年索隱紀年無文侯
秦出公元年

史表田桓公午立　秦獻公元年

史表齊康公卒田氏並齊

史表齊威王元年

甲午	乙未	丙申	丁酉	戊戌	己亥	庚子	辛丑	壬寅	癸卯
十五	十六	十七	十八	十九	二十	二十一	二十二	二十三	二十四
晉太子午出奔									孝公年
魏文侯卒立侯擊年	魏武侯擊元年（表同）封公子緩					魏武侯卒年韓懿侯○惠王元年			
	趙烈侯卒四年○索隱謂表								
					史後二年	韓懈部哀侯入于鄭			
	齊康公二十年田侯剡立	田侯剡元年							
								鄭建子年	

史表是年韓哀侯元年
按索隱引魏城洛陽及安邑王垣在魏武侯十一年又与史表合
按索隱韓滅鄭哀侯入于鄭在是年與史表合
按索隱韓哀侯趙敬侯皆卒於是年 史記是年共趙成侯元年

史表燕桓公元年
索隱引紀年魏武侯二十六年以晉桓公十九年卒韓哀侯趙敬侯並以桓公十五年卒皆与今本云云
史表是年韓懿侯元年

甲辰	乙巳	丙午	丁未	戊申	己酉	庚戌	辛亥	壬子	癸丑
二十五 周倞	二十六 王陟	周烈王元年	二	三	四	五	六 晝晦	七 王陟	周顯王元年
	晉靖公二年 廢為家人		晉桓公邑哀侯于鄭 立魏武侯二十二年○[illegible]			晉桓公十九年	韓趙遷晉桓公于屯留 立桓公二十年	索隱	
	魏城洛陽及安邑王垣 史前九年	魏公子緩如邯鄲以作難 十六年○索隱引在烈王七年	魏觴諸侯于范臺			魏武侯二十六年	梁惠成王元年 史表以 韓趙伐我葵 史公	伐趙圍濁陽 史錯奔韓合[illegible]	
			趙敬侯卒				趙成侯立 晉桓公伐魏		
		韓滅鄭哀侯入于鄭	韓襄敗秦朝顧于酸 山堅 史後三年	哀侯西立 韓共山立 魏武侯二十三年			韓共侯卒 晉桓公伐魏 魏世家合		城邢上
	田侯剡十年 田午弒之及孺子喜自立	桓公午元年						田壽伐魏 圍觀觀降 史後一年	
			秦朝魏伐韓						命子向為盟 民
						燕簡公四十五年卒	燕孝公元年		
	七月太子諸咎弒其君翳越人殺諸咎 王字錯枝	大夫寺區定亂立初無余	越菼蠋元年						

索隱引徙邦大梁在惠王九年
莊子呂子有昭釐侯
史表燕文公元年　秦孝公元年
史表韓昭侯元年

甲寅 二	乙卯 三	丙辰 四	丁巳 五	戊午 六	己未 七	庚申 八	辛酉 九	壬戌 十	癸亥 十一
河水赤于龍門三日							東周惠公傑薨		
								鄭取屯留趙韓共魏趙分晉封晉君以端氏	
	公子景賈伐韓敗	史作五年 四月甲寅徙大梁以逢忌藪賜民		伐邯鄲取列人取肥	與趙榆次陽邑會鄭釐侯巫沙	入河水于圃田為大溝入圃水	城穀	龍賈帥師築長城于西邊史作七年	取郲枳道及鄭釐侯來盟巫沙
					鄭釐侯會魏王于巫沙		秦師伐鄭次于懷	鄭取屯留尚子	鄭釐侯使致地于魏盟巫沙
		齊弒其君母		雨黍于齊					
							伐鄭次于懷		
			雨碧于郢					楚師出河水以水長垣之外	
		寺區弟思弒莽安	越無顓元年						

史表是年為宋剔成十三年
衛聲公年 魯共公二十年
成侯四

史表趙肅侯元年

	甲子	乙丑	丙寅	丁卯	戊辰	己巳	庚午	辛未	壬申	癸酉
	十二	十三	十四	十五東周與鄭高都 史後一年	十六	十七	十八	十九	二十	二十一
	史後一年			史合					趙奪晉君端氏徙處屯留	
	魯共侯宋桓侯衛成侯鄭釐侯來朝	書道施賈築陽池以備秦		齊敗我桂陵 宋衛會齊圍我襄陵	以韓師敗諸侯于襄陵趙敗我桂陵	取元武濮陽		王如衛命公子南為侯		與趙伐燕遂取夏屋城曲逆
	史同	邯鄲成侯會燕成侯于安邑	伐衛取漆富丘城之		敗魏師于桂陵	趙靈王救濁鹿敗燕于勺梁				與魏伐燕
	鄭釐侯朝魏 史作會鄗		秦圍我焦城不克	鄭釐侯朝魏中陽	魏以我師敗諸侯師于桂陵				韓玘弒悼公	
	齊桓公十九年卒齊威 公十六年威王立	齊威王元年	及燕戰于泃水師遁	田忌敗梁桂陵	使楚景舍求救于魏		築防以為長城			
			公孫壯伐鄭城上枳安陵山氏				築防以為長城			
					景舍為齊求成于魏					
		燕成侯會邯鄲成侯于安邑	及齊師戰于泃水			燕伐趙圍濁鹿敗于勺梁				魏殷臣趙公孫裒伐我
	越無顓卒	越無疆元年								

史表齊宣王元年

干支	年		齊						
甲戌	二十二		孫何侵楚入三戶郛城徐州			楚伐我徐州		魏孫何侵我入三戶伐齊徐州	
乙亥	二十三		魏章及鄭師伐楚々敗上蔡孫何取睢陽		及魏伐楚々		秦孝公會諸侯於逢澤史後四年		
丙子	二十四		敗韓馬陵史五韓侍齊五我不勝		魏敗我馬陵				
丁丑	二十五		而委圍于甯						
戊寅	二十六		襄疵敗鄭孔于梁赫與齊田盼戰馬陵	史後二年	鄭孔與魏戰梁赫敗鄭鄭侯武羌次	田盼與魏戰馬陵			
己卯	二十七		齊伐我東鄙秦伐西鄙趙伐北鄙攻衛鞅敗	鄙十月伐魏北史後二年	戰虜王	五月田盼及宋人伐魏東鄙圍平陽史後二年	九月衛鞅伐魏西鄙魏攻鞅敗		
庚辰	二十八		城甯陽				封衛鞅于商史後一年		
辛巳	二十九		三月為大溝于北郛以行圃田之水			邳遷于薛			
壬午	三十		與秦戰岸門秦圍				與魏戰岸門		
癸未	三十一								

史表秦惠文王元年

鄭釐侯与邯鄲圍襄陵　索隱引
与威侯七年合

史表魏襄王元年

史表韓宣惠王元年　燕易
王元年

魏王会鄭釐侯于巫沙　索隱引
与釐侯七年五月

甲申	乙酉	丙戌	丁亥	戊子	己丑	庚寅	辛卯	壬辰	癸巳
三十二	三十三	三十四	三十五	三十六	三十七	三十八	三十九	四十	四十一
	鄭釐侯与邯鄲圍我襄陵	改元　王与諸侯会于徐州　史後一年				龍賈及秦將戰雕陰敗会鄭釐侯巫沙　史同	秦取我汾陰皮氏　史後一年		秦歸我焦曲沃　史後一年
	與鄭威侯圍魏襄陵								
	鄭威侯与邯鄲圍魏襄陵					鄭釐侯会魏王於巫沙			
				楚圍齊于徐州　史同					
						敗魏龍賈于雕陰	取魏汾陰皮氏		歸焦曲沃于魏
				楚圍齊於徐州遂伐越殺無疆					
		越無疆伐楚		楚伐越殺無疆					

史表趙武靈王元年
孟嘗傳田嬰與韓昭侯魏惠王
會齊宣王于平阿索隱引紀年
惠王後元之十一年
史表秦惠文王更元年
史表齊湣王元年
史表燕王噲元年
史表魏哀王元年

甲午	乙未	丙申	丁酉	戊戌	己亥	庚子	辛丑	壬寅	癸卯
四十二九月 没于四	四十三	四十四	四十五	四十六	四十七	四十八王傍	周慎靚王元年	二	三
			楚敗我襄陵 史後一年	會齊威王于鄄 史前三年			秦取我曲沃平周 史前二年	魏惠成王薨	今王元年 襄王
		鄚城表							
		齊宣王		四月齊威王封田嬰于薛 十月齊城薛	薛子嬰來朝	齊威王薨 嬰初封彭城	齊宣王元年		
							取魏曲沃平周		
			敗魏襄陵						

史表燕王噲讓其臣子之國

索隱引紀年七年十月鄭宣王朝梁不見紀年之年

魏敗趙將韓舉索隱引在鄭紀年八年　史表韓襄王元年

燕昭王元年

史表秦武王元年

	甲辰	乙巳	丙午	丁未	戊申	己酉	庚戌	辛亥	壬子	癸丑
	四	五	六	隱王元年	二	三	四	五	六	七
			鄭侯使歸晉陽及向二月城陽向	十月鄭宣王來朝	史後三年以張儀為相秦取我焦	韓明伐襄丘齊宋圍煮棗云同五月張儀卒史後三年	翟章伐衛敗趙將韓舉	洛入成周山水大出	楚庶章率師來會伐襄丘	
				趙召燕公子職于韓立為燕王			魏敗我將韓舉			
			鄭侯使韓辰歸晉陽及向于魏	鄭宣王朝梁		韓明伐魏襄丘齊圍雍氏韓宣王卒	年			
				齊師殺燕子之醢之史同	宣王八年殺其王后	與宋圍魏煮棗史同				
					取魏負	王見魏王于蒲坂關助韓敗楚屈匄				
						景翠圍韓雍氏秦助韓敗我屈匄			庶章會魏伐襄丘	
				燕子之殺公子平不克齊殺子之						
						越王使公師隅獻舟于魏				

甲寅八	乙卯九	丙辰十	丁巳十一	戊午十二	己未十三	庚申十四	辛酉十五	壬戌十六	癸亥十七
秦公孫衍圍安氏翟章救安氏	城安氏			秦拔我蒲坂晉陽封陵 史同			薛侯來會王於釜丘 合	王與齊王會于韓 合之王 終二十年	
魏世家同				令秦大夫叔遷九原大夫皆招服	遷九原將軍大夫皆招服 史[illegible]年				
						齊湣王元年 當在是年			與魏王會于韓
公孫衍伐魏圍安氏	樗里疾圍蒲不克秦惠王薨 史[illegible]年	秦內亂殺其太后及公子雍公子壯 仝							
							楚入雍氏 敗 仝		

周正仲春
夏十二月也

甲子	乙丑	丙寅	丁卯	戊辰	己巳	庚午	辛未	壬申	癸酉

開闢至春秋年表一卷

[清] 閩縣林春溥撰

福建省圖書館藏稿本

開闢至春秋年表一卷，清林春溥撰。是書外封題「開闢至春秋年表」，卷首題「古史年表」，下小字雙行註「開闢以來紀世，周成以後紀年」。列自盤古開天闢地至春秋間年表，上欄刻有干支。始合雄紀、敘命紀、連逋紀、五姓紀、居方氏、提挺氏、通姓氏，乃取古三墳太古河圖代姓紀之説。又春秋命歷序所載與之不同，故分列一行記其異稱。下一行分列「帝王」、「古國」，並附其世系。古史多據傳説分繫，所填世系頗詳。春秋以後，分魯、陳、唐、燕、吴、楚、越、宋、杞、衛、蔡、曹諸國，並列大事記。其記載有異者，則在天頭標出，所徵引者有列子、春秋命歷序、史記、帝王世紀、年代歷、刀劍録、資治通鑑外紀、皇極經世、通志等。

按史籍紀事，多自三皇五帝始，史記五帝本紀與漢書古今人表、律曆志皆然。至宋，稽考古史始蔚然成風，有司馬光稽古録、鄭樵通志、張栻經世紀年、劉恕通鑑外紀、金履祥通鑑前編等。古史世系上溯至盤古，錢大昕十駕齋養新録謂始於宋人胡宏皇王大紀一書，而陳桱通鑑續編因之。是書輯訂古史年表，始自盤古開闢之時，亦宋人考古之餘緒。惟前人所據，傳聞異辭，虚無茫昧，乃其通病。林氏探稽古史，用力甚深，頗長於考年繫事，所著年表之作甚多，自成體系，粗細無遺，故於春秋以前古史亦致力焉，於清人著述中可稱別具一格。

是書用訂製黑格稿紙，與竹書紀年六國年表所用稿紙相近。外封、卷首皆鈐有林氏「竹柏山房藏本」朱文方印，爲其手稿。（林振岳）

開闢至春秋年表

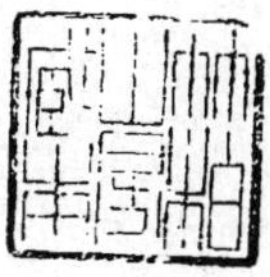

古史年表

開闢以來紀世
周成以後紀年

甲辰	乙巳	丙午	丁未	戊申	己酉	庚戌	辛亥	壬子	癸丑

年				
甲午	代姓十紀	命歷序	帝王	以下古國 附系世見
乙未	合雄紀	合雒紀	三姓 三世	教人穴居
丙申	敘命紀	同	四姓 二世	
丁酉	連通紀	連通紀	六姓 一世	
戊戌	五姓紀	五龍紀	皇伯	皇仲 皇叔 皇季 皇少
己亥	居方氏	九頭紀	天皇氏 地皇氏 人皇氏	兄弟十二人 分五方為十二部 兄弟十一人 兄弟九人 別長九州
庚子	提挺氏	攝提紀	五十九姓 三十五世	
辛丑	通姓氏	循蜚紀	二十二氏	鉅靈氏 句彊氏 譙明氏 涿光氏 鉤陳氏 黃神氏 狂神氏 犂靈氏 大騩氏 鬼騩氏 弇茲氏 泰逢氏 冉相氏 蓋盈氏 大敦氏 雲陽氏 巫常氏 泰壹氏 空桑氏 神民氏 倚帝氏 次民氏
壬寅	通紀 七十二姓	因提紀	十三氏 有巢氏二世 遂人氏四世	長放氏 四世 蜀山氏 六世 豗傀氏 六世 渾敦氏 亦曰盤古氏 東戶氏 皇覃氏 啟統氏 三世 吉夷氏 四世 几蘧氏 一世 狶韋氏 四世 庸成氏
癸卯		禪通紀	伏羲氏 一百十年	太皞 生歲 鳥 華胥氏 史皇氏 柏皇氏 中皇氏 大庭氏 栗陸氏 昆連氏 七世為降龍氏 七世 軒轅氏 七世 赫蘇氏 葛天氏 尊盧氏 共工氏 祝誦氏 昊英氏 有巢氏 朱襄氏 陰康氏 七世 無懷氏

列子七十八年命歷序傳十世
一千五百二十歲

甲寅	乙卯	丙辰	丁巳	戊午	己未	庚申	辛酉	壬戌	癸亥
									疏訖紀
女媧氏一百三十年	神農氏一百二十年	帝臨魁八十年	帝承六十年	帝明四十九年	帝宜四十五年	帝來四十八年	帝襄四十二年	帝榆罔五十五年為蚩尤所逐	黃帝軒轅氏一百年
感鳥生乘釐	乘釐生後賦為巴人	炎帝生炎居	炎居生節並	節並生戲器	戲器生祝融	祝融生共工	共工生術器及后土	后土生噎鳴	子青陽降居泜水
少典娶于有蟜氏生炎帝黃帝	烈山氏有子曰柱能殖百穀		炎帝又孫伯曰靈陵恝	伯陵靈恝生鼓生氏延殳人					昌意降居若水生韓流 元顓史云即青陽非
二世	三世	四世	五世	六世	七世	八世	九世	十世	十一世 有伯高伯余
二世	三世	四世						蚩尤字于少昊逐帝作亂為黃帝所滅	命少昊清為司馬師鳥師居乃方
二世	三世	四世	五世						
二世	三世	四世	五世			祝融處江水	術器處江水		[illegible]
二世	三世	四世	五世	六世	七世	八世	九世	十世	十一世
娥陵氏	赤水氏								西陵氏
	夙沙氏								方雷氏
八世	九世	十世	十一	十二	十三	十四	十五	十六	十七
二世	三世								彤魚氏
	補								蜀山氏
	遂								長股氏
二世	三世	四世							貫胸氏
二世	三世	四世	五世						封榆罔支子於路
	巴人								
二世									縉雲氏
二世	三世	四世	五世	六世	七世	八世	九世		黃帝生禺虢處東海
二世	三世	四世	五世	六世	七世				黃帝生苗龍
二世	三世								有北
二世	有蟜氏								
八世	少典氏								帝少典之子
二世	三世	四世	五世	六世					遷蚩尤氏于鄒屠

外紀八十四年 命歷序傳八世
五百歲
命歷序傳九世又云二十世
三百五十歲
世紀七十年通志七十五命歷
序傳十世四百歲
史記世紀並九十八年 二
史記四十年世紀二十年前
編四十六年
史記經世並十年 三
世紀刀劍錄十年經世通志
九年
世紀刀劍錄二十九年時代歷
十二年
年代歷二十八年 經世外紀通
志並十三年

干支	元年	帝	記事
甲子		帝摯少昊氏百年	子孫韓流元囂名摯生蟜極五；項極；十二世；伯地；契居窮桑鳩；為該句芒；為修玄冥；為熙玄冥；少昊生倍伐處緡淵；少昊生般始為弓矢；少昊生窮奇即共工；帝鴻氏生渾沌即驩兜三苗；縉雲氏生饕餮；黃帝生禺號生禺京處北海；苗龍生融吾；黃帝孫曰始均；九黎
乙丑		顓頊高陽氏七十八年	蟜極生帝嚳；十三世有伯夷父；虞幕顓頊生窮蟬；顓頊生老童生重黎及吳回；公史氏裔子昧為元冥生允格臺駘業其官封汾川；南正重司天；火正黎司地；滕氏；才子八愷；共工作亂；山海經顓頊生驩頭；帝俊生禺號生禺京；帝俊生晏龍號明；生北狄；始均；根水氏；妃鄒屠氏之女
丙寅		帝嚳高辛氏六十三年	子帝摯帝堯；有娀氏女生契；有邰氏女生棄；十四世有伯益伯虎；敖康駱明生白馬即鯀；吳回生陸終；陸終生六子昆吾參胡彭祖；為鬷祿言為鄶人；曹姓為安；季連芈姓；顓頊孫女脩生大業；嚳子閼伯居商丘；實沈居大夏；才子八元；共工平；驩頭生苗民；禺號生淫梁；弄明生白犬是為犬戎；封；伯夷父生西岳；陳鄅妃鄒屠氏生啟之塗山氏
丁卯		帝摯九年廢堯封之高辛	扶始生皐陶；十五世；蟜牛生瞽瞍；鯀即祝融生長琴；生噎鳴；鄒叔安生董父；季連生附沮；大業生伯益大費即；為大戎；大業陸終娶少典氏女；取子嬰方鬼方氏
戊辰	元丙子	帝堯陶唐氏百年	契為司徒；棄為后稷；十六世有伯成子高；瞽瞍生舜及象；鯀生禹封夏伯；重後為羲和；四岳；董父好龍事舜封豢龍或在中國或在中國；閼伯為火正；讙兜元愷；共工流放；驩兜；三苗竄；淫梁生番禺；使羿誅鑿齒；西岳生先龍；嚴宜氏女生丹朱
己巳	元己未	帝舜有虞氏五十年	契封商；稷封邰；十七世；象封有庳；義均封商；丹朱封房；重黎為樂正；孝前居豢龍氏；大費二子大廉為鳥俗氏；舜生戲；舜生無淫是為；江芊氏；分北三苗；番禺生奚仲；先龍生氐羌；癸比氏
庚午	元壬子	帝禹夏后氏八年	皋陶後封英六或在；稷弟台璽；十八世；商均封虞；朱有子陵氏女；夔取有仍氏女；四岳封呂；駿夷氏；若木為費氏；戲生搖民；亞載民；防風氏；塗山氏；禹生均國；奚仲封薛
辛未	元癸亥	帝啟十六年	許傳日許太岳之後；契生昭明；生叔均；十九世；武觀叛西河；伯生封；或封申；彭伯壽征西河武觀；有扈氏；有鄩氏；斟鄩氏；戈氏；褒氏；支子封萊；均國生役采
壬申	元癸未	太康居鄩四年為羿所放	稷生不窋失官；二十世；羿滅伯封；羿入居之；役采生修鞈；羿逐窮石號有窮氏
癸酉	元己丑	仲康七年	居商丘依邳侯；世子相出；昭明生相土生；伯明氏子寒浞生；胤侯羲和；昆吾作伯；奚仲遷邳生吉光；仲有

經世二十七年

經世三十二年

史作綱世紀二十八年經世四

通志並二十六年

經世通志並十八年

世紀二十六年年代歷經世

通志並十六年

紹運圖六十三年

世紀年代歷經世通志並二

十一年

世紀通志二十年紹運圖二

十二年經世二十一年

刀紉錄年代歷經世通

志並三十一年

甲辰	乙巳	丙午	丁未	戊申	己酉	庚戌	辛亥	壬子	癸丑
元戊戌	元丙午	元己巳	元戊子	元壬申	元辛未	元己亥	元戊戌	元己未	元己巳
相二十八年爲浞所弑夏統中絕四十三年	少康中興二十二年	帝杼十七年	帝芬四十四年	帝芒五十八年	帝泄二十五年	帝不降五十九年遜位于弟扃	帝扃十八年	帝廑八年	帝孔甲九年
									報丙生主壬
昌若生曹圉	曹圉生冥冥治河	冥生振		子亥遷殷即振	子亥生上甲微	微生報丁	報丁生報乙	報乙生報丙	
不窋生鞠	鞠生公劉復田稷		公劉生慶節	慶	慶節生皇僕		皇僕生差弗		
浞及豷					有易君綿臣滅之	殷滅皮氏			
少康奔虞虞思妻之	已誅浞遂滅浞								
									劉累爲御龍氏旋遷魯陽
后緡歸有仍生少康									
			昆吾子汾封有蘇	又穎遷赤昆吾之墟	不知封於何年			日晝近晦	
									以劉累豢之後
有鬲氏斟尋氏斟灌氏豷處戈	庶子無余封越								
			洛伯用						
									夏衰二神
澆處過			河伯馮夷		河伯僕牛				
征畎夷					命畎夷				
浞[illegible]羿之[illegible]	少康所滅								
淮夷風夷黃夷于夷	方夷	東海三壽	九夷來御		白夷赤元風黃陽夷	九苑			

經世通志並十一年
世紀通志並十三年外紀十一
年經世十九年
年代歷經世並五十二年
通志五十一年
三統歷世紀並云爲天子五
十三年
經世前編並無
刀編錄三十二年 經世通志
三十三年
經世通志二十九年
史作太庚 經世通志二十
五年
帝王本紀五十七年通志
三十六年
通志十三年

甲午	乙未	丙申	丁酉	戊戌	己亥	庚子	辛丑	壬寅	癸卯
元庚辰	元乙酉	元壬辰	十八年癸亥	元乙亥 元丁丑	元辛巳	元癸巳	元壬子	元丁巳	元甲戌
帝昊一作皋三年	帝發七年	帝癸是爲桀三十二年	商成湯十七年克夏共二十九年	外丙二年 中壬四年	太甲十二年	沃丁十九年	小庚五年	小甲十七年	雍己十二年
	主壬生主癸	主癸生天乙是爲湯	羌弗生毀隃						毀隃生公非
		蒙山氏							
其後爲范氏		費昌氏							
		南巢氏							
		桀會于仍滅有緡	封孤竹						
		湯克昆吾滅溫取顧							
			逢公伯陵居齊地						
復豕韋		商取韋							
		商征荊荊降							
		若木元孫費昌奔商	封費氏庶子于徐主淮夷						大廉元孫孟戲中衍
		商征葛伯							
		商伐三朡							
			空越獻令						
		商克有洛							
龍止庭曰	余褒之二	君							
		伊尹耕有莘湯聘之							
		奚仲後仲虺爲湯相							
		畎夷入岐以叛							
		有施氏	桀子獯鬻爲匈奴						
			氐羌來賓						
諸夷賓于王門		桀起九夷師不至	空九夷獻令						
			懷鬼方						

經世十三年通志十一年

經世通志十五年

經世通志十六年

史作沃甲　經世二十五年
通志二十年

經世通志三十一年

經世二十五年通志二十九年

帝王本紀十七年　經世通志
七年

六

甲申	乙酉	丙戌	丁亥	戊子	己丑	庚寅	辛卯	壬辰	癸巳
元丙戌	元辛丑	元庚戌	元庚申	元己巳	元戊子	元壬寅	元丁未	元丙辰	元壬戌
太戊七十五年	仲丁九年	外壬十年	河亶甲九年	祖乙十九年	祖辛十四年	開甲五年	祖丁九年	南庚六年	陽甲四年
公非生辟方				辟方生高圉 命邠侯高圉				高圉生侯牟	
城蒲姑									
			彭伯克邳	命彭伯					
			韋伯與彭伯伐班方	命韋伯					
費侯中衍為車正									
		侁人叛	侁人入于班方						
									征丹山戎
		邳人叛							
使王孟聘西戎									
東九夷來賓	征藍夷		征藍夷						

經世通志二十一年

經世通志二十八年通志二十一年

漢石經百年魯世家五十五年

經世通志七年

年代歷通志十六年

史作廩辛 經世通志六年

帝王本紀十一年 經世二十一年通志六年

經世通志四年

史作太丁 經世通志三年

甲戌	乙亥	丙子	丁丑	戊寅	己卯	庚辰	辛巳	壬午	癸未
元丙寅	元甲午	元丁酉	元丁未	元丙午	元丁巳	元庚寅	元甲午	元壬寅	元丁丑
盤庚二十八年	小辛三年	小乙十年	武丁五十九年	祖庚十一年	祖甲三十三年	馮辛四年	庚丁八年	武乙三十五年	文丁十三年
侯年生亞圉 命邠侯亞圉			亞圉生雲都		雲都生公叔祖類 命邠侯組紺			祖類生亶父 遷岐 亶父生季歷	命季歷為牧師 歷生昌
			寘伯		直柄		虞遂		伯戲
									孤竹君子朝生伯夷
					薄姑氏居齊地		中女為戎胥軒妻	亶父妃姜女	
			滅大彭					系	[illegible]竹國係
			克豕韋					季歷取太任於摯	弟仲雍嗣
			伐荊楚						
								胥軒生中潏為	中衍元孫保西垂
鬼侯來朝								畢程氏	余無之戎
								義渠氏	燕京之戎
									始呼之戎
									昌取太姒于莘
					征西戎				
								太王事獯育	
			氐羌來賓						翳徒之戎
			克鬼方					西落鬼戎	

经世通志三十七年

经世三十二年通志三十三年 七

八

皆子三统曆经世通志並七 九

年史記二年淮南子三年鄭康成四

年 十

甲午	乙未	丙申	丁酉	戊戌	己亥	庚子	辛丑	壬寅	癸卯
元庚寅	元己亥	始辛卯終丙申	以後周魯紀年列國紀世而雜国附見其	中					
帝乙九年	帝辛五十二年 即紂	周武王十二年 辛卯克殷 共十七年	成王誦元年 武庚叛 周公居東	二年徐奄淮夷叛 迎周公遂伐殷	三年滅殷伐奄滅蒲姑	四年伐淮夷遂入奄	五年遷奄君于蒲姑 遷殷民于洛邑	六年大蒐于岐陽 盟諸侯 朝于明堂	七年周公致政 召公如洛度邑 城東都
	昌為西伯 武王發	周公封魯 神農封焦 黃帝封祝 堯後封薊	魯侯禽父元年	二年作費誓 平徐戎	三年	四年	五年	六年	七年
	崇侯虎 閼父為周陶正	胡公滿配太姬封陳	陳						
		巢伯來朝							
伯夷叔齊讓國	辟紂歸周 諫伐 封 伐有蘇獲妲己	召公封燕	燕 召公為太保未就國						
呂尚為文王師 其女	邑姜為武王后	許申呂由大姜	齊 太公為太師子伋就國	命太公得征五侯九伯	以蒲姑益封太公				
仲 季	達 一 叔	周章封吳其弟虞仲 摯疇之國由大任	吳						
鬻熊為師	生熊麗	麗生熊狂	熊狂生熊繹封于楚	楚				熊繹與鮮牟守燎故不與盟	
中潏生蜚廉	蜚廉生惡來季勝 又有仲費	戮蜚廉 手禽惡來費仲	惡來生女防 季勝生孟增 幸於	成王是為宅皐狼					
		越							
	微子啟去之 箕子胥餘為奴	封武庚於殷 封箕子于朝鮮	祿父以殷叛	與熊盈十七國作亂	王師滅殷殺祿父以餘民封微子啓于宋	宋			
	求有莘氏美女獻紂	杞繒之封由大姒	杞 東樓公			杞			
	西伯伐犬戎即昆夷	滑之後封薛 管叔鮮監衛	管叔及羣弟流言遂以殷叛		殺管叔 遷殷民于衛以封康叔	衛			
徹	密須氏	蔡叔度監鄘			囚蔡叔于郭鄰以車七乘	蔡叔死封其子胡於蔡	蔡 蔡仲		
	鄂侯	霍叔處監邶			降霍叔為庶人				
	東夷黎	叔振鐸封曹	曹						
	鬼侯	叔繡封滕	封郕						

	甲辰	乙巳	丙午	丁未	戊申	己酉	庚戌	辛亥	壬子	癸丑
	八年王親政	九年肅慎氏来朝	十年封叔虞于唐越裳氏来朝	十一年命周平公治東都平公即君陳	十二年城韓錫韓侯命	十三年王師會齊侯魯侯伐戎	十四年冬洛邑告成	十五年	十六年	十七年
魯	八年與齊侯伋遷庶殷于魯	九年	十年	十一年	十二年	十三年從王師伐戎	十四年	十五年	十六年	十七年
陳										
唐	王師滅唐遷其民于杜為杜伯		武王子叔虞封于唐	獻嘉禾王命歸禾于周公	從王[illegible]					
燕					燕師從王師城韓					
	伋與魯禽父遷庶殷					從王師伐戎	伐曲城克之			
吳										
楚										
越										
宋										
杞										
衛										
蔡										
曹										

干支			
甲寅		十八年王如洛邑定鼎	十八
乙卯		十九年王巡狩歸正百官黜豐侯	十九
丙辰		二十年	二十
丁巳		二十一年除治象周文公薨于豐	二十一
戊午		二十二年葬周文公于畢	二十二
己未		二十三年	二十三
庚申		二十四年	二十四
辛酉		二十五年大會諸侯于東都四夷來賓	二十五
壬戌		二十六年	二十六
癸亥		二十七年	二十七

於越來賓

	甲子	乙丑	丙寅	丁卯	戊辰	己巳	庚午	辛未	壬申	癸酉
	二十八年	二十九年	三十年離戎来宾	三十一年	三十二年	三十三年王遊于卷阿召康公從	三十四年雨金于咸陽	三十五年	三十六年	三十七年四月乙丑王陟
鲁伯禽	二十八	二十九	三十	三十一	三十二	三十三	三十四	三十五	三十六	三十七
陳										
唐										
燕										太保奭受顧命
										吕伋以虎賁百人逆王世子釗
吴										
楚										
越										
宋										
杞										
衛										衛侯受顧命
蔡										
曹										

甲戌		康王釗元年召康公揔百官諸侯朝豐	三十八	申公犀侯				熊[illegible]		女防生旁皐	孟增生衡父	微仲衍啓弟	西楼公			太伯脾
乙亥		二年　宮	三十九											康伯髦即王孫牟		
丙子		三年定樂歌	四十													
丁丑		四年	四十一													
戊寅		五年	四十二													
己卯		六年齊太公卒	四十三				齊太公卒子丁公呂伋立									
庚辰		七年	四十四													
辛巳		八年	四十五													
壬午		九年唐遷于晉作宮而美王使人讓之	四十六		唐叔子燮父遷于晉改				熊繹与呂伋王孫牟燮父禽父							
癸未		十年	考公酋元年		為晉侯				並事康王							

三統歷魯煬公六十年

	甲申	乙酉	丙戌	丁亥	戊子	己丑	庚寅	辛卯	壬辰	癸巳
	十一年	十二年錫畢公命 毛懿公卒	十三年	十四年	十五年	十六年南巡狩至九江廬山	十七年	十八年	十九年	二十年
魯 考煬幽	二	三	四	煬公熙元年	二年築茅闕門	三	四	五	六	幽公宰元年
陳										
晋										
燕										
						王錫齊侯伋命是爲丁公				
吳										
楚		熊艾								
越										
宋										
杞										
衛										
蔡										
曹										

干支								
甲午		二十一年	二					
乙未		二十二年	三					
丙申		二十三年	四					
丁酉		二十四年 名康公卒	五	自名公以下九世至				
戊戌		二十五年	六	惠侯				
己亥		二十六年九月己未陟	七					
庚子		昭王瑕元年 復設象魏	八		熊黶	宋公稽	考伯	蔡伯荒
辛丑		二年	九					
壬寅		三年	十					
癸卯		四年	十一					

	甲辰	乙巳	丙午	丁未	戊申	己酉	庚戌	辛亥	壬子	癸丑
	五年	六年錫郇伯命	七年	八年	九年	十年	十一年	十二年	十三年	十四年四月恒星不見
魯魏公	十二	十三	十四年弟潰弑立	魏公潰元年	二	三	四	五	六	七
陳										
晋										
燕										
齊										
吳										
楚										
越										
宋										
杞										
衛										
蔡										
曹										

世紀昭王二年刀劍錄經世通表五十一年

甲寅	乙卯	丙辰	丁巳	戊午	己未	庚申	辛酉	壬戌	癸亥
十五年	十六年伐楚涉漢遇大兕	十七年	十八年	十九年伐楚及漢船解王陟	穆王滿元年命伯冏為大僕正	二年	三年	四年	五年
八	九	十	十一	十二	十三	十四	十五	十六	十七
					相公皋羊				
					武侯寧族				
					乙公得				
					柯相				
	王伐楚涉漢遇大兕			王伐楚濟漢卒	熊勝				
					旁皋生大几				
					衡父生造父				
					丁公申				
					題公				
					嗣伯				
					仲君平				

甲子	六年春徐子誕來朝命為伯即徐偃王	十八	
乙丑	七年	十九	
丙寅	八年北唐君來獻驪馬	二十	
丁卯	九年築春宮	二十一	
戊辰	十年	二十二	
己巳	十一年命卿士祭公謀父	二十三	
庚午	十二年伐犬戎得四白狼白鹿以歸	二十四	
辛未	十三年春西征次陽紆徐戎侵洛	二十五	造父御王入于宗周
壬申	十四年師楚伐徐克之翟人侵畢使孟悆討戎	二十六	從王伐徐
癸酉	十五年留昆氏來賓	二十七	

魯魏公 陳 晉 燕 齊 吳 楚 越 宋 杞 衛 蔡 曹

甲戌	乙亥	丙子	丁丑	戊寅	己卯	庚辰	辛巳	壬午	癸未
十六年霍侯舊卒封造父于趙	十七年西王母來朝遷戎于太原	十八年諸侯來朝于祇宮	十九年	二十年	二十一年祭文公卒	二十二年	二十三年	二十四年命左史戎夫作記	二十五年
二十八	二十九	三十	三十一	三十二	三十三	三十四	三十五	三十六	三十七
造父封於趙城由此為趙氏									

	甲申	乙酉	丙戌	丁亥	戊子	己丑	庚寅	辛卯	壬辰	癸巳
	二十六年	二十七年	二十八年	二十九年	三十年	三十一年	三十二年	三十三年	三十四年	三十五年毛伯遷敗荊子沛
魯覲公	三十八	三十九	四十	四十一	四十二	四十三	四十四	四十五	四十六	四十七
陳										
晉										
燕										
吳										
楚										荊人入徐毛伯遷敗
趙										
越										
宋										
杞										
衛	庚伯									
蔡	宮侯									
曹										

干支					
甲午		三十六年	四十八		
乙未		三十七年起九師至九江伐越至于紆荆人来貢	四十九	荆人入貢	王師伐越至紆
丙申		三十八年	五十		
丁酉		三十九年會諸侯于塗山	厲公擢元年		
戊戌		四十年	二		
己亥		四十一年	三		
庚子		四十二年	四		
辛丑		四十三年	五		
壬寅		四十四年	六		
癸卯		四十五年	七		

	甲辰	乙巳	丙午	丁未	戊申	己酉	庚戌	辛亥	壬子	癸丑
	四十六年	四十七年	四十八年	四十九年	五十年	五十一年作呂刑命甫侯于豐	五十二年	五十三年二月大風地震	五十四年	五十五年陟
魯厲公	八	九	十	十一	十二	十三	十四	十五	十六	十七
陳										
晉										
鄭										
齊										
吳										
楚										
趙										
越										
宋										
杞										
衛										
蔡										
曹										

甲寅	乙卯	丙辰	丁巳	戊午	己未	庚申	辛酉	壬戌	癸亥
共王繄扈元年	二年	三年	四年王師滅密	五年	六年	七年	八年	九年使內史良錫毛伯遷命	十年
十八	十九	二十	二十一	二十二	二十三	二十四	二十五	二十六	二十七
孝公突									
成侯服人									
癸公慈母									
彊鳩夷									
熊楊									
大几生大駱									
湣公共									
謀娶公									
靖伯									
宮伯侯									

世紀共王二十三年通志八年

	甲子	乙丑	丙寅	丁卯	戊辰	己巳	庚午	辛未	壬申	癸酉
	十一年	十二年陟	懿王囏元年 天再旦于鄭	二年	三年	四年	五年	六年	七年 西戎侵鎬	八年
	二十八	二十九	三十	三十一	三十二	三十三	三十四	三十五	三十六	三十七
魯										
陳（厲公）										
晉										
燕										
齊										
吳										
楚										
趙										
越										
宋			煬公熙							
杞										
衛			貞伯							
蔡			厲侯							
曹										

甲戌		九年	獻公具元年	孝伯雲
乙亥		十年	二	
丙子		十一年	三	
丁丑		十二年	四	
戊寅		十三年翟人侵岐	五	
己卯		十四年	六	
庚辰		十五年遷槐里	七	
辛巳		十六年	八	
壬午		十七年	九	
癸未		十八年	十	

世紀懿王二十年

	甲申	乙酉	丙戌	丁亥	戊子	己丑	庚寅	辛卯	壬辰	癸巳
	十九年	二十年	二十一年虢公伐犬戎敗	二十二年	二十三年	二十四年	二十五年陟	孝王辟方元年命申侯伐西戎	二年	三年
魯獻公	十一	十二	十三	十四	十五	十六	十七	十八	十九	二十
陳								慎公圉戎		
晉								厲侯福		
燕										
齊								哀公不辰		
吳								餘橋疑吾		
楚								熊渠		
								大駱生非子		
趙										
越										
宋								厲公鮒祀弑立		
杞		武公元年								
衛										
蔡										
曹										

甲午	乙未	丙申	丁酉	戊戌	己亥	庚子	辛丑	壬寅	癸卯
四年	五年西戎來獻馬	六年	七年大雨雹江漢冰牛馬死厲王生	八年使非子牧馬于汧渭封子秦號秦嬴	九年陟	夷王燮元年	二年蜀人呂人來獻瓊玉	三年烹齊哀公以紀侯譖之故	四年
二十一	二十二	二十三	二十四	二十五	二十六	二十七	二十八	二十九	三十
									靖侯宜臼元年
			燕惠侯元年						
								哀公烹立胡公靜少弟獻公山弒	立
						柯盧			
				非子封秦為附庸號秦嬴					
									釐公舉元年
	頃侯元年					厚賂夷王〻命為侯			
				武侯元年					
			夷伯喜元年						

三統歷魯獻公五十年世紀三十六年

庸

世紀經世夷王十六年李善云四年通志十五年

	甲辰	乙巳	丙午	丁未	戊申	己酉	庚戌	辛亥	壬子	癸丑
	五年	六年	七年虢公伐太原之戎獲馬千匹	八年陟	厲王胡元年命榮夷公楚獻龜貝	二年	三年淮夷侵洛虢公長父伐之不克	四年	五年	六年
魯	三十一	三十二	真公濞元年	二	三	四	五	六	七	八
陳				幽公寧元年						
晉										
燕										
齊								武公壽元年		
吳					周繇					
楚			熊渠伐庸立三子為王		去王號	熊摯紅	熊延			
秦	秦侯元年									
趙										
越										
宋										
杞										
衛				釐侯元年						
蔡										
曹										

史記厲王三十七年奔彘經世同之外紀通志四十年流彘

甲寅	乙卯	丙辰	丁巳	戊午	己未	庚申	辛酉	壬戌	癸亥
						史記十二諸侯年表始此			
七年	八年初監謗芮良夫戒百官于朝	九年	十年	十一年西戎入犬丘滅大駱之族	十二年王奔彘太子靜匿召公家	十三年共伯和攝行政號共和	十四年獵犼侵宗周西鄙	十五年	十六年
九	十	十一	十二	十三	十四	十五	十六	十七	十八
						陳幽公十四年			
						晉靖侯十八年	釐侯司徒元年		
						燕惠侯二十四年			
						齊武公十年			
熊勇元年						楚熊勇七年	召穆公追荊蠻至于洛		
公伯元年			秦仲元年	大戎滅大駱之族		秦仲四年			
						宋釐公十八年			
						衛釐侯十四年			
						蔡武侯二十三年			
						曹夷伯二十四年			

	甲子	乙丑	丙寅	丁卯	戊辰	己巳	庚午	辛未	壬申	癸酉
	十七年	十八年	十九年	二十年	二十一年	二十二年大旱	二十三年大旱	二十四年大旱	二十五年大旱	二十六年王陟于彘太子靖立共和罷
魯	十九	二十	二十一	二十二	二十三	二十四	二十五	二十六	二十七	二十八
陳							釐公孝元年			
晉										
燕										
齊										
吳										
楚	熊嚴元年									
秦										
趙										
越										
宋								惠公覸元年		
杞								武公卒	靖公	
衛										
蔡	夷侯元年									
曹				幽伯彊元年						

甲戌		宣王靖元年復田賦作戎車	二十九						熊霜元年									
乙亥		二年錫太師皇父司馬休父命	三十			釐侯莊元年												弟蘇弑立
丙子		三年命秦仲爲大夫伐西戎	武公敖元年							受命伐西戎								戴伯蘇元年
丁丑		四年命蹶父如韓韓侯來朝	二				厲公無忌元年											
戊寅		五年尹吉甫伐玁狁方叔伐荊蠻	三						方叔伐荊									
己卯		六年召虎伐淮夷王伐徐戎錫召虎命	四		獻侯籍元年					西戎殺秦仲								
庚辰		七年錫申伯命命樊侯仲山甫城齊	五				仲山甫城齊		熊徇元年	莊公元年								
辛巳		八年初考室魯武公來朝立魯世子戲	六年公以子括與戲見王王立戲爲世子															
壬午		九年會諸侯于東都遂狩于甫	七															
癸未		十年	八															

魯世家武公九年 今從表三統曆二年

	甲申	乙酉	丙戌	丁亥	戊子	己丑	庚寅	辛卯	壬辰	癸巳
	十一年	十二年	十三年	十四年	十五年錫虢文公命	十六年	十七年	十八年	十九年	二十年
魯	九	十	懿公戲元年	二	三	四	五	六	七	八
陳										
晉						獻侯卒穆公遷錄	穆侯費生元年			
燕										
齊		胡公子攻殺厲公	文公赤元年							
吳										
楚										
秦										
趙										
越										
宋										
杞										
衛					共伯餘早死史云和殺之	武公和元年				
蔡									釐侯所事元年	
曹										

甲午	乙未	丙申	丁酉	戊戌	己亥	庚子	辛丑	壬寅	癸卯
二十一年	二十二年封母弟友于鄭	二十三年	二十四年	二十五年大旱禱于郊廟遂雨	二十六年	二十七年	二十八年	二十九年初不籍千畝	三十年
九年括子伯御弑立	伯御元年	二	三	四	五	六	七	八	九
				成公說元年					
								熊咢元年	
							哀公元年	戴公元年	
	鄭桓								
	鄭桓公友元年								

干支			魯	陳	晉	燕	齊	吳	楚	秦	趙	越	宋	杞	衛	蔡	鄭	曹
甲辰		三十一年	十															
乙巳		三十二年伐魯殺伯御立孝公稱	十一年王誅伯御															
丙午		三十三年伐太原之戎不克	孝公稱元年	武公靈元年														惠伯兕元年
丁未		三十四年	二				莊公購元年											
戊申		三十五年	三															
己酉		三十六年	四															
庚戌		三十七年有馬化狐幽王生	五								造父六世至奄							
辛亥		三十八年及晉穆侯伐條戎奔戎敗	六		從王伐條戎奔戎敗生太子仇	頃侯元年			若敖熊儀元年		父曰公仲							
壬子		三十九年伐姜戎敗于千畝奄父御脫王	七		生少子成師						奄父脫宣王							
癸丑		四十年料民于太原戎人滅姜戎	八		敗北戎于汾隰													

甲寅	乙卯	丙辰	丁巳	戊午	己未	庚申	辛酉	壬戌	癸亥
四十一年王師敗于申	四十二年	四十三年殺大夫杜伯其子隰叔奔晉	四十四年	四十五年	四十六年陟	幽王宮涅元年錫太師尹氏皇父命	二年涇渭洛竭岐山崩初增賦	三年嬖褒姒冬大震電	四年六月隕霜
九	十	十一	十二	十三	十四	十五	十六	十七	十八
							夷公說元年		
		穆侯卒弟殤叔自立	殤叔元年			太子仇殺殤叔自立	文侯仇元年		
									伐西戎
						奄父生叔帶	幽王無道去周	如晉事文侯	始建趙氏于晉
							同晉文侯伐鄫克之		

	甲子	乙丑	丙寅	丁卯	戊辰	己巳	庚午	辛未	壬申	癸酉
							虢公翰立王子余臣于攜			
	五年世子宜臼奔申皇父作都于向	六年命伯士伐六濟之戎敗西戎滅蓋	七年虢人滅焦	八年以鄭伯友為司徒立褒姒子伯服為太子	九年申侯聘西戎及鄫	十年及諸侯盟太室王師伐申	十一年申与繒西夷犬戎攻殺王諸侯立宜臼	平王宜臼元年東遷洛邑	二年賜秦晉以邠岐之田	三年錫司徒鄭伯命
魯	十九	二十	二十一	二十二	二十三	二十四	二十五年与申侯許男鄭子立宜臼于申	二十六	二十七	惠公弗湟元年
陳	平公燮元年									
晉								以師從王遷洛王錫命	王賜邠岐之田	
燕										
齊										滅祝
吳										
楚										
秦	襄公元年	戎圍犬丘虜世父	歲餘歸世父				將兵救周	以兵送王遷洛始為諸侯	王賜邠岐之田作西畤	
越										
宋										
杞										
衛							將兵救周平戎	以師從王遷洛王命為公		
蔡										
鄭				為周司徒		寄孥賄于虢鄶	為犬戎所殺子掘突立	武公掘突元年以師從王	滅鄶	王命為司徒
曹										

甲戌	乙亥	丙子	丁丑	戊寅	己卯	庚辰	辛巳	壬午	癸未
四年	五年	六年	七年	八年	九年	十年	十一年	十二年	十三年
二	三	四	五	六	七	八	九	十	十一
	哀侯元年		鄭侯元年						
				霄敖熊坎元年					
	伐戎至岐卒	文公元年				遷于汧渭			
		武公司空元年							
						共侯興元年		戴侯元年	
滅虢		遷于溱洧		殺大夫關其思襲胡取之		娶于申曰武姜			
							石甫立弟武殺之代立	繆公武元年	

	甲申	乙酉	丙戌	丁亥	戊子	己丑	庚寅	辛卯	壬辰	癸巳
	十四年	十五年	十六年	十七年	十八年秦敗戎于岐來歸岐東之田	十九年	二十年	二十一年	二十二年	二十三年
魯	十二	十三	十四	十五	十六	十七	十八	十九	二十	二十一
陳				文公圉元年						
晉	滅韓							殺王子余臣于攜		
燕										
齊										
吳										
楚	蚡冒熊眴元年									
秦		作鄜畤			大敗戎師于岐初有史以紀事					
越										
宋										
杞										
衛	莊公揚元年				取夫人姜氏于齊					
蔡									宣侯措父元年	
鄭	生太子寤生			生太叔段						
曹		桓公終生元年								

甲午		二十四年	二十二							作陳寶祠		宣公力元年					
乙未		二十五年	二十三							初有三族之刑							
丙申		二十六年	二十四		昭侯伯元年封成師于曲沃為桓叔												
丁酉		二十七年	二十五	桓公鮑元年													
戊戌		二十八年	二十六													莊公寤生元年封叔段于京	
己亥		二十九年	二十七														
庚子		三十年	二十八						虢冒卒弟通殺其子自立					愛妾子州吁			
辛丑		三十一年	二十九						武王通元年					州吁好兵使為將			
壬寅		三十二年	三十		潘父弑昭侯納成師不克					伐南山大梓							
癸卯		三十三年	三十一		孝侯元年				伐申侯甫及許								

	甲辰	乙巳	丙午	丁未	戊申	己酉	庚戌	辛亥	壬子	癸丑
	三十四年	三十五年	三十六年王人戍申	三十七年	三十八年	三十九年	四十年	四十一年	四十二年魯宰讓來請郊廟之禮王使史角往諭止之	四十三年
魯	三十二	三十三	三十四	三十五	三十六	三十七	三十八	三十九	四十年使宰讓請郊廟之禮于周王不許	四十一
陳										
晉							曲沃桓叔卒子莊伯鱓立		狄人伐翼至晉郊	
燕										穆侯元年
齊								釐公祿甫元年		
吳										
楚										
秦										
越										
宋									宣公卒立其弟和	穆公和元年
杞										
衛				桓公完元年	絀州吁州吁出奔					
蔡										
鄭										
曹										

甲寅	乙卯	丙辰	丁巳	戊午	己未	庚申	辛酉	壬戌	癸亥
					春秋始此				
四十四年	四十五年	四十六年	四十七年	四十八年無雲而雷	四十九年	五十年	五十一年三月庚戌王陟孫桓王林立		
四十二	四十三	四十四	四十五	四十六年惠公卒長庶子息姑攝位	隱公息姑元年	二	三		
					桓公二十三年				
			曲沃伯殺孝侯晉人立郤	鄂侯郤元年	鄂侯二年				
					穆侯七年				
					釐公九年				
					武王十九年				
					文公四十四年				
					穆公七年		立與夷公子馮奔鄭		
					桓公十三年				
					宣公二十六年				
					莊公二十二年克段	伐衛	取周麥禾		
					桓公三十五年				

甲子	乙丑	丙寅	丁卯	戊辰	己巳	庚午	辛未	壬申	癸酉

甲辰	乙巳	丙午	丁未	戊申	己酉	庚戌	辛亥	壬子	癸丑
					周靈王二十年 魯襄公二十一年				齊崔杼弒莊公景公杵臼立
					十月二十一日庚子孔子生○從穀梁	二歲	三歲父叔梁紇卒葬於防山	四歲	五歲
									秦商生

甲寅	衛甯喜弑殤公蘧伯玉從近關出	六歲	
乙卯	宋向戌合諸侯弭兵	七歲	顔無繇生
丙辰	周景王元年	八歲	
丁巳	周景王元年	九歲	
戊午	子產相鄭	十歲	仲由生
己未		十一歲	
庚申	魯昭公元年	十二歲	漆雕開生
辛酉		十三歲	
壬戌		十四歲	有若生
癸亥		十五歲志於學	

甲子	舍中軍	十六歲	閔損生
乙丑		十七歲	
丙寅	孟僖子不能相儀 季武子卒平子嗣	十八歲	季武子之喪曾點倚其門而歌
丁卯	楚靈王滅陳 衛靈公元年	十九歲娶宋并官氏	
戊辰	楚遷許城父	二十歲生伯魚 昭公以鯉賜故以名之	
己巳	齊陳氏始大	二十一歲	
庚午	孟懿子南宮敬叔生 楚滅蔡	二十二歲	
辛未	南蒯以費叛季氏奔齊	二十三歲	
壬申	楚靈王自殺于乾谿 平王立復陳蔡	二十四歲	
癸酉		二十五歲	

甲戌	晉六卿強	二十六歲	
乙亥		二十七歲	
丙子	郯子來朝	二十八歲學官於郯子	
丁丑	宋衛陳鄭同日災	二十九歲	
戊寅		三十歲	冉求生 冉雍生 商瞿生 梁鱣生
己卯	衛齊豹殺公孟縶及宗魯 鄭子產卒	三十一歲齊景公與晏子入魯問禮	琴張將往弔宗魯孔子止之 十二月齊景公田于沛招虞人以弓不進仲尼曰守道不如守官君子韙之 聞子產卒出涕曰古之遺愛也 高柴生 巫馬施生 顏回生 其年不合
庚辰		三十二歲	端木賜生
辛巳	王子朝亂悼王立而卒晉立敬王	三十三歲	
壬午	周敬王元年	三十四歲	
癸未	二月孟僖子卒 五月乙未朔日食	三十五歲	孟僖子屬其大夫使懿子敬叔來學禮

甲申	九月昭公伐季氏不克奔齊	三十六歲魯亂適齊	聞韶對齊羊知釐王廟災 辭廩丘之養
乙酉	昭公居鄆夏齊將納公不克	三十七歲在齊對問政對大旱春饑	晏子沮尼谿之封 原憲生 樊須生
丙戌	春吳季札聘上國晉謀納公不果	三十八歲景公不能用反魯	季札葬子嬴博孔子往觀葬
丁亥	公如晉次於乾侯	三十九歲	顏回生此聖門通考之說
戊子	晉鑄刑鼎仲尼曰晉其亡乎	四十歲	澹臺滅明生
己丑		四十一歲	秦商生 陳亢生
庚寅		四十二歲	
辛卯	昭公薨于乾侯 諸侯城成周	四十三歲	公西赤生
壬辰	魯定公元年	四十四歲	南容說仲孫何忌既除喪而昭公在外未之命也定公即位乃命之辭曰先臣有遺命囑家老使二臣必事孔子而學禮以定其位公許之二子遂來學
癸巳		四十五歲	卜商生

甲午		四十六歲	言偃生						
乙未	周劉文公合諸侯于召陵吳入郢 七月劉文公卒	四十七歲	郕隱公即位將冠因孟懿子問禮	曾參生	顏幸生				
丙申	季平子卒陽虎囚桓子叔孫不敢辛武叔嗣	四十八歲不仕修詩書禮樂弟子彌衆							
丁酉	陽虎盟公及三桓于周社 鄭滅許楚都鄀	四十九歲	顓孫師生						
戊戌	陽虎居鄆陽關以為政	五十歲	宓不齊生						
己亥	陽虎欲殺桓子不克入讙陽關以叛	五十一歲南宮敬叔適周問禮老聃 據莊子	訪樂萇宏觀明堂入后稷廟	乃魯道彌尊弟子蓋三千焉	冉孺生	曹卹生	伯虔生	顏高生 家語作顏刻	
庚子	陽虎奔齊遂奔晉適趙氏	五十二歲公山不狃以費叛召不果往	初為中都宰						
辛丑	公會齊侯于夾谷 晏嬰卒見齊世家	五十三歲為司空尋為司寇溝合昭公墓	相禮夾谷却萊兵齊人來歸田	原憲為宰 時年十七					
壬寅		五十四歲	公孫龍生						
癸卯	墮郈公山不狃叔孫輒帥費人襲魯不克遂墮費	五十五歲不狃叛命申句須樂頎伐之	仲由為季氏宰將墮三都時年四十六	叔仲會生					

甲辰	趙鞅奔晉陽范氏中行氏伐公敗奔朝歌鞅入絳	五十六歲攝相事誅少正卯	齊歸女樂去魯適衛主顏濁鄒家	靈公致粟六萬		
乙巳	衛侯為南子召宋朝蒯聵謀殺南子不克奔宋	五十七歲居衛十月去衛將適陳畏於匡	去匡過蒲月餘反衛主伯玉家見南子	醜衛過曹微服過宋適鄭與弟子相失	遂至陳主司城貞子家時陳湣公周六年	
丙午	邾隱公朝魯子貢觀焉知二君將死亡	五十八歲在陳對肅慎氏之矢				
丁未	魯哀公元年蔡遷于吳吳入越侵陳趙鞅朝歌	五十九歲在陳對防風骨居陳三歲去陳	過蒲蒲人止之與盟遂適衛	趙簡子攻范中行氏伐中牟佛肸畔召不果往	擊磬於衛遇荷蕢	將西見趙簡子臨河而反作陬操主伯玉家
戊申	夏衛靈公卒輒立冬蔡遷于州來	六十歲靈公問陳遂行如陳				
己酉	五月桓宮僖宮災秋季桓子卒康子嗣	六十一歲在陳聞火曰其桓僖乎	康子召冉求孔子有歸與之語二求年三十			
庚戌	六月亳社災	六十二歲自陳遷於蔡				
辛亥	齊景公卒趙鞅伐衛圍中牟	六十三歲自蔡遷葉反于蔡遇長沮桀溺				
壬子	春吳伐陳楚救陳軍城父七月楚昭王卒	六十四歲阨於陳蔡楚昭王興師迎乃免	對萍實昭王將以書社封子西止之	昭王卒于城父接輿歌而過遂反衛	時衛輒欲得孔子為政	
癸丑	公會吳于鄫	六十五歲居衛	吳太宰嚭召季康子康子使子貢辭			

己未七十一

甲寅	吳伐魯克武城東陽而進次泗上宋滅曹	六十六歲居衛	魯微虎私屬攻吳王於泗上吳人行成乃盟	徒卒欲宵有若與焉而還						
乙卯		六十七歲居衛								
丙辰		六十八歲居衛								
丁巳	齊伐魯公會吳伐齊敗之艾陵吳殺伍員	六十九歲孔文子欲攻太叔疾訪孔子遂行反魯	冉有用矛入齊師樊遲三刻踰溝	孟之側殿右師	冉有言於季孫以幣召孔子乃歸	艾陵之戰吳王賜叔孫甲劍鈹使子貢對	冬季孫欲以田賦使冉有訪仲尼卒弗聽	伯魚卒年五十生伋字子思	魯不能用孔子乃刪詩書定禮樂贊易	
戊午	春用田賦夏昭夫人孟子卒冬十二月螽	七十歲與弔孟子對季孫問螽	顏淵卒年三十二	子貢辭吳尋盟說太宰嚭舍衛侯						
己未	春西狩獲麟孟懿子卒武伯嗣冬魯饑	七十一歲作春秋請討陳恆	宋向魋作亂司馬牛致邑與珪適齊反卒於魯	[illegible]子使冉有告子路要小邾子路辭	哀公問有若年饑用不足如之何曰盍徹乎					
庚申	春成叛於齊冬及齊平成子乃歸成	七十三歲哭子路於中庭命覆醢	冬子服景伯如齊子貢為介	子路死衛孔悝之難子羔遂出						
辛酉	正月衛蒯聵立為莊公輒奔魯白公亂死	七十四歲夏四月己丑卒葬魯城北泗上	孔子之喪公西赤為志弟子心喪三年							
壬戌										
癸亥										

古帝王年疑一卷

［清］閩縣林春溥撰

福建省圖書館藏稿本

古帝王年疑一卷，清林春溥撰。是書前有嘉慶二十四年（一八一九）自序，自署鑑塘，謂「三皇之事，若存若亡；五帝之事，若覺若夢」，有感於古史帝王、三代享國年數不勝異説，因作是書。按林氏採信竹書紀年，撰有竹書紀年補正、竹書紀年六國年表，是書自序謂今人信通鑑前編而疑竹書紀年，乃辨之曰：「紀年雖僞，猶出西晉。前編所據，果越秦漢以上耶？」序後列馬驌、楊升庵、邵堯夫、太史公諸家之説，並謂漢志録太古以來年紀、世本、古來帝王年譜、帝王諸侯世譜、黄帝五家曆等，皆司馬遷所見書，然史記僅作世表而不紀年，蓋示其慎也。皇甫謐世紀多本三統曆，而其書已亡佚，僅偶見他書引其黄帝以迄三代各王之年。是書即以世紀、竹書紀年、史記所載爲本，並參稽鄭樵通志、邵雍皇極經世、羅泌路史、金履祥通鑑前編等書，分列諸家記載之異同。自黄帝始，次少昊、顓頊、帝嚳、帝堯、帝舜五帝，至夏、商、周三代各帝王在位之年，詳列諸家之説。除上述各書外，所引尚有孔安國書傳、尚書緯、毛詩正義、漢書、宋書、通鑑外紀、列子、鬻子、吕氏春秋、山海經、博物志、李善文選註等，可謂賅博。末列歷代編年紀元諸書目録二十五種。

書中鈐有林氏「竹柏山房藏本」朱文方印。（林振岳）

古帝王年疑

三皇之事若存若亡五帝之事若覺若夢微特事也黃帝之或皇或帝不勝異說焉微特帝皇也三代之享國年數不勝異說焉今人見竹書紀年則疑見通鑑前編則信豈知紀年係僞托出西晉前編所據果越秦漢以上耶作古帝王年疑之嘉慶二十四年己卯鑑壞識

易稽覽圖云（甲寅）伏羲氏至無懷氏五萬七千八百八十二年，神農五百四十年，黃帝一千五百二十年，少昊四百年

馬驌以十紀之說爲不雅馴，薦紳之所難言，即所稱二百二十六萬餘年，分爲十紀，則（紀）約二十餘萬年，疏於黃帝以訖獲麟不過二千年耳。方之前修，短不倫且述與包史無稱，同時絕筆，何其舛異。楊升菴以漢書律歷志上元至伐桀之歲十四萬一千四百八十年，列子、楊朱云伏羲至今三十餘萬歲之說既參差，而外史及外紀其年代復與二家參差

顓頊五百年帝嚳三百五十年堯一百年舜五十年禹四百三十二年殷四百九十六年周八百六十七年秦五十年

邵堯夫皇極數，錄以天地紀終止十二萬八千年，以邵子之言，考之釋書、列子，列天地之始終，又兩書云其孰爲是邪？善乎莊子之言也：六合之外，聖人存而不論。釋書、列子之言，誠荒唐矣。邵子之言，亦安知其的然，存而不論可也。

太史公曰：予讀諜記，黃帝以來皆有年數，稽其歷譜諜、終始五德之傳，古文咸乖異，厥因孔子之弗

鄭樵曰紀元之書亡者甚多不見紀運圖歷代圖可見其略編年紀事之書亡者甚多不見通歷帝王歷數圖可見其略

張衡歷議曰欲以合春秋橫斷年

論次其年月豈虛哉

案漢藝文志春秋家有大古以來年紀二篇世本十五篇歷譜家有古來帝王年譜五卷帝王諸侯世譜二十卷黄帝五家歷三十三卷顓頊歷二十一卷夏殷周魯歷十四卷此類皆史之所紀見其史記自黄帝訖共和但作世表而不表年蓋其慎也至三統歷始紀夏殷周得天下之年

數按夏商周考
之表紀差謬數百
杜預春秋長曆論
曰劉子駿造三統
曆以脩春秋曆術
比諸家最疏又六
千餘歲插算一日
此不可行之甚者
唐僧道宣廣宏
明集有法琳破
邪論間引陶宏
景年紀所紀帝
王之年多異又
張衡有編年通
載十五卷陶張之

數而每王之年無聞皇甫謐世紀似多本之其黃帝
以訖三代五王之年僅見於諸家之所徵引而
其書已亡雖以詳考汲冢紀年文頗乖異疑（惟鄭樵通志所記夏及商九王年數實与為表裏）
者悠哉自邵子皇極經世出於堯甲辰編以甲子
千歲以上儼若目睹而數計矣考其原大抵本
之世紀而有不盡同者未知何據羅氏路史及所引
諸家之說復以聚訟即金仁山前編多因經世之

書亡皆不傳曰北史張彝傳彝在北魏宣武帝時上歷帝圖五卷起元庖犧終于晉末凡十六代一百三十六帝歷三千二百七十年亡不傳 寶櫝記云黃帝以戊巳日生五行書云以戊子日生甲戌日崩一云戊午 鬻子云十歲知神農之非而改其政 路史云年三十七戰蚩尤乃即位 真源賦黃帝以地

舊而遷徙傳而不可通者、輒任意增減其年以就之

若是書其可傳信乎、爰列其同異於左

黃帝造歷元起辛卯 有熊氏 三墳謂之地皇軒轅氏 後漢書律歷志曰黃帝張華輯說通志

皇甫謐云在位百年 紀年冊外紀年百一十一歲通志曰百十歲 路史編並同

岸史疑問曰黃帝称紀甲子世史以癸亥紀元則甲子者黃帝之二年也而甲

據列子云帝立十有五年喜天下戴己又十有五年

子會紀一書不從黃帝小年獨何也 宋書禮志曰軒轅高辛夏后氏皆以

而大治又四十八年而登遐在位共七十八年、百十有七

十三月為正 韓佛骨表同 禮祭法疏引

世云百年、坤鑒云百一十年、供長 春秋命歷序

皇九年正月上寅
指首陽山
莊子云為天子十九年
往見廣成子
路史發揮云內荀
黃帝後有帝鴻有
帝魁有青陽有
金天而後乃至高
陽

杜預左傳後序晉
書束晳傳隋經籍
志並云紀年起自
夏殷惟史記梁惠
王本下注引荀勗
曰和嶠云紀年起自
黃帝終于魏之今

云黃帝傳十世一千五百二十歲（一本作一千五百二十年　易稽覽圖作一千二百五十年　通志曰或云十八代）　路史引內荀黃帝經云黃帝後歷四世乃至顓頊　又據山海經云（山海經云帝律生帝鴻）帝律生帝鴻以律為黃帝之字帝鴻氏為黃帝之子在位卌七載　鄭康成引尚書緯云孔子求書得黃帝之孫帝魁之書迄於秦穆公凡三千二百卌歲（博物志云黃帝登仙其臣左徹者削木象黃帝帥諸侯以朝七年不還左徹乃立顓頊路史引作汲書）

少昊　漢書云黃帝之子清陽其子孫名摯立號曰金天氏
前史疑問曰少昊元年世史以為癸卯薛史以為丁未

主與之本合前爲和
嶠皆當日案語疑
次作出者其言信
有徵矣

世紀云在位百年四年外紀云八十四年壽百歲 佛骨表同 通志 路史 前編
並同 詩正義引命曆序云少昊傳八世 禮記疏引 五百歲 國語云少 通志曰或云十世四百年 稽覽云四百年
昊氏之衰九黎亂德顓頊受之
顓頊高陽氏 路史疑問云顓頊元年世史以爲丁未薛史以爲辛未
左史考以爲弱而壯壯而窮謂顓帝風姓唐表郝氏彭氏皆云出風姓顓帝之後
路史云蒼帝顓頊年十五而佐黃帝二十而治天下
世紀云生十年而佐少昊氏 稱傳言顓帝十二而冠新序
莊子疏云十五佐少昊
商問卯卯邃宣王曰昔帝顓
頊十二而冠二十年而登帝位 路史云或云三十六云 在位七十八年 紀年 通志 前編外紀
治天下
並同路史 佛骨表同通志同 前編作九十七 外紀云九十一 路史引歲在鶉火而崩
作七十八 年九十八 [illegible]韓愈云年七十九
世本通志曰或云九十七歲

譜史論五帝志謂嚳為伏羲後堯為神農後舜為黃帝後禹為少昊後湯為顓頊後皆不同祖蜀秦宓稱五帝非一族譙周書臣語詩見三國志史索隱引古史考

詩正義引命歷序云顓頊傳九世（通志曰或云八世五百四十六年稽覽圖云五百年）繹史列作傳二十世（稽覽圖引）三百五十歲或云傳五世

路史據山海經有孺帝顓頊乃帝之元子孺帝位

君崩（山海經云東海之外大壑少昊孺帝顓頊于此棄其琴瑟）

帝嚳高辛氏（路史疑問云帝嚳元年世史以為乙酉薛史以為己丑）

鄒子云帝嚳年十五而佐帝顓頊三十而治天下（世紀）

帝系譜本云（唐類函引陶宏景云在位六十二年）世紀云在位七十年（通志作七十五年）前編同（外紀全）年百五歲（佛骨表云百歲）（通志同）壽九十九（前編云）（外紀云百五歲）（九十二）路史同又曰

（通志曰又云九十八歲）紀年云六十三年陟（一云七十五年）詩正義引命

云契也非嚳子其父
嚴不著名弃帝嚳
之胄其父亦不著

陸德明莊子釋文
云堯六十年放驩
兜六十四年流共工
六十六年竄三苗
紀年云八十九年殛
崇伯鯀國語太子
晉左傳子產並云
堯殛鯀羽山澤書

歷序云帝嚳傳十世 [redacted] 穀梁引四百歲
綠史云高辛氏之才子八元堯未能
舉是嚳堯非父子相承或高辛 稗覽云三百五十年
歷世既久及帝摯 紀年謂之帝子摯立九年而廢 年代歷作虔 本紀云摯立不善崩
而襄堯相代之
帝堯 陶唐氏 世紀本衛宏云唐侯德盛摯微弱而致禪焉外紀謂摯 荒陰無度而廢之
史記云堯立七十年得舜二十年而老令舜攝 凡二十八年而崩
孔安國云堯年十六以唐侯升為天子 世紀云年十五佐 帝摯受封于唐
帝位 許慎謂堯以楚伯受命
二年堯在位七十載時年八十六百一十六歲崩 世紀
本金樓子 初學記引世紀曰堯在位五十年堯舜二十年於老使攝政二十年
云堯以甲申歲生甲辰即帝位甲午徵舜甲寅舜
而崩即位九十八年一百一十八歲 佛骨表同
代行天子事辛巳崩年百十八在位九十八年 通志從之 經

鮀宣云堯放四罪
而天下服大戴禮
孔子曰堯流共工于
幽州以變北狄放驩
兜於崇山以變南
蠻殺三苗于三危
以變西戎殛鯀于羽
山以變東夷

[illegible]堯[illegible]極經世書起於堯即位[illegible]甲辰[illegible]於周

世書云堯七十年徵舜然庸又二年使攝位又二十

八年乃殂落（顯南六年己未）起甲辰盡癸未凡一百年（稽古錄云一百年　前編　紀）同

年云元年丙子七十三年（舜）受終于文祖一百年帝

陟　路史云竹書紀年堯元年丙子故隋袁充

云堯以丙子受命四十九年得上元第一紀甲子十一月庚

戌冬至昔考堯以戊寅即位而非丙子在位百年祿

舜之季年起戊寅年皇甫謐邵堯夫皆以堯為甲

羅泌云舜生三十而舉，用歷試三載，二十八載堯崩，時年六十。書疏引康成讀經云舜生三十謂生三十年，登庸二十謂歷試二十年，在位五十載謂攝

辰即位，舜以壬午代堯，在位七十載，皆誤。辛俊卿山堂考索云元年癸未

帝舜　有虞氏

孔安國書傳云舜生三十徵庸，三十在位，謂歷試二年，攝位二十八年，服喪三年，其一在三十之數，為天子五十年，凡壽百一十二歲。通志曰百十歲，或云百五十歲　史記云舜年二十以孝聞，年三十堯舉之，年五十攝行天子事，年五十八堯崩，年六十一代堯踐帝位，又三十九年崩于蒼梧之野。世紀

任至死為五十年　論衡氣壽篇云舜百歲韓佛骨表同

初學記引帝王世紀曰舜年八十一即位以甲子月次于畢始即真八十三而薦禹九十五而使禹攝

云舜以堯之二十一年甲子生五十一年甲午徵用七十九年壬午即真攝政攝政五年崩年百歲卒百歲癸卯南征崩于鳴條路史引世紀以為仲冬甲子月次于畢西即位

紀年云元年己未五十年陟經世書云在位三十三年薦禹於天使代己位本尚書紀年立三十二年

又十七年陟方乃死史記云舜薦禹於天十七年而崩起甲申盡癸酉凡五十年稽覽云五十年

前編元丙戌盡癸酉為五十八年綱鑑云袁史以元年為丙戌

夏

路史夏揮引紀年云黃帝至禹為世三十世　漢書律曆志引帝繫云顓頊五代而生鯀　王符五德云少昊世後代帝見流星之感生白帝文命

大戴禮少閒篇曰禹崩十有七世乃有末孫桀即位

晉書束晳傳引紀年云夏年多殷與今本異

三統歷云十七王四百三十二年 易稽覽云禹四百三十一年 緯大明云禹之庶說三十一世 帝王

詩正義引漢律歷志云夏凡四百四十年矣

世紀云自禹至桀並數有窮凡十九王合四百三十二年

二年 唐太衍歷同 通志同 紀年云自禹至桀十七世起壬子終壬戌

有王與無王用歲四百七十一年 裴駰引同 路史引作四百七十二年

今合計各王之年實共四百二十一年以甲子積之每王改元有踰五年三年二年者世實自壬子至壬戌亦止四百三十二年耳

經世書云起禹甲戌盡桀甲午凡十七王并羿浞

通四百四十一年 路史作四百八十三年 前編作 起丙子

遁甲開山圖云古有大禹女媧十九代孫壽三百六十歲入九疑山仙去後三千六百歲堯理天下洪水泛甚人民墊溺大禹念之乃化生於石紐代父鯀理洪水堯帝知其功如古大禹知水源乃賜號禹

四百五十九年

禹 世紀云禹年位七十四年舜以薦之天薦後十二年以使禹攝行天子事五年舜崩禹除喪明年以即真八年百歲崩于會稽

史記云舜薦禹於天十七年而舜崩三年喪畢禹即天子位十年崩於會稽 皇甫謐云年百歲 路史云年百有六 紀年云舜三十二年命禹總師五十年帝陟禹元年壬子八年陟禹立四十五年 經世書云元甲戌癸 通志云元戊戌十年或云十五年 未凡十年 路史引刀劍錄云高密字禹在位十年以

太平御覽引世紀
啟三十五年征河西
又云在位九年三十八
餘而崩
真誥引竹書啟
即位年三十九亡年
七十八

庚戌八月鑄一劍 前編云丁巳舜三十三載命
禹總師癸酉舜辟八載崩丙子禹即位八歲崩
會稽 紀年集證曰吳越春秋禹年三十始娶塗山氏前仲籍稱禹十二為司 正八年于外之时
空書是二十之誤計禹二十為司空歷二十五年堯崩為四十五三年喪
畢舜即位為四十八又歷舜五十年為九十八又三年丙即位為一百
一又歷八年丙崩為一百九
啟 世紀一名建一名禹子余
世紀云元甲辰十年癸丑崩 紀年云禹崩三年喪
畢天下歸啟元年癸亥十六年陟 年代歷路史同。又路史引紀年云
啟二十九年。九十八。與本異。 又云啟年九十一。又引年代歷云啟
壽九十五。在位十六年。又十五年。在父禹六十年。生虞朝。生當舜耕

刀劍録之八年卯
世紀之七年丑則
世紀爲近

據刀劍録元癸亥
經世按刀劍録
相左三十年

之二十一年。紀匿
圖壽作九年，非。經世書云起甲申迄壬辰凡九年。通志元丁未九年
前編
因史紀今 繹史引刀劍録案陶宏景云夏后帝啟以庚戌在位十年八年鑄一銅劍。據此是元癸卯

太康 爲羿所逐 刀劍録太康在位二十九年歲在辛卯二月甚鑄一銅劍
啟子
世紀云二十九年失政而崩。外紀同。 路史云十九年失政，又十歲而死。又引刀劍録太康二
十九年歲次辛卯甚鑄一劍 紀年云元年癸未，雖畋崩四年作六年。
經世書云起癸巳迄辛丙凡二十九年。前編同。 路史
引時代歷云在位十二年。 通志元丙辰二十九年失國崩

仲康（太康弟）

紀年云元年己丑（距太康崩三年）七年陟　經世書云起壬戌迄甲戌凡十三年（外紀紹運圖前編並同）路史云十八年　又引年代曆云二十八年　通志元乙丙十三年

帝相（仲康子　通志云一曰相安）

紀年云元年戊戌（距仲康崩三年）八年寒浞殺羿（路史前編同）二十八年浞使其子澆弒帝后緡歸有仍（前編同）經世

輿志元戊戌二十八年
書云元乙亥老辛丑凡二十七年羿壬寅一年 年代
歷云相羿二十八年 鼂氏通云相二十八年羿二年 路史云相八年
浞殺羿又二十二年奡滅二斟弒帝浞自立
夏統中絶
紀年云丙寅少康生乙酉少康自有仍奔虞二十年甲辰
伯靡伐浞少康使汝艾伐過殺澆伯子杼滅戈三十九年
乙巳伯靡殺寒浞少康自綸歸于夏邑四十年 經

叢書云浞於癸卯篡羿己三十九年通志羿元丙寅八年一云二年浞元甲戌三十三年或云三十年年代歷云浞罕年通歷云浞二年外紀云十二年皇紀云十年紀年通圖云三十年 前編云癸卯少康生壬午即天子位 路史云浞之殺羿因其室而生澆，澆長殺相，相死少康於生，少康復生罕逮事而後誘殪滅浞以中興，非數十年可知，蓋羿距太康及相立於逐之而自立八年，夏祚未絕，及寒浞殺羿而代之，蓋二十餘年前於殺相代夏又四

十三年乃為伯䴏所殺計浞之篡蓋六十餘年

夏亂向百載矣

少康 相子

紀年云元年丙午二十一年陟 經世書云起壬午

癸卯凡二十二年 路史云在位四十六歲年八十

八 前編作六十一年 蓋自生年計之 通志元丙午二十二年

杼 少康子 世紀曰帝宁一號后予或曰以孫受 左傳昭二十九年正義

引世紀作帝杼

御覽引世紀在位十七年

紀年云元年己巳 距少康崩三年 十七年陟 經世書云元甲辰盡庚申凡十七年 通志元丁卯十七年 前編同 路史云二十七年

槐 杼子 通志云或作祖武亦作魁 左傳正義引世紀作帝芬 史索隱引世本同

紀年作帝芬元年戊子 距杼崩三年 四十四年陟 世 御覽引世紀在位二十六年 紀云二十八年 經世書云起辛酉盡丙戌凡二十六年 路史前編並同 通志元甲申年同

芒 槐子 世紀云一名和

紀年云元年壬申五十八年陟　經世書云起丁亥盡甲辰凡十八年　路史前編並同　通志元庚戌年同或云十三年

泄　芒子　通志云或作世或作宗世紀云或曰泄宗十溶帝世　左傳正義引世紀作帝泄

紀年云元年辛未　距芒崩二年　二十五年陟　路史引作二十一年

御覽引世紀在位十六年

世紀云二十六年　路史同　經世書云起乙巳盡庚申凡十六年　年代歷前編同　通志元戊辰年同

不降　泄子　通志云或作江咸世紀云一名帝降或曰北咸史索隱引世本作帝降

紀年云元年己亥 姬泄崩四年 五十九年迎位于弟扃

扃十年不降陟 路史引作六十九年 經世書云起辛酉終

己未凡五十九年 年代曆路史前編並同 路史引紀年云

六十三年 通志元甲申 五十九年崩

扃 不降弟世紀作帝鶚 通志云或作禺世紀云一名帝禺或曰高陽 左傳正義引御覽引同

紀年云元年戊戌十八年陟 世紀云二十一年 經世起庚

申與庚辰同年代曆路史前編並同 通志元癸未年同

廑　漢書人表帝廑在孔甲後　通志云或作廣或作廑
紀年云一名亂甲　世紀云一名頊或曰董江　左傳正義引世紀作帝廣御覽引同
紀年云元年己未　距扃崩四年　八年陟　世紀云二十
年　路史同　又引紹運圖云二十二年　經世書云起辛巳盡辛丑凡
二十一年　因前編　通志元甲辰二十年

孔甲　不降子　路史作亂甲　衛彪傒云孔甲亂夏十四世而亡　班志云禹後十三世孔甲好鬼神孔甲後十三世湯伐桀皆与史異
紀年云元年己巳　距廑崩三年　九年陟　路史云亂甲在位四十歲後居西河天有祅孽十日並出于東陽廿年亂甲陟見紀年葉々本在廑八年　經世書云起壬寅

据刀劍録則元年丙申，經世後六年。今本刀劍録云孔甲在位三十一年，以九年歲次甲辰採牛首山鐵鑄一劍。

老壬申，凡三十一年。通志元甲子年同。年代歷、前編同。刀劍録御覽引同云孔甲四十年以九年歲次甲辰採牛首山鐵鑄一劍。路史引、前編引陶宏景古今録以為夏孔甲八年九月歲次甲辰採牛首山鐵鑄劍。紀年集証錢案：刀劍録云夏孔甲在位四十年，以八年九月歲次甲辰采牛首山鐵鑄劍一，銘曰甲。

皐

孔甲子。世紀云一名皐苟。

紀年作帝昊元年庚辰，距孔甲崩三年。三年陟。經世書云起癸酉，盡癸未，凡十一年。路史、前編並同。通志元乙未年同。

發

皐子。紀年注一名后敬，或曰發惠。

紀年云元年乙酉（距舜崩三年）七年陟 世紀云十三年 外紀云十二年 經世書云起甲申盡壬寅凡十九年 皇甫編同 路史云十二年 通志元丙午十三年或云十年

桀（發子。史記索隱引世本云帝皋生發及履癸 桀）紀年作帝癸，元年壬辰，三十一年壬戌，商師征桀，放之于南巢 經世書云起癸卯盡甲午凡五十二（通志元乙未五十二年）年（年代歷帝編同） 路史云桀立四十三歲而放，三年死

太戊中宗稱間已成湯崩二十有二世乃有武丁即位

鄭環云世紀自湯乙未至紂戊寅凡六百三十一年誤唐大衍曆云商六百二十八年

通志云商起湯庚戌終紂二十三

于亭山又云或作五十三年或云十二

商 晉語姜氏記太子晉曰商之饗國三十一王三十一王見居位者實三十王而云三十一者兼數太子丁也自湯即位至紂凡六百二十九年 初學記引世紀曰商之饗國也

左傳王孫滿對楚子曰載祀六百商紂暴虐鼎遷于周 鬻子云湯二十七世積歲五百七十六歲至紂 晉語姜氏謂晉公子曰商之饗國三十一王

三統曆云自湯伐桀至武王伐紂三十一王六百二十九年 譙周云殷凡三十一世六百餘年 世紀同 紀年云湯滅夏至受二十九王 三代世表今起癸亥終戊寅 易緯稽覽圖同

用歲四百九十六年 裴駰引汲冢校計實三十王五百有八年紂亡以庚寅非戊寅也 文史正義引竹

年戊寅三十君丈
世六百二十九年丈
引高辰曰起丙戌
終癸亥四百五十八年
通志云元庚戌十三
年之百歲

書紀年云自盤庚徙都至紂之滅七百七十三
年更不徙都紂時稍大其邑云云今本無此文
起湯乙未終紂戊寅凡二十八王六百四十四年 經世書云 前編同

湯

統箋云以乙起堯元年丙子至湯十八年癸亥共五百八十八年故
孟子謂由堯舜至湯五百有餘歲
世紀云即位十七年 前編作十八祀 以乙卯日伐桀戰于鳴條之野 呂氏
春秋云湯以戊子
戰于郕遂有夏 為天子十三年 三統曆同 經世書前編同 起乙未終丁未 年百歲而
崩 紀年云十八年癸亥即位二十九年陟在帝位
十二年 紀年統箋引商彝器有丙寅卣銘曰丙寅王錫博古
錄曰商建國祀于庚戌歷十七年而有丙寅正在仲壬二年

通志元癸亥年同

通志元乙丑年同

外丙 史記云外丙即位三年崩 湯太子太丁弟

紀年云元年乙亥二年陟 經世前編並無

仲壬 外丙弟 陶宏景年紀張衡編年通載皆有外丙仲壬与史書世本竹書合

紀年云元年丁丑四年陟 史記同 經世前編並無

程子曰湯崩時外丙方二歲仲壬方四歲太甲差長

按之說 史記志疑曰孔傳湯年百歲豈九十七生仲壬九十九生外丙乎

太甲 太丁子 通志云亦曰祖甲

唐志大衍曆推太甲二年壬午與紀年合

三統曆云湯沒之時爲天子十三年矣商十二月乙丑朔旦冬至故書序曰成湯既沒太甲元年使伊尹作伊訓伊訓篇曰惟太甲元年十有二月乙丑朔伊尹祀於先王誕資有牧方明言雖有成湯太丁外丙之服以冬至越茀祀先王於方明以配上帝是朔旦冬至之歲也紀年云元年辛巳十二年陟

帝覽引世紀三十三年壽百歲 通志元己巳年同

經世書云起戊申終庚辰凡三十三年前編同

刀劍錄云太甲四年（覽引□□在位三十二年以上）歲次甲子鑄一劍（按此是元年酉）

沃丁（太甲子）

紀年云元年癸巳十九年陟　經世書云起辛巳要己酉凡二十九年（前編同）　通志元壬寅年同

太庚（沃丁弟）

紀年（作小庚）曰元年壬子五年陟　經世書云起庚戌要（御覽引史記在位二十五年）甲戌凡二十五年（前編同）　通志元辛未年同

小甲　太康弟子　世表云太康弟

紀年云元年丁巳十七年陟　御覽引史記在位十七年　經世書云起乙亥終辛卯十七年同　前編同　通志元丙申二十六年　又引帝王本紀云五十七年

雍己　小甲弟

紀年云元年甲戌十二年陟　御覽引史記在位十二年　經世書云起壬辰終癸卯十二年同　前編同　通志元壬申十三年

太戊　雍己弟　紀年無記云湯六年遷亳社作疑至臣扈書云在太戊時則有若伊陟臣扈巫咸前編所紀中隔一百四十七年矣以紀年校之[illegible]不足八十二年似爲可行

（御覽引史記注作七十五年）書無逸云中宗享國七十有五年　紀年云元年丙戌七十五年陟　經世書云起甲辰終戊午年同（前編同）　通志元乙酉年同

仲丁（太戊子）

紀年云元年辛丑九年陟　（御覽引史記注作十一年）經世書云起己未終辛未凡十三年（前編同）　後漢書云仲丁之世藍夷作寇自是或服或叛三百有餘年（案紀年仲丁六年征藍夷）

自是至紂亡三百四十四年与後漢書合 通志元庚子十二年

外壬 仲丁弟

紀年云元年庚戌十年陟 御覽引史記在位一十五年 經世書云起壬申

存丙戌凡十五年、前編同 通志元辛亥年同

河亶甲 外壬弟

紀年云元年庚寅九年陟 御覽引史記在位九年 經世書云起丁亥

存乙未年同、前編同 通志元丙寅年同

祖乙 河亶甲子 人表云河亶甲弟 世紀云帝祖乙以乙日生故謂之帝乙 孔子所稱五世之外天之錫命疏而同名者也 且亦不諱 蓋殷禮也

紀年云元年己巳十九年陟 御覽引史記在位十九年

經世書云起丙申

表甲寅年同 前編同

張栻經世紀年云祖乙以乙未踐位 通志元乙亥十九年

祖辛 祖乙子

紀年云元年戊子十四年陟 御覽引史記在位十六年

經世書云起乙卯

表庚午凡十六年 前編同 通志元甲午年同

沃甲 祖辛弟

書紀引世本同

紀年作開甲元年壬寅五年陟 御覽引史記在位二十五年 經世書云起辛未盡乙未凡二十五年、前編同、通志元庚戌二十年

祖丁 祖辛子

紀年云元年丁未九年陟 御覽引史記在位三十二年 經世書云起丙申盡丁卯凡三十二年、前編同 通志元庚午年同

南庚 沃甲子

紀年云元年丙辰六年陟 御覽引史記在位二十九年 經世書云起戊辰

終壬辰凡二十五年前編同 通志元壬寅二十九年

陽甲 祖丁子

紀年云元年壬戌四年陟御覽引史記在位十七年 經世書云起癸巳

終己亥凡七年前編同 通志元辛未年同 又引帝王本紀云十七年

盤庚 陽甲弟

紀年云元年丙寅二十八年陟御覽引史記在位二十八年 經世書云起庚

子終丁卯年凡前編同 張栻經世紀年云盤庚元以己亥 通志元戊寅年同

小辛 盤庚弟

紀年云元年甲午三年陟 經世書云起戊辰 御覽引史記在位二十一年

表戊子凡二十一年 前編同 通志元丙午年同

小乙 小辛弟

紀年云元年丁酉十年陟 經世書云起己丑 御覽引史記在位二十八年

表丙辰凡二十八年 前編同 通志元丁卯二十一年

武丁 小乙子

書無逸云高宗享國五十有九年（漢石經作百年 魯世家作五十五年） 紀年云元年丁未五十九年陟（御覽引世紀享國五十九年年百歲） 經世書云起丁巳終乙卯年同 前編同 通志元戊子年同（刀劍錄武丁在位五十九年以元年歲次戊午鑄一劍）

祖庚 武丁子

紀年云元年丙午十一年陟 經世書云起丙辰（御覽引史記在位七年）終丙戌凡七年 前編同 通志元丁亥年同

祖甲 世紀謂名昌生于祖甲二十八祀庚寅 祖庚弟 通志作帝甲亦曰祖甲

御覽引史記在位十六年　通志元甲午十六年

書無逸云祖甲享國三十有三年。紀年云元年丁巳，三十三年陟。困學紀聞云史記正義按帝王世紀云帝甲十六年，太甲三十三年　經世云起癸巳，盡乙巳，志同。前編。無逸云自時厥後立罔或克壽，或十年，或七八年，或五六年，或四三年。同。

廩辛　帝甲子

漢書人表帝王世紀皆作馮辛　紀年作馮辛，元年庚寅，四年陟。經世書云起丙申，盡辛丑，凡六年。御覽引史記在位六年　前編同。通志元庚戌年同。

庚丁　廩辛弟

紀年云元年甲午八年陟　御覽引史記在位三十一年　經世書云起壬寅訖壬戌凡二十一年、前編同、通志元丙辰六年　又引帝王本紀云十一年

武乙　庚丁子　史匈奴傳夏道衰而公劉失其稷官邑于豳後三百有餘歲戎狄攻大王亶父亶父亡走岐下案紀年武乙元年邠遷于岐周則距夏之滅三百九十九年

紀年武乙元年壬寅三十五年[illegible]大雷震死　經世書云起癸亥訖丙寅凡四年、前編同、通志元壬戌年同

太丁　武乙子

紀年作文丁元年丁丑十三年陟　御覽引史記在位　經世書云起丁

三年 卯訖己巳凡三年。前编同。通志元丙寅年同 又引纪年曰十一年

帝乙 太丁子 通志云亦曰帝乙

纪年云元年庚寅九年陟 御览引世纪即位三十七年 经世书云起庚午訖丙午凡三十七年。前编同。通志元己巳年同

帝辛 帝乙子 纣 史记正义引纪年云自盘庚徙殷至纣之灭七百七十三年更不徙都 案纪年盘庚十四年迁殷至纣灭实二百五十三年也

纪年云元年己亥五十二年庚寅周师伐殷 经世书云起丁未訖戊寅凡三十二年。前编同。通志元丙午三十三年

御览引世纪纣即位三十二年正月甲子败绩

初学记引世纪曰纣二[illegible]狩己二十年囚文王三十年武王观兵于孟津

汲冢子云武王伐紂
敗之牧野天下歌誦
而樂之諸侯執幣
相朝三十四世不奪
詩正義云尚書運
期授引河圖曰倉
帝之治八百二十歲立
戊午蔀注云周文
王以戊午蔀二十九年
受命以懸授之歲
立戊午廿年殺九月二十
昭甲子明年乃改元

周 統箋云成湯自三帝癸十五年即爲諸侯十八年而代夏至帝辛四十一年而文王率共計五百零二歲校孟子云由湯至文王五百有餘歲書傳似之

三統歷云三十六王八百六十七年 稽覽圖同 世紀作三十七王年同 紀年

起武王辛卯訖隱王 王 即赧 十六年壬戌共七百五十一

年計至赧王五十九年爲七百九十四年 經世書起

武王己卯訖赧王乙巳凡三十五王八百六十七年 前

編作三十七王八百七十三年 文選西征賦注引戰國策呂不韋曰周凡三十七王八百六十七年

武王

史記云武王九年觀兵十一年伐紂通周云史記武王十一年東觀兵十三年克紂

世紀云文王即位四十二年歲在鶉火更為受命之元年猶稱王

史正義云武成云惟九年大統未集予小子其承厥志大戴禮云文王十五而生武王文王卅十云文

泰誓曰惟十有三年春大會于孟津　書序曰惟十有一年武王伐殷史記亦作十一年　三統歷云伐紂之歲歲在鶉火詩正義云以歷校之文王受命元年歲在己未文王受命九年而崩再期在大祥而伐紂故書序曰惟十有一年武王伐紂太誓作八百諸侯會孟津歸二年乃遂伐紂克殷以箕子歸十三年也故書序洪範篇曰武王克殷以箕子歸作洪範洪範篇曰惟十有三祀王訪於箕子自文王受命而至此十三年詩正義云歲在辛未歲亦在鶉火故傳

王九十七而終武王九十三而終先文王崩時武王已八十三矣武王即位適滿十年泰誓言十三年伐紂者續文王受命年數則其年父業故也十一年武王服闋觀兵孟津十三年克紂十五年有疾後四年而崩則武王年九十三矣（克紂之年）逸周書曰武王崩在歲十二月明年夏六月葬于畢

曰歲在鶉火則我有周之分野也 又云文王十五而生武（御覽引世紀武王四年起師甲子至商郊十二年冬王崩于鎬時年九十三歲矣）王受命九年而崩崩後四年而武王克殷克殷之歲八十六矣後七歲而崩（管子同 通志同）故禮記文王世子曰文王九十七而終武王九十三而終凡武王即位十一年（南陵居年紀同） 史記（封禪書）云武王克殷二年天下未寧而崩（詩豳風譜疏引鄭氏以武王疾瘳後二年崩在王位四年淮南子作三年） 經世書起己卯終乙酉凡七年（前編同） 紀年云十二年辛卯克殷十七年陟年九十四（上年） 在王位（王肅同） 世紀云武王定位元年乙酉六年庚寅崩

積古齋鐘鼎款識有師旦鼎銘曰惟元年八月丁亥師旦受命作周王太姒寶尊彝朱右甫云此元年當是成王即政之元年武王時太公為師此云與序周公為師乃成王時也以懸法推之隱志所云成王元年八月當得己未朔無丁亥日故以書紀年推之

成王

家語曰成王年十有三而嗣立（武王崩）　康成謂武王崩時成王年十歲　賈誼新書修政篇言成王六歲即位　路史注引真源賦謂武王之崩成王相生

三統曆云周公七年復子明辟之歲十二月戊辰晦周公以反政故洛誥曰戊辰王在新邑烝祭歲命作策惟周公誕保文武受命惟七年　新書云成王年六歲即位享國

成王元年正月己巳朔此命伯禽侯于魯之歲也後三十年　帝王世紀成王八年始躬親王事封伯禽于魯七年王崩年十五矣

四月庚戌朔十五日甲子哉生霸故顧命曰惟四月哉生霸王有疾不懌甲子乃洮沫水翌日乙丑王崩　棄此

巳月朔日壬午朔八月朔日戊申朔六亦丁亥惟周公攝政之七年八月壬申朔既望為丁亥

合攝政七年計之為三十七年也 紀年云元年丁酉三十七年陟 經世書起丙戌終壬戌年同 前編同 通志元丙戌三十年通周公攝政為三十七年鄭元云二十八年或云四十七年

康王

三統曆云康王十二年六月戊辰朔三日庚午故畢命豐刑曰惟十有二年六月庚午朏王命作冊畢豐刑書逸

又云魯公伯禽即位四十六年至康王十六年而薨 世紀同 紀年

紀年云元年甲戌二十六年陟 唐大衍曆推康王十二年乙酉與紀年合 經世書起癸亥 御覽引世紀在位二

在十九年

康王九年紀年伯翁薨後二十一年幽公被弒又五十年微公薨又四十四年厲公薨又五十三年慎公薨又十年武公薨又九年伯御弒懿公又十一年宣王殺伯御命孝公又二十七年孝公薨又四十六年惠公薨共二

廿六年老戊子年同前編 通志元癸亥二十六年〻五十七

昭王

三統曆云自周昭王以下无年數故據周公伯翁以下爲紀考公四年煬公六十年幽公十四年微公五十年厲公三十七年獻公五十年（世紀作三十六年）慎公三十年武公二年懿公九年伯御十一年孝公二十七年惠公四十六年隱公至（伯翁至春秋凡三百八十七年）案三統曆所述云據魯世家、魯世家煬公六年獻公三十二年武公九年 按三統曆所引減六十五年矣百七十一年按各世家只少四年張衡歷議謂設積年數按夏並周考之表紀差深數百世則三統歷於不足行而自共和前依紀年並閒久之之年按以魯世家年數則伯禽元年適當成王元年丁酉知紀年爲可據也

紀年云元年庚子十九年陟 世紀云二年之三十五 經世書起己丑崩 御覽引世紀昭王在位五十一年 通志己卯凡五十一年 前編同 刀劒錄云周昭王瑕在位五十一年以二十年歲次壬午鑄五劒 按此是元年己 廣宏明集引周書紀異云周昭王二十四年甲寅歲四月八日佛初生王宮

穆王 史正義云年表穆王元年去楚之文王元年三百一十八年 按經世書核之實三百一十年

史記云穆王即位春秋已五十矣立五十五年崩

紀年云元年己未五十五年陟 自武王至穆王享國百年 晉書云非穆王壽百歲也 經世書起庚辰終甲戌年同

前編同　廣宏明集引周書紀異云穆王五十三年壬申歲二月十五日佛入涅槃

共王　佛覧引世紀云周自恭王至夷王四世年紀不明是以歷依魯史云恭王在位二十年

紀年云元年甲寅十二年陟　經世書起乙亥至丙戌年同　前編同　通志元乙亥十年　又引皇甫謐云二十五年〃〃八去

懿王　佛覧引史記在位二十五年

紀年云元年丙寅二十五年陟　經世書起丁亥終辛亥年同　前編同　通志元乙酉年同　又引皇甫謐云二十年〃〃五十

孝王 共懿王弟 世表云懿王弟 御覽引史記在位十五年 紀年云元年辛卯九年陟 經世書起壬子終丙寅凡十五年 前編同 李 通志元庚戌十五年云廿五

夷王 懿王子 御覽引同 世紀云夷王十六年崩 經世書起丁卯終壬午年同前編同 紀年云元年庚子八年陟 李善云夷王立四年薨 通志元乙丑十五年或云廿年年廿

厲王

外紀云厲王在位四十年通志元庚辰四十年流于彘並共和爲五十四年

史記云厲王即位三十年以榮夷公爲卿士用事王行暴虐諸侯不朝三十四年王益嚴國莫敢出言三年乃相與畔襲厲王厲王出奔彘太子靜匿召公家得脫召公周公二相行政號曰共和史表共和元年歲在庚申共和十四年厲王死于彘二相共立王靜是爲宣王經世書起癸未終癸酉王三十七年共和十四年合共五十一年

紀年云元年戊申十二年王奔彘十三年庚申共伯和攝行天子事號曰共和二

紀年云武王滅殷歲在庚寅二十四年歲在甲寅定鼎洛邑至幽王二百五十七年共二百八十年自武王元年己卯至幽王庚午二百九十二年　裴駰引紀年云自武王滅殷以至幽王凡二百五十七年也

十六年王陟于彘周定公召穆公立太子靖為王

案周自武王克殷至厲王奔彘經世前編並起己卯迄己未共二百八十一年紀年起辛卯迄己未止共二百有九年二者不同自是以後接共和元年歲在庚申史記十二諸侯年表於茲始而二書亦多合今不復贅云史表共和十四年宣王元甲戌終己未四十六年幽王元庚申終庚午十一年平王東遷元辛未終辛酉五十一年魯隱公元年當平王四十九年而春秋作

鄭樵曰皇甫謐作帝王世紀以及年歷上極三皇下逮漢魏其所以編次爲甚詳譙周陶宏景之徒皆有其書而歷數之家所傳尤謹然不可以訓恠太史公紀年以甲始於共和後學之所共承也然爲共和之説者已不可信况其年乎既曰周召二公共行政又曰共國之伯名和行天子政何也仲尼周人也著書斷自唐虞而紀年始於魯隱者爲幽王遭西戎之禍典籍湮淪西周之年

無所考據故本東周受述附傳人而欲貫年於西周可

乎凡記年者自東周以迄于今東周以前不可信也

歷代編年紀元諸書目錄 已有者不錄

古史考二十五卷 譙周

帝王年曆五卷 陶宏景

帝王世紀十卷 起三皇訖漢魏 皇甫謐

年曆六卷 皇甫謐

通史六百二卷 起三皇訖梁 梁武帝

洞紀四卷 起庖犧至漢建安十七年 韋昭

十五代略十卷 起庖犧至晉 吉文甫

帝王編年錄五十一卷 王元福

古今紀年刊傳三十卷 張昌宗

紀年通譜十二卷 宋庠

紀年通載十卷 章衡

紀年錄一卷 起黃帝至宋至道 無名

三五歷紀二卷 徐整

通歷二卷 徐整

古今通系圖一卷 魏森

帝系譜二卷 唐張愔

帝王歷數圖十卷 以恆衡

紀運圖一卷 無名

歷代帝王正閏五運圖一卷 無名

通歷七卷 唐李仁實

通歷十卷 馬總

舉要曆八十卷 司馬光
疑年譜二卷 劉恕
春秋前傳十卷 何承天
春秋前傳雜語十卷 何承天

神宗皇帝即位使遼語録一卷

［宋］侯官陳襄撰

福建省圖書館藏清抄本

神宗皇帝即位使遼語録一卷，宋陳襄撰。襄（一〇一七—一〇八〇），字述古，世稱古靈先生，侯官人。慶曆二年（一〇四二）進士。歷官浦城主簿、河陽知縣、常州知府、開封府推官、刑部郎中。熙寧中以劾王安石，貶知陳州、杭州。蒞官所至，興辦學校，體恤民情。後升至樞密院直學士、兼管尚書都省事。元豐中薦舉司馬光、韓維、吕公著、蘇軾、程顥、張載等知名士。卒贈給事中，謚「忠文」。撰有易講義、古靈集等。

北宋治平四年（一〇六七），神宗即位，襄以諫議大夫使遼，五月出發，八月還朝，往返計六十餘日，撰爲是書，專紀自宋入遼上京之行程。據近人傅樂焕宋人使遼語録行程考，語録者，乃使臣返國後所上奏疏，後成專名，今存之宋代書目著録出使語録十餘種。襄之出使路線，去程途經白溝、涿州、良鄉、燕京郊外、望京館、順州、檀州、金溝驛、古北口館、新館、臥如館、柳河館、打造館、牛山館、鹿峽館（底本誤作「夾」）、鐵漿館、富谷館、長興館、中京大同館、臨都館、鍋窯館、松山館、崇信氈館、廣寧館、咸熙氈館、黑崖館、三山館、赤崖館、柏石館、中路館、頓城館、神恩泊，返程途經頓城館、腰館、赤崖館、三山館、黑崖館、咸熙氈館、會星館、廣寧館、崇信氈館、松山館、鍋窯館、臨都館、中京大同館、長興館、富谷館、鐵漿館、鹿峽館、牛山館、打造館、柳河館、臥如館、檀州、順州、望京館、永平館、良鄉、涿州、新城、白溝。詳記諸館名，並記所經各地接待官員及談話、見聞。書中載「歐陽侍郎（歐陽修）以眼疾懇請出鎮亳州」等事，與修之乞外郡諸劄相合，可互參證。卷末有南宋乾道元年（一一六五）襄玄侄孫陳輝、慶元三年（一一九七）五世從孫陈曄跋。

古靈集宋刻本附刊有使遼語録，原藏於歸安陸氏皕宋樓，清末售與日本岩崎氏靜嘉堂文庫，董康等東遊訪書時曾見之。民國間金毓黻編刊遼海叢書，從靜嘉堂借鈔排印（據金氏靜晤室日記，一九三五年一月至靜嘉堂文庫觀書，二月二十六日由長澤規矩也經手自靜嘉堂文庫鈔寄）。續修四庫提要即據遼海叢書本著録。

此烏絲欄抄本，半葉九行，行二十字。卷首有「曾在李鹿山處」、「鄭氏注韓居珍藏記」、「大通樓藏書印」、「龔少文收藏書畫印」等印，知經清初李馥、乾隆間鄭傑注韓居、晚清龔氏大通樓遞藏。（林振岳）

神宗皇帝即位使遼語録

三司鹽鐵判官朝奉郎守尚書工部郎中充祕
閣校理騎都尉賜緋魚袋臣陳襄上進

臣襄等昨奉　勑差充　皇帝登寶位北朝皇太后
皇帝國信使副於五月十日到雄州白溝驛十一日
接伴使副泰州觀察使蕭好古太常少卿楊規中差
人傳語送到主名國諱官位及請相見臣等即時過
白溝橋北與接伴使副立馬相對接伴副使問
南朝皇帝聖體萬福臣等亦依例問其君及其母安

否相揖至于北亭規中以其君命賜筵酒十三琖問
臣等年幾各答以實臣等復問接伴使副年幾好古
稱年四十三歲規中稱年三十三歲規中問臣愈兄
弟凡幾答以十人臣坦問受禮何處規中言在神恩
洎此去有三十一程已差下館伴副太常少卿楊益
誠大使即未聞規中問臣坦
南朝兩府大臣別無除改臣坦答叅政歐陽侍郎以
眼疾懇請出鎮亳州樞密副使吳奎侍郎除叅知政
事又問文相公曾相公及樞密副使有無移動答云

並如舊又問馮館使甚處相逢臣愈答云雄州相見送三司人茶絹銀楪子等已後賜筵及逐州迎接依例皆有茶綵等送衹應人更不入錄行次有易州容城縣尉董師義涿州新城縣尉趙琪歸義縣尉王本立道傍祭候至新城縣驛有入內左承制宋仲容來問勞臣等依例即時具公裳排備茶酒土物出廳伺候過來傳諭次接伴使副差人送到坐位圖子欲依

南朝遺留番使副史炤等坐位要移臣襄坐放西北賓位臣等尋據隨行通引官舊曾入國人程文秀供

録結罪狀稱近於去年十月内曾隨生辰番使邵諫議傳諫議等入國沿路置酒管待使臣並是邵諫議主席與令來接伴使副所送到圖子坐位不同臣等亦令通引官程文秀依生辰番使坐次畫到坐位圖子差人傳語接伴使副合依當所供去圖子依生辰番使邵諫議等近例坐次施行左番大使合坐於東南與使臣當頭坐位相對以伸主禮接伴使合坐於西南與右番大使相對亦自不失主位各無相壓徃還計會十餘次接伴使副不肯過位臣等再差人傳

語接伴使副稱使臣銜命事大茶酒事末且請先來傳諭然後商議坐位不宜以末事久留使命深屬不便接伴使副却稱

南朝生辰番使邵諫議坐位不依得積年久例臣等答云昨來邵諫議等管待使臣自是接伴使韓閤使館伴使劉侍郎安排坐位非是當所翔生儀式若非久例因何韓閤使等前番並不理會接伴使副却差人傳語為使臣不飲辭免茶酒 臣等方受問勞授仲容謝表送與土物已後差來使臣並依例授表送與土物更不入録十二日

到涿州知州太師蕭知善及通判吏部郎中鄧愿郊迎飲于南門之亭酒十一琖（已後逐州送迎並飲于門之外更不入録）十三日知善等出餞酒五琖規中問臣咸融富相公今在何處答以見判河陽三城又問臣等張昇相公答以昨判忠武軍近已致仕將次良鄉縣本縣尉南應范陽縣尉梁充用道傍參候臣等送接伴使副私覿物（已後七次依例送接伴使土物並有回答更不入録）十四日行次遇雨規中言北界春夏已來久愆雨澤國信使副至新城及涿州俱得甘雨今日到燕京若更霑足煞是好也又問

臣咸融

南朝曾得雨否答以自春及夏屢得雨澤過河灘臣坦問好古此是桑乾河否答云然燕京副留守中書舍人韓近郊迎置酒九琖臣襄爲治平元年曾於陳橋接伴賜近等

御筵近先問臣襄昨者持禮到陳橋蒙諫議迎接多幸復在此相見臣襄答云奉别已三年矣臣襄問同番大使蕭禧觀察今在何處近云見持禮宿永年館

臣等送接伴使副下都總管土物已後共五次依次送土物並有回答

更不入錄燕京留守耶律仁先送臣等酒食十五日臣等
送留守私覿物中京留守依此更不入錄有西頭供奉官韓資道
賜臣等酒菓東頭供奉官鄭嗣宗賜筵三司使禮部
尚書劉雲伴宴酒十三琖雲勞臣等云盛暑道遠衝
涉不易再三勸臣等飲酒稱兩朝通好多年國信使
副相見如同一家臣襄答云所謂南北一家自古
兩朝歡好未有如此雲答言既然如是今日敢請國
信使副盡酒臣襄答云深荷厚意但恨飲酒不多雲
又問呂侍郎胡侍郎莫只在朝否臣襄並答以實又

言雲奉使

南朝是吕侍郎館伴又稱本家有十二人曾奉使南朝今者又差伴筵縁契如此各請飲盡甚好臣等並隨量飲以答其意臣等送雲及私覿物已後逐州並依例送賜筵副留守等私覿物更不入録十六日近出餞酒五琖宿望京館臣襄臣咸融等依例回厨請接伴使副過位及犒三節從人酒十三琖規中云今日甚熱接伴觀察住龍化州不識此熱也十七日到順州有懷柔縣尉劉九思道傍參候知州太博楊規正郊迎置酒七琖規正即

宰相哲之長子規中之兄問臣等道塗跋履不易臣
襄答以多幸得少卿接伴又此披見太傅十八日規
正出琖酒五琖過白絮河到檀州有密雲縣尉李易
簡道傍參候知州常侍呂士林迎郊置酒七琖宿密
雲館有入内供奉官秦正賜臣等湯藥各一銀合子
臣等排備伺候過來傳諭次接伴使副準前要欲依
南朝遺留番使副坐位 臣等執定依生辰番使邵諫
議等近例坐次不敢移易前後計會十餘次却有公
文稱是臣等久滯使命尋具公文回答稱自新城至

此兩次差到使臣盡被貴所滯留直至夜深不令過
位非是當所住滯黎明接伴使副方引正來賜臣等
湯藥不赴茶酒臣等將授表次正輒引避被臣等再
三傳語欲就接伴使副致表方肯收接十九日士林
出餞酒五琖宿金溝驛臣坦臣愈等依例回廚請接
伴使副過位及犒三節人如望京館規中間臣坦茘
支生何處答以生南方極熱之地又問臣愈父曾任
甚官答以終於馬軍副都指揮使又問曾伴射否答
以累次伴射二十日至古北口館二十一日至新館

過望雲嶺接伴使副與臣等互置酒三戔二十二日至卧如館接伴使副送臣等麁一隻酒四瓶臣等依例回答已後每有送物並量事回答更不入録二十三日過摘星嶺臣襄問此松結實否規中言惟東樓接女真高麗者有之宿柳河館二十四日登摸斗嶺接伴使副與臣等互置酒如前宿打造館二十五日過會仙石接伴使副請會石酒七戔規中問臣愈劉怤太保今在何處答以見在

闕下宿牛山館二十六日登松子嶺接伴使副與臣

等亙置湯茶宿鹿夾館二十七日至鐵漿館二十八日至富谷館中京留守相公韓迥遣人送臣等酒果接伴使副送臣等麝臍各一及松花等二十九日至長興館六月一日至中京副留守大卿牛玹郊迎置酒九琖玹問途中可煞炎暑臣襄答以自過北溝入古北口一路得雨稍涼玹言本京久旱夜來得雨蓋因國信使副所感也規中亦言可謂隨軒宿大同館二日有左承制韓君祐賜臣等酒果東頭供奉官鄭全翼賜筵度支使戶部侍郎趙微伴宴酒十一琖微

問臣襄蔡内翰今在何處答以丁母憂又云微奉使南朝是蔡内館伴兼言往年歐陽脩侍郎來賀登位是微接伴三日𤥨出餞酒五琖宿臨都館四日至鎬窒館伴使副為初伏日請聚食酒七琖規中問臣等自入山路至北煞遠不易臣坦答以若直路下来時莫近臣襄言比之向南州軍比來為遠若據帳前至汴京莫只祇汴京到杭州遠又問杭州屬甚處臣襄答以屬兩浙路又問臣襄住處答云福州屬福建路去汴京四千餘里又問福建已外更有甚路臣襄答

以更有廣南東西二路去京師萬里接伴使副送臣等水晶碁子各一副蓯蓉郁李仁等五日至松山館六日至崇信氈館七日至廣寧館道過小城之西居民僅二百家好古云此豐州也又經沙陁六十里宿會星館九日至咸熙氈館已後並是氈館並不入録十日過黃河好古云黃河上源出於龍化州界將至黑崖館臣坦問此去上京幾何指東北曰三百里又自黃河之南去只數十里十一日自黑崖館至三山館接伴使副請聚食酒七琖規中問臣咸融向傳范防禦音同高宗廟諱

當甚處答以見判三班院十二日至赤崖館行次遇
遺留禮信使副史炤周孟陽李評李琦暨送伴使副
耶律世達梁援于中路館臣等與遺留使副回復各
置酒三琖接伴送伴使副却請臣炤臣襄等四番使
副一處會飲酒巡亦如前栢石館十四日至中路館
接伴使副展辭狀與臣等相别却有館伴使副太傅
耶律弼太常少卿楊益誡來迎與臣等相見有左班
殿真閤門祗候李思問賜臣等酒果左承制劉達賜
筵酒十一琖益誡問臣坦臣咸融臣愈卿貫並答以

京師人至頓城館有左承制閤門祗候祈純古來問
勞臣等排備伺候過來傳諭次館伴使副依前送到
坐位圖子欲依
南朝遺留番使例坐次臣等却送與生辰番使邵諫
議等坐位圖子請依此近例坐次往還計會亦十餘
次館伴使副差人傳語云若不依
南朝遺留番使例坐位使臣要回闕下臣等答以茶
酒事末不宜為此以反使命請館使副裁度當所伺
候多時早請過位館伴使副却回傳語云使已回去

也十五日黎明館伴使副與臣等自頓城館二十里
詣帳前引至客省與大將軍客省使耶律儀趙平相
見置酒三琖益誠言昨日以坐位未定已白兩府云
未欲奏知且令益誠再來商量若不依此坐位恐聞
南朝臣襄答以生辰番使近例不敢更改如聞
南朝有卲傳二諫議在相次閤門舍人更不閱儀便
引臣等兩番使副入見臣襄致國書于其母面傳
聖辭置酒三琖又詣其君帳前臣坦致國書于其君
傳聖辭如前並問

南朝皇帝聖躬萬福臣等恭答之置酒五琖仍賜臣
等衣帶及三節人有差十六日有東頭供奉官李崇
賜臣等生餼亦以坐位不便不肯過位十七日赴曲
宴酒九琖館伴使副差人賫詔賜臣等生餼及三節
人有差臣等依例恭受致表十八日有右班殿直閤
門祇候韓貽訓賜臣等酒果右班殿直閤門祇候馬
初賜筵太尉夷离畢蕭素伴宴酒十三琖素問張揆
臣坦答以見充群牧使益誠問劉永年臣咸融答以
見任岱州十九日有西頭供奉官韓宗來賜臣等籤

食并酒亦不過位館伴使副差人賷詔賜臣等生餼及三節人有差臣等恭受致表館伴使副請聚食酒八琖二十日有供奉官閤門祇候耿可觀賜臣等酒果韓宗賜射弓筵樞密副使太師耶律格伴宴酒十三琖格問臣等韓相公富相公莫只在

朝否並答以實賜臣等弓馬衣幣及三節人有差二十一日入至客省帳前置酒三琖臣襄與益誠言

大行皇帝發引在近望與建白若回程剩蹉數驛尚可辭得　靈駕此臣子之心也益誠然之遂辭其母

及其君逐帳置酒如初授臣等信書賜衣各三對及
弓馬衣幣各三節人有差是夕館伴使副置酒三琖
與臣等解換益誠言兩朝歡好信使每至此會最為
惜別各請飲盡臣等並多謝之又言其君七月上旬
漸往秋山打圍九月下旬至燕京住各受禮
南朝生辰正旦使來絶近便也二十二日發頓城館
至腰館有古承制魯滽賜臣等酒果左承制韓君卿
賜筵翰林學士給事中王觀伴宴酒九琖館伴使副
弼益誠送伴使副好古規中與焉觀言其君好儒釋

二典亦嘗見

仁宗皇帝三寶讚欽嘆久之臣襄言

仁宗皇帝深於理性嘗有

御頌賜僧大覺禪師懷璉殊臻妙理璉亦賡和未能過之宿栢石館二十三日至赤崖館送伴使副送臣等顆鹽各一盤二十四日至三山館送伴使副請聚食酒五琖二十五日至黑崖館二十六日至咸熙館二十七日蹉會星館至廣寧館規中問臣咸融五臺去京師遠近達以三十餘程規中言與本界雲州相

對不及二百里雲州即西京也二十八日至崇信館送伴使副送臣等鹿脯各十五條二十九日至松山館三十日蹉鍋窪館至臨都館七月一日至中京大定府少尹大監李庸郊迎置酒九琖宿大同館二日送伴使副請臣等同遊鎮國寺次至大天慶寺燒香素食依例送僧茶綵有東頭供奉官閤門祗候王崇彛就館賜臣等筵左承制閤門祗候王綬賜酒果慶支使左承李翰伴宴酒十一琖翰問臣等首廳相公是誰臣襄答云韓侍中又歷問兩府大臣及翰林學

士是何人臣襄並答以實三日庸出餞酒五琖蹉長興館至富谷館送伴使副送臣等麋角松實四日至鐵漿館五日行次規中言近祭奠大使回來傳語説南朝河北路秋稼然好宿鹿峽館六日至牛山館七日過聚仙石送伴使副請會食酒七琖宿打造館八日至柳河館送伴使副送臣等魚一盤九日蹉臥如館過徧廂嶺送伴使副與臣等互致酒各三琖宿新館臣襄臣　坦等依例排備請送伴使副過位及犒三節人酒七琖規中言其君已離神恩泊三日矣往歲

燕京受禮

南朝大使是沈（音同高宗廟諱）少卿今已八年矣十二日到檀州知州給事中李仲燕郊迎置酒五琖十三日仲燕出餞酒五琖將到順州知州太傅楊規正郊迎置酒五琖十四日規正出餞酒五琖蹉望京館至燕京析津府少尹少府少監程冀郊迎置酒五琖宿永平館十五日有東頭供奉官閤門祇候馬世章賜臣等筵西頭供奉官閤門祇候劉侁賜酒果步軍太傅伴宴酒十一琖留府送臣等生餼折絹綾羅等及三

節人有差十六日冀出餞酒七琖宿良鄉縣十七日到涿州知州太師耶律德芳及通判吏部郎中鄧愿郊迎置酒五琖宿涿州館有東頭供奉官閤門祗候郝振來問勞不赴茶酒餘並如儀是夕送伴使副置酒十三琖與臣等解換十八日德芳等出餞酒九琖至新城縣十九日至北溝有東頭供奉官閤門祗候馬世延來賜臣等筵酒九琖使臣不赴茶酒餘並如儀行次送伴使副酌送于白溝橋之北臣等酌送于白溝橋之南酒各三琖又至于橋中皆立馬相對酌

酒換鞭傳辭並如前例是夕宿雄州

神宗皇帝即位使遼語錄

先密學少師治平中抗節北遼使不辱命歸而以
往來所紀爲語録一編恭
上之歳月云遠偶失其傳輝自幼年聞有是書長
而隨牒四方博訪莫獲嘗夜于懷近者九江令叔
祖祖卿寄示其本謹令燁子校正仍求序於
御史芮公刋以傳永庶幾少發前人之幽光此子
孫之職也乾道改元十月己丑元姪孫右朝請大
夫直敷文閣權發遣廣州軍州主管學士主管廣
南東路經略安撫司公事馬步軍都總管賜紫金

魚袋煇謹書

先正文哲公家集二十五卷

先君少師頃歲刋於章貢郡齋垂三十有七

年字將譌闕𣋡今刋於臨汀郡齋附以

治平使遼録一卷于後用示毋忘

先君克揚前休之意慶元三年七月一日五

世從孫朝請大夫禮發遣汀州軍州兼管内

勸農事提點坑冶借紫𣋡拜手謹題

北狩行録一卷

[宋] 莆田蔡絛撰

上海圖書館藏清初抄本

北狩行録一卷，宋蔡絛撰。絛，莆田人，蔡京第五子，爲駙馬都尉，官至宣和殿待制。靖康後從宋徽宗北上入金。此抄本卷端題蔡絛撰，絛當爲絛之訛。按絛、絛皆蔡京子，絛於徽宗入金前業已流竄嶺南，絛則以駙馬都尉與徽宗一同被虜，書名「北狩」即謂徽宗之北行也，故舊本或題作蔡絛撰。書末記徽宗以北狩未有行紀而語王若冲曰，「深欲記録，其未有人，詢之蔡絛，以謂學問文采無如卿者」云云。建炎以來繫年要録注引皆作王若冲北狩行録，陳振孫直齋書録解題及馬端臨文獻通考等著録此書作者，則並列蔡、王二人。然上述徽宗與若冲之語，及前文記徽宗「一日謂都尉蔡絛曰」云云，皆不似王、蔡二人自述口吻，故此書作者，仍疑未能定也。

此書所記徽宗入金事跡，多不見於他書而足資考證。如記徽宗致粘罕書，洋洋數百字，獨賴此書而幸存；又記徽宗初以春秋之書多弑君、弑父之事，非臣子所宜讀，後從蔡絛讀之，深恨讀之已晚，遂就其書所記理亂興廢之跡及賢君忠臣之行，鉤纂樞要，經年而成一編，該事跡亦僅見載於此書。其於徽宗言行多褒美之詞，此出自臣子所記，固不足深究，而於當日情形，亦不乏實録。如記宗室之間，負靖康之耻，身寄敵國，至於顛沛流離之际，猶挾私憤而反目成仇，而曾不諱其爲醜事。

此書有學海類編本。取此抄本與刊本相校，文字多有異同。如首條記徽宗曰「神器流離宗族若此甚憫之」，刊本但作「宗族流離若此」。此抄本亦有訛者，如「近契具耶律德光責石氏之失約」，「具」當從刊本作「丹」。

考此抄本避諱，「差孝騫仲㬎主管御名宗職事，以宗室中有挾私恨而致訟者，紛爭不已，全失禮容」。據文義推知「宗」字前雙行小注當爲避南宋光宗名「惇」字。下文「艱難之際檢廟諱爲先」、「而今而後戒之廟諱之」，此二處小注「廟諱」，當爲避宋孝宗名「昚」之異體「慎」字。宋本遇當朝皇帝名多以小注「御名」以示獨尊，故此本或抄自光宗年間本。其注「廟諱」者，學海本皆作「慎」字；注「御名」者，學海本則改作大字，竄入正文。叢書集成本據學海本排印，同作「差孝騫仲㬎主管御名宗職事」，後人讀之不能無惑。如此者不爲鮮見，則愈顯此抄本之貴重也。（季忠平）

北狩行録　　蔡鞗撰

丁未年二月七日太上出青城三月二十八日起發隨行宗族官吏遠離失熱不諳風土飲食不時疾至藥乏病者幾半盡出所有衣物命李宗去言貿易藥物復令給賜十數八九寓止燕京延壽寺宗室嬪王仲理以下別居仙露僧舍有糧食不給形體裸裼之人太上聞之惻然謂姜諤曰神器流離宗族在此甚憫之卿為子細取索等第具一賜目來欲將單前所送生絹一万疋除給散隨行親族官吏等外盡用之言訖不覺泣下諤亦嗚咽流涕具目以聞遣姜諤

支散群離不作會城南渡南北利害敘信好休兵之
意興賊縱絕之道辭嚴淚寒義形于色北人旁觀植
立若堵無不感嘆至有揮淚者元帥無語但首肯者
久之行在繞屬之謂都管府職小官畢免其往者歟
星從轄即令押班起居御藥揚師道具以此聞太上
曰自有本朝離歷不可爲在此閒相改舊制自燕京
還居唐鄆相府院每恩宗社復膺俱慶一日謂都尉
蔡倖曰宸極失御精越至此觀其前載尼運之困古
今未有蒞天眷諸建炎中興儀兆攸歸奄有江左雖
尚祝劫鐘恩有以如勝經天之祚今卓得一書款厚

遣本路都統求通於左副元帥卿爲我與秦檜商量更潤飾之忽有人至條曰聖述高妙非臣等所及是時秦檜亦寓中京初大金軍至城下以議上徽號邀請淵聖皇帝遂留宿青城而後朝不敘請議至二月六日有易姓之命翼日請太上同太上皇后嬪妃諸王駙馬一應皇族盡出遂議置君乃令城中共舉前乞立張邦昌檜在御史臺不預身歷陳邦昌平日履行身爲宰相奉使不死國難而欲主盟大器非檜所聞既不能盡忠於本朝則何以効節於大國乞立趙氏以慰民心不從既而太上北遷如檜等輩欲立趙

氏謂蔡偉曰天祚吾宋，丕有主今聖慮若此定膺
昭格文華理勝雖游夏不能措辭明日具須看邀奔
路郡縣役閱其違數等其書曰某自此來眾所鄙棄
獨荷左右見憐故知莫推度量與俗不同也嘗欲通
書於左右而自卜自疑因循至今某聞惟大英雄之
人然後能聽大度之言故略陳固陋惟左右留神省
察古之君子莫不以濟世安民為己任故有一國士
者止能安一國之人有天下士者然後能安天下之
人是以堯舜禹湯之君而輔以皐夔稷契之臣則日
月所照風雨所及莫不被其澤載在典籍昭然可考

不在一二陳也且以近事言之昔唐之太宗起自晉陽奄有天下征伐諸外西破高昌北擒頡利可謂黃帝之師莫能爭天下也而遠思長久之計和突厥稽首戴恩常為北藩故唐之之世終賴沙陀以雪國恥又匈奴冒頓單于圍高祖于白登七日不食當時若殺之如俯拾地芥冒頓單于不貪近利以為遠圖使為漢得歸奉祭祀故得歲受繒帛舉中國珍寶玉帛奉約結好後匈奴國亂五單于爭立終得宣帝擁護呼韓近契丹耶律德光責石氏之失約長驅至汴擄石氏宗族遷之北荒然中國之地亦不能守以至靡爛

灰燼盡十年三閱星霜肝腦塗地而終爲劉知遠所有比之唐太宗肯損單于其英雄度量豈不萬萬相去遠哉先皇帝初理兵于遼東不避浮海之勤而請命于下吏蒙先皇帝稱爲兄弟許以燕雲適雲中妄人情堅不逞某之特臣奚情懷首鼠之兩端某以通聽惑於謀臣之說得罪于大國之初保自劾責然去大號傳位嗣子自知甚明不敢然尤近聞嗣子之才有足爲從人之所推戴者非嗣子之賢蓋祖宗德澤在人至厚至深未易忘也不審左右欲法唐太宗肯損單于安與滅絕之名享歲幣玉帛之好保國活

民為万世法耶抑欲効耶律德光使出帝塗炭而終為他人所有耶若欲如此則非某所知若欲如彼當遣一介之使奉咫尺之書諭嗣子以大計使子〻孫〻承奉職貢豈不為万世之利也哉伏惟君以命世之才當大有為之時必能聽大度之言也昔人有為趙使秦者秦王問趙可伐歟趙使對曰其人有好色者好色之甚世所共知而母言之則為賢母言之則為妬婦今日之事大類是矣惟麾下多賢不能審處言欲盡意不覺覶縷伏惟省覽有以照察幸甚〻〻

太上天資好學經傳無不究覽尤精于班史下筆

纖〻有西漢之風每謂行在諸臣曰比將以來每旨
時一閱目一日聞外有貨古書者以示高之戊申八月
入見畫維揚州之民王而寓為春秋傳出處之久矣
諸王有得此古閱者太上閱之不釋宣諭蔡偉曰春
秋之書多弒君弒父之事為人臣子者豈宜觀哉偉
頓首從容對曰春秋者魯之史記也周德既衰
君臣失守上下無別孔子所以懲惡勸善以正褒貶
使後世知懼凡君子之所疑而不決者正春秋而後
定故司馬遷曰春秋禮義之大宗也為人君而不知
春秋者前有讒臣而不見後有賊臣而不知為人臣

而不知春秋者守經事而不知其宜遭變事而不知
其權願陛下試取一觀之他日偉因奏事太上謂曰
比取春秋讀之始知聖人之深意恨見此書之晚自
是披覽不倦每理亂興廢之跡賢君忠臣之行莫不
採擇其華實探涉其原流鈎纂樞要而編節之改歲
爾而成書臣嘗侍乾龍節宴太上賦詩以寄淵聖許
令和進因問親仁善鄰事太上曰此出春秋特蒙宣
示以為深觀太上皇有見聞未嘗隱情每閱獻納章
見鞗親數令楊師道宣諭曰若志慮未及不時具教
崇奉祖宗本乎天性非勉強而為之也每西南望拜自

久之謂左右後寢在何處泣數行下遇忌食輟饌流
涕晝日出入返慕不已有獻新者必薦而後嘗雖在
蒙塵不忘教子以義方之訓每下程設諸王問安必
留之坐而賜食或賦詩屬對有兩聯今附于左太上
曰方當月白風清夜故鄭王楷對曰正是霜高木落
時太上曰落花滿地春光晚莘王植對曰芳草連雲
暮色深餘皆類此宗室安康郡王孝騫以下凡百四
人相延遣赴韓州同居相見之日哀之聲動搖側再
三至于流涕遣杜邁道計置薪米均行給賜莫不安
居惟孝騫仲暴主管名御宗職事以宗室中有挾私恨

而致訟者紛爭不已全失禮容降諭曰日來宗子不
遵憲度失於長幼之序各挾私讎以成仇怨爭訟不
已豈不知身寄他鄉復以際會何幸如之故闕亂義
之言因勸無知之輩且曰君義臣忠父慈子孝兄愛
弟恭所謂六順今則不然違六逆者有之夫賤妨貴
少陵長遠間親新間舊小加大淫破義所謂六逆也
特申庭訓之方以示睦親之義宗室可體此意旨明
開諭使因性曉然知其訓誡如爾後敢以來到韓州
多陳訴者吾以罷罷之毋作含言各令知悉楊師道
傳遍閤室諭師道曰近日隨行官吏等甚皆窮困使

我傷心初出青城念皇〻開了第一物得賣行道鄉
等皆棄捐父母妻子冒涉風霜而隨予今生見如此
不能振濟為之奈何宣諭說遂泣下左右亦人無不
感動者遂令有司具狀申明金國乞給賜衣物從之
時闕擗溼之衣太上皇后進綃十疋熟絹述神孝〻
甚未嘗忘懷適有貸王安名曰錄者聞之欣然輟
而易之庚戌中元徙居五國城乘舟而行凡四十六
日至東路都統習古乃奉朝命令賊蓓隨行催吏諸
色人等不許盡行將帶太上力懇不從亦諭之曰
汝等冒風霜涉險阻憂患固當因之今日朝命如此

事屬他人無如之何已有三力懇乞不可回令遜愛
者將行以等皆是共甘苦之人豈有愛憎之别君臣
之間彼此不能盡其事一面請諳諸屬言語臣下官
吏亦歸降而出一應宗室不許隨行因有神考親晉
康郡王孝騫嫡孫和義郡王有奕等六人皆乞隨侍
從之族屬有出入不節而致搆設紛紜者太上聞之
降諭戒飭曰顛沛之際檢康謹為先若復出入不節言
語輕易或為狂藥所困擧止取笑有失事體貽人誚
言行者君子之樞機樞機之發榮辱之主係焉而今
而後戒之謹朝之各宜杜門省事宮闈之間以禮道從

悠閒蓋物議自取悔尤既貽親憂何以自處諄諄誨
諭使務體聖度如天下者細過其以者情然之此劉
定宰羊不如法薛安送飯減尅右丞曰竊旅他耶不
欲口腹累人共取戒勵亦可鑒衆又五國字呈八日
札下通尹慶奇遣人齎覆右丞曰郡至此等從復語傳
於人聞之莫不加手於額右子孫爲欲遣人李書云
欲於內侍中求曉事能幹人材俊與者之人所陷卻
請批諭當便廢解右丞覽書不悅曰若廢劉誰可遣
者若不廢劉立太子不可違遣王細陳思正往回書
云示諭內侍孝而甚材石免於衆中選擇二人前去

皆自汴京隨逐至此艱苦萬狀久處貧窮敢望優容
萬里依扈之誠甚備雖差然以物易人豈其孝心哉
又請班勤極至夫人致書于太上并惠藥物以示內
侍蔡曰函緣所齎不外以香扇參種有一二人雜以
擬那送來藥物雖出厚貺以長官庭命不敢擬留如
學不倦務暑忘食而動靜語默之間必有深誨焉因
觀唐史至李泌傳復讀不已必謂肅宗於靈武披冒
榛莽復王朝廷盡忠致力於獻納之道任至宰相而
數為權幸所嫉遂令張瑋錄其傳以賜鞗後癸丑六
月二十四日沂王㮙駙馬都尉劉文彥首告謀反僉

國蔡偉告曰　閩王于筝王楷駙馬都尉宗郡光徑令
徐中主閩主太監二二鷙偉來以為延冀日遣偉渡
河以詢虛的政府判千戶李置撫村昌者已陳兵河
濱二選解某往從帳前矣不自至所陳之得偉歸太
監即令李毅秀及一行至偉合議餘王棟以痛不能
出餘皆預然前此已聞有不測之議至是皆悚懷憧
曰吾儕前日不保國體亡帝擒遯已有愧於前人不
意逐黨出乎至親至愛之間捐軀効命正在今日偉
願以貫寫自委願諸公盡力以狥急雖少有退避者
神既殛之言辭慷慨坐皆淚下莫不懷奮心至是月

中旬彼遣兩使前來勘問太上遣楨同偉往見來使欲太上渡河辭又遣徐王棣宗郭登再往至則尚挽前說乃請閣望及信王榛駙馬都尉向子扁內侍王若沖同往偉實從之再三力懇彼方許明日至行宮之側偉所寓之地而引閱馬群臣力拒往反譴責三日之間二賊氣折自陳誑相累上復遣前使諭太上一面安置太上曰之子悖謬係誑告天倫之序豈忍爲之使曰若如此自有宣命並　死之使歸偉上疏乞深自悔禍以畏天戒太上嘉納之以詔答曰老夫自閱男楷等有罪告之予深懷眾叛親離反求諸己

罔知所措若非洗心革慮則何以全身遠害寡過悔
尤頤性一體其害為輕苟使生累諸人後何面目可
以自存適覽上疏嘉謀讜論非卿不聞此語而今而
後凡所見聞鐘虜徽末不惜吐露若隱而不言言而
不從高天厚土神之聽之況昔人所謂以國士遇我當
報之當何如以此念之千萬毋隱一日以思宜示學
康曰予平日待蔡修以國士今日報我殊不愧德康
讀其書而奏曰君使臣以禮臣事君以忠君臣之間
無容不道今陛下篤慶之際遠羅祉告不責微而求
已而能虛懷納誨得謁改過不吝為聞善言則拜之

道太上曰予之不德豈可以上比禹湯康對曰舜何人也有為者亦若是陛下上畏天戒下恤人民則禹湯何愧哉王閔請敘老曰熙寧富弼為相有於神宗之前言災異皆天數非政之得失所致者弼聞之歎曰人君所畏惟天若不畏天何事不可乃上疏曰願益畏天遠讒佞近忠良神考親書答詔曰為非衷在愛君者存王室何以臻此敢不置之几席銘諸肺腑終守是戒太上稽首而言曰神考推言如是康曰陛下天性至孝每於忌辰毀服思注願陛下益廣繼述之意太上曰是吾志也後椿偉書於坐側金國遣列

今上皇帝進奉金銀等物見之泣下謂行在羣臣曰
荷天眷命未忘趙氏中興之主經爲今日信至可謂
幸會老夫晚年復覩盛際使我回得一日瞑目足矣
羣臣皆再拜稱慶藥材留充備用其餘並賜一行親
屬官吏皆拜舞再拜受賜行宮有回祿之擾擯御之
内取假燒者本位陳乞役夫脩蓋太上曰正是農時
豈可妨廢上令脩蓋官那容應辦宗室仲駱等八百
餘人自城州從虜上京至有闕食死於道路者太上
閔之悲不自勝謂左右曰此輩何辜至於是今李枨
宣諭蔡偉草表一通後有回頭歎气同歸北將來有

行記以批語賜王若沖曰一自北遷于今八年所履風俗異乎不爲不多深欲記録其未有人詢之蔡絛以謂學問文采無如卿者爲存東山耕之餘爲予記之蓋思畢書不可隱諱將爲後世之戒謹唐侍下隨行群臣不以大小未嘗不呼每有遣使温顏慰諭甚爲篇章自北狩以身備時感事形於歌詠者千有餘首以二蓬書焚之後舉畢矣大以今所得灰燼之餘者僅有數十篇類之爲別集好生之德澤及禽獸每聞有網捕者必買而釋之仍戒勵曰毛羽之屬甚生惡死與人何殊今伊子皆在艱危之中當與諸己

上

欲歸之心須刻不忘每令張撑張亮臣詢訪之女有
嘉音喜見于色近畢舉善籌至錄得紹興与左丞相
書奉進呈大悦

八閩文庫

福建文獻集成

續編 史部 一三

吴格 主編

海峽出版發行集團
THE STRAITS PUBLISHING & DISTRIBUTING GROUP
福建人民出版社

本册目次

後鑒録三卷

［明］閩縣謝蕡撰

上海圖書館藏明抄本

後鑒録三卷，明謝蕡撰。蕡字惟盛，閩縣人。正德十六年（一五二一）進士，選禮科給事中，敢言事。嘉靖三年（一五二四）大禮議起，蕡力爭，被廷杖。未幾，以論張璁、桂萼奪俸。明年遣使兩廣，覈楚粵邊儲，後出知太平府，卒於途。隆慶元年（一五六七），贈恤嘉靖朝建言得罪已故諸臣，贈太常寺少卿。所撰給諫集已佚，明末曹學佺石倉十二代詩選明三集卷之五十九録其詩十一首。

是書彙録正德一朝刑部招擬共十一篇，目録以會問（會審）之犯人姓名立目，依次爲趙風子（趙鐩）、張偉、何錦、劉瑾（目録誤作劉錦）、劉吉（寧府招由）、拱樤（會問犯人爲劉吉）、王倫、錢傑、畢真、神周、寫亦虎僊。均涉武宗朝動亂大事，因係具招議罪之奏牘，爲第一手史料，且較明代後出之私家筆記、史書更爲曲折詳盡，可據以訂正他書。

錢謙益絳雲樓書目卷四著録是書，未標卷數。清孫星衍平津館鑒藏記書籍謂是書有明刻本，「題京本。前有嘉靖二年謝蕡序，有『三山之英』、『惟成』、『嘉靖龍飛首策進士』三木印。後有嘉靖二年陶麟跋。書紀趙風子、張偉、何錦、劉瑾、劉吉等定罪籍没始末，皆録京本檔册，不加論斷，蕡所撰也。每葉廿行，行廿字。收藏有『幼貞吴氏家藏』白文長印」。

此明抄本三卷，有嘉靖二年中秋日自序，卷上、卷中目録，無陶麟跋。正文無條目，抄手將卷中釐爲二卷，故雖曰三卷，内容實僅至目録卷中「寫亦虎僊」爲止。又有中國社會科學院歷史研究所藏嘉靖間抄本，卷末有紀靖難之役文字，當爲卷下之内容，爲他本所無。又有東京大學東洋文化研究所藏抄本殘卷，存書末陶麟嘉靖二年中秋後二日跋，題曰「後鑒録後題」，略謂陶氏巡歷建溪，得晤謝蕡，蕡出示書稿，且謂「因次第爲三卷，名曰後鑒録，宜壽諸梓，使後人知所當鑒云」。又謂謝蕡「始登第，試政刑曹，值嘉靖龍飛入繼之初，凡先朝群姦肆惡者，悉正典刑，於時若堂審、會審、朝審，咸得以縱觀焉……獄成，各具招由奏報，時得數册，迺求之都臺，復得數册」，遂輯成是書，以示朝綱失馭，群狡並興，有强藩，有逆豎，有姦黨，有叛將，有梗化之夷，然皆凶于乃身，而禍于乃家，足可作後人之鑒戒云云。今明刻本已不存，常見之國朝典故本三卷並無序跋、目録及靖難之役條，而爲後出抄本之所從出，或補以自序及卷上、卷中目録。自當合觀前述諸本，方能見其撰述之旨、内容起訖及全書原貌。（李勤璞）

後鑒録序

後鑒録者録其前人之情罪以為後人所當鑒也皇治之世上下相安罔有犯順干紀之徒以為時壽朝綱失馭羣狡并興背天常而逆人紀於是有强藩有逆竪有乱賊有奸黨有叛將有梗化之夷焉其始也雲蒸薰天流毒潰地窮天下之欲極天下之惡自謂可以享百世之安其既也覆宗籍産妻子為囚血污市衢之上向餧狗彘之食亩思昔日之權勢富貴果何益哉噫亂臣賊子何代無之所賴者

祖宗在天之靈

國祚綿長之福彼雖盱視䀿䀿譬之夜蛾就火隨撲隨滅未
有能濟者也故其首亂也逆瑾為魁羣盜扇禍惟我
武宗神武剛斷一鼓而擒成一治焉其再亂也寧彬交惡黨
類朋姦惟我
皇上入繼英明典刑惟正又一大治焉嗚呼一治一亂反覆
相尋此人事之或然而天意之不可必者惟能制治於未
亂保安邦於未危在
上者無偏聽之私在下者鑒覆轍之禍則宗藩有本源之思
邊臣守帶礪之誓宦者謹於載盈奸黨悔於噬臍庶人自
安其業夷狄各守其分時雍逕衢之治可復見於今否則

前人不知鑒而使後人哀之後人不知鑑而使後人復哀

後人也惜夫

旨

嘉靖二年歲次癸未中秌日

賜進士第禮科給事中三山謝蕡書

後鑒目録

後鑒録上
刑部等衙門題爲献俘事該
欽差監督軍務御馬監太監陸誾提督軍務太子太保都察

院左都御史陸完提督軍務太子少保都察院右都御史
彭澤平賊将軍提督軍務總兵官咸寧侯仇鉞各将生擒
反賊趙鐩等并龐之宣等觧京獻正德七年十月二十
日鴻臚寺官于
奉天門奏奉
聖旨三法司錦衣衛等到午門前會多官好生打着問欽此
欽遵臣等會同打着問犯人一名趙風子即趙鐩招係順
天府埧州文安縣人弘治年間充本縣儒學增廣生員後
因患病告回侍親正德五年以來有反賊首今渰死劉六
楊虎射傷渰死劉七已故死齊彦名朱千户射傷焚死劉

三即係劉惠病故邢老虎等聚集賊衆往來山東北直隷
等處張打旗號僭稱大王攻破州縣燒刦庫獄殺擄人民
姦淫婦女搶掠財物敵殺官軍阻絶粮運共謀反逆日漸
勢衆本年月日不等有在官谷玉賈能各不合殺入夥内
刦殺正德六年七月十五日有緣同縣先獲董仲義糾黨
五百餘人亦往河間府投入劉惠等營内約有一萬餘人
合夥為盜攻刦文宗縣治比因水漲沮滲在彼住札十月
有緣見監妻張氏男張龍即趙龍兒未獲男趙添瑞平寧
弟趙鋭趙鎧即趙錢監故叔趙逵并見監在官弟趙鐇趙
鎬等男婦七十餘口俱躲本縣地名王東村水中站立被

劉七手下賊徒嚇趕上岸要行姦虜鎹不忍戮傷賊人二
名當被劉七等将鎹捉住要殺有光獲巳處决賊首三名
劉尚質的名劉資亦被伊虜楊虎等夥約與鎹原上馬為
盜鎹将家口發送回家劉資等各添約見獲在官賈敏兒
即免兒㚤朋張秀朱聰王本張實李文金劉海邢本道陳
羙鄭良并先未獲見監汝寧府陳振張璽吴鐸張隆李臣
兒劉江小張勇李海宋忠及未獲宋紀宋虎宋山小宋兒
唐鑑陳幹等四散刼賊殺人聲勢愈大各置酒會衆商說
我們這些人馬便也難成大事不若先從本縣起手然後
偏歷天下招集数萬人馬以建國扶賢為名須要下箇毒

手人纔歸順若不從的逢州破州逢縣破縣先要得了河
北河南後到南京見有空位那時節着你們并相封侯全
家都享富貴却不是好等語賊衆聽允就在本縣起手攻
破大成青縣等處城池殺傷官民燒刧房屋乃分差哨馬
四散擄掠隨被官軍追剿有劉六帶已死男劉仲淮劉七
并齊彦名等一枝人馬從青縣前往山東去訖本月内劉
七復回攻破冀州將在官小劉氏伊夫先爲强盜監候今
已處決張玄刧去改名劉玄領賊一千五百餘人各處刧
虜本年月日不等有齊彦名在官伊妻弟龎文宣將齊彦
名男虎頭兒送至賊營就不合投入夥内僭稱大王領賊

二百餘人及有劉六在官姪劉彦深并在官李隆郭漢王
瓚于成強劉惠即孫虎閆洪李王紹即郘隆宋禄孫王
于可昇呂仁黑虎各亦不合投入夥内谷王李孜俱跟隨
齊彦名賈能跟隨劉彦深李能王瓚俱跟隨孫虎劉六閆
洪呂仁黑虎俱跟已死賊首劉彦高郘隆宋禄俱跟已死
賊首劉廷寶郭漢跟賈能王投入殺賊首呂五身死亦
跟劉七于可昇先投已死賊首喬二後因喬二身死投跟
齊彦名各領賊多寡不等賈能郭漢宋禄孫玉各僭稱大
王谷玉李隆王瓚于成強孫虎閆洪李孜郘隆于可昇呂
仁各號稱小頭兒又有在官宋倉與伊未獲朱文亦各不

合與伊已死兄朱傳僭稱大王領賊一千餘人賊衆就将
傳項朱千户名字與龐文宣等各不合随同劉六劉七齊
彥名共謀反逆叛攻破棗強縣有知縣段冐力屈身死屠
戮人民不計其數又圍刼景州献縣阜城等處回到文安
屯聚数日復往東行攻刼青縣静海滄州等處燒刼粮船
後朱傳在山東即墨縣被官兵射重走至寧海州身死及
有在官孫隆孫富亦不合跟随楊虎夥內僭稱大王四散
同謀刼殺鐩與劉惠劉資邢老虎董仲義等共推楊虎為
主僭稱大王月日不等攻破與濟縣又攻滄州不破燒燬
粮船殺虜人財不計其數復回南皮縣起程将東光縣顧

知縣拿住又沿途攻刼殺人隨有馬都堂德州桂　都司各
差官前来招撫鏜等亦回書伴許着
朝廷放赦我等亦願解散等語前到南宫棗強等縣屠殺官
民劉三虜得在官小趙氏為妾本年九月初一日行至景
州地名宋門村當遇總兵官馮安官軍對敵五陣殺死夥
賊一千餘人鏜等奔遁小灘河北本月初三日保定田都
司率領指揮趙文等官軍截殺被鏜等殺死官軍七千餘
人拏住趙文次日釋放鏜等又往山東蒙山地方當遇付
揔兵官李謹前来敵散官軍四十餘人棄下神鎗盔甲一
百餘副蟒衣一件楊虎将蟒衣沿途穿着及将在官崔氏

楊寡婦虜占為妻往来山東濟南東兖登萊等府并所屬東平高唐濟寧沂曹等州青城樂陵荘平等縣攻刼焼虜有見監陽府賊人范益李孝李勝劉月陳眷陳山韓子義孫昇郭豹李文馨胡友才宋淮用郭青各見得鐩等打刼有錢月日不等投入夥内跟随各處刼殺人財不計其數及有見監河南賊人馬五管内未獲楊傑唐子文朱和等沿途搶虜人馬三千余騎亦来同夥攻刼鐩過太縣題詩一首得罷男兒愁滿腹胸中豪氣虹蜺吐滿懷血淚洒雕鞍幾回夢歸鄉土貽累父母囹圄中連坐妻子鈞臺苦平欺敵將虎擒羊縱横六合誰敢捕惟願

君恩似海深釋我寧家萬事足又到沂州湯頭地方經過州
縣月日不等先後夥約未獲賊張通見監汝寧府汪大張
仲良張虎吴鐸李長見監襄陽府王明陳鸞許文張海青
王文義趙宗張仲仁紀王潮李騰王隆各隨營沿途刼殺
人財姦淫婦女不計其數又虜得見監襄陽府馬經王囊
包張表劉全李遂李営王澤董文舉郭玉董智各分與馬
四疋執打器仗隨營行走及虜得已發落斬傚徐傑王俊
張金臺各打草喂馬挑担行李本月内龎文宣等跟隨齊
彦名等南行到於地方裴子岩被各太監陸都堂督帥許
遊擊等官軍殺死夥賊約有八九百人去到大名府地方

又被官軍殺死夥賊一千餘人本年十月内鐩等又不合
攻破灵山等衛日照等縣至南直隸徐州攻城未破十一
月初一日至宿迁縣殺死高郵等衛官軍三百餘人鐩等
各又不合虜得路氏各在营姦宿初二日過河拏住高郵
衛指揮陳朋當帶至灵璧縣當有知縣陳伯安領兵對敵
不過鐩等殺死官軍二百餘人當將陳伯安拏住同陳朋
帶至宿州攻城不破燒燬西関殺死居民無數比有陳伯
安不跪劉惠嗔怪是鐩勸放訖又去攻破虹縣永城夏邑虞
城等縣放火殺人拏住虞城知縣行至丁家道口放訖又
攻破歸德州掳虜馬騾人賊當被守備萬全都司官軍追

至亳州地方有武平衛致仕石指揮領軍一千僧兵三百
前来截殺鐩等迎敵殺死僧兵七十餘人去到地方白龍
王廟小黄河渡口有穎州夏指揮等指揮領軍對岸劉营
楊虎領帶夥賊黄寧等七人搶船一隻過河當被官軍追
翻船隻楊虎黄寧等俱各淹死賊衆奔往河南府被官軍
殺死賊首張富奔往孟津過河来到臨清被獲鐩等見楊
虎身死賊衆又無統束議將劉應立為賊首前往龍江過
河至孟城縣地方龍崗方將陳朋放回又到太和縣劉营
五日虜得人財當有副總兵白玉領軍圍殺劉惠同未獲
朱龍等領衆出小南門敵死官軍兵快一千五百餘人搶

得盔甲鎗刀二千餘件神器七千餘件前往沈丘縣攻
城進入殺死官軍一千餘人拏住都司畨𠹭殺死都司
王保射死河南布政司經歷任傑搶得弓箭刀甲起營攻
入鹿邑縣拏住在官千户李茂并失記名千户二員軍人
二名俱各降服跟随内有在官陳漢即陳翰不合自稱主
事願與劉惠為男當將千户二員放訖随有蔡縣致仕知
府張什同不知生員二名老人一名自備馬匹假金台盞
四副銀台盞十副叚二疋前到鹿邑縣饋送劉惠未獲義
男審龐各不合商議兵法無統必致以亂須分等第方可
晉東商同寫圖畫様將劉惠號稱奉天征討大元帥上應

武曲星將遂改名趙懷忠號稱副元帥上應文曲星小將勇僞授前軍都督府提調都督未獲李懷協守管理旗鎗什物董仲仁奇兵指揮趙果正兵指揮趙和嚮道指揮陳翰僞授侍謀軍國重務總理機密糾劾大小事物元帥長史與賽麗分作東西二塲管事遂不合與劉惠自稱元帥并簽放賊夥俱稱大王又稱張秀李淮宋和與陳正張隆唐子云楊傑韓信等分為二十八營各僞授指揮等官置立五色皂帛旗號二十四面又置金鼓 對上書虎賁三千直抵幽燕之地龍飛九五重開混沌之天李茂僞授中城都指揮未獲戴宗賽朝賢并見監汝寧府張璽吳鐸并

失記賊人各偽千戶百戶旗校等名色又見各賊攻城殺

人有功將王本邢本道劉鉞李勝各偽授千戶張保劉敏

范益各偽授百戶李江統領揔旗仍舊領賊殺人爲偽造

鈞牌上書奉天征討大元帥劉副元帥趙仰沿途官吏准

備草餉各用器物修理橋梁道路迎接者秋毫無犯迎敵

者寸草不留違悮者軍法從事俱無違錯等事様各衛門

迎接彼時趙鐇趙鎬見獲任官妹夫張仲威各亦不合與

已故表弟劉覺勝前來投入夥内與鐩同謀反逆鐩又在

南頓鎮搶虜樂婦田三兒爲妾未獲小把子小王兒亦虜

新蔡縣義官李慶女小夫然在營姦宿前到上蔡縣有霍

知縣梁典史并信陽衛李指揮各帶官吏生員民快拒守不勝将城攻破當将霍知縣支解梟掛燒刼官民房屋財物庫獄有失記名賊人虜得北門不知名民人女劉四兒随营姦宿前到南水縣知縣率領師生迎入察院住札數日去到西平縣有王知縣拒賊不過被王本將王知縣支解又攻破遂平縣燒房刼財殺人不知其數将鄉夫五云裁縫部廷虜去随营使喚又攻破武陽縣殺死陶知縣妻馮氏并本縣男婦不知其數并本縣在官監犯僧一名德静妄稱唐府逃出有孕宫人所生收在賈兎兒营内又攻破葉縣将失記名字官一名知縣唐天恩并父唐正家口

六名唐府校尉李胡子三人俱各殺死又攻破襄城縣未
破本縣湊銀二千兩馬二十匹送與劉惠接受不曾殺人
當就分岀其賣免兒一枝人馬復回舞陽確山真陽光山
等縣又帶德静跟營去訖劉鐩同劉資攻圍鈞州五日退
攻郟縣將攻破城内送岀馬二十匹不曾殺人有未獲賊
徒劉真虜得見監襄陽府馱奉汪現在營跟使又攻破宝
豐縣札營三日有河南孫僉事差失記名陰陽生汝寧府
差失記名生員各賫執招撫黄榜前来鐩等當罵乞恩辯
明本一本内開先年群姦在朝舞弄神器濁亂海内誅斬
諫臣屏斥元老未有不亡其國者乞

皇上澡雪精神獨斷於中梟郡姦之首以謝天下斬臣之首
以謝羣奸等語與生員賈回當日夥賊見榜逃散者百十
餘人及到裕州攻圍者都司詹濟同知郁采辛指揮任御
史督率兵快拒守殺賊力竭城陷殺死詹都司郁同知任
御史并在城男婦數千餘人官民房屋燒刼一空隨有唐
府差人傳說你刼得僧人德靜非我骨肉和尚在營可與
殺了罷等語鐩又虜得見監襄陽府小民劉氏莫春陳朝
唐用富在營使喚本年十月內孫隆領九十餘人復往小
東被官軍殺敗孫隆到家看望當被本處地方拏住正德
七年正月初六日鐩等聞知南陽防守嚴謹由小路徑去

唐縣西關下營縣所官督率軍民晝夜上城拒守鐩等每日攻破三次先後二十八日力攻不破本月十三日有偏頭關官軍自南陽府前來銅察舘地方札營官軍不勝回還本月二十日失記名賊徒搶虜唐縣民人馬學女馬九姐在營姦宿有見監襄陽府賊人李奉李虎劉傑各投營助鐩攻城殺人及未獲小賊把陳資又虜見監襄陽府劉倫許平趙雄李月常受張堡張月王山孫學李才在營打草喂養馬匹不曾殺人本月二十六日邢老虎病故就葬本縣漢王臺西新建寺閣後墻下鐩等查得二十八營人馬共有一十三萬五千餘騎造有各賊花名文冊六本

分各收掌點閘又於老营紅紗帳上大書英雄吞河海氣
勢轉乾坤對子一聯又置火牌上書奉天征討大元帥劉
副元帥趙示仰差襄陽府樊城南陽新野接戰領兵都權
張勇并巡邏奇兵正兵及哨馬夜不收等項官軍人等回
至牌所即便整隊倘有声息就在牌西劉住一面差人星
報老营發兵截殺有功陞賞決不虚言遂與劉惠各奁花
押在上令失記名哨馬賫至新野縣随被軍人張用等将
哨賊殺死牌交進南陽府收貯遂與劉孜差撥人馬前去
襄陽樊城棗陽随州新野等州縣四散攻刼城池殺虜鄉
民當有湖廣河南摠鎮撫按衙門嚴督襄陽唐縣新野南

陽等處官軍民快吏生人等陸續擒殺賊級將及四千奪
獲馬騾婦女器物不計其數本年三月內劉六劉七與齊
彥名龐文宣等在於滕縣地方被劉暉等官軍圍住劉六
等潰圍奔到古縣鎮地方又被官軍追殺無數止剩三四
百人仍向北奔有鏇又差探得湖廣撫治都堂太監奏調
漢土官軍將到於二月初二日起营攻破泌陽住劄燒刼
姦虜及刼焦閣老家蟒衣玉帶金銀段疋不計其數俵散
各賊穿用訖有未到小把白秀不合虜得耿璧女耿氏在
营姦宿復到確山遂平等縣入縣殺虜人馬燒刼房財比
有彩賊畏懼官軍追殺奔走數多是鏇與劉惠委差小把

張月等前到鄉村約虜見監襄陽府曹知高志高方小七
兒劉小住兒周馬兒王毎雷酡鄢小首兒王欽毛顯徐增
王璘曹滿張來李總孫鉞替州孫政張潮楊淮劉廷王子
云王高文陳富隨営驅使至二十二日奔往西河縣有各
邊捴兵叅將等官統領人馬前来殺死夥賊二千餘人奪
回男婦馬騾器械不計其數遂等東敗奔上蔡商水西華
等縣攻入鄢陵縣焚刼軍民房屋財物及致仕劉尚書家
金銀財帛并官庫銀物不計其數又到新進縣鄭州攻城
不開随又攻破滎陽汜水鞏縣刼殺庫獄人財馬騾不計
其數又攻偃師縣不破遂等虜擄未獲鄉民傳報今有

彭都堂仇總兵督率京邊官軍又湖廣撫治都堂大總兵
亦督發漢土官軍各委河南段參政王僉事各分投前来
又有御都堂甄太監亦督發軍馬前来會合截殺鐩與劉
惠等各慌張領衆奔往河南府西關攻殺意圖入城拒守
間各邊人馬追至殺死夥賊不知數目有總兵馮禎奮勇
身先出戰鐩又不合與劉資各督令劉世堂迎敵用鎗截
死當有張山率同任紀李虎等捉獲邊軍七名送營殺死
劉惠見伊有功將張山偽授指揮及將任紀李虎各賞給
衣服面刺大王二字領賊殺人有未獲夥賊小將張益不
合虜得永城縣已致仕李知縣女李五姐已死民人裴文

秀妻李氏各在營姦宿連夜徑奔汝州又聞漢土官軍已

至分布郟葉襄城南陽裕州等處截殺星夜奔往宝豊透

入舞陽遂平汝寧府城東南關外周家橋等處地方節有

漢土官軍迎敵斬獲賊級婦女馬騾器械土軍亦被殺傷

五十餘人又往固姑半𨺗鎮地方劄营亦被漢土諸軍四

路追襲節次斬獲賊夥奪回婦女馬騾及渡河不及淹死

人馬五千有餘沿途逃滚馬逃散者不計其數比有劉全張

表任美付鏜李荣王潭董文舉馬經郭玉黄知劉表趙奎

王囊包劉小韓晃各明知

恩例許令被虜軍民去器滚馬免罪優恤各不合畏惧鏜等

刑殺仍跟在營按使不敢解散鎹等因被賊敗追急將造
軍馬文冊棄失無存徑由光山六安州等處晝夜奔走及
攻破舒城縣搶虜人馬復回商城等處復令哨馬四散鄉
村虜得見監襄陽府劉江張銮曹佐徐章美萬秋李守
楊濟王賢高流兒隨營牵喂馬騾挑担什物三月二十日
有賈兔兒同已死賊首李昇王鰲領賊衆三千餘人由界
河山隘走入黄陂麻城地方燒刼比有湖廣王太監劉都
堂劉巡按該道郭僉事督調漢土官軍追至羅田油河等
處擒獲三百餘人燒房焚死二百餘人比因天雨山水泛
漲追趕渡河不及漂溺者有一千騎一枝人馬傷已盡絶

又有王本等夥賊三百餘人奔入湖廣地方出山店四月
十三日参議白金李源等督發漢土官軍將王本萬小七
兒張寔李文金李守還雷酩王欽陳富張表劉倫張必各
擒獲又將僭號指揮古基等一百餘人殺敗奔散有見監
陽泌縣賊把僞陞狄千戶即潘增賊首趙喜程官各率把
兒賊徒三百餘名由信陽州西關一路燒刼至四月十七
日前往桐栢縣被知縣李駿督率鄉兵機快將潘增等八
名生擒及殺獲首賊級馬器餘賊於十八日又往泌陽縣
亦被知縣劉机將趙喜等各擒獲亦斬奪首級馬器錣等
仍往固始縣復到光州過商州光山等縣彼因各處官

軍把截追殺緊急不曾殺人放火又到六安州攻城將破
彭都堂代總兵督率官軍赶到殺獲夥賊約有三四百名
又到廬州府過定遠縣城西亦被官軍赶殺夥賊四千餘
人復到六安州劉惠劉資先領餘賊一萬餘人過河及鐩
弟趙鐇趙鎬俱隨同仍往高城地方去訖比因天雨水漲
渡河不得鐩未獲義男李文秀帶領精壯二百餘人合為
一夥復到商城朱皐潁州太和縣到於張村舖又遇楊虎
夥賊未獲夥賊首曳郎二千餘人又與張通合夥至鳳陽
地方固鎮領賊五千餘人寫帖投遞稟義都堂要得率衆
歸服未遂復到靈璧縣知縣陳伯安屏風上亦寫領衆歸

隆平定巢穴等言語又到南宿州及桃山驛撞遇官軍交
戰被官軍追至徐州失記名舘又到南行困有京邊鳳陽
湖廣各處官軍四下分布住札邀與合夥賊首率衆仍回
商城回始分投竄入湖廣河南界亂山内四月十九日有
河南僉事王玹領兵將趙璠張仲威等及將帶金銀一千
餘兩一同捉獲四月二十四日有見監德安府小賊首張
朝用等亦率餘黨三百餘騎流入隨州地方名出小店被
湖廣劉都堂督率官軍擒斬張朝用等男婦二十餘名口
餘賊當時潰散有劉惠劉資招賊衆萬餘於四月二十六
日前到應山縣札營有僉事郭韶督同領左哨官軍於

二郎畋廣水店斬獲見監德安府賊把趙昇及賊徒首級
一百餘顆追逐緣崖落水死一千餘人奪回馬騾器械數
多本年四月劉六劉七齊彦名龐文宣等復到香河寶坻
玉田等處地方殺刼人財又在武清縣八里庄與參將王
杲對敵將王杲殺死又到東南圈地方將甯都堂手下子
弟兵殺死不計名數劉六又搶虜已故楊能在官妻王氏
劉七搶虜樂戶劉大良在官妻趙氏李驚怕兒在官妻丁
氏劉彦高搶虜樂戶丘端妻郭氏齊彦名搶虜軍人劉愷
在官妻劉三姐各在營姦宿本年五月二十九日劉六等
到冠縣地方又被陳太監陳都堂督率官軍四十五人闘

洪奔到范縣地方被遼東官軍擒獲本日有彭都堂仇總
兵亦督各路軍馬將鐩等赶上斬獲賊約有二千餘名夥
有撫治劉都堂方總兵亦各督官軍赶至應山縣地方漢
東井字、鋪黄関九女崖河北随州地方遂趕山西尖山等
處將王隆楊齊子買張潮孫昇靳俶高雷兒陳朝用盧萬
㛛蔣鸞徐張任美劉傑劉任兒李奉徐增曹佐任紀劉海
曹滿許平萬志臯許文劉江劉小兒李勝曹如張仲王雲
張鸞王文義王淂王高文王俊朱桊趙雲李月王璘毛顯
劉全孫政張山楊槐徐傑張海趙林王朝楊自來周馬兒
鄗小兒李虎圭鸞李奎張金李氏馮氏李　天然耿氏各

陸續擒獲并斬首二百餘顆馬騾器械数多劉惠等屡遭
殺敗俱四散由桐相泌陽確山赶入南召魯山等縣山谷
内潛逆迯命訖五月初三日有陳翰因見勢敗滚馬趕伲
總兵處從降本月初五日有鐩行至應山縣東北山坡下
見得兩省軍馬衆大思要脱身無計逼令未獲僧人真安
将鐩鬚髮削剃蔵伊度牒在身將邢本道等分付各散迯
命是鐩止同真安并先僧元曉得的名劉小韓兒作伴意
要前往江南投入彼處夥賊再圖大舉有南召縣知縣李
聚節奉彭都堂劉都堂伲總兵分守胡条政等案驗及知
府王宣牌面令縣嚴督官兵把截五月十九日報有残賊

三十餘人前來當領聽鈙吏高寵及兵快人等將劉資并
見監汝寧府夥盜家屬張堊張氏十九名口盡行拏獲五
月初十日有南陽府指揮王謹亦奉督集南召縣義官彭
學等追至地名土地領與劉惠對敵射中劉惠左眼傷重
劉惠分付衆賊我為人一場在此壞了你可將我身體燒
化等語随有數賊抬重山下李家地上草房内發火焚燒
聞王謹唱衆將火救滅斬取劉惠首級生擒夥賊三名内
一名見監汝寧府張得招是劉惠義男說称傷死燒化是
的本月不等日有湖廣劉都堂及周太監并指民張副使
亦從安陸前來訪知有賊一夥到於随州天王險寨及螺

螄螺蝗等處地方燒刼督發漢上官軍生擒邢本道王囊
包王子文唐富郭玉汪現董智馬經陳美王山韓義王潭
胡友才鄭良王賢李玉曹用董文奠李鐩郭豹宋淮用郭
清范益劉趙奎李勝陳春劉表李榮李文舉及斬獲賊級
馬騾器械千數及審得邢本道等攻出鐩於前月日在應
山山坡花樹下剃頭為僧潛躲情由當即隨行武昌漢陽
廣德鄖襄南陽等衛各督發官軍民快四散捉拏及有湖
廣省城鎮巡三司亦各通行治屬嚴加把截搜訪又有彭
都堂佩總兵趙御史亦各通行案驗告示於直隸河南湖
廣於各屬府州縣物色訪拏間有武昌衛軍人趙成因伊

弟趙宗於本月十九日前到德安坊總兵處首出行至黃
岡縣地方九十三里坡撞鐩經過見鐩狀貌異常思與省
城行道案驗告示相合心已怔疑十日至小河漢巡檢司
又遇各哨官軍押帶賊屬小男前來問知前情叱趙成趙
宗又約鄒僉事原差孝感縣快手徐必高黏踪赶躡緝見
鐩同劉朝見到於武昌府江夏縣地方管家套武昌護衛
軍人唐虎店吃飯趙成一面將鐩擒綁間隨有武昌府署
印同知吳寅督委巡捕石知事差遣兵快李海劉永明亦
到相幫擒綁搜獲在身原是真定度牒一張盤纏銀一十
二兩大錢解官審實監候間有楊寡婦路氏小趙氏俱在

湖廣地方劉仲淮在官妻楊聰明宋紀在官妻劉六姪女
劉氏幷何氏俱在河南地方各先後捉獲於本月内龎文
宣與同國玉竇熊李隧王瓚于成張孫虎李致邵隆鄭漢
宋玉孫玉于可昇吕仁黑虎俱隨同劉六從湖廣地方團
風鎮搶船沿江流刼本月二十三日路遇已故馬都堂劉
六領李隆等上船刼虜有馬都御史怒罵劉六將伊兄射
一箭唱令李隆王瓚不合聽從下手將伊用刀砍傷落水
身死本月二十九日劉六幷伊男劉仲淮被湖廣官軍追
急落水渰死劉七與龎文宣等駕船順流徑到南通州地
方狼山停住一十餘日東風復到蕪湖地方將操江陳

都堂官軍赶散下水渰死不計其數下到瓜州燒燬戰船搶奪軍器數多本年九月内劉七與龐文宣等又到狼山停住本月二十八日被大風將船打破賊俱上山被官軍赶上圍殺各不合與官軍對敵致被殺傷本月十九日劉廷寶又被大風打破船隻渰死龐文宣船漂至地名福山港被遼東官軍生擒有谷玉因敗走藏在本處塔内至夜間走出跟劉彥高王長子劉折腰至地名丁溪場劉彥高等三名各因傷重行走不動自縊身死谷玉又走至地名黄鋪有賈能等成強祿玉與劉七一同搶船要行逃走官軍殺死割取首級將龐三姐與趙氏丁氏鄭氏後捉獲賈

能孫玉浮水上岸又與于孜部隂鄭漢宋禄孫玉逃到海
邊搶得漁船走山東膠州海口登岸到於安丘縣李隂與
王瓚亦搶得漁船逃至地名丁溪場孫虎逃至地名南通
州各先後被獲蒙本州捞割劉七首級于可昇逃至通州
呂仁黑虎亦搶得小船要往蘇州等處到於江陰縣地方
各被獲劉彦深逃至穆陵關被牛僉事捉獲朱倉走至北
直隸滄州後河南逃回本家張冨從河南逃至臨清與張
玄處決訖朱聰被湖廣官軍捉獲蒙將鐩等及龎文宣等
并劉七齊彦名有級各檻解到京奏奉
欽依會同多官打問前情明白及查得監督提調等官奏稱

楊寡婦的係楊虎虜占為妻劉惠自代領衆其收養其本
婦在營原無別枝人馬止是別夥賊徒倡名為亂是實除
將劉七等首級遵奉
欽依梟挂曉示外將鐩等取問罪犯趙鐇等原招俱有名今
畧之四十一名招同路氏等七名供同議得趙鐩等所犯
趙鐩趙鐇趙鎬等二十三名俱合依謀反但共謀者不分
首從律皆凌遲處死決不待時祖父父子孫兄弟及同居
之人不分異姓及伯叔父兄弟之子不限籍之同異年十
六以上不論篤廢皆斬其十五以下及母妻妾姊妹若子
之妻妾給功臣之家為奴財産入官楊寡婦比依謀反妻

律大劉氏楊聰明俱依謀反妻律長幼女依謀反女律給
功臣之家為奴路氏趙氏何氏丁氏郭氏大趙氏龐三姐
俱是被虜婦女各查發寧家照出劉六劉七齊彥名楊虎
劉惠并趙鐩等龐文宣等各律該緣坐家屬并各犯家產
及未獲賊犯宋虎等見監襄陽汝寧泌陽等府縣賊犯陳
翰等俱各行各鎮巡等官各挨獲問擬抄招入官徑自具
奏施行參照反賊趙鐩等三十五名怙恃冥頑悖逆天道
深犯無將之戒共為不軌之謀趙鐩與已死劉六等首倡
亂階趙鐇龐文宣等助成熖虐大者僭稱王號小者分授
偽官糾合十餘萬之賊徒攻破百十處之城邑燒劫房屋

庫獄所過無遺殺虜官吏軍民不計其数極奸淫之腥穢
穷磔剉之兇残震動京師阻絶粮運流毒遍於六省延蔓
已逾二年罪悪貫盈神人憤怒人既擒獲宜加族誅内陳
漢雖云滚馬而出官首降實因勢敗希圖苟免况僞擻多
出其首論情罪亦在於無原及照楊寡婦雖不領賊衆而
兇悪未行但久處賊營而名称已著比坐為奴之律尚有
未盡之辜所據趙鐩等押赴市曹會官處决仍將各犯并
劉七齊彥名首級竿之藁街又將問過招罪處决圖形榜
示天下庶有以彰
國法於今日垂大戒於將来其大劉氏其小劉氏楊聰明幼

女應合奏
請給付路氏等七口俱係擄掠人數合行釋放寧家伏乞
聖裁緣係
欽依會同多官好生打着問事理未敢擅便開坐謹題請
旨
刑部等衙門左侍郎等官臣張鏻等
題爲處地方緊急賊情事會問得犯人一名張偉招年四
十五歲係河南開封府永城人高祖張鏻以
皇親除授東城兵馬司指揮曾祖張昇洪武三十三年奉
天靖難及征進勿刺失温等處有功歷陞左軍都督府宣德

元年征進武定州及守九門有功蒙
賜券封惠安伯故祖張翰襲故伯父張宗襲故無子父張瓚
替故偉承前爵提督團營兼管三千營操練軍馬加太保
充總兵官正德五年九月内未獲垻州強賊劉寵劉六劉
宸即劉七并彥名等糾集賊衆在於北直隸山東等處地
方流刼蒙提督團營官差在官都指揮僉事桑玉統領京
軍人馬四百員名前去垻州文安等處捕捉至本年十二
月十九日桑玉領兵到於永清縣僧寺住歇聞劉六等惧
怕捉拏寄令已處决李良用褡褳裝盛銀一千兩送與桑
玉不合枉法接受入已就行領兵回京縱放各賊仍前四

散刼掠及正德六年二月十六日劉六劉七帶賊三千餘
騎田伊本家潛住被有桑玉復蒙差領兵馬前去圍住不
合與賊荅話不行捉拏當有齊彦名帶賊七騎來救各向
桑玉說称你得我銀一千兩褡褳如何又来拏我齊彦名
當就發悪各用大刀一齊砍入彼時桑玉奮勇督軍併力
敵殺爲當却又不合臨陣縮致被齊彦名等將官軍褚剛
等七員名就陣殺死與劉六等脫走仍復糾集衆賊肆行
刼掠本年二月以来劉六等賊衆從北直隸地方流刼至
河南信陽州拒敵官兵將指揮馬振陳鎮等殺死轉向湖
廣等處打刼及有未獲賊首楊虎等聚在山東地方大肆

攻刼殺虜該兵部議奏停總兵官與今在官左都御史馬

中錫提督軍務停於本年四月内統領京營官軍一千員

名又督率在官都指揮宋振與今閑住戴儀各充条將領

兵前去勦捕馬中錫亦於本月二十日出京亦授提督大

任自合申飭號令振揚軍威務在滅賊為當不合輙出招

撫告示給發各該衙門翻刊張挂及差清宛縣典史鄭廸

賫牌前到垻州督同義官樊達老人孫明前去招諭各賊

首從本月内楊虎等流入直隸大明府及河南彰德衛輝

等處刼掠本月二十三日宋振兵到至封丘縣地方遇賊

對敵擒斬張玉等二十九名顆奪回原搶男婦四名口至

二十四日賊在陳州放火刼殺有河南都指揮趙玉領軍
對敵彼圍宋振又同河南都指揮張傑等各領人馬前去
擒斬強賊五十餘名顆趙玉等官軍解䝉一同回縣訖本
月二十七日宋振又同參將李䕫各領兵襲賊到於作城
縣蔣村牛市屯地方擒斬強賊二十名顆彼時偉與馬中
錫帶領官兵追至彰德地方楊虎等已流水西澤潞太原
平陽等處刼掠本年五月初二日劉六等復從湖廣回還
流刼宿州靈壁太安武定等州縣地方偉等聞知計議馬
中錫分領達官指揮馮安崔澄并達舍四百員名前往德
州偉分領官軍一千員名并達官安欽等所領達舍官

快人等五百員名及河南地方官軍民快在於磁州住劄分遣戴儀與指揮王繼各領官軍前去涉縣并牛洼口防守本年六月初三日劉六等到於膠州地方蔣家村刼掠敵殺軍民一百員名砍傷官軍舍餘民快八百六十六員名本月初六日楊虎等從十八日盤出口回至武安縣刼掠及燒毀臨洺鎮彼偉與賊相去百里又不合玩坐磁州不行遣兵追剿以致賊衆攻刼威縣曲州武城清灣故城等縣又景州東西閣連窩等集鎮本年十一月馬中錫至德州閘賊在前項地方刼掠分遣達官指揮馮安等領兵追至泊頭鎮擒斬強賊五十名顆本月二十三日楊虎

等破阜城入文定攻垻州又與劉六等各四散攻劫武安長山臨淄高苑慱興利津壽光臨朐益都樂安蒲臺等州縣及各鄉村店本月二十日偉自彰德至德州與馬中錫一同住札各不合要得保守身家不分遣人馬追勦以致楊虎等會合劉六等復由李家口等處渡河攻破信陽劫掠海豐霑化青城齊東章丘等縣又于本月二十八日自章丘西行從張家林經過彼時偉已統兵到齊東縣相距二十餘里不合畏縮不行暫兵截殺及至賊到濟南城東北八十里地名樞頭鎮連住三日偉又不合不行徑向彼處追勦劫由徑路東往章丘桑歸濟南以避賊鋒本月廿

二日賊至齊河縣東筝舟渡河一日一度方盡於九月初
一日攻破縣城彼時偉至濟南相拒四十里又不合不行
督兵追勦至初二日賊復攻破南唐州肆行殺虜刼掠初
四日又圍夏津縣偉遣指揮郈欽領兵前去救援行至白
草坡擒斬強賊十八名顆因遇賊黨百餘騎將官軍殺傷
奔潰失落火器等件彼有宋振自河南承調前来聞賊在
彼不合屯住中途不行進前救援本月初六日賊破南宫
縣宋振領兵相拒十里又不合畏縮向東遁去有馬中錫
復北回故城縣住札因見賊衆力不能敵自合具奏增兵
征勦爲當又不合各輙遣民人郝堂王山前去賊營曉諭

招撫本月初四日賊到破新河縣殺傷知縣黄昌初八日
又破冀州初九日攻圍棗強縣有知縣段勇戰急求援初
十日辰時分馬中錫因宋振領兵到彼隨差前去救援本
日午間劉六等破棗強縣城段勇力屈身死賊衆殺戮合
城人民八百有餘及寄寓客商人等亦不計其數本日申
時分宋振領兵至縣城東放砲賊出城西北住力已困竭
宋振又不合不行乘機率兵攻殺却於本日晚上城與賊
劉六等各講説馬都堂差人等語次日早宋振又上城與
賊答話就不合從容縱賊往北去訖馬中錫因見師久無
功又不合於本月十二日遣太平驛驛丞黄任偉前去賊

營招撫各賊佯僞聽撫又行圍刼景州献縣城破阜城愈
加殺掠燒虜又行交河地方阻水難行又聞官軍四路防
守假作前詞聽撫希圖出路錫與偉各不合聽信誑誘在
於德州會奏賊願聽撫等情幣回各處防守官軍仍戒諭
遇賊不許殺害以致劉六等肆志攻圍與齊彥名刼掠大
城固安等處攻殺巡捕指揮　玉復入文安縣城内比聚
數日至二十四日到六等復向東行攻刼清縣靜海等處
二十六日楊虎等亦遇河前來刼掠粮船八月初二日辰
時南行去訖劉六等賊衆又隨到滄州攻圍偉與馬中錫
各又不合徑往德州不行督兵策應勦殺止於本月初四

日差遣宋振前去救援宋振又不合畏縮不進致賊跨河

搭橋燒燬粮船不計其數至初六日各賊力疲方纔鮮

去又行攻劫平原縣東光吳橋陵縣益肆劫殺燒燬及擄

劫陵縣知縣郁昕妻女初七日有樊達孫朋稟稱劉六要

來聽撫俱在德州城北四十里地方桑園兒等候馬仲錫

又不合堅執招撫率領德州衛各掌印官到彼撫諭各賊

因聞京中又遣官軍前來征勦發怒不從去訖本月十五

日賊又流劫樂陵縣地方偉與馬仲錫會遣宋振馮安等

各領官軍追至板塔營擒斬四十名顆各賊愈加猖獗

仍前劫掠本月内偉與馬中錫委因賊衆節次攻破州縣

刼庫殺虜男婦燒燬官民房屋船隻數多不能設策勦殺
致蒙取回問隨被御史吳堂将偉等失事緣由劾奏兵部
知會議奏行刑部提問隨蒙提督官校谷太監将桑玉奏
拏前來蒙将偉與馬中錫宋振要得　罪名各又不合
飾詞具奏蒙将偉等人卷提吊到官會問明白詳議情犯
三名馬中錫宋振桑玉招同照出桑玉接受劉六等枉法
贓銀一千兩合追入官會議得張偉馬中錫俱各比依守
邊将帥守備不設計為賊所掩襲因而失陷城寨者准犯
依律合犯宋振依領官兵已承調遣不依期進兵策應因
而失誤軍机者律桑玉依軍官臨陣先退者律各斬秋後

處决卷查先為前事兵部咨該廵按山東等處監察御史
吳堂題內參左都御史馬中錫太保惠安保張偉參將宋
振等各誤事不職緣由該本部題奉
欽依會同太師兼太子太師英國公張懋等太子少保吏部
尚書楊一清等議照左都御史馬中錫太保偉安保張偉
承
璽書而行事制四省之兵戎自合决机取勝於兩陣之間
王命而徂征作三軍之司命奉
奏捷獻俘於九重之上斯稱委任却乃籌畫不精而方畧
未聞調度無術而號令不肅惟挑選慣戰之官軍為保護

身家之私計以致盜賊日加猖獗攻刼州縣將偏三省殺
虜男婦幾至萬餘士有離心人無鬪志直至師老力疲意
銷氣沮却又計無所出遣人為招撫之説既而信其誑誘
交章祈
宥免之恩擅出告示掣還官軍致使流賊得志刼掠船隻以
搭浮橋跨青縣靜海等處擄舟船而乗水勢直抵填州信
安地方燒刼運船三百餘號若罔聞知攻圍滄州六七日
全不救援震動京師傷殘
畿甸内張偉則又塊處一方坐以待斃方强賊㕔自山西勢
已窮而玩坐磁州不即追勦及其刼至堰頭相去甚迫又

乃取道迂遠潛還領軍參將宋振用意多奸臨敵不進遇
賊橐強兩番荅話通同之意疑難免追賊夏津半途而止
縱放之跡已彰乞將馬中錫張偉宋振俱拏法司明正其
罪以爲玩寇殃民之戒又議得都指揮桑玉先與參將宋
振等被參已令住俸戴罪殺賊今宋振既提則桑玉似難
獨宥況御史平世用奏伊受巨寇劉六等賊銀一千三百
兩若果是實則本官實起禍端其罪不在宋振之下亦合
提觧法司究問等因具題節奉
聖旨是馬中錫張偉受朝廷重命勦殺賊盜坐視州縣殘破
人民荼毒擁兵不進自保身家又信賊誑誘奏稱聽撫緩

寇沮抑戰士屢失事機以致賊無忌憚刼奪粮船屯住鐵
甸近地好生有負任并宋振荅話從賊桑玉受賊賍都
着法司提問明白奏来處治欽此欽遵備咨刑部行問
續該
欽差總督官校御馬監太監谷大用題訪得都指揮桑玉統
領官軍前到埧州等處捉拏寇首劉六劉七圍住荅話不
敢捉拏彼有齊彦名帶領強賊前去救解説稱你曾受我
們銀两褡褳令日如何又来拏我各因將大刀將官軍褚
劉等就陣殺死等因題奉
聖旨是法司提了問欽此欽遵行提馬中錫張偉及奉

駕帖拏送桑玉前來監候查提宋振問又該刑科等科給事
中等官王翊等奏爲糾劾不職大臣以彰
國法及掌福建等道事河南道監察御史馬顕等亦奏爲
糾劾不職大臣貽患地方事各叅稱張偉馬中錫綏師玩
寇僨事不職緣由俱叅奉
聖旨你們說得是張偉馬中錫誤事情罪已著法司提問待
議擬來處治該衙門知道欽此欽遵抄送刑部看得張
偉馬中錫俱係應議大臣桑玉宋振亦與事同一起欲遵
照律例會同都察院大理寺并錦衣衛堂上官將所犯事
情逐一推問取責明白招狀開具應得之罪奏請

命集多官再行議定奏請
聖裁等因具題奉
聖旨是欽此除該緣事左都御史馬中錫奏為乞
恩辯明寃枉事奉
聖旨該衙門知道欽此該刑科參看得馬中錫緩師玩寇貿
國殃民群情積忿於下
聖明洞燭於上已該府部會議科道論列自合俯從聽罪
却乃飾詞稱誣事屬違慢等因又該緣事惠安伯張偉
奏為陳情乞
恩辯明事奉

聖旨刑部知道欽此該科条看得張偉親承
上命提督重兵久處青州以避賊鋒扶同招撫以損威重已
該多官糸劾奉
欽依提問不能引咎自掃尚乃飾詞奏辯既謂分兵遣將何
以破連城既謂兵多賊少何不奏
聞請益兵事属違擾罪終難辭等因各抄送刑部會同都察
院大理寺錦衣衛右都御史等官臣王　等提吊犯人馬中
錫等人卷到於京畿道將各犯事情逐一推問明白取責
狀招在官會提問隨於刑部抄出糸將都指揮僉事宋振
奏爲乞

恩分豁主将節制辯明功過以收大捷等因奉
聖旨這所奏情詞法司便看了来說欽此該參看得宋振任
居俾将分當殺賊詳其内本雖稱東逐西奔遇敵不一二
避鋒常八九及抵棗強親見屠盡一城自合發憤勦殺尚
何受制於主将而聽其出首安陳奪問對敵之虛詞巧掩
畨話縱放之實弊情属欺朦等因抄送刑部看得宋振事
情已經會問明白所奏情詞多涉虛飾欲将本犯與同起
馬中錫等情罪緣由一併開具奏
請等因具題奉
聖旨是欽此欽遵臣等看得馬中錫等各犯情罪已經會問

明白但張偉係
皇親服伯爵馬中錫係在京堂上二品官俱係應議之人合
無遵照刑部原題奉
欽依事理會同五府六部各堂上官并十三道掌印官將各
犯前項情罪再行議擬奏請
聖裁其宋振桑玉俱係重刑及軍職論功定議緣張偉馬中
錫係比附律條與宋振桑玉又俱係節該奉
欽依法司提了問張偉馬中錫又節奉
欽依待議擬來處治人犯未敢擅便今將問過各犯應得罪
名及應議緣由開坐謹題請

旨

計會問過犯人四名

比依守邊將帥守備不設計為賊所掩襲因而失陷城寨

准依律合死奏

請會議犯人二名

張保係太保惠安伯總兵官

馬中錫年六十六歲直隸河間府故城縣人由進士選補

刑科給事中歷陞都察院左都御史犯該領兵官已承調

遣不依期進兵策應而因失誤軍機斬罪秋後處决犯人

一名

宋振年五十二歲直隸淮安府海州人歷陞都指揮僉事

充叅將犯該臨陣先退斬罪秋後處决犯人一名

桑玉年四十歲順天府通州人歷陞都指揮僉事

聖旨是還着多官會議了來說欽此

刑部等衙門尚書等官臣劉璟等謹

題爲遵奉

勑諭起解叛逆賊寇事會同

皇親太師兼太子太師英國公張懋等問得犯人何錦招年

四十歲原籍直隸廬州府合肥縣人先任陜西寧夏右屯

衛後所百户軍陞副千户遇例納銀授都指揮僉事正德

元年有先未敎寧夏衛儒學生員孫景文斥退生員孟彬
史連不時嘗往今華爵安化王寘鐇府行走情熟一日酒
後寘鐇向孫景文説曾有人像我有帝王像貌又有寄住
未到師婆王九兒不合假降鸚鵡神每神降時就呼寘鐇
是老天子以此寘鐇動心因無兵權一向延捱不得起手
正德三年七月内遇例納銀陞職錦衣先未敎都指揮周
昂央浼孫景文作保借寘鐇銀二百七十兩周昂借銀二
百兩俱納級陞都指揮以後往來稠密正德四年八月内
寘鐇使令未到校尉史成不合依聽邀請錦衣周昂等及
先到府唱詞令故無因人張會同到府吃酒間寘鐇説稱

如今傳聞

朝廷之上專事劉瑾用事把這些元老大臣都屏退了兩京言路等官一網打盡内外多是劉瑾黨惡裏邊結張綵劉機外結曹雄等又不時差出内行校尉范敞金营等到處察訪要錢害人劉瑾恐怕人来進本裡寫打一百全家發遣充軍榜文杜絶人言又聞劉瑾説他姪兒大貴要取天下倘他得了我們富貴都沒有了謀稱人説我有天下你們若肯扶持我為主以討劉瑾為名必成大事等説何錦不合與周昂等各聽允當就對天罰誓不許泄漏事情各散彼有先存今故教授高元吉不能覺察正德五年正月

初六日遊擊將軍仇鉞因有声息領兵往玉泉營按伏本
年二月內劉瑾揑罵
旨意差先殺周少卿前來寧夏丈量地土又有太監李增與
安都堂在彼各官畏惧劉瑾声勢將寧夏夾打妻子都被
凌辱要得起錢饋送劉瑾周少卿每地五十畝量作一頃
又每一分各要銀二錢湊送劉瑾人情不堪三月二十三
日有分守関西道倭㕘議亦到寧夏催粮本月二十六日
𡨥鐇不合向錦等謀說你每拖欠錢粮數多追徵緊急人
心慌亂正好乘此機會將前者所謀大事舉行人無不從
但恐人少不能成事錦等各不合聽記因思先未殺指

揮丁廣千户楊太陳宗胡齊王輔百户魏鎮陳霞朱賢
姚鐸雷英等多係掌印管屯管隊官員常受比較怨恨易
於糾合錦不合謀令孫景文置酒將各官與孟彬及先未
殺教讀殷敬請到孫景文家内會飲間孫景文説稱衆人
錢粮馬價無從辦納不時比較何日是了今安化王寘有
天下分要舉大事若取巧將三堂殺了扶立安化王為主必
成大事我們同享富貴却不强如比較吃打丁廣意正怨
恨各稱情願等語孫景文隨即開具姓名當天燃香發誓
及吃血酒就計説着安化王殿下置酒請三堂到府衆人
齊來將他們殺死奪了兵權傳檄起兵有何不可謀畢衆

人言好各散次日孫景文向實鐇備說前謀事情回報甚
喜本日實鐇思起平虜城充軍逃回今已發千戶徐欽常
在府內藏躲必肯從謀又令先未發儀賓夏琳親去平虜
城與徐欽約謀轉與先未發百戶朱洗舍人蔣太程保胡
英賈浩朱成等并見在張家欽等到家說稱安化王實替
寧夏人做主起兵差人來我們此事有益不可推却乃欽
不合與朱洗等依聽約定下月初五日早到城當令夏琳
回話三月二十九日姜總兵分付周昂挑選精鋭夜不收
五六十名遇徼前哨殺賊周昂思得前項謀事人少正合
機會於四月初三日選得在官夜不收申居敬等共六十

名着令常在身邊跟用本日辰時分賞鐇差令在官同謀
百戶李蕃不合同謀前去邀請三堂并周少卿假說與新
来李太監接風約至本月初五日會飲本日午時副總兵
楊英因声息領兵往楊顕堡接伏丁廣請獲在官指揮馮
經問這酒因何請飲錦囬你到初五日跟我去便知等
語各散初五日周昂聚集申居敬等到家將大門関閉向
申居敬言說令追併尔們欠的馬錢至急今日又該比較
人說安化王有福尔衆人肯跟我扶助他為主得了天下
你我衆人都做大官各不合忻喜應承當即取線香一把
令衆人當天拈香說誓又各與酒三鍾飲訖就令在家伺

候隨差藍真前来與錦說知錦就令未到周金保不合
前去請丁廣孫景文胡璽分投相約楊泰等俱至周昂家
内取齊各又計說令在官指揮張欽係管夜不收把總官
若不用他恐有後害就令魏鎮前去賺請張欽亦到周昂
家内備說前情張欽亦不合依從寘鐇復差李蕃前来周
昂家内言說止請得姜總兵李太監鄧監鎗到府其餘不
來是錦不合同周昂丁廣等佯言要出兵截殺各帶家人
伴當并申居敬等各不合接執軍器將各巷口把住寘鐇
令在官儀兵韓廷章不合與先未殺儀賓高嵩夏琳千戶
王還家人王保及孟彬殷哲與先故高聰男高士俊各藏

兵器先在殿内埋伏又令今在官内使姚玉施英田城韓
宣王堂各不合知情在傍随待彼有今在官價實謝廷槐
來府伺候方纔知覺事已窘迫只得在傍荅應使喚後亦
不合失於舉首賓鐇先於各官把酒坐間錦等率領前項
夜不收人等到於安化王府前一齊撞入殿内錦與高嵩
等各執鎗刀裏外相合丁廣并弟丁二哥子魏鎮將姜總
兵砍訖二刀不死歸錦又照依頭臉身砍一刀方死高聰
并病故高士俊同高嵩王保將李太監殺死高嵩高聰又
與楊泰楊鐸將鄧監鎗殺死錦又不合與周昂丁廣當率
官吏軍前去都察院又與姚鐸陳賢胡垩將安都御史當

堂殺死正遇都指揮楊忠在院稟事亦被周昂丁二哥子
殺死丁廣及後獲令在官指揮馮京去殺周少卿馮京正
恨伊比較要增氏地當就取刀同到按察司馮京不合用
刀將周少卿砍訖二刀身死有後獲在官夜不收閆添孫
潘六十即潘成各不合乘機將書吏屠成岳寧二人亂刀
砍死比申居敬等不合與雷英姚鐸到鼓樓街過都指揮
李睿亦就殺死魏鎮王輔又到公議府尋殺侯參議正遇
大使張瓛在內稟事并與書吏馬良一向殺死書吏杜緒
劉尚禮殺傷侯參議知覺脱走錦又不合當時差人將各
監重囚四十名盡數脱放又將各衙門文卷盡行傷燬

又將閘住曲都御史并妻小砍傷就將各官原領
制敕符驗印信關防旗牌家財人口盡行搶去有衆夜不收
因見已獲指揮李果平素剋剝声言要殺本官知覺躲在
安化府内衆人將伊家財搶訖李果告嗚賔鐇却將寧夏
衛官庫原收賞剩冬衣官布一千五百疋給與李果倍償
家財伊就不合收受入已錦又令李森將黄河官私大小
船并魚船共一十七隻掣去横城西岸灣泊委先未殺死
充軍百户姜永看守本日指揮夾清都指揮劉端慮恐禍
急又走出城前去楊頭堡報與楊副總兵知會初六日侯
叅議被鎮撫楊劉尋獲捉送賔鐇處本官不肯屈服綁送

寧夏左衛監禁言説留着旗及有管粮通判張江亦被
捉去府内強逼張江不合屈從使用本日錦不合與周昂
等率衆扶立寘鐇為主朝暮并聽其命令寘鐇令孫景文
寫告示張掛以收人心又寫令旨二道錦等寫書二封差
未到鎮撫陳淮百户仇宣各不合聽齎前去調取楊副總
兵仇遊擊前来聽用各官收訖令旨書信心實不從當日
楊副總兵分付官軍要往王宄堡彼有都指揮胡顒與各
軍士陸續潰散走回寧夏城内及將旗牌貫欽亂打傷身
死楊副總兵無柰只得與尹清往廣武營轉渡靈州去訖
本日并仇遊擊領兵回城寘鐇令伊卸去衣甲什物等件

方得入城將原領遊兵人馬分散各隊本日寘鐇又出令
旨帖子與已死江水今在官男百户姜忠不合依從前去
河西道遞運所燕管三十六堡又寫令旨五張調取中衛
廣武興武花馬池靈州等處兵馬地圖及調官軍前來領
賞本日未時分儀賓夏琳原約平虜城官舍徐欽等一十
一名方總到城内有張欽一名不到寘鐇嗔怪來遲苦告
路遠方饒於初六日寘鐇要動支寧夏倉官銀賞軍當有
張江言說留在後用不曾支去却將寧夏等五衛賞剩冬
衣布花銀兩查出聽賞又差高嵩去慶府并各郡王將軍
處逼要金共五百六十二兩一錢六分銀八千四百八十

四两九錢各色紵絲四百四十一疋各色紗一十一疋各
色大絹一十五疋青白三梭并藍白布共一千九百四十
五疋各色紵絲羅衣服八件金合包一箇到府聽賞官軍
初七日守備靈州都指揮史鏞聞知前情差夜不收李得
等分投馳報鎮守陝西曹總兵并各將官知會本日寘鐇
令後獲在官銅匠楊茂鑄眼關防一顆刋字匠王洪篆
討賊大將軍關防字樣在上各不合依聽鑄篆付與先未
粒銀匠王時雍剔鑿篆文又偽令造黄令旗二十四面令
孫景文篆成告示榜文内開有劉瑾不法事情又令後獲
在官寫字人官域不合依聽謄寫就與王德洪不合聽從

刊板即刷四五百張與處行人傳示腹裏地方驚動人心
被有百户鍾翊陳傚為因強剥姜總兵家眷衣服夜不收
羅漢為因搶奪財物俱被賔鐇得知拏來梟首初八日早
賔鐇將前項牓要
慶王等府金銀叚布等物賞犒官軍人等每官一員賞叚
一疋每征操軍夜不收一名連布折筭賞銀二兩守城軍
每人賞銀一兩本月十二日賔鐇封錦為討賊大將軍就
掛前項偽造關防封周昂為副左將軍丁廣為右副將軍
張欽為先鋒將軍魏鎮陳賢楊太朗璽陳宗王輔胡濟各
為都護朱霞朱洗姚鐸雷英李森王環李榮劉鉞何鋭姜

永谷為總管封李蕃為儀副就頒命詞二十二張見在二
張其餘不存前項僞官又每人賞銀二三十兩者錦因夜
不收羅漢被殺藍真自縊尤全鄧全戴平病故又選在官
王得成于伏佑俱不係原謀人数本月十三日曹總兵發
都指揮黃正帶領遊兵官軍二千四百餘員名前到灵州
住札及節行楊副總兵調集灵州官設法邀取船隻守
把黃河隘口本日巡按周御史在延綏聞知前情會同榆
林三堂議調副總兵侯勛遊擊將軍時原等五千餘員名
前來策應十四日早有楊副總兵黃正史鏞并都指揮韓
斌等帶領遊兵土漢官軍共三千餘員名到河東開地順

河一帶札隊又選官軍中會水手者共得鎮撫温良等三
百餘員名渡河將看船官軍射走奪取原船一十七隻及
軍器等件掣奪灵州東岸本月十五日實鐇猶恐前項夜
不收五十八名不肯用心又將官銀三百餘兩令周昂給
賞夜不收尤千等并不記名丁廣伴當一十四名共七十
二名當令跟随魏鎮張欽等賞銀二扛先去廣武營給賞
以收人心本月十七日晚有廣武營協同都指揮僉事孫
隆蒙曹總兵官帖差人將大小二堋積架棬埽柴草盡行
燒燬有魏鎮張欽等到於廣武營城門宣言散賞緣由勸
要開門孫隆不納只登城宣言禍福利害随令官軍齊用

弓箭神鎗射打魏鎮張欽等帶領人馬復回大堡本月十
六日楊副総兵史鏞韓斌照依曹總兵原行寫書一封令
佗遊擊約令裡應外合共與大事本日姜永令在官軍人
王泰劉雄臧文各不合依聽前去花馬池等處探聽延綏
軍馬消息被把門官盤獲送閭叅将審明觧送楊總兵收
本月十九日賔鐇向錦等說称訪得各路人馬灰塵約長三
里從西行走賔鐇愈加驚惧當差錦同丁廣楊泰張欽胡
濟魏鎮胡璽李森陳賢等統領馬步官軍都指揮鄭欽等
三千員名錦等分領一千五百員名前去大小二垻防守
又分與劉鉞姜永等人馬五百前去渡河區處把截只留

周昂在城防守本月二十一日周昂差徐欽去平虜城調
軍馬一百名來寧夏聽用有徐欽後獲在官弟徐文學亦
不合同在數内本月二十三日早有寘鐇出城祭祀社稷旗
纛等神使人喚仇遊擊陪祭仇鉞設計推避不出周昂自
來看望仇鉞就乗機密令伴當陶斌將周昂抱住仇遊擊
同家人來得用鉄骨朶打死周昂割下首級即開門吹號
頭招呼原約遊兵親信官軍楊真等一百餘人前往寘鐇
府内將朱霞王環姚鐸李榮等俱就殺死又將李蕃張會
通議寘謝廷槐韓廷璋擒獲及將寘鐇并宮眷在官侯泰
議踈故就令軍人荀子先馳報曹總兵等又差夜不收古

興兒馬保前去大堡何錦等領兵回城截殺是錦等聽言而發起兵行有古興兒暗説前情與鄭欽知會鄭卿隨即置所部官軍張帖木鮑本魏文軽勢將胡濟胡璽魏鄭陳賢李森殷哲胡英又到河口將巡河劉鉞姜永何鋭等俱各殺死斬首錦與丁廣張鉞王輔楊泰脱走錦原掛討賊大將軍關防倉卒遺失本日徐欽等原調人馬一百名前來寧夏見得城門関閉知得周昂等被殺随即帶領人馬復回行至中途楊福堡仇遊擊差人連夜到平虜城看落王指揮差人獲到楊堡只將百戸朱洗殺死其餘軍馬各回本城徐文孝各騎馬匹逃在地方徐欽沙窩兒後因無

計要出境外投順達賊在官升周長陳敬祖俱係徐欽伴
當彼時止知跟馬不知别情比因徐欽迯走拏解寧夏收
監二十四日錦與丁廣楊泰王輔走到賀蘭山外地方哈
剌木墩被遊兵百户馬聰土達馬旺金寬夜不收陸華等
將錦與丁廣捉鎖前來楊泰王輔俱被衆軍亂箭射死張
欽迯走徐欽徐文孝行至地方盧溝兒忽遇達賊三騎追
趕前來徐文孝棄馬藏躲徐欽被達賊殺死本日楊總兵
領兵過河本月二十五日百户姜忠被百户李英伊弟姜
恕被指揮張德各捉獲曹總兵領軍過河將鄭欽等送赴
曹總兵處審實發監日晚張欽飢餓難行復回大垻河口

空庙内藏躲後又潜到陳後堡被本堡軍人劉鋭捉獲問
分守陳条将帶領官軍亦到彼處捕獲張欽劉鋭就将張
欽送與馮条将轉送曹總兵處仰寧夏前衛監候随於安
化府尋獲姜總兵原領
符驗一道征西将軍銀印一顆安都御史原領
上
勅諭符驗一道關防一顆交與新任鎮廵官收掌又尋實鐇
偽造見在黄令旗十六杆紅令旗十六杆令牌一十面命
詞二張陰陽等兵書一十七本曹總兵先已奏繳實鐇鍍
金銀印毁壊鍍金冊八塊儀仗冠服家財并錦等財産見

在收檢在官貢鐇其餘家財等項俱被寧夏官軍人等搬

搶無存五月十九等日蒙

欽差總兵軍務張太監差管領神鎗太監陸閭帶領旗牌官

楊義山王獻等三次前來續又統官軍人等會各官陸續

將施恩張欽仝單封輔國將軍寘林夜不收申居敬等五

十八名俱各生擒貫浩王卿楊舉蔣泰張閏徐愷賈保朱

成孫浩陸原保十名俱斬首貢鐇眷屬老哥兒等及各犯

家屬賈洪等一百七十名口拘獲在官本月二十八等日

首惡丁廣同謀高士俊併家屬賈九兒等二十四名口各

陸續在監病故身死相埋明白蒙總兵張太監巡撫馬都御

史楊總兵巡按張御史轉委黃副使許叅議陳都御史吊
取錦等再三研審彼時錦因惧怕劉瑾毒害又不合隱下
前情專為劉瑾專權用事及合官科取銀両饋送劉瑾等
情不曾出致蒙准信及審得儀賓謝廷槐因是安化王孫
壻逼脇在彼服侍委的初犯不知反情軍人周昇長陳敬
祖俱因是跟随徐欽伴當捉来委不曾同謀釋放外將錦
等起觧過馮經等七名亦蒙總督張太監差夜不收趙汝
舟訪知陸續捉獲徐撫徐文孝執稱凡徐欽委被達賊殺
死就定指引前去盧溝児尋見徐欽屍身朽爛取其骨頭
并纏衫布帳馬尾帽一同送官研審是實將程保并馮經

等各家眷共一百八十六名口就彼監候李昇行仰鎮巡官

司問罪徑自奏

請外将錦等并焉經等押觧来京數内張會通等二十二名

口陸續病故又該総制楊都御史将各犯家屬年甲并同

居知情等項緣由備咨前来将錦等奏蒙會官鞫問前情

明白取問罪犯張欽等七十七名并家屬孟繼祖等一百

六十五名口招同照出病故犯人張會通等二十二名口

各遵奉

欽依張會通張礼係正犯行令所在官司剉屍将首級觧

去寧夏地方梟掛周定係家屬斬首示衆朱哇子袁妙玉

孟六兒王三哥范氏胡氏張漢何氏趙氏何英何奈剛馬
永安卞桂花李所兒丁伴哥楊汝義奴陳保女兒何廋兒
俱係宮眷家屬并教授高元吉行令各該地方領埋賓鐇
印冊冠服儀仗銀器皿等件及僞造官命詞令旗誓牌告
示印板并各犯沒官家財産業來文備開造冊繳照何錦
招出劉瑾外結曹雄内結張綵劉機各先奉有
欽依曹雄拏解來京張綵都察院併問劉機發落訖紀厰金
祟并未獲王九兒史成周金保胡顒陳淮阮宣楊剄張江
俱另行會議得何錦張欽等七十名所犯俱各依謀反俱
依共謀者不分首從律凌遲處死孟繼宗等五十名俱依

謀反父子兄弟及同居之人不分異姓及兄弟之子不限
籍之同異年十六以上律各斬决不待時内周廣招年八
十取自
上裁高三兒等一百五十三名口俱年五十以下及毋女妻
妾若子之妻妾律合給付功臣之家為奴財産入官王太
劉椎臧文俱依奸細探聽事情者律楊茂比依偽造諸衙
門印信律各斬王得洪官域俱比詐為将軍總兵官文
書者斬皆絞與王泰等俱秋後處决謝廷槐依謀反知而
不首者杖一百流三千里准徒四年係儀賓照例送工部
用炭完日還職與供明保安郡君多人簡招兒家人潘成

等各随住臣等又議得今華爵寘鐇以
王室至親爲
國家藩屏臣宜恪守臣職而保障一方顧乃悖逆天常而
謀爲不軌戕害重臣屠戮軍士招誘諸路軍士索取各鎮
地圖動搖人心窺竊
神器罪惡深重法所難容但臣等節該伏覩
皇明祖訓内一款凡親王有過重者遣皇親或内臣宣召如
三次不到再遣流官同内官召至京天子親諭以所作之
罪果有實跡以在京諸皇親及内官陪留十日其十日之
間五見天子然後發放雖有大罪亦不加刑重則降爲庶

人輕則來朝面諭以禍福使之自新欽此欽遵臣等擅難

定擬伏望

聖明體

乾獨斷割恩正法將賓鐇重加懲治及將伊子台滑等一

百四名口俱各量爲區處務在使其知所警惧不敢輕易

犯法又查得

欽差總督軍務御馬監太監張永糸稱華爵安化王賓鐇係

宗室懿親犯人何錦張欽等皆

朝廷臣子世受

國恩罔極報稱乃敢潛謀交結肆行逆謀迫脅官軍占據城

池殺害鎮巡重臣索要軍馬地圖鑄造關防偽封官爵傳
檄邊境搖惑人心意欲結構醜虜併謀侵犯中原實地方
非常之變覆載不容之賊也幸賴我
祖宗厚德深仁
皇上神謀妙算邊將宣力諸將用命元悪受首成擒
祖宗昭然
憲章具在臣等固無別議伏覩節該奉
勑諭除首悪何錦等三人不宥外脅從之徒果係迫脅為亂
者悉與釋放毋得濫及無辜欽此欽遵仰見我
皇上好生之德配合

天地雖窮凶極惡之人尚番矜貸臣等敢不祗承
德意緣搆乱之時寧本城官軍士庶人等仰面事讐相率朝
賀接受賞賜聽從使令綱常為之蕩然明教為之掃地言
之痛心恨之切骨但干碍人衆遵奉
明詔分釋脅從悉皆放免聞過賞賜亦不追究其後獲犯人
夜不收申居敬等一聞周昻逆謀即有樂從之意殺人刼
財乘機為亂當雪焰方張之時實此輩黨悪所致若欲比
諸脅從之流則情重法輕非禁奸正亂之道但舉事之日
方纔預謀義兵一動當即改正比之原謀首悪似有不同
數內古興兒初雖凶黨後乃聽受犒錢使令傳說鄭欽捉

賊若有去逆效順之意尤干係尤全親男王得成于伏佑
係事後選補俱非原謀人数比之申居敬等又似不同平
虜城官舍徐欽陳保等一十一名聽信夏林之調相從謀
逆之舉路自外来情非迫脅但伊事後方緫入城不曾相
助殺掠正犯程保等十名俱已誅斬其家屬丁口與申居
敬等家屬俱各拏獲發仰寧夏灵州等處監候奏
請定奪及照安化王儀賓謝廷槐雖不知情係官鏻孫壻難
以獨留故土教授高元吉職在輔導顛而不扶爲用彼相
通合觧京發落再照事内納米都指揮僉事胡顒領官在
外不顧主将倡率士卒潰散田城寧夏左屯衛所鎮撫陳

淮百户阮宣聽齎僞旨召調将官寧夏前衛鎮撫楊釗奉
承賊意尋捉分守官員援於春秋講心之法欲照常人脅
從之例管粮通判張江本以章縫之流忽聽逆賊之用情
雖出於脅從義則難齒士籍臣等所見如此伏望
聖明大奮乾斷乞
勑廷臣會三法司詳議除何錦等正犯外合無將申居敬等
明正典刑梟首於寧夏地方示衆其家屬丁口與程保等
家屬俱免解京就押發南方烟障地方充軍隨住庶使情
法兩盡可以儆戒將來古興兒等四名應否俯從輕典并
見解儀賓謝廷槐教授高元吉在任都指揮胡顒所鎮撫

陳淮百户阮宣衛鎮撫楊劉通判張江等通併原情議法

奏

請明示竄謫庶幾少存無將之戒用防不道之萌臣等又竊

思

皇上御極以来何負於

宗藩何負於武臣而寘鐇何錦等忍為此事以壓宵旰之

憂若一槩從寬不究誠恐養成姑息之風重貽將來之禍

唐末覆轍可為明鑑况好生者

天子之德執法者人臣之義義有不共載天法固難於輕縱

此外果有原謀反殺人重犯待後事發明白具奏施行及

照各犯脱放見監重囚四拾名燒燬各衙門文巻中間恐
有別弊亦合挨拏處决續又衆稱後獲賊犯馮經等先在
飲酒之時雖不知情及至臨期明知丁廣等謀叛逆殺害
鎮巡重臣却乃依從指揮使挾讐同閆閏孫潘成將公差
少卿周東并書吏屠成岳寧殺死正係元惡黨類法難輕
恕楊茂偽鑄關防王得洪偽篆討賊大將軍事様事干謀
反比之偽造印信情罪尤重官域比依謄寫告諭文書刊
榜傳播惑人心情雖脅從其事亦重指揮李果雖不與馮
經同謀但係夜不收搶伊家財聽從寘鐇指以陪償為由
將官布一百五十疋盜取入己於法有違除將李果仰行

鎮巡官取問應得罪名徑自奏
請㦁落其馮經等家屬與前鮮犯人申居敬等事体相同應
否俯從輕典等因具題奉
聖旨該衙門知道欽此抄送兵部為照實鐇係宗室與何錦
等事干逆叛例該法司叅究會問上
請定奪及照馮經等與何錦事体相同合咨前去徑自查照
施行等因具題奉
聖旨是欽此欽遵備咨到部又查得
欽差總制陝西延綏寧夏甘凉各路軍務都察院右都御
史楊一清亦將起解何錦等緣由題奉

聖旨法司知道欽此抄送刑部看得前項起觧及反逆人犯
到京在迩合行處治等因題奉
聖旨是寘鐇并家屬送諸王館暫且隔别收貯着奉御盧景
帶領長随二名提督官校人等晝夜用心防守毋致疎虞
日用飲食着光禄寺照例送用何錦等送錦衣衛牢固監
着其餘家屬送法司牢固隔别監候着三法司着例會同
皇親公侯駙馬伯多官鞠問明白来説該衙門知道欽此
欽遵續該刑部等衙門看得寘鐇何錦等反逆事情重大
未經定擬會問處所合無移文錦衣衛差撥官校將何錦等
繫関人犯押赴諸王館與寘鐇一併鞠問惟復將何錦等

在於午門前會問寘鐇另行糾劾等因題奉
聖旨是何錦等繫閧人犯押赴諸王舘與寘鐇一併會問來
說欽此又該刑部等衙門將會問日期具題奉
聖旨是便會同鞫問明白來說欽此欽遵依法鞫問前來無
異坐擬各犯應得罪名并議處寘鐇及宫眷發落緣由明
白別無餘情臣等參照犯人何錦交通王府首倡逆謀貪
饕富貴扶立僞主張欽等一十一名協助黨悪搆成亂階
申居敬等五十九名聞謀樂從助張雪焰以致守城被其
殺害居人遭其屠戮各犯罪悪極律難處以極刑合仍照
例梟首示衆畫形榜示天下以為不臣之戒孟計祖等三

十九名俱何錦等親屬同居之人俱律該連坐高三兒王
氏等一百二十三名口俱十五以下及母女妾妻姊妹人
等律該給配其王太等三名順從逆賊指麾瓜探諸路消
息楊茂等三名各聽從鑄篆僞造印寫刋僞主榜文又問
以斬罪法不爲過謝廷槐雖犯出不知情後亦失於舉首
問擬徒罪亦相合但查太監張永都御史楊一清各原題
本内俱稱數内申居敬等五十名舉事之日方纔預謀謀
兵一動當即戢止比之景謀首惡似有不同及稱馮經先
在飲酒之時初不知情似與申居敬等情亦相類古興兒
初雖從兇黨惡後仍聽受佐錢使令似有去逆順之意尤

干係尢全親男王德成于伏佑係事後選補俱非原謀人
数比之申居敬等又似不同謝廷槐雖不知情原係賓鐇
孫壻難以獨留故土續查都御史楊一清咨稱王完王付
俱係孫景文徐欽施英顧鍾田之人似難與之情家屬例
論所擬申居敬等及古興兒尢千王完等并謝廷槐合無
依照前擬發落惟復别為區處再照見監寧夏等處申居
敬等與程保等馮經各家屬共一百七十九名口比照父
子兄弟并同居之人年一十六歲以上依律俱該處斬卄
五以下及母女妻妾人等依律俱各為奴但申居敬等情
既異於原謀各該家屬罪亦當從末减合無仍行總督等

官所奏就彼押發南方烟障地面充軍家小隨住數內程
保等家屬李氏等不見開有兒男合無行令彼處查明給
發有功無妻官軍惟傻别有定奪内古與兒等四名情既
與申居敬等不同其家屬陳氏等一十三名口理難發遣
合令隨住楊茂等三名家屬尤氏等七名口律不連坐當
釋放未到都指揮胡顒臨陣先退不顧主將所鎮撫陳淮
百户阮宣聽齎僞旨召調將官鎮撫楊剛等奉承逆賊意
向尋捉分守官負律有明條法難輕貸所擬胡顒未到王
九兒等俱各行巡按御史胡顒等捉解來京送法司依律
問擬奏

請定奪王九兒等務要捸拏得獲從重問擬具由面奏管粮
通判張江不能堅守臣節忍聽逆賊使令宜從貶斥用戒
將來均乞
聖明裁處臣等又思得華爵寘鐇以藩王而叛
朝廷以臣子而逆
君父敗壞綱常無復論理正宜因法以着教懲一而戒百合
無俟
命下之日仍將寘鐇罪悪曉諭諸王府以為萬世不守藩輔
之戒庶幾人心知所儆惧而宗社可保無虞矣縁寘鐇
等俱宗室何錦係重刑謝廷槐係應議儀賓楊茂等三名

俱此律條申居敬等家屬俱奏

請發落人犯胡顒等四十名俱軍職及節該奉

欽依着三法司照例會同皇親公侯伯多官鞫問明白來說

續奉

欽依何錦等緊關人犯押赴諸王館與賞鐇一併會問來說

及奉

欽依便會同鞫問明白來說事理未敢擅便謹題請

旨

後鑒録中

一名劉瑾年六十歲係陜西西安府興平縣人原任司禮監今降奉御自幼净身景泰年間選入皇城乾清宮答應歴陞内官監太監正徳元年十月内蒙改司禮監辦事荷蒙委以腹心整理庶務要得任意欺罔專權納賄慮恐人心不服難以行事不合蒙蔽朝廷將各衙門大小官員尋事陷害以作威福科道等官一言觸犯就令拏問決打枷號充軍以塞言路又不合招引無籍親識已發落姪壻孫聰見監千户張文冕等不合互相交結夤緣作弊以通賄賂又選委乖覺官校一百

餘員名聽瑾提督管事害人不時差出天下司府州縣訪
察官民賢否過失所過地方重遭擾害從此人心危懼莫
敢言瑾過惡正德三年六月内
欽蒙令瑾本監掌印管事瑾因權勢重大益無忌憚内外官
僚奏章不與各官計較又不與内閣相干往往袖回私宅
專與孫聰張文冕各不合揑寫
旨意屢更屢變是非混淆又不串同該部將見監鄉里親識
張綵楊玉并未到曹雄毛林等布列中外以為腹心牙爪
又不合時分付吏部兵部凡進退文武官先於瑾處計議
允時方許進本内有今日陞職若謝禮微薄明日斥退或

令致仕賄賂一通又即起用舊例鋪補兩京堂上并方面
官俱推兩員簡用其餘知府以下止擬一人陞除瑾要任
意去取不分內外五品以上俱要兩點選又因接受銀兩
不用該部推選或徑傳奉或於別本帶批濫加陞用以此
選法沮壞人多不平又各處鎮守太監總兵廵撫副恭遊
擊等官但由門下出身者不拘貪污老疾一槩存留此外
雖有勇智廉幹亦就斥退又如翰林院官選除已有定制
瑾不合巧立横充政務名色將原任官原改調別用却將
大學士焦芳劉宇令革職男焦黄中劉仁傳奉充補京官
六年外官三年考察係是舊例瑾要得挾取各官賄賂許

令吏部不時考察又將各處廵撫兵備等官不思地方為

重晝行裁革却恁情添設廵塩廵捕查盤等官騷擾天下

軍府庫銀兩起觧一空但凡

朝覲公差廵鎮等官俱要饋送少不滿意即令校尉捜訪小

過羅織重罪設科取士俱有定額瑾不合私厚鄉里㧞將

陝西等處鄉試增添名数又將會試南北中三卷止分作

南北兩卷都督神英本無開疆闢土大功瑾因受伊厚賄

擅加涇陽伯爵給與

誥劵先任都督僉事今降級曹雄因伊男曹謐是瑾姪婿不

合朦朧擢用鎮守陝西地方伊因已故総制都御史才寛

曹雄不顧主将臨陣退縮不行救援當被巡按御史糸奏
瑾不合挾私回護逆将御史切責超陞曹雄為左都督又
不合擅改
舊制添設征西将軍印一顆欲将曹雄加陞伯爵曹謐原係
納粟監生不合希求進用瑾就不合捏作以文就武擅與
千户職事平江伯陳熊被瑾聽信讒言逆怪伊不通賄賂
差人拏来誣以贓私法司問監守自盗雜犯合死緣係應
議大臣上
請被瑾将伊
先朝給與免死

誥劵盡追奪黜削爵籍沒家產全家押發海南衛分充軍江
西寧府先爲不法事情已經
先朝革去護衛瑾因接受本府金銀数多𢪛自准令復與又
将玉帶二條送與寧府差来承奉又惟與南昌河泊所一
處侵奪民利激變地方瑾欲循理庄田又不合掘尼
天地壇後土堆侵占猫竹厰等處官地五十餘頃拆毁官民
房屋一千九百余間發掘民坟墓二千五百余塜盖造房
屋千萬餘間與人賃住開設店房宿歇淫婦圖利肥已法
司問刑自有條例要得嚴刑竣法攝服人心不合屢爲更
改不分輕重情罪并强竊盜賊私塩逃軍隣佑人等一槩

妄行枷號决打求遠充軍致死人命数多原問原審官員

稍不順從輙便罰打降級凡文武官員不分公私大小罪

名罰米動致千餘石各邊浥爛粮草不係侵盜人員槩加

倍追多至人亡家破已故尚書秦紘通政強珍并都御史

錢鉞致仕侍郎黄景都御史王嵩各原無反逆重情是瑾

不合懷挾私忿俱各籍沒家財産家屬發遣充軍又凡職

官封贈祀該賍罪律方追奪瑾不合違例將弘治元年

以後不分充軍為民冠帶閑住等項一槩行令追奪致使

朝廷恩盡廢各處災異例該有司具實奏

聞瑾要朦朧一槩阻絶但有欽天監奏有天象變異輙加罪

打前年湖廣地方災傷瑾不合加以賑濟爲名奏差鄉里

令爲民韓福前去科歛剥削銀兩饋送鉅萬入已以致地

方民窮盜起至今擾亂不息近年以來瑾又不合招引四

方術士余曰名余倫余子仁等各不合出入私宅占候天

文相面筭命妄稱瑾未到姪劉二漢後有大貴又見財貨

充盈威勢張大及聞市井軍民號瑾爲站得皇帝等語因

而不合輙起異心要得謀爲不軌容令心腹未到兵仗局

太監孫和等不合作聽置造衣甲牌面約有千百餘副私

假寶一顆又不合令兩廣太監蔡照潘王不合依聽置造

弓弩五百餘張匿藏私宅瑾待時起手又不合將小刀二

把暗藏扇内出入禁闈要得秉使使用又不合收養無籍
兇惡假作伴當隱蔽家中聽用况各處屯田原有定額又
不合擅差韓福并今已故大理寺少卿周東等前往遼東
寧夏等處丈量起科以致人心不堪地方激變遼東錦義
一城相率作亂毆打職官幾致反叛正德五年四月初五
日見在反賊何錦相同華爵寘鐇等將瑾激变罪悪刋印
告示榜文各處張掛動揺人心瑾立寘鐇為主殺死鎮守
等官安惟學等又出
令旨招集諸路人馬號名討賊致被該地方官備將前情并
刋告示榜文一併封奏瑾見榜内有瑾名字不合隱匿不

行奏

聞正德四年四月二十六日

朝廷寧夏反叛頒

詔天下慰安人心

欽差提督軍務太監張永領兵征討將何錦捕獲瑾聞知寧

夏平復就不合捏寫

旨意誇稱己功本身既加添禄米又將故兄劉璟祥超陞

都督又思前日頒行

詔書不出己意不合將原宥充軍罰米官員停徵粮草等件

仍舊查發追徵訪得見監指揮徐鷴秒有實鐇令旨與人

傳誦瑾要得籍制人口将伊故入斬罪全家定發廣西南
丹衛永遠充軍家産沒官本年八月十三日太監張永班
師回京備将瑾前項不法事情開條具奏蒙拏送錦衣衛
鎮撫司監候随於本家捜出前項假寶違禁衣甲牌面弓
弩等件金銀数百餘萬寶貨不計其数科道等官俻将瑾
各項事情條陳奏奉
欽依将瑾等拏在午門前三法司錦衣衛會同多官逐一追
問前項委各是實除已獲張綵楊玉張文冕等該衙門從
重問結未到劉二漢并親屬同居人等及别有干碍人犯
另行各衙門拏獲緝訪至日另問奏

請定奪外將瑾等取問罪名

一議得劉瑾所犯除詐傳

詔旨變亂成法紊亂朝廷專權擅政選官假與人員互相

交結黄緣作弊持刃入

宫殿門發掘故塜各絞斬罪不坐外合依謀反者律凌遲處

死决不待時財產入官照出劉二漢及親屬同居人等并

孫聰曹雄毛倫曹謚韓福余明余倫余子仁孫和潘牛等

俱另行劉瑾所犯事情逐一查明徑自奏

請改正參照犯人劉瑾本以憸邪謬膺重託竊盜政柄播弄

威權斥忠良援引奸黨官爵視苞苴為進退刑罰憑喜怒

為重輕贖貨積如丘山人命等如草芥專權亂正千今五
年蠹國害民非止一事毒流中外惡慣古今
祖宗百餘年之元氣斷喪無遺
國家億萬載之紀綱變乱殆盡自歷已往之罪已貫滔天尚
昧無將之戒深懷不軌偽造寶印而反狀已形私蓄甲兵
而逆謀已著似此不法宜當速正刑伏望
皇上獨奮乾剛大彰天討即將劉瑾押赴市曹明加顯戮梟
首示衆仍將本犯招情并處決屍形畫圖榜天下以為臣
子萬世不忠之戒再照劉二漢并親戚同居之人希圖富
貴顯有共謀之情孫和等監造衣甲難逃知情之罪張文

晃孫聰楊玉石文義張綵韓福等互相交結夤緣作弊変
亂選法激変地方毛倫曹雄蔡昭潘牛等謀陞重職私献
軍器或出入私門妄言禍福焦芳劉宇濫掌銓衡謀入內
閣焦黄中劉仁曹謐倚仗父勢傳奏要階所據各犯俱合
拏問明白明正典刑但数內張文晃楊玉張綵咨都察院
等衙門另行從重問結孫聰曹雄毛倫韓福焦黄中劉仁
曹謐俱已奉
欽依發落復別有區處蔡昭潘牛余曰明余倫余子仁各令
巡按御史提解來京劉二漢并同居親屬人等及孫和等
乞

勑錦衣衛逐一緝拏通送法司依律問擬其事内别有干碍
重𢇁許各該緝事衙門從重訪拏送問通行奏
請定奪所據前項事情重大臣等倉卒鞫問中間慮恐情有
遺漏事欠周詳均乞
聖明裁處緣係内官及重刑又該節奏
欽依着三法司會多官逐一條陳查奉并將他罪名從實議
擬來說事理未敢擅便請
旨
正德五年八月十三日奏奉
聖旨是劉瑾恃恩驕横專權黷貨賍至滿百萬而變亂

祖宗成憲擅改律例專權選官捏寫
旨意擯斥忠良引用憸邪收養兇悪濫用刑法沒入財產虐
害人命侵占官地發掘坟塚数多交結王府擾害軍民激
變地方致成反叛又將偽造榜文隱匿不奏信用術士妄
言姪男大貴私藏衣甲弓弩牌面偽造寶印持刃入
宮殿門謀為不軌待時起手反狀已形其餘奸弊不能悉数
罪大極悪神人共忿既該張永奏發科道糾劾恁多官會
問明白情真罪當便拏到大街市依律凌遲三日梟首示
衆不必覆奏還將他招情并處决圖形榜示天下在京并原
籍家產房屋田土盡数抄沒入官劉二漢等同居親屬

之人并孫聰徐日明余倫余子仁着錦衣衛緝拏問擬奏
來定奪張文冕楊玉石文義張綵待問結來説曹雄待拏
解來京毛倫待回京之日來説孫智潘午蔡昭饋送軍器
出於勢逼原不知情饒他韓福科索銀兩饋送鉅萬逼迫
丈量地土激變官軍發還原衛充軍焦芳劉宇革去散官
并人夫月粮照舊致仕徐鯤免充軍着復職家産都給與
他其餘已有旨發落的罷
寧府招由
刑部等衙門為
聞讀事欽奉正德十六年四月二十二日

詔書內一欵江西并各處地方先因宸濠反逆事敗及因人
告報謀反妖言等項事情一時追捕余黨急於撲滅不暇
審辨未免有跡涉虛疑似被誣逮繫者經該問刑衙門務
要嚴加詳審果係誣枉即就與釋放若係逼脅順從者問擬
明白奏請定奪無得寃抑淹禁及一欵見監與宸濠
及事情有干正德十四年就陣擒獲及續拏人犯三法司
錦衣衛先行查問明白其真正共謀逆賊并臨期脅從及
先年交通不曾與謀者各依律議擬應得罪名再會多官
覆審相同具奏定奪毋致輕縱寃枉欽此續該司禮監太
監韋彬傳奉

聖旨說與三法司知道各衙門見監輕重囚犯或因領兵官
員進捕餘黨被誣逮繫或因原問官員鍛鍊成獄拘泥文
案多有枉抑致傷和氣上干
天變朕心憂惻原着多官查照詔旨從公會問分別情罪輕
重等第明白奏來定奪不許仍前寃枉欽此欽遵會問得
犯人一名劉吉年五十二歲係江西撫州府臨川縣人狀
招吉自幼私自浄身投入寧府收充火者歷陞任承奉先
年寧府原有護衛後因不法革改南昌左衛弘治十一年
有今死宸濠襲封寧王正德二年間宸濠要復護衛差已
故内官梁安賄通逆瑾滕朧奏討准復改為護衛正德五年

八月内逆瑾事敗仍革爲南昌左衛訖有宸濠因受在官
樂人秦营賀美會唱奏討樂官就不合因而出入宫圍攛
置行事後宸濠恣意妄爲意生不軌常請已故術士李自
然等推命相面妄稱伊有天子分又招已故術士李日芳
等看得本城内東南有天子氣穴就盖陽春書院僭稱離
宫時去遊樂又將西山地名青嵐
先朝禁革龍口舊穴塟毋俱要謀當其氣又暗蓄奸謀誣陷
宗室打死軍民不計其數每年指收禄米違例每石折銀
二兩過限陪徵訪知先任江西按察司副使鄭岳要行劾
奏就暗與伊有仇今罷閑未到本司副使李夢陽不合依

聽將跟隨鄭岳們子劉奉送府拷打逼供無名賍私奏陷
鄭岳為民正德九年正月内宸濠要得謀逆密與吉并在
官承奉涂欽典寶等官熊授黄瑞在逃陳賢已故萬銳致
仕都御史李士實舉人王春典儀徐吉校尉盧杞章趙隆
及秦荣商議要先謀護衛方好整偹軍馬圖謀天下就假
以地方盜賊生發為名借指
祖訓粧飾成因見已處決都督錢寧投為
朝廷義子專權亂政已廢遣樂官臧賢出入内府另起見監
太監張雄掌管司禮監事在官太監張忠少監盧明俱為
張雄心腹朋黨用事教坊司樂工晋良先年投在本府教

演小侑弹唱素與臧善情熟就差晋良随同徐欽萬銳盧
孔章趙除徐紀賫本赴京謀幹先将銀五百両與晋良托
伊将銀五千両引送臧賢又将銀四百両與伊已㚑遣女
壻施鉞司鑑求為打點就托臧賢将銀一萬両送與錢寧各
不合接受入已又送張忠盧明各銀五百両托伊引送張
雄銀二千両寳石箱帶一條彼因另起見監太監張銳坐
厰行事恐伊阻撓亦将銀二千両托臧賢過送與伊亦不
合知情接受入已宸濠又因彼時見任兵部尚書在官陸
完曾任江西按察司使往来交厚亦令盧孔章徐欽将金
臺盞一副重十两段四足饋送央伊扶持陸完亦不合接

受許允徐欽方將前本奏行兵部彼有陸完於查復本内
雖稱難將該衛再覆却不合又稱寧王以
太祖典章為言合行會議具本覆奏有錢寧張雄臧賢各因
得受賄不合共為欺罔傳此
特旨將護衛屯田俱准改與宸濠管業續奉
勅書到府有本衛指揮千百户等官已故王信等正嫌平日
三司轄制各喜入府得以倚勢行事有宸濠得遂奸計為
惡日甚彼先日江西按察司副使胡世寧舉奏宸濠聞知
捏情具本令徐欽等赴京將胡世寧誣害就賫帶銀兩饋
送錢寧三千两張雄一千两臧賢五百两盧明三百两各

不合接受扶同将胡世寧𧰟朧具奏謫戍遼東充軍彼因
在官少監秦用趙秀俱在司禮監文書房辦事曾打探消
息亦各將銀一百兩送伊等各不合接受訖以後宸濠愈
加恣肆故行羅織撫按三司等官非禮箝制使皆呑氣隱
忍不敢非議又密令吉等招引慣熟武藝張賊在官楊清
未獲李甫王儒等百有余人號稱把勢及招素在鄱陽湖
打刼已故賊首楊子喬等領賊徒令與楊清等各不合依
聽合顆不時出外刼財入府分受正德十年三月內宸濠
謀要舉兵須得軍師方能濟事訪知安福縣已故舉人劉
養正素有才名多讀兵書隱情差未獲審理蕭宗瀛前去

招請到府有宸濠因與講論宋時陳橋之変有養正就不
合贊稱宸濠有撥亂之財當受賞銀五百兩密約待時舉
事有吉徐欽萬銃黄瑞陳賢已故内官陳學徐永秀指揮
王信王其在官儀兵李世英已故張嵩校尉火信林華等
各宸濠舉事用費浩大各不合多方謀計為聚財招納奸
人投献田産強占官湖倚勢販買私塩胡椒蘇木等件攤
放官本稲谷加倍取利假代充軍多收銀兩重科夫價軍
民百端遭害正德十一年二月内有今死瑞昌王拱栟將
置賣田地投献宸濠加租被伊佃户魏志英抗違不納良
民辛增守正不阿宸濠嗔怪就令陳賢帶火信楊子喬已

故校尉周孟清葛鎮等統衆前去將韋增魏志英家眷二百餘名盡行殺害房屋燒燬一空本年三月内有引禮方价爲因逼令鄉民辦納宸濠原放官本稻谷被不知名人仇恨暗行殺害訖有宸濠見得

朝廷未立東宫要行圖謀

天位密差萬銳同林華等前來饋送錢寧銀三萬兩臧賢一萬兩謀求將伊今故長男大哥假以上

廟燒香爲名迎取來京彼有錢寧臧賢因受重賄各不合心懷異謀暗行許允先於林華回報随又詐稱

欽賜將玉帶箱金帶寶石閙裝載各一條綵段十對與萬銳

齎送宸濠傳令本府官員穿紅四十餘日專待錢寧傳取
本年七月内有已故吉安府生員康昭來省城科舉劉養
正因恨伊時常在人前非笑交結宸濠就寄書與王春并
平素在府行走未獲琴士馮效良不合扶同誣捏事情撥
置宸濠設計令秦榮不合依聽將康昭羅織打死事發囑
官歇案不行有原任南昌左衛指揮戴宣陞授兩廣守備
宸濠見伊慎遲禮薄登時打死將伊財產盡行收府及將
伊男監禁五年女賓已故儀賓陸程為妾宸濠因已陳賢
行事乖便專令邀截上下公文及串通各衙門吏典未獲
熊世番等已獲故們子吳英等各不合依聽抽搽以致百

端不法不得

上聞正德十二年有不在官原任本府典寶閆順内官陳宣劉良脱逃赴京具奏宸濠不法事件被伊聞知當將已故内官雷龍未到辛明李勇馬安拷問招稱承奉周儀至使怒將周儀并家人六十餘人及典儀查武等盡行打死令吉賫本赴京捏奏要將閆順等陷死當送臧賢銀一千兩錢寧二千兩張雄張鋭各一千兩各不合接受入已拴同閆順等俱發南京孝陵衛充軍訖律因求討消息又送盧明銀二百兩趙李用各一百兩亦不合收訖宸濠復與李士實并吉等相議圖謀天下必須慣戰賊徒當令王春

徐欽等招蓄已故賊首凌十一閔念四萬賢一萬賢二熊十七在官閔念八然四十并首下賊徒各三五百人及四外亡命遊食強竊盜賊脱命充軍徒犯與楊清并未獲原招把勢樂成等不計其数藏縱丁家山等處各不分顆内刼掠新建等縣夫人民羅慶三等家并各處庫藏及各客商舡隻財貨送府平分又賫幣原結廣西土官軍狼兵并南贛汀漳洞蛮欲圖為應差人廣東收買皮張入府造作皮甲招藏四方匠作打造鎗刀盔甲及佛郎機銃各様兵器隨差已故舍人童茂即彭茂王親方倬各往河南收買馬匹又差在官監生方儀亦往河南省城向李梦陽求討

陽春書院詩文伊止作詩二首付方儀賫回還方知宸濠
逆謀亦不合不行舉首徐欽令伊未獲家人姚元佐即張
雲賫亦不合共謀將帶銀兩前往揚州府招商慣熟武藝
好漢已故教英未獲郭鶚引見宸濠共給與銀一百四十
兩各不合聽從領受募兵就假以顧惜好漢護送貨舡防
盜為名教英顧在官金章黄昇尚惠有鶚故在官欒鳳張
貫每人各受顧銀三兩同到儀真地方各訪知係召募助
逆順即惧罪逃散各不合不行赴官舉首宸濠又令奸
人暗藏於南北直隸山東一帶進京沿途鎮店去處假名
買賣專一接報京中事情徬時起手時常邀請李士實劉

養正王春各不合謀設即今起兵恐四方人心未服必須

厚結

朝廷頻頻

進貢茶芽方物金銀玩器等項務得親信不疑及差人打探

動靜沿途埋伏健步快舡限以十一二日報知一遇有

警便好起兵等語當就即差徐紀趙隆盧九章林華及已

故校尉韓江各不合從謀往来京師打聽不絕本年十二

月内有在官太監畢真前來江西鎮守不合將玉帶宝石

各色紵絲紗羅羊酒馬匹進送宸濠結好正德十三年正

月内有江西清軍御史范輅因與畢真争論坐席及辨朝

王服色畢真恨懷不合商同宸濠埋奏范輅提解到京問
罪降職本年二月内遇蒙
太皇太后崩逝有少監盧明因素與宸濠交往情厚不合营
求貴捧報訃前来
闕讀得受宸濠銀三十两宸濠又令旨與徐欽王瑞相送盧
明行至地名吴城置酒相待回還被已故賊首吴十三等
酒金銀酒器刼去行文撫按挨拏吴十三等惧怕投托閔
念四將原刼酒器送還宸濠就令吴十三等與閔念四等
同行打刼先加厚賞安慰圖致其力彼有宸濠勢詐要名
求賢講學王都御史因薦伊令故門生湖廣武陵縣舉人

李元亨即冀元亨往見意欲用善言開導比因議論不合
冀元亨同還訖有死節巡撫都御史孫燧亦因宸濠為惡
日甚逆謀漸露屢行具本劾奏俱被設計邀截訖宸濠常
於南昌府縣索討夫馬多派柴米銀兩節被知府鄭𤈾阻
拒不從致恨在心本月八月内吴十三閔念四念八麦十
一等打刼新建縣庫銀七千餘兩與宸濠分用又被鄭𤈾
密差快手聶鳳捉獲窩主何順監問宸濠愈加嗔怒差人
將聶鳳捉拏夾打逼供鄭𤈾無名贓私又有萬鋭表兄伍
吟把該徒罪曾被鄭𤈾打二十在監病鋭告知宸濠就將
前事捏飾具本誣奏輙將鄭𤈾拏送按司監禁本年十一

等月日内有李士實在官男李汝禎女壻方侃萬銳姪徐
大才萬銳姪萬桂并李藆俱以監生給領本布政司批文
前來國子監内復班肄業方侃萬鉞徐大才李慕各明白
宸濠與李士實等乂謀反逆各不合不行舉首正德十四
年正月内宸濠要得暗收人心商同李士實王春各不合
捏造孝行有畢真亦不知謀主張寫成呈文通令南昌府
縣學官生員里老人等具呈都布按三司轉呈鎮守撫按
衙門會奏要求虗譽取信朝廷隨有畢真改調鎮守浙江
宸濠要伊預備人馬前來助逆當將銀三千两金壺一把
臺盞四付并器皿茶芽等物送行又將銀三百两給賞在

官吏隨張浩等各不合知謀接受許允本年四月内宸濠
前走幹取伊男來京上
廟燒香逆謀又未得遂復同謀未獲問副徐繪假以
進貢茶扇爲名不合依聽收帶銀一萬兩金臺盞七副銀臺
盞十副到京交與盧孔章趙隆轉送臧賢打點被在官護
衛指揮樂節舍餘孫福已故賈勝俱承差護送徐繪前來
彼有在官本府校尉柴忠徐瓊各令起解茶費冊在京亦
常往來看望各知前謀不合不行舉首本月内有徐紀等
回府轉報
聖駕將巡山東太安等處宸濠陰遣秦崇等於大院内張設

勾闌扮演雜劇預令李士實等撰寫疏詞差人浙江直隷
等處各路粘貼致尤挾兇棍誘引四方人心意欲扇惑傳
聞京師邀請駕臨因而伏兵圖謀篡逆比有畢真前到
浙江不合假以操演官軍爲名就各重賞銀兩暗邀人心
及打造盔甲兵器數千餘副堆積本鎮衙門待時起兵
取逆本年五月内宸濠又挾讎擅拏瑞州府宋以萬送按
察司監禁宸濠逆惡彰聞致被科道官將伊謀不軌事情
劾奏蒙
欽差賴太監崔駙馬顔都御史前去省諭查革護衛被錢寧
容令林華夜去報説前情宸濠自知謀反敗露招召吉與

在官承奉等官徐欽黄瑞熊授在外陳賢已故徐永秀萬
銳陳學喻才并都御史李士實舉人王春王親婁伯儀賓
張嵩陸程李番都指揮王其王信指揮孫隆典膳羅璜引
禮盧鏞校尉火信唐金在官儀賓李世英熊倦舆儀丁璜
樂官秦荣大户謝添一賊首閔念八熊十四楊清已故
凌十一閔念四吴十三楊子喬熊十七萬賢一萬賢二凌
十九凌全雷漢四趙燁十九各進府商議宸濠説稱如今
差官勘我府中事情革我護衛若不起手斷然不好十三
日是我壽日鎮巡三司等官必来慶賀候其次日謝酒時
就脅令各官順從起兵彼若不從即行斬首警衆大事必

定比吉與士實等各不合回說此謀就好宸濠當將李士
實僞受國師吉等俱僞受太監又說事定李士實爲左丞
相加封國公王春尚書其餘俱陞極品文職王信等俱極
品武職李世英等俱駙馬各喜允叩謝訖又議差已故舍
人王華請劉養正速來定計及令閔念四等各集賊兵三
千聽用比有畢真亦差張浩引領未獲張倫曹松將帶物
禮前來賀壽宸濠當賞銀三百兩就留張浩不合知謀在
府潛住當遣張倫曹松各不合依聽徑回浙江通報畢真
知會至十三日鎮守撫按公差并三司等官進府賀壽筵
宴各散十四日宸濠密令凌十一楊清閔念四等暗藏兇

器傍立有鎮巡三司等官前來謝酒行禮至三拜宸濠即
出殿前說上說稱
太后娘娘有密旨着我起兵你各官知大義否有都御史孫
燧回說既有密旨請看又問副使許逵如何本官回說只
有一點丹心宸濠怒就令殺這不知大義的官以定民志
有李世英不合在傍贊殺就令王信張嵩監斬凌十一等
綁縛各不合聽從當將孫都御史許副使押出於惠明門
內殺害仍將各首級懸掛城上以挾衆心彼有另起見問
鎮守太監王宏叅政王倫按察使王璋僉事潘鵬師夔未到
巡按御史王金布政良梁宸胡濂叅政劉棐程果叅議許

劾廉楊學禮副使賀銳唐錦舟僉事王時賴鳳都指揮馬
驥白昂許清王玘南贛守備郟文南昌府同知何斷周通
判張元澄等南昌縣知縣陳大道新建縣知縣鄭公奇各
不合畏懼殺害不敢執義抗言并另起見問經過參政李
敎未到公差主事金山死節馬思聰布政司參議王宏御
官郎中徐文祥俱被鄉送儀衛司等處監禁宸濠當差徐
欽到各衙門追取印信関防又差喻才去布政司盧鏞去
南昌縣在官儀賓強文盛去按察司未獲典膳胡𡈽去
南昌府典儀李章去新建縣各不合依聽前去撇去庫銀
布政司一十二萬兩按察司一萬三千四百三十六兩南

昌府四萬五千六十兩南昌縣九千七百九十兩新建縣
三千三百二兩俱送府内募兵賞人又召宗室及内外官
員進府說稱今舉大事你各人務要盡心贊助事定之後
宗室加爵禄各官重加陞賞等語當有李世英等俱素通
逆謀各不合倡率已故宜春王拱樤鎮撫將軍覲鋌宸渢
宸潤宸溢宸洧拱樴宸瀛宸汲宸湯宸澅宸産并已故王
親方倬儀賓陸程熊瓊于金在官強文盛徐淦鳳張雲蕭
奇李淋徐輅周焌李經等未獲蕭相董講傅澄黃亮鄭謙
華清楊漖已故長史郭鋭教授葉泰良醫劉文華典膳白
泓徐瀅在官胡通鎮未獲胡玉已故引禮馬萬里在官

朱會价沈垕蘇文四未獲熊玉白金審理蕭宗瀛典儀
李章工副毛倫左護衛指揮丁剛楊昇已故張隆千户夏
鎮唐玉嚴琪李椎篠賢在官何綬朱煋馮旻周勇周昂鎮
撫閻鳳已故吴宜百户楊瓚謝昇高洪盛德張鳳在官袁
桂于麒鄭鳳宋富儀衛正顧雌雄前衛指揮徐方吴松何
堂劉動已故曹儀未獲侯昇在官千户徐鋭已故楊求并
并劉瑯未獲弟劉指揮即劉璋舉人魏榜魏穟謝鳳已故
甘桂監生徐祥義官熊濟未獲省祭官黄海胡種琴士馬
效良崑山縣民胡吉把勢李甫王儒樂盛在官逃軍范鳳校
尉倪六未獲倪方盧永成永富已故吴桌徐玉盧永方陸

鑑徐倫張宣王鳳周孟清葛鎮陸彪趙賢趙智倪慶倪楊
王秀朱輝楊栾樊林龐鐸吳銮髙堂薛勝王淮徐英王隆
趙十四朱真洪禮文義李成王崇朱英各亦不合随同稱
呼萬歲宸濠又令徐欽等将都布按三司府縣見監一應
輕重囚犯盡行放出又将知府鄭𤔡朱以方取出儀衛司
監禁随令黄瑞修黄舡六隻及虜官民舡隻聽用傳令十
七日起程徑往南京慮恐操江舡衆令吉與陳賢王春等
預顧各處漁户没子手一千餘人要得臨時鑿穿操有变
十一閔廿四吳十三楊清在傍各不合說稱萬歲但放心
南京城池只消我四人管定大破宸濠大喜各賞銀一百

両本日宸濠将閔廿四閔廿八凌十一萬賢一吴十三等
俱僞授都指揮楊清范鳳俱僞授指揮就令凌十一統領
凌十九凌全雷漢士吴十三萬賢一統領已故吴成五閔
念四念八就領已故閔大賢解十二等各賊兵二千余人
號五千楊清統領原召各處善射二千余人號四千五百
就将虜得官民舡三百隻裝載號稱先鋒與同徐欽萬鋭
孫隆熊馀帶領于全各不合前去攻打九江南康又差熊
綬陳賢萬江率領何堂楊昇各不合前去吴城地方截虜
粮舡有在官孫鎮與熊綬踢毬相好不合跟随上舡宸濠
又令謝天一方倬并在官大户鄧時已故歐陽文五姜軋

一裘奉五萬士盛在官監生秦婁一未獲生員徐大用齊
倫各不合臨時順從召兵助逆有在官舉人裘衡明知伊
父裘奉五從逆不合不行首官宸濠又令陳賢點集楊子
橋賊兵并在城已故快手姚鳳曾紀宋華鄧林余炳宋乾
王定張武張文楊崇楊嵩熊玉辛六夏隆朱珊向通玄武
熊貴曾先范禄杜斌杜隆羅玉朱昂王祥張祥金十三李
貴黎萬余方李俊周賢李朴吴黑子王貫王行陳清等并
未到聶魁等四十余人俱屬范鳳管領各不合依聽攻打
本縣又差已故義官劉瑾領銀三百五十兩收買硫黄焰
硝合造火藥又督差未到前衛指揮

靖百户楊斌各下屯點取屯軍各官俱即迯避不從又差
校尉趙智等各不合聽從前去浙江㕘會太監畢真等助
停兵又差義兵李蕃李世英前往瑞州等府華林瑪瑙等
處王春前往豐城奉新二縣婁伯帶同在官家人婁福童
前往進賢等處已故弟陳學前往東鄉縣各不合聽從追
印召兵比瑞昌王拱栟亦票差未獲内使王萬興余椎校
尉黄賢等各不合前去貴溪縣往日交過王親已故儀賓
江程家召兵囘書依從彼有伊在官弟江梧不合知情不
受當被各縣知縣顧泌劉源清劉守緒等各兵截殺有王
春陳學八等各被殺死婁福等脱走潛至廣信不合起取

一般家人已故娄圖等同来助逆彼有娄伯另居族叔在
官知縣娄撣在官家人娄黑童各不合知情不受宸濠又
令羅璜将叅政王倫職銜寫牌為開路取兵事差已故承
差金大用賫執前去萬年縣召取桃源洞等處賊兵彼有
王都御史前往福建公幹将過省城宸濠聞知即差喻才
領兵六百餘人粧作機兵伏屯地方生米觀邀截有王都
御史行至豐城地方聞變即行回還奔回吉安府住札随
将宸濠反逆事情具奏督同該府知府武文定等及通
行所屬并隣省各府縣共起義兵前来征勦有熊綬在於
吴城捉虜前衛未到運粮千户劉標百户梅蕚将伊粮米

分給賊兵又有在任前衛千户吴欽不合跟随熊綬将
各處運舡截殺十六日劉養正引領已故門生王儲到省
宸濠親出南浦驛迎接入府拜授軍師又許事定陞左丞
相加封世襲國公王儲衆加陞賞劉養正随又寫壽招致
已故門生新淦縣生劉子達戴雲各不合依聽来府一同
計事有宸濠議要僭稱大號及改年順德比劉養正李士
實各合議稱起事之初未知遽稱大號改易正朔待至南
京正位然後稱號改年布告天下豈不為好宸濠聽止令
吉查得前護二位旗軍并儀衛司校尉共三千三百余名
就将本府私造及前左二衛并民局各收貯火藥盔甲器

械俱給與領用宸濠又令秦桊同已故男秦道及俳長亦
定起集本院樂工并招引流民二千餘人號五千分與已
故樂人鄭貫王憲張添禄況洪陳禄志六張得并未獲胡
禄羅洪等各不合順從分領又有李世英招引趙爟十九
帶領已故從賊趙祥四趙祥十八趙爟四李子度熊五十
蔡松九李堂等八百余人并李蕃募兵三百濠就委李世
英李蕃秦營各不合管領随又招已故吏谷穗王大章易
奉胡用文羅洪陳仁南昌府丘廷信按察司王世寧各不
合依從入府授賞冠帶聽用彼有徐欽等督率衆兵將南
康九江二府城池攻破進入萬銳熊僚孫隆及于全各不

合依從入府督兵占據徐欽差在官軍餘王堂萬銳亦差
未獲醫士陳江各不合依聽奏捷各受宸濠賞銀二十两
徐欽又賜楊清等賊就從九江前往湖口徑攻安慶去訖
彼有南康府安義縣未獲主簿巡捕董國宣原籍臨清州
人帶已故男董茂備女婿陳其未獲快手張萬貫陳高八
等五十餘人各不合來投徐欽名下從逆助兵有熊綬
等將前虜運舡粮米駕至省城宸濠令何堂葉泰各不合
督同儀賓李林百户錢昱各不合惧害依聽管理支散軍
校及令儀
等在湖口等處虜得河舡三百餘隻黃瑞虜得舡六百隻

回省編甲完備給賞銀米聽候啟行有原監參議弘主事
馬思聰各守節抱恨不合不食而死宸濠又與李士實劉
養正就行選造偽檄及安民偽榜專一指斥乘輿放免税
役俱用木板雕刻印刷各千餘張不用正德年號止稱大
明己卯又將布政司印信鈐印公文咨行天下諸司謂降
又𧶽差參政季敦賫往王都御史并廣東等處來到南昌
府縣學教官達賓趙承芳金清唐曰仁賫往吉安南贛等
府俱質其妻子仍差校尉管押及又押差九江府公幹在
官舍人哈英高策曾顯賫往饒州府各不法畏懼殺害替
伊賫行至吉安府地方各乘機逃去俱被該地方盤拏押

送王都御史軍前將原押校尉殺訖檄榜公文燒燬李效
等各收監禁二十三等日宸濠遣拱樤祭旗纛關王廟教
楊三處及僞勑吉安提督軍務及將參政王倫加參賛軍
務各不合聽從同往教場閲兵宸濠僭祭
天地宗庙及遣郡王拱樤等祭告山川城隍等神并西山青
嵐等六處墳塋宸濠又吉將查過軍校編爲一百四十餘
隊分左右前後中哨派定都指揮千百户等官王信王其
與同丁綱張隆曹儀劉勲周勇周昂夏振唐玉馮旻楊求
何緩并在官指揮朱欽未獲賈鏘百户歐隆張俸俱分校
官哨及令校尉火信唐全同葛鎮周孟清徐玉姚十四倪

六王鳯倪方等二十八名俱分投提調執旗領兵各不聽
從管理又脅令已故前千户侯昇未獲傅英鄭春唐榮杜
昂張斌徐賢徐隆陳韜春王等百户張綱李欽陳詔王鑑
護衛千户李隆袁勲百户馮春高璿蕭儀亦俱分投管哨
吴松徐芳朱煜等并未獲指揮徒定陳琦千户王節王聚
百户馮懐陳其劉綱顔玉楊威李翰在官鎮撫吴頎俱分
管執大刀鎗旗牌儀仗旁護等項各不合俱害依聽管理
候聽又令丁璜羅璜盧鏞張暠黄瑞喻才陳學徐永秀各
不合脅令在官傅明曾寄吴金郎吴欽樂平已故良偉程
聚吴裕徐越等未獲李昂劉榮等七十餘人俱各不合依

聽隨令供事又曾令在官儀賓彭寀強文盛未獲魏銓夏
英秦友源魏奎錢淅王謹萬岳劉浩顧觀祥前衛指揮夏
繼春千户劉鵉吴輝已故高洪百户戴銘未獲昂劉勲楊
玉等已故張倫嚴其鎮撫吴宣百户謝昇田鎮楊瓚未獲
屈英孫文趙瑱王鑑李祥會在官宋富鄭奉典膳廖番各
不合惧害分投看守城門布按二司府縣被有已故義官
熊濟校尉洪禮火義李通趙賢王雲盧永芳等未獲宋成
盧永富各不聽差委專一巡風打探消息及又令陸程周
瑞曾令在官儀賓袁瓚孫隨未獲賴純蕭荃陳善能護衛
千户路達已故孫賢鎮撫陳淮未獲梁富百户王清田盛

周旻傅憲周綱周暹王憲凌銓徐樗劉昇阮防王佐李宏
已故李旻未獲前衛千户姚鉞陳偉在官儀衛副已故典
儀嚴雄長史郭統伴讀宋善鄭良醫才周未獲王廷秀孫
紀宋紀善李存恕典膳雷勤辛正廖乙庫官孔俊楊瑞倉
官李才潘寬已故倉官戴恩并内官洪貴鄧永富張文馮
恩張昂孔昂樂竹劉綱等四十餘人俱看守王府門殿倉
庫肖墻等項亦不合俱害依聽分投管理有未到紀善譚
漢典膳周瓊劉孟翊徐子文謝居鄭興在官引禮蘇文士
各因年老疾懦不曾用事各不合不行首舉宸濠令吉與
陳學將銀給賞前護衛官軍各多寡不同每軍又各賞米

一石又令朱真與未獲民吳景貫等各不合聽使將銀分送梁哀胡濂劉裴許刻廣楊重賀銳唐錦師夔潘鵬賴鳳各一百五十兩程果王疇各一百兩經歷尹鵾知事張澍照磨雷奕各十兩馬驥許清白昂王紀各一百三十兩俱交與各官家人惧怕各收領後俱首官貯庫訖又送宗室將軍各一百兩段二疋隨行同謀各王將軍又各重賞不同宸濠將萬銳取回僞勑鎮守江西已故護衛指揮余雄總督廵守余祥謝倖王儲劉子達徐大用齊倫俱僞授王事甘桂與李士實已故男李汝楫僞授錦衣指揮余堂僞授光禄署丞仍令伊等僞受各不合依從一同留守宸濠

又令覲瀛拱㰚陳瑞陸程守府協同萬銳督理内外防禦謝鳳余祥與馬效良各随同贊畫及撥樂安鎮國五將軍覲鍾八將軍覲釿瑞昌輔國二將軍宸渠四將軍宸湣五將軍宸浣石城鎮國六將軍覲鏈七將軍覲鎡宜春輔國三將軍覲鈽八位俱守城墻宜春輔國四將軍宸漢瑞昌鎮國二將軍拱樛奉國六將軍拱揞弋陽鎮國八將軍宸澳九將軍宸渢俱守王宮仍率領已故儀賓王伯絖未獲歐釗王達孫賢熊浩楊章護衛致仕千戶朱埕内官胡永清黄永溥康营鄭伏林伏吴清等各不合依聽看守青嵐等處墳塋彼有南昌縣已故致仕知縣甘楷聽招入府

與同奏娄一萬士盛鄧時各人帮助守墳宸濠又将顧廉、
唐錦賴鳳唐玘并同知等官俱留本衙門仍差兵校分投
監守彼因楊學禮陞陝西叅政疎放赴任訖彼宸濠又差
官校舍人已故周成戴廣陳仁管押師夔不合依聽前去
九江旁兵撫民七月初一日宸濠帶領宫眷人等及令諭
栱栟覲釿宸濠宸瀾宸溋宸清栱㯅宸瀶宸汲宸湯宸濜
宸溎并被脅迯首建安鎮國將軍宸洪與前擬會哨人員
王信等一同上舡又將王宏杜甫王金山梁宸程果楊章
賀鋭王鑄潘鵬馬驥白昂許清郟文鄭献宋以萬涂文祥
脅押随行令凌十一等賊舡到夾左右防守彼有宸濠叅

江又令吉與王綸各不合依帶披挂衣甲隨侍初二日開
舡起程初九日到於地名黄石磯宸濠因見徐欽等領兵
先攻安慶不克素知潘鵬係安慶人當差白泓押伊不合
同去城下誘降被指揮崔文等死守不從比有畢真聞知
宸濠起事除不合暗行四散差人捏稱宸濠差太子來取
浙江等語傳報各處揺動人心本月十三日又假以進表
爲名俱收各門鑰匙約令三司府衛等官于次日四更時
分各赴本鎮行禮要得乘機殺害起兵助逆致被巡按張
御史并各官知覺隨即點集官軍嚴加防備畢真惧怕不
曾起手十四日羅朝紀宋欽胡通遁鎮惧各迯散十五日萬

銑差人報説王都御史官軍来攻省城宸濠恐慮破其巢
穴及見安慶久攻不克心懐憂疑與李士實等謀要退守
江西省城令衆開舡回行間有各舡賊兵被回愴惶擾乱
逃走知府鄭献宋以萬亦各乘機脱走郎中徐文祥亦緫
得脱當即憤恨自行投水身死有王都御史督令各哨各
官軍于二十四日四更時分前到省城攻圍被栱㮁萬銑
陸程等各不合督賊拒守被官軍奮勇攻開各門擒殺守
城悪黨人衆宸濠府宮眷亦畏懼自縊数多本日辰時分
王都御史進城撫定良善及拿栱㮁覲鐮陸程萬銑等并
宮人劉氏等及令故宸濠等三哥四哥各發布政司等

處知在拘監其先被拘留布政司等官胡廉等亦各於王
御史處投見省侯二十二等日吳欽周俊徐欽各即逃散
内吳欽當於王都御史處投首訖宸濠與吉等至王家
渡因聞省城已破即被王都御史分布官兵攻敗至二十
六日將宸濠并吉與李士實等各先後擒獲其賊舡被火
焚燒并宫眷人等投水溺死四散奔潰者不計其數有跟
隨徐欽伊在官姪徐春不合將帶圖寶衣服駕知逃往
急水溝湖内躲住彼有在官張受朱受耿二漢王奇王聰
等一十五名各因販賣貨物等項生理在於湖口等處地
方先各撞遇徐欽等來攻安慶并有未到前衛百户秦昇

王楞俱被脅虜上舡各不合惧怕殺害從行又有在官崑
山縣人吴奎常来吉家扮戲慣熟亦不合跟随在舡彼因
攻打安慶不克張受等七名乘機逃往河南睢州陳鳯等
十一名并秦欅王楞吴奎孫澄各逃往太湖等處及在官
萬邦德明知已故義男校尉萬隆被徐欽脅去助逆亦逃
往湖廣金沙州各不合潛住不行舉首彼有楊清亦因敗
散帶領所部賊衆逃至徽州地方撞遇彼處官兵殺傷楊
清不合率衆拒敵將指揮張玺殺死劉甫殺死亦逃至睢
州地方潛住又有助逆千户何縦因逃散回到於在官畢
餘胡萬真家不合將伊引送星子縣地方潛住有毛瀚在

官男毛柯毛桓朱英男朱濂盧永盧貴男永冨盧奉蕭宗
瀛家人蕭進才婁伯另居族姪毛濤等各奉助逆不合不
行舉首彼有盧孔章等并汝禎等因宸濠謀反声息傳報
到京俱被各該衙門奏拏監禁数内盧孔章趙隆曹信病
故相埋訖彼蒙江西撫按守備等官王都御史等并
欽差太監總兵張永等各先後將方倬等緝拏彼有建安鎮
國將軍宸洪指揮千百户等官養廉徒定秦誠李澣康
靖傅英鄭春唐常杜昂王椿龔昇陳鋭張斌徐隆徐賢陳韶
劉標徐鋭袁勲王爵李端吴雄陳詔黄鑑陳其馬淮楊斌
張江李欽梅蕚茆冨秦昇王樗蕭像高瀚李澣楊威馮春

各将被脅等項情由於王都御史等處首告發各聽候
當有徐銳復蒙王都御史差委將逆犯朱真朱英捉獲送
官仍將徐鋭吴欽及陸續緝拿各犯家屬吉在官弟劉金
二劉其三劉養正養賢徐紀徐朝張嵩張爵徐春徐欽及
與熊綬王春陸程王信何綬下各在官同居家人招係火
信火燿秦崇秦柯彥相及方倬方一陽方一新俱年十五
以下連吉等通行先後奏觧錦衣衛鎮撫司監候內方倬
棋童等病故相埋訖
欽依着三法司錦衣衛將吉等并原監李汝禎萬桂等通行
查取前來會問前情明白蒙審得吉與在官徐欽熊綬黄

瑞李世英熊僚葛江丁璝謝天一閔念八熊十四楊清秦
榮在逃陳賢姚元佐巳故萬銳徐永秀周瑞陳學官才婁
伯李士實王春劉養正徐紀盧孔章趙隆李蕃陸程張嵩
王信王其孫隆盧鏞火信唐金凌十一閔念四吴十三楊
子喬熊十七萬賢二凌十九凌金雷漢四趙燿十九共四
十八名俱係與宸濠共謀反逆起兵為亂罪大惡逆處以
極刑情法允當應該依律緣坐家口籍沒財產分為第一
等在官丁剛何堂楊昇劉勳何受馮旻周昂周永宋欽徐
銳吴欽秦婁一鄧時倪湯范鳳婁福未獲王福毛璘等俱
臨時順從反逆處以極刑於法亦當但與共謀者情則有

間相應罪止其身免其緣坐家口籍沒財產分爲第二等

在官吳松徐芳等一十四名俱係一時被脅隨從反逆用

事情與順從者不同若槩擬共謀恐失之濫在官樂平傳

明等十五名俱係該府舊供職役之人雖各從行止供使

令通合比擬知情故縱條分爲第三等在官胡節龍順袁

鳳傳得受朱天和張縉俱係該府原供役使内官止是留

其守殿門房屋等處不從共謀叛逆應與同居人本律科

罪分爲第四等在官陳鳳劉奇等二十名俱係被脅從逆

中途逃散不守相應末減比坐知謀不首之條在官蘇文

四樂節等二十四名俱係知謀不從不從萬秀故將逆犯

何綬知情引送俱各擬坐本律分為第五等其第二等内
犯人宋欽徐鋭等三等内犯人羅朝紀胡通鎮周恢俱於
未敗之先迯散呉欽徐鋭俱曾授首各是實除畢真王倫
等各另行問擬外將吉等取問罪犯徐欽等一百四十五
名各招同内見問凌遲處死并先故未獲第一等逆犯俱
各依律緣坐其家口籍沒官財産内係儀賓干碍郡縣主
君者另行奏
請定奪并未獲其餘人犯俱各抄招備咨都察院轉行江西
等處撫按衙門各查照别等議擬内若有虧枉者毋拘成
案即與辯理其都布按三司各府州縣衛所等衙門曾被

逆賊刼取倉庫錢粮脱放逆囚等項通行查勘明白具奏
施行會議得劉吉所犯二十七名俱合依謀反但共謀者
不分首從律皆凌遲處死吴江徐芳朱煋等三十名俱合
謀反知情故縱者律斬金二劉其三劉養賢等三十二名
俱合依謀反但共謀者子孫弟姪及同居之人不分異姓
兄弟之子不限籍之同異劉金二等四十五名俱年六十
以上律皆斬俱決不待時丁效等十名俱年十五以下律
給付功臣之家為奴蘇文四樂節婁懌方儀方侃徐大才
李養萬銳朱廣盧貴盧奉蕭進才婁黑童吴奎孫澄萬邦
德余瓊崇忠孫富金章黄昇尚惠奕鳳張貫江梧婁相童

婁真十四俱合依謀反知而不出首者律陳鳳劉其等二
十名俱各比依知謀反而不首者胡萬真依知人犯罪事
發指引道路送令隱避者減罪人何綬謀反共謀罪一等
各杖一百流三千里各准徒四年蘇文四樂懌婁節俱職
官萬儀萬侃李秦徐大才萬越俱監生審俱有力照例送
工部各照徒年限運炭完日仍照行止有虧事例各革
送順天府給引照回原籍為民朱廣等四十一名俱係舍
人軍民匠校等役俱審無力照例送順天府遞解回籍官
司查發衝要驛遞各照徒年限擺站滿日各着役寧家隨
住合候覆審畢日通行奏

請定奪

後鑒録下

刑部等衙門為懲大逆罰大過勸大功信大義以彰國法
事先該
欽差御用監太監張永題前事取擄犯人劉吉供内開稱寧
府原有護衛後因不法革改南昌左衛弘治十一等年今
謀反自盡宜春王拱樤鎮國将軍鑛輔國将軍宸澒宸瀾
宸瀊宸淯宸澱宸汲宸湯宸滻已故瑞昌王拱栟鎮國将
軍覲鋌輔國将軍拱樾宸濭未到鎮國将軍覲鍾覲銈覲
鏈覲鉉輔國将軍宸洪各開府省城正德二年以來宸濠
恣肆妄為意生不軌常請已故術士李自然等推命相面

妄稱伊有天子分又招巳故術士李自然等看得本省城
内東南有天子氣穴就蓋陽春書院僭號離宫時去遊樂
又將西山地名青嵐
先朝禁葬龍口舊穴塟母俱要謀當其氣又暗蓄姦謀誣陷
宗室打死軍民不計其數正德九年正月内宸濠要行謀
逆密與獲故致仕都御史李士實等商議謀復護衛方好
整備軍馬圖謀天下詭假以地方賊盗生發為名指
祖訓粧飾成本差在官涂欽等將帶銀兩買求巳處决都督
錢寧等共為欺罔傳批
特旨將護衛復與當業宸濠愈加恣肆要行舉兵作反訪知

獲故舉人劉養正多讀兵書招請到府賞銀五百兩密約

詩時舉時宸濠又見得

朝廷未立東宮要得圖謀

大位密差獲故典宝萬鋭等前來餽送錢寧等銀兩謀求將

伊令故長男大哥假以上廟燒香為名迎取来京宸濠復

與李士實等商議招蓄已故賊首凌十一等分彩刼掠各

處庫藏客商居民貨物送府分用暗令姦人藏於南北直

隸山東一帶進京沿途鎮店去處假名買賣專一接報京

中事情侍時起手又於大院内張設勾攔撒演雜劇預令

李士實等選寫疏詞差人前往浙江直隸等處各路粘貼意

在傳聞京師邀請
駕臨因而伏兵圖設篡逆正德十四年五月宸濠悪逆彰聞
致被科道官將伊謀為不軌事情劾奏蒙
欽差賴太監崔駙馬顔都御史前去省諭查革護衛本年六
月内宸濠聞知謀反敗漏即招李士實等進府商議宸濠
説稱差官看守府中事情革我護衛若不起手斷然不好
十三日是我壽日鎮巡三司等官必來慶賀候其次日謝
酒就脅令各官順從起兵彼若不從即疑暫守藩衆大事
就行吉與李士實等各回説此謀最好至十三日鎮守撫
按公差并三司等官進府慶賀壽筵宴各散十四日早宸

濠密令凌十一等暗藏兇器傍立有鎮巡三司等官前來
謝酒行禮至三拜宸濠即出殿前臺上詐說
太后娘娘有密旨着我起兵你各官知義否都御史孫燧回
說既有密旨請看又問副使許逵如何本官回說只有一
點赤心宸濠怒說殺這不知大義官以定民志就令凌十
一等將孫都御史許副使押出在於惠民門内殺害鎮巡
三司等官王宏等俱被綁送儀衛司等處監禁又召宗室
及内外官員進府說稱今舉大事你各人務要盡心贊助
事定之後宗室加爵祿各官重加陞賞等語當有李世英
等俱素通逆謀倡率宜春王拱樤瑞昌王拱栟鎮國將軍

覲鋌宸渢宸瀾等十名亦不合隨同稱呼萬歲比瑞昌王
拱栟差未獲內使王萬興等前去貴溪縣往日交通王親
已故蒹官江成家招兵本月二十三等日宸濠要將領兵
徑取南京遂分遣拱樤等祭告旗纛關王廟教場山川城
隍等又分送宗室將軍銀一百兩段二疋隨行同謀各王
將軍又各重賞不同又令覲鑛拱樤協同管理內外防禦
仍撥樂安鎮國五將軍覲鍾八將軍覲鍾瑞昌輔國二將
軍宸湆五將軍宸浣石城鎮國六將軍覲鏈七將軍覲鉉
宜春輔國三將軍覲節八位俱守城墻宜春輔國將軍宸
漢瑞昌鎮國二將軍拱樛奉國六將軍拱榣弋陽鎮國八

将軍宸澳九将軍宸渢俱守王門各不合聽從七月初一日宸濠帶領宮眷人等及令宸洋宸湯宸汲宸濭宸漋并被脅逃首遣安鎮國将軍宸洪與前擬營哨等項人等王信等一同上舡七月初五日宸濠至康山遣拱栟祭本庙宸濠祭湖神初九日至黄石矶宸濠因見凃欽久攻安慶不克復差人押帶潘鵬前去誘降至十五日萬銳差人報説王都御史官兵來攻省城宸濠慮破其巢穴與李士實等謀要退保省城就令開舡回閩王都御史督令各哨官兵於二十日四更時分前到省城攻圍有拱樤萬銳等各督賊拒守官兵奮勇攻開各門擒殺守城惡黨及拏獲拱

㰚覲鑛等各葔布政司等處拘監彼有鎮國將軍宸洪秉
亂脫走將被脅情由於王都御史等處首告省發聽候續
蒙太監張永到彼查勘宜春王拱㰚瑞昌王拱栟鎮國等
將軍覲𨌿覲鑛宸滙等九人各受令諭相與協謀或隨行
領軍或守城脅衆與奉謀反盡或聽親支甘心從逆遵奉
明旨連其家屬一併抄解赴京覲鍾宸滙等十一人或受令
諭與其巡守城墻或督令賊兵看守城殿謀雖不預聽其
使令明有覲望之意宸洪雖稱被脅逃回自難保不知其
謀罪與覲鍾等有差其他在城宗室將軍甘心受辱北向
事仇僭呼萬歲分受賞銀或聽協守城門使令難留故土

合通行議處以昭
國憲等因具奏奉
武宗皇帝聖旨是反賊宸濠并逆黨拱樤等十四名
朝廷自有處置宸潜等十六名多㸌等二十一名看在通州
空閑公館處所住歇仍差人用心看守防護毋致疎虞其
於各該從逆等項重犯待獻俘之日都拿至午門首聽旨
處治覲鍾等十三名并宸洪及其餘人犯便照依奏內事
理着法司會同多官通行議處停當奏請定奪欽此續該
三法司錦衣衛欽奉
欽依會同

皇親五府六部科道等官將反賊宸濠并拱𣓪等先行議擬
奏請着令自盡訖所擬覲鍾等及宸洪等各從逆事情并
其他在城宗室將軍甘心受辱北面事仇分受賞銀兩聽
協守城門使令等情俱合會同議處奏
請定奪
刑部等衙門為
開讀事欽奉正德十六年四月二十二日
詔書內一款江西并各處地方先因宸濠反逆事敗因人告
報謀反妖言等項事情一時追捕余黨急於撲滅不暇審
辨未免有跡涉疑似被誣逮繫者經該問刑衙門務要長

加詳審果係誣枉即與釋放若係逼脅順從者問擬明白
奏請定奪毋得寃抑淹禁又一欵見監與宸濠謀反事情
有干正德十四年就陣擒獲及續拏人犯三法司錦衣衛
先行會問明白其真正共謀逆賊并臨時脅從及先年交
通不曾與謀者各依律議擬應得罪名再會多官覆審相
同具奏定奪毋致輕縱寃枉欽此續該司禮監太監韋霦
傳奉
聖旨說與三法司錦衣衛知道在京各衙門見監輕重罪囚
或因領兵官員鍛鍊成獄拘泥文案多有枉抑致傷和氣
上干

天变朕心憂惻便着多官查照詔旨從公會審分别情罪輕
重等第明白奏來定奪不許仍前冤枉欽此欽遵會問得
犯人一名王綸係布政司左叅政狀首有今自盡宸濠於
弘治十一年襲封寧王正德二年以來恣肆妄為意生不
軌常招請已故術士李自然等推命相面妄稱伊有天子
分又招請已故術士李日芳等看得本省城内東南有天
氣穴就蓋陽春書院僭號離宫時去遊樂又將西山地名
青嵐
先朝禁革龍口舊穴葬母俱要謀當其氣又暗蓄奸謀誣陷
宗室打死軍民不計其數每年指收禄米違例每石折銀

二兩過限陪徵被先任按察使鄭岳要行劾奏宸濠聞知
暗令本司未到副使李夢陽不合依聽將跟隨鄭岳門子
劉春捉送拷打妄招賍私奏陷鄭岳為民正德九年正月
内宸濠家與獲故致仕都御史李士實舉人王春在官承
差刘吉等商議要行反逆必須討復先年護衛就假以地
方盜賊生發為名借指
祖訓粧飾成本差在官承奉涂欽等將帶銀兩饋送已處决
都督錢寧并已發遣樂官臧賢等傳批
特旨准將護衛改與晋業宸濠得遂奸計為悪日甚被先任
副使胡世寧舉奏宸濠就行捏情具本又令涂欽等賫帶

銀兩饋送錢盃等符同蒙蔽將胡世寧奏陷遼東充軍正
德十年三月内宸濠謀要舉兵訪知安福縣獲故舉人劉
養正素有才名多讀兵書差未獲審理蕭宗瀛前去招請
到府賞銀五百兩密約詩舉事宸濠又令吉等多方設計
謀為聚財招納姦人投獻田產強占官湖倚勢販賣私塩
胡椒蘇木等貨攤放官本稻穀加倍取利一省軍民遭害
萬狀正德十一年三月内宸濠見得
朝廷未立東宮要圖謀
大位密差獲故内官萬銳等饋送錢盃藏賢銀两謀求將伊
令故長男大哥假以上

廟燒香爲名迎取來京被各許允錢寧就詐稱
欽賜玉帶綵叚付與萬銳齎送宸濠當令本府官員穿紅四
十余日正德十二年内有在京原任湖廣鎮守太監杜甫
因見錢寧專權用事不合要得交結收買另起問結在官
法保喜孫兒送與錢寧使喚又有不在官原任典寶閆順
内官劉良陳宣潛走赴京具奏宸濠不法事件被伊聞知
當差劉吉赴京饋送錢寧等銀兩買求攪奏將閆順等俱
發南京
孝陵衛充軍宸濠與李士實等商議圖謀天下必慣戰賊徒
當令涂欽等招蓄已故賊首淩十一吳十三等并四方亡

刼賊徒藏縱丁家山等處刼掠新建等縣民人羅慶三等家并各處庫藏及客商舡隻財貨送府分用本年十二月內有在官太監畢真前來江西鎮守不合將玉帶寶石紵絲等物饋送宸濠結好正德十三年內有死節巡撫都御史孫燧因見宸濠逆謀漸露屢行具本劾奏被宸濠設計邀截訖宸濠常於南昌府縣索討夫馬多派壁祭銀兩節被未到知府鄭瓛阻拒不從致恨在心有吳十三等打刼建昌縣庫銀七千餘兩與宸濠分用又被鄭瓛拏捉窩主何順監問宸濠愈加深恨就行捏飾無名賍私具本誣奏輒將鄭瓛并未到瑞州府知府宋以方亦因不聽求囑仇

恨俱拏送按察司監禁正德十四年正月内宸濠欲求虛
譽欺誑
朝廷李士實王春商議捏造孝行謀同畢真逼令南昌府縣
學官生員耆老人等具呈都布按三司轉呈鎮巡衙門有
畢真與未到巡按御史林潮各不合會本妄奏訖隨有畢
真改調鎮守浙江復差在官太監王宏前來江西鎮守綸
六由饒州等處地方兵備副使陞本布政司叅政俱於本
年四月内到任宸濠因副使李夢陽休致回河南省城居
任令在官監生方儀齎書并礼物前去求討陽春書院詩
文彼有李夢陽因平素交往不合作詩二首付與方儀回

還被有原差京幹事典仗徐紀回府傳報
聖駕將巡山東泰安州等處宸濠就行陰遣在官樂人秦榮
等在於大院内張設勾欄撒演雜劇令李士實等撰寫疏
詞差人前往浙江直隷等處各路貼粘誘惑四方人心意
傳聞京師邀請駕臨因而伏兵圖謀篡逆被有太監王宏
等總鎮一方未到都指揮馬驥許清白昂王玘俱總管軍
務左布政梁宸右布政胡濂在官按察使楊璋俱總治一
省各明知宸濠反形已著自合協力嚴訪保障以阻姦謀
各不合因循坐視長姦縱惡及未到巡按御史王金叅政
程杲劉斐叅議許効廉楊學禮副使賀鋭唐錦僉事賴奉

王壽在官潘鵬師夔已故叅議黄宏俱有監司分藩之責
亦不合畏勢避害不行舉發来到南昌府同知通判張元
澄等南昌新建二縣知縣陳大道鄭公竒等縣丞王儒劉
萬鍾主簿方汝賓熊璧各有民社之寄亦不合避害知而
不舉致被科道等官訪知宸濠謀逆滑情交章劾奏蒙
欽差賴太監崔駙馬顔都御史前来省諭及革護衛若不起
手斷然不好十三日是我壽日鎮巡三司等官必来慶賀
候其次日謝酒就脅令各官順從起兵若彼不從即行斬
首警衆大事就定比劉吉李士實各不合回說此謀最好
至十三日綸同鎮守撫按公差并三司等官進府與宸濠

賀壽彼有未到守備南贛都指揮郟文不合擅離職守及
廣西參政李斅已故主事馬思聰未到主事金山各陞任
公差經過到彼并已故鄉官郎中涂文祥俱來致賀一同
筵宴各散十四日早宸濠密令已故凌十一火信閔念四
并在官楊清張浩等俱暗藏兇器傍立有鎮巡三司等官
前來謝酒行禮至三拜宸濠即出殿前臺上詐說
太后娘娘有密旨着我起兵你各官知大義否有都御史孫
燧回說既有密旨請看又問死節副使許逵如何本官回
說只有一點赤心宸濠怒說殺這不知大義官以定民志
有在官儀賓李世英不合在傍贊殺就令已故儀賓張噐

指揮王信監斬淩十一等綁縛將孫都御史許副使押出於惠民門内殺害訖仍將各首懸掛城上以脅衆心宸濠當又脅令衆官稱呼萬歲比有王宏王金梁宸胡瀌楊章馬驥許清白昂王記郟文潘鵬師夔王壽程杲劉斐許效廉賀鋭唐錦賴奉楊學禮并綸各不合畏避殺害隨衆稱呼及黄宏馬思聰金山季斆涂文祥張文澄陳大道鄭公奇等俱被綁縛分送儀衛司各監禁後有王宏馬思聰各在禁憤恨不食而死比將各衙門印信倉庫錢粮盡行搜刼獄囚盡行釋放宸濠隨又分遣儀賓校尉人等前往饒州等處地方取印起兵節被豐城縣知縣顧佖進賢知縣

劉源清奉新縣知縣劉守緒餘干縣知縣馬津東鄉縣知
縣黄堂等各率兵邀截殺訖宸濠又令典膳羅璜將綸職
名寫成白牌内開爲開路取兵事令人賫往萬年縣地方
招取洞賊爲應又聞提督南贛王都御史前往福建公幹
從省經過要行執拿脅從先差已故内官喻才領兵暗伏
地名生米覘等候十五日王都御史至豐城地方聞变徑
趋吉安府即行各該府縣地方起集議兵會合征勦被太
監杜甫改差福建鎮守前去到任從湖口經過亦被宸濠
邀截拘留又差涂欽萬鋭等率領賊兵將南康府城攻破
擁入占據彼有該府未到知府陳霖不合素失備禦當即

棄城逃走以致倉庫錢粮獄囚俱被刼殺有未到同知張
祿通判余椿蔡讓推官王詡并附郭星子縣署印縣丞豐
時中主簿楊本祿典史龔各亦不合不行協力拒守亦隨
逃走有未到知事孔鉞并儒學局務等官亦無主守亦各
逃避又未到建昌縣知縣方鐸安義縣知縣王軾湖口縣
知縣章玄梅聞賊入境俱因無城池各不合棄守逃避建
昌縣縣丞錢惠主簿王鉞並湖口縣失記名佐二守領官
各亦不合隨行逃避各倉庫錢粮俱被刼殺人民多遭殘
害有未獲安義縣主簿董國宣不知倚恃弓馬希圖富貴
帶領伊已殺男董茂陰女壻陳林并未獲快手張萬貫陳

金蔡金賈宣王宣江猶鎮撫胡玉俱分管福星北門各帶
領旗軍防守至二十八日徐欽率領賊兵來攻福星北門
有李洋不合畏法先退楊昂等十七名亦各不合不行拒
守四散奔走致被賊衆攻開擁入有各門分守指揮等官
丁睿等亦各不合畏避逃走内百户白升馬貴亦各不合
將原掌印信遺失劉勳邵鵬汪顏諒各不合商同將南門
開放各棄城逃走有張雲鵬陳昇并德化縣知縣徐志道
典史曾時亦各不合隨各逃避未到該府經歷蕭智知事
向奉照磨欒金檢校冀龐并各該府縣儒學倉場局務等
官因無職守亦行赴避各賊將倉庫錢粮獄囚盡行搶掠

脱放官民房屋財物被火燒燬刼奪数多賊又到彭澤縣因無城池擁入街市放火刼財本月十一日宸濠将梁辰胡濂劉斐賀鋭各放回本司留綸在府不合與伊用事本日宸濠僞撰檄詞指斥乘輿幷安民僞榜俱不用正德年號上刋大明已卯各刋印千户余張脅差季斅賷經王都御史幷廣東等處未到南昌府縣學教官達賓賷往布政都按三司趙成芳金清白曰仁賷往吉安南贛等處俱質其妻子為執仍差校尉等押季斅係方面重臣與達賓等各不合畏死各為賷送行至吉安等府地方各被官兵拿獲解送王都御史處将殺死校尉檄榜燒燬季斅等羈候

宸濠又令寫成布政司咨呈備云檄文轉呈府部將搜去
印信用使付與梁臣不合畏死僉押本月二十三日宸濠
告廟出師祭旗令綸贊理一應軍務與同劉吉等領兵綸
不合聽從本月二十六日差在官儀賓李珠等賫押程果
潘鵬各不合聽從放糧賑民宸濠因聞淤欽攻掠南康九
江人民走散即差已殺官校周成等押師夔不合聽從往
彼安撫本月二十九日宸濠決計往取南京恐省城變動
差已殺校尉朱真未獲吳景賢等將銀送與梁宸胡濂刘
斐許效廉每人一百五十兩程果一百兩又將銀送與楊
彰唐錦賀鋭師夔潘鵬賴奉每人一百五十兩王壽一百

兩未到經歷尹鵑知事張澍照磨雷燮各十兩馬驥許清
白昻王玘每人一百三十兩俱交與各官家人惧害各收
接後俱首官貯庫又押劉斐王玘替伊巡守許效廉賴奉
習伊接管放粮主簿熊壁替管造鹽各不合聽從七月初
一日宸濠差人將胡濂唐錦送回本司彼因楊學礼已陞
陝西參政放令赴任去訖復將梁宸王宏杜甫王金金山
程果楊章賀鋭王疇潘鵬馬驥許清白昻郟文鄭瓛宋以
方俱脅拘上舡差撥儀賓等官張嵩等并凌十一等各賊
舡左右夾守又將胡濂劉斐許效廉唐錦賴奉王玘各拘
晋本司張元澄陳大道鄭公奇并經歷楊浚等各拘留本

衙門仍差各人監守本日宸濠帶同妃嬪人等上船祭江令綸不合披帶盔甲隨次日開舡至初九日到黄石矶宸濠因報攻安慶不克素知潘鵬係本處人就令引禮白泓等押伊不合賫檄到彼招降有該衛指揮崔文等死守不從十五日宸濠又聞王都御史調集官兵来攻省城議欲退保省城拒守彼有鄭瓛用計脱走當即奮激立功招降哨賊百有餘人先赴王都御史軍門投首宋以方㸃行迯走不知去向凃文祥自行投井身死九江賊兵探知王都御史臨省城就開舡弃走前来要行救援彼有師夔脱走比時曺雷在瑞昌縣謀要復城聞知賊去與同汪頴并各

屬官員引兵進府十九日王都御史督兵大會省城關外
於二十日四更時分奮勇克復省城當即撫戢已定有胡
廉唐錦劉斐許效廉賴奉王玘并一應原拘府縣首領正
佐等官各赴軍門投見候宸濠回至王家度聞省城已破
就彼駐札節被官兵夾攻賊兵不利以次奔潰二十六日
賊兵被火攻燒敗乱溺水者不計其數宸濠被俘其妃嬪
宮人亦各投水綸與梁辰等亦各投到杜甫脫注九江去
訖續該
欽差太監張永等親詣一面查勘蒙行三司權令王金金山
梁辰等一十四名各回籍聽候其餘府縣正佐等官羈候

在彼待罪將綸在官妾趙氏郭氏陳氏巳故幼男王慿僧
王一貞僧并親弟王權王綖十二歲幼姪法會六歲幼姪王
悞德同屋家人來昇汪顏伊在官家人王一魯曺雷伊在
官妻汪氏男曺自修并妻楊氏男曺公女平州江州使女
春來家人書童依童楊童伊在官妻黎氏宋氏栢氏黄氏
男原任湖廣德安守禦千户所百户楊汝棠并妻吴氏生
員楊汝榮并妻張氏監故女小二姐并使女小二姐并使
女夏景秋景冬景、香喜真家人楊定并妻王氏楊宇并
妻黄氏楊道明陸通大和尚來安來福來悦來王來約來
終各保福童喜福杜甫伊在官妹惠聰姪女杜惠香使女

女臘梅桂香兒姪錦衣衛帶俸指揮僉事杜聰并妻劉氏
妾李惠門金女桂姐使女善定桃花兒丢兒姪孫杜承錫
外甥金良兒家人吴秀二漢楊福楊四保杜金王佐永福
来聰馬兒小五兒来添財刘章来壽張奇来住高英小和
尚高稚并妻羅氏楊達并妻張妙蓮使女林妙山趙貴杜
未并妻邵善慶進財来安掌兒任房人韋住并妻朱妙才
妾張氏男韋欽韋二漢女大姐来到家德勝妻張秀蓮四
兒妻葉二姐韋有妻張惠順王宏伊在官姪小狗兒伴哥
兒姪壻金吾右衛指揮甯宣并妻王氏家人閆保王銮王
保来定七兒中進永倉塞二洋子三兒三弟二漢王慶并

妻郭大姐未到王昭妻姚妙成女官女児捨児監故王奎
妻王銀児雇工人黄錦妻韓二姐住房人洪祥妻曹二姐
并綸等通行觧送刑部錦衣衛浣衣局各分監禁候小姐
等病故相埋訖遇蒙正德十六年四月二十二日
赦宥綸等俱係反逆失撥例不該宥本年五月内杜甫要得
掩飾前罪又不合捏詞具奏續蒙三法司錦衣衛奉
欽依将綸等會問前情明白又蒙查得王都御史先次奏稱
查勘得正德十四年七月二十日以後知縣方鐸擒獲首
從賊李世英等一百七十五名王軾擒斬賊級共千餘名
顆又該紀功科道官祝續等查勘得知府汪頴副使曹雷

於正德十四年七月十五日以後共督獲逆賊楊仲錦等
二十八名燒毀賊舡九隻陸續生擒逆賊一百二十七名
斬獲賊級一十一顆知府鄭瓛擒獲首從四十一名何維
周擒獲四十三名張元澄擒獲十一名陳大道擒獲二十
七名鄭公奇擒獲五十六名陳霖擒獲二十一名張禄擒
獲十二名蔡讓擒七名俞春擒獲五十七名王翊擒獲賊
一十三名楊本禄斬獲首級三顆典史葉昌二顆又紀功
孫御史手本開查李歟下家人李慶在順化門王家渡等
處擒獲逆賊丁鎮仔等三名又該前紀功謝御史手本開
查得僉事師夔擒獲從周成等當時已曾觧到審驗紀功

祝給事中等查對不同將師夔姓名削去未曾造入正册
各是實除劉吉等另行問擬外將綸等取問罪犯潘鵬等
十六名口各招同汪一象等一百一十四名口各供同照
出王綸應該緣坐家口入官財產已該陝西鎮巡等官督
同布按二司守巡等官畢昭等查勘得王綸妻楊氏先已
病故財產已行抄沒入官家屬王善等解到别無緣坐人
口未到南昌府知府鄭瓛先行刑部奏行發落訖招內未
到有罪人犯巡按御史林潮係福建泉州府人王金係順
天府涿州中衛人都察院行各該御史各提解京送部另
問其布政司等官梁宸等并未到董國宣等合抄招備行

南直隷江西各巡撫都御史逐一查照提問罪重者奏
請定奪情輕者照
詔旨徑自𥠖落其未到無罪官員知府等官宋以方等各查
復職公差戶部主事金山就彼轉行原籍官司起送吏部
復職若內有別項違碍者仍行查照問結其都布按三司
并府縣衛所等衙門曾被逆賊刼取倉庫錢粮脫放獄囚
等項通行查勘明白具奏施行會議淂王綸依合謀反但
共謀者不分首從律凌遲處死潘鵬師夔李斅俱合比依
知情故縱者律王繕王綎朱昇王法會王俁懷趙氏郭氏
陳氏俱謀反但共謀者王繕與同居之人不分異姓但年

十六以上律皆斬決不待時王法會王悞懷俱兄弟之子
不論籍之同異年十五以下律趙氏等俱妾各給付功臣
之家為奴王宏等三名俱各比依守邊將帥守備不設為
賊所掩襲因而失陷城寨者律汪顕合比依守將帥被賊
攻圍城寨不行固守而輙棄去者律各斬俱秋後處決杜
甫合依奏事詐不以實者律杖一百徒三年係太監照例
送工部運炭完日送司禮監發落汪一魯等一百一十一
名口俱供明杜聰寀宣楊汝裒俱送兵部汪一魯等一百
一十一名口俱送順天府給引照回原籍各查發還職肄
業寧家隨住俱候覆審奏

請定奪
刑部等衙門為
開讀事正德十六年四月二十三日節該欽奉
詔書内一款見監與宸濠謀反事情有干正德十四年就陣
斬獲及續拏人犯三法司錦衣衛先行會問明白各依律
議擬應得罪名再會多官覆審相同具奏定奪毋致縱輕
寃枉欽此又該刑部等衙門題為因変陳言以回
天意事奉
聖旨是錢寧私交逆藩共圖不軌傳復南昌護衛謀取宸濠
長男罪悪昭彰神人共怒你三法司錦衣衛即審明白便

依律決了不必復奏仍將所犯招罪并處決屍形榜示天
下其妻妾子女及同居家屬并抄沒家產等項都查照律
例施行欽此欽遵會問得犯人一名錢傑年三十八歲順
天府大興縣民籍任錦衣衛指揮同知狀招正德元年以
來有在官錢永安已處決父錢寧交結已處決逆賊劉瑾
投充
朝廷義子改名朱寧蒙蔽寅緣濫陞後府左都督管錦衣衛
事及又誑誘
朝廷於內府修蓋豹房新寺等處引進已獲遣樂人藏賢見
監回子于永并番僧等項人役結為姦黨肆行蠱惑因而

權招納賄傳批
旨意陞轉各處鎮守太監總兵等官得受金銀寶貨積貲數
百餘萬盛威權日盛是傑與在官錢靖錢永安錢雄錢英
錢明錢通錢鑑錢智錢仁李通李定兒王章劉華棋童樹
文宰王定兒錢釗存兒周源未獲錢經錢喜李海要得貪
圖富貴各不合與已故李得福喜來思來祿招的俱是正
德三年內投為家人彼有錢寧又買到在官李信李奉來
喜進財即來永善喜五兒等一十六名為家人正德八等
年有未到太監胡爵崔瑤崔安王堂岑璋黎安秦寧竇良
張倫金奉千戶劉吉校尉張明樂官列實并另起未問太

監劉景杜甫錦衣衛殿堂因見錢寧近侍專權各不合要
得交結胡爵將在官大進保三漢等柒十三名各買送錢
寧使喚又有在官家人李堂因會扮唱亦被錢寧留為家
人俱同居住過有錢寧節次冒報軍功欺罔
朝廷傳陞錢永安為後府右都督傑與錢靖等八名俱陞錦
衣衛都指揮千百戶等官俱托為心腹管理家事各不合
幫助為惡倚勢害人錢寧又將錢靖等七名俱擅改朱姓
瀆亂
皇族正德九年正月内有自盡宸濠要得復謀伊府先年革
退護衛并屯田差見監逆賊承奉涂欽等將銀一萬兩送

與錢寧接受遷於兵部覆題議查本內傳批
特旨將護衛屯田准與管業以致宸濠得有兵馬錢粮陰謀
不軌因與錢寧往來交通情厚時常饋送金銀等物數多
正德十一年六月內
朝廷未立東宮要得圖謀
大位參差已故典寶萬銳校尉林華等送錢寧銀三千兩謀
將伊長男假以上
廟燒香爲名行取來京錢寧因受重賄心懷異謀暗行許允
先令林華回報隨又詐稱
欽賜將玉帶金廂宝石帶各一條紵絲十對付與萬銳賫送

宸濠當令本府官員穿紅四十餘日以待錢寧傳取有先任江西按察司副使胡世寧及該府典宝等官閆順等各将宸濠逆謀惡跡前後赴京具奏被宸濠聞知要将胡世寧等陷死滅口陸續差伱欽及見監劉吉等前来京師打點饋送錢寧銀五千兩通共隱匿宸濠謀逆事情将胡世寧并閆順等俱誣陷充軍訖以此宸濠倚恃錢寧在内容邀獲故李士實王春共謀反逆彼有李士實等言説且須頻頻遣人進貢茶扇金銀玩器等物厚結

朝廷親信不疑方好起兵等語宸濠喜允就行續差林華并在处内官涂會等将帶茶扇金銀玩器等物赴京投託錢

寧依謀蒙蔽
進貢透漏消息歲無虛月正德十四年五月內宸濠逆謀
彰著被奏科道奏發致蒙
欽差賴太監崔駙馬顏都御史前去省諭被錢寧又令林華
星夜前去於本年六月十一日晚報知宸濠因於十四日
早起兵作反本年七月內被王都御史起集官兵將宸濠
等賊衆擒獲錢寧前項受賄謀逆等情亦即發露有錢經
錢喜李海各不合俱罪逃走致蒙錦衣衛等衙門遵奉
欽依將錢寧并傑等拿獲財產盡行封記抄沒入官及將在
官妻李氏刘耐驚兒張碧桃何碧杏使女王宝瓶刘壯冊

等二十九名口并傑妻趙善清使女桃花兒等棋童妻郭
小鸞使女并香梅刘華監故妻張氏錢智妻王氏錢清妻
錢大姐錢明等并妻王秀蓮并李使女李花等共一百六
十三名口俱蒙發浣衣局拘收正德十二年二月内有錦
衣衛已故指揮錢章在官妻徐氏令伊在官家人錢滑將
錢寧未之先原寄放玉帶一十九條金厢寶玉條環四十
九付鈎子十把提携二個酒杯船二付頭面二付每付十
件不成付雜頭面二十七付金鳳桃牌四根金釵花桶四
對玉簪二根金裏頭銀簪二十八根金鎖壽牌一付不堪
比鴉犀大小頂帽一個珊瑚簪一根及在錦衣衛錢俊將

錢寧原寄放素金台盞四付金厢宝石台盞八付綵環二
十二付鈎子二十一把提携二箇輭鞓繫腰一條金二百
八十兩各首付東厰將贓物具奏交進蒙將徐氏錢得轉
發錦衣衛奏送刑部監候本年五月内蒙三法司錦衣衛
會審明白將錢寧問擬謀反凌遲處死題奉
欽依處决訖覆蒙查審得傑與錢靖等九名委俱先年投與
錢寧為家人冒功授職助惡年久錢惠等一十名俱係隨
後投充李信等一十九名俱係錢寧收買使喚俱無助惡
之情亦各歷年未久内利市等一十一名與錢永安俱年
十五以下并李氏等四名俱律皆緣坐大進保等五十七

名俱係太監胡爵等買送錢寧使喚李堂委因扮戲被錢
寧拘留在家俱係被害之人并進保兒等六十三名口俱
下記父母姓名鄉貫錢俊等七名口俱供明鄉貫無從查
給合無俱送順天府小進保等查年十六以上者就編宛
大二縣附籍仍存恤三年之後方令當差十五以下者俱
發該府養濟院優養待出幼之後照前編籍存恤當差其
桂香兒俱當官嫁賣良家務令得所俱合候覆審奏
請定奪
刑部等衙門為
開讀事欽奉正德十六年四月二十二日

詔書内一欵見監與謀反事情有干正德十四年就陣斬獲
及續拏人犯三法司錦衣衛先行會問明白其真正共謀
逆賊并臨時脅從及先交通不曾與謀者各依律議擬應
得罪名再會多官覆審相同具奏定奪毋致輕縱冤枉欽
此續該司禮監太監韋霦傳奉
聖旨說與三法司錦衣衛知道在京各衙門見監輕重罪犯
總兵官員鍜煉成獄拘泥土被誣逮繫或因領兵官員追
捕餘黨被誣逮繫或原問官員鍜煉成獄拘泥文案多有
冤抑致傷和氣上干
天變朕心憂惻便着多官查照

詔書從公會審分別情罪輕重等第明白奏來定奪不許仍
前枉冤欽此欽遵該本部等衙門將問完犯人畢真等押
赴
午門前再會多官覆審得數內犯人陸完執詞不服寥鎧
劉璟等事情欠覆完行題奏
欽依再問得犯人一名畢真年六十一歲係尚膳監太監狀
招先年真取來獲周氏為妻生來獲男畢鑑畢鑑生來獲
孫畢大綸後真與在官太監商忠許滿劉璟少監盧明趙
秀秦用已故太監劉瑯杜裕各私自淨身收入
內府應役各歷陞前職正德二等年真不合交結已處決太

監劉瑾傳批
旨意差往山東鎮守擅理詞訟剝削軍民財物積至鉅萬在
官廖鵬因伊故兄太監廖堂鎮守河南不合跟随前去將
彼處官軍原捉獲強賊李萬倉等奪爲己功冒陞錦衣衛
指揮就假以奏帶爲名在彼擅理詞訟助惡害人比有教
坊司樂人在官晋良未獲臧欽張清各因艱難不合越関
前到江西投托另起問結寧府樂官秦榮引見今自盡宸
濠就留伊等教演小幼彈唱各得受銀兩数多又有已發
遣施越爲事刑部問發廣西充軍央已故樂工秦碧寫書
寄與秦榮引見宸濠因伊父已故發遣藏匿出入豹房近

幸當賞銀五十兩打發前往配所後因遇革與藏欽張清
各先後回京訖正德五年以來有廖鵬并在官王瓛因見
巳處决錢寧授爲
朝廷養子專權亂政就串同錢寧女壻在官齊佐巳故王準
各不合向錢寧說事過錢賣官鬻獄黨惡行事得利肥巳
一向不曾事發廖鵬并家人堂姪等五十四名各不合冒
緣節年冒報軍功及傳陞乞陞都督都指揮千百戶鎮撫
總旗等職役正德六年不等宸濠因在官御史張鰲山係
江西人先因鄉試中式曾來朝見熟識節次差人來京饋
送茶笋等物張鰲山不合接受不行拒絕正德七年間廖

鵰又不合将銀二萬兩買求錢寧傳差廖堂復去廣西鎮
守有廖鎧不合跟随前去助惡害人節被巡按御史劉天
和鉗制廖鎧嗔恨不合撥置廖堂於正德八年九月内捏
詞奏陷有廖堂就行賫本来京又不合将銀二萬兩買求
錢寧傳批
旨意差官校将御史劉拏解来京問罪降職訖又有劉景原
任浙江鎮守今已故家人馬旺将銀一千兩送與錢寧謀
幹改差廣西總鎮正德九年正月内宸濠要得謀復先年
革退護衛假以地方盜賊生發爲名借指
祖訓粧飾成本比因晋良素與臧賢親厚就差伊不合依聽

隨同謀結逆賊涂欽已故盧孔章等賫本赴京謀先將銀五百兩送與晋良托伊將銀五千兩送引蔵賢又將銀四百兩分送蔵賢婿已獲遣司鑑并施越又送與蔵欽張清秦碧各銀一百兩求為打點就托蔵賢將銀一萬兩送與錢寧又因另起見問太監張雄掌管司禮監事商忠盧明俱為張雄信用就送商忠盧明各銀五百兩托伊引送張雄銀三千兩寶石金廂帶一條又恐另起見問坐廠太監張銳阻撓不便亦將銀二千兩托蔵賢過送各不合知情接受入巳宸濠又因彼時見任兵部尚書在官陸完曾任江西按察使往來交厚亦令涂欽等將金台盞一付重十

兩叚四疋饋送與伊扶持有陸完亦不合接受入已許允
除欽等方將前本奏行兵部有陸完於查復本内雖称將
護衛再復却不合又稱寧王以
太祖典章為言合行會議具本覆奏有錢寧臧賢張雄各因
得受重賄不合共為欺罔傳批
特旨將護衛復與嘗業彼有除欽因打點禮物不敷訪知陳
善販賣羅叚就令盧孔章向伊不合知情賒與羅叚二百
餘疋又因杜裕守宣武門出入不便亦將銀叚布疋等饋
送以後時常向陳善借用叚疋等物及在杜裕家各寄放
銀兩交通往來不絕有先任江西按察司副使胡世寧將

宸濠惡跡具奏被伊聞知挾情具本差涂欽赴京餽送錢
寧銀三千兩張雄五百兩臧賢五百兩盧明三千兩各不
合扶同蒙蔽具奏將胡世寧誣陷遼東充軍彼時秦用趙
秀俱在司禮監辦事曾託打點消息亦各將銀一百兩送
伊等各不合接受訖有劉瑯先年在於南京守備見得宸
濠聲勢日大令伊弟劉章不合投入本府交結撲置因而
交往情厚有廖鵬要得蠱惑
朝廷貪圖賄賂不合串同錢寧傳令廖堂趕造壇帳乘机剝
削軍民科歛銀十餘萬兩內送錢寧銀一萬兩其餘銀兩
廖鵬不合與廖堂盡數入己正德十年內廖堂改南京守

備有廖鑾不合謀要代晉就令廖鏜不合饋送錢寧銀五千兩各色叚一百疋將伊傳差陝西鎮守被有薛璽蒙欽差江西勘事宸濠因伊近侍官員及與錢寧親厚當將銀一千兩差另起問結逆賊劉吉送與薛璽不合接受回京以後亦與交通往來又有許滿不合接受回京以後亦與交通往來又有許滿不合將玉石絛環二付饋送錢寧并許銀五千兩幹差江西鎮守前去到任及與在官河南布政林正茂彼時亦任江西按察使各不合畏惧宸濠声勢時常送伊饋送禮物不敢推却有張乾畢縕亦各不合營求許滿奏帶在彼倚勢害人本年四月内有劉璟在廣西

取回南京閑住經過江西亦不合接受宸濠饋送禮物以
後往來通好不絶正德十一等年月日不等有未到太監
李鎮浦智黎鑑邢安都指揮張勇郭瑾各不合要得謀幹
鎮守守備各將銀兩饋送齊佐王猷王準各不合接受爲
伊過送銀兩向錢寧處營幹彼有齊佐得受黎鑑銀一千
兩過送錢寧銀三萬兩傳差臨清鎮守又得浦智銀二千
兩過送錢寧銀三萬兩傳差浙江鎮守王準得受李鎮銀
一千兩過送錢寧銀一萬兩傳差湖廣鎮守王獻得受邢
安銀八百兩過送錢寧五千兩傳差密雲鎮守又得張永
郭瑾銀各五百兩過送錢寧各一千五百兩傳差張永獨

石守备郭瑾充副總兵鎮守河間等處正德十二年間有
原任寧府典寶閆順内使陳宣刘良迯走赴京具奏宸濠
不法事件被伊聞知要浔陷死贼口随差劉吉前来饋送
錢寧銀二千両臧賢張雄張鋭各銀一千両各不合接受
串同将閆順等俱誣陷南京
孝陵衛充軍波因求討消息又送盧明銀二百両秦用趙秀
各一百两亦不合接受比有許滿蒙取回清江浦管粮傳
差貞前去江西鎮守於本年十二月内到任不合将玉帯
一條各色紵絲紗羅十對馬二匹進送宸濠結好正德十
三年正月内有先任江西清軍御史范輅與貞爭論坐席

及辨朝王服色是真㤥恨不合商同宸濠捏奏范輅提觧
到京問罪降職本年二月内遇蒙
太皇太后崩逝有盧明與宸濠素厚不合因求賫捧報訃前
往江西得受宸濠銀三千兩本年三月内廖鵬又不合將
銀三千兩送與錢寧傳掌錦衣衛南鎮撫司印信本年十
月内有在官胡魁勝由江西按察司吏役在京聽選要得
謀選近便地方因寧府已故内官周瑞在京幹理素與相
好不合央求伊向陸完囑託不合聽從將胡魁勝選除通
州左衛經歷有宸濠要得求盧譽取信
朝廷商同獲故賊首李士實王春捏造孝行虛文串同真不

合主張寫成呈文脅令府縣教官生員耆老人等呈遞三
司轉呈真與未到廵按御史林潮各不合會本具奏比有
宸濠臣要得籍真預備人馬助逆就商同謀求改差浙江
鎮守起程間宸濠當將銀三千兩金壺一把台盞四付并
器皿茶芽等物送真又將銀三百兩送在官𠫭隨張浩各
不合許允接受正德十四年正月内劉璟要得謀幹鎮守
各不合將銀四千兩送與錢寧又許銀壹萬兩及將另起
發落小廝喜住児永節買送伊使用因得傳差河南鎮守
本年二月内真到浙江不合假以操演官軍為名虓各重
賞銀兩暗邀人心及又打造盔甲千餘付堆積本鎮衙門

待時起兵助逆又不合將銀一百兩差人往餘杭縣買米一萬石以備軍餉當被巡按張御史行文該縣禁止本年五月内宸濠逆謀彰著被科道官奏發
欽差賴太監崔駙馬顏都御史前去省諭至六月宸濠聞知反謀敗露就與刘吉涂欽李士實王春已故賊首閔念四等商說如今差官勘我府中事情革我護衛若不起手斷然不好十三日是我壽日鎮巡三司等官必來慶賀俟次日謝禮就脅令各官順從起兵若不順從即行斬首㣲衆刘吉等就各回說此謀最好比真亦差張浩引領未獲張綸曹松將帶禮物前去賀壽宸濠當賞銀三百兩就晉張

浩不合知謀在府潛住隨遣張綸曹松各不合依聽徑回
浙江報真知會有在官王俊因張浩顧伊跟隨使喚亦不
合知情不行首官即當逃躱至十三日鎮巡三司等官進
入宸濠府内賀壽筵宴各散十四日早有宸濠密令閔念
四等張浩各不合暗藏兇器傍立有鎮巡三司等官進府
謝酒當被宸濠將孫都御史許副使俱各殺死其餘官員
俱縛鎖監禁因而稱兵作反及造僞檄不用正德年號称
大明已卯傳布各處誑邀人心隨又差已故校尉趙智前
到浙江會真助兵彼有王都御史因往福建公幹行至豐
城縣地方聞變即行奔回吉安府督同知府等官起集義

兵前去㐌勦彼時張鰲山回家丁憂亦赴軍門隨同賛畫
本月二十日劉卿聞知宸濠作反隨行點集精壯伴僕百
餘及將火藥軍器暗藏空棺内要得送與宸濠助逆扛送
出城致被南京科道孫懋等交章奏發比真得報亦就不
合阻稱宸濠差太子來取浙江等語差人四散傳報動揺
人心本年七月十四日真又不合假以進
表為名拘收城門鑰匙約令本省官軍盡帶器械於本日三
更時分赴本府伺候又令三司府衛等官俱於四更亦先
到真處作揖方許行禮要得乘機殺害起兵助逆以致闔
城居民驚疑哭聲動地當被巡按張御史并各官點集官

軍防備被真惧怕不曾起手彼有宸濠舉兵前来打来慶
将不在官南昌府知府鄭𪩘令張浩等監押在船到於黄
石矶地方有鄭瓛見得賊乱攘要行柔櫈脱走間被張浩
不合張弓喝阻要行射死鄭瓛惧怕仍前潜伏在舡十月
二十六日王都御史統領官兵将宸濠并賊衆擒獲地方
平定蒙
欽差先任太監張永前到江西查勘於寧府承奉司搜獲簿
籍查有高忠盧明杜裕陳喜趙秀等二十六名各姓名在
内具奏及奉
欽依将真等并真同居家人刘卿在官同居家人劉寧劉成

福禄吴彪進禄䒭十六名在官另居匠工人吴寛王雲叅
随花喜及伊家人徐喜劉璋在官妾王玉蓮刘清等各妻
妾使女王大姐等二十六名口廖鵬在官妻于會安妾杜
會榮王秀英張恵金馮菊花等女家人邉成刘恩䒭三十
六名家屬侯氏張玉祥韓桂英等四十七名口廖鎧在官
家屬留住児進保児張氏䒭二十一名口廖玉家屬俞秀
蓮等五口王獻在官妻趙氏妾李氏等家屬王雀等六名
口齊左在官妻錢氏男齊茂家屬袁玉等二十二名口王
準在官妻小錢氏家屬姚漢等三十名口盧明在官妻叔
盧聰葉秀盧氏等一十七名口商忠在官家屬趙玉商福

等四名口趙秀在官家屬福來耿三児等十一名口秦用
在官家屬強宗等十四名口陸完已故毋華氏妻華氏妾
張氏男陸修女陸三児陸四女家屬陸宣等二十一名向
受阿官恵氏廖氏等二十三名口薛璽在官妻白氏家屬
薛基等三十名口杜裕在官家屬杜得實杜滿等四十五
名口晋良在官妻周氏男高真保家屬趙氏六斤児等臧
欽在官家屬臧賢等三名口張清在官家屬張斌馬氏等
八名口許滿在官家屬許鑑等五十九名口劉瑾在官家
屬劉俊夏錦等八十一名口林正茂在官家屬林周等一
十四名口張乾在官家屬張鰲等一十七名口畢經在官

家屬進禄陳氏等四名口俱被錦衣衛等衙門前後捉獲
彼有在官福興福忠等五名俱因扮唱石順因吹打鄭漢
因鄭中書使伊送禮張成因與劉瑯家有親帶領伊已故
家人劉聾子在官弟張三兒前去看望各在劉瑯家又有
在官奉御唐朝宗因望秦用張朝因望盧明凈軍應堂劉
朝俱在盧明家乞食俱被混拏分送刑部錦衣衛浣衣局
各拘監劉璋藏欽等九名各不合惧罪逃走刘名喜来陳
維十七名俱各陸續病故相埋訖遇蒙正德十六年四月
二十二日
赦宥真等事干謀反姦黨并各該緣坐家口入官財產例不

該宥本年五月内許滿刘璟等四名各不合将情捏奏真
本奏辯蒙三法司錦衣衛遵奉
欽依先行問擬真等招罪會同多官覆勘有陸完要淂攄飾
不合執詞不服及廖愷廖璟各罪事情欠究覆蒙三法司
錦衣衛題奉
欽依将干審人犯劉吉等取出到官責與真并陸完等逐一
對審前情明白議淂真與張浩并已故劉瑯宸濠通謀反
逆相應處以極刑緣坐同居家口籍没財産盧明高忠等
六名并未獲葳欽張欽已故杜裕秦碧止是先年交通不
曾與謀并廖鎧情犯俱事涉姦黨相應比附許滿刘璟等

三名止送宸濠饋送禮物及與張乾畢受俱無交通之情
廖鵬王猷齊佐并已故王準妾各黨惡錢寧壞法乱政相
應坐以姦黨律正緣坐其妻子籍沒財產又查得真等同
居緣坐家口除年十六以上外真孫畢大綸并同居家人
進任進壽等九名張浩男張二漢刘瑯同居家人平秋刘
添等十名俱犯罪時各年十五以下各是的將真等取問
罪犯張浩等八十八名口各招同住児等六百六十八名
口各供同照出畢真張浩劉瑯廖鵬王獻齊佐王準各財
產在京者合行戶工二部在南京者合行南京戶工二部
各抄投入官招內未獲有名人犯劉瑾等各行錦衣衛緝

事衙門及五城兵馬司挨拏至日另問未到太監等官李
鎮等俱各另行會議潯畢真所犯畢真張浩俱合依謀反
但共謀者不分首從律凌遲處死畢愷許重等一十一名
俱依謀反但共謀者子孫及同居之人不分異姓及兄弟
之子不限籍之同異年十六以上者皆斬俱決不待時廖
鵬王猷齊佐俱依在朝官員交結朋黨紊亂朝政者律皆
斬妻子為奴財產入官盧明商忠等六名俱比依在朝官
員交結朋黨紊亂朝政者律各斬俱秋後處決畢大倫進
住等二十六名俱依謀反但共謀者子孫及同居之人不
分異姓年十五以下及女妾俱給付功臣之家為奴于惠

安齊樾等六名俱依在朝官員交結朋黨紊亂朝政者妻
子俾皆爲奴王俊合依謀反知而不首者律董文廖德哥
九名俱依知情受財官者律各杖一百流三千里准徒四
年許滿剌璟林正茂等俱依奏事詐以不實律各杖一百
徒三年胡剋滕依官曲法囑託公事已施行者律杖一百
董文等一十三名及胡剋勝俱遇革免科許滿剌璟俱係
太監張鰲山林正茂俱係職官各照例送工部各照徒年
限運炭完日與胡剋滕俱照行止有虧事例許滿剌瑾送
司禮監張鰲山林正茂送吏部張乾哥十五名俱送兵部
各查革職役王俊係民審無力送順天府遞回原籍蔡冲

要驛遞照依年限擺站滿日住児等六百六十八名口俱
於律不該緣作莪爲民着役寧家給親歸宗随住合候覆
審畢日通行奏
請定奪
刑部等衙門爲極處大獄以昭
國法事該本部等衙門題前事奉
聖旨是江彬黨比逆賊蒙蔽
先朝詐傳詔旨邀截實封擅作威福紊乱國政創調邉軍操
習近地誘引巡遊致虧
聖体樹立姦黨謀爲不軌逼取京城各門鎖鑰欵行乘机奥

兵蓦乱欺
君誤國大逆不致罪悪萬端神人共怒你三法司錦衣衛既
會審明白依律處决凌遅不必覆奏仍將所犯招罪并處
决屍形榜示天下其妻妾子女及同居家屬并抄没財産
等項都查照律例施行欽此欽遵巻查先該刑科等科都
給事中等官劉　等題為速處大奸以彰
國法事又該河南掌道事江西等道監察御史王　等題為
急處大姦以彰
國法以快人心事俱奉
聖旨這所言有理着三法司便會多官究問明白来説欽此

欽遵續該錦衣衛鎮撫司題爲牢固監候事奉
聖旨是江彬欺罔蠱惑潛蓄異謀神周李琮同惡相濟都情
罪深重神人共憤着三法司錦衣衛議擬罪名來說欽此
欽遵會問得犯人一名神周年四十三歲直隸鳳陽府壽
州人見任後府右都督原係陝西都指揮使司延安衛右
所百户神雄下冠帶舍人弘治十一等年在於賀蘭山等
處節次殺賊有功由總旗歷陞本所副千户遇例納粟指
揮僉事正德六年慶陽等處有功陞指揮使正德七年征
勦流賊有功陞右府都督同知推充副總兵鎮守山西偏
頭關地方正德八年爲因失机降指揮僉事正德十一年

起用傳陞前職狀招有已處决江彬伊故祖江穆生伊故
父江淮及見在宣府萬全都司蔚州衛另居住來到叔父
江鐙江彬娶伊在官妻杜氏生伊在官男江勳江杰江鰲
江熙江然正德七年三月內江彬隨同不在官宣府總兵
官張俊前往山東等處征勦流賊本年十月內賊平江彬
隨軍回京要得夤緣驟進不合交結已處决都督錢寧引
入豹房奏見
先帝因留在內答應江彬就不合時常姦謀巧爲蠱惑以致
歷陞後府左都督提督神威營後伊又夤緣改從朱姓因
而竊弄威權常於

御前講説兵事将遼陽及宣府大同延綏四路軍馬盡調取
来京雜引入内操練號外四家又撥置設立西官廳求討
提督以逞姦威正德十一年内江彬又要浔樹立奸黨妄
稱周并在官萬全都司都指揮使李琮勇略過人引見豹
房一同近侍各不合互相交結爲姦周與李琮亦各不合
夤夜改從朱姓正德十二年八月内江彬又大肆欺罔假
以巡狩爲由誘引
先帝領兵到於宣府駐扎又捌立營殿稱爲家裡淹留在彼
住過正德十三年正月内方總回京江彬因浔陞爲平虜
伯陞伊男江勲錦衣衛都指揮同知周後府左都督并在

官男神涇錦衣衛神澄延安衛俱百户李琮都督僉事周
興江彬李琮各不合朋奸欺罔屢以巡邊耀武之事誘引
先帝復於本年七月内前到宣府新立宫殿駐札有彼處未
到總兵官朱振閻杰各不合畏勢各將銀三千兩見監都
察院太監劉祥亦不合將銀一萬兩并在官拧唱小厮刘
栾刘棒槌刘蒸小小籍利劉奉并六指兒各送與江彬使
唤不合收受彼有鬬毆殺人絞罪犯人一名楊瑯及因姦
威逼人致死斬罪犯人李與在陽和城監候江彬要受各
犯銀三百兩詐稱
旨意就將楊瑯李興取出脫放後有被害人孫瓊孫琪孫榮

忿恨不平要行奏吉江彬訪知又被奏蒙将孫璽等俱行
打死江彬與周等各不合誘引
聖駕西遊山陝到於大同城彼有見監都察院鎮守太監馬
錫見得江彬與周等勢要不合将銀三千兩總兵杭雄不
合将馬二匹銀二千兩付總兵張輗不合将銀五百兩各
送與江彬各官又送琮與周各銀一千余兩又不合接受
至偏頭関地方未到總兵紀世楹亦不合将銀一千兩送
與江彬收訖本年十月内到榆林城未到鎮守太監許全
不合送與江彬銀一千兩周與李琮各五百兩亦不合接
受總兵官戴欽亦不合送江彬銀一千兩周與李琮各三

百兩及将在官小厮琴童送與江彬福定送與周亦不合
收留使用江彬又捏寫帖子傳送各處守備官取要活豹
大馬氊帳黑花豹天狗皮爲名挾要官銀約共四萬餘兩
江彬誘引
先帝在於沿邊打獵致被夷虜窺視兇至蒙塵本年十二月
回至山西省城見監都察院太監吴經不合送與江彬銀
五千兩周與李琮各銀五百兩各亦不合接受正德十四
年正月内
聖駕回至宣府三月内回京江彬又謀誘引要往山東等處
遊幸彼時各衙門郎中等官具本

奏阻及劾江彬引誘不法事情江彬就懷恨在内蒙傳批
旨意將各官發跪五日復加責打降斥罰俸充軍當有員外
等官陸宸等十一員俱被責打身死於本年三等月内江
彬又奏討傳陞伊男江杰江勳俱錦衣衛都指揮同知江
然指揮同知江熙指揮僉事在官家人許宣百户及强要
不在官醫官徐浦伊扮唱小廝徐佐徐美徐木在家使用
本年七月有已死宸濠起兵作反周與江彬李琮各不合
符同挸奏宸濠兵馬勢衆必須
聖駕親征及誘説江南一帶地方富庶比與宣府榆林不同
江彬又奏討官校八十餘名跟隨以張威勢本年八月二

十二日周興李琮江彬各帶先年投充伴當江彬帶在官
王英周帶在官神儒禄兒奴虎赤三兒朱福順李琮帶在
官閆士桑李福等六名各隨
駕啓行至九月初九日到臨清州未到鎮守太監黎鑑見得
江彬周興等威權日重不合送與江彬銀三萬兩李琮等
銀各二千兩各不合接受又有未到管倉太監楊簡等十
八員名不合送與江彬銀共五萬兩周興李琮共銀六千
兩各不合接受本年十一月内
駕過邳州被江彬向巳革知州高巖挾要銀兩因而不從就
裝誣事件將伊拏送錦衣衛送參刑部遇革釋放訖至淮

安府未到管倉太監張祥將銀四千兩送與江彬周與李
琮各一千不合收訖至揚州府江彬又擅差官校將不在
官塩商王瑾等假以興販私塩爲由提拏監禁彼處商衆
共銀五萬兩將王瑾等釋放本年十二月終
駕到南京彼處未到守備太監崔安廖鸞各不合將銀一萬
兩并將在官小廝進福進寶陸右陸十兒董文亦不合將
銀三千兩并將在官小廝小五兒進壽進財俱送與江彬
使用又不合送周與并李琮五千餘兩亦不合收受彼有
江彬張威肆悪日令校尉四散緝事拏人節將南京文武
衙門題本并各邊總兵官阮雄等節差不在官指揮千百

户楊淮等四十九員各賫奏題本共一百三十六封俱係
邊方重事内一十七封又達賊入境緊急邊情事阻滯不
容投進及收藏私家又差官校夜不收人等賫執火牌分
投前往蘇松杭州嚴寧等府地方假以訪察不法爲名挾
要彼處大家銀兩宝貨不計其數正德十五年三月内反
賊宸濠并其餘逆黨俱解到南京彼有各衙門文武官員
跪門請
駕回京江彬又妄傳旨來進諫定以軍法從事吒回訖江彬
思得掌握兵權威勢日盛一應事務皆得專決人心畏懼
無敢阻撓要行謀逆慮恐城門出入不便當就分撥官校

旗軍將南京城門盡行守把以致内外居民驚惶率多迯
避彼周與李琮各不合知情坐視不阻江彬又拘喚南京
中府經歷楊璜要取十三門鑰匙被伊堅執不從江彬怪
嗔誣陷贓私事情將伊拏送錦衣衛監問至今未結江彬
又親寫帖子密差脫迯千戶常洪不合依聽賫執火牌前
往湖廣地方取要竒恠難得之物挾要彼處官司折乾銀
一萬五千兩交與江彬收訖江彬周與并李琮各又不合
明奸誘引
聖駕要往湖廣浙江等處遊幸傳聞各處鎮守太監前往南
京迎見彼有未到鳳陽鎮守太監周逵不合將銀一萬兩

并在官小厮抄唱添嘻七児湖廣鎮守太監李𨱥不合将
銀二萬兩并在官抄唱小厮李孜五十兩常受児七児栢
夷浙江鎮守太監浦智不合将銀三萬兩并将在官阿三
成児賣市舶太監趙榮不合将銀五萬兩織造太監晁進
不合将銀一萬五千兩并将在官抄唱小厮永哥各送與
江彬收留使喚各不合送與周并李琮銀不等共六千餘
兩各不合接受至八月十五日江彬誘引
先帝前去牛首山遊翫因留在彼宿歇三夜江彬又要乘机
潛行篡逆被帶圍護人馬兩次夜驚喊声動地江彬惶懼
不敢逞謀本年閏八月内

聖駕回京周與江彬李琮各裝金銀竒玩等物占坐大船百
十餘隻沿途起撥人夫動以萬数死者枕籍江彬又大肆
兇威扵南京并沿途地方節差軍校妄拏平人千餘逮繫
来京多被淹禁身死彼有周等各原帶領王英神儒福祿
児奴㕓赤三児朱福順閆士桑等七名各不合助悪生事
及往来沿途地方經過索要有司財物各約有一百餘两
值鈔一百二十萬貫之上各花費至本年十一月内
駕到通州江彬素懷不軌不指以處治宸濠為名誘惑人彼
久住及召文武大臣到彼議事江彬因見人多勢盛自行
疑沮不敢肆謀本年十月初十日

先帝回京連年被周與江彬與琮朋奸誘引遠涉巡幸　居不時遂致寢疾窮㫁正德十六年二月內周與江彬李琮各明知團營教塲係是
舊制各不合要行变乱共謀欺罔奏
准改作威武團練營就令江彬周與并李琮等提督兵馬在彼操練江彬因錢寧謀反事發財産應該籍沒就假以寄放金銀寶物爲名妄拏平人挟追銀兩不計其數以致人心驚疑京師動摇本年三月十四日
先帝駕崩周與江彬李琮俱蒙
懿旨拿送鎮撫司監候復蒙將江彬伊在官妻楊氏男江勲

江杰江鰲江熈江然女千金兒萬金兒貴金兒江勳妻祝氏江杰妻朱氏神周在官妻李氏男神漢神涇神澄李琮伊在官妻張氏男明受并各家屬人等俱拿送鎮撫司都察院各監禁及永哥不合將江彬銀八十三兩二錢盜拿逃走亦被中城地方火甲連人捉獲連人轉送刑部監禁隨該科道官各將江彬周與等罪惡舉劾節奉

欽依着三法司錦衣衛會同鞫問明白先將江彬議擬謀大逆凌遲處死題奉

欽依處决訖及蒙查審得在官江和許宣江富江談江梅江保李春江林俱各與江彬為家人同居年久助惡生事討

兒江朋等一十二名俱年十六以上八兒僧保兒等六名
俱年十五以下俱係江彬買使喚同居未久原無助悪之
情江然年十五以下及與楊氏祝氏等五口神漢神涇神
澄明受律該緣坐王英神儒福祿兒等一十二名俱跟随
係沿途生事害人孫氏劉大兒等八口俱係江彬家人妻
張氏係監故家人江貴女石氏翠花兒一十五口俱係江
彬下使女李氏郝氏髙氏王氏俱係周與妾四斤兒係周
幼兒趙氏俱周已故弟神童妾徐氏係男神漢陳氏係男
神澄妻李氏馬氏等四口俱係周下家人進福書童等一
十五名俱係周下小厮王氏劉氏馬氏等十五口係周下

家人妻晉氏王氏葡萄兒等一十七口係周下使女藍兒

冬菊兒毛女兒係周下家人女梁氏宋氏王氏朱氏鄭氏

陳氏杜氏俱係李琮妾李盤係李琮家人德喜來安回子

等一十五名俱係李琮下家人鎮定兒來住兒李加長生

兒係李琮下家人男楊氏晝氏等十口係李琮下家人妻

受兒係李琮使女俱律不該緣坐内江彬下使女翠花兒

七兒等八口俱不記父母姓名鄉貫其江彬下書童張存

義等七十二名俱係太監劉祥等買送及江彬倚勢强要

俱係被害人數難作同居之人内張義楊見等二十名俱

不記父母姓名鄉貫指揮杜鎮軍人吴道馬三保林見吹

手實榮田雄田福王信止是聽候江彬下跟用宋全李紀
李和等係周下王清許良小馬兒係李琮下各雇工人楊
經王才王洪王寧等四十五名俱供明人江貴張祥朱成
等於都察院彭祥得友兒進才等一十四名於鎮撫司陸
續在監病故相埋訖遇蒙四月二十二日
赦宥周與李琮犯該姦黨并各緣坐妻子入官財產例不該
宥將周等取問罪犯李琮等六十名口各給同孫氏等二
百七十七名口供同照出江彬財產被誣署經歷楊璜前
案周照訖神周李琮財產合行工部抄沒入官江彬因連
坐未到叔江愷并彬脫放重犯楊瑯李思與及見監都察

院太監刘祥吴經馬錫各抄招移咨都察院各書提到官
楊卿李與查照原擬歸結江彬依律問擬徑自奏
請發落永哥原盜江彬銀八十三兩二錢合收入官煎銷類
納未到太監許全黎鑑張祥崔安廖鸞董文羅錀丘得李
鋪浦智趙榮晁進并臨清管倉太監楊簡等一十八員總
兵官朱振陶杏杭椎張輗紀世楹戴欽俱另行會議得神
周等所犯神周李琮俱合依在朝官員交結朋黨紊亂朝
政律皆斬秋後處决江勲江杰江然等二十四名各依謀
大逆者同居之人不分異姓俱年十六以上律各斬决不
待時江然依謀大逆者子八兒僧保児等五名依謀大逆

者同居之人不分異姓俱年十五以下律楊氏千金兒萬
金兒貴金兒祝氏朱氏俱依謀大逆者妻女幷子之妻律
各給付功臣之家爲奴李氏張氏神漢神涇神澄明受俱
依在朝官員交結朋黨紊亂朝政者妻子律爲奴王英神
儒福祿兒等十一名俱依豪强之人求索財物强者准枉
法論俱一百二十貫罪止絞各杖一百流三千里各准徒
四年永奇依雇工人盜家長財物减凡盜一百二十貫罪
止一等免刺杖一百徒三年王英係總旗閆士榮郭真係
軍趙明係軍餘神儒福祿兒奴扁赤朱福順三兒俱係神
周家人李興化童來福李倫係李琮家人永哥係氏俱遇

單免科江彬下家屬孫氏劉大兒等十六口神周下家屬
王氏宋氏朱氏等三十六名口俱於律不該緣坐李奇書
童寺四十七名俱太監刘祥寺買送及江彬倚勢强要原
係被害雖作同居之子及供明杜鎮馬三保等六十七名
口各還職着役給親完聚寧家随住尒照犯人神周李琮
負資剛暴桀跶遑陲百計夤緣投充義子肆行姦巧蠱惑
先皇統悍卒以礪爪牙黨乱臣而成羽翼欺
君誤國蠹政害民處以重刑情法允當再照江彬家人江和
許宣寺六名俱同居年久助悪害人并江彬男江勳江鰲
江杰江熙依律處斬情法相應討兒江朋琴童許璽等十

名雖與江彬同居但各歷年未久止供使令之役别無助
害之情一槩緣坐情有可原其江彬男江然并家人八兒
僧保兒等五名俱年十五以下與神周男神漢神涇神澄
李琮男明受并江彬妻子女婦楊氏祝氏等三口神周妻
李氏李琮妻張氏俱合給配爲奴及照江彬伴當王异神
周家人神儒等九名李琮家人李福等伴當郭直等俱各
跟隨江彬等役使左右往来南北乘机索取財物騷擾官
司罪雖遇革法難輕縱應合發邊衛充軍孫氏等二百四
十三名口俱合依擬發落江彬使女翠花兒等一十口并
原送强要拎唱使喚小厮張義等三十四名俱失記父母

姓名迷失鄉貫無從查給合無通送順天府翠花兒當官
嫁賣良家務令得所張義等七名俱年十六以上編柴窕
大二縣爲民仍存恤三年方令當差安六兒六指兒等一
十四名俱年十五以下送養濟院優恤仍候年出幼照前
編籍存恤當差神周李琮俱軍職論功定議及與江勲等
俱重刑候會審畢日奏
請定奪
刑部爲
開讀事陝西清吏司案呈准錦衣衛經歷司手本内開正德
十六年四月二十二日欽奉

詔書內一款回夷寫亦虎仙交通土魯番與兵構乱擾攘地
方以致哈密累世受害罪惡深重曾經科道鎮巡官勘問
明白既而夤緣脫免錦衣衛還拏送法司查照原擬開奏
定奪欽此欽遵奉行拘回夷寫亦虎仙到官開送到司已
經查照原擬開呈到部具題奉
聖旨寫亦虎仙并伊子壻情罪還會多官議擬了來說欽此
欽遵會問得犯人一名寫亦虎仙年六十五歲原係哈密
衛都督狀招永樂年間開設哈密衛降給金印封酋長脫
脫為忠順王與斤赤罕東二衛番達俱為甘肅藩籬成化
年間忠順王故之嗣遺王母弩溫答力與都督罕慎守國

被土魯番酋首速檀阿力占奪城印成化十八年速檀阿
力病故罕慎復將哈密城奪守弘治元年又速檀阿力弟
速檀阿黑麻誘殺罕慎奪占城池至弘治四年獻還又封
脱脱同宗枝子陝巴爲王是虎仙與未到都督滿喇哈三
畏兀兒都督奄克孛剌今故都督失拜煙荅俱輔佐守國
虎仙不合欺淩陝巴要得謀奪王爵又不合商同未到今
守哈密城妻父哈即搆引速檀阿黑麻捉獲陝巴到土魯
番羈住弘治十一年該鎮巡官奏差侍郎張海都督侯謙
前來處治閉關絶貢彼時西域諸夷怨帰速檀阿黑麻方
纔悔過將欽陝巴送回哈密任守速檀黑麻故伊子速兒

為酋首弘治十四年虎仙不合商同向即設計搆引速檀滿速兒麽毋兒先荅力所生弟真帖木兒前來哈密却将陝巴逼令帶印迯沙洲潛住要将真帖木兒扶立為王有沙洲屬番報知鎮巡官差撫夷官哈兵哈三同降指揮使董結等前到哈密将真帖木兒誘取甘州覊住仍将陝巴送回哈密住守病故該鎮巡官奏討陝巴男速檀弃牙即王虎仙又不合不行守國自成化等年以來節次更調諱進貢貪圖賞賜盜受廩粮及帶同原買招留先已發落蕃男家人亦速把剩火者天哥的兒的等及肅州衛軍余脱踹亦挍㡿仙作為家人并令未到男米兒馬黑麻及已發

落姪馬亦所都剌妻弟滿剌黒麻各亦随從指以進貢往来買賣使喚營利家貲富盛在於甘肅地方買置庄田包娶妻妾五房用度過奢尚懷不足常起謀逆及使令發亦速把剌火者毋阿力為好漢行兇搶殺紫城兒夷人帖木兒等及遞年進貢跟随撘擾驛遞生事害人彼有巳問發土魯番回回火者馬黒麻係本土家産虎仙與滿喇哈三等送交速檀滿速兒收留虎仙要得諂諛速壇滿速兒圖富不合向本酋説稱甘肅風土好過若要奪他不難又央頭目牙木蘭為媒求説真帖木兒毋也先荅力為妻伊巳依允虎仙嫌老不娶回還正德八年内有阿剌思罕兒并

阿都阿哇滿剌允都見浔甘肅年荒城堡空虛輙起異心
令阿剌思罕兒巳差落家人滿可力捎書前去與哈即并
㕑仙令未到女壻火者馬黒木令各處轉向速壇滿剌兒
誘説領人馬來奪甘肅城子好生不難今說速壇滿剌兒
要來時先將哈密占了總好領人馬來到肅州外邊因搶
人民我每城裡差火焚燒若奪了肅州怕他甘州不浔芋
情及有真帖木兒聞知俱因先在甘肅久住撰知風土好
過亦教速壇滿剌兒領兵侵犯本酋先令哈即并㕑仙各
不合聽從將忠順王速壇并牙即用計嚇說速壇滿速兒
王子恠你不公要殺你來可預先投順免禍速壇并牙即

被嚇帶印自行投到速壇滿速兒處收留速壇滿速兒又

要將哈密守國都督奄克孛剌拿去土魯番有奄克孛剌

聞知慌懼逃走肅州報知分守官處報鎮巡官會本具奏

說彼有速壇滿速兒見得速檀并牙即好漢與伊母商說

要行伊妹婚并牙即爲妻虎仙聞知又不合要得輙起奸

謀要與速壇滿速兒結爲姻親潛去土魯番向速壇滿速

兒誘說侵犯甘肅又向火者他只丁說稱速壇并牙即是

西番骨頭不可做親你向速壇滿速兒央說把他妹子與

我爲婚我就手掌哈密每年進送段子三百疋盔甲一百

付等語火者他只丁向速壇滿速兒說知前情本酋蒺怒

怪說寫点虎仙是賣胭脂賣粉的回回欺心辱我要送在
於水眼裡餧魚殺死虎仙惧怕向火者他只丁央說我許
王子馭子一千疋謝你五百疋將我饒了罷火者他只丁
與本酋勸說聽信就令火者他只丁同虎仙來到哈密收
取馭疋有已發落百户馬俊知証有速壇滿速児帯人馬
到哈密向虎仙說要前許馭疋虎仙先馭一百疋與伊收
訖其餘馭疋回說待去甘肅收拾送來彼時鎮守巡官因
奄克孛剌報到差已發落通事千户馬訓百户馬昇到哈
密撥聽虎仙向伊等說稱你每不來也罷今王子見往甘
州來搶你每怎淂回去馬訓等有親見速壇滿剌児說稱

定要把旗插在城門上等語馬訓等又要虎仙討要瓜種
乕仙佐說甘州城子眼下就是土魯番的還要瓜種等語
馬訓等急回報知鎮巡官奏差總兵彭都御史統兵前來
甘州住札計處征進又賫
勑旨諭速壇滿速兒并火者他只丁等令其獻還哈密城金
印送還速壇并牙即歸國正德十年正月内虎仙用計要
令火者他只丁火者馬黑木率領五百人馬到甘州近邊
搶掠王子生卷峪赤金紫城蒯馬城等處人口頭畜不計
其數比因總都彭御史差馬訓等送
勑書并賞賜叚梭毦布銀物等件到哈密土魯番及取速壇

并牙即回國速壇滿速兒收了賞賜差人去土魯番向伊
弟把巴叉處迎取速壇并牙即未回先將城池交與滿喇
哈三掌管留大者他只丁仍在哈密占住速壇滿速兒回
還土魯番將金印交與馬訓等及差火者馬黑木領帶夷
人哈丹等將帶方物宝石馬疋前来謝
恩進貢火者只丁又差伊令故弟火者撒者兒速壇滿速兒
又差火者都寫亦各不合假作送印監押虎仙取討前許
未送叚疋就行探聽消息彼時虎仙明知速壇滿速兒設
計假稱
進貢實求謀奪地方又不合不行阻勸隱匿不報虎仙怕出

疋又怕速檀滿速兒讐殺推稱伴送貢使來在甘州躲避
一向不去被火者撒者兒馬黑木等各將不與貶疋情由
令回夷滿剌朶思忽思馬因傳報速壇滿速兒惱怒於本
年六月內先差火者他只丁牙木蘭領五百人馬將哈密
城又行奪占滿剌三哈即等并令故回回怯林飢的俱已
投順牙木蘭差哈密衛今故回子倒剌火者前到紫城兒
被也仙哥人馬赶殺倒剌火者脫走到加峪關被把關軍
捉送已獲落肅州兵備陝西按察司副使陳九疇處審出
前情送發監候病故正德十一年四月內牙木蘭因見倒
剌火者不回恐有漏泄事情報知速壇滿速兒差已死夷

人斬巴思賊六思等将帶馬駝牛羊騾頭牙木蘭等又稍帶番書十紙内一紙云寫与席仙根前頭目牙木蘭多多的上復我每見你的一般平安無事天把你保佑我每早晚也見你面天地洪福上你和我說了一千五百疋叚子遲了不見來了因爲這麼幹事十分恼你不饋在有甚麼事便斬巴思根前說着来番書令斬巴思等藏於衣服底合包内及火者他只丁牙木蘭又怕甘肅各官防備却寫假文書詐稱買賣及與肅州大人上遞文書就向阿剌思罕兒上問聲息及分付斬巴思暗與阿剌思罕兒約下侍王子到来着他與関廂寄住回子裡邊放火侍人救火

着他們先把城門開放我們進來等情斬巴思等於今年十
月初十日到關轉送副使陳九疇處審出前情就於斬巴
思衣服内搜出前項書信譯寫明白同阿剌思罕兒俱收
令今死通事毛見毛進呂城關防看守毛見等各因先曾
去哈密與斬巴思相熟要與阿剌思罕兒通誘消息舉謀
又誘吽髙彦名俻辦熟食酥油羊肉二皮袋待候毛見毛
進又將弓箭撒袋各二付隱情寄在巳省放酒主張子义
家准俻回賊到於城下之日穿用打奪斬巴思等日久不
回不得消息商議帶領人馬起身於本年十一月十日到
加峪關迤南打倒邉墻二處入境到思兒墺地方當有遊

擊苪寧并叅將蔣存礼得報俱到陳九疇宅內議留陳九
疇等固守城池及議約蔣礼存苪寧俱於十六日巳時由
北門出兵彼有苪寧不依議約本日卯時統領遊兵官軍
一千一百餘員名從南門往西進兵約行十里地名沙子
垻遇着回賊一千餘騎四向攻敵陸續添增至三千余至
本日申時分被賊將苪寧射死全軍敗沒陳九疇聞知賊
衆恐城內寄住回回變乱當將回回男子閉在閧廂婦女
收入城內散住防守彼時高彥名騎馬往來打探要與斬
巴思等內應奪城門陳九疇察知就將高彥云并毛見苐
一同捉拏究出內應情弊責與斬巴思等句審是的俱發

收監彼有虎仙今未到男来兒馬黑麻將扁仙日前造鉄
盔四頂甲二付銅鉄砲四箇大刀四把不合丢在伊家井内
藏放并未到隣人劉貴訪知首告陳九疇差人收獲發肅
州衛收庫十九日陳九疇見淂賊在城外札營攻搶及因
芮寧軍馬喪敗人俱驚惶要淂警衆弭变將毛見等并斬
巴思等八名俱拿赴街市焚香告于
天登時打死二十二日被賊攻開乱骨堆堡搶虜掌堡指揮
夏忠殺死官軍男婦搶出人口頭畜雜粮及軍火器械等
項十二月初三日賊盗中截堡初九日又到大莊堡本月
十五日又到塩池上寨堡并鎮兒馬營堡俱被攻燒殺死

男婦及搶去人口頭畜軍器雜粮等件本月十八日速壇
滿速兒差頭目虎賴力帶領從人巴都兒前來投遞番書
說這個反事是寫亦虎仙弄的我們如今和了罷等情各
回訖二十四日前賊復遣夷使把都兒等賫遞番書文說
前頭的事都是寫亦虎仙做的如今我們和了罷等情二
十七日早各賊起營西去訖該鎮巡官會本奏行兵部即
將肅州失事并各項事情奏差吏科董給事中前到肅州
會同巡按趙御史會行陝西布按二司施叅議高副使董
僉事查提虎仙到官逐下詳審前情明白會問虎仙謀叛
但共謀者不分首從律斬決不待時妻妾子女給付功臣

之家爲奴財產入官父母子孫兄弟不限籍之同異皆流
之千里安置會本於正德十三年正月内具奏前來彼蒙
兵部恭稱招情不明題奉
欽依將虎仙等提解到京廂仙又不合捏飾虛詞具奏該法
司錦衣衛會同審問虎仙又不合隱下謀反情由致蒙擬
以奏事詐不以實贓等杖九十徒二年半送工部運炭再
會多官覆審相同會本具奏題奉
武宗皇帝聖旨發落訖虎仙與壻火者馬黑木并姪女婿來
児馬黒各不合納賄交結已處决都督錢寧俱蒙送會同
館安歇廂仙等各不合巧爲惑誘引

先帝常幸會同館本年九月内虎仙男米兒馬黒麻亦爲虎
仙所犯事先該甘肅鎮巡衙門監候米兒馬黒麻不合主
謀密向已問發監候家人添哥飢的兒并只克并巳故咱
卜撦奔四人說称你到哈密裡與我父的丈人哈即說着
差人往土魯番去有王子饋王子說没王子饋火者他只
丁說我每坐了二年牢有盤纏的也没了没錢的都餓死
了着他有心和和便差的當使臣来和便把我每放裡就
着哈即多多的稍些些盤纏與我每不合便和厮殺等語添
哥飢兒的各不合走出峪關境向北奔走事發被先在甘
肅鄧都御史将米兒馬黒麻等情奏行兵部於正德十四

年七月内題奉
武宗皇帝聖旨差刑部等衙門陳郎中彭千戶前去會勘本
月火者馬黒麻又不合與錢寧扶同捏奏就帶官校差往
肅州選取人口地方兇致激变本年八月十一日虎仙與
姪女婿米兒馬黒麻各不合夤夜跟從姓朱俱傳陞錦衣
指揮使本月二十二日俱隨
駕南征正德十五年五月内陳郎中等會本巡按潘御史查
勘米兒馬黒麻等情明白會問擬添哥叱兒的并只克添
哥叱兒的俱犯該越度緣邊関寨因而出外境律各絞秋
後處决米兒馬黒麻犯該比以強盗窩主造意不行又不

歹脛律喊等杖一百徒三年各徒名具奏未蒙問本年十

二月終

駕到南京火者馬黑木從陝西徑到彼處奏見

先帝六跳跟隨與虎仙等各不合生事害人及沿途索要經

過軍衛有司財物各有千餘兩本年十二月初十日

聖駕到南京虎仙等仍具在會同館安歇彼黑麻火者馬黑

木各先放回去訖於正德十六年三月十四日

先帝駕崩本年四月二十二日該錦衣衛欽奉

詔書將虎仙拿送刑部監候其家人添哥乩兒等於本年五

月內奉

欽依刑部移咨都察院轉送廵按甘肅監察御史將添哥的
兒的等依擬監候處决米兒馬黑麻查照
詔書揆落本年六月蒙刑部將科道官原擬虎仙謀叛罪名
具題奉
欽依會同多官將虎仙并未到男米兒馬黑麻壻火者馬黑
木姪女壻米兒馬黑麻各詳審前情明白虎仙執稱父母
祖兄弟俱故年久亦無孫止有妻古立哈比與妾你家兒
哈乜與男米兒馬黑麻見在甘州城居住又有妻倒喇哈
乜猛的力哈乜在哈密居住及蒙查得廂仙與女壻米兒
馬黑麻俱改姓傳陞官職遇

詔革除米兒馬黑麻與壻火者馬黑木俱先放回各是實將
廝仙再問罪犯照出寫亦廝仙財產并律該緣坐未到妻
古立哈乜妾你家兒哈乜猛的兒哈乜倒喇哈乜男米兒
馬黑麻及姪女壻米兒馬黑麻等俱各抄招移咨都察院
轉行巡按甘肅御史查提到官各依律議擬財產抄沒入
官徑自奏
請發落議得寫亦虎仙所犯除不應并并教誘人犯法及境
內消息走透於外人各罪外合依原擬謀叛但共謀者不
分首從律斬決不待時妻妾子女給付功臣之家為奴財
產并入官緣寫亦廝仙係重刑及夷官并係該夷情合候

會審畢日奏

請定奪

野紀矇搜十二卷（卷一至卷四）

［明］晉江黄汝良撰

日本内閣文庫藏明刻本

野紀矇搜十二卷，明黄汝良撰。汝良（一五六二—一六四七），字明起，號毅庵、易庵、須山居士，晉江人。萬曆十四年（一五八六）進士，改庶吉士。歷官翰林院編修，南、北國子監司業，累官至禮部尚書。忠直敢言，曾上疏罢税榷、抗閹黨。明亡後捐貲抗清。撰有昭代乐律志四卷、冰署筆談十二卷、河干集十卷等。

萬曆二十二年，汝良入職國史館。天啓五年（一六二五），任實録館副總裁，受命纂修神宗光宗實録。時魏忠賢專權，屬顧秉謙等編纂三朝要典，欲補入實録，汝良嚴斥之，遂請休致。崇禎初復歸，即上疏請焚僞書三朝要典、校正光宗實録、平反東林被害諸人。是書前有自序，曰「通籍五十餘載」云云，當作於崇禎八年（一六三五）乞休歸鄉後。又曰：「以山居野老而僭預操觚，故命之曰野。不揣昏眊，妄意搜尋，幾一得而冀弋獲，何異矇瞽者摸索於冥冥也……倘異日開弘文、修信史，或可備採擇萬一。」蓋欲以一家之私記備國史之採擷焉。

是書多取材累朝實録及前人撰述，起洪、永，訖嘉、隆，不分條目，略依時序，雜記有明二百年間史事。側重軍國大事，而較少談謔逸聞。以汝良身歷明清之際，故痛惜明立朝以來弊政，是書時限雖訖於隆慶，然評述前代史事，多聯繫萬曆以後朝政，於時局多所抨擊。尤關注閹禍、邊患、宗室之弊，如贊明太祖禁宦官掌兵、識字，評論列舉王振、汪直、劉瑾、近日魏忠賢等權宦，斥爲國弊。又極稱成祖三犁虜庭，謂「乃今遼、廣陷没，東、西虜合謀……倘二祖在，今日宵旰，又當何如」，而於宣宗棄地安南、開平，世宗棄市議復套之夏言、曾銑，語多痛惜，蓋感慨國土日蹙也。他如建言開宗室禁網、准行四民之業以省宗禄等，俱關乎國計者。對明代歷朝名臣，亦不吝臧否，評騭或異於時流。如贊張居正「相業足稱光明俊偉」，蓋汝良在朝時，親見黨爭日頻、閣臣無任事者，故褒稱居正而於奪情一事語多回護，亦知明末對居正之風評，漸不同於萬曆中期之毁譽參半。又如郭希顔建言世宗立儲被禍，世以爲忠，汝良考世宗實録，以其曾倡議黜孝、武二廟，不行於公論，遂議儲以冀後來，故斥之爲大不忠。再如嘉靖初議禮，世論多謂張璁、桂萼爲希進輩，汝良則極稱張璁而詆楊廷和，檢卷十張璁議裁革鎮守内官條，汝良評語對萬曆間采榷頗爲不平，且曾上疏議罢税榷，則可知書中之評論標準，其來有自。然觀全書議論，稍失迂闊，激憤之語多而建樹之策少，論禦虜則不脱戰守自强、順撫逆討，禦倭則謂當絶番舶、嚴海禁，則不能免乎膠柱鼓瑟之訾。（張桂麗）

野紀矇搜

野紀矇搜小序

人生世間總是幻夢出世未易輕言即在世亦有在世之事薰灼穹窿不過眼前空華信今傳後端藉千秋史筆皆人惜分陰

叙　一

錄
貴不朽誠有以也三代以前典
謨訓誥至今事蹟如存自漢唐
以至宋元俱有正史率然開卷
百世可知我
朝
垂三百禩正史尚猶缺然將来

愈久愈湮傳信傳疑竟何所屆余初通籍曾叨史職雖間預纂修猶是道傍築舍其後遷轉數歷往往齟齬世途葵藿莫抒秪慙尸素得請林居只是孟浪送

又 二

余

曰茲且崦嵫待盡矣迴想通籍

五十餘載在朝在野所成何事

虛度居諸無限悚惕思欲補苴

曠貟惟有寸管中尋伎倆耳曰

取

累朝實錄及前輩所譔紀述諸書夙宵披閱緜洪永迄嘉隆纂緝成篇間以愚陋稍加揚扢題之曰野紀矇搜以山居野老而僭預操觚故命之曰野不揣昏眊

余

妄意搜尋幾一得而冀弋獲何

異矇瞽者摸索於冥冥也惟是

自古盛世不棄芻蕘工瞽倘異

日開弘文脩信史或可備採擇

萬一上可揄揚

列聖之謨訓下可廣勵彰癉於後
来庶幾不盡過此生則大幸矣
若夫不朽盛事則有它日載筆
鴻儒在非褎庸譾劣所敢幾也
須山居士明起黄汝良題

野紀矇搜卷之一

光祿大夫柱國太子太傅禮部尚書兼翰林院學士臣黃汝良編輯

自開闢以來中華居內夷狄居外故華夷之防帝王所戒如夏禹之征有苗殷湯之伐鬼方周宣之禦玁狁未有不防其內侵驅之境外者所謂戎狄是膺荊舒是懲是也即如後世中國失馭五胡亂華亦不過盜據數州郡僭竊一時旋就殄滅未有若胡元以蒙古小醜混一中原舉冠裳禮義之邦胥淪為左服侏㑌之俗百餘年

間不知有華夷界限無論三綱淪九法斁至今讀其名字猶令三尺孺童嗤鄙訕笑而當時英雄豪傑何在無一人敢言除兇雪恥者眞開闢以來一大阨運也我

太祖高皇帝以布衣龍興淮甸旣廓清江左遂克復

神州汛掃胡元驅之漠北荒服之地洗百年之腥穢闢再造之乾坤眞可謂功高萬古矣乃旣以武功定宇内復以文德綏太平延師儒訪治道設庠序課經書躬謁孔廟置禮賢館名諸儒

生有才學者宋濂劉基陶安葉琛章溢王禕許元王天錫等爲帷幄近臣懋資啓沃又令

儲君及

藩王親近儒碩講讀經史制禮作樂四海始聞絃誦之聲易俗移風九有欣睹雍熙之會但看三代而下創業之君若漢高帝寬仁大度而不喜詩書唐太宗英武蓋世而罔叙倫彝宋太祖忠厚立國而不能收復燕雲其不逮

高皇帝遠矣卽如湯武除暴吊民而南巢猶有慙德

牧野猶未盡善視
高皇帝猶不能無少遜焉惟欽若文思光四表格上
下若帝堯濬哲文明有天下而不與若帝舜定
九土敷五教無間然若大禹庶幾與我
高皇帝后先較烈比隆云耳
昔孔子稱唐堯成功之巍文章之煥今仰觀我
太祖高皇帝成功文章真可比德神堯
高皇帝汛掃胡元廓清宇宙功高千古矣乃天下既
定復大展經綸精心制作凡脩齊治平之事業

無不編纂成書以規恢萬禩其關係鴻鉅者如
著存心省躬錄以儆身心修大明日曆以紀創
垂編
皇明寶訓以紀文德武功編孝行圖孝慈錄以貽
本支百世編實錄以紀言動政事修女誡以緝
宮闈譔儲君昭鑒錄并春秋本末以訓
東宮緝永戒錄以示
藩王作臣戒錄以儆有位編諸司職掌以恪官守
編天文分野書以正曆法御註洪範書以法天

道御制資世通訓以訓臣民再定大明律以飭
法紀頒御製大誥以昭示勸懲製保守勑頒稽
制錄武士訓以示戒侯伯武臣製醒貪簡要錄
以戒內外諸司頒祖訓於內外文武以垂後世
永永遵守其餘未能殫述恭誦
聖祖諸制作無非考古範今披文相質典謨訓誥無
弗總萃於諸篇眞萬世經綸之懿典卽成周之
舊章漢家之故事未能規其涯略也使孔子而
在今時能無以頌唐堯者而頌

聖祖乎
聖祖經緯寓内爲久安長治之謨鴻鉅載在會典其
餘種種善政未易殫述如
洪武中褒福壽黜危素以勵忠節
令宦官不許讀書以防干政
親耕籍田以重農務
碎元水晶刻漏以遠奇巧
却進賀祥瑞以戒阿諛
賑蠲水旱以恤窮民

卹死事諸臣以勸有功

焚錦衣衞鎮撫司刑具以防酷虐

設鹽運使司申鹽禁以贍軍餉

優待諸夷貢使以柔遠人

勅守臣不得侵擾諸夷以杜邊釁

命浙江蘇州等處造魚鱗册以核土田

徙富户實京師以壯根本

令天下舉孝行節烈以敦風俗

許廷臣親老者得歸養以敦孝道

禁陝西開鑛廉州採水銀青冄紫泥以防騷驛

禁白蓮符水諸術以抑左道

移江淮山陝貧民耕種所在荒地以遂民生

准罪人非大惡者得輸贖以清刑獄

裁省觀寺無度牒者不得混入以禁遊食

令各處災異即時奏聞以謹天戒

頒賜經書史集於遠方學校以敷文治

令孔廟從祀罷楊雄進董仲舒以勵眞儒

許西番進馬易茶復申明馬政以給軍儲

准高麗琉球子弟入國學肄業以廣文教

命江夏侯周德興經營福建築城堡置戍卒以
防倭寇

詔天下行養老鄉飲酒禮以崇耆碩

禁武臣不得預民事以防武斷

詔定致仕官處鄉黨之禮以重逵尊

內外大小臣工言有可採者不次超擢以廣言
路

命吏部訪求天下賢才經明行修者以資理治

遣御史巡按各省府縣以飭吏安民
令朝覲官各舉所知一人以羅眞材
勅法司禁肉刑其審决重囚必再三覆讞以重
民命
大學士吳伯宗因薦舉失人降檢討以重保舉
勅五軍都督府令天下衛所督兵屯種以足軍
食
遣使資送元遺孽於琉球以安反側
置大寧福餘朶顏三衛以處降虜

須賜武臣保守勅以全功臣
開漂水臙脂河以便漕運
命魏國公徐輝祖等往陝西宋國公馮勝等分
往關洛山西西凉侯濮璵往臨清東川侯曹震
往四川都督劉眞往甘肅穎國公傅友德率列
侯郭英王弼等於山東北平各訓練軍士清理
屯田以壯邊備
命禮部定旌表事例其割股卧氷廬墓者聽其
所爲不得入例以表眞孝

頌

聖諭孝順父毋尊敬長上和睦鄉里教訓子孫各安生理無作非爲六事于民間令耆老以木鐸徇于道路以厚風俗蓋我

聖祖起自艱難閱歷世故思深慮遠考古鑒今以成此美政眞史不勝書如漢之寛仁唐之綜核宋之忠厚兼而有之成湯之建中于民周武之永清四海用此道也後世所當戒愆忘率舊章奉爲萬代之法程也

高皇帝得天下關要在神武不殺神武固所以遏亂
略而不殺尤所以得人心初
上在建康名浙東四先生宋濂劉基章溢葉琛等入
見賜坐問曰今四海分爭何時而定對曰天道
無常惟德是輔惟不嗜殺人者能一之
上甚善其言又克太平時耆儒陶安李習等出迎名
入與語時事安曰方今四海鼎沸豪傑並爭攻
城屠邑互相雄長然其志在子女玉帛耴快一
時而已明公率衆渡江神武不殺人心悅服以

此順天應人而行吊伐天下不足平矣
上曰足下之言甚善比遣徐達等平江左每戒之曰自吾起兵未嘗妄殺今汝等將兵征伐當體吾心戒輯士卒城下之日毋焚掠毋慘殺有犯令者處以軍法縱之者罰無赦諸將謹受命故號令嚴肅所下城邑秋毫無犯無論殺人卽取民財者亦必置法以徇故所在晏然不知有兵及北伐中原又諭諸將爾等行師要在削平禍亂以安民生凡遇敵則戰若所經之處及城下之

日勿妄殺人勿奪民財勿毀民居勿廢農具勿殺耕牛勿掠人子女此陰德美事好共爲之又告諭中原一檄其畧云自古帝王臨馭天下中國居內以制夷狄夷狄居外以奉中國未有夷狄入主中國者有之自胡元始今元德不綱四海離叛使我中國之民死者肝腦塗地生者骨肉不相保實天厭其德而棄之從來胡虜無百年之運余恭承天命遣兵驅逐羣虜拯生民於塗炭復漢官之威儀慮人民未知反爲我讎挐

家北走陷溺尤深故先諭告兵至八民勿避余號令嚴明秋毫無犯歸我者永安於中華背我者自竄於塞外余懼中土久汚腥羶故奮力廓清志在雪耻除凶使斯民各得其所巳耳此檄與商誥牧誓今古相符其好生之德洽于民心雖繇帷幄之襄贊實繇稟授之自然旣下洽民心乃上格天心所以義旗所嚮莫不從風而靡削羣雄若振落逐胡虜如驅羊故曰仁者無敵非惟人力實天授也

高皇帝起事東南肇造區寓其一時相與角勝並驅
鼂稱勍敵者無如陳友諒張士誠其餘若方谷珍陳有定明玉珍輩雖竊據東西數州郡直庸庸自守虜耳友諒沔陽人士誠泰州人皆起徒步雄據一方友諒據湖廣及江西士誠據江左及淮南各有衆數十萬友諒僭稱帝都武昌國號漢士誠僭稱王國號周後改稱吳守姑蘇當時論兵強莫如友諒財富莫如士誠友諒勇悍豪雄頗通兵法屢敗屢振轉弱爲強士誠輕財

好施能得將士力憑堅蓄銳雄視江左然其志
只在苟圖富貴於帝王吊民伐罪之略未有聞
也初
高祖駐金陵崎嶇吳楚間與友諒士誠互相攻伐十
餘年間各有勝負旣克江州南昌乃集師鞫旅
議所向諸將或謂蘇湖地饒沃宜先取之劉基
曰不然陳友諒居上游僭名號宜先伐之陳氏
滅取張氏如囊中物耳
上曰友諒剽而輕其志驕士誠狡而懦其器小若先

攻士誠友諒必空國來救是吾疲于二寇也遂決計先伐陳氏時友諒忿其疆土日蹙大作舟艦自帥兵號六十萬攻圍南昌

上命朱文正鄧愈等固守南昌而命常遇春郭興廖永忠俞通海等率舟師與大戰于鄱陽湖以小舟載荻葦置火藥乘風縱火焚其巨艦數百將士死者無算友諒兵大敗我兵截其歸路計窮中矢而隕然當時我師亦甚危矣鄱陽之戰友諒驍將張定邊直犯

上所御舟舟膠淺沙不能還諸將莫能禦牙將韓成
進曰事急矣古人殺身成仁臣不敢愛死乃服
上冠袍對敵自投江中敵人信之攻稍緩常遇春等
救至射中定邊乃得脫其明日再戰自辰至巳
不解時劉基侍
上側忽揮手云難星過請
上易舟
上亟入他舟舊所御舟中礮碎斯又危矣實有
天命焉友諒既死乃命徐達常遇春李文忠俞通海

等會兵攻姑蘇先時諸將既克濠州平鎮江杭州高郵泰州諸處擒其弟士德降其將呂珍五太子等至是士誠勢益孤圍久城中困乏諸將督兵急擊之自齊門入遂就擒假使士誠蚤與友諒合謀夾攻金陵強寇未易爲敵乃悠悠晏安與達識帖木兒乞求王爵而又運糧以餉元於燕京及

高皇帝征友諒時若能出師以窺金陵我師能無內顧之虞首尾牽制友諒既未易滅士誠雄視吳

會猶未可量也乃駑馬戀棧豆曾計不出此豈

天迷其衷將以成我

高祖一統大業乎雖我

聖祖神武大略能駕馭英雄諸將用命除暴救民能

得人心亦繇

皇天眷德無私非人力所及也

高皇帝之削平禍亂非直拯救衣冠撫綏黎庶而已

即平日與作敵爲難者亦莫不一體同仁視之

其克陳友諒也友諒以戰死其子陳理復逃還

武昌稱帝力屈而降猶封爲歸德侯其父兄諸弟俱有封爵其攻張士誠也聞士誠母葬姑蘇城外戒將士勿得侵毀又諭所克諸城邑毋得殺掠兵有擅入民家者卽斬以示衆及城破士誠被執尚欲生之士誠不食自縊死假若不死亦當得封至平中原克元都凡元之文武宗室降附及遺棄公主妃嬪無不生全保護之未有死於非命者昔項籍誅無道秦燒焚秦宮室火三月不熄又一旦坑秦卒二十萬雖英雄蓋世

垓下之死竟身首分裂唐太宗除隋亂有天下
三百年創制立法誠爲一代英主然當時與並
驅中原後乃輿櫬鄭壁若蕭銑竇建德王世充
李密輩無一人得全首領所以身歿未幾其子
孫爲武曌殺戮幾盡不無陰報云孰有如我
高皇帝覆載爲量並育並生於今本支萬億長治久
安將來福祚無疆未有所屆也豈非上帝好生
天道祐順之所貽哉
上既平吳楚殄友諒擒士誠江南底定乃議北伐中

原別遣湯和廖永忠等討方谷珍陳有定遣胡美何文輝等征福建遣楊璟等取廣西會湯和平廣東又以傅友德湯和廖永忠平西蜀而以中原事屬徐達常遇春達爲征虜大將軍遇春爲副將軍諸將皆屬焉率甲士二十萬繇淮入河北向先傳檄諭中原示以華夷大防弔伐大義方拯民於水火勿自竄於腥羶又戒諭諸將宜體奉天救民德意所至秋毫勿犯克下城邑一意撫綏勿得有所殺掠即蒙古色目有能知

禮義願爲臣民者亦令其同生天地間與中國
撫育無異於是王師所到莫不望風嚮應間有
元臣爲虜固守城池者其民亦投戈去之於是
以洪武元年克平山東青齊諸郡遂泝黄河向
汴梁父老相率壺漿以迎遂下洛陽克關陝河
南肅清
車駕幸大梁諸將皆以師會乃以大梁爲北京置府
設衛中原快睹漢官威儀益傾心嚮附遂收復
河北克定三秦元都又在掌握中矣良繇

聖謨淵遠諸將用命德澤既結民心武略又復震世

是時胡運已衰

天生

聖人以爲中原眞主故義旗指麾勢如破竹亦理勢

然也

自古創業之君皆先定中原而後跨有東南未

有起東南而後取西北者有之自我

聖祖始乃知

天命有德豈擇地而興哉初

聖祖龍飛淮甸得馮國用問以定天下大計國用對

曰金陵龍蟠虎踞眞帝王之都願先渡江取金

陵置都於此然後命將出師掃除羣寇倡仁義

以收人心天下不難定也

上曰吾意正如此及克太平名陶安問之對如國用

且曰據長江之險出兵以臨四方何向不克此

天所以資明公也

上嘉納之遂定計取金陵擒元將陳也先等入其城

遂置都焉其後既定中原復以汴梁爲北京以

臨濠爲中都逮平陝西又欲置都關中命
皇太子巡行關洛會懿文太子薨乃輟金陵北阻長江南挹吳會然風氣之厚形勢之雄終不如關洛自成周置東西都兼關洛之勝西漢都關中東漢都洛陽唐都關中宋都洛陽皆享國長久若孫吳東晉以迄宋齊梁陳皆偏安江左迭興迭廢何能爲帝王孔明所云鍾山龍蹯石城虎踞眞帝王之都者蓋當時欲與孫吳結好姑爲此言以廣其意未必然也

聖祖之暫都金陵蓋時有未暇耳其後
成祖改都燕京而以金陵爲南京爰致太平垂三百
禩蓋仰承
高祖聖謨善於繼志述事者矣
洪武元年正月壬申朔乙亥
上祀
天地於南郊卽
皇帝位定有天下之號曰大明建元洪武自壬戌以
來連日雨雪陰沍至正月朔雪霽越三日省牲

陰霧悉斂日光皎然天宇廓清星緯明朗衆皆
欣悅咸稱
聖德上格
皇穹乃知
天命自有眞也於是追尊四世
考妣爲
德懿熙仁
皇帝
皇后册立妃馬氏爲

皇后世子標爲
皇太子以李善長徐達爲左右丞相諸功臣進爵
遷秩有差丙子以即位改元詔告天下
中書省臣李善長傅瓛陶安等引古酌今具圜
丘方丘宗廟社稷諸禮以進冬至祀
昊天上帝于圜丘以大明夜明星辰太歲配夏至祀
地祇于方丘以五嶽五鎮四海四瀆配
宗廟四代各一廟廟皆南向祭以四時孟月及歲除
合祭春秋二仲上戊日祭

社稷

上皆從其議此皆允合古禮遵行至今

上又諭禮臣曰禮順人情近世泥古用籩豆祀先廟

生既不用祀而用之似無謂也孔子曰事死如

事生事亡如事存其製宗廟祭器皆如事生之

儀此又因義起禮變通從時

聖祖損益承先之至孝也二月以太牢祀孔子於國

學命天下府縣皆以春秋二仲祀孔子於學宮

秩爲祀典云

御註洪範書成謂劉三吾曰箕子爲武王陳洪範其書叙彝倫立皇極保萬民序四時植百穀皆本於天道而徵於人事帝王爲治之大經大法也朕今註成此書朝夕省覽每用惕然三吾對曰

陛下留心是書上明天道下福生民爲萬世開太平者也一日又與侍臣論感應之理曰爲惡或免於禍然理無可爲之惡爲善或未蒙福然理無不可爲之善人惟當修其在已者禍福則聽命於天可也彼爲善無福爲惡無禍者時未至耳

聖祖此諭又超出休咎感應之外可補洪範之所不及大有功於經書矣

洪武元年七月徐達等率諸將克長蘆直沽等處進抵河西務部將郭英遇元兵與戰屢破之俘獲甚衆距通州三十里爲營深溝高壘爲持久計衆請速攻城英曰吾師遠來敵以逸待勞宜用計取之翌日大霧以千人伏道傍率精騎三千直擣城下元將五十八國公率敢死士萬餘張兩翼出戰良久英佯敗敵乘勝來追伏兵

赵截其軍爲二斬首數千元知院帖木兒戰死
擒其平章孛羅遂克通州達以大兵與英會元
主得報大懼集后妃太子等議北走暹明開端
明殿有兩狐自門出元主嘆曰宮禁嚴密此物
何從來殆天所以告我也我能作啣璧事乎遂
决計北徙諸臣苦諫皆不聽乃北趣上都留其
淮王帖木不花丞相慶童等守燕京達率師自
通州向燕京命諸將攻城塡濠自齊化門入執
其監國帖木不花慶童等戮之獲玉璽一玉印

二封其府庫圖籍寶物及宮殿諸門以兵守之
宮人妃主令其宦官護侍禁戢士卒毋得侵暴
於是人民按堵燕京以安達既定燕京將西征
留兵三萬餘人以孫興祖統之守燕京達乃遣
常遇春俞通源傅友德等克永平略保定中山
河間眞定俱下之達引大軍征山陝元丞相也
速再犯通州諸將計破之也速遠遁遂進兵克
上都元主復遠徙漠北乃班師還燕奏捷恭睹
聖祖之耽中原克元都眞如摧枯拉朽雖天命之有

在亦繇元德之不綱也元亡之後
聖祖問諸臣以元所繇亡馬翼對曰元政失之寬
聖祖曰寬則得衆聞以寬得之未聞以寬失之者元
亡正坐縱弛耳
聖謨洋洋可謂千古龜鏡矣今觀元之末造君臣荒
淫政事叢脞偷安度日不亡何待當時惟廓擴
帖木兒號稱名將乃不委之留守又不命之勤
王所委任者如慶童不花也脫等皆庸駑羣醜
安有社稷遠圖哉若我

聖祖之駕馭英雄知人善任所命大將徐達等不惟
壯猷宣威戰勝攻取且所至民不知兵市不易
肆眞南巢牧野之師若曹彬之下江南未足云
也繇此觀之天命之去留亦繇人事之臧否矣

洪武二年楊州鎭江浙江等處獻瑞麥十二本
羣臣稱賀
上曰朕爲民主惟思脩德致和但使三光平寒暑時
五穀熟人民育卽爲國家之瑞不以物爲瑞也
昔堯舜之世不聞祥瑞漢武帝獲一角獸産九

芝當時輒以爲瑞不能謙抑自損撫輯民庶
以安區宇好大喜功卒使國内空虛有輪臺之
悔其後神爵甘露之侈致山崩地震漢德遂衰
繇此觀之嘉祥無徵災異有驗可不戒哉自是
凡報祥瑞皆不許稱賀惟災異則勅修省賑貸
又令四方災異即時飛奏如甘露降於鍾山五
色雲數見嘉禾靈芝白兎之類並却其奏惟四
方有水旱風蝗之災蠲租賑貸殆無虛歲
高皇帝之畏天恤民謙恭仁愛千古所未有也

洪武二年命翰林儒臣修女誡

上謂學士朱升等曰治天下者修身爲本正家爲先正家之道始於謹夫婦后妃雖毋儀天下然不可預政事至於嬪嬙之屬不過備内職侍巾櫛若寵之太過必至驕恣犯分觀歷代宫闈政繇内出鮮有不爲禍亂者卿等纂修自古女誡及賢后妃事可爲法者備載之以示後世子孫知所持守又謂侍臣曰吾觀史傳所書漢唐末世皆爲宦官所敗此輩在人主之側日見親信勤

勞小心如呂強張承業之徒世豈無之但開國
承家小人勿用聖人之深戒其在宫禁只可使
之供洒掃給使令而已豈宜預政典兵漢唐之
禍雖曰宦官之罪亦人主寵愛之使然乃令立
銅牌於禁門曰内官不許干預政事又裁約其
員數當時
中宫馬后最賢
上欲授官外戚
后輒諫止之

上猶諄諄女誡如此所以熙朝歷世未有牝鷄司晨
之事惟是宦寺作孽歷代常有其後將宮門銅
牌竊去益無忌憚乃知宦寺之禍尤甚於女寵
聖祖寶訓聖子神孫所宜服膺而長慮也
洪武三年命工部造紅牌鐫戒諭后妃之詞懸
之宮中申嚴宮閫之禁
皇后之尊只得治宮中之事宮門外事毫不得預后
妃嬪嬙宮中諸費皆尚宮奏之發內官監覆奏
方得赴部關領若尚宮不奏而輒發內官監內

官監不奏而輒赴部擅領者皆論死官嬪以下有疾醫者不得入宫惟問症取藥而已羣臣命婦惟慶節朝見中宫無事不許入宫人主亦無見命婦之禮皇子諸王妃嬪必慎選良家子女至於外戚請謁寺觀燒香禳告星斗之類其禁尤嚴四年定内侍員數職掌

上諭侍臣以唐時不當以宦官典兵所以後來致亂因命部臣定内侍諸司官制并限其員數

上曰朕觀周禮所記未及百人後世至踰數千卒爲

後患今宜斟酌使令勿得過多此輩自古來求其良善百無一二若用以爲耳目則耳目蔽用以爲腹心則腹心病馭之之道當使之畏法不可使之有功有功則驕橫畏法則檢束宜限其員數弁職守永爲定制時宦官有言事通敏者即命斥去之又禁宦官不許讀書識字蓋

聖祖精覽史書其於往古興亡得失之故無不洞悉

而女主宦官二事尤屢

聖懷在女主則殷周時已有褒妲之事漢時則有呂

氏產禄之事唐時則有武氏革命稱周之事在
宦官則漢時有曹節王甫張讓段珪之事唐時
則有李輔國魚朝恩仇士良劉季述田令孜之
事宋時則有梁師成童貫之事千古之後猶令人
駭目驚心
聖祖鑒往轍垂後規眞可爲萬禩龜鏡也
上覩唐書至宦者魚朝恩恃功驕恣謂侍臣曰當時
不當使此曹掌兵政故恣肆暴横然其時李輔
國程元振及魚朝恩數輩勢皆極盛代宗一日

去之如孤雛腐鼠大抵小人竊柄苟能決意去之亦有何難但在斷不斷耳又曰漢末之時宦官雖驕縱尚無兵權不過假人主恩威濁亂四海至唐世以兵柄付之權勢之盛至劫脅天子廢立且在其掌握矣大抵此曹只可備使令不可假以威福朕深鑒往轍彼既無權可借且有罪必罰復何能爲

聖祖此訓眞鑒古範今防微杜漸萬代所宜遵守也然其後正統時之王振成化時之汪直正德時

之劉瑾近日之魏忠賢駸駸乎有典兵擅勢之
事蓋此輩稷蜂社鼠親信之易即去之不難然
國家已受其弊矣煌煌
聖訓安得置之黼座之前俾萬世昭若日星哉
洪武三年正月時已克元都河東關陜皆平
上以元主北遁諸胡從徙者未靖又擴廓帖木兒及
賀宗哲未服爲西北患乃以徐達爲征虜大將
軍時常遇春已卒以馮勝爲右副將軍擣西安
李文忠爲左副將軍出野狐嶺文忠至興和元

守將皆降達與馮勝至定西大破擴廓兵獲王公以下百餘人卒六萬擴廓等西走四月元主殂於應昌兵至上都獲留守等官遂克應昌獲元主孫買的里八剌并后妃嬪王子黑的國公平章等官及玉璽金寶玉册鎮圭大圭玉竿玉斧等物元太子愛猷識理達臘北走而元亡矣

文忠遣人送買的里八剌赴京師

上令免獻俘引見賜以冠服第宅封崇禮侯諡元主

順帝后妃等皆令居食自便願歸沙漠者送還

達文忠振旅還京師車駕出江上勞之五年正月

上以殘虜未滅終爲邊患乃以大將軍徐達伐迤西

馮勝傅友德副之副將軍李文忠總東道兵趨

上都顧時陳德副之分兵入沙漠各大有擒獲

六年四月徐達大軍出鴈門北巡長城外傅友德爲前鋒虜聞遁去獲故平章鄧孛羅帖木兒還軍北平七月文忠遣將出塞外擊虜於三岔山不剌河三戰三捷擒其將士百餘人而還從

此連年出塞叠奏膚功然將士疲勞亦已甚矣
聖祖豈不知師行餉從耗中國以揚威塞外哉誠深
謀遠慮不得不爲暫勞永逸計耳祖訓有云東
南諸夷限隔山海後世勿輕伐惟北虜吾之世
讎不可不嚴爲備禦則
聖祖之屢征沙漠誠非得已也至
成祖三犂虜庭實遵此意逮定鼎燕京與虜僅隔一
牆然東據遼陽西抵甘肅而大寧興和開平東
勝又相聯絡其間藩籬甚固而備禦甚嚴也其

後大寧徙而東平棄東勝撤而河套失又哈密
不復吐魯番日強臙戸綢繆已異昔日所以虜
儆時聞在正統嘉靖時尤劇乃今遼廣陷沒東
西虜合謀鷙伏鴟張禍未可量倘
二祖在今日宵旰又當何如乃知當時之思患豫防
不得不爾也
洪武三年詔大封功臣命都督府兵部錄上諸
將功績吏部定勳爵戸部備賞物禮部定禮儀
工部造鐵券翰林院譔制誥

上御奉天殿詔諭諸將曰今日定封行賞皆出自朕裁準古先王之典至公無私如左丞相李善長雖無汗馬之勞然事朕最久供給軍食未嘗缺之右丞相徐達朕初起兵時每從征討摧堅撫順勞勩最多此二人者已列公爵宜進封大國以示褒嘉餘悉據功定封書云德懋懋官功懋懋賞今日所定倘功德有未稱酬者諸臣宜廷論之毋得退有後言乃進封李善長太師韓國公徐達太傅魏國公常遇春先卒封其子茂鄭

國公李文忠曹國公馮勝宋國公鄧愈衛國公
湯和中山侯耿炳文長興侯吳良江陰侯廖永
忠德慶侯傅友德潁川侯趙庸南雄侯楊璟滎
陽侯郭興鞏昌侯顧時濟寧侯吳禎靖海侯唐
勝宗延安侯陸仲亨吉安侯費聚平凉侯周德
興江夏侯陳德臨江侯華雲龍淮安侯胡廷瑞
豫章侯朱亮祖永嘉侯韓政東平侯俞通源南
安侯康茂才子鐸蘄春侯王志六安侯鄭遇春
滎陽侯曹良臣宣寧侯黄彬宜春侯梅思祖汝

南侯陸聚河南侯華高廣德侯食祿賜賞各有差並賜鐵劵子孫世襲劉基誠意伯汪廣洋忠勤伯不給劵世襲後又以比征沙漠西定蜀漢克平雲貴督運遼海底定西南蠻各叙功封拜先後授爵共五十七人其授都督指揮千百戶者不預焉觀自古帝王創業功臣未有如我

朝之盛者其報功之典亦未有如我　朝之隆者

漢高祖起布衣定天下爲山河帶礪之誓以封功臣然未封之先已有沙中之偶語既封之後

旋有爼醢之韓彭其餘亦多以細過失侯至唐
而英衛之外鮮有嗣封房杜子孫不免流落孰
有如我
高皇帝虔始厚終無德不報無功不酬盛典昭垂千
古爲烈者乎然亦不能無缺陷焉胡惟庸之肆
逆藍玉之縱暴以黨附坐累失封爵者前後巳
數十人又有孽自巳作見褫奪者纍纍乃知功
名富貴持守實難撲滿傾盈淪胥亦易至洪武
末年乃勅法司諸功臣嗣屬以黨累者不復究

問又製法戒錄以榜示武臣使知自警乃知
高皇帝之明刑勑法防微杜漸事非得已其保全功
臣之厚意猶可昭示天下後世也
頴國公傅友德請懷遠縣官地九頃六十餘畝
爲田圃
上曰爾貴爲上公食祿數千石而猶請地獨不聞公
儀休之事乎友德慚退友德此請非爲益富也
當時胡惟庸以作逆誅諸功臣公侯伯李善長
等坐黨累論死者二十多人所謂功高不賞震

主身危者也友德此請蓋欲法王翦請田宅之

意以自脫於危疑

聖祖以正言却其請示略無猜嫌正保全之深且遠

矣

野紀矇搜卷之二

光祿大夫柱國太子太傅禮部尚書兼翰林院學士臣黄汝良編輯

洪武八年命中書省行天下郡縣訪窮民無告者月給衣糧無居者給以屋舍諭曰天下一家民猶一體有不獲其所者當思所以安之昔吾在民閒目擊其苦鰥寡孤獨饑寒困踣之徒常自厭生恨不即死吾亂離遇此心常惻然故躬提師旅誓清四海以同吾一家之安今代天理物已十餘年若天下之民但有流離失所非惟

昧朕初志於代天之功亦不能辭責爾等爲吾
輔相當體朕懷不可使有一夫之不獲也
聖祖此諭眞是博施濟衆堯舜所不能盡者不惟有
其心而實有其事矣亦繇起自民間深知民隱
故能饑溺猶已常以安百姓爲心古來居嚴處
深九閽萬里能以民瘼爲念者鮮矣
天語煌煌
聖子神孫所當服膺而無斁也
是時天下官來朝陛辭

上諭之曰天下初定百姓財力俱困譬如新植之木不可搖其根要在安養培植之惟廉者能約已以利人貪者必朘人而厚已人有才敏者或昵於私善柔者或昧於欲爾等皆當深戒之當元末風尚頹靡民苦吏貪

聖祖此諭不惟法周官六條首廉之意其於休養生息尤爲救時之藥石云其後察吏事多尚寬惟懲貪爲甚嚴蓋救民水火不得不如此也

上與侍臣論勤政之道謂侍臣曰朕夙興視朝日高

始退至午復出迨暮乃休日間所決事務恒嘿
坐審思有未當者雖中夜不寐籌畫得當然後
就寢侍臣對曰
陛下勵精圖治天下蒼生之福但
聖體不無過勞
上曰吾豈好勞而惡逸向者天下未寧吾饑不暇食
倦不暇寢今天下已安四方無事高居宴樂差
可自適顧自古國家未有不以勤而興以怠而
衰者天命去留人心向背皆決於此甚可畏也

安敢暇逸仰窺
聖祖憂勤一念眞與殷湯之昧爽丕顯周文之日昃
不遑暇食後先同揆如此勵精圖治其爲四海
蒼生禔福集禧者寧可測量萬世永永稱爲太
平有道天子所謂無逸乃逸者歟
聖祖與侍臣論魏武侯不如楚莊王以楚莊王與羣
臣謀事羣臣莫及爲憂魏武侯與羣臣謀事羣
臣莫及爲喜也自古人君用人則大自用則小
大舜之舍己從人樂取諸人以爲善所謂用人

則大也後世之訑訑聲音顔色拒人於千里之

外者所謂自用則小也

聖祖論楚莊魏武數語眞與大舜相符彼自作聰明

杜塞言路何能集思廣益哉然後知

聖祖之聖不自聖乃所以益成其聖也

洪武十四年近臣有言理財以紓國用者

上曰天地生財以養民故爲君者當以養民爲務夫

節浮薄稅猶恐損民況可重征厚斂乎近臣又

言自天子以至庶人未有不儲財能爲國家者

上曰人君儲財與庶人不同庶人爲一家計則積財一家人君爲天下主則當散財爲天下計寧可作法以奪其利乎昔漢用桑孔海内苦之宋行新法天下騷然孔子曰百姓足君孰與不足此何謂也言者媿屈自是無敢以言利進者

聖祖此訓眞與大學人土財用相因之理財聚民散財散民聚之說相合符其在近時尤爲關切當事者不可不揣本末通利害而深計之也

上與侍臣論宋太宗改封樁庫爲内藏庫首開私財

之端

上曰人君以四海爲家因天下之財供天下之用何有公私之別如漢靈帝之西苑唐德宗之瓊林大盈庫姑勿論太宗有宋賢君何有此舉動宋自乾德開寶以後有司度支有鈌必籍其數以供於內庫俟課賦有餘乃償之此何異商賈自與其家較量出入貽謀如此何以爲訓其後困於兵革三司財用耗竭內藏積而不發間有發緡錢幾十萬佐軍輿便詫爲特典繇太宗不能

善始故也恭讀

聖諭眞可謂晰大計而得大體矣後世有用中官権采

榷入内帑以人君而有私藏者諸臣何不引

祖訓以諍乎

詔戸部諭天下有司凡遇歲饑先發倉廩貸民

然後奏聞時孝感縣奏民饑請發預備倉貸民

命行人馳驛賑濟之

上諭戸部曰朕嘗捐内帑之資付天下耆民糴穀以

儲備荒歉若歲荒饑必俟奏請道途往還遠者

動經數月則民之饑死者多矣爾戶部亟諭所
在有司得便宜賑濟然後奏聞著爲令
聖祖之視民如傷饑溺繇已真天地之好生堯舜之
大德爲萬世造福於無疆也
高皇帝立心平恕然執法亦甚嚴無論諸臣卽大臣
功臣中如丞相胡惟庸國公藍玉等皆以作逆
并黨與肆諸市朝所謂天討有罪與衆棄之也
至洪武十六年刑部尚書開濟復以不道誅濟
好以文法中人爲榜以督責屬官請揭之文華

殿

上曰此豈人臣禮耶濟娓謝又立簿曰寅戌之書欲

令寮屬寅入戌出

上皆切責曰從來公事出入皆以卯酉爲期若定以

寅戌即欲奉父母會妻子能幾時耶濟不聽因

有禁死者置不問嘗受一囚賂以獄中死囚代

而脱之爲獄官所發

上詰問之濟回部與侍郎王希哲主事王叔徵執獄

官扼其吭而殺之

上大怒下濟獄併執王希哲等詔廷臣訊鞫具服皆
誅之濟在部時
上嘗召與論政事濟初無建白但稱曰眞聖人眞聖
人
上已厭其語佞矣如濟之外爲柔奸內藏險酷與胡
惟庸藍玉合爲一人此而不誅將來壞法亂紀
何所不至兩觀行法曾不俟時非獨愼赫木之
任寄實欲示百辟之儀刑也又吏部尚書余熂
以擅逐祭酒宋訥

上惡其專擅威柄亦誅之蓋防微杜漸雖大臣無所
姑息法自上行非得已也
戸部侍郎郭桓等以侵盜官糧七百萬石伏誅
詞連禮兵刑各衙門及平民破家者無數
上以審刑官吳庸等逼脅妄指淩遲示衆貪贓枉法
人臣之大罪況身爲司農盜官糧至七百萬法
司職掌訊讞不務平恕乃追令株連無辜監守
自盜幾耗公儲羅織無辜成何讞法此而不伏
重典何以儆有位而戒將來乎

聖祖之從重處分所謂刑期無刑辟以止辟豈得已
哉
高皇帝與諫議大夫唐鐸論聽言曰言有正有邪正
言務規諫邪言務諂諛朕日總萬幾所行有得
失非資人言何繇而知故廣開言路以來衆言
言有善者則奬而行之風聞不實亦不之罪惟
讒佞面諛者決不可容也
聖祖此訓眞千古聽言之法所以開言路而廣忠益
也又諭侍臣董倫等曰責難不入於昏君諂諛

難效於明主人臣以道事君惟在守之以正若
患得患失則無所不至矣煌煌
聖訓尤所以廣勵臣忠共成王德爲人臣子者所宜
佩服庶不至失身失名貽羞於青史矣
洪武十九年詔舉經明行修練達時務之士年
七十以上者郡縣禮送京師
上諭禮部郎中鄭居貞曰古之老者雖不任以政至
咨詢謀謨則老者閱歷多而見聞廣達於事情
周於物理有益治道良多居貞對曰人至六十

精力衰耗請六十以上者不遣

上曰正爲近來有司不體朕意士有耆年便置不問豈知老成古人所重文王用呂望而興秦穆不聽蹇叔而敗伏生雖老猶足傳經豈可槩以老而棄之乃令年高者置之翰林備顧問六十以下者則於六部及布按二司用之

聖祖此詔眞得詢于黃髮之意書曰詢于黃髮則永無愆詩曰雖無老成人尚有典刑後世喜少棄老往往任新進用事之人作聰明亂舊章敗壞

天下事乃知養老乞言三代之盛典播棄黎老

叔世之敗徵

聖祖之洞悉古今咨訪耆碩萬世所宜遵行也

建大本堂成取古今圖籍充其中延四方名儒

教

太子諸王

上時名之賜宴賦詩商確古今評論文義無虛日又

諭東宫官屬曰範金礱玉所以成器尊師重傳

所以薰德朕命卿等輔導太子必先養其德性

使進於高明凡帝王之道禮樂之教往古成敗之跡民間稼穡之事朝夕與之論說日聞讜言自無非僻之干他日爲政自然合道卿等勉之

一日

上還朝太子諸王侍

上指宮中隙地謂之曰此處非不可起亭館臺榭爲游觀之所今但令內使種蔬誠不忍勞民傷財耳昔商紂崇飾宮室不恤人民天下怨之身亡國亡漢文帝欲作露臺而惜百金之費當時民

安國富奢儉不同治亂懸殊如此爾輩當常存儆戒後爲諸王治藩府又訓之曰土階卑室堯禹以興阿房西苑秦隋以亡爾其鑒之又禮臣陶凱請選人專任東宫官

上諭止之曰朕以廷臣有才望勳德者兼東宫官非無謂也嘗慮廷臣與東宫官屬有不相能遂成嫌隙或生奸謀離間骨肉其禍非細若江充之事可爲明鑑朕今立法令省臺府部兼東宫輔導之職父子一體君臣一心庶無交搆之患也

聖祖之加意儲教悉選宮僚眞得貽謀燕翼之深計

久安長治之令圖也

洪武二十五年懿文太子薨

上御東閣門欲立

燕王諭廷臣曰朕老矣太子不幸命也古云國有

長君社稷之福朕第四子

燕王賢明英武似朕欲立爲太子何如翰林學士

劉三吾進曰陛下言是但置秦晉二王於何地

上大哭而罷蓋

燕王爲
上第四子與懿文太子及秦晉二王俱爲
中宮馬后所生而武略英資克肖
高皇帝逈出諸王之上又奉命屢次出征總統戎旅
叠奏膚功當時天下初定須得賢明英武嗣統
方克負荷知子莫若父
高皇帝之欲立
成祖豈爲私愛實爲宗廟社稷深計也昔太王舍泰
伯虞仲而立王季文王舍伯邑考而立武王立

子以賢意正如此唐高祖得天下實太宗之功拘於立長以太宗之英武不得立是以有玄武門之事使當時

成祖得叅正儲位安內攘外不惟天下享太平之福建文與諸王亦得安享富貴何至有靖難殺伐之紛紛乎劉三吾迂儒不知變通大計負

高皇帝貽厥燕翼聖謨抑且非所以保全建文君也然當懿文太子薨逝時秦晉二王尚在於

成祖爲兄猶有説也未幾而二王繼殂以嫡以長以

賢否
成祖誰當立者是時
高皇帝春秋高而皇太孫已正位國儲遂無敢言者
實為劉三吾迂儒所悞也無何三吾亦暴卒有
冥報焉
禮部奏請如前代故事立武學仍建武成王廟
上曰立武學是分文武為二輕天下無全才矣三代
以前之士文武兼備用無不宜如太公之鷹揚
而授丹書仲山甫之賦政而式古訓名虎之經

營而陳文德豈比於後世武學止講韜略不事經書專習干戈不聞俎豆拘拘於一藝偏長哉今建武學又立武成王廟是近世之陋規也太公宜從祀帝王廟其武學武成王廟罷之槩觀三代之時建立學校未聞分文武兩途其間才德之士天下無事則用之禮義有事則用之戰勝用之禮義則順治用之戰勝則無敵孔子曰我戰則克又曰有文事者必有武備又問子行三軍則誰與曰必也臨事而懼好謀而成者也

七十子之徒亦未聞有偏學文學武者也無論三代即漢唐宋亦未有專設武學武科而當時授鉞登壇戰勝攻取㸔云乏人近日旣兼立武學又偏重武科然未見有一人爲國家効忠宣力者天下豈無英雄顧駕馭何如耳然後知

聖祖之博通今古規制淵宏也

前代處士多盧儒或號充隱或指爲仕途捷徑洪武時金陵有處士陳遇隱約多年御史秦元之薦之于朝

上召見與語大悅日侍帷幄多所獻納
車駕幸其第者再命之官輒辭以爲翰林學士者再
又固辭尋命爲禮部侍郎進尚書皆固辭恬淡
養晦始終如一此可謂眞處士不負
聖明之知眷矣時又有耆儒鮑恂全銓張長年者徵
名至京命爲文華殿大學士皆以老固辭不拜
此又與桐江釣叟不食漢祿者後先相符所謂
天下大老非耶
上諭翰林侍講侍讀張信戴德彝曰官翰林者雖以

論思爲職然既列近侍旦夕在朕左右凡國家政治得失生民利害當知無不言昔唐陸贄崔羣李絳之徒在翰林皆能正言讜論補益當時顯聞後世爾輩當以古人自期毋負朕擢用之意

聖祖之信任近臣虛懷納讜眞千古所希遘然人臣叨列近侍誰無效忠圖報之思正須鑒其葵藿採其芻蕘進言者既蒙褒嘉在列者誰不思效獻替若惡直醜正輒加疏遠甚者以直言得罪

譴彼庸庸竊祿之徒惟有緘嘿阿諛苟容希富
貴而已

聖諭所云陸贄崔羣李絳之臣恐未易得也

上與侍臣論治道緩急之宜曰治亂民不可急急之
則益亂撫治民不可擾擾之則不治故烹鮮之
言雖小可以喻大治繩之說雖淺可以喻深羣
臣稱善

聖祖此諭深得因時變通之道千古不能易也

聖祖以武畧定海內而崇尚文教惟恐不及洪武初

元干戈未息時京師已建國學其明年詔天下郡縣皆立學校諭中書省臣曰學校之教至元弊極矣使先王衣冠禮樂之教混爲夷狄上下之間波頽風靡故學校之設名存實亡朕謂治國之要教化爲先教化之道學校爲本其令郡縣各立學校延禮師儒教授生徒以復先王之舊以革汚染之俗其年詔開設鄉會以羅天下懷道抱德之士以二八月初九日爲初場試四書五經義十二日爲第二場試論表判十五日

爲第三場試策學務得經明行修通今博古文章經濟可爲世用者收之其中選者朕將親試於廷第其高下而任之以官使中外人臣皆繇科舉而進

聖祖之諄諄學校選舉如此宜其文教翔洽賢才輩出至今垂三百年太平之業如一日前古所未有也

聖祖好文學精於占候謂博士錢宰等曰朕每觀天象自洪武初有黑氣凝於奎壁奎壁乃文章之

府朕甚異焉今年春暮其間黑氣始消文運自
此興矣爾輩宜考正古今愼述作以稱朕意元
自至正之君荒淫失德於是四海分裂武夫蹶
張天下幾不知文章爲何物逍我
聖祖廓清中原誕敷文教從此設科場徵儒碩講論
經史頒之學校文德洽于四方既已丕變世風
遂乃上格天象文章之盛不待五星聚奎而知
之矣始信天人之恊應無爽也
欽天監博士元統奏天度漸差請用郭伯玉推

演大統曆法詔允行之會修大明清類分野書成復鑄渾天儀以測晷度天文曆法釐正重新亦千載盛事也

自洪武二十八九年來五星紊度白虹貫日熒惑犯南斗流星入紫薇至三十一年

上不豫顧命諸近臣令其恪共輔導保翬成業亡何

上賓

聖壽僅七十有一耳雖國享長久不如堯舜而

豐功懋德則超邁唐虞矣

二十七年脩寰宇通志書成所載幅幀之廣東距遼東都司東北至三萬衛西至四川松藩衛西南距雲南金齒衛南踰廣東崖州東南至福建漳州府北暨北平大寧衛西北至陝西甘肅縱一萬九百里橫一萬一千九百里其朝貢四夷不在數中我朝封域廣大猶不如唐視三代漢則遠過之矣宋又不足言也其書區別封疆考核古今山川人物成敗得失靡不畢載卽今之一統志誠昭代盛典也

禮經云王者功成作樂治定制禮其功大者其樂備其治徧者其禮具自商周以來皆然漢時欲令叔孫通制禮魯兩生不肯行曰禮樂當百年而後興蓋有爲而言實不然也我

高皇帝即位之初即命開禮樂二局詔侍臣曰禮以宣敬樂以道和不敬不和何以爲治命儒臣編大明集禮書其書以吉凶軍賓嘉爲綱吉禮十四曰祀天曰祀地曰宗廟曰社稷曰朝日曰夕月曰先農曰太歲風雲雷雨曰嶽鎮海瀆曰天

下名山大川曰三皇孔子曰城隍曰旗纛曰馬
祖先牧嘉禮五曰朝會曰冊拜曰冠禮曰婚禮
曰鄉飲酒禮賓禮二曰朝貢曰遣使軍禮三曰
親征曰遣將曰大射喪禮二曰吊喪曰賻奠又
冠服車輅儀仗鹵簿諸制度詔頒行之定朝會
宴享樂舞之數起臨濠之曲名龍飛引開太平
之曲名風雲會安建業之曲名慶皇都削羣雄
之曲名喜昇平平幽都之曲名賀聖明撫四夷
之曲名龍池宴定封賞之曲名九重歡大一統

之曲名鳳凰吟守昇平之曲名萬年春其十二月按律樂歌正月爲萬年春二月爲玉街行三月爲賀聖明四月爲喜昇平五月爲樂清朝六月爲慶皇都七月爲永太平八月爲鳳凰吟九月爲飛龍引十月爲龍池宴十一月爲金門樂十二月爲風雲會其武曲名清海宇文曲名泰階平大抵九奏樂章前三奏和緩中四奏壯烈後二奏舒長又命冷謙制律呂以協古樂又命禮部製大成樂器頒天下儒學所謂功成樂備

治偏禮具豈待百年而後可興乎其視漢高帝
起朝儀之禮唐太宗舞七德之樂不啻過之矣
又洪武四年制宴享九奏樂章詹同陶凱上之
其曲一曰本太初二曰仰大明三曰民初生四
曰品物亨五曰御六龍六曰泰階平七曰君德
成八曰聖道成九曰樂清寧
聖祖於道釋二教未嘗不推崇之如老子道德經則
親爲註解以爲治國養生之資又勑封張眞人
爲正一眞人於釋典則勑頒法師諸經於佛寺

民間有願誦經禮佛以資父母祖先冥福者聽乃其防閑則又甚嚴也令禮部清釋道二教詔天下寺觀俱併入大寺觀官給度牒照身其無度牒者斥革不得聚衆遊食逃差役又禁僧道不許娶妻妾畜小僮女人不得爲尼又禁僧道不得詐立白蓮無爲多寶諸名色犯者處重罪其防閑之嚴如此蓋欲禁僞道僞釋以崇眞道釋也孔子謂子夏曰汝爲君子儒無爲小人儒

聖祖之崇眞道釋與孔子之崇眞儒意正同

上與學士詹同論文章曰古人爲文章或以明道德或以通世務如典謨之言皆明白易知無深怪險僻語如諸葛孔明出師表何嘗雕刻爲文而誠意溢出令人誦之忠義感激近世之士不究道德之本不達當世之務辭雖艱深意實淺近卽使文如司馬相如楊雄何裨實用自今翰林撰文但取通道理明世務無事浮藻又禁專用四六語

聖祖此諭深得文章竅要千古不易之論於今文弊

尤爲切時司文衡者所當提醒也

聖祖治天下法令嚴明而其用意則一本之忠厚惻怛初克元都時獲其后妃公主及其嫡孫買的里八剌

上曰元之失政朕之祖父亦預享其太平勿令獻俘封其孫八剌爲崇禮侯其后妃等俱賜冠服得安居自便明玉珍竊據西蜀後克西蜀獲其子明昇憐其幼弱亦免獻俘得封侯中原既平遣使祭歷代帝王陵寢後又立帝王廟以祀其賢

臣俱得配享學士危素言元世祖聽妖僧發宋
諸陵取其金寶以諸帝遺骸瘞於杭之故宮築
浮屠其上以厭之又截理宗頂骨爲飲器
上聞嘆息久之曰宋南渡諸君無大失德於元又非
世仇既乘其弱而取之又何肆毒如是訪其頂
骨遺骸所在並勅葬於故陵又令各郡縣有司
祭無祀鬼神又差官循行天下瘞埋殘骨凡四
方有水旱災傷俱蠲其租賦加以賑貸刑獄重
囚俱令法司三覆奏然後用刑多所寬宥又有

大誥減等之法諭刑官劉惟謙以體欽恤至意
勉以效張釋之于定國有御史以隱微過失論
陶安
上惡其風聞苛刻黜之其用心忠厚惻怛如此所以
鬼神享德華夷歸心
聖子神孫克享無疆之曆未有涯也
高皇帝二十四子螽斯之盛自古帝王所未有洪武
元年旣立
長子標爲皇太子三年四月詔封諸子爲王孙

鎮各省第二子樉秦王國西安第三子棡晉王

國太原第四子卽

成祖燕王國北平第五子橚周王國汴梁第六子楨

楚王國武昌第七子榑齊王國青州第八子梓

潭王國長沙第九子杞魯王國兖州第十子檀

蜀王國成都第十一子湘王國荆州今絕後又

封子代王大同肅王甘肅今移蘭州遼王廣寧

今移荆州慶王寧夏寧王大寧後移南昌國除

岷王雲南今移武岡谷王宣府今絕韓王平凉

瀋王潞安安王其處今絶唐王南陽郢王安陸
今絶伊王洛陽又封兄子爲靖江王國廣西
上親製祖訓頒賜太子諸王親王歲祿五萬石後定
爲萬石慶肅諸王亦有二千石者親王嫡長子
襲封餘封郡王郡王嫡長子襲封餘封鎭國將
軍鎭國子俱輔國將軍輔國子俱奉國將軍奉
國子俱鎭國中尉鎭國子俱輔國中尉輔國子
俱奉國中尉郡王初封祿二千石嗣封一千石
其將軍中尉以次遞減至二百石皇女爲公主

祿二千石親王女爲郡主郡王女爲縣主郡王
孫女爲郡君曾孫女爲縣君玄孫女爲鄉君祿
亦遞減至二百石其配駙馬儀賓宮室服色儀
仗各有差具載會典玉牒

高皇帝汛掃胡元廓清華夏功高千古其天潢之熾
昌實繇

皇天嘿祐所致豈偶然哉至於封建盛典法周漢之
藩垣懲唐宋之孤立樹本支以鞏磐石深謀遠
慮尤爲盡制盡倫矣然歷世彌遠宗枝彌繁今

且其數不億歲祿將輸視國初又不啻千倍國計民生可不爲變通乎當

聖祖封建時猶未有入仕出城之禁也自

成祖靖難以後禁網愈密歲祿既不能時供貧宗徒有仰屋坐困患又不獨在國與民矣近日

廟堂加惠宗藩既開甲乙之科又有保舉換授之例四民之業既均宗祿宜可裁省變通損益此其時矣

李善長之調兵轉餉可比漢之蕭何劉基之運

籌帷幄可比漢之張良李善長既爲丞相封韓國公加太師子祺尚長公主後以胡惟庸作逆善長係其姻戚坐累削爵爲民劉基爲翰林學士毎從

丨征伐出奇制勝封誠意伯爲惟庸所害不得世襲後惟庸誅乃賜鐵券公論始伸而善長又以申救所善賜死不無已甚矣若宋濂一時名儒

上與之講論經史啓沃朝夕裨益良多嘗與飲宴賜以御製醉學士歌久爲侍從親臣後以年衰許

致仕再入京朝見賜賫甚優其孫宋愼以附惟
庸下獄死濂坐累流竄遠荒道卒二事近於少
恩然善長不能遠邪見幾濂不能貽厥孫謀禍
釁亦其自取未可謂文網之不踈也

時數令地方訪求精卜筮之人又連年出征漠
北監生周敬踈言國祚修短在德厚薄非歷數
可定
陛下但當修德國祚自可傳之萬世何必問之小技
方術又言連年遠征中外臣民皆謂欲取傳國

璽於漢北臣聞傳國璽出自戰國楚平王得卞和之玉製爲國寳歷代珍之故有是名易曰聖人之大寳曰位何以守位曰仁是知君人所寳非在璽也三代之時享國長久未嘗有璽也今連年用兵軍民勞苦是忽眞正之大寳而易無用之小寳也此疏言小技不必詢是也至謂漠北遠征祇爲玉璽實未必然

聖祖蓋爲胡元遺孽尚存計將來必爲中國患故不得已用師實爲後世慮若玉璽則先已得于眞

美玉製爲傳國寶克元都上都時已兩獲其玉
璽豈復以一寶物而疲勞中國哉又前有以元
之水晶宮漏來獻者其奇巧異常
上令碎之其不貴異物所自來矣周敬之言殊爲失
實然其意則是
上猶嘉納之可見聖度如天也時又有南豐典史馮
堅言九事雖間有切時務者然亦多是常談非
有奇謀秘策卽擢爲左僉都御史
聖意蓋欲開言路廣聽納然不無啓倖進之虞乎近

時上書言事紛紛輦轂下甚至刁民奸胥藉爲告訐要脅徑竇言路亦未見糾駁恐其漸不可長也

聖祖初即大位以功臣李善長爲左丞相徐達爲右丞相後因漠北未靖徐達總師出征善長亦以調度殷繁不能獨處揆地乃以胡惟庸爲左丞相汪廣洋爲右丞相廣洋貪鄙柔佞惟庸專恣暴橫不知當時何以得大用毋亦唐虞試四凶之意乎其後廣洋以鄙佞斥竄惟庸以作逆誅

吏乃革去丞相位號以政事任九卿六部尚書
與都察院左右都原三品俱進二品侍郎與通
政司大理寺長官俱三品吏戶禮兵刑工委六
部都察院兼理考察刑名通政司主納言大理
寺理讞獄而以論思詔勅委翰林罷丞相官勅
後有敢言置丞相者處以重典至
成祖時以翰林官爲殿閣學士掌機務自後復加尚
書銜進秩公孤雖無丞相之名而實有其位任
矣蓋

二祖意欲法成周以六卿兼三公謂秦漢以後始置
丞相故罷之其意甚盛然任用大臣關係惟在
得人與否耳周之周公太公召公皆相也但無
其名耳若漢之蕭曹丙魏唐之房杜姚宋裴李
皆賢相也有其名亦有其用矣至我　朝革丞
相以殿閣學士掌機務其後名公碩輔項背相
望視前代相業豈有遜焉然間有一二陰陽閃
鑠者平時則專權擅勢有事則委卸規避人或
責備之則曰我惟司票擬耳何預平章此則深

負

聖祖委任責成之意矣

上與侍臣論守成之道

上曰人常慮危乃不蹈危常慮患乃不及患車不僨於峻坂而仆於平地者愼於難而忽於易也保天下亦如御車雖平治何可不愼

聖諭眞千古格言守成之君所當佩服也

時有道士以養生書爲獻者侍臣請留覽

上郤之曰彼所獻書非存神固氣之道即燒丹煉藥

之說朕安用此朕所用者聖賢之道所需者致治之術將躋天下生民於壽域豈獨一己之長生久視哉一受其獻迂誕怪妄之士必爭來矣故却之毋爲所惑又先時盱眙陝西山東有兩獻天書者卽命誅之自古人主多好長生之術如漢武帝惑文成五利之說後乃知其詐唐諸帝多餌金石之藥反損壽傷生宋眞宗信王欽若作天書以矯誣上帝爲千古笑端孰有如我高祖之敬天守道崇正黜邪者見地超超眞卓越千

古矣

洪武中封都督朱壽爲舳艫侯張赫爲航海侯督海運歲運江南米六十萬石繇江入海至遼東以備軍興永樂中命平江伯陳瑄及都督宣信率官軍運糧百萬石至北京當時未聞有海道風波之惡其後不知何故廢海運取道黃河黃與淮合衝擊爲患河屢疏屢淤所築河岸旋修旋壞四百萬餉即到京亦多損失不能如期且費民力不貲何如以其半從海運抵天津方

以小舟起運至北京乘南風迅發旬月可到既可省濬築之費又可免遲滯之虞其於國計民生不爲兩便乎乃近有議復海運之便當事者輒猶豫不能主持獨不聞洪永間故事乎何前時廢之易而後來復之難亦任事之無人也

紀聞摘 卷二 九

野紀矇搜

二

野紀矇搜卷之三

光祿大夫柱國太子太傅禮部尚書兼翰林院學士臣黃汝良編輯

成祖之英武神明大類

高皇帝兼有龍鳳之姿天日之表

高皇帝預識其爲帝王之器又每奉命總師北征有

功

高皇帝喜曰

燕王能靖沙漠吾無患矣比懿文太子薨逝

高皇帝御東閣門諭羣臣將立燕王爲太子羣臣莫

敢對惟學士劉三吾以秦晉爲言沮之
高皇帝大哭而罷然其意常在
燕王也至洪武三十一年猶勅燕王總率諸王防
邊勅曰朕觀成周之時天下已治矣周公猶告
成王曰詰爾戎兵誠安不忘危之慮也今海内
雖無事然天象示戒夷狄之患不可不防朕之
諸子汝獨才智克堪其任秦晉已薨汝實爲長
攘外安内非汝而誰爾其統率諸王總制北平
遼東諸兵將用防邊患奠安黎民以答

上天之心以副吾付託之意愼之毋忽莊誦此勅眷
高皇帝遽爾賓天建文君嗣立倘建文君能體
注可知乃勅出未一月而
高皇帝之遺意學泰伯之三讓豈非至德不然亦宜
敦睦懿親厚待諸王以樹屏翰而鞏磐石何乃
聽齊泰黃子澄等謬計削奪諸藩專事苛察傷
殘骨肉薄厚寡恩周王橚齊王榑名至京訊問
廢爲庶人又幽代王桂於大同縶岷王楩於雲
南倶奪爵又名湘王栢王懼縱火自焚闔戶皆

死夫諸王皆
高皇帝之親子懿文太子之親弟而建文君之親叔
父也乃即位未三年而殘暴至此齊泰黃子澄
又最忌燕王居長智勇絕人善用兵與徐輝祖
卓敬等謀所以防燕者遣都督宋忠率兵三萬
奪燕護衛健卒屯戍開平以圖燕又令張昺謝
貴以衛士圍王城未幾而奪爵逮官屬之詔至
矣護衛指揮張玉朱能乃涕泣勸
王起兵事勢危迫如此靖難之事豈得已哉迹齊

黃等所爲不惟不知有親王且不知有
聖祖矣其誤國不道之罪上通於天
高皇帝在天之靈安得不殛之哉
成祖用兵制勝出奇無窮眞與
太祖高皇帝後先相符靖難師起建文君初遣耿炳
文等總師四十萬繼遣李景隆等總師六十萬
北平之兵僅止數萬多寡相懸奚啻十倍然往
往用間用誘用伏用出不意聚能散之逸能勞
之強能弱之而李景隆耿炳文輩皆庸懦寡謀

紀律不肅所謂多筭勝少筭故北師所向無前
所以能成靖難之功也然亦有天命焉鄭村垻
之戰以河氷驟合驟解而得濟白溝河之戰
成祖馬三易三被創又矢盡劒折會大風折大將旗
景隆軍亂乘之而得勝濟南之攻鐵鉉懸鐵板
於城門詐降
成祖入門鐵板下擊馬首幾危還至橋伏兵斷橋橋
不可動而得脫又大將軍盛庸與靖難兵戰於
東昌夾河

成祖以十餘騎逼庸營庸諸將以建文有詔不可使
朕有殺叔父名諸將不敢發一矢少頃合戰東
北風大起塵埃漲天庸軍亂乘風縱左右翼横
擊之庸軍大敗其後燕兵與吳傑平安戰於藁
城先敗復勝亦有風助之異燕兵遂抵淮南此
與漢光武昆陽之大風河北之氷合皆天助也
故曰天之所興誰能廢之所廢誰能興之
高皇帝鄱陽湖之戰正如此乃知
帝王自有眞也

靖難兵至浦子口盛庸與諸將迎戰敗績都督陳瑄率舟師降燕燕兵遂渡江乃遣李景隆王佐茹常等詣燕營再議割地罷兵不聽或勸建文君幸浙江或曰不如幸湖湘方孝孺力請堅守京城以待四方援兵於是遣諸王分守諸門而以蠟書促四方勤王皆爲燕師遊騎所獲竟無至者靖難兵遂抵金川門谷王穗與景隆等遂開門迎靖難兵入城文武羣臣兵部尚書茹常等奉迎

乘輿勸進其同時勸進稱名士者有吏部侍郎蹇義戶部侍郎夏原吉兵部侍郎劉儁古朴禮部侍郎劉季篪董倫侍講王景大理少卿薛嵓侍詔解縉給事中金幼孜胡濙修譔胡靖李貫編修楊榮楊溥吳溥侍書黃淮郎中陳洽方賓員外宋禮助教王達鄒緝審理楊士奇知縣胡儼其齊泰黃子澄卓敬等則先時逃竄矣惟戶部侍郎郭任禮部侍郎黃魁僉都御史程本立大理丞鄒瑾給事中龔泰陳繼之御史魏冕紀善周是

修叅軍高巍聞金川門不守皆死之又修撰王
叔英太常少卿廖昇聞靖難兵渡江先自縊死
又兵部侍郎陳植御史王彬皆先時死事是日
大内火建文君遜位文武羣臣再三上表勸進
成祖乃謁
孝陵還御奉天殿即
皇帝位初
太祖末年知太孫不克負荷旣大漸乃授一小篋封
鑰甚密戒以臨難乃啓至是啓篋視之得僧楊

應能度牒及披剃具遂削髮被緇自御溝出至
郊壇遯去蓋
成祖與建文君之興廢久在
高皇帝鑒識中倘蚤定大策如
高皇帝初意何至家難紛紛震驚廟社劉三吾之沮
大計於先齊黃輩之啓大釁於後皆似是而非
見小忘大悞國之罪死未足贖也
燕府上書請誅齊泰黄子澄略曰奸臣齊泰黄子
澄輩假

陛下之威權剪皇家之枝葉橚榑栢桂楩五弟雖有愆過未聞不軌重可裁減護衛輕可賜勅戒勵則厚親之仁懲過之義兩盡矣不務出此輒削王爵奪國土轉徙流離行路矜惻栢尤可憫闔室自焚

聖仁在上胡寧忍此今其心尚未厭足又以加臣分兵圍守臣府但云府中不留一人號地哭天辟踊無訴又云伏睹

祖訓有云如朝無正直內有奸惡則親王訓兵待命

天子密詔諸王統領鎮兵討平之臣謹俯伏俟命惟
陛下念之念之觀靖難此書情詞懇惻眞令人發憤
不平齊黄之罪眞不可勝誅然此時即斬鼂錯
於東市亦不能弭靖難之師差可洩神人之憤
乃建文君臣略無省悔故燕師南向所在高城
深池鼠之如飄風振落其後所遣耿炳文李景
隆等統領大兵捍禦亦所至頽敗非惟人謀之
不臧亦繇
天心之佑順也

初宮中火起建文后馬氏赴火死及
上入宮詰問建文君所在宮人内侍皆指后屍爲建
文君乃出屍於煨燼中哭之曰小子無知乃至
此乎名翰林侍講王景問葬禮當如何景對曰
當葬以天子之禮從之久之
成祖知建文君未死乃遣侍講楊溁出使外國訪其
踪跡又遣内官鄭和帆海訪求眞人皆爲建文
君也竟不知其所之至天順年間廣西送一老
僧至京自認爲建文君

上名內官老成者辨其眞僞內官識認應曰果是乃
居之別院比殂葬之西山人莫知其處云
上既即大位名兵部尚書齊泰太常寺卿黃子澄御
史中丞陳子寧族誅之又執禮部尚書陳廸兵
部尚書鐵鉉刑部尚書暴昭御史高翔奏問不
遜亦族誅之戶部侍郎卓敬盧迥太常卿盧原
質蘇州知府姚善俱被執不屈殺之守安慶禮
部侍郎黃觀給事中黃鉞俱赴水死御史曾鳳
韶聞名復其官刺血書襟自刎死拾遺戴德彝

給事韓永御史董鏞葉希賢甘霖鄭公智戶部
主事巨敬國子博士黃彥清宗人府經歷宋徵
俱坐黨論死
上以姚廣孝言欲名用方孝孺不屈繫獄遣人諭再
三終不從一日名之草詔斬衰入見不勝悲慟
上降勞之曰先生勿勞苦朕欲法周公輔成王耳孝
孺曰成王安在
上曰渠自焚死耳孝孺曰何不立其子
上曰國賴長君命左右授筆札令草詔告諭天下孝

孺大批數字不遜投筆於地又大哭
上曰我能夷人九族孝孺曰雖十族何畏
上大怒令磔諸市夷及九族其他死難者未易悉數
何一時節義之多也毋亦
高皇帝以禮義廣勵天下移風易俗之所致耶昔武
王伐殷誅紂夷齊叩馬不以爲罪又封比干之
墓釋箕子之囚而用之封微子於宋以爲殷後
矧當時天下一家建文諸臣子俱
高皇帝之臣子其離間至親啓釁生事如齊泰黃子

澄輩責其誤國之罪誅之可也其餘自可從寛政或湔刷用之不然置之癈閑可也何至核其黨類而盡誅之且有赤族之禍此必非成祖之意當是諸臣阿諛奉迎以至濫刑慘殺也然一時死難之臣亦不無已甚焉

成祖

高皇帝嫡出第四子懿文及秦晉二王已没以長以親以賢自應繼統乃迫於奸人離間勢急事危靖難之師萬不得已正位之後建文諸臣自可

以事

高皇帝者事

成祖不失爲忠臣如唐之魏徵王珪當時亦爲建成

所親用後有玄武門之難及太宗嗣立王魏盡

忠於太宗爲唐名臣與房杜並稱後世無非之

者亦何至忿激如仇讎或惡言不遜以致累親

族雖有節義之名亦未爲中庸之道矣

詔釋靖難時師中所擒都督陳暉楊文黄中韓

觀等并縱其所領將士各還其伍民兵悉放爲

民時有都御史景清覘知建文君出亡志圖興
復乃自詣闕
上厚遇之清藏利劍衣袵中謀行刺一日欽天監奏
有星色赤犯帝座甚急明旦清果衣緋衣朝候
上出殿門奮躍犯御駕
上驚命左右執之得所藏利劍清知謀不遂奮躍嫚
罵
上大怒命刮其舌且刮且罵含血直噴御衣命剝皮
實草磔之夷九族此時欲行荊軻聶政之計將

以何爲郎使得遂亦何所濟不仁而且不智無

君而且無親矣

成祖靖難時魏國公徐輝祖用事於内駙馬都尉梅

殷捍禦於外及靖難兵入金川門武臣無不歸

附惟輝祖不屈

上名問之始終無推戴意法司迫令供招惟書其父

開國功勞子孫免死而已

上以元勳國舅竟從寬典勒歸私第革其祿米後准

復故時梅殷爲總兵官鎮守淮南北尚欲爲建

文計

上既正大位令寧國公主以書招之乃入見

上慰之曰都尉在軍得無勞乎殷對曰勞而無功徒

自媿耳

上待之如初時有進建文羣臣所上謀策

上命悉焚之復有言建文所用之人悉宜屏斥又言

不宜置之要地

上曰此皆我

皇考數十年作養人材治天下者必資賢能宜隨才

品任共理天工烏得而棄之又命翰林觧縉等
編閲建文時諸臣所上封事關係軍民錢糧數
目則留貯之有干犯者悉焚之問觧縉等曰爾
等宜皆有之衆未對修譔李貫曰臣實無之
上曰爾以無爲賢耶食其禄則思任其事當國家危
急之際在近侍獨無一言可乎朕非惡夫盡心
建文者但惡其導誘紛更壞法亂政耳爾輩事
彼則忠於彼今日事朕當忠於朕不必曲自遮
飾也

成祖此諭皆天理人情之正初無求多於建文諸臣之心時有都御史陳瑛原以建文時謫外後得擢用狠心未巳更請重罪建文諸臣

上曰朕初舉義不過誅奸臣齊黃數輩耳其後二十九人中朕多宥而用之今汝所言又不預二十九人之數者彼食其祿自宜盡其心可悉置勿問可見死難諸臣得禍之慘皆陳瑛等所羅織宜與齊黃輩同入奸臣之案矣陳瑛在法司凡事俱從慘刻後竟誅死可見天道報應不爽也

成祖即位改元永樂元年遷
興宗孝康皇帝主於陵仍稱懿文皇太子呂太后
亦同遷蓋建文時追尊帝后者又革建文年號
仍以洪武紀年其官制及各省州縣名號幷諸
政令紛更者悉復其舊建文即位未三年輔導
諸臣不勸以祇奉
祖訓率繇舊章乃自作聰明變更制度使其在位日
久未知所屆不惟齊黃之罪即方孝孺輩亦不
能辭過矣

上巡幸北京有定都之意時

仁孝文皇后梓宮在殯令人訪求吉壤初欲擇房山

某處有王賢者精青烏家言爲

上言此公侯地耳惟寳家莊十郎故址勢如萬馬自

天而下眞帝王善地也前有小阜欲去之恐多

庶出耳

上謂多子出於多母庶出何妨乃定卜今長陵是也

地在昌平縣東黃土山今封其山爲天壽山其

後十一陵皆發祥於此地每春秋拜謁諸陵見

其山水廻環龍虎拱護瑞氣鬱葱宇内未有昔
胡元都燕不知葬此乃知天造地設造物者秘
之以垂無疆之曆豈區區堪輿家能預其謀哉
永樂二年定屯田清軍賞罰例凡管屯都指揮
指揮及千百戶所管軍旗通計每歲所入屯田
數目除一軍食米十二石之外查均餘石數多
寡以爲賞罰又屯田衛所軍士各查每歲有無
逃亡爲衛所官殿最
祖宗時立衛所軍屯法於國家大計最爲關切有軍

則有屯屯以給軍軍以衛民三時耕稼一時講武此古寓兵於農之法唐府兵亦倣此意有事則不患無兵有兵則不患無食後世法久弊生屯田多爲勢家所占屯軍或以田賣之勢家富戶田既空虛軍多逃竄衛所官侍其世職逼不照管甚者反因以爲利其後設清軍屯田司道專理其事而以巡按御史稽核之然多顧情面事因循竟不能復初制有事則名募客兵往往驕悍難馴令之殺賊則不前虜以軍法則作亂

其兵餉則派之民間兵愈多而加派愈重不惟不能衞民而且反以害民矣欲得天下太平其必復

祖宗之舊制而後可也

永樂二年册立

皇太子命侍臣輯自古來嘉言善行有益於太子者書成名文華寶鑑以授

太子曰修己治人之要具在此書

皇太子拜受而退

上顧侍臣解縉等曰
皇考訓戒太子嘗採經傳爲書名儲君昭鑒錄朕此
　書稍充廣之益以
皇考聖謨大訓以爲子孫帝王萬世之法昔秦始皇
教二世以法律晉元帝授太子以韓非書帝王
之道廢而不講所以至於亂亡朕此書皆大經
大法卿等侍東宮宜爲從容講說成其德業庶
　他日不失爲守成令主赤誦
高祖之儲君昭鑒

成祖之文華寶鑑範鎔震器德意無限殷惓不惟垂
訓於一時實可貽翼於萬禩也
高皇帝后馬氏
文皇帝后徐氏皆有淑德懿範爲昭代母儀
高皇后從
聖祖起臨濠備歷艱難恪修內訓言不踰閾撫育文
庶恩意甚厚
上欲封外戚
后諫止之又禁外戚不得干預國事

上編女誡以儆宮闈

后諭諸妃嬪欽承遵行之宮闈肅睦

文皇后乃中山王徐國公達之女博通載籍恭勤婦

道初册爲燕王妃

高皇后深所愛重

高后崩哀毁動左右執喪茹蔬三年

文皇纘大統

后正位中宮多所匡贊數言用兵累年宜與民休息

又言親族宜敦睦人材當愛惜

上皆嘉納之及
皇太子監國萬幾多所禀承諸命婦入見嘗以盡
忠報國采諸書作內訓二十篇復取三教嘉言
善行類編之名勸善書
皇太子進上覽
上以賜近侍大臣令其訓廸諸命婦及崩
上慟哭曰今入宮不復聞正言矣
高皇帝二十四子懿文太子秦晉二王
文皇帝皆

高皇帝后嫡出
文皇帝三子太子漢王趙王皆出自
文皇后
二后之賢明端淑今古罕儷若太任太姒之嗣音真
可媲美於成周若關雎麟趾之多福宜其永昌
乎厥後也其後歷朝宫壼靜穆無復前代不經
之事實
二后閫教之所貽垂也
永樂五年英國公張輔等平定安南奏捷獻俘

上御奉天殿羣臣稱賀安南卽古交趾自漢唐以來

俱入版圖爲交趾郡其後淪入荒服僅奉朝貢

洪武時

高皇帝經略漠北未暇徂征永樂初國王陳日焜爲

其臣黎季犛所弑詐稱陳氏無後彼以甥署國

事

上不知其詐許之踰年日焜之孫天平繇雲南走愬

京師

上遣大理卿薛嵓與廣西都督黃中領兵送天平還

國黎季犂於中途襲殺之薛嵓死焉

上震怒乃遣張輔沐晟柳升等率大兵擊滅之生擒黎季犂父子并其親屬安南父老言陳氏種族爲黎季犂殄盡無可立者請置郡縣爲中國百姓於是置府十五州四十一縣二百八戶三百一十二萬幅幀二千餘里設布按都司如各省

張輔等加封有差

成祖之恢疆拓境取亂侮亡復中國之版圖洗裔夷之兇逆眞神武蓋世大一統之規模也其後交

覆靡常輒討平之至宣德年間因中官馬騏索賄
激變黎利叛殺鎮臣郡邑多陷沒遣成山侯王
通繼柳升作鎮怯懦不能守逃還宥死於是黎
利乃遣人持前安南王三世孫陳暠表乞立陳
氏後
上集諸大臣議張輔等議安南不可棄謂表出黎利
文皇帝經略數年棄之無名徒示弱耳
上問楊士奇楊榮二人俱言立陳氏後原是
文皇帝初心求之不得乃郡縣其地況二十年間兵

民困于交南極矣今得陳氏後而立之何謂無名

上曰爾二人所言正合吾意乃出暠表示羣臣遣使賫詔立陳暠爲安南王遂罷兵在

宣廟之休兵息民固爲重内輕外美意然二十餘年中國既復之土宇與他遠夷不同又地廣民殷一旦棄之不無可惜且何以示諸夷也况當時以一統全盛之中國席

文皇百戰之餘威選將調兵克復何難二楊狃一時

之無事棄前人之壯圖其如蹙國百里之譏何

矣

恭誦

成祖政紀其安內攘外武功既巳昭著宇內而尤仰

窺其文德之茂也永樂初命儒臣楊榮楊士奇

金幼孜解縉胡廣黃淮等直文淵閣朝夕論思

凡廵幸出征皆從又選進士讀書翰林蓋欲得

經濟名儒以弘啓沃也又命學士解縉等輯文

華寶鑑命少師姚廣孝等纂修永樂大典凡一

萬一千九十五本蓋集古今文獻以廣經綸也
經筵講讀洛誦罔倦又命
皇太子講詩書周易春秋及大學衍義又輯聖學
心法以賜
太子則經書聖賢道理無不契
宸衷而且垂儲訓矣命省直慎選舉禁虛浮命雲貴
各設學校以常袞爲福建興學命特祀之以經
書賜遠方儒生許朝鮮琉球子弟入國學讀書
文教覃敷於遠近華夷矣故曰丕顯哉文王謨

丕承哉武王烈又曰有文事者必有武備

成祖之以文德恢武功所從來矣

廟號稱文良有以也夫

成祖北征沙漠出塞者五犁庭者三除兇雪耻眞可

謂威震千古功軼百王矣然亦不能無垂堂之

悔焉永樂七年

車駕駐北京邊將奏元遺孽本雅失里偪疆漠北殺

使者屢擾邊陲

上命淇國公丘福等帥師北征授以方略丘福至臚

朐河爲虜所紿孤軍深入諸將諫不聽俱陷虜

死

上大憤怒决計親征選騎兵十餘萬用武剛車運糧

二十萬石以八年二月出塞四月至長清地極

北南望斗杓五月至斡難河本雅失里來逆戰

敗之遁去六月班師至靜虜鎮虜酋阿魯台復

來戰又敗之亦遁去時熱甚乏水泉軍士多饑

渴死者遂收兵還營師次擒胡山令勒銘於山

日瀚海爲鐔天山爲鍔一掃胡塵永清沙漠次

清流泉又勒銘曰於鑠六師用殲醜虜山高水
清永彰我武次白石坡又勒銘曰維日月明維
天地壽白石勒銘與之悠久會糧乏令以供儲
御糧散給之
上在師中每日旰未食内官請御膳
上曰軍士未食朕何忍先食還次開平宴勞將士七
月還至北京十月至京師九年虜酋阿魯台遣
使納欵請得部署女直吐蕃諸部
上問左右黄淮對曰此屬狼子野心離則易制合則

勢大難圖乃不許其請十年虜順寧王馬哈木
殺本雅失里立其族荅里巴阿魯台遣使内附
請討馬哈木之罪乃封阿魯台爲和寧王馬哈
木怨阿魯台遂朝貢不至十二年二月復議親
征馬哈木三月
車駕發北京
皇太孫從行六月至撒里怯兒地馬哈木率衆逆
戰
上麾諸將擊敗之虜死者數百人追至土剌河復大

敗之殺其酋長十餘人馬哈木遁去遂班師十

八年定都北京十九年二月阿魯台寇寧夏

上以虜叛服不常復議親征召問兵部尚書方賓賓

言糧餉不足未可興師復問戶部尚書夏原吉

原吉對曰邊餉足給備禦軍士不足給大軍且

頻年師出無功戎馬資儲十喪八九又

聖躬少安尚須調護勿煩六師

上不懌刑部尚書吳中入對與賓等同

上怒原吉等俱繫獄方賓自殺二十年命議北征糧

備運糧三十七萬石民輓者二十三萬有奇
上乃出師次鷄鳴山虜聞夜遁收其遺棄輜重產畜
班師二十一年復報阿魯台將犯邊
上諭諸將曰朕當駐師塞外以待之出其不意庶可
成功二十二年四月
車駕復親征諸虜俱遠遁五月過應昌次清水源
上問侍臣曰朕夜夢神人告朕曰
上帝好生如是者再何也楊榮金幼孜對曰宜承天
意赦虜罪班師乃遣使諭諸虜又進次荅蘭木

兒河彌望皆大漠無一虜騎其前鋒陳懋金忠
等引兵至白印山亦無所遇且糧運不繼乃命
班師七月師次榆木川
上崩侍臣及中官密告諸將秘不發喪先馳報
皇太子遣
皇太孫奉迎梓宫八月初十日還京師
成祖之屢征沙漠驅逐孽胡神武壯略蓋法
高皇帝之深謀遠慮爲萬世計也然
高皇帝之征沙漠亦只是選將命師令徐達常遇春

等龔行天討竟奏膚功未有出塞親征之事也
況永樂時胡虜俱已竄伏遐荒視洪武時事勢
相懸若選名將調勍旅以驅逐之何患不克似
無庸勞萬乘之尊冐不測之險爲也矧師行糧
從車駕一動耗費百倍疲敝中國又不待言矣
昔漢高困於白登隋主挫於鈌畢皆以全盛之
時厄於孽虜寧可不爲意外之防哉若漢武之
用衛青霍去病以破匈奴唐太宗之用李靖李
勣以擒頡利除兇雪耻亦無事親征爲也即如

漢元帝用都護甘延壽陳湯能使郅支授首呼
韓入朝豈以靖難諸將無一可當長子之任者
乃諸將鑒於丘福之覆轍無敢發一言而扈從
諸臣平日運籌帷幄如胡廣楊榮金幼孜輩亦
無敢力諍竟莫能執訊獲醜而有榆木川之晏
駕
成祖在天之靈寧無致悔於垂堂乎然後知夏原吉
方賓吳中等之忠愛而胡廣楊榮金幼孜之阿
意順旨不能免春秋之責備也

永樂間鄱陽民朱季友進所著書專斥濂洛關
閩之說肆其醜詆
上覽之怒曰此儒之賊也以示侍臣禮部尚書李至
剛等學士解縉曰惑世誣民莫甚於此至剛曰
不罪之無以示儆宜杖之擯之遠裔侍講楊士
奇曰當燬所著書庶不悞後人侍讀胡廣曰聞
其人已七十燬書示儆足矣
上曰謗先賢毀正道罪之可拘常例耶令行人押送
饒州笞以示罰搜檢其家凡所著書會衆悉焚

之崇正學斥異說
成祖此舉眞足垂訓萬世矣
廣東布政徐奇朝覲京師載嶺南籐簟諸物將
以遺諸近臣或得其目以進
成祖將以私交罪之閱視獨無諭德楊士奇名
成祖問其故士奇對曰徐奇初爲給事中赴廣時諸
臣多作詩贈其行故有此餽臣時有病不能作
詩故無餽不然亦餽及臣矣今諸臣受否亦未
可知第其物輕微可置勿問

成祖意解乃以單目付中官令焚之遂不究士奇可謂正直忠厚後世有告訐以爲直者品格不啻徑廷矣

永樂間命東宫講讀官分譔諸經講義送内閣閱過有未當處悉與改正然後呈御覽允當方赴東宫進講時内閣解縉閱書胡廣閱詩金幼孜閱春秋楊士奇閱易一日學士王達講乾之九四舉儲貳爲說

皇太子問士奇曰經旨於此必無儲貳之說達不無含譏否士奇對曰講臣非正道不陳豈敢含譏

皇太子曰對我言此常人得此爻亦舉此說乎對曰殿下此問最好程子云凡卦中六爻人人有用聖賢有聖賢用衆人有衆人用君有君用臣有臣用又舉王昭素對宋太祖之言以對

皇太子悅王達之講章楊士奇之納約深有得變易從道之易義可爲講臣啓沃之法程也

野紀矇搜卷之四

光祿大夫柱國太子太傅禮部尚書兼翰林院學士臣黃汝良編輯

洪熙元年壬子諭大學士楊士奇等曰
東宮講讀當以大經大法其前史所載非聖賢之
道無益於治者勿言又戈謙初以言事得罪旋
以災異復其大理卿又轉陞都察院都御史丁
亥
諭三法司自今誹謗者悉勿治謂刑部尚書金純
等曰往者法司多以羅織爲能片言涉及國事

輒論誹謗身家破滅誰復辯理治道所急者求言所患者以言爲諱自今有羅織者一切禁之卿等宜體朕意又

諭三法司曰自宮以求用者惟圖一時富貴而絕其祖先父母不顧古人求忠臣于孝子彼于祖先父母尚不知豈有誠心事主朕決意不用此等人從今嚴禁自宮其加人宮刑者必不貸辛未

諭吏部慎選御史以清風紀又

命吏部咨訪可爲都御史者以爲十三道御史表
率乙丑
詔天下法司自今惟謀反大逆依律連坐其餘死罪只坐本身毋得一槩株連此數事稽古求言仁民愛物慎刑飭法眞帝王盛軌所以聖子神孫紹述休美造萬年之曆有以哉倘得享國長久可比周之成康優於漢之文景惜乎踐祚僅十月四海咸爲痛心千載之下猶令人嘆惋也

宣德元年

令内官傳旨至六科六科須覆奏方准下部施行此事關係最大前代之斜封墨勅多所假借正如此其後王振汪直輩用事傳奉假借者尤多至於劉瑾專權蔽主徑以巳意下部令其奉行無藉傳奉到科矣近時傳奉旨意又不至六科而在内閣閣臣惟聽傳奉票擬施行其敢覆奏者又鮮矣中間豈無假旨增減者天下事不可不防微杜漸然後知

宣廟之神明慮遠也

漢庶人高煦

成祖第二子也多智譎頗以材武自負靖難師起常

從征有功

成祖登極

仁宗正位東宮

宣宗爲皇太孫高煦封漢王常懷怏望

上以高煦常在行間習武事其後每北征俱令侍左

右

上嘗與親臣語及儲宮解縉曰聖孫甚英明諸大臣

亦稱

東宮爲守成令主遂無易儲意高煦每媒孽

東宮又譖解縉漏泄向時易儲語縉得罪繫獄死

成祖巡幸北京

東宮監國奏事詳愼又賴蹇義夏原吉黃淮楊士

奇諸臣調護儲位遂安高煦封國雲南以遠辭

改封青州又辭及從幸北京懇辭還京師所爲

多不法殺掠內外居民私募勇士三千人僭用

乘輿法物

東宮不敢制

成祖頗聞之以問楊士奇對曰漢王兩遣之國皆辭不行今知

朝廷將徙都北京自欲留守此其心路人知之惟

陛下善保全之耳後

成祖廉知其陰謀名至面詰之褫其衣冠縶西華門

東宮懇救得免

成祖曰此所爲將來必不靖宜削去其兩護衛居之

山東安樂州去北京甚近朝發可夕擒也高煦

至安樂益憤怨不平

仁宗即位猶秘不發

仁宗上賓

宣宗嗣位遂决計反招集亡命擅置文武官移檄遠近以討輔臣夏原吉等爲詞遣人密結英國公張輔爲内應輔縛其人白

上

上名輔臣入議討將安出楊榮首勸

上親征

上有難色顧問原吉原吉曰往事可鑒臣昨見命將
而色變退語臣等而泣在廷如此臨事可知且
兵貴神速卷甲而往一鼓可平所謂先人有奪
人之心也楊榮言是
上意遂决晝夜兼程不數日抵城下高煦不意
車駕猝至城中震駭不戰自潰執高煦械歸京師
賜死師行凱旋僅一月云尚書陳山奏請宜乘
勝移師向彰德襲執趙王
上乃問楊榮蹇義夏原吉以山言爲是楊榮請先遣

使詰問趙王與高煦連謀狀令楊士奇草制士
奇不可曰事須有實天地鬼神其可欺乎因謂
榮義原吉曰
太宗皇帝三子二人皆
上親叔一人有大罪者不可赦其無罪者當厚待之
庶幾仰慰
皇祖在天之靈時惟楊溥意與士奇合遂以白
上
上初意不懌然不復言移兵矣及還京

上大悟謂士奇曰使我得保全趙叔者卿之力也時
言者猶喋喋或請削護衛皆不聽遣使以璽書
告趙王并封示羣臣章奏慰諭之趙王大喜曰
吾生矣即獻護衛表謝言者亦息高煦趙藩皆
宣宗親叔父也高煦不軌謀逆自當大義滅親爲法
受惡趙藩實無預謀寧可以猜疑連坐傷恩薄
厚乎決策親征計出於楊榮夏原吉保全趙藩
議定於楊士奇楊溥固繇帷幄之有人而
宣宗之從善轉圜恩法兼至眞千古英明之主也

宣德三年都御史顧佐奏監察御史不稱職嚴

愷等三十二人俱宜黜降

上命貪縱不法者發各衛充軍不達政體者降典史

老疾者着致仕佐旋舉堪任風憲進士及舉貢

四十餘人

上命酌次考選用之夫御史風憲之官以監察庶僚

爲職其後且代天子巡方冀其激濁揚清焉

朝廷耳目權綦重矣古有攬轡登車而羣邪屛息

者有豺狼當道不問狐狸者緣其能正已率物

乃能爲朝廷肅紀貞風至於都御史爲御史領
袖其任尤重之重者後世風尚弗兢爲總憲者
多庸庸碌碌鮮能以方正自持嚴重率物故爲
其僚屬者但知繡斧自雄誰復愛惜名節在内
既少建白匡濟在外或多枉法狥私惟有遵常
例注上考以稱職回道待京堂優轉而已嗟乎
安得有端本澄源爲栢臺烏府表率如顧佐者
庶幾朝端正四方莫敢不正所裨治道詎浅鮮
哉

上每歲巡幸近郊宣德三年復東巡邊境
命重臣留守而以文武大臣率師扈從
上諭諸臣曰朕深居九重豈不自樂但朝夕思念保
民故爲此行耳將士有敢擾民者必罪不宥九
月
車駕至喜峰口守將馳奏兀良哈萬衆寇邊已入
大寧至會河矣
上曰天遣此虜投死耳諸將咸請擊之或請徵兵俟
諸將畢至

上曰虜謂吾邊無備故敢來若俟諸將並進恐後事機朕以鐵騎三千出其不意擒之必矣或言三千未足用

上曰兵在精與號令不在多三千精兵自足辨賊諸將可繼進遂決策親征

車駕出喜峰口至寬河虜望見以爲戍兵悉衆來戰

上命分鐵騎爲兩翼夾擊之

上親射其前鋒三人殪之兩翼飛矢如雨繼而神機

銃礮發虜人馬死者大半餘悉遁走
上以數百騎直前追之虜望見黃龍旗知
上親征悉下馬請降皆生縛之命諸將搜山谷擣虜
穴擒其遺孽遂
詔班師賜勞將士
宣宗英武不減
成祖然命將出師文武諸臣豈無如方叔吉甫可用
者何至勞萬乘冒風塵以臨不測之險雖執訊
獲醜其如垂堂之戒何蓋當時見永樂間之三

犂虜庭遂狃為常事其後正統初奸奄憪國遂

有土木之悔天下事皆貴慎重至於薄伐親征

尤宜萬分戒嚴弘治時復有親征火爵之議賴

諸臣諫止得孔子慎戰之意矣

宣廟在文華門屏左右

名大學士楊士奇語之曰楊榮家畜馬甚多聞其

與邊將交結親密乃有此寧可處之綸扉近地

乎士奇對曰榮與諸將有交因永樂中扈從北

征

太宗皇帝命掌兵馬之數以此與諸將稔熟今内閣
諸臣其於邊將之才否邊境之險易四夷之順
逆情狀惟榮能知其詳臣等皆不及方今用人
之際榮未可離密地間所畜廐馬不過三五疋
多則芻菽亦未易辦也
上曰渠多則鬻諸市耳且數請復永樂時所調衛軍
官豈無請託因緣又朕初卽位時數言爾短若
非蹇義爲解爾亦不在此地矣士奇對曰
陛下容臣天地之量也臣今亦願推天地之恩以容

榮俾得省改自効

上意乃解然自是不專任之矣此事與仁傑毁師德師德薦仁傑頗同當時榮與士奇同在帷幄叅贊密勿如左右手不可相無士奇之捐細故以効恊恭眞是體國奉公之誼其與後世名位相近互相傾軋如嘉隆間揆地諸臣度量相越豈不遠哉

宣德三年二月册立

皇太子

皇后胡氏遜居別宮

册貴妃孫氏爲

皇后

胡皇后無子

皇太子貴妃孫氏出也先時

上有改立中宮之意

皇太后命與諸大臣議之

上名張輔蹇義夏原吉楊士奇楊榮諭之曰吾年三

十未有子中宮屢產不育祿命家言其不利子

息今幸
貴妃生子必立爲嗣毋以子貴古亦有之然
中宮當如何處置因舉中宮過失數事示諸臣榮
曰舉此廢之可也
上曰廢后有故事否義曰宋仁宗降郭后爲僊妃
上問輔原吉士奇爾三人奚獨無言士奇對曰古人
有言人臣於帝后猶子事父母
中宮毋也子豈敢議廢毋乎原吉曰此大事容臣
等退詳議以聞

上問此舉得不貽外議否義曰自古所有何得議之
士奇曰宋仁宗廢郭后范仲淹孔道輔率臺諫
十數人入諫被黜何謂無議既退榮義謂原吉
士奇曰今日所聞
中宮過失皆非當廢之辜議未決明旦
上名士奇榮至西角門問議云何榮出一紙列
中宮過失二十事進呈
上覽二三事艴然變色曰渠曷嘗有此
宗廟豈無神靈乎遂袖之顧士奇爾何言對曰漢光

武后詔書有云異常之事非國家休福仁宗
廢后後亦甚悔願
陛下慎重之且
太后在上必有主張
上曰
太后有旨令我與爾等議之議未決又一日獨名士
奇屏左右諭曰若何處置爲當士奇曰
中宮與貴妃如何
上曰甚相親愛如娰妹但朕重皇子故欲正其册號

耳今

中宫病逾月

貴妃每月往視慰藉甚勤士奇對曰曷若乘今有

疾而導之辭讓則進退以禮而恩眷不衰

上曰此說可行

中宫遂遜位

太后尚未允及固辭乃允原

胡中宫初無甚罪過

宣宗之欲貴妃正位中宫者特爲

皇太子耳自來母有嫡庶嫡母在上卽皇子非所
自出當以嫡母事之卽皇子所自出之母亦當
遜讓至後日山陵之事則嫡母與自出之母同
祔葬入廟惟嫡母得祔生母則别祀
奉慈殿成化時有二太后
慈懿錢太后嫡母也
周太后生母也萬曆時有二太后
仁聖皇太后陳嫡母也
慈聖皇太后李生母也安有以嫡母而遜生母之事

乎况
胡皇后原無得過於
太后
宣宗與宋仁宗郭后之妬悍犯上者又不同
胡皇后既遜爲靜慈仙師
上亦尋悔當時諸臣若能據義執諍
宣宗未必不從蹇義楊榮之阿媚順旨楊士奇夏原
吉雖執諍而不能堅持皆繇欲保祿位於當時
又恐有後來之罪釁其視宋之范仲淹孔道輔

諸臣風力節槩相去遠矣

河南新安知縣陶鎔奏民饑危急已先借驛糧

一千七百二十八石賑救俟秋成還官

上謂户部曰知縣所行良是朕聞近時有司遇地方

荒歉必須申報展轉勘實方行賑貸民不能待

饑死者多矣陶鎔先給後聞可謂愛民賢吏勿

以專擅責之此事與漢汲黯擅開倉事同然

聖祖已先有此諭

宣宗之褒奬陶鎔可謂善體

聖祖愛民德意矣

上與尚書蹇義等論漢光武保全功臣事義曰光武以吏事責三公故功臣不用所以保全之

上曰功臣固貴保全然大材亦不可廢置伊尹相湯伐桀爲商阿衡名畢閎夭散宜生之徒相武王伐紂未嘗不見用於當時也即如漢之參陵平勃輔安漢室皆高帝時舊臣也天生賢才當推誠委任我

朝於將臣有德望幹才者分掌五府而軍國大政

悉決於
朝廷其於委任保全兩兼之矣
宣宗此諭深切中事理然安得伊名平勃而任之哉
聖祖晚年令功臣悉還鄉優游以享富貴准古酌今
較爲得算
上御左順門諭侍臣諸司事宜謹守
皇祖舊典曰我
皇太祖肇建國家
皇祖

皇考相承閱歷世務練達人情法制備詳謀慮深遠

子孫遵而行之猶恐未至朕祇奉

祖宗成憲諸司事有疑碍奏請者必命考舊典世之

作聰明亂舊章馴至敗亡者往事可鑒也

宣宗此訓不惟聖子神孫所當遵守凡爲臣子者尤

當兢兢祇奉其有阿諛逢迎亂舊章以招隱禍

者眞

聖祖神靈所必誅者也

宣德五年三月望 廷策會試中式舉人

上臨軒策畢退御武英殿謂翰林儒臣曰朕於取士不尚虛文正欲得忠鯁之士爲用耳其間有若劉蕡蘇轍輩能直言抗論庶幾副朕所望朕當顯庸之於是賦策士歌以示諸讀卷官

章皇帝此諭

聖謨洋洋眞可謂千古策士法程近來廷試讀卷官只取字畫端楷者進呈且以讀卷名位高下爲進呈次序試策中即有正言讜論不復經眼況肯進呈

御覽乎

自唐宋以來俱設有官妓內外官員凡有宴會俱得攜妓侑觴我

朝自洪永之世猶沿爲故事未有禁律其後傲遊無耻縱恣成風官員朝會迄往往甜歌樓樂院沉酣忘歸甚至牙牌比懸衣冠塞路耗廢公務弊難具言至宣德三年顧佐爲都察院右都御史以風裁自負奏請革罷之一時人心震悚百僚風尚頓移昔齊饋女樂季桓子三日不朝孔

子以此去國顧佐總司風紀革歷代之淫靡復
世風於雅醇眞無媿紀綱之任矣
宣皇帝能委用聽信之可謂明良相遇矣
上御武英殿與侍臣論漢以下創業諸君侍臣有言
漢高祖之大度有言唐太宗之英武有言宋太
祖之仁厚
上曰唐太宗宋太祖皆假借權力襲取天下唐太宗
慙德尤多漢高帝及我
太祖高皇帝起布衣除暴亂光明正大可比而同然

漢高雖能除秦苛政而禮文制度不修我
太祖剪除羣雄革胡元弊俗申明中國帝王之教要
爲過之羣臣皆稱善
章皇帝此諭誠爲千古確論非獨揄揚
先烈已耳
宣德年間外國獻麒麟者再郡邑獻騶虞者三
欽天監奏五色雲見又民間馬生龍馬有以白
烏獻者羣臣皆請賀祥瑞
上皆却之惟水旱報奏憂形於色亟行寬恤之

詔令戸部毋得虛文塞責又勅三法司凡言涉毀謗者勿治令近臣直言規諫令所在搜求山林隱逸之士敬天勤民求賢納讜眞有道令主也

逮江西巡按御史陳祚下錦衣衛獄祚上疏勸

上務帝王實學眞德秀大學衍義一書凡聖賢格言古今治道無不畢載願聽朝之暇令儒臣講說孰爲忠賢之可親孰爲邪佞之可遠古今若何而治亂政事若何而得失必能開廣聰明增光德業天下受福無疆矣

上覽疏怒曰蠻嗤朕不讀書大學且不識豈堪作皇
帝乎命逮至京下錦衣獄時宣德六年也
宣宗聽言納諫求善若不及祚所陳亦無甚犯顏觸
忌何以獲此重譴當時大臣若蹇義夏原吉等
親臣若楊士奇楊溥楊榮胡濙等日侍左右
上每諭諸臣凡有過失直言無諱何不見一言匡救
亦可異矣逮繫五年乃始得釋毋亦爲
聖朝鈌事乎
宣德五年九月初設巡撫官俱以各部侍郎爲

之十三省南北直隷各一人總督稅糧舉劾官
吏永樂中已設巡按御史于各省直兹又以大
臣爲巡撫後又改侍郎爲都御史無非勅以考
察官屬安撫百姓任寄誠隆重矣然亦視得人
何如耳得其人則爲
朝廷貞風肅紀飭吏安民不得其人則假借
朝廷勅書以作威作福府縣既苦於供億司道祇
曲爲逢迎甚至寵賂滋章舉劾任意是
廟堂欲以嘉惠封疆者反至貽害封疆也嗚呼安

得如宣德初年都察院右都顧佐者以領袖臺
端表率僚屬庶幾不負
朝廷設官之初意乎
宣宗聰明睿知原自性生又好親近儒臣博通經史
敏於著作往往發於詩歌而其大意在敬天勤
民非徒以詞章自喜也如
御製祖德詩又作招隱詩猗蘭操策士歌以示羣臣
所以慎法祖求俊乂也
御製豳風圖詩又製喜雪喜雨憫旱詩及織婦詞以

頒侍從所以重農桑固邦本也又讀典謨有感
作詩三章以勵交儆命近臣直文淵閣設飲饌
楊士奇等上表謝恩作詩賜之所以弘啓沃廣
咨詢也其它篇什未易殫述恭誦諸
聖製皆本之憂勤惕勵之深心渙爲和平雍容之雅
調無論梁陳五代之淫哇不足言即漢高之大
風歌漢武之秋風詞唐太宗之秋日懸清光宴
中山帝京篇唐玄宗之春臺望度蒲關諸作猶
未能恍惚也是時左布諸儒臣楊士奇楊榮楊

溥胡濙金幼孜輩俱能應制唱和寓進讜言幾
幾與賡歌喜起之風並輝映千古矣

徙開平衛於獨石洪武初李文忠克元上都設
開平衛守之置八驛東曰凉亭泥河賽峰黃崖
四驛接大寧古北口西曰桓州威虜明安隰寧
四驛接獨石永樂初既棄大寧以處降虜而開
平難守至是遂城獨石而徙開平衛于此棄地
蓋三百里矣棄險資敵不無失算以
宣廟之英武何以有此當時謀國諸臣運籌何在與

前之棄安南不能無蹙國百里之譏也
上微行幸少傅楊士奇第入門立月中士奇俯伏言
陛下以
宗廟社稷之身奈何輕出萬一有不測何以備之
上微笑曰思欲見卿一言耳顧謂士奇曰此居敝漏
當爲卿葺理之士奇叩頭懇辭且曰
至尊今日俯臨外間必有知者萬萬從此愼重事變
不可不慮也後旬餘錦衣衞緝知殺人二盜捕
之急遂相結約俟

車駕之玉泉寺伏道傍林莽中將爲不軌爲校尉所獲

上既誅二盗嘆曰士奇言不虚賜以白金文綺士奇入謝

上曰愛朕莫如汝遂不復微行矣微行起於漢成帝以萬乘而爲匹夫舉動行險褻體大非盛德事士奇之正言力諍杜漸防微眞能引君當道亦幸

宣宗之納諫轉圜也

時有僧自陳欲化緣修寺祝延
聖壽者
上斥之謂侍臣曰人情莫不欲壽古之人君若商中
宗高宗祖甲周文王皆享國長久其時豈有僧
道豈有神仙之說秦始皇漢武帝求神仙梁武
帝宋徽宗崇僧道効驗可見世之人終不悟甚
可嘆
宣宗此諭見道知命眞千古名言其後尚有僧繼曉
陶仲文輩誑惑誣罔無益而且有害何不鑒

聖訓之昭昭乎
右都御史顧佐執法清貞時有囚告佐累累枉
人重罪不聽訴理者
上大怒召楊士奇楊榮諭曰此必有重囚教之排佐
命三法司鞫之實千戶臧清殺一家無罪三人
佐欲置之法乃寫狀教囚誣告
上曰小人陷正人不誅何以行法立命磔臧清於市
時有南京御史嚴皚數受賄爲御史劉弘道所
劾被黜皚賄左都御史劉觀得復職右都御史

頡佐劾御史貪淫無耻十餘人瞪爲首俱謫吏
遼東各衛瞪逃至京仍造詞脅賂
上命三法司會鞫奏瞪所犯應死命戮於市其後劉
觀亦以納賄爲楊士奇楊榮所論出之又不悛
其子復縱肆不法謫戍邊
勅觀與其子同往戍所
宣宗之祐善懲惡恩法並行真
英主神明之舉動也
宣德八年十月平江伯陳瑄卒賜謚恭襄瑄督

海運有功比開會通河既竣命專理河道自儀
真至北通州四千里漕運事宜皆其經營創設
疏清江浦引水繇管家湖入陳鳥口以免淮河
風濤之患浚瓜洲儀真二壩潮港之堙鑿呂梁
徐州二洪以平水勢築沛縣刁陽湖濟寧南旺
湖長堤開泰州白塔河以通大江築高郵湖堤
内鑿渠亘四十里以通舟自淮至臨清相水勢
高下建閘四十有七以時啓閉沿河種樹鑿井
以便夏月行舟者皆舟楫永遠通行之利慮事

周而成功速初歲運糧二百萬石後增至五百萬石國用以饒瑄之初通海運後復經營河道以通河運足國裕民計周慮遠可謂經濟名碩宜其得易名盛典與國咸休垂延祚於無窮也

正統元年勑方面郡守有缺照舊在京三品以上官保舉時有言方面府州官專用保舉是恩出于下欲遵洪武永樂故事皆令吏部選除者

上命内閣議之楊士奇等疏言宣德七年以前藩憲二司及府州正官多不得人百姓受害是以

宣宗皇帝勅令大臣保舉自茲以往多得其人間有
一二匪才蓋緣舉主濫混徇私所司不行叅糾
所致昔唐太宗行保舉之法以致天下太平近
有官員無人保舉者造爲謗語欲廢
先帝良法伏望
聖斷依
先皇帝勅旨行但所舉之人後有犯贓敗露必明正
舉主之罪則人知儆畏不敢濫舉官必得人矣
詔從其議至景泰時吏部尚書奏罷京官保舉例

夫京官之知外官未必皆真何如撫按兩臺日與共事地方所知尤爲詳確撫按薦舉或有不公不實則有吏部都察院之考核科道之糾參以薦舉歸撫按似爲勝於以保舉責京堂或間有撫按薦舉未及者京官若有眞知不妨保舉惟是徇私連坐之法必嚴行不貸雖撫按亦然庶幾官無濫舉舉必得人矣近日保舉雖行而連坐之法都置不問惟覺錢神有靈耳

英宗登極年在幼冲

太皇太后召英國公張輔大學士楊士奇楊榮楊溥

禮部尚書胡濙入便殿諭

上曰此五人皆

先朝簡任以貽

皇帝凡有所行必經五人贊成方可行

上受命時宦官王振發侍

上東宮素蒙寵狎及

上即位振恃寵專恣凡事應與閣下諸大臣商確者

輒傳旨擅行之

太后稔知其專擅蔽主不勝憤怒一日召振至便殿

振俯伏

太后曰聞汝侍

皇帝多專恣不法汝當死命女官加刃振頸

上跪爲之請諸大臣皆跪

太后曰

皇帝年少豈知自古禍人國家多是此輩我今姑聽

皇帝暨諸卿宥此奴今後不得復令干國事也其後

太后崩振盜去

高皇帝所置宦官不許干預政事鉄牌遂益擅權無
忌乃有十四年土木之禍使當時蚤除振何以
至此
孝昭皇太后人稱女中堯舜每諄命
英廟委任清正賢臣屢切責權奄王振欲誅之因
英廟勸止不果及大漸名內閣諸臣至楊前問
朝廷尚有何大事未舉者時楊榮已没楊溥假歸獨
有楊士奇當國對曰有一二事其一建文君臨
御四載當命史官脩其實錄仍用建文年號其

一方孝孺雖誅
文皇帝詔收其片言隻字者論死乞弛其禁
太后頷之士奇等卽趨下叩頭稱受
顧命而出當時王振擅政鋤正人而進邪佞竭中
國以事夷狄種種弊政未可盡述且使羣臣喪
氣拜跪相仍所當舉正者豈但此二事乎倘東
楊尚在當不至草率如此
洪武中内官只許識字不許讀書知文理有一
奄人應對明敏者輒斥去之永樂中始令聽選

教官入内教書正統初王振用事始設内府教書堂選翰林檢討正字等官入教少年内官于是此輩多聰慧識文理然其時職專辦内府事其出差者尚少差完即回京至景泰始命太監班佑鎮守兩廣自此邊方鎮守京營掌兵管理倉場提督營建市舶織造以至採珠池開銀鑛處處有之作威納賄無所不至然後知我

聖祖之慮深防遠也

太祖高皇帝鑒歷代宦官之禍置鐵牌高三尺牌上

鐫內臣不得干預政事八字在
宮門內宣德中猶存至正統八年王振專權用事
乃盜去此牌從此奄宦縱肆無所忌憚正統時
有王振曹吉祥成化時有汪直尚銘梁芳正德
時有劉瑾天啓時有魏忠賢皆專權擅政幾危
國家然後知
聖祖貽謀之慮遠後世所當率祖攸行者也
時有福建僉事廖謨杖死驛丞楊溥欲坐以償
命楊士奇欲擬以因公致死互爭不決請裁于

上王振因而進言謂溥與驛丞同鄉士奇與僉事同
鄉未免皆有私意償命過重因公過輕宜對品
降僉事爲府同知庶無枉縱
內旨甚壁之自此振漸摭閣臣之過言無不從權
柄歸其掌握矣可見大臣秉國當矢虛公勿以
瑕隙示人況凶險在側尤宜倍加慎毖小過微
眚彼且得借爲讒佞竊權之階況有大於此者
乎故曰已正物正又曰履霜堅氷至不可不深
防也

王振專權厭薄閣臣時三楊在閣久振謂士奇等曰朝廷事藉三位老先生今高年倦勤矣後當如何士奇曰老臣當盡瘁報國死而後已榮曰吾輩衰殘無可効力當擇後生可任者以報聖恩耳振喜明日共薦曹鼐苗衷高穀陳循等遂次第擢用士奇以榮當日發言大易榮曰彼厭吾輩矣縱不求去彼肯見容乎一旦內中出片紙命某人入閣則吾輩靦顔無地矣今四人竟是

我輩人自當一心協力耳士奇服其言無何三楊後先乞身去國可謂見險知幾竟能完名全節無忝熙朝碩輔矣人言榮才優於守士奇溥守優於才未可輕置雌黄也

正統初年三楊在内閣凡用人行政必先白太皇太后命與閣下諸大臣裁決然後施行王振雖欲專權猶未能也自太皇太后崩楊榮以病去國楊士奇以子稷伏罪堅臥不出惟楊溥一人在閣年老孤立後進皆委

靡不前繇是内閣之柄悉爲王振所攘生殺予
奪盡在其手羣臣稱爲父翁見輒拜跪其伉直
不肯阿附者必誣罔排陷之侍講劉球上疏陳
十事中有總攬乾綱不可下移之語小人讒於
振以爲欲奪其權振大怒曰必殺之後因球言
灾異及諍征麓川事逮下獄令錦衣衛指揮馬
順遣小校夜殺之大理少卿薛瑄以理學自負
見振不爲禮振啣之會有武官病死其妾有姿
色振侄王山欲娶之妻持不可妾因誣告妻毒

殺其夫都察院問鞫已誣服瑄辯其寃屢駁之都御史王文素諂事振譖之振嗾御史劾瑄受賄故出人罪瑄坐死繫獄瑄怡然曰辯寃獲咎雖死何媿在獄讀易自娛後以侍郎王偉申救得免除名爲民國子監祭酒李時勉素厭薄奸宦恥與往來先時振每進香文廟司成設茶延接與之欵洽時勉獨不與相面振啣之密廉其過無所得彝倫堂前有大樹其一邊陰翳有碍諸生立班令稍伐去傍枝振遂誣爲伐官木以供

私用傳

旨用百斤枷枷太學門外并罪及司業掌饌諸生

號泣請代者千人會昌伯孫繼宗言之

孫太后后以問

上方知爲振假旨立

下詔赦之准致仕三人者皆不能趨時媚璫行已

有耻者也劉既被殺薛李亦幾不免蓋名節爲

重身命爲輕語云歲寒知松栢三君子蓋其人

哉

王振弄權士風靡敝時有工部侍郎王佑以婣
振孫郎中超陞卿貳與兵部尚書徐晞百計趨
附每揚言于衆曰吾以某物賂公公甚喜以爲
敬已其無餽送不進見者以爲慢已且得罪繇
是內外官員相率進奉其朝覲官贄見俱以百
千賄賂公行皆二人爲之首倡也佑貌美無鬚
一日振問王侍郎爾何無鬚佑對曰老爹無鬚
兒子豈敢有鬚聞者噴笑絕倒其後汪直劉瑾
魏忠賢得志時士風往往如此故曰苟患失之

無所不至矣奄輩不足言也紳佩平日讀書所
讀何事可醜亦可慨夫
巡按湖廣御史陳祚奏遼王不軌
上怒逮祚下獄論死未幾王事敗露乃出祚復職爲
南京雲南道御史尋陞福建僉事
祖宗時優待
親藩體統甚尊然法制亦甚嚴如齊府伊府晉府
未嘗以情廢法非獨法行於藩府亦所以風勵
諸宗也正統間巡按湖廣御史陳祚奏遼王不

執事甚多

朝廷以其妄訐

親藩逮祚下獄論死未幾王事暴露廢爲庶人乃出陳祚復其官晚矣使發行祚言審實量加懲艾或可不至廢死此與近時唐府事同崇禎五年河南宗室郡王器峻等三十餘人同奏唐王聿鍵謀逆及諸不法事醜不可言時余掌禮部請下撫按密查奏報撫按查實回奏謂弒逆謀反事未可窮究其殺人占奪杖責叔父禁閉郡

王及開拓府地欲領兵出城諸事則實有之於
是禮部請
旨依
先朝典制或削減護衛或罰住祿米或差勳臣
勑諭省改政府票擬槩不見允反罪諸郡王誣奏
於是唐藩驕恣彌甚適值奴虜入犯遂統親兵
以勤王爲名圖謀不軌爲流寇圍阻中道而還
已復杖殺郡王叔父以快夙忿遂坐法廢禁錮
高牆使當日蚤從禮部撫按之言可不至是天

下事有以保全爲保保全亦有以警省爲保全者不加警省徒務姑息逮至事體決裂雖欲保全之不可得矣然後知

祖宗之待

親藩有法有恩盡倫盡制萬世所當遵行也

八閩文庫

文獻集成

254

福建文獻集成

續編 史部 一四

吴格 主编

海峡出版發行集團
THE STRAITS PUBLISHING & DISTRIBUTING GROUP
福建人民出版社

本册目次

野紀矇搜十二卷（卷五至卷一二）

[明] 晉江黄汝良撰

日本内閣文庫藏明刻本

野紀矇搜

三

野紀矇搜卷之五

光祿大夫柱國太子太傅禮部尚書兼翰林院學士臣黃汝良編輯

正統七年敘平麓川功進封蔣貴定西侯封王驥靖遠伯其餘陞賞有差麓川雲貴間僻遠一土司耳其地不如中國一大縣土酋思任發叛服不常數侵掠孟養地當時郎令黔國公沐晟相機討撫制其死命可也王振擅權不肯從閣臣議謀之兵部尚書王驥驥阿振意欲窮兵遠征以示威四夷攘爲巳功乃以定西侯蔣貴爲

總兵以王驥爲提督軍務統東南兵十五萬擣
其巢穴雖有執訊獲醜然首惡遁去竟不可得
而所殺苗民以十萬口乃班師叙功前後十餘
年間屢服屢叛費
朝廷糧餉無算昔唐玄宗恃天寶富盛數征討雲
南疲敝中國乃有安史之變正統中之征麓川
與唐天寶事頗同亡何亦有土木之難皆秏中
國以倖邊功人謂王驥功首罪魁非誣也當時
惟有侍講劉球上疏言荒夷小醜不足煩中國

窮兵不如移其費以備北虜其言深切時機不
謂王驥一代能臣意識乃出劉球下也豈爲富
貴念頭所誤乎
正統已巳八月北虜也先入寇大同前時也先
遣使進馬以二千餘人報作三千王振怒其詐
減去馬價虜使回報遂怨望以至大舉入犯然
虜騎僅二萬犯邊亦常事耳當時只宜選將調
兵豫備糧餉多置火炮而以知兵有智謀文武
大臣統之與大同相爲犄角主客之勢旣異多

寡之形相懸且戰且守俟虜糧盡氣疲擊其惰
歸自可制勝萬全何必親征哉乃惡奄王振專
權日久幾欲僥倖成功以爲封拜恣橫之地遂
迫請
大駕親征以五十萬之師倉皇出塞兵行既無紀
律糧餉又復不接比至土木前驅朱勇宋瑛朱
冕等後先覆沒以致六軍敗績七萃蒙塵
車駕遂至北狩其隨從文武諸臣一時並遭蹂躪
固是

廟筭失策亦是刦數致然先是前一月熒惑入南

斗又前一月南京

宮殿災是夜大雷雨一火而盡明旦殿基上生荆

棘二尺許又浙江紹興山移于平地地上白毛

徧生陜西二處山崩壓沒人家數十一處山移

有聲吼吽三日又王振起宅于内府未踰時燒

爲灰燼比

大駕將發文武百官俱伏闕懇留而成國公朱勇

大學士曹鼐尚書王佐欽天監彭德清諍之尤

力皆不聽遂至喪師辱國社稷幾危以此知天變不可不畏人言不可不信而宦豎不可聽熒也可爲千秋炯鑒矣

土木報至京師大震

皇太后遣使齎黃金珠玉段匹往虜營請還

駕名百官集闕下命

郕王總理萬機于午門前南面見百官詔立

皇長子爲

皇太子時方二歲仍命

郕王輔政九卿科道交章言王振罪惡滔天傾危
宗社若不亟正典刑何以慰安人心因慟哭聲
徹中外先捽殺振黨錦衣衛指揮馬順縛振侄
王山磔殺之其親族悉就誅夷籍其家金銀珠
寶無算百官乃拜謝而出
皇太后命于謙爲兵部尚書處分大事謙首劾扈從
失律文武諸臣議者謂時方多故人心危疑恐
得長君以弭禍亂
皇太后命太監金英傳旨

皇太子幼弱未能踐祚

郕王年長宜登正大位癸未

郕王即

皇帝位遥尊

帝爲太上皇帝詔赦天下改明年爲景泰元年於是

天下始知有君朝綱始肅

也先既得志以太監喜寧爲嚮導喜寧胡種降

虜者遂擁

上皇入紫荆關敗我師殺指揮韓清等都御史孫祥

走死朝野洶洶人無固志
景帝遣太監金英名羣臣問計侍講徐埕自謂識
天象言京師必不可守須遷都南京英叱之令
人扶出尚書于謙抗言遷都非計京師天下根
本
宗廟
社稷
陵寢百官萬姓帑藏倉儲咸在若一動則大勢盡去
宋南渡之事可鑒也惟當以固守京師爲本計

太監金英宣言於衆曰死則君臣同死有敢言
遷都者
上必命誅之乃出榜曉諭固守之議始決是時給事
程信御史練綱建言守備京師長策極詆請南
遷圖偷安者爲奸臣
景帝悟命施行之徐珵以議南遷得罪輿論後乃
改名有貞主張奪門之計得封伯復譖殺于謙
等竟以黨附曹石反爲所惡讒搆華爵斥外蓋
兇險小人也多智何益

時都督楊俊奏盡出營兵并調三邊各路軍馬大舉剿虜可以得志少保于謙執不可曰如此則京師各邊皆空虜或分兵牽制何以應之非全勝之道也時俊跋扈不測此議足以奪其邪謀時又有大臣奏留邊將守京城者兵科給事葉盛上言今日之事邊關爲急使往者獨石馬營不棄則六師何以陷土木紫荆白羊不破則虜騎何得薄都城繇此而觀邊關不固則京城難守卽使能守不過僅保九門而已其如

陵寢
郊社何其如田野之民擄掠荼毒何宜急遣還各鎮
固守爲便從之於是各鎮守重臣俱遣還邊宣
府有羅亨信大同有郭登輩皆能盡忠報
國鞏固岩疆是時京師亦已調兵繕械命各官分
守諸門偵
上皇車駕稍遠發大礮擊虜虜死者萬計虜氣始奪此
固藩籬衛堂奧至計也會
上皇遣喜寧來京密令宣府鎮臣誅之虜失嚮導亡

何虜遂北遁
上皇乃得還駕京師云
自
英廟北狩後也先屢肆要脅以請奉迎
聖駕爲名多索馬幣侵掠邊疆至擁
上皇抵大同城下爲挾攻開城之計賴守將郭登折
其狂謀乃遐去又屢遣虜使請命大臣迎復以
通和好廷臣亦以爲請時于肅愍謙以本兵當
國謂當急於脩備緩於遣使於是建設京師團

營操法選諸營馬步官兵一十五萬分為十營統以都督諸將嚴其號令賞罰遂成勁旅又命邊臣修築各邊殘破城堡選將練兵惟務自強虜知中國有君邊塞有備留

上皇無益及再遣侍郎李實都御史楊善等奉迎虜遂送

上皇車駕還京使當時不自脩備惟急於脩好奉迎幾蹈趙宋靖康建炎覆轍所謂急之而反緩緩之而反速者也

英廟以巳巳八月蒙塵北狩以庚午八月還
駕南內又七年復辟斡旋乾坤撥亂反正固繇
天心之默佑亦繇廟筭之有人也
北虜也先遣使致書辭甚悖慢尚書于謙進守
禦方略
景帝嘉納之謙言虜賊不道氣滿志得將有長驅
深入之勢不可不預爲計邇者各營精銳盡遣
隨征軍資器械十不存一宜急遣官分投各處
名募官舍餘丁義勇起集附近民夫更替沿河

漕運官軍令其悉隸神機等營操練聽用命工
部齊集物料於内外厰局晝夜幷工成造攻戰
器具京師九門宜用都督孫鏜衛穎等分領兵
士出城守護列營操練以壯軍威選給事中御
史如王竑等分門廵視勿致疎虞徙郭外居民
於城内隨地安插毋爲虜所掠通州壩上倉糧
不可棄捐資寇宜令在伍軍士悉詣關支准作
月糧于忠肅所陳數事皆係戰守機宜兵餉急
着乃克有備無患又禁止南遷之議遠略長筭

所謂以安社稷爲慌者也
景泰元年于謙爲兵部尚書建立京營團操法
謙以京師兵馬分隸五軍三千神機諸營者雖
各有總兵然不相統一每遇調遣選摘湊撥號
令不同兵將不相識或至誤事乃議揀選諸營
馬步官軍一十五萬分爲十營每營各以都督
總領每五千用都指揮一員每千用指揮一員
每五百用把總十員分管每隊用管隊二員常
領在營操練體統相維兵將相識出征就令原

管都督等官統領前去號令歸一行伍不亂團營之設自此始于肅愍之改設團營固爲救時之略然師出以律否臧凶惟在將帥得人賞罰號令法在必行耳洪武時創立五軍都督府永樂時改爲五軍三千神機三營當時戰勝攻取威震海内其後寖不如初遂有安南之不守麓川之罔功哈密之永棄至土木之役以五十萬之兵不能當二萬之胡騎蓋繇長子之任非其人而紀律之不肅也豈徒在營制之變更哉

命兵部侍郎鄭林操練團營軍士林既受命遂以
軒轅破蚩尤之陣教閲軍伍具疏繪圖以進曰
臣遍考古今陣法莫有過于軒轅黄帝破蚩尤
之陣古之蚩尤卽今之胡虜也黄帝按井田作
陣法大軍居中專主旗鼓八節旋繞悉聽指麾
若正北受敵則東北西北二陣爲奇兵張左右
翼以援之其正南正東正西及四隅受敵亦如
之所謂常山蛇勢擊首尾應擊尾首應擊其中
則首尾俱應者也古之名將知此法者惟太公

望孫武子韓信諸葛孔明李靖諸人而已吳起以下莫能知也其名之曰天地風雲龍虎鳥蛇八陣者則諸葛孔明也一大陣之中固有八陣而小八陣之中亦各有八陣大陣則法伏羲八卦小陣則法文王六十四卦所謂陣間乎陣隊間乎隊者也若夫造遁甲有九星開八門用三奇者則又黃帝命風後爲之蓋聖人以神道設教使人莫知其所以然者也林居兵科見團營軍無統制每出征人馬雜踏多至死傷故劾其

操練不如法當國者遂請以事委之林乃用此
陣法教閱隊伍始整其法至今不廢然用兵之
道要在節制有謀隨機應變昔霍去病不肯學
古兵法岳武穆亦云運用之妙存乎一心豈在
讀兵書如趙括能讀父書反至敗事觀鄭林所
言固多可採然不無牽合傳會古今武經惟有
太公六韜孫武子十三篇爲將者所當誦法究
心而實行之者也
遣侍郎李實往虜庭問

上皇起居又命左都御史楊善使虜奉迎
上皇回鑾時也先知中國有君又邊境有備要脅無益數遣使請命大臣奉迎廷議多謂虜狡詐不可信楊善建言謂
上皇北狩原爲國家事非有遊畋失德今虜既悔禍屢請奉迎若不從其請彼且得借爲辭以肆侵犯是曲在我也乃先遣李實再遣楊善同副使使北庭奉迎
聖駕是時

朝廷欲遣使羣臣多惶恐規避惟善與實以君臣大義急病讓夷毅然請往可謂板蕩識誠臣矣後楊善以附石亨得封爵不無爲累云

景泰三年都御史王竑因廬鳳淮徐大饑河南山東流民猝至經營拯救公帑俱窮乃大發廣運倉米以賑之然後奏聞全活二百餘萬人時有同事者言此倉係京師儲待安可擅動竑曰生靈懸命憂在國家如以擅發得罪吾自甘之比事聞

景帝嘉奬之然自宣德時已有先發後聞之諭其
後成弘間每遇灾荒俱發帑賑濟實
熙朝固本寧邦盛典也
景泰欲易
皇儲時儲君立已久蓋欲立子見濟而廢
英廟太子也一日語太監金英曰七月十二日
東宮生日英叩頭曰
東宮生日在十一月初二也
景帝爲默然蓋

景帝所言者謂見濟英所對者謂
英廟儲君人謂英此對與魏徵獻陵之對相似是時
大臣陳循等俱不敢言獨英敢出諷諫及奉使
道出南京公卿俱餞于江上獨南大理卿薛瑄
不往比英還京言于衆曰南京好官惟有薛瑄
耳於是
朝廷以公論名瑄爲北大理卿又前時斥徐珵建
南遷之議忠正而有識力世間安得有此賢奄
故當表而出之以勸寺人

景泰間翰林學士周叙建言臣叨在班行伏見
永樂洪熙宣德三朝臨御大班旣退各衙門即
于
門上次第說事君臣相與商確政務罄盡所言誠
廟堂美事自正統以來王振擅權獨立在傍于是
輔弼大臣及近侍官員俱不得
名對對亦不敢盡言以釀成今日之禍請自今令
羣臣得依舊制輪流向前說事庶得吐露肝膽
事關機密令不得泄于外不從自唐虞三代都

俞吁咈一堂固非後世所敢望即漢晉唐宋猶得於朝見奏事面相可否往往納讜輸忠我

朝自正統後堂陛之分大覺嚴峻每日朝會皆有奏事套數如有出班條陳吐露肝膽者糾儀官即以失儀行糾各衙門雖有章疏上聞然安得如面對之爲親切周叙此言殊爲切時建白惜乎其言之不用也

大學士商輅請振舉邊屯事下所司議行輅言口外田地極廣因先兩京勳臣等官將附近膏

腴占作莊田其諸曠閑又被總兵等官占爲已業當設法清理歲可省内庫銀無量昔漢趙充國諸葛亮晉羊祜皆有已行之成效今日屯邊之要莫善于此若舍屯種之外欲邊城充實雖竭府庫之財亦難繼矣至弘治中大學士王鰲亦云國家邊費浩大欲省轉運之費莫若興屯田屯田一石當轉輸二十石趙充國留屯湟中坐困西羌唐韓重華興營田之利東起振武西逾雲州至中受降城歲省千三百萬緡此前事

之明效今三邊之地固在也而人以爲不可行
何哉此兩言甚是餉邊長策當時邊地雖爲勳
衞兵將占耕然其地尚廣鹽商於邊境支鹽一
引輸粟二斗五升鹽商得利乃募人開墾屯種
即以所入粟供邊餉轉輸既省軍食亦充其後
户書葉淇議令各商納銀于户部於是邊地不
耕鹽商所入不足以供兵餉邊計遂不可支矣
命左都御史王翺總督兩廣軍務兩廣地勢聯接
利害相關景泰元年廣東有黄蕭養之變廣西

曾調官軍萬餘策應及景泰三年廣西有韋萬秀之變而廣東總兵不肯應援彼此猜忌事多牽制以致寇賊擾攘貽害地方蓋繇事權不一互相觀望故爾至是乃以都御史王翺提督兩廣軍務自總兵以下悉聽節制於是指麾調度始得彼此相應提督之任遂爲東南重鎮云翺有文武才後名入爲吏部尚書代以馬昂俱能綏靖封疆至景泰六年復命太監班佑鎮守兩廣於是事權掣肘作福作威地方不無多故矣

以諭德徐有貞爲僉都御史治張秋决河先時
河溢滎陽縣開封經曹濮入運河濟汶諸水皆
從之入海會通河淤漕運艱阻後先遣大臣治
之績用弗成景泰間命廷臣集議可治水者内
閣陳循以有貞名上有貞初名珵以倡南遷之
議爲衆論所鄙累推不允乃爲陳循推筭星命
賄以玉帶曰珵推公命玉帶當至矣故敢以獻
循納之且教以更名無使内家習知庶薦用可
允遂更名有貞循以治河薦之乃有此擢可謂

干進巧宦矣

景泰丙子順天鄉試大學士陳循王文子不中式循等奏訐考官劉儼黃諫閱卷不公并論監試御史林鶚有通同情弊且摘策題有無正統等語以激怒

朝廷請如洪武間罪劉三吾等例重開考試

上令翰林院覆閱學士高穀懼儼等禍且不測因蚤

朝奏事畢出班跪稱臣高穀有言因名至榻前具白其情且曰大臣子與寒士爭進且不可況

又不安命欲搆考官乎繇是儼等得釋乃特
旨賜陳循子英王文子倫爲舉人許來科會試大臣
以私憤訐人何事不行私若非高穀救解則無
罪罹辜將來考試誰敢復存公道險狠如此又
其子格外承恩靦顏受之所謂鄙夫無所不至
宜其不得令終也近時亦有此事
英宗自北狩還駕
景帝已卽位乃尊
英宗爲太上皇居南内羣小多間之

景帝恩禮漸衰薄又以給事中徐正言伐去近牆
樹鎔鐵錮其門鎖竅
皇太子爲沂王立皇子見濟爲太子亡何見濟卒
儲位虛時
景帝疾甚久不視朝丁丑正月于謙與百官再疏
請立
東宮有旨俟十七日御朝議之然外廷皆知疾不
可起矣武清伯石亨都督張軏張輗等與太監
曹吉祥謀復立

英宗詢之徐有貞有貞升屋占天象云事必可成機

在今日時有虜寇近邊之報有貞曰宜乘此以

備非常爲辭納兵大內遂以正月十四日與石

亨曹吉祥張軏等會王驥楊善陳汝言等收諸

門鑰夜四鼓開長安門納兵千人仍令鎖門率

衆薄南宮城下撞門毁垣入見

太上皇秉燭獨坐呼亨等曰爾等何爲衆合詞云請

陛下登寶位遂舉輦昇

上皇入大內升

奉天門座其夜天色晦冥忽開霽星月皎然遂鳴鍾
鼓啓諸門是日百官入侯
景帝視朝聞殿上譟呼尚不知故有貞號于衆曰
太上皇復辟矣趣入賀百官震駭
英宗宣諭之始定
景帝聞鍾鼓聲問左右知爲
太上皇曰兄爲之善明日逮于謙王文陳循蕭鎡商
輅等數十人下詔獄命有貞陞兵部尚書兼華
蓋殿大學士入內閣參預機務封武功伯石亨

進封忠國公張軏太平侯張輗文安侯楊善興濟伯餘各陞賚有差有貞等嗾言官誣于謙王文等以欲迎立外藩所司勘得金牌符勑見存禁中别無徵有貞石亨等曰彼意欲如此遂以意欲二字成獄奏上

上猶豫曰于謙曾有功有貞曰不殺謙今日之事無名遂殺兵部尚書于謙都御史王文都督范廣太監王成籍其家家屬俱戍邊其餘坐累者甚衆石亨等大援黨與自詫奪門功冒濫陞秩者

四千餘人以

皇太后誥諭廢

景帝仍爲郕王居西内

景帝所立

皇太后吳氏復爲

宣廟賢妃廢

景帝后汪氏復爲

郕王妃欽天監請革景泰年號

上不忍仍令書之十九日

郕王薨葬以王禮嬪御皆賜死殉葬惟
汪妃以李賢言得免謂易儲時有諍言且遇
東宮厚也復沂王爲
皇太子械徐正至京磔于市以疏代南宮樹也前
吏部尚書何文淵以
景帝易儲時詔書出其手詔書有天佑下民作之
君父有天下傳之子二語每自誇詡至是聞諸
人得罪自經死詔告天下以今年爲天順元年
方

景帝大漸之時儲嗣蚤殀
英宗自應復辟
沂王自應復儲諸臣若能疏請
皇太后得詔旨行之自是名正言順君安而社稷安
矣何事奪門爲哉徐有貞石亨曹吉祥之徒祇
欲儌幸封拜希寵專權苟圖富貴而已豈有心
爲國家者乃得志之後旣慘殺諸大臣言官復
酷毒宮中諸嬪御狠惡更不可言所幸
天道好還

聖祖在天之靈燭其奸而褫其魄石亨曹吉祥旣以
謀逆誅徐有貞亦以與亨相搆戍不者禍未可
量也當時李賢之納約自牖
英宗之從善轉圜明良相遇轉否爲泰眞千載一時
矣
英廟北狩
景帝繼立兄以及弟理也亦勢也兄旣遜弟父必
傳子
英廟旣遜居南内景泰遂議易

皇儲於義雖有未安然事勢有所必至當時惟有
禮部郎中章綸上疏力諍遂逮下獄此時舊儲
既廢新儲既立挽回實難比
景帝大漸儲君見濟又先殀沒以親以長則當奉
英宗復辟蓋
英宗雖有北狩之難實爲國討虜非荒于遊畋得過
於
廟社也萬一衆議未允則當復其儲君奏聞
太后誥告臣民此擁昭立宣之大義亦事勢不得不

然者時不可失機不容緩乃諸大臣遲疑觀望以致奸人生心旋有奪門之事既見事之不蚤又防閑之大疎國體既傷身亦誅竄王文陳循輩不足言也于謙商輅皆忠誠體國以安社稷爲悦者何寞寞不决如是豈一時朝賢之厄運耶亦可悲矣

謫南京都督僉事郭登戍甘州登初以總兵守

大同

英宗北狩也先借復駕爲名逼寇大同令開門迎

駕登固守不動應之曰幸藉
宗廟社稷之靈中國有君矣無勞送駕矢石俱下虜
遂遁去及虜騎至京師亦復藉口送駕本兵于
謙亦以此言却之虜知京師有備又懼大同勁
兵尾其後乃遠遁比
英宗自南内復辟曹石等旣讒殺于謙又石彪謀據
大同作逆乃調登南京又以不開門迎駕譖登
戍甘州其後曹石旣殄公論始明登得復伯爵
復守大同登之不肯迎駕固守紫荆關虜計始

窮方聽逆復不惟有功大同且有功京師有功
迴鑾矣奸逆得志幾至危身幸
英廟神明得伸公道復伯爵以功名終有天道焉登
篤孝割股療母病又博通今古工詩文武將中
不易得者其爲天道所佑豈偶然哉
贊善岳正以吏部尚書王翺薦入直文淵閣
英廟召見甚喜諭之曰內閣參預機務凡事須爲朕
主張正頓首辭至再乃出赴閣石亨張軏自外
來遇之愕然曰何以至此比入見

英廟曰今日得一好閣臣亨問是誰
英廟曰岳正須與做吏部侍郎兼學士亨輒對曰
陛下欲陞正何難但姑試之果稱職未晚也
英廟默然蓋亨輩以事不係已故撓之欽天監湯序
上言近日天變係奸臣未盡除蓋謂于謙輩也
英廟問正正曰奸臣未聞若求之將人人自危事遂
寢時石亨與曹吉祥表裡擅權有投匿名書指
斥時政者亨等勸
英廟出榜募能告捕者予以三品官正與閣臣呂原

奏止之曰爲政自有體盜賊責兵部奸宄責法
司豈有天子出榜購募之理昔堯設進善之旌
舜立毀謗之木秦始皇乃有誹謗妖言之令繇
此過失不聞卒至亡國
陛下新復寶祚正當以堯舜爲法以秦爲戒縱欲窮
治緩之則久當自露急之反掩護作奸不如勿
究
英廟曰正言是也時亨吉祥在傍益恨之一日名見
英廟問曰何以輔朕對曰今内臣武臣權重不可不

防

英廟曰朕已喻正出告曹欽石彪令謝兵歸第不然

英廟將有疑心欽彪走告吉祥吉祥諂

英廟垂涕免冠請死具道所繇

英廟曰無之乃名正責其漏言正曰固也臣觀二家

必有背叛之形今日言之令蚤自爲計猶可保

全之

英廟不悦會承天門災

英廟命正草罪已詔歷陳奸邪蒙蔽詞甚愷切曹石

輩大怒遂指爲謗訕內批謫欽州同知有士人告之曰公犯孔子未信而諫之戒矣正曰幸蒙簡在綸扉敢不盡心臣輔直言得罪亦有何悔正在内閣獻可替否杜漸防微眞愛君憂國誠臣明良相遇庶幾千載一時矣乃爲奸臣所忌坐謫邊荒若使久在政府勳業應與李文達相伯仲而直節猶或過之矣

遣建庶人出居鳳陽建庶人者建文君子也

英宗復位之後因思建庶人無辜淹禁將五六十年

意欲寬之一日以問李賢賢對曰
陛下此念眞是堯舜至仁天地鬼神實鑒臨之矧
太祖高皇帝篤念親親在天之靈能無藉慰乎
上意遂決明日白
太后許之左右或以爲不可
上曰有天命在任自爲之左右媿服因遣中官往鳳
陽造房屋勑軍衛有司供給柴米一應器用悉
令完具聽其婚娶自在出入給與閽者二十人
婢妾十數遣太監牛玉入禁諭意建庶人聞之

且喜且悲不意
聖恩有此建庶人年五十六七初入禁方二歲出見
牛馬都不識其庶母奶奶老嫗有年八十以上
者俱准同去
上名李賢草制賢曰此大事宜諭文武百官從之次
日宣勅人人感嘆以爲眞帝王盛德事云
天順初石亨用事邀名飾詐其門客謝昭倣張
胄教蔡京薦楊時故事勸以薦上亨從之見李
賢說山林隱士有撫州吳與弼者學行有名當

世欲薦之賢慨然代爲草奏以聞

上名賢問與弼何如人對曰與弼儒者之高蹈自古

聖帝明王莫不好賢下士徵聘隱逸

陛下若聘與弼自是熙朝盛事遂命行人聘之至京

授以左諭德欲令輔導東宮辭不受職

上御文華殿名見面諭以徵聘德意固辭且言年六

十有八實衰病不堪乃賜以文幣羊酒送至館

又命李賢往諭

上意終不就乃遣行人送還上表謝恩附陳十事而

去人或議其勑書中有伊傳之語宮僚未滿其
望未必然也與弼以布衣老儒一旦擢五品近
侍人皆詫爲殊榮寧復有過望蓋與弼之聘原
薦自石亨亨兇險小人倘後來敗露輿論推求
能無爲盛德累若蔡邕之受知董卓遂喪生平
故不受也與弼之好遯不汙見險能止見地優
於楊時多矣時又有漳州布衣陳眞晟詣
闕上程朱正學纂要不報乃歸聞吳聘君與弼名
欲往江西見之竟不得見遇編脩張元禎大加

稱許謂得程朱眞傳如聘君不可見亦不必見
也初眞晟以科場防察過嚴乃不屑舉業務爲
聖賢誠意正心之學可謂有志矣然乃詣
闕上書何爲程朱書則
朝廷所有即纂要於時事何裨幾於炫玉求售隨
駕隱士矣吳聘君之不得見或以其出處却之
意其非君子儒也
復謫前御史張鵬楊瑄戍廣西南丹衛初鵬瑄
以論石亨謫遼東遇赦得還或謂宜詣曹石謝

庶免後禍鵬瑄不從故復謫戍

詔詞嚴切曰逃卽殺之命錦衣林千户監押二人

同繫桎梏行坐相傍朝夕莫保時都御史李秉

巡撫南直隸出見二人痛楚慟哭令左右釋其

手梏二人不肎曰死卽死耳何敢累公此門錦

衣親封且有邏在後少動事且不測秉曰何傷

朝廷有責吾自當之卽日訪拜林千户爲請寬繫

林曰此

詔旨也何敢動秉曰有事吾自任責二人乃得寬

繫於是所過州縣以秉故皆厚其供給秉自解帶以遺之乃得至戍所鵬瑄之不畏權勢百折不回李秉之周恤窮交罔顧禍累此其節槩皆當於古人中求之乃若庸庸諾諾之徒趨附權門不知廉耻爲何物或生平知交遭遇艱險轉眼若不相識烏有似此三人者乎

石亨得志時有錦衣衛指揮劉敬曾邀亨至直房同飯亨敗法司欲坐以朋黨僉都御史韓植駁之曰律言結交朋黨者謂趨勢附權紊亂朝

政者也今敬雖與亨知交未有亂政之事況亨
得志時誰不蠅萃其門如以一飯卽坐以結交
朋黨殊非律意乃得輕坐此駁所保全甚多韓
植可謂正直而忠厚矣其與附會深文者何可
同日語也
英廟復辟後一日與大學士李賢言及奪門事賢因
奏曰
陛下復登寶位此自天命有在羣下不當貪天功以
為巳力當時有要臣同事者臣不敢預

上駭問其故賢對曰使先期謀泄

景皇帝推問事繇羣小固不足惜不審置

陛下何地

景皇帝晏駕羣臣表請

陛下復辟此自名正言順何用奪門爲功奪之一字

豈可垂訓後世且所奪者何門也羣小不過爲

其身富貴圖耳豈實有忠

陛下心哉

上大悟會石亨敗

上盍厭抑奪門敘功者李賢此言不惟切中當日事
情且得後來防微杜漸之意未幾吉祥怨望其
姪曹欽稱兵入犯奪門之禍幾至震驚殿陛幸
蚤誅殄不然養癰潰疽貽害可勝道哉
英宗復辟勵精圖治旰食宵衣每日再朝檢閱羣臣
章奏思其當否恒深夜不寐常語侍臣曰吾未
嘗一日忘南城蓋安不忘危也當時直內閣李
賢彭時同心一德胥稱
上意凡人材政事必與商確然後施行賢亦能朝夕

啓沃盡心匡贊以弼成至治如辯奪門之功罪
殄曹石之逆謀革世職之冒冗優災傷之寬卹
起得罪之言官聘山林之隱士出建庶人於幽
囚止耴回韃官於幾甸斥讒佞之蔣冕抑寵賂
之趙輝復各省之撫臣及提學禁錦衣校尉之
枉法濫刑又薦王翶李秉年富耿九疇白圭葉
盛馬昂軒輗李賓陸瑜趙榮王竑王宇韓雍等
于各部卿貳及巡撫種種美事皆賢爲之贊襄
惟天順初年復贈惡奄王振官爵爲建祠于智

化寺賜額曰旌忠祠振之擅權誤國罪惡滔天
何以有此異典賢不聞一言執諍又岳正清忠
正直受
上眷知直内閣未久以論曹石爲所排謟謫竄遠荒
迨公道既明應名還内閣乃票旨僅令致仕終
養二事不無有乖熙朝上理在李賢亦不免阿
諛順旨妨賢病國之譏云
上與學士李賢從容言政治得失賢言今百姓頗安
惟有一害

上曰何害賢極言錦衣官校差出拘提罪人勢如狠

虎所至貪求無厭有司不勝其擾

上曰誠然今後非有重大事情不差旣而左右貴近

有譖賢妄言者

上頗疎賢復密察之皆得其實尤有甚於賢所言者

乃召錦衣指揮戒之曰今後差人敢有如前者

必重罪不宥旬日復召賢待之如初或謂賢招

怨賢曰九重之邃此弊何繇得聞賢爲近臣若

隱忍不言罪亦難辭能除此害怨亦何避錦衣

官校出差害人誠是敝蠹然猶其小者其後開
西廠緝訪各衙門
朝廷倚爲耳目招權納賄其害更大近時緝訪盛
行無論有罪無罪莫不屏息畏威九重之上何
繇得知安得寤勿親臣如李文達者盡忠納讜
一淸夙弊除此大害哉
天順六年二月晦夜空中有聲李賢疏言空中
無形有聲謂之鼓妖上不恤民則有此異惟
陛下憫念元元一切不便於民者悉皆停罷則災異

可弭

上嘉納之賢再請罷江南所造叚疋磁器淸錦衣衛所監罪人止各邊守臣進貢及停中外買辦採辦止下番所遣使臣不報

英廟自復辟後厲精圖治然尚有敝政數事以致天變李賢素得君言之不能從蓋所繇來者久矣甚哉責難於君之難也

天順六年虜酋阿羅出渡河入套寇延綏河套周廻三面阻黃河土肥饒宜耕種切近陜西榆

林堡東至山西偏頭關西至寧夏鎮東西幾二千里南至邊城牆北至黃河遠者八九百里近者二三百里卽周之朔方秦所取匈奴河南地漢之定襄郡赫連勃勃趙元昊所據爲國者也唐三受降城在河套北黃河之外元東勝州在受降之東國初虜遁河外居漠北延綏無事正統以後浸失其險虜始渡河犯邊鎮守都督王禎始築榆林城創沿邊一帶營堡墩臺累增至二十四所歲調延安綏德慶陽三衛官軍分戍

而以河南陝西客兵助之列營積餉以遏寇路景泰初虜犯延綏猶未敢深入天順初虜掠我邊人以爲嚮導因知河套所在虛實不時出沒遂爲邊境剝膚之患矣成化弘治年間雖命將出師竟不能復固邊將之不得其人亦繇廟堂之失計也

興復哈密馬文升諸臣不謂無功然其後旋復旋失緣哈密距中國甚遠永樂間立脫脫爲王付以城池金印冀其爲甘肅藩衞脫脫之裔弱

不能自存土魯番阿黑麻等與陝巴互相凌奪
至以城池金印爲奇貨數反覆數要脅歷督臣
彭澤陳九疇許進楊一淸王瓊等經略竟不能
弭其患至嘉靖中本兵胡世寧建議閉嘉峪關
以絶其往來置金印城池勿問蓋遵
高皇帝約束與漢光武閉玉關以謝西域同所謂治
之以不治不欲疲中國以事外夷也乃若河套
之棄則
廟堂不無失筭焉河套古朔方地去寧夏延綏甚

邇以黄河爲阻水草豐茂虜寵入據其中巢穴
既固狼心益横春夏治田秋冬入犯中國增兵
措餉所費不貲此與宋之棄靈武同棄險資敵
實繇邊臣武備不脩致然成化中閣臣李賢與
本兵馬文升謀討之不克迨嘉靖中閣臣夏言
撫臣曾銑共議收復議既未行身復不保蓋是
時倭虜交訌物力方詘審幾度勢未可輕動失
之易而復之難也所可爲者惟有固内以攘外
俟釁而徐圖之耳

天順八年正月

英廟賓天

憲宗即位奉遺詔尊

聖母皇后錢氏爲

慈懿皇太后生母周氏爲

皇太后

錢太后加慈懿二字尊嫡母禮也七月立

皇后吳氏南京吏部侍郎章綸疏言山陵未畢諒

陰大婚於禮未妥然釋服公除近代已有常例

且亦遵
遺詔也至九月廢
皇后吳氏十月立
皇后王氏冊立中宫何等大事乃旋立旋廢有如
兒嬉詔書言
先帝臨御時已選賢淑王氏以待冊立不意中官牛
玉朦朧奏請復立已退吳氏德不稱位不得不
更夫
先帝既有成命何不奏請

皇太后行之乃憑一中官妄請紊亂大典亦可異矣

當時李賢彭時在內閣姚夔爲禮部尚書皆一

時重臣何無片言執正豈迫於權奄懼禍而不

敢言耶又可異矣牛玉免死只謫居南京給事

中王徽王淵等疏言牛玉罪重罰輕請明正典

刑以正朝綱以防後患因詆斥內閣諸臣不能

執諍逮徽淵下獄後以科道交章論救始謫判

遠州以正言而蒙重譴抑又可異矣

華太平侯張瑾興濟伯楊宗等爵天順末年以

奪門迎駕冒功者猶紛紛求請不已李賢言於
憲廟曰自石亨輩以奪門陞賞人人以得富貴之易
貪利者惟幸有事以冀非望宜革之且請復于
謙等官以雪幽枉
憲廟是之即命兵部盡按奪門冒陞者自太平侯而
下俱奪爵於是妄訴者始息旋復于謙官遣人
致祭李文達之抑倖進褒忠節不惟有裨國體
且得謀國遠猷矣

野紀矇搜卷之六

光祿大夫柱國太子太傅禮部尚書兼翰林院學士臣黃汝良編輯

成化元年

皇太后壽誕令僧道建設齋醮禮部尚書姚夔會諸大臣斂錢收買炷香詣寺觀行禮祈禱給事中張寧疏論姚夔大略謂

皇上爲

皇太后祈年祝壽欲以表揚孝道慰悅

聖慈無所不用其極之心也諸大臣及百執事但當

協恭和衷弼成

主德自可上格

天心仰綏懿祉詩曰求福不回天壽平格此之謂也

今禮書姚夔乃于各衙門會飲辦香列名尺楮

建設醮壇修齋誦經以冀福祐爲儒者既失其

守彼異教孰知其非於以宣揚

聖孝豈不誣哉疏入不報成化年間多造寺觀廣收

僧徒張寧此疏非獨責備禮臣實以規正

主德也

成化二年太監劉永成卒議欲封伯以内閣輔臣彭時言止之永成有軍功時欲加殊典彭時不可或曰宦官古有封侯王者時曰此豈盛德事耶

祖宗成憲具在誰敢違之事遂寢此時汪直之事巳有其萌後來宦官弟姪無功而封侯伯者不可勝數正德時劉瑾天啓時魏忠賢無論侯伯且封公矣視

祖宗成憲蔑如也當國諸臣如彭時之正色立朝幾

何人哉

成化二年整飭邊備都御史李秉奏夷人進貢不得過爲揀選以啓邊釁下禮部議從之秉言建州海西諸部落野人女直來朝貢邊臣以舊例所派方物必簡驗如式方許收入如馬必肥大貂必純黑不則却之臣聞中國之待夷狄來則嘉其慕義寬其彌文如過爲苛察恐啓邊釁近日海西建州等夷結構三衛屢擾邊疆若不更定其制恐邊患日甚所係非輕禮臣姚夔覆

請宜
勑遼東守臣自今夷人入貢驗數放入不得過爲
揀擇以起邊釁從之明年又
勑邊臣禮待入貢夷人李秉姚夔此奏眞得柔遠
安邊長計良叨掌禮部時朝鮮遣使入貢舊例
以恭順屬國加恩准其市買乃廠衛官較意在
索騙未遂以訪緝市買過多奏聞有
旨遣官驗追且經賜硝黃三千斤一并追還夷使
搥胸慟哭謂此後不敢復來矣時禮部再疏力

諍謂朝鮮三百年恭順屬國且南近倭北近奴今以市買小事過爲苛索萬一朝貢不來或有他變何以處之票擬不從未二年遂背叛降奴乃知李秉姚夔之深謀遠慮計安封疆可謂體國大臣愚見雖及此竟以拙訥不能迴天有媿二子多矣

少保李賢丁父憂詔奪情起復賢乞終制不允命内臣護送還鄉視葬葬畢卽命護送還朝此事與萬曆初張文忠居正事同皆非得巳也李

文達賢張文忠居正皆我
朝賢相也而皆有奪情之事賢事
英廟於復辟之後又事
憲宗於登極之初居正輔
神宗於幼冲之日居首揆十有餘年弼亮匡濟相業
足稱光明俊偉賢丁父艱詔令内臣護送賢暫
歸視葬訖卽名還乞終制不許居正以父喪乞
歸守制
聖母抱

神宗涕泣諭留遣中官錦衣各一員同行人護送至
家勑治喪訖即時還朝奪情之事皆非得已時
脩撰羅倫以論賢奪情謫福建市舶副使進士
鄒元標論居正奪情廷杖公論大爲稱屈在賢
與居正尊奉
嚴旨權宜以抒一時之經制在羅倫鄒元標主持
公道論列以維萬古之綱常論奪情者固非要
名而被論者亦非貪位原始要終心緒可見然
古今奪情起服者未易悉數間有容容諓諓無

所建明以三年之喪而靦顔駹榮不顧公論者
吾不能知之矣
成化三年少保吏部尚書兼華蓋殿大學士李
賢卒贈太師謚文達按大學士王鏊評云國朝
三楊後得君最久者無如李賢亦能展布才猷
然在當時亦以賄聞此固攘竊之流也比來接
踵矣此殆有激之論文達相業視三楊有過無
不及焉何可以小眚而槩抹其建樹乎後鏊亦
入閣相業如何毋亦不自見其睫乎

修撰羅倫疏諍李賢不宜奪情起復貶福建市舶副使編修章懋黃仲昭檢討莊㫙疏言上元張燈賦詩非盛德事又時四方多故乞將烟火一切停罷以省煩費充兵餉忤

旨各廷杖調外任時稱爲翰林四諫公論韙之翰林清華地可以靜默取大位四人遇事敢諫所言者皆有關綱常切中時事可謂謇謇匪躬君子矣尚書王翺引文彥博待唐介故事勸賢留倫賢曰潞公市恩歸怨

朝廷吾則不敢王翺可謂愛人以德矣右何倫得
復南京修撰給事中毛弘等言
皇上上元張燈原以供奉兩宮
太后章懋等過爲論諫蓋見天下災荒地方未靖仰
體
皇上制治保邦常存敬畏之盛心耳自古君仁臣直
懋等之敢言實繇
皇上平日之虛懷容受所致今既懲艾望乞名還於
是俱准量調京職毛弘等納約之術可爲諫法

荆門訓導高瑶上言請追加
郕王廟號下禮部議羣臣莫敢先發左庶子黎淳
奏言正統十四年
英宗北狩旣立
陛下爲皇太子
郕王不當卽帝位如云主少國疑周成王之時周
公以叔父有大功何不遂居天位若曰神器不
可久虛共和之際周名皆王國懿親何不共分
周室以君臣大義不可越也高瑶所奏必小人

主使之欲爲進用地耳黎淳此議實爲不然當
英廟在虜庭也先屢肆要脅以迎駕爲名侵犯無厭
當時
皇太子方二歲若使
皇太子卽位景泰不立則狡虜謂
太上皇在其掌握中迫脅何所不至幸而大臣于謙
等建立長君虜屢請迎駕却之曰國有君矣無
事迎復虜計始窮遂送
上皇還朝所謂陰陽翕張制虜之妙算也不者且請

上皇未有還駕之日國事未知所底矣至所言周公
和請割地
共和之事尤屬不倫黎淳正統中鼎元何意識
鹵莽若此毋亦阿
先帝之意欲爲將來大拜地乎其後景泰追復帝號
但不入
廟稱宗於義爲允矣當時大臣寂無一言亦可異
也
大學士陳文卒諡莊靖禮部主事陸淵之奏言

刑罰雖嚴可警於一時爵賞雖重不及於後世
惟美惡之謚一定則榮辱之途始分我朝
祖宗尤重謚法邇者大學士陳文得謚莊靖迹陳文
生平貪穢彰聞縱子爲惡素無經濟之才謬居
調元之任既竊倖位於生前又叨榮名於身後
其如勸懲之典何宜更議惡謚以服人心御史
謝文機亦言勸懲之大者無如謚法按謚法睿
通克服曰莊愼以處位曰靖蓋美謚也陳文生
平天下共知乃議者朦朧加以此謚蓋欲爲將

來自已地耳宜別擬惡謚以示公道於天下後
世得
旨陳文若有過失當時何不言恩典已行如何方
來訐奏姑宥之謚法係萬世公論自來有美有
惡如周之幽厲雖王者子孫百世不能改也况
人臣乎唐宋以後如許敬宗謚醜繆者未可悉
數乃今之得謚者惟有美無惡但有要津與援
即得美謚更不論其人何如近有作奸悞國濫
得美謚未聞有陸淵之訐文機持公道執奏者

亦無用謚法爲矣
詔禮部會議大行
慈懿皇太后陵寢
慈懿錢皇太后
上嫡母也
周皇太后
上生母也
錢太后崩命大臣議欲別葬衆莫敢先發大學士彭
時曰梓宮當合葬

裕陵神主當祔
廟此一定禮無可議者
太后母儀天下近三十年爲臣子者豈忍議別葬一
或失禮何以示天下後世禮臣姚夔議同彭時
中官傳旨阿
周太后意謂
慈懿太后無子且有疾不宜入山陵
上御文華殿諭羣臣曰朕豈不知依正禮而行但於
周太皇后有礙如何彭時對如前大學士商輅曰外

議洶洶若不合祔人心不服大學士劉定之曰
孝子從義不從令
聖母雖有言不可從也
上曰合葬固是若失
聖母心豈得爲孝彭時曰
皇上大孝當以
先帝之心爲心
先帝待
慈懿太后始終如一今當安厝於左虛其右以待後

來則兩全其美後來謂
周太后也因與禮臣及諸大臣言官具疏上言
慈懿皇太后祔葬祔廟禮不可易大略謂
慈懿皇太后作配
英宗皇帝正位中宫
皇上嗣登宸極尊爲
慈懿皇太后
先帝全夫婦大倫
皇上全母子深恩更無容議今宜奉梓宫祔

裕陵奉神主祔

太廟此古今不易之理亦

先帝與

皇上之初心也昔漢文帝尊其生母薄氏爲太后其

嫡母呂太后雖得罪宗社尚得與父高帝並葬

長陵宋仁宗追尊其生母李宸妃爲太后嫡母

章獻劉太后雖無子尚得與父眞宗同祭太廟

皇上於

慈懿皇太后宜考前代故事行之生則致其養沒則

盡其禮且千秋萬歲後
二后同祔陵寢愈見生前雍和無間永久並美無窮
此
皇上之至孝臣子所深願也萬一今日之禮稍失則
違
先帝之心損
母后之德天下後世其謂
聖孝何哉
周太后意猶未允彭時姚夔等帥百官伏文華門號

泣跪不起

上乃懇請

皇太后從諸臣議合葬之禮乃定彭時姚夔等之以

道事君

憲宗之以禮成孝可謂

熈朝盛事然謂

二后祔葬甚是至謂

二后祔廟則有不盡然者我朝

列聖祔廟惟一帝一后嫡母則同祔

太廟生母則別祀
奉慈殿彭時姚夔等乃謂
二后並祔葬祔
廟豈不諳大典毋亦爲當時
周太后於祔葬之議已忤其意不得不稍委曲其辭
所謂納約自牖之道不得不爾乎至弘治十七
年
周太后崩
孝宗命羣臣議祔

廟竟從大學士劉健禮臣吳寬等議別祀

奉慈殿禮也

正統中提督軍務兵部尚書金濂勦福建強賊鄧茂七等成化間都御史白圭平荆襄強賊劉千斤石和尚等都御史項忠擒山陜強賊滿四等都御史韓雍平廣西斷藤峽苗賊皆能宣揚

國威出奇制勝殄積年之逋寇奠封疆於敉寧可謂安攘能臣矣所在士民至今猶感恩思德尸而祝之在

廟堂猶當延賞於世世者也後世建牙開府能爲
國家任事身係安危如四臣者不易得也
巡撫陝西都御史項忠開龍首鄭白二渠工成
關中水泉斥鹵宋有龍首渠歲久湮廢居民病
之忠奏開之渠長三十里涇陽鄭白渠亦久廢
奏募工疏通濬流鑿石不二年而成名曰廣惠
渠凡灌田七萬頃人懷其惠立生祠祀之忠爲
民造福不避煩勞嗣前人之美績爲後世之永
賴陰功浩大可垂休美於無疆矣

成化四年九月彗星長三丈色蒼白尾西南指
又月犯房宿地震荒旱所在見報大學士彭時
乞歸不允乃上修省疏言外庭大政固當留心
而宫中根本猶爲至急凡女子年過四十則不
能生子諺云多子出多母今宫嬪數多宜生子
亦衆乃數年來未見生育必愛其所專所專者
或過生育之期也伏望舍舊圖新均恩愛以廣
繼嗣爲
宗社計則人心安而灾異息矣又言進退人材宜斷

白

宸衷不可專委近幸

上時未生皇子

萬貴妃年長專寵居昭德宮性妬忌

上在東宮時以選侍得幸成化初讒廢

吳皇后冊爲

貴妃父萬貴授都督同知兄萬通授錦衣都指揮

通妻出入掖庭聲勢隆赫大學士萬安認爲同

宗交結亂政劉吉亦附之朝士希進無耻者多

出其門故彭時因星變指斥言之不顧忌諱蓋
深爲
國家根本慮以安社稷爲悦者也
六科給事中魏元等十三道御史康永韶等因
天變陳言謂今春以來灾異迭見近日彗星又
見東方光拂台垣陰盛陽微之徵也
陛下春秋鼎盛而震宫尚虚
宫闈雖密懸象已昭昭著明豈可不念
宗廟社稷大計偏於情愛而忘國本乎又言方今四

方澇旱流民日困盗賊日多宜蠲征税之務發
内帑之財遣官賑濟以防後艱不宜過信僧徒
費無限之貲財建無用之齋醮西番劄實巴等
法王名號俱應革去收其賞賜發回本國弁
勅自今不得營造寺觀建醮抄經其雲南等處鑛
場採辦及寶石玩好之具並行禁止節省冗費
以賑民裕國兩京文武大臣奸貪蒙蔽者宜令
自陳休致以全大體如戀位無耻者令科道糾
劾臣等濫居言路無補於時乞賜罷歸以戒不

職得

旨所言有理宮中事朕自處置其餘所司議行之科道此疏有關國本大計救時急務然當時惡奄漸橫大臣阿附納賄罔上行私已有其萌諸臣何不指名糸摘以杜其漸以致後來有西廠之紛紛乎

御史胡深等因星變疏劾大學士商輅在

先朝寵任無比及

郕邸謀易

皇儲無一言救正苟圖富貴是賣國之奸也兵部
尚書程信項承
朝命督師四川聽囑權豪子弟多分首級以報功
冐賞禮部尚書姚夔貪財黷貨比因度僧受銀
鉅萬京師有姚萬兩之謠兵部尚書馬昂四方
水旱賑濟無方三邊軍餉調度無策納饋送之
女結勢要之人此四臣者冐居大位足致天變
乞從罷黜庶災異可弭得
旨方今急切用人之時豈宜求備所言不允按商輅

之際沃綸扉姚夔之寅恭興禮程信之綏靖方
疆馬昂之綢繆國計皆一時名臣豈宜求全責
備且所言未必皆實當時奸奄邪臣結黨亂政
天象示儆正爲此輩胡深等不論彼而論此豈
是言路公道得
旨批駁宜也
給事中蕭彦莊劾吏部尚書李秉任情行私大
罪十餘條下法司多官會議以聞秉剛方持正
初以科道會舉掌吏部會考察朝覲官多所降

黜吏部侍郎崔恭尹旻作意異同且欲幾得其
處搆之諸大臣言官謂前日科道論劾姚夔商
輅程信馬昻皆秉主之蓋欲交搆而幷去之也
遂乘隙嗾彥莊論劾秉考察不公諸事疏下多
官會勘崔尹二侍郎日夜攟秉之短且曰吾二
人非不諍如不聽何於是六部等衙門奏秉銜
直沽名顛倒選法得
旨李秉有負任使革去太子少保令致仕其彥莊所
言暗結年深御史着指實具奏秉去國學士陳

鑑作詩送之有古道自無三黜㹠直臣又見一
番歸之句天下稱頌馬亡何崔恭陞吏部尚書
尹旻亦得顯擢彥莊逮繫蓋芻狗待之也是時
世路險巇人情傾巧正人君子往往被讒去國
而壬人多以攻訐得大位士風愈下朝事日非
矣
成化六年春河南奏地震既而太常寺李希安
奏甘露降俱下禮部禮部尚書鄒幹只以甘露
奏聞給事中郭鏜疏言自古人君遇災異則懼

心生遇休祥則驕心萌懼則修德驕則怠政故
聖人不貴祥瑞而春秋獨紀災異商之中宗高
宗一則桑穀生庭一則雉雊鼎耳二君因巫咸
祖巳之言恐懼修省變災爲祥故能享國長久
商道益隆漢文景二君因日食地震山崩川湧
星變諸異亦惟恐懼修省今年下詔勸農桑明
年下詔減租稅故能致民和年豐海內殷富
陛下臨馭六載敬天勤民爲大臣者宜如巫咸之告
君祖巳之正事乃禮臣鄒幹先以河南奏地震

則遲留不言後因太常奏甘露則誇張祥瑞跡
其存心秖懷容悅宜將鄒幹并李希安並賜罷
斥今後禁所在不得奏聞祥瑞惟遇災則速奏
庶幾修德正事反灾爲祥斯仰體
皇上敬天勤民之實心也得
旨朕未嘗以此怠於德政郭鏜安得多言姑宥之郭
鏜此疏可謂輸忠納讜不忝言路鄒幹典禮大
臣一意趨媚容悅能無有媿寅清乎
成化六年七月

皇子生於西宮郎

孝宗皇帝乃

皇妣紀氏所生也初成化五年巳丑九月

上幸昭德宮

萬貴妃所居宮也

萬貴妃侍

上

皇妣在傍

上名幸之有娠

萬貴妃妬甚百方苦虐胎竟不墜
上令托疾出居安樂堂以病痞報屬門官照管至是
聖嗣誕焉苦乳少太監張敏使女侍以粉餌哺之
彌月西内廢
后吳氏抱護惟謹不使
貴妃知之其後
皇妣竟以久疾不起外傳爲
貴妃所害惟
皇子無恙蓋

孝宗有道令主
上天保祐非人力所能爲也
御史滐昉奏致仕南京吏部尚書魏驥年九十
有八德望素著乞遣官
存問仍勅有司月給米三石以表
朝廷優老之意南京戶部侍郎黃琛言
太祖龍飛學士宋濂日侍左右應制文章多出其手
爲開國文臣第一旣老被累謫死巴蜀非其罪
也乞賜贈謚復其子孫實爲盛德事俱下其疏

於禮部優禮耆碩追卹名儒皆係
熙朝盛典二臣所言大有關風化云
成化八年春彗星數見光芒長大東西竟天掃
北斗三台
上避殿撤樂罷
慶成宴大學士彭時等上修德安民七事一曰正
心術二曰謹命令三曰親接見四曰慎賞罰五
曰納諫諍六曰勵官守七曰恤軍民得
温旨諭令勉力佐理諭德謝一夔亦因星變上五事

一曰正
宮闈以端治本二曰親大臣以詢治道三曰開言路以去壅蔽四曰愼刑獄以廣好生五曰省妄費以足財用所言尤忠懇剴切有
旨責斥之天象示儆大臣言路應當盡言極諫論德詞臣不妨守位恬默乃謝一夔所陳尤切時事多人所不敢言者所謂士各有志也
左都御史李賓等奏在外官司聽斷軍民詞訟動輒罰人財物始則暫寄官庫以欺人旣乃通

同庫吏以入已至有假立門簿虛作支銷者昔

唐陸贄有言建官所以爲民賦財所以資國今

違法以耶財既非養民罰物以爲私何言資國

若不通行禁革將來貪風愈盛弊不可勝言矣

須令以後官司受民間詞訟悉依律問擬若有

科罰宜治其罪庶民害可除得

旨從之近日府縣官多收民詞借口罪贖或以供奉

上司太半瘠入私橐或一詞罰粟至數十石者

惟知剝民有何裕國李賓奏禁宿弊可謂得恤

民體國要務無忝貞風肅紀之職矣

國初邊需悉取給屯田民運成化十年間邊境多事運太倉銀三十一萬兩以給邊需其後歲運至三百餘萬邊餉猶稱未足冐破之弊日甚一日加派之令有增無減民生安得不窮國計何時得裕安得救時任事之臣清積弊以蘇民困乎

成化時科道尚有公論遇事敢言給事孫博疏論汪直開西廠旗尉緝事害人御史強珍論劾

汪直陳鉞等失機隱匿情罪又六科給事吳原等十三道御史許進等各疏論陳鉞及總兵侯謙韋朗等冐功欺罔及强珍逮繫御史許進特疏稱强珍之寃劾汪直陳鉞之罪又南京六科章玄應等十三道徐完等各具公疏論劾陳鉞罪重宜正典刑一時言官皆能不畏危身維持公道言雖不行庶幾疾風勁草垂休千載史筆矣

兵部尚書兼左都御史王越以同惡奄汪直掌

兵襲虜于威寧海報功封威寧伯已爲異數矣
御史許進阿意建言謂尚書王越原兼左都御
史今以靖虜功封伯爵寵遇非常臣工胥慶乞
照先年兵部尚書王驥禮部尚書楊善事例仍
令本官兼職管事愈見增重
上命兼左都御史掌印提督團營如故王越與汪直
內外結交專權擅勢一時鮮恥之徒阿附之者
甚衆許進在臺中頗有建樹乃亦趨炎附熱作
此醜態功名富貴一念能使人易面變心乃爾

其如貽羞千載何也

逮陝西撫臣秦紘下錦衣衛獄旋

詔釋之賜鈔萬錠以旌其廉時秦府旗校肆橫秦

民苦之紘執法擒治不少貸

秦王不能堪奏其欺滅親王

上震怒逮下錦衣獄命内官尚亨籍其家只得黄絹

一疋故衣數事亨回奏紘貧狀

上親閲之嘉嘆良久乃出之褒以厚賜紘之執法奉

公正已以正物不忝開府重任矣而

憲廟之褒奬廉直以勵貞風肅紀之臣不以親藩廢
法此事尤近世所希有也
成化十二年開設西厰命司禮太監汪直領之
時
上欲訪知外事以汪直年少便黠選錦衣官校百餘
人別置西厰于寧濟宮前分令各校尉廣刺督
責凡大小政事方言俚諺俱令采探以聞直權
柄在手遂大逞兇威以千戸吳綬韋瑾等爲耳
目爪牙凡文武大小官員無不入其籠絡屢與

大獄任意羅織小有違忤捶楚横加中外洶洶
罔知所措於是大學士商輅率同列疏論權豎
汪直十罪大略謂假借
陛下威靈動稱密
旨罔上行私傷害良善近日伺察太繁法令太急
人懷疑畏非太平之世所宜有也往者曹欽之
反繇羣小生事有以激之可爲永鑒伏願撤回
緝事之人誅逐奸邪之輩不然此風日長國家
安危未可知矣

上曰用一内臣何至有此遣司禮監懷恩詰問再三商輅等堅執不移兵部尚書項忠亦率部院諸大臣共劾汪直過惡

上一時雖未從然

聖意不能無動旋

詔罷西廠令太監懷恩數汪直罪而責之遣還本監無何御史戴縉以九年不遷假災異頌汪直功德以覬倖進又有御史王億請復西廠言汪直所行可為萬世法各下所司行之遂命汪直

復坐西廠仍舊刺事直旣得志兇横益甚往往
暗中傷人時黑眚數見又平地湧血人謂西廠
之應云商輅不自安屢疏乞休致項忠亦被論
革職爲民戴縉王億輩皆不次超擢揚揚自得
不但不顧公論且不知廉耻爲何物矣亦
熙朝一厄運也
工科給事中韓文勘覈陜西慶陽妄報功次疏
劾總兵劉聚及諸叅游武臣報功虛冒又多妄
殺平民假作賊級尤屬非法都御史王越職居

總制倖勝邀功率多虛冐馬文升余子俊建牙開府職任專征乃冐報邀賞附下罔上均當處治

上悉宥之兵科給事中郭鏜疏言劉聚等怯於敵愾急於貪功既無保障之能反肆屠戮之慘萬姓傷心四夷傳笑郎中張瑾奏劾於前給事韓文核實於後乞大奮乾綱重加黜罰以爲邊臣妄殺邀功之戒

上曰所言良是但事已經裁處姑令所司移文戒飭

之報功虛冐殃及平民從來邊臣往往作此伎

倆於今尤甚劉聚武將王越小人不足言也乃

馬文升余子俊一時能臣何以有此舉動幸有

言官韓文郭鏜飛霜白簡庶幾公道未泯猶可

埀儆將來近日秉鉞諸臣以妄殺邀功爲常事

言路不聞一言糸摘視往事又復不堪言矣邊

事何以不破壞寇賊何以不横行將來未知所

底也

吏科給事中王端等御史張稷等各言内降恩

典太濫請一槩革除
上以自有處分諭之王竑等言爵賞天下公器我
祖宗列聖設官分職各有定員惟有功德才能者授
之初無倖進之路今恩典內降厮養賤夫市井
僮穉皆得夤緣倖進名器之濫一至于此伏睹
英廟復辟之初懲景泰間倖用者多率皆罷黜
皇上臨御之日察天順初冐功者衆一切革除天下
稱爲盛事伏乞斷自
宸衷槩從革罷以絶弊端張稷等言邇年以來末流

賤技多至公卿屠狗販繒亦居清要有不識一
字而濫授文職有不獉一矢而冒任武官末流
之弊不可勝言伏望命内閣大臣同吏兵二部
一一審實罷革處分二疏雖未盡行然倖進之
徒稍知儆省於澄清仕路挽回世風不謂無裨
無忝青瑣栢臺矣
太子少保工部尚書萬祺者江西南昌人少爲
縣學吏以善星命擢序班陞吏部主事天順初
贊南城舉事陞郎中曹欽作亂以援大學士李

賢於難薦陞太常卿成化壬辰陞禮部侍郎丙
辰陞工部尚書管易州廠尋加太子少保卒賜
葬祭祺起家吏胥位正卿加宫保名器之冒濫
甚矣當時大臣有稱薦科道無論劾以其人頗
謙約故得自全然其如仕路世風何哉後李孜
省亦以革吏逃入京媚事奸奄梁芳與僧繼曉
串通近侍孜省官至工部尚書掌通政司事尤
横恣非常弘治初誅死其冒濫倖進與萬祺同
而其兇横視祺又相什伯矣

汪直尚銘皆成化時惡宦借緝訪害人人多畏之其門如市秦紘爲河南巡撫汪直管西廠巡邊到河南與秦紘共事紘密奏汪直多帶旗校擾害地方疏留中及汪直還京

上問秦紘在地方何如汪直對作事公廉

上耴秦紘疏示之直叩頭認罪

上切責之尚銘繼管東廠遣官校緝訪各衙門忤其意者輒加排陷朝覲官員畏其威勢皆踵門納贄湖廣按察使張悅朝覲至京獨不肯到其門

尚銘啇之遣人偵伺悅過失竟無所得亡何尚銘以罪被杖責黜悅聲望愈重擢左僉都御史二人皆能以正持身不屑比匪奸人不能害之竟爲公道所推身名俱泰故曰君子居易以俟

命

刑部員外林俊疏劾權豎梁芳引用妖僧繼曉左道惑

上建永昌寺傾竭府庫毒害生靈請誅二人以謝天下命杖三十下錦衣衛獄後府經歷張黻疏救

林俊亦得

旨杖繫廷臣無敢救者南京兵部尚書王恕疏言臣待罪留都聞刑部員外林俊因事陳諫冒干

天威後府經歷張黻申救林俊亦蒙拿問臣當以二臣爲戒乃不敢不言者爲國家天下慮耳今都城内外佛寺不知幾千百區兹又欲營建遷移軍民數千百家計費帑金數十萬人皆知此事之非而不言獨林俊言之人皆知俊言之是而不言獨張黻言之今悉置之法人將以言爲諱

設有奸邪誤國
陛下何繇得知乞復林俊等官以慰衆望停建寺煩
費以賑災荒庶宗社永固萬世無疆之福也疏
入不報亡何俊嶯得釋降調外任當時中官梁
芳專權擅勢不減汪直內閣萬安劉吉劉珝等
並與交結故一時諸臣皆緘嘿守位以保富貴
王端毅在南京獨能侃侃正論可謂以道事君
之大臣而林俊張嶯以散僚正諫不顧禍身所
謂其愚不可及也

兵部尚書余子俊受命行邊奏曩在延綏曾以

修築邊牆事宜奏聞有

旨允行會歲歉而止今會大同山西宣府内外文武

守臣隨方經略遍歷邊關登高履險凡四十餘

日東自四海冶起西至黃河止長竟一千三百

二十餘里舊有墩一百七十座尚該增築四百

四十座大約今年八月始事明年四月可告成

功視昔延綏修邊之費雖多實一勞永逸之計

也

上然之是奏也子俊欲假以築責成于邊臣而以核實

委任于科道計功算效事未易成且自欲還京

而以重役付人一時物議譁然不平於是科道

劉昂朱欽等各劾子俊大略謂邊防之險不在

地利而在人心

朝廷之憂不在四夷而在百姓今疲中國以事邊

徼重手足而輕腹心非惟不能保邊而適足以

擾邊非惟不能安民而適足以困民雖侵欺之

罪未露而妄費之責難逃不懲何以示後

上命該部會議覆奏諸部臣言子俊在邊未及二年
費用官銀一百五十萬餘兩糧料二百三十餘
萬石雖因公費然勞民傷財不爲無罪有
旨切責姑不究然亦不能安其位矣按中國邊地與
虜僅隔一牆虜往往穴牆入犯墩臺雖多何益
自河套爲虜竊據虜巳在黃河之内邊牆又在
外矣正統時之也先弘治時之火篩嘉靖時之
俺荅大肆猖獗雖有邊牆亦何足恃只在邊臣
得人相機戰守差可無虞耳子俊在延綏修牆

費已不貲若各邊增築墩臺數倍于舊費豈可
量彼中國以事邊徼無益有害眞如當時科道
部臣所言未可謂睚眦修郄浮議也亡何子俊
革去太子少保以尚書致仕云

野紀朦搜

四

野紀矇搜卷之七

光祿大夫柱國太子太傅禮部尚書兼翰林院學士臣黄汝良編輯

大學士商輅因黑眚見條弭災八事曰番僧國師不得重給符券曰四方常貢外勿受玩好曰諸色人許直言自達曰分遣部使者錄囚理枉曰停不急營造曰實三邊軍儲曰謹守諸邊關隘曰增置雲南巡撫

上嘉納之又言

祖宗建

郊祀大典歲一舉行極爲尊重邇於宮北建祠奉祀
玉皇器服樂舞一如
郊祀新編樂章命内臣習之用道家言冀爲國家祈
福稽之古禮實有未協昔傅說告高宗曰瀆於
祭祀時謂弗欽禮煩則亂事神則難
天者至尊無對事天之禮宜簡不宜煩可敬不可瀆
皇上爲
天之子可不斟酌典故勿致褻瀆庶
天心降康災變可弭

上從其言遂撤祠祭器貯庫文毅之以道事君
憲廟之畏
天納讜可謂明良相遇千載一時矣

表記載孔子之言曰上人疑則百姓惑下難知則君長勞又曰爲上可望而知也爲下可述而志也則君不疑於其臣臣不惑於其君矣聖人此言眞千載治亂之關竅自古君之疑臣多繇臣下不能貞白一心所致使爲臣子者皆能潔已奉公事事可述則下何難知而君上亦何勞

於推測哉成化初之開西廠蓋綜内外諸臣多有狥私納賄蹤跡難窮故委任中官以伺察而懲創之惟是小人欛柄在手遂爾作福作威無所不至彼旣刺人人亦刺彼寵賂滋彰

上亦厭惡之所以再設而再罷也然十餘年間禍亦烈矣罪惡雖歸奄宦釁端亦繇縉紳嗚呼安得正巳物正之大臣以作率庶位之靖共而長紓

九重之宵旰哉

自古宦官典兵凡與共事者有小功輒張大得

殊賞有罪則爲掩飾不蒙辜汪直與都御史王越同襲威寧海虜越素出直門下雖有斬獲不過數百級直既厚加祿米世蔭越封威寧伯仍以左都御史提督團營所謂以小功得殊賞者也唐時宦官監軍率如此近時尤甚且有諱敗爲功賞延于世者朝臣誰復敢言唐詩云近水樓臺先得月自古然矣無怪依附權門比比也

命太監懷恩傳

千戶張瑾以寶石行賄求掌鎮撫司

旨於兵部恩不肯傳曰鎮撫司掌天下刑獄奈何
以小人爲之
上曰汝敢違命耶恩曰非敢違命恐違法也乃命覃
吉傳之時余子俊爲兵部尚書恩諷之曰若外
廷執諍吾當從中贊成子俊逡巡謝不敢恩嘆
曰吾固知外廷之無人也以子俊之才望不敢
諍一鎮撫司不惟有媿本兵抑且有媿紳佩不
惟取笑宦寺亦且取笑千秋矣
成化時東西二廠並設緝事旗校多毛舉細故

以中傷大臣朝臣畏其威鮮敢力諍惟兵科給

事中孫博條陳時政并諍及二廠事云旗校本

厮役之徒大臣乃股肱之任豈旗校可信反有

過於大臣者縱使所訪皆公亦非美事一或失

實所損甚多乞嚴加禁革奏雖不行然可謂孤

鳳鳴陽矣汪直忿甚呼博詰責將中以奇禍人

爲博危之博不顧也

内君子而外小人則爲泰徵内小人而外君子

則爲否徵汪直成化初掌西廠日在

上左右諸宵小爲之附翼即大臣素負重望者亦多
逡廵畏避之後與中官懷恩覃吉等相爲矛盾
其專恣稔惡頗聞於
上乃命出鎮大同權奄在外於是科道官乃敢交章
論劾言西廠苛察紛擾大傷國體宜罷閣臣萬
安素柔媚無骨與結納至是亦上疏謂革去西
廠爲便
上乃罷西廠謫汪直南京御馬監故曰小往大來亨
吉

初置西廠汪直領其事作福作威恣橫無所不至內外官無論大小觸忤者輒自收捕於是縉紳不肖者莫不喪膽脅息阿媚取容將有巡撫搗蒜侍郎燒葱之謠言叩頭拆腰也左都御史王越素與交結日往候之吏部尚書尹旻偕諸卿貳亦欲詣直屬越爲介紹問越見當跪否越曰安有六卿跪人者乎比越先入旻陰窺之拜跪叩頭越見畢先出旻等入見旻跪諸人皆跪旻等出越嗤之旻曰吾見人先跪乃效之耳兵

部尚書項忠途遇不迴避遂爲直所讒搆閣臣
商輅劉珝見時事日異乃會同僚及項忠等復
先叅糾而大司禮懷恩頗畏公論亦於
上前言直不法事
上乃罷西厰斥直還監然王越等始終爲之擁護附
會而御史王億戴縉馮瓘輩復稱頌功德奏請
復西厰於是汪直仍坐西厰横肆愈甚矣時黑
眚數見傷人甚多人謂西厰之徵應云
成化十年命編纂宋元綱目以閣臣彭時等爲

總裁官以宫坊翰林劉珝王濬程敏政劉健楊守陳尹直彭華謝一夔等爲纂修官分入館未五年而書成緝二代之信史完四百年之實錄雖其書不無稍冗長然亦可傳之不朽可謂熙朝盛事矣

司經局洗馬楊守陳進講武成篇其講章云魯論稱舜無爲而治周書稱武王垂拱而成然後世人主有深居禁中委政内侍者乃名望夷之禍有高居無爲肆情嬖艷者乃啓祿山之變是

何也蓋舜之所以無爲者繇其封山濬川以至舉相去凶無一不盡其道武之所以垂拱者繇其列爵分土以至崇德報功無一不究其心皆繇憂勞而有爲乃能逸樂而無爲也若後世之主則孟子所謂安危而樂亡者古今治亂可爲永鑒守陳此講眞是忠讜黼扆箴銘也

成化十二年詔兵部查王三保至西洋水程時中貴有奉迎者言宣德間嘗遣王三保出使西洋等番所獲奇珍異寶無算有

旨命中貴至兵部索取三保水程尚書項忠使都
吏於庫中檢舊籍劉大夏爲職方郎中先入檢
得之故匿其籍都吏檢之不得數受捶若不聞
者項呼都吏曰庫中案卷如何失去大夏徐以
利害告之曰三保太監下西洋所費錢糧幾百
萬軍民死者亦萬計縱得珍寶何益國家大臣
所當切諫者案雖存亦當燬之以拔其根何足
追究項聳然降位再揖謝之指其位曰公陰德
不小此位不久當屬公矣嗣以科道疏諫事遂

寢項劉堂屬相成不忝以道事君者矣

復

景皇帝位號在成化十二年初建議起於訓導高

瑶而左庶子黎淳駁之賴

憲廟宸斷閣臣商文毅贊成遂下

制書曰曩者朕叔

郕王践祚戡亂保邦奠安

宗社亦既有年屬寢疾彌留之際姦臣貪功生事妄

興讒構請去帝號

先帝彝知誣枉深懷悔恨不幸
上賓未及舉正朕嗣承大業一紀于兹軫念親親
用成先志其
郕王可復帝號尊謚爲
恭仁康定景皇帝此可謂繼志述事
熈朝盛典矣惟
建文帝至今未復尊稱其死難諸臣猶未有贈謚
不無缺事想公論終不可泯滅也
孔子曰諫有五吾從其諷者焉史遷曰談言微

中亦可以解紛談言而可以解紛不惟諷諫可即譎諫亦無不可者權豎汪直用事久勢傾中外阿附者立躋顯榮忤之者即遭禍譴有中官阿丑者惡其恣横每於
上前作院本善詼諧一日作醉人酗酒一人佯曰某官至酗駡如故又曰
聖駕至亦坐卧不理又曰汪太監來醉者驚起俯伏傍一人問之曰
駕至不懼而懼汪太監何耶曰吾只知有汪太監

何知有
天子此與范睢去穰侯之術同當時附汪直者衆而
總督王越尚書陳鉞尤交結用事丑復作直持
雙斧睨傲而行傍人問何爲持雙斧曰吾典兵
惟仗此兩鉞耳問鉞何名曰王越陳越也
上微哂繇是疎汪直而厭棄王越陳越輩無何斥直
南京御馬監削王越威寧伯編管安陸州陳越
亦與戴縉吳綬張頫王宗彝等俱從革黜先時
直與諸臣朋比爲奸擅作威福大臣及詞林科

道部屬布按等官如項忠馬文升汪朝宗牟俸
王崇之趙艮張善言強珍方賓沃頻張銳王齊
等皆罹其害至是斥譴公論大快固出自
聖明之神斷秦紘郭鏜馬儀徐鏞等之後先論列而
談言微中諷諭之諫不無有力焉此大舜所以
察邇言也
保國公朱永掌十二團營役營軍治私宅中官
阿丑作儒生誦詩因高吟曰六千兵散楚歌聲
一人曰八千如何說六千丑曰爾不知耶二千

在保國公處作宅

上聞之遣太監尚銘密察保國即撤工賂尚銘得免近習中亦何可無阿丑輩也

成化十八年吏科都給事中王端等奏言三載黜陟吏部則據撫按之揭報撫按則據布按二司之揭報上之詢訪雖出於公心下之奏報多任其私意以致毀譽不真賢否失實宜諭吏部榜示各官凡揭報不實者連坐下部行之今連坐之法不行久矣此事於考察大典甚有關係

宜申

勑吏部遵行前執於察典爲便

成化中惡奄固多然其中賢者亦不無可述如

懷恩覃吉陳準皆内官中錚錚皎皎者覃吉守

正不阿雖未敢與惡璫顯爲水火然隨事匡救

時有補益懷恩扶持公道排抑邪黨每於

上前明諫顯諍不顧身家林俊張黻以論劾梁芳僧

繼曉等廷杖下錦衣獄禍且不測懷恩於御前

力諍謂

祖宗成法不可違天下人心不可失
上怒擧硯擲之恩以首承硯不中遂涕泣而歸使人
謂鎭撫司曰若俊等死爾輩不得獨生俊等乃
得免陳準爲人平恕廉儉代尚銘管東廠令軍
校曰大逆者告我奏聞餘事自外廷理之爾輩
勿預夂之權奄有欲入人大罪弁籍沒其家者
令東廠按之準不忍爲逡巡屢日整衣冠閉門
自縊死士論惜之此三人者不惟中官之標表
視縉紳之諾諾耴容者不啻徑庭矣正德中王

岳亦然應與前代呂強張承業等同傳
惡璫梁芳尚銘之恣横妖人王臣李孜省僧繼
曉之蠱惑當時侃侃論劾者在大臣中惟有南
京兵部尚書王恕庶僚中惟有刑部主事林俊
後府經歷張黻不知當時閣部省臺諸臣何在
祇是自顧祿位患得患失不知祿位畢竟何如
祇足供千秋一噱耳後之視今亦猶今之視昔
也
成化時權奄肆横前有汪直繼有尚銘後有梁

芳汪直之惡今古鮮聞尚銘得權未久未若汪
直之甚梁芳假借傳奉文武官出其戶援讒擠
正直大臣王恕薛瑄等排黜建言林俊張黻等
又以左道惑衆結交僧繼曉李孜省建寺採藥
市買珍玩耗費不貲宮中舊積有十窖金寶至
是罄盡詰之則曰爲
上人祈福耳其罪惡不減於汪直輔臣萬安劉吉
尹直輩諸大臣阿媚取容不敢吐氣時人謠曰
紙糊三閣老泥塑六尚書四星之焰亦

國家刼運致然其後劉瑾又復倍於汪直矣

劉忠宣大夏自登第時言願作三知不願作京官蓋欲閱歷民事以弘經濟庶幾有補國家耳及爲職方郎中三年考滿稱職當事者欲陞以太僕少卿忠宣不願受求外補乃出爲福建海道副使至則查行伍核軍實擇將率造戰艦閩海肅然有備從此敭歷中外懋著勳勩爲世名臣今人惟知營求京職厭薄外僚優游無事以取高官爲得筭其如劉忠宣者鮮矣士各有志

外官何能負人惟在樹立何如耳

授聽選舉人陳獻章爲翰林檢討

予告獻章廣東新會人巡撫廣東都御史朱英薦其學行可追古人宜以禮徵聘吏部言獻章乃聽選舉人非隱士比遂移文取至京欲令考試授職獻章自言身病親老乞歸侍養

上命特授翰林檢討聽歸一時推尊目爲道學尹直言獻章初至京時潛作十詩以頌太監梁芳芳言于

上乃得此異數及請告出城乘轎張蓋列架開道士人楊維新張弼等皆贈言嘲議張元禎釆以載之實錄備述其矜持沽名之狀此與天順間吳聘君與弼俱稱道學先生然行誼出處似覺不同矣

宋王珪爲宰相於國家政事無所建明時稱爲三旨相公謂其遇事但言請聖旨旨下則跪奏奉聖旨及出人問之則曰旣得聖旨矣我朝成化間災異頻仍廷臣共議謂君臣懸隔情意

不逼宜召内閣大臣面議政事閣臣乃言之司
禮監司禮許爲請先謂閣臣曰諸先生初見且
勿多言閣臣然之及
上御文華殿召見諸閣臣言天變可畏
上曰已知卿等宜盡心辨事閣臣别無所陳惟言近
日御史奏減京官俸錢皂役文臣猶可武臣不
免怨望宜傳
旨如舊以慰安之
上可其奏於是大學士萬安先叩頭呼萬歲諸閣臣

亦同聲叩首遂賜酒飦而出諸中官笑之云常言不名見及名見無它忠言止呼萬歲四方因傳爲口實曰萬歲閣老此與宋之三吉相公正好相對

進士盧璣成化間請設左右

起居註官言自古帝王皆有起居註以紀人君言動政事得失宜勅大臣遴選史職置諸左右令其直書無諱上可以備清朝之史書下可以示百僚之勸戒下所司行之起居註之設始此然

今之記註僅有其名而無其實深宮崇嚴言動
既無繇聞知纂脩
實錄亦止是六曹章奏視古之左右史大不同矣
當時設官大典不自大臣建白只憑一新制科
條陳豈所謂採之芻蕘者乎
成化乙巳三月泰山屢震是時儲位久虛
皇長子年已十六矣因
紀妃無寵先薨故
上意久不決至是星變地動災異屢奏泰山一月震

至七次有司奏聞内臺奏曰泰山東嶽應在
東宮須儲位蚤定庶可消弭災眚
上曰彼亦應天變乎曰
陛下即上帝
東宮上帝之子也何謂無應
上意始定詔爲
東宮選妃儲位乃安矣時内閣諸大臣萬安劉吉
尹直彭華等寂無一言意在觀望惟彭時言之
甚切畢竟建儲大計定於内臺占候故曰

天命久定人謀何爲然萬安劉吉輩亦可媿死矣
革南京兵部尚書王恕太子少保令致仕恕屢
以忠諫忤
旨中官梁芳輩用事共謀擠排因南京兵部侍郎馬
顯疏乞休致許之吏批其疏曰南京米貴民饑
尚書王恕叅贊機務胡爲坐視無一策拯救可
見年老無能革宮銜亦令致仕工部主事王純
疏言王恕屢上封章直陳時事
陛下每加優容今革宫銜致仕羣情驚駭昔莊助言

汲黯於漢武帝帝曰古有社稷臣如黯近之臣竊見此時大臣遇事敢言者無過於恕庶幾社稷之臣乞復原官名還以竟其用

上以純出位妄言命杖之着降調外任王恕之正色直言眞無遜汲黯乃爲宵小所忌票旨馬顯之疏鐫銜罷官亦異事矣王純以下僚執諍欲名還既去之大臣冀仰公論耳豈有他圖被杖謫外寃矣當時閣臣商輅既卒彭時乞休在政府者獨有萬安劉吉尹直彭華輩竟無一言匡救

惡直醜正咎不獨在奄人矣
班定遠有言治夷狄當蕩軼簡易蘇子瞻亦云
夷狄不可以中國之治治之惟當治之以不治
我
聖祖著訓北虜吾之世讐當嚴爲警備其餘遠夷不
許騷擾生事蓋不勞中國以生邊釁也成化中
貴州都勻府黑苗弗靖守臣倚内援請發雲南
四川湖廣兵征勦以徼功倖賞兵部尚書馬文
升堅持不可奏差御史郎中各一員往彼勘處

果聽安撫無虞忌者管

內市調之南京播州宣慰使楊愛被其兄楊友訐

奏奢縱淫暴妖言諸事

朝廷命刑部侍郎何喬新往勘且令監候處治喬新言播州即古之牂牁夜郎楊氏據有其地五百餘年爲蠻夷所服從歷代撫以恩信寬以文法今因兄弟相訐便勘問監候夷人驚疑恐生他變宜令三人面對虛實免其監候既而訊鞫知楊愛欲奪其弟宣慰肆爲誣罔乃安置其兄

於他州諭令安輯地方以寧占城王古來爲安
南所侵侮挈族奔舶廣東訟冤於
朝命南京都御史屠滽到兩廣勘處或言當爲問
罪之舉或言不用兵恐占城不能自存滽曰用
兵則毒民避强則取侮乃移檄安南諭以禍福
俾綏靖輯睦安南讋服辭對甚順遂召古來諭
令歸國以千兵護送之於是二國寧靜地方無
事馬文升何喬新屠滽三臣俱能治夷狄以不
治恩威兼濟處置得宜仰體

聖祖之神謨深得班蘇之勝筭爲封疆造福不小矣

兵部尚書馬文升奏言故事各邊軍馬數目三

年一造冊奏報恐其中消長參差卒然有儆難

以調度宜自今改議地方稍遠者歲一報邊方

多事之地歲再報歲報之法不須造冊具名第

以疏奏具開兵數幾何騎幾何步幾何任戰者

幾何常操者幾何冬操夏屯者幾何有故者幾

何歲再報者以夏冬之季至部一報者以冬季

至部有後期及數目不明者臣部奏請處治得

旨如議行文升此奏有裨邊政邊疆軍馬數目每季

報聞

朝廷邊臣職掌所關平時自當查核操練一遇有

事奏

旨徵調自可如期應用若玩愒延遲邊臣責無所逃

亦整飭戎政一要機也今奏報不聞到部行伍

或至空虛

廟堂何從稽核似當依舊奏報爲妥

成化二十三年

憲廟賓天
聖壽僅四十一
憲廟初年勵精圖治從善如流庶幾焉
中興令主値奄宦夷權中外擾攘如汪直尚銘輩
皆倏起倏除去之如發蒙振落可謂英明果斷
維時閣臣萬安劉吉尹直輩莫克贊襄虧損
聖德實惟諸臣之罪也比至大漸名
皇太子入見受遺命勉以敬
天法

祖勤政愛民凡國家要務無不訓諭諄切

孝宗即位恪遵

聖訓名王恕爲吏部尚書命徐溥劉健俱進尚書直

文淵閣以馬文升爲左都御史掌院事擢丘濬

禮部尚書楊守隨禮部侍郎改耿裕爲南兵部

尚書參贊機務名還言事得罪諸臣罷大學士

萬安尹直劉吉不久亦罷誅妖人李孜省斥妖

僧繼曉發原籍旋亦伏誅革番僧國師領占竹

等追奪

誥勅發回四川還太監懷恩於鳳陽斥奸宦梁芳
韋興陳喜等往
孝陵司香一時
宮府肅清轉否爲泰固是
孝宗之神明實遵
憲廟之遺命也或曰三年無改於父之道何如曰三
年無改者謂制度節文耳若人材進退上關國
家之安危下係生民之休戚旋乾轉坤機在俄
頃若遷延歲月世事已不堪言矣况能待三年

乎或曰何不如嘉隆時頒遺詔行之曰嘉隆之
際閣臣有高拱徐階張居正皆一時碩輔詔草
出其代譔成弘之際萬安劉吉尹直尚在政府
逐之猶不肯去若令草遺詔彼必爲護身符計
且固結其黨與天下事更不可爲矣幸賴
孝宗之善繼善述亦藉
宗廟神靈之嘿祐也
成化丁未
憲廟賓天議升祔禮

詔禮部會廷臣議少詹事楊守陳上言祭法天子七廟祖有功宗有德孔子之言也凡號太祖卽爲始祖當尊以配天若商周之契稷皆以功論不以統論也若宋之禧祖及我朝德祖可比商祖乙周亞圉非契稷比今憲廟升祔請奉祧德懿熈三祖自仁祖以下爲七廟異時祧盡則以太祖擬商周契稷配天不祧而祧主藏于後寢祫禮

行于前廟時享則尊

太祖祫祭則尊

德祖各不失尊庶無悖禮禮部尚書周洪謨與侍郎

倪岳議以此說固所以尊

太祖然豈

太祖崇本尊親之意我國家自

德祖以上無復可推則

德祖應視周后稷

太祖

太宗視周文武皆百世不遷
懿祖以下當以次祧遷今
憲廟升祔當祧
懿祖宜于
太祖廟寢殿後別建祧主之所如古夾室之制每歲
　暮合享則奉祧主仍居舊位以應古祫祭之制
上從之至嘉靖中雖微有損益七廟迭祧而
始祖
太祖

太宗皆百世不祧甚得尊祖敬宗親親尊尊禮意可
謂盡制盡倫者矣其議又出於張文忠璁所贊
成也
時有縣丞徐頊上疏請究
皇妣甍逝之繇以復不共戴天之仇事併言當時診
視太醫方賢治中吳衡俱宜逮治下禮部議禮
部覆本請拘萬家親屬曾經出入宮闈者究問
閣臣萬安劉吉皆與萬家素通好懼甚謀於同
僚尹直直曰此事只宜寬處若與大獄株連蔓

引登

先帝之意哉安等甚喜乃擬

旨以爲外面浮議不必窮究巳之惟訪求親屬之

在廣西者厚待之可耳訪求數年竟不得其人

此事與萬曆泰昌間挺擊紅丸事頗相似在情

法不可不究而於事勢又不能窮究竟以姑息

完案天下事如此者多矣其如不共戴天之誼

何哉

諮議

紀太后享禮

紀太后

孝廟生母也初厄於

萬貴妃遜居西内先逝

孝廟登極尊爲

皇太后議享禮禮部尚書周洪謨侍郎倪岳奏言周之姜嫄爲帝嚳次妃后稷之母故周祀有享先妣樂舞謂姜嫄也而魯頌閟宮之詩特著崴稱此別廟崇祀之明徵也至宋時元德懿德二后

既有別廟之享章獻章懿二后遂有奉慈之建每歲五享四時薦新上食如常儀今
皇妣神主宜於
奉先殿傍建別廟奉祀一如
奉先殿儀從之乃尊謚爲
孝穆皇太后祀
奉慈殿一歲五享四時薦新忌辰祭祀一如
奉先殿儀其後歷代崇祀所自出母后並遵此典制其於魯頌閟宮之祀爲允合云

大學士萬安初以因緣得入閣與萬貴妃兄弟

認爲一家招權固寵又與李孜省僧繼曉通同

結納凡附已者百計援之異已者百計去之舉

朝側目

上在東宫稔聞其惡有進士倪進賢者少年無行萬

與講房中術援爲庶常御史

憲廟賓天内豎于宫中得疏一篋皆是房中語也

上遣懷恩耴至閣下責之曰此大臣所爲乎安慚惶

無地已而科道交章論劾令懷恩賫疏至閣示

安每展一疏即跪泣乞哀猶無去意懷恩摘其
所懸牙牌曰請出姑蒙面而歸旋罷官去初安
在內閣久人或諷以知足安曰惟有一死報
國耳此與近日温烏程誓不生還同及歸在道每
夜常看三台星猶冀復用也未幾死猶贈太師
謚文康不知公論何在葢是時同輩劉吉尹直
尚在政府故爲之地亦冀他日自爲地耳子爲
南京禮部侍郎孫爲編修皆淫縱無嗣家財數
萬爲妾媵僮僕掠散無餘天道不爽生平作業

遺臭何益哉

萬安劉吉尹直成弘中同在政府俱以黨邪害正貪位固寵爲時論所唾鄙而吉尤趨承言路望氣占風冀免彈射然其立心陰險傾陷鄙智任義李文祥湯鼐方向等竟不爲公論所容屢彈不去反加官進秩時人嘲之稱爲綿花劉謂其耐彈愈彈愈起也或告吉以爲此語出自監中一老舉人好詼諧者吉因奏定舉人三次不中者不許會試後竟以議封張戚畹事覯望稽

遲以覬覦賄賂爲
上所厭薄遣中宮至其家勒令致仕去比出都門兒
童走卒羣指之曰綿花劉去矣舉人會試禁限
亦除此事傳之靑史亦能千秋不泯至今令人
解頤
庶吉士鄒智疏言我
太祖鑒前代之迹識禍亂之原凡一切奄宦祗供掃
除之役頃年以來
人主大權盡出其手內倚之爲相外倚之爲將藩省

倚之爲鎮撫伶人賤工倚之以作奇巧法王佛子倚之以出入宮禁鎮國永昌寺倚之以結怨于軍民臣願深究其本以清弊源又言

陛下之於輔臣每加殊恩異典亦云任矣然既任之而又疑之凡進退一人處分一事往往出自

内批使一二小人陰執朝柄臣願

國家有大機務須

名輔臣給以筆札令其條陳以聽裁決勿令宵小得干預其間則天工亮矣又言今之諫官以緘

體魁梧爲美以應對捷給爲賢上不畏
天命下不恤民窮臣願黜浮沉之輩求風節之臣或
令對仗糾彈或令輸忠獻替使各展盡底蘊則
天聽開矣又言兵部尚書王恕元勳碩德乃削其爵
御史強珍忠肝義膽乃褫其官又如章懋之直
亮林俊之剛方張吉之純雅皆抱向日之誠鬱
鬱不得抒臣願悉召用之以圖後來則
天心恊矣疏入不報鄒智以新進少年讀書中秘乃
能規切時事不避險艱庶幾賈長沙之流士各

有志未可以出位輕譏之也

時因星變

詔求直言庶吉士鄒智疏言長星示異皆緣陰盛陽微人事所致宜進君子退小人以荅天變閣臣少師萬安恃權怙寵殊無厭足少師劉吉附下罔上謾無可否太子少保尹直挾詐懷奸不顧廉耻皆小人也南京兵部尚書王恕素志忠貞可任大事兵部尚書致仕王竑秉節剛勁可寢大姦巡撫直隸都御史彭韶學識純正可决

大疑皆君子也然君子所以不進小人所以不
退皆繇權奄陰主之也願
陛下正心修德法
太祖以防内官法
太宗以任内閣則君子可進小人可退天下之治成
而天變可弭矣疏入不報鄒智之敢議大臣出
處抗節直言無所回顧風裁凛凛真可稱庶常
白眉矣
禮部侍郎丘濬進所譔大學衍義補

孝廟嘉納之先是濬以宋儒眞西山大學衍義有資
治道而於治國平天下之事缺焉乃采經傳子
史有與治國平天下相關者分門類緝附以巳
意名曰大學衍義補書成進之
上曰所進書考據精詳論述該博有裨政治賜金幣
晉禮部尚書掌詹事府更命發刻傳之寓內今
觀此書不惟可爲
黼座資益凡爲官者皆當誦閱以資建樹眞經世
之善物也丘文莊可謂一代名儒矣

野紀矇搜卷之八

光祿大夫柱國太子太傅禮部尚書兼翰林院學士臣黃汝良編輯

弘治元年二月

上親耕籍田禮畢宴羣臣時教坊司以雜劇承應或出狎語左都御史馬文升厲色曰新天子當知稼穡艱難豈宜以此瀆亂宸聰卽斥去之有二御史糾儀下獄文升謂皇上卽位之初不當輒罪言官得釋時論韙之吏部尚書王恕疏言濫陞內員數多與

詔旨罷革傳奉冗員相悖恐從此內官傳奉相沿成
風其如與
登極明詔前後反汗何不可不慎也疏入不報二臣
之愛君憂國杜漸防微可謂大臣矣
少詹事楊守陳上講學勤政疏
上嘉納之大略謂
陛下御極以來屏棄珍玩放遠奇袤登用正人聽納
忠諫躬覽章奏日勤政幾若此不懈爲堯舜何
難臣愚猶有過慮蓋革故正始猶易持久保終

實難若涵養弗深咨詢弗博銳志少懈欲心漸
萌安能始終如一乞開經筵御午朝聽講之際
稍有未明即俯賜清問期於聖心昭晰而後已
一日之間居文華殿之時多處乾清宮之時少
使慾寡而心清障去而理明則得於内者深而
出治之本立矣午朝有奏事者俾略節其辭親
賜裁决大政則名大臣面議未當則許諫官駮
正而審行之俾賢才常集于目前視聽不偕於
左右則資於外者博而致治之綱舉矣若如近

日之開日講御午朝虛應故事凡百奏章皆付

內監諸臣調

旨批荅臣恐積年之弊未除將來之患方殷微臣

不能不懷隱憂過慮也守陳此疏侃侃懇懇無

非責難陳善引君當道之苦心可爲

五位箴銘也

南京吏部主事儲瓘疏言原任中書舍人丁璣

主事張吉王純進士敖毓元李文祥並以下條

言事遠謫遐荒此五人者旣效忠狥國必不變

節辱身若終棄之嶺海毒霧瘴氣與死爲隣情
實可憫乞下
詔耶還置之風紀論思之地其言論風釆必大有
益明時與其旁求敢諫之士不若先用已試之
人
上勅吏部起用之儲瓘之薦賢爲國以倡敢言之風
孝宗之從善如流不遺遐胝之士可謂
熙朝盛事也
弘治二年萬安尹直既罷大學士劉吉尚在政

府吉素諂比言官嗾所厚善御史魏璋論劾御
史湯鼐以毀謗下錦衣獄欲以張威擅勢又以
庶吉士鄒智前日有疏論吉諷錦衣衛以鼐獄
詞連及鄒智并逮下獄智身受三木僅餘殘息
神色自若無所曲撓供詞畧云智與湯鼐等來
往相會或論經筵不宜大寒大暑輟講或論午
朝不宜一事二事塞責或論紀綱廢弛或論風
俗浮沉或論生民憔悴無賑濟之策或論邊境
空虛無儲蓄之備言言正直議者欲處以死刑

部侍郎彭韶稱疾不肯判案得免左遷廣東石城吏目怡然就道衣結履穿幾不自存親識餽遺堅却不受鄒智可謂危行危言死不變塞眞君子也大理寺評事夏鍭申救言事得罪諸臣疏言伏見主事李文祥庶吉士鄒智中書舍人吉人御史湯鼐任義劉遜繆樗給事中方向等皆以言得罪夫言官無流竄之禍則不足以彰其譽有謫徙之苦則愈足以見其難罪愈重而名愈高是言者之得罪雖罹今日之禍正可以

成後世之名但非人主之福耳若人主能優容之則彼既無禍亦安有名而寬容令名歸於人主矣惟

陛下釋建言諸臣以成

朝廷休美其諸臣得罪皆爲大學士劉吉所排陷吉之罪不滅萬安尹直宜亟賜罷斥疏入不報鏃郎謝病歸當時建言諸臣多不繇言路蓋言路諸臣爲奸臣劉吉所籠絡故敢言者多是散曹然亦賴有王恕彭韶在吏部而大臣馬文升

何喬新屠滽楊守隨張悅等皆能以正直維持公論故淸議猶在朝著比劉吉去而公道愈伸矣故曰否終則傾何可長也

王端毅恕之忠厚正直丘文莊濬之經濟文章俱爲時名臣端毅先爲吏部尙書階太子太保文莊以大學士亦加太子太保一日內宴文莊以閣臣位端毅上端毅以太宰不宜居禮書下頗有外言適太醫院判劉文泰以求陞事于吏部吏部格之文泰遂訐奏太宰變亂選法且不

當令人爲彼作傳多述留中之疏并刻傳封進文莊亦譏端毅賣直沽名端毅上疏自劾雖得旨下文泰獄終不自安求去益力遂許致仕於是言官交章論文莊娟嫉嗾使疏雖不行而文莊之望不無稍損以此細事兩賢何至相厄乃爾

記余爲禮部尚書時已晉宮傳一品戶書畢自陽以二品每朝會班在前詞林諸君多爲余不平余初不介意一日慶成賜宴光祿寺排定筵席帖名筵上余席乃在畢前余讓畢畢謂當照

名次推坐又謂余科分深爲先輩余亦不能辭也當時二公同品丘以閣體王以冡卿彼此相遜俱無不可且禮讓尤爲盛德事也

兵科給事中吳世忠疏乞褒表靖難死節諸臣下禮部議止之世忠謂

太宗皇帝奉天靖難當時文臣如方孝孺周是修練子寧鄒瑾魏公冕齊泰黃子澄諸人皆仗節死義之臣也夫

太宗之靖難者武王之心天下之大權也孝孺諸人

之仗節者夷齊之志天下之大慮也微大權則天下之民命不立微大慮則天下之臣義不明二者不可廢一也

太宗嘗諭羣臣曰人君立賢無方練子寧若在朕固當用之

仁宗即位之初詔靖難死事諸臣其子孫親族抄沒謫戍者悉皆赦回今之不敢言及褒卹者未知

祖宗之心帝王之孝也昔

憲宗既罪李時勉而後有文忠之謚

英宗既誅于謙未幾亦有謚祀之典宜體
祖宗盛心褒表諸臣庶慰
九廟神靈誠帝王之大孝也禮部議格不行當靖難
之時諸臣食君之祿自當死君之難大義昭昭
于天壤間寧可泯滅表揚之誠是也然亦當有
分辨焉若齊泰黃子澄生事啓釁麇死諸王皆
高皇帝之親子
文皇帝之親弟而建文君之親叔父也當時
文皇帝亦幾不免靖難興師豈得已哉亂

高皇帝之彝章陷建文君於有過天下事幾至决裂
一死猶未足以贖其辜何表揚之可擬
右庶子張昇論劾大學士劉吉建言超遷科道
柔佞取容不報先是大學士萬安尹直既被劾
罷歸劉吉素阿附科道昏夜造門祈免彈劾遂
建言當超遷科道待以不次之位張昇疏言
朝廷用人惟取賢能不論方類吉自知公論不容
乃欲趨媚言官以希固位遂有超遷之議言路
靡然悅之無復肯言者

陛下方日御經筵虛心聽納吉以患失鄙夫爲講官領袖臣與之旅進旅退實爲恥之又吉先與貴戚萬通萬喜等締姻憑藉宮闈兇焰薰灼請託公府賂入私門李林甫之口蜜腹劒賈似道之籠絡言官兼而有之因數吉十罪請亟譴斥以應災異以回天心劉吉初結交戚畹宦寺以納賄行私既復阿媚言官以貪位固寵患得患失廉耻掃地矣乃露章糾彈出於散秩之宮庶當時言路應爲醜顏乃旋有御史魏璋等阿附劉

吉論劾張昇不當出位妄詆大臣昇坐左遷南京工部員外身爲御史不能糾邪而反媚邪不能扶正而反害正魏璋等良心喪盡如此小人亦古今希有也

致仕大學士尹直上賀

聖節萬壽表及

皇太子承華箴得

旨却之尹直當成化時與萬安同在內閣阿諛取容得罪公論爲言官糾彈奉

旨致仕家居已五年乃復覬覦再出作此傒倆以探
上意與萬安既出國門道上夜夜仰看三台星同一
情態世之嗜進無耻熾心名利之塲者往往如
此正堪令人齒冷
弘治四年
憲廟實錄成總裁官劉吉進少師華蓋殿大學士徐
溥進太子太傅武英殿大學士劉健進禮部尚
書文淵閣大學士副總裁官丘濬加太子太保
汪諧進禮部侍郎其餘纂修官各陞官有差歷

朝避爲故事揆大學士王鏊有云前代修史有起居注左史紀言右史紀動如晉董狐齊南史皆以死守職司馬遷班固皆世史官通知典故所紀君臣言動皆得之親睹記後世讀之如在目前我

朝翰林皆稱史官立班雖近螭頭然猶遠在殿下未能執筆左右成化以來職纂修者惟取六部前後章奏分爲十館以年月編次成書總裁官惟略加删削便稱實錄不知後世將何憑以成

信史乎竊惟國家二百餘年來制度文爲咸正
罔缺惟正史未有成編將來何所考信王文恪
慮之甚是至萬曆年間閣臣陳于陛請修正史
詔從之於是開館分局集累世之實錄采朝野
之見聞紀傳書志頗有成緒忽遭天災化爲煨
燼史事盍屬茫然矣然古今正史自遷固外如
左丘明范曄陳壽王隱干寶裴子野習鑿齒袁
宏之倫各有藏史傳之永久不必皆世史也倘
一日開弘文延儒碩寬忌諱之網採稗官家乘

之言博攬廣詢寧無左丘明輩贊成筆削盛典者乎惟在當事者加之意耳

弘治五年詔查錄開國功臣子孫詔書云

太廟配享勳臣追封王爵者俱係輔佐

太祖高皇帝平定天下勳庸甚懋今其子孫有不沾寸祿與編民無異殊爲缺典茲當加恩敘錄該部查勘明白具以實聞蓋用禮科給事中吳仕偉建言也於是吏部行文各省查取開平王曾孫常復寧河王玄孫鄧炳岐陽王玄孫李璿東

顯王玄孫湯紹宗赴京兵部覆奏俱授南京錦
衣衛指揮使俾各近其祖墳以便奉祀又錄誠
意伯劉基九世孫瑜爲處州衛指揮使先是景
泰中已錄其七世孫爲五經博士以仕偉言特
改是職繼絶酬庸誠是帝王盛典不惟諸臣感
恩地下
高皇帝在天之靈亦當無限慰藉也
自永樂以來邊餉悉資鹽利令商人輸粟二斗
五升於邊給與鹽一引故富商大賈悉於三邊

自出財力自招遊民開墾邊地以藝五穀各立堡伍以防侵奪是以歲時豐稔菽粟充盈天順成化間甘肅寧夏每粟一石僅易銀二錢是以邊餉無匱乏之患至弘治五年戸部尚書葉淇淮安人鹽商多其舊識因與淇言商人輸粟二斗五升支鹽一引是以銀五分得鹽一引也請更法課銀四錢二分支鹽一引其獲銀八倍于昔矣淇然之因謀之閣臣徐溥遂變其法凡商人給鹽引悉輸銀于戸部從此邊商耕稼積粟

無用皆撤業而歸邊地遂荒蕪千里沃土皆咸
榛莽矣初謂以銀易粟户部得利甚厚其後邊
地既荒米一石至值銀五兩轉輸之銀愈多而
邊軍之苦饑愈甚皆鹽法變更之所致也天下
事要當循本測末不可見小失大淇不足言也
溥賢輔獨不思晁錯之輸粟實塞下趙充國屯
田制西羌之深計乎千慮一失貽患無窮今欲
驟復舊制又難矣
弘治八年崇王疏請入朝得旨

聖祖母年老念叔崇王思得一見便寫勅差官迎取
禮部尚書倪岳極言其不便一謂黃河泛漲舟
楫難行二謂地方亢旱供億不堪三謂盜賊震
驚誰任保護所言深爲諄切其於便國便民可
謂深至矣然於
祖制防微杜漸之意猶未易輕言也自成周有來王
來享之制漢時尚有諸王入朝之事比至唐宋
遂格不行我
朝自永樂以後親王以至庶宗並不許擅出所封

國門肆覲之典不及親藩蓋藩王雖天潢懿戚其中如漢德著之賢者不多一出國門能必其無驕縱乎即賢王能循禮法而隨從旗校能無騷擾乎府縣供應能堪煩擾乎一入都門能無分外干請乎百官朝見能無勞嫌乎倘有違犯能盡法處分乎與其徇一時之情以傷國家之厚何如愼預防之慮以全親睦之恩

祖宗立法殊有深意

孝廟初不允禮部所奏既而

旨下免朝蓋體

祖宗之意而倪岳力諍懇切

孝廟不能不爲動心也其有裨於宗藩者弘矣遠矣

弘治十一年命內閣及翰林儒臣纂修大明會

典

上以累朝典制散見疊出未會于一乃

勅大學士徐溥等修之以諸司職掌爲綱以度數

名物儀文等級爲目附以歷年事例使官各領

其屬而事皆歸于職用備一代定制以便稽考

遵行至萬曆年間又復命官重修蓋因時損益
各有異同然大要以率繇舊章爲是其間有變
通非得已也今之阿意曲從變更制度往往借
言變通趨時幾不知會典爲何物矣
吏部選新進士江潮等爲御史大學士劉健密
奏曰江潮等皆新進浮薄豈堪風憲之任
上大怒吏部認罪江潮等皆黜除外任人謂進士不
中選者讒之於健曰潮等素毁閣下恐任言路
將來不利閣下故健奏出之時議者謂健之休

休有容之量殊未然也御史風紀言路要司須
歷練時務才守兼優者方堪其任豈可以新進
少年體貌魁梧應對便捷者獵居此職乎當時
掌吏部者屠滽也滽亦一時名臣乃輕率開此
途徑似不無市恩之念
孝宗責黜之誠爲重言路飭風紀之聖謨劉健之贊
襄密勿裁抑倖進寧可以娟嫉輕議之哉
弘治十三年給事中曾昂疏言近日調度日繁
京儲告匱請令諸布政司公帑積貯及均徭羨

銀盡輸太倉戸部尚書周經駁之曰度支不足
者蓋繇織造賞賚齋醮土木諸費所致若一切
節省所入自足供所出必欲盡括天下之財以
輸太倉豈藏富于民之意乎周經此言殊得大
體蓋四方難必無事外庫豈可盡虛若傾外實
内一旦有變策應何施至言土木織造賞賚齋
醮之費當從節省尤切時務之要眞大臣體國
忠猷也
弘治十五年天下十三布政司兩直隸府州縣

造報田土戶口稅糧黃册實在官民田土總計四百二十二萬八千頃有奇人戶總計九百一十一萬有奇人口總計五千三百三十八萬有奇實徵夏稅秋糧總計二千六十九萬有奇海內富庶我
朝古今所未有蓋繇當時
君明臣直留心民生國計休養生息之所致今不如昔矣

弘治十五年始設總制三邊軍務都御史成化

以前套虜未熾平凉固原猶爲內地自火篩據
河套入寇之後三邊俱爲虜衝於是改開城縣
爲固原州而以固靖甘蘭四衛隸之設參將遊
擊等官而開制府總督三邊軍務巡撫以下皆
受節制爲西北重鎮蓋繇河套失守以致虜勢
猖獗不得不增兵措餉備禦門庭也
弘治十六年
上召尚書劉大夏諭之曰每欲召卿面議諸事可否
以非卿部內事而止今後有當行當罷者可具

揭帖密封進來對曰不敢
先朝李孜省可爲鑒戒
上曰卿與我論
國家事豈孜省嘗私害物者比乎大夏曰臣下以
揭帖密進
朝廷以揭帖顯行是亦前代斜封墨勑之類也
陛下舉動宜法
祖宗師帝王事之可否外付之部院內咨之内閣可
也如進密揭恐不能無弊

上善之然入告出順上臣忠謨第要公正無私苟裨

國家密揭何害人謂大夏此對未免畏事避難然

部臣猶可至於閣臣啓沃密勿尤當隨事規正

追想萬曆年間閣臣如王文肅王文端諸公

朝廷處置或有未當揭帖力諍至于再三雖觸怒

忤

旨毅然不顧今此事寥寥矣何况部臣乎

國家經費冒濫無如光祿寺錦衣衛光祿職掌上

供自宮闈以及宦侍供應俱出其中耴討無秖

誰敢稽緩至弘治十六年兵部尚書劉大夏因
南直等處災荒應詔陳言光祿供應浩繁日
殺牲口無筭既損上供之賦又傷愛物之仁疏
上
上惻然下令裁減官民得甦光祿寺卿艾璞曰劉公
此奏歲省本寺銀錢八十餘萬所謂仁人之言
其利溥哉是時戶部尚書侶鍾亦陳言冗食太
多宜汰內降官吏減內侍及畫工番僧酒饌
朝廷猶不能盡汰其後糜費又有增無減矣至於

錦衣衛之冗費又復難言自國初封拜世廕外其後有傳奉之
旨若王振石亨曹吉祥汪直梁芳劉瑾輩冒濫不可勝紀雖無職事僉支俸薪以至邊疆文武大吏虛張報功無不與以世廕視爲固然甚至禁旅出征掩敗奏捷夷虜入犯飽颺歸去監宦鎮將亦受延世之賞迄今錦衣員數不下五六千每歲金花銀兩不能支應民膏愈竭邊餉愈虧不知此弊當何日振刷也

初中官李廣以燒煉齋醮被寵蓋自前朝已然

大學士徐溥劉健李東陽謝遷合疏言

祖宗朝每面名儒臣咨議政事今朝參外不得一覲天顏經筵日講歲不過數日正士既疎則邪說得乘間而入近日以齋醮燒煉進者乃異端惑世之術聖王所必禁也宋徽宗崇信道流卒使社稷傾覆至若燒煉之術其禍尤慘金石之藥性多酷烈唐憲宗藥發致疾雖杖殺方士柳泌何益今上清龍虎宮神樂祖師殿及番漢經廠皆焚

燬無遺神若有靈何不自保天厭其誣亦已甚
明昔李絳有言憂先于事可以無憂事至而憂
無益于事今熒惑失度太陽無光天鳴地震草
妖水異奏報殆無虛日伏望厲勤學之功優接
下之禮斥誣妄之說遠邪佞之人庶幾太平之
業可保
上嘉納之時又有内
旨行取四川光相寺國師領占竹來慈恩寺住坐
禮部尚書倪岳疏諫謂番僧領占竹等原是異

域腥膻之教安可滓汚中華禮義之邦獻頂骨
數珠進骷髏法碗以穢惡之物冐陛賞之榮名
曰祝聖實爲妄誕今復欲行耴來京驚駭耳目
騷擾驛遞擅作威福勢所必至其於
聖政不無少損又給事中柴昇再疏力諍引孟軻韓
愈辯異端諫佛骨爲證言甚切至詔乃中止蓋
自李孜省僧繼曉之後中官相沿爲奸欲以熒
惑
宸聰竊弄威柄賴諸臣之陳善閉邪

孝宗之延嘉納讜其說乃不得售不然禍未知所底

也

兵部尚書劉大夏獨對便殿面請裁革占役三

營軍士并侵沒草場等弊

上命兵部侍郎熊繡奉命清騰驤四衛勇士得其虛

冒糧餉者幾萬人諸貴勢嘵之此弊近日尤多

查覈之事不惟不能行且亦不敢言矣又戶部

尚書韓文疏陳阻壞鹽法七事嘉納施行之又

刑部尚書閔珪讞重獄忤

旨未下以尚書劉大夏言從之又與閣臣言及王

府奏討之事劉健奏曰國初茶馬法初行有歐

陽駙馬者販私茶數百斤

高皇帝曰我初行一法乃首壞之遂寘極典

上領之所以查覈之奏有言輒行當時君聖臣良都

俞吁咈一堂之上庶幾太平事業可見千載一

時也未幾

孝廟賓天奄宦用事獻替遂不可聞矣

孝廟末年勵精求治親信大臣平臺煖閣名對共議

政事殆無虛日時閣部大臣多正人君子一代
耆碩内閣則有徐溥劉健謝遷李東陽吏部則
有王恕倪岳馬文昇戸部則有李敏秦竑佀鍾
韓文周經白昻禮部則有周洪謨徐瓊耿裕張
昇倪岳兵部則有馬文昇劉大夏許進刑部則
有何喬新閔珪彭韶白昻工部則有賈漋曾鑑
原傑左都御史則有戴珊張敷華賈漋其翰苑
省臺以及庶僚濟濟多士皆輸忠恪職
孝廟詢嘉納讜從善如流一時善政未易殫述如革

中官之傳奉覈考察之去留正母后之升祔裁戚畹之徼恩釐貴近之莊田減藩府之房價賑災荒之窮乏清團營之虛冒止京軍之出征蠲讞獄之寃濫濬漕運之河渠殛左道之奸奄息遠夷之交構節供億之浩煩以上諸事無非敬天法祖經國裕民之長圖眞稱有道令主矣若得享國長久蒼生之受賜詎有涯哉

南京刑部主事胡世寧疏論士風下所司知之

疏言士風之邪正係天下之安危方今承平日

夂朝士安于豢養狃于因循廉耻掃地趨媚成
風以放達爲高致以廉退爲矯激以推艱避事
爲老成以黨比和光爲忠厚其羣居言議所及
心志所向不曰陞官則曰成家其有語及國事
當憂民瘼當恤者則衆怒羣猜百口排斥不曰
生事則曰好名必使無所容身而後已至于公
差所過地方則以有司奉迎遲速爲賢否有事
回還原籍則以官府囑託行否爲毀譽所以賢
否混淆是非倒置天下之不治民生之不安弊

源實繫于此此等風俗可不思所以挽回之乎
世寧此疏於士風世道大有裨防維其在今日
尤爲眞切後來大有建樹爲一代名臣嗚呼安
得廟堂之上秉國鈞者盡如世寧之丰采正直
以世道士風爲已任庶幾挽回末習得見昇平
世界乎讀此令人三嘆
江西布政使林泮奏陳澔註禮記集說有功于
禮經乞從祀孔子廟下禮部議格之我
朝頒四書五經于學校經書各有註疏其四書易

詩書春秋註疏出大儒程朱胡所譔士子至今誦之諸儒亦既從祀孔廟矣乃禮記之註出自陳澔士子既藉註以講經主司亦憑註以取士何以獨不入祀典寧非缺典乎如謂所註不必盡妥則胡安國之註春秋未妥處亦多如謂陳澔之品未必盡純則禮記出于戴聖之手當時亦有吏議總惟取其有功經書有功聖門則祀典所不廢也且孔門從祀七十子之徒豈皆粹學純品乎林泮議補昭代之缺典爲是而當時

禮部尚書張昇不知爲何駁之其於庸禮覺有未協也後來應有公論

戶部尚書侶鍾疏言國用不足因冗食太多宜汰內降官吏光祿寺供應太繁宜減內侍及畫工畨僧酒饌天下有司存留糧稅歲不充用宜自郡王以下量爲裁處太倉銀不宜收入內庫內庫所蓄金帛不宜修齋造像及充私賞城門中使不宜干預國課

朝廷難之不報以弘治之盛世國家未免煩費閒

闇未免怨嗟忠計未免逆耳信乎大臣謀國之不易也

弘治甲子北虜與朶顏衛東西同謀入犯大同邊報甚急中官謀出兵襲虜名兵部尚書劉大夏面議出師大夏奏京兵不可輕出

上曰永樂時頻出塞破虜今何不可大夏曰永樂之時何時也糧餉充足兵馬習戰又有好將官今糧餉鈌乏軍馬疲弊將官又難得人不惟不能殺賊正恐有損無益即如永樂時淇國公丘福

稍違節制數萬甲兵俱陷虜地况今之將又復不如丘福乎不若嚴
勅各邊料敵戰守猶爲得策
上問近日王越搗虜巢之計何如大夏曰越仗
朝廷威德僅獲遁免耳何能搗巢
上乃悟曰朕幾爲人所誤又名大學士劉健李東陽謝遷等至煖閣議皆言京軍未宜輕動遷奏邊事固急京師根本地尤宜修備東陽言北虜與朶顔交通今虜在大同萬一聲西擊東我兵未

免顧此失彼潮河川古北口尤爲可慮須少待
之徐議所向健又言大同險遠本鎮尚可支持
潮河川距京師僅一日尤當戒嚴預備
上曰今亦未便出師如卿等所議
勑内外先時防備未幾虜爲沿邊諸將所拒亦引
去諸臣之長慮却顧知巳知彼可謂持重老成
而
孝廟之虛心聽納廟謨神筭可爲後來龜鏡也
學士王鏊直經筵講文王不敢盤于遊畋章

上傾聽嘉納之時方春屢遊後苑左右或請止不聽
及聽鳌講畢召伎幸李廣戒之曰今日講官所
講殆爲汝輩好爲之竟罷遊無何廣亦罷尋誅
死
孝宗之從善如流若此可謂千載
聖明之主矣

野紀矇搜

五

野紀矇搜卷之九

光祿大夫柱國太子太傅禮部尚書兼翰林院學士臣黃汝良編輯

兵科都給事中龐蘭率臺諫申救中官何文鼎以直言得罪下獄尋釋之

祖制宮禁甚嚴諸戚畹不得來往文鼎掌乾清宮門屢諫壽寧侯張鶴齡往來非制不從欲手刃之

上與

太后大怒命從重杖責文鼎惟以不敢犯

太祖家法爲對文鼎之不畏戚畹謹守門禁可與戚

化時懷恩同傳科道申救之是也

弘治十八年五月乙酉

上不豫辛卯

上崩于乾清宮是時

孝宗勵精圖治朝講外每召諸大臣共議政事殆無

虛日初不聞

聖體違和忽爾不豫僅七日而上賓於是兵科給事

中邊貢劾太監張瑜太醫劉泰高廷誤用御藥

遂逮瑜等下獄

上命太監李榮審鞫榮承諸内官意指謂罪可矜疑
掌大理寺事工部尚書楊守隨號泣謂諸臣曰
先帝梓宫在殯臣子哀憤方殷君父之事誤與故同
例以春秋許世子之律豈宜輕宥榮亦默然泣
下衆皆服其正議邊貢之論劾楊守隨之執法
綱常大義凜如烈日秋霜固是臣子之忠愛亦
關國家之倫常當時朝端尚有人也泰昌時
光廟登極未一月而崩逝時
上在諒陰哀毁勞悴稍稍虚弱乃奸奄先進泄藥巳

不堪剝損妖人李可灼繼進紅丸暮服至四鼓而賓天寧惟錯誤實有奸謀當國者乃方德清也進泄藥者僅謫南京進紅丸者更褒以欽賞公論憤惋竟莫能伸都御史鄒元標禮部尚書孫慎行執義廷諍無奈表裏線索莫如之何也未幾德清被論歸家爲震雷擊死人謂其喪心害理雖能逃國法於昭昭竟不能免陰譴於冥冥也

君德貴在豫養治道惟去太甚

武廟在
東宮時素與近侍劉瑾馬永成丘聚江彬等狎慝
而劉瑾兇險尤甚及卽位瑾等倚
東宮舊恩不供掃除之役造作巧僞以淫蕩上心
日事弓馬鷹犬角觝俳優俾晝作夜於是
聖體淸癯視朝稀晚天變屢見遠近驚惶戶部尚書
韓文每退朝對諸屬言及輒泣下郎中李夢暘
曰公爲國大臣誼同休戚徒泣何爲誠及此時
率諸大臣上章力諍必逐去此輩以淸君側之

惡諸閣老從中主持庶幾事必可濟文曰善可
爲草疏來事若不濟吾年足死矣疏具乃令九
卿諸大臣一同奏聞極言諸奄蠱惑罪狀以致
虧損
至德上干天和
祖宗大業關係
陛下一身今大婚雖畢儲嗣未建萬一遊畋過度流
連損神雖茹醢此輩何益乞將馬永成劉瑾等
並下法司以消亂萌先是科道交章請除奸閹

上命司禮監持疏至内閣傳諭已悟當痛加修改所劾太監馬永成等姑示涵容閣臣劉健李東陽謝遷堅執不下再疏言此數人者罪大惡極得罪

祖宗非

皇上所得而赦以去就諍之時諸閣已䆛相對涕泣欲求安置南京明日召韓文諸大臣至左順門令中官李榮再三諭意謂諸先生愛君憂國之心

上非不知但奴儕侍
上久不忍卽置之法可少寛之閹臣與韓文等猶執
不從而司禮監太監王岳范亨徐智亦助閹部
言官諸臣議謂多官論劾不可不從
上不得已允之待明旦發
詔捕瑾等下獄瑾等趨至
上前環跪哭以首觸地訴岳等交通外臣欲害奴輩
且狗馬鷹犬何損萬幾左班官敢羣譁無忌者
以司禮監無人也有則惟

上所欲爲誰敢復言者
上爲之動立命瑾等分掌司禮東廠諸要地
勅令閣臣劉健謝遷致仕及韓文等相次竄斥惟
李東陽獨留以前閣議時諸臣多發憤痛哭惟
東陽不出一語故乞致仕不允瑾得志遂逐去
前司禮王岳等復殺之于途其諸大臣言官部
屬凡忤瑾者無復得免五載之間荼毒縉紳擅
作威福幾危及
廟社矣初舉朝會議誅瑾時兵部尚書許進謂同事

者曰此曹但斥遠之足矣若處之太峻恐有甘露之變其後果然易曰王用三驅失前禽也小人固不可使比周然亦不可已甚使當時稍開一面之網處之閑散之地令王岳輩主司禮以防其復燃諸臣得鞠躬盡瘁共致太平天下事可不至决裂故君子去小人固當光明果决尤當謹始慮終易比之訓不可不深長思也

逆瑾既得志罷斥諸臣不附已者大學士劉健謝遷以致仕去部院大臣韓文許進雍泰等以

削籍去劉大夏顧佐陳壽林泮等各罰穀數千
石輸邊逮繫王佐張縉等于詔獄籍沒
先朝直臣秦竑強珍等家屬謫戍其餘言官及諸庶
僚竄謫廷杖者不可勝數一日蚤朝有遺匿名
書于丹墀者
上見之命拾以進書中備言逆瑾等亂政諸罪狀瑾
下殿入班詰問無肯承者瑾疑朝臣所爲乃令
五品以下官三百餘人出午門外跪聽處分至
午後不准起時酷暑暴于烈日中仆地死者十

餘人迨晚悉械送錦衣衛獄追究竟無蹤跡大
學士李東陽奏此事必有一人陰謀同朝諸臣
倉卒起拜何繇得知乃准釋似此慘酷不惟我
朝所無卽夏商之季漢唐宋末造亦未之有當時
滿朝懼禍噤無一語閣臣如焦芳劉宇輩不足
言也楊廷和王鏊亦復默默無何鏊致仕去倘
非李東陽之往蹇用巽稍爲排難解紛時事更
不知所屆矣庶幾板蕩誠臣也
逆瑾竊權時事日非時當國大臣劉健謝遷李

東陽皆
先朝顧命耆碩健還見幾明決不俟終日東陽獨留不去人謂時有三仁焉謂其去留皆爲國非爲身也自劉謝去後東陽當國凡政事有關係國計民生者雖未敢與瑾明立同異亦多委曲維持所匡救裨益良非淺鮮道固逶迤蓋謂是乎其與焦芳劉宇輩貪戀浮榮趨媚附勢相去抑又遠矣比逆瑾殄後南臺臣張芹特疏論劾謂東陽當劉瑾專權亂政之時阿媚取容不能力

評及

朝廷任用得人潛銷禍變又攘爲已功冐膺恩蔭

乞賜罷斥言雖不行然於砥礪士風培植清議

關係不小此時不可無此論劾也

古今逆璫之惡無如劉瑾爲甚者擅作威福掩

蔽聰明酷害忠良芟鋤正直寃結朝紳毒痡海

内

國家幾有土崩瓦解之禍維時流賊煽搆於近畿

鎮藩跋扈於寧夏皆以逆瑾爲口實借爲難端

寘鐇之作逆因丈量寧夏土田增科斂貨藉以
激怒諸弁榜示瑾罪狀于遠近遂顯行稱亂劇
賊劉七趙璲等分爲兩夥二十八營以應二十
八宿寇掠南北殺州縣文武官屠掠無數後佯
應招撫爲乞恩辯明一本內稱自古大奸竊權
舞弄神器濁亂海內誅斬諫臣屏斥元老未有
不亡其國者乞
朝廷渫雪精神獨斷于中梟羣奸之首以謝天下
然後斬臣首以謝羣奸蓋發憤于逆瑾也是時

瑾已潛謀不軌置兵器于禁近待時而發乃朝
端大小諸臣噤無一語不惟焦芳劉宇曹元輩
諾諾謔謔即重臣中素有猷望如李東陽輩亦
未敢輕犯其鋒者會中官張永以充平安化回
京獻俘途中與同事楊一清共謀誅瑾永亦素
恨瑾因與所厚善宦侍張雄張忠等乘間共訴
于
上疏其大罪十七事謂瑾罪大惡極陰謀不軌情形
已露若不蚤擒滅無論臣等俱爲齏粉

陛下安所之乎時
上在豹房漏下三鼓欲令遣人收捕永等勸
上親行遂帶禁兵至瑾處即時擒獲收內獄明日
旨下內閣令擬罪李東陽等乃援筆擬進百餘言
皆應死律科道官亦疏瑾罪惡下鎮撫司會鞫
午門前反逆情眞乃
旨下凌遲三日諸被害者爭食其肉須臾皆盡籍
沒其家金寶無算其交通往來文字多所干連
上初尚欲窮治之以李東陽言力止乃悉令焚燬勿

論大體宜爾恐言勿論者未必不自爲計也嗚呼天下事養癰至此倘擒殄稍遲不惟天下有土崩之虞大内未免有望夷之禍此繇

祖宗之神靈

武廟之雄斷然其機謀乃出中官當時在朝臣子能無厚顏乎

寘鐇之叛黜其謀者固是總兵官仇鉞然撫綏寧夏中官張永之功居多比回朝密奏誅逆瑾滔天巨憝一旦殄滅此其功在

國家尤不小然却能處身謙抑戒逆瑾奢僭罪轍
以窮苦魚菜四字爲題乞詩於閣臣李東陽等
用自勗勵諸臣皆喜爲題贈
上聞令工部刊行之中官能有功不驕盈固已難得
況能居身儉約借重於紳佩之題詠爲榮者乎
人或詆其好名余謂此輩正惟恐其不好名不
惟不必靳其題詠正可於史書中爲作宦者傳
示以褒貶俾知勸懲令其人人好名而自愛也
正德六年廷試中式舉人賜楊慎等進士及第

有差楊愼者閣臣楊廷和子也時廷和爲次輔
位少傅尚書大學士父當國子鼎元可謂貴顯
殊榮矣然於典制似未恊也
國家典制父兄居高位子弟不得同時作科道又
同宗典會試主考及同考其同姓舉人並不許
入會試今身爲閣臣子既會試中式其廷試卷
看讀總是閣臣及同僚同事諸臣卽自己例辭
讀卷能必同僚同事無囑託情面乎然欲禁其
會試於情理不可行宜於中式後聽其暫停廷

試俟來科廷試可也張江陵居首揆其子中鼎
元與此同乃增茲多口所謂以寬閣臣者累閣
臣也宋時呂蒙正李昉爲相弟蒙亨子宗諤俱
中禮部高選比廷試並以父兄在中書罷之及
韓億爲叅知子維舉禮部亦不與廷試受蔭入
官典制之嚴如此惟秦檜爲首相子禧孫壎南
省廷試皆冠多士此狡猾無耻之人難以常理
論也我
朝景泰中閣臣陳循王文以子鄉試不中式訐訟

考官得賜舉人正德三年閣臣焦芳倚藉逆瑾
勢焰薰天以其子黄中不得狀元及第降調諸
典試翰林并諸執事官此其人品又頗與宋秦
檜同詩云有靦面目視人罔極秪自增醜耳然
楊愼之博古多通文章著述儘足長垂天壤間
視乃翁之相位猶不足爲輕重何至齷齪與秦
禧輩爭一狀元及第哉
秦府三上疏請關中屯田爲牧地錢寧江彬及
宦官張忠輩受重賄請

上許之兵部及科道交章執奏謂
祖制不當與
上曰朕念親親與之勿多言大學士楊廷和蔣冕皆
引疾不出梁儲曰若皆引疾如國事何時
上震怒令內臣督促草制儲承命上制草曰昔
太祖高皇帝著令藩封不當益以土地土地旣廣將
多畜士馬收聚奸人誘爲不軌非宗社之福今
王求請懇篤朕念親親畀地于王王得地宜益
謹侯度毋收聚奸人毋多養士馬誘爲不軌危

及社稷是時雖欲保念親親不可得已其愼之
毋忽
上覽制駭曰若是可虞勿與事遂寢儲一草制有回
天之力眞可謂納約自牖不諫之諫得諫法者
矣

正德時人盜肆橫畿甸震驚皆繇將帥不得其
人師無紀律所致時盜賊到處嘯聚而劉六劉
七齊彦名趙鐩寃強雖擁衆數萬然多虜掠脅
從之徒其驍勇善騎射者不及千人官兵每追

及賊先驅脅從良民與官兵對敵輒棄所掠財帛奔逸而去官兵爭取財帛第斬獲脅從首級以報捷本兵輒爲奏請降
勑獎賞總督都御史陸完監軍中官谷大用等前後報功萬計得獎賞十餘次而眞賊無一獲者甚至賊已過而官軍遇平民乃殺之以報功如大同遊擊江彬過冀州入人家殺二十三人有司申文陸完谷大用俱不問兵無紀律一何甚也又奏帶權勢子弟數多虛冒功級日費廩餼

糜太倉銀二百餘萬不能滅賊近日勦討楚豫
流寇一一皆踵此弊百姓苦兵更甚於苦賊謂
賊爲梳謂兵爲篦言其擄掠無遺更慘於賊也
緜無將故無法無法故有兵不如無兵玩寇殃
民弊所繇來非一日矣
時因巨盜猖獗京師有震業之虞近侍有獻密
計者言京軍不習戰陣欲名宣府邊兵入衛京
師而以京軍充數戍邊每歲更番如班操例
上有旨令閣臣與兵部會議至再大學士李東陽力

駁其議具言有十不便初兵部以爲可行及聞

閣議亦執諍以爲不可

上特降

内旨行之竊謂内外京邊之兵互相戍守有事則

調之出征漢唐宋時已行之故事也大抵兵不

可長無事無事則弱無論京邊惟在練習駕馭

有法耳今京兵號十數萬歲費

國家數百萬餉然多虛伍充役見在者或不能荷

戈豈非狃於無事積習不用之弊歟若使内外

更番操練核其實數以資行間備禦考試其兵之強弱以為掌兵主將殿最庶幾無事若有事可變積弱之舊習未必非便計也

祖宗朝嘗用京兵出征名邊兵入援寧惟更番戍守哉東陽此議惟狃於無事偷一時之安而未暇為

國家長久之計第此議建白自近侍則又不可為訓東陽所以不容不執諍不得不以人廢言也

宸濠之發難也內結閹弁張忠江彬等外通巨

盜閔念四吳十三凌十一等以李士實劉養正
等爲謀主以叛官王倫潘鵬等爲羽翼兵號十
萬指斥乘輿因謝宴收殺巡撫孫燧副使許逵
其它按臣并三司俱囚禁酷虐傳僞檄欲往南
京稱帝以靖王室其計可謂兇而狡矣王守仁
時爲南贛撫臣提督軍務聞變飛報
朝廷密布置知府伍文定戴德孺邢珣徐璉王暐
李美等各府縣整兵待期時宸濠欲往南京忌
守仁躡其後未敢輕動守仁乃佯示怯弱與通

文書所謂鷙鳥將擊必伏其形者也宸濠遂領
卒勁旅出城僅以萬人守南昌至安慶攻城旬
餘不能克守仁遂督伍文定等攻南昌七門入
之賊巢穴既覆衆心離披宸濠聞南昌不守欲
還李士實勸其直搗南京卽大位則江西不戰
自服宸濠不能從卽日繇水路旋旆守仁督諸
兵邀擊逆黨于黃家渡敗之是時賊氣猶鋭風
勢不便我兵少却守仁急令斬耴先却者頭於
是將士用命夜爲火攻諸具約聞砲聲四面夾

擊火及濠舟衆遂奔潰於是擒獲宸濠及宮眷與諸逆黨馘斬三千餘級溺水死者三萬餘逆黨遂平兵法云始如處女敵人開戶後如脫兎敵不及拒應機觀變謀出萬全守仁之用兵以之其勦捕瀰頭桶岡諸賊皆奇正相生善用兵法乃有成功至克叛濠時人或訕其始爲觀望後爲遮飾此不惟枉公道於一時且掣武略於後世矣所謂與於不仁之甚者也

初

武廟好武功爲奸閹張忠等奸弁江彬等所惑往往
總師出塞自稱威武大將軍駐蹕宣府大同榆
林等處遊蕩煩費不可勝紀及逆濠發難又欲
往南京親征諸臣力諫不聽時逆濠兵衆強盛
循江而下又於各處設伏欲爲搏浪荆聶之謀
幸
廟社有靈逆藩旋殄不耆憂虞未可測量也諸閹
弁領兵先行至江西擒濠捷音報至諸奸妬功
大不喜誣守仁初同逆謀後見天兵猝臨始擒

逆濠䑛罪欲將所獲賊徒放之湖内俟親征禁旅到方擒獲獻俘以爲巳功會太監張永至杭州與守仁遇守仁語之曰江西之民久遭濠毒今復縱賊再煩供費百姓何堪恐成土崩之勢永深然之乃徐曰吾之此出爲羣小在君側欲調護左右以默輔聖躬非爲掩功來也但上意不可驟激當徐挽回於是奏言元兇擒殄皆藉威武神略然守仁爲國之忠勳勞難掩且具言

彬等欲加害之意既而江彬張忠等誣訴
上皆不信謂之曰王都御史乃我家忠臣汝等何爲此說守仁之保全功名皆張永之力也張永者
初啓
上誅逆瑾有大功其人正直爲中官表表者夫以守仁之殄逆大勳阨於奸閹惡弁幾不自保竟以一賢閹救觧乃得脫𠻳事可知當日閣部諸大臣何在乎

正德十三年

上復議北征旋議南幸自稱威武大將軍太師鎮國
公朱壽巡邊以惡弁江彬奸閹張忠等爲義子
督師自隨敕內閣草敕大學士楊廷和梁儲蔣
冕毛紀上疏力諫略云人君承天命爲天下君
四方萬國皆其臣子今乃假稱大將軍國公名
號下同臣庶天地易位冠履混淆自古及今未
之有也邇者
聖駕時出巡遊人心疑懼奈何又復爲此萬一宗
藩中有援引

祖訓爲言
陛下將何以應之且謂朝無正人奸邪煽誘不審
陛下之左右與臣等代言之臣置身何地臣等戮身
亡家何足恤其如
國家禍釁何疏上不肖楊廷和稱疾不出
上御左順門召梁儲面促草勅儲奏勅不敢草
上曰何敢逆命對曰凡事可將順獨此勅不敢草
陛下爲天子乃自卑而列於臣下臣草勅是以臣名
君故不敢

上大怒手劒起立曰不草勅將齒吾劒儲免冠解帶

伏地流涕曰臣逆命有罪願就死良久乃釋之

然竟不能挽其行也時諸閣臣猶能匡救主德

無媿公論此外又有南兵部尚書喬宇南吏部

尚書孫需南禮部尚書吳儼侍郎楊廉大同巡

撫胡瓚淮揚巡撫叢蘭各抗疏力諍在庶僚又

有中書何景明郎中黄鞏林大輅修譔舒芬郎

中夏良勝萬潮姜龍張鳳張衍慶陸俸陸震博

士陳九川醫士徐鏊等一百三十餘人各上疏

諫止北巡南幸往西番迎活佛畜閹弁爲義子
視朝稀曠經筵弗御種種諸失政或下獄或廷
杖或跪門或遠謫九死無悔可見當時正人君
子忠臣義士尚有人也然皆不能挽回宸聽致
令逆藩巨寇窺伺發難天下事亦岌岌矣至嘉
靖初年剗革諸弊政恤錄直諫得罪諸臣人心
稱快豈
熙朝阨運
聖主將興泰否相因自有定數乎

正德十六年

肅皇奉

武宗遺詔入繼大統

憲宗有十子長

孝宗次

興獻王

武宗乃

孝宗之子

肅皇乃

興獻王之子
武宗前逝無嗣又無親弟
肅皇帝以親以長自應入繼大統乃閣部諸大臣引
爲人後之議以爲人後者爲之子不得顧私親
謂
肅皇當考
孝宗而以
興獻王爲叔父夫爲人後者爲之子是也
肅皇何曾爲人後乎謂後

孝宗則
孝宗自有
武宗爲子欲後
武宗則弟無後兄之理
肅皇之入嗣大統所謂兄終弟及繼統而非繼嗣者
也議者乃又引漢成帝無子以弟定陶王之子
哀帝爲嗣哀帝嗣位考成帝而別立其弟爲定
陶王後宋仁宗無子以弟濮王之子英宗爲嗣
英宗嗣位考仁宗而別立其弟爲濮王後此其

事又大不同成帝無子而鞠育哀帝於宮中仁宗無子而鞠育英宗於宮中當時以之爲子有年矣此所謂以繼嗣而後繼統者也所謂爲人後者爲之子不得顧私親者是也當時稍有異議師丹司馬光駁之其論確矣若

孝宗

武宗在位時何曾有

肅皇於宮中何曾以爲

孝宗子既未以爲子安得隔世而稱考將置

武宗於何地所謂繼統而非繼嗣者也只宜奉
孝宗
武宗入太廟而別立
興獻帝之廟於内殿以奉先考可也人情莫不愛其
所親敬其所尊安有身爲天子而所生之父母
不得稱帝后其於情理謂何乃諸臣既爭稱帝
字又爭加稱一皇字又爭稱一考字又爭建室
廟於内殿欲遠祀於安陸又
聖册至京議不得繇大明門入豈情豈理哉

聖心其能安乎緣諸臣痛思
孝宗之德澤又痛
武宗之弗嗣夫
武宗之弗嗣天實爲之爲之何哉若
孝宗之德澤則萬世崇祀載在千秋史筆又何係稱
考不稱考哉當時首揆楊廷和禮臣毛澄主爲
人後之議而諸臣無不循聲附和惟有進士張
璁倡爲繼統非繼嗣之論學問識見遠出諸臣
多矣其後復著大禮或問深契

聖心而霍韜桂萼方獻夫熊浹席書輩復敷演其議
至明倫大典書出而公論始定張璁可謂博通
儒臣大禆
中興盛典矣登觀望附會者所可幾哉
楊廷和當正德時爲首揆秉國頗能守正不阿
然功名富貴之念未能脫然
武廟自稱大將軍欲與羣小廵邊此何等事不能堅
執竟爲草勑有婗㚘儲遠矣至附和錢寧復宸
濠䕶衛又聽其僞黨奬濠孝行似未免觀望意

態非矣及
肅皇繼統徼定策功與閣臣並封伯爵則又非矣乃
力諍
肅皇當嗣
孝宗
興獻王
王后不當稱帝后又復諍加一皇字駁張璁大禮
議置之南部則又非矣其後寵眷漸衰數爲言
官論劾知

朝廷不能容乃以遣内官往蘇杭織造時值歲旱

民艱抗疏諫止不從乃致仕去庶幾見幾能止

補過無咎者乎其子楊慎自以文學中鼎元言

官亦以此詆訕之似不無過甚也

野紀矇搜卷之十

光祿大夫柱國太子太傅禮部尚書兼翰林院學士臣黃汝良編輯

自古帝王之興皆有瑞應正德初年黃河再清每清皆三日當時佞倖竊權濁亂朝政何以有此殊祥時

肅皇誕育興國已數歲矣黃河清而聖人出乃其應也又正德末年帝星明於翼軫翼軫楚分也是時宸濠將謀逆劉養正爲之謀主贊其決策謂

帝星在江漢時不可失無何逆濠就擒

武廟無嗣

肅皇自興藩入繼大統帝星之明正應興運故曰國家將興必有禎祥惟有德者乃能當之

肅皇既享國長久

聖子神孫又福祚無疆天人符協千古無爽矣

世廟中興之初種種美政未易殫述如用戶部尚書孫交言革監督諸倉閹人用兵部尚書彭澤言發內外府金錢分餉諸邊從工部侍郎趙璜奏簿錄妖僧齊瑞行賞賚沒官又用彭澤言禁閹

人弟姪授錦衣衛官又用趙璜言革惜薪司加
耗柴炭用給事中底藴言覈畿内皇莊及勳戚
𡈽田改皇莊爲官地用給事中毛玉言禁百官
不得交通
先朝閹人用御史曹嘉汪珊言除言官專劾大臣之
禁又用毛玉言曹嘉不當任意品第大臣宜罷
斥命對品補外用給事中鄭一鵬言以荒旱停
齋醮又用張璁言革鎮守太監又用臺諫言錄
用建言得罪諸臣至革武職官冒濫則出自

宸斷聽言納諫興利除害眞
中興美業也倘能愼終如始則久安長治之効比
隆帝王可矣
嘉靖三年召張璁桂蕚方獻夫席書至京會公
侯閣部諸大臣同議稱號大禮始定乃頒詔曰
人君爲治必本于孝道聖人論政必先于正名
孝在篤于親名貴循其實朕本
憲宗純皇帝之孫
孝宗敬皇帝之姪

恭穆獻皇帝之子皇兄
武宗毅皇帝上賓之日仰遵
祖訓遺詔命朕嗣皇帝位受
天明命于兹三年矣尊稱大禮屢命廷臣集議輒引
漢定陶王宋濮王爲據至再至三其論未定朕
心靡寧蓋漢宋二君先立爲子朕則入奉
宗祧與爲人後者不同是豈徒禮官之失亦朕冲年
不能决擇之咎朕祗承
九廟尊養

二宮正統大義未嘗有間惟
恭穆獻皇帝
章聖皇太后朕之父母也劬勞之恩昊天罔極雖位
號已隆而名稱未正因心之孝每用歉然今告
于
天地宗廟社稷稱
孝宗敬皇帝曰皇伯考
昭聖皇太后曰皇伯母
恭穆獻皇帝曰皇考

章聖皇太后曰聖母各正厥名倫序允協茲特詔諭
天下臣民咸使知悉此詔出更無異議其詔書
乃閣臣費宏等會草也不惟闡揚
聖孝且又情理允符無媿綸扉代言之職矣時又有
議遷安陸
獻陵近七陵者
上又令諸大臣會議皆云
獻陵勢如伏鳳氣結盤龍帝䰟不可輕動地靈不
可輕洩乃罷議不遷此

肅皇根心大孝從違各協于理眞

聖主所作爲也

時有順天生員張紳上疏言朝政得失其一薦

大學士翟鑾吏部侍郎董玘禮部尚書李時都

御史汪鋐及布政等官又薦太監賴義等七人

給事中夏言上言

皇明祖訓頌言大臣德政者斬大臣知情者同坐不

知則否乞將張紳鞫訊置之重典從之此風甚

不可長若不加重懲則頌言者接踵矣况生員

不許陳言時事又有明律夏貴溪請𤤽之是也
近日士民叩閽陳言者甚衆通政司接應不暇
夫地方果有利病當言自有撫按兩司府縣何
必來京叩閽此多是奸豪欲報伏私怨或欲趨
媚地方有司官此輩得志何所不爲應察其虛
妄者下法司或撫按重治庶可防其凌夷之漸
也

嘉靖初

詔革冒濫武職欵條十有三曰乞陞曰傳陞曰例

外奏帶曰報効曰一人數處報功曰一時數處報功曰併功曰冒籍曰各邊巧立名目曰兵部擬賞陞級曰緝獲妖言奸細陞級曰大同應州冒濫功次曰納職加陞命兵科給事夏言御史鄭本公兵部主事汪文盛覈之夏言等上疏謂

太祖開天啓運一時翊贊元臣封公者只六人封侯伯者二十八人

文皇帝靖難封拜亦不過十餘人慎重名器如此其錦衣一衛額設指揮使一同知二僉事三鎮撫

二所千百戶各有定員自正統後貴妃尚主公
侯中貴子弟多寄祿衛中遞進用事至正德間
閹宦擅權貴倖子弟以奏帶冐銜錦衣者尤多
其他衛所又不可勝紀大抵奏帶之數太濫紀
驗之次失實武選之法盡壞往往安居長安寄
名邊徼今查應革者二千一百九十九員名歲
省度支數十萬計本兵彭澤覆奏從之積年虛
冐一旦頓清輿論稱快然未幾而奏辯紛紛倖
門復啓矣信乎積弊沿習之難除也

嘉靖四年春正月丙子五星聚營室光祿少卿樂護掌欽天監奏曰自古五星之聚莫不有大禍大福惟視人君德政淑慝何如耳占書曰五星聚是謂改易王者有德受慶子孫蕃昌無德受殃百姓流亡

天道無親福無常主故聚房周祚以昌聚箕齊桓用覇漢興聚井宋盛聚奎皆爲福占惟天寶聚于尾箕而唐德不稱反有安祿山之亂

天道何常惟人所致

皇上聖德中興五星適聚可不益修聖德愛養元元

以承大慶乎易簡寡慾修德之大儉用省財愛

民之實惟

陛下勵精而行之又占書曰天下有兵謀則五星聚

營室凡內外修攘以銷夷狄盜賊之謀者不可

不加之意也章下禮部禮部尚書汪俊覆疏與

欒護意同

肅皇中興勵精爲理其後時事不無紛更賞罰不無

濫僭正直受謫閹戚漸橫又北虜犯邊甘肅大

同兵變禍福之間只在
聖主轉移一念故
上天著象既屢有雷孛水旱之異又復有五星會聚
之符無非示
聖主以反身修德轉異爲祥
天心之仁愛人君至矣尤賴
肅皇之克謹天戒也
世廟中興勵精爲治虛懷納諫其後漸不如初四川
兵備副使余珊上言

神聖當天宜有稷契伊周爲之佐以成堯舜湯武之
治乃臨馭以來漸不克終臣不勝感激敬效唐
魏徵陳十漸并致漸之繇杜漸之方圖終之要
爲
陛下陳之一曰紀綱漸頹謂承平日久事樂因循名
實乖謬上下之分未定宮府異同陟罰之法未
公二曰風俗漸壞自用浮沉之人首掌銓衡以
致習尚脂韋賤薄名節諛佞風長廉介日銷近
時市門頗開納賄仍舊矣三曰國勢漸輕自許

銘被殺國典不伸而大同効尤動輒嘯聚已而殺主事殺縣官戕方面九鼎之重不幾頓乎四曰夷狄漸強士僭酋驅逐小王子盡有其地志呑西河耀兵甘肅而東胡蹢躅于東海韃靼睩躪于沙漠矣五曰邦本漸搖冗食之征下及鷄豚造織之需下同商賈江淮困於赤旱兗豫苦于剽掠川陝湖南之民罷于軍需竭于祿米銷骨飲恨無復樂生矣六曰人材漸凋呂柟鄒守益等去而館閣空顧清汪俊等去而部院空張

原胡瓊等去而臺諫空間有一二英傑繫籍羈
旅復爲權姦擯錮何繇得通七日言路漸塞從
諛而折人以言臆度而虞人以詐朝進一封暮
投千里甚至三木囊頭九泉含泣誰敢攖鱗逆
耳者八曰邪正漸殽堅白多岐模稜兩可飾六
藝以文奸言假周官而奪漢法王莽匿情于下
士之日安石垢面于入相之初周公孔子誰其
辨之九曰君臣漸睽自大禮議起言人人殊邪
佞相覩巧發奇中至令大臣顧望小臣畏懦趑

趄囁嚅載畏張弧何以取信于九重也十日災異漸臻東南洪水濫溢都城西北赤地亘連千里劇賊猖獗于山東饑殍流離于淮北遼陽軍婦產子二頭無極赤風晝晦如夜未可殫述也

陛下鍾上聖之資秉興王之運何以有此毋亦相臣不得其人之所致乎謂宜亟去之更求應變機神如楊一清木强重厚如石瑶者以爲輔佐庶諸弊可除太平可幾也余珊此疏雖爲閣臣而發然於時事實爲切中庶幾與唐魏徵十漸之

陳後先相映矣至於外僚而敢直諫尤爲不易

得也

聖慶優容尤其幸矣

嘉靖中日本使者宋素卿等借名進貢後先通

同肆掠被緝獲訊問伏誅給事中夏言上言倭

禍起于市舶禮部遂請罷市舶鄭端簡謂當罷

者市舶内臣非市舶也夷中百貨皆中國不可

缺故

祖訓雖絶日本而市舶司不廢蓋以通華夷之情遷

有無之貨收征商之利減戍守之費又以禁海賈抑奸商使利權在上而不在下市舶罷則奸豪內調外通海上無寧日矣然此猶非窮本之論也靖海之道惟當絕番舶嚴海禁而已夷貨非民生衣食所急何謂中國不可缺耶絕之則內外隔而相構之禍無繇生矣夷雖欲窺伺我何可得耶自浙撫朱紈嚴其令而言者紛紛蓋奸民倚貴官聲勢藉販海爲生涯衣冠之盜甚于島夷自朱紈去海禁弛奸民[illegible][illegible]貿易得利

無筭甚且將夷人之財本而盡乾浚之以致夷人不堪侵犯內地徐海汪直輩得藉爲釁端沿海地方受其荼毒貽禍者豈獨市舶內臣已耶近日閩中官民往往狃一時之小利而不計將來之隱禍雖未奉

明旨開洋而託名哨探東西諸洋無處不開不但日本而已民既得利有司官復得稅間被夷人屠僇亦甘心受之地方官槩不之問也此釁恐未有已拔本塞源惟嚴禁之較爲得筭

自古攘外必先安内

國家設兵以禦夷若兵不能捍外而反爲内難則有兵不如無兵矣嘉靖中邊方多警鮮克奏功而兵變屢聞一變于甘肅再變三變于大同四變于遼東皆戕主帥僇平民甚至逼虜要脅旅拒王師當事者狃一時之安姑息懦治不能盡法惟閣臣張璁督臣劉源清謂法在必行而

廟堂終不能决斷所以逆節効尤數變數起其後畱都内地亦因凊餉殺大臣蓋所繇來漸矣至

萬曆中寧夏劉哱之變殺撫臣據堅城勾通北
虜幾有安史之禍幸
朝廷懲前毖後信賞必罰兼設督撫多集邊兵又
文武得人將士無不用命乃能破城却虜殄夷
兇渠告
廟獻俘中外莫不畏威仰德從此邊兵無敢動揺者
垂四十年故曰辟以止辟威克攸濟往事後事
之師也
大臣以道事君不可阿意觀望若小人貪圖富

貴何事不爲

獻皇帝稱皇考

孝宗稱皇伯考

肅皇繼統不繼嗣之說張璁與桂霍諸臣議之詳矣

乃有光祿署丞何淵倡爲

獻皇帝爲今

上自出之帝比周文武宜世祀于

太廟璁等駁之謂淵請祀

獻皇帝于

太廟不知將序

武宗之上歟

武宗之下歟在上則君臣之分不明在下則叔姪之

名不正昔人謂孝子之心無窮制則有限得爲

而不爲與不得爲而爲之均爲不孝别立

禰廟禮之得爲者也臣等昧死勸

皇上爲之入于

太廟禮之不得爲者也臣等昧死願

皇上勿爲下禮部議禮臣席書議與璁等合大學士

費宏石瑶賈詠上言

太廟昭穆相承必繼統者乃得升祔未有繇別廟入祔者此羣臣不敢從濶說也尚書毛紀秦金等及九卿臺省諸臣各上疏力爭俱不報璁等乃

謂書曰

觀德殿規制未備宜

聖心未慊也須別立

世廟不干

太廟尊尊親親並行不悖可也書等遂上議宜于

皇城内擇地别立

世廟不與

太廟並列祭用次日尊親庶爲兩全

上姑從之論者謂永嘉始破爲後之説繼聧入廟之

議盡制盡倫亦云韪矣惜其立廟之議守之弗

確始于大内中于廟旁終于

世廟屢遷就而不能堅致使

上心靡一因人更易後竟納分宜阿諛誕説而崇祀

于

太廟分宜富貴之念與何淵同所謂鄙夫無所不至

也

嘉靖八年張璁在內閣建議裁革天下鎮守內

官

上從之初閹人之禍起于正統出鎮藩方則自景泰

始此輩威權在手侵凌撫按司道莫之敢攖府

縣聽其頤使虐害生靈禍難殫述

先朝亦屢議去之無奈其根株固結賄賂盛行旋罷

旋復終莫能革除時張璁以議禮得

君有意救時乃正言上請賴
肅皇神明獨斷從之百年禍釁一朝頓清
肅皇轉圜之聽永嘉旋乾之功可謂明良合德千載
一時矣其後時異勢殊寖萌寖熾萬曆間以採
榷奉差擾嚷幾徧寓内邇來雖未有鎮守之名
而有監督之命自各邊重地以至漕運鹽法河
道織造諸委孏柄在手威福漸横稷蜂社鼠莫
可誰何蓋緣外廷諸臣鮮能體國奉公稱
上意故近侍得以小忠小信獲託肺腑任使嗚呼安

得救時遇主如張永嘉者以振悚羣僚轉廻
天聽一惟
高皇帝祖訓是遵是守哉
嘉靖九年五月初建四郊命建圜丘于南郊以
祀
天其北爲
皇穹宇建方澤于北郊以祀
地其南爲
皇祗室作朝日壇于東郊以春分祭

日夕月壇于西郊以秋分祭
月初
高皇帝時建圜丘鍾山之陽方丘鍾山之陰分祀
天地至洪武十年感齋居陰雨之應覽京房災異之
說始行合祀禮
成祖遷都北京因仍合祀舊制至是給事中夏言言
古者祀天于圜丘就陽之義祭地于方丘即陰
之義凡以順天地之性審陰陽之位也合祀非
宜又崇樹棟宇以人道事天地行禮不于二至

而槩行之孟春於古制不合宜更議下廷臣會
議尚有異同惟中允廖道南極言分祀方合古
禮合祀非宜弁言朝日夕月分東西古禮可據
當遵是時議者多謂舊制不宜輕變
帝命再議於是張璁復引經摭史條析合祀之非分
祀之是爲郊祀考議上之弁言
太祖
太宗分祀未妥
上乃從其議建四郊其駁夏言前議者皆輸罪郊祀

大典始定其分配之禮嗣亦釐正至今遵行所
謂禮樂百年而後興可謂
熙朝盛事矣
改奉孔子爲先師易像爲主及釐正從祀諸儒
從張璁議也璁修祀典書成因上言孔子有功
德于天下萬世其祀典有未安者臣謹條上請
自
聖裁一謚號不當稱文宣王謂孔子作春秋敢當王
號乎一神主不當用塑像謂近釋典象教也一

籩豆樂舞不當用十二八佾謂孔子嘗譏三家
僭禮非所安也一配享不當以顔曾思孟坐堂
上謂子不可先父食也及從祀諸弟子有當出
入者下禮部議羣臣多以去王爵毁塑像爲不
可編修徐階諍之尤力言孔子王號不必去者
三不可去者五孔廟像祀袞冕章服其來已久
一旦更易恐駭見聞且
祖制不可改
帝覽疏不懌出階爲延平推官再製孔子祀典申説

頒賜廷臣璁復上祀典或問以解羣疑衆議乃定於是改大成至聖文宣王爲至聖先師其配享四子稱復聖宗聖述聖亞聖從祀諸弟子稱先賢左丘明以下稱先儒俱罷公侯伯爵撤像題主以祀而別祀啓聖公叔梁紇以顏無繇曾點孔鯉孟孫氏及程珦朱松蔡元定從祀焉璁之釐正孔門祀典不惟體聖賢之心於九原且垂中正之典於千載自非

聖主酌理從善何能祛相沿陋規徐文貞階時方年

少初學狃於故常見地不及張永嘉遠矣
嘉靖十年春正月享
太廟始正
太祖南向位初
太祖立四親廟
德懿熙仁同宮異廟各南向孟春特享于羣廟餘三
時合祭于
德祖廟戶用昭穆後改建
太廟同堂異室亦各南向昭穆如初罷特享禮至

英宗入祔九廟悉備及
憲廟將祔用禮官言祧
懿祖
孝宗祔祧
熙祖
武宗祔祧
仁祖獨
德祖不祧時享則
太祖

太宗以下俱東西向至是
帝諭張孚敬曰朕欲自今春享奉
太祖居中
太宗而下各居一室昭穆相向其三時亦如之惟季
冬太祫則以
德祖居中
懿祖以下並享
太廟其功臣配享兩廡如舊下閣部議俱如
上諭於是命祠官于廟中設鑾如九廟儀奉

太祖南向而遷
德祖于祧廟不復預時享矣其明年夏又議建
九廟蓋中允廖道南所建白也
上悅下禮部集議禮書夏言上奏昔唐虞五廟夏后
因之殷周皆七廟而祭法王制與劉歆之說不
同朱熹古今廟制引王制天子七廟外爲都宫
内叙昭穆漢不考古諸帝異廟不合都宫不叙
昭穆至東漢明帝恭儉自抑遺命勿别爲廟遂
有同堂異室之制魏晉唐宋皆然我

太祖初立四親廟始爲近古後改建
太廟仍用漢明之制
皇上大釐祀典欲廣建諸廟第
太廟之外地勢有限若稍減規模則
太廟巍然而
羣廟湫隘於禮未安即使廟成
皇上冠冕佩玉循紆曲之途遍歷
羣廟而行奠獻日亦不足矣若謂
羣廟可攝

皇上仁孝誠敬可終歲舉祭止對越
太祖不一至
羣廟乎丘濬謂間日祭一廟此又無據不逼之論似
同堂異室之制爲是可遵行也
上不從曰朕釐正百神祀典獨
太廟不能復古可乎於是禮書惶恐請相度地勢營
造新宫奏聞從之始改建九廟
太祖
太宗不祧昭穆各六弁

世廟而九也竊謂古今之禮代有損益九廟之禮雖
行於今不惟造作煩費行禮亦大不便一日而
祭九廟勢既不能間日而祭所謂事煩則亂亦
爲非禮惟同堂異室之制實爲變通可行蓋人
子事親惟在致敬盡誠豈在煩文縟節叟言前
議雖一時未從竟以天灾變易遵行至今乃知
聖孝格
天神人合符以成一代之令典也
嘉靖十年吏部侍郎唐龍覆刑部郎中李諭疏

謂武王興滅天下歸心成季無後何以勸善故

誠意伯劉基佐

高皇帝定天下運籌帷幄有子房之稱宜與一時佐

命元勳永嗣帶礪今其九世孫指揮瑜應嗣伯

爵

帝從之復以瑜爲誠意伯因命吏部弁錄常遇春李

文忠鄧愈湯和子孫各與侯爵俱世襲報功疇

庸興滅繼絶眞帝王盛事又以李時張璁桂蕚

言革姚廣孝配享謂削髮被緇之人不宜瀆配

廟祀乞移祀于大興隆寺從之然廣孝佐
成祖靖難實有勞勳旣配祀有年一旦移出不無苛
細恐非
文皇帝之意也
嘉靖十六年議征安南時莫登庸篡黎氏自立
朝貢不通大學士夏言與禮兵部臣請討之羣
臣多謂彼中要領未詳師未可出宜
勑邊臣體勘且傳諭登庸如能悔罪輸忠許其款
服戸部侍郎唐冑謂帝王之于夷狄當以不治

治之自安南有內難兩廣遂少邊警自古夷狄
相攻中國之利也不必疲敝中國爲黎氏復仇
廉州知府張岳亦疏爭以爲不可輕發
上竟主討議安南乃交趾郡自漢唐以來俱爲中國
版圖我
朝自宣德年間悖叛討之不能克遂擯爲外夷失
之易而復之難況此時西北多故土木煩興欲
調兵轉餉討之恐無益而有損也宜度外置之
令其朝貢稱臣可耳當以唐胄張岳之議爲長

至十九年命總督毛伯溫調集兩廣閩楚雲南及諸狼土官兵十三萬餘往討之伯溫先馳諭安南士民以興滅繼絶至意其登庸父子能束身來降亦待以不死赴期進發登庸乃留其孫福海監國繫組納款射詣轅門獻所侵諸境土請奉正朔伯溫請

旨許其遣陪臣歲時朝貢夫逆則討之順則撫之庶不失馭夷狄之法然竟不能郡縣其地而所損調集諸費已不貲矣

律有八議刑有三宥
昭聖皇太后
孝宗之后而
武宗之毋也
昭聖有弟張鶴齡延齡憑藉戚畹素驕縱不法
先朝以親故寬之至嘉靖中頗以法裁抑之不無觖
望而
昭聖猶緣故事裁節
章聖

章聖乃

肅皇帝太后也

帝不能平奸人劉東山陰伺其隙恫喝二張兄弟幾

得厚賞未能滿意遂誣二張詛咒怨望盜大内

金錢鉅萬通

慈慶侍人以爲變聞

帝大怒逮鶴齡延齡詔獄按治數月其詛咒大逆事

無左證惟延齡殺人有驗

昭聖以

皇子生爲延齡請赦

帝益怒欲坐以大逆族誅張孚敬上言延齡殺人當抵死坐以族誅於法不可且延齡財虜耳何能爲逆

帝詰責之孚敬對如初乃下法司及諸臣審訊俱如孚敬議刑書聶賢住俸承讞官逮繫又令錦衣衛再訊錦衣指揮王佐具得劉東山恫喝誣罔情狀奏聞東山荷校斃延齡論斬待決鶴齡及諸子侄俱發南京禁錮籍沒財產及秋延齡當

論決孚敬與李時等上言
昭聖皇太后春秋高猝聞延齡誅死能不內慟萬一
不食有它故何以慰
敬皇帝在天之靈耶
帝怒孚敬以去就死生諍之乃得緩死初
帝引漢薄昭事定欲殺延齡夫薄昭殺漢使與延齡
罪不同且
昭聖見在即有死罪亦應在八議三宥之列萬一誅
死傷

太后心於情理俱屬未妥孚敬能引誼力諍可謂知大體能以道事君者矣

初張孚敬議革庶吉士不復選從之至是孚敬去李時請復舊制又從之親命題試于文華殿召庶吉士三十人送翰林院讀中秘書張孚敬之議革不無成心李時之請復應符公道令典也

閣臣楊一清請選教庶吉士官

上曰改選庶吉士命官教習乃

太宗皇帝之制在當時固爲盡善邇來祇爲大臣市
恩無益于國可罷選中外諸臣有學行者吏部
訪奏收入翰林擢用於是吏部方獻夫上言館
閣乃儲材之地賢相名臣多出其中洪武癸丑
命編修張唯等十人入
文華殿肄業以宋濂爲師永樂甲申選進士楊相
等就
文淵閣讀書
列聖相承遵爲故事得人爲多邇來選留不能盡公

教習不能盡職樹恩立黨誠謂無益宜如
聖諭令吏部訪收照缺推補無論中外各衙門俱照
品格選用入翰林員數不得太濫准照原設施
行
上從之畢竟行賄市恩牢不可破旋行旋罷至隆慶
中復行選教庶常舊制六十餘年至崇禎年復
停頗用嘉靖間例要之有治人無治法一法立
百弊生選教庶常與內外各衙門推補雖因時
損益其弊未必能無然斟酌事理則洪武永樂

之制似未可輕變也書曰多聞建事諸葛孔明

曰才須學也學須靜也

國家設鄉會制科經義外又試以論策正欲取其

博通今古資其濟世弘猷所謂多聞方能建事

耳又於制科中選其學問通達者爲庶常設大

臣有品望者以爲館師教習之使之守靜讀書

每月有閣試有館試隨其所作有品第高下撤

館時卽以其高下爲去留所以在館時不得不

專心致志以充學問而豫經濟若以各衙門推

補則既補之後惟有計俸以待陞遷恐未必能
養靜勤學也即
綸扉之地不必盡繇館選而儲才之路貴在豫養
且
國家有大制作又須藉大手筆豈可謂文章無用
而度外置之乎
命按察司官得糾彈巡按御史時張孚敬攝都察
院事申明憲綱巡按得糾彈三司官其巡按官
不職亦許按察司糾彈不得挾私報復及王廷

相爲左都御史掌院事復題如乎敬議從之然
此事終不可行惟當俟巡按事畢回道聽都掌
院從公考覈有不公不法卽行題叅又當
勑吏部從公考察輕則外補重則降革庶幾持斧
之臣不敢倚勢作威無忝巡方之職耳今互相
糾彈之制尚在誰有以按察司論巡按者其勢
然也
時以災異頻仍
勑羣臣修省又

諭輔臣盡言大學士楊一淸上言大略謂應天以實不以文今日之務在省事不在多事在守法不在變法在安靜不在紛更此三言者在
世廟時尤爲救時藥石可謂大臣以道事君矣
上嘉納之使其言果盡實見施行其有裨
中興之業不小矣
張璁桂蕚方獻夫攝三法司讞叛囚李福達獄釋之論御史馬錄永戍邊其三法司弁科道等官得罪戍謫有差李福達者山西人世爲白社

妖術反叛作賊擾害地方巡按御史馬錄拏獲問罪後脫逃至京變姓名爲山人以妖術事武定侯郭勛甚暱事發科道諸臣論劾并言勛當連坐勛上疏自白并言福達之寃

上命多官會訊屢訊屢疑三法司顏頤壽等力諍

上乃命桂蕚署刑部張璁署都察院方獻夫署大理寺先是議大禮時武定頗左袒張桂等至是張璁桂蕚方獻夫承命逮馬錄等于闕廷榜掠備至錄不勝五毒乃自誣服挾私故入人罪璁等

以聞遂釋福達馬錄初擬坐死璁力解之得免永戍邊方其三法司顏頤壽等科道劉琦姚鳳鳴等俱下詔獄謫戍一時縉紳得禍甚慘李福達獄成已有

旨待決乃臺諫法司諸臣必欲重坐武定以致

上心惆疑張桂諸人不平遂有翻案之事夫武定匿庇福達不過信其妖術何嘗有不軌逆謀乃諸臣必欲借此以罪武定置之重典不無已甚旋乃自及亦其自取也

王守仁有平逆藩大功又克殄瀧頭桶岡諸盜撫定田州思恩諸苗勳績懋著其學問以致良知爲主頗有是陸非朱之議然亦非有得罪孔門桂蕚爲吏部尚書訾其事不師古言不稱先王平賊而縱殺報捷而誇張請禁其學術罷其世爵

上雖從其言其後新建之封竟許世襲從公論也嗚呼世之爲人臣者初以建白遭斥後以戡亂樹勳武緯文經殫忠報國如新建者有幾人乃欲

吹毛求訾窮詬索班桂蕚一何甚也幸其處
綸扉不久而歿不者娟嫉之禍未有已也
嘉靖初議大禮諸臣俱有學問幹材然名位之
念太重同異之見太分如罷黜楊廷和毛澄等
此自
世廟獨斷其後復排費宏楊一清胡世寧等皆一時
名臣至於論議符合如張璁桂蕚方獻夫亦互
相齟齬及夏言建四郊親蠶之議稱旨而霍韜
亦欲齮齕之一何憸忮之甚也先爲議論矛盾

後爲娟嫉氷炭當是一時風尚使然其後貴溪
與分宜同在政府分宜旣中貴溪以陰禍亦不
免於覆家殄嗣富貴何在機穽何益祇足供後
人一噱也
御史楊爵上言失人心致危亂五事天下之患
莫大乎以危爲安往歲夏秋不雨入冬微雪憂
旱之切遠近所同而在廷諸臣如夏言輩乃以
爲瑞雪而稱頌之欺天罔人不亦甚乎無體國
之誠心而處人臣之極位所謂小人而乘君子

之器也又如翊國公郭勛中外皆知其稔惡而
使之柄用肆毒國家之禍未有已也此任用匪
人失人心而致危亂者一也人君奉
天子民當使之各得其所今饑民顛連無告委命溝
壑而土木之工十年不止邇又連委部臣遠建
雷壇朘民膏血民何以堪此結怨天下足以失
人心而致危亂者二也唐虞三代君臣每以都
俞吁咈交相儆戒數年以來
朝儀間鈌

經筵廢講蔡辭莫得一睹
聖容敷奏莫得一聆
天語堂陛隔絕自古所無此失人心而致危亂者三
也執左道以惑衆聖王所必誅今異言異服充
滿禁近金紫赤紱寵賁方術加以保傅之銜假
以論思之任名器之濫甚矣
皇上聖德天縱若遠宗帝道近守
祖法自然和氣致祥
玄穹垂祐何藉此輩祈福耶此失人心而致危亂者

四也臣聞主聖則臣直若震之以天威加之以
危禍如往年楊最言出而身死近日羅洪先等
亦以言罷斥恐忠藎杜口邪佞得志廟謨國計
誰復爲
陛下敷陳者此失人心而致危亂者五也
上覽疏震怒逮繫詔獄此嘉靖二十年正月事也此
疏眞切中時事關係主德惜乎言不見聽禁錮
圜扉是時太白經天
九廟焚燬災異極矣其亦人事之所致乎

戶部主事周天佐應

詔陳言略曰

陛下以

宗廟災變痛自脩省凡政事闕失許各衙門條陳蓋示人以言未若示人以政求言之切乃示人以言耳而御史楊爵之獄未釋是未示人以政也

國家置言官以言爲職楊爵所言之事惟以過直犯怒誠可矜察而爵今在獄已經數月且

聖怒之下一則曰小人一則曰囚犯以盡言極諫

爲小人則緘默逢迎之君子不難也以奉直納
忠爲囚犯又孰不爲容悅寡過之臣哉言行君
子之所以動天地也人君一喜一怒
上帝臨之
陛下試一思焉其所以怒爵而罪之者果合於天心
否耶昔人謂雷霆之所摧折萬鈞之所覆壓者
爵既遭矣身非木石命且不測萬一先朝露而
隕是使諍臣飲恨直士寒心楊爵一身之利害
不足深惜而所關係

聖德之損益不細也疏上杖六十下鎮撫司
御史浦鋐時廵按陝西聞楊爵建言下獄疏言
近見給事高時疏劾郭勛
陛下嘉其讜言加俸一級逮勛于理天下快心臣聞
楊爵春初所奏首劾勛罪
陛下蓋因爵之言行時之疏見之真而後發也臣原
不知爵爲何如人今按部至富平覈其生平父
亡而掛冠養母母逝而廬墓輿思足跡不濡于
城市請謁不通于郡邑稍

陛下錄用而輸忠陳諫乃移事親之孝而爲事君之
忠者也今時既蒙嘉爵亦當宥庶開納諫之門
作敢言之氣孰不效忠思奮以贊太平之業乎
上怒遣官較逮繫詔獄爵與天佐鋐皆觸諱直言盡
忠報
國雖委命圜扉而忠肝義膽九死不移與楊繼盛
徐學詩等至今馨人齒頰眞足光千秋史筆矣

野紀矇搜

六

終

野紀矇搜卷之十一

光祿大夫柱國太子太傅禮部尚書兼翰林院學士臣黄汝良編輯

虜既内犯京師戒嚴乃爲嫚書求入貢初虜掠近畿執御廄内臣去不之殺遣齎書還奏言欲歲以三千人入貢許之卽緩兵不則益兵破城帝召大學士嚴嵩李本禮部尚書徐階對便殿因出虜書示之命集廷臣議通貢可否禮部陳筆札令廷臣各書所見以俟上裁羣臣相顧莫敢發司業趙貞吉抗言曰此不必

問恐後生懦夫闇不解事萬一多言可許以三
千人入城恐烏蠻驛中莫能容也且虜肆深入
震驚
宮闕乃不務驅逐而畏其恫喝許之入貢此與春
秋城下盟何異斷不可許檢討毛起謂時事孔
棘宜暫許之要使出塞而後拒之貞吉力叱起
於是羣臣俱以爲不可許奏入乃止
上復名貞吉令疏所欲言貞吉上言
陛下宜御奉天門下詔罪己追奬故都督周尚文功

賜祠錄後赦給事中沈束罪以作人心且曰士卒不力殺虜者以主將冐其首功耳誠令得首功一予百金不過捐金數萬虜且盡矣奏上大學士嵩請即命貞吉齎金出城以市虜首

帝從之擢貞吉左諭德兼監察御史予金五萬兩稱

詔出城宣諭比至大同行營總兵仇鸞曰吾軍追近虜安能頓貯多金不之納貞吉無所施其宣諭乃齎金還報嵩謂貞吉狂誕且追論其申理周尚文沈束非是

上怒命杖九十謫爲茘浦縣典史蓋嵩原意主許貢
又怒其救沈束故以此搆陷之也
嘉靖二十六年議修復河套總督邊臣曾銑所
建白也河套古朔方地善水草虜據之富强得
利屢肆侵暴銑會同陜西延綏寧夏廵撫謝蘭
楊守謙王邦瑞及三鎮總兵官條上復套逐虜
方略及營陣八圖河套輿地圖以獻得
旨覽奏具見忠略朕心嘉與下兵部廷臣議議上謂
銑前後所陳俱可施行

帝曰虜據河套爲國家患朕懷宵旰久矣念無任事
之臣今銑條上方略卿等既已詳酌卽會多官
協謀以圖廓清時夏言在閣爲首揆所擬
旨也既而言與嚴嵩相忤嵩欲得言位處乃嗾錦
衣陸炳邊帥仇鸞協謀疏論銑開邊啓釁言從
中主之淆亂國是大誤邊計以致虜騎屢犯封
疆

上命廷臣集議於是吏部尚書聞淵禮部尚書費寀
左都御史屠僑等皆謂言位居元輔政本攸關

凡國家機宜當熟計利便況復套大事乃輕信
曾銑之謬擬
旨必行任意徇情罪不容逭
上怒奪言師傅官以禮書致仕歸至中途名詣詔獄
與銑俱論死夫河套既爲西陲要地復套誠爲
安邊長策曾銑既自任可克委任責成可也即
謂時詘未可舉盈
勑令養威蓄銳待時而發可也何至今日嘉其可
行明日責以大罪且未有喪師失律之僫遽令

慘死西市此後誰敢爲國家任事乎緣嵩既與言勢位相傾銑又論劾桀譎奸弁陸炳仇鸞等奸輔强弁相爲表裏使任事之臣駢首就僇寃矣寃矣初嚴嵩入閣時先後灾異叠見連年日食既京師地震熒惑犯南斗

九廟焚燬陝西山崩兩路分馳大同女化爲男此皆陰盛陽微奸邪得志之象

天告之矣

夏桂洲言嚴介溪嵩二人皆嘉靖幹用輔臣也

桂洲剛愎忮懻未能爲中行之君子介溪貪婪
阿諛近於無恥之小人矣二人皆以議禮稱
上意致通顯言初議建
四郊於與禮爲允比在政府主討安南復河套雖未
能度時揆勢可謂有志之士至於糾論陸炳仇
鸞等手裁凛凛不畏強禦亦從封疆起見也
上時崇尚玄教久居西内言不時入直賜以香葉冠
皮帛履言又不受
上怒遂降諭斥去之此時當見險而止矣及再召入

闕又復以首揆倨傲分宜竟以主復河套事棄西市何其見幾之弗哲也嵩建祔

廟之議意在希

旨得大位既遂所欲輒貪黷無厭爲禮書時已納譯字生賄爲時論所攻及入政府寵賂滋章作福作威無所不至凡咈其意者輒陷之阱中如殺害楊繼盛楊爵沈鍊徐學詩王宗茂等幾無人理矣其子世蕃貪縱尤甚言欲疏糾之嵩率其子詣言俯伏跪涕乞免言疏雖不果上然恨之

刺骨矣後竟以復河套事讒言擬

旨處極法一何甚也後䅘惡上聞斥罷籍沒其家

富累鉅萬惡孽世蕃遣戍私逃伏誅跡嵩行事

與前代李林甫秦檜殆相伯仲得全首領幸矣

二人俱不得令終然品第雌黃想千載自有公

論也

時議修大同邊垣督撫樊繼祖龍大有皆持議

不決兵部覆言大同地方

祖宗朝既設外邊復設次邊所以界限華夷尺寸皆

金湯之地也今圮壞年久醜虜竊據不知恢復
何日昔河套棄而陝右多事西海棄而甘州多
事大寧棄而薊州多事三岔河棄而遼東多事
懲前慮後乃知兩邊修築誠爲便計然地廣瀾
此時公私匱竭實難爲力幸惟
聖裁
上曰修築邊垣乃防禦要務但去歲醜虜深入得利
兹秋計必復來宜以整兵防禦爲急脩築姑暫
停止自古禦夷長策多藉邊垣然自强尤在選

將練兵不獨邊牆爲足恃也唐張仁愿築三受降城而制虜趙武靈王胡服騎射而逐胡惟量力而爲之若秦始皇築長城以捍外而釁自內生疲敝中國以爲亂階非計之得也

世廟神斷洞燭古今筭無遺策矣

是時建仁壽宫及諸離宫

上用方士陶仲文等言欲脩養靜攝

諭禮臣權命

東宫監國太僕卿楊最聞諭即上言

聖諭何爲至此不過信方士言欲假養生脩煉延壽
成儒耳夫堯舜性之湯武身之當時豈無儒豈
不知學儒以儒不可學也孔子謂老子猶龍龍
卽儒也孔子非不知老子之爲儒然未聞學儒
於老子亦以其不可學也臣聞諭期期不敢奉
詔伏望
皇上端拱穆清恭默思道以純心格天心不邇聲色
保復元陽不求儒而自儒不期壽而萬有千歲
矣黃白之術金丹之藥恐傷元氣戕天和不可

服用至於監國重事自有大臣及臺諫官主議
陛下自有定裁臣不敢及
上覽疏大怒逮繫鎮撫司考訊久之死獄中寃矣寃
矣似此大事關係
聖躬國脉當時諸大臣及臺諫何在並無一言匡正
至直臣下詔獄亦不聞一言申救以至寃斃何
阿諛畏威乃爾亦可慨矣夫
武定侯郭勛借條陳疏請復鎮守内臣革監收
錢糧科道官下部臣議吏部許讚户部李定相

刑部唐龍工部溫仁和俱謂勛言體國愛民爲
必可行惟兵部尚書張瓚侍郎林富都御史黄
鍾劉天和及科道汪淵張潤身等抗言内臣鎮
守饕餮殘酷剝喪元元且原非
祖制
皇上即位之初明詔凡織造燒造及内地邊關鎮守
内臣盡革還京旣有
明旨茲未敢輕議
旨下鎮守内臣姑暫選用其監收科道官令革去

初鎮守之用內臣蓋緣外廷諸臣多不能奉公
恪職故暫用內臣監視不知外廷縉紳雖間有
不類然猶畏王法顧公論未若內臣決裂之甚
若內臣一獲柄用怙寵擅權何所不至成化正
德及萬曆間採榷之使可鑒矣郭勛武臣阿諛
逼內固不足責乃許讚唐龍溫仁和李定相等
身爲大臣此何事也而可觀望奉迎誤
朝廷反汗違
祖制貽害於將來乎其視張瓚林富黃鍾劉天和及

科道張潤身汪淵等人品大相逕庭矣其後郭
勛竟以驕縱不法身陷大辟毋亦
祖宗神靈嘿鑒其誤國罪愆乎
嘉靖庚戌夏北虜俺荅入寇大同總兵官張達
及副總林春奮勇擊虜俱死之其秋復入薊州
塞遂逼通州大掠密雲三河昌平諸處進薄都
城無敢攖其鋒者焚掠甚慘
上於禁中望見烟火時諸中貴園墅被焚諸中貴泣
訴於

上時久不視朝及聞警報始出
御殿乃命文武大臣分守都城九門及四隅又召
各鎮兵勤王於是武寧侯仇鸞以大同兵至都
御史楊守謙以保定兵至巳而河間宣府山西
遼陽延綏諸將兵先後至凡七鎮兵五萬合京
營及召募義勇兵巳十五萬餘矣虜騎多不過
一二萬多寡之勢旣殊主客之形亦異惟是兵
非素練將不得人竟不敢向虜發一矢任其殺
掠畿甸震驚

陵寢先旣不能禦其衝突後又不能擊其惰歸虜得
飽颺而去且糧餉不給致令援兵譁攘剽刦村
落民苦之尤甚於虜本兵丁汝夔又禁諸將勿
輕戰楊守謙等從之於是中外益歸罪汝夔比
虜出口
上乃命逮汝夔及守謙下詔獄誅之戸書李士翺削
籍爲民邊撫王儀羅希韓王汝孝郭宗臯陳燿
等謫戍有差諸臣守備不設謀國失機爲法受
惡宜也然當時以仇鸞爲大將總勤王之師而

鸞巧於窺避虜在城下而佯言遠出擊虜以自
脫卸又縱兵肆掠用賄通虜其罪更浮於守謙
得免死幸也時首輔嚴嵩秉國十年殊無急公
之誼日侍
上於西内惟是修經誦玄祝壽祈福以阿諛取寵至
於進用人材惟憑納賄以致文武失職尤不忠
之甚者運籌帷幄何爲平章軍國何事覆餗負
乘其罪尤不可勝誅矣
初虜入犯抵城下大司馬丁汝夔問計于大學

士嚴嵩嵩曰此非邊地比戰敗不可掩也莫若按兵勿動虜飽當自去故汝夔下令勿戰及被逮求居間于嵩嵩恐汝夔露前畫紿曰毋慮吾能爲之地汝夔亦信嵩有回天力安之不自辯臨刑乃大呼曰賊嵩誤我遂與守謙皆以怯懦不戰棄市嵩之誤國禍人皆此類也

中國馭夷狄要以戰守自強爲上策順則撫之逆則討之不則戰既不克撫乃示弱無一可者也虜自庚戌入犯當時封疆不能修備中國情

形已爲虜所窺見其明年乃與虜通馬市從提督京營武寧侯仇鸞計也初鸞不務自强巧於支飾聲言北伐內實畏虜密遣所親時義結俺荅義子脫脫使以貢馬乞互市爲請俺荅利我貨幣請乞通市

上命廷臣會議鸞力主之羣臣不敢異同乃起兵部侍郎史道爲開府總理市事道至宣大虜以羸馬多索價直弗亍輒大譁大同市則寇宣府宣府市則寇大同甚者朝市暮寇幣未出境而警

報隨至并所得羸馬掠之去矣虜衆日往來城外訊之輒以貢市爲詞將士不敢拒虜復請市于遼東遼東撫臣極言其不便事得寢於是科道李逢等交章言虜一月之内已三入寇與互市情實相左乞勅鎮廵等官多方備禦一意戰守勿墮狡計下兵部議尚書趙錦覆奏自古禦戎之道戰守爲上覊縻終非長策今開市甫畢而虜寇三入防微杜漸誠宜審處

上乃命總督官偵探備禦仍嚴私通之禁佻鸞見言

官爭論慮禍及密疏請止之乃罷馬市有敢復
請者論死史道亦罷歸幸本兵之運籌
世廟之獨斷不者夷禍未有已也
時議征虜國計告乏令廷臣會議或欲徵歷歲
逋負或欲加賦斂于民給事中劉體乾疏言近
日北虜陸梁
陛下赫然震怒欲大舉撻伐令諸臣會議軍儲諸臣
爲一切不得巳之計用佐經費臣聞蘇軾有言
豐財之法惟在去其害財者臣謂今害財之大

者有二華冗吏清冗費乃當今理財第一義也
我
朝自成化五年武職已逾八萬合文職蓋十萬餘
矣今邊功之陞授勲貴之傳請不知其幾是武
職不止八萬也各衙門之添設大臣之恩蔭不
知其幾是合文職又不止十萬也成化時視洪
武爲冗今視成化時尤冗遠視宋之官制三萬
四千員唐制一萬八千員漢制七千五百員又
不啻倍蓰矣文武官制外如奄宦之收入漸廣

錦衣之充選漸多中書等衙門帶俸漸濫與夫
禮部之譯字生鴻臚寺之通事序班光祿寺之
厨役神樂觀之樂舞生各監局之勇士匠人及
大工陞除狐假猿攀尤不能悉數蓋已萬萬于
祖制矣乞勅各衙門清查節省祿俸無筭所謂華冗
吏者此也又聞嘉靖元年至十五年光祿寺積
剩銀尚有八十萬自二十一年以來供應日增
餘銀頓盡其本寺進御膳蔬果初無定額惟以
內監片紙據數供納內監官乾沒輒以所進器

之行户所以前後多寡頓異者内官之滲漏冐破也其供應各衙門侵盜尤多乞勅禮部再三酌議著爲令典年終遣科道官查覈所謂革冗費者此也二冗既革國計自然有餘何患軍興乏儲哉疏入不報此疏以與内官有碍也不惟有裨一時軍儲且關足國長計惜乎言之不用也

嘉靖三十四年春以南京兵部尚書張經總制南畿浙福等處七省經略備倭以經嘗總督兩

廣素有威望爲東南所懷服時將名狼土兵征倭故特用之令得便宜從事自置幕僚經亦忼慨自負謂島寇不足平會經初至諸將士未盡協心狃於積習數有敗衂其後申嚴紀律將士莫不用命所徵狼土兵俱至兵威大振時侍郎趙文華奉命視師乃嚴嵩私人也挾嵩氣燄頤指凌經經自以經制大臣儼然倨其上不爲屈文華恚連疏劾經謂其材足辦賊第以家在閩恐賊仇恨犯閩故觀望縱賊臺諫亦有附會之

者

上大怒遣官較逮捕時經巳大集主客兵其夏四月

遂大破倭于嘉興之王江涇斬首二千餘級擒

獲及溺水死者無筭事聞兵科奏乞留經自效

以平餘寇不聽并撫臣李天寵俱逮至京考訊

以縱賊論死夫用人當委任以責成功勝敗兵

家之常何初以才略而用之旋以小衂而逮之

及大功既奏即逮亦當貰之以責其成可也何

至爲讒邪所中竟死西市將何以勵邊臣而收

長子之績乎文華嵩不足言也當時猶有李本徐階在政府聶豹楊溥在本兵如此勸懲大事關係封疆不小何嘿嘿無一言救正乎其後王忬亦屢建邊功竟爲權奸睚眦所中罹極典與此正同可謂才臣一時刼運也所幸公論不泯猶得身後昭雪垂光千秋史筆權奸害人秖自作業障耳

時分宜操國源頭不淸無論小臣即公卿大臣但知阿附權勢幾不知廉耻爲何物初咸寧侯

仇鸞結交近侍與首揆相爲表裡氣燄薰天往往通虜冒功得我叛卒及偵虜數人叙功晉位至師傅佩大將印總統内外兵權諸閣臣本兵俱藉以陞賞蔭子諸邊任虜出入殘害封疆無爲

朝廷言者及鸞甫病死都督陸炳獲其厮養時義等三人爲欲出塞降虜乃盡發鸞通虜亂政諸罪狀下法司會訊法司具讞稱鸞久蓄異志交通桀虜殘毒生民震驚畿甸事干謀逆宜正國

典應剖棺戮尸梟示以爲人臣不忠之戒家屬
流竄時義等俱處斬
上從之仍詔告天下暴鸞罪惡當鸞得志時何無一
人發其罪且稱功頌德比鸞死肉未寒乃稱其
惡逆置之極典何頃刻功罪相懸如此又兵部
侍郎恊理戎政蔣應奎附其子名姓于鸞兵籍
中通政使唐國相以其子爲鸞廝養卒俱冐首
功授武職世廕至是乃爲言官糾劾乞加按治
上怒命廷杖各四十削籍其子命按臣收鞫應奎死

杖下當時大臣廉耻掃地如此蓋風尚使然可
駭亦可悲矣
逮繫兵部員外楊繼盛詔獄論死初繼盛議阻
馬市爲嚴嵩仇鸞所憾被謫及馬市罷革仇鸞
敗誅嵩欲收人望再遷繼盛兵部武選繼盛忿
嵩奸巧乃上疏論嵩謂今
國家大事未有急于討賊者然外賊惟虜内賊惟
嵩未有内賊不去外賊可除者嵩之罪惡沈鍊
徐學詩王宗茂等論之已詳然猶其貪汚小小

者耳臣敢以嵩之顓政叛君十大罪爲

陛下陳之

太祖罷中書丞相計至深遠嵩爲輔臣儼然以丞相

自居此壞

祖宗成法罪一權者人君馭下之具不可一日移嵩

以擬

旨自任竊弄威福羣下畏嵩甚於畏

陛下此竊君上大權罪二善則稱君過則稱巳人臣

之常道也今

陛下有一善嵩必令子播衆以爲成之自我此掩
君上之治功罪三
陛下命嵩擬旨嵩命子世蕃約義子趙文華會署之
屢更數手機密漏泄此縱奸子之僭竊罪四嵩
欲其孫冒邊功先以外姪歐陽必進總督兩廣
姻家平江伯陳圭爲總兵鄉人御史黃如桂爲
巡按朋奸比周妄奏捷功長孫嚴效忠次孫嚴
鵠並陞授錦衣必進圭如桂俱得榮擢此冒
朝廷軍功罪五逆鸞總兵甘肅以貪虐論革世蕃

受鸞金三千指授兵部薦爲大將及鸞冐恰丹
兒軍功世蕃父子亦藉以陞蔭後知
陛下疑鸞始加排謗以掩初跡此引悖逆之奸臣罪
六虜騎内犯尚書丁汝夔問計于嵩嵩教以勿
戰恐敗不可掩及汝夔逮治求嵩居間嵩曰無
恐吾密疏保若矣汝夔臨刑方知爲嵩所紿此
悞國家軍機罪七黜陟者人君大柄非臣下所
得私郎中徐學詩以劾嵩奪官矣及大計又廹
吏部并黜其兄中舍給事中厲汝進以劾嵩謫

典史矣及大計復追吏部將汝進削籍其中外
諸臣受其中傷者何可勝數此專黜陟之大柄
罪八嵩旣專擅吏兵二部惟其指使文武遷除
惟以賄之多寡爲低昂故將官多朘削士卒而
行伍失所有司皆刻削下民而百姓流離怨恨
載途人人思亂此失天下之人心罪九嵩諂諛
以欺
上貪汚以率下一人貪戾寓內成風以守法紀爲固
滯巧彌縫爲膚敏勵廉介爲矯激工奔走爲練

達卑諂阿附牢不可破壞天下之風俗罪十嵩
有十大罪而
陛下不知者以有五奸爲之地耳結納
陛下之近侍一言一動無不闗白凡
聖意之愛憎嵩皆預知以得遂其奉迎是
陛下之左右皆賊嵩之間諜奸一也以趙文華爲通
政使凡疏到必送副封與嵩先閱預爲彌縫凡
劾嵩之疏文華皆停留而後上故嵩得輾轉摭
拾之是

陛下之納言皆賊嵩之鷹犬奸二也嵩畏緹騎之緝
聞令子世蕃結姻緹帥以遂其掩飾之計是
陛下之爪牙皆賊嵩之爪葛奸三也嵩又畏臺諫彈
糾凡進士初選非出門下者不得爲中書行人
其推知非通賄軟熟者不得預行取既得臺諫
來拜謁則留飲出差則餞遺所有愛憎則授意
論列其緘默無建白者計俸擢置華顯故諸言
官寧負
陛下不忍忤權臣是

陛下之耳目皆賊嵩之奴僕奸四也嵩又懼部臣如
徐學詩者得議其後乃令子世蕃羅其有才望
者結納之訪其介直者斥逐之連絡依附合爲
一黨是
陛下之臣工皆賊嵩之心腹奸五也嵩之十罪賴五
奸以掩覆五奸一破十罪立見
陛下聽臣之言察嵩之惡或名問
二王令其面陳嵩罪或詢諸閣臣諭以勿畏嵩威
重則置之憲典以正國法輕則着令致仕以全

國體賊臣既去豪傑必來卽繫俺荅之首易易

耳疏入

上大怒命繫錦衣獄詰問何自引

二王繼盛曰非

二王誰不憚嵩者且

二王家事寧不慮爲嵩敗耶錦衣上其語令杖一

百血肉淋漓下刑部擬罪尚書何鰲受嵩指論

繼盛詐傳

親王令旨律絞郎中史朝賓持不可嵩聞之謫史

外任侍郎王學益贊鰲具獄彝遷一級繼盛竟
死西市
二王一語何關令旨而以是抵極法寃慘寃慘自
此奸嵩手滑楊允繩沈鍊並遭慘比嵩之毒害
忠良何鰲王學益之媢權慘殺雖幸免一時能
無地獄果報乎
故中允郭希顔以大計出補兩浙運副旋革職
家居十餘年至是上疏請建儲曰臣往歲恭讀
聖諭欲建帝立儲臣謂立儲難莫若安儲難何者君

臣相信則儲安兄弟相保則儲安父子相體則
儲安相信有道釋疑是也近日論首揆嚴嵩者
請詢
二王以正嵩罪臣恐上下不能無疑須諭嵩以盡
忠匡濟復諭
二王以師保是依兩無猜嫌則君臣相信而儲可
安也相保有道分封是也
二王親則
皇上之子也智與年長則崇高所共欲封不預防則

讒隙所繇萌故幼而暱就膝下所以篤恩長而
出就藩封所以强本宜及時
勑分封者就國優其寵數則兄弟相保而儲可安
也相體有道總攬是也今四郊多壘一日萬幾
皇上神謨獨運太平自可立致宜令
儲位親就儒賢涵養冲質分封之典既定留京之
意已明順天人而議
冊立惟在渙綸間耳則父子相體而儲可安也
上覽疏大怒謂建帝字爲妖言嚴嵩擬旨從㞟遂比

妖言律斬傳首天下命下中外莫不稱究而未
知其禍所從來也郭希顏在詞林見議禮諸臣
多驟致尊顯後又見嚴嵩建議欲奉
興獻帝祔
廟稱宗
上喜行其言嵩遜禮書得大拜希顏覬覦益熾乃建
白欲黜
孝武二廟不與
九廟之數而以

睿考按
憲廟其議不行公論薄之旋以大計罷斥良讀
世廟實錄見此殊爲切齒夫
孝武二帝承
列聖統緒君臨天下三十餘載乃敢妄議變易以希
富貴不惟
孝武二帝震怒欲殛之即
二祖列聖在天之靈亦欲褫其魄矣後知得罪于公
論乃復議建儲以冀徼福于後來

世廟之處以重法亦鑒其心術之弗端也天下徒知其以建儲忠言受禍後來言官爲之請謚蓋哀其議建儲之爲忠而未考實錄不知其議革廟之爲大不道大不忠也

嘉靖四十一年五月嚴嵩罷致仕繫其子世蕃詔獄明年春嵩削籍爲民世蕃棄市籍沒其家

初嵩見張璁夏言以議禮驟貴乃從臾興獻帝稱宗祔太廟

上從之自是眷遇日隆人言不復入遂登政府居首
揆十餘年間專權恣睢無所不至自徐學詩王
宗茂謫而縉紳側目楊繼盛沈鍊死而言官屏
息吳時來張翀董傳策戍邊而朝野搖首箝口
無復敢指摘者嵩善結納近侍偵
大內意旨
上所欲爲無不知之巧爲奉迎以固寵位
上晚年好玄祀言者嘖嘖嵩獨依阿澒涊曲爲將順
屢撰青詞奉壇宇賜以香葉巾皮帛履唯唯從

命同諸中貴拜起故眷注久不衰又與其子世
蕃義子趙文華輩倚勢作威慘害諸大臣夏言
曾銑張經王忬等中外切齒世蕃以任子官至
工部侍郎鬻官納賄公行無忌
上亦微知之以嵩久侍西內故未即發至是御史鄒
應龍疏劾世蕃數其通賂敗類諸惡狀乞置于
理因及嵩縱子橫肆植黨蔽賢乞加斥罰且曰
如臣言不實願斬臣首懸之藁竿以謝世蕃父
子

上覽之心動乃降旨曰嵩力贊玄修壽君愛國亦既多年卻縱逆子言聽計從不復思朕優眷特命致仕世蕃等各犯命錦衣衛逮赴鎮撫司考訊鄒應龍盡忠言事令部議優陞既而世蕃問戍雷州行至南雄逃還巡按御史林潤以聞命潤收逮至京潤復檄袁州府悉覈世蕃父子居鄉罪惡其貪酷橫恣世間所無潤乃具疏極言其窮凶作逆宜盡法究治乃下法司鞫訊論世蕃處斬奏上

上曰奏內不言逆本是何法制命削嵩籍爲民斬世蕃于西市籍沒其家得金銀二百餘萬兩其奇寶異珍逾于天府亡何嵩寄食故宅以死嵩父子既殄正人漸進讜論漸開此

國家撥亂反正之關而世道轉否爲泰之會也跡嵩生平窮工極巧以獵富貴而保榮華顧工巧有時而窮華貴竟歸何處既貽謗於生前復叢醜於身後所謂大巧成拙徼榮反辱者其嵩之謂乎世之爲大臣者未可以一時得志而罔顧

清議也

嘉靖四十四年冬逮繫戶部主事海瑞于詔獄

初瑞爲知縣發都御史鄢中贓過縣境者以剛

正動一時至是爲戶部主事抗疏陳言大略謂

陛下初年剷除積弊與天下更始乃勵精未幾妄念

頓生謂長生可得一意修玄竭澤脂膏侈興土

木二十餘年不視朝政法紀弛矣數行推廣事

例名器濫矣二王不相見人以爲薄于父子以

猜疑僇辱臣下人以爲薄于君臣樂西苑而不

返人以爲薄于夫婦賦役煩增萬方懸罄天下之人不直

陛下久矣內外臣工知之而諱言乃修齋建醮相率進香天桃天藥相率表賀興建宮室工部極力經營買香市璧戶部差求四出

陛下誤爲之諸臣誤順之無一人正言者諛之甚也然

陛下之誤大端在玄修玄修將以求長生也堯舜禹湯文武之聖未有能永世不終者卽方外之士

亦未有歷漢唐宋而長存者

陛下師事陶仲文仲文則已死矣至於天桃天藥怪

妄尤甚玄修之無益可知矣

陛下翻然悔悟日視

正朝宰輔九卿侍從臺諫相與講求天下利害洗

數十年君道之誤置其身于堯舜禹湯文武之

域使其臣亦洗數十年阿君之耻置其身于臯

夔伊傅之列明良喜起都俞吁咈民物熙洽薰

爲太和道與

天通命繇我立

陛下性分中自有眞壽矣疏入

上大怒下瑞詔獄因欲議內禪

諭輔臣曰今人恨不見新政如瑞所言是也朕今

久病安能視事惟傳位爲上計擬

旨行之階對謂瑞誠狂妄然未嘗敢言及傳繼臣

等不敢聞命

上復諭曰朕仰承天眷不自謹惜致此病弱如能馭

政豈受此人詬詈也此不可與並處階對臣聞

主聖則臣直瑞誠不可與並處惟
聖度如天地無所不受能容所難容然後見所容之
大也
上曰朕謂不可並處者謂有
君御世尊無二上宜別于南京建一
宮宇居朕豈謂瑞耶偕言此天下古今必無之事
臣等萬萬不敢聞命乃止無何刑部擬瑞子罵
父律待時處決讀瑞此疏根極理道切中時幾
況當楊繼盛沈鍊等殺身之後乃敢犯顏直諫

置死生於度外眞乾坤正氣偉男子也閹臣旣
稱王聖臣直竟不能執諍串救至法司比之子
罵父律擬置極法此何律乎乃秦時直言毀謗
之律也或云此時
上疾已大漸若從末減必即時受僇不如緩繫之以
需後命旣而
世廟升遐得以
遺詔蒙恩所謂死之實所以生之也天下事惟當
信理而行後來事不可知阿意殺忠直豈大臣

以道事君之誼哉

嘉靖末年久居西内黑氛屢見變幻殊狀或言

宮孽之作繇殺方士藍道行逮繫藍田玉胡大

順等所致道行初以方術煉藥蠱惑

聖聰藍廷玉胡大順踵其故智竟以事敗論死者也

或言宮孽之作繇壬寅枉死者所爲謂壬寅歲

上幸一宮妃酣寢有宮婢作逆持刃謀弑傷及

聖體

上驚悸未醒

中宮急收宮婢誅之并殺
宮妃妃實不知
上覺憐其寃然已無及矣
上以問首揆徐階宮孽作祟豈繇此二事耶階對曰
藍胡輩妖妄小人原附世蕃干進製造白鉛其
意叵測詐傳密旨罪惡尤深亟宜速斷以銷隱
憂其謂壬寅
宮中枉死者此却有見古者一婦含寃三年不雨
彼旣生爲貴近歿受黑寃能不爲厲耶但事在

禁掖非臣等所知惟
陛下察之
上從其言置藍胡等于理徐華亭此言可謂正論然
未盡也當時直言極諫之士死圜扉斃杖下棄
尸西市讁戍瘴鄉者比比其鬱抑沉霾之氣欲
叩
帝閽而訴寃枉者何限寧惟一
宮妃哉昔萇弘之血化而爲碧子胥之魂激而爲
浪黑氣宮孽未必非此所致何知下詔罪已理

枉俾寃庶幾鬼神昭鑒災眚可消乃華亭知之而不言言之而未盡豈坐論之臣不宜顯評抑亦得失之念未免關懷耶千載之下不能不致春秋責備之意也

自奸輔嚴嵩罷黜徐階爲首揆而嚴訥李春芳高拱郭朴繼入綸扉皆一時正人君子既而

世廟大漸頒下

遺詔世道頓覺清明人心無不欣慶於是罷玄修革方士出海瑞于詔獄錄用建言得罪諸臣丘

擢吳時來等三十餘人優恤建言死者楊繼盛
沈鍊等四十餘人又起廢大臣葛守禮趙貞吉
郭宗臯林雲同等于家居復在大僚皆出
世廟遺詔而
穆宗遵行之在
世廟爲貽謀燕翼之洪謨在
穆宗爲繼志述事之大孝而階與綸扉諸臣實贊襄
之也故曰小往大來爲泰象又曰安危在所任
詎非

熙朝轉移一大機括哉

野紀矇搜卷之十二

光祿大夫柱國太子太傅禮部尚書兼翰林院學士臣黄汝良編輯

隆慶元年禮部遵詔會議

郊社典禮及祔葬祔享諸議一謂

天地分祀昉自周禮冬至祭

天于圜丘夏至祭

地于方澤

太祖高皇帝首建分祀實從周制後感齋居陰雨暫

改合祀至我

皇考仍建四郊以分祀
天地日月實依洪武初制
太祖始分而後合
皇考改合而爲分
皇考之更制實
太祖之初制也宜以冬夏二至恭請
聖駕躬祀
南北二郊奉
高皇帝配享至于

太社

太稷之祭只宜春秋恭祀于社稷壇其西苑祀帝

社帝稷不宜煩瀆宜罷一謂

陵葬

廟祔之禮自

宣宗以前

陵寢合葬皆止一后至

裕陵則二后同祔

茂陵則三后同祔若

太廟祔享則惟
一帝
一后又后惟元配方得升祔恭惟
孝潔皇后爲
先帝元配禮應合葬
永陵祔享
太廟先年神主回京時本部曾請升祔
孝烈皇后雖曾正位
中宮然非元配今已祔

廟又奉
孝潔皇后同祔則
二后並配非
祖宗舊制若因
孝烈皇后先祔而使
孝潔皇后不得升祔則舍元配而祔繼配亦非
祖宗舊制況
孝潔皇后宜祔之禮
皇考先年已有欽依近日復有遺命臣等謂

皇考升祔
太廟之時宜奉
孝潔皇后祔享而奉
孝烈皇后于別殿仍于
皇考發引之先奉遷
孝潔皇后梓宮于
永陵與
聖母同日祔葬
孝烈皇后既已祔葬似不當祔享

太廟則名分正而典禮全矣

上以禮臣之議爲允當如議行此議酌古準今誠爲不易定禮至今遵行建議者爲禮部尚書高儀而主張之者則閣臣徐階高拱等也

禮科給事中王治上言

先帝追尊

獻皇大備尊稱誠萬世不刊之制至于入

廟稱宗在今日尤有當議者蓋

獻皇雖貴爲

天子之父實未嘗南面臨天下今乃與

祖宗諸帝並列

太廟雖親爲

武宗叔父然嘗北面稱臣今乃設位于

武宗之右求之古典終未允合故

先帝于

獻皇祔

廟之後

世廟之享猶不忘設是

先帝之心亦自有不安者臣竊謂
獻皇祔
太廟千萬歲後不免遞遷若專祀
世廟則億萬年不改願
勑廷臣博考詳議務求至當以妥
獻皇之靈光以彰
先帝大孝章下所司竟不能改
獻皇祔
廟誠爲匪彝當時嚴嵩以此迎合干進至隆慶時若

撤主别祀豈子孫所安蓋嵩以躁心謬議誤典
禮誤
先帝王治之言雖正可言而終不能行也
穆廟以登極加恩大學士徐階李春芳高拱俱侍班
講讀進秩蔭子講官吏禮侍郎陳以勤張居正
各進秩大學士入内閣其餘殷士儋王凝等各
陞陟有差至
藩邸侍衛官校亦有陞蔭若内臣加恩司禮監黄
錦梁佃李芳馮保等各加祿米足矣乃蔭弟姪

錦衣堂上官各世襲此不無僭賞夫從龍諸臣
啓沃勞勣簪履酬庸宜也内監宦侍有何勛伐
至加以金吾世蔭且有加都督銜者至以數十
人充御馬監勇士爲内官守墓者其僭濫不亦
甚乎
追奪故眞人陶仲文等官爵誥命逮方士王金
等下獄論死陶仲文嘉靖中以方術符藥宫至
太師號眞人王金以修煉夤緣仲文子世恩僞
造五色靈龜靈芝以爲天降瑞徵又造金石藥

進御稱爲儒方世恩官至太常卿金等及諸方
士俱得陞官其符藥無驗
先帝體虛弱自西内還宮遂至大漸至是以
遺詔逮金等下獄論死仲文等追奪自古人君信
用方士服金石藥不惟無驗且有大損唐時諸
帝可爲殷鑒
先帝遺詔惜乎覺悟不蚤也當時楊繼盛海瑞等諸
臣已先言之矣
隆慶二年御史齊康降級調外初康以高拱屢

被論劾疑徐階主之乃疏論階險邪貪穢專權
悞國
先帝往欲建儲固執不可及
上登極階心懷疑懼遂屢稱病以嘗
上意又與李春芳相爲黨比有
旨切責康妄言令階春芳安心視事階疏辭春芳
亦乞休皆
溫旨慰留科道陳瓚歐陽必進等交章劾康爲拱
門生聽其指授宜置諸法光祿寺丞海瑞言階

事
先帝無能改于神儒土木之誤畏威保位誠亦有之
然自執政以來憂勤國事休休有容亦有足多
矣康搏噬善類其罪又浮于拱於是左都御史
王廷尚書楊博侍郎遲鳳翔樊深等各論康挾
奸黨邪拱宜賜歸而重謫康既而九卿大臣南
北科道章疏紛紜至有目拱爲大凶惡請上方
劍者拱屢疏乞休乃得以禮致仕大抵大臣能
盡忠體國公爾忘私自可風示百僚銷釋朋比

階之敏練通達拱之介直剛方在
穆廟初俱一時碩輔然意見不無異同忮懻一念未
能相忘以致議論橫生互相排擯當時惟海瑞
一疏可稱忠厚正直其餘多未免分門別戶望
氣膽風階得君爲首揆時則交章論拱幾於置
身無所其後階卒拱復起爲首揆乃齮齕階於
身後至逮繫其二子於獄中幸張江陵爲之解
脱人情冷煖變遷一至於是亦繇二公未克協
恭和衷有以致之也

復誠意伯劉世延爵世延嘉靖中因言事奪爵至是南京科道官岑用賓等交章薦之世延亦上章訟過下吏部集廷臣議謂世延先祖劉基有開國翊運功世延前以奏事狂誕非有大故可棄

上從之遂得復世爵又追錄故新建伯王守仁平宸濠及平寇蠻功令世襲伯爵先時嘉靖中守仁已受封爲忌者媒孽異議紛然遂見削奪至是江西撫按官勘覈向來功狀以聞亦下吏部會

議皆謂守仁勘定禍亂之功較之開國佐命時
雖不同擬之靖遠威寧其績尤偉當時爲忌者
所抑公論不平宜復伯爵世襲亦從之二事與
滅繼絶疇庸報功允協公道可謂
熙朝盛事也
御史詹仰庇疏請慰問
中宫仰庇巡視
皇城遇醫官自禁中出言
皇后遷於别宫寢疾危困疏請時加慰問得

旨后侍朕多年無子近且病移居別宮冀稍安適卻
疾耳爾不曉宮中事多言姑不究初仰庇疏上
衆謂禍且不測及命下中外翕然稱
聖德焉亡何復言臣查內官監錢糧各庫廠房租地
租一切麋費動以御前供用爲名多入私橐宜
命戶工二部及巡視科道備查出入多寡之數
以杜奸欺
陛下前取戶部銀以供造鰲山修宮苑等費使羣小
得因緣乾沒爲聖德累

上怒責仰庇悖逆狂妄累次不悛命錦衣衛逮至午
門前杖一百革職爲民猶以前疏
宮中事移怒深責之也然盛名已載之而去矣萬
曆時起廢官至中丞司寇復以諍論科塲事休
致要之公論自不可泯也
大學士張居正疏陳六事一省議論謂宜掃無
用之虛詞求躬行之實效欲爲一事須審之於
初務求至當斷而行之如唐憲宗之討淮蔡百
方沮之而不搖欲用一人須愼之於始既得其

人則信而任之如魏文侯之用樂羊謗書盈篋而不動一切章奏務從簡切是非可否宜明白直陳毋得彼此推諉徒託空言一振紀綱謂情可順而不可徇法宜嚴而不宜猛近來紀綱不肅模稜兩可謂之調停委曲遷就謂之善處宜勅執法諸臣秉持公論振揚風紀刑賞予奪一歸之公道政教號令必斷於宸衷以勵明作之治

一重詔令近日

朝廷詔旨多廢格不行抄到各部槩從停閣至于

應勘應報奉
旨下地方官輒視爲故紙有一事而數十年不完者文卷既多沉埋干證半登鬼錄漏綱孰問覆盆誰仰望
勅下部院凡奉
旨事務數日之内即行題覆其地方合行覆奏要嚴立期限從實查覈吏部即以此課其能否一覈名實器必試而後知利鈍馬必駕而後知良駑今用人則不然稱人之才不必試之以事任

之以事不必更考其成椎魯少文者以無用見譏大言無當者以虛聲竊譽倜儻抗直者以忤時難合脂韋奉迎者以巧宦易容加以更調太繁遷轉太速資格太拘毁譽失實或舍其職業出位是思或條陳累牘而職守茫然願慎重名器愛惜爵賞用人必考其終授人必求其當內外官三年六年考吏部必覈其稱職平常不稱職毋眩於愛憎毁譽爲殿最一固邦本方今風俗侈靡蠹敝橫生外之豪强兼併賦役不均

詭寄逋欠偏累小民内之官府造作侵欺冒破
假公濟私損上剋下凡此耗財病民之大者若
求其害而去之何必索之窮困之民以自耗
國家之元氣乎前項催督御史事完宜令回京勿
復再差其屯鹽各差亦當取回但責成撫按清
理可也如此則蠹害剗除民生甦而邦本固矣
一飭武備今議者皆曰兵不多食不足將帥不
得人臣謂三者不足患也夫兵不患少而患弱
今軍伍雖缺而糧籍具存若按籍清查隨宜募

補着實訓練何患無兵捐無用不急諸費併其財賦以撫養戰士何患無財懸重賞以勸有功寛文法以伸將權則忠勇之夫孰不思奮何患無將臣願

皇上先自治之圖屬任謀臣不求近功不忘遠略選擇邊吏團練鄉兵併守墩堡則無事可以守有事可以戰矣臣又考之古禮

祖宗故事俱有大閱之制以習武事而戒不虞乞

勅戎政大臣申嚴軍政間請

聖駕親臨較閱一以試將官之能否一以觀軍士之
勇怯爲磨勵勸懲亦轉弱爲強之一機也疏入
上曰覽卿奏具見謀國忠猷該部院看議以聞於是
都御史王廷等及兵戸二部各覈議覆奏
上令各如議遵行張江陵此疏綜覈信必振積年委
靡之頽風新一代精明之神氣隆慶萬曆間號
太平實藉其謀國忠猷允稱救時賢輔矣
隆慶二年
詔革正一眞人張氏名號奪其印時方革方士陶

仲文封爵及逮繫王金等以妖術修煉欺罔論死故江西守臣借以論張眞人然不知術有邪正未可槩論張氏自道陵得道設壇受法能以符水攝伏鬼物爲民消災除魔自東漢迄唐宋子孫世傳其術賜觀龍虎山崇奉之元至正中封正一教主眞人我

朝因令承襲主領符籙

朝廷每有祈禳名之至京未嘗不效其印符施之民間無不驗者即其後裔或有弗類寧可因噎

癈食哉神禹鑄鼎以禦魑魎周禮設方相氏亦

以前民用

太祖

成祖著訓三教並行爲正豈爲邪哉至萬曆竟復其

印號世襲毎至京朝見列二品班中迂儒局曲

不睹大道知斥邪教而不知有正神然則山陵

川谷能出雲爲風雨見怪物者皆可弗祀乎祭

法所謂有天下者祭百神非乎

隆慶二年行一條鞭法嘉靖末年庚虜交訌經

營浩穰凡上供存畱諸費悉派之民間有司貪婪者任吏胥里長科索無秇民間有田者思棄產有丁者思竄逃百姓無聊極矣自一條鞭行有田者只計一畝田受米若干一丁納米若干册籍既定有司只計米丁収銀其諸費則有司自料理不復派之民間官無追呼之擾民免浚刻之憂其法本於唐楊炎兩稅宋王安石免役助役公私兩便誠裕國保民長筭也初撫臣龐尚鵬劉光濟以此法行之江西其後閣臣高新

鄭張江陵會户部議通行之海内至今遵守可
謂救時良法矣
俺荅北虜中最强嘉靖間屢犯宣大諸邊至薄
都城京師戒嚴隆慶時猶爲邊患調兵措餉煩
費不貲至隆慶二年其孫把漢那吉率屬叩關
來降那吉者俺荅第三子鐵背台吉子也幼失
父俺荅鞠愛之爲娶妻不相中欲别婚俺荅裁
禁之那吉恚恨南走入關請降總督都御史王
崇古以爲此奇貨可居乃豐館餼飾輿馬以稱

其意具疏上聞且言宜貴顯之以示虜俺荅而急之歟則令縶送叛人保塞奉要束陽申其舐犢之愛而陰制其命卽俺荅不急之歟我因而撫納令其招來故部落居之近塞俺荅老且死黃台吉嗣立勢不能盡有其衆若與黃酋媾我則兩利而俱存之若其互相讐殺我則相其勢而制之如漢之款呼韓而滅郅支唐之撫突利而擒頡利此萬世計也於是俺荅痛其孫來降懼

中國怒其數入犯必甘心之乃日夜泣率衆叩邊
索其歸邊臣言那吉巳部送
京師予官職收養汝欲得其生還須納欵聽命邊
外若深入脅取是速禍也俺荅卽引兵出塞遣
使持番文詣崇古乞稱臣奉貢求還那吉崇古
要以執送我叛人以來無何遂縛叛逆趙全等
八人來獻初趙全與丘富從妖人呂明鎭習白
蓮教事覺明鎭伏誅全富等遂率其黨降虜駐
邊境古豐州地屋居田作招集

中國亡命雜夷虜居之衆數萬人名曰板升俺荅授全等爲酋長數引虜入犯隆慶初汾石之禍實全等本謀也是時邊事孔棘莫不以板升爲憂至是虜欲得那吉乃誘執全等爲獻督臣得吉受其獻遣使送歸那吉那吉猶戀戀不欲行崇古諭以

朝廷恩意許奉表通貢宴賚甚厚那吉感泣誓不敢貳俺荅既得孫遂感

天朝厚恩願奉貢稱臣於是封俺荅爲順義王賜

鍍金印幷封其部落諸酋賞授有差旣而陝西
虜酋亦納欵受封當時朝議紛紛異同賴諸大
臣運籌帷幄中外協心破盈廷之議建百年之
安從此邊陲息警全活無數生靈固是
熈朝亨運亦繇任事得人所致然無事當爲有事
之備猶不可以虜欵而忘自强也
禮部尚書潘晟議覆宗藩事宜大略謂歷考前
代未有宗室而坐食縣官者我
聖祖獨厚宗親世授爵祿恩至渥也然

聖祖當天潢發源之始奉以數郡而易供今日當宗支長茂之日則竭天下之財而難給以天下通論之國初親郡王將軍纔四十九位今玉牒見存者共二萬八千九百二十四位歲支祿糧八百七十萬石有奇郡縣鄉君及儀賓不與焉是較之國初數百倍矣天下歲貢京師者止四百萬石而宗室祿糧不啻倍之將來傳世萬億生齒無筭又將何以處之今上下公私兩受

其困良繇恩施無節而供輸之策窮禁牽太嚴
而資生之路絶今日之勢有不容不變通者且
祖廟之制親盡則祧而襲封之典曾不少變是待
祖宗不若子孫也今論者動曰
祖制不敢輕變然考洪武初
親王祿米五萬石不數年以供給難繼減至萬石
其後慶遼肅谷諸王俱歲減五百石是
高皇帝制祿已無定矣永樂間秦魯唐府各五千石
伊遼韓府各二千石慶府肅府僅七百餘石是

文皇帝頒祿已變更矣爲今日計
國家財力無措則不得不限服制以殺其祿給祿
給既減則不得不聽自便以開其生路生路既
開則不得不嚴法制以禁其爲非蓋審時通變
爲
國家長久之圖莫有過于此者容本部以先後諸
臣條議須各
王府如限議覆違限者治輔導官俟議到本部請
大集廷議以俟

聖明獨斷以成一代章程以定萬世法守
上報可按晟此疏眞爲遠慮長計其後晟去而此議
竟不能行天下事言之易而行之難往往如此
今時海内諸
宗藩巳開科鄉會中式授官陞轉與士民無異又
有各
王府保舉換授格外加恩視前代又加厚矣而宗
祿未有減裁其於仁義並施之道猶有缺典也
然此時又無復敢言及矣

隆慶四年議定京營之制大學士趙貞吉上言

我

朝分立五府以統京兵

高皇帝定萬世之計以銷強臣握兵之害慮至深遠也永樂末年因聚府兵北伐旋師之後遂結團營搽練乃以三千神機二營附之號爲三大營其實皆五府之兵也夫五府之兵因調發而聚之爲營旣歸則當散還各府矣所以久聚團搽而不散者以當時尚有戒嚴征伐之事耳然猶

以五軍名營實未變五府之舊制也至正統末
年則變爲十團營矣弘治年間又加爲十二團
營矣正德年間又增置東西官廳矣然舊營中
尚存老家軍之籍則五府之意猶存也至嘉靖
庚戌嚴嵩建議于五府之外特設戎政府盾內
外兵籍鑄總督戎政印授之仇鸞鸞誅復以鎮
遠侯顧寰代之分練無人而營兵始弱矣合無
將見操官軍分爲左右中前後五營各擇一將
以分統之責令開營訓練各程其能而以文臣

巡覈之加賞罰焉收戎政府印歸之內府有事
則領勅掛印而命將出征事完則繳勅納印而
歸將各營使
太阿之柄獨持于上而輦轂之下常有訓練精兵
可戰可守隨所用而無不宜矣疏入下廷臣會
議英國公張溶等謂分營練兵宜如貞吉言成
國公朱希忠等請革戎政武臣與印而仍用三
大營科道張鹵郤廉魏體明尚德恒等各上言
强兵在擇將不在變法於是兵部尚書霍冀上

議曰法未至于大壞者無耴于紛更議有涉于
異同者當從乎衆議今京營之制總之爲三大
營以統其綱析之爲三十小營以理其目兵柄
不偏于一將軍法不專于一人有合操有分操
有春秋閱視之操有歲終考覈之操分營練兵
乃
祖宗舊制所宜欽承勿替者今在廷諸臣多謂京兵
之訓練不在營制之更張惟在將佐之得人操
練之如法合無三大營仍舊將領不增而占役

少號令不煩而統紀明至于大將不宜專設戎
政不當有印此則防微杜漸所當依議行其五
軍營多餘二枝均撥神樞神機共爲三大營推
智勇大將三員充總兵官請
勅給關防而以文職大臣一員量加職銜稗之總
理無事則居營訓練有事則總兵掛印出征事
完回營照例繳印餘未盡事宜聽新任督理大
臣及巡視科道官着項條議以聞得
旨營制既經多官會議俱依擬行竊謂趙貞吉雀

冀之言各有攸當然其要領又在將領得人操練得法而其關察又要緊者又在文職總理大臣與巡視戎政科道官嚴覈其營伍之虛實訓練之精否勿狥情面勿分異同以爲各營之殿最歲終奏聞而
朝廷黜陟賞罰加焉庶幾伍有實兵兵有實用律既嚴于師中功可成于閫外斯爲
國家經武之長計也
時有内使許議挾刃嚇人財事發巡視中城御

史李學道不候叅提執而笞之其黨忿恨不平
是日朝罷有内使百餘人突出左掖門捽學道
奮梃擊之踣地百官相顧錯愕吏部尚書楊博
向錦衣衛使陸炳曰此君事也炳乃命校尉譏
認衆乃解臺省不能平交章論奏司禮監問計
于徐階階言内監合先發庶好輕處司禮從之
階乃擬
旨杖爲首者一百遣邊戍餘各杖六十發
孝陵充衛軍學道亦以擅笞内侍不諳事體調外任

此事關係
朝廷紀綱非細階與博處置得宜所謂童牛之牿
豶豕之牙者也
命太監呂周高相陶金坐團營兵部尚書郭乾
執奏謂團營之制經
先帝聖裁盡復
祖宗三大營之舊官有定員無用內侍坐營之事
上不聽科道歐陽一敬孫枝韓君恩等各上疏執諍
下輔臣徐階等議階反覆力言内臣委無團營

可坐事體有碍施行

上乃從其言内官不許典兵

高皇帝著之聖訓諄切再三逮成化正德間乃有越

軼當時莫能挽回茲藉有徐文貞本兵科道之

執諍

穆廟之轉圜戎政幸不至决裂其後提督京營以及

各邊鎮監軍無非中涓用事近有

旨撤回眞

聖朝盛事庶可慰

聖祖在天之靈矣

隆慶四年汰錦衣衛冒濫官旗一千一百十五人降革有差從科道官議也先是嘉靖中亦經汰去三千餘員然旋革旋授如邊功之冒報內侍之傳奉勳戚之陳乞種種難以例裁至以寄蔭錦衣加銜五府者尤爲冒濫之甚淸其流固不如淸其源之爲得筭然未易言也

禮部儀制司郎中戚元佐條陳宗藩事宜大略言今宗藩日盛祿糧不給不及今大破常格豫

爲區處將來更有難處者昔
高皇帝兆建
諸王皆擁重兵據要地以爲
國家屏翰此固一時也及靖難以後防範滋密兵
權盡解
朝堂無
親藩之跡府僚無內補之階此又一時也今則人
多祿寡支用不敷乃有共蓬而居分餅而膳年
四十而未婚卒廿載而不窆之強者劫奪于郊衢

窃者竄入于輿皂此又一時也嗣是而後驕侈
漸横間作不典法多圜土之收辟有勒盡之慘
此又一時也夫
高皇帝草創之初利建宗子
文皇帝靖難之後思患防微用意不同各有攸當至
列聖以迄于今時移勢改恩以義裁有不得不變通
者國初
親郡王將軍纔四十九位永樂間雖封爵漸增猶
未多也而當時祿已裁損于前今二百餘年來

宗支入

玉牒者已二萬八千四百九十二位歲供已不能給其半此後所增愈多將何以給之議者謂

祖制不敢擅更不知法窮則變變則通通則久國初

親王祿五萬石不數年而減爲萬石是

高皇帝制自已出前後已不能相符矣永樂時

親王祿或五千石或三千石或七百石時去國初未遠

祖訓之文亦不能盡守矣

親王歲時出城訓兵講武
祖訓也靖難以後則寢之
郡王子孫一體任用陞轉
祖訓也而累葉以來皆無之則
高皇帝祖訓
列聖亦不能遵行矣其在今日尚可膠柱調瑟乎臣
敢僭擬五事上請一限封爵一議繼嗣一議主
君一議胄貴一議擅婚伏聽
聖斷施行戚元佐此疏於宗藩法制因時變通切中

機宜且於民生國計大有裨益
上下其疏令禮部會議比禮部覆奏
上從之然畢竟齟齬難行信乎任事之不易也
給事中石星條上六事一曰養
聖躬鰲山燈事既不可追酒色之害實當深警二曰
講
聖學願將經筵日講及時舉行三曰勤
視朝宜日出視朝以周知民情以總理萬幾四曰
速俞允彝常章奏三日而下兵機要務宜即時

省覽下部議行五日廣納言
陛下下詔求諫未幾而少卿周怡以言觸忌謫外任
給事陸鳳儀以言忤
旨斥爲民望
名還二臣仍諭諸臣勿以二臣爲戒六日察讒譖
聞有一二内臣專作威福因言官攻發其奸怒
目切齒欲行中傷願
陛下深防其漸勿使讒言得逞疏入
上怒以爲惡言訕上無禮命杖六十黜爲民石星此

疏深切時宜何以有此處分當繇中官作祟耶
後萬曆年間起用官至大司馬嘗與同在班行
時接晤語見其人蹇蹇匪躬殷殷體國每調兵
將輒撫諭溫慰呼爲我兒將卒無不願爲用命
者是時倭酋關白素強悍糾衆侵犯朝鮮
中國有震隣之儆徵兵十數萬以援朝鮮蓋爲
中國藩籬計也倭虜雖未得志然我師久勞行間
師老財匱亦苦難支會關白遣裨將小西飛入
朝請封下廷臣議本兵石星計議許之遂遣戚

臣爲正使以文臣副之持
節使日本行册封當時所遣使臣原不願行到彼
國不能宣揚恩威兢絿失體或有求多於屬夷
者以致倭夷失望謝表不至此使臣之罪也乃
科道諸臣交章論劾本兵罪以辱國得
旨石星下法司論死竟斃圜扉寃矣昔漢遣劉敬使
匈奴遣陸賈使南越皆得輯綏封疆紓兵革之
患倘當日得如劉敬陸賈者而遣之關白何至
跋扈不恭且我

朝洪永間原有录遠故事何可以辱國重罪之後
來大臣孰敢爲
國家任事乎
詔復京營舊制兵科給事中溫純疏言今京營之
弊其失在不擇將而添將不增軍而增官不講
訓練而講營制
陛下柰何以一輔臣故而用三大將以一勳臣故而
用三侯伯又以三侯伯而用三文臣假令此輩
盡才且賢猶懼有十羊九牧之患況一分兵馬

輒起異同不惟文武不相能卽文臣中亦自相矛盾矣巡視京營御史王友賢亦極言新制不便疏下兵部覆奏如純等言請仍舊用武臣一人總督文臣一人協理其副將參遊分統悉如前得

旨報可乃罷六提督更推總督協理如故溫純王友賢之言深切營務先時趙貞吉與霍冀爭議營制紛紛異同而未及選將練兵雖變更營制何益故曰爲治不在多言顧力行何如耳

刑科給事中舒化等疏言

祖宗設立廠衛原以捕盜賊防奸細非以察百官也

駕馭百官乃

天子之權而奏核諸司責在臺諫

朝廷自有公論今以暗訪之權歸諸廠衛萬一人

非正直事出冤誣是非顛倒殃及善良

陛下何繇知之且

朝廷既憑廠衛廠衛必委之番役此輩貪殘何所

不至人心憂危衆目睚眦非盛世所宜有也伏

乞追寢成命以一政體安人心御史劉思賢等
亦以爲言
上命俱付所司知之委廠衛密訪百官此
朝廷第一敝政成化時汪直藉西廠以竊權作威
百官無大小爲之折腰叩頭不復知有
朝廷若不速罷禍未有底隆慶中雖暫有此遣然
公道尚在部院正論猶在瑣臺而政府諸公皆
一時碩輔
穆廟從善如流羣小未能得志近來此事頗見陵夷

朝廷既寄以耳目縉紳自畏其威勢訪者未必眞眞者未必訪納賄招權寧復知有公道故曰小人勿用必亂邦也又曰履霜堅氷至安得言路有舒化劉思賢輩明目張膽逞此橫流哉

隆慶五年命閣臣高拱以大學士掌吏部事趙貞吉以大學士掌都察院事同考察官吏我

朝自

聖祖革中書省罷置丞相九卿各領其職內閣只司

票擬掌絲綸不與部院事高拱當國欲攬權擅

勢乃有此異數又恐致物議而以掌都察院付
趙貞吉冀以自文此即周之三公兼六卿與漢
唐宋之宰相不殊矣其如
高皇帝初制何哉二人既都要地遂至互相傾軋議
論紛紛亡何趙貞吉既被言致仕而拱亦滋多
口不得久處揆地二人品格猷望稱一時名碩
第功名富貴之念未能自脫以貽覆餗之譏而
高之剛愎攙忮尤爲輿論所不滿也
命應天巡撫海瑞以原官總督南京糧儲給事中

戴鳳翔疏論海瑞每日開門受訟動盈千紙民間有種肥田不如告瘦狀之謡至於散兵激變則糧餉不敷而取諸民壯之工食議處驛遞則伉視過客將一應正支盡行革免又令佃戶不得完租貧民不須償債皆迂狂顛倒之甚不可一日居地方先是給事舒化亦言海瑞著節

先朝誠一代直臣然迂滯不諳事體科條約束切切于片紙尺帛間以難過客恐非人情宜與兩京清秩以勵士風所以全地方亦所以全瑞也得

旨海瑞節用愛人勤事任怨留撫地方如故至是疏
下吏部部覆言瑞志大才疎宜改授兩京他秩
乃有是
命海瑞之忠肝義膽愛國忘身誠一代名臣若任
以總統風紀之司必能砥柱中流革貪去蠹爲
百僚標表寧可以不近人情詆訿之君子可大
受不可小知瑞其人也南糧循是吏職未足以
展其風裁也
給事中曹大埜論大學士高拱大不忠十事言

前者

聖體違和拱言笑自若且過姻家曹金飲酒作樂不

忠一也

東宮出閣講學拱只於三八日叩頭而出自尊無

人臣禮不忠二也自拱復用昔日言拱罪如岑

用賓等降黜殆盡善類一空不忠三也副使曹

金其子女姻家也無一才能超陞至刑部侍郎

給事中韓楫親暱門生也歷俸未久以承指超

陞通政使不忠四也科道乃

陛下耳目拱每當選授郎于部堂戒諭不得言大臣過失不忠五也結言官爲腹心凡陛下微有耴用輒交章上奏至拱罪惡皆隱諱不言不忠六也久掌吏部凡黜陟去留不恤淸議引用匪人排斥善類甚于嚴嵩不忠七也副使董文采餽六百金郎陞河南叅政吏侍張四維餽八百金郎耴入東宮侍班招權納賄贓私大露不忠八也原任經歷沈鍊論劾嚴嵩謫發保安州楊順路楷阿意

誣錬通虜無辜見殺比順楷論死拱受賄爲出
脫衆皆不平不忠九也操江吳時來
先朝抗論嚴嵩所謂忠臣也拱以私恨借小事黜之
大學士徐階受
先帝顧命一代元老也拱以私恨多方害之必欲置
之死地太監陳洪之閑住出自
宸斷拱與洪密諷言官爲報復俺荅歸順
聖威所致拱乃揚言于衆攘爲巳功不忠十也疏入
上責其妄言命調外任於是諸大臣科道俱上疏請

畱大學士高拱拱之才猷氣决自是有用大臣至於怙權脩怨誠不能無且據銓衡要地見忌招謗實其自取大埜論以受賄行私或未必然時閣臣李春芳李本趙貞吉殷士儋陳以勤俱見幾引退在政地者惟有拱與張居正比拱去居正爲首揆人或疑大埜爲居正所嗾幾得其處又未必然矣

八閩文庫

福建文獻集成

續編　史部　一五

吴格　主编

八閩文庫
文獻集成
255

海峽出版發行集團
THE STRAITS PUBLISHING & DISTRIBUTING GROUP
福建人民出版社

本册目次

威暨録五卷

［明］福清林兆鼎輯

日本内閣文庫藏明崇禎間刻本

威暨録五卷，明林兆鼎輯。兆鼎（一五七七—一六三四），字時廉，號九聚，福清人。博雅好學，小試失利，遂仗劍習武。萬曆四十一年（一六一三）武進士。天啓中爲四川參將，以平遵義亂加都督僉事。威名遠震滇黔間，積功至總兵，官都督同知。崇禎二年（一六二九），平奢安之亂，任總兵。次年平番州苗亂，又次年平湖廣苗亂，加左都督。卒贈太子少保。

林氏之卒年，據書前王錫袞撰少保林公傳云「今上三年，督兵掃谷里等處……四年，番酋苗仲劫殺事聞，部院檄統兵二萬搗苗窠穴……嗣破臻洞、掃九股……少保年五十八，在黔相與方壯盛，不類韜鈐家，何天奪之速」，末署「崇禎甲戌仲冬吉旦」，又據卷五履歷末題銜「崇禎七年七月兵部題爲元兇授首黔蜀全局已結事加太子少保蔭一子錦衣衛世襲左所正千户」，則在崇禎七年七月至十一月間。以終年五十八逆推之，則生年在萬曆五年（一五七七）。

林氏以餘威蕩平黔、楚、蜀，里道無虞，民困少紓，遂將在蜀在黔所報朝廷捷書約略付刊，自序謂「自奉令征蔺，便以此身誓殉社稷，不計利害死生」，「敢曰粉飾見聞，爲喜事邊疆者嚆矢也」，此是書之所由撰也。書後有崇禎九年林古度後敘，極稱兆鼎爲有明一代福清武臣之傑出者，謂是書生前未及梓行，由其子付諸棗梨，此是書之所能傳也。

書中備述軍中十八年戰守機宜。卷一平蔺紀，卷二臨銅紀，排日記敘平奢安之亂經過，並録往來奏疏、聖旨，翔實頗便查考；卷三靜邊條議、征剿紅苗條議，卷四進兵條議、火攻條議、稅買苗鉛條議，彙數年間用兵西南所上剿撫之策；卷五稟揭、履歷，備述林氏歷官。全書乃明末雲、貴、川之土司叛亂及明廷剿撫之親歷實録，足資治史者考取。（張桂麗）

威暨録

一之二

共二冊

少保林公傳

予讀史至高帝紀未嘗不三復其雄畧冀國開三代有道之長慮至淵也帝非薄詩書而崇介胄也世主無意於安攘則已誠留心於安攘得儒生百不如得眞將軍一

漢自亞夫而下介馬而馳以衛社
稷則更難言之亦推是介胄不離
詩書耳我
昭代佐
命以後則戚將軍繼光稱儒將云外
是柳何寥寥也作林少保傳

少保姓林名兆鼎字時廉別號九聚閣之福清人也福清之林冠海內比論鳴珂列戟代有聞人即玄光神氣之筆如石竺真人圖南琴士得道上清實為少保祖系少保少負負立淹雅有氣度工博士言

小試失利投筆嘆曰天生林子忍
使童白老吾才孝遂仗劍從其大
父走燕粵訪異人盡得養繇基白
猿公之術搏劈折節多名下士高
畧今古人物輒推魯仲連之排難
三代而下未易與共功名如長卿

之慕相名者意蓋自許也有相者曰是幼度復生年逾四十必擁旌仗鉞果中

神廟癸丑科武進士歷守備河間佐擊西川參戎永寧適符唐舉言所至有摧陷功境賴以寧會奢酋發

雖黔殘陸梁三山兩江俱殘戎馬
少保統建昌土兵援川賊衆奔潰
督撫專留劉奢大戰於龍頸鋪奢
賊竄遁乘復瀘州九姓興文長寧
恢復永寧攻擒藺州仍統大兵援
黔時巡撫王公因軍中匱糧分布

川兵於畢節犄角兼採浮糧以佐
軍食將督兵僅二千耳而賊衆若
苻堅號數萬復募敢死士夜襲賊
營斬首數百救出張憲副起鵾并
宅眷還川而院特疏薦陞遵義副
總戎以遵義川貴交衝安賊出沒

且遵城累復屢失人無固志賊乘寇圍犯少保躬矢石先士卒血戰三日夜賊竟敗走追至金刀坑斬級五百餘是役也威震遠近大司馬議遵薊宜戍重兵十萬添設大將以統之部院以少保名上加陞

總戎後敘川功三案授都督僉事
時以黔事危急改充貴州鎮守會
三山江苗猖獗思銅等四府動摇
當事者計需餉足二十餘萬方可
征進少保建言若依兵餉大集然
後調遣賊益多備兵貴神速正宜

設奇出其不意以少擊衆攻之必
克院可其議止帶本標官兵三千
進勦賊巢勢從天降掩擊大潰斬
縛渠魁吳老賢等四十餘名乘勝
擒吳勝德斬何大疤闊三月而至
山蕩平載在敘功冊

令
上三年督兵掃谷里等處斬賊首
九百餘級俘獲一百七十名救出
被擄生靈千五百餘口鴨池開築
樂平等處城池據險以控制水菌
出入上六衛賊不敢越河出犯四
年蕃菌苗仲勦殺事

閩部院檄統兵二萬擒苗窠穴斬獲
多級陣殲苗蜂酋國卿等十餘名
思州鎮遠施秉偏橋清浪諸衛報
有兩江九股黑苗數萬刼阻官道
商旅盡絶奉檄調集漢土官兵三
萬分布三路賊雖應援遂破巖鷹

諸砦過江攻偏寨老毛已成破竹之勢老毛砦絶壁插天江環其下苗恃險為固糗糧芻牧咸在其上攻者勢奪步保以弱兵環圍攻其正面夜募敢死砍其木柵飛火箭焚其茅舍連破三木城生擒偽國

公老拊偽總兵老石敘戰功第一
嗣破臻洞掃九股凡古汗馬不到
者悉平之拓地千餘里戎落編户
以輸惟正至今夷漢民丁畏懷少
保而稱述者不啻如宗如岳也少
保有智畧善以少擊衆故所至不

糜軍食而決勝若射覆尤深沉好
書能盡所著有二酉藏書威暨録
大要歸福
聖明不尸勞勩有古名將風假使百
戰一身在何處封侯不計年也哉
少保年五十八在黔相與方壯盛

不類韜鈐家何天奪之速而僅以
南京右都督府同知老耶一子膺
大金吾千戶侯名之瀛能世其家
若公之人地與武功尚有竹帛未
盡書
聖天子拊髀所僅見也予故不厭娓

娓而為立傳
崇禎甲戌仲冬吉旦
賜進士出身右春坊右諭德兼翰林
院侍講前南京國子監司業侍講
簡討管理
起居纂脩

兩朝

實錄

經筵官通家侍生王錫袞頓首拜撰

序威暨録

王崑蕃太史余介友也林九聚少保余畏寅也太史敘少保

歲陳璟少保先生又
精於序以羅錢鎸龍
明經在論介曾之夫
何足點染然哉 陳賓淫

人曾録之亦更欲以何
贊之之道才不關識
也真點一目人爭畏之
少保遁以發我契在何干

之十年少壯夜之勤名法
射垂功百祀以紀貞金
稽古事而思異恭子如愛
朝廷報功之典於茲所

弟受安詹破賊之餘
寄蓬捿笠於十年外於
之而力保之勳帝碍
何以美撫而乞峰入內

海錯金門而以爲書
晉尋子晰多從容正
倚夜以書而後、勿辭之
還大道亦求議無抱

三

至草稿家変於疆場
即以疆場但多草每
書事益也即人如真
鴻性受降蝶未即云

策山豈非以勇退示
弱將士雄心君猶在
間原纖之節遂偏廢
憂之間因而無振和識

性孚靈之少年以英豪
功緒次歷階毅年學
業而已卯修為人所問
之以弱勢從募勇死

擢大鋒奏恢復之勳
虜王何事區區深寇
奏言請長纓書中
能發不以為以賊為樂

寡將士戮力難於武
楚武勝武秦武甚之
間見諸平生無虛趣
並救乎尾載無功乎豈

捷追賊之縱橫而出無
謀假神兵降其人而
用之以力擊忽圍離
間去地利切賊莫抗

覽古今識源叢書
諸家之材能不一而
年如是公繼望至望
幾無少保將之威力

保爲其名無之而已矣

何爲人然豐歲及爲者日

聖主憂勤蒼生意更修

自己年來修固叙以保而

及詠悵於少保之何以死也長夫至更推繫敘以記之去史何文豈筆兩子像風月念有二日江

千里吏野聆交作偽
手次並去

自序

我

太祖開國以來釋西南夷爲外

懼安其土仍其俗未嘗有所

剏設

聖慮淵深誠不欲邀遠利以瀆
開邊疆數十世之釁上治治
以不治故云不戰而勝於
廟堂威嚴順治亘古爲昭自播
之應龍蠢然外訌煩車馬而

傷民力警羽檄而勞
宸衷所稱未雨而綢繆者安在
哉卒藉
天威丕振迅掃妖烟夷之種類
殲滅幾盡而餘氛時復生心

竊發嗣是夷漢相雜間生𢧐
殺
當事亦大費調停矣鼎不肖
甲子之歲承乏之建昌適黔蜀
間苦其荼毒鼎以武科起家

邊徼不寧師臣之耻安所辭
責故自奉
令征藺便以此身誓殉
社稷不計利害死生以之幸而
逆酋奢彥漸次授首水藺之

大局始結而三山兩江諸寇亦歲爲黔患猶得以餘威震之庶幾蕩平黔楚蜀三省里道無虞物力稍紓此實仗
聖天子寵靈與

當事諸將佐矢晝𦘒勤鼎又
何功之有復蒙
隆恩寵錫晉秩
留都而
留都

諸老先生復不深罪而鄙夷

之兢命次其征戰本末鼎矍

然且懼且愧夫以

盛明之世文教覃敷遐及海甸

莫不來享來王甲胄之士彝

得以清讌徐及藻翰點綴昇平之邑亦千載一時也不肖鼎值疆埸多故捐捐于刁斗之役幸

叨

聖明德威遠暨

諸老先生誼協同舟有交驩

之雅無水火之爭以故捷書

屢至謗篋無盈鼎爰撫其在

蜀在黔兩地約畧者付之剞

劂敢曰粉飾見聞爲喜事邊
疆者嚆矢也諸先生其有以
進而教之
崇禎六年孟夏月南京右軍都
督府僉書府事太子少保都

督同知前鎮守貴州兼制湖北川東等處地方提督漢土官兵平蠻將軍總兵官林兆鼎謹序

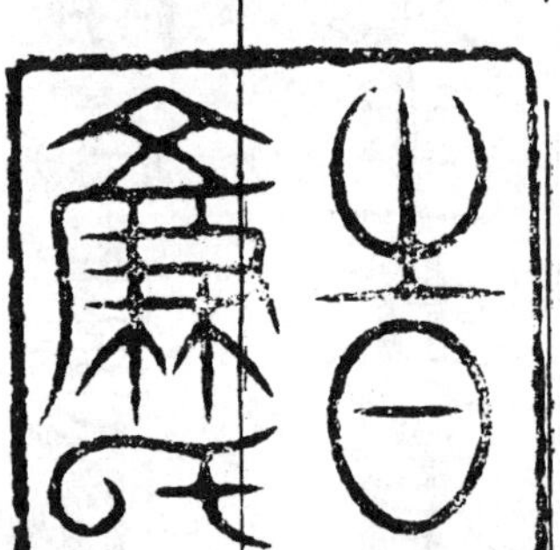

威暨錄

福唐林兆鼎輯

平藺紀

天啓元年九月內藺州酋奢崇明同男奢寅因援遼機會隨生叛逆乘四川徐巡撫可求在重慶府演武場點兵酋黨成漢等鎗刺徐巡撫併拘張叅政等隨傳僞詔宣諭士民投降免死建國大梁改元瑞名附者日衆鼎于

建昌兼程赴援兵至卭州賊閧奔回即欲尾
賊後隨至瀘州俟其半渡擊之期二酋可擒
會　當事者以賊猖獗無故而奔者僞也恐
爲所誘陷不當擅進時鼎報陞廣西永寧叅
將具詞赴任又值建昌夷猓蜂起所在告警
旋
奉
兩院檄留征藺加副總兵衔于天啓二年十

二月督兵剳長寧
正月二十五日會同保寧推官胡平表進攻博峰五村併上下二洞都長本日咼與賊酋對剳發兵交鋒賊見我兵勇猛鬬三十餘合旗亂轍靡便收兵回營咼計賊必宵遁預令親兵把守長寧出興文與鎮遠營千總羅位等合宗堵截
二十六日追襲遁賊至對角埡合力衝殺賊

大敗潰斬級百餘

二十七日千總韓自明伏兵九箐賊捨死迎敵我兵包褁合擊殺賊二十餘

二十九日奢寅犯龍透鋪咼容令各將兵伏于要隘候砲響伏兵齊起衝擊銃箭如雨殄殺多賊千總王宗海力捉奢寅寅遮架不及時已墜馬賊兵環救乃脫遁入林箐

二月十六日奢賊父子攻破落紅仁懷二路

又攻破總鎮李維新兵于象嶺本日賊乘勝
擁衆樊虎胡宗祿等慣戰頭目分作七路來
衝龍透等營冉見賊勢甚熾原轄兵勇未滿
四百雖有龍安酉陽二處土兵俱烏合未服
節制隨卽會同馬湖知府鄭朝棟保寧推官
胡平表二營兵僉議賊衆我寡若不以計取
之勢必不敵坐待斃耳直衝叙府全蜀安危
在此一舉今賊來利在速戰我則按兵不戰

令彼鋭氣稍息我則擾之我兵與賊相隔一小澗各兵當聯絡依澗爲勢且勿輕渡只多備銃砲使賊聞疑怯劄住隔河彼衆則易亂伺其亂時悉精騎衝突令其背腹受敵破之必矣衆將依令劄河延至午未賊不敢前有箄子手兵息鼓歛旗併作虚營誘賊過河我兵首尾夾攻殺溺甚衆

十八日移師土地坎攻破青山巖復九姓司

瀘州衛奪獲長官司儒學印信一顆
六月内賊遁余家山遣先鋒韓自明等克之
夜襲古藺州隨攻破水潦普黑二惡寨此二
寨原屬副將范繼道剿撫咼分藺州落紅一
路兵進落窩蒙本鎮以二寨結連恃險累煩
征討不克調鼎併攻
本月二十五夜取間道進兵鼎見寨雖絶陡
攀援可上乃懸賞購勇士先登餘悉奮勵乘

勢俱上攻賊不備四路銃砲齊發火焰張天各蠻落膽氣索俛首歸降者以千計待以不死向來險阻逆寨繇是悉平

七月十九日鼎督部下官兵遊擊王心一守備王明叅將鄒价男一傳等入小箐以月黑之時啣枚刼反賊梁正緩王奉岐等寨砲聲突震官兵大呼殺入賊驚奔潰斬獲大夷目僞都司王繼先江抹賽李奉岐僞千總劉加

桂李大満姜國才魏六兒等諸賊皆以慣戰
特聞與奢賊聲勢相倚者自是奢賊之羽翼
漸剪聲息亦稍衰矣
八月二十一日遣先鋒韓自明家兵林定等
攻合掌硐克之至大箐拿獲奢寅心腹小童
瀾名銀匠授僞都司梟示以斷細作
九月十三日師次古牛壆有先鋒百總賈陽
挺身破陣先砍首功一顆當陣賞銀五十兩

繇是官兵奮勇四面夾攻砲聲震天打死無數蠻夷膽寒逃入二等巖次日發標營遵義營攻打二等巖後門本營衝鋒張參將營鄧副將營馬建營南岸營胡都司等營繇後茔附葛攀藤攻入賊寨頭目阿引等計詘即詣軍前投降乘勝發各營先鋒兵攻打前門各兵奮勵夷悉驚逃焚燒僞殿三百餘間龍床龍椅等件二茔已破而賊之巢穴既空寅賊

狠突鼠竄不過旦夕苟延無虞其不爲我擒
矣
十五日阿交侯應權等俱率妻兒至營投降
鼎體
上臺好生德意傳令各營只許擒獲活功方准
給與功票不許多殺以干
天地之和如違以軍法抵命名官兵遵令活擒
男婦千餘揀其壯者軍前効用老弱併婦女

發出永寧安插係是降夷感泣誓不復反本
日中軍羅文才加銜守備張學禮等領阿引
帶馬四疋至營投見鼎宜
朝廷德威
本院道鎮注意懷柔無肯壞此一片好心傷
殘汝等性命成自己功名眼前奉
天吊伐原是不得已之舉動若能悔過自新以
後成個好人永為邊疆不侵不叛臣子則世

世可以相安安有夷漢等名色差別阿引等聞言淚下傾心歸附對天自盟願送父母族人阿遼阿支賴文相等漢夷大小三百餘人至永寧安揷引自捐軀陣前以圖報効鼎嘉其忠誠厚以賞賚量給口糧衆人以示激勸葢五餌之術用之以夷攻夷藺酋之局逆知其必繇是而結耳

十三日鼎督各營兵攻破大壩落林老虎等洞寨鼎親率本營遵

義營王宗海等夜繇耳計山從後路追襲
十七日攻破大寨小寨青崗落硐木溪等寨
斬獲多級隨將大兵移劄豹尾等處搜打黑
蠻老虎等峒發其米穀給三萬兵糧以省民
力各硐或剿成撫俱已就緒
天啓四年二月二十三日鼎奉
令援黔披荆蓁冐雪霜繇間道直達大方凡四
晝夜見

撫院王本院以飛將軍從天而下時以兵食
乏之糧令鼎于畢節地方相爲犄角因採浮糧
以佐軍需兼掃清一帶大道以通川兵鼎奉
命而行以孤兵深入四環皆賊巢諸將皆爲鼎
寒心鼎召衆前戒之曰兵在穴内動則全軍
没矣何不先發攻人之術而後利可趨也諸
將咸聽命本日以弱兵劄營羿子關下往來
誘賊夜發千總羅權等悉精騎從別徑時暗

渡巻旆登山有賊目麾呼射之應弦而斃繼以大軍雲集銃砲雷轟賊衆披靡奔逝墮崖死者甚衆獲級千餘隨攻破阿體官一等宅基次日誓衆分打卜窩阿父阿底等宅基即水西六目之地賊新破膽皆無心戀戰數合即逃我師四面追襲斬級將千救護副使張起鶚并家眷等出硐寨

初八日候川兵不至同張副使且戰且行師

至赤水聞水西賊併力攻黔又奉
撫院王檄督兵援黔聞黔師失利至閻王扁
遇賊阿烏謎鏖戰斬級五百餘掃搗水内歸
宗高寨東龍上庄直搗雄所宅吉一帶地方
十二月内鼎掌
兩院单疏薦陞遵義副總兵管叅將事蓋以
遵義川貴交衝安賊出没奸細竊伺且遵城
屢復屢失人心洶洶藉是彈壓本月水藺賊

酋安邦彥阿烏謎奢從儉等發兵數萬攻圍遵義一枝從土地坎直抵東南鼎所轄信地一枝出後葱坡西北侯艮柱信地一枝出塔水橋東門陳一龍信地鼎會同盧監軍安世僉議以賊兵散出力分敗其一隅則各隅俱潰悉發精騎衝突東南元旦日自辰至未戰四十餘合銃箭齊發賊衆潰亂左右奔竄殄傷甚衆乃退屯土地坎

初二日安賊搭雲梯長纜竹笆爲攻城之具
鼎會同監軍道盧安世副將許成名商議賊
黨日被官兵銃箭所傷其膽已寒決無固志
若發千金懸賞購敢死兵勇衝鋒四面合力
捉之勢必大敗盧監軍隨發金行令撥副將
侯良柱督王繼宗等兵出北門繇壩竹水金
藏寺落朝石梁庄等處捉賊之右鼎同盧監
軍副將張奏凱督兵出南門繇土地坎與賊

對壘副將陳一龍由東門繇塔水橋捉賊之左黔兵出馬坎劄金刀坑以尾賊之後分佈已定發哨偵探賊果復來攻城官兵奮勇爭先銃砲亂下如星隕地賊兵大潰斬獲千餘級生擒五百餘人馬一百餘匹器械不計其數

十九日鼎發中軍官劉正宗坐營程之藩旗鼓沈奇孝併各營將官趙世傑游朝秉等督

兵至金刀坑鎮南關等處追襲逋賊

二十日遇賊騎過河我兵自高而下環繞圍

賊垓心敵殺當陣斬僞都司一名老刻斫殺

苗賊百餘級生擒苗賊五十餘人牛馬二十

頭匹器械三百餘件自是渭河以外無不膽

戰一見游朝秉皆哀泣求生鼎會同盧監軍

將所擒之賊家小婦女盡給與本苗發出桐

梓縣安插仍多給免死牌前去招降餘黨衆

苗旣懼
天討之加復蒙不殺之恩人人感激前去招降
岩孔沙溪一帶至水西大方等處皆望風帖
服

威暨録卷之一 終

威暨録卷之二

福唐林兆鼎輯

臨銅紀

天啓六年六月内蒙

兵部議遵義宜戍重兵十萬添設大將以主

之

部院

題薦加陞總兵官署都督僉事時因黔省兵至

水西潰散總理魯欽陣亡黔事危急
本年八月内復以原官會推本充貴州鎮守
十二月内水西逆酋安邦彥因時多故勾哈
廣定之役調用糧馬衆怨輿禍效尤奢寅竟
爲戎首邦彥專以厚賂僞劄購結水外苗仲
爲其羽翼如逆賊阿列阿乞阿晏等陽順陰
逆爲賊嚮導急則爲其藏匿最爲黔省大患
且此輩負固水落峒去歲衝突魯總理營殺

戮官兵茲復與彥等謀攻威淸會省有順民
喬阿么等瞄報并首僞劉爲據隨于
初五日行令守備陶弘謨遊擊屈朝宣等悉
選精兵二千名爲先鋒自酉時督發中軍查
懋修林之瀛等十二人官兵爲後勁三更至
小壩河劄定候黎明以數十遊騎挑戰賊來
抵敵矢石雨注我兵仰攻自卯至午賊力疲
困諭令選鋒奮勇直上連斬數級賊大披靡

生擒阿列阿㐌阿晏等五名獲功票十張僞
劄十九張斬級三百餘俘獲五百餘捷聞
部院加額手書以爲本鎭入黔來第一功蓋
水落者安賊之門戶必攻其門戶而後掃蕩
巢穴方有下手之處此
本部院之先見至明鼎于蒞任來預籌勝着
無有先于此者特王監軍世德以水落峒係
順苗議鼎以妄殺者念實好生

本部院舉僞劄功票示之王監軍乃釋然嗟
乎民命至重公道難掩非
本部院之明見鼎能免于投抒之疑耶以後
平三山討水西剿兩江九股屢取奇捷之功
固鼎之殫厥心力祈無負于

國家任使而
本部院所以推誠而鼓舞之者則非他閫臣
可同日語也鼎于此深加感激每盱覩歷代

爲將者之險夷與夫兵家之勝敗國運之隆替判若白黑因附志之此以識鼎千載之遇

崇禎元年十月內三山聚衆數萬時出思銅等四府或刼掠官樍或擄綁生靈攻屠城邑慘不可言兩院會議必餉足二十萬方可征進時鼎建言若俟兵餉大集然後調遣賊益多備合無出其不意以少擊多攻之必克院可其議遂于

本月二十七日帶本標營官兵八千名分爲九路進剿三山綿亘思銅之間各據一隅一曰水硍一曰牛角一曰黃栢周圍三百餘里巢穴阻隘彼此延袤緩急爲援我兵攻水硍則牛角黃栢二山爲之犄角我兵攻牛角則水硍爲之逋藪年來黔楚咽喉屢爲梗塞如去年十月糾合箄苗及兩江九股公然逼討苗糧至亡等矣不數日連刼萬山黃道施溪

三土司又踰月連刼坡頭獨岩龍母等一十八寨共燒殺男婦三百餘擄掠生靈千餘財物不計向來

鎮道議勦議征迄無成功遇

本部院籌畫定以本鎮還銅會

題勦議既得

旨檄下諸將分九路進攻江之東南爲黃栢山縣黃土坎假角山匣斗等路進攻用兵二千

名以叅將王觀國坐營守備陶弘謨守備盧
吉兆加銜守備文元標統之江之西南爲牛
角山谿何家壩木杓營凱得傍等路進攻用
兵二千名以叅將李廷師守備李上進統之
越江而下至省溪西北爲水硍山谿白水哨
邊家屯陰溪等路進攻用兵二千名以加銜
都司林桂領兵武舉余輿忠印江守備秦可
加銜守備中軍邊民忠統之又檄鎮筸叅將

許自強守備楊開泰嚴督該管官兵把守鳳
凰王會二營要害牽制紅苗防其入助又如
金子梵淨二大山遊魚鋪田堧坪黃蜡灘界
河等處各分兵把截防其逸出貌以能幹材
官分佈已定刻期誓師
二十七日辰時至王老乃賊巢穴地名穿硐
有賊數百迎敵將官陶弘謨等奮勇衝殺賊
奔入巢隨發叅將王觀國等繇木杓鬼桃溪

一路進攻黃栢山盧吉兆繇假角山至黃土坎深溝五日之内陸續報獲功二十四顆至三月初一日各營合力併攻逆苗始猶盡力格鬭矢石如雨我兵爭先奮擊賊遂首尾不支在黃栢者悉遁入黃猫大塘在牛角水硍者悉遁入牛鼻子大山二山險峻壁立下瞰萬丈深崖勢難仰攻鼎先使人持令箭密授諸將即日偕出省溪四十里外樹幟琴頭山

鳴金擊鼓爲號若將進攻者然此去二塹僅五里四面銃砲相應如雷之震烟霧蔽天官兵攀藤扒壁而上賊大驚潰斬首三百餘級生擒二十八名墜崖死者不計而黃牯塹破矣

初八日再攻牛鼻山賊乘雨夜從間道潛遁伏兵齊起斬級五十餘俘獲賊屬二百牛馬鎧甲不計救回生靈三百餘人

初九日遣陶弘謨等搜箐馬一艮盧吉兆斬

獲多級生擒石老貴妻龍女王鈌口賊屬二

十五口

初十日攻打雷公峒生擒逆苗吳老貴石老

董等十五人

十一日遣中軍燕啓周督領漢土兵于濫溪

搜賊各兵至山有壍峻峭林木蓊翳係賊首

老帖張伯王老五潛住官兵衣簑衣伐木開

道奮力登埡燕啓周親斬王老五
初二日遣陶弘謨搜捕包免肥田婁腊等處
盧吉兆搜捕遼白崖順溪等處林桂搜捕養
牛塲冷溪岩余興忠搜捕雪硐小硐楊東昌
文元標搜捕下岐山深溪李廷師搜捕天門
坡凱里箐李上進搜捕易家箐共計斬級五
百餘賊屬三百餘救出生靈百餘人
六月二十八日移兵三千往洗六龍山各苗

久窺三山征剿盡絶勢必襲剿六龍防備日
久見官兵環繞悉摽死迎敵矢石如雨我兵
挾挨牌奮往衝突賊力不支督陣官雷起鳳
等擒斬多級查得諸苗世聯姻誼互相救援
刦掠地方亦相窩匿一遇征伐若剿三山則
奔六龍剿六龍則奔鎮筸養癰貽患誠爲難
除今六龍苗衆見三山盡芟欲奔紅苗併力
以禦是的鼎預檄施溪土官劉耀龍督兵把

截巖門陶弘讃把截黃蜡灘六家硐使其不得奔逸結黨合力以迎我兵故甫閱月而六龍之孽遂殄以上攻破一百六十餘寨擒斬一千六百九十二名救回生靈一千五百三十五名俘獲賊屬五百七十八名

本年十二月蒙思石道叙三山功有都督僉事林兆鼎慷慨滅賊先聲已足奪人沉幾策變迅雷不及掩耳以故所向克敵三山艸木

皆兵且牛衣行李遍歷行伍間倏去倏來鬼
神莫測所謂動如九天藏如九地者斯其人
矣禽獮艸薙嗤類無遺有目者所共覩等揭
崇禎二年十二月蒙
部院張
題叙三山六龍功次有總督諸部分爲九路先
克三山次平六龍者總鎮銅仁都督僉事林
兆鼎也籌策洞孫吳之畧用兵在程李之間

申明號令使兵不畏敵而畏我妙選材官臨
陣視摧堅如拉朽或時親矢石而三軍之氣
益奮或計縛渠魁而羣醜之膽以寒洵無忝
閫外之將軍眞可稱師中之長子特議懋賞
伏候
鈞裁等揭
三年五月內蒙
部院張薦舉大將疏有訪得駐鎮銅仁貴州

總兵官都督僉事林兆鼎廉勇出衆嚴毅有
執川多膚功黔屢奏績駐鎮銅仁親提士馬
掃蕩三山出銅仁一帶生靈于塗炭之中拓
開數百年未定之土宇真實心報
國無媿登壇等揭猶子之漼係福清縣儒學生
員追隨行伍多所賛襄
部院疏題有生員林之漼請纓志鋭對壘功
多殊宜准其功貢之請鼎男之瀛少具滅賊

之概與各將同仇偕作多所斬獲
院道常忻爲貴鎭龍駒功詳疏揭
崇禎三年十月初三日
兵部
題覆爲照三山六龍苗夷藪澤也從來憑險出
没思銅一帶無處不受剽掠之禍若其因緣
爲奸思附逆彥又咽喉之毒而非疥癬之疾
也自昔有移鎭剿洗之舉連年猙獰稍息懲

攘往來不可非肅清之成効况破寨斬級俘
獲時日既久勘驗不虛則前勞豈忍終于埋
没乎林兆鼎決策饒有成筭芟夷不致滋蔓
宜加優叙以酬顯庸
初七日奉
聖旨這三山六龍惡苗剿洗破寨執俘大彰師
烈在事文武各官勞績可加既勘查明確允
宜旌叙依擬林兆鼎加陞都督同知陶弘謨

加遊擊李上進等三員加都司僉書楊東昌燕啓周林之瀛等三員實授守備楊熙彩二十九員劄加一銜內林之漼移吏部酌用許自强着紀録秦可華任回衛張鶴鳴加銜一級遇缺起用陸獻明加服俸一級朱芹等七員各加一級内楊紹中林翔鳳遇薦起用其思石守備員缺即行推補該衙門知道欽此十二月水西苗衆安邦彥等掃土誓衆復犯

黔之六廣鴨池明家等渡薔乘
本部院有三方並舉之疏故爲先發制人之
謀鼎奉
令征剿酌議進兵及火攻條議凡十六欵
兩院以爲便遂著爲令命諸將奉行鼎督叅
將屈朝宣領官兵進鴨池路副將商士傑等
進兵三岔路
十四日三岔路伏塘商士傑等手斬六賊

二十六日梭節渡口遇賊敵殺羅鑑等斬級
三十餘
初七日遣官兵陶弘謨等三路夾攻谷里白
納牛場二宅吉直逼賊巢賊衆布列未定以
精騎赴之望其軍動卽鼓譟而進賊内自亂
剿殺無遺乘勝連破腊肚腊勒腊杵虫蟻堺
漂蜡租落塔沙紀那地腊孟播武等寨
初八日審令商士傑約范邦雄等繇杌地找

搭浮橋楊正芳等繇蜡駝塡塞濫溝陶弘謨等繇尖山潜出奪險扼賊之背廖必顯等各率水陸之師分道並進使彼疲于奔命攻破兩道水羊塲阿架洛隴四宅吉并焚剿四十餘寨

二十七日遣商士傑攻打糯東克之

二十八日直搗六威龍胯

二十九日攻剿古里灰

初二日夜渡三岔糯東各苗劄營谷幽坡易
河等處邀截我師遂密令我兵聲稱攻打賊
營乃潛師繇間道殺至谷幽織金阿乍長衝
落壩猴以則駡亞等處經過賊寨盡燬之賊
望火烟來追鏖戰又從西里十女穿賊腹心
突入馳擊敗北之聲如雷斬級百餘
初三日攻破恰必宅吉
初七日屆朝宣兵至大索橋遇賊鏖戰生擒

阿烏斬級五十餘俘獲賊屬四十二人同日
又遣副將楊正芳守備毛禮等至阿萬河埋
伏有逆賊馬騎來衝都司任先覺等追殺多
級是日楊明表至古嚷偵探生擒西賊阿蓋
八月初十日四川仁合路總兵官羅乾象會
合許總鎮成名協斬倡亂賊首安邦彥首級
一顆
十二日遣𠫊將陳謙攻打落𪐴𡉑斬級百餘

十八日屈朝宣攻打六寨斬級二十餘
二十八日攻打歸宅吉王明等斬俘甚衆
九月初二日分遣官兵二路會掃七百房陶
弘謨等攻打甘壩老嫂等巠
十三日鼎領楊正芳等從虎場營分兵三路
縣歹蘇馬尾歹乍並進以分其力賊衆老巴
等渡河聚劄羊耳箐恃險迎敵寄令官兵先
集河邊截賊去路以數十騎掠其營賊率騎

來追連聲砲發賊疑有大兵退走追至河邊
前後夾擊斬級百餘隨于
十四日選衝鋒過河一面分撥銃弩手輪班
隔崖擊打使賊不敢下來迎敵以便我兵上
攻正鏖戰間有虎威營王表奉令發兵三名
從上流涉水過崖奪獲船賊一隻始得急渡
官兵湊集自寅至午攻破逆賊第一營寨乘
勝破賊七營斬級二百餘

初十日諜知安邦彥子領兵二營至鴨甸糾集河邊苗仲併烏蒙芒部兵二十營作浮橋渡恩蜡等河意若犯平壩者誘我大兵出援彼得肆意衝營遂傳令各官兵撤回各守信地併檄里民堅壁清野俟賊回巢我先統兵邀于河上使賊首尾受敵片甲不返諸將依令

十六日黎明賊率馬步兵二萬過河見我兵

寂然不動遂撥馬奔回我師前攻後襲殺死
賊兵甚多見陣前所拾弓箭夷器眞苍部兵
也被我兵大剏復逃入化處等寨
十八日過河攻打化處安卜宅吉歹鮓等寨
直衝賊營與賊鏖戰楊正芳任先覺等至化
納哨納生擒西賊阿九衆賊抛棄鎗牌奔入
六歸所有水外逃苗男婦隔山號呼乞撫隨
即宣諭

朝廷德意招出苗仲二百餘名獻馬三十一匹
自願軍前効用或聽水外安揷
初六日與六廣路副將王國禎繇谷里攻打
水西城
十六日發兵至地名沿革遇賊登高掌號我
兵知有埋伏一面設伏以待一面奮勇上山
頂將掌號二賊斬首奪獲號頭正下山間伏
賊齊出官兵敵殺賊衆敗潰追至水西城共

斬級百餘
二十一日遣楊正芳等攻破六歸連攻崖口
以這化烏基生擒阿紀斬獲多功
初十日攻打必舍衛殺溺甚衆連攻阿租夜
暮宅吉白舍等處克之
正月初八日賊兵數千暗伏山下先放馬騎
百餘往來誘戰隨呇令我兵按甲勿動廹其
意怠力竭擊之賊遂大潰斬級甚多以上共

擒斬二千餘級俘獲賊從三百餘口救出難
民四千餘人招降過夷民三萬查自
崇禎二年七月十五日起至三年正月二十
日止大小九十餘戰斬獲纍纍賊計窮勢窘
願就戎索鼎將夷情申達
部院一體赦宥併先時官吏貪苛糧馬額外
侵累盡行剗洗
部院

題奏立石俾可百年爲不侵不叛之臣仍于鵬
池樂平等處秉兵力稍紓開築城池扼水酋
咽喉要衝以爲一勞永逸之圖從此上六衛
地方賊不敢越河出犯
崇禎四年四月蒙
部院朱
題奏爲
天威丕振西土告寧謹遵

明旨查叙前後功次以彰勸典事內薦總兵官
林兆鼎偉略壯猷有嚴有翼已建標銅之業
應崇紀鼎之褒等揭
鼎按逆彥因改設慘酷苛求糧馬效尤奢酋
致爲厲階數年以來屢勤
王師總爲逆彥一人戎首未得大費調停至今
日合楚黔蜀三省物力共圖此局逆彥方得
駢首就戮叅諸君子克廣德心要爲

君父紓難敵愾何黔何蜀何已何人譬之獵者
射虎山上虎盡力走斃于山下人得之遂以
爲能斃虎也彼此爭持耳目自不可掩徒多
嘵嘵爲公論所短鼎未知得失果誰屬也諸
君子秉時建豎惟以忠義二字常常打點時
時激發勿爲功名之念所動則何
國事之不集而世途之難測哉私念二十年疆
埸皓首拮据非有殊尤絶技而上下相信所

至克捷恃此而已

崇禎四年十月定番州知州梁熠塘報擺金苗仲刼殺該州地方荼毒生靈攻圍城池鼎

奉

部院檄統兵三萬接戰苗之援糧鬧我兵至方欲遁回鼎寨令四面把截悉發精騎邀其歸路令其坐困數日苗等棄鎧甲宵遁衆候炮响齊集奮擊斬首二千餘陣斬倡首苗魁

王國卿等十餘人餘苗降附願歲輸苗米以

佐軍需事詳

部院賞銀一百兩班師回省間思州府鎮遠

府施秉縣偏橋清浪等衛塘報兩江九股黑

苗數萬日出官道刼殺擄掠州邑民不安生

商旅畏出途

五年正月初十日奉　檄召集漢土官兵三

萬分佈三路並進鼎統部下官兵前至施秉

縣駐劄隨于
二十八日遣標營統兵將官查懋修林之瀛
等攻剿甕西甕涼等處賊已預探情形聚衆
據險三路迎敵自辰至午賊力稍懈以精兵
衝其中堅大軍雲集左右堵殺傷溺不計又
密令百戶馮明德等截守要隘防賊逸出伏
兵河下邀遏賊數十包裹奮擊俘斬三百餘
酋

二月初一日兩江黑苗集衆萬餘分爲八路
過河五路敵殺欲閻官兵鼎督督陣官李瑞
等敵前鋒副將楊光增等敵右路叅將秦可
等敵左路守備尹三聘等敵西北馮明德領
兵敵東南與賊接殺自辰至未有前鋒李上
進官兵銃弩傷苗甚多又得左路丁學等兵
抄路應援苗奔渡水楊光舉等力追之人馬
辟易溺死苗衆無數右路楊光增見賊披靡

追殺苗級數十矦榮巒把截後路生擒逆苗

細作申冒阿林阿呆三人

初三日逆苗蜂聚于黄岑寨膽等處相爲犄

角所恃者四邊濫田淤泥又有小河環繞其

外斷路塞險隨令標營將官查懋修林之瀛

等諭兵士各備艸一束于

二十五日早將束艸盡丢填滿濫田覆上竹

笆人馬易行賊來接戰縱步兵横貫其陣斷

而爲兩火箭火砲齊發震天動地賊亂奔潰

乘勝剿洗凉傘白壩岑溜白菓甕太平等數

十大寨

二十四日督兵至平岩劄營以保文繼爲先

鋒是夜三更發龍塲將官劉鎮藩等前進賊

知有備聚衆一山約有萬餘憑高拒敵官兵

以步兵牌銃衝其中堅馬騎張兩翼而進保

文繼等裹傷血戰自辰至酉賊大敗宵遁斬

級三百餘賊屬夷器不計同日苗仲集衆打啞溪水内離寨十五里剳營此寨賊兵精騎俱在攻破此寨則餘寨勢成破竹懸賞三軍衝突大陣賊衆潰圍而走連剿龍塘等十餘寨

十一日移師施秉縣令各營官兵找搭浮橋黎明逆苗蜂集逼岸矢石如雨我師各統挨牌鎗銃步兵從上渡河且戰且行繼令馬騎

從淺灘躧水過河由下包襲賊後遥見賊勢亂動張精騎左右夾攻賊衆大敗共斬級二百餘生擒賊首僞國公老拗僞總兵老石緜此渡河大戰各苗膽落星散

十五日攻打老毛大埡此埡天險一線鳥道江環其下苗恃險固以爲巢穴積谷屯糧牛馬輜重咸藏其上仰攻爲難鼎懸賞三軍攀援而上埡上矢石亂下官兵用挨牌抵遮自

辰攻打至未寄令我兵將噴筒火箭焚其茅
舍連破三木城隨即潰奔追亡逐北斬首數
千級又諜知遁苗聚嘯橫坡一帶令各營追
襲斬級甚多
二十四日令標營將官查懋修林之瀛前往
長灘稿崩山坉寨攻搜遁苗斬級四百餘
二十五日攻破鬼車坡寨併臻硐高坡八稿
鬼亮各坉

二十六日甕西甕凉黄岑寨膽等寨逋苗仍
聚黨過河徑回本寨令秦可等相機剿滅本
日賊果嘯聚斷路據險以抗我師大兵麕至
四面攻圍賊始奔斬級四百餘
二十九日諜知兩江逆苗自大兵入剿氣索
不敢復出悉逋入老毛坓奋懲脩林之瀛等
谿下秉過河從小江上流包截以本日黎明
多備銃砲首尾攻擊逆賊接應不暇我兵踴

躍登埜弓弩火藥互相激射賊人驚潰共斬功級六百九十五顆繇是景硐漏硐橫坡三岔凱里瑧硐等處俱已殄平餘寨自願認納報効糧米二千餘石据地六百餘里復施秉

縣治

一重安司土官張體乾土舍張黖管下甕柄岩鷹黃瓢等寨每年納糧米三百六十四石運至興隆衛收貯

一朗城司土官馮國祥管下甕谷隴坪岩等
寨每年納糧米三百五十石運至偏橋衛收
貯
一岩門司土官何秉正管下江内滚水長坡
山愷慷簸等寨每年納糧米三百石運偏橋
又江外革夷冷西沙邦雞西等寨每年糧米
七十石運該司收貯
一偏橋司土官楊起鳳管下白洗等大小八

寨每年糧米一百石運偏橋衛收貯

崇禎六年三月内

兩院覆

題叙屯築戰功廕一子鎮西衛指揮使于

崇禎四年十月内以原官改南京右軍都督

府僉書

威暨録卷之二終

威暨録

三之五終

威暨録卷之三

福唐林兆鼎著

靜邊條議 内一欵

爲設議靜邊以安地方事照得銅鎮紅苗三省夾中彈丸鼎穴倚山伏谷專肆刼掠荼毒生靈筸子長官司轄苗四十八寨俱皆蠢爾不化鎮溪千戸所轄苗一十二里六里向化六里跋扈北隣永保西陽宣慰西隣平茶石

耶邑梅烏羅平頭着可等司東隣鎮溪筸子五寨二十八營南隣銅仁施溪黃道等司量地週圍三百餘里計苗不過二萬昔年犯境寅出卯入不敢遠離巢穴近因漢人勾引永保縱逆直犯州縣刼殺仕宦虜劉民命歲無寧日鎮溪直抵鳳凰計程一百二十里近築邊城殊爲永益詎因營哨布列零星官兵曠尼散地徒建有益之長城反懈無律之刁卒

叢集二十八營哨蚕食七千有零官兵歲縻餉銀六萬四千四百嗜民膏脂占民田地慣譁而不慣戰畏苗而不畏法永保宣慰藉彼聲勢以固疆圉且有擔承撫管責任在卷洞筸永强四哨額設土兵一千二百有名無兵

虛縻

國餉辰沅衛弁藉斯哨務以供家口故屢剿屢

留疊

奏叠塞且各路諸苗各有信地責任册食哨餉
出入市鎮交結漢人往來貿易引誘出刼楚
苗出犯黔地黔苗出犯楚邊叠相易地互爲
生熟此皆養虎貽患哨守之弊也茲本鎮特
申
部院帶兵三千隨護親巡鎮筸路看險夷順
則慰撫逆則行剿改築遶道邊城移徙曠遠
營哨隨墻排營駐守黔哨亦照此例不過三

里一營五里一哨聯絡築城不費公帑不煩兵力止用鄉夫樂于効力不一月而可以告成不惟威令宻布醜爾帖服卽永保酉陽諸夷亦畏虎豹在山之勢不令而行無爲而治矣謹議

征剿紅苗條議內十一款

一情形

兵法謂知己知彼百戰百勝自古未有不悉

敵人之山川險易與其技能勇怯敢輕言用兵者紅苗地跨三省形若三角中橫界一河其河北獨爲川苗計數眞苗大約五千餘地界東隣酉陽北隣平茶邑梅石耶土司西隣烏羅司併黃眞振武地耶諸營是爲黔邊每多緜此出刼雖曰川苗實害在黔爲貴苗之羽翼者也其河南之東大半則湖苗約計眞苗多至三萬餘地界北抵河通川苗東北則

地名茶洞江安路出酉陽東接永順東南接
保靖南接鎮溪所乾州筸子土司併栗子諸
哨其西南則五寨以及永安王會鳳凰諸營
與黔邊龍潭營接壤多繇此出刼湖貴之苗
合黨禍及兩省在湖之各邊界連土司諸蠻
雖未見其虐焰而不知顯助川貴二苗併收
買二處擄掠生靈彼嗜川貴之深利川貴恃
彼為淵藪雖曰湖苗實川貴之苗所恃為輔

車唇齒者也河之西南隅則係貴苗大要眞
苗亦只二千餘東連湖苗北連川苗東南接
湖廣鳳凰諸營次第則龍潭報國正大諸營
路出銅仁思州施溪通萬山黃道平溪一帶
西南則盤石官舟麥地諸營路出天星通挑
映壩黃稍上出七里衝犯提省地方入黃栢
山思州一帶西則坡西龍頭太平地耶諸營
接連川界合川苗路出烏羅提溪朗溪思南

石阡印江一帶其苗巢俱沿邊而處空中山
箐專一勾連湖川諸苗惟一刼掠為生雖近
黔邊實湖川二苗之嚆矢也合而論之三苗
之地週圍不過三四百里穿心不下二百里
查惟有深箐荒山甚險塹爛田統計苗止五
姓約真苗不上四萬餘其附翼之者則麻瀘
之民與年久陷巢生靈此輩既無可歸中國
之勢又懼難逃中國之法故敢勇死戰甘心

爲夷耳然在昔幾次征討多就一隅進兵未
合三省之力故得併力拒我抑湖苗多永保
爲之窩藏鎭溪護其順巳川貴之苗復爲之
翼蔽徒役衆而無功今揣其山川無天塹巖
關之險道路無千里飛輓之勞長技不過弩
矢熟于步戰此火器與近來挨牌可制者也
况用弩善步戰惟扼險緩戰則利在平原遇
騎兵則忙無所施抑諸苗無頭目約束黨皆

烏合勝則蟻附蜂擁敗則鼠竄狼遁所恃者倏聚倏散謂地廣而我不敢深入耳今既奉題請部咨三省合兵進剿在我分路而進在彼必分路以應其敵之大勢已分其膽志必寒計必料諸土司之兵尋我官兵之勁者捨死一戰彼諸路自趦趄勢必奔潰入箐難以再整此征三山之後勞古人聚米爲山谷虜在目中良有以耳

一用兵

兵貴精不貴多此爲善奇者言也又曰厚集其勢先聲奪人則兵又在于多矣今揣三省之眞苗與漢賊將近四萬餘毋論彼性樂死好鬬若以重兵臨之勢無生理人人自衛一可當十奮死拒戰我即用慣戰官兵尤當嚴法懸賞庶摧鋒抑鋭破竹之勢可成此豈可依里民之議專用民兵能制勝者乎夫民兵

有五不可一則衣甲器械不整二則步伍進退不練三則素畏苗膽怯一人有失衆則奔潰四則知軍法不能束退縮偷安五則貪利爲賊所誘今照黔邊須黔中練就馬步兵一萬五千合本鎮四標營與銅仁標營兵蓋此兵皆係選鋒堅甲利器久習行伍况皆見食糧餉不過移彼來此兵以利動未有不踴躍從東者而且不煩議措兵餉不必另爲招募

臨時訓練至于民兵雖不可可專用仍照黔
中用軍屯把事例每兵一名日支行糧一分
以用兵罷兵日爲起止各鄉之兵用各鄉鄉
兵把總有智勇者督之看係何路合得兵若
干挑選其精壯勇敢者以一將官併用其所
管之官如土司則正副土官一員同領之合
官兵進剿得功一格行賞違制一體行法庶
不爲驅市人之戰其稍弱者或劄連珠營以

通聲息或劄守要隘以張聲勢搬運火藥軍
器餽糧皆用此類所謂奇正相生厚集其勢
之意也至于兵難遙度又在
本部院檄行川湖二省相機揣勢斟酌于多
寡之間也究之三省之苗共處一穴東擊則
西竄南征則北赴干係利害一切如黔之苗
既靖則利不止于黔湖川之苗既靖則利仍
不止于湖川所賴三省誼切同仇合力剪滅

尚存胡越之視不克成功究且爲夷所輕噬
臍之禍有不可深言者是在憂時者圖之

一屯糧

兵貴宿飽則敵愾益張庚癸頻呼必爲敵乘
然則用兵必計糧爲先也除湖川二處議兵
自當籌餉外若黔師則當會計官兵若干民
兵若干籌其可供三月之糧盈縮其數以爲
起派嚴加催徵以俟師舉

一進兵

兵有合而爲正亦有分而爲奇總在致人而不致于人故曰善攻者敵不知所守今紅苗穴據三省路出多岐一面進兵則合力相敵此敵人屢屢持勝之法也今照用兵雖屬三省而苗之强悍有力者多聚于川貴邊界以黔爲正兵如湖廣之兵當以辰沅道監軍鎮筸叅將總統辰州府監紀先檄永保把截茶

硐紅安一帶禁火甲等處土蠻窩藏鎮溪所
一帶俱宜檄其起兵監制不許外助其五寨
乾州鎮筸之兵則當進攻筸子坪苗以道參
坐此總督葢湖苗惟筸子坪叛亂爲甚此苗
旣剿餘苗自爾讋服其王會永安鳳凰一路
宜合黔兵一枝進攻西凉冷水據湖貴界上
諸苗其黔兵則鎮道府坐龍頭營此苗之門
戸卽當以主兵進此後分一枝繇正大官舟

扼要而進以攻古井諸苗其坡西振武地耶
一帶相其要路合烏羅司思南思州二府併
朗溪印江四十八旗等兵當以副總楊明揩
恭將楊明表分統或二府府官請一員監紀
進攻進演諸苗蕃二官生居邊界用兵有方
諸苗素畏先聲可破敵膽者也其兵當以川
東道監軍以酉陽宣慰司總統雖起土兵仍
用官兵相攙將官總率如石耶邑梅平茶則

各兵一路進攻地崩岑酉陽司獨攻踹車一
路然所以便利路道總在諺路官將自酌又
不必確準諸此也然兵先嚮道有謂以健步
者夫健步雖時爲往來但知糧苗之寨而生
苗之穴不知有謂以糧苗歸順者夫糧苗即
暫爲降服衷猶疑二狐兎有悲不可使也今
各營哨俱有積年通苗之人如贖取生靈牙
郎之類併久年陷苗贖回者于各營把總各

限要的當幾人以妻子爲質彼通苗者以此贖罪受擄者以此雪讐況可以加法不敢推委支吾者也更請

本部院差官于川湖兩路督陣仍要彙報本鎮以便塘報

本部院三省各路俱要多置塘兵常穿以通聲息以商機宜併嚴禁搶功以杜怨尤益本鎮原

勅載兼制湖北川東須在先預爲申飭務期事
權歸一法令可行

一暫撫糧苗

順苗平時以食兵糧把隘爲名此中羈縻之術實貽養虎之患蓋逆苗雖惡不識我道路不敢輕出惟此種沿邊而處或在內寄居哨上往來不忌或爲逆苗嚮道勾引出刼或放苗入界坐艸拿人或糧餉愆期便搬入巢如

人附歷之瘤留之不甘去之不敢今旣合兵
靖勦論罪則當先治以勢似宜後及何也彼
一聞兵舉必盡搬入逆巢及兵進則爲内苗
嚮道料我師之孰堅孰瑕而敵之是返驅之
作逆苗謀主也不然我路皆彼熟知或我兵
進彼間道反出以邀我後或擾我行人或聚
衆漫入内地以牽制我兵今莫若于將起兵
之先各哨懸一招降白旗願歸附者待以不

死將家口搬入營中籍計戶口事平之日分地安揷永爲良民如有願效忠從軍報効者仍如官兵一體奬賞不降服者許順苗擒獻如此不但去逆苗之所恃心志惶惑亦以夷攻夷分敵勢之法也至于事平反戈我勢既重彼膽自寒何患無辭故齊威伐楚先結江黃晉師滅虢且賂虞公法同一轍也

一緩征湖苗

湖苗種類繁衍地方亦闊湖邊王會鳳凰諸哨患之恨不急剿其十里等苗爲鎭溪所管者今查叛去七里只存所前沿江丑駝拜里歲仍納該所年季表腊其叛去七里約有二萬餘苗若乘此合力申明討叛之法則七里仍可歸吾版圖其永保二司所屬如崇河排那巴董排那諸苗雖聽撫制如余梁二家之苗約將一萬久已叛去今驟議緊剿倘三處

力不能勝猖狂以助川貴以死拒我卽川貴亦未可知也以上諸苗不許出助川貴納受逋逃俟川貴旣洗之後合三省之兵相機席卷一鼓可殲也故岳毅破齊先結韓趙孔明伐魏申好江東斷敵之肩臂法同於此

一嚴窩藏

石耶諸土司附近之民素爲苗威所刼結交阿諛已慣亦愚民之慮多恐剿洗不盡遺孽

尋事貽害勢必多窩藏者茲舉嚴行各地附
近苗界之民併各寨各路將官或土官俱要
發員役坐寨仍禁其騷擾多事庶窩藏可杜
一緊把截
除湖川進兵彼各路申飭自有把截之法惟
照貴苗内黨尤宜急防如坡西諸路一出則
徑通金子梵淨水硍牛角等山俱林箐深㟏
險塹懸巖一入其地雖有搜殺無所用之如

龍潭報國諸路則出通六龍黃栢等山須嚴責坡東坡西總哨等兵日哨夜伏專守邊墻以及要隘如喫要處盃以官民兵稍疎虞者以軍法處斬如此法嚴則人不敢有惰志羅網密則釜底遊魚可必其命矣

一搜箐

一日縱寇百世之殃蔓艸難圖禍緜萌孼倘大師克敵而後彼勢旣潰必潛躲山箐待兵

退復出其毒尤甚如某路兵攻某某處卽當于某處相機扼要劄一老營固守每日分督官民兵必緣岩穿峒入林踹箐雖鳥道羊腸亦所必到相機搜捕仍多帶銃炮見賊蹤跡以砲爲號一路砲响各路朋集或相要路截殺晝則採打浮糧以絶其資夜則遊兵坐路設伏擒拿如此搜守三月雖有殘苗無噍類矣

一善後

從來樂終者忘死厌之燃持滿者類強弩之末此千古灼弊今照征劉紅苗倘已成功須于議班師之際乘各路官民兵聚集之勢如坡西則當于彼路苗穴適中仿舊威遠營諸形勝立一大營用兵五百于坡西諸哨可撤者撤之并兵于此不可撤者留爲犄角坡東諸苗穴如古井等扼要適中處立大營用兵五百于坡東諸哨可撤者撤之併兵于此不

可撤者仍留以連絡其勢龍潭一路如西凉
冷水諸要亦立一大營用兵三百楚兵所得
之地亦宜內立一哨用兵三百共守龍潭報
國諸營尤不可撤留壯其勢湖川所得之地
相勢立營亦然至于內穴田土即給與各防
兵屯種并招集流移塡實仍要各營官兵內
修通衢不時會哨搜絶遺孽俟地方清楚踏
勘丈量之後方徵其税庶于人烟稠密苗自

無所容足在我勢成指臂呼吸相通桑麻遍野矣

諭各將官

昨發兵符大槩籌畫耳至于臨機應變又在本將智勇妙用令報水外賊約各寨挑安酋蠢然內應然水外賊斷不先動聽安酋過河方發本將只偵探要真但所管要路有賊偷路來迎安酋量渠兵多少截殺之如安酋過

河察探的實何日渡河先于渡口埋伏半渡擊之賊必駭亂要多帶火砲藥弩如火藥少或銃少便當星速來請藥箭少即請銀委的當精細人查某處好藥箭製買但賊有消息并軍中緊要事情不時報知本將要打起精勇與賊勢不兩立選英銳有志氣男子結爲腹心優以犒賞鼓以忠義各兵時時教習使之勇于赴敵退怯者斬自可摧鋒陷陣勉之

勉之特諭

編營伍

原黔中營哨編立隊伍其法俱同內雖多冗員差占如近奉部院憲行以二千爲一大營方許立一中軍一掌號一提調五百人爲一哨一把總管之旗吹手不過二十名雜流亦不用多其餘編入戰兵以十二人爲一隊百二十人爲一旗

至于衝鋒之選果技藝膽勇方准入冊其法甚善無容再更其名兵糧冊仍聽照舊造核不得以新募一處請支以致混淆查駁不便

申連坐

夫臨敵不尚節制故進前者徒死而無賞雖欲賞之無處查考退後者倖生而無罰雖欲罰之亦無處查考也今定以節制取具連坐甘結此法一行即百萬兵一時進前退後都

有查考如一司人齊進臨陣退走必擬殺把總把總能見他一司人退時他立定不退一個孤身能敵幾賊倘被賊殺傷就將他管下哨官都擬殺以償把總之命如哨官見把總不退就守着把總倘一哨人退時他能不退被賊殺傷就將他管下旗總都擬殺以償哨官之命如旗總見哨官不退就守着哨官倘一旗人退時他能立定不退被賊殺傷就將

他管下隊長都擬殺以償旗總之命如隊長
見旗總不退必守着旗總倘見一隊人退他
能立定不退彼賊殺傷就將他管下一隊兵
都擬殺如隊兵見隊長站住都守着隊長不
退且個個自思退而必死不能躲閃不如進
而殺賊取級立功且未必死人人鼓勇爭先
縱賊數萬可能料敵取勝如此誰敢躲閃自
于軍法如每隊下一伍內有一人當先四人

不救致令陣亡者四人俱斬如亡一人斬賊
一級以級恤亡者之家如亡一人得賊二級
一級恤亡一級梟分再多恤只一級餘俱梟
分以至陣亡隊長旗總哨官把總將領俱如
此例但亡隊長必得賊隊長之級亡旗總哨
官把總必得賊如旗哨把總之級乃可抵贖
若全勝賊或陣亡部下首功甚多亦不必拘
定所殺是對等之人通免連坐照功擬賞𠬝

在臨時定奪

申戰彀

凡列隊須一息而定列時勿使敵知尤妙敵不知則用暗令列陣敵知則用明令列陣列畢火器在先抬於陣前或寇來衝我或列陣待我候到五十步內火器聽令齊發只許放火一次後看起火各射火箭弓箭且行且射兵士秉火烟如雲一齊擁進雖是飛走迅疾

無亂隊伍無毫髮遲疑藉火烟之勢飛進之雄奪其心目徑前交鋒彼自披靡兵法謂勢險節短始如處女敵人莫測終如脱兎敵不及拒者此也凡趨戰時正跑間或有跌倒一二或為器械所累或一時發沙眩暈或為矢石彈子所中未必喪命便是父子兄弟且不必回顧只是一直向前殺敗了賊俟回兵時從容收拾調理必可保全其性命若不奮力

向前且顧跌倒的兵稍致遲延致賊趕至衝
殺所傷愈多不惟究竟救不出傷倒之兵抑
且併徤者亦亡之矣此臨陣第一要着蓋賊
雖有强弓勁鎗不過一再發跑到身邊短刃
相接縱是弩鎗俱無所用矣若與賊各立定
對打傷多氣奪再進不得也

威暨錄卷之四

福唐林兆鼎著

進兵條議 内六款

天啟七年六月二十一日

爲酌議地利用兵多寡蚤收全捷底定危疆事竊照逆酋煽亂流禍諸籓觀兵六載清晏未期葢緣賊巢延袤連界三省嚮來用兵未審地勢期會不一故賊得扼勢併力制我而

我反不能制敵徒糜兵餉無裨廓清本職才力綿薄不堪任倚惟是三任蜀中兩援大方谿遵谿永深入巢穴路徑險易先已悉其情形而後詳其方佈故所至克捷若有成効至于黔省諸路向經酌議亦得悉知此畨大創當預審地勢以爲用兵多寡合而爲一分佈搗巢動出萬全以收全捷謹將黔省遵永三路用兵事宜開具于左以備採擇

一黔省乃會城重地其進兵道路如三岔鴨池
六廣皆崎嶇險峻蠻寨環列且長河峭壁不
便於越渡直搗河以内至大方百七十里寸
寸皆賊巢穴前後左右賊能衝突邀擊於我
在我往往失利者皆賊以主待客以逸待勞
此兵法之所謂也豈得復蹈前轍以挫兵威
法宜用兵三萬分路並進使彼前後不相謀
首尾不相顧則勢在我矣兵法有反客爲主

反勞爲逸者此是也水外順苗聯絡剳於河
岸候遵永會合官兵俱到方可過河攻搗大
方擒滅首惡以啚廓清
一遵義與水藺賊巢比隣徑路甚多宜戍重兵
分頭並進一大將主之八偏裨分統雖有寨
林深箐無險塹可憑便于進兵如府城䜌金
藏寺樂朝水坎茶菌頭白泥箐岩孔過李毛
合沙溪至打鼓寨小路進賊杓地名必落牓

截徑大方此路苗賊繁夥當用兵一萬分進
自府城繇忠庄馬坎金刀坑白蜡坎黑馬站
合沙溪抵渭河會合盡賊窟穴宜用兵一萬
五千繇此一路進自金刀坑繇河梁庄偏岩
塘抵鎮南關過河西地石灰窪馬埸栗木洞
雄所烏慶水至渭河會合此路最緊要當用
兵一萬五千進
一栢楊用兵三萬宜一大將主之八偏裨分統

且栢楊隣近湄潭易於積糧故兵出中澤林
掃蕩逆苗以清道路使無前進後塞之虞直
至黄土坎抵湄河會合遵兵相機進勦遵義
府城乃一方保障府縣倉庫儲蓄糧餉以便
轉輸且招撫流亡見今開種應駐兵五千防
衛疆圉
一永寧縣普市摩泥至赤水皆爲内地向無盜
賊自赤水抵畢節延袤數百里皆賊寨穴廼

老酋逋負之藪況與鎮雄烏蒙東川烏撒西
土司接連率皆姻親多陰助逆酋兵力宜重
當聯絡營壘於白岩孫家鋪層台木西鋪海
子洞等處相機掃蕩先刳赤水脩葺城垣招
撫流移儲蓄糧糗隱然虎豹在山扼絶四夷
陰助之路聽候會合師期進據畢節疾走火
灼木空等寨覆其巢穴賊自膽寒永寧衛城
乃根本重地當分駐兵三千守禦城池恐四

夷觀望搖惑馬鈴堡龍場壩一路乃水藺交
衝之所當分兵一萬劄上下河口鄢家渡等
處仍用勇敢熟識地利降將一員爲先鋒以
智勇漢將一員兼督進攻龍場克仲孖子關
等處分兵左所與赤水兵會合進勦赤水衛
當分兵三萬七千碁布營壘于前十里高山
堡淸水鋪後雪山關爲老營五里鋪併守城
要路普市新寨新添堡一碗水黑泥哨摩泥

等處分劄運糧總候會合師期並進一赤水過河則有清水鋪白岩中火鋪孫家鋪陳四溝斯粟堡海子硐大壩左所猪場等處大峒俱在大路左右可藏數千人且中有河水先發兵據硐而守則賊不敢正視赤水恐我襲其後也當預積糧米硐内以待進兵

一進兵必得七路並進若分布多徑兵勢单弱虞賊併力死拒我師遥難接應當預先訂實

師期毋致此先而彼後此進而彼不進互相
觀望以失事機務令官兵齊集爭先勇往仍
酌量道路遠近遠者先進一二日近者後進
一二日齊則合力併攻酋魁自能擒獲
一各路進兵當劄腰營于要害處所籌運兵餉
遠以三十里爲止每營用兵若干輪流護送
連珠不絕庶餉運無匱上絕庚癸之呼須該
路各道將酙酌分布

一滇兵援黔不必深入大方當行

沐府親提土兵二三萬屯劄于霑益烏撒之

間或撫或勦使烏撒東川烏蒙株守自顧不

敢助賊用奇兵下畢節相通即此便可援黔

但大兵離滇而東川去尋甸僅隔一山不過

六七十里則尋甸一兵控制東川自不可少

一攻戰器械火攻爲先百子伏狼三眼鳥銃火

藥火繩鉛彈皆預先委官製造分散各營仍

選慣熟銃手教演練習以備前鋒至於皮甲
腦包綿絮鎗刀弩矢等項知公帑有限不能
遍給應將各隊兵歷過月糧支補責令各頭
領火速製造勿待臨時悞事

火攻條議 内八款

水西罪人積逋久矣今日不擅長技終不足
以破賊巢而不曙火攻終不足以伸長技是
故平地淺草矛戟先焉曲道相伏劒盾先焉

川谷居間弓弩先爲入賊地當度兵器之所
宜適必其無所不宜莫如銃具而銃具之所
以稱神惟在火藥夫童子造烟國人不能足
薪以一燃將無所不燃也純用火攻大賊不
能負固以一殪將無所不殪也振槁燎毛拔
莫長此然而不度銃具之孰爲便用孰爲不
便用而空曰火攻此無異於操劒室而誇青
萍龍淵者也不究火藥之如何爲神如何爲

未神而空恃鏡具此無異于駕木騮而欲追風逐電者也鼎閩人也請言閩事邇者經夷窺閩樓櫓如山震砲如雷佔城彭湖背負若鰲闖入鷺門海水爲立盈盈衣帶閩廣之襟幾斷乃我濟師海上純以百子更番攻打遂焚其二舟紅髮窮宄載胥砲烙餘孽因擢尾毁城而去此用火攻之明効也何也彼以大將軍砲之用獨我以百子之用衆大砲藥以

數斗一發膚腹遂熱不得盛藥再發百子循環一番攻打一番裝藥此我之長技所以獨伸也然則今日欲大舉搗巢振破竹之勢收掃穴之功火攻諸要可得而言已

其一曰宜百子夫百子何以獨宜也葢

國家北創虜南創倭得力全在火器其陸而讋壘驚營衝堅陷陣多用毒虎走兎地雷神飛諸器其水而截鱷剸鯢焚艘殲衆多用妖毬

九龍蜂窩追風諸器至于北地馬兵專用三眼銃恫以馬上難于用重銃捍還可格虜而虜來擁衆人馬相錯隨三眼所中必有一殲然其大勢只及三十步虜馬疾如飄風如三眼之用多詘此以長技而反短用之也南方水兵慣用鳥銃皆以倭在海上如一點浮漚成登岸布勢又单列而長故所以擊殺之必用鳥銃按其照星如弾鳥然但一銃只傷一

賊終未十分全制虜也故今日欲入搗苗巢莫便百子愚嘗計之有八利焉不待交鋒接刃可先一着於數百步之外利窮遠一也列於戎馬騰踏之衝能使人馬俱斃利格殺二也賊巢險隘用爲先驅數銃當前萬夫辟易且戰且行衆隨而進利扼要三也一人腰繫火藥二十筒隨裝隨放迭出不窮使賊莫可支吾利更番四也不待接之架上而但置之

肘間東西南北高下遠近惟吾所向利輕便五也彈下如雨匪茀當前之寇得以糜其肝腦聲勢連天抑諸路之苗先已奪其妖魂利作氣六也又且一銃而裝十弾一發可斃十人一可當十利以寡擊衆七也計製造三千門實用可當三萬人聲勢可當十萬人而費僅三千金力省工倍利節嗇金錢八也夫今日師老財匱極矣所當積日併夜而圖者惡

賊如何一鼓可成擒耳所樹表而招者思如
何三千人可當殺萬人之用耳所所持籌握筭
而無暇休沐且飯者思如何省約可結累年
費數百萬金錢之局耳而以百子之便利若
此是故不可不多製也此一議也
其二曰辨工窳蓋銃猶人身然身必無一髮
一膚之不恊于理而後指臂可以相使銃必
無一竅一竅之不適于節而後點發可以無

差毫末微芒尋丈倍萬最不可以不致辨焉
是故一辨火候夫一銃之成非一鏌之液各
爐之火非一工之手必火候盡齊須融合渾
堅倘生熟不匀合而成銃則于聯屬處便不
十分相當勢必有脫節之患一辨煅煉夫銅
鐵之資非柔脆之質百煉之鋼寧一經之鍾
必融粗歸精斯渣滓絕無倘頑性未除矯而
爲銃則于滲漏處便有微瑕蟻孔必有炸裂

之患一辨銃口銃腹如鳥銃百子用取直遂然必膚腹與出口上下均齊畧無偏側中方可命倘銃口與銃膚不一直而下自相扞格每置鉛弾閣在銃吻則弾自弾藥自藥並不相蒙發安能準且出口又不欲寬而膚腹又欲長寛則藥勢散漫不長則裝藥淺露均非遠到之器一辨火門夫火門爲點放之所如雷伏地中必愈伏愈深斯噴出有力倘不直

到銃底則點放之時藥力必退後不盡向前發安能遠且藥力退後人之手力必爲銃力所奪將把持不固又安能有定向且火門又取能通引心而止藥方無旁出之竇倘孔眼大於引心則藥必乘而出點放之時勢必自傷其手一辨子母銃如無敵神飛用以提鋳然必子銃與母銃畧無齟齬發方倍遠倘稍相梗則藥勢奪激必致膚腹潰裂而耍尨在

橫梗按住提銲鐵門鐵門要大方制伏有力要經百煉方剛堅不摧而兩旁受鐵門眼孔又不欲小眼孔小則鐵門必與俱小將按不得住演放之時藥力猛烈提銲必至躍空而起方且不能殺賊而反以自傷諸如此弊平日倘不講求臨時必致誤事督造者而不辨此雖成一銃形而竟成頑鐵檢點者而不辨此雖給受銃兵而無異空手所以臨賊多無

成効者此也夫弓矢不調飛衛不能以必中
丼苦相適齊扁斯可以成輪是故銃具工竅
不可不辨也此一辨也
其三曰飭現銃聞之舟楫𠉀風尉羅候鳥具
而備之在于先時今諸將吏思入穴以探虎
作警枕而舞鷄全副精神既全用在水西則
所以圖賊之具當無日不磨淬使若新發于
硎況銃猶殺賊之首技乎因見前日監生伍

繼彩募匠鑄有大小神飛銅不生銹此鐵更爲永久但未盡經試慮有炸裂守備張嘉謨原造有大發熕十門舁守六廣河浮橋今平播停庫內尚存五門但已經久中恐生銹計大舉之時夾河東西兩岸各當駐節老營二項銃當置數門于營中以壯威勢且旣用百子爲前鋒苗賊必開路以讓我兵之入二銃可乘勢舁以攻打賊巢宜令素練習火攻者

將二項銃預先料理計五城當用五門防守令每門各製一架置五城頭以示嚴備銃架務要活動可左可右可高可下可遠可近餘盡爲駐營攻寨之用每提鋅宜用藥若干預先演放試其所受如甁罍適量而止不可太過以防潰裂較量既定隨設一筒以爲分數之準臨用方不忙亂又其子銃合某母銃一一比勘先編字號貼明每銃宜用兵六名照

管點放某銃某營某兵俱預先編定其兵亦必預先練習又前日所造銅銃提銲尚少還當造奏方可更番得用蓋提銲裝藥旣多一發未便退熱自非每銃提銲六門難以應手遞發而至各營鳥銃百子亦宜一一看驗銃口銃腹火門俱必如法可用者用可整者整倘不堪者卽束之高閣以待新造庶一銃可當一神器一兵可當一精卒至于鉛彈亦最

關切宜先令守局官查解來若干就每桶上各貼定字號彈小者係鳥銃用的中者係百子用的大者係神飛發熕用的庶臨時領用者不致違錯蓋連舫已預崇明著平吳之績千牛盡束一夜成潰燕之勲惟其謀之素也故現在銃具宜飭也此一議也

其四曰精火藥夫銃具烈則神器頑則銅鐵以火藥也火藥必方發無先烟賊不得視烟

躲閃既發無宿渣弹得藉藥力遠到斯爲不測神技譬之弹鳥然弹至而鳥不知鳥便應弹而下借使銃方發而遽响弹未至而先烟烏自然驚飛遠避其又奚中之有然而製法之妙全在脩合擣研等分與夫何器當用何藥當配得宜蓋藥有膚藥有心藥有用之大砲用之小砲用之火箭用之火礶或爲火箱或爲地雷或爲火車精粗不同製法便異非

僅僅研末攪匀遂可收利捷之効也是故粗藥一礶須用杵數千下細藥一礶須用杵數萬下藥性始結爲一團一點即燃燃即發發即遠故火藥製成試驗有驗之紙上者有驗之掌上者葢製度合法藥氣上騰自然紙掌不碍若多渣滓便沉滯不遠即此而工匠之巧拙勤惰足以覘矣故搗合宜精也此一議也

其五曰毖疎虞夫閉戶開門敵人所伺火攻我之大利彼之大害吏賊所忌况安酋之貸手神奸多伏在肘腋之下萬一不毖俾得以窺其間則于火藥造製收貯之局寸晷片刻可付祝融緩急何濟愚以製造便地莫如沅州荅黔當多事之後屋半茅茨隅多坎穴求一周垣而不可得沅中之官舍民居寺觀尚多寬敞之地是于廠局較便黔今必欲大舉

勢必廣募匠人萬一有不可知之人伺隙而
乘不及防矣沅州之去賊巢較遠倘有伏莽
之戎未必及此且黔走二千里而遥買硝買
磺沿途亦必搬運製就方運是于工役較便
黔中霧重雨多陰晴難測勢必多設布幔俟
日晒乾方可收貯積薪之下或厝之火難爲
料矣沅州雨暘頗若義和之力可藉濛霧漸
晞燥濕之候足憑是于天時較便此製造之

時疎虞所當深防者也而至于收貯之所尤不可不十分設法必人跡不到之地一也房間純用土石門戸純釘鐵板去一草一木起火之端二也日夜巡緝支更戒嚴三也分貯數處即有意外不致盡燒四也故火藥疎虞宜毖也此一議也

其六曰休銃卒欲搗苗巢固宜百子然必酌而用之俾銃卒得寬然于手足觔力之適蓋

均之百子而分數不同有大百子可百餘觔中者四五十小者僅二十觔而僅二十觔者發亦可數百步之遠則夫商度便利莫若小百子之爲快也昔馬隆欲討樹機能以器多不堪因先請至武庫選伏遂西平涼州今宜遣一最曉銃具者預先檢點凡現成百子輕者方可重者似不可用何者一銃士行役許多負攜即小百子已近二十觔火筒火繩火

藥又約數觔而氈衫衣被乾糧又十多觔況
復道里險阻加以風雨不時皮骨俱穿倘銃
不可用而用將至于臨用之時又反不得用
則又不如刀弩鎗鏢還可爭勝于白羽之下
勢必如百步五十步者之相笑耳每見黔中
戰士所用向不過三眼銃鳥子銃至百子一
門持者一人執銃架者一人點放者又一人
惟其苦百子之重也夫一銃煩冗三卒虛糜

軍實此且勿論即此三人者力量不同心膽
隨分緩急異視誰專其伎彼此相推爭諉其
咎則孰若用小百子一人各持一具便于登
高踰險一手各持一繩易于演放點發用之
平地猛如毒虎而不難蹲足用之馬上奔如
怒牛而可便追逐是于征戰勞苦之場而不
失休士之意何者戰以氣爲主以力爲用氣
盡則爲寒葉之蟬固不欲其衰竭于三鼓力

窮則爲東野之御最可虞其委頓于末路故軍志曰無違進止之節無絶人馬之力凡以休暇之也是故欲休銃卒不可不用小百子也此一議也

税買苗鉛條議 内一款

査得苗渡鉛廠附近施秉原屬鎮遠縣砂鑛甚旺先因鎮遠土通判楊貽葉鑽署印篆招彼中苗夷即爲已庄向者商人許定邦等開

挖將大守曾議每鉛一擔將七十觔給客二十觔助脩橋工十觔還山本於時互相啗利中多隱瞞旋將開閉且原開挖鉛鑛二千餘石見貯彼中亦可煽燒變價報充公帑况時值兩江初平一應設防關隘公署等項勢所必需合無請乞

憲批該管道府酌議揭示原開商人許定邦等招集沙丁開挖照鉛抽稅仍委廉能職官

一員置立循環清查逐日登報實可大利益

於

公家而新疆一切動費可無掣肘矣伏乞

酌議施行

威暨錄卷之四終

威暨錄卷之五

福唐林兆鼎著

一稟揭

八月初五日稟

撫院　爲逆賊勢窮遁箐部落渙散無事多兵糜餉事項以奢賊發難結連白蓮逆黨煽動州縣愚民攻城刼郡全蜀被其毒苦

本部院不得不多方調援近因龍透二陣殲

等誓師血戰賊膽始寒惟務奔北九姓瀘衛一鼓收復二酋勢孤竄匿計殘黨不滿萬人四面之兵日漸會合酋之父子實難逃脫但以大兵十餘萬衆擁聚永寧糧不接濟士兵肆行刼奪民不苦賊而苦兵職恐漫散無紀日漸奔潰徒有虛名無裨實用且賊寡無俟多兵餉繁必致難繼與其多聚兵而無益於用孰若簡精兵除冗闒而餉不愆期兵得宿

飽平伏乞

批行一道酌議挑選或簡或留早賜裁奪庶

糧易設處兵有固志而藺局可結職以庸戇

不識忌諱冒昧具

稟

八月初六日稟

部院揭帖　爲國屬多艱殘局未結直陳管

見以固士心以保危疆事竊念奢酋發難全

蜀震動幸
恩臺謨筭討遠尅平藺地計征三年兵勞民
困竟不獲擒獻結局者蘇水藺結連四夷陰
助唇齒羽翼非若昔日楊酋一柱之叛孤而
鮮援七省之兵摧破差易近日則地方殘敗
物力不充不効之責誠難盡委之數將者竊
論行剿之功解成都爲最著范繼道鄧懋官
與焉龍透之戰張邦紘克咸厥功至若

天啓三年十二月内卑職奉
令援黔范繼道兵屯畢節卑職斬關而入安酋
見川兵大至退却貴州始獲連接
又二月間黔局大變賊悉渡河窘黔得保危
疆范繼道與張邦紘不可爲無力焉此三人
者與職分屬同舟征剿一時進止一轍功過
不大相懸今聞各職遽遭罪譴獨卑職陞授
遵義卑職惶懼靡寧方今二酋漏網安危未

決范鄧受事日久熟察此中夷情地利始終
未嘗少負
國家今遽蒙不効之責勢必更易代理所代者
安保稱職其若時艱何飛鳥良弓之禍昔人
所悲願
恩臺念封疆至計要在任人勿蘩足而責之
行走卽以范繼道有罪亦當照例待罪立功
俟平定之日衡量功過實未晚也若一旦遽

遭指摘勢令人人自危無以作効用之氣且
非所以昭公道也鼎等將謂職别有徑竇
緣不惟有負同僚抑亦有負
恩臺伏乞
俯從微言將鼎四人一併待罪完結藺局軍
民幸甚疆埸幸甚
九月十二日禀甲職荷
恩薦拔陞授遵義日以彼地久罹虐焰孑遺

生業荒廢今正應安集流離設法開墾使明
春得以播種民食有資軍需易措戰守機宜
得以悉舉切在赴任非爲私懇若待永事寧
是遵義有五年不耕之地併有五年失所之
民古人所以致嘆於石田石民也
國何以資恐畀職有專守之責上負
簡書次負
恩培未易以留永藉塞也伏乞

俯准定奪以便赴任爲此具稟
二十五日卑職於本月日奉
令牌赴任查遵義原所轄官兵一千員名内三
百九十七員係卑職自任建南屢以地方多
事捐俸招募家兵練習隨帶征剿歷今三年
素相信服今遵義地方殘破懇准隨帶赴任
爲彼中彈壓且此兵留永在無所重輕在遵
義可當一面藉此扞衛地方以報

知遇以保封疆爲此具禀
錄有功將官揭
兩江逆苗素稱鷙鷔盤踞三省之間如滇
有事則遏絕官道任其出没爲害最慘
我朝興師征討數次俱未得其利隨即班師事
刊載紀書可考茲奉
恩臺方畧不費
國帑分文檄本職提督漢土官兵毅然前進一

鼓蕩平此雖仗

天威所至亦懸將領用命况斬馘三千餘級拓

地數百餘里而附近數百茁寨望風投降認

米當差其功不在水藺之次也且各將披堅

執鋭經歷險阻勞苦異常只為功名而來昨

閱都清道叙功揭帖文詞嚼蠟且將在事將

領多删其名為之駭然兹無論陞賞有差而

紀錄萬不可遺伏乞

憫念各官冐死奮敵之勞查照本職詳文功

冊分別敘

題庶本職藉以酬將士而各官項誦

老恩主造就洪恩實千載一時之遭遇爲此

冐昧具揭須至揭者

施秉縣善後禀帖

蒙

憲諭防守施秉官兵本職詳議善後將代偏

鎭守備秦可駐鎭彼中卽統該備標兵一百二十名併施秉後山營哨二百八十名楊弘基一百八十共五百八十名儘足備禦者謂其兩江賊剿盡掃則施秉縣治應得蒙安無擾且地方隔離偏橋僅七十里本職駐此彈壓倘有么麽釁端朝發便可夕至銷萌戢侮事關本職信守似不必添設兵數也若再撥標兵一枝委一官前去恐兵之所處荆棘生

馬施秉斗大炎徼不無增擾與其慮害而多
事不若省事而無害也若夫縣治既復應設
縣官保障邇
恩臺鈞衡推簡授能非本職所敢越俎也干
戈甫靖與民休息理宜然耳伏乞
恩臺詳酌施行
涼傘建城揭
日今兩江水內地方官兵屯守已定夷漢相

安彼中順苗併江外殘苗俱自斂跡然永固
邊圉不可不因時脩舉爲千載奠安之計本
職又經差委旗鼓查懋脩前去涼傘躧踏城
基一所外本職仍親履其地四山環峙前隔
大江後幛高峰本處突聳繞匝皆田地勢衍
平就中設立一所肇建城池以資扞蔽正扼
咽喉要之謀一勞永逸之事也此時正好興
工度用人力惟需標兵併涼傘哨兵不煩外

取惟木石二匠併應用工價鐵料合無將本
職呈解各茴願納米錢見收鎮遠府庫銀内
動支一百兩應用再有不足本職當設法捐
助務要必成爲下衛完一金湯實爲至便伏
乞
憲批以便遵行爲此具禀
十月初七日
涼傘建築城垣仰奉

憲批本職遵依親詣彼中督率將領犒賞官
兵併祀山川土神于
本月二十四日丑時興工城池週圍約丈五
里三分應用石匠等役俟本職於各寨苗夷
幾年應納米銀支給事竣冊報銷筭至于脩
築城墻出自兵力搬運土石取自苗力業已
踴躍樂從此皆仰仗
威嚴所致城工可指日報竣爲此具禀

徵收苗田制米

重安朗城岩門偏橋四土司所管投順苗寨
雖經安插尚未查議歲該額上制米何以馴
伏其心本職因差旗皷查懋脩督同各該土
司前去逐項清查每年議額制米通共一千
二百八十四石俱照秋收時催徵運納各該
衙門收貯取討倉收繳報作正支銷擄各該
認納數目悉載文典中弟涼傘新城業已典

工版築因彼中相去與偏鎭遠頗遠往來不便令於附近所在設立龍猴二塲許令漢夷趕集兩平交易可無擅離騷擾之嫌實爲至便爲此具稟

用練熟將官揭

爲軍務事竊照今日首務貴在選將募兵若沿習委靡偷安惰窳宪非良策第兵士逃亡脆弱虛半軍籍亟宜召補精銳以備征戰至

下應用將官似有不必他求自職蒞任以來
按籍稽考上下地方偏裨將領均有如彪如
虎之材並奮桓桓赳赳之氣且多素經戰陣
有幾地方十餘年者有歷六七年者夷情地
利莫不周知年來不能伸無敵之威以奏蕩
平者艮繇兵分勢渙事權不一故也曷若因
能授任益以兵力而後繩以節制會期並進
以伸必勝之威以收無敵之効乎且職每見

新進遠來之士紛紛獻策英能自見靡不人人孫吳言言頗牧至詰之見前機宜若夷情之出没地勢之堙阻則茫然罔所置對曾何裨于實用愚恐以新將東新兵情形旣懵郎驅之進勦行見賊而必逃矣以愚管窺之見正宜簡見在慣練宿將量其材力長短而盜以新兵之多寡聽其訓習俾舊卒與新兵相間練爲勁兵而後用之摧鋒陷陣聲勢丕振

黔府庶幾可結矣爲此具揭

賚兩江賊械禀帖

奉

憲諭兩江賊械謹遵奉橐解苗長刀四十把

剛刀六十把今先將二項各賚二把呈驗餘

的俱留在衛併諸葛銅鼓二面苗大弩十張

花鎗一百枝聽候起解又銀碗十個銀項圈

十件銀網巾十項通載文驗中如不應解伏

之
俯收轅門以充犒賞爲此具稟
稟揭
凱里地方叛服不常葢因夷漢相殘所致已
檄差官侯榮鸞會同土官楊世茂將官楊光
星前去各寨曉諭以安夷心令其傾心向化
無復攜貳諸夷畏威懷德鼓舞更生惟各夷
不願坐鎮一節情深可原查坐鎮委一官則

有一番衙役有一番衙役則有一應科派本官少廉潔而多貪墨因而生事騷擾夷情不安搆隙生端爲害地方未易更僕況夷苗出刼未聞坐鎮出一籌建一畫補斬一逆苗以其乃職不過藉此名色肥巳私圖貽所患於地方也合無聽從民便裁此一衙門以土官楊世茂料理取具本官承認不違甘結倘有生釁即咎歸本官葢省官因以省費省費實

以省事地方寧謐夷漢相安計無有便于此
者伏乞憲裁行職以便移會新鎮道施行
履歷
本府係錦衣衛籍福建福清縣人繇
萬曆癸丑科武進士
本年十月内授錦衣衛署所鎮撫十一月内
奉
兵部推陞河間守備

萬曆四十七年三月内推陞
神樞十營佐擊將軍
四十八年二月内推陞四川行都司軍政掌
印
天啟元年十月内推陞廣西永寧參將
二年八月赴任間蒙
兩院
題留征藺加副總兵銜督長寧一路官兵進勦

三年正月内攻打朴峯五寨上下洞都長
二月進兵龍透舖大戰脊寅墜馬復九姓司
瀘州衛
四月内復永寧衛
六月破余家山攻平水潦普黑又攻打小箐
斬僞將僞都督都司
八月攻合掌洞斬獲僞都司銀匠收降山北
水朝落坡烏蒙老母等寨又攻打紅岩牯牛

二等岩等三大坐收降阿引隨攻破大壩落
坡林老虎等洞寨
十一月内攻龍塲壩統兵援黔直入大方會
合
王撫院時因兵士乏糧
王撫院分布川兵于畢節犄角兼採浮糧以
佐軍食所督川兵二千而賊衆數萬四面環
圍動則全軍没矣本府以先發制人之術議

及各將是夜至羿子關募敢死士襲賊營攻打阿體官等宅基即水西六目之地斬首數百突圍而出救護副使張起鵾併家眷至川

四年二月內又奉

檄援黔至闖王扁遇賊阿烏謎大戰斬首五百餘

四月推陞副總兵管遵義參將事以遵義川貴交衝安賊出沒之區屢復屢失人心洶洶

脅賊復乘虛圍城本府親提士馬奮戰三日夜賊大敗胥遁追至金刀坑斬獲功級五百餘顆

五年正月出師援黔至白蜡坎擒殺多功接出越僉事

九月内蒙

兵部議遵義宜戍重兵十萬添設大將以統之

部院

題薦　部覆於天啟六年六月內加陞總兵官

署都督僉事後叙川功三案實授都督僉事

賞銀二十兩給與應得

誥命時以黔事危急

本年八月內復以原官會推本　改克貴州

鎮守時報水落硐三山紅苗猖獗思銅四府

本府帶本標官兵會剿斬縛渠魁吳老貴石

老革等四十餘名閱三月而三山蕩平
崇禎元年六月内督兵進掃谷里歸宗化吉
宅吉等處斬首九百餘級生擒一百七十名
救出被擄生靈男婦一千五百名口建城鴨
池開築樂平等處據險以扼水酋出入從此
上六衛地方賊不敢越河出犯
本年十一月内
部覆叙功三山功陞都督同知給三代

誥命十月定番州知州梁熠塘報苗仲刼殺地
方攻圍城池奉
檄搗穴陣斬苗魁王國卿斬獲功級二千餘
顆
部院賞銀一百兩班師回省思州府鎮遠府
等塘報兩江九股黑苗數萬出官道刼殺奉
檄調集漢土官兵三萬三路進攻遂破岩鷹
坒黄岑寨胆犀牛坒斬首一千五百級乗勝

過江攻破偏寨老毛坉臻洞九股諸苗寨共
斬首七千餘級男婦以萬計牛馬不計其數
闢地千餘里清糧萬餘石其地分屬凱里容
山臻硐施秉偏橋等土官遞年納糧以供惟

崇禎六年三月内蒙
兩院
題叙屯築戰功廕一子鎮西衛指揮使千

崇禎四年十月内以原官改南京右軍都督
府僉書又於
崇禎七年七月内
兵部
題爲元兇授首黔蜀全局巳結事加太子少保
蔭一子錦衣衛世襲左所正千户

威暨錄卷之五 終

十八

後敘

我福清武臣之傑出者自
皇明開國以来惟吾
少保公一人足稱名將名將與福將迥異福將坐享太平以債為帥循格轉官不煩勳績名將則當危

際亂汗馬勤勞身親矢石手縛元
凶擒巢獻俘恢復土地安攘外內
威震華夷若人也或起武科或出
世胄或起行伍或奮布衣時亦有
之未若少保早習儒書兼通武備
一登科第遂事邊疆國爾忘家真

不怕死者也公生平自謂大丈夫
當建奇功勒石標銅智全身首恥
效累尸徒殘沙塲無益於事必如
頗牧飛羽以報
國恩茲威暨録是公心謀血戰之所
積自叙成書其間臚列軍中十八

年戰守機宜條議井井紀律森森莫不本諸三略六韜而皆見之實用取驗者也生前勞於戎馬未遑梓行今長公邦任錦衣痛父以功蔭襲且永世世急付棗梨以傳不朽人以比戚少保紀効新書登壇

必要無所優劣者也公之動容持己如玉如神待士愛人如饑如渴東魯西粤黔蜀兵民咸能言之惟在南都謝絶營屬常例自購私宅不費科歛僦屋之資官卒悉戴公恩莫不願為之死士大夫之賢者

莫不儀公而起敬倚公為根本之金湯也惜乎公年正當據鞍矍鑠天忽忌盈遽殞垣星頓失國寶邇江北再殺塗炭生靈掠鎮破城震驚
祖陵調勦乏人以致喪師敗卒咸思

我公不可復起徒展玆録付之一嗟謂公爲威將儒將也皆可謂公爲福將則不可公雖長往而其功高賞懋累受

帝恩生榮鏻玊善終　京邸殁膺

諭葬祭並夫人爵貴子孫公已不死

公之大節彪炳史書人何能述度
忝宗盟分居子姓夙叨深愛無能
稱公惟效詩人歌采芑六月之篇
頌如方叔吉甫而已
崇禎九年春季之吉宗姪古度頓
首謹撰

津門客話一卷

[清] 光澤何秋濤撰

湖北省博物館藏清抄本

津門客話一卷，清何秋濤撰。秋濤（一八二四—一八六二），字願船，光澤人。少負異稟，過目成誦，於經史小學靡不研究，而尤熟稔於輿地。道光二十四年（一八四四）進士，授刑部主事。咸豐三年（一八五三）入安徽巡撫李嘉端幕。十年，獻所著北徼彙編八十卷，奉詔入覲，獲御賜書名朔方備乘並賞加員外郎銜。同治元年（一八六二）主講保定蓮池書院，未幾卒。另著有王會篇箋釋三卷、一鐙精舍甲部稿五卷等。

此書纂述螺江陳景亮之生平宦蹟。景亮字弼夫，閩省名宦陳若霖之子，道光二十年以兵部候補主事應順天鄉試，中式第二人。歷任兵部職方司總辦，陝西、山東臬司，山東運司，雲南布政使等職。景亮於滇藩任上以足疾引退，卒於家。書中略以時爲序，分「善慶徵應」、「初任京職」、「任坐糧廳」、「陝西糧道任」、「署臬司」、「署藩司」、「商南防堵」、「山東運使任」、「署山東臬司」、「署山東藩司」、「充提調官」等節目，歷敍景亮於京、陝、魯任内政績。謂景亮爲人正直多智，行政往往自出機杼，而每收奇效。如查庫改用懸針平一節，記道光二十九年核查銀庫事，景亮議以爲銀庫之虧，乃由庫吏於舊天平横梁暗設鉛珠滾動作弊，即所謂「敲平」者所致，朝廷遂從其議，用針平而廢敲平。景亮更欲就此毁敲平以絶後患，爲同僚所止。秋濤補記曰：「今聞解庫之款復用敲平，豈當事者不知有前案耶？」則當時官吏貪黷之明目張膽，於此可見一斑。所記事實，多有僅見於此書者。如任坐糧廳一節，記坐糧廳接收運糧細節；又如記署陝西臬司時「查拏湖北姦細」條，詳記捕殺太平天國姦細事；又如商南防堵節下，記湖北太平軍戰事起後景亮辦理陝西防堵事項。諸如此類，皆治史者所當留意。

此紅格抄本，版心署「賭棋山莊」，爲謝章鋌所抄藏。另有民國間排印本，卷末附侯官高向瀛庚午年（一九三〇）所作校跋，以爲此書當作於秋濤歸里後之辛酉年（一八六一），並謂書名之義，乃因景亮居京宦魯最久，濟南、沽上見聞接近，幕賓僚屬有口皆碑，托名「客話」者，明公言也。

此書記數，有前後相乖處。高跋後附有「志疑一條」、「訂誤四條」，有所考訂。此抄本封皮不知何人批「此編記陳弼夫仕蹟，大致以備列傳採取，頗不類願船他作」云云，按此書之纂在秋濤去世之前年，其稿似未及整飭，亦未可知。（季忠平）

鈔本

何秋濤

津門客話一卷一冊

津門雜話

學編記陳弢夫　仕績大段以備列傳采取斷不
類題跋作作

津門客話

光澤何秋濤撰

不畏疆禦

議定鴉片煙處分例

查庫改用懸針平

擬扣二成補庫虧

口袋庫撿出碎銀

辭特保補缺

辭出差

得員外郎

任坐糧廳

郤規費

查拏湖北姦細

署藩司

定候補各簿免書吏撞騙

爭襲令補缺事

商南防堵

截留騾隻雇夫送淅川上船

設守於界牌

作竹礮

勸捐擡鎗礮位

幇襄陽道羅公經費銀兩

籌山東官運之鹽

准借本省場鹽

會詳停止發鈔收鈔

修歷下亭古蹟

免商人修園

速解京餉

署山東臬司

嚴懲各屬匪徒

預決團練滋事

讞結福山縣煙臺厘局一案

止藍榜
杜修叅

津門客話

光澤何秋濤撰

善慶徵應

螺洲沙合

陳弼夫先生世居螺洲螺洲者螺江水中洲也在閩省城東南四十里地近鼓山形家者言山脈自松溪政和蜿蜒至此有七星落地之祥將來必出理學又江中有洲如沙合必出封疆大臣自明以來科第蟬聯至 先生之父 尚書公官總督巡撫時江中洲沙果合及 尚書公甍沙洲遂淪於水道光末年沙漸合說者以為瑞既而 先生果膺旬宣之擢云

螺洲陳氏科第

自順治以來螺洲陳氏科第蟬聯中進士者十二人鄉試近年以來除癸卯甲辰丙午三科外每科螺洲陳氏皆雋數人辛亥則三人閩侯文風極盛入泮最難庚申歲試螺洲陳氏入泮者十有二人 先生之長孫名寶琛者年甫十三即游庠真渥洼千里駒也

三次死而復生

先生言吾嘗三次死而復生其一年三歲時患麻疹鬱悶不逗已絕氣矣時方暮夜不便舉出 母夫人置之空室地上迨曉而聞啼聲復活矣或曰得地氣故能生爾其二年九歲隨任雲

南病甚不知人夢至一處一道人謂曰汝病甚何不向我取藥
乎因與一丸 先生問曰汝為誰道人曰我張三丰也時 母
夫人聞 先生寱語說張三丰亟語 尚書公訪得三丰真人
庙求其籤方服之病遂已其三年十七歲時患瘟疫病篤 夫
人進藥舉而擲之後遇良藥得痊余謂明洛陽韓公健有相者
言當遇三死皆獲安痊後位至宰相壽九十餘今 先生事與
相同可卜後福未艾又聞葉天士療痘兒欲死者閉空室中蚊
蚋嘬齧毒血盡除痘即起灌此與 先生事有相類者附記以
資博識

南元夢兆

先生道光庚子以兵部候補主事應順天鄉試中式第二人定例順天鄉試分北貝南皿中皿卷解元卷必於北貝卷取中以係順天本闈也江蘇安徽江西浙江福建湖北湖南七省由貢監入試謂之南皿卷遴其尤雅者列第二人世稱南元以南省人文較盛於北中而南元文冠南七省尤藝林所豔稱也吾閩二百年來得南元者僅　先生一人俗傳入棘闈者夢見大父父必主中式　先生是年首場夢　司寇公拊背相勞苦泣而醒又闈中設有號軍以八旗兵丁充之每向應試者索賞賜嘵嘵不已是科首場號軍某供役甚勤出場時　先生賞之獨不受曰今科公必捷乞告住址赴宅領賞耳問其故秘不肯言揭曉

後號軍果尋住址至椿樹二條胡同寓領賞乃云場中夜分後
欲喫煙見八十餘號舍皆息燈臥唯此號有紅燈懸簷際亟往
趨之相距數武燈忽不見退至遠處復見如前瞰之　先生方
熟卧度紅燈非舉子所携必神燈也故預知　公當獲雋矣

初任京職

勤儉自勵

先生初任兵部主事時年二十有五刻苦不異寒素晨夕趨公
不懈或曰補缺尚早何徒自苦乃爾　先生曰食其食不可懈
其事若因補缺將近始勤入署則曠官之咎必多矣
初任三載不迎眷屬曰吾方學習未知能稱職否且恐食指繁

而需費鉅也迨貫甫先生拔貢朝考至都始送 先生眷屬來

云

任兵部戎方司總辦

兵部戎方司之有總辦猶吏部功選司之有掌印也 先生任總辦七年副總辦數人皆得京察一等以去而 先生尚未補缺也後補缺十日即升員外二次京察統計前後任總辦十有三年故世稱中樞諳練之員未有如 先生者

不畏強禦

先生任兵部戎方司總辦專轄武戎處分凡二十四旗都統副都統參佐領以下官有干奏劾事咸隸焉任都統者多親郡王

尚書任副都統者多侍郎人皆憚之往往不能自守成法　先生至毅然一斷以例大僚往往難之時有親王任都統保薦武員試以箭射無準下部議或微諷　先生曰此親王處分當議以降留不可以降調議也　先生正色對曰司官惟依定例辦稿耳若因其親王違例從輕則參佐領之照例得處者何以服其心設有執以控愬司官何詞以對若謂親王不宜因小過降調則奏上時　天子自必格外宥之所謂部臣執法　皇上加恩此一定之理也及退同官官有咎言太戇者　先生笑曰我心口如一不知其他當道光末年定郡王方用事勢烜赫甚適有罣議降留之案依例四年方准開復嗣續遇處分例應

自續得處分之日起再扣四年開復宗郡王連得數次處分計
已八年不得領全俸託堂官曰我知兵部堂官未嘗不欲開復
我之處分但為職方總辦陳某持之耳然我職事俸無足論郡
王一歲俸糈逾萬金不開復則所領僅四分之一數年以來吾
窘已甚若再有此等處分一次將加至十餘載不能領全俸矣
懇為致意陳司官於數案中開復一案則我可設法暫領全俸
一次我之銘感非淺也堂官轉語　先生先生持不可定郡王
聞之怫然曰汝兵部把持公事乃至於此我將以公移來詢問
矣得無悔否堂官又語　先生先生曰彼公移來我亦以公移
答之耳何憚焉既而定郡王果以公移來詢歷次處分不准開

復之故詞甚厲同官皆懼　先生手裁紙書牘答之援引定例
累數百言詞義堅卓定郡王讀之色轉和曰彼乃照例辦事耳
姑置之可也後　先生丙午京察初次未記名京秩中奔走時
局者譁曰陳衟夫素好倔強開罪於諸王公今受暗箭矣或諷
先生令引退　先生不為動曰不失其馳舍矢如破我自守職
不為利害欣戚也遇有權貴處分持正如故大僚曰不侮鰥寡
不畏強禦陳某無愧焉已而諸事皆上聞　先生簡放陝西糧
道時　宣宗成皇帝　召見面諭曰汝服官外省悉照汝
作兵部及坐糧廳時不改素履即為名臣矣其受知之深如此
議定鴉片煙處分例

道光己亥嚴禁鴉片煙吏兵刑三曹各定新例會議具奏是時
吏部考功司郎中某建議文職官員失察署中吏役吸烟者降
級調用　先生在兵部職方司議武職處分見吏部所議大以
為不可曰失察即降調若故縱者何以加焉且天下吏役吸烟者
衆官憚降調互相徇庇例成虛設矣乃改議知而故縱者降調
不知者降留又刑部原議吸烟許人訐告治罪　先生曰如此
則告訐成風非政體也乃改議吸烟惟許官員訪聞究治不准
指訐二條持議平允吏刑二部官咸折服遂皆改從　先生之
議

查庫改用懸針平

道光二十三年派大臣查庫時卓相派　先生與滿司員同查同事者文公彩和公祥士公魁吉公廉崇公綸祥公安滿員凡六人而　先生以一漢員處其間諸大臣皆倚重焉時庫虧九百餘萬　先生獻議曰庫之虧非銀既入而盜出也乃銀實未入庫耳此其弊在天平宜速易之蓋庫舊設天平一即所謂敲平也其橫梁中暗藏鉛珠能左右轉每秤置銀於左盤置等子於右盤庫吏必以椎擊橫梁使鏗然有聲其珠轉而左也者雖減銀五十兩不覺輕其珠轉而右也者雖增銀五十兩不覺重故歷年以虧平入庫監庫官莫能知也至是始易置懸針平而廢敲平不用　先生欲毀敲平曰勿留此禍根也而同事某曰

此當是庫員之事我輩毋庸代庖遂止今聞解庫之款復用敲
平豈當事者不知有前案耶

加二兩平補庫虧

既查出庫虧九百餘萬初議庫丁皆限三個月分賠某大臣不
可曰儻有逋逃我輩誰執其咎乃悉送刑部獄其虧項責令自
嘉慶以來歷任三庫大臣本庫司官查庫御史分成賠償計攤
賠二百餘萬而尚有七百餘萬之數無着有議攤之各省者
先生獨献議曰今姉項出入皆以庫平而民間例用京平京平
每百兩較庫平少四兩此相沿舊規非今日創始也統計國家
應出之項除兵餉仍以庫平發給外其餘俸給概以京平代之

每百兩計扣餘平銀四兩百萬兩可扣銀四萬兩千萬兩可扣銀四十萬兩以歲出二千二百五十萬兩約計之應扣銀九十萬兩八年即可扣銀七百二十萬兩以補庫虧有盈無絀如此則不動聲色而庫項已補完矣諸大臣咸以為然遂奏行之現在庫虧久已補足而年例仍扣餘平解部計每年多增歲入百萬兩皆 先生之籌畫也先是坐糧廳存儲各省輕齎銀六十萬兩向例以京平支發滿漢兩廳各可得平餘銀壹萬二千兩及是而悉以解部 先生旋應坐糧廳之任滿員戲曰此公作法自弊也嗚呼後之議生財者孰肯計節省而紓民力如 先生哉

口袋庫撿出碎銀

庫傍有屋一間號口袋庫向例貯銀口袋毋許出庫皆積存其中至是悉抖晾之中有碎銀兩許或數錢者計得銀三萬餘兩又以每袋鑾價銀三分凡袋百萬餘枚亦得銀三萬餘兩悉以彌補庫項云

辭特保補缺

道光二十二年京察時先生在部已十五年任總辦已八年矣過堂時管部務卓公秉恬及尚書裕公誠許公乃普侍郎朱公嶟周公祖培等會商曰陳弼夫獨肩部務多年而一缺至今未補我輩盍為專摺具奏俾令補缺可乎僉以為然乃同呼

先生語以故並云汝係專補選缺今擬特奏借補題缺應如何措辭爾自擬一奏稿來

先生正色對曰司員夙夜辦公固其職也不敢言勞今以年勞之積而上煩各堂垂注如此固是大人挙格外栽培亦以激勵部中後進之員同思奮勉司員良深感激但此事有斷不可行之處不敢不預先回明查朝廷定例乃天下之公非為一人設也今因司員一人而欲破例借補題缺在某則見為疏通推之各部各員豈不又形窒礙耶此奏一上萬一邀

恩准行知者以為勤奮當差宜膺特薦不知者必謂出自營求某豈能家置一口以自辯乎倘不准行或吏部奏駁則京師輕薄者藉為口實某此後更難當差矣是特保補

缺之事斷不可行祈各堂即寢斯議可也時各堂咸拱手曰甯
辭榮而不肯倖進真古人之風也難得難得我輩無不佩服
辭出差
道光二十三年侍郎慧公成 出差河南擬帶 先生前往 先
生因係大員子弟向例不准出差力辭慧公云係已故者不妨
先生曰戶部主事齊斌達係原任陝甘總督全保之子經耆公
英朱公仕彥專摺請隨帶出差特 旨不准慧公乃改派王
公本梧莊公志謙隨往焉
得員外郎
先生既補缺甫十二日即有員外郎缺出 先生賢勞素著應

即題補而同部賈君仲山係乙未進士穆相門生也穆相為之言於滿尚書裕公曰賈補缺已半年矣公唯唯又言於漢尚書許公乃普許公毅然曰此員外缺非陳某不可如不予陳某則署中不能用人矣若賈君容以擬陪可也俄而檔房回缺单許公即注陳正賈陪議遂定後 先生得京察上考皆許公當日守正不阿所由致也

任坐糧廳
卸規費

坐糧廳有所謂盈字第一號者即點經紀頭之規費也東西廳各六千兩 先生蒞任曰此費既相沿舊例吾固不必裁以鳴

高然經紀等公事是否允協尚須查覈使存此銀於庫遇公事
皆認真鈎考無少寬假以是漕務最為整肅舊例通州運米麻
袋十八萬隻每歲運糧畢後即由坐糧廳變價歸公每袋變銀
三分計應交銀五千四百餘兩上次所收袋多腐朽例歸次年
變價計應賠銀三千餘兩即以前項存庫銀抵交焉是年 先
生所收之袋皆悉心清厘無朽壞者後任變價罔有賠累蓋陰
受 先生之賜而不知也 先生以規費存庫一事 宣宗
成皇帝聞而大嘉之謂其既廉且能有為有守陝西糧道之擢
實基於此也

移稅櫃

坐糧廳所管稅務每年多不足額皆廳員以他項賠之　先生
於二十八年十月初一到任二十九年十月初九卸事此任獨
無賠款由經理有法也蓋坐糧廳稅以奉天米豆麥為大宗而
稅櫃向置於書吏之家　先生察知其故責吏曰稅課當令稅
户自封投櫃何得置於汝家乎速舁櫃交官則姑貸汝否則治
爾違例舞弊之罪吏叩頭流血乞哀　先生笑曰吾亦不舁入
署也但置此櫃於官廳派一委員及一家丁與該吏同司櫃鑰
每日所納稅若干三人會同啟櫃而記焉是年稅銀果有盈餘
七十餘兩此歷任所未有也　先生將卸事知吏胥巧於舞弊
命取本年稅簿至　先生親題其末曰本任稅課全完無應賠

之欵所餘銀兩賞給該吏為辦公之用諸吏叩頭悦服

提船

先生任坐糧廳凡糧艘抵通如旗丁柁水人等有愆誤當懲應由坐糧廳責辦事有大者由廳詳倉場侍郎侍郎始察核之此一定之次序也先是前倉場某侍郎性卞急遇有公事不循節序輒加鞭扑枷號前任坐糧廳宋某懦弱人也率聽其所為數載以來侍郎視為固然

先生至詢知其事慨然曰廳則曠職督則侵官是貽笑於下也非吾孰正其失者已而有幫船抵壩廳中尚未催提滿侍郎德公誠遽以總督令箭提之旗丁曰吾辦運數十年矣抵壩後必前幫盡卸坐糧廳始來催提廳中三

提而糧艘不進始請督署令箭安有前幫未卸廳署未催而督署令箭先至者此必督署丁役不曉事者所為不可聽也令箭三返置若罔聞德公怒甚　先生進署德公謂曰某幫到壩吾以令箭三提不至是其弁宜劾爾速具詳吾當執丁柁扑之先生正色曰此事大人誤矣幫船抵壩必前幫盡卸廳中始提新到之幫今不俟前幫卸完即提後幫使幫船競進錯亂失序公事將何以辦非欲速反遲乎且提船乃廳員之職非大人之事也旗丁柁水任提罔應廳員具詳始請令箭今大人先以令箭催之是廳員可不設也其忝為廳員如有不職大人即應叅劾若使之任此職即當使之任此事大人越俎代庖實非所宜

新到某幫應俟廳員查明前幫卸完立即由廳催提大人令箭
先請收回可也德公語塞漢侍郎吳公鍾駿曰陳老爺之言是
也　先生退命收回督署令箭以廳令提船旗丁接廳令挿米
桶中再拜曰此我正管衙門也幫船即魚貫而進肅然無敢譁
者德公聞之甚怒曰廳員如此是藐視我也吳公曰僕前在兵
部深知陳君辦事可靠不苟徇上官之意今果復然是可敬也
德公意解次日　先生復入署德公吳公咸推挹之以為知大
體自是督署辦事始仍循舊章云

不肯早報回空

道光己酉九月初江廣幫抵壩江廣幫者江西湖廣幫也為漕

運最後之幫此幫卸完則廳中以全漕告竣詳報督署具摺奏
聞二侍郎即回京屬前數年來往往江廣幫甫經抵壩侍郎有
欲速回京者即令廳中詳報全漕告竣藉此可先回京也至是
德公又以此意語　先生先生曰不可凡粮船抵壩未驗未卸
之時米有攙雜虧短之弊責在該省糧道若既驗既卸而有各
弊則責在坐糧廳矣今江廣幫甫抵壩尚未卸米若遽報藏事
設該幫之米有攙雜虧短等弊例應具奏恭賠將何以辦理乎
前數年辦理錯悞不可依樣葫蘆也請大人再留五日江廣幫
即可卸完何必急遽德公勉從之而心不喜既逾五日果即竣
事連夜具詳五鼓二侍郎即乘肩輿回京途中遇走報者曰東

廳升陝西糧道矣德公語吳公曰東廳此升誠優但其人辦事認真現有奉天米豆滇銅黔鉛未經收竣我輩當奏留辦事不過遲月餘赴任耳遂奏留 先生至十一月末始奏事竣飭赴新任次年正月 先生方抵陝西履任或曰陝西糧道佳境全在三冬今已盡歸署任矣蓋德公借此以報前嫌耳 先生處之怡然曰譬如次年始蒙 簡放吾復何芥蔕哉

今經紀分船起米

歷任坐糧廳收米每以攬雜虧短爲慮往往於紥發後奏請嚴辦經紀旗丁而已 先生曰攬雜虧短之弊誠由旗丁經紀與其事後而懲之不若先事而去其弊也蓋船既抵壩坐糧廳往

驗後必使經紀前往起米經紀之不肖者往往多所需索旗丁因而行賂於經紀以受賄之多少定米色之若干分數故其米色之僅有幾分經紀皆預知之旗丁不與經紀講明不敢攙雜短少而經紀之不肖者甘以身犯法為受賂之地其情形與外省捕役豢盜無異也　先生查通壩共設經紀一百二十人而糧船共四百八十餘幫每一幫到通輒令經紀一人往起之一幫之船或十隻或二十餘隻不等每日止能起二三隻船即隨驗隨起亦須六七日始畢而此六七日間經紀與旗丁商酌串通結成攙雜短少之局是遲延之弊乃諸弊之所從生設抵壩驗後即起他弊自除矣　先生既察知弊源乃設籤筒書一百

二十經紀姓名令其齊集聽候掣籤每一幫到如有船二十隻
即掣經紀二十人往第二幫到又另掣焉周而復始皆人起一
船隨驗隨起一日而驗畢二日而起完經紀無可藉口遲延而
旗丁省需索等候之費諸弊不禁自除是年米色為數十年來
所未有識者咸歎　先生為真經濟云

移用大通橋口袋

先生既留總督侍郎侯江廣幫米收竣始返京為時甚迫他人
皆欲嚴以促之　先生曰毋庸也吾令經紀分船起米已較前
入速數日之期而卸米必須口袋計例定口袋十八萬隻僅有
六萬隻在壩其餘六萬隻在閘河中轉運六萬隻在大通橋裝

車轉運此向例也今全漕將竣閘橋口袋即暫取還未為不可向來只用六百隻今驟增十二萬口袋卸米自必神速但將米全卸船隻便可回空不致有水阻之患再將口袋悉歸閘橋兩處亦不患過遲是吾一舉而三善備矣乃語滿坐糧廳吉公爾杭阿馳赴大通橋囑取六萬袋全行赴通而親督閘口六萬袋齊至壩下起米又以向例口袋轉運因倉廒不敷積囤之故乃另於倉廒之外添設席囤時已十月天無雨水即於河邊連袋囤積果不出五日全幫卸完並未鞭扑一人倉場老吏悉咋指曰是何神也船既卸完即令回空而閘運亦就河邊連袋肩行又省裝貯之勞大通橋監督亦因此得以速竣焉按 先生此

舉稍一轉移而彼此胥便與前哲李穆堂先生濟甯催漕破舊
例並啟二閘之意同所謂神而明之存乎其人也良足為後世
法矣

陝西糧道任

請蠲南北兩山州縣民欠倉穀

陝省錢糧向無民欠獨南北兩山各州縣常平倉社倉缺額糧
石計十三萬有奇係歷年民間借欠例不准請豁者部檄頻催
補納官民病之　今上登極之初普蠲天下民欠　先生適
權藩篆欲詳請豁免幕友皆曰從前三次咨部而部中三駁之
是格於成例之事必不可行　先生獨以為當豁因請於王春

崖中丞曰陝西無可蠲之正款此纍纍者又格於例是獨使向隅也且瘠壤貧民歷年已久户半流亡民徒困於追呼官吏難於賠補與其負累而終歸無着莫若奏明請豁以廣

皇仁

春崖中丞矍然曰君能為民請命某敢惜一奏牘乎即令切實具詳據以入奏果奉

特旨允准

承辦糧米變價請以旗餉劃抵

先是乾隆年間用兵準夷開拓新疆回部二萬里邊境既竣事有續解軍餉到陝者擬即解回原省

高宗純皇帝諭令發銀二十萬兩購米二十萬石即存陝西糧道倉中以備不虞每歲出陳入新皆糧道司之咸豐元年司農奏提各省存倉穀石

槪行變價解京

先生議曰乾隆年間糧價每石僅九錢有餘耳今部議每糧一石變價銀一兩以二十萬石刻期即售糧價必大落斷不能得二十萬兩之數於國帑無益且有穀賤傷農之患不可不慮現在西安將軍所屬旗下兵餉月支銀二萬兩應請以糧一石代銀一兩支給計十個月糧即放完銀可陸續解部一舉兩得不致有短絀之患時撫憲張詩舲先生采其議上之部臣駁曰此必該道所存糧石缺額故為此支吾之策耳先生即請先行清查部臣曰彼敢請清查其無虧短可知始允行焉

署臬司

隨案即辦秋審

先生署陝西臬司三次署山東臬司三次皆飭州縣隨案即擬秋審實緩看語是以秋審絕無遲悞亦無駁詰之煩

查拏湖北姦細

先生署陝臬時河南開封府拏獲湖北姦細一名供稱有道士楊姓入陝探事時羅謳人太守飛函馳白　先生接閱即召試用令封錫蒲晉署封令者材猷素著　先生所深知也謂曰我與爾文書一封馳赴盩厔爐台觀辦事汝即時束裝至盩厔界方准拆閱不得先洩致人走漏消息也封令遂兼程至爐台觀取道眾掛單簿查之果有楊合亨者甫到此旬餘也封令即囑

觀衆羈留之不使遁而自坐觀門杜人出入馳函並臬司札送盩厔令董君大選董令即刻來會捕獲楊合亨而合亨黠甚遽以已新袍衣其弟子而換着弟子舊袍就訊久之不服 先生諭令細撿其衣裝亦無所得後乃於其弟子衣中檢得夾藏紅布一方具有偽太平天國印記研訊始服當道猶有姑息欲不誅者 先生力爭之乃抵於法

署藩司

定候補各簿免書吏撞騙

藩司專主一省官員補署之事向來積習每有缺出書吏即將文書積壓與應補應署之人索賄舞文無所不至謂之講盤子

先生知其弊凡各項官候補者令書吏各書一簿仍繕兩分一存內署一存科房有勞績應拔補者亦另設勞績拔補簿悉挨員登錄毋許遺漏簿既成問書吏曰簿中無遺漏乎曰無有先生曰嗣後儻於簿外另有所增即係舞弊我必重辦爾既而每一缺出 先生檢各簿已知必當某員敘補矣二三日內簿已查明始發下限該吏次日即具稿司吏挨簿列名以進合則從之否則重抶之而不革役曰此輩依憑城社已久雖革其名仍在身後把持不若箠楚之彼自畏也三日之內掛牌詳院諸事悉辦候補者有所恃而不恐不復可以撞騙司吏既無從作弊噤不敢出一語有楊姓某吏秦中桀黠之尤也閩人某捐縣

丞到秦侯補　先生語之曰今有某缺出汝名次尚差數名試往問楊某有何法可先補否其人往詢楊曰咄往矣陳大人在此毋庸議俟他人來再講盤子可耳

爭龔令補缺事

張詩舲中丞最敬　先生持正有縣令林某者自稱有賠累面求中丞調劑一缺中丞曰諾嗣有涇陽縣缺出中丞語　先生欲以林某補是缺　先生曰大人忘之乎今題升直隸州之長安縣某令及調補長安之涇陽縣某令皆卓異人員也尚有一卓異之員自應先儘其調補涇陽中丞問為誰曰龔衡齡是也雖係道之同鄉然彼應得之缺不可因同鄉故避嫌而不言也

中丞矍然曰陳公言是（龔令衔龄號任臣壬辰舉人辛丑進士也）涇陽爲商旅所萃地故多青樓倡舊每一户月納五千錢於官龔令至曰是與豢艾豭而分其纏頭者何異立罷之即此一事亦可見 先生所舉得人已

商南防堵

自請辦防務

先生於己酉冬簡放陝西糧道之缺既因奏留辦事濡滯一月始克起程是冬未抵任至庚戌正月始至長安視事壬子賊犯武昌中丞會司道議防堵莫肯肩其事者 先生毅然曰某去可也是年即統官兵二千赴武關防堵嗣賊竄豫省擾及山西

直隷又移　　　縣防堵次年賊　陷武漢又移　南縣防
堵迨五年直隷山東賊平而　先生改官山東運使矣計任糧
道六年在外防堵幾及二年中間署藩司者二臬司者三晉京
入覲者一未嘗一年安坐衙齋也
截留驛傳僱夫赴浙川上船
湖北軍興陝西調到援兵赴楚者皆由陝備辦驛傳送至湖北
界其後乃騎驛過界有直至棗陽德安者驛一出境即不復回
並驛夫亦隨去不知存亡矣　先生曰此非長策也驛入楚皆
不返秦中驛將空後何以給軍且驛夫非兵也使長征不返豈
恤民之道哉乃議於商南截留驛傳陝兵到商南者由商南募

夫肩輿度嶺軍械則挑運過山至淅川廳之老河口登舟浮舟
水直抵襄陽自是沿為成例歲省騾隻萬計先是自商南抵襄
騾行需七八日今舟行二日半而達沿途鄉民不復知有過兵
事

設守於界牌

商南界外二十里有界牌者地屬淅川而形勢險要 先生設
兵守之曰此我應守之險毋以畛域限也後當事者巡邊以為
不應守界外地乃撤界牌之戍

作竹礟

製造鐵礟為費甚鉅 先生在商南命取老竹根圍尺餘者作

竹礮其法截竹根長五尺許中剖而去其節目微塗以黃泥然後紙糊其外束以麻加以漆點放遠與鐵礮同而工料共需銀三錢既省經費賊得之亦不可再用誠利器也按前人亦有作竹炮法不及此法之簡要

勸捐抬鎗礮位

先生知商南於嘉慶年間曾經三省教匪蹂躪民間富户必有藏械即令紳士傳諭民間有大砲抬鎗者悉捐出交局鑿年月官銜字於其上即以充官用仍計所值之多寡書捐户姓名於册為請議叙於是不費縣官一錢而得銅鐵炮百餘具抬鎗倍之 先生言凡事當因地制宜如商南民間本有炮械故可勸

捐而咄嗟立辦若他處本無其器而欲强民捐辦則擾民矣

幫襄陽道羅公經費銀兩

羅公淡邨遵殿為襄陽道時與　先生初未相識粤逆既陷武漢二郡羅公在襄陽辦軍務　先生亦至商南防堵與羅公彼此書信往來四年夏聞羅公信來以經費告竭勢甚岌岌　先生即稟陜西中丞云襄樊為秦中障蔽脣齒相依亟宜佽助請於商南防兵餉項内先撥銀一萬兩解交羅公備用中丞尚未答復　先生聞襄樊事急遂先行解往其商南防兵之餉即由先生自行墊發數月後省城始解銀歸欵焉羅公感激流涕曰我與陳弻夫觀察素未謀面乃能破格相救如此後　先生官

山東運司羅公放閩撫時特迂道至濟南曰我此來特與　衍
夫先生謀面也蓋千里神交非一日矣

定兵譁

咸豐四年　先生在商南與署固原提督延綏總兵豐公伸會
辦防堵忽奉部文命以錢二千折銀一兩放兵餉　先生曰此
事驟行兵必譁矣乃詳中丞請寬一月限先由中丞出示曉諭
具述部文原委　先生又以己銜另出一示一月後始照議折放
時銀一兩值制錢二千三百文固原延綏二鎮兵果諠然以為
管兵官剋扣之也有張聯魁馬蛟海者桀黠人也嗾其黨曰我
輩惟有往詣商南城見文武大員面訴耳二鎮兵凡二百餘人

露丹以行偵者來告時豐公懼甚欲開城拒之　先生曰城不
可開開則亂形成矣吾自往曉諭之可毋煩兵也　先生即着
朝服坐商南城門彈壓果見二鎮兵露丹至　先生呵曰命汝
輩守隘何得無故擅離汛地張聯魁馬蛟海前曰非敢擅離以
餉被尅扣故來訟之耳　先生問其姓名因曰此事非管兵官
私扣乃奉部文所辦也部文於某日已到我恐汝等兵丁未能
周知曾諭叅游各官俾傳諭千把又俾各兵目編行曉諭豈各
官未經傳諭汝等竟不知乎並於某日將中丞告示懸貼我又
另出一示一月後再行折放汝輩豈皆未見乎張聯魁曰我等
目不識字實未知有告示故來城親見大人面禀耳如今只求

仍照舊章散給我等即當回汛　先生曰汝又誤矣汝等既未見告示心有所疑只應具一呈於本管千把總官千把稟知守備都司守備都司稟知叅游叅游稟知提台提台移咨我處其可由我處做主者我即做主辦理必不令汝輩吃虧倘不能由我做主者我亦能為汝轉詳上憲懇向部中咨商如部中不准者尚可由撫臺大人奏請施恩凡此皆據汝等呈辭辦理也是汝等能確守規矩自然不致吃虧今汝等不照規矩擅離汛地來此倘省城大人風聞必要治汝等之罪安能望仍照舊章乎我勸汝等趁此未入城之時即速回汛聽候辦理可也張聯魁曰務求大人即速改照舊章我等便回去　先生曰部定章程

非止陝西一省乃通十八省軍營皆以錢二千折銀一兩也銀價長落隨時隨地不同豈能因商南軍營一時銀價即為更改乎此事必須詳請想法辦理張聯魁曰我等兵丁當差甚苦務求設法我等即回汛候信　先生既曉諭各兵散去即告署提督曰各兵雖散去然此案為首者不辦則各營效尤諠譁成何事體但捕此二人當設法羅致庶無激變之患因授以方略益是時適有兩名馬兵缺出諭固原延綏總兵官造具二十人花名冊送挑容諭將張聯魁馬蛟海二人保送署提督親自挑選試以鳥鎗二人皆能合式即挑取補缺諭令未挑之人速即回汛衆既去乃喝執二人責以倡譁之罪立即正法傳首各汛自

是營伍肅然此事定變捕犯始終不動聲色皆
先生一人之力也

嚴紀律

先生到商南即合諸將校自叅游以下至千把各官咸予以飯謂曰我來此辦防堵所賴以同立功者惟諸公耳同舟共濟無分畛域今與諸公約出戰緝匪之事諸公任之轉餉敘功之事我任之倘我轉餉貽誤敘功不臚列諸公戰績而攙以隨員之屬則是我負諸公諸公聲其罪以攻我可也若諸公遇寇不力戰見匪不緝捕則是諸公負我我惟有據實詳揭立時叅處勿謂陳某言之不豫也諸將校大喜曰我等在軍營有年從未聞

各大人肯如此開心見膽説話者我輩亦人也誰不想立尺寸之功大人只管放心我輩皆願效死　先生因與議定紀律固原延綏甯夏凉州甘州凡五營之兵各二百四十名分扼桑洛墅黒蔡河富水關等隘口諭各兵不許擅離汛地一步除官勘定立防之地外不許侵佔民田尺寸之地嘗有某營兵牧馬食田禾民來訴　先生立縛之予四十杖其威如此給餉皆足色足平不許絲毫短絀有疾病者命官醫調治時親問之又捐資置商南藥肆各弁兵需藥皆憑　先生手劵取之歲餘費至五千金又歲三節犒賞給將弁兵丁羊酒皆自捐資未嘗費糧臺一錢至今陝中各弁兵言及　先生猶感泣也

在軍營勤治軍書遠偵探

先生既到商南即語傔從曰此地非省中衙署内可比乃軍營也軍機呼吸不可緩我宵卧不解内衣若輩輸更聽事若夜間有文報軍情或員弁兵勇求見即時傳稟我雖熟寐亦當唤醒倘拘泥貽悞必重懲汝　先生于各營中選捷足各十名為探馬每日發一營之探至五日周而復始以是宛襄界中軍情纖小畢達嘗有偵者夜四鼓至　先生即起坐呼問之云有流民數百人稱欲入關覓食不知真偽故亟來報問距此幾何曰七十里　先生度其必至富水關等三隘舍此三隘舍不能入關也即密諭三隘將弁曰流民若至諭以陳大人在此防守毋許

擅入既係難民即令屯住隘外擒爲首者二三人入關到城中謁見大人自有安置彼如真係流民必來謁見我自另籌賑濟倘非真流民必不敢入見令其速即轉回若敢衝突入隘則勒兵擊之可也流民果不敢入旋於數日間徧歷三隘皆以有備不得逞焉

山東運司任

籌畫鹺務

先生初由陝西糧道升山東運司時有曾任此職者現居要津先生往請問舊政其人曰凡鹺司俗號鹽糊塗君何問也吾有十六字心傳曰不求甚解名利兼收儻若認真自尋煩惱君其

識之　先生大不然其言曰若服官者皆存此心則萬事隳矣
既莅任適值東綱極疲之時殫思極慮不數載間大有起色崇
中丞見而謂曰世稱鹽糊塗何　鄉夫都轉了然如是誠超羣
之材也　先生初建新舊引三七搭運之議東省黎庶咸相語
曰是操何術竟能盡知鹽務底裏耶　先生聞之曰吾亦心誠
求之而已豈別有他術哉
委知府比商領引
先生於乙卯五月初到運司任前任景星橋都轉曰鹽綱至此
吾不知將來陳公如何籌辦蓋是時河決蘭儀引地皆被漫淹
鹽務大壞又南橋地方舊存之鹽被衝商報衝去十萬餘引例

准補領引鹽俱不納課　先生曰如此則新引一概不行矣哉

又奉派出省桊何是年八月張石卿先生來治河崇中丞委先生隨同往勘乃委候補知府

某在運署專司比引每日比各商所領之新引若干不如額者

責懲無貸　先生出差往返百日而引得暢銷以此也又因勘

河親至南橋訪明所銜鹽引實止二萬餘乃得七萬之贏云

借給商人帑本修復灘池

初到山東運司任時咸豐五年也沿海永阜場經黃河冲決兩

水淹場不能成鹽竈丁失業商無成本不能修理　先生即借

給商人成本二萬兩俾修理場竈濱岸灘池以紓商力由是竈

丁得以復業所借帑本仍於交課時陸續歸還

全新舊引三七搭運

先生初莅任山東商力疲甚全綱不銷每卯比各商人多箠楚而不完課如故初疑來受笞者必商所雇債頂替者耳詳問之乃皆商人親來也嘅然曰商不自顧至此安有銷運之理乎遂不箠楚而詳詰商之所以病乃知自前數年遇災商鹽不行即以鹽引售於鋪户每引千道止售百金或八十金一引為鹽三百二十斤以八十金而買引鹽三十二萬斤於是一切商賈及官親幕友長隨罔不販買引鹽至次年則舊引存於民間者不可勝數但有引即可詣場竈運鹽成本既輕人爭售買商領本年新引納課南運引千道二百三十餘金北運引千道五百六

十餘金較之舊引數至倍蓰於是商之有力者亦爭向各鋪戶轉售舊引而新引置之不問其無力之商惟有束手待斃而已先生既訪得其弊源或謂當廢舊引不許運庶新引可銷 先生曰舊引本亦 國家之制商之售引多出於不得已今一旦盡廢之取快目前而失業者眾爭訟紛然非良策也乃檄鹽場曰有運鹽者必新引七分舊引三分方許其運否則不許運又榜示通衢曰汝各鋪戶等乘商力之疲以賤價售官引本係擾亂鹽法有干例禁即應立案將舊引全為廢紙姑念無知初犯准予三七搭銷敢有把持告訐者立即嚴辦此令一下即囤積舊引之家無新引不能運鹽亦皆向司銷買新引課既充而商

亦裕不三年而舊時脱袴受責之商今皆裘馬甚都矣　先生
論去弊不可太甚如此事若因舊引之為患而盡廢之是惡垢
焚衣因怒決癭也只以三七搭銷即公私兩便矣陶雲汀宮保
辦而淮根窩一案奏行票鹽之法而根窩盡廢程梓庭制軍辦
閩中鹽務私借重利一案奏明概不許清償而私借永絶雖取
快一時然其大害有三一則叅商另招不僅　國家發帑生息
等項全歸無着而本年新課亦延宕不能辦也一則根窩借貸
之家本皆良民一旦本利盡失破家鬻子鰥寡孤獨失所者不
可勝計元氣至今不復也一則商人適遇緩急永無借貸之處
無力之商惟有倒綑歇運而已若當時以三七之法行之則淮

閩二處鹺務不致如今日之壞矣又大吏遇當行之事有不必詳奏者三七搭銷之法思之月餘始得此策即自運署單銜行之若詳則恐上憲處有阻撓者若奏則須候部議往返稽遲皆於新運有礙輾轉既久而不見暢銷之效則多言者又以良法為非矣　先生署臬司數月葉芸士觀察圭書來權鹺篆　先生屬之曰三七搭銷一法乃我一片心血萬無聽人言改之也既而果有來言令不便者葉觀察曰我不過代陳大人看印耳法不可更也言者乃止

論兩淮去根窩改票鹽

先生嘗論淮鹽去根窩改票鹽之事根窩者兩淮商人費用既

繁以官引等件押借財物謂之根窩每銷鹽則先償根窩之家而後交官帑久之根窩益鉅蠹所銷不足償而官引全滯矣故陶雲汀一旦決而去之亦事勢激之使然也惜乎其未能周諏而慎思耳又曰雲汀宮保之改票鹽所以能數年暢銷者因周敬修制軍在湖北捕緝私梟甚嚴也制軍先官縣令以濫用非刑被臺官奏劾宮保勘其事稱周本良吏愛民如子嫉惡如仇周因此受宸眷累擢開淛宮保以捕緝私梟事諉之故周深為盡力云

先銷北運各引

山東運司所管鹽引有南運北運之分北運者東昌曹州一帶

地方南運者徐宿一帶地方也商人每領南運引一千道應納課銀二百三十餘兩而北運有加價舊章計每千道引應納課銀五百六十餘兩是北運引之課二倍於南運引之課故商人皆樂領南引而北引為之滯矣然東商皆以一人兼辦二運率領南運鹽售於北運地故從無爭論及此者且運司考成止統計所轄銷引若干分為殿最不論南北引故南引暢銷即運司課最而北引之滯亦置之不問矣然南引銷至千道僅納課銀二十萬兩北引銷至千道應納課銀幾六十萬兩是於縣官官項大有出入 先生察知其故下令曰本年先領北引俟北引領竣方許領辦南引歷城有給事中某者方奉 命回籍辦防

務得專摺言事一時勢焰烜赫其戚某姓大鹽商也某為諂
先生請曰北運引地現為黃河沖刷民被水患不能銷鹽乞與
南引數十道銷售在大公祖銷引止計多寡不分南北亦惠而
不費之舉也　先生曰銷引固無分於南北引價豈無分南北
乎其法在必行不能為一人更改設北引未竣若發南引一道
聽給事劾我可也其人中餒不敢復言時同城各官以某勢官
請托多甚患之而運司處獨不復來以　先生逆折其氣故也

籌山東官運之鹽

山東鹽已經定郡王奏改一半官運矣官運之法全在州縣所
任之友得人如其友賢則必諳永阜場（山東惟永阜場鹽最佳）親自買乾

潔之鹽運至引地鹽佳秤足自能暢售若不肖之友向州縣領得運本輒恣飲博挾娼優蕩費殆盡乃向近地販買商人囤積餘鹽攙雜泥土每包真鹽僅數十觔耳運至引地州縣不得已交付于店鹽劣秤虧強民買食此私梟之所以得售也然則劣幕之與私梟雖不相謀而實有狼狽相倚之勢 先生每見州縣官之辦運者必諄諄諭以擇人辦運為第一策州縣遵守者鹺政咸克修舉云

准借本省場鹽

先是東省場鹽闕額舊案皆借長蘆鹽 先生初莅任時永阜一場自咸豐八年因黃河淤塞海口不能納潮以致無從曬鹽

九年鹽商以水旱闕産無從運鹽請援案借長蘆鹽　先生曰隔省借鹽必須奏請文書往返動經數月直隸兵燹之後道路多阻運鹽亦復艱難且東商遠赴長蘆運鹽多費腳價亦非所以恤商也儻照成案必誤本年銷行矣乃創議借本省各場之鹽如黃家岡場西繇場官台場數處皆令勻派按卯多煎以諸場之贏補一場之絀此法實　先生所創行大吏以無成案駁之　先生固請乃准遂得如期納課咸豐六七八三年東省鹽引暢銷共納課銀二百七十餘萬兩皆先生之功也說者謂此舉有三善在官無隔省借鹽之艱善一在商省水腳之費善二在三場竈丁按卯多煎贏工食以濟貧乏善三皆可記也

會詳停止發鈔收鈔

咸豐三年户部議行鈔法各省多議發鈔若干收鈔若干其時錢糧鹽課民間仍納現銀至交庫始用鈔領鈔納鈔皆有費用無益於民而有病於國中飽者咸便焉　先生蒞運司任吳竹如藩司亦新到任會詳止發鈔收鈔仍用實銀自乙卯以後六七載山東一省支應天下軍儲不少皆　先生及吳公潔已奉公之效也

修歷下亭古蹟

杜子美詩云歷下此亭古濟南名士多斯亭自吾鄉楊雪蕉先生修後旋即損壞　先生費三千餘緡重建焉湖光山色煥然

一新何子貞太史爲文記之並作詩六十韻勒石壁間　先生自爲記云天下事聽其隳壞則至於不可收拾豈獨此亭也哉蓋所感深矣是亭於九年五月十六日落成　先生偕子貞太史會飲於此越數日爲月之十九日火藥局災勢甚相逼俄而天反風頹磚墮瓦悉落大明湖中闔城廬舍得無恙亭亦獲全

免商人修園

運署舊有園曰也可園曩時每指其中損壞一二處呼商人視之估價興修往往納數百金於署而園仍不修蓋當事者以此園爲科斂之具非一人一事矣　先生至悉命罷之竟任五六年未嘗以修園累商人也運司衙署係乾隆間阿公林保修建

後七十餘年未修至　先生始自出資修之亦未嘗派商人一錢

速解京餉

庚申年部文催山東藩庫欠解京餉六十餘萬兩運庫欠解京餉十二萬兩文中丞煜語　先生曰藩庫數鉅未易驟解子其籌之使吾東省二庫中有一庫全完不亦善乎　先生曰吾素有備此尚不難即如數以十二萬兩全解焉特奉文尚未滿一月也不意部文以為現在雖經解清究竟在奉　旨嚴催以後仍應查取職名議處文中丞曰吾慚陳公矣使不解亦不過議處耳今於一月以內解完仍得處分將柰何　先生怡然曰

公罪不可無私罪不可有如某此案乃公罪也何害後送職名
往竟無處分蓋一月內解清本無可議也
署山東臬司
嚴懲各屬匪徒
自癸丑以後山東捻匪幅匪鹽梟之屬極多當事者往往拘泥
成例不能隨時懲辦　先生既署臬使毅然曰除莠所以安良
此非可文法拘也每州縣稟辭赴任即語之曰汝獲殺人結捻
兇徒訊驗明確即導
旨就地正法不須具詳以省案牘倘
汝枉法殺人天道必不汝容亦不能諉咎於我也數載以來各
屬隨時嚴辦匪徒知懼山東前數年之清晏職是故耳

預決團練滋事

東省議行團練　先生曰兗沂曹三府山東之屏蔽也密邇鄰氛自當亟辦以收干城之效若濟東泰武臨各屬乃山東腹地財賦所出不可一概辦理也蓋曹兗等處曾有藉團抗糧之案東省民風強悍難以控制　先生早見及此當事者不能用其言厥後濟東泰武臨各屬紛紛藉團抗糧大局遂潰敗不支果不出所料云

讞結福山縣煙台厘局一案

咸豐己未郭筠仙編修在天津大沽軍營九月間奉　旨命筠仙赴沿海一帶查辦厘稅僧王亦令李雲舫漕帥偕往漕帥

以曾任大員不甘為人下與編修議論多齟齬遂分道行編修先至福山縣煙台以札給邑紳蕭部郎銘自令其設立釐局試辦既而有沮之者曰此事撫軍尚未出示何遽爾乎鄉民遂羣起毀釐局與蕭公相角遂成奏案　先生署臬司識得其情曰蕭公實以欽差札辦事非擅斂也即以鄉民不知悞毀釐局論如律而蕭公等但下縣取親供結案不拖累一人

行保甲訪獲朱伯玉叛案

庚申年龔君若琬會試後到山東　先生留居署中龔君言見城門出入之人漫無稽查宜行保甲庶幾有備無患　先生即語撫藩皆然之乃派委員查門入城者皆詳詰之刀械概不許

齋入賈區僧舍每夜嚴查設循環簿州縣翫愒久竊議　先生
多事　先生曰吾為臬司保甲乃專責不可以人言撓遂單銜
出示辦保甲更請中丞申警焉諸有司始懼不敢怠八月十日
而朱伯玉之事發伯玉者生員也居　口說稱明裔假風鑑術
惑衆目謂必大貴有僧大安者談奇門命理推為軍師每入城
議事皆主剃髮人孫三家糾死黨多人竝要結各大員署中吏
役約期作亂其謀曰以數百人溷迹城中先令四人於四門放
走各吏役皆在署門大呼賊已入城官必洶懼無策先搶皇華
館軍械次劫臬司署府縣各監獄縱罪人再取歷城縣櫪馬然
後劫庫戕官省城唾手可得也倘事不遂即南投捻匪計已定

期八月十日起事因稽查嚴徒黨未得盡入城改期八月十五日事甚秘無知者至八月十日賊復往糾生員某某心知其不可婉言緩之此生乃捐納知縣朱鎔之塾客走告朱鎔朱鎔即先生委查保甲者也馳報 先生先生亟呼首府首縣授以姓名住址俾速捕一夜盡獲 先生已執本署番役趙勇禁卒吳盛等付有司襍治之吳盛已悉結獄因以輕重互易其械聞事發即逃執其父乃詰得匿所於是磔三人斬七人搜得簿一帙所記姓名千數 先生既誅首惡遂焚其簿而出示曰渠魁既誅姑寬脅從速宜改心革面儻仍不悛必按名捕盡殺乃止其無悔先是歷城民多以空房出租因 先生嚴辦保甲不許

無來歷人賃屋悉出城甚以為怨及此案破始感念曰微保甲之力城喋血矣生我者陳公也案結甫數日而省城聞夷人到通州之信撫局未定人以惶惑又數日捻匪萬眾至泰安使朱伯玉輩不誅岌乎殆哉

密訪鹽梟餘黨銷患未萌

武定府有大夥鹽梟仲萬清為之魁先生捕獲誅萬清及尤桀黠者十餘人萬清之弟延清糾結梟徒餘黨欲因考試混入省城報復委員偵知密上記先生即令查保甲各官嚴防之既而念此事毋庸密查正當張皇其事使匪黨自驚而散去即往告鄭小山學使學使曰試期已定不可更柰何先生曰不

必改試期也但煩學使傳諭學官及諸生耳蓋現在考濟南府而鹽梟係武定府人若學官生員肯分投稽查斷難漏迹也後學官偕　先生委員同往諸生各屬告以此意諸生皆曰設有亂我等考試者亦羅其毒矣矧我濟南人誰肯代他處人藏垢納污乎陳大人此意乃為我等桑梓起見有不認真稽查者衆共擊之時梟匪本懷窺伺既聞緝捕甚嚴遂皆斂迹果不出　先生所料也

會同決德州河請止開一壩

歲戊午僧邸在大沽軍營建議欲從天津河道以防夷舟入犯奏遣內閣學士烏公勒洪額馳至山東查勘河道令東省派明

幹大員會辦崇中丞委　先生馳赴東昌德州一帶會同勘辦
烏公議欲築壩斷流　先生馳至語烏公曰以地形論天津萃
九十九河之水徒決此一河不能令涸而德州以東人民遭此
排決不免有爲魚之患是禍民而無益於國也且此乃豫東二
省運道若決之豫東之漕糧何由達於通州乎烏公曰奈何
先生曰運河原有滚水壩下流皆有底河直達於海但多年未
挑河身淤墊莫如試開四女寺一壩蓋四女寺壩在恩縣境内
本有故河道足以容泛濫之水今改河道由是於民無害亦足
以復　命矣烏公從之時婦項支絀　先生乃倡率隨員縣
令等公捐銀兩暫築草壩並繕詳云伏秋水漲即當毁壩以免

漫溢爲公壕以入奏嗣天津大提乃毀壩焉是役也從　先生議水由地中行民間田廬墳墓保全無算直東二省陰受其賜而不知至次年夾艘又至僧邸復委員往辦決河竟不能藏事而止其人嘆曰陳都轉真不可及

築山東省城關廂羊馬墻

承平日久各省城外關廂民居皆稠密倏有寇警命之匿移多不肯往往倉猝焚之焦土一片老稚呼號慘不忍言蘇省即以此致潰蓋近世人不知兵凡克敵致果應決策之事每遲疑莫敢動而於虐民之事則甘心爲之究之關廂焚而城內亦不能守禦譬如鳥自去其翼獸自爇其鬣而欲禍不及身安可得哉庸

劳之流徙拾陳編嘸餘殃民轉以自殃良可悼也　先生深識早慮及此庚申冬旣蒙　　恩擢雲南藩司語東省撫藩曰省中闔廂居民甚多且富於儲積使之遷徙必不肯盍築羊馬墻以繞之乎益大營與賊相拒必築墻子即古羊馬墻遺意而以甬繞省城垣正如城外復建重郭恰合古制當事者從　先生之議勸諭民皆子來遂不日而成從此永爲東省保障　先生之惠溥矣

辭辦夷務

庚申十月撫句既定將於山東烟台設立口岸時　先生已擢雲南藩司將請　陛見離東省矣中丞謂清布政　盛曰獅夫吾

倚重如左右手豈可遠去且雲南道梗久矣吾欲奏留於東省
辦烟台開口諸務汝其先以吾意告之　先生曰中丞意固善
然吏務非所素悉不願承辦中丞乃止鄭小山學使聞之曰使
君於此不凡
充提調官
斷傳遞
先生於陝西山東皆曾充鄉試提調官嘗云場屋之弊惟在杜
之於始　已傳遞一節其故多端正場日關防嚴緊自無所措
手矣其二當防委員及水夫也題紙既下例委佐雜官員於東
西文場巡綽數次水夫早晚挑水此皆題之所由出文之所由

入也　先生每於頭場士子入號訖即令水夫竭一日之力向各號舍挑滿甕水申諭初九日係正場不許挑水水夫無由入號矣至初九日　先生偕外監試分查東西文場畢即鎖場門不令各委員往來巡綽委員無由入號矣至初十日始挑水題雖出亦無能為已又向例點名既畢即封門封門後大門内二門外設員役以便遞送文報此正傳遞之要路也　先生於封二門時合大門内員役入一并封之於二門之内其大門内二門外不設員役傳遞者路絶矣

嘗粥飯

場中士子例給粥飯多不可食　先生預告供給所官曰初九

日之粥肉等項煮熟先携至公堂上我與各大人即以此為晨點如有不潔或不可食立即叅劾是年場中供給無敢尅減減者

杜聯號

場中吏掌發號舍戳記九戳記以千字文編號每號百枚貫以繩一串交印卷官印完再發一串先生令取百串悉解散糅雜之再送印卷處吏爭曰如此嗣後戳記錯亂難查矣先生怒叱之曰用汝輩何為用畢之後查清歸串乃汝輩事也敢偷嬾乎由是聯號之弊遂革

止藍榜

舊例三場皆有藍榜　先生念寒士倚館為生者一登藍榜數年失館是使其全家凍餒也乃改為內藍榜之法犯規應貼出者即榜於至公堂上不送謄錄所二三場仍准入場皆不謄而已既不使違式者得以徼幸又為寒士保全顏面人多感焉其有漏寫添注塗改或二場漏默頭場起講者皆不入藍榜另存一箱俟其人二三場領卷時即於至公堂上發令當面補填

杜修卷

謄錄所有修卷之弊應試諸生往往屬能手赴闈充謄錄生暗於墨卷上修改謂之修卷近日此風尤盛人皆患之　先生曰添注塗改例當士子自注若有修卷其字數必不符令對讀所

官曰如有添注塗改字數較原注多至三十字以上者令對讀

生摘出　　卷賞錢五十文所摘之卷察其筆迹不符有干

貼例即榜示至公堂不送内簾是科修卷無中式者

咄咄録四卷

［清］侯官魏秀仁撰

福建省圖書館藏清光緒間抄本

咄咄録四卷，清魏秀仁撰。秀仁（一八一八—一八七三），字伯肫，一字子安，又字子敦，號眠鶴主人，侯官人。自幼隨父研習經史，工詩善文。道光二十六年（一八四六）舉人，屢試進士不第。乃遊幕山西、四川、陝西等地十數年，主講渭南象峰書院、成都芙蓉書院。咸豐十一年（一八六一）返閩，後病逝於延平道南書院。著述甚豐，約四十五種一百二卷，然多散佚。存世有治經隨筆、石經考證、陔南山館詩話、海氛詩話、百美帖體詩、碧花凝唾集、陔南山館遺文及説部花月痕等。生平具其弟秀潛撰續魏氏世譜。

據魏氏後序及謝章鋌魏子安墓誌銘、答子安論咄咄録書，魏氏坐館蜀中時正逢太平天国起義，兵燹波及粤、蘇、浙、閩，與家中音信既絶，又遭父卒弟亡，欲歸無路，而蜀中戰亂又起，資裝俱盡，遂攜殘書返閩。「憤廉耻之不立，刑賞之不平，吏治之壞，而兵食戰守之無可恃也，乃出其聞見，指陳利弊，慎擇而謹發之，爲咄咄録」，搜檢舊稿，於同治九年庚午（一八七〇）秋編成四册，次年（辛未）送謝章鋌處請正，又次年（壬申）據謝氏意見「重訂一過」，遂定稿。

書分四册四十二節，前三册敘太平天国之興起與覆亡，第四册記黔、滇、蜀、陝、甘、閩、粤諸地事變，以清廷與太平天国戰争始末爲主，間述撚軍及回民起義。例言謂「此編溯亂之所從生，與亂之所終極」，「紀所見聞，然必證與邸抄，參以近人記載，始著於編」，「每條贅以論次」，「附録若干則，亦我所咄咄者也，故著於編」。紀太平軍諸戰役條目下，多以小字附時間紀年，俾便稽考，每節後附「咄咄道人曰」議論。是書既爲傷時憫亂之作，保存諸多珍貴史料，如紀太平興国、太平天国國號之使用時間，敘撚軍之興起等。

此林氏棣華山館抄本，每葉下鐫「棣華山館」。外封面題記稍剥落，約略可辨爲「光緒己亥借賭棋山莊鈔藏本鈔存」。前有謝章鋌序，書中間有批校文字。另有小字「林謙宣先生寄贈」，林謙宣即林葆炘，與從兄葆恒繼承其家棣華山館藏書。（張美鶯）

咄咄錄

福建省圖書館

林讚堂[illegible]先生寄贈

光緒己亥仲秋朔日金門居士

鈔存

出〻錄

海校兄令人　章健書

手教兄大人閣下，大箸咄咄錄四冊，紀載前明論斷精允，遠摘鈎稽之詳，近採孤證
密紀所與所著詩話相表裏，蓋缺一不可，名山著業也。但為倉卒分輕重之處，加
以消納陶汰之功，使筆痕所不及之中，有將筆深思其諸可悅於讀者之意也。刻手善
矣。兆孝好末一節文字詳密，於何文史，然亦此至疑似近偏密耳。與以求如兆孝者不定凡
哉。至若各條皆精，令人再目兆孝數數，則遠過矣。雖不足為之一例也，陳甘一篇，現尚未
竟，文亦首尾未具，且其文氣頗吞吐，不能明達，亦足並與所在陳李三匪將有專條亦未
極詳，素以地為經，以人為緯，體例自於盡一。無地無人，前無之未審，不足較也。紀載尚多知亦
此太多，不能述各處所注意，其人野史多重，兼收欽矣。閣下此舉則要在立議，為中誤論，自不能
處甚固多，故當廣搜羅包舉，互資考索，時覺之，概無關係於要，以為後來為體
所謂四野史，只采附其中所無者，稗小說家自不敢準也。益見先生於言深，特書多
言耳。所有大著或述或易，另單呈覽也。將各抄一副，恨恨恨恨，無力於鄙見，決其

西種千株，可以豪矣，来日不雨，當走送行，稚順候祺安，愚弟泐手[illegible]頓首

今有人於此，耳目聾聵，手足痿痹，延痞瘕癰，中有疣聚，問之醫，可治乎？醫曰可
治。問何以可治？曰心未壞也。夫道起粵西，直疥癬耳，自淪武漢，而耳目聾聵，自踞
金陵而手足痿痹，甚次則擾山左右，直趨直隸之天津，於是河南之捻匪蜂起，而今
右請，甚而則分擾江蘇、江西、浙江、福建，浸及黔蜀，於是滇南陝甘之回部，毒亦已
今勝伏不發。嗚呼，養癰若瘳之癰，扶癱起跛之難，扶之而仍蓄之，刀圭雜投，迄
無成效，延痞矣，瘕癰矣，創深痛鉅，豈止如曩所云疵謦耶，又豈止如所云病瘻
痿痹耶？雖之謂之，謂為人之痛，豈得為過耶？鄙該笑而為也，我輩之謂之匹人而
也。奇悔疑心垂亡有餘年矣，以今日人心而論，民心洶洶，懵懵，既如彼，官心兵
心之渙動一至斯，推原究始，其地利人和，兩不足恃，又如此。此所謂人心未壞，信乎？
曰信也。不觀北犯之賊乎？其渡河者十萬有奇，試問有匹馬反於清北乎？不觀南
竄之賊乎？其肥西、直省者數百十萬不止，試問有子遺歸粵西者乎？自壬子以
來，四陷漢陽，三陷武昌，今武漢之形勢固在也，再陷安慶，叠陷九江，連陷蘇杭

今大江南北安逸民安堵信於也，賊破湖南諸郡矣，而湖南人經震其業；賊破福建

上游諸郡矣，而上游延數十萬固不盡藏其家，大抵奥逢有亂民為榮，則勢必狂

急而爭，亂民為用，則如街衢聚脈，以故賊蹤城池城郭即非一所有，賊去之後立即反正，

賊即安逸，居報以威之，不能禁也，於則因脈之所以不採者，豈非人心之未境哉。彼貪

天之功，訟痛醫頭，腳痛醫腳，枝枝節節而為之，自以為和緩復生，嗚呼，亦安治標

治本之說乎。所願當局者力挽人心，人心不死，斯國手矣。戊辰立春後一日咄咄道人

自序於小湖

例言

一 此編湖亂之所從生與亂之所終抵圖謀忌諱

一 此編紀所見聞於西征之郵抄，並以近人記載始并於編

一 此編紀多從原稱名

一 此編每條贅以論斷

一 附錄若干則亦我所咄咄者也，故著於編

〈林主·〉

咄咄録一冊

咄咄道人 編

粤事縁起

國僑有言人道近天道遠夫天道亦何嘗遠哉道光二十九年己酉四月二十有五日日旁已小星或云太白晝見蓋粤亂蘖于是時矣粤亂始自李世德元德而逆平後洪秀全接踵而起秀全廣西潯州府桂平縣人祖籍廣東花縣生于嘉慶十七年壬子癡肥略識字父國游与母均早死書无教初挾拆字法及命數蠱惑鄉民後招集亡命復送鴉片為生往來兩粤及湖南邊界土匪楊秀清蕭朝貴馮雲山皆其黨也先是勦辦英夷秀全等旁覷營務廢弛潛萌不軌雲山遂傳教于胡以晄村内当是時洒血插盟僅三十餘人嗣夷務議和遣散之勇多归之所聚亦不過三百人而地方官以訪緝為辭致令秀全等伏匿深山蓄髮尺許秋末弋獲未幾而李沅發滋事巡撫鄭祖琛招敢死勇雲山傳教之衆且出而應募其打仗七

咄咄録一冊　粤事縁起

咄咄錄一卅

良無目力坐是驕橫不可制有石達開出居大校村家富饒賊假其資十餘万招兵僭封翼王又有韋昌輝北博白監生也因謗騷登仕郎區欽官紳疊次訛詐逼獻銀于賊僭封北王、

咄咄逼人曰自古國家患言利盖言利未見害輙隨之道光季年寇亂漸萌嶺嶠俠東路越滇黔諸山中奸宄亡命狐嘷梟嘯四出刼掠勾結營兵胥役與敵捕役、洪逆以泰西景教倡亂粵西此白蓮八卦之餘孽劉之協徐鴻儒游魂為變即既已亂賊不足和其蔓延弥盛實由人心趨于好利睊睊胥讒不奪不饜也夫天下大根本人心而已矣人心大抵趨義利而已知人心趨義天下治人心趨利天下亂洪逆之煽民為盗也動曰富貴盗何富欲富云尔盗何貴欲貴云尔富貴勝於可知而欲富欲貴之心則結而莫解于是圖視而起不為民而為盗為盗與不死然不即死而且可快其生為民與不死然不能遂其生則加與不死鳴呼民情大可見矣苟解倒懸事半功倍有土有人者亦知所变計乎國不以利為利以義為利一曰保富富人也貧人之母也不魚肉富

人也則人之有所處矣一曰貴夫人未有生而貴者也然良知良能實為良貴十室之忠
信表厥宅里樹之風聲則人人有貴於己者矣一曰抑奢侈者窮之漸窮者盜之招奢
非一朝一夕而致也風尚使之然也中人之產敵不踰百豔妻婺妝首姚麗宮室衣
服僭踰比等豈所以善俗而保家哉抑奢所以長儉富也一曰明恥恥者國之維人恥
今士庶之家誶語德色既所不免而宗族不相收鄰里不相恤朋友交利焉則疏故兄
弟之獄十犢而五宗族鄰里朋友十其二三猶且言而無恥者矣無恥之極斯為
盜矣明恥所以長使善也今夫人之樂富貴而厭貧賤也若水就下然苟勿衛爲排
決幾乎一往莫禦有隄防焉則不惟移其崩潰奔放之勢而反增其潰濫所謂因
民之所利而利之惠而不費乾始能以美利利天下不言所利以知為利也此矣

學事緣起　二八　東阜山官

金田倡乱 道光三十年庚戌

廣西金田山村屬平南縣治与籐縣相連皆盜藪也庚戌六月大白经天鑄星入南斗光芒合鉅洪逆以三百人自白沙至大集党羽僭号太平与國首竄桂之南賀焚村舍搜資糧脅壯丁擄婦孺進陷修仁荔浦等縣所過居民房屋無有存者富室土瓮發掘數尺官軍逐之急将就擒適廣東賊渠楊元青范運有等敗卒三千人附之勢遂猖獗巡撫鄭祖琛入告 上起宮保林則徐於家赴粵督办軍務以前雲南 以督張必禄副之旋據給事中袁甲三奏参祖琛欺飾弥縫各罪飭廣督徐廣縉查覆祖琛革職以則徐署巡撫而則徐卒于潮州必禄卒于潯州復起前江督李星沅督办軍務前漕督周天爵署巡撫後星沅卒于軍天爵引疾拉初賊寇起提督向榮自四川奉命率本兵越境剿之旋調廣西飯不剿會匪而先剿游匪曰会匪之与游匪未可同日語也于是自柳州慶遠以至南寧之橫州四戰皆捷軍威赫然 賞霍欽巴圖魯名号迨洪逆猖獗将出竄潯书尹飛书告急日數至向帅印已乃由橫

金田倡亂 三一

州移尋而洪逆已出山横不可制矣時星沅駐柳州蓋距賊數百里云

咄咄道人曰嘗謂馮雲山楊秀清輩蓋亦薄有伎倆昔蘇東坡謂戰國無叛民雞鳴狗盜之徒有四公子收而養之蓋驕取粗右即以御彈壓之乃使作賊石勒終用張賓下第黃巢貽禍唐室君曰天命豈非人力哉

紫荊屯兵 咸豐元年辛亥

咸豐元年辛亥，賊竄潯州，至大黃江，分擾桂平、貴縣、武宣、平南，入象州境。二月，命廣州副都統烏蘭泰馳往。三月，朝議發餉百万，命相國賽尚阿統禁旅督辦，賜遏必隆刀，諭在事文武有不用命者，即以此刀斬之。五月，都統烏蘭泰敗賊于象州。六月初五日，相國賽尚阿至桂林，駐節興安。二十七日，都統烏蘭泰、總兵秦定三分路進兵新墟，勦殺千餘人，賊復敗走，踞紫荊山。七月初十日，莫村開仗，又獲小勝。紫荊山前後俱屯重兵，都統達洪阿、烏蘭泰率蜀、滇、黔、東勇由四盤、新墟、莫村攻敗之，都統巴坤、提督向榮、總兵長瑞、長壽、經文岱率川、楚、潮勇由東鄉、雙髻、大樟擊賊之背。十五日，提督向榮進兵，將雙髻、峯猪、崽峝、峽攻破，直抵花雷、茶地諸砦，而都統巴坤駐山下，持全軍不可行，賊以遁。賊屯新圩，缺鹽及火藥，我軍嚴禁接濟，刊賞格及解散脅從諸告示，縮寫小本，使人潛入賊中，設奇離間，意在內外相應，使賊離異。乃凌十八、何名科、顏品瑤三股雖經殘敗，而洪逆自紫荊偷從小路奪隘趋

紫荊屯兵

四〇

按向榮諡忠武
周天爵諡文忠
李星沅諡文恭

思旺、破向榮軍于風門坳、于安村、由八衜水走大旺圩、分水陸行、陷梧州五十

七都大黎里、入永安踞之、時閏八月初十也、

咄咄逼人、曰節相督師、勁兵猛將雲集、戲下。此釜底游魂、聞風當自膽落、行以兵鈍

不利、告功不時也。粵人言賊踞觀音寨、聞林文忠公將至。議入海、又議縛韋正（即昌輝）乞降。

公薨。復攤之逸、又言中堂駐節興安。賊亦沮懼。後聞左右讙呶譁嘻。遂玩之。嗚乎。賊亦人

耳。人有秉彝。是以司馬相而邊釁自息。張公來而蜀寇自平也。彼貴游之安得其為東

山子弟哉。先是向忠武以宿將為提督。在諸將中為戰軍。而或疑其偃蹇。周文忠公果

敢任事。而或疑其專恣。李文恭公勤慎謹密。而或疑其怯懦。于是持議互多異同。遂

有將帥將軍總統之請。嗚乎。師克在和。古有明訓。奈何為此禍心也。

賊困永安 咸豐元年辛亥

秋七月賊踞永安，控瀛以守，以城南水竇廟為犄角。九月賽帥移軍陽朔，就近指揮催戰甚急，而賊于永安城外作壘，包築厚牆，多開銃礮眼，牆內兼挖地道，安放地雷，官軍不敢偪近。（秀賊供詞：羅大綱破壽春兵，猶日十餘担火藥；困永安時並未有斤兩火藥也。觀此乃嘆城下軍帥之受欺。）自秋徂冬，隔水相望。十二月賽帥親駐永安，督勦。賊窘，議突圍走昭平。壬子春二月十七日夜，棄永安由古東出，烏蘭泰擊之，生擒偽天德王洪大全，而賊破四鎮兵於龍寮嶺，長瑞、長壽、董先甲、邵鶴齡四總兵墜崖死。時男賊僅存二千餘人，女賊衣男衣，穩脫共不滿三千人。或曰：賊受圍久，死亡枕藉，值湖南郴州賊李嚴通為官兵追勦，逃附永安，抬突圍去，直趨桂林。都統烏蘭泰戰于橋南，死之。賊之去永安也，雞犬不留，而賽帥馳奏克復，檻送大全京師，磔于市。大全，湖南衡山人。

咄咄道人曰：賊萃永安，官軍環之，闕城北一面。時江忠烈以楚軍隸烏都護，請掘長壕聚殲之，都護不能用也。都護負氣，與人多齟齬，嘗上言練兵二十日即可制敵。嘻

賊困永安　五

此語可信耶。古人稱紀律之師。先之信義。而後能驅策之。惟吾所欲為也。此時兵丁。信義之不講久矣。胡文忠曰。都護遇兵長厚。雨不張蓋。謂家兵皆無蓋也。囊無餘錢。得餉盡以賞兵。可謂一時人傑。賊撲桂林。都護戰橋南。是日割臂血入酒中。與兵士飲。痛哭誓師。感激願從者七百人。及戰。兵有傷者。而大將先退。在都護忠貞貫日。復何所恨。然從此無辦賊之人矣。又曰。永安之民。尤不通賊。何能接濟。七月之夕。湯朝藩浦尤能浚溝築堡。何能直犯桂林。古東之敗。如得土人指引協助。何至全軍敗衄。惟官不用民。而民乃為賊用。此機一失。禍患無窮。可謂篤論。是時群帥逍遙河上。方以賊無能為。在吾掌握之中耳。夫就賊情而論。當破永安之役。我軍皆遠在東南。桂林北面空虛。賊若長驅直入。二日可至。既竊踞一城。且復困至半載之久。賊無能為。誠可惜已。乃掉以輕心。轉令出柙。將驕而玩。卒悍而慢也。

杉亭山館

桂平疑誤

賊撲桂林 咸豐二年壬子

二月廿五日，賊棄永安，廿六日從馬嶺翻山，即抵臨桂之六塘，廿九日大隊猝至，攻文昌門、西南門，竝于相距咫尺之象鼻山安設大砲，正對城中，日夜轟擊，砲子如雨。向提督向榮間道馳回，各路大兵俱陸續踵至，紮營北門、麗澤門外，城中各團亦邏獲奸細，不致乘機內應，民心藉以稍安。然每逢陰雨之中，賊架雲梯向各城迭起環攻，應接不暇，幾陷者屢矣。賊每夜張宴於月樓，笙歌達旦。突于三月廿七夜四鼓後，擁呂公車多架，向文昌門、南門攻擊，城上拋擲火罐，施放槍礮，立斃悍賊數百人，燒燬近城呂公車數架。副總兵秦定三、崇祿及壯勇張釗等連獲勝仗。廿九夜，賊焚毀城外民房殆盡。四月初二日丑刻，自海洋坪向東北逃竄，不數日而有興安、全州之陷。桂林凡圍三十三日。

咄咄道人曰：時撫粵者鄒鍾泉鳴鶴也。鍾泉守開封，值河決祥符十三堡。壬寅春撫循有聲，擢觀察，未幾以京兆尹抵都，未匝月，命撫桂。既至，以振作團練為要而

賊撲桂林 六 東阜山官

西廼字
謹謨

林　食

各邑各團以保城堡獲巨盜開北措不勝屈麥二郎二婆梁亞玠等十餘股均屬猖獗賴團衆力獲首擒渠大半殲除一切見于撫帥奏報中歷二个勢至三月杪乃以數万大軍沿邊團練竟令坐困半年之賊得以飛越到省兵可恃耶團可恃耶維時省垣只有防兵千名廿六日聞報朱伯韓侍御琦　馳往九塘陽朔各團催趲守衛甫集而賊大隊至矣以數千未經鋒鏑之民臨以數千亡命何濟于事若非　廟謨廣運向提督間道折回桂林必無瓦全之理胡文忠公曰永安竄逸之後官軍無戰不敗將星摇動侵軼省城勢更猖獗兵將之勇敢者多已傷亡餘人胆落怯不任戰告急于粵東而粵東多寇餉運不繼楚省自保不暇救援之人宏濟之畧相顧不發一策專待　廟算而後行又不能實力遵奉以慰　宵旰是粵事直不可問嗚乎諸行省重臣宿將　天子出節賜鉞倚為金湯乃如是其辜負望乎又曰粵西之練數多于兵馳檄遠募遊手惰民盡入籍中坐廢歲月漫無統領一旦餉絀職為亂階近聞先索賞而後言戰交綏即退並有輸情通賊者嗚乎用兵以來糜餉至千餘万不止乃以養此隱民乎上無道揆也下無法守也桂林

雖倖乱全。並而天下事不可問知。

賊屠全州 咸豐二年壬子

四月賊由興安攻全州湖南寶慶營都司武昌顯以所部勁兵五百會知縣某守城大小十數戰更率百人登城賊內虜城根以熱油揣飯澆之十日之內斃賊無算馮逆死亂軍中賊乃穴地燒濕薪烟障眯目咫尺不能辨諸軍援全者皆壁十數里外城遂破賊屠之於是軼湖南陷道州湖南提督余万清棄城走賊取道江華寧遠至嘉禾陷桂陽郴州由永興茶陵醴陵趨長沙擄脅之眾至是有五六万人

咄咄道人曰賊之止也宜阨要以斷其接濟嚴兵以待其逃竄賊之行也宜預擇精兵宿將擱頭迎擊以遏其鋒沿途設伏以撓其勢賊去桂林後路有跟蹤之師而前路無要截之將不知当日所謂防堵所謂堵截果能高擁牙纛曾不驚心動魄耶時江忠烈公建議分防不如合剿遠堵不如近攻吾知防堵諸軍必為葥躁掩耳矣向以官村戰不利落職尋起復追全州陷卧病桂林賽以九門提督受 命督師 朝议使駐興安所以遏賊南竄也而賽擁兵自重因循粉飾如是者二年且移師陽朔託言就近指揮全州力守旬日桂林兵勇六七

万人〇竟與一夫之擾〇坐使驍銳之士〇騰踔奮發而無前也〇与士庶同歸屠戮〇於是賊軼湖
南〇而天下遂受其敗〇參之內其足食乎〇十月抵長沙〇有旨逮問〇聞賊在西北〇行期屢改〇
不敢越湘陰〇念九日始從江西入都〇隨并肆擾〇萍鄉令擒杖四十〇鼠竊而如此〇令差强
人意矣〇

賊字疑悞

賊圍長沙 咸豐二年壬子

自疆臣大吏演迤庸懦日習于無事而禍乱猝起情狀百変肆應之未能則倉皇驚擾坐
視名城大郡委若敝脫久之遁而自全狡焉以求免于局外此功名之不成而患害所以無終極
也初粤賊被困永安州聚而殲旃可指日俟既縱之出隘奔騰潰漫若飢虎入市狂蛟拔海
蔓延半天下而首被其衝者惟湖南五月道州陷七月賊自藍山嘉禾犯桂陽旋陷郴州分
竄永興永興賊由茶陵醴陵徑犯長安踞城南及小西门竄穴於民屋攻甚急南门外天
心閣地勢高賊方栅其上知府衡前浙江秀水縣知縣江忠源自衡州倍道趋援望見驚曰
賊據此長沙危矣帥所部争之力賊退趋移壘壘去賊賊數十步共汲一井擊柝声相聞自是
長沙止南门受敵会偽西王蕭朝貴中砲死氣少沮逾旬洪楊大股至抗言報復勢益復張九
月二十九日魁星樓側地雷發城陷十數丈四川越嶲營叅將張協中搶護中槍死賊蜂擁
陴上副將鄧紹良率鎮筸兵大呼躍而前奮勇搏戰瓊先登百餘餘奪氣散走督兵
累土城復完十月初二日金雞橋地雷再發總兵和春堵之十八日復以地雷环攻布政

賊圍長沙 九 東山官

使司潘鐸以木牌擋身，身先士卒，副將瞿騰龍力阨之，二十日，賊遂焚壘，轟砲三声而退。長沙凡圍八十餘日，程帥擁兵自衛，西北要隘為賊衝出，程帥与湖督裔采也。初賊陷全州，悉載輜重舟中，時大雨水漲，由永至衡數日可達，裔采聞警走長沙，知府陶恩培留之不可，提督鮑起豹亦议去永州，尋袭衣渡戦捷，人心稍固，裔采仍还駐衡，後褫職遣戍。

出出道人曰：賊去長沙，潘忠毅公告督師，謂当要於隘盡殲之，江忠烈公請調重兵駐龍迴塘阨賊竄路，諸將逡巡莫敢前，賊卒由龍迴塘竄出，掠舟西下，而東南大局蹶矣。雖然，河西何尝無人也，方是時官軍四集，两廣徐督握重兵於高廉，截其南竄，两湖程督調兵紮守衡陽，防其西北，新（鮑起豹）舊（余万清）两提督分駐永全交界扼要处所，沅永靖道移駐靖州，分兵扼守關泰通道交界之古信也，以壯声援，以此星羅棋布，乃使零星股數合而流竄衝突江淮河漢間，無一人当其鋒，其所云防剿皆虚文而非实事也。然則龍迴塘即駐以重兵何濟與？天下事之壞匪自今矣，往者川楚之役，額侯將軍條列積弊入奏，指克藏攻，乃共武昌三陷，漢陽四陷，自胡文忠公力更舊局，指克屹然復為重鎮，為東南一大轄扼，然則治忽只在當局一着精神，即自古良法美意，虛奉之則虛文，實行之則實政。不因循自振作，不粉飾自綢繆，伊周事業，管葛經綸，豈真別有神奇訣，是戲也。呂文節公賢基疏請下詔求直言，略言粵匪滋事已三年，命將出師，尚無成效，甚至圍攻省城，大肆猖獗，南河豐工未合龍，重運之阻滯，災民之屯聚，在在堪虞。河工費四五百萬，軍需費一千餘萬，部臣束手無措，必致掊克，腹背邦本愈搖。臣愚以為今日之勢，譬之於病，元氣血脈枯竭已極，而外邪又熾，若再諱疾忌醫，愈難為救。惟有開通喉舌，廣覓良方，庶可補救于萬一。懇請特旨令大小臣工，悉去忌諱，一改泄沓之故習，于時政得失，有可補救者，各抒所見，盡言無隱，以期集思廣益。疏入，從之。夫洪逆也，一市井閭無賴細民耳，雖其黨楊石之徒，差復勝之，亦非有雄才大略也。即如長沙之圍，在兵法為頓兵堅城之下，又背水面城，為絕地，且前有大兵扼險，後有追師駛剿，而洪逆方製偽璽，僭大號，麾下受封，娶長沙民女，彼豈真愚不畏死哉，蓋我軍仗偪賊勢之久矣。

賊陷岳州　咸豐二年壬子

岳州兩湖門戶，川黔藩籬，自古為重鎮地。去長沙十五里之城陵磯，觀音洲再北之楊林磯、道人磯，俱為水路扼要。而南北疆吏既未遣一軍扼守，將軍福興、廣督徐廣縉率兵追勦，復遲延不進。十一月初三日，賊大隊至，即詐為徐廣縉兵，文武出迎，城遂陷。提督博勒恭武逍，後伏法。賊留四日去。初八日，警報至長沙，大府方迭為賓主也。時賽帥遠問，代以廣縉。迨武昌不守，廣縉猶駐岳州，亦遠聞云。

咄咄道人曰：兵法言不知地利，不可行師。目睫咫尺，毒流千里，可勝慨哉！是月也，初一日日食，十五日月食，此　高宗純皇帝所謂一月之間雙曜剝蝕，災莫大焉。於是通政司羅惇衍疏請嚴飭廷臣實力修省，以回天變。略云：在廷諸臣，非不循分供職，而遇事回護，重己之意多，奮猷振興之意少；因而治官行政，鹵莽粗疏之弊少，而彌縫遷就之弊多；執持不定，則號令之頒，忽行而忽止；擔當不足，則補救之術，愈紛而愈亂。行一凡，牽掣而不前；發一議，觀望而不決。大員委蛇容悦，屬員苟務趨承，所知在勢要，而遇事皆為退讓；所重在身謀

賊陷岳州

十八

東三　十三

而加以惕事因循人才日卑国事日壞此賈誼所以有厝火積薪之嘆應請 勑廷臣
將平日諉卸取巧之積習一旦悚然改悔勿貪戀祿位勿顧惜身家悉屏拘牽瞻徇之私
共圖持危扶顛之策事可行則行勿泥成例費可節則節勿避衆怨人可拿則拿勿限資
序法可改則改勿憚更張易曰大蹇朋來當此之時識非踏虛襲故安靜無為所能了事人
人实心实政方有成效而天災可弭矣此疏曲尽中外泄沓情態自古國家久安之後卒以
此釀成禍變可勝道哉方 文宗初年英明嚴毅屏庸相求直言厉精圖治燕之日 上 父老
拭目望中興焉乃 宵旰憂勞 命將出師不惜捐千万帑金為民除害 德洋恩
溥竟無人能慰上意者蓋人才日卑国日壞洵有如疏所云云也是役也提臣遁武昌又遁
漢川回穀城本署声稱前赴江南就醫嘱伊子探听消息緊急即報病故將 勑書原領
劄付暨營関防一併帶往河南詳見張石卿司馬亮基奏參諸摺謝枚如舍人曰嗟乎官方愈
壞時事愈棘醜然求活並不知世間有羞恥事是豈諸臣之辜亦豈国家之福哉至哉言矣
吳桐雲觀察曰恥心之亡非独在下者有靦面自乞之懦昏夜之責也上之人重簡略而轻礼義

杭郡山館

御夫妄人尤而效之遂至冒利忘恥積重而不可返匪獨此也上所不通財賄而以喜好爲賞罰功罪莫分是非顛倒彼見無功者之可以獲賞而有罪者之可免罰也則亦何恥乎獨难擇軀避趨就事而不回易視聽亟投合意旨之所尚哉夫至用人而徒得夫揣摩意旨之人則其視 國家之利病生民之休戚宜若秦人視越人之肥瘠漠然無所動于中而其患寧有瘳歟 先君罪言曰前此道光十八九年間 朝論以鴉片爲患中國之銀漏入外洋當是王公大臣會議外省督撫題奏既設法嚴禁矣而臺諫紛紛奏請連篇累牘不過就此一事精益求精愚竊疑天下事固無有大於此者矣未幾英夷騷擾因無暇及至夷酋就撫漢惡奸民浮蕩子弟潛煽訛言動云弛禁此後內外臣工既不能實力奉行言事者亦竟絕口不復道是又因咽而廢食也且向時吃食此物者不過閒散夫與州縣俗吏耳今則貴重之臣清要之選或亦以此爲游戲之具是恣之轉令盛也銀安得不荒乎至或謂銀荒不爲尽弛前禁令內地遍種罌粟花熬煮爲膏自爲買賣即夷人不得據以爲利嗚呼我有短垣而自踰之是義罪賞奸率天下之農民棄其嘉禾弗殖惟非種之務滋而尽争于錐刀之末

賊陷岳州

也。其为風俗人心之害，何可勝言。昔唐太宗有言：与其得數百万緡，何如得一賢才。近閲邸抄，

臺諫中有慮及人才消乏者，則可謂知本矣。天下之大患，將在才乏耶，抑豈在銀荒耶。是必有

能救之士。

二字疑誤

賊陷漢陽 咸豐二年壬子

初賊去長沙竄寧鄉欲由益陽傍洞庭取常德抵益陽得民舟數千遂順流而下過林子口出洞庭陷岳州得吳三桂器械分水陸以東陸賊為胡以晄李開芳林鳳翔水賊為楊秀清石達開漢口聞風自初六至初十遷徙一空至江夏官軍疑為賊殺三十餘人而賊運煤渣百餘艘中伏二千人由洞庭入漢一路江防捧莫之問十二日漢陽遂陷漢陽協黃玉崑也陝西副將朱瀚陣亡知府董振鐸巷戰死

咄咄道人曰丙辰胡文忠公尅復武昌上言鄂之不安必須先固漢陽蓋漢陽為江漢總滙武昌僅南岸一府而漢陽則可通八府也查歷年湖北之失在于漢陽並不設備江面無一水師下游小挫賊遂長驅直入束手待斃莫可如何前車之覆殷鑒不遠應請於武漢募陸師八千人水師二千人此二万人日夜訓練則平時有藜藿不採之威臨事有折衝千里之勢 朝議從之自是而曩年四陷之地石達開陳玉成雖屢窺伺而卒不敢輕犯江忠烈公論地利云此非僅圖史所載山川一定之險也視賊出入之蹤而先為之防察賊分合之勢而遙為之制

賊陷漢陽 十三

雖漸事之滄數伊之圖苟形勢在所必爭即機會不可偶失請以近事明之全州蓑衣渡
之戰賊鋒已挫宜速營河東斷賊右臂道州之役賊勢本孤宜屯七里橋扼賊東竄長沙之
圍賊路俱窮宜駐龍回塘土牆頭堵賊西遺之路他如道州雙牌蓮濤灣六十里之奇險賊
入死地而縱之生湘陰之臨資口岳州之石陵磯皆水陸必爭之隘而放之使逃利害昭然
猶地覆驗事前未及虛心体訪預為綢繆一潰難收悔之何及計自粵匪滋事以來要地之
疏防機宜之坐失指不勝屈此皆宜引為前車之鑒者也

賊陷武昌　咸豐二年壬子

武昌地踞上游，昔陶桓公出為盟主，蒯平巨慈实以鎮守武昌，其勢足以控制長江。自　國家久安之後，疆吏狃于因循，軍旅既所未聞，世務亦所不習，内訌倉卒，外盜乘之。十二月初二日黎明，石逆由文昌门入，全城悉陷，而当事者方酣醉夢也。江夏縣知縣繡麟持矛巷戰死。楊文軒逸其名，湖北人，家城内，以千總充延撫巡捕官。賊入，引延撫至其家，從容請尽節，代挽帶縊之中梁，俟氣絶，掩藏畢，痛哭再拜，亦自经也。賊於是分陷黃州、九江，如入無人之境，蓋隔戒備然矣。全州之陷也，提督向榮革職，尋疾助長沙守。解圍追賊，過湘陰，鎗中馬腹，馬驚，川兵救免。賊陷武漢，不能回救也。至是傍武昌城下，石逆出大東门苦戰，戰輙挫，遂遁。賊踞武昌蓋一月，向榮至九江，補湖北提督，予欽差大臣關防，統諸軍事。

咄咄道人曰：自来堅壁清野之策，用于西北，不可行于東南。蓋西北地曠人稀，家務本業；東南则商賈闐集，游閒之民，奸宄之輩，相錯于路。武漢一帶，港汊紛岐，如之何其能堅壁清野也？且堅壁清野，必以保甲之法相輔而行。不先認真保甲，而遽言清野，鮮能濟乎？不先認真團練，而遽

賊陷武昌　十四　東華山官

冒名手欵

言、堅壁、壁能、堅乎。常蘭孩中丞誤用同知唐某之言，寇未至先焚城外民房，遂令民怨沸騰，

敗于俄頃。厥後曾卓如先生督四川，亦以堅壁清野嚴飭所屬，無何賊躪川東北，長驅直薄

成都城下。嗚呼，言之非艱，行之惟艱，良法美意與時宜之。古之聰明睿知通變盡利推行盡神

也夫。

賊踞金陵 咸豐三年癸丑

癸丑正月初二日賊下竄初賊至湖北勢竊盛既得武漢所獲貲糧軍火不可勝計自益陽至蘄州所擄民船戰船約万餘艘男婦約五十万人旌旗遍野帆幔蔽江至此竟成燎原之勢官軍望風披靡賊遂陷九江而下十七日未刻至安慶戊刻城陷巡撫蔣文慶死之賊屠四日去直奔江寧先是蘇撫楊文定駐江寧江督陸建瀛進防江皖建瀛以滿江紅十二送其孥歸此十二艘半途次為賊所擄大沮自九江一晝夜奔回金陵安慶因之而潰復撤采石扼險之師入城閉關謝客二十五日夜賊船由太平府四合山順流而下二十六日辰刻福山鎮總兵陳勝元迎戰死之二十九日賊至聚宝门二月初十日仪凤门地道砲發崩賊登砲火發石飛起跌落無數亡命踏賊尸上官軍奮擊之方爭割賊首報功而賊大隊已從水西门斬關直入矣外城遂陷建瀛乘輕輿遁乱兵殺之上元令劉同纓朝服趨龍王廟前塘水死前廣西巡撫鄒鳴鶴浙江總兵湯貽汾殉难駐防將軍祥厚副都統霍隆武率官兵守內城滿州婦女登陴十一日內城陷悉戰殲焉文定聞建瀛九江之潰即日遁至京口自清守瓜

賊踞金陵 十五

州一帶，竄入蘇，道路復通江陰，後與京口副都統文藝俱逮問遣戍。二十一日，逆黨李開芳羅
大綱林鳳祥陷鎮江府，二十三日陷揚州，分踞浦口瓜州各隘。于是稱江寧為天京，僭立宮廟，
偏布偽書，庶署偽官，創立軍政，令金陵城內男歸男館，女歸女館，百工亦皆有所歸廠，隨營出隊
營，不願者各在其家，出城者准手攜，不准擔挑，男女雖母子不得交談，出榜安民。安民之後不
論何官何兵，入民房者殺。分遣逆黨四出，北則犯河南及山左右而趨直隸之天津，畿輔戒嚴。南
則分擾安徽、江蘇、江西、湖北。

咄咄道人曰：聞諸金陵人，賊至其陸路營二十四座，每營多者約二三百人，少者約五六十人，粵賊
不過十之二三，餘皆擄自湖北安徽諸省。倘遣將出師，扎營城外，未戰已可以加勝，多賊有兄以
逆開地道。自閉城後，聚寶門外背袋行者心殺賊，賊伐敗，不料城頭開砲，適傷背袋行人也。
衆逆駭散，祁方伯宿藻坐此嘔血死。其水路賊船自新洲、戲勝關上游夾口泊起，至七里洲下
游夾口泊止，船雖數千，究之男約四五萬，女約二萬，幼童約一萬，且船密排于央江之中，偽王船
泊于中段，設于上下載柴草，內藏引火之藥，三路縱火，則煨燼矣。乃闔城人不知及此，可慨也。

雖如此，特可復言之耳。當其時大帥狼奔，奸民蜂起，上下搶攘惶惑之中，乃欲其陳兵閫外以壓
凶鋒，設伏江頭以焚水寨，是屯佃柳某不必係侯，燒赤壁者不必周郎也。有是可知，夫粵司初起，
大吏因循，意亦思有以鎮撫之，不敢輕動，蓋識見夫武備之弛，兵氣之弱，国帑之支詘，人心之浮偽怯
懦，實非旦夕所能挽回。設使處理不善，禍端一發，不可收拾，轉不如靜鎮之為愈也。迨紳耆告變，方用重
兵。議者因謂明季撫寇之誤，非一季而撲滅之，貽于不予。既而大兵雲集，大帥屢更，持盼三年，竟一潰
至此。此豈自今而然哉？　先君有言：天下積重，一曰冗官，次則陋例，今言事巧宦也。吾見未仕揣摩
為庸庸軟熟之詞章，曲投時好。及其既仕，忍耐于俯仰浮沈之際，合規合機，賞以闒茸為長厚，以貪
酷為才能，以便辟佞口為諳練世故。天下無可恃，一旦有事，驚疑狂顧，不知所為，其黠者且藉
兵餉開銷，弥縫虧空，假軍功虛報冒濫，梯榮人見其有效也，斯爭趨之矣。此皆科名顯達者，其他
鹵莽武夫，冗雜微員，可勝道哉。夫官者民耳目，仕宦而為商賈之術，則勢利之中于人心，而民已
相習成風也，亦固其所。凡民有秀士也，而為訟師矣；農也，而抗租賦；工也，而財用屈矣；商也，而違
禁私販矣。民氣日益偷，財力日益匱，勢且岌岌乎官民交僨。若夫外侮內奸，一時潛煽，意外之變

賊臨金陵

十六

本不足乎誠使各直省官民素自矜奮備禦有方雖俺其匈將制其死命可也又何至時乃
如此之倉皇哉
附錄歙祖香孝廉壽楨孟晉齋文集劉令君傳
劉令君同纓者三吳之循良者也字清溪江西石城人以拔貢生令于吳辛亥來上元陸建瀛之
潰於楚跳而免卧漁艇腹一日夜駛九百里抵江寧江寧大擾戰守無可恃而劉令君于是以
城守死之先是壬子歲十二月　天子以武昌既陷詔陸建瀛建大將旗鼓防九江以利便擊賊江上下
皆設戍賊狐疑莫敢東嚮而陸建瀛乃殆以歲盡逗安慶當此之時將軍祥厚都統霍隆武涖
駐防旂兵祁宿藻為方伯而蘇撫楊文定來助守陳鼎者士人也與吳謙吳春奎共建策十三
堵禦之策五扼要察奸哨探紀律招技勇守備之策八安民積糧團丁教戰據險守城備器
械約号令謁劉令君以告方伯趣急行之令君獨号名健兒得五百人于是潰警聞矣楊文定
亟遁去令君出獄中盜數輩進諸庭曰嗟乎誠壯士也賜之食食已則曰汝固死所得生也雖然跳
盪汝職也今粵賊且至汝誠能善所死地則莫如教健兒以戰戰而不死必有功汝則奚辭皆對曰

杉亭山館

殿敘死。即盡破廿城。使日督五百人。練陸建瀛之既奔也。倉卒撤戍守自衛。沿江空無。賊尾

而東無留也。陸建瀛既返之日。賊槳至蒲江寧南郭。南郭故多壯夫。業運米。所謂管袋行

者也。聚千人與賊搏。搏且勝。請繼。陸建瀛堅弗許。曰、若然。則毋以巨砲擬我後。曰諾。衆鋒復合。

陸建瀛慎甚。趣然砲。祁方伯亟止之。曰。投鼠忌器。即奈何令管袋行人與俱死。弗聽。砲出。祁撫膺

大慟曰。殺吾多少赤子矣。因嘔血。翼日而卒。衆亟請以劉令君攝藩政。俾專董統。陸建瀛又

弗許。衆遂瓦解。當是時。向榮追賊急。而琦善陳金綬亦且至。賊晝夜治攻具。期必破陷。令君帥

其五百人。南北亢蔽。宵旦暴露。飲食不以時。又素若羸疾。面目厌檣。殆無人色。有諜於門。曰向

軍門使者也。大軍踵至。速啟門納我。徵其符則合。陸建瀛且進之。令君曰不可。恐有賊。勢厚若此。

而寄兵之使。能完其符信至者哉。且向公號知兵。乃不角賊城外。而亟入城。盡察之。果賊所使購

門者也。以是得不敗。金陵城恢舉舊矣。賊穴地儀鳳門外。幾及城。或聞鑿土聲。以告陸建瀛。笑曰妄耶。

顧實惴惴恐。計無所出。時陰霖浹旬。賊晝則攻擣。夜繫燈馬尾。往來馳突。又撤高座寺阿羅漢像。

設布南門橋上。各置一燈。守者大驚。亟擊以砲。阿羅漢設皆燈金所為。亡能傷。明夕復然。砲日夜不絕

賊踞金陵

十七

東□□官

休城堞隳紀危若敗堵將軍曰城不固矣乞為復城之莫之听又舁五千斤巨砲立城上藥仍城崩數

丈詐賊衝涌入入者二百矣劉令君帥所蓄健兒哭鬬橫截其尾賊不得出入擊斬殆盡城復完

時癸丑二月初九日也是夜將旦腥霧塞空際人咫尺不相覩賊梯而登奮幟大呼副將程三光沉

爾斬戰死城上衆遂潰令君乃以五百人巷鬬賊至益衆殺聲殷街衢巷陌盡死所部傷潰畧盡令

君知不可支亟馳歸冠帶坐堂皇朱書于紙曰示來賊毋害我百姓願以身代榜諸門則急趨

龍王廟前塘水死明日駐防城亦破將軍祥厚都統霍隆武皆戰死而陸建瀛方攻急時猶乘肩

輿過駐防城下人皆見之或曰蓋死于小營

論曰方令君內諭羣盜外延抱屈士攬涕忼慷有吞寇攘敵之心意其挈全城以報 天子之遭蔽

賢之時與城俱廢終不得一逞將非天耶顧其所成就已卓於藩翰之士之懷抱知勇居下位不獲

濟蓋可勝道耶然當承平累熙陸建瀛之名滿天下又烏識令君之藎忱烈烈若此哉

孟晉齋義士張繼庚傳

張繼庚字秉元江寧縣人父介福以甲科累任知縣繼庚亦諸生癸丑之難諸生王京雒首拒賊

不勝。赴水死。又數月、夏家銑以詈賊死。又數月、繼庚死。金陵死義士前後無慮百數。三人尤最

烈。繼庚既陷賊中。惟徒死無益。因與賊通。往來偵伺間隙。賊制、括男子盡入營。下令蓄髮。壯者編軍伍。

弱隸各館。各館者。賊所聚錙重糧糈類所云聖糧李庫者也。老者充牌尾。而別拘婦女為館。館二十五人。

削竹綯索舁軌後濠。稍不力。鞭撻相踵。凡男婦日食。咸仰于賊。人給米數合。十日一散。而各與寸紙

為符。趣聖糧受給。曰飛子。鉤距苛密。雖父子不得相顧。洎大軍聚城下。邏斥益嚴。然賊固豺豕群。

門者獲厚賄。即亦背其酋。縱出入。繼庚以是得與大軍通。糾同志數百人。潛署名一冊。與大軍約期。以

某夜斧得勝門。迎軍。剪髮為信。內外合擊。城可舉而覆也。約既成。及期夜三漏下。繼庚帥百五十

人。默啟得勝門。守者覺。即殺之。所得門閉。而大軍失期不至。環城外多賊壘。阻不得出。亟散匿他所。

獸醫馬甲者、險賊人也。洩其謀于賊。賊令在伍者以四更畢會。人給飛子。任其他。毋得妄動。散匿者

無與焉。平明捕至。繼庚知不免。亟納狀口中。且嚼且咽。縛至賊庭。詰所與同謀者。慘毒備至。即佯

為哀服。歷以賊悍酋對。賊憤其內訌。隨指隨殺之。蓋不啻十人。知賊悟其謀益大甚。遂釋繼

庚。始終未嘗言同謀者。夏家銑者、與繼庚同陷賊。憤逆賊恣睢。官軍不以力討。楚目劌心。日夜

賊踞金陵　十八

悲咤發為歌詩呵九元詆辱醜侃然激而不撓者也賊禁民食烟以為大僇家銑故犯之賊怒
搜其身得所為罵賊詩襟袖皆滿賊擲散地則因之而逮其母若妻子女詣家銑見母至幾失
聲其妻哭曰若安得有母而服猶在身而忘之耶賊以五牛生裂家銑並殺其妻母竟獲免
又有倪自修者賊脅就偽試作文詈賊冀速死賊竟不之殺卒自縊蓋在繼庚後王京雄之死
也亦有詩曰生是清朝人死是清朝鬼慷慨赴清波誓不從賊匪聞者壯焉
論曰夫蹈難而死士之所甘也而或絀于尺蹟夫將有所為寧隱忍以就功也一發失機而盡以其腦
悲夫悲矣夏倪二君罔求濟于世而鈇鉞其筆彼豈無所能激于人而自伸其身而王君者乃又以
殺賊死匹夫之志信于三軍傷已

怭庵附錄　廣蓉海外文編書兩江陸卿失陷江寧事

兵部尚書振若兩江總督陸建瀛字立夫以道光壬午由進士改大用武英殿任
素好談經濟有聲於當官、稱亦精經納異士大夫一時名流如殷甫秦西基
如部曹魏源默深上元梅曾亮伯言元和陳奐碩甫等皆為所羅致文讌子當[illegible]

羽翼

必得其驩心洪公既覺嘗甚欣事為掎揭由楚粵陸路起 眷倚日隆天下有上游益
埤之盛壬二年粵賊出嶺嶠越湖南北勢張甚陸帥時在粵工督兩河合龍
事竣陸公寓謀幕客春濃壽兵無適不摧殆寶貽盛昭當今長任西者再四矣
胎咎挫戰守事宜條上 文宗報之諭令密察軍情及必親往把要調度所即
酌量為權不為遙制又令節飭文武大員於水陸要衝節節嚴防毋稍疏虞
陸帥既至小孤山抵長江要隘於左小孤山設防於上游黃蘄等要隘設防 上接
為欽差大臣並著迅駐皖垣戴命江寧以接揚州兼守江寧是年十月陸帥由皇
江陸江寧與將軍祥厚等會籌防務調兵募勇倉卒未集上游羽書押至寇勢日
棘乃以十二月廉訪祁宿藻出防東梁山及荻港兵四千人防守請由江蘇安徽
以援兵數撥從之先是陸帥派兵三千往防湖北武穴下游之老鼠峽至是遂赴
皖撫兵逼長江翼長以濟師俾守杉江撫標兵二千先行陸帥自率續到兵數百
兼兵數百與兵屏寄客乘潮江倍道前進三年春正月丙午朔賊去武昌盡銳

東山官

東逸俘男女數十萬舳艫千萬由江而下劫舊賊循北岸奔江寧地雷縣時海內承平
久武備日弛綠營兵尤積廢不可用陸師承須所過進防者氣峽之兵皆畸零塞責
兵將不習兵對不明既到防議身江岸並不度地而營自固綠營兵於滑壕築壘
以策非所諳但成登岸據濠飾虛聲以惑衆見其皆目笑之聞賊將至膽寒奪氣
宋船已撤稀矣乙丙炮與長興賊遇應兵逆戰中礮墜江死時總陸師先以十月乙巳
臨次九江休兵數日已而賊棄武昌而東乃命遣舟上駛達陵李述恩長敗狀從兵閒
之之兜懼返棹順流疾行蓋距九江未遠也今紀載家語陸師以丙辰日抵廣濟之龍坪
不先龍坪在九江上游百餘里賊於甲寅日已過九江也方其行西日不過十數之程山阻莫
膽鋪飾之論非自實也江西巡撫張芾駐守九江亦聞軍退賊據九江五日九江已無人
賊無可戀卷衆直趨安慶陸師遂以舟夜泊小孤山縣時有標兵數百駐棠山椎安徽撫
察使張熙宇增礮船泊山趾名為防守家園也其不足恃也於小孤山兀峙江中歸於南
東南屏障其峰斜對南岸彭郎磯南寬[illegible]許北寬半里北岸縱礮均及中流彭郎磯

背倚江濱大營置壘奏臣破前使據爲犄角與賊器寔以相勒寇長驅之勢即可徐圖殲

守相機截擊而乘其敝惟若船破非經營數年不爲功且必有精練陸軍及水師互相

聯絡方收寔用今之論者每未見及此即使見之也明後有爲事務才力而賊勢凡湖湯如風雨

之驟已去故不返兵此則亦不能盡爲不能救者也陸師經營小船不能當撫兵破船一旦

不去所往自長賊直犯湖江數千里無一人焉矣陸師兼有與過安慶城外巡撫蔣

文慶登陴聞戰而陸師無賊援手曰賊勢浩大萬不可敵蔣公遁入城同守不聽壬戌

賊陷安慶蔣公殉焉甲子陸師至江寧復行僅十七人並兩舟寔已至自九江以下水陸

並行凡七晝夜而達金陵撤蕪湖荻港板子磯防兵歸東西梁山截之和州拖艇

登艦板船進防東西梁山未及行時船已不戰而退歸章等頓書趣令仍赴上游迎

剿不答請諸營城外爲犄角勢亦不合將軍等謂當戰守爲稱病不出凡閉閣數日

若三日楊文定稱控制已歸即日移駐鎮江於是將軍祥厚提督福珠洪阿閉

都統霍隆武布政使祁宿藻會疏劾楊文定臨陣退避狀而 議陸建瀛前已

東直 官

杭志　山館

革除葛支祥序雲問無負朝廷刑部咨派楊文光華陵爲任寧國文武防守鎮江祥序董等卽差大臣西江撫督所驛諮相距二千里此奉諭旨已至城將滿時矣賊倍安慶三月運蕭庫銀三十餘万兩米五十餘万石登舟去仍留賊守安慶兩宜滿太平廣午滿甚洲華未福山總撥兵陳勝先以兵時迎賊甚明家潰據先中礟墮江死壬甲賊前滿岸江寧閱視城外形勢城上槍礟齊發賊駛軍不敢甲戌大滿從出群萃二安旋賊船自新洲大勝關至七里洲廣集進北萃共泥其數明白家賊傳於城下據其仰攻晨夜不息兵民協力固守督宦以好米爲自募練勇殺賊□爲鼓矣城上開礟助賊謀中醉人練勇驍散神策藻更見情也臨血死賊在儀鳳門外靜海寺中掘地道百餘丈抵城洞寬以藥其中二月乙酉旦雷聲動於地雷發城潰賊躍登第二當又蒸隆賊數百官兵騰踊殿前鋒實守陴兵轉賞賊大至困訥西北隅防兵北纜拱傑相持正急別股賊門於水西門縱擊衛入官兵潰祥序等退保內城護幕男女登陴守禦內城又陷死者四萬餘人也男公祥序累毅公霞隆武

壯節公福珠洪阿努力戰死之。先是上元知縣劉同纓公服坐堂，罵賊死之。前鹿

港巡檢鄒烏鶴迺雁國防亦死于前。先海鹽縣從兵潰，煥份告休僑寓，罵賊絶

命。詩自僭官民被脅屠戮，北走弃陸洲，乘小舟往謁將軍，還至十廟前，遇

賊，被刃斫之死。上命贈巡一階，從優議恤，典煥贈御史方俊妖論之。乃擬

郵贈，仍照巡撫銜。江寧本帥上元追念陸帥不能禦賊，得議罪之，聞陸帥寓已淪賊，走

告守省汪大臣安撫向忠武公。語云見陸帥首裏黃巾，與官軍接仗。向公訪求

中途出兵民，陸帥實於城陷時被殺，謝大臣誣劾上官，擬罪論斬。意戍賊陷酒江寧，

為偽部落遣，能悍覺而出，大江南北，爲何前皆爲之害。據前後用兵凡十二年

而始克之。烏乎！以堅忠之氣，而復之難，亦十數百年一遇之浩劫，豈有數存乎

其間，或非人力所能挽回。當道咸之際，民不知兵，張寇寓豈居奴，其勢燎息，霍湍甚

時，總軍、淮軍風氣未開，重臣、武臣但倚疲兵，漫散備而充數，又營兵當繳點將

方張之寇，譬若驅群羊以搏虎，撥梅第以燎於洪爐，至以尉繚年，此由是治軍

東遊二　十宮

杭　山食

政綱多積弊難於百年之間其勢不生人亦非一手足所能為力即使中興諸賢輩

值此事變亦必束手陸州總督藩司杖力寬庸老人者爾亦嚴加其統轄之權統轄

綠營耳彼閩境營兵按其籍當不下十萬而虛額頂冒去其半守汛及武員私役又去其

半所以徵調半年僅得數千人而止此數千人者皆未習戰陣遇敵輒北不責其令一兵赴徵者

亦徒手耳以徒手之人來者捍蔽江東西全境庸有濟乎嗟乎者天下之賊柄其負天下之指

指者也陸州狃於承平之時且藉國家能天令赤派無屬不濟不憂兵事之難領寄有限

練五非河工諸君可比乃將藉出境衛寇塗飾庸家耳目上策　一能養遏取軍符以為策

習於一行范無所置固無不備之理而使陸州於賊未出嶺之時務募巨款甄拔良將募

練一二萬人為生力軍以備迎剿最為上策乃此等深謀遠慮未可以責之陸州且賊縱剽

掠亦實措手不及其汀州寄糈江寧賦所有之兵與偏力保全城並生采不犯東西梁山相

機搘過但能固守有待向軍大軍一到可以不潰乃計不出此聚數千疲弱之師進守鄰壘

不必守之地而於部勒之始扶拖之方策無一機懼我不能為因而躬來出防輒已潰又

後倉皇退避，窮日夜力狂奔以爲民望，乃使沿江上下的來兵民聞風逃從，若一堅城稍拱賊攻劫退舍，城自戒嚴，敷不與成軍，寺舍四設防務，以致城中無所適從，坐失事機，貽誤國誤民之大者也。姜仍然不出，而已兆出而九江失守，惟有靜守小孤山爲死所，則之死較之死於江寧爲愈矣。陸帥不善自計，及既遁逃失勢，威信掃地，官民交訊，旅無一可爲，而其始則大誤於遠出也。於則人生不幸，了事了了之，挾都崇高之位，尚無閎謨以處之，毅力以屈之，其不至誤全局而自蹈僇辱者幾希。

賊躪安徽 　咸豐三年癸丑

安徽蹂躪次于武昌而受禍尤酷癸丑正月十七日未刻賊至安慶戌刻城陷屠四日去官軍旋稱克復五月楊逆遣偽豫王胡以晄等由英山犯太湖竄出洪家埠奪船意圖東下旋陷安慶踞之撫[一字塗去]移駐廬州以圖規取十月秦逆日綱由清涼菴至十里館犯集賢關各路兵勇接戰失利游擊虜音太伍登庸死之未幾由集賢關犯桐城陷之按察使張熙宇退守繼陷舒太關後畏罪自盡城總兵恒興退回庐州後伏法在籍督辦團練工部侍郎呂賢基与隨營通判徐啟山殉難于行館奏帶刑部主事朱麟祺接仗陣亡胡逆陷庐州十二月十六日乘夜大霧縋城且發地雷乃更城破巡撫江忠源力戰死同死者布政使劉裕鉁池州府知府陳源兗已革藩司李本仁同知鄒漢勳胡子雝副將松安雲南鶴麗鎮都司戴文蘭雲南侭先都司馬良勳縣丞艾延暉興福等而庐州府知府胡元煒竟降賊提督和春漕督福濟先後奉　命援庐州未至城陷以福濟巡撫安徽甲寅二月偽將孫寅三等竄祁门復繞而南陷太平府李政孫銘恩殉難五月署六安州知州芽含劭魁復州城閏七月參將張國樑魁復太平府城嗣復陷甲寅六月向榮飭張國樑重復之于是太平已三陷矣和春福

賊躪安徽

九

東阜山官

濟自癸丑會攻廬州雖收英山閏七月英山旋復不守乙卯四月鄂撫復之丁巳復陷湖北臬司李孟羣飭都司廬文熊等又復之戊午二月再陷再復廬江九月含山十二月逆踞廬州如故也踰一年乙卯十月克之丙辰正月收復舒城而寧國陷于三月皖南逆氛復熾其夏南帥向榮卒于軍和春馳赴丹陽接統軍務秋金陵賊党自相屠戮石逆去寧國幫辦皖南軍務浙江提督鄧紹良復寧國屯兵遏其衝相持兩載為浙屏蔽廵撫福濟亦收復無為廬州屬縣以壽春總兵鄭魁士督兵攻桐城丁巳二月魁士兵潰文武大吏俱獲譴 命湖北水陸軍協堵而陳逆玉成自桐城趨擾蘄黃迭經懲創敗回盛糾合河南捻匪撲廬州及巢縣擊卻之嗣踞三河窺伺廬城戊午鄧紹良敗于灣沚自燔其營死廷議以福濟師老無功 命勝保為 欽差大臣調揚防之侍郎翁同書巡撫安徽幫辦軍務而廬州復陷七月十五總兵蕭開甲知府武成功死之楚軍之克湖口也乘勝收復安徽望江東流銅陵三縣而陳逆踞太湖糾豫捻犯商城固始竄光州六安窺隋棗一路陷黃安鄂撫胡林翼建議謀皖復太湖潛山無何三河敗績潛太復為賊踞且分陷徽州之婺源乙未陷廬州大營前署安徽巡撫翁布政使李孟羣死之六月陷定遠縣前淮陽道郭沛霖知縣周佩濂死之庚申春 欽

呂名賢墓

差大臣勝保　飭赴河南皖省軍務特派京堂袁甲三督辦責令速殲醜類正月克復鳳陽府縣二城然賊仍于皖南竄擾疊陷涇與旌德而廬州定遠久陷賊中无能規復也二月初三日廣德州失守闌入浙江之安吉縣距杭城一百數十里杭州于是乎陷七月金壇失守知縣李淮參將周天孚等死之八月徽州府失守道員李元度遁九月寧國失守提督周天受皖南道福咸等死之嚴州于是乎陷副將劉九貴陣亡辛酉全浙淪陷實基禍于此自粵匪擾出武昌安徽為之蹂躪共至是八年千里極目渺無人烟矣

咄咄道人曰皖為淮服屏蔽江介要衝其民專利而逐末宿松以北刀劍是習嚚然不靖自黃河再決鄰國為壑瘡痍滿目而民氣大傷自漕易而海矣丁水利散作游關而奸徒布滿郡縣是以粵逆下竄不終夕已破安慶于是呂文節公奉　命馳歸會同當事辦理團練防剿乃宜公奏言三处当分寄其任并致其力團練之事各地方紛屬加意辦理激勸紳民職除土匪防堵之事於江北沿江一帶擇精幹牧令稍假威權令其練本邑之兵團本鄉之勇因本地之糧以守本境之土各團籓籬永免徵調察其辦理之善者升銜加俸不遷其職俾得盡心團守剿賊之事責

賊竄安徽

二十

東[illegible]山官

之後兵大帥。如大帥駐營去賊百餘里，立即遠避。如此則各有責成，無所庸其推諉。疏入，得

旨嘉納。惜乎時已倥偬，未及行也。自後潛太幾同異域，宣歙、池陽亦歸煨燼矣。江忠烈公

以鄉兵屢挫賊鋒，為湖南諸公起義先聲。自指顧以迄于喪，無所依附，功在人心，誠大丈夫矣。彼

紈袴不足道。若李家父子（李孟羣，河南進士，湖北殉難李卿穀之子，以庚戌即用知縣從軍，自庚戌湖南北、安徽轉戰千里，累著戰功，洊升安徽布政使。）、周家兄

弟（周公天受、弟天培，河北增賊死，天孚金壇守城亡。），其亦人傑也哉。

咄咄錄 二册

咄咄道人 編

揚州疊陷 咸豐三年癸丑

三年癸丑正月，上命前大學士琦善爲欽差大臣，選直隸陝西黑龍江馬步各兵，由河南進勦，以防北竄，駐揚州，是爲北帥。未至而城已陷，時二月二十三也，後鎮江陷二日。先是揚州有民人江壽民，素任俠，橋卹嫠訟，一郡稱善人。聞賊且至，醵富戶金賄賊，與約不相犯，賊僞許之。富戶恃以無恐，還避去。乃賊乘無備突入，搜刼資財千百万，拘江壽民於所立貞善堂，旋自縊。賊得鎮揚，乃分踞浦口、瓜州各要隘，徧立土壘，以阻我南北路之師。會北帥及直隸提督陳金綬、內閣學士勝保至，漕督楊殿邦、前鹽運使但明倫、運使劉良駒與之合，先後進攻。逆酋林鳳祥、留偽指揮曾立昌踞揚城，驅婦女及所刼資財回金陵，率賊二十一軍北竄，擾滁州，踞臨淮關。四月二十一日，陷鳳陽府。五月，楊殿邦褫職，遣戍閩浙。總督慧成以宣化等營由東河至；署漕督江蘇臬司查文經以漕標、徐州鎮各兵至；參將馮景尼以壽春勇、師長鏕以淮勇繼至，各營于東路。

之茉萸嶺嗣漕督福濟至查文経移營東路陳家巷城圍始合初左副都御史雷以誠与楚
成子翰林院侍講李士晋康奉　命巡視黄河隘口請　旨勦賊於是晋康入查文経營雷
以誠捐資募勇自成一軍營東南之万福橋与各營相犄角擢授刑部侍郎幫办北帥軍務
六月東路大營造樓船攻城肃州鎮總兵双來陣亡時北竄之賊方麕集懷慶而江鄂皖豫
賊鋒尤鋭江南提督鄧紹良復挫于鎮江揚州諸軍頓兵経年竟令城賊於十一月二十六日夜
全股突竄瓜州以此揚州收復而叅將馮景尼伏法師長鏕等遣戍自北帥以下帶兵官均
獲嚴譴十二月收復儀徵縣四年甲寅二月進勦瓜州總兵瞿騰龍陣亡七月琦善殂于軍
代以江寧將軍託明阿初賊陷鎮江時有捐職都司劉廷鍈販商也以湘勇自上海來勇而
足智敗賊于鎮江之南門逼城而壘是年援提督鄧紹良于丹陽復至鎮江扼守賊不敢窺
二年廷鍈戰死賊乃猖獗鎮江水營二一總兵周士法部浙艇泊焦山一總兵陳國泰部粤艇
泊金山而瓜州逆結連鎮江逆往來金焦間晏如也五年乙卯五月北帥築長圍于瓜州之北
六年丙辰二月鎮江賊糾合瓜州賊破蘇撫吉尔杭阿營渡瓜州黎明破官軍馬營北帥棄

揚州疊陷

軍走三月初一日揚州再陷知府世焜叅將祥林力戰死之　詔革訖明阿及幫办提督陳金
綬前侍郎雷以諴職加徳興阿都统銜为　欽差大臣以在营之詹事府少詹事翁同書
幫办軍務徳興阿親督總管西昌阿等耀兵于揚城西北隅而城不能復也開復提督銜鄧紹
良奉　命援揚州冒雨渡江率精鋭薄城环攻六晝夜奮身先登及堞而墮者数誓必拔
卒引卒上克之　詔授浙江提督幫办皖南軍務五月江南大营復陷南帥向荣殂代以江南
提督和春七年丁巳十月南副帥張國樑大捷於瓜州之南岸陣斬偽王奪壘十七座遂圍鎮
江十一月十二日復之逆首吴汝孝遁北帥遂于其捕收復瓜州八年戊午九月逆酋陳玉成自
上游率大股会九洑洲賊越江浦猛撲浦口大营北帥登水師艇船绕赴揚州賊疊陷江浦天長
儀徵等縣分股攻六合大隊竟奔揚州犯西北二門初三日揚州復陷北帥走邵伯埭知府某被
执不屈罵之仙女廟遂焚掠西北山並黄珏桥圍犯邵伯埭於是南副帥張國樑以大軍渡江復揚
州及仪徵九年己未北帥師久無功为南帥和春奏叅江北軍務改归南帥统轄十年庚申閏三月
江南大營復陷退駐丹陽南副帥張国樑陣亡和春死于滸墅関四月賊竄揚州福建陸路

二〇

提督若珠等擊卻之，時仍復北帥，以命若珠。是月也，侍郎曾國藩督兩江，督办江南皖北軍務，而北帥以荊州將軍都興阿為之。十一年辛酉，江皖各逆合党疊撲揚州，皆敗之。同治元年三月，逆由金陵下擾，糾合蘇州之衆，計十餘万人，渡江撲揚州，北帥擊退，仅徵。四月復勦之，揚境肅清。揚州蓋被禍九年，而鎮江与為終始云。

咄咄道人曰：威克厥愛允濟，愛克厥威允罔功，信哉。 朝廷睠顧東南，亦知急欲救寓，於是精兵勁旅雷奔電掣，悉集揚州，其实群帥逍遙無能為也。往歲賊圍長沙，城內外巡撫三，舊撫駱秉章、新撫張亮基、幫办前湖北巡撫羅繞典，提督二，總兵十，莫相統攝，謀用不臧。江忠烈公疏陳軍務，嘗請撤提鎮，略云：提鎮之中老于戎務、深悉戰守机宜者，雖尚有之，而闒茸充位無足短長者，正復不少。权尊則意為趨避，而偏裨不敢与爭；位重則法難驟加，而大帥不敢擅決。夫人情當其壯官卑之日，每思奮發有為，致身通顯，及至身居高位，則顧恤之念重，責其忘軀冒險，蹈厉迅發，以赴事机，難矣。此誠篤論。唐代九節度之師潰于相州，其時名將如郭子仪、李光弼，亦不能免，何況揚州之連屯相望者，噂噂沓沓，悉属貴游哉。彼琦侯以舊勳屢蒙貫死，乃尸居餘氣，曾不悔心，豈無鬼神其生及寬政。死竊榮名。蓋所慿其厚矣。

懷慶北竄 咸豐四年甲寅

林逢祥等、自揚州北竄，四月二十一日陷鳳陽府，時南帥為揆帥向榮、北帥為前大學士琦善，兩帥圍堵土壘保，則自揚竄賊由滁州攻鳳陽城，賊不能久踞，遂竄河南，陷永城，初七日闖入歸德、走睢州、寧陵、杞縣、陳留，遂撲開封、十三日抵城，時巡撫陸應穀督兵分道進剿，臬司沈兆澐、藩司林揚祖、登陴固守，將軍托明阿等、帶三鎮兵、過睢州、追襲賊，已北回，祥符人何懷珍募鄉勇出城助剿，賊出不可犯，由朱仙鎮退竄中牟。上命直隸、山東、陝西巡撫分防河，總兵董占元自大名鎮往，總兵花里雅通自兗州鎮往，會於河北，予權一統於欽差大臣直隸總督訥爾經額，而賊自汜水趨鞏縣，偷渡黃河、分擾鄭州、滎陽、六月初二圍懷慶府，知府余炳燾、河內縣知縣裘寶鏞、會都司穆特布等堅守待援，尋諸路大兵雲集，理藩院尚書恩華之統兵至，七月二十八日賊竄濟源，懷慶解圍，時由清逆賊朱錫琨、許宗揚往援，遂與林逢祥踰太行，合竄山西之垣曲，河東道張錫蕃暨知縣安定均被戕，旋擾曲沃、絳平陽府，事聞，逮問巡撫哈芬及

懷慶北竄　四　卷二　十三

失守城地文官練保張正啟賊於高河楊收復平易詢係經歙請照四正定名衙
僅計得 旨令上諭著大臣閱防以援練保兩賊由洪洞渡東窜且兼帶兵截莫過賊鋒
遂由屯留潞城黎城陷入河南武安涉縣下窜直隸邯鄲郡北之臨洺關據正深州窜城一
帶烽火不絕 上責訥爾經額退避廢年革職逮問 命惠親王為奉命大將軍科爾沁
親王僧格林沁為參贊大臣統領將軍督旗營察哈爾精兵會練保進勦並於都
城設巡防所九月二十日練保克復深州二十七日追至靜海賊遁入獨流鎮屯獨流楊柳
青等處練保與僧郡合兵進偪津衛以十月二十八日賊傾巢來撲營右副都統佟鑑
天津知縣謝子澄陣亡是日揚州賊曾立昌全股突出與賴漢英等回由東南竄赴
咸豐四年甲寅正月初八僧郡練保大破獨流鎮賊匪由靜海竄占據東城官軍追擊
之賊竄踞阜城安陵連鎮冬和出賊曾立昌等由吳橋偷渡黃河竄擾山東以紓阜
城之圍全鄉令楊鄂白全家殉難賊進撲臨清州城練保趕援不及三月十五日臨
清失守知州張積功副將德菱等陣亡先是賊入東境巡撫張亮基東郡失守革

降盜戍，代以宋惠，至是與孫保等均革職，戴氏自致。閏十月，州城剋復，宋寇多斬焉。

官軍退之。踞曹家兩月，初八日孫保破之，宋寇追至浮以支河淹斃。曾立揚昌、許宗揚、東

境肅清，而從鄉上於先日攻克阜城。賊宋家連州，踞連鎮。五月初二日，分寨高唐，亦分竄。

不能死之。三年正月廿九日，從都勒洪連鎮，攻林莊，分祥，旋送京師。移師高唐，二月收復

州城。賊竄茌平，馮官屯，入都踞守。冒五月，官軍轟破賊壘，生擒李開方等。

北軍告蔵，北援之賊盡被誅，二年云。

咕咕道人曰：河南天下之脊也。東連齊魯，西阻秦晉，南控江淮，北通河朔，四塞之國，兵家必爭

畿輔地者也。大行岩嶺，七河縈之。山川險要，其氣深厚。北竄之賊，自揚州出，時由歸平

目知我政不修。賊方多盜，其党四出，蹂躪汝陳，焚燒潁亳，及犯懷慶，有躪擾徑指天津

都，非誅可盡也。乃祇軍深入，分兵特角，因之手多大捷。阜城之滿年，此其後終為可全

兵，獨怪精兵勁旅，集揚州城下，既迴翔一載，無尺寸功。林李二逆，縱橫河北，而殲除之

後，亦須稔誅二年。其究至餘匪且聚而為捻於河南也。

咸豐北亂

五

東達中宮

附録立齋文集 故河南按察使宋公太守袁公懷慶城守事狀

咸豐初，粵寇吉文元、林鳳翔寇自陰永北窺中原，於是河南大震，把賊歸德不能使賊盡逸，睢所過亡堅城，中原當劇郡偏陬陋澀，民有泣權貽賊之。懷慶竟句城，而懷慶守余公炳燾，城故以廣纔名，與先大夫並重於故鄉。挂帥林公、河內令袁公鏞，則先大夫同縣生也，而以北城抗拒，袁公其大不讓於上。賊且至，相與謀城守世事，且告於眾曰：吾等服疇食德，皆 皇帝臣妾也，今賊始思何地？岩名城棄之，不得守之也。眾曰：不幸賊至，所不與同死守者，有如河。於是皆擁，乃今積糧容婦濟湟葦塊，它何賊大至，蓋城下。當是時，懷慶城守兵僅殷僧三百人，請援於鄰兵應，相兩以其獨取勵其民，相與守。賊大呼突城，矢石交下，藏其架，賊猶相持五六日，攻益急。因團救之，夜則遂地道昇火藥其下，其名地雷，已而崇高轟墉。賊衆以薄城下，民呂新其墉。袁公以此益有神，昼然以救，稍稍相師壁城外以十數，頗善設守。賊乘夜築木城，深塹其外，以挽我軍，内外不得通

太守復訓(来)繼壯士縋下燒賊營，賊大驚擾。復毒其汲道，多斃之。并以畫花城角

躬撫士卒，行廚視其飲食居處，與同甘苦，民志益堅。已而西門復毀，賊持雲

梯大箭譟而登。風大作，火光激射，守者殺傷相倚。太守立赫犧中指揮不少

卻。天忽反風，雷電交作，急雨如注，賊不能仰，士皆大呼，得生氣百倍，爭擲土投

城。賊築草杵交攻，且築直擊，賊復更排，復完其缺。太守之弟觀瑞實助拒禦，

火燎之。賊又掘地道，幹持地雷，所發罔不糜爛殆盡，而以家勇內堵禦，拒

險阻不為動。天又反風助順，賊愈不得逞。然而城中食且盡，一日僅一餐，發池荷

鬻其根食之，池廢，遍十溝薤蒜為之殫。又摘其葉以蒸，燎墻表，斫乾竹稚之。

沃以膏。先此十日，其守民不待給於外，而咸不辭瘁，賴此破。既久頓河北

度揣益不可下，乃寬留源大軍北退。賊余公以功擢副使。袁公太守蒙

蓋守五十有七日。此圍城天下動色相賀。余公其字芝田，浙江山陰人。袁公字誦

嘉，河間人。

懷慶北亂

六

東塗　官

顧書楨曰景泰間之先知余公之為清漪也清節正甚廉哉時民有厭饉兩荒笑却
之先生曰吾聞君在清漪筮子於箕初食邑賦輸所司怪不至民借益之而君弗所
何也公曰嗟乎使吾子見夫民之賦與則固非無也先子嘗曰長者毋貽戚恩公
學守祥節大夫有責草粗衣細民也其積淹也擊以來表公形押草以衛田身
即其長也有不足焉請刑大夫採之部之吏之以遏疆頑人也始公之守法度也
人或以為天幸於西人章垛也彼固自以為無于幸乎哉

武漢疊陷 咸豐三四年癸丑甲寅

癸丑九月，南昌圍撤，賊揚帆下竄，入湖北境。武昌道徐豐玉、漢黃德道張汝瀛守田家鎮，用戰艦扼江面半壁山，不設備，敗死。賊遂水陸並進，先陷黃州，知府全家門罵賊被害。從至漢陽，知府俞舜卿扼，卸援，水知府劉鴻庚死之。漢陽既再陷，賊分股北竄，一陷孝感，一陷由應城犯德安。時學政初侍郎青麟按試德安，閉城集勇，卸署襄陽。七張開露一班後勤，開露受任安陸，得民心，號召紳民，一日間得練丁二千餘人，扼守要害。異時張亮基調鄖陽鎮兵五百人，亦由天門抵應城，鄧務澂出，攻之。以二品銜臬司唐樹義自黃州與總兵楊昌泗合兵進援，楊在以當孝感，孝感賊每有蕭會勝退至漢陽。賊漢黃道同知伍惺勸擊之，賊全勝，退黃州，窺武昌。時總督吳文鎔由兩標移節至武昌，巡撫崇綸與移營城外為自脫計，文鎔至之，至崇綸巡撫署，約與死守。崇綸不可，文鎔憤甚，拔刀置案上曰：城存與存，城亡與亡。自司道以下，敢言出城者，斬。崇綸默然，議乃定。會賊逼城，文鎔登陴激厲將士誓死守。圍解，崇綸內愧，復慮不相容，乃謀先發

武漢疊陷

七

東卷二　十官

制之，劾文録閉城坐守狀，有詔逮復黃州，而以城守責掌倫。吉是時文録方詢問厥實，

東道炯林巽帥逃舟七百人來楚會勦，而自付郎園蒨。時在衡州，治水軍。文録馳書

約其攻黃州，未即至，而掌倫廢亂。賊益急，文録喟曰：吾年逾六十矣，因厚恩忠悃，

反耶？今吾必不及待矣。遂以十二月自帥七千人進薄黃州，辟諸城。值大雪，日行泥淖

間，樹幟士卒，而掌倫逼弓滔擊其肘，軍械輜糧不時至。甲寅正月十五日，黃州賊麕至，

決戰。閱後營火起，衆驚潰。文録下馬於雪泥中北向叩首哭曰：嘆臣以仰答聖恩！遂投

塘死。臬司唐樹義猶率水勇退赴金口，逆寇尾追，水船為其擊沉，樹義赴水死。漢陽

於是又陷。楊進兵薄黃州，賊長驅武昌而溯江直上，陷岳州，徑各及湘州、寧鄉，分擾靖江、

橋口等處，竄入湘今，蓋賊意注上游，為破竹勢。曾國藩扎湘潭（賊再陷岳州，退洞庭，以戈船編布臨資等處，擾芳塘齋布時

以副將率所部千三百人會水師六日平之）。挫於荊州（四月初六日賊陷荊門州，窺荊州，並陷遠安、監利、石首三邑，土匪蜂起。時滿洲營兵大半分防，審益守城僅二千人，將軍官文奏留雲南普洱營參將王國

才等分扼龍會橋、乃角驛等處。四月十三日賊撲龍會橋，王國才等設伏擊之），蹶於宜昌（四月二十二日賊陷宜昌府，荊州軍勦之，五月初一日收復府城及監利、石首暨湖南華容等處），乃渡江直

偪武昌。時崇綸丁憂，學政青麟代之，所統只千餘人。漢時（副都統魁玉）、高州（總兵楊昌泗）二鎮也兵拙

外無赴為援，寔不自守。六月初二日，城陷，藩司岳興阿、臬司曹懋堅、糧道李卿穀死之，候補知府俞恒潤、巡撫青麟走避楊昌泗營（後青麟以棄城逃遁伏誅於荊州，而堅嗚名謗親殘，此以楊霈之復先死為荊襄道），於是武昌再陷。江以北、襄以南，城邑皆賊巢，賊艇直抵常德。七月，水陸賊遂為荊州及楚南軍所敗（荊州軍克復安陸以及京山、潛江、沔陽、天門、孝感、黃陂、麻城等處，楚南水師克復岳州，破城陵磯，陣斬偽丞相汪得勝，陸師攻賊壘，陣斬偽丞相曾天養，嗣復克魚、蒲圻、通城、崇陽等處）。時楚南帥水師者，提督楊岳斌、彭玉麟、道員褚汝航、同知夏鑾；帥陸師者，湖南提督塔齊布、知府羅澤南、知縣李續賓也。八月，侍郎曾國藩督楚南軍至金口，定議水陸扼長江，陸路一攻花園賊壘，一從油坊嶺趨抵洪山。山居武昌城東北，左通梁子湖，右隔沙湖、塘湖，係絕地，為寇賊所必由。時城賊洶懼，以二十三日啟東北門遁。侍郎收復武漢，尋羅澤南等克復興國，提督塔齊布克復大冶，同復興國，知府李續賓攻半壁山賊壘，會水師拔田家鎮，收復蘄州。賊懼，竄入九江。十月，陸師克復廣濟、黃梅，楚北賊略平。侍郎於是疏奏大略示可情形，並追論崇綸貽誤收省。詔逮問崇綸，服毒死。

誌之之人曰：湖北善後，以賊地以興國、崇陽、通城、通山、大冶、廣濟、黃梅為害多，知賊之

武漢叠陷

八

康熙山館

乃巴陵東達。西武漢麻黃之間。文武良將。賊來則避其鋒以讓之。賊去則仍收復以亂

搖。官民皆以此為長技。而賊遂以荊襄為長門。以金陵為腹心。極江為帶。設官科糧以困

其軍。因得以全黨四出。搜湖南北江左右諸郡。物無兼包。狀以此為備。營屯根之說。極截賊

勢。是故官民必據其武昌、且三漢、漢陽、且四漢。此漢大閱支援。特據其武相擇一捷。取相望

居長江上游。可以所據。賊據舟艦。仲多黨。潮流窺伺。永為其時賊據百艘、據其料官

軍急難挫其鋒。既得湖溪。長沙不攻自固。然武昌既破。被賊所部兵勇全未收返賊

且盡一夜大破賊艘。猶此我賊且聞湖溪以達粵處之策。直下通金陵。首尾一江相應。不

特湖北江西必不可守。即蘇杭淮徐諸在皆可危矣。

江西被寇（始咸豐三年癸丑，終同治三年甲子）

江西被寇，始於癸丑，終於甲子，蓋與十載相首尾矣。其最危險者，莫若丙辰之秋。先是賊據潯郡，方饒言伐戰船，以秋間大舉，圍撲南昌，值石逆自金陵潰出，竄江西，江西十三郡，腹內七郡俱陷於賊（瑞臨袁吉撫建饒，吉袁後復，瑞臨饒已陷於建，後失），復圍南昌不克。丁巳，官軍攝撫、建、臨江，敗退踞撫、建。戊午，九江克復，臨復歸粵。己未，景德鎮猶有萬人，嬰堅壁壘不出，適亦就殲。辛酉，李逆秀成擾廣信、饒、南昌，走撫州、宜黃，走吉安、瑞州，東出樟樹鎮及河口（擾掠），亟起撲殺。甲子，金陵餘匪潰竄崇仁、東鄉、金谿、瀘溪，逃竄，次第收復，洪逆子福瑱竄伏石城，旋得之伏誅。嗚呼！江人以南昌垂圍，瀕危屢矣，而賊終不得志焉，實賴援軍。癸丑解圍（圍九十餘日，巡撫張芾。賊酋賴漢英、石祥禎）者，江忠烈公岷樵之壯節也（先時賊圍南昌甚急，公放塞入吉安、太和、安福時出剿，以湖北臬司銜命赴金陵大營，趕九江，聞警，星夜往援。甲寅，守湖南，請曾侍郎派湘勇助剿，與湘勇出境剿賊之始）。乙卯解圍（遙以援陳啟）者，羅忠節也（饒州隔曾侍郎此往募翕盛調羅澤南陸軍自九江移師，與內湖水師相依倚）。丙辰解圍共李觀察（元度）也（賊踞樟樹鎮，撫州被陷，省城告警，曾侍郎以兵部援，同李元度率為饒之軍，取道東鄉），而始終維持保為全節也。蓋去九江，賊據，楚軍全力萃焉，此則大有造於吾鄉，非獨江右受其福也。國朝武功遠邁前古，所用皆以楚賢。

江西被寇　九　東逸小官

東三省防務，又直省練兵，不及。嘉慶初年定川楚五省，始以鄉勇輔兵之不足，殆十載
之三年。自粵匪起，而楚勇、湘勇多矣。迨營兵自視不如，此二百年來兵制之一變也。楚勇始
自江忠烈。湘勇始自羅忠節。

廣信空城 咸豐六年丙辰

乙卯賊踞廣信，民不及避，殺戮甚慘。浙江寧紹台道羅澤南統所部楚勇軍先後弋陽、往復興安，於二日攻克郡城。丙辰，江右數郡皆告急，秋自吉安、建昌等處迭錢會匪結黑蓮，竄南豐，連陷新城、瀘溪，由貴溪和鋒擁而趨廣信，紳民懲於前事，聞警而散，蓋空。廣人後患物無慕鎮總兵饒廷選率二千人要擊之，遂退。

怯怯道人曰：無俟也。沈中丞葆楨以清秘出守，拔任甫不數月，賊至，衛署聞其危，甚憤，登陴，並無一軍足資捍禦。時饒州雖陷，得夫人血書，遣人馳至，遂乞援。夫人林文忠公女也，同在危城中，亦撫婦躬汲爨，甚壹衆以饟士氣。庚申胡文忠公疏薦沈公，以中丞議暇居賦才地清要，衆推首薦。今上即位，特旨簡放江西巡撫。夫人以廣信殊守功封誥國夫人。

武漢底定 咸豐六年丙辰

四年甲寅十二月，賊敗於九江，復上竄，湖督楊霈奏防於廣濟之北，徒勞。按誠賊李士林書楊霈追力阻，哭至圍潰出奔，潰死。

五年乙卯正月，賊踞漢陽，遂進襄河，自川河以至天門、各鄉、襄南，荊州軍擊賊仙桃鎮、岳家口，老營同至，林天直、副都統貴陞先後陣亡。二月，武昌不守，巡撫陶恩培死，知府多山死之。布政使胡林翼始以貴東道率黔勇勦賊，尋擢四川按察使，仍為湖北軍營防守岳州、隨詔湖北按察使，擢布政使，分營金口，亟匪命要迎擊。時武昌三陷，公私掃地，赤立無可措手。公以謂不攻漢陽，則荊襄梗塞；不攻武昌，則咸蒲崇通，合形滋蔓，遂駁軍上游，力圖進攻。時楊霈由德安駐隨州，值西安將軍札拉芬統兵至襄陽會勦，行至隨州，失利陣亡，楊霈退守棗陽，走棗陽，賊遂徑犯德安，孫境戒嚴。有旨楊霈革職。四月二十七日，諭荊州將軍官文攬署湖廣副都統載齡兵濟。年五月，公已巡撫，擇要連破撲營之賊，進偪武昌小東門、鮎紫坊，賊閉門固守。林翼建議云：武昌城周二十里，門有九，合圍則兵數不足，攻其一門，則賊可協援抗拒，未可操權，不如先攻漢陽，以重兵扼漕口、蔡店要隘，斷賊襄之路，絕潛江陸，以水陸為腹背攻之，則漢陽易取，而城可

武漢底定

十一

東華山官

破賊入。上嘉納之。七月朔日攻蔡店克之，進拔漢口鎮，追漢陽城，遂水陸並進，以大礮船毀襄河鐵索浮橋，上下游賊船及漢口僞襄河兩岸賊巢全行燬躙，並將有堵下游壩角賊船、漢陽大別山賊巢一律燒破。官文之妻募襄陽也。上命登恰為都統，西凌阿為欽差大臣，荊州將軍綿洵帮辦軍務，於是和春、李孟群、李光榮、楊昌泗、雲梦應城之知國原揚、孔廣順、恭納、劉富成團練進德安，四面環攻，賊出入其間。蔡店再克。蔡店上通德安，下達漢鎮。德安之窮賊並竄。十四日，荊州軍克復漢陽。和春於南北陸兩軍進攻江西湖口城克之，收復都昌。時守時安陸空口大營失守。時撫安李孟群屯守林翼與孫林翼屢敗於奓山，退保大軍山，移營新堤。賊勢復熾，漢川復陷，德安圍大兵勇度潰集。旨西凌阿、綿洵革職，孔廣順逮問。九月二十五日，命官文為欽差大臣，馳赴德安督剿。是時寧紹台道羅澤南方援江西，從廣信克義寧。上書曾侍郎國藩，略曰：武昌居吳楚上游，九江為偽奔門之戶。今若破拔崇通等處，群盜出沒江西之義寧、武寧，湖南之平江、臨湘，擁全身扶之。自欲克九江，必由武漢；欲克武漢，必由崇通而入。侍郎然之，疏請羅澤南回援武漢。九月攻通城、崇陽，皆克之。遂復咸寧。十月，攻據紫坊，與林翼合，而西凌阿等亦赴復德安。林翼於其前定。挑選楊載福率水師於金口，分二隊，一扼上路，一截下游，以慎江防。將軍綿洵等領馬隊分駐蔡店等處，杜北竄。澤南偏師道出嘉魚，會林翼攻武昌。官文督布政使李孟群攻漢陽，仍互為應援。以彭玉麟十二月分攻武漢，水陸大捷。林翼又偕澤南等分擊援賊於桌子湖、金牛鎮，其賊遁之。六年丙辰，林翼扎營賓陽門外之洪山。三月，澤南偪城力攻，中槍入腦，死之。以鹽運使銜李續賓代其軍。是時江西瑞、臨、撫、建等郡賊蔓延，北及崇、通、蒲、咸，西及瑞昌、興國。江賊上竄麻城，已陷。偽營築壘，搜掠民糧，為專擊武漢計。官文檄黑龍江營總兵多隆阿、吉林參領欸不庫等，會同黃州知府許賡藻，並集所團，破之。其賊屯寨一空。林翼復飭水陸殲除援賊，開長濠，困武昌城，並克復獅子山營，賊入江。援賊古隆賢會偕援賊石達開，六月由六乘勝攻黃州，並都多漢黃叢賊，於是官文、林翼分南北岸，匝月攻迫，斷賊外援。武漢賊困窮蹙絕。十一月二十二日，武昌、漢陽同日克復，擊斃偽指揮劉滿等，生擒偽檢點古文新等十四人，乘勝清江面。逃賊分作三路：由窯灣出東興洲為一路，游擊何紹采領之；由雞窩出胡家墩為一路，游擊張寅恭領之；馬隊大軍由

武漢底定

十二

東華山館

杉葊山館

無實德綏出當店爲一路，陸師都統都興阿及李續賓領之，賊望風解，克復武昌。黄州府分兵東下，續克興國州、大冶、蘄水縣、蘄州，十月克復廣濟、黄梅，其通城、崇陽、蒲圻、通山餘匪悉下。四縣地險而俗悍，逆入楚北皆爲陸道衝要，扒伏莽者漫村徧野，賊覺以出入，由仲忠習常視之。胡文忠遣湖南候選道王全鍾迅掃群兇，先攻通城，以次盡平，張運蘭、訓導沈玉田剿崇蒲圻，擒僞帥年張庸忠、曾天壽、吳一峯等，搜穴焚巢，殲斃數千人。全肆嬖曰：彼賊也，吾彼民也，吾次將爲人撓，我之靜也，誅之可，赦之可，誅乎？而奸不靖，於宄不待而治，故國陳者非獨禁盜，要可以捕盜之功也。乃召邑父老子弟，教之往總而來，領而授，艱難月，因使民擬戶編籍，民乃去滋陀，團自新，道撫通山，肆道事不敢抗違。自是而武漢遂定，蓋官能推賢，胡能實善也。

味之道人曰：胡文忠公謂過五年以私鄂省所費，因常以千萬計，而兵將文武爲不敵賊。上年武昌失守，城中兵勇萬二千人，賊在十里外，逼於黄橋，城中已退，城四盡潰，所餘者僅一閶中丞多首府等五六人耳，頓足捶胸，不死何待。又如廣濟之役，楊霈亦統兵萬餘人，與賊四寨，不過二三千人，一潰再潰，直奔八百里而後止，此豈奔潰之衆與平時何異也，今乃一日無是也。何以示懲？若謂此石逆者，彼壬子守郡土者坐擁全盛之勢，既不能慎固封圻，癸丑收其燼餘，仰遇一戰之威，亦不能更新氣象。由是而觀之，然風聲鶴唳，習以爲常，其被擄之州縣，吏情民懷，其未被擄之

荐似误

州知官仇民而民亦仇官 大丈夫胸中无丘壑一步不可行 坚守待死 不肯去者愚偉

刘遗诗不祥 良可哀也 文忠以翰林罢官归读书数年出守郡 奕奕有声 然不得行

其志 后移楚北 果至戕死 乙卯三月事 命巡抚 魁在此 荣琼屈流寇 文节以所部

从江转徙至戕 渐偪武昌 未几文节从中枪殒 文忠气不稍馁 攻益加 遂复武昌 掃

除荆棘 悉力振兴 以访究民之疾 由俭度度 涸吏苏民 嫡困循苟 以有今日 不務討

贼 则乱之源不塞 不揚窃 乱 则刑之源不清 动辄逃走 守此下数十人 與康吏更始 禁

应缴 盐本费 常宝默本 持甚在官安 精之推 卸而称查吏多矣 其算饷有记曰钱

粮曰盐课曰货税 湖北漕政久敝 官民交困 道光中叶以還 征收常不及半 嗣公六次

速减章程 民以為輸將恐后 额 湖南北自淮盐阻绝 率食川盐 公奏置盐局於宜昌

所部 又推行于武穴老河口等处 视向来额课溢之 仿刘晏用士人 设局各市镇榷

收釐税 岁杜中饱 軍自是 湖北兵與餉继天下 乃出而济人 之策 西皖援之有揽繁

澄清之气 惜乎不永年也 后来宦陵辰宦 东南孙寇未靖 湖建旗鼓 安五月資皖

武漢底定

十三

東[illegible]山官

實堂詩選集，良用慨也。文忠性精敏，而不敢已自逸，為袁人，北嘗於武昌設儲才館

後易其名為寶善堂 以齊羣才，以語同人：需才猶魚之需水，鳥之需林，人之需氣，草木之需土。

得之則生，不得則死。才無不生於天下，天下自有才也。善知古今，通中外，興利除弊，擎

綱挈領，大抵有九，如是而已。量今知古，健者內政，製造、商務之外，兼非粹備即

新張，此儒所以綱目。何謂才也？何謂才也？吾公之意，豈盡倘乎遠矣。嗚呼，此其今

之人說

九江鏖戰 起咸豐四年甲寅 迄咸豐八年戊午

九昌從武昌而隔，自後官軍屢復，賊力爭而踞之，兩岸築偽城，以小池口、湖口為犄角，守者偽貞天侯林啓榮，啓榮賊中最悍者也。四年甲寅秋，侍郎曾國藩復武漢，冬乘勝東下，力攻九江及湖口西岸梅花洲偽城，不拔。十二月朔，驍將童添雲戰死。先是水師自田家鎮駛湖口，簡舢板輕舟燒賊船，進鄱陽湖，自大孤山以至都昌、南康府，當者輒靡。會水勢方涸，賊衆悉踞石鐘山，石壘屹然，以戰船塞湖口，鐵鎖環之，進湖之水師船不得出，遂與外江水師分而為二。外江水師於去年除夕被襲，喪失輜重，侍郎賴湖南提督塔齊布血戰以免，遂入南昌。明年乙卯，塔齊布圍攻九江，戰屢捷，而啓榮堅守，城終不下。七月十八日，卒於軍。時江西湖北事急，湘軍赴援，提督蕭捷三統舟師屢戰不支，中礮卒。丙辰十一月，武漢克復，提督楊岳斌統江水師自蘄州抵潯縣，會湖北布政使李續賓陸師圍九江。十一月，曾侍郎自九江營軍，聞父憂歸。丁巳，鄂撫胡林翼自往督師宿松，進首聚數萬壘犯黃梅、廣濟、蘄水、蘄州，謀遏衆，以掣楚軍，而於小池口旁近段窑楓

九江鏖戰

十四

東莊山宮

拔擊程談

樅陽湖山鎮，南至倚山，砌石為壘數十座，引水灌濠，以屏蔽小池口，阻我東下之師。將軍都興阿戒諸營官曰：小池口者，九江犄角也；沿江諸壘者，小池口爪牙也。爪牙不除，何日拔其角而扼其吭？乃自率諸將縱橫盪決，諸溢壘悉平。惟小池口尚持振相支，時春三月也。南岸帥艘林立，北岸官軍近三萬，馬隊訓良，皆精技擊，續賓遏賊為營，自官牌峽迤南索東至白水湖，募丁夫掘濠三十餘里，深二丈，廣二丈五尺，蓋用攻武昌法也。賊遂集，東至賊六千餘人來圍撲，俱使步隊護濠，我自戰，親率馬隊繞出西八方坡後岡，又伏兵於馬嶺，約後賊壘後賊壘出擊。約兩時許，賊由迴返，參軍閔撥齊出，殺賊數之，賊旅出西壕，伏於茶菴，繞賓乃遶道譚家坡、楊樹嘴，先設其伏，而伏我兵於其處，回隊迎敵，且戰且走，已伏所，賊不知其伏之已設也，正以為得計，及伏起，官軍亦合，賊遂潰奔，越向陸，皖逆來援，約眾七八千，埔逆出眾之策，蜿蜒數里，旗幟如林，我陸師及楊水師會剿，岳斌遂水營將弁從甘棠湖抱埭下，轉退擄賊，陸路軍亦敗賊於胡坪，自三月至五月，連戰皆捷。六月皖逆復傾巢出，糾饑民十餘萬，乘虛圍武漢，以緩九江之圍。於是楊北，我載福、岳斌、添都

同胡友亮率破艇節次上援，今總兵滿以桅內河之港，續着逸出，東至府續宜犄角

勇三營由瑞州回援，與翼長多隆阿、副都統鮑超等免之。會同都司又破之黃梅山、黃岡新

水。七月直抵小池口，飭水陸上下合勦。八月破小池口偽城，仍見九江。續賓以九江賊恃湖口

相犄角，不拔湖口，九江不可得也，乃定計水陸夾攻。九月初八，陸師五千人從湖賊渡江

而北，揚言進勦宿太，而即乘晴入舟，時漏四下，過道八里江，伏湖口後山，士卒皆捫蘿上。

黎旦直前，彭玉麟率戰舟攻湖口東，將督黃翼升率戰舟攻梅家洲，擣賊根本夾

擊。下鐘山賊方集悍旅拒陸軍，時從山梯破其下，賊駭愕失措，遂殲其衆，湖口立

復。梅家洲賊棄城遁，於是外江內湖水師之三載阻絕者，乃得合併，而湖城岌岌孤立矣。

拔江西彭澤縣。縣下湖口五十里，其南有小孤山，挺立江中，賊因山築壘，設礮當門，為居高建

瓴勢，南北兩岸復築石城，環以深濠，並排椿木，恃此以守彭澤，而為九江聲援。時逆酋

石達開糾都昌、鄱湖賊衆偪饒，逆目賴漢英等執守此城已五年矣。玉麟、岳斌合

軍進取，以為克九江非拔彭澤不為功也。自彭澤拔，九江翼角既摧，進軍圍之，糧料告盡

九江鏖戰

十五

林亭山館

此次失敗，以致榮陽傷亡，戕李興隆，仍率眾死守。戊午三月，廣盤所地道轟，胡東門大營失

又胡太南門，臣以出死力禦之，先登將士多死傷。欽差大臣曾文爲之嘉勞，其志誠良將也。

國家資其股肱之力，精其爪牙之用，股肱之力可勞而不可竭，爪牙之用宜惜而不宜

傷。今匪勢雖衰，諸城尚多未克，諸君子已激奮慨，輕陷危機，後宜蓄養鋒銳，勿輕於

嘗也。各營敬諭之。時兵勇疲於伐，冒視官，出東門南，地道復發，水陸諸軍四門

進攻，初七日寅刻，藥火地雷轟發，磚石飛騰，山岳震撼，立塌城東並南面城垣百餘丈，破之。

殄賊數萬，其黨死於軍中，磔其尸，其黨踞城六年，俘擒偽忠武羅史黃屬匪不下七千

乃進攻蘄州，而鄂昌數百里之地無復賊蹤矣。水師進議於嶽撥江西，劍造於營圓

廣隨任我部，招胡林翼，戰船輸送人百餘，大小船位三千餘，以招募楊岳斌總理

道，爲彭玉麟副之。湖以下之役，水師襄劃出戰，傷亡甚多，後立於軍昭忠祠於石鐘山頂

祀之。此湖之前後，收王為北

出道人曰：江楚唇齒相依，九江扼長江之衝，實江楚門户。九江不復，湖南北無以守

自四年以後，楚軍以死力爭之，賊亦以死力守之。胡文忠公收復武漢，設重兵以固根本，裁浮冗以蓄餉需。辛酉偽忠逆自江西竄鄂部，陳逆自皖北犯楚北，文忠卒不撤九江之圍，以四枝平落其巢，後搗安慶之穴，楚師千餘里，全力援剿，制其死命，曾節相上公死多撥，得其堅持之力，潤和諸帥，坐得覆殺，和皆臣所不及，實錄也。

九江鏖戰

十六

杉華山館

九華敗績 咸豐六年丙辰

癸丑江南北皆師失利，南帥向榮率提督銜福建漳州鎮總兵張國樑統滿兵數千、漢兵數萬，紮營城東，自孝陵衛、紫金山、七甕橋、秣陵，環鍾山。甲寅秋，復太平府。冬攻破雨花台、聚寶門，賊不敢由通濟門出。乙卯春，進掃三山賊壘，秋克復蕪湖。明年丙辰，賊竄擾。蘇撫吉爾杭阿奉幫辦軍務命，出駐九華山，以國樑兵進平高資、下蜀街賊壘，方會南帥規復鎮江，而逆黨李秀成、陳玉成、涂鎮興、周勝坤、陳仕章等聚眾數萬抵拒，正謀阻於國樑軍。逆玉成與鎮江賊首吳如孝約裏應外合。明日賊與國樑戰，吉爾杭阿督陣，午未間方出，後路被襲，倉皇敗走，失營十六座。賊遂集鎮江、金山、金雞嶺、九華山下，與吉營對壘。渡瓜州，黎明攻土橋，破官軍馬營，北帥托明阿棄軍走。自紅橋以及樸樹灣、三汊河大小營一百廿餘座，並陷揚州，據大營。三月陷江浦，進犯浦口，總兵武慶棄營走。賊踞六合之葛塘墟，南帥撥國樑赴援，戰於新池，大破之，復浦口、江浦。賊乃棄揚州，遁回瓜州。於是詔革北帥托明阿，及幫辦提督陳金綬、前侍郎雷以諴職，加德興阿都統銜，代托明阿

九華敗績 十七

撫武昌，檄提兵要爲將其軍。五月，秀成挾石達開於江西，舳艫蔽江而下，復攻高資，黃巖枝河毀於陣。鎮兵扎華山大營亡八千壘，復潰江寧，句容府劉存厚血戰死，京口都統綳闊亦殉難。國樑負之，分四枝不及，移屯丹陽，賊乘勝進逼，竟破馬軍，後毀步軍。國樑走孝陵衛，其明日賊由燕子磯至桃坊門，破營七座，進攻儀鳳門官軍營壘，國樑引軍救護，賊其明日遂竟而集官軍七路，孝陵衛南營二十四座又燬。向帥及國樑退守丹陽，賊圍之，向帥縊死。國樑奮戰，攻破賊營七座，殺賊七八百人，其十二檢點周得賢中礮死，賊乃退。國樑乘勝攻金壇，收東壩，捷聞，詔以江南提督和春代向榮，國樑幫辦和春軍務。

此之道人曰：其後之敗，由營壘水相從隔，江浦旣失，江以南數千里烽火相望。胡文忠言兵事以氣爲主，譬之孺子之戲豬脬，縛以繩而貫以氣，閉其孔而塞其竅，方其氣之盛，湧千鐘不破，一鍼之穿，全脬立癟，可慨也。向帥威名卓著，壬子臘月廿六日入江寧，命皆詳軍事，酒後仍談上海，連戰皆捷，非兵力不和，若功名時，殆坐鎮鍾阜，進窺闕門者凡五年，竟以挫衄，一慟而絕。嗚呼，故楊忠武侯舊部，平生歷軍五，所至立功名猶恃此賊。累起累躓。李以不振。不一月金陵群醜。自相操戈。李逆供詞曰。此時向帥未敗。仍攻金陵。御則金陵不保久矣。幸逢向帥敗死方已。此是天挪不由人算也。李歷不諱。要夫完死。彼賊奴並猶惜之。抑天道惡盈而福謙。世禍胎或亦有以自取之耶。

東塗山官

金陵自戕

粤西賊逆，其狡黠以楊秀清為最，韋逆、石逆及秦日昌畏其挾子之人，楊逆以威相凌，又據蕭逆妻宣嬌，洪逆而並殺死，韋逆相處，楊逆於其會有自立意，令其下呼以萬歲，洪逆召韋逆歸，密謀除之，韋逆先至，楊逆招之飲，甫以往，韋從抽刃刺楊逆洞胸，割而宣之，并誅其族，屠石逆與昌錦董而與韋逆隙，張諸謀殺四貴，韋逆醢，韋逆收並圖石逆，覺而逸，家族殲焉，秦逆懼，韋逆乘亂奔渡江，為楊逆黨縛送金陵，寸磔之，亦誅其族，以首招石逆歸，令何以去，蓋洪逆實主之也，自是洪逆任用仁發兄弟及諸人，黨得恩賊心離散而相屠。　朝廷法紀森嚴，仍結死圍，不敢猖獗，彼時我軍用謀用間，似未其人也，可勝惜哉。嗚呼，逆人曰，晚近人心澆薄，而假仁假義之甘，臍毒深流，暴殄靡所，於天理招邀，以數之，彼洪逆一病如死，助逆如蕭、馮、韋、胡、精、績，不得則死於金，如秦、蕭則死於長沙矣，其入金陵後，石逆僅存，其又不相能，竟為聯殺，斥誅楊殺韋，其真有前定耶。

金陵自戕　九　東塾山官

桐城敗績　咸豐八年戊午

六年丙辰夏，江北大旱，蝗。大南帥和春也，朝議以提督張國樑副之，是年閏五月，復溧水句容，並攻鎮江，賊註力出逃，北帥德興阿亦以其間復瓜州，移營於浦口。戊午南帥派總兵李若珠攻克秣陵關，秣陵關金陵南面扼蔽也，方冀乘勢掃蕩，而總兵某定三村於桐城。桐城賊匪李逆秀成也，定三國魚，李逆部李兆受引三河尖捻匪張落刑、龔瞎子爲郡援，人馬號稱百萬，陳逆玉成亦窮蹙圍困渡江，與李逆合成進攻，圍由樅陽酒呈爲州會庭，覺陳仕章力破勝所官軍，擊黃崗河酒東關，得翼啟分黨踞之，酒庐江亦分黨踞之，復上渡河攻大關，包桐城之後，誘官軍糧道，以分兵攻安三兵，遂三路進之，酒銷城六安。陸之道人曰：丙辰以後，洪果江南北者，陳李二逆也。二逆入於地匪，蓋所出兵我尊王西帥出自貴游，非其敵手，張副帥來自提擢，忠勇可嘉，然亦所短也，若其僨之，敗獨當一面耳。

桐城敗績　二十

烏德興阿　匪令斯令

烏衣賊績　咸豐八年戊午

七年丁巳春二月，北帥德興阿仍駐浦口，前六合令溫紹原攻克江浦，是時逆賊上有安慶
為巢穴，東西梁之固，有和州之屯糧，又有兩浦之通。西浦雖復，和州以上依然坐踞。李逆世賢屯
於黃池灣，力援南岸；秀成屯於霍六，力援北岸，以致官軍於何林鋪失挫，致和州得而復失。
戊午春，秀成陷全椒、滁州、來安，以挫北帥之勢。既後紹原收復來安，秀成退踞全椒以覬覦。
李兆受守滁，兆受降於欽差大臣勝保，秀成自全椒出援兩浦，德興阿由西浦口集馬步出勦，
敗之。其明日，勝保又以馬軍踏平賊壘，秀成僅以數騎遁，而官軍竟無人躡其蹤，其秀成
歸全椒，招集悍黨，屯聚於招揚，約陳逆等自潛山逼舒城，破廬州，出店鋪，分兩隊，一攻巢縣、定
遠，一由累驛而下滁州，與秀成會。八月二十日，德興阿振滁浦口，由小店而來，勝保從之，賊
於烏衣鎮，未交鋒而大營火起，德興阿倉卒登江口艇船，馬步俱潰，二逆乘勝追逐，并
用出府南河同知孔繼鑅、河南知府宣維祁、儘先副將陳昇等，同陣亡。自南副帥
援兵復敗，官軍死者萬餘人，徽撫翁同書退守壽州，賊黨陷江浦、天長、儀徵等郡，玉

烏衣賊績

廿一

東[illegible]山官

何名桂珍

戊戌六合考，我去天長，復陷揚州，時乃月初三日也，後與阿吉部伯抹。

洪洪道人曰：戊午秋長星見於西北，及生時粵匪與捻合勢，蔓於北，而北師屯浦口者眾

兩三年，竟一敗塗地。至此，且秀成始以孤軍往來滁、桃、潮，既被其黨，又敗其兵，竟縱之逸去，

何也？夫天心仁愛，而禍機之伏，其所以萌芽之者，不厭再三也。悟武揚俟於各復頑眾，匪今

斯勇可嘉，慨於兆受，始降於徽寧太廣道何文貞，後疑文貞毒己，戕之，復叛，至是伏誅。

賞三品頂戴，改名世忠，以兵兩擢至江南提督，邦藉軍務，而文貞死九年矣，過問者，天下寬也。

甲子秋，曾節相陳收於[illegible]，得旨，雄帥嗟去，甚休矣，根酬[illegible]源，咸以[illegible]武臣謚忠武者

五人。張副帥殿臣與劉副帥出身，猶兆受也，而與向塔鄭承宗功媲烈，亦非一時人傑哉。

如程忠烈公，心薛之於人，耳目而已，兆受非其倫矣。假令於倫張元龍矣（元龍鳳陽捻首，先於楊保軍營投誠，仍號初鳳陽軍全叛歟）

（甲三傷搃兵張得勝，誘出斬之）苗沛霖也（沛霖蓋亦捻首，旧以喜勇保和戰積功得二品銜，壬戌起而為逆，據泰州）胡文忠之論猶保也，四同澤於戕而義

其在曰降賊，蓋其一生本領以此文燦為祖也，而吾儕劉慎之過也。文貞諡者人也，以左嘉自

夏方官侍御，抗疏論前大學士某、前提督某誤國，不宜發軍前，及升侍郎，謂大臣仙之指陳

杜韋 山食

固所忌諱。此禰生所爲不容於劉表而殺祖之。且未必至禍之所從來也。然反側死則何足深責。

烏衣敢續

廿二

東皋山官

巋音丘追切

賊破六合　咸豐八年戊午

六合居金陵北，以浦口為咽喉，西接滁來，實為廬鳳管轄。粵逆入鄂之歲，江夏人溫紹原權六合縣，募勇聯鄉，為守禦計。長江東下，垂城皆陷，獨六合以彈丸巋然抗賊，且能為大帥一臂之助，可謂難矣。八年戊午，皖之捻匪與粵匪合，勢大熾。秋七月，廬鳳連陷，紹原時以鹽運使銜為六合。八月二十日，北帥大營潰，其明日陳逆玉成掩至南關，紹原撤浮橋，盡河而守。守者五家薛寺，攻賊於壺蘆，賊少卻。陳逆謀曰：六合所以不可破者，以其勇與土團相救也。我以衆撲城下，使兵勇不敢離城，而別遣驍將四出，破其土團，且收旁[illegible]，使城中勢孤，則可圖矣。二十五日，天大霧，賊自楊家河以木簰潛渡，都統富明阿、副將鄧鳳林不能禦，賊乃渡河而去，撲桂家營、諸集鎮，巴家山土團與戰，殲焉。北行北林馬集四合墩，遂陷天長，乃大集城下，射書城中誘降，莫之應。晝夜急攻，城上多方禦之，賊多傷。小東門濱河沮洳，城中掘尺許，輒見水。賊於城外民房掘得燥土，乃佯左右急攻，而潛洞以達城腳，火藥實其[illegible]轟之。九月九日城陷，紹原率妻王氏、次子候選知縣林長

賊破六合

廿三

東臺　小官

婦陳氏，投水以殉。知縣呂某守誅。江西宜黄舉人臣掛六合子諸位蘇祥，城陷自縊於
堂上。有撫兵羅玉斌者，自秉忠某撤守六合，賊入城大呼曰：我羅總兵也。手刃數賊而
死。投効生員馮明英、典史葉樹奎、都司王家祥、夏定邦、守備余成照城守子擬海
陀龍等，皆巷戰陣亡。先是，紹原募死士伏水中行，齎血書於南北大營，請保張國
樑率諸兵來援，先後抵城下數十里，而城已陷。
嗚呼！逆人曰：溫紹原之守六合，以孤城誅之魄色，獨挹南北大營，近在咫尺，雖北御
新城而南帥懦，知其帝不足恃，何以土團連破，竟能一矢入援也，直匪雙聲，生使一邑
之誠。且招集之方，曉悦之故，如岸龍穿寇，智勇之所施設，鈐縛以同環境，聽其籌
馮華襄之，亦復如此。人才不可恃，一兩賊至，人皆可偽也。謝枚如有言：天下之官紛
無不知獨與民親，其溫也獨知實，其和溫也，夫禍之嚴烈，即以近之徵之粵
西之亂也由於[illegible]之納匪，四川之亂也由於[illegible]之納匪，貴州銅仁之亂也由於
之加征，收卒之身殊家破，移這散布六合之力，統以一隊抗賊之援，控制江淮與天

杜亭山館

津令。斯之遂保障神京。後先輝映，然則孰知有其人之為之而已。

附徐直晋齋撰六合知縣温君傳

温公井辰，後原字伯平。少習刑名，雲南人也。以甚熟，留任六合。先是，六合地瀕江，有於儀徵浦口，為江寧北障。咸豐三年，賊陷江寧，旋陷儀徵，與浦口相犄角，安賊氣漫張，乘虛攻六合。公度賊新勝，鋒不可攖，而招集義民，作為捍也。者洞開城門，而內設覆以待賊。賊方至六合下，都頭人歡躍，勝虎臣截殺。揚揚得志，不為備，徑以所部入，過覆，驟起電發，手足失措，流血喪魄，斃千人。賊不敢出。由是溫公之威，震於江南。溫又教其所屬民團，申守望之法，肯動屍(?)。越歲，賊出指揮人人自以為戰守。顧六合小邑耳，乃屹然為長城。賊唯(?)之。有點(?)機個而今弃耳。昨亟相持矣，不畏展劃取，而窺視六合，為大軍之屏蔽江寧城下，倚六合以為犄角。某某公亦七年，赴援鄉民，畢力而耕，負戶而汲，又甚苦。六年矣，而公拊循不懈，賦以功，歛援盛。勤仍守六合，名益震。敵人畏避(?)

賊破六合

廿四

東壁山官(?)

通逼六合。大帥某某鎮浦口，餘二麾所駐者。八年秋，賊擾江浦，逼六合。溫公
乃率輕騎往擊之，斬馘衆賊，賊遁。上功首士之敢練民壯也，與夫弁勇之
攻果也。請予賞之，帥方張皇戰讓，自以為不世盜也，得功也大悲，未據其實，與
公争之甚，則舉簡劾公冒功。公於是益豫，民心執有出死力也。闘敵而不獲
賞，而以吾官敵者也。氣有忘國者，元疆圉多事也，而蒙溫鎮者也。吾庶日效
力也。戚窺帥之間，公也。八月以七咸犯六合。公帥練勇，命樂且迎且擊，所殺獲
無算。賊以重悍首與公相持，而別以輕騎從出間道襲如城。公退之，並退宵賊。及
城，則守陴者盡甲。賊氣益奮，於是大帥方擁重兵衛公營，莫之救。賊攻百
倍，公開出奇兵擊賊，賊即亦披靡，兵退。圍復合，攻圍益急。乃日而糧益竭，援絕
不至也。民病甚。既鬮城遁，困。公亡戰，以殉。賊屠六合城。六合城陷，大帥以乞律，坐又二年大
兵潰。將兵者走死江浦，走酒樓。其法圍棋，殉於浦口。
論曰：夫當焉之優賴遠者，所任矣。顧乃庇其腰何哉。嗟嗟人在，勝負亦有以。溫公
始先膺專閫也。其所任衛支捍之六合哉。

咄咄錄 三册

咄咄道人編

三河挫敗 咸豐八年戊午

五年乙卯，鄂撫胡林翼疏言：古今平賊之略，必以據上游形勢、斷賊糧為先。通籌吳楚之全策，必以武漢得手設立重鎮，屹然不可動搖，乃會合江西內湖一軍，以水陸之全力，剿賊而下，游紅單巨艘亦得并力以扼賊吭，蓋田子戰後之略，決于此矣。明年丙辰，武漢剋復，乃悉力以圖九江，踰年戊午，平之。遂建議東征，江楚各留兵五千防漢陽，以得後之防；水陸東下，陸軍渡江，先皖北而後及江南，水陸先安慶而後及金陵。蓋以九江既復，安慶在所必爭，而請於九江設轉運糧臺，由安徽巡撫派員赴行營支應，並陳浙江布政使李續賓忠勇篤誠，可獨當大任，應否加銜，准其專摺奏事，以一事權，以免掣肘。得旨報可，李續賓加巡撫銜。時皖逆踞麻城，分陷黃安，圖窺漢陽，徒安取

咄咄錄卷三 三河挫敗 一 東莊山官

道北竄，續賓自麻城率五營兵上援，既復黃安，回剿麻城，逆众宵遁，遂乘
勝出攻太湖，道皖撫李孟群師潰廬郡。　上諭續賓改道赴援，續賓以太
湖地瘠凡數百里，積不及事，且恐太湖賊北竄，腹背受敵，遂決計取太湖
皖郡，將朱希廣等分道攻城，月十五日克之，各軍進復潛山、石牌、桐城、舒
城，舒城逆众走三河死守。三河鎮水陸衝途，廬州要害也。時續賓弟續
宜駐軍鄂渚，都興阿率馬隊攻安慶，翼長多隆阿自援捍，副將鮑超
自團山趨集賢關，續賓自克桐城後，今提兵趨克舒，率六營守之，又以
游永祜守舒城，於是所部僅五千人。九月二十一日抵三河，十月初二日破
賊九壘。三河賊渠告急於金陵，會陳逆玉成、李逆秀成新敗北岸師兵，
陳逆自采物急趨金牛鎮、白石山，包三河之後，以斷三河歸路，又塞舒城
以遏援兵。初九日黎明，續賓開仗，破玉成寨，進遏金牛，曉風習習中，闖入
馬聲，而濛霧一望無際盡賊，繞出官軍之後，突逼續賓，折回軍已自紛

三河挫敗

李逆繼至，躪之，副將劉神山、參將彭友勝、游擊胡廷槐、鄒延年、杜廷光先後戰死。續賓傳令軍中嚴守備壘，若否，各壘皆破。或勸續賓突圍出，圖再振。續賓曰：軍興九年，皆以退走挽國威，長寇志，吾當從權血戰，有不願從死者，請各為計。諸將士皆曰：某等願從君死。日暮，賊攻益急，續賓開壁馳擊，殺數百人。夜二鼓，乃躍馬入賊陣，死之。文武官弁從死者數百人，營即補道孫守信、運同丁銳義、何穢、何忠駿、直隸州董容方、同知曾國華、知府王揆一、楊德閭從九人來續藝、張溥萬，尤其著也。於是皖省賊固其域矣。我軍上游勁旅之策，從來東南用兵機略，自是而定。所謂釜底抽薪，拔其毒根，濃血自盡於其咽喉，血脈皆奔也。

咄咄道人曰：甚！從此湖南精銳殆盡，知之思深痛之。道旨墨經從戎，以枝其敗云云。兵事以攻城為下策，三河之敗，迪菴國非不知兵者，一分於彭澤，再分於蘄黃，三分於桐城，而分於舒城，所第之處又攻堅之餘，殲殘之道而其忠

二

東郭山官

心義氣可感其分防分守之責亦可憐又云何人也蓋得桐城將分兵守集賢關而自行守桐舒之策以待賊之來援先以寡弱一旅委之嘗賊之不援據而勝我兵亦以戒慎而濟於後併力圖之乃為援策不待賊之來而輕進以煩於危不顧處後路之虞而不再至是以賊地窮困分當之衝聞荊軍挫賊不戰自潰完其區區之策嗚呼忠武之忠義其心至今猶見即此忠之忠義其生遇之楮墨間矣

賊陷杭州 咸豐十年庚申

軍興以來，兩浙得久為完善之區者，在於遠守徽寧。丙辰、丁巳間，賊勢猖獗，獨浙晏然，以提督鄧紹良聯絡皖南軍務，力遏其衝也。自紹良潰泚殉死，寧國既陷，涇復失守，浙之藩籬撤矣。先是石逆自江右闌入衢州，土匪因之蜂起，龍游、金華相繼失守，遂由金入嚴，後官軍雲集，漸次收復，而浙氛始熄。庚申正月初二日，李逆自蕪湖趨南陵，過青弋江，經寧國高橋，走水東，窺寧國，官軍方奮城守，而李逆轉由水東環城而過，一切日兩夜直達廣德州，陷之，以其黨陳坤書、陳炳文等守，自與譚紹洸、吳定彩、陸順德等走四安，鼓撥兵李定泰兵於梅溪，連陷長興、安吉、孝豐，遣其黨李世賢攻湖州，自以一千二百五十人走敵西，趨武康，臬司段光清督兵馳防獨松、千秋等關，而賊由間道晝夜狂奔，二月十六夜抵北新關，九日黎明直撲武林門。巡撫羅遵殿以鹽運使繆梓前攝金衢嚴道，知兵事，

賊陷杭州 三〇 東皋山官

一切倚之。又於城防局外別設守局，委前平慶涇道戚貞專司度支，應
與繆梓共任守事。以此城中主帥不一，號令不行。而天大雷雨，連旬不止，
城上兵民跣涉泥淖中，番代乏時，棲食無地，積六七晝夜，辛苦疲極。賊
乃於二十七日黎明，自宋錢胡門故址穴地轟裂，城遂陷。遵殿及布政使王
友端、署鹽運使繆梓、杭嘉湖道葉堃、杭州知府馬昂霄、仁和知縣李
福謙、典史林汝霖均死之。在籍辦團前衢永道俞焜罵賊死。前兵部侍
郎戴熙與弟諸生煦從容盡節。將軍瑞昌力守內城。六日，江南提督張
玉良赴援，薄武林門，賊多張旂幟以為疑兵，玉良懼不敢進。李逆全軍以
退，自餘杭過臨安，行天目山中，出孝豐，仍趨廣德，而玉良兵逢之不擊也。嗣
是賊陷東壩，蘇常松嘉匝月之間相繼失守，而浙江賊營自平湖以迄施西
遙相望矣。是役也，杭州士女死難者累累。賊退時已三月，踰旬大雪。
咄咄道人曰：賊之自蘇湖趨浙也，其為地千有餘里，其為時又月有餘，而

杭州蕩於無備，可恨也。夫其逆皆無賴之徒耳，當其猖獗數人，招納鄉里，一
良有司治之足矣。自當事粉飾太平，以大盜為小盜，以小盜為無盜，於是攻城掠
地之事不旋踵而起。禍變在一州一邑，以天下之大，僅若臣民之誅之而已，如摧枯
拉朽耳。而議者又創為防堵之說，以分其兵力，而張賊勢，於是匪賊者分星
羅棋布之村莊都邑，驛風聞陣，諱偉告無事，瞬而視之，其以數十萬計，而此疆
彼界漠不相關，於是一股之盜橫行天下，旺堅城如及壽。嗚呼，非防也，直避之耳；
非堵也，直縱之耳。且去防勦焉，防不勝勦焉，堵不勝堵，而懼之以心而為此
苟且偷安之計，則其心已懈，其氣已餒，賊不來而虛張聲勢，賊來而棄甲曳
兵如鳥獸散，謀之不臧，實階之厲，不亦都也。江忠毅公陳軍務疏云：湖北所以敗
徒之知兵而不知敵，遇賊者將不知兵，將是謂無將，兵不畏將，是謂無兵。軍興
以來，諸將相依，全賴以兵援，擺而坐視，棄城不守，根仍道如以兵棄城陷而坐視逃地極
壞則亡者，初予謂而時不能為固，即知有守九江，厚積兵力，不能遏，此漢之衛，又

賊陷杭州

四

誥以通賊為國者，士卒之逃亡為長策，皆由畏賊之念重，畏法之念輕也。夫人情
不畏賊，畏死而貪生，軍令雖嚴，而終死於賊。誠以萬人之中漏網者眾，豈一犯
偶逃而即自處誅戮哉？雖然如此，國典之所不可貸，逃自不得不備，心一力以致死於賊，
則有必死於法之心，而無倖生之士，有輕死於賊之心，而勇自倍矣，兩謀相期于不避
一二人而兩俱畏知當日第人之心。宋仁宗當承平之際，倭知寇至，官軍屢失利，攻
福寧城至數，最後秋素軍斬逃潰將校二十餘人，而軍威始振。其後初年三
省寇匪之變，經略額勒登保軍之，其遇賊遇官兵，傔之死，既惟向前接仗，是一
生。錄官兵遇賊，傔之死，既惟向前接仗，是一死，故賊常致死於我，而我兵
轉畏避其鋒，利鈍之機，已決於此。即如粵匪與官兵接仗，每驅新附之賊在前，
而以死黨暨精壯從後，名曰排刀手，遇有衝鋒行擊者，以彼匪黨不得不前，
盡力賊之胃眾也，以乘而我已致眾也。以寡賊之退也，如死而進，猶可也；我之退也，
可也，而進輒易死，其誰不望風先靡，而願貓一走也。誠能反其情而為彈對若此

易寬而以猛。皇上[illegible]以[illegible]將帥，[illegible]州[illegible]事[illegible]以令偏裨，偏裨以令將士，[illegible]通[illegible]

清[illegible]書[illegible]難[illegible]遂[illegible]者[illegible]不[illegible]相[illegible]揭[illegible]不[illegible]逃[illegible]搶擄[illegible]者[illegible]有[illegible]靖

御[illegible]不加[illegible]賊[illegible]竄[illegible]比有諭軍令，既[illegible]歲士氣[illegible]當討賊之[illegible]應[illegible]而[illegible]

誠至計，然而舉國若狂，百為[illegible]廿年曾不一變，其[illegible]恒寬[illegible]不[illegible]寒

命必[illegible]行[illegible]以[illegible]為[illegible]所由[illegible]於是以戮不[illegible]以勤[illegible]而防堵者有名無實

矣。

賊滔杭州

五

東阜山官

丹陽喪師

己未，南師和春奏參北師德興阿怯久無功，於是江北軍務改歸和春統轄。李孝三元降，（三元守江浦，以城降，改名成良，踰年復叛，江南提督李世忠擒斬以殉）克復江浦、浦口，副帥張國樑復竟克沿江壁壘、九洑洲老巢，進圍金陵四門，定議招降，以解散賊黨，意謂剋復金陵在指顧間。庚申正月，李逆間道陷廣德州，又陷杭州，居五日去，集逆黨於建平，從楊輔清攻高淳、東壩，陷溧水、秣陵關，李世賢、劉官芳攻溧陽，陷句容，李逆自赤山破雄黃鎮官軍大營十餘座，其明日陳逆玉成自潛山至江浦，知李逆已薄南岸，遂由采石渡江，趨江寧。李逆屯鍾化門，陳坤書、劉官芳屯高橋門，李世賢屯北門，楊輔清由秣陵屯南門、雨花臺。閏三月初四日，分撲大營，國樑拒戰，賊來益眾，時大營分兵援浙，兵力本薄，又以軍餉不繼，擬每四五日發一月之糧，兵勇私怨，使無心復携貳，至是月天大雷雨，酷寒，一夜之間，各營紛紛火起，和春、國樑前後不能相救，直下丹陽，死者三五千人，群逆屯

杭□山館

兵三日，溧陽宜興同時失陷，賊進偪丹陽，國樑閉門伏大南門血戰，收績躍馬
入丹陽河死，李逢收埋，實殮焉。國樑而死甚詳，廣東高要縣人，在粵頗不逞，
後率所部投誠，為寶鎮時，頗有疑之者，廣西巡撫周天爵知其忠勇，保護
之，從征向榮，轉戰數省，所向克敵，由偏裨漸升提督，幫辦江南軍務，東南
半壁倚如長城。及其死，丹陽遂陷，蘇常繼之。和春突圍而出，縊死滸墅關。
咪咪道人曰：李逆陷浙，以自救也，而南帥果分兵援浙，援浙之兵既配，時已不
能追，無益於浙，而堅城之下兵力已單，李逆合其黨以攻之，倉皇失措，事屆
國然。其胡文忠公言：自軍興以來，凡官軍所到之日處，賊必畏為之備，我軍銳氣
仰攻，殺傷不可勝數，後接精銳，積日累月，壯氣潛銷，悍賊乘之，轉致於敗。又賊之詭
詐以堅守縻我兵力，轉告兵及兵弱之處，狡我不過，扰我軍之勝佛，出一隅而賊
乃得以出沒，無受又之當偪城攻堅之時，如雀之捕蟬，志在於隔，而不知弋人之
又伺其後，攻堅不克，志懈力疲，他賊為搗襲之，誤事。此尤近年通弊，可謂洞悉兵

檄矣。閻丹初觀察敬銘言：吾聞江南未敗時，和、鄧諸帥，錦衣玉食，倡優歌舞，其廝養皆躋紈綺，吃洋煙，莫不有囊中之喜。志溺氣惰，賊氛一動，如以茵受斧，於刑，固有覆危險而不知懼者矣。嗚乎，言者無罪，聞者足戒。彼蒼茫孤魂，其亦悔是哉。獨念副帥嚴公以忠武之姿，而與紈綺豎子同作一邱之貉，良可痛耳。

◇ 桂華山館

賊陷蘇常 咸十年庚申

丹陽不守，賊逼援常州提督張玉良自浙折回之軍，大小四十餘營，又有蘇州援兵，皆一鬨而散，常州遂委為賊有。江督何桂清舊駐鎮江，自東壩不守，携眷遁華方，自常州不守，携眷遁蘇州，蘇人閉門不納，而賊已薄無錫，張玉良備宜興，守將劉某與賊戰，復敗，無錫陷，蘇州文武官星散，其死者巡撫徐有壬、署按察使糧道朱鈞、候補知府何承元、蘇州府教授張銑諸也。先是江南潰卒沿途擄掠，萬姓怨之，從而玉良敗入，逆众進蹂也，號稱數十萬，城中大亂，潰卒庇之，於是廣東人李文炳、何信義、周五等獻城降賊，賊乃整隊入，時四月十三日也。玉良以本部由蟹山奔杭州，杭州不納，屯武林門。桂清挈眷登火輪船遁入扈瀆，同治初，逮京伏法。

咄咄道人曰：蘇常力守七年，不遭蹂躪者，以向帥遮蔽之，局未壞也。自杭州克復，王壯愍以蘇藩擢浙撫，何根雲布置平劝，又素與南帥不相洽，馴致禍敗，是時蘇

賊陷蘇常

八

東華山官

州民與寇仇。亦與官仇。內訌之極。危在旦夕。而當事方於圍城覲建四十九日道場

以圖存。亦祗於神矣。上海縣舊曰滬瀆。本華亭縣地。居海之上洋。曰華亭海。宋

時海舶輻輳。爲名上海鎮。元始置縣。於晉時已有城矣。自蘇常不守。官民俱以

此爲桃花源。詩有夷人耶。周滬李中丞鴻章亦以東兵赴援太倉崑山吳江江

陰各縣。時蘇州城賊爲譚紹洸郜永寬伍貴文汪安均周文佳。癸亥冬永寬等

殺紹洸。以城降。署其衆二十萬。仍屯閶胥盤齊四門。郜遂並不薙髮。中丞入城於

追謂登其壯匪踞駢誅之。時二年癸亥十月二十六日也。十一月初二日復無錫金匱。

踰年甲子攻克常州府。常州以咸豐十年四月初六日未刻失守。越四年同日克之。

併時刻亦符也。以東兵助剿之會防局。自蘇撫薛煥始。

恨廬附錄 廣菴海外文編書崑明何帥失滬蘇常事

兵部尚書總督兩江崑明何桂清字根雲。家世微甚。弱冠入翰林。循資八遷

而至侍郎。督學江蘇。值粵寇倡擾江南北。頗屬幕客州縣陳兵事。糾劾疆

史之退縮僨事者持論多偏之　文宗奇其才氣設官於江西撫年未四十也擢
浙數年通判徐徵懲其同官王有齡之賄遊道員訐告巡撫與蔣石公何帥
東陳頓未請楮元澂　天子責之引疾歸殊已前途矣適兩江總督　上詢
軍機大臣此官以籌餉為命脈孰能勝任者大學士彭蘊章集稱何桂清在
浙江餉徽州全軍數萬人未嘗闕也　上韙其言擢兩江總督彭相故與何
帥同年進士何帥頗譏之彭相亦傾心推轂以謂東吳濟變英傑者備也
何帥隨為蕭王右數籌餉轄皖撫江蘇布政使由是總督藩司呼吸一
氣撫巡撫徵餉發吏之稱有數合豈發餉巡撫趙德轍不能安之移疾去
未幾都辦軍務提督張忠武國樑攻克鎮江何帥以籌餉功加太子少保賊是
十年春正月張公提統諸軍攻克九洑洲何帥又以籌餉功加太子太保當是時何
帥循取奢侈慷慨談兵訐謨驕淡聲譽翔洽與湖北巡撫胡文忠公林翼相
上下天下稱何胡兩宮保云張公既克九洑洲進克上關下關遂與　鮑參大臣

江寧將軍忠壯公和春濬濠築壘為長圍以困金陵賊渠洪秀全告急於
江北皖南諸賊首陳玉成李世賢楊輔清李秀成秀成慓悍不如諸賊[illegible][illegible]起
頗狡黠能揣官軍之勢與其黨謀曰官軍精銳盡萃金陵其餉源在蘇
杭今金陵雖為長濠已抵官軍四圍名將張國樑又復以重兵攻之難得志
不如輕兵從間道直擣杭州杭州危蘇州亦必震動金陵大營懼我絕其餉源
必分師奔命以援之我瞷大營虛弱還軍急擊蹋破大營則蘇杭皆我有也
乃自率悍賊千餘襲破涇縣防軍遂陷旌德正月戊戌進陷廣德攻陷四安
防營總兵李定太跳遁賊由安吉武康直犯杭州諸路同時告警　上命
和春兼辦浙江軍務提督張玉良總統援浙諸軍分大營兵勇五之二以畀之玉
良過蘇州布政使王有齡留之二日俾閱城垣壬戌賊陷杭州將軍瑞昌等退保
子城二月丁卯玉良兵至杭州與瑞昌內外夾擊賊黨察之不耐戰遂宵遁官軍
追復臨安孝豐安吉等城何帥奏稱玉良及有齡協計攻復杭州　上擢有齡巡

恨力議切恨之惆悵也　見蘊武詩

撫浙江。乙卯，和帥遣張兵総，天青曾秉忠率水陸軍攻復長興，賊詞出大營為兵僉事由浙境風馳而西，陳李楊銜爲撲全部先後陷廣德，大會於東壩，乙酉(改)建平及東壩。皆隔之，進陷溧陽，圍金壇。先是皆清大營兵勇七八萬人，月支餉銀五十萬，兩皆取辦於蘇松常太及浙江之杭嘉湖寧紹諸郡，兩江總督駐常州，專主餉事。東南用兵之始，拮据八年之久，及和、張帥益募壯勇，增兵長圍，需餉有加。浙江告警，大營各兵馳救，驟加行費，浙江自顧不遑，餉亦不繼，糧臺收款驟絀，月短二三十萬金。何帥馳書告和、張二帥，請自後閱四十五日發一月餉。是時頓兵日久，將卒離習戰事，寬心賭博，酗酒狎妓，酣嬉無度，月支之餉尚不足用，及聞減餉，書則恨恨。凡有失翼長提督王浚者，和帥所倚恃，把持軍政，藉勢侵剋，衆情慕憤，互相傳播。賊乃來攻，大軍望而走，戰任大帥與翼長自為之。賊於圍大營詭為將犯蘇常者，以縻官軍，遣別隊由溧陽過宜興，進躝武進之夏溪、湟里埠，烽火去常州四十里。王有齡乞杭州，己丑如常州議兵餉事，何帥集眾會籌軍

睽睽音圭見韓愈鄂州溪堂詩

杭華山館

務庚寅有旨調赴蘇之威武軍一千人（撥）去辛卯副將周天受由浙江率數營至大營

新募潮勇數千亦至自浙江和帥先後調防守揚州之總兵馬德昭及援浙之參將曾

帶隊各以兵三千往援金壇何帥撤之德昭等援常州遣天受及潮勇往金壇救援

退出武進累書趣金壇閏三月丁酉攻陷句容自是大營後路絕矣戊戌張玉良全

軍至常州中途疊接何帥檄調援大營及抵常州和帥連飛函之令箭調之何帥

回援不至我軍守常州即留不遣和帥復調馬德昭往援亦不許己亥岑帶營

軍自宜興至庚子總王喜一軍自廣德至前後到郡兵勇二萬數千人王有齡

宦浙江何帥為失左右手有欲由驛日發一本為何帥規盜甚備城可離常州一步

且當艱難之秋眾目睽睽大帥為進退一搖足則眾心瓦解事不可為矣有數萬洶

見何帥檄結以針砭之也是時常州無餉何帥忍辛振捷其使常鎮軍情凡常州克

興鎮江丹陽金壇為路五共需兵若干統隸張玉良節制自任力保蘇常縣氣

甚壯何帥意在擁眾自衛蓋已置金陵大營於度外矣辛丑羣賊直逼金陵城外

進晌大營大半多空壘群賊環攻橫突死傷不退副帥張公激勵將士搏戰七晝夜

賊來益衆餉又不繼外無援應諸軍疲戰兵多爲駐常州九灘亦不至戊申甚雨雷

雷以風大營存卒餓寡出人多僵凍奔逃日謀于王浚帳下索餉不得則肆掠通衢將吏不敢詰

也丙夜譁營火起王浚部下先潰和春部下從之全軍遂潰和帥及幫辦軍務光祿寺卿

許乃釗翼長王浚等狼狽走鎮江盡棄餉銀錙帳軍械無算張公部家書未寄閣大帥

已退張公南望嘆曰八年心力墮於一旦潰散自裁部將若止之明日乃偕其師後退至

鎮江賊不敢逼何帥巡和張勸也亟改之慰勞請移守丹陽和帥先至丹陽遣

捷天喜進營白塘張公招集潰衆越二日統一萬三千人援丹陽俾振兵馮子材以

萬二千人守鎮江張玉良由常州率西南五里紮于西北據二十營何帥棄梅丹

陽以上軍務和春張國樑主之常州軍務匡與張玉良主之俟部署稍定進

圖溧陽寶應兵言也何帥趣和張進援金壇戰時之後士氣不振未及休養

賊已由金壇之薛村繞出丹陽南路馬德昭迎戰於奔牛賊竄呂城隔絕

康華山官

常州丹陽大道然天兵軍潰於白塊自盱癸亥李秀成率賊十萬至丹陽憚

張公威名未敢輕進步步爲營以逼城下張公開南門出戰秀成范兒徽志

人馬得易既潰復集之軍因連日宗錫帳軍械於常州不能得後大潰賊據

兵來勁張公揮親軍奮馳鏖之潰卒塞途蔽隔不得前賊涸入潰卒中

狙擊張公劍亡猶手刃數賊躍馬入尹公橋下死之明日和張二帥以十二騎奔

常州何帥自丹陽出守大營總理糧台前按察使查文經爲何帥意挈諸道

薛煥王朝綸英樸聯銜會請退保蘇州何帥得薛疏喜即據疏言和春已

至常州軍務仍歸轄蘇臣即駐蘇州籌餉接濟紳民耆老數百人即夕執

香花轅門號請爲常主經諭之不能執挽之士出挾之猶不退何帥怒遂令開

洋槍飛擊死者十人先是何帥密遣親軍護送其父及妾至通州特張榜

禁遷徙並派兵嚴查諸門紳民曰彼置妻孥死地自示不走意無非便其獨之

之私毋寧留之俾與死守圍死守四月乙丑朔紳民陰相聚遮留部勒洶洶何

師懷徽服由閶門脱走，步行出東門上馬逕，知府平翰在城外巡徼，知其逃也，
平洋槍擬翰以嚇之，翰退避，乃與馬絶塵而去。後其侍十四人檥舟運河之麋
避。寧親兵五百赴蘇州，委文經以護運餉糧為辭，先一日登舟。吾城中文武皆奔
散，惟通判諸穆歡布不從，悉城中諸軍閑從勞苦，宵燈焦灼，危疲火毀殺
為賊前導，惟張玉良尚在城外，為守禦計，先燒城外民居，軍士因肆掠，
丹陽潰兵從之，賊遂踵至。丁卯，玉良赴西路與賊接戰，賊分隊由閶門來襲城，
守葑兵亦賊。玉良率餘兵退營無錫之高橋。城外民居被焚者既無可居，皆
入城助守，糧盡，為存銀七十兩購米豆薪油雜貨稱是。紳士中一舉人一醫
士倡議擁通判為城主，昔守數日。庚午，常州陷，通判及二紳死之，紳民遭屠
戮其尤衆，以何帥禁遷徙故也。何帥已離蘇州，巡撫徐莊愍公有壬納不之從，
從其毋許一人入城，遂劾何帥棄城走，以師營親兵在道搶掠狀奏，　旨革
職拏解來京訊鞫。何帥從於許墅關，和帥亦由常州奔至，同殺何帥走常熟。

東塘山官

紳民遁竄，隨語常熟小邑不守矣。炬姑府親往請兵，稅駕呂宅，何帥告以
親兵五百，紳民踴躍，願餉兩載，儀二百兩，約無遲誤，議舟三日，當言當借洋兵
逼之上海。甲戌，張玉良傑殘哥橋，會合宜興守將劉季三退來之兵苦戰
一晝夜，兵始後撤，賊由間道繞出龍山之西，蘇垣無錫，玉良前後受敵，收
救不及，退至蘇州。蘇州兵餉諸被何帥撤入常州，積有爲存，若干有數，又挾以趨杭
往，公以撫標兵不可用，俾玉良入城照守，潰兵復爲內應，丁丑蘇州陷，徐公死之
遠颺，劾何帥誤國殃民。玉良奔杭州，何帥奔常熟，知無法遣兵勇，殺於太倉，擬
劾非臣書生所能及，文持得　旨。平時籌設縱經，一旦決裂，不知謝罪，猶以書
生自居，可嘆可恨。殊有愧書生二字。何帥前任兩江也，軍機大臣長洲彭相
力薦之，至陵大營既陷，　上慮蘇常可危，彭相輒奏云何桂清往常州籌
畫精詳，又有張國樑、張玉良驍健絕倫之將，文武協守，戰守有餘，寇果能
爲不數日警報，抑亦則蘇常相繼陷矣。　上詰彭相之不識，且無知人之鑒

彼鄭相軍機大臣為自陳患病請致仕訴之時既授蘇常不覚長驅姑月

間連陷太倉松江嘉興諸州郡及杭湖蘇鎮江上海南匯孫然臧中越一

年浙江全境遂淪於賊矣夫粵賊長技在批亢搗巇多方誤我善用之若蒙

厚集兵力攻所必救稍遣偏師鈔截我與彼則爲相角逐積久則彼勢絀

狡謀自敗矣且兵家之患莫患乎為人所致彼吞棄則我分兵以策應彼擊西

則我東出以兵驚銳氣耗竭根本空虛倉卒之間為寇所撓乘向和二帥圍攻

金陵賊皆坐此以攻潰退於當和張二帥徵兵之時使何帥不撓其機亟令張玉

良馬徒昭等統戰之師倍道兼行併力犄角相機進剿遙張聲援廣庭綸

械源之接濟則勦寇可期大營可全蘇常亦可保也乃無如則善略紛紜

為己張皇失措一聞賊至心膽俱破朋黨大營萬分危急移為動軍置之無

用之地其諸何必李已老營驕孫擁絕糧將精卒併命同狗悍夫驕兵要機

鼓譟大軍既潰常州遂危輒復舉而偕逃不能為一日之守甚至被寇之動

東塗　十官

旅轉瞬變化為滇黔粵豫兩臨之勢其去何異流一瀉千里遂令東南數
令財賦奧區不獲完善完且五年荼毒生靈全局震撼誰之咎也君子於此
平情衡量謂何桂清之罪浮於陸建瀛多矣至若縛紳民以抗官殘父老以拒挈留
斯又陸建瀛所不屑為者豈容曲宥積大奸共棄無地措身為天下保非也誰何桂清北
躬為網免支執得不辭諱
仍僉附系屬籌海外文編書兩江總督何桂清之獄
總督何桂清棄常州也巡撫徐有壬嚴劾之　上命褫職逮問乃由常
路蘇上海後以激困繞隨由惡謀浮蘇州為名延延兩年竟不就逮江蘇
巡撫薛煥浙江巡撫王有齡皆桂清舊時屬吏夙所薦達者也極力庇桂清
合疏集請暈玩餘用保奮後效以贖前罪　詔不許薛煥集請募兵軍
營將士請桂清馳往措剿俟克復蘇州再赴京伏罪亦不許言路論劾不
已給事中郭祥瑞御史卞寶第取疏尤剴擊明切海內交口傳誦同治元年

杭□山館

夏四月逮入刑部獄。是時薛常州民嫉桂清尤甚，抗疏秋審處刑部直隸司
郎中余光倬，常州人也，奏因主議引封疆大吏失守城池斬監候秋後處決律，
請桂清擊殺投民，兩江父老大人無以審理，罪當加重，擬斬立決。奏書既上，
詔大學士六部九卿翰詹科道會議。議之時，見刑部讞，論者以何桂清曾任
一品大員，用刑宜慎，如有疑義，不妨各陳所見。於是上疏申救桂清者十七人，大
學士銜禮部尚書祁寯藻為之首，疏引仁宗睿皇帝諭旨，刑部議獄
不得有加重字樣為請，不知此特就承平時尋常罪名言之，若身為大帥，失
陷封疆，千條里則不當援此為例也。又有工部尚書萬青藜、通政使王拯、順
天府尹石贊清、府丞林壽圖、九卿彭祖賢、侃述給事中唐壬森、御史高延祜、
陳廷經、許其光、李培祜等，或一人自為一疏，或數人合具一疏，其主人則余忘之矣。
王拯、林壽圖之疏最悛橫無理，祁公之疏尤令人不解。於是御史卞寶第疏糾
之，大旨謂道光年間余步雲（姚瑩）、咸豐年間以接青麐，皆以失陷封疆伏法。彼時祁

[illegible]山館

密陳爲軍機大臣不問有言何獨於何桂清護惜若此問者頗以爲怯當廷
時天下多畏犯賢足真不謂桂清死有餘辜即十七人於廷會議初無異言自
朝廷下慎刑之論輒爲乘間翻案於都中與論皆謂與桂清頗有深交者也不
敢爲人主於下中無其非之掌者也不知自謂與桂清同隸遠籍籌守方隅之
見者中獨祁公與王拯不楚清以文章操守推負時望乃亦蔽於阿黨之私力戰公論則
君子不能無二惜焉適會李文清公棠階以耆舊甚用爲太常卿嘗疏言刑賞大政不可
爲擾倒之議所撓今北平賊而先庇此帥何以作中興將帥士之氣於是 上意始決
李公亦遂由侍郎入政府未采隱於爲中外所歸仰矣桂清對簿自辯所以匿亡蘇
州者從江蘇司道之請移保錫滬要地也因紛薛煥等四人寫疏爲左證 廷旨下嘗
文正公查覆文正疏言藩帝失陷奏定存司道請移之牟無容深究疆吏以城守爲
大節不宜以僚屬一言爲進止大臣黨庇爲罪狀不必以公牟有無爲權衡而貴州學政
生勞庭昌伏 闕上書言頗論及桂清遂以長吏棄市余光倬爲桂清黨所擬於撫似

棄劾之撤銷花名御史京察一等竟廢不復用

恆菴樹棠寓龕文海書桐城程忠烈公遺事

公幼不羈讀書亦不成壯乃倜儻有大志粵賊陷桐城聞其名脅和不得乃執其父以招之且紿以家書曰出降不爾令汝可見我一出向賊之致得書以歸因曰大丈夫乃了也公乃出詣賊而父得釋偽英王陳玉成奇愛之稍任以兵為偽侍衛偽將葉芸來倚如左右手葉以安慶為武昌右戶重兵數仍留公圍安慶也陳玉成自江南大營來援公為我軍誤所得然因與葉芸來分其悍黨援公俾出往城外為犄角公私附國軍數年迄未得間今其時矣遂以其黨降官軍曰夜呼賊黨出降賊窘且憤縛公妻子於城上公率降眾導官軍晝夜環攻未幾而城拔賊眾殲焉曾文正公自神門來不進謂文正奇之使以千人而未大用也會大學士肅毅伯合肥李公以道員率所部援上海乃命公屬李公東下李公亦從江蘇僅有上海彈丸地賊併黨數十萬來攻李公督諸軍大創之又大創之凡三戰悍賊而公之功為最多賊自是不敢窺上海公領偏

時進克前敵十數李公察公等可將去一面檄令隨務宗家已七八千人使降將戴從以書投
軍三千人與俱進逼蘇州公擬先招克力爭要害積衛續務攻賊壘偽忠王李秀成自金
陵間難赴援救果戰皆敗當其時李公遣諜招用事偽慕王譚錫以詐常州之援秀成以詐
慕錫遂不通別蘇城危乃大會洪前與我軍戰公偽慌上表其家于蘇復迎入蘇城拒
守道李公由滬上蘇營率破蘇門外石壘長城燬賊營略於公與程李會于黃埭滸墅關
洪隨水陸軍三萬傳城賊家悉惧其時秀成之黨惟偽慕王譚紹洸所部皆精銳無賊
降政死仍偽納王郜雲官以下皆有貳志開內款國卹與雲官有舊雲官盡致款於四
魁各從於公公與國魁及戈登以單舸會雲官等於洋澄湖賊黨謀殺公雲官若
止之公與雲官等約為兄弟俾斬秀成紹洸以獻洪前不忍於秀成請圖紹洸公
與洪前指天誓曰自今以往富貴相保違悃不長必死於鐵洪前以指天誓曰自今以
往反正輸誠有渝此盟必死於兵舉軍無歸其軍既而秀成疑雲官等戰不力覺
有異自度力不能制雲上將官軍攻常復急秀成迴救赴援乃以守城屬紹洸執

手注別曰好為之老錢相見並平死竟反出學賄乘舟宵走官軍以西洋炸礮攻
城賊益不支越三日紹洸召西官等赴其殿廷西官使其僕兵相救紹洸遂援紹洸
偽寧王開齊門迎降公令程學啟以二營入城時同治二年十月丁卯也明日賊獻紹
洸首公親入城撫視賊壯猶近十萬降酋列名共八人曰偽納王郜雲官偽比王伍貴
文偽康王汪安鈞偽寧王周文佳偽天將范起發張大洲汪懷武汪有為方歃血
其死生之誓於李公求撥兵副將等官以其眾為二十營仍占閶門胥門盤門
齊門西官程生羅髮公欲允許恐有異志許之西官曰李公請誅之李公謂殺降
不祥況吾與常州賊党同之堅守不下公圍第之恐賊家殺我兵十倍於我眾
之無年即令其城拒守我軍攻之非數年不下徒多殺士卒與曾從之民無所倚
八人要全數百萬生靈之命不必再手人貴息謹其自當之公不從其之請公自為之
其不敢與聞軍事矣李公曰既如此任汝為之毋使我為公為復入城與西官等要
約以來公俯首許所請約令出城行參謁禮明日日亭午李公縱公等西官等詣營

誅李公李謂公子軍守寨門且令還營遮其歸路李公見八人者皆帶甲衛鬥
從者寡於外素八人者設宴帳中称有公子遂歸大營備而擊之群營門閉寨門
軍心皆服焉乃八人者相視色為四顧從者皆不出為我出不得息自大呼殺賊者
斬率麾下降人挺身直入八人者皆驚止之曰願見揮軍惟命是聽卒遂前斬之
八十餘瞬死皆曰是曰乃為從其所棄公自寨門馳入而官佐自以而官令名賊首級
縣者數百人皆誅之俾賊衆盡從軍籍賊衆皆服伏聽命明日李公悉部下諸
傳令止誅其餘籍其老弱及丁壯者願歸農者資遣歸鄉里餘賊者編入營伍得
其貲財積粟以贍軍蘇城大定李公由是遣軍分道攻拔常州者兵以威上下
將之賊賊首多力分而杭州金陵相繼恢復諸其謂不克蘇州則金陵杭州不能
遂攻之公設計招降則蘇城不下下蘇城而舉首不誅則後為者要而誰無患
不能免從出征選擢堅城也友好為而退皆之共為諸而不正告以服衆爾之心
其所忘矣欲當其禍而誘之者公有謂不有是能以御功在其師之舉之大命勒旌

生民蒙福公之所以功亡伟而生李之快亦於是乎見矣公之進薄(?)实兴也次(?)日津(?)樯
魔众登城兵伤亡众城上發礮炸覺公左腦暈絕昇归營將士奮攻〇城遂
殲賊众亦以殺亡歸葬　澄(?)詢公傷狀黄貴剛竜李公旦夕往問候及归出視
歸公指為李公激軍激(?)流你(?)挑剔創瘢合两股骨为梗腳言不可故去公自拔之
血涌不止傷勝及喉言不能食飲遂以同治三年冬(?)唐(?)戌平归李之數日口中吟呼
皆前賊淳前焉時吾拳作枉閧狀忽瞑目曰汝等敢從我乎或曰公平日念之所恃
疾革神醫以亡此而后(?)於財敢軍紀律嚴而過秉(?)如目不忘先書而行軍據覓地
圖指揮不爽銖寸或以為思歸矣於覺其誤立起自責往所不敢得人死力每遇
敵登高望之即知其強弱堅瑕偽正令隨宜應之順機策變越敵速疾無算
一溢必勝賊據時絕糧道敵中窮蹙其歸路天援也於是登而典公為民而交無
我亦皆及誅淳前戈癸四公卒不相見閱其年乃吳之乞於李公以公財戕時之長
旗撫師國必念其為遠人推服且此

安廬殄滅 咸丰十一年辛酉

自楊韦相殘之後，甚肆擾於大江南北者，二賊也：於秀成竄踞杭州之日，正玉成踞皖省之時。先是鄂撫胡林翼建議上游剿賊，而玉成力爭之，遂與捻合，庚申十二月糾捻由江浦、廬州竄遠，上犯楚北，蓋鄂撫四路進兵，太湖圍賊，方集故也。時玉成率衆數十萬圍多隆阿、鮑超營，聲息不通，鄂撫諭道員金國琛以六千人解英山、霍山之天堂，楊出肩士豐遏直巢壘，衆賊惊而陳賊閣見之，氣奪，適合擊，大破之。鄂以四路用兵，曾國荃統領水陸諸軍，深濠固壘，圍安慶。玉成糾捻入蘄水、黟，僞官軍旗幟，陷黃州府，分陷蘄州，擾麻城，上犯武昌，復陷德安、隨州，為悍賊死守。自率悍黨由蘄黃竄宿松，圖窺荊襄，冀以擾安慶也。既皆不得逞，乃自糾太湖石牌及近鄉糧運入，以遂宄葉芸來、張朝爵同守。告急，全陵，洪仁達遣秀成部吳定彩、黃金爱、朱金隆助之，復遣林紹璋、楊輔清、黃文金、吳汝孝偕玉成守集賢關。玉成令其部劉瑲林、李四福守，自與黃金爱廣集匪黨由太湖之黃泥港、小池驛竄至清河、三橋鋪、高橋嶺，欲結桐城之衆包裹

安廬殄滅

九

東華山官

官兵從以猶豫遂圍，副都統多隆阿伏兵擊敗之，以集賢關已為提督鮑超所
破，賊猶豫玉成與其黨金發四散不及，由石牌而上，趣宿松、黄梅，賊同至野雞
河，於是湖北諸要蕩一第。按集醜類以為賊首不從，乘夜由安慶出，廬城楊輔
清等亦退據於安，要發糧絕，葉芸來等俱死，官軍躍入，凡在城內賊不漏一人，時辛酉
八月朔日也。林翼以首謀功加太子太保。是月二十二日，薨於軍。進克池州府，繼克桐城、
宿松、黄梅、蘄州、廣濟各州縣。壬戌，自楚旋以及皖南北郡縣，以次告復。四月初十日，剿
湖北軍多隆阿破廬州，玉成竄壽州，苗沛霖擒獻，磔之。
王之道人曰：安慶為金陵屏障，上臨鄂中。胡文忠公始復武昌，即規取九江，九江既
復，即規取安慶。自三河敗衄，公墨絰從戎，明年自黄州進營上巴河，仿部伍，諸公
筭曾公左宗棠開中，南贛犯湖南出沘子口，其以中途已而定四路進兵策，曾侍郎循江
而下為第一路，多都統與鮑提督攻取潛山、太湖為第二路，公出英山、霍山為第三路，
李觀察續宜由松子關出商城、固始為第四路，會和州、滁州，蘇常不守，曾侍郎援

兩江總督，撫皖撫浙皆復。沈祁門淫畔徽寧為規復蘇常之本，寧郡進兵之命，文
宗示公，未嘗一日忘李謀也。彼之成以為受為寄，誠之不遑，訣及由皖由豫閩鄂腹
地。如各城陷甚十餘，公屹不為動。自英山移營太湖，較近鄂界，賊本以大饗圍攻玉成
伏誅。公不及見，而大軍建瓴東下，掃穴犁庭，蓋操券於十年以前矣。

恃庵附系廣饔續編書陳玉成苗沛霖二賊伏誅事

粵賊據金陵，歷十二年，自楊秀清死，賊所恃以力抗官軍者，惟陳玉成
李秀成最強。玉成黠猾與秀成頡頏，而鷙勇慓銳則過之，海內稱為四眼狗者也。
嘗攻李忠武公續賓於三河鎮，覆其軍。與張忠武公國樑相持江上，皆有勝負。大
敗德興阿、勝保二帥之師，縱橫死守，所陷城殺將為最多。胡文忠公在上游，嘗[5]與曾文正
公協謀以安慶玉成分地，其父母妻子皆在焉，進攻安慶以致玉成，玉成果來，從西
上。其時大帥則曾、胡二公，左文襄公與今相李公皆在幕府，合多隆阿忠勇公
鮑武襄諸將之力，昔我累月而不利，後乃大創之。玉成反旆而東，攻陷金陵大營

安廬珍藏

十八

東華山官

張忠武公死之，蘄黃諸郡皆陷於賊。道員今威毅伯曾公以兵萬人急圍安慶，
多公率萬人圍桐城，禦援賊。李勇毅公續宜以萬人駐青草塥，為兩軍援。
公以西軍萬人為游軍，東西馳剿。水師將楊公岳斌扼駐濱江要隘，并助守圍
軍內外長濠，集厚力。張遂謀以待救。玉成自江南掃境而西，與多公、李公屢戰
於掛車河，大敗，進薄圍軍不克。玉成私念湖北、江西，楚軍根本，衝其腹心，必撤
圍自救，乃從英霍間道入犯湖北，連陷黃州、德安、隨州，武漢、襄樊皆大震。旋悍黨
李世賢、黃文金各挾其全部竄徽、饒、信三府，李秀成糾賊十餘萬圍撫州，攻建昌，
進陷吉安、瑞州，以通南昌、九江，皆援安慶也。曾公、胡公分遣諸軍，且防且戰，竟不
撤圍軍。玉成乃分黨踞所陷城，自率悍賊東援安慶。多公迎擊於練潭，於宿河，
鏖戰於掛車河，皆大敗之。玉成之黨入自集賢關，築壘菱湖、赤岡嶺，以圍我圍軍。曾
公憑壕拒戰，與鮑公軍夾擊，破賊四壘。賊將劉瑲林跳而遁，水師擒磔之。復
度外壕，環賊十八壘於圍內，俘斬無脫者。瑲林，玉成部將也，既失之，軍勢遂不振。

告急。金陵，金陵賊益衆。玉成復率楊輔清等三偽王分援安慶、桐城，盡庭
關。廣匪廣德，賊衆崩潰，其江西援賊則左文襄公以一軍特起。鮑公以全軍馳往連
興賊。遣大敗之於樂平，於景德鎮，於貴溪，於河口。群賊失勢東遁，官軍遂拔安
慶、桐城、潛江郡縣皆下。李公由青草塥回援湖北，並復麻城。玉成退入廬州，拒
守。同治元年夏四月，多公軍克廬州，玉成以皖鄂胥從數十人，奔苗沛霖於下蔡。
初，興同拒官軍，苗沛霖共以諸生為團練長，聚其衆以敵大帥。勝保招降之。從
持兩端，意匪由惠官於朝，不肯冠帶，使其下呼己為苗先生。攻逆撓前門子
於壽州，陷之，殺害旗人不附己者。有詔褫沛霖官，改使衛以北兵首逆，將進
兵討之。沛霖乃復取援於勝保，亦令通款玉成。玉成偽封為奉北王，累書招玉
成，謂鳳潁二府形勢可據，諸鄉寨練丁皆習戰守，足備徵調。玉成信之。既至
廬州，多公以勁騎躡之，後胥從敗散殆盡，惟所親兵三千人。沛霖出城迎玉成，
執之。勝保見其親兵皆百戰精銳，非李有之。乃給玉成，駐衆城外，僅以百餘人

東臯山官

入城。沛霖令兵防守諸門，多具酒食，令部卒引玉成從者入帳，甜欸而以槍從縲玉成。伏兵齊起，並擒之。遂械送勝保軍中。勝保勸降之，不屈，因述勝保敗狀以為誚。檻送京師，行至延津，有詔磔死。玉成既死，其兵三千皆降於沛霖。為跋扈加。沛霖以功益橫。明年，科爾沁親王追剿捻酋張落行於潁州。沛霖引兵擒其後，設伏守隘，而潛行就殲，自謂速立大功。詹事上奏，頗以前咎劾罷。三年，未復職，鞅鞅不平。進攻壽州、懷遠，斷臨淮大營饋運。南畏楚軍之威，北趨中原。接合群捻，而蒙城扼其衝。乃先悉眾攻圍之，連營百餘里，勢張甚。將軍富明阿、總兵王萬青、詹啟綸等引軍赴援，皆堅壁不敢戰。俄而科爾沁親王督大軍南下，以總兵陳國瑞為先鋒。王之誅張落行也，獲蘇積寇多人，遂檄淮南之寇。其餘咸聞王將至，則已心膽俱碎。嘗私語曰：「苗先生留我於死也。」陳國瑞以數千人先至，連日夜攻擊，破沛霖數壘。沛霖之黨，皆夜驚曰：「王爺率數十萬大軍至矣。今其先鋒軍威尚如此，況王爺親至，我輩其能免乎？」親兵三千人相與謀曰我輩故英王舊部也苗先生諱其詐匿誘殺我英王復以威劫我使為之用是苗先生乃吾仇也我輩何苦為之盡力今日就死地孰與報讎雪恥以逃責而待死乎一夕沛霖登營墻有所指揮親兵二人拖以赴之外握矛者之從鄒詹啟綸啟綸不作拒之遂以報王萬春萬春往驗得信到其首迎獻於王淮南北練營聞沛霖死鼓而里湖皆啟城寨降王奏王萬春之功邀賞黃馬褂萬春甚二親兵之分其功也殲之以滅口焉在高郵暑病中人語二親兵為祟也

東臯山官

杭州再陷 咸豐十一年辛酉

辛酉天盈虛見，夏五月二十六日夜出彗星，在北斗尾，以漸而移，夜半光已數十丈，直射東南，歷兩月而沒。或曰長星主兵革，或曰主師有變，或曰天妻星。余謂此除舊布新象也。是秋李逆秀成自江西入浙，首陷蘭溪，次陷金華、湯溪、嚴州，與逆党李世賢等分遣世賢攻溫處，自與陳順德及童容海陷紹興、諸暨、蕭山等郡邑，九月由富陽陷餘杭、塘棲，嶺鋪至杭州之北，指揮。時陳葉坤據嚴州，李尚揚據龍游，周連得世賢部據湯溪，黃文金攻湖州，世賢自金華陷溫台，更遣其部黃呈忠、范汝清往攻寧波，陷海門、鎮海知，將走。李秀廣德寧等，知皆少賊，首上擾高淳、東壩、溧陽、常州、蘇州、嘉興，下擾海鹽、海寧，杭州孤立無援。二十五日，賊前踞西湖墅，居民折西橋，賊踞不出，守卡官軍誤為賊退，清晨賊大隊擁至，西湖無橋，官軍潰退，賊豎百尺竿於寶石山顛，高入雲際，上挂白旗三，夜則然燈。其往來南北二山者皆五色衣旗，燦爛鮮明。杭州十門盡閉，江干既絶，此後有土匪乘機肆劫，髮投江死者甚多也。是時廉訪使林福

杭州再陷　十二

祥，以定武軍守樵木營，提督饒廷選以捍勇駐海湖寺，總兵五瑞以長右一軍駐昭慶寺，城中則都統傑純、布政使麟趾以親軍及四十九團紳士日夜分巡城上營房六百所，巡撫王有齡登陴拮据，入夜四圍燈光燭天，礮聲柝聲絡繹不絕，賊以此不敢偪。初，賊由雲居寺一帶將竄往錢塘、清波二門，傑都統以水勇擊退，賊被礮傷者不鮮。中背後、清波，水勇仍復擊回。其由武林門環偪艮山門北沂，并燒撤沿城房屋，以杜賊蹤，人心振懾。十月初二日，賊攻饅頭山，參將王振升營，參將楊金榜擊之，福祥不出，金榜力戰死，撫標潰歸，樵木營一帶皆為賊踞。自此而糧道絕。撫轅撫標、威武二營為金榜撫標管帶兵潰半從賊，自此而兵勢多通賊。饅頭既失，饒軍門撥回捍勇城守，海湖寺亦歸於賊，長右一軍因之宵潰，有勢迎昭慶寺，又為賊踞矣。自此城外兵勇盡為賊所離，城二十里險要皆棄不守，坐令賊踞鳳凰山，高築土城，與饅頭、樵木營、海湖寺、淨慈寺相接，或高瞰城中，或直偪城下，事大棘矣。初六日，提督張玉良自上游來援，開仗賊

大敗，中外軍威於以一振。遣副將況文榜入城，請速施移兵出擊，廝殺以通餉道

或沮之。俟明日李蓮施築木城於是，內外餉道又絕，而十門城濠賊亦編築土壘

城。十八日五更，自江口踏濠攻木柵，殿於身先士卒，中礮，九日殂。於是全城氣沮

外援皆絕，圍城中皆捐糧捐業捐屋捐瓦捐樓捐地捐桂，百無一有。紳士請戰，饒軍

門堅拒之。是時關傳李鄉右宗棠權浙藩，統領平江水陸全軍李元度

擁兵衣鹹麟趾橋，諸通衢以安人心，皆不至。十月初十日，賊以黃袱裹偽示

送城上，詞語狂悖，有欲謟諛守禦，倖庫務悍不敢萌異志，復諸將戰益急，誅

將不出方疆，勇搜民間米，刮人衣飾，福祥如有欲棄城走，吡之。都轉胡墉、但海

芝運糧至衢，圍不得入。十三日，望城之痛哭去。二十六日卯時，外城陷，文武官悉北

伏，樸遊北逃，往北邊頑鈍北濠，而有數自經於署。賊十門齊進，人肆焚掠。十

二月初一日，內城破，傳統於延數門，接戰陣亡，將軍瑞昌死之。同治元年一月，福

祥等伏法。

杭州再陷　十二　東萊山官

杭芝山倉

咄咄道人曰：自蘇常淪陷，安徽、湖北、江西三省匪蹤閩風復起，而鄉勇死，李逆為戎

游其宗師善之，於爭上流，始扼於魚，繼扼於湖，終扼於衛。（八月李逆走太平蕪湖而進上石埭、旌德、黟縣，敗於魚軍，改道若嶺走徽州，過屯溪，陷婺源，寧國常山。其明年辛酉正月，由常玉山廣信河口圍建昌，攻二十餘日不下，寧國撫州走宜黃，提衛於鎮，新淦一羊廟，何水澗逆陷，何禮李多屯瑞州，進擾湖北，於蒙寧、武寧、興國、大冶、武昌、江夏、通山、通城、嘉魚、蒲圻土匪得三十萬人。六月撫捕鮑由池州駐瑞州，湖北巡撫胡出駐金牛宝盆，李逆）不得已而入（退扼於江防咎大營，劉官方古魯員純文路由羊棧嶺、祁門駐於宏軍）

浙。其兔浙忽能逞，析旋之曰西安茂橘集掃穴之時，而湖南諸軍不以一旅赴援。於文

忠所謂軍事之定，必有所要乃能有所濟，必有所舍乃能有所全，斯語真集策

杭其慎，當路者於江路憶之乏之，其見以動兵極堅堵之，而使天下之論貴以從此天下之

大患也。惡凡於史以為此之，並遣以靈營六千人援浙江，且令其茂不誤，以上策也。或以奔

蕃援也，或請扎當援之，均能力剿悍賊之退，所可必既，以中策也。以蕭雷六千營赴

六千先沿援之，有勇氣略大局，難挽殘敗之勢，為不可也，此下策也。時杭城未陷，江蜻猶

以侍郎督師蒙廣中丞正月也，已前常松密失守，一則曰官兵速五千人調入杭城，

杭城不失，乃平吳之先着；杭城即失，而扼守衢嚴，造戰船以圖恢復，亦先務也。再則曰昨

夜沈明，不救吴楚，仍损武惠威名，不如併力一偏，并急脉缓受，大题小做，或恐不循偏

事，不怕无钱，只怕无人。未毋专驭，还相诿慎为也。三则曰此军须先指平江之地，以厚

吴越声势之中心，曹吴岂臣等为楚，而不出奥西房以人所转根，电为势，而割皖

南皖北，并刘江北，甚失机在推诿，不肯任事，福元修以皖之援，而割两岸以守浙江。

又刘淮北以争公论，定其日威百里，而军政日非也。吴楚之任，纵以快节诡遂为闭请

议先退，奏闽为偏，此三者，皆作于庚申秋冬间，时浙为棘手，而侍郎握江楚重柄，

浙江全有军务，竟坐视不救吴越之乱，文忠亦意却，惜未以远费也。至于杭州再陷，着为有三

失。金兰为浙东门户，严遂为浙西上游门户，其地团丁所缮，皆坚据，百倍于官兵，

而张胡诸军，多疑骄横，大吏不能节制，使兵民相鬨，贼乘而入，门户轻弃，此

一失也。兰谿民团宽为贼惮。辛酉秋李逆自河口窥浙，提督张玉良防剿兵至兰溪，以扰掠为民仇，遂已大开贼路。已兵与贼，而与民团械斗，兰溪已陷，金华遂陷，而杭州上游门户遂不守矣。

近郡如桐、绍、湖，濒贼锋四集，而漫縱财赋之区，根本之地，既不能明耻教战以守

边鄙，复不能使贪使诈，宠招集以为犄角，使内江派变，根本轻弃，此二失也。

杭州再陷

十三

浙自嘉興歸後餉需悉事藉寧紹接濟紹興在籍侍郎王履謙等紛紛捐輸不撥給上游者有撥
防兵絕拒不納紹郡團練自捐自辦伊之撫標各官兵均為所疑遂所募皆村民數百餘人自二十
四日賊至蕭山蕭山立破二十八日陸順德自蕭山以六十人入郡之履謙送郡守廖宗元及王中丞情也刻血書
自陳曰死不瞑目并王類雲阻撓大計也湖墅精人在上游既失申勉以湖州廖學在湖有保障
功為郡西良吏廖已議捐十三萬兩為糧金蘭之軍皆願雪恨之紹人亦念紳士甚久出兄紹人全謀以爲賊之
竭紳未以諱監蕭山前蕭山作人有為序廖力戰一乘船逃蕭山為虜出城殊屬有辦之故雲臨日此安世宜
也今為戮而廖已傷督不起矣八乘船逃至蕭山蕭山亦失遂以船渡賊之以六十人破郡城故雲臨府事傷知可矣
可為服務片死死之
時大嚇其數目不瞑　是時全省未留地僅湖州衢州二城耶猶在上下游又未園未知杭州在
賊掌握湖州時亦有執險一戰並拒其鋒南能自守乃賊遂之嗚呼胡莜初觀察元溥
請出師大吏言未決或撓之以遂寇賊守之計南人謂軍把守衢嚴力爭要隘預
蓄糧餉乃檄木營統行嚴州紳士請築甬道通江西又不能用此三失也三失也
從所錄憶服數十百寧之謝究狐親力守六十餘日拖節以死湖州可遂也亦云壯
矣胡服一瞑不顧其以　國家之責況以湖州撤兵未守城辯明後之古之用兵此
攻心不攻城言戰不言守守必由於戰也且夫四境破碎而守省城何為也無論
不可守即使可守而守土之道畢而於天下有倉卒之時則亦有倉卒之計言

在城而用之不在城用之在城亦有時用之在城其中必有法焉則孟子所謂天時不如地利地利不如人和置之死地而後生歸於得人心焉無甚衆志成城也死守一城吾決其城之不守矣

賊破湖州 同治元年壬戌

湖州受圍、自咸豐十年庚申二月始、時賊寇富陽、圍臨安、徑趨湖州、圍三月、江南援防
正圍解、賊由梅溪攻杭州陷之、旋復蘇常從陷、延及嘉興、湖防益急、未幾楊逢輔清
自宜興溧陽太湖來犯、治城大震、火光燭天、刀斗聲聞數十里、會記名道蕭翰慶自石埭
來援、轉戰賊後五百里、收至湖郡馬頭被害、所部散入鄉堡、樹犄角之、與賊鼓晝夜、賊
遁、圍始解、冬復至、南門之峴山、副將劉仁福北拔興塞也、自平湖濟通賊、率麾勇二千
自昌化來、偽為援兵、謀入城內應、偵得實、易治其款之、而止其兵城外、陰簡精卒出
令東竹筋於腰為識、圍而殲之、誅仁福於市、等生設而賊、賊奪氣遁、一年之中、賊
圍共三、明年辛酉、太湖之洞庭東西山失陷、全湖皆賊、有長興既不能守、而北路七十
二隊港時被擾、遂於大錢口添駐水勇、聯絡民兵、通餉道、大小數十戰、五月大股賊踞
菱湖鎮、七月平望賊竄南潯鎮、與石門賊兩路來犯、九月太湖賊犯夾浦、洞庭賊
犯大錢口、皆擊走之、近何杭州陷、時西路賊蟻集、作出錢口一綫路、十二月二十七日

賊破湖州

十五

[illegible]

杭堇山食

大雪三晝夜，冰厚數尺，如平地，礙船膠不能發。同治元年壬戌正月二日，賊乘夜犯大錢口，蟻聚之，自此內外隔絕，糧道不通矣。於時登陴堅守，以閱月之久，羣賊屢來湖防之捷，相戒勿近攻，而湖郡地低，掘隧三尺即見水，鑿穀之技無所施，又四面環大河，賊樹衛柵，無所用也。有千總熊兆麟者，於圍城中率領鄉勇搶米麥乘，迨無可搜括，開門延賊，城遂陷，時五月三日也。

嗟乎！道人曰：湖州趙忠節公以內閣中書在籍團練，血戰三年，解圍三次，擢福建糧儲道，方可之秩也。　迨寄偽令招降，並　上長憐公才，欲移其捍衛桑梓之力以圖閩疆，公遂泣誓死，並堅寄帛書出上海，報其妹婿鍾有豪，志成城守死善道，詒並公之志素定矣。迨城陷，譚逆擁至府，公冠帶見，曰：速殺我，毋殺軍民。譚曰：亦不殺汝。遂被執至蘇，優厚有加，不屈。李逆秀成、世賢遂有遺贖之意，以譚壽言侯歸譚為表，公比其擬不於倫，且曰：歸我之骨也，不如殺我，無之尤為郡已也。癸亥三月，賊自太倉竄歸，揚言公將發蘇，譚逆憤詰公，公曰：汝通官兵耶？曰：我本官與何讐。而汝欺獻蘇州耶。曰：蘇本大清土地，何謂獻耶。又曰：汝死期已知，則仰天笑曰：求之一年而不得者，今何幸耶。遂死之。嗚呼！自粵寇猖獗以來，海內死封疆死職死綏者，僕指不能畢數，公之死重獨烈矣。公長子清彥，年十二，寓湖南庠，大怒罵。聞湖州失守，大慟，先忠節一年服毒死。僕陸陸於石破執，自刎。蓋忠義之氣有以郁破之也。得孫麥枝匹傳碑，忽於七月內由賊中携至上海洋涇浜，蘇於李鴻章訪獲之，即於軍前正法梟示。天網恢恢，疏而不漏矣。伸國憲而快人心也。

賊破湖州

十六

東隼山官

賊破包村 同治元年壬戌

包村係諸曁名族，辛酉十月，諸曁紛紛陷，包村民包立身倡義集團練，賊逐賊，挈眷來依者不下十萬人，賊屢攻之，輒敗，甚為賊恥包村。未幾，寧波、杭州相繼不守。同治元年壬戌春三月，李逆世賢遂糾嚴州逆陳葉坤由富陽進攻，環數十里為營。立身以少擊眾，相持數月。先是，山陰在籍候選道田祥，家藕斧村，約舉人朱琥伏京生李向榮等起義，聯絡包村，共圖克復。出攻夾山、臨浦、山蔭橋水陸賊卡，剋之，進攻蕭山。維時紹興道陸順德方率萬餘人往會之，遂攻包村，聞報遂鼓回擾。祥以其眾伏石浦橋，其地負山瀕江，形如乙字，水轉峰回，相近不能相見。陸逆至，縱擊之，斃賊無算。陸逆以三百騎攀膝越嶺，遁入蕭山。祥乘勝圍攻，城幾下矣。而浙西逆黨麕集，眾寡不敵，以次退回。陸逆據抵進至石浦橋，見賊尸滿山西渠州土，大哭，遂率十十餘萬分東西北潮湧而來，大肆殺擄。祥率眷屬並母洪入包村，偕立身多設方略，又固守二月，前後大小四五十戰，殺賊十餘萬人。無如夏旱水涸，汲道糧運

十七

賊破包村

東華山官

俱為賊逼，圍村男婦舐糠飲血，誓以死守。七月朔，賊以隧破之。立身與妹美英率親軍潰圍出，至馬面山，賊追之圍數匝，麾戟。立身中礮殂，美英刃數人亦自刎。立身父建勳、母虞及家人俱死。祥某母洪氏産生祁并眷屬四十人，闔門自焚。祥弟祚，官江南。庚申蘇常陷，祚領舟勇隨官至世青，諭之曰：字必与城存與存，若臨難偷生，我鎮江無慈，而託詞翻殘，皆非吾子。母入吾門後，祚於是年十二月卸篆事，請假省親。劉包村破，劉手矢。包村之破，殉難官紳男女共一萬四千七十七人，薛振李鴻章入告。其包村犄角者，一曰平水山村，紳士五品銜何南昌，募勇四千，與賊持半載，賊環攻之，敗而益集，以此久不得潰。南昌被磔。平水隸會稽，郡治距包村二十里，扼賊之衝，實為包村門戶。平水破，賊遂築長圍斷汲道，以困包村。詳禮科給事中劉星輿請卹。其一曰古塘村，包村破，團長陳翔雲知難守，退踞戍功嶺，扼賊寨寧波路，旋戰歿。雲村山會增生朱之琳死之。翔雲潰圍脫。詳吏科給事中高延祜請卹摺。均得　旨褒獎議卹。

䵝音抗訓黃色疑有誤

咄々道人曰、賊之入紹興也今郡皆陷惟包村與平水古塘互相犄角而山陰歟樂村
即倚之為輔與賊抗也以彈丸之地為十萬餘人託命之區也誓死力守也屢出奇制勝俄辰
山穆論其語賊之無恆并力温台歸亦屯包村有以牽制之也嗟乎立身家世業農乃
逆骸滔天奮身倡義遂蔽一方雖援斷糧絕能使萬餘人鬭脰捐軀無一人肯少挫其
志今之包村古之田横島也有倡義之男子矣若洪母包姑巾幗英雄義形於色其在
易曰方以類聚其親於野益信時發物沈彩霞亦以健婦殺賊臨難皆貴志身殉名
與日月爭光亦何恨乎

賊破包村

十六

東山官

越嶲擒渠 同治二年癸亥

同治癸亥，石達開擒於越嶲。達開粤西之逆之尤也，原籍廣東和平，初住廣西貴縣，家富饒，幼時讀書，父母早世，周恤族黨，從逆後聚十餘萬起西，道光二十九年己酉，偽稱太平天國聖神電通軍主將、翼王。壬子夏，軼出湖南，竄益陽，得民舟數千，十二月遂以水賊陷武昌。踰月，提督向榮追至，未逞，苦戰大東門，輒敗。癸丑正月初二日，下竄金陵。既陷，遂擾江西。五月再陷安慶，踞之，陷桐城。丙辰秋，竄湖北洪山，時金陵賊自相殘殺，石達歸，韋昌輝復謀殺之，逸，以所部圍寧國，而妻子遂為所殺。洪逆殺昌輝以謝石達，復歸。既又與洪逆之仁發、仁達不相能，奔江西，連陷郡縣，圍南昌不下。丁巳擾福建，建寧不下，其衆殲於團。戊午，踞鉛山河口，聲稱欲取浙江。將軍福興退守廣信，擁兵不發。六月初四日，陷廣豐，總兵饒廷選擊之，退踞離城三十里之洋口，並趨上饒十五里之皂頭一帶。久之，竄衢州，陷龍游、金華，遂陷處州。後諸軍雲集，又竄福建，陷浦城，屠之，復陷順昌、建寧、崇安，退踞接連。統領平江水陸全軍李元度以書諭

越嶲擒渠　九　東廬山官

之降，不報。乙未，竄田粵邊，前後十旗、每旗數萬人，蔓二萬里，連陷棠、湯、蕤寧、湖南
沅、彭、空、蔡、劉、張元千二百人，馳往桂、湯防剿，寃為賊二萬餘人所包，死傷過半，賊
據郴、桂、永三郡之民以為賊，其民負而善闘，于竄寶慶、武岡，又擾祁、湯，而以大股盡
竄郃陽、新化、武岡、城步，分竄鹿陳、刑知，共陸續上寨，以扼永衡，進陷湖南大震。於是
時湘人好戰於外，壯士踐更，共踵相接，肩摩，即隨將之樓遠故里者亦不下數百人
於是巡撫駱秉章用左宗棠京堂策，召募壯士四萬人，節接胡林翼，復沐馬隊
水陸及步兵四營以助之，大戰於賀家坳，不逞，張黃蓋迎拒官軍陣，斬偽元帥胡
德孝、偽統戎陳飄江，其東路南路之賊亦大變狙創，合追出白倉，大臨橋生擒偽統
戎將軍十餘名，石達開退歸廣西，走桂林，陷義寧、遠攻，援平樂、思恩、河池、百色、鎮四城
府境。庚申夏，巡撫劉長佑復前布政使降補道蔣益澧，擊賊，盡肅嶺、平樂、昭平以
次肅清。復分途痛剿，思恩、河池、萬縣賊走，石達開風聞震恐，開南門遁，往武緣、知州
潯州、賓州、欽、諸匪黨攻圍潯州、林州及北流各州，由黔入川，未果，遂黨分竄湖南、竟陷

綏寧城步二縣、綏寧知縣吳熊典、子鑣、典史馬性、署城步知縣安和均死之。武岡州新寧縣亦被圍、官軍勦解、會趨東安、十月十六日城陷、知縣趙榮祺與子道棠、幕客閩琅、筆吏目閩炳熙、訓導蕭國順死之。辛酉春入黔、走石阡、攻畢節、提督田興恕擊之赤水河、敗遁出黔、北入蜀、走綦江、踞涪州羊角磧、陷黔江、踞施南之來鳳、扼於官軍不得出、壬戌自施南陷忠州之石砫廳、圍涪州、十有七月、林土擾重慶府涪之木洞村、走綦江、復入黔之畢節、而繞滇入蜀、竄敘宜賓屏山、助粵之撲江時滇匪李永和（即李短褡褡）閩從勇鄧福貴以次殲除、石逆孤立、合援退踞滇之東川、東川中隔金沙大江、西蜀川南甯遠、會理、於是出沒無常、大為邊害。明年春三月、踞越嶲廳松林之子打地、誘土千戶王應元、焚所千一寨、東環山圍之、遂破其營、全軍馱馬逆為標弁所得、其妻妾五人攜子自投於河、而石逆及其長子定忠遂為官軍擒矣、石逆時年三十三歲、定忠五歲、磔於市、領官軍者總兵唐友耕、雅州知府蔡步鍾也。友耕雲南人、川督駱頗拔之於滇匪中。是年冬石逆餘匪李推獻竄廣東

越嶲擒渠

二十

東華山館

連當山內之五營坑尾一帶，負嵎固守，福建按察使張進剿，皆賞軍兵勦之，追至連州鐵坑擒之。不逞之徒，鎮筸溜常德，復溜貴州，瓦於半壁山，鎮筸弟鳳鬪，甲寅再溜武昌，洪逆以不能守武漢，誅之。

此之道人曰：粵逆以楊秀清點於楊秀清而不逞，以故賊爭附之。藉興韋逆分頗獨檢，石鎮然不可勦。其陣法專使弱者挑戰，強者乘其後，是以戰輒勝。其始也，踞武昌，踞安慶，盡據扼南北之關鍵，以窺中原。既不得逞，翻於東下，忽為三窟之謀，又不得逞，乃出湖南，窺巴蜀，此其志豈在人下哉。李次青觀察方以韋昌輝三人視之，前踞據耳而志矣。胡文忠之論石賊如曰：達賊為之枝，犯常德、澧州、施南，以窺巴蜀之三四支，入辰州北河，分出永順，以窺酉陽、秀山而入涪州，則大江之險與大江之險失，則湖北必危，安慶扼之此，此異常之大患。處賊計不出此，於近一年內閩图不出自謀萊之年之渚，乃圖四川，十年二十年之間，鄂不得安，而閩中亦危矣。古今謀吳楚必爭上游，蓋取高屋建瓴之勢也。千里金陵一日可至。王濬樓船之始，造舟於蜀，是地勢之破樓

是也句影有脫誤

必先取巴蜀以出秦隴，賊之志在此，鄭之所慮亦獨此。爲扼湖南之右，承奇兵不能沮

道於前，而後綴尾追，是從賊入蜀也。文忠此論，可謂料敵如神。果使追之，天下擾攘，傾側

有修極矣。韋也敗於黔，敗於蜀，而又挫於湖南，北出官軍不敢輕出，施南來者則已繞渡入

蜀，擾於東南，此其類師流竄。文忠亦逆料之，故曾侍郎專論不輕追，近年好騎墻而爲可東

可西之計，利進鈍退，預自爲地，而亦習於剽悍，連三都，則疆吏之忌不能貫徹，觀望推委，可

乘以亂逞耳。還地如人身，手足指如耳鼻，偉特之處塞氣少，先受其病，若逆之計在

此，而其中之情懦，則亦不出原隨矣。以君子之心爲小人之腹，腑肝如見，盡銳氣處擾爲亂

之後，不能爲殊之突，誤於中切賊而已。

恨菴附系庸盦續編書劇寇石達開就禽事

粵賊石達開，與洪秀全、楊秀清同起潯州之金田，僞稱翼王。踰嶺涉湖，棄援循江

而下，攻陷金陵。秀全不興圖紛，竟踞江西八府，與曾文正公相持連年。

既乃突入浙江，由福建、江西以擾湖南，勢務震盪。幽撫危急，駱文忠公多謀

越嶲擒渠

二十八

東道山官

宿將與力角於洞庭衡小以南僅驅出境達開乃還竄廣西諸郡仍繞湖南
北經窺四川邊境退入滇黔之交奔突萬餘里蹂躪百數城厥性悍悉邊地阨
塞踞險每為官軍所蹙則潛伏山中俟伺形便飄忽遠颺自謂長於嶺嶠善涉奇
險躡出徑迭其出沒使官軍震眩失措莫之能防於今年以此為滅同治二年三月由
雲南犯四川使其先鋒賴裕新率賊四萬由寧遠冒險深入裕新戰死餘眾窮日
夜力並行飄忽如風雨闌入陝西欲引官軍追之北上俾南路空虛達開遂自率大
隊渡金沙江將北窺大渡河大渡河為西南巨塹賊由越巂冕寧大小兩路而來必走
安慶壩及萬工汎緣河二百餘里有渡口十二處其西繞土司轄境皆仄徑可北越松
林小河由上游瀘定橋及化林坪林徑渡入薄天全雅州是時駱文忠公總督四川長
沙劉蓉為布政使綜理營務贊畫軍謀傳告松林地諸土司受賊賂將議以賂公
乃調提兵唐友耕一軍專防安慶壩及萬工汎檄知府蔡步鍾率土州勁旅馳往
助之檄諸軍陸續馳抵土州策應化林坪以張其援檄松林地土千戶王應元

率所部土兵駐守松林小河，檄卭部土司嶺承恩統帶兵截斷越嶲大路，遏賊使入
土司境，伺賊入險，即鈔其後路，使不得退。先是，委護嶺承恩、王應元帶兵土兵，並許獲
賊財物主償之，布置既定，達開率衆方四萬，繞越嶲冕寧前進，知越嶲諸要隘
嚴兵以待，果由小徑趨王應元所轄之紫打地。其南北山壁立，隘險仄，易進難退。前
阻大渡河，左阻松林河，右阻老鴉漩河。達開以土司之納其賄也，冀於假之長驅入險。
是時大渡河北岸尚無官兵，達開使其下造船筏速渡，渡者已万餘人，令日暮勿傳
令撤還南岸，謂其下曰：我生平行軍謹慎，今師渡未及半，倘官軍卒至，此危道
也，不如俟明日畢渡。迨明，遣賊探視，忽見大渡河及松林河水陡高數丈。達開謂
山水暴發，一二日可平也，當少俟之。越二日，水勢稍平，忽見官軍已到北岸，用槍礮
隔水擊賊，有死者。達開欲退去險，遣其黨回視隘口，則土司已斷千年古木，以大株
偃於地，以塞路，且有夷兵把守。欲奪路而出小徑，則皆千仞絕壁，無可攀緣。賊不
遂弋大渡河、松林河南岸，晝夜伺間衝突，皆被官兵土兵擊退，死亡者萬餘

人山徑必道，復由渡口鈔入，攻擊馬鞍山賊營，絕其糧道。東兵或三五為羣伏險狙擊，或自山巔隕木石殺賊，官兵亦不時渡河鏖剿。達開進退失路，約書於矢渴河射入王應元營，賄以重利，求讓路。應元不應，復以利誘嶺承恩，承恩攻之益急。達開餉於衆曰：吾起兵十六年矣，跋涉阻險，江湖如履平地，雖遭時艱難，亦常覆而復奮，轉敗為功。茲有天禍，今不幸受土司誑，陷入絕地，重煩諸君血戰，出險無術，束手受縛，為天下笑，則諸君之賜厚矣。因泣於顙，衆皆泣於顙，刻日加造竹筏，誓於死中求生。四月夏癸巳夜，達開選驍銳等二百餘人，登筏東岸，各撲大渡河、松林河，每數人乘一筏，人以撐船渡去，皆披髮衝冠，挺矛植立，各筏同時齊奮，為官兵土兵槍礮所擊，並隨驚濤飄沒，浮尸蔽流而下。達開在圍中匝月，糧糈既罄，殺馬而食，繼啖桑葉草根，皆盡，官軍與承恩、應元四面兜剿，直入紫打地，盡燬賊巢。達開盡其輜重，率餘黨七八千人，奔至老鴉漩，復為夷兵所阻。妻妾五人，携其二子，自沈於河。達開望見官軍，堅捉誠免

擒石達開詳
駱文忠奏稿

死。獲乃據之子及偽宰輔等三人，與其餘黨，呼曰石達開降，山谷應聲，其等惡之業
中。訊其餘黨之積悍及附從者，凡四千人，分途遣散。其積年老賊二千餘人，唐
友耕派營分駐強壘。五月丙午朔，達開等五人過河至唐友耕營中，越二日，解送成
都。明日，官軍夜以火箭為號，會合南兵圍擊偽官二百餘人，悍賊二千餘人，殲焉。達
開至成都，對簿有司，訊其前後抗官軍事，亡之日，以至何處，各不諱。自稱年三
十三，於當世諸將見盛名者，生平所加贊，惟謂曾文正公雖不以善戰名，而謀議拔
賢將，規畫精嚴，生聞古昔大帥不過如此，實起事以來所未覩也。乙卯，磔達開於成
都市，無後也。達開不自入絕地，則不得滅；即入絕地，而無南兵四面扼剿，亦不得滅
故使諸土司中，始終不得賄縱賊之人，以達開之審於行軍，亦決不肯竟入絕地也
出土司之悅情而善用之，則狡謀當為其羈絆矣。至賊在臨鄉，不出此東甚哉，又好
天亡威賊云

金陵掃穴 同治三年甲子

金陵一城，延亘百餘里，以東西梁山為鎖鑰，以蕪湖為屏障，而尤以金柱關為關鍵。自逆踞金陵，布置周密，於九洑洲、七里洲、中關、下關、雨花台、紫金山、秣陵關、江東橋等處，數皆築壘為城，據險扼江，為堅不可拔之基。壬戌夏四月，我軍水陸齊發，東下復太平府及蕪湖巢縣，奪金柱關、東西梁山各要隘，直趨金陵。皖撫曾國荃督馬步連營數里，以堅木作橋，層層疊疊，處處卻撲營壘，賊酋而陳逆坤書糾眾數百，從東壩拖壩出犯金柱關，水軍飛划迎擊，賊不得渡，乘勝前進，復秣陵關、江心洲等六要隘，圍偪江寧府，駐軍雨花台。与何李逆秀成自蘇州率十三偽王，號稱六十萬，麕聚金陵，東自方山、西至板橋，旌旗如林，合攻我軍陸營，尤趨重於東西兩路。九月初一日，李逆世賢復自浙東來援，急攻後營，國荃督眾守禦。四十六日，力戰解圍，逆眾分路遁。癸亥，李逆竄江浦、北滸、兩浦，以通糧道，從滸巢縣，以其竟洪無元守，進攻石澗埠，官軍不下，竄廬江，復含巢縣、六合。時皖省千里，幾無人煙，賊無所得食，仍竄壽春，壽春為苗逆所據

金陵掃穴

二十二

東匯 山官

踞賊餓其快，蔓於路，遂踞金陵。夏四月，國荃令各軍多備攻具，於是攻破雨花台偽城，拔聚寶門外九石壘，攻復江浦、浦口二城，水師攻克草鞋峽，數進破九洑洲偽城，江面一律肅清。秋七月，毀上方橋、江東橋諸賊壘。九月，盡收東南沿河要隘，其近城者曰中和橋，曰雙橋門，曰七甕橋，稍遠者曰方山、土山，曰上方門、高橋門，迤南則為秣陵關，皆金陵之輔也。甲子春二月，攻克鍾山天保偽城。自我軍得雨花台，而賊之南路斷；得江東橋，而賊之西路斷；得七甕橋、孝陵衛、東門外，而東路斷；得鍾山地堡、太平神策二門，而圍合矣。是時蘇州肅清，李逆世賢踞溧陽，尋至湖州，後竄福建漳州；陳逆炳文踞餘杭，汪逆海洋踞錢塘。浙撫左宗棠由蘭谿以下，所部湘軍及皖南兵先後克復兩浙上下游郡縣，水陸並下，一攻餘杭，一攻九龍山、鳳凰山，八十里中，連營百餘座。賊棄自西湖至餘杭，僅有營十餘座，不敢開仗，死守而已。後杭州收復，海洋竄福建，又竄廣東。自發金陵，自圍合而糧絕，官軍圍益急。夏五月二十五日，洪逆服毒自盡，李逆以其子福瑱嗣，年十六。官軍沿門急攻。六月十五日，記名提督總兵李臣典、[illegible]

杉亭山館

地道未時神策門被倒地更奇勇衝入洪軍隨之李蓮以福瑱奔清涼山中路失之
我軍生擒李蓮十六日坐清克復捷聞曾國荃等封爵有差云前此觀畫洪逆
以胡林翼王鑫續賓續宜江忠源忠濟羅澤南曾國華楨捺多隆阿塔齊布張國樑
程學啟等均加予世職　恩蔭而林翼齊布入祀昭忠祠七月某日磔李蓮傳首浙
事多直有而福瑱以是月伏誅於南昌自是妖氛盡戮氣全消矣嗟夫人多謂於下
天變感於上異汝後蚩尤欃槍應時而見　今上踐祚之年月朔日日月合璧五
星聯珠識者知其止戈之有日也
世之道人曰胡文忠公有七自來西粤僻壤未嘗千夫之長百夫之雄擒而用之即為
我用而不知所為賊用者令所知而所知之間人皆而屢論世勢中國之邦為臣使奪之
為盜賊其所擄脩閒不知所蹤行走 江蘇二逆之出也號眾江南北共七萬以天下全
力與之爭曾不能稍挫其鋒及洛軼擒此一亂夫傳之耶於列禁轟可恃為夫民
即無能食養者貸賦未有渴飲飢食依董垣畀要審度之勢皆得以掠奪

金陵掃穴　二十三　東山官

為更故輕犯海從逆已亟又無良吏申明令憲以懾懲之禁其譁鬨繩之孫宜安
其生業開其正悟俾長享耕鑿為吾世謳良可仿惜秀成買田龍串自六月二十
七日已七月初六日每日約寫七千字借紙至於轉批也乞僕一命請拯澤江西湖北之
賊以嫌冤蓋竊而匿如怵豺於天踊地蹐矣時大功告蔵行賞袁黎户部左侍郎
吳廷棟疏言兵亡之後先在弛區百工之訴肆祖殘之不貴文貴其實下不從
令從前虛文之治數法於疏擄疏肆根於省憫從古功成志遂人主存心一啚而驕心已
滋宦寺即有乘此而言至諂媚者矣左右即有因此言而肆其蒙蔽者矣宵旰之臣即
有迎此意而工其諛悅者矣本無遊之群即有窺此意而巧其鑽緣者矣諂媚資則杜臣
之謹驕蔽彰則杖下移諛佞工則志氣定鑽緣巧則官小人之升進幸塞馳啟惡忠
既違老成人而戒懼之念一存然之後佞肆之念一萌之方且禍亦知之乃莫之
人肆之於上群小滿之於下流毒蔓延遂禍社稷移詐史冊後先一轍推原其端只因
一念之因矣人驕而已軍興以來十餘年有偉其人生民塗炭遍罹傷即倡亂之民莫非

朝廷赤子。大兵所加。盡被誅戮。皇太后皇上。作上天好生之心。無有私矜而不悉赦
務使業經之人。或有一念之轉移。綸音告誡。而舉凡弟等為械。多方且記為
其知。積習相沿。往為粉飾。以仍安於怠情廢弛矣。是非堅定刻意持之以恆。積數十
年之委任敢懇。有未易語 國脉復元氣者矣。奉 上諭着交宏德殿用資觀
覽。

金陵掃穴　二十四　東華山官

皖豫捻匪 始咸豐初年 迄同治七年戊辰

道光季年，河南旱饑，迨咸豐初年，河決豐北，徙曹邑，其間粵逆北犯，楚豫大捷，旱蝗薦臻，愚民孫窺，遂挾水旱流民，匯而為捻。捻者，捏也，不逞之徒聚捏成群，出而劫掠，俗呼捻子。各聚黨羽，每年春仲秋季，兩次嘯聚為患，於河南之祥符、陳留、杞縣、蘭儀、尉氏、洧川、新鄭、密縣、禹州、淮寧、商水、襄城、臨潁、項城、鹿邑、柘城、睢州、汝陽、正陽、上蔡、西平、遂平、確山、汝州、魯山、寶豐、南召、裕州、葉縣、舞陽等三十州縣，肆擄村莊，不取城池，故所至之處，更無一兵一卒與之接戰，任其飽載而歸，縱橫不出本省。戊午己未間，孫捻張落刑、龔瞎子與粵逆合，號稱百萬，以蒙城、霍邱、宿州、壽州為老巢，逆氛出沒，飆忽非常，西而關陝，東而齊魯，南而樊襄，北而畿輔。蓋河南之匪聚已久，不能不騎而他顧，粵逆於是嗾其分擾以牽我軍，前驅以助其勢。庚申正月有旨以京堂袁甲三侍郎銜保專勦安徽河南之匪，復派都統德楞額赴山東督剿，總兵田在田副之，俾各有專責，而是月二十八日，捻陷清江浦，河督庚長退保淮城，運使、衛淮海道吳葆晉、陳正署宿州

東[illegible]官

南通判沈鳴罵賊遇害。分股撲淮城，過馬順運河西進，薄宿遷而下，過馬者捻傳
僞令稱行，其名曰裝旅，非行以賊馬前驅，名曰邊馬也。嗣分路會竄宿遷睢甯，分一
股於歸德，蓋李逆秀成均犯蘇杭，欲回援清淮，以分江皖兵力也。辛酉二月捻首龔
瞎子黨捻五萬餘人，撲擾湖北羅田、松子關，楚軍截擊之，陣斬龔瞎子。時陳逆玉
成形勢甚蹙，惟欲侵軼楚境，以張羽翼，以擣腹心也。六月竄兗，捻攻魚台，幾陷丹陽
曲阜，孔陵頻遭毀壞，已而親王僧格林沁兵至去之。同治元年壬戌三月，粵逆陳得
才率黨三萬餘人，糾合捻匪孫光先、陳大喜二股，約二萬餘人，由河陽唐縣直偪河南南
陽府，以捻蘇允善替師，許賊遂遁。蓋楚軍時攻廬州，此又玉成秀成之故智也。既而玉
成授職陳逆得才與其黨遂回陝楚間，復於南陽糾陳大喜一股，於淅川糾張瞎逆
一股，繞白經盧氏，糾張荒刑一股，竄荊紫關，官軍擊退，竄陷涵國州，分為兩股，
一陷京山，一陷應城，均為官軍勦逐，回河南。已而復犯楚，西竄入陝境，陷興安府，新蘭
亥，時壬戌十二月也。癸亥正月官軍收復，捻首各自為股，各有逆首，以蒙台名之，張

蒼刑為巨孽、袁甲三討、擾害桃務江皖、荃甚至炅、較各捻首尤為狡悍、欽差大臣

科爾沁多羅噶台親王僧王、自豫平北逆家、總統東三盟及馬步各隊、專勦捻匪、大

小數百戰、殲剿殆盡、時在蒙亳一帶勦捕、適張蒼刑等竄集尹家溝、玄圍寇突

二月初一日僧王派兵長驅通剿、蒼逸全等、馳往圍攻、逆衆拚死出撲、向東南竄、侍

郎國瑞、第托倫布等馬步匯攻雉河集、尹家溝賊巢、全行平毀、搜捕各捻正法、捻

首李邦勤等赴宿州、與英翰所營接仗、復計的張蒼刑並其子漢喜、子王孩兒、該犯

解送大營、得　旨張蒼刑極刑處死、張漢王孩兒併正法、傳首被擾各處、天下快之、

陝西捻各逆、自正月由興安分竄、二月陷紫陽、旋撲漢陰、破石泉等、八月會竄淳

中府、南撲城固、知府俱陷、而陳逆得才以金陵圍急、洪逆遣諜約令回援、甲子

正月、陳逆率各路逆黨東下、大股皖豫各捻、會同竄捻逆議於河南南召、湖北襄

陽會齊、合股下竄、時皖捻王庭揚為一股、及苗沛霖餘黨苗添馨等、先於上年

竄湖北隨州之小林店、天河口等處、與捻陳大喜一股、據與之會、約衆十餘萬、竄入

皖豫捻匪

二十六

慶嵩、楼軍門勒被圍於霧山、四月　欽差大臣官文出省督師、水陸會擊於棗陽、雅王
數窗張捻匪一股、由河南之鄧州新野入棗陽、均被擊、竄山崗圍、捻竄襄樊、與潜南粵
匪合、五月以後、逆眾益集、分擾京山天門應城各縣、旋並踞皇角市等鎮、官軍截剿
始甫竄出、李威雲夢一帶、護軍統領舒保陣亡、經官軍屢次掃蕩、七月捻逆踞麻城陳
逆等屯白果、官軍攻急、先後竄擾蘄水蘄州廣濟、僧郡王上巴河與　欽差大臣會商合
剿、安徽巡撫喬松年督軍分扼英山霍山六安州、疊敗羣逆、時全陵剋復、無業可歸、我兵
三省會剿、拒截各路再遁、崩角於首、已撫已降先後遣散、北下六安人、陳逆竄鳳服
毒身亡、餘的對戰所遺髮逆捻匪竄回河南、蓋髮逆之婦歸於捻矣、舍底游說
遂行猖獗、乙丑四月、僧郡王追賊曹州、官軍失潰、竟被困、孤軍無助、力竭損軀、自是捻益熾
東完豫閩兩省自豫竄鄂、迭經江楚合圍議　欽差大臣湖督李鴻章、督飭湘淮各軍剿辦
而捻方游弋於鄂之黃麻、匯屯孫之南陽、信羅、縱横地邀、丁卯五月、遂長驅入豫、歷革分竄山東
許於蘭儀直竄出山東、由鄆趨壽張一帶、直撲運河、奔竄壽安寧陽、逼近兖台、上蕪東

據丁寶楨部將曾國荃、豫撫李鶴年、保摘去頂戴，李鴻章戴罪立功，斬防河提督以

下對入。十月直隸提督劉銘傳擊賊壽光，斬偽魯王任柱，餘眾驚駭，狂奔江蘇

宿遷等境，竄過六塘河，在楊河老壩一帶，盤踞楊莊、漁溝以北等村，經漕督張之萬派撥

兵張從龍等分別追殺，並有斬擒，淮揚徐海一律肅清，紅旗報捷。上喜李鴻章、張

之萬等賞賚有差。東撫丁寶楨等所有處分，並開復，仍加撫賞。此六年十月剿撫之

一局也。是為南捻。賴汶洸係粵匪，係受抗於東南各省十餘年，受陳封復，後糾合捻匪竄擾陝、鄂、豫、東、江、皖各省，迭肆猖獗，前官軍奏報于山東壽光等處，被勦窮蹙，在徐河寶水徐此次將擒。蓋捻魁之猾者，自中大笑，自古有兵，偽衛王李允，亦粵匪也，降於皖，捻英翰數死之。其東捻之竄陝西者，與回部互相勾結，迭擾西安、鳳州

乾州一帶。九月陝撫劉恪靖伯左宗棠自樊城進潼關，賊紛竄至渭北及邠、長、淳、隴、閿

各由同州之水勢竄入北山，歷鄜、延，攻渭、綏德，越葭州、吳堡以北，接連神木一帶，勢欲經

渡黃河，圖犯晉境。晉境河防自保德州至蒲州府，以河曲、保德、吉州、鄉寧等處最要。河

係接連陝西之府谷、神木一帶，吉、鄉接連陝西之宜川、韓城一帶。十一月賊至宜川，自吉

州七郎窩踏冰山下，從撲冰橋，守軍不能守，賊陷吉州，復陷鄉寧，分為兩股，一股由鄉

皖豫捻匪

二十七

東…小官

寧三官出境，內平易一股由河易津、西不礓口撲入稷山，撲及絳州、太平、襄陵、北境平易、洪洞，官軍扼守，其勢復西趨大寧，又撲侯嶺，以頓嚮埋門戶，而賊於十二月初五日復合大股直撲趙城之老里達等三十餘村，值之湘營劉松山、吳毓蘭、郭寶昌自曲沃北趨洪洞，繞前截擊，賊遂回竄平易、坊子，經官軍夾擊，賊復由此而南趨太平、曲沃、翼城，及絳州、聞喜、絳界一帶，竄陷垣曲，文武死之。戊辰正月初十日，賊全股渡出封門口入河南，擾之，遠及畿輔。山西巡撫趙長齡、臬司陳湜俱得嚴議。時左恪靖駐軍黃河西岸，老湘營、卓勝營助軍剿逆，由豫追至直隸，星夜兼程，繞越賊前。十六日，賊竄清苑，都中戒嚴，於是官文、李鴻章、李鶴年均奉　嚴旨申飭，交部處分，而左宗棠以督師馳援，賞加勤王七省經略銜，扼於真定，自夏徂秋，賊不得逞，而官軍遂合圍於黃、運之間。七月初二，張總愚渡河淹斃，餘眾盡降，紅旗報捷。蓋自咸豐三年以後，東捻、西捻出沒兗、豫、淮、徐，蔓延畿并，竄擾秦、晉，共十五年云。

噫噫道人曰：丙辰余行曹、濮間，有戒心焉。其時北犯之賊，山左東捻、西捻名未劃，而以東

之被刦也，甚更皆有。蓋飢餓既甚，其弱者填溝壑，其強者起推埋矣。嗟夫，盜賊之起，
水旱之災，何地無之？數十百年之家，於循賙卹焉。有司既盡失其事也，轉徙流移無冗，
遂乘機以嘯聚，古今禍變所從來矣。夫在上者以養人為務者也，能養其民，不能養其
為暴。人飢餓則必不畏死，荀悅不云乎：人不樂生，不可齊之以法。蘇軾不云乎：雖死亦
與盜賊等耳。乃者東南郡縣大亂而知，無顧當局者三復斯言也。往撫人中丞言捦
匪偏身之條悍，有不盜之地，掠其貲財也，毀其廬舍也，不從則焚其室廬耳，不從則拘
其身貌，或以刃加頸，且令視其子女以次殺害，仍不從則拘其妻孥，或以刃加頸，且
今視其子女以次殺害，仍不從則四肢裸其婦女將淫之。富貴良善之家無可如何而
勉從賊，乃以所奪之車馬載其全家而歸，棄久則甘為賊黨，偷生畏死，婦女辱
不從，罵賊不絕者也，以刀刺其眉腰，鏇傷而死者，乃取其錯鐕珥鐲等物矣，懷而去。
轅轄肩髮，不知姓氏，瘞沒無聞者也，不知凡幾。賊首亦或禁止奸淫，其匪夥以自戕。
之婦裹女之首也，以自穿之衣裹女之身也，車載幼女，反穿短衣，取香佛名曰果肚也，猶

皖豫捻匪　二十八

云花蕊也。有札賺子女也。以馬易之。叚寅父老也。倒執於梁也。以火炙其腦也。問資財寄頓
之處。有販烟土也。索之不得。鋸其兩踵也。後鋸其頂腦也。兩分而死也。入人家逼婦女服從
女。今侍枕席。李殺其夫男而逃。或卯年之婦也。兩木相觸結其髮。鬼之揉間而去
嗚呼！人有天性也。擄脅其之惻狗也。蓋天性也。知其逆之詞出也。滑州所屬的居民
房屋，盡有存者，於刈後之所詔之賊皆 邪年時耕田鑿井之良民也。彼之生於天地
父母。不幸與賊同城，為所擄。餘久且自怨。於是賊衆輒至數十萬。不止彼數十萬衆
孰非我朝赤子。今其魁有幾。其死偷生也，則不出其數矣。嗚呼！若二者，不幸而居於
之民也。明經出霖日，出鎮以殺掠積聚伯。百姓離顧自喜，而為此輩功在地也。且
罔捨前時民之積甚矣。其詞立盜說借，說擒如蜀中所謂估吃估借。不已也。此輩恭也
浮之石的其說。或以用重典為語也。已不分良莠，株戮而殺之也。而猶曰誘殺，使於鳴
呼！孰由人造？天何心哉？自來兵端之生，皆由於吏治之不修。故民之為盜，激於倖求之
莫遏。今之按名無取吏於民也，而鼓功不已。疾苦罔恤，徒剝民脂膏，以自肥。凡下與

梅華山館

上交接之弊，諉之幕友；凡官與民交接之弊，諉之門丁。案牘積壓，而官以為小事也；奸宄
窠藏，而官以為小賊也。夫州縣之小事，即百姓之大事；今日之小賊，即異日之大賊。厝火積
薪，而狃於因循，巧於推諉，唯上官喜怒是扶，分肥瘠之是圖，於出缺繁劇者有輕之之心、懼
弱者有難之之心。輕之則敢於作弊，難之則畏於從違，乘間抵隙，依附相蒙，蒙蔽而
亂，而搖諉飾其詞，如是而之過之謗，洛復於大臣，被為通功之地，小之禍被一鄉一邑，而難
大者與大之禍，延數省數郡，而瘡痍未復，彼此福地，推寸碟不足蔽其辜，乃為悉薄
譴哉！且抽分事歟？嗚呼！天下多為可憫事，猶憶往歲隨侍晉江時，值湖州有收漕之變，
晉江令某，浙人也，為余觀述其事：以為變未然，某起鄉稍，寡一富民，私成室，延而館
之，隸其窩，誣為盜。鄉人大怒，擊之，斃。朝廷比湖州某守李德於酷後，此鄉植勒下，怖逃
入深山。癸丑滁浦蔣亂，盜起而響應，粵匪捻匪率由此矣。捻匪自粵匪而合
粵匪而熾，又後之捻匪則皆繁髮之粵匪也。西越河防，蠶繭鐵騎，又越四省南
克平之。嗚呼！風雨君子，洪之患之，張成禍亂為　而於肯肺焉，從自今其亦有創深

皖豫捻匪

二十九

東瀛山館

病鉅之血乎尚格其見人才相難得時文相之陋為方今或以為安矣治為勤見直
以為福武方殷西北之隱憂十倍於東南洪楊諸逆雖此敵滔天猶是手足之病今
雖萬難為然於僕以為有心腹之患焉一旦潰決其有関性命也誠鮮矣髮不挫繩
杞人憂天明知其不能於而同此憂即同此憂範文正先真畏人誠賈生云天
下之事疲癃擲腕僕以為今日之患門面二字盡之矣官必如此之多而士之多更有甚
矣所共不必安以眼得共不必安以得今日為庸愚酒肉之徒異日即為庸愚酒肉之官
甚聚名鼓東得生矣都是以漢國殃民也審視地方之官府知之矣治官之官或若
武撫是矣如而御者好而因之皆其害也澤州循良實多於州官至多止於二千石耶
亭林有言後世滅小官添大官巡檢去而巡撫來矣究之巡撫所以然之故未必遠勝於
巡檢其居尊而位卑一切教民則百倍十倍於巡檢矣至於言乎至於士則慎取勤教
及額是矣乃始矣拔矣方今又加之嚴焉古者守民各有執業居則近之游民情
民窮視今之居官民之首者其與游情之民相去幾何哉於今之為官與士也亦

逴敕略切音綽遠也

也若矣。與生、亦窮，則志趣不能不趨嗜利之計，則品行又不能不卑。士習官方

相表裏，漏之此誠不知所底矣。

附錄庸庵文編科爾沁忠親王死事略

咸豐同治之間，科爾沁忠親王視師山東，初戰不利。久之，始能剿平粤寇及諸

土寇，然後南征，擒張落刑於宿州，殲苗沛霖於下蔡，淮潁以北揭竿

烏合之徒，掃刮無遺，積威聲赫然，震中原。既而追捻寇於光黃汝鄧之

間，多山谷沮洳，騎不得騁。要中賊伏，袁丞良將恒齡、舒通額、蘇克金等。

王益憤，日夜追一二百里，宿不入館，衣不解帶，席地而寢，天未明傳餐畢，

王皆素糗糒。王手一鞭，上馬疾馳，一日至先至大軍。自率親兵數千與賊大戰。

英粟水不軍。賊久怖，追軍無所掠，已生賊足皆僵裂，不能行，會蓮藩未

則我軍屢窘。狼敗，投挽兵陳國瑞為之關說，已有成言矣。賊先遣二使來

謁王，王見賊渠無甚誠，未知趣命，斬之。賊衆大驚，皆散走，遁入山東境

皖豫捻匪

三十[illegible]

東道[illegible]官

王益病返，當是時，官軍與賊皆重，漸羸餓，環寒暑不能休息，勞且侵，賊揚言王少寬我即降，因令四軍及四月己丑王晴陳國瑞、郭寶昌、成保、何建鰲等軍與賊戰於曹縣，賊追入民堡，賊圍之數匝，且欲掘長濠以困之，官軍糧竭，保壁遂破，淘之欲潰，諸將咸請王突圍出，不許，固請乃許之，王部分諸將，自與成保馬隊，假使降賊桂三率數百騎為前驅，王既酒醉上馬，馬躍返，不肯行，乃易馬以出，時已二更矣，天昏黑，桂三有異志，既出堡即去，突衝我軍，賊乘之，陳國瑞所部步隊四千盡潰，殲盡，國瑞僅以身免，餘軍與賊不相辨識，長驅並驚於黑暗中，逢明見道旁小圩，收隊入保，不知王所在，俄有賊酋戴三眼花翎紅頂，揚揚過圩去，官軍望見，悔哭而歸，及王死矣，比賊去，跡王屍，睦中見王已遇害，身受數傷，壹一僮死焉，乃以騎載王尸告省，因歛之，總兵何建鰲、內閣學士全順皆死於陣，王當治賊逾十載，所私財數十百萬，以充軍實，自恨數歸通顯，戮深，常懷必死之志。

性友孝。王弟玉夢與同寢處。將覺，忽引上坐挾之，告吾兄還怠哉吾
太妃，並無他語。王子東前至中途有司館之。王子同家來，併至湖北
將救之。勞屋多議，枕藉死良久。且役以勞蹶至困苦之。王每安葬安厝
馬鞍帳幕，獨坐飲酒一年，未畏困於前。識騎卒環而守之。王編卒以為膳
令者經年，畫一蕉腕，日以為帝王業之。京師中浩閣懷風自南起忠
聲數十週歎道之。極東向北去，兼忠靈不泯云。
恢庵樹孫庸菴海外文編書霆軍銘軍尹隆河之役
同治五年冬，捻賊偽魯王任柱、偽遵王賴文光、偽荊王牛洪、偽衛王李允等
糾合馬步精銳由河南趨湖北，緣道驅脅眾逾十萬，盤桓德安、安陸之間，
謀以一枝趨襄河，竄蜀疆，一枝走湖北，為聲援，一枝闖武關，竄西，捻張總愚。十
二月辛卯，松軍統領提督郭松林被圍於河岡集，受傷突出，其眾大潰。丙
午，樹軍統領總兵張樹珊戰死於楊家河。是時賊騎數万，雲鵰風馳，勁疾

東[illegible]山官

慓悍者以前隊挑戰別選健騎繞出官軍後路以躡之官軍畏避其鋒
輒嗎村僅自固罔敢與遌之勢不挫若賊勢張甚連陷應城雲夢天
門旋棄城去屯踞臼口尹隆河以窺安陸於是浙江提督一等子鮑武襄公超
總統霆軍二十二營合萬六千人會福建台灣巡撫前直隸提督劉公銘傳總統銘
軍千營合萬人時從南陽南下銘軍由隨棗霆軍由襄樊分路追剿先有
斬捻當是時陝西回黨肆擾官軍又敗於西捻捻寇至江鮑公嘗奉 廷寄
及大帥量來急檄超會西師以援關中於由楚軍殘債東捻死咋不休霆軍
遠為所牽不得西賊向北竄遇霆軍折而南直復踞臼口六年春正月乙丑霆
銘軍會於安陸賊去踞楊家峰尹隆河等處於是霆軍踞臼口銘軍駐下洋
港期以庚午日辰刻進軍夾擊先是鮑劉二公意氣不相下鮑公自謂宿將
職勳冠於劉公後起戰績不如霆軍遠甚乃亦比肩為總統意稍輕
之劉公謂鮑公勇而無謀僅一戰將才耳頗聞其威名出己上悒悒不怡於此

杉聿山館

時懿公志在協力剿賊，無他意也。劉公召諸將謀曰：「度我軍之力，可以破賊矣。今合霆軍而援，霆軍必居首功，人且謂我因人成事，不如先一時出隊，俾當此寇，使彼秉觀，亦當服我銘軍之能戰也。」乃於庚午日卯刻秣馬蓐食，由下洋港過尹隆河，賊隊盡在陽岸。劉公分五營為護輜重，躬率馬步十五營渡河麾之。任桂以馬隊攆左軍，弁洪攆右軍，賴汝先、李合之攆中軍。左軍劉成藻五營先過，賊騎不能支，敗退渡河。任桂來攻中軍甚急，旋右軍唐殿魁繼進，半渡被援中軍，中軍亦已敗退矣。群賊萃於右軍，唐殿魁及其營官吳維章、田履安等力戰死之。殿魁，銘軍之良也。時大股賊蓋從渡河，進擊銘軍，崩潰，適霆軍以辰刻踐期而至，猝分兵為兩張兩翼以斷賊，賊酣戰已久，乃驚潰十餘里。大敗賊衆，剿毀楊家埠拖船埠、尹隆河賊館，生擒數百名，賊八千有奇，救賊首偽李樸騾馬五千餘匹，救拔劉公及劉成藻等於重圍之中，臨陣軍將士二千人，奪還銘軍所失洋槍四百桿、號衣數千件、一切輜重軍械，及劉公

杜□山食

之紅底花鋪何於次晨返匹劉公營中謀從也銘軍不先期出師則不敗既敗無
霆軍赴之則必全軍盡沒鮑公遽自抑其忿戢衛徒色劉公白惻不可以言自此
營替霆軍之適返擊賊一敗一勝處為霆軍所笑並恚不能自釋謀之李公集
者具牘鄂大帥合肥李公大旨謂霆軍既約黎明擊賊未能應時會師銘軍
孤進初獲小勝旋後隊敗侍有賊隊包稍分不能禦霆軍也我軍抽五營過
河還保輜重賊瞷輜來攘以致大敗我軍後當與相持會合霆軍返擊並
援全勝李公援以入告廿以此蓋歸咎他營並功亦營圍感閒用兵以來鮑
十年之積勛不抵銘軍為於李公之右銘軍左霆軍亦於所不至李公刺怪
兵符之頗處鮑公不秉節度鮑公疏陳後其狀並投哀函鄂李公李公亦已
先入劉公言幕府執筆者又精有構抑軍機大臣左都御史汪公元方語
鮑超屢錄戰功言盡不讎彼既抵罪鮑殿誤又爭功銘軍以致大敗科以失
機與掩飾之罪鮑超可斬也先是左文襄公密疏言鮑超驍捷已異於

之。左公方將入關剿回寇，奏請　廷旨趣霆軍入關，其意蓋欲　朝廷稍
摧折之，然後可為己用也。汪公不肯。左公推服頗篤，信其海又不至。鮑公實
有大功也，故平生遇事不甚可否，此次持議獨堅，且云不一經丈不足儆驕將。
同列因以為疑，乃從撤。　嚴旨責之。鮑公自敗賊於尹隆河，後次日即拔隊
窮追，連戰之於直河、於皂梁河、於襄河，盡殺賊一萬數千，生擒四千，解散
脅從萬餘，拔出難民二萬餘。任柱、賴汶光、李允之黨，退至棗陽、唐縣。鮑
公自念破賊救銘軍出險，功為冀異，迨蒙恩為榮，實欲見年。　嚴旨切責，
懲致軍之歸咎也。今閱北以推戚為詞，曾公奏報軍情，誤謂銘軍所勦北
任柱，霆軍所勦者賴汶光，故霆軍獲勝、銘軍敗甚，時賊勢任強賴弱，其言
與鮑公自奏之疏又顯相牴牾。鮑公憤懣成疾，引發舊傷，日益危篤，奏請辭
歸調理。曾文正公已缺兵符，遂任湖北撫，特開之地書鼎缺撤兵委憲
乘輪船駛往接統霆軍，並以負撫遼東人，復往問鮑公疾。太師李公泛益，請鮑

公功高請加與謚威毅伯以其推鮑公之功並二公皆已得之而手書於此
謚旨相發須貴人覆奏今侯疾愈從兩勦東捻擾入閩詢治數月侯未之懌
曾公乃為其請以浙江提督遣撤霆軍十八營留其營改為霆峻軍隨同淮軍
勦賊曾公捻匪鮑公與淮帥不能相下至不令歸休且遂一病不起鮑公既歸則
則霆軍未必能得力僅免撤令西征則左公之幕前參不遠路頗大為董福祥所
統籌不能不兵甚措注也其年冬汪公薨於位曾文正頌幕府曰時庵在征府
來閩有奏於當官之稱獨於鮑公霆事之斷之霆鋒猶頡頏於時之賢豪之面
直不能辨參以正其倒黑白得非猶死而後及之與蓋皆公心不平之故見之
於穢氣甚為此靖庵汪公字也鮑公既表病家居十年不出曾文正公別遣大帥
劉忠壯公松山率其人入閩馳勦畏捻之寇戮此有功左文襄之平關隴劉得
忠壯一軍為多旋軍西寧戰歿卹死捐傷簡卒補伍時糧穀械休養年年不給用
之事公之賊未西捻也鮑軍習成蓋有之將帥必倚所習用之軍以集事不自今始

矣於余通饒軍壯士及隨從劉公之僚友皆云尹隆河之戰一敗塗地總統營官
與幕僚等俱脫冠服坐地待死霆軍挽救之功實不可忘議其抑甚確劉公始終
不肯讓人其氣誠不撓固不可及而以忘報德為已甚也

咄咄錄　四冊

咄咄道人編

黔事緣起

咸豐六年丙辰

黔南滇粤、黔事釁與粤事並熾於咸豐初、事托於苗、其實苗無能為也、黔地山路棘難、為積弱盜匪淵藪、縱捕向稀、良非易易、又有燈花天主等教、各自為教寇、與川楚教匪無異、其士習刁頑、恃符帮訟、聯絡胥差、於是輒有抗糧之案、乃知黔事不可問矣、推原禍首、則撫轅書辦也、銅仁孝廉也、以書辦孝廉而為首抗糧、奇矣、以書辦孝廉而為首抗糧之犯、而勾引苗匪入城、戕縣令郡守、則尤奇中之奇也、雖時撫憲蔣某諱匿、嗣始進剿、遂至殞殂、麾下亦不發表、孟浪一戰、大敗於賊、由是而苗皆變、而由是而教匪且蜂起、勢蔓全省、禍延十年、至今愈熾、黔事之與粵西異也、横亘二百餘里、教匪最多、古州永從兩縣尤甚、其盜匪有首之三哥、大五大六大九為之渠魁、其偏裨從大一至大十、從小一至小十、以湖南紙牌之字為號矣、

咄咄錄四冊　黔事緣起　一

康[illegible]山館

州附近句疑误
经今图并不近
稍城也

援会之師，丙辰夏六月，赴西圍城，明年從兵田興恕以楚軍援黔，所向克捷，十月由黎平圍攻。是時黔撫蔣霨素不知兵，言官曾痛陳其非，皇上亦知其不能有為，特更易他人，不得已而用之，言不達。伯麟西人，党由西隆竄擾興义、貞豐、歸化，誘叛州廳所在兵勇，御練協誼力拒禦，匪党往來無停趾，徑擾麻順，陷永寧州，州附近省垣，黔撫狼狽，軍機危急，延興恕軍入，五捷之，追剿各寨，擢貴州提督。辛酉春，朝議授以欽差大臣關防，予東道何冠英專以二品銜飭巡撫事，和冠英共濟，旌旗變色，冠英殂，而興恕兼巡撫事，年少武夫，驟膺重寄，幕友游客相比為奸，中外劾論之，既以拉穀傳教者人，責之四川大營効力。丙寅奉逢蕩平，前湘撫李瀚章撥兵勇三萬人，集湘湖南布政使兆琛、記名提督周洪印、暨閩浚布政使銜李元度等，出防各路援黔，並請由兆琛兼撫軍務，出之事權。丁卯十月，湘撫劉琨兼援黔官軍，日久生玩，請將統領各員照擬，於是兆琛等罷，以湖南臬司黄潤昌、提督席寶田、荣維善代之，炯遂規復清黄，寶田亦收復还施鎮，蕩平古州寨，擒斬數千人，黔省用兵，比

年來此爲一振、嗣以撫按使蘇亨、孫林桐潭、搖麟西湖庫東處點、摘兩楊、楮催封運總

亨閣防守揚隽爲、年三月苗蓮包火肚擄萊死守、二十二日閻昌等分頭追攻黃飛石

堡諸寨巡、伏閻昌陳忠、道員鄧子垣等死之、繼善衛入重圍、平副將王得祿等扶

傷奮擊、蠶嶺越隘、二十三日夜死於黃騰、全軍覆沒、逐男丁一人、以四月二十六日回營、

而黠乃自是又沮矣、

嗚呼、道人曰、黠當道光季年。奸宄出沒。獷悍梟雄。會粵西賊大起。胡文忠公上言請撫。

請撫邊要隘。築堡守禦。以爲之戰不如之守。用兵不如用民。用民力以自衛。不如先用地

利以衛民。果因再造樓北。使其綠吃緊。而東南軍務得有轉機。大略在此如言矣。

癸丑去黠、賞鼓藩手府曹子祥壽。言天下大亂。必變不因善民而起。且兵政如此而不知

變。吏治如此而不知察。國術如此而爲謀自全。人心風俗如此而爲所私情。不料此方之潛

已死。後望又出。不過年。又爲滇燒。又防孔梟司書、之點中之事。非立誅三五貪者收

靜。並勳三二十人。則不能起鼓聲而作士氣。蓋點爲之不可爲。由來久矣。後田撫猪

野事緣起　二

杉亭山館

以　數差大臣重臣擇才忠文之忠普特薦官靖長材取湘人係之太湖之野人爭之太尤
以故楊延以為異人實則此後勇猛所在皆然以言將略將才則未也絕無謀略可語
新也欽而野史之誤田不足責也皆謂之野居天下之西南其輿圖似蜂而小腰者中
處之大郡耶自前明遵首以來數其數武寡後金石豪右承役卧能虜王阿倫播首
播逆福水西莫與邦彥猶抗大明人齊蓬原野逆明社之流賊横行而更李定國正
相持蒙居保之地據不比之順治十五年中原底定我世祖章皇帝命宗室大
臣洲師臨野群盜人據偽會成取滇南明年剿馮天祿又明年征馬乃康熙三年
水西叛國式廓流寇數十載以次殲滅於是宇宙肅清野之民老而始也昇平之樂
新則平野之與宣專不宣也乃者湘樣慨新出師將兵乘吾軍威鋭將直入而一鼓於
飛再鼓於黔可樣慨歎嗟夫時當拼撥非才不足以濟艱鉅自威恩而世之起後者
而已方而其實有裨於時也吾方以為高爵傳知實之出乎本朝固自有道此也知而意
耶之湖絕和石之海戚贊勤而勢離不前也而筆出之許海秋舍人曰演也庸儒拘拿闘

節既不足言而迂闊不切之與夫怵利害而貪榮禄言同百和騰其饑鼠益不足論於
則天下益多才智奸詐之説於資格今之攄於係薦若以貪為庸責名而避行比比皆是貪緣
要結世術詭巧自鑄厥官而後繼起時朝廷御而暮黜之律論之迹更各相靡薰其
恥極矣天下將趨人之貪而不知所恥相之甚謂之記也墮壞名節破毀於以滋甚
難而平稍焉可得乎焉可得哉夫搢紳之士之議論也要在有恥而有所好有紀有紀
然而今有知節廉而恥者蓋以為不可知至而不徇仰而俯為苟隨和而應之也
則確乎挾有所守而不肯而爲俯也自樸以移用其身士奇可謂篤論御史譚鈞論之矣
至今日卿為一心化晚域於兩者師以廉恥平當之論仿魏康元周世田之知其之為要
節之道勤而文而功必成有知必誅務熟而實理學種學師勤知歷耗乘機以進同漢
而欲收其廉恥有不顧而職其亦有讓之言也昔　仁宗睿皇帝於三省兹匪
首蒞王三槐犯京富訊時有官迫民反之供　皇上虞悯然　特論褒揚廣吏湖清
等以為勵天下當時民間聞者感泣至今誦之　譯以知海貪官民吏之休戚所關

黔事緣起　三　康雍山官

牽掣攣局民志之隱迹畏紀亡聊走何酬禍為勛危治亂地也

滇回缘起

滇南汉回之仇，始于缅宁，继于永昌，蓄憾蒙垂数十年。道光廿九年己酉，林文忠公自陕移节督滇，正谕之曰：上年良莠不分，汉回适回民丁燦庭赴京叠控，汉民沈正达等，有司提犯研讯，保山纠众夺犯，燬官署，杀回民，并抗拒镇道兵，公提兵出剿，途次闻赵州之弥渡，有客回勾土匪滋事，遂转道剿弥渡，破其棚，歼匪数百。保山民服罪，缚犯迎师，公召汉回父老，谕以恩信，复乘势搜杀永昌顽回拒捕戕官诸匪，寘之法。尝曰：滇有善著，可以久安，否则无十年静谧也。滇民多惰，惟回人以採矿为业，所得多争斗。咸丰四年甲寅三月，南安州石羊厂汉回争夺，掳及回村，回民势不敌，而临安人追至楚雄之吕合，距郡六十里，郡守不能制，请兵于大府，兵驻中途，以妥免遇散，为且避状，嗟临安人以多金饷石羊厂，而回民乃怨声沸腾，各回民复来争厂，而扰树迤之汉村，大小骚川，楚雄之大村也，而汉[illegible]掳，房舍荡然。明年乙卯，村民数千家，联名控诉，饬府查，一概置不问，民心大愤。时临安人毋纠众日多，亦将树志，

滇事缘起　四

東[illegible]官

驻同人乃致菉庵之奥，投親而親其家人，以貫厰徒應粤䍐也，梗雄所虜，無要不至，至

刈寔入鄉野，坐索供鋪，擄鄉田民，搜殺無遺類，先到逃匿，蔡官庄、郡城閉門數日，恪安

人勢益張。郡守謀於僚屬，無檄姚州團練以制之，既又為恪安人所持，又給以印檄，許

以通團御勦，於是滅團之謠日熾，宜昆明道有以應之。昆明大紳矯理團練，以與鄉不遑

之後，日聚千百人游於城市，屏回民為異類，時露吞噬之心，回中紳衿哀鳴於官，官不

為之主，姚州回衆而張，七屬之匪已共皆歸之，其狗其弟為附薪之胆之謀，而毀其益有

乘机報之之意，於是攻郡城，圍鎮撫李英閣，皆不克之，明年而後，乃踞姚州以自保，恪安人

道之賊，回未嘗不恨回閔姚州勢孱，乃不西上而轉之東，自楚雄者，祥雲安窟，宜借也

昆陽，昆陽之回益猖之，雲南不足以自衛，昆陽海口地險土沃，回民居焉，新興武舉人馬清

漾聚二千人於此以防恪安人，恪安人仇之也，舒之也昆陽西碧雞關大窩道地方官弛備

之道，不入由小板橋取道呈貢晉寧，其未久，馬清漾之家實在，形狀說異，其勢洶洶

漾民大疑懼，大府亦遣地方官往諭之，不聽，退至小板橋，而恪安人已至，因殺李姓書鋪

並殺回甲千作廿九人，於是大敗。臨安人職官集匪，餘匪走昆明之回，皆聽於有旁邑
武舉人馬福把總楊垂科皆回籍也。是年潤迎芳於威遠五境馬凌漢迎往城外清真寺
雖由乃言，而昆明城回之禍作矣。禍之作也，亦恃有臨安人時馬凌漢去，而臨安人有自
武定來者，經貢土坡，距昆明數十里，開小板橋，于訛以為真，謀勦漢，初搖未敢其操也。二
百鋪者，為營轄之所，於是始飲集團練，每鋪多數百人，舉一大紳為首，於是匪之
貢土坡館之火神廟，聞信悵然之，去馬廠，昆明之回乃一日夜而走，城外之回，資財妻女
臨安人據而有之。城內之回則多衛團練，閉城迎敵，雲亦掩有其資財妻女，官為之留收養
其數百人。嗚呼！回禍之慘，誰職之耶？又有此菩薩心腸耶！昆明回有偉脫其點其婦，海
口，而昆明東之楊林又與嵩明相接壤，嵩明嵩明皆回之村聚也，於是昆明人指臨
安人由楊林攻嵩明之猴子箐，昭之羅作中，而以其四鋪人攻海口，候補知府沈楷琪至自蜀
繼踵上謁大府，大府罷之，使統二百鋪人，教練其隊，閱月而難之，又日捷告，露布皆至
有未交綏而皆潰，楷琪死之。於是海口之役，不能止，勞師糜餉，經數月而始平，楊林之

滇事緣起

丸

東至小官

時以順安為重，而順安人不為用，海口既定，乃沖據子廣其功，順安人自相排擠，漸稍引去。是年冬，地方官乃出示招徠，不從之民亦咸歸休息，於是以和為據，而楊林之所占之族，盡昆明之故田也。其鄉風俗久不以職田之說采符，而松為又有蠲免，通行其為七稅，自是開月之人皆為敵國，順安開化廣南東南所通，蠻江曲靖諸阮臨江廣西永昌騰越，給之勝處，皆急之事，為午當其，而昆明自頗不服，莊乞以應，震後乃有大理戍官派兵一旅。大理民最稱橫士，好讀書，科第蟬聯，於文人為全滇之冠，太和附郭北所轄東西達六十里，命從之策，控數十年不見，雖先無政為前轉，精勵治，己卯丙辰間，有抗糧一案，變取於民，今開化勸早第舊事，兩而勤折，寄糧頭多肆聚營伍，廣運鎮貴，因緣家戮其人，要求從減，大吏倉卒，華首多乘，姦黠文從中構煽，於是要挾太守，河倒持矣。猛州木，民氣驕於，熊霸練于撫，張正泰以為悖生鎮，惧至撫辱，糾合營兵，及地方各總兵，燒兵結盟，皆稱其人，其誰撫至然，李華鎮撫兵官亦屢至不利於己也，為之開府，今從征黔苗，而正泰上書，福興督紳士，自備糧餉，集練從推，情復姚州，許之

滇事緣起

回衆兇案撤，伊大徵偏於滇西州縣，家有百金者輸其半，勒倡兼收，麗江回民數十家回衆先以之嘗試，一蹶不振，自以為奇功，遂使撤某日暮時坼行，由大理趙州而蒙化，沿途掃滅而後直取姚州，此撤一倡，人人震慄，大理回民與漢紳因至索餉之端，彼亦不能平柔，於是當為延撤止之，而回衆固未行也，編查保甲，漢民男婦丁口十七萬人，而回民僅七千有奇，李玉根其故紳李鑄根之弟也，素不滿於鄉黨，而回人倚之為左右手，因團練昌言於衆曰：漢人數加於回人二十倍，回人雖生子，殲之立盡矣。回紳數人衣冠蹌衛中言曰：太和漢回無猜嫌，今以好侮之來，官因心戰力以自固，其言存疑貳，則回人數少，不能不引求外援，外人甚心，不可測度，不惟無益於漢，亦非吾黨之福也。漢紳有苗心者，而玉根傲狠自如，故人共嗤摘證而散，後亂作，全家自盡，蓋賢者也。漢團人衆而多懦，回之桀驁者無有以折辱之於其揚旅，過門出而奪其二，橫刀相擬，竟莫敢前，漢紳不能平，輒相詬詈，無以格府署札飭，適迤西道林廷禧方勒邊境，游匪知府唐惇培幕賓以秘計說於人，遂大鬨，武進士馬明魁，率蒙化回五百人入境，惇培力難消弭，屬稽迤西回鄉，回民遂擁入

東華山館

道署。逐禧以前洪經錫麾雲上，巽復如初，出坐堂皇，諭之退，不聽，撤其正都為回

所涸。詔其祖漢也，遂匿寶。太和令毛玉成率役莞戰，死之。縣將府河恢，為其下所

殺。悖培不出。時回踞西南門，而漢人猶踞東南半城，而悟培堅閉衙署，守以鄉練自

衛。既射賞格，出殺一回匪賞銀十兩，回匪復欲然，日夜相攻，并覓乞兵於四鄉，令放火

燒村屯。鄉練出城自救，府署所募之練亦與悟培以行，行之日，士民遮道哭聲

震天，而悟培不顧也。甫出而練即縱火，乘機搶掠，開公私金錢為存數十萬，頃刻

而盡。此七年春正月事也。漢紳先後亦棄出，而城遂盡為賊有。時姚州回圍數月

矣，城中大疫，死亡相枕藉。劉其堃久陵食，容回復清之，乃託營降，有也東回

馬來殺。其著名悍惡，提督褚之，去。劉復提督通破罗川，皆來殺為之也。命大理回賊

賊於今十有一年矣。然時提督以家口陷女陷大理，賊約無攻即不殺，故不進兵，三

月。昆明官軍分道出發，會署鶴麗鎮福勝取紅崖，克之，斬首無算，賊集杜文秀，逼

入城。眾回皆有反正意，而提督乃破仟折撤兵，改官居七十日無敢意，文秀之勢復振

由是所轄民苗，如賓川、蒙化、景東、順寧、雲州、鄧川、浪穹、雲龍、永平，先後激江西民計
家巨萬，貪婪投牒呼冤，請查辦，民所控四之多，大為不申理。是年五月，進圍昆明。撫
臣在籍侍郎黄琮、御史竇垿，總辦團練，保衛六十萬人，賊亂，戒備好為安撫。又有
總兵林自清出援，以城西郊諸兵遣繞，詎意一戰未見，而城已陷，倉皇之間，團練走潰，
老弱骨肉刃，華屋成灰燼，財貨一空也，捆載不絕，文武官紳聚於城上，瞪目撫膺，
不出，作何悔恨也。圍困三月，城中多餓死，此撫臣具奏，援情自盡，夫人殉之。八月十
日，楚雄令車源以練勇三千色，殺出圍中，朝命川督吳振棫移節滇南，既而大帥
處分、勒接兵忠勛，十年庚申二月，布政使華先桂，撫貴州巡撫，隨調陝西，行
至曲靖，副將何有保、學史、潘戴玉堂等糾練賊之，奪其輜重。十二月回部，馬
如龍以兵脅城，時兵備久過，繼撫徐之鎔，從其接諫，入則之，撫臣其心撫剿，川督徐秉
辛酉之是，四接緣非接四可紀實。十一年辛酉，撫臣張亮基，孤身入滇。同治元年壬
戌，狗難，益為雲害之極。癸亥之鎔，候官林鴻年，擢巡撫，時皆日勞榮，先駐貴州

滇事緣起

七

東□山官

杭　山食

而鸿年挂重发已归蒙兵，丙寅鸿年罢，丁卯夏迤西回逆倾巢大寇直犯省城，六
月陷宾川，七月陷大姚，八月陷墨承望井，遂陷广通、禄丰之私，武定州及禄劝、元谋和城相继
失守。戊辰岁光荒，以按察使宋延春护理。二月奉
上谕：刘嶽昭着补云贵总督，云南巡
抚着岑毓英补，云南布政使着宋延春补，云南按察使着李元度补。
嗟嗟前人曰：直省之乱，谋自官而难发自民；滇之乱非民也，亦非回也，始知绅倡议而官继
之，继则官怯乱而绅作乱，灭回之说主之。大绅识丑淳回馋，由来已久，全省之回蠢
引枝蔓罗植，乃论难而之险，即使安坐偃卧，引颈受戮，岂不惟是昆明之惟内累
亦不能同日同时而尽也，因激犹肆烽烟有毒，何况回部自应迤西散处西地易种迤
南，区繁且蔓，一支若动则千人目动，一方疾病则数州响应，畏时张杨思之扶内
地回民閒已皆欲鼓舞反狱，使京陕回民通阻不出于途，灾尸紫袖回民相
戒不亟其甚，而使宾回民则有伪为张逆来传之完，临军事当其下才擁擡　京陕
不出也。夫清寔俄罗斯并皆回之种部，尝这新疆，而回民行祸不携赏而一好供帐

時有彼為之人。嗚呼。故可盡矣。天下之亂。不過理勢二者而已。若田民之勢既蔓延如此
則必退而度其理。天之生異類也。猶人身之有蟣虱也。非蟣虱之不搔。則三日燥瘍
潰。五日燥瘍請潰。潰故悍烈矣。非異類之相殘。則震撼以威。使之畏。繼要以德使之
懷。敵傲虐矣。不亦宜矣。不論曲直。民日殺。紳日殺。官亦日殺。且悍賊之屠城也。
嘗聞昆明之滅回也。有新婦由澂江迎歸。不十日而難作。其母家澂江人。全家送女
偕來昆明。無一免者。有此生理矣。一街之人。皆稱其長厚。爭救庇之。而前街人強奪
之出。令跪妻前。一亂槍殺之。執其妻懷中。奪而殺之。嗚呼慘矣。天道循環。無往不復。今
昆明人之妻。裂於馬如雪也。且何如矣。大吏屍厝。大紳狼戾。坐使滇海洶湧。澂江波
濤。期年之間。二十三府城鄉淪為異域。州縣圍城。羅掘為武帝之初。督長吏棲皇。
走素王於道路。誰為痛哭。此極耶。夫滇自丁巳以前。從前雨曲靖西府唐中
以滇西南府亦為回踞。兵餉之源既竭。勸捐之說皆虛。是以胡文忠言。滇為窮難
措矣。雖以武侯之才。非藉蜀中物力。則滇亦難矣。而況蒼門關府且疏請弃滇也矣。

滇事緣起　八　東阜山官

夫悍使之貪婪輒殺害匪類之雖曰謀屬犯禍其詐究竟何足深害獨憐之伐屬
千嶺遮而醜類人圖其為殘妒耶損耕以何根豐葉環臣倒之鬼而有知猶自謂生為
五十年也能歎嫁禍其為冤之魂神乎而死貪天功為羊之蘇輕心以博不又大而人知

附錄

許海秋宗衡曰木君七十 朝廷適以匪時詔起先生豬而屬家曰天下多難久矣
村莊長也皖與吳賊正熾齊魯河洛鳴鏑在郊何不以先生往畿輔之濱既遂逆
翁非所迎且點固形瀕大臣且論制之為頒先生以七十之年行萬里之路兵
倘既還咎易且國可念也則其之曰非經盤錯無別利器自古豪人君子所遭皆
難先生處 西粤之驕以一身為難 嗣王沖齡海內喁喁不有人焉為其難在
苦難張而綜絕也點漢之形垂十年中原多故力若未遑 國家一視鑾輿非正
區別匪其取道失人生以玉石擇之哉而無益甄脫是誰之咎先生不能執往從
往昔非是人也坐而視其而逝等 朝命才弁髦視民命如草芥而猶不潔患益

許彥周

諸尤甚　君父鄰也之而知有利害計較之心世之所以多禍亂也

附録許海秋先生玉井山館文集跋木君子書

本篇首言夫君子章，欲識吉祥為坊，前後聯絡法乃知有諸端又昇悍昂之魁

起局處雜卻歸於季想見態度之合此不易得之今時勢亦足徵風之

於遠人知道此從衛雖有賢儒者可延乃不知雖有賢不過老已大英傑亦惟得

人心耳方今海內殊獨可云相安者之者猶如手也滇邊庸懦絕謂不知恒覺曰

不發兵知患馬略行之處許彥周比禍亂既作惟貴罰當則再接受則不可支矣今

時之勢已漸相遠大臣信將不能任之誤人家國害雖眾惠未清於本之　天

祖天下且不得知太過非理不及亦非理輕重緩急之間成敗隨之宜衍前矣之

罰而用知天下知貴知卿佐出不貸雖然勢已至異知賞而用財於天而由

附治與逸助相適雖庸懦亦皆知於轉而緩急之際見猶以知所謂無變亦趨

避僥倖以術遂不可為當多事猶復因循至於此乎之人得行毀卷於世後

滇事緣起

九

東[illegible]山官

杜□ 山館

如管子所云，而是非得為廉不韙，何從傾乃執坐謀，不可收拾，是誰之咎哉。閩中之亂未已，近識又復多所未見之先言其修已，今非大帥堡區連繫邊戍，浙和宗紀術而輕動，重條多議，地犯禁湖矣。易曰：履霜當防其漸，諸之陰而後善，未揆作可謀始之道。學以為近聞其害也。自古記村軍久據會陵，賊守不堅，兵切不能下東南。覆捐歸撤，仍復前欲，大吏因循，又不能去其已。七既穿塞路，冠帽組人至於鄉人來此，不是復川七矣。家鄉雖閉門掃軌，於滅感志，而且傳其憂世之心，又未能已。所累擬亂之責未息，蓋切之至益，以中夜起立，四顧又四顧，辛帝胸肌於帝，亮竪不寐。

蜀事始末

蜀及滇黔產罌粟，販者匯於蜀而輸於粵。道光季年，官立厲禁，遏都越國人，人得而魚肉之，始於集亡命為保護計，繼且明目張膽，公然以烟幫名，刀鎗林立，根據而行，巨礮轟轟，目無長上。地方官怵於人衆，莫敢誰何，為日久矣。咸豐十年夏六月，抽釐令下，承辦又不得其人，烟幫李永和於是作亂。蜀人語辮為𩭧𩭧，永和辮短，人呼李短𩭧𩭧，以此擄脅丁壯，均翦其髮。天下之獨無有辮，有長毛便有短𩭧，是不奇哉。短𩭧而首纏緬帕，（藍）素著賴，人以充帽項帽頂，其匪魁也，以護送滇烟為生，至是黨持異議，殺於官。八月，李蓮糾數萬人，倡亂，旬月之間，陷筠、高、慶符三縣，慶符令翁來雨死之，而民都宜賓縣縣不出。李蓮因得以擄脅男女，從容布置，時度金沙江，逼圍敘府。（太守英匯宣、總兵汪鎮光）駐真武、翠屏兩山及東黃桷樓，時九月二十日也。於是提督萬福集團蔣徵蕃出駐宜賓，而敘府之圍凡四十餘日不解，副將馬天貴死之。時藩（臬李以馬謨援蕃）（未同命陣亡）十二月四日，匪解而竄，由仙跳沱陷宜賓之安邊，由羅城鋪陷榮縣之。

蜀事始末

十

自流井、貢井，則託傳陝撥蜀兜額，猜陝甘兵東下也。其實陝撥移節，滕老南撥成都，且謀度戰，而富榮、犍、樂、嘉並寂，眈眈之匪，均被蹂躪一也。且分股由馬踏井攻資州，圍井研，然為自流貢北、陝西後，補恭府田良領兵勇不下萬人，李鳳懷，而南溪令唐炯等，又多以重兵扼東南隘口。俗同日同時進勦，環攻賊壘，惟有几多精銳以將鄂人識旗，乃匪由庚申春來竄，而資州井研瀕於危。時川東鎮完陞擢提督未幾，羅去，川北鎮占泰代之。甘肅提督郭相忠由軍營請來川共一年，帶陝甘兵，又不服水土，究不得力。二月初九日，成都運郎机大砲四萬丞，所費千金，百姓頭頭相告，以為此破一轟，蕩平在即。詎意匪賊者七日，遂竄藍大順。大順於往歲十月已詣唐炯營乞降，而官軍意又不符，未能決；又值當年新正，所率將士或思建立奇功，未能洞悉情形，時移之所謂移營吳矣。突於十六日五更上寨，黎明，副將張天祿，率親兵五百人，在秀才坡堵擊，自辰及酉，死戰無援，賊乃自暴出破大營，自五通橋、牛華溪、竹根灘，以達關圍，圍數百里，皆為賊有。田良占東高跋榮各地中十日，遂連攻東屯眉州、隔丹神、彭山、浦江，圍邛州，有城戒嚴，城外匪棍乘難民向大户借借借貸，所在搶掠。二十五日，檄田良等赴援。二十六日往馬踏井，結營未定，為賊所撲，所有藥鉛、鍋帳盡之掠而去。維時省南危在旦夕，援軍復繞道入崇慶州，設伏，賊由新津

儻既長驅直入，將如無人之境也。華中賊攻邛州不下，竄入雅州，不向日滔名山、滎經、天全
州，茂都被窺，旋有天元、高蓮之上竄也。李蓮坐守竹根灘，令股犯川東北，全川震
動。斯時論者謂過半，有上聞，有不敢上聞，公孫走數，先是石蓮遽開擁衆大路黨藉
入蜀，杜撫軍有風，潛調湘營送員蕭總風江一軍馳援。五月，據成都，那以候
諸府，李英燦領其兵。六月，李蓮營資州蘇家灣，蓮自雅州出，復滔彭山，擄簡州，
源通場，近僅有城，急於鄉團阻其鋒，不得逞，遂從容滅團。九月上竄洛江，擄衆數萬渡
華馬河，速援郫灌、彭什。時田良為幕友，節桂芳督揭詞迭上，蒙欽使常寶入告，旨入
狀，曾李勝藤劫，而營權撫猜。十月初五日，賊陷趙家渡，湘營防潰，英總死之，湘營副將總
得飭戰，分府控賊寨各邑，據營慶州。十一月，綿州梓潼、劍州失守。十二月，分股陷龍昌、永川、璧
山，如川撫猜，郭相忠往簡州，恐同已等撫猜，蔣玉龍往資州，互相犯陷。辛酉，蓮由川北竄滔
漢中，李蓮援東神，分股圍潼州，攻合州、順慶。五月，欽使總兼參以援軍，政布政使衛貢
子來陣亡於二郎場。六月，營援成都將軍，隨援撫猜。七月，石蓮遽閑，由黔入川，經趙涪州號

東五一　十宮

羊角礦、未幾陷豐江、臨桑鳳、入湖北施南、壬戌夏李蓮敗走天好坪、已而伏誅、其黨竄

涪州之寶游坪、粤匪復由施南陷忠州之石硅、圍涪州幾陷、擾至墊江、梁山、癸亥涪州牧姚寶

銘收復寶游坪、而粤匪石達開擾於敘州、酉州、秀清、

出之道人曰、乙未夏　胡謙以餉絀、准令直省抽取釐金、時余游蜀、如於田　因家往費

歲歲靡費不知凡幾、今果頂即出支絀、何在經營無恐、世論失職、一旦有誤封疆、即費數

百萬之餉糧而不足矣、蓋滇黔蜀之不諒予也、今將書予此說於方來之游蜀者爲誦未

一朝李蓮偏死、咸後三易節帥、澍執其衷、而藍逆竄入滇、短旄也、附於長毛、禍延兩粵、殆起

至饒封万人、取得兩地數、使可撲滅、乃令失轶固紋扁局中、且從旁作壁上觀、鳴呼、笑之

之始竟致炎炎、昔之湘軍直抵巨浸、廿年至是、大半如是論之、川省軍務始壞於蓋、而繼壞

於田興恕、許田良占森等功繼敗、所列捏報者十之、失機者七、頗爲情寡、非逕誕也、而當爲

接後進　御使奏劾　嚴旨究辦、以賊至部、得賄遺賊、此案遂結、胡文忠改在京供職

言公大蜀吏對照以氣類孤、而功不成、即升以道員用、而自蔽有以至州牧者、小人窘作亂

杜書山館

於上民思亂於下吾恐天之不絕地也且和局已亂局終而將維繫其上下官
吏異常放逸異常昏庸異常陰詐蜀之是也雖得一寬菁蜀中在咸豐時拳且若
見凡納貲及從保舉俱指分川者是重寄執權嫌下監司多被匪徒甚層民被禍
匪又率者道文弱之書生精神散慢見諸凡庸諸為羣下所播弄當事人聞議自不任
隆咸名卓義由陝移蒞蜀人無不震驚彼時鈐兵軍務為未大備倘能兵衆剋日東行
賊便乘風而來殺所記先據有奪人之心也乃前居蒞首藩王孟張祥第一與吾鄉
翁次竹太守為將而以軍務付之粗極且使自統不守錦繡江山一旦被禍以諸謠譁
總擬吾區諸弦君將之而老及之昧自是蜀之命出命兵其歐年川東北必殺燒
氣而略為門闌前得以迅掃賊氛也其神算操在於前軍寬之官將有以折賊
勢也昔張綱甚埋輪之慨氣懾豺狼者睹播破柱之威毛者孫鄉以今證之不
亦於讀

陝甘回變 起同治元年壬戌

陝回之變，釁起華州。華州人種竹而不鬻筍，羅守也，嵗竊其筍，輒破殺，而官斷無此味，其忿經紂利其習爲亂也。同治元年壬戌，渭南回與華州人爭竹林，回子毙武牧令治不以罪，臨渭回户擧國然忿起，於是督辦團練在籍副憲張芾，馳往曉以大義，遂首擲而殺之。倉卒鎮維時，川逆藍大順踞洋縣，其弟二順據商州、山陽、郿縣，興回且煽而粤逆糾皖豫之捻，出沒武關、荊紫關，復與川逆通，踞漢中、中雅居之，以蜀藩劉蓉總英棨撫陝剿。劉起家校官，以理學自名，不知兵，賊迫城下，調度乖方，事急不戢而撤，柱死之。胥如山邑，今灞橋左右，游術一萬柳，不可得也。明年癸亥，西安將軍多隆阿自樊城直馳臨渭，焚賊巢大創之。十月，大順陷盩厔，隆阿移師清攻，甲子二月二十三日，復其城，隆阿受槍斃。大順竄至漳會聚，在籍主事管蕩弟練殺之。二順亦斃於山陽，竄伏商州之二郎廟，旋亦殄滅。臨渭之回乃逃入西口。十月陷新疆三城，圍伊犁。回地之平涼、寧夏、擧昌、秦州及西寧之狄河二州，皆響應。先是河州劉盤以私怨殲甘崔楊三莊漢民，其徒數百耳

陝甘回變　十三　東[illegible]官

當道不能誅，乃務為煦嫗以柔之，梗回得大張，遂勝靖集十八會，種人煽動，秋回未決戰

而悍賊未甘肅巨患，有客回，番有土回，此氣益熾。乙丑督師楊載福至，分防移徙，訖無

成功。算州已羣帥互起猜嫌。丙寅二月初三日，蘭州兵變，越日河北回酋馬士彥窺偪

省垣，大帥僅免，於是閒督左恪靖　命督陝甘（兼）。丁卯劉蓉得罪，代以湘撫劉崐，回恆

自用於練，前撫陝之吏治益壞矣。於此時蘆遂已死，回氣少息，殘賊竄於恪靖威名，相同

不敢動，威長左右諸郡縣，楊岳斌請而過長汧隴以北，蘇甘之蘭固慶涇河狄等府州仍同

從賊。踰一年己巳，恪靖提兵入甘，而陝撫遂未肅清，補行科舉，恪靖進剿平涼府土匪張

貴，克復肅州。乃十月提督劉松山陣亡，回匪又竄綏朔諸邑。庚午正月，且由口外繞晉境

於扰榆林綏邊，復入咸陽，轉至大兵之後，焚掠俱震。廷命李鴻章督辦陝西軍務，未

至，賊退，神木各縣乃難，當事者頗入告，不虛作反語也。甘回首逆馬化龍盤踞金積堡，狡

猾異常，以妻招撫為局，屢叛害。今年忽輸誠，發陝人附所陷異寡矣。

話之道人曰：歲丁未余游長安，陳梅莊刺史捷與余言：涼肅深南渾動，終為亂階。後十

年赴蜀過來南鄭目擊華靡之習恬侈之態因嘆古成人憂深慮遠也然往北粵達
秋楚務離南山者衆如時及千兵屯豆鎮賊不敢偪所游捨脈轉出河鞏潼關以郊造
經蜂蠕西南山圍者甚余方有挖鋤采藥如者爲川爲楚湯湯趨入褒斜沿建節北范
無鄰戒也非以來爲乳耗未遑南顧者夫回漢相爭二百年錮兩俱張遂三世皆育
國家雲覆是以回民守志惕伏不敢爲非真海晏合作恨扳換 國威被教遐邇者
圖視兩想非無亦之亦非一朝之故也西安漢回錯處向來官陝者以涇渭為美挾其拜
餘火耗三倍甘肅大抵取之回戶耶溫利生孳因感倒置外盜乘之生靈塗炭矣伏
請 憲廟諭回民既為 朝廷編氓即為 朝廷赤子 今上元年諭令該回民等
久隸中華同處 國家覆育之恩食毛踐土二百餘年其間游登仕版者亦復
不少豈無天良何至甘為叛逆推原其故則由地方官辦理不善遇有互鬭等事未能
持平妥辦以致仇釁日深從前陝回倡亂皆由於爲漢所不容時造洗回謠言冀煽回衆
而奸徒漢民又常以殺回之說轉相傳述豈知 朝廷一視同仁初無歧視嗣後地方兵官

陝甘回變

十四

東華山官

及地方文報務書多良善，不令洋匪序平仇鮮，日隊滿同登，祖席以為炎諳之告誡之

子孫大計。要之，今日海口為數所封疆大吏不與焉，右君之心，惟工壽歸乎，居不能

勸，非西不能治，非西利不能理財，非西法不能居民，不能招賊，毋循粉飾，首鼠兩端，出木之中，朽如

内之内腐也，其餘之枝葉皮毛，蓋不足恃也。不然，嗟乎！天下以盜賊為患，而亂天下者不在

盜賊，亂國者不在真才，不在小人，在海國而在上之不知，賢而不視用才，在上之輕重而不知所察

蔚然士能耐苦，肌膚實，宛地橫，禍變迎新，倘有異材出而從，國家備指之用，而彼

下居民上地，國不必亡，所憂在於對敵時，暮之語性命者也，上之與於此也。伏惟王權勇心，悽惻發之

以學應需，次陳所著諸書，戰防宜知，凡屬寇屬，機屬方屬，勢勸捻國本等卷之詳

切請回講其條目，正直是興世之為，王君勉亦是力哉

武建疑應作撫建

福建軍務

福建寇蹤，於癸丑迄乙丑，其被竄者皆在上下游，而福州幸且無事，此元道州所謂豈能力
制與，蓋蒙其哀憐而已。下游小刀會匪之亂，起於海澄，不旋踵而破漳郡，與陷漳浦、長
泰、同安、廈門、安溪，其魁則賊渠黃得美、黃位也。上游紅錢會匪之亂，則龍巖篁師黃
有使陷永安、沙縣、永春，武生林俊爲之。其圍延平，於陷仙遊，蓋集棱寨兩斷至凌松亂閩人
窮蹙矣。其冬始平之，擒林俊，跳梁兩載，連安敗。至丁巳秋，髮逆於國丁巳年春二月，粵逆孫四眼改後
四
石
經瀘溪，乘雨夜掩入鐵牛關，廿一日攻光澤城下，三十日以地雷轟陷之，進圍邵武，三月
望日，郡城失守，邵武知府、知縣孫翹江死之，郡丞相繼淪陷。其由鉛山入北，取道崇閒也。三
月十七日，陷崇安。六日，陷建陽。廿七日，圍建寧府，總兵某閉關不出，建安知縣何鎮
之無告，圍出勸，父子死之。先是石逆竄江西，圍南昌，退據武建，謀有趨入福建之勢，
於是撫臣懷保奏將延平糧儲道王訓駐杉關，知縣王凱死，授邵武保泰逐，劉疾歸。
四月初四日，總督王懿德以五百人出防，駐延平，另有防兵八百名，由此調援之，時則

福建軍務

十五

東道

十官

惟溫台兵七百八十名、由福寧取道邵武、副將吉祥兵三百六十名、分往建寧、此三路兵力以堵上游、已無危瀾、乃邵武之賊復於王師出時之日、由泰寧破寧化、內引小刀會於初七日、陷汀州、郡城及清流、歸化二縣、幸東西溪團丁、協力聚眾數十萬、沿村報賊、而副將畢定邦自江西帶兵馳至、江南提督周天培、奉侍郎曾國藩檄、亦率援師至、屢挫賊鋒、五月初一日、賊遂退踞河口、戊午石達開圍浙江、衢州不守、自岑易闖入崇安界、急趨浦城、浦城富而城堅、人皆藝宗、諸生黃美中、詹先欽者、奸人也、私與賊通、賊薄城、城守者弛職、二人急止之曰、我已議和矣、賊遂攀堞上、城遂陷、死者數萬人、今歸治、盡燒倉穀灰及昌閣下、於是賊以浦城為老巢、而建寧七邑、復淪其五、仍藉東西溪團丁之力拒賊、數月、時浙江巡撫晏端書、以衢嚴多故、檄總兵饒廷選、副將張勝蛟、帶兵勇馳援、又洽幫辦軍務提兵[illegible]天麥李定泰率選勁旅三千、取道龍泉、赴浦城、協同會剿、是時曾侍郎由河口營到浙、復奉　命援閩、擬自鉛山進軍、賊始有懼心、令黨寇四江西、圍廣豐、窺玉山、為牽掣計、秋、諸軍集浦城、七月二十六日、克復松城、建寧

戴疑作戴

鎮游擊王興業亦於二十九日復崇安，而援兵周天受先於初六日復建寧，賊乃竄據順昌，陷邵武，而汀州亦嚴備不守，計陷郡縣十城，秋退。時從猾是端也。紅錢會匪自癸丑後踞延平九龍山，知府生黃清討之，窮其穴，竄建寧，黃清誓滅之，其部守備王三刀、千總李景新戰死，黃清憤，一日自率百人出渡水伏，發死亂，從率平之。庚申，廣東嘉應州賊寇數百人竄入武平，生知八十四不設備，汀州復陷，參戎遁去。壬戌，台灣嘉義戴萬生為逆，總兵　知府孔昭慈督兵剿辦被戕，陷嘉義，圍彰化。甲子，嘉義克復，及五月彰化始圍，逆黨楊金環等伏法。時金陵敗寇竄江右，提督鮑超剿之，入邵武，侵境陷建寧、寧化二邑，踞之，隨亦遁去。六月，金陵平，殘寇四竄，其伏匿於江西、廣東、福建者尤夥，於是巡撫徐宗幹奏調按察使張運蘭、陸路提督林文察馳往汀州一帶防剿，冬及武平不守，運蘭陣亡。九月初日，漳州土匪復勾引粵匪李世賢入城，賊鎮道府縣盡被倉卒分解竄處處，清兵奏罷鄉試（時鄉試在十月），檄文察歸兵各百人，陷運募勇。十月初三日，由江東橋半夜竄據，一軍盡覆，文察死焉。是時賊約十餘萬其賊有四：一為李逆，一為汪海洋，踞連汀南諸、上杭、安縣之南陽；一為丁太洋、林世揚，分踞詔巖，迭敗官軍。冬十二月，總督恪靖伯由杭州調蘇浙諸軍，以提督高連升、黃少春統之，飭駛輪船而進。恪靖駐節延平。乙丑春二月入省，李逆陷詔安，知縣趙仁麟死之。夏四月二十二日，李逆遁，汪海洋殺之，而竄廣東嘉應州。恪靖於二十七日督師往興化，然後進駐漳州。提督高連升尾追入粵，破賊於黃沙。秋，粵撫郭嵩燾請以恪靖節制閩粵浙三省，朝議從之。冬，入粵，以提督鮑超軍圍嘉應州。丙寅春，海洋自斃，其黨伏誅。旬月，恪靖凱旋，而學安以鬱寧淑宴蹈邑戕官，旋撲滅，以齋匪入告。其先永春抗抽釐金，一變；勒上塌堡額姓一村，民頑不誅，民益亦不懼也。厥後有使王徒榜李撽，勸莆仙烏白旗及尚幹積匪，是皆怙惡之鄉，既國用重典，此其宜矣。嗟乎！道人曰：福建瘠土也，道光間英夷滋事下游，寇亂及咸豐初年，石達開再竄上游浦城、順昌，屠殺無遺。同治乙丑，李逆竄踞漳州，至今野人猶聞鳥也。嗚呼慘矣！其劫至可逃耶？抑亦依之靡靡人心之佻薄實有以召之耶？漳州海壖居民，健訟而習為

甚濤恥負不恥餓微利所在父可無子弟即可無兄即一姓聚族而居亦無不以大濤小
以眾暴寡睚眦之仇每擲列械互鬥焚掠殺戮始不休浦漳西山先生故里物理
學術自今未泯乃銅蔽之所充與召漳同即此道藥上干天和所以刹殺机固皆
自道咸以來有司因循姑息釀為此地之變禍端濫觴正無紀極至康熙以來
先士苟能振作痛除之而治國衙人心貴於有先倘弗尊崇洋化斷難維持矣
此所要詳究者夫軍政之廢弛吏治之無循此固大力者運之左宗棠請奏閩省情形
閩省吏治軍政之壞由於因循粉飾已非積習相沿鄉紳更易外觀雜為無他而均
據則雖有一二可影實據臣入閩以後詳加訪察覺其習氣之深竟與咨有十年前
景象無異綠營既廢一省之知營兵則無一卒之堪用營餉則無一月之能備閩守令則
樸拙無能得其人寄局負則練達老成指揮而民信則悍戾桀驁生成固據流氓
所在匪盜淵藪官司莫敢誰何其在都邑寧畏戢而不畏官其在鄉國則抗官而
為通賊制兵卒虛存冊籍訓練久荒試演則但為掌故所技均屬疏惟尊致弊之極紛有數

福建軍務

十七

東[illegible]山官

諸省捐例同開，流弊雖多，尚有限制。開有鐵木砂索，雜以通行，乃國務收捐
為錢籌通融之計，捐生買票上兌，層遞減折，照荷例傳暗得便宜。一經得官，即不畫
捉子出入仕之始，即懷苟利之心，亟思稍收其子為捐升之本，而且無署必計年限
更換多因調劑，其作官也，但為經商；其視官也，一如傳舍。此吏道之所以雜也。制
兵之餉，本不為多，或又減除之，減除之又已二年，或每月給銀二錢，而米則借發，或每年借得米
一石二斗，而隨到全無，非曰留平補給，實則一概無時，如值時而素無荷，始用命其
誰甘心？其黠者且納貲以捐千把，但能營謀差使，便可稍有羸餘，千總有匯捐出都
守參游地，官秩稍崇，則索陋規，并欲取償，大都為軍但曉謀利營私，何念整
軍紀，此軍政之所以壞也。閩省山鄉僻壤，本地所產穀米，不足供本地之食，民人
謀生既艱，復有惰游不勤工作，又且東來鴉片流毒日深，吸食者十人而五，其流為盜賊
勢所必然。況自吏治不修，官司不知教養為民生治本之策，已而官司不知政刑為何
事，治標之策復失，民無恥為盜之心，小則伏路殺人，大則入會行劫，而盜賊日熾，知盜賊

楊尊山館

虜則兵不足以制之。勢不能不招募為勇，勇丁散則復為盜賊，更加以粵東游匪，下為奸

民雜錯乎湖，於是閩中各郡縣皆匪與盜之淵藪矣。何怪巨寇一入，從亂如歸，但數計

可頓痛恨，惜帑容受練兵，不數月而移節陝甘。此次擬指摘臣態經初中丞富藩等案，

請裁撤造冊。諭旨煌煌，飭令停止，而延宕數復擬益，嗟嗟我民，兵燹餘生，乃復處此。

勝數。果乎有滿於心，兵能於民者，復而恨而元年御史丁紹周摺言今之抽釐，功補大

案於地方官之所為，行於經理得之無狀，所無之見，不必寔於稼穡也。凡有屋街頃

戴地皆不完其任。無負之，不必詳提司道也。凡各省鹽課皆由某撫其服官有迴避之

條。無負則必竟其威，皆無所引嫌，官欲銷之，以為之擋。無負則或減或增，莫可深考。大

吏以之為可思之具，屬以之為營利之途。前各有罪而無負裁萬專責地方官

經理，從之官少則辦地方官，果然奸屢發，此地方官不屬社稷民人，同所託，國不

被抽釐功指也。四年侍郎殷兆鏞言各省釐捐無害，不顧其娼，及為兵餉起見，

其後官仿效，匪伐之而加也。知臣觀其欽植征之，好極矣。殺層抽捐名色，始終

福建軍務

小官

惹鼓，而官親幕友、游客劣紳，爭先垂充，善爲招用。今箭旗牌枷杖，仍張多私屬，

噬狼吞，肆行保舉，不數千萬，雖缺實歸正用無幾，不但民怨沸騰，且大吏徵此

爭端，交相構怨，強者自俳，勢稍偏紐，擬請軍務已平，省紛飭遵，諭飭停止，藉

捐，勿任恃功虐民，實不可聽。嗚呼！大東小東，杼柚其空，詩人告哀，此其兼也。福建

情形與江蘇異，且與武漢異，僻在海隅，非商賈輻集之所也，非舟車往來之地

也，又非如珠崗翠羽琳琅玕之藪，羽毛齒革，絲織組之鄉也。上游負山，利有

米茶竹木，下游備海利，有鹽蛤魚蝦，此皆民間日用所需，需不能不日謀之於市

者也。官取於商，商之取於窮，窮之取於民，自織機以至奴僕儀從，以易需於是民間

百物之價，大率一益而三。厰後釐金局設，於是民間百物之價，大率一益而再益，

而十已。夫富商巨賈，皆抱市以牟利者也；紳士胥吏、書差、僕道、役夫、奴僕，皆抱市

以貿易者也。天下無十倍於昔之利，有十倍於昔之困，於是紳士窮而益濫，積夫

無所居奇，吏胥奴僕以窮而作奸，僕道役夫以饑而爲盜，燃萁抽屋之禍，莫能

抽於行商坐賈，而抽厘之實，皆抽之百千億萬之窮民也。蓋益陽胡文忠公再造
楚北，規畫東南大局，若謀籌餉才，重貨幣，特有厘金之設，意在利民，其言曰：自
漢以前，商賈之征倍於農民，而後世反輕之。王安石宣天地之產以為正供，已是給
取可以與民休息耳。此亂軍興，照田百稅並舉，非有所殘於民，實不得已也。此不得
已之數，天下後世當為諒之。若云非有所殘於民，實損於私，害於民，古之時所無
流弊也。其所以為此，蓋以稽覈也。其所以為法，遏卑也。其所以為稽察而害也。只
相類，以為保，上勞也。其所以為法，管理繳銷也。今竟所以為法，稅捐繳納也。然其婦女
只因禁錢糧也。民力困竭，去而數之，不奪稍寬取，是猶不揣其本而齊其末
也。不爲於此，舒緩其病，病死者有以遺之。其益，露根有以斷之。其施設
者，欲有以顧之，無所從於商賈，而商賈轉運，初無有利，而所取是以商賈之征
俱歸農民，以抵數也。今則購物，由取之闤闠，薪米油鹽，來源則取於販鬻，實
非商賈，非貨，皆以病民耳。且借以侵奪窮民耳。只在駐漳水陸通

大 東生 官

衛舟算車籌，此即府海關為权宜富強之計，以足兵之糈，賑飢人不致

又善於用人，不用官吏，故向其見利不見害。後人襲其説以飭其事，不度地利，不揆人情，

小則民困沸騰，大則民心背叛。又且有勢者亦自悔作法於涼也。若謝策理財，不用

吏胥而引士類，置其福州以錢鋪濟之，官設永盈錢局，擇錢業之老於其事者，俾其

出納，而變其法，本於官，鈔則百姓取用，自有數十里之鄉民挑來赴局兑取官票，報來

凡情形洶湧，而向之挑錢兑票者，皆轉而持票取錢，錢不勇跳而支其局，殆一敝之

以大錢而銅本太輕，私鑄紛起，再敝之以鐵錢，而民間苦其重濁，不利輕齎，官局

錢票遂漸次減色，自九折八折以至二折，且由一折而更減為六折，物價日益加昂，

而地方之財源日匱。推其禍則固由戊午抽捐，亦不有官票乘機而攫其贏，民買出

無以至利歸也，以耗歸公，如取如携，豈能所收以歸，而官局亦不可濟，而民間苦

不聊生。戊午三月，宣慎特置幾之職，徵假手非人，貽誤至此。悔不追咎，追撤局

之比，得以不舉一官，不保一人，緣特旋至未及之，並負枉屈私人，山高帝遠，閩人又小

杭　山食

心思所知以枝葉於名目若案都刑五字之稱天乾之好後皆要辦陝西刑蕩刁逮
成案與負伏誅大籍沒株連數族數百家福建瘠土地元氣重傷百年不復舊之
以考之其濟於軍國者曾有幾何而徒紛於巧匠攘於苛紳飽於奸吏者不知凡幾
此同治元年總督耆齡奏請裁撤鹽釐案內官員有 旨刑訊各員耆訥閩
海内風氣且從此遂復乙丑條陳入奏此等乃以狂風掃葉而其遂查抄論成嗚呼
小人不可與作緣放於利而行多怨豈不信哉豈不信哉

福建軍務　　東華山官

棣華山館

廣東寇警

粵東多盜，咸豐初，盜匪於寧田。乙卯，民變發源於東莞，今以捻宗船隻編規繳費，遂致竟延肇慶，已陷復圍韶州，廣州屬邑淪陷者不少，久之始平，而餘氛猶未殄也。己未，由連石逆達開自江西入，前後十旗，每旗數萬人，圍韶州十閱月不下，竄湖南，敗歸廣西，踞慶遠府，復分黨由富川、賀縣竄入廣東，擾連山廳，走湖南。庚申正月，復由湖南藍山、桂陽、郴州竄廣東樂昌、仁化、始興等縣，及南雄州之百順司，副將冷萬幕擊走之，屬集清遠縣，四出焚掠。八月十二日，竄江西，從安遠縣、連營六十里。十二月，仍回廣東，闖入平遠縣。總督勞崇光、巡撫耆齡遣軍圍剿，復分擾嘉應州，逆首陳金剛竄踞信宜，連年抗拒官軍。癸亥九月，其黨鄭金、劉趙斬之，投誠於是，各逆乃復。鄭金路名紹忠，賞給都司銜；劉趙路名繼義，賞給守備銜。是時截逆梓潢竄肇慶，石逆餘黨李惟鑣竄連州山內。甲子，全清殘寇歸之，出擾東安、高明、鶴山等縣，總兵卓興、將軍勸平之，擒梓潢，而福建提督使張運蘭亦獲惟鑣於連州鐵坑，均伏誅。乙丑，粵逆汪海洋自福

廣東寇警　二十一

杜其之食

建毁冢嘉应州及镇平之远之亦踞之、丙寅春自楚

此之道人曰夫乱之所由起也微也微止在守土食其吏胥并其开出无穷祸变前

辙之覆后车之鉴也乃吾乡其事迹而不惜也可慨也陆桴亭先生论和战而归咎于大臣

都邑官大破成格凡进士举贡监生一不拘资地但有文武干略者与便宜委以

治兵积粟守城之事有功即以为其地之牧令若此则将无世所不皆有守御今将吏

部治要以贤能随在充数且兼封疆也盖为明末流寇言之也今救九会人犹败都统

曰州县为亲民之官今则州县且与一切利弊置之不问聚其钱债猾胥敝政闾阎

之脂髓上以媚上半以私己非理以掠之非刑以虐之百姓鸡鸣已而不得免责则死不

复为矣穷且泽之遂横起知而当时为之地方且欲剿之神既猾悍为乱如寿祸

习之若化之搜以为我官也彼难为之官也官而不换民抑之又为之纳州县贿遂相加祸

谋之而祸之起于为谋者为谋官阔诚而之破故陵社为州县而乱乃得十之不止得知也吏弭祸

于乱之仍而[illegible]后之以为有祸之乃知生乱吏不必祸也而要知且十倍于此也

与桴亭先生论同而谓益痛切也知

粵西餘孽

甲子金陵克復，粵西餘匪如蕭浦張高友、新寧吳凌雲、容縣范亞音、貴縣黄三友，均於其年先後蕩平。最後則有岑溪仁庭，延至丙寅秋，始剿除之。仁庭倡亂於咸豐癸丑，盤踞左江，迭經官軍進剿，先後撫州縣，經克永邑，擒斬偽將梁安邦等。仁庭復踞山潭之巢，築險設防。至是巡撫張凱嵩、潯州府梁培一道，遴卓遠游擊，從兵李世進。五月，克巢進攻，掃蕩百餘賊莊，踏平數十賊壘，直搗其根山潭老巢，破之。仁庭復壓踞內圍，副將王國棟等斬關而入，殲賊無算，餘孽退踞古宜，仍思乘間衝突，各軍奮勇奪門，縱火焚燒，賊黨殲焉，庭亦授首，於是肅清。

山之逋人曰：粵西自己酉後，首垣以外匪地方賊，壬子生發，擾江南，始而聚此東營不恭之聲，有司狃於諱飾，又非兵勇坐鎮之初。己未，石達開回粵西，走桂林，萬達寫州，踞有廿一年，四軍門興，悉地往勤，據於是距入黔蜀，而究竟戕匪窩伏莽，復起十年，於後蕩平。嗚呼，藥之何益，鋤之何難，耶實有訟以記如漏之

拙禮禮義以刑罰，消之，禮刑罰，刑罰禮而民知耻，禮背禮義，禮而民親自禮義之為也

而行，皆國家之錯，法不當，衆方且漏網於吞舟之魚，故終至於不能禁，而此其所以至於

而後可衆殺，然無恥見利則趨，見便則爭，滔滔者皆然矣，蓋由不獨罰之可明也，知也

已。夫天下之根本在人心，而能正人心，必先明義利。　先君義利論曰：義者，對利而有惱者也

相既勢不相並，今行一事，謂行而宜也，其心未有不濟者，如影之隨形，如響之應聲者也

相既，今行一事，一心計是非，一心計成敗，計乎彼則失乎此，如水火之不能合，一如黑白之

不可參淆，故曰不相為謀。為天下國家者，何嘗自私自利，其意皆為國為民，頃舉一典，設

興力役，簡一兵戈，設一爵賦，輒棄費常生數十百千萬以聚人，曰財理財曰義，於以行義

義也，食利者由於其等，謂義莫先焉，利往之來，見其利害，已不能轉寧也，將遺害之為

無利亦不暇矣，何暇之義，呈負其然也。義利之辨，王霸之分，原其所由生，究其所終極

其端兆於性情心術，其禍及於天下國家，是故義在食貨無所溺民也，必不得已，則兵亦可去也

去兵非無兵也，必不得已，則食亦可去也，去食非無食也，自古皆有死，民無信不立，非真置之死地

為幽匪閒不拘於情之偏也不敢以兵食妨民不得以利益並義知其不可並知其相因其互因其自然耳有德此有人有人此有土有土此有財有財此有用非其相因其為德其本也財其末也又可相並乎哉其國空則未免諱言利也利者義之和利物足以和義空則所謂和利又何足言矣是故仁人君子之心皆無所為而為其施於民也所利而利之惠而不費乾始能以美利利天下不言所利正其誼明其義也已矣人主清心寡欲明足以燭照姦邪幾足以神察微天下之積弊不以漸而更張之則不以驟張使行息乎倘自天祐之吉無不利唯義之務也

往歲自蜀道阻於道，莽，扁舟迴泝巴瀘濠出，間林木風聲，倉皇無載，每值及隙，數瀕於危，深泊因依，時過粵人及江南北人過訊北，好談賊中事，退而記之，尤出之餘，與東南底定矣，回首曩時，驚風駭浪，如夢幻泡影，而世緯未靖，杞人之憂，正復未艾。庚午秋，重游小湖，曉復天寒，戢暮，予於殘帙，身世之感，根觸百端，因檢舊稿，編成四冊。辛未夏，遣表婿畏，適枚如過閩都門，持以相質，枚如移書商改，時秋深矣，茝塍餘生，猶復遇出參拄小湖，更探淩母回憶一慕，枚如安之。其明年壬申，枚如赴丹霞之聘，秦六移棹延平，就芝南講席，人事煙攖，明病數月，私念糟粕，都未就緒，此冊非不自愿洗，毋乃重負良友之拳拳乎？少稍炷力，重訂一過，非搜羅包羅，為待於將來，而分合輕重、刪繁就簡，要自有質枚如，或不以為謬歟。壬申孟秋中浣，啞啞道人記。

卷十六 山食

八閩文庫

福建文獻集成

續編　史部

一六

吴格 主编

八閩文庫

文獻集成

256

海峡出版發行集團
THE STRAITS PUBLISHING & DISTRIBUTING GROUP
福建人民出版社

本册目次

古田縣教案紀實草一卷

[清] 秦炳直撰

北京大學圖書館藏民國間抄本

古田縣教案紀實草一卷，清秦炳直撰。炳直字子質，號習冠，湖南湘潭人。光緒元年（一八七五）舉人。官京曹十餘年，後署福州知府，官至廣東陸路提督。一九一一年十月，廣東革命軍起義，時秦氏守惠州防務，兵敗投降。

此書無署款，前有英領事滿思禮美領事賀格生交際紀略，自述處理古田教案間與英國領事滿思禮、美國領事賀格生相識始末。文中自稱「炳直由諸生乙亥鄉舉內閣中書選補」云云，知撰者乃秦炳直，彼時由內閣中書歷保知府，分發福建，充善後局兼營務處提調，時年四十二歲。

清代閩浙粵贛各地齋教流行，以持齋戒煙爲倡。因「齋」、「菜」音近，又被稱爲菜黨、菜匪。古田有頭領劉祥興者，聚衆至三千餘人，光緒二十一年（一八九五）六月十一日，古田齋教信徒以仇洋惡教爲名，襲擊避暑古田華山之傳教士及家眷，死十一人，傷數人。英、美通牒清廷，並以軍艦進駐閩江口相威脅，是爲自同治九年（一八七〇）天津教案後之第一大案。秦氏時方到任，自稱「從無涉及外交之事」，即遇此事，親與死者驗屍、安撫傷者、懸賞通緝其首劉祥興、張九九、閩清七、杜朱衣等人，事後追憶，述爲此書。

此書末署「癸酉十一月二十日記畢」，則撰成於民國二十二年（一九三三），文中亦云「而今隔四十年追憶前事，後復有庚子之獄，丁未江西之獄，辛亥遂覆有清，全國大變，無窮遺憾，則殊有不忍盡言者」。書末有「共十一頁，計五千五百十八字，民國三十年七月傅壽崑鈔，錯八字，落一字」一行，知是本乃傅壽崑鈔於一九四一年者。又福建師範大學圖書館藏抄本一種，乃一九六五年據是本傳抄。（林振岳）

癸酉年長至後冠豸追記

「光緒乙未年」古田縣教案紀實草

英領事滿思禮美領事賀格生交際紀畧

炳直由諸生乙亥鄉舉內閣中書選補光緒大婚保升侍讀並委署侍讀凡內閣及國史方畧諸館本衙門及誥勅房撰文諸例差等吏歷殆盡而從無涉及外交之事至甲午方畧告成由中書俸滿分閩截取同知保仍發原省免補同知以知府補用並加鹽運使銜時年已四十二歲到省後充善後局惠營務處提調未嘗與歐美人一握手交談也迨來古田辦教案甫到七八日大羣洋人領事教士繙譯皆到我係地主有保護之責前往接洽羣洋人三方圓任言語一句不懂兩繙譯一梁姓一許姓彼告繙譯有問我即告繙譯有答而彼之繙譯群從閩我有言即群相筆記我答定主意於其實事求是則待以不欺於其虛聲恫喝則示以無恩自良正至未正後腹雖饑而彼大幫洋人啜啜不已我即不能停舌

再看表已過申初余遂告辭曰此案非一時所能洞徹好在貴領事業已逺來儘可隨時商辦歸後將到縣所辦聯甲章程一切咨行文誥賞格各稿分別抄齊照會兩領事請其詳查有無不寔先是函牘致兩領者衹用一函合致兩人許繙譯来言賀領不願以英列前美列後因美係正領而英係副領又美領先到閩例均應先列遂分作兩函而分致之函尚未發兩領事同時来謁送茶安坐慮其復有所争到後余面詢兩領曰二君皆逺客皆極和好邦交坐次究應誰先滿曰賀本正領又来閩在先自應尊賀惟此案死者皆英籍應由敝領事作主余遽舉茶向滿領事曰請正坐賀領面色大赬坐極不安然不能為他辭也論賀領人殊莽蒼猙獰每謁邊公託故不見而委下走招待動致竟日糾纒到已登輿猶可糾數點鐘日已瞑昏猶欲撒铺蓋来明早見督支吾可謂極苦

幸此案由英領作主不肯説太無情理之話也

古田教案紀實草

閩古田縣居福州府官之北而當建延南萬山之中道路崎嶇民氣蔽僿易為邪說所煽本地紳士舉人林承安云每數十年必有變亂昔曾數見劉祥興者江西人習釘秤為業而以持齋戒烟為名倡其徒積久縣差張濤即張赤及杜朱衣閩清七從之轉相挺起以齋菜音近又名為菜黨轉相嘯侶蠱惑至三千人甚至聚為賭博刦奪耕牛燬人房屋官不能禁先年冬間有聚衆抗邑宰之事總督譚公微聞其事委李同知往查其時甲午年秋間日本方因朝鮮事與我搆兵海上閩疆素貧養兵僅十九營不敷調遣李同知稟復多隱其事至二十一年五月間古田縣轄卓洋村復有菜匪致斃人命之案總督邊公寶泉抵任不久派康參將善卿查辦尚未揭曉而風聲愈大再派唐有德帶兵駐地緝匪臬司張公

曾歇亦委撤任漳浦縣何鼎會同查辦該文武等甫經到縣菜匪乘其未悉底蘊六月初十日夜託名仇洋惡教遽聚衆二百餘人赴離縣城百里之華山英教堂索借銀錢尋衅焚燬洋房傷斃英國教士史犖伯父子及婦孺大小十命受傷多名美國女教士實姑娘亦受微傷自庚午天津教案後外交無此巨案也柄直自去年八月由内閣中書截取同知以分校西征方畧告成保以知府分發閩省稟到未及一年尚未甄別例不能署任奉權首蒙尤為越分以軍務奔走有勞為督部邉公器重豪特委閏五月初八日受篆僅逾一月膺此艱鉅知好無不為我疑慮此案既出自是責無旁貸惟稟見邉帥則正在藩台黄毓思澤臣湖北人臬台張曾歇小帆南皮人稟見之後均云老帥傳諭但君迅即親往酌辦一切無須特別請示余既不須稟見督部即到本官廳與閩縣方令朝槼商量我署公事

請其代折代行侯官戚令揚在側並囑其助理一切旋兩司同散照例府縣站班送之而張臬司不知我與兩縣言事致延疑我有意推脫不往古田故詭意曰予尚未啟行耶余答曰世間無不了之事不須迫促為也即從之出歸署午餐起程由洪山橋登舟戌刻至竹崎買上因上游水涸小輪不能行勉強撐上數里至大漠泊爲次晨十三日拂曉上游有艋艟下行舟子立船頭相招曰請就見詢之即前日華山被齋匪慘殺之屍船由鹿教士與縣差管解赴省知余係福州府守故請就驗余急欲過船驗明諸僕役等群阻之皆曰此外國人待我中國人無不用葯迷醉大人萬不可與他們相近余正色告之曰我民殺外人至十數口屍首全在我部彼解屍者皆屍親我為地方官即是事主屍親向事主要屍手是自然之理何能避免不見即下划子直上其船見未加漆白棺材六

副詢古田解役及鹿教士答稱六棺寔裝菜匪殺死之男女大小廿
屍余即於各棺上用墨筆分別題明號數及裝屍姓名緣督部疑
古田山僻之中不應有許多洋人或故意多報為異日多索卹金
之地余察鹿教士心理實以喪命為重並不覬覦錢財棺外尚有
小孩約六七歲被菜匪用尖刀從左目戳入穿入腦後正在痛苦
呻吟余極加矜慰並手撫之惻愯頗出至誠鹿教士曰此兒若
早送到省城南台尚可醫治保命意欲求得一小輪拖送而江中
無有余遂解我官座拖剎急拖送南臺孩雖終死而鹿教士見我
之愛民不分中外以後此案全由主教班維蘭決定教民或向班
別生是非得鹿解釋涣然矣我之拖剎既解前途水愈淺有節節
難行之勢幸開行不遠前日營務處送兵赴水口之小輪反省直
駛下行命其轉拖我船答稱煤已燒罄命其購柴代之竟可行接

拖後直駛無停船既較小舵工衡道又熟黃昏即到水口明日陸行百二十里計無所阻私幸沿途遇事得機或不致貽譏覆餗次日早登輿節節皆崇山峻嶺正昔日黃筞山同年所言黔山相同據土人云對岸咫尺之山以為一躍可到不知懸岩深谷蟠旋上下步行數十里日瞑到縣委員何淮浦鼎（桂陽州人）及署知縣易筱雲簡（廣西人）均接見淮浦卒然曰大人福氣真好華山殺教士案今日已拿到首犯林某已收監矣欲藉此掩飾其顢頇以辟處分余曰何以知其為首犯何曰已搜得四方木印〻文為盤古帝王之勅請電告督帥轉總理衙門奏明云〻倉卒間無從斷定真偽旋將賊印交閱唯唯而已而內自恃度一切非從容查明不能輕有施行就寢後細思此案必以確拏真兇為要著而訪聞齋匪數既衆多首要多已遠颺本地紳士舉人林承安為奎光書院山長明

於事理而有品格延入商辦聯甲之事手草章程並懸重賞首犯八百元問明出力等第分別先賞以堅民信蓋出示後民衆多疑賞係虛懸故必藉此以破其惑無絲毫之虛耗貧瘠縣市素所不見意外之財如此之豐者又本犯應正之法紳商四民無不助同拏究凡環古田縣境通衢繁市及密箐深林之村文誥先已徧布逮寗鎮家懷亮字茂林昔由左文襄巡捕出身曾專電懇其相助首犯劉祥興竟由該路逋逃為其盤獲解到自余到古田部署一切後所有應辦究犯除葉蝴蝶一犯八月節後始獲其餘要犯不過月餘皆已拏到余與英領事滿思禮美領事賀格生會審近四十堂本可早日了結緣刑幕費端臣辦正法稟稿引用懲辦天地會舊例無分首從皆斬先次具稟定稿時係我與領事會同畫押判行不意稟辦十四人遏督部批駁七人領事遂大爭執以為我國

故輕其獄又以為我之權力太輕使與彼合定之案致有反復以後合判之犯堅不肯照判值夏秋酷暑各營團均踴躍拏犯縣監已積至三百數十犯深慮其鬱成瘟疫七月初旬余乘會訊之暇發生積獄必致為癘非從速開釋不可領事置若不聞余遂猝下手諭概釋之次日領事相見詰曰君昨釋犯何以不知照敝領事答曰拏犯是敝府之責拏到時非由貴領事知照有何聞見亦未由敝府報告貴領事有何嫌疑既曾會審毫無口供又無他犯供扳如此暑天倘由一犯發疾癘及多犯貴領事其心忍乎且令平民與教民結衅更深永無可解矣請細思之滿思禮徐曰兩國官合辦之事總不宜由一方面官員主持余曰此三百餘犯皆經過我與君會訊者究竟那幾人可疑儘可召回復訊訊實仍可按律懲辦惟全數提回則恐中外無此政體滿遂離席與主教班維蘭

絮〻商之回報請提回六人餘不必問余答云我所部民可揮之
去無不可招之來一面密飭易縣令派妥寔差人豐給川資傳此
六人限時到案来去川資及到縣留為居伙食等費概由本府發
給惟託故不到則領事必別滋疑團案難了結矣次日六人齊到
領事與教士細鞫寔在無干仍即開釋查全案要犯以劉祥興張
赤鄭九■九閩清七杜朱衣最為重要領事尤重視葉蝴蝶七月半
後閩清七拏到領事大歡余嘗之曰貴領事到華若干年曾聞外
交案有如此認真者乎答曰誠哉辦得好惟尚有杜朱衣葉蝴蝶
兩犯未獲奈何余答曰該兩犯如被大化或沈海底我無從得否
則死屍亦必拏到惟閩省在中國海疆最為貧瘠無錢祗有命于
盖欲預杜貪夫之生心也無何杜朱衣拏到至八月十五日余將
回省與列臺面商一切過通商局會辦許秋槎寓某營適解葉蝴

蝶經過提訊數語葉曰求本府大人開恩戒之曰汝到華山行兇放火衆口一辭無可饒命汝見縣官委員只有直供免受刑訊而已切記切記

葉蝴蝶到案後案内首要已無一漏網而教民尚要挾無厭又開菜匪三百餘人請領事照請拏辦余答曰綿力竭矣如再照辦民教無和洽之日後禍殊不可測我祇好回省辭職請上憲另派賢能辦理一面揚言於衆如派審案委員多給川資伙食赴從前多匪之鄉按名會同團甲鄰佑詳查取各人安分守法甘結保結稟請銷案或尚可行否則萬不能着手梁許兩繙譯同聞此言轉達領事尚無異辭遂派三委員分赴各鄉遵照指令辦理不及旬日回縣稟復比將各員所取供保各結三厚冊及到鄉情形照會領事不復置辯次日八月十六日約呂文起大令名渭英過班道員溫州永嘉人一同回

省夜半抵水口下竹崎關上（用小輪從水口拖起）出艙小解舉頭見天上圓明之月團團生紅綠圍至十數圍世所謂月華也比呼文起出艙觀之謂為生平所未見余曰得此美景與督部言古田案或可銷除一切障碍文起大快十七日午前抵省午餐後謁見邊公乍見曰子之捕犯真妙中機宜惟懲辦引天地會例殊未得當以不分首從皆斬將殺多少人何時為止耶答曰案情太大引例太窄將来自縛辦不下去彼人必難就範不如引例使人共曉審犯不稍含糊始終權操於我自有活機我悉批已准正法之七人行刑之際領事教士有數背立不忍視者可見外人皆有惻隱並非一定好殺憲臺但用中國法律處辦中國人自易冰消瓦解若因外人之案有意鈐制恐事無了期耳督曰如子所言不致殺人無已可擔保乎答曰數萬里外國之獄下走何能擔保不過公如請客之

主人下走為治饌之庖丁饌具已備應請主人安席〻終當可送客揆度現在情形正復如是不敢不明告以免稽延別生枝節而退次日再謁督轅邊公曰我自古田案作寢食俱不能安昨聞子言胸懷竟開豁一半其於前次請辦之犯批駁七人謂為引例錯誤使我與領事爭持者意見已化未幾古田来信英滿領事定明日来省謁見邊公蓋因我已到省全案卷宗均在我手必先帶回彼在縣了無一事即有事亦無人可與商辦事勢實然我即回府署將案卷清檢束齊另具簡明手摺臚列已訊碻供尚未定罪而下註勘語碻可為定罪之由者用蠅頭字註於每名之下納於衣帶中次晨九鉤鐘滿領事抵督署我與通商局聶少菴太守壽州相國之族壻安徽人及繙譯等均已先到邊公與領事略叙寒暄後即交提議結古田教案之事領事已將與我會訊各犯供辭提要列摺帶来

我所預備定案之簡明摺亦已先交邉公手執督領互校其摺凡
同一情寔彼此校確無誤者督即於犯名上題應辦二字連前已
在古田正法之七人計定斬凌罪者共二十八人在古田縣辦者
二十二人在省城校場辦者六人初議犯人全解省辦余謂匪在
古田滋事已久縣民恨之在縣處辦民心必快省民未受其害為
外交案辦人太多未免使民衆驚疑故僅留首要六人辦於省餘
皆就地正法辦於縣也惟葉蝴蝶拏到古田縣見我時我戒其不
可狡供縣委提訊辭無遁飾及提到省城福州法堂我與領事及
許秋槎會辦復訊是日觀審者極衆即俄國老領事年約七十餘
亦来觀審自言我係俄國官負與英國無干與古田案尤無干惟
聞我公主辦其事毫髮無憾故特領教答曰請加指教余因耳目
衆著特片邀閩縣方令朝桀侯官縣戚令揚皆素称精明練達者會

同庭鞫於廳前另設一桌於桌東西各設一座使兩君分座研訊乃葉犯全翻縣供一句不寔許會辯曰尔洋烟癮未過足耶可為尔辯來葉不答我想此案辯到此時尚可以誑騙施之乎兩縣詰之亦不應我遽搬一椅置於新設案之正中和聲叫葉蝴蝶曰尔抬頭看認識我乎曰認識是本府大人曰我在古田縣教尔不要狡供狡供必再刑訊尔之犯罪係衆犯供扳由官紳公議出重花紅名捕到案萬無寬典可邀此時尚以重刑施汝我實在不忍汝細思之不可再背縣供答曰頃寔腹飢說不明白了即令廚役給飯與之飽餐後即滔滔滾滾與縣供無一不符觀衆見犯供前何其塞後何其通謂我或有神術豈知一誠所感乎邊公每告屬吏曰刑事審犯必須虛衷反復推求否則頭一落地無可挽回矣觀葉蝴蝶到此時猶狡供求生世殆未有甘於速死者余自此以後

遇審犯用刑尤不敢稍涉輕縱率每念邊公之言毛髮為愆頗後人切記勿忘也此案自我與邊公會同滿領事議定結案滿領事起立曰古田案應即如此了結本可早結緣辦犯引例轇轕故稍遲延今一切解脱矣如此痛快殊非邊公所料散後不覺大歡而同月四川僅燒一教堂而總督劉秉璋革職永不敘用又賠欵九十六萬又斬民犯六人又叅道府大員六人辱國甚矣古田案雖辦匪正法稍多而原報匪數三千餘人領事到後各鄉營團解到者三百數十人最後領事據教民緝餘犯又三百餘人合記將七百餘人即據查明原到華山者二百餘人而審實懲辦僅二十八人即合之軍流監禁由邊公飭按察司發落者數人亦不過三十餘人非慎之又慎必不止此而焚燬華山教堂全無賠欵惟領事來往川資留寓火食招待不可無禮畧有費用此外不耗一文官吏僅叅前後兩邑令實因辦事過於顢

須此外別無罣誤視川案有上下牀之別而今隔四十年追憶前事後復有庚子之獄丁未江西之獄辛亥遂覆有清全國大變無窮遺憾則殊有不忍盡言者全案各犯定罪以後即通知省城文武定期處辦省監首要届期文武齊集洪子卿統領調集所部兩營排齊隊伍分行站立南臺各國領事男女洋僑並至約逾萬人余戴禮帽著紅披風背同兩縣監刑有稅務司英人愛格爾趨余側握手久搖不放曰真辦得好（連聲特贊以後數見必贊我聰明）各犯次第辦畢大衆皆散即差簡報知邊公並報省城刑事已了即赴古田處辦縣監各犯並了未完事件次日仍用小輪拖帶官座赴水口轉縣縣中印委俱称自公出縣旬日盼公速回者監犯最甚余謂回来專為辦犯犯盼我来求速死耶頗不解其故細詢始知我定犯人火食每日皆有寬餘我去則守監僕役不免侵蝕犯不能飽案既

將了祇警其後不追其往矣何鼎陳報所拏之首犯林某凡到案犯人無一供扳訪查亦別無不法情事遂陳明邊公請奏明省釋何鼎輕於邀功本應參處惟已嚴加申飭且前有兵丁與商民交鬨之事鼎好言解散頗為有功其漳浦縣解任已久可准其回省復任又有文舉人藍某武舉人葉某因案牽連傳到不免拖累一概省釋越日即請留縣之余瑞亭徐萬福兩軍門唐有德參戎商定處辦縣監各犯之期屆期法場布置一如省式劊子鬭姓年僅二十餘身頗矮小我慮其手輭難一氣辦十六人與余軍門商酌余曰此人熟手不怯我曰請貴部加派二人備其手輭接辦曰諾屆期將十六犯全數提出余軍門兵僅辦二犯鬭辦十四犯一氣貫注非常神速辦完趨予前舉刀請一安略不變色始信操此術者性由天賦也出法場後定期回省此信傳出凡近城數十里之

紳士商民無不到城會送城内外徧設香案肩輿擡我徧遊各巷
如城隍出案者城門外則萬衆擁擠設香案多座藍文舉葉武舉
同叩輿前尤極誠敬恐自古田置縣以來無此盛事得民如此實
事時々以擾民為愳而来敬為後覽告爲

癸酉十一月二十日記畢

共十二頁計五千五百十八字中華民國三十年七月

傅壽崑鈔錯八字落一字

一〇〇

製造無煙火藥案一卷

〔清〕福建省會善後總局録

清華大學圖書館藏清光緒間抄本

製造無煙火藥案一卷，清福建省會善後總局録。善後局爲晚清於涉及軍務省份所設處理特殊事宜之臨時性地方行政機構，督撫可便宜支款辦事。

是書收録清光緒二十九年（一九〇三）福建省會善後總局兼辦營務處司道、福建全省洋務總局、福建全省軍政局司道等官府機構之往來公文録副抄件，可分作四組案卷，皆關係軍需火藥者。第一組製造無煙火藥案約占全書三分之二，故外封面以之題署，代稱全書。四案内容如下：

其一，製造無煙火藥案。光緒二十九年二月十五日，福建洋務總局提調彭思桂經手接洽，以福建機器局名義與英商乾記洋行（Gibb, Livingston & Co.）簽訂合同，約定乾記洋行代爲定購無煙火藥機器一副，限期六個月内交貨；全價洋銀八萬二千九百五十元，預付三分之一。預付款出自福建賑捐局海防捐輸款項。英國駐福州領事佩福來（G. M. H. Playfair）照會閩浙總督許應騤，詢問餘款事宜。應騤答覆餘款已由福建省會善後總局照數自賑捐局提款，解送洋務局轉交滙豐銀行儲存，待機器運到驗收後付清。三月十六日，總督命製造局總辦賴文華估建無煙火藥廠房，待機器到後安裝投産。文華回稟稱關係重大，請另行委員辦理；本人不知無煙火藥造法，當加緊尋覓熟練工匠，如不得其人則毫無把握。四月，福州將軍崇善兼署閩浙總督。新任機器局總辦賴望雲稱不知無煙火藥造法，此事已無人辦理，定購機器餘款及安裝運行等費用無法籌措，請洋務局與乾記洋行協商退貨並取回預付款。文華辯稱，前任總督應騤面告，合同需用機器局關防蓋印，本人並未經手定購事項；又與乾記洋行交涉，對方稱定購已久，不得退辦。福建省會善後總局、賑捐局則稱並無提存購買機器餘款之事。乾記洋行函告洋務局，機器起首三箱將抵福州。洋務局答覆英商，當與經手人賴文華、彭思桂自行協商解決。英國新任雷領事隨即照會崇善，提出「該機器爲代中國國家所辦」，並非私人糾紛，當速派員驗收，免税放行。崇善奏請並移咨署理兩廣總督岑春煊，速調彭思桂返閩辦理交涉。十二月，機器部分鋼料運抵福州，乾記洋行墊付關税，再起退税糾紛。案卷内又可見同時期福建官府委托上海信義洋行（H. Mandl & Co.）訂購克虜伯快砲、快槍、子彈、無煙火藥等項軍火，價值四十一萬德國馬克（約合十八萬七千銀元），預付一萬五千餘銀元；十一月接收全部軍火六百四十一箱，分發軍裝局、南校場、長門砲臺、後山庫等處。按，光緒二十七年十一月，閩浙總督許應騤奏請於福建機器局添建槍子廠，並計劃陸續購置機器，生産新式快槍、無煙火藥。二十八年四月，於福州西關外新設製造局，專造新式無煙快槍。二十九年三月，無煙火藥機器合同簽訂未久，應騤解職，餘款遂無着落。思桂亦返廣東南海縣原籍。閩省既與英商洋行發生合同糾紛，各局相互推諉，英國領事施加壓力，繼任總督設法應付，是書所録公文即由此産生。

其二，砍伐柳枝製藥案。光緒二十九年四月，福建軍政局爲生産洋火藥，尋柳樹製炭。侯官知縣蘇元樫奉命勘察，訪得古山洲現有大柳樹三百株，與出資培植柳樹之鄉紳郭某協商，後者捐贈柳樹一百株，官方僅伐枝條，酌量給價。

其三，承造不力處分案。光緒二十九年六月，福州將軍兼署閩浙總督崇善上奏，請敕政務處暨兵部、工部核議，嚴定承造槍砲子彈火藥不力官員、工匠處分罪名，通告各省，一律遵行。本年七月初三硃批照准。政務處上奏處分條例，降級、罰俸及笞刑有差。九月三十日奏准。

其四，孫潮盜賣火藥案。光緒二十九年十一月，署理閩浙總督李興鋭下令詳審製藥匠首孫潮盜賣火藥案，涉案火藥二萬七千餘斤。本案卷主要收録監製火藥委員唐令罼回稟，西廠火藥匠首孫潮、旗營火藥匠首陳增福口供。本年四月，唐令罼受福建省會善後總局委托監製西廠火藥，從賴望雲處接收庫存火藥及原料。

藉由是書，可窺清末新政時期官辦新式軍工業之運作管理，督撫及省内各衙署之權責劃分，與洋商之往來合作情形等，皆爲一手史料，細節多他書所未詳者。如製造無煙火藥案始末大略，可參考中國近代兵器工業檔案史料第一册福建製造局項下許應騤、崇善、李興鋭奏摺，然此光緒間抄本所存該案内情更爲曲折詳盡。又如孫潮盜賣火藥案可見清末福州官造火藥之種類、用途，及火藥工廠管理不善、盜賣交易情形。凡此皆可補史料之闕。（鄭　誠）

一冊・不分卷・清光緒間抄本

福建省會善後總局

製造無煙火藥案

購運機器　砍伐柳枝製藥

承造不力處分　彭湖盜賣火藥

彭湖府詳

製造無烟火藥案

福州將軍兼署閩浙總督崇　為飭行事准
署兩廣督部堂岑　咨據南海縣知縣王崧稟稱閩省
因彭守恩桂經購機器艀艒甚多電請飭催該守赴閩
商辦一案札縣飭催稟覆等因卑職迭經邀請彭守恩
桂至縣惟因該守先已前赴香港現今催據該守家屬
催令回省卑職當已面晤彭守訂准於八月二十五日
搭坐海澄輪船赴閩理合稟報察核咨覆等由據此咨
復查照等因到本兼署部堂准此合就飭行為此牌仰

該局司道即便知照仍將彭守到閩日期同商辦情形
具報察核毋違須牌

福建省會善後總局兼辦營務處司道為移知事奉
兼署督憲崇　劄開光緒二十九年六月十二日准
户部咨福建司案呈内閣抄出閩浙總督許　奏閩省
定購製造無烟火葯機器一副議明價銀由海防捐欵
内動撥附片一件光緒二十九年四月初七日奉
硃批該部知道欽此欽遵相應恭録
硃批移咨該督遵照至所購前項機器既係製造無烟火葯
所必需自應准其購辦應令即將訂立合同抄録送部

備核可也等因到本兼署部堂准此查無烟葯機器無
欵購辦業經附片
奏請飭調彭思桂來閩妥商退辦欽奉
硃批著照所請欽此恭錄行知在案茲准前因合就劄局即
便移行遵照等因到局奉此查此案先奉
兼督憲以無欵購辦請准飭調彭思桂來閩商退行局
分移知照在案茲奉前因除分移外合就移知為此備
移

貴某請煩查照施行

一移 洋務局

前總辦製造局賴

總辦機器局叅府賴

福建省會善後總局兼辦營務處司道為移知札飭事奉
兼署督憲崇　牌開准
署理兩廣督部堂岑　咨准本兼署部堂咨附
奏閩省訂購克虜伯快砲快槍子葯等項軍火共需銀兩
並無烟葯機器無款購辦請調原經手彭思桂來閩妥
商退辦一片奉
硃批著照所請欽此咨會查照欽遵辦理等因准此除札南
海縣遵照迅催該員彭思桂刻日赴閩商辦勿稍遲延

及札廣東藩司轉飭遵照外咨會查照等因到本兼署
部堂准此飭局即便移行知照仍將該員彭思桂到閩
日期並商辦情形詳報察核等因奉此查前項無烟藥
機器先因無欵購辦詳奉
兼署督憲崇　咨調經手原人彭思桂來閩商退一面
附片具
奏均經行局分別轉移知照在案茲奉前因
一移　洋務局

前總辦製造局賴
總辦機器局叅府賴
除札飭遵辦並分移外合就移知為此備移
貴某請煩查照施行
憲檄希即會商妥辦望切施行此節叙寫前總辦賴文上
一札　前洋務局幫辦彭守思桂
除分移外合亟札飭為此札仰該守即便遵照
憲檄迅將商辦情形並到閩日期報局轉詳核辦毋延

閩浙總督許　為行知事准

英國佩領事照會據英商乾記行禀稱竊商於西歷本年三月十三日即華本年二月十五日與福建機器局互立合約代定製造無烟藥機器一副應價銀八萬二千九百五十元訂立約之後六個月内交貨届時不知由何局領款應請札飭洋務局儲備西歷九月内貨到之時以應交款等情合就據情照會查照札飭洋務局立案儲備價款以應届時貨到支交等因到本部堂准此

查閩省機器局訂購製造無烟藥機器一副除附過三分之一定銀外尚應找價洋銀五萬五千三百元昨已行令賬捐局觧由善後局照數提觧洋務局轉交滙豐銀行存儲俟機器運到驗收後再行找付在案茲准前因除照復英領事轉飭知照外合就飭行為此牌仰該局司道即便遵照前檄辦理具報並移賴副將知照毋違

須牌

福建省會善後總局司道為詳報移請知事准
洋務總局咨開准局移閩省製造局向乾記洋行定購
無烟藥機器一案原辦之賴副將業稟交卸現委之
賴參府又謂不知製造是辦理已無其人且前項機器
除定洋外應付價銀數尚不資值此款項支絀司局各
庫萬難籌措即海防捐款截存無幾現計待用甚夥所
有前議製造無烟藥應請作為罷論其賴副將與乾記
洋行定購之機器及已付之價銀由局抄錄合同移請

貴局妥商該洋行設法退辦取回以資另需移局查照
商辦計粘抄合同一紙等由准此查此案定購無烟大
藥機器及商訂合同均係製造局一手經理現計立約
已閱兩月本局辦理交涉與洋行向無私交且此次訂
立合同事非經手乃承
貴局委令取回定洋退辦機器揆情度理碍難向商應
請仍由
貴局遴請經手原人迅向該洋行自行設法妥籌相機

商退咨覆查照辦理等由到局准此查閩省製造無烟
藥前因
貴前協稟請交卸奉委之
賴叅府自謂不知製造是辦理已無其人且
貴前協訂購之機器除定洋外應付價銀數尚不資值
此款項支絀司局各庫萬難籌措即海防捐款截存無
幾所有前議製造無烟藥經局詳請作為罷論其
貴前協與乾記洋行定購之機器及已付之價銀並即

抄錄合同移請
洋務局妥商洋行設法退辦取回在案兹准前因復查
定購機器商訂合同均係
貴前協一手經理既
洋務局咨覆逕請經手原人迅向該洋行自行設法妥
籌向相機商退應即移請
貴前協將訂購未到之無烟藥機器務向乾記洋行妥
商退辦並將彭守恩桂前向賑捐局在於海防捐款內

支付三分之一定洋設法取回繳局歸款合就移請爲
此備移
貴協請煩查照移指希即妥商乾記洋行退辦機器取
回定銀見覆施行
一移　原辦製造局前署督中協賴

福建省會善後總局兼辦營務處司道為移知事奉
兼署督憲崇　牌開准英國雷署領事照會內開英商
乾記行於西歷本年三月間與福建機器局立約代定
製造無烟葯機器一副現因此項機器首起三箱將次
抵閩該商肅函佈告洋務局核辦隨准送還原函併示
此事係歸善後總局辦理囑飭另行還函查照等因復
由本領事代將該函片送善後總局查收旋准回函以接
准片附乾記行函一件譯閱均悉定造無烟葯機器當

時乾記行係與賴文華彭思桂二人訂立合同及進出一切敝局始終不預其事機器到時請飭乾記行自向原經手之賴文華彭思桂兩人理值以符原案等因隨經飭知該英商去後茲據稟覆所定無烟葯機器一副係

前閩浙督憲許　飭由機器局與商行立約定購不便即令與賴彭二人議收懇賜照請迅發准單俾免機器到口滯延等情據此照會查照希即派員於該機器到

口即往驗收一面預發准單給執俾獲免稅放行勿致滯延等因到本兼署部堂准此查無烟葯機器一案係前部堂許　任内不知與彭思桂如何商購善後各局既始終未預其事自屬無從核辦茲本兼署部堂業已飭調彭思桂來閩詳詢始末應俟該員到日方能核辦除照覆英國雷署領事查照希即轉飭該英商乾記行知照並一面由該商協催彭思桂迅速來閩辦理外合就飭局即便分移知照又奉另牌開准英國雷署領事

照會准本兼署部堂照覆前因本領事查該機器雖由
福建機器局與乾記行商議購辦而乾記行斷難祇認
彭賴二人為經理細閱
前部堂許　照復佩前領事文内所開應找價銀昨已
行令賬捐局解由善後局照數提解洋務局轉交滙豐
銀行存儲俟機器運到驗收後再行找付在案等因是
極甚彰明該機器為代中國
國家所辦豈便飭由乾記行協催彭賴出理現機器不日

即可抵閩鄙見莫如預速派員驗收先發准単以便呈
關免稅放行不然貨一到口不但須完稅款且須起存
該行倉所按日計租合再照會查照核明見覆以便飭
遵等因到本兼署部堂准此查此案雖經
前部堂許　照覆佩前領事文内所開應找價銀行令
賬捐局解由善後局照數提解洋務局轉交滙豐銀行
存儲俟機器運到驗收找付有案惟查賬捐善後各局
並無提存前項銀兩據善後局先後詳稱始終未預其

事亦未交有機器圖式件數清単實屬無從核辦等情
業經本兼署部堂
奏明飭調彭思桂來閩妥商辦理照復在案茲復接准前
因應俟該員到日詢明始末情形應如何辦理之處再
行知會除照覆英國雷署領事查照希即轉飭該英商
乾記行知照外合就飭局即便分移知照等因到局奉
此除分移外合就移知為此備移
貴某請煩查照希即會同彭守妥籌辦理施行

一移　洋務局
總辦機器局署督水營条府賴
原辦機器局前署督中協賴

福建省會善後總局兼辦營務處司道為稟明事據彭
福建全省洋務總局札催該
守恩桂守稟稱昨奉函開以奉
督憲飭查無煙藥機器圖說及洋文合同等項當即函
致察覽一面轉行速覆核詳在案茲又奉
督憲嚴函催飭望即查照前牘事理即日查明縷覆以
憑核辦等因奉此伏查前項定購機器洋文清單名目
繁多必須縷晰繙譯遵即尅日譯明呈核除俟譯竣後
赶繕清摺另行具文申送外先此稟覆等情到局據此

本司道查此案先奉
憲署督憲李　台札飭傳局詳詢遵於十月十七日飭傳該
守至局面詢並即轉行確查迅覆嗣於十九日又奉
憲函催飭即於二十日將一切情形面稟
憲聽並即日由局函催各在案茲據前情除再札催彭該
守迅將原定購前項機器洋文清單趕緊譯送並查照
前撫事理尅速查覆核明詳辦
一會稟　督憲

外理合會同先行具文稟明
憲臺察鑒為此備由呈乞
照稟施行
一會札　候補知府彭思桂　併稟
督憲外合亟會催為此札仰該守即便遵照札指赶緊
譯送查覆詳辦勿再刻延切切此札

福建全省財政局司道為移知事光緒三十年正月十
七日准
閩海關稅務司杜照會內開光緒二十九年十二月二
十五日案准
洋務總局照會內開閩省機器局前奉飭與英商乾記
洋行訂購製造無烟藥機器所需鋼料約期運閩應用
因一時未能運齊未奉飭與驗收暫由該洋行先向貴
關完稅進口現在各件均已運省並奉

督憲諭飭會同軍政局派員驗收清楚所有該洋行歷
次墊完各税飭據開單呈送前來合就照送請煩查明
免税並祈通融准將前項税銀迅賜提出發還該洋行
承領歸墊以昭舟誼計鈔送清單等因准此本税務司
查官用物料例有免税專照方能免税而專照之内載
明各局所官辦物料進出各口須由經理裝運之官商
先赴本關監督衙門將所運各物開單呈驗由監督給
一准起准下之官物專單該官商持赴新關換領起貨

或下貨之准單方准照單開之物免稅各等語是官辦
物料無論進出口必應先請有免稅專照到關方能免
稅若既完稅在先隨後又復補給專照到關換領存票
准抵他稅是則不按官物專照之定章辦理也向來海
關發給存票即與還給現銀無異事關扣抵正餉固應
如何慎重辦理准照前因但此等辦法寔與定章未符
究竟能否通融准予給還存票抵完別稅之處稅務司
未便擅專當經擬情申請

福州將軍兼管閩海關印務崇　察酌飭遵去後茲奉
劄覆以官用物料免稅專照定有章程此次乾記洋行
前代機器局購買鋼料既經完稅在先隨復補給專照
到關換領存票准抵他稅照案而論固應按照專照章
程核辦緣現據福藩司向陳前情不得不通融辦理所
有此次該行墊完稅項共銀八百三十八兩五錢應准
予給還存票抵完別稅嗣後官物免稅仍應照定章辦
理庶足慎重公務合行劄覆該稅司遵照辦理即由該

洋關照會洋務財政各局一體知照等因奉此除遵照
辦理外照會知照等由到局准此除移
洋務局查照外合就移知爲此備移
貴局請煩查照施行

福建省會善後總局司道為詳請核明
奏咨事竊照閩省前議製造無烟藥經
前憲臺許飭令前總辦製造局賴前副將文華承辦當
向福州乾記洋行定購製造無烟藥機器訂立合同由
前洋務局帮辦分省試用知府彭思桂向賬捐局在海
防捐輸項下提支三分之一定洋二萬七千六百五十
元領回轉付報明移行在案茲查原辦之賴前副將業
已交卸現委之賴叅將望雲禀辭不知製造是辦理已

無其人且前項機器雖付定洋三分之一尚須價銀五萬五千餘元並安設機器須建廠屋製造前藥尤須籌撥常年經費際此款項奇絀司局各庫萬難籌措所有前議製造無烟藥業經由局詳請作爲罷論其前定之無烟局機器並因往向退辦乾記洋行藉口刁難賴前副將飾詞推諉亦經由局詳請咨調此案經手原人現已回籍之彭守思桂來閩設法商退應否將此情形先行分別

奏咨立案合就照錄原訂合同具文詳請
憲臺察鑒俯賜核明辦理實爲公便再前次闡省向上
海信義洋行定購克虜伯炮槍子藥等項軍火共需價
德銀四十一萬零四百八十七馬克二十二分除已付
定銀一萬五千二百五十九兩六錢九分折合馬克三
萬七千二百三十三馬克六十分外尚應找付三十七
萬三千二百五十三馬克六十二分業經會詳
奏咨在案惟馬克係按時價低昂無定當經詳由截留防

捐欵內提儲洋銀十一萬兩以便隨時採購馬克之需
然由付定時之馬克價值核計將來運貨到閩尚不敷
銀四五萬兩此欵現亦難於籌畫可否將不敷前銀一
併
奏咨立案理合隨請
憲臺察核辦理合並附陳為此備由呈乞
照詳施行
計詳送照錄定購無烟藥機器合同一紙

一詳督憲

福建省會善後總局司道為詳請事奉

憲臺批據本司道詳明移請洋務局將賴副將原議訂購製造無烟藥機器已付價銀委商洋行退辦緣由一案奉批此案現據洋務局報稱咨由善後局轉請經手原人自向該洋行設法委商相機退庶昭妥慎在案仰即遵照妥為核辦具報毋延繳等因並准總辦製造局賴前副將咨開准局移請向乾記洋行將訂購無烟藥機器委商退辦並將彭守思桂前向賬捐局支付三分之

一定洋設法取田繳局歸欵等因隨即親向乾記洋行
妥商據稱定購日久妥難退辦等語惟查前項無烟葯
機器係
前督憲許　委令彭守思桂向乾記洋行商購並與訂
立合同嗣因合同應行盖印奉
前督憲許　面諭盖用機器局關防並承前臬台楊函
囑彭守携來機器局盖印當以公家之事既
憲諭又有楊臬台函囑不得不依照盖用其事究與卑

府風馬無關至已付三分之一定銀又係楊臬台發交
彭守經付乾記是商購付定前後均非敝府經手以致
乾記行有所藉口咨覆查照核辦等由各到局奉准此
本司道查閩省定購製造無烟葯機器前因辦理無人
欵難籌措經局詳明移請洋務局迅向乾記洋行妥商
退辦並將已付定銀設法取回旋准洋務局以定購機
器訂立合同均係製造局一手經理碍難向商咨覆逕
請經手原人迅向該洋行自行設法商退等由又經由

局移請賴前副將妥商乾記洋行退辦機器取回定銀去後茲准前由伏查此項機器既據賴前副將覆稱係彭守思桂前向乾記洋行商購並與訂立合同其三分之一定洋亦係彭守向賬捐局楊前臬司提支交付雖合同蓋用機器局關防然商購付定前後既非賴前副將所經手則其現向商退據稱乾記有所藉口察核似是實情究應如何辦理庶事昭周妥亦欵免無着理合具文詳請

憲臺察核俯示核示遵辦實為公便為此備由呈乞
照詳施行
一詳　兼署督憲祟

福建省會善後總局司道為詳請核咨事奉
憲臺牌開據總辦製造局守備賴文華禀稱准善後局
移請向乾記洋行將訂購未到之無烟葯機器妥商退
辦並將彭守思桂前向賬捐局支付三分之一定洋設
法取回繳局歸款等因准此卑職隨即親向乾記行妥
商據稱定購日久委難退辦等語惟查前項無烟葯機
器係
前憲臺許　委令彭守思桂向乾記洋行商購並與訂

立合同嗣因合同應行蓋印奉
前憲臺許　面諭蓋用機器局關防並承前臬司楊文
鼎函囑彭守擕來機器局蓋印卑職當以公家之事既
有憲諭又有楊臬司函囑不得不依照蓋用其事究與
卑職風馬無關至已付三分之一定銀又係楊臬司發
交彭守逕付乾記是商購付定前後均非卑職經手以
致乾記行有所藉口稟乞察鑒等情到本兼署部堂據
此飭局即便查明妥議詳覆核奪又奉

憲臺批本司道詳示製造局賴總辦咨覆訂購無烟葯
機器向商難退並查覆商購付定均係彭守經手請示
辦理一案緣由奉批查此案先據賴降備稟報業經行
局核議在案據詳前情機器既難退辦轉瞬運到有無
廠所安置應找價脚在何款項下動支該司局尤應預
為籌酌如無的欵可指或再令原經手之人前來退辦
應如何辦理始昭周妥仍由該局迅即妥籌詳候核奪
以憑

奏咨勿稍諉延切切繳等因奉此本司道查閩省定購製
造無烟葯機器前因辦理無人欵難籌措經局詳明移
請洋務局迅向乾記洋行妥商退辦旋以定購機器訂
立合同均係製造局一手經理咨覆逕請經手原人設
法商退又經由局移請賴前副將妥商乾記洋行退辦
機器取回定銀嗣准覆同前情當以此項機器既稱彭
守思桂前向乾記商購並與訂立合同其三分之一定
洋亦係彭守向賬捐局提支交付是前後均非賴前副

將所經手究應如何辦理由局詳請示遵各在案茲奉前因伏查前項機器雖付定洋三分之一尚須價銀五萬五千餘元際此欵項萬分支絀司局各庫已難作無米之炊且安設機器須建廠屋既付價無從籌措則建廠更不待言况常年經費又屬無可籌撥至製造無烟槍葯以賴恭將望雲素諳軍火尚辭不知製造此外尤屬無人能勝其任既賴前副將以事非經手往向商退乾記有所藉口可見原經手之彭守思桂尚不難於退

辦查彭守現已回籍應請
憲臺咨調來閩責成妥向乾記洋行設法商退庶事昭
周妥亦欵免無着合再具文詳請
憲臺察核俯賜咨請
粵省督撫部堂院察照迅速飭令前福建洋務局幫辦分省
試用知府彭守思桂尅日來閩妥商辦理實為公便為
此備由呈乞
照詳施行

一詳督憲

標下署水師營叅將准補烽火門叅將總理軍裝軍火
各庫局總辦機器局賴望雲為稟明事本年三月十六
日奉
憲臺牌開照得閩省製造無烟藥現已訂購機器飭令
賴副將文華會同委員估建廠屋俟機器運到按法安
配興造在案茲據賴副將以製造無烟火藥事關剏始
責任重大稟請另行委員辦理前來所有前項製造無
烟藥事務查有該將堪以委令兼辦以專責成除分別

咨行外合行飭委為此牌仰該將即便遵照將製造無
烟葯事務尅日接收辦理仍將接辦日期具報毋遲等
因奉此伏念 卑職前在甘肅機器局有年於製造槍砲
頗有心得惟無烟葯係外洋新法軍火前所無有一切
製造全然不知與其冒昧從事貽誤將來毋甯度力量
能直陳今日本應即行辭退第思外洋既有此項軍火
必有能知製造之人既奉
憲委前因自應赶緊召募熟悉工匠俟召募有人再行

稟報倘不得其人則卑職毫無把握再當稟請另行委
員辦理以專責成理合具文稟請伏乞
憲臺察奪實深公便為此具稟須至稟者

福建省會善後總局司道為錄批移知事奉
兼署督憲崇　批
貴府稟奉委兼辦無烟藥事務未能熟悉俟募有工匠
再行稟報緣由一案奉批據稟已悉現在款項支絀應
緩招募工匠仰閩省善後局司道轉移知照繳稟抄發
等因到局奉此查先准
貴府以奉委兼辦無烟藥事務因係外洋新法軍火一
切製造全然不知擬募熟悉工匠咨局知照在案茲奉

憲批前因合亟録批轉移為此備移
貴府請煩遵照緩募望切施行
一移　總辦機器局叅府賴

福建全省軍政局司道為札委稟報移知札飭事准貴財政局移開據委員知縣潘震臨巡檢何思誠稟稱前奉諭飭赴馬江驗收信義洋行定購克虜伯砲子藥槍子器具各件等因卑職等遵於十月三十日會同劉守世芳彭厲二教習前往馬尾由撥浪拖德輪運到槍砲子藥等六百四十一箱隨即點收分運軍裝局四百八十七箱南較場二十三箱長門一百十二箱後山庫十九箱點交各處存儲所收各件查與合同所開件數相符於本月十二日

逐一點收清楚惟各項器具內中零件有無缺少一時難以查悉應俟洋教習哈卜們演放清楚方能明晰除再取具各處收領各給呈送外合先稟覆察核再哈卜們現在長門各砲臺安置巫砲尚需時日合並陳明等情到局據此查此項運到槍砲子藥現已分交各處存儲惟巫砲已否安置清楚連同槍子藥器具等件曾否派委逐一驗明有無缺少移請查照辦理等由到局准此本司道查信義洋行此次運到前營務處訂購克虜

伯砲子藥及槍子器具既准貴財政局移據潘何二委員稟報點收新購到槍砲子藥共計六百四十一箱分運軍裝局南較場長門後山庫等處存儲惟未據各該處將點收各箱號數內何箱係裝何項槍砲若干件子彈若干顆無烟火藥若干磅開摺報局無從稽核所有此項新購槍砲應移請貴孫統領會同洋教習哈卜倜逐一試驗是否精快利器零件有無短少由貴孫統領開單送局再飭軍裝局後山庫各委員查明出具收領各結送

查以重軍寔至函砲已否安竣是否合用亦由孫貴統領查明移覆再行核辦所有該洋行原呈裝運槍砲子藥箱件清單內數目即抄送孫貴統領查照辦理除移請並移知財政局查照外理合具文稟報

憲臺察核為此備由呈乞

照稟施行

一稟 督憲

福建全省軍政局司道為札飭行知事據侯官縣蘇令元桱該稟稱本年四月初九日蒙本府函奉憲台函開以府覆齊委員所稟福與洋有柳樹之處業經飭縣並委員查勘先後稟覆均不符合等語當即飭據齊委員帶同縣役匠首前往查勘古山洲地方有大柳樹三百株擬先砍枝應用函飭轉告郭紳通知看管人等以免誤會仍將辦理情形速覆核辦等因轉飭下縣蒙此遵查福與鄉柳樹前經卑職派差查覆稟請憲鑒在案兹蒙前因

當經函商郭紳並告明僅伐枝條並不傷及根株去後
茲據覆稱以需用柳炭事關軍火分屬部民何敢爭執
惟種值係出民資栽培有關水利如果製造需用請以
百株為額並懇婉禀嚴諭勇匠隨砍隨運勿稍任意摧
殘即年有所需茍利公家無不可隨時商酌除知會看
管人等俟工匠到洲指引宜忌處所即照此供用外函
請轉達等情前來卑職伏查古山洲柳樹均由該紳自
出己資遞年培植以為護洲防水之需現因製藥須用

該紳請以百株為額可否准照所請酌擇砍伐據稟請示遵等情到局據此查製藥必須柳炭始能精結現在各營台需用洋大葯孔般自當赶緊製造茲據該侯官縣蘇令與製造所齊委員帶同縣役匠首復往查寔古山洲地方有大柳樹三百株係郭紳出資培植派人看管函商該紳請以百株應用足見該紳等尚知急公惟種樹資本既由民捐應即酌量給還價值以示格外體恤相應札飭該製造所劉守轉飭齊委員帶同匠首按照商

定柳樹一百株隨砍隨運赴所以資燒炭製藥之用所需價值即由製造所核給具報併不許匠人於砍伐時任意摧殘騷擾一面飭縣轉告郭紳諭令看管人等指導砍取以免傷碍

一札　製造所劉守

除飭縣遵照轉達外合行札飭為此札仰該守即便遵照札指派員帶匠前往妥為砍伐柳枝運局收用毋得摧殘騷擾切切毋違

一札　候官縣蘇令

除札飭製造所劉守派員帶匠砍運外合行札飭為此

札仰該令即便遵照札指轉達郭紳諭令看管人役妥

為指導砍取切切

署閩浙總督李　為通行事光緒二十九年十二月十
五日准
刑部咨福建司案呈所有前事等因相應抄錄政務處
原奏行文閩浙總督轉咨福州將軍可也計抄單一紙
等因到本署部堂准此合就札行為此札仰該局即便
移行遵照毋違此札
計粘單

政務處
奏為核議承造軍火員匠不力處分罪名恭摺具陳仰祈
聖鑒事據福州將軍兼署閩浙總督崇　奏稱槍砲為行軍
利器子彈藥力分量配合適均方能發達命中稍有參
差貽害非淺懇
飭下政務處暨兵工兩部核議嚴定承造軍火不力處分罪
名通行各省一律遵照等語光緒二十九年七月初三
日奉

硃批著照所請該衙門知道欽此該署督所奏條為情重防
務整飭利器起見臣等查刑部律載承造軍器不如法
物尚堪用笞五十若不堪用及稍不堪用應再改造而
後堪用者各併計所損財物及所費雇工錢罪重於笞
五十者坐贓論工匠以造作之人為罪局官減工匠一
等提調官吏又減局官一等並著工匠局官提調官吏
均償物價工錢還官又查兵部例載凡議處官員例無
正條援引律文按照笞杖等罪定議者分別公私予以

處分係公罪笞一十議以罰俸一箇月笞二十議以罰
俸兩箇月笞三十議以罰俸三箇月笞四十議以罰俸
六箇月笞五十議以罰俸九箇月杖六十議以罰俸一
年杖七十議以降一級杖八十議以降二級杖九十議
以降三級俱留任杖一百議以革職留任係私罪笞一
十議以罰俸兩箇月笞二十議以罰俸三箇月笞三十
議以罰俸六箇月笞四十議以罰俸九箇月笞五十議
以罰俸一年杖六十議以降一級杖七十議以降二級

杖八十議以降三級杖九十議以降四級俱調用杖一百議以草職等語此項承造軍火不力工匠罪名官員處分檢查律例均無恰合專條自應比照核議擬請嗣後各省局廠承造軍火如有前項情弊即按照以上所引刑部兵部律例兩條分別核辦如果該局官提調官吏平日毫無考察臨時貽悞戎機擬請將該工匠加等治罪局官及提調官吏亦均加等議處如蒙

俞允應由臣等通咨各省將軍督撫並吏部兵部刑部工部

一體遵照辦理是否有當請
旨遵行謹繕摺具陳伏乞
皇太后
皇上聖鑒訓示謹
奏光緒二十九年九月三十日奉
旨依議欽此

福建全省軍政局司道爲錄批移請札飭事奉

署督憲李　批據該福州府王守詳報遵將委審監製委員唐令睪稟製藥匠首孫潮盜賣火藥一案發府訊供緣由奉批據詳已悉此案匠首孫潮盜賣各項火藥多至二萬七千餘觔實屬膽大已極火藥爲行軍要需律以軍法當得何罪該前委員唐令睪平日漫不經心以致所管火藥幾爲盜盡且孫潮從前曾經犯案勒追尚未完結輒敢知情濫用尤爲不成事體雖經撤差亦斷

不能聽其置身事外仰軍政局速飭該府催提匠首陳
增濂到案提同該犯孫潮及陳增福質訊確供稟請嚴
辦並將所封房屋先行照變作抵其不敷之數着落該
委員等追賠至孫潮所供各衙門吏廠及考試四五年
間用過一萬三千觔究竟是否向未報銷何以此時因
查點失藥甫據供出又叅將賴望雲守備賴文華需用
火藥亦應先行呈報核發何以私向委員匠首撥借其
中有無情弊並即由局追問該叅將等照數賠償以重

軍需毋稍遲延仍候
將軍批示繳等因並據該府訊供具詳前情各到局奉
據此查軍政局開設後屢飭該唐委員清查存藥開報嗣
據報查點存廠火藥短少情形到局當核該唐委員前報
接收該賴參將移交摺內開列各項火藥計短魚子藥八
千六百九十一觔洋火藥五百五十觔土藥坯一萬七
千觔潮濕火藥八百觔據稱係匠首侵盜經局札飭該福
州府將該匠首孫潮提案訊究明確覆局詳辦再行着

落照數賠償在案茲據該府訊詳奉
督憲批示前因相應札飭該福州府催提匠首陳增濂到
案提同該犯孫潮及陳增福質訊確供稟請嚴辦並將
所封房屋先行變抵其不敷之數着落該唐委員等追賠
至孫潮所供各衙門吏繳及考試四五年間用過一萬
三千觔等情查善後局移交卷內
督撫學三轅門吏繳已據賴參將摺報借動土火藥六
千觔其餘吏繳並考試繳用土火藥七千觔未准報局

有案究竟有無續借曾否報司觔數是否相符應即咨

請

貴藩司衙門查案覆局核辦至匠首孫潮供稱魚子藥內

前辦機器局該賴守備文華陸續撥用去一千一百九十

一觔該賴叅將望雲撥用去一千五百觔究竟曾否備文

請准核發抑私向委員匠首撥借並應分飭該賴叅將等

查覆倘有私挪情弊即着落照數賠償以重軍實其該

匠首供稱尚短魚子藥一千五百觔因受水霉爛銷耗

其廠址果否窪下亦應札飭該西廠製藥委員劉守世芳
確查明白覆局核辦
一移　藩司衙門
除札飭遵照分別提訊查覆詳辦外合就移請為此備
移
貴司衙門請煩查照希即查明更廠及考試廠先後共
撥借局款土火藥若干觔開單覆局核辦施行
一札　福州府　接辦西廠委員劉守

除移
藩司衙門查照並分飭提訊查覆核辦外合行札飭為此札
仰該守府即便遵照札　憲批提犯確訊詳辦並將所封房指迅將匠首孫潮所供廠地窪
屋先行變抵失藥具不敷之欵着落唐委員追賠具報
下受水霉耗魚子藥一千五百觔務即確查覆咼
核辦毋違
核辦
一札　前辦機器局賴叅將守備
除咨請
藩司衙門查覆並分飭遵照提訊覆辦外合行札飭為

此札仰該某即便遵照札指確查前辦機器局撥用前
項魚子藥務即查明起止月日係作何用有無報候核
准撥領詳晰覆局核辦毋違
一札　前辦西廠委員唐令詈　除咨請
藩司衙門查覆並札飭遵照分別提訊變抵覆辦外合
行札飭為此札仰該員即便遵照迅將前報失藥聽候
着落追賠具報毋違

調補福州府知府為訊供詳報事本年十一月二十八
日蒙
憲臺札開據監製火藥委員唐令羣稟稱竊於本年四
月奉善後局委監製火藥五月接辦准賴參將望雲移
交已製未成各火藥一摺均係發交匠首孫潮承製當
飭該匠首認具甘結存案卑職曾以不諳軍火面回局
憲到廠後照單查驗藥坯狼籍滿地其實在數目無可
稽查據賴參將稱孫潮在廠製藥四十年渠業將硝磺

交該匠首製繳已成舊坯祇得聽其一手製竣六月内前兼署督憲崇　飭呈藥樣試驗以質不堅結色不光亮發回當奉善後局札飭將前各藥督匠加工製造先行呈驗樣藥如果合式再飭製造一面將現已製成若干觔稟覆核辦等因六月二十三日卑職以西廠火藥向係匠首包製包繳熬煮配兑權歸匠首委員監製毫無把握今或偷減草率亦無從考究一切情形詳細稟覆並擬核實辦法稟請另發硝磺由卑職坐廠試製庶

可節省歸公亦免權落匠首各等情在案八月始奉批
飭適善後局委崔守祥奎總理各局軍火乃由局發給
硝磺改製黑槍藥一百磅試驗合用正擬照辦而崔守
已奉差出粵卑職以六月杪移住廠内督催煉製八月
停工患病回寓病痊查詢廠中藥料無多該匠首以停
製數月語意支吾適奉憲局行知卑廠改隸軍政業將
製藥事宜開摺呈請訓示仰蒙垂詢殷肫以整頓軍火
為急切義務卑職連日到廠查點賴叅將移交舊坯及

原賸蒲硝並續製已成洋火藥各項均有短少通同估
計魚子藥約欠八千磅土火藥約短萬觔上下再三詢
詰着落賠償該匠首堅不吐實卑職到差後即訪知向
有盜賣硝觔私售火藥等弊當即出示嚴禁張貼廠門
及附近一帶現少各藥顯係匠首弊串店鋪挪公濟私
膽玩已極卑職業經查出祇得稟請迅飭拘案嚴究則
私售何人銷贓何地不難水落石出以重公務而儆效
尤至卑職監製賴叅將移交各火藥雖非經手發交該

匠首色製而疏忽之咎實無可辭應如何議處伏候憲
裁等情到局據此查試用知縣唐crit首經善後局於本

年四月札委監製西廠火藥嗣據將賴參將望雲移交
存廠已製未成各火藥數目列摺申報接管辦理旋因
製繳各藥試驗未善札飭加工監製先呈樣藥如果合
式再飭製造乃數月以來該委員並不認真經理輒行
託病回寓於廠事全不過問匠首孫潮從前曾因虧蝕
公款革退有案乃仍朦混任用以致弊端百出實屬咎

無可辭此次軍政局開設後即經屢飭該委員清查存
藥開報今據所稟果有短少情事自應嚴行拏辦當即
密飭提調韓守景琛正丈案謝令剛國執法所委員馬
令良基參謀所委員彭管帶汝亮於十一月二十一日
侵早督帶親勇分頭馳往西廠將該匠首孫潮拿獲發
交該府收訊一面將該廠現存火藥飭閩侯兩縣眼同
唐令及匠首孫潮點驗清楚即飭弁勇押運馬尾後山
庫存儲並將該匠首住屋標封查核該委員前報接收

賴叅將移交摺內開列各項火藥現經盤點僅存洋火藥四千三百觔計短魚子藥八千六百九十一觔洋火藥五百五十觔土藥坯一萬七千觔潮濕火藥八百觔是所存各藥侵盜幾盡究竟贓銷何地係屬何人有無私濟匪徒亟應札飭該府將該匠首孫潮提案訊究明確覆向核明詳辦再行着落照數賠償俾重軍火除詳報

督憲暨札飭接辦西廠委員劉守世芳遵照外仰府即

便遵照迅將發到匠首孫潮一名尅日提案訊明所短
各藥是何情弊覆局詳辦毋違此札等因計粘抄一紙
蒙此查此案先蒙
憲臺飭發火藥匠首孫潮一名下府並經卑府派差獲
到被供買藥之匠首陳增福一名隨即提同隔別研訊
據匠首孫潮供年六十九歲侯官縣人自十七歲承充火
藥匠首度日現蒙
局憲大人查究火藥那魚子藥一項原存八千六百九

十一觔內賴營官文華辦機局時陸續撥用去一千一百九十一觔有圖章手摺為憑又賴營官望雲有信致唐委員撥用去一千五百觔又小的借用旗營匠首陳增濂即承恩銅錢一百八十千文私行折價盜給四千五百觔尚短一千五百觔實因廠地窪下大雨進水受濕霉爛銷耗又存土藥二萬三千觔各衙門更礮及大小考試等用四五年間共取去一萬三千觔向歸藩轅年終報銷可查又小的盜賣旗營匠首陳增福土藥二

千四百觔得錢一百九十二千文又折價賣與旗營匠首陳增濂五千六百三十九觔得錢二百三十四千文尚短一千九百六十一觔亦因年久水濕霉化銷耗又存洋火藥四千八百五十觔前已撥存馬尾後山四千三百觔小的私自借給陳增濂五百觔尚短五十觔因過秤時散落地下夾有泥土現在掃存在廠又福穀軍繳回潮濕土藥八百觔此藥原受潮濕現已如土一樣今蒙提訊即旗營火藥匠首陳增濂陳增福賣去借去

各項火藥都是繳旗營官庫備用委沒私濟匪徒的事
至承問陳增濂盜買小的之藥何以比陳增福便宜一
節實因當日陳增濂尚應許給小的一百餘千尚未交
來事發俟陳增濂獲案可以對質只求恩典就是
據旗營火藥匠首陳增福供小的充當八旗營庫製藥匠
首這孫潮和小的因同在一處製藥素識前向小的陸
續借用銅錢一百九十二千文沒還小的領製本營火
藥因貪圖賺錢便宜遂買他製就土藥二千四百觔折

算抵賬小的就把買得土藥繳官今蒙提訊小的並沒
私向買販濟匪的事所供是實各等供據此復訊不移
查孫潮認供抵欠盜賣魚子藥土藥洋火藥之外其稱
借給陳增濂洋火藥五百觔賴守備文華賴条將望雲
兩共撥用魚子藥二千六百九十一觔又各衙門更畷
及大小考試等用四五年間共去土火藥一萬三千觔
究竟各衙門及考試應用火藥向來如何提撥如何報
銷無憑稽核又據供稱洋藥一項除私借陳增濂五百

觔之外有撥存馬尾後山四千三百觔尚短五十觔因
過秤時散落地下夾有泥土現掃存在廠又據供福毅
軍繳回潮濕土藥八百觔又魚子藥一千五百觔皆因
受水霉爛銷耗其廠址果否窪下有時進水致藥受濕
霉爛均應飭查明確方成信讞緣蒙前因除將該犯等
禁押一面催提旗營匠首陳增濂歸案質審暨分別移
查覆核詳辦外合將提訊情形錄供具文詳報
憲臺察核俯賜檄飭現在藥廠委員查明孫潮所供廠

地窪下有時進水致藥受濕霉耗是否實情又稱洋火藥因過秤散落在地夾有泥土掃存在廠各節有無其事申覆行知下府俾得確核訊詳除詳

督軍憲暨

臬藩
糧道憲外為此備由呈乞

照詳施行須至冊者

兩廣疏略二卷附惠威録二卷省吾林公遺集二卷

［明］莆田林富撰

清華大學圖書館藏明隆慶五年刻本

兩廣疏略二卷附惠威録二卷省吾林公遺集二卷，明林富撰。富（一四七五—一五四〇），字守仁，號省吾，莆田人。弘治十五年（一五〇二）進士，授大理寺評事。所歷多有惠政，官至兩廣總督。主修廣西通志六十卷。

兩廣疏略二卷，收録嘉靖八年（一五二九）至十年林氏任兩廣總督期間所上奏疏。林氏爲官，所至以興利除弊爲己任，一意紓解民困，奏疏中斑斑可見。如其嘉靖八年五月到任，六月即上乞罷採珠疏，陳天順以來採珠頻繁而所獲愈少，至嘉靖五年其弊已極。當時溺死軍壯船夫等五十七名，採珠所得八千八十八兩五錢（僅及弘治之零餘），然所費已至九千三百一十八兩，説者謂以人命易珠。並直言「廣東地方頻年兵荒，人民窮困」，若照嘉靖五年之例，此次採珠不僅「所得不償所費」，且「溺死人命數多，上干天和」。辭氣激烈，極人臣之所敢言。他如處置思田八寨疏論改土歸流之策，請通市舶疏論通商之利，皆切中利害、深關治理，故林氏後人稱書中多「經國之鴻猷」。

惠威録二卷，又名浙東惠威録，輯録林氏任寧波知府、處州知府時，浙籍官宦士子頌其爲官惠政之碑刻題記、詩文等。前有嘉靖十年倫以諒序，浙省名勝圖，省吾林公像，李堂、陳槐、豐坊贊。末附門生舒柏原跋、孫林兆恩再跋。所收作者不乏名流顯宦，如張邦奇、范欽、豐坊、王華等，各家詩作可供輯佚。如范欽七律一首，天一閣集未收，今人編范欽集亦未採入。

省吾林公遺集二卷，分文集一卷、詩集一卷，收林氏序、墓志銘四篇，詩十一首。後附王鳳靈省吾林公大傳、子萬仞省吾林公壙誌，皆爲考述林氏生平之詳細史料。

按，兩廣疏略原名兩廣疏稿，總二十四卷，嘉靖三十九年（一五六〇）林兆誥選刻二卷，並題今名。後因「島夷之變」，原本及二卷本版片均毁。隆慶五年（一五七一），林兆恩重刻此本，並附刻惠威録與遺集。惠威録舒柏跋曰：「柏莊誦其文而嘉其足以風世，遂加編輯，鳩工梓於梧山書院，浹旬有五日告竣。」可知是書由舒柏輯成，初刻於嘉靖十年。兆恩跋附於舒跋後，所據或即梧山書院刻本。（韓　超）

兩廣疏畧卷上

明通議大夫兵部右侍郎兼都察院右僉都御史莆林富稿

乞罷採珠疏嘉靖八年六月初一日

題爲乞罷採珠以蘇民困以光
聖德事嘉靖八年五月十八日據廣東布政司呈爲急
缺金兩寶石珍珠事嘉靖七年十二月二十七日
抄奉本院案驗前事備仰本司查照先今奉有
欽依事理即將前項珍珠作急打撈務要選擇真正鮮
明圓大顆粒封固差人星馳解進轉送
內庫交收以備急用不許將碎小不堪珍珠一槩濫

進有誤供應此係緊等成造

上用事理毋得遲誤先將起解過數目緣由呈報查考

仍行鎮巡珠池等衙門欽遵查照施行奉此案候

間又據經歷司案呈抄蒙巡按廣東監察御史鄧

函案驗奉都察院巡按廣東九千三百五十三號

勘合劄付准戶部咨同前事備仰抄案呈堂照依

案驗備去該部題奉

欽依內事理卽行該道守巡官會同將前項珍珠作急

打撈務要選擇真正鮮明圓大顆粒封固以憑會

同解用不許將碎小不堪珍珠一槩濫進有誤供

應其合用事宜查照上年事體逐一查議明白呈
奪布政司仍呈提督府并行珠池衙門知會依蒙
抄呈到司查得嘉靖五年奉户部照會并奉本院
案驗俱爲急缺金銀寶石珍珠事依奉行准本司
等衙門掌印左布政使等官梁材等會案各准本
司咨關奉三府會案議仰各抄案回司照依該部
題奉
欽依内事理欽遵各行掌印官會同該道分守分巡
海等官查照弘治十二年採珠舊例覈見合用人
夫通計若干在何府州縣取撥委何人員管領合

用大小船隻通該若干在於何處借辦雇倩器具什物約用若干原係派屬措備抑或支給官銀買料造辦供事官員人役與防護巡緝守港等項官軍民快各於何處取撥其各項公用銀兩相應於何衙門何項數內支用與夫一應開查未盡事宜務要通行查出會議停當逐一備開呈報以憑會議定奪等因各備咨關到職會同廣東按察司按察使周宣廣東都司都指揮使甯潼帶管分守海北道右參議汪思巡海帶管分巡副使李傳議查得弘治十二年採珠事體合用船隻東莞縣與雷

廉瓊三府人民往來買賣熟知海利東莞縣行取

大艚船二百隻瓊州府白艚船二百隻共四百隻

每隻雇夫二十名共夫八千名每月雇覓夫船幷

工食銀十兩共該銀四千兩雷廉二府各小艚船

一百隻共二百隻每隻雇夫十名共夫二千名每

月雇覓夫船幷工食銀五兩共該銀一千兩合用

器具爬網珠刀木桶尾盔油鐵木櫃等件令各船

人夫自行整備應用給與價錢雷廉二府每府又

用廠一座其一應該用銀兩行令廣州等府於贓

罰鈌官皂隸馬夫幷均徭餘剩冠帶等項銀內查

取廣州府三千兩潮州府六千兩惠州府四千兩
肇慶府三千兩瓊州府四千兩若有不敷另於稅
畝戶口食鹽等項銀兩奏支解發雷廉二府官庫
收貯給散事完造冊繳報採取夫船應該委官部
押具由呈奉三府察院議得前項事宜雖已停當
但廣東地方頻年旱災人民貧窘所雇夫船每月
連工食大者銀十兩小者銀五兩似乎數少恐有
虧百姓各量增一半大者每月再添銀五兩連前
十兩共十五兩小者每月再添銀二兩五錢連前
五兩共七兩五錢以濟民食其餘俱准擬施行依

奉遵照於弘治十二年十一月初一日開池起至
弘治十三年正月中止計兩箇半月用過銀一萬
七千零四兩一錢採得珍珠二萬八千四百一十
六兩又用盤纏銀一千兩起進外今奉前因合無
遵照弘治十二年行過事體於前項府縣取撥夫
船并查取銀二萬兩照數取足起解到司類發雷
廉二府官庫收貯備行守巡官知會如有支用行
委的當官員眼同給散若有支剩解回貯庫作正
支銷事完之日備細造冊通行繳報其採取夫船
應該部領分管巡緝與夫一應供事官員人役防

護官軍民快查照先年於附近雷廉等府衛所臨
期摘委取撥及查先年供事等官合用蔬菜叅政
叅議副使僉事每員該銀五兩知府同知通判推
官指揮都事每員銀三兩知縣縣丞主簿典史千
百戶每員銀二兩每船合用黃號旗布一尺五寸
前項銀兩俱於本司廣豐庫貯相應官銀內支用
其起進紅櫃杠索漆灰銀硃銅釘鎖鈠軟套等項
物料俱係採珠畢日見數多寡酌量行令番南二
縣支銀給與各項鋪戶造辦裝盛幷解戶三十名
亦皆臨時於廣惠潮韶四府編僉差委的當官員

部押解納其所議未盡事宜聽守巡等官從宜斟
酌處置徑自呈請備由通行呈奉撫按衙門俱批
依擬施行依奉通行前項府縣取撥夫船并查解
銀共二萬兩前來分發雷廉二府庫貯支給夫船
工食等用續准本司分守海北道左參議王俊民
咨稱會同帶管分巡副使范嵩巡視海道副使李
傳擇於嘉靖五年十一月十八日開池採取據各
官兵人夫衆稱今次各池螺蚌稀少且又嫩小以
致得珠不似往年又訪海濱父老俱稱珠池自天
順年間採後至弘治十二年方採年月既久池蚌

皆老彼時得珠二萬八千兩正德九年又採相去
已一十五年止得珠一萬四千兩零至嘉靖五年
又採相去方一十二年因此螺蚌嫩小稀踈得珠
不多議照大船在海已經三月有餘勞苦誠爲可
憫行據委官同知等官章諍等查勘過病故舍人
軍壯船夫共三十名溺死軍壯人夫共二十七名
風浪打沉無存船四隻被風打壞不堪撐駕并損
折桅柁船共三十六隻飄流不見下落船共六隻
各是實除將病故溺死者量給埋葬銀錢壞船者
皆令脩整不見下落者挨查令據船夫軍壯各告

疾苦委難採取相應順時停止即於本年三月初七日封池給與應得工食責令各原委官員督押回還訖自嘉靖五年十一月十八日開池起至嘉靖六年三月初七日封池止計三箇月零十八日採過珍珠共八千八十八兩五錢共支用夫船工食等銀九千三百一十八兩零等因到司已將前採珍珠差官起

進外今奉前因緣照嘉靖五年採取除解官盤纏并雇覓民壯及紅櫃杠索等項銀兩不計外共用過夫船工食銀兩將以萬計珍珠只八千餘兩所得

不償所費廣東地方頻年兵荒人民窮困即今又
值潮水泛張風迅不便且去前採取之期只隔二
年螺蚌必尤稀踈嫩小誠恐虛費錢粮不堪
進用及如前被風打壞飄流人船不見下落病故溺
死人命數多上干天和又訪得各處船隻不止數
千刷船之時買免賣放大開官吏地方總甲人等
騙局富者既已皆免所刷多係下戶船隻多舊且
壞所用人夫撐駕大者不止二十名多雇無賴光
棍告照脩船買辦器具紛擾爲甚至船發行及封
池回還自稱官差沿海打刧客商并附近鄉村甚

至汙及妻女其爲患害不可勝言而又上下通同
侵盗其禁愈嚴其弊愈出或寧遺棄不肯納官採
珠之後各該府縣及沿海之民至今疲憊未蘇一
聞復有此役俱欲逃竄意外之變亦未敢言等因
到臣案查先准戶部咨爲急缺金兩寶石珍珠事
廣東清吏司案呈抄蒙本部案驗雲南清吏司案
呈奉本部送於戶科抄出
內承運庫署庫事司設監太監梁諫等題臣等照得
每年恭遇
萬壽聖節并

三宮等節御用監不時關支金兩寶石珍珠成造
上用物件内官監關支珍珠銀作局關支金兩俱各成
造天下
王府宗室金寶冊珠翠等冠金帶霞帔頭面花朵珠
環等件皆係
祖宗舊制不可有缺況今天下
宗枝比先尤盛成造物件愈加浩繁臣等為此先於
嘉靖三等年累次具奏後嘉靖五等年雖有進到
金兩寶石珍珠數亦不多俱已成造
鄭府等府東恒王妃等妃珍翠冠頂并

徽號金寶冊斗冠燕居冠珠環等件應用外見今庫
内金兩寶石俱無其珍珠雖有餘剩匾小粟米不
堪充用即今内官監移文到庫爲成造
徽府等府徽王妃等妃張氏等二百八位名用珍珠
翠冠頂二百二十八頂雙副無從措置難以成造
臣等若不具奏切思進納有限支用無窮伏望
皇上軫念
祖宗舊制賞賜
宗室重務乞
勑戶部即將前項金兩寶石珍珠作急區處進庫以充

目下應用仍行出産地方採取寶石珍珠務要真
正鮮明圓大速解進納庶使成造得完而應用不
乏矣等因題奉
聖旨這金兩并寶石珍珠委的缺用着户部便作急區
處收買進用還行與出産地方採取解納欽此欽遵
抄出送司卷查先爲前事本部已經節行雲南廣
東布政司採取催解去後續該廣東布政司解到
珍珠數亦不多其雲南寶石未據解到今該前因
案呈到部備咨前來已經案仰廣東布政司查照
採取去後今據前因該臣看得前項採珠事體重

大

上用緊急又經行仰設法議處間續據嶺東守巡等道

右叅議等官汪思等呈稱惠潮等府碣石海豐等

衛縣十分饑饉乞要運米賑濟又據嶺西守巡等

道左叅議等官胡宗明等呈稱高州等府去年無

收春夏以來民皆窮餓嗷嗷待哺乞要議處拯救

各呈到臣俱經案行作急運發杳處稻穀銀兩從

宜散給隨據梧州等府申稱五月以來西水泛漲

將民居漂泊早禾淹沒秋成無望乞要預備賑恤

等因又經分投差官檢踏并行各該被水府縣及

時措處將逐年無礙庫貯銀兩通查類糴備賑俱
案候任卷臣乃惶懼而言曰官何爲以此時而議
採珠也何不以珠之不可採而告之
陛下也盖採珠有不可者三一曰理二曰勢三曰時不
可採而不採
陛下之心也知其不可採而不爲
陛下言之臣之罪也臣聞之書曰不作無益害有益功
乃成不貴異物賤用物民乃足夫不害有益無益
且不可作也不賤用物異物且不可貴也但無益
之作未有不害有益者異物之貴未有不賤用物

者蓋持衡之勢此重則彼輕聖人審輕重之理終
不以此而易彼也故堯舜抵璧于山投珠于淵正
爲此耳且自有珠池以來
祖宗時率數十年而一舉天順年曾一行之至弘治年
始一行之至正德年始又一行之夫
祖宗時非不用珠也而以爲無則不必用耳非不採珠
也而以爲不可採則止耳
陛下法堯舜法
祖宗而偶不得推類于此必有大不當于
陛下之心者此臣所以斷之以理而知其不可採者一

也且珠之爲物也一採之後數年而始生又數年而始長又數年而始老故禁私採數採所以生養之自天順至弘治十二年珠已成老故得之頗多又自弘治至正德九年珠半老故得之稍多自正德至嘉靖五年珠尚嫩小故得之甚少今止隔二年珠尚未生長恐少亦不可得也五年之役病死者幾人溺死者幾人而得珠幾何或者謂以人命易珠今茲之役恐易以人命而珠亦不可得也此臣所以度之以勢而知其不可採者二也臣又體得廣西地方盜賊縱橫夷獠盤據田土荒落調度

頻煩凡

宗室禄米官軍俸糧大半仰給于廣東近者恩田之

役其取給又不止十之八九故廣東若廣西之府

藏也府藏空則人命危矣目今嶺東嶺西兩道地

方所在饑民告急待哺中訴紛紜盜賊乘間竊發

饋餉自贍不暇而廣西夷落萬一靡寧則調發轉

輸又未有息肩之期而於此時復以採珠坐令某

府某縣派銀若干千兩某府某縣派夫若干千名

某府某縣派船若干百隻誠恐民愈窮而歛愈急

將至無所措其手足而意外之變難保必無此臣

所以揆之以時而知其不可採者三也夫聖人之舉事本之以理而乘之以時勢理者事之經也時勢者事之因也理則可時勢則未可不可也理則不可時勢則可不可也而況理與時勢無一可者故臣敢斷以爲不可而知

陛下亦必以爲不可也昔漢順帝時桂陽太守文礱獻大珠詔却之曰海內頗有災異朝廷脩政太官減膳珍玩不御文礱不竭忠宣暢本朝而遠獻大珠以求幸媚封以還之元仁宗時賈人有售美珠者近侍以爲言曰吾服御雅不喜飾以珠璣生民膏

血不可輕耗汝等當廣進賢才以恭儉愛人相規不可以奢靡蠹財相導夫二君庸主也而此一事偶爾得之則臣不敢以爲非也

陛下聰明睿智仁孝恭儉之主而此一事偶爾行之則臣亦不敢以爲是也或謂臣能言其不可而不知珠之用爲成造

王府等妃珠冠等項而取

親親恩典終不可廢恐難遽止臣以爲

陛下之於

諸王寵之以恩禮結之以忠信厚其祿餼而通其情

不違其所欲且使其知

陛下不以儀飾而累恭敬不以綺麗而傷儉素

親親之情彌久彌篤又何論一冠之輕重耶況該監題稱庫內尚有餘剩區小珍珠是猶可以備飾冠之儀亦未遽至缺乏之如少俟數年池蚌漸老民困少蘇徐取而用之則

陛下親親之義愛民之仁用物之節亦並行而不悖矣

臣又思

上用偶缺該監請辦擬而行之於例固無不可若而特勢不可則非臣在地方者不能知

陛下固難懸斷而不可之也故曰知其不可而不為
陛下言者臣之罪也此臣所以不揣僭妄披歷肝膈冒
　持三不可之說冐昧塵
瀆伏願
陛下法古先以恭
明命昭
　宗親敦朴素以遠珍麗省財力以厚黎元乞
令德以示四方尚恩禮而篤
勑戶部再加查議將採珠一事暫
賜報罷則一方之民不覺鼓舞更生而海濱嶺表咸歌

堯舜之聖矣緣係已罷採珠以蘇民困以光

聖德事理未敢擅便爲此具本專差承差李欒齋捧謹

題請

旨

處置思田八寨疏嘉靖八年七月二十日

題爲處置地方以圖永安事照得臣於嘉靖八年五月二十日到任管事准吏部咨爲傳奉事據廣西南寧府知府蔣山卿開具揭帖到部該本部看得知府蔣山卿所言似爲有理但事難遙度合咨煩爲斟酌停當徑自具奏定奪施行備咨准此案査

接管卷內嘉靖七年月日不等該提督兩廣江西
湖廣等處地方軍務新建伯南京兵部尚書兼都
察院左都御史王守仁准兵部咨該新建伯王守
仁題前事奉
聖旨該部看了來說欽此本部看得本爵既勤積年之
寇復興善後之思所據遷衛改府設縣增鎮具見
計慮周悉相應依擬合將本部應行事理議處開
請候
命下之日移咨本爵將所奏南丹衛遷移周安堡增築
鎮城於五屯查揀官軍守禦務要選委能幹官員

分投整理其工料之費仍須處置得宜及禁革下
人蕩費擾害工完之日造冊
奏繳其或臨期事體應該損益一面從宜規畫一面
星馳具奏等因題奉
聖旨是准擬行欽此又准戶部咨亦同前事該本部准
兵部咨看得新建伯王守仁乞要改築思恩府城
於荒田移設鳳化縣治於三里添設流官縣治於
思龍無非弭盜安民思患預防之意及照本爵題
稱遵奉
勑諭一面相度舉行緣未開有估定工料動支錢糧數

目事在彼中相應沓處合候

命下之日移咨新建伯王守仁將各項事宜再行三司

府縣等官從長計處若果別無違礙就便選委能

幹官員乘時舉事完日造冊

奏繳等因題奉

聖旨是這事還行王守仁督委三司等官查勘從長計

處備由具奏定奪欽此又准兵部咨為地方大患事

該太子少保禮部尚書兼翰林院學士方獻夫等

奏前事奉

聖旨這事已有旨了脩建城邑防患事宜還著王守仁

公同鎮巡三司等官議處停當具奏定奪務要一勞永逸勿貽後艱該部知道欽此俱欽遵備行前來已經案行三司各掌印官會同副參等官查勘未報臣看得成功非易善後尤難卽今廣西之急莫先於處置思田八寨若再候移文催勘往返又經歲時緩不及事隨該巡按廣西監察御史陳大器以出巡至鎮守廣西副總兵李璋協同鎮守思田副總兵張祐分守潯梧左參將張經分守柳慶右參將沈希儀廣西都司掌印都指揮僉事高崧布政司分守右江帶管蒼梧道右參政沈良佐按察司

府江兵備副使伍箕右江兵備副使翁素左江兵
備帶管分巡蒼梧道僉事方紀達各以公事至臣
因得以博集衆思用廣忠益遂會同總鎮兩廣等
處地方內官監太監張賜巡按廣西監察御史陳
大器督同副總兵叅將都指揮叅政副使僉事等
官李璋等各陳所見叅酌人情事勢詳慮審處殆
已浹旬纖悉僉協臣等竊惟帝王御極慮周萬世
之防以通變宜民爲本威震八蠻之俗以勤遠略
遠爲圖故事有不必更亦有不容不更者蓋操縱
闔闢之間關理亂安危之故事體一乖禍胎斯伏

固不可膠常而失機亦不可輕舉而基害臣等觀
新建伯王守仁所議遷衛改府設縣增鎮與先次
右都御史姚鏌題
請改設流官等事無非安邊靜國保治防危之計但當
時身任兵戈之衝事當匆迫之會言有可採未暇
致詳勢或可乘惟恐坐失是以謀建而上下未孚
身去而是非相半中間因革損益必須虛心問察
執其兩端方能動中機宜盡夫羣策今據各官面
議事理臣等反覆審斷委非茍為異同除改設城
池分撥里甲支用錢糧調復兵欵候另造冊

奏繳外今將先後應議各項事情備由開欵具

奏定奪伏乞

聖明採擇施行臣等不勝祈懇懼罪之至緣係處置地方以圖永安事理未敢擅便爲此具本專差舍人葛智齎捧謹題請

旨

計開

一特設流官知府以制土官之勢先該新建伯王守仁題稱思田初服

朝廷威德方新今雖仍設土官數年之間决知可無

反側之慮但十餘年後其衆日聚其力日强則其志日廣亦將漸有縱肆并兼之患故必特設流官知府以節制之寓警戒於溫恤之中消倔强於涵濡之內使之日馴月習忽不自知其為善良之歸蓋命洪垣易以順其俗而委曲調停以制其亂此今日知府之設所以異於昔日之土官而為久安長治之策也

前件臣等查勘得田州府自

國初洪武元年岑伯顏遣使歸附世襲土知府傳至

岑猛驕縱不法遂干
天誅一時從事之人因見元兇授首群黨離散乘機議
改流官如往時思恩之例此其意在爲
國闢土開疆稍償兵興鉅費而不知夷夏之界不可
隳駕馭之機不可失刑誅之章不可濫貪
倖之階不可啓夫田州介居南寧泗城奉
議東蘭之間谿獞土夷散部錯布椎髻跣
足鳥言侏儒不可化誨招徠久矣衣冠禮
樂之教既卒無所於施而其疆境險遠旁
通雲貴交阯關梁津隘爲備非一若改設

流官則邊防之守我獨當之撤戍則兵爭莫禦多備則財力不支故曰夷夏之界不可隳者此也土夷之性與漢人不侔剽劫爲生淫暴成俗故古人制御之法不置漢官蓋恐夷漢雜居猜嫌易起入版圖者存虛名充府庫者無實利不毛之地旣不可耕很子野心頑又莫革時或反叛吏卒殞於

王事兵糧苦於轉輸非徒無益而又害之此蓋爲國遠圖灼知夷情之變而非苟利目前者也

太祖高皇帝肅將天威百戰百勝混一區宇之後力豈
不能掃蕩妖氛使之盡同
中國文明之治而各處土官衙門但皆各仍其舊與
之羈縻不絕蓋亦以爲邊方炎瘴反覆之
人非我族類其心必異姑順其土宜以盡
其力使人自爲戰固我藩籬而我
中國之民得以安居耕鑿不罹侵擾毒螫之患此則
聖人達權通變與世推移祕筭神謀萬代如見者也今
若改設流官於田寧非但撤藩去屏備多
力分而夷漢雜居之禍兵糧轉輸之苦圖

籍虛存之弊吏士他日之患將必有如古人所慮者矣弘治年間思恩岑濬無後改設流官但流官未設之前該府歲出兵糧以備召用及既設之後非惟不復出兵輸稅反設守備官一員督兵千餘以守其地且二十年來叛者數起至屢厪

王師糜費財力不可勝紀竟而撫定亦不敢謂自是晏然無事也田寧之事為鑒不遠思恩是也故曰駕馭之機不可失者此也土官讐殺習以為常今猛之惡止是驕恣不法叅

毒同類本無謀叛重情臣昔見邸報兵部
題奉
聖旨岑猛旣罪惡彰大當急爲區處著都御史姚鏌會
同鎮巡官再行審度酌量若果悔過請罪自能投出
奏來定奪欽此由此觀之
陛下於岑猛亦嘗諒其有可赦之罪而欲開其自新之
路矣當時湖兵已集
天討已行監兵者不敢受降而猛懼罪懷疑勢難復出
然終不敢整兵東向而但鼠竄求活則其
平日本無反狀亦爲可知夫以岑猛得罪

始末不過如此故因其平日驕梟及在工堯拒敵之罪殺其身戮其長子岑邦彥則已於情法相當生死無恨而遽俘其妻孥籍其疆土則是刑不協中罪過其惡而不足以深服諸夷之心也方今廣西土官衙門無慮數十彼見同類之人槩及誅夷必且以爲貪其土地利其民人過求而漸翦除之未免有輔車相依脣亡齒寒之慮一旦變起倉卒非惟不肯效命而且有阻兵自守中立顧望者矣故曰刑誅之章不可

濫者此也今天下一統萬國咸賓際天薄海皆通職貢豈須益此土夷彈丸黑子之地兼設流官然後爲快哉昔宋臣楊時言邊事之興多出於饕功幸利之人蠻獠無知犯法自古已然不務拊循之使恩威兩行乃欲幸其有事草薙而獸獮之以求有功一有失律則敗衂不支其爲患有不可勝言者臣等竊意今日田寧事情但當仰

體

聖祖立法本意下循土夷相傳舊俗降爲州治岑邦相

既係岑猛親男卽
命爲田州知州使統屬其頭目以招輯土人其田寧府
可以裁革不必再設流官仍照土官知州
衙門事體止選吏目一員而又如新建伯
王守仁所議推選頭目設爲土巡檢明立
地界使分管而世守之各照原額出辦兵
糧夫降爲州治以削其權分設土巡檢以
殺其勢無事則掎角而守有事則彼此相
防而岑邦相當奔蕩罪廢之餘幸保首領
蠻俗未深信服其勢不得不倚重

朝廷若乘時授之則其感恩懷報自不容已且岑猛
以玩法受誅而其遺孤再得蒙
恩復其疆土則刑賞無私威愛允濟各該土官聞之咸
謂
陛下貴信尚義
命令如
天地之至公莫不踴躍嗟嘆以潛消其獷強桀驁之私
益堅其歸順效忠之志而凡守邊諸臣亦
當聞風感化飭躬脩職不敢邀功生事於
蠻夷以貽地方他日之害矣夫有邊事者

邊臣之福無邊事者

國家之福故曰會倖之階不可啓者此也臣等非敢偷安委靡妄為異同但事體重大關係匪輕措置一乖禍患叵測若雷同附和以誤至計雖萬死莫贖故冒昧言之伏乞

聖明裁擇

一移築南丹衛城於八寨先該新建伯王守仁題稱看得八寨之賊實為柳慶諸賊之根柢每寨有衆千餘四山環合同據一險各巢之賊皆倚恃八寨為逋逃主每有緩

急一拔八寨即無所致其窮詰八寨一呼則羣賊皆應聲而聚故羣賊之於八寨猶車輪之有軸樹木之有本若八寨不除則羣賊決無衰息之期也今幸八寨悉已破蕩正宜乘此平靖之時據其要害建置衛所以控馭羣賊看得周安堡正當八寨之中四方賊巢道路之所會議於其地創築一城移設南丹衛於其間又看得遷江八所皆土官指揮千百戶等職舊有狼兵數千以分制八寨後因賊勢日盛各官

皆不敢復入今八所土兵雖已比舊衰耗然亦尚有四千餘衆若留其微弱者四所於外以分屯其所遺之田而調其强盛者四所於内合南丹一衛之衆以守亦且四千有餘隱然足爲柳慶之間一巨鎮矣此鎮一立則各賊之脉絡斷咽喉絕不過十年柳慶諸賊不必征剿皆將效順而服化矣

前件臣等查勘得八寨賊巢實爲柳慶思恩各賊淵藪今幸征剿之餘根株已拔黨類

衰息正宜乘據要害控扼吭背誠有如新
建伯王守仁所陳者但動衆設險要在於
合人情尤莫先於得地利謹按八寨地方
是惟蠻賊土人之所能居今欲移設南丹
衛於其中終恐事體非宜患生所忽蓋遷
衛之說其不便者有四顛山絕地商販不
通一也瘴癘疾疫人無固志二也生理無
聊易驅從惡三也凌險孤居緩急無援四
也而况賓州上林之間實爲左右兩江障
蔽若撤去南丹衛則兵力告弱萬一不逞

之徒分兵扼阻牽制八寨而大衆衝突以臨賓州則聲援阻絕力將不支兩江其能晏然而已乎故臣等以爲遷南丹衛於八寨非計之得者此也然天下固有同事異形名迹相侔而利害頓殊者此又不可不辨臣等觀廣西之賊八寨宂劇守備之兵上林宂虛今八寨已蕩平迻正則機不容於再失南丹雖安土重遷然勢不可以遂止何者南丹衛設在賓州既不足以遙制八寨遷諸八寨又不得以還護賓州爲今

日計必求彼此相宜緩急可賴以爲地方長久之慮者惟在遷南丹衛於三里耳蓋三里之地卽王守仁所議改設鳳化縣者地屬賓州之上林縣平疇博衍多良田茂林北連八寨西達思恩形勢險要可耕可守王守仁已備言之矣但設縣則割賓州之地以益思恩是顧彼而失此也遷衛則扼八寨之吭以還護賓州是一舉而兩得也又况南丹衛雖遷不出賓州界內土人熟其地理貪軍利其田產踴躍願行而思

恩上林八寨賓州遷江等地方相去皆不過一二日之程聲息相聞則氣勢自重犬牙相制則覬覦自消故臣等以爲遷南丹衛於三里於事體宜爲相應也然方今八寨賊徒雖多授首而餘燼終恐復燃數年之後逋逃漸歸黨與漸集雖有衛城恐非吾有矣臣等查勘得周安堡委在八寨之中四方賊巢道路所會宜就所築新城建立守備衙門選委指揮一員駐劄經理將南丹衛官軍分爲上下兩班番休遞戍其

八寨原係遷江八所土官所轄地方合如
王守仁所議量遷四所精銳官兵以居使
之協力防守仍召募附近右江土官衙門
舍人頭目但有謀勇出衆隨帶五百人以
上足以制服羣賊者就令統率與遷江所
官兵俱分撥賊占田産使之耕種以資衣
糧候三年之後地方安妥然後量爲科稅
若土舍土目果能宣力報效量授土巡檢
職名使之世襲以聽官調而守備指揮并
南丹輪戍官兵可以掣回三里如此則各

寨勢分力弱易爲控制而土人思世其官必將盡心防守守備官軍往來督察必不敢肆然無忌與賊交通南丹衛分班官軍居者有安土之樂行者有及瓜之望將皆甘心效力則軍威自振隱然可爲一方之保障矣臣等又看得八寨聽撫殘徒亦須乘時安插令其編成排甲每五十名立一村老管束每月朔望赴守備官處點卯其名下田地照舊給還耕種止令辦納正糧不編雜差中有年力精壯者仍募充打手

聽守備官約束隨軍操練殺賊有功一體
給賞庶幾隸名于籍寄食于官非惟資其
實用亦可杜其他謀擾習旣久性度自馴
可以易荒阻爲通衢薰強梗爲善俗矣伏
乞
聖明裁擇
一改築思恩府城於荒田先該新建伯王守
仁題稱看得思恩舊治原在寨城山內後
土官岑濬移出地名橋利就嚴險壘石爲
城而居四面背斬山絕壁自岑濬被誅及

者數起况其地瘴霧昏塞薄午始開中土之人來居輙生疾疫近因督剿八寨親往相度乃於未至橋利六十里外地名荒田者其地寛衍膏腴兩水夾繞合流於前又武緣江水達於南寧四山盤廻秀麗眞可建立府治蓋思恩舊在萬山之中水道不通無所資食故各夷終歲不一至府治情益疎離易生嫌隙今府治既通江水商貨自集諸夷所須皆仰給於府朝夕絡繹自然日加親附而武緣都里舊嘗割屬思恩

者始因路險地隔不供糧差今荒田就係
武緣止戈鄉一圖二圖之地往返無阻則
該府之官自可循土俗以順各夷之情用
漢法以治武緣之衆夷夏交和公私兩便
則改築思恩府城於荒田者是亦保治安
民勢不容已之事
一該廣西南寧府知府蔣山卿揭帖內開若
荒田之民則尤可痛者往歲王受之亂止
戈實當其衝屢次攻劫止戈之民恨食其
肉而不可得今乃移思恩而建府治於荒

田割止戈之民爲之祗候之卒瘡痍未復工役又與止戈之民復何罪哉且使思恩頭目百姓仍居故地而該府流官別處荒田彼此相去將百餘里是棄思恩而不顧也夫前此坐治城中而民猶敢叛若棄而不顧是聽其自爲也聽其自爲彼將何所忌憚哉

前件臣等查勘得思恩府舊治地名橋利委係險惡瘴癘非人所居其武緣縣荒田地方實爲思恩咽喉出入必經之處地勢廣

僥可以容民蓄衆水道通達可以通商聚工若守土之官得人爲之休養生息柔遠能邇可使夷夏交和公私兩便誠有如新建伯王守仁所陳者其知府蔣山卿開稱王受攻劫止戈之民怨恨等事誠亦有之但其始雖緣夷性反覆好作不靖亦以府治孤懸險絶流官不能自振耳目手足皆受制於惡酋以致是耳辟之泛蛟鼉之淵行虎豹之林而曰惴惴也今王受既已報效蒙

恩齊民亦已安居脫禍正宜棄怨交歡不當復積衅嫌
使夷寇得爲口實釀成他日之患也況止
戈去武緣甚遠緩急不能相及知府爲四
品流官護從不可無人故遷設府治以鎮
撫一方雖爲思恩亦爲止戈也編泒祗候
以供給知府非爲王受乃爲流官也又設
險守國之道不一勞者不久逸不暫費者
不永寧夷方四戰之地而欲乘機扼險以
待暴客則固不當以瘡痍未復爲辭矣至
於頭目百姓仍居故土該府流官別處荒

田是舍淵而陸無畏於蛟鼉出林而群可
禦夫虎豹正所以嚴夷夏之防開展布之
地絶嫌隙之端通欵附之路與臣等前所
陳革田寧府而立田州不遷南丹衛於八
寨而遷於三里者正相表裏非所謂棄而
不顧也蓋思恩府治之勢重則各處寨峒
之險亡流官守臣之令行則諸夷頭目之
心㒷事體委是相應物論皆以爲當故改
築思恩府城於荒田真保治安民勢不容
已之事臣等是以備述機宜再瀆

宸覽伏乞

聖明裁允

一改設鳳化縣治於三里先該新建伯王守仁題稱看得思恩府舊有鳳化一縣然無城郭縣治廨宇選來知縣等官多借居民村或上司委管別印以苟歲月故鳳化之在思恩徒寄虛名而實無縣治看得上林縣地名三里在八寨之間平曠博衍多良田茂林前此居民千餘家皆極饒富後爲寨賊所驅殺占據遂各四散逃亡今各賊

既滅遂空其地不及今創設縣治以據其險或有漏殄之賊潛回其間日漸生息結聚不過數年又將漸爲地方之梗矣故臣以爲宜割上林上下無虞鄉三里之地屬之思恩而移設鳳化縣治於其內逃亡之民將盡來歸各脩復其田業供其糧差蔚然遂可以成一方之保障且其南通南丹新衛五六十里西至思恩一百餘里兩地之人往來絡繹而道路益通及照思恩雖已設立流官知府然其所屬皆土目巡檢

而舊屬鳳化一縣亦皆徒寄空名今割武緣北弋一圖二圖之地改築思恩府城而又割上林上下無虞三里之地改設鳳化縣治固於思恩亦已稍有資藉但自鳳化三里至於思恩中間尚隔上林一縣臣以爲幷割上林一縣而通以屬之思恩似於事勢爲便而於體統尤宜

前件臣等查勘得三里地方原屬賓州上林縣其地平曠傅衍內多良田外有險隘北可以限制八寨西可以聯屬思恩上林誠

有如新建伯王守仁所陳者但其地當險
遠勢須屯兵固守而非有司目前政令之
所能得意者故臣等以爲遷衛則宜設縣
不便此皆廣詢博採灼見利害非敢臆斷
懸度以妄異同也但王守仁又議稱改鳳
化縣以爲思恩資輔并割上林縣以屬思
恩於體統尤宜者臣等參酌人情事勢似
有未然蓋思恩自岑濬受誅二十餘年反
者數起
朝廷始因成功不廢設立流官其實選來知府皆不

過因循歲月苟且避禍蓋未有皁然自立能禁制諸夷頭目者非其心不欲勢不可耳只今岑濬無後歷年既久流官知府雖未可議革若鳳化縣係是正德七年添設本無衙門駐劄徒寄空名而無益事體今既改設城頭巡檢司以循土夷之舊則此虛設之縣自可裁革以省地方之費矣又況上林縣境不過八里而實為八寨咽喉兩江屏障之地無故分割三里人戶則其勢益以孤懸不足為鎮而又以上林併屬

思恩則不惟賓州失其屏障而兩江聲援
阻絕易以生變殆非
祖宗立法犬牙相制之意也且蠻夷之性易動難安往
歲王受之亂幸得上林爲之限界今併以
上林屬之思恩是爲之借兵齎糧助其羽
翼一旦變生倉卒必且鼓行而前無復顧
忌者矣臣等與各官詳計熟慮思恩府既
已改設於荒田但可分以武緣止戈鄉一
二圖之地併其舊轄里都徑隸府治如雲
南尋甸景東順寧鎮沅永寧孟定等六府

鎮縣分事體相同正不必曲求資輔膠執體統以驅夏而歸夷損此而益彼也南丹衛雖已改遷於三里其地本屬上林與上林本屬賓州自可各仍其舊而亦不必過爲紛更以駭人耳目拂人性情蓋邊方反覆之地又當兵戈擾攘之餘救弊補偏去太去甚使民樂見其新而不至懷戀其故乃可以保治圖安不貽後悔臣等固不敢囁嚅苟同以自取欺罔之罪伏乞

聖明裁擇

一添設流官縣治於思龍先該新建伯王守仁題稱照得南寧自宣化縣至於田寧逆流十日之程宣化所屬如思龍十圖等處相去尚有五日六日其間錯以土夷村寨地既隔越而窮鄉小民畏見官府故其糧差多係在縣之民宿姦老蠹與之包團因而以一科十小民不勝迫脇往往逃入夷寨土夷又從而侵暴之地日凋殘盜賊因起近年以來思龍諸圖鄉民屢乞設立縣治以便糧差蓋亦不得已而然臣因入撫

田寧親歷其所經理相度得村名那乂者其地亦寬平深厚江水縈迴環而居民千餘家煙火相接且向武各州道路皆經由其旁亦為四通之地若於此分割宣化縣思龍一五六七八九十十二及西鄉之六八圖共十里之地而設立一縣治則非獨以便小民之糧差賦役亦足以鎮據要害消阻盜賊其間小民村居如那那茹馬均三顏那排之類諸夷自不得隱占皆將漸次歸復流官而其地遂接比於田寧固可以

所設之縣而遂以屬之田寧矣夫南寧一府所屬一州三縣而宣化一縣自有五十二里今雖分割十里之地以與田寧而宣化尚有四十二里一縣之地猶四倍於一府也況田寧又係新創流官府治所統皆土目巡檢今得此一屬縣爲之旁輔則其體貌稍爲尊嚴而行政舉事氣勢又自不同平居無事商貨流通厚生利用一旦或有境外之役道路所經皆流官衙門從門庭中度兵更無沮隔之患此亦安民利國

之事勢所當為者也

一該廣西南寧府知府蔣山卿揭帖內開切見提督都御史王守仁奏

請將宣化縣思龍鄉立縣之說蓋因本里去縣窵遠納糧當差往回不便而宣化廂民為之代納替當任意花銷倍增利息思龍之民不勝其苦故聳具告官司類別立一縣以便糧差其意惟知仍屬南寧府今乃謂田州上民不知供給流官割思龍以為之附是何異割肉以補瘡彼思龍之民何罪哉

前件臣等查勘得思龍等地方係是南寧府宣化縣屬鄉但相去隔遠往回動經旬日以故官府之政令不行人戶之糧差多負而積年姦蠹因得以夤緣上下掊尅自肥以致逃叛相尋公私俱困今若設立縣治選置長吏爲之承流宣化以和輯民人變化風俗聯屬向武諸州招徠那茄馬坳諸寨民情土俗最爲相應但該鄉久屬南寧一旦割歸田州非但慕虛名而無實效其實棄黔首以業左衽況夷夏詳畧異勢好

惡殊俗目甲里甲異治以
中國之民屬之土官衙門未免陵轢蹂躪額外剝削
生人之受害不足言而地方之事從此壞
矣故知府蔣山卿以爲割肉補瘡思龍之
民何罪彼盖因所守信地察知人情不得
不言也臣等訪之故老參之僚屬僉謂思
龍事情必須建設縣治欲設縣治必於那
久地方盖其地勢廣平深厚江水縈迴竹
木森翳道里四通若縣治一立真足以鎮
攄要害消沮盗賊但不以歸諸田州而照

舊屬之南寧則遐荒小民與官府日相親
近知
朝廷所以軫念不遐遺之意自然感恩從化無復向
者之魚散鼠匿戶口日增而藩屏日固矣
此一事之微而利害得失特在轉移之間
伏乞
聖明裁擇
一增築守鎮城堡於五屯先該新建伯王守
仁題稱斷藤峽諸賊既平宜相其要害創
立一鎮以控制之惟五屯正當風門佛子

諸巢穴而西通府治其接潙浦最爲緊要之區舊已有千戶所統率官兵亦幾及一千之數困於差役日漸躲避官司失於清理止有五百其後上司不聞地方之艱難分調哨守所餘遂不滿二百既而賊亂四起守禦缺乏又取調潮州之兵數百協守五屯事既紛亂兼以統馭非人故地方遂致大壞且其屯堡牆垣甲盔不足以壯威設險今宜開拓其地增築高城度可以居三千之衆而設立守備衙門於其内取回

五百之中分調哨守於他所之兵共自潮州調來協守者盡數發還原衛仍於附近土寨目兵之中清査揀補其原避差役者務足原數一千選委智畧忠勇官一員重任而專責之叅將兵備各官又不時親至其地經理而振作之無事之時隨意取調附近官土兵或百人或七八十人以協同哨守更班往來於道路以慣習遠近各巢之耳目自後我兵出入自將無所驚疑果有究極當事舉動然後畧調精悍土兵

一二千名如尋常哨守潛集城中蓄力養銳相機而發此增築城堡以據要害所謂謀成而敵自敗城完而寇自解險設而賊自摧威震而姦自伏正宜及今爲之而亦事勢之不可已焉者也

前件臣等查勘得五屯千戶所在梧州府藤縣西北百里間其地古名古贈正當風門佛子諸寨而與府江荔浦相通爲斷藤峽賊巢左臂洪武八年土目覃福招集獞人八百六十四名隸桂林右衛中左所授千

戶職管理其衆以居後覃福既故衆多逃
移死絶至成化元年僅存五十餘名先都
御史韓雍委官撫諭各獞多自首補伍奏
設五屯千戶所衙門授正千戶李慶與土
官覃世瑛協同管理自後節年招諭清勾
幾至五百餘名各該監臨官員因廣西地
方多事將該所土軍分調各處哨守又恐
本處守備單弱乃調潮州衛軍旗前來輪
戍爲照前項五屯地方峻險衝要谿徑之
出入多岐盜賊之聚散不測調來潮軍尤

為脆怯且不服水土不慣戰陣平居多懷
土之思倉卒無敵愾之勇而土人頻年聽
調夷寇終身土著客主之勢既殊強弱之
形遂判所以盜賊滋蔓莫能寧息也又該
所舊設屯堡其地界逼窄既不足以聚衆
蓄兵其牆垣卑陋又不足以示威却敵而
流土官酋駢處非有將領監臨其間易至
玩愒忘備猜疑起爭故新建伯王守仁議
將五屯地方開拓地界增築城堡以設險
而壯威收回土軍五百發還潮州諸軍以

便民而省費責成於守備指揮振理以叅
將兵備以附衆而講武清補原額一千名
數量調兵款數十百人以示強而備敵蓋
亦察知時變備盡事宜不惜一時創造紛
更之勞而欲為地方長久安寧之計者也
臣等相機允協詢謀僉同皆謂多事之地
必如王守仁所處庶幾可漸無事蓋其所
謂謀成而敵自敗城完而寇自解險設而
賊自摧威震而姦自伏者類非虛語故不
避煩瀆之罪為

陛下重復言之伏乞

聖明裁允

請通市舶疏 嘉靖八年七月十五日

題爲遵

成憲通市舶以興利便民事臣惟巡撫之職莫先於爲

民興利而除害凡上有益於

朝廷下有益於生人者利也上有損於

朝廷下有損於生人者害也今以除害爲名併一切

之利禁絶之使軍國無所於資忘

祖宗成憲且失遠人之心則廣東之市舶是也謹按

皇明祖訓安南眞臘暹羅占城蘇門荅剌西洋爪哇彭
亨百花三佛齊浡泥諸國俱許朝貢惟內帶行商
多行譎詐則暫却之其後輒通又按
大明會典凡安南滿剌加諸國來朝貢者使回俱令於
廣東布政司管待見今設有市舶提舉司及
勑內臣一員以督之所以送迎往來懋遷有無柔遠人
而宣
威德也至正德拾貳年有佛朗機夷人突入東莞縣界
時布政使吳廷舉許其朝
貢爲之奏

聞此則不考
成憲之過也厥後獷狡章聞
朝廷准御史丘道隆等奏即行撫巡令海道官軍驅
之出境誅其首惡火者亞三等餘黨聞風懾遯有
司自是將安南滿剌加諸番舶盡行阻絕皆往漳
州府海面地方私自駐劄於是利歸於閩而廣之
市井蕭然矣夫佛朗機素不通
中國者也驅而絕之宜也
祖訓會典所載諸國素恭順與
中國通者也朝

貢貿易盡阻絶之則是因噎而廢食也況市舶官吏
公設於廣東者反不如漳州私通之無禁則
國家成憲果安在哉以臣籌之
中國之利鹽鐵爲大山封水榷仡仡終歲僅充常額
一有水旱勸民納粟猶懼不蔵舊規番舶朝
貢之外抽解俱有則例足供
御用此其利之大者一也除抽解外即充軍餉今兩廣
用兵連年庫藏日耗藉此可以充羨而補不虞此
其利之大者二也廣西一省全仰給於廣東今小
有徵發即措辦不前雖折俸椒木久已缺乏科擾

於民計所不免查得舊番船通時公私饒給在庫番貨旬月可得銀兩數萬此其爲利之大者三也貿易舊例有司擇其良者如價給之其次恣民買賣故小民持一錢之貨卽得握椒展轉交易可以自肥廣東舊稱富庶良以此耳此其爲利之大者四也助

國給軍既有賴焉而在官在民又無不給是因民之所利而利之者也非所謂開利孔爲民罪梯也議者或病外夷闌境之爲虞則臣又籌之暹羅眞臘爪哇三佛齊等國洪武初首

貢方物臣服至今永樂時浡泥入朝歿齒感
德成化間占城被篡繼絕蒙
恩南方蠻夷大抵寬柔乃其常性百餘年來未有敢為
寇盜者近時佛郎機來自西海其小為肆侮夫有
所召之也見今番舶之在漳閩者亦不聞小有警
動則是決不敢為害亦章章明矣況久阻忽通又
足以得其懽心乎臣請於洋澳要害去處及東莞
縣南頭等地面遞年令海道副使及備倭都指揮
督率官軍嚴加巡察凡番舶之來出於
祖訓會典之所載者密詗得眞許其照舊駐劄其

祖訓會典之所不載如佛朗機者卽驅出境如敢抗拒
不服卽督發官軍擒捕而凡所謂喇嗒番賊必誅
權要之私通小民之誘子女下海者必禁一有踈
虞則官軍必罪如此則不惟足與一方之利而
王者無外之道亦在是矣伏望
皇上特
敕該部熟議將臣所陳利害逐一叅究如果可行乞行
福建廣東省令番舶之私自駐劄者盡行逐去其
有朝
貢

表文者許往廣州洋澳去處俟候官司處置如此庶懷

柔有方而公私兩便矣緣係遵

成憲通市舶以興利便民事理未敢擅便為此具本順

差承差羅賢親齎謹題請

旨

兩廣疏畧卷上終

兩廣疏畧卷下

明通議大夫兵部右侍郎兼都察院右僉都御史莆林富稿

論兩廣治盜疏嘉靖九年八月二十八日

題爲叛賊背招聚衆屢刼民財殺死人命慘毒地方事據廣東按察司呈前事內開該本司掌印按察使張思齊會同帶管分巡嶺南道副使楊濂整飭兵備僉事莫相會議得廣州之新會新寧肇慶之新興恩平陽江陽春盜賊莫多於六縣猖獗莫甚於新寧新寧之賊乃門庭之寇盤據廣州腹裏聯絡六縣地方作梗有年流毒無極致勞官兵累次

征討東逐則西奔南攻則北遁以致潰逸之黨得
全首領兵刃之禍橫加平人既而官司冀其悔悟
招撫圖新奈何狼性滋蔓負固執迷既降復叛近
又擁衆流劫鄉村殺虜人財焚蕩廬舍占荒粮田
甚至毀汙支解之慘若今復姑息招安則黨與益
衆殺虜益頻職等目擊民艱豈容怗席誠救焚拯
溺之時而不能無拊髀扼腕之恨也及准兵備道
查報各該村峒惡黨不下數千皆熟閑險利非十
倍其師何以收全勝而建大功乎但今師出固非
其時倒懸亦宜急解合無行兵備道一面將新會

縣先年用兵支剩貯庫銀三千餘兩及該道贓罰
軍餉等項銀錢雇募新會順德等縣精壯打手三
千名選委謀勇官員領劄會寧地方暫時隄備不
許奔逸先將服招背招者分別明白如果眞心向
化各給領牌號准免本罪諭令安心復業有能隨
軍報效者獲功一體陞賞其稔惡不悛村峒亦要
分別種類名數住址備造圖冊呈報待秋後請調
漢達官軍二萬員名狼兵一萬名俱付各道守巡
兵備官呈委叅將或都指揮二員督領其鄉夫鄉
導智勇效勞人等聽各道隨宜選用領哨分哨應

剿應守等官俱於謀勇指揮千戶等官內選委合用官軍廩給口粮打手工食并犒勞牛酒銀牌火藥號布藥材紙劄油燭等項於布政司或廣州府庫貯銀內取解該道選委廉幹有司收支不許分毫騷擾各縣倘月久不敷聽各道徑赴該司取用支剩扣筭有餘錢粮事寧還司造冊繳報查考軍中合用盔甲器械令赴都司照名給領班師之日如數還局仍先期關行嶺西守巡兵備道督發所部官兵各隄備本境關隘以防奔逸遇警馳報互相應援務要協力同心搜山扒峒洗穴犂庭收虜

剿未就之功泄萬姓不平之憤不許自分彼此致誤事機但變出一時兵難遥度其有未盡事宜又在各道官相度機宜臨時籌畫非今議所能逆料也今將合行軍務具呈伏乞照詳施行等因到臣案查先據廣東按察司整飭兵備僉事龔相呈前事據新寧縣申節據雞峒等都軍民陳忠鄧紹祖林宗顯黄李秀張元等告稱於嘉靖九年四五等月二十不等日期節被各巢新民背招聚衆越出打劫赤坎沖廉端芬大僧横山船步等村劫虜人財燒燬房屋殺死排年馬先會張大佬等五名虜

去男婦張丙奴張細妹等二十餘名口衆心痛切
發奮敵賊八命搶摸盔甲器械醃功在村復被讎
賊糾集二千餘徒稱爲上中元帥乘馬張旗燒銃
到來附村地名大嵛尾逕口分劄兩營四路把截
包圍大僭橫山二村放火燒燬房屋殺死民人張
進受譚長女等搶回原功虜去牛財掃地一空衆
賊回巢仍又稱言湊賊多來務要殺絕二村男婦
便其出入等情申報到道備呈前來又據總捕廣
州府地方廣東鹽課提舉司提舉華忠呈爲地方
事內開據雙門村被害排年馮聰等呈稱本年五

月初九日被覃峒等巢背招賊首曾友富曾子明等一千餘徒到村圍劫各家財畜一空燒燬房屋馮輪等對敵被賊殺死有姪馮龍生等協同截捕軍兵奮向殺獲賊人首級三顆當被衆賊奪去二顆尚存一顆各賊奔回前巢去訖等情連將殺獲賊人見存首級呈送到職參照前賊係漏網猾寇旣已聽招復業自合洗惡從良今却背招四散劫掠且閩海晏地方如大僭村橫山村亦係前賊劫害人口無數被害者恐成讎隙不敢申告迹其罪惡

天地難容人神共憤合行呈請處置調兵擣其巢穴殄
滅梟魁翦其羽翼以靖地方除將斬獲首級解赴
兵備官閱驗外[illegible]詳處等因據此臣等看得前
賊背招出劫流毒鄉村稔惡已極法在必誅已經
批行兵備僉事莫相作急親臨該縣督發應捕官
兵於緊關要路嚴謹把截仍懸示重賞召募好漢
兼同相機截捕其脅從之徒一面給示曉諭許令
出官聽撫務令叛獲事妥以靖地方毋得因循坐
視縱賊爲患罪有攸歸去後隨據兵備僉事莫相
呈稱前項賊寇俱係積年稔惡爲患會寧地方十

餘年矣節經征剿漏網偷生屢次聽招隨招隨叛
嘉靖七年內該前兵備僉事今陞副使徐乾親自
撫處嘉靖八年內本職接管又奉軍門給榜招安
亦嘗躬詣該縣撫出各人當面軍中撫諭犒賞魚
鹽彼各衆口同稱再不爲惡各認保守地方去後
至今未及一年復又跳梁劫財殺人全無忌憚惡
極冤窮人神共怒及查被害軍民李英祖等奏奉
勘合征剿見今行回本道查勘因彼先已聽招恐
失大信以此未曾議處今既背招法當誅滅緣前
項地方廣闊接連肇慶所屬陽恩等縣稔惡山寨

巢穴聯絡聲勢相倚往往此征彼遁難收全功若非大兵曷克有濟但恐聞得調兵彼先驚動嘯聚劫掠爲患不小仍須先行雇募驍勇慣戰打手二千名兼同本道原操各縣民壯選委謀勇官員統領住劄會寧二縣地方將關隘要害去處分布把守其雇募打手工食查將新會縣原貯軍餉銀兩支給然後從長議處兵糧候秋成後動調大勢官軍數萬前來刻期會合聲罪致討此時禾熟我兵因得資糧於寇而成功不難矣再照前項防守民壯打手每月工食不過六錢妻子仰給皆在於此

況調出百里之外應該給與口粮合無每月人給
口粮三斗就於附近縣倉關支事寧之日通類造
報惟復別有定奪等因前來臣等又經批仰本官
查照節行事理嚴督官兵分屯要害相機剿捕其
脅從之徒一面給示撫處務使圖難於易兵不窮
黷而首惡就擒餘黨解散斯爲地方之福若不先
事預圖致賊滋蔓以俟大征則恐非計之得也其
雇募打手工食并口粮等項事宜俱如擬施行去
後今據前因臣會同總鎮兩廣等處地方內官監
太監張賜鎮守兩廣地方總兵官征蠻將軍咸寧

侯仇鸞議照得新寧之賊自嘉靖二年閏四月內
該前總督右都御史張嵿動調大勢官兵征剿彼
因調兵集粮動經數月先聲遠播賊已聞風先遁
故攻圍日久師老財費眞賊卒不可得而所殺多
良民以致兵散之後賊無所懲而復起劫掠鄉村
視未征之前加甚而流禍至于今尤烈也夫賊巢
險遠山林深密我進彼退禽鳥無縱此賊之不可
得也賊不可得而捕賊者豈肯空手良民始有不
得免者矣賊不可得而其志益驕良民不可免亦
必相率爲盜是大征一番不惟不得賊而且長賊

不惟長賊且驅良民而從賊此兩廣之通患也夫用兵而不免殺良民咎在典兵者懼於無功上下交相容隱也今必使賊有可得之勢我無空舉之勞兵將無僥倖之心上下無相蒙之弊則賊可盡矣今之為舉兵之說者必曰非大徵兵不可也然自臣等策之亦徒張虛名而無實用徒費財而無補於事何也夫大徵兵者或討方張之虜或征不庭之國今新寧之盜以山林為命以善逃為技獸集鳥舉莫測其所如往古有城郭疆圉可以什圍伍攻非若方張之虜與不庭之國也彼雖依憑山

林其耳目皆在州縣吾機方發而彼已先覺我兵方集而彼已先遁矣所費不貲興師數萬亦將何所施乎蓋不患戰不勝惟患不得戰故勢必多殺良民以塞責在上之人亦憚於無功而姑恕之上下交相恕而良民之禍不可解矣故曰興兵者懼於無功上下交相容隱者此也夫往昔之兵浪費之鉅竟不能得賊而多殺良民者恒以是而今可復蹈之乎今熟計新寧之盜十人之中未必皆真盜脅從者十而七八也大約不下五六千人除其脅從不過一千四五百人是一千四五百人者斷

乎必誅無赦者也苟處之有方殆猶折科上稿耳而議者顧曰非大徵兵不可此無見於虛實之勢也爲今之計須屯兵要害爲久駐之圖截其出劫斷其接濟閒或乘其不備爲鵰剿之舉仍懸示重賞及開以功贖罪之門下自相斬捕之令使其進無所得退不自安首惡可以就擒而脅從之徒相機撫處庶爲長策如議徵兵大舉以數千之人命爲陞賞之圖而貽地方無窮之患如往年大征故事非臣等所敢輕議也除行帶管分守嶺南道左參議王積整飭兵備僉事莫相等親臨該縣從長

計議一面查照前項方略選募精兵四五千名分
布於該縣烑峒等處要害各立營把截并懸示重
賞仍諭向化新民有能擒獲首從賊徒送官者一
體給賞其肯招村分果能會衆擒綁首惡赴官首
服者亦待以不死以開其自新之路若賊情詭秘
難以計取一面密訪一二極惡村巢相度地利選
取鄉導候秋調土兵至日量發鵰剿使懲一戒百
賊既讋服聽臣等臨時相機撫處則良民不至於
株連受害而功可圖成矣臣等謀畫類於迂鈍臨
事過爲祇懼然夙夜思惟宣布

皇上神武不殺之仁以效保障微勞於萬一不敢生事喜功以徼爵賞以自速欺罔之罪除待事寧之日通將有功失事人員查究明白另行具奏外緣係叛賊背招聚衆屢劫民財殺死人命慘毒地方事理爲此具本專差舍人葛智親賫謹具題知

乞裁革珠池市舶內臣疏 嘉靖九年十月二十日

題爲懇詔陳言廣聖謨以答

天戒事臣照得廣東濱海與安南占城等番國相接先

年設有內臣一員盤驗進

貢方物廉州府合浦縣楊梅青鸎二池雷州府海康

縣樂民一池俱產珍珠設有內臣二員分池看守

前項各官或用太監少監監丞初無定銜成化弘

治年間樂民珠池所產日少至正德年間官用裁

革惟廉州珠池一向存留看守臣竊計各官供應

之費市舶太監額編軍民殷實人戶各五十名而

珠池役占不減其數珠池太監額編門子弓兵皂

隸等役而市舶所用亦不爲少及查先年番舶雖

通必三四年方一次入
貢則是番舶未至之年市舶太監徒守株而待無所
事事者也迨番舶既至則多方以攘其利提舉衙
門官吏曾不與知萬一啓釁外夷則該管官員固
有莫知其由而反受其咎者矣况遞年額編殷實
及所占匠役無故納銀以供坐食爲費不貲珠池
約計十餘年一採而看守太監一年所費不下千
金十年動以萬計割萬金之費守二池之珠於十
年之後其所得珍珠幾何正謂所利不能藥其所
傷所獲不能補其所亡也臣故以爲市舶珠池太

監俱不必專設以貽日浚月削之害市舶乞
勑巡視海道副使帶管待有番舶至澳即同備倭提舉
等官督率各該官軍嚴加巡邏其有
朝貢
表文見奉
欽依勘合許令停泊者照例盤驗若自來不曾通貢生
番如佛朗機者則驅逐之少有䟽虞聽臣糾察庶
幾事體歸一而外患不生若欲查照浙江福建事
例歸併總鎮太監帶管似亦相應但兩廣事情與
他省不同總鎮太監住劄梧州若番舶到時前詣

廣東省城或致久妨機務所過地方且多煩擾引
惹番商因而輒至軍門不無有失大體故臣愚以
爲不如令海道副使帶管之便也其珠池乞
勅海北道兵備官帶管既係所管信地又免編役供需
禁令易及民困可蘇若謂珠池乃寶源重地宜委
內臣看守誠恐倚勢爲姦專權生事憲職不得禁
詰諸司不敢干預非惟費供億之煩抑且滋擾竊
之弊故臣愚以爲不如令海北道兵備官帶管之
便也如蒙伏望
皇上軫念邊方軍民窮困

特勅該部從長查處將市舶珠池內臣取回別用其額
編軍民殷實人戶及所占匠役并門子皂隸等役
盡數裁革仍乞
降勅巡視海道及海北道兵備官各行嚴督官兵巡察
以待抽盤看守以待採取則省二內臣之費不啻
齊民數十家之產而地方受惠邊徼獲安矣緣係
應
詔陳言廣
聖謨以答
天戒事理未敢擅便為此具本專差舍人邵昂齎捧謹

題請

旨

處置會寧地方疏嘉靖十年閏六月初六日

題爲處置地方以圖久安事臣會同總鎮兩廣等處

地方內官監太監張賜鎮守兩廣地方總兵官征

蠻將軍咸寧侯仇鸞巡按廣東監察御史吳麟議

照近因新寧等縣劇賊丘區長廖悌奴宗英等皆

招聚黨流劫鄉村有衆數千爲患已極不得已而

爲選兵鵰剿之計仰賴

皇上神武布昭威明及遠

廟堂諸臣贊理弘化遐邇咸孚故三月之內將諸賊之僉渠悉破首惡悉擒醜類殘徒搜剿殆盡其餘聽撫村巢不曾背叛出刼者則皆開誠宣諭曲加撫摩靡不震懼讋服地方幸爾麗安但念前項賊巢盤據新寧新會恩平三縣之間連絡數百餘里自正統年間倡亂迄今不知幾經大征幾經撫處然而根柢終難悉除萌孽自然復發故各縣良民賊起則有刼殺之苦兵興則有供需之苦兵散之後殘賊復出則又遭其復讐報怨虜妻孥掠衣食之苦雖官司極力撫恤曾不能使之數年貼席而被

害之家富者已貧貧者已徙口衆者寡丁單者絕
烟井良村日且鞠爲墟莽已非一朝一夕之故矣
今茲之役雖曰懲姦保順威信少彰然苟不爲經
遠之圖以防將來之患而謂剿者必無漏刃撫者
必無二心是謂苟且了事以塞目前之責而不慮
地方之隱禍又將自此而投種於無窮也豈人臣
竭誠體
國之義哉臣等愚昧誤蒙任使雖鞠躬盡瘁未能圖
報於萬一況今目擊民艱關係一方治忽之要而
可不盡其衷悃開陳於

離照之下爲遠方蒼生祈久安之澤哉爰敢不避煩瀆
麤述見聞開欵議擬仰干
天聽如蒙采擇乞
勑該部從長計議早
賜施行則地方幸甚臣等幸甚緣係處置地方以圖久
安事理未敢擅便爲此開坐具本順差舍人苗尚智
親齎謹題請
旨
計開
一任將官以便統馭廣東布政司所屬地方

深山廣谷舊爲徭賊民賊所據者在嶺南

則有大隆諸山在嶺西則有西山二處互

爲唇齒交肆慘毒邇來西山之徭安撫頗

定而大隆諸賊剿除稍平正可以經營綱

紀之時臣等已將應合立營留兵防守處

所從宜酌處去後照得新會新寧恩平新

興陽江陽春六縣地方境壤相接山谷交

通先因會寧二縣則隸嶺南恩平等四縣

則隸嶺西兵力各分事權不一遇有盜賊

生發未免互相推阻以致脫漏者多故設

有督備指揮一員常在蜆岡住劄往來截捕交屬二道通融調遣今照督備之設本出權宜况其名位有限兵權輕渺是以雖有督捕之名而無弭盜之實若移此責任付之分守嶺西叅將俾得兼管廣海一衛併會寧二縣地方遇有盜賊生發聽其會同嶺南嶺西二道兵備官計議區處則其所專轄者既有五衛官軍常在掌握所兼領者又有二道兵民相為翊佐縱有草竊之寇似不難於剿除矣如蒙

皇上俯采蒭言特
勑該部從長計議合無將廣海一衛新會新寧二縣地
方行令見任分守雷廉高肇四府叅將移
駐兼管仍於恩平縣內建造叅將公館一
所往來住劄巡視地方譏察動靜訓練兵
夫鈐制哨領與嶺西嶺南二道兵備官員
聲息相聞謀力相濟遇有殘賊復出或他
賊竊發即便相機約會可撫則撫可捕則
捕其原設督備官即從裁革以袪冗濫待
後本官陞遷去任即於新任叅將

勑內開載兼管緣由仍著爲令如此則嶺西之將得資嶺南之兵而嶺南之兵得仗嶺西之將彼此交益治效必常況恩平當肇高會寧水陸之衝相去西山大隆賊巢道里適中如使鎮將久居而重兵常宿似又得居重馭輕之要伏乞

聖裁

一益戍兵以定縣治查得新寧一縣地方初本隸於新會正統年間逆賊黃蕭養稱亂時有白水橫峒等村民賊周義長等起兵

膲之受其偽封竊據山谷遺殃餘孽蔓延相承歷景泰天順以至成化起伏不常禍本恒在弘治年間監司守臣僉議奏

請割新會之文章德行海晏矬峒四都立新寧縣以控制之築城開治於白水蔥以當賊衝自時厥後亂雖少息然其桀驁兇悖之習若與性成終難懷服浸淫至於正德之末而猖獗尤甚嘉靖二年大征之後殘賊復亂該前提督軍務右都御史姚鏌據三司掌印守巡等官議呈要將縣治改遷地名獨岡

已經奏奉

欽依估勘遷徙後因民情各稱不便迄今尚未興工近

該臣等看得獨岡之地偏近文章一都止

利斗峒蠔涌諸村大姓其餘各都差民往

來俱遠況賊巢分據東西南三隅而獨岡

偏北若遷城於此似爲避寇之計而非安

民良圖故先次論奏臣等未敢以爲確論

竊意與其遷城避寇莫若設鎮禦侮合無

將鄰近廣海衛五千戶所摘撥一所移至

該縣守禦如縣城逼窄不堪住坐於本縣

城外西北二面相應空地幇築新城一座安插軍伍合用衙門營房工料等項委官估計備查司府無礙官銀支給應用仍將大隆山下先年被賊據荒屯田甲取衛所冊籍到官逐一清查造冊撥給該所餘丁屯種以資糧餉則邊鎮有鼎峙之勢而該縣可免遷徙之勞矣伏乞

聖裁

一立營堡以據險阨新寧等縣諸賊所以徂亂怙終久難平治者以其結構險巢萬山

層壘延亙數百餘里我兵未易深入故也
今當破巢擣穴之後若復棄置不為經理
恐有漏刃餘孽或糾結鄰縣無賴或勾引
附近山徭乘虛復據故地則嘯聚甚易猖
獗無難看得賊中形勝有內隱膏腴外扼
險阻先本良村而後為賊窟者有因群賊
內據良民外迫姑就賊行要路立營遏截
以防衝突者為今之計必於關隘去處立
營築堡分兵屯據招集先年被賊刼逐流
移之民復回本村俾與官兵相兼耕守以

絕殘賊還巢之望以杜他賊竊據之心庶
得地方久寧良民無恐臣等謹仰遵
勑諭便宜行事事理相度地利舊未有營者爲之增立
舊營在外者移置賊中選留犇雇募官軍
兵壯分撥戍守外照得新寧有地名城岡
者在那潮寨旁舊爲劇賊丘區長所據東
北控帶墩寨青湖海巷對邊等巢西南歷
藤峒九逕遂入大隆且其土脉膴沃水道
通利去廣海城僅三十餘里舟楫可達尤
爲賊中要地新會有地名松栢山者原係

良村居民甚衆被賊殺逐空虛已久去東山大嶺長塘嚴村象欄那旺沓村等處賊巢道里適中可以控制譏察故此二處勢須各立一堡燒甎伐石築砌完固使復業良民有所依藉而得寧居合無聽臣等差官踏勘規畫停當估計工料雇募匠役興工築砌務令堅厚完固以爲久計其哨堡官兵除暫時雇募者久當議撤外合無城岡堡量撥廣海衛旗軍松栢山堡量撥新會所旗軍各二百名各選能幹指揮或千

戶一員常川管領住劄巡哨前項旗軍不
許各該衛所擅自那移差調伏乞
聖裁
一立巡檢司以謹防邏照得城岡松栢山二
處臣等議欲築堡衛民撥軍哨守但思哨
守官軍行齎坐贍俱仰於官每歲供餉不
下數千勢難久繼況軍事民情各有所隸
難以兼攝合無於堡完之後每處添設巡
檢司一所選官前來管理合用弓兵城岡
則於新寧松栢山則於新會輪年均徭戶

內各僉五十名差用使之職專巡邏各村
賊情數年之後如果盜息民安却將哨守
之兵撤減止留巡司防護居民伏乞
聖裁
一處賊田以立民屯各處增立營堡雇募哨
守之兵約用數千所費不貲可以暫行難
爲久計查得會寧二縣被賊占據及陷荒
之田不下六七百頃各該稅戶或遭殺絕
或被逐散近於賊平之後赴官告豁粮差
者僅數百戶合無聽臣等選委廉幹官員

甲取遠年黃冊到官挨圖清查要見某都
某圖頃畝各若干見在粮戶并逃絕各若
干見在者仍責令本主招人佃種逃絕并
土賊田產俱與籍記入官止將原額粮差
查明豁免其田悉聽兵備參將官公同規
畫立爲民屯召募附近各州縣勇健貧民
前來耕種每名給與一十五畝三年之內
粮差俱免三年之外止令辦納正粮免其
雜差使之近營依住設立義長管束官給
甲仗俾以農暇演習武事聽兵備參將官

調遣捕賊獲功照格給賞如其廢耕無勇或犯罪不悛即便收其田業發遣回籍別召貧民耕種夫此法得行則每田百五十頃可練民兵千人田多則兵益多而數年之後貧民頓戀產業必且勇於禦寇官司因賦得兵可以不費供億矣伏乞

聖裁

一蠲逋負以紓困憊新寧一縣歲該額糧八千餘石近者亦自嘉靖四年爲始每年輸納之數僅可三千餘皆拖欠無徵各都稅

户因有倚稱賊占全避粮差者然而被賊殺逐奔竄產去稅存者實居太半今幸賊棄削平民憤少紓并復催併舊負非惟徒費追呼無益於得尤恐失業之民慮被拘收不敢復回鄉井合無量加存恤聽臣等差官清查賊占田土明白將遞年拖欠稅粮悉從豁免招回流民俾各還村住種其有不曾陷賊捏故拖賴者論法本當重治但係屢經兵亂之民比與樂土不同似宜俯從寬減并免其本罪及赦前拖欠之數

其赦後拖欠者仍令輸納折色每石折銀三錢以充軍餉其新會恩平二縣被賊占荒田畝亦就委官查明俱照新寧則例豁免施行則貧民幸甚地方幸甚伏乞

聖裁

乞裁革鎮守內臣疏 嘉靖十年十一月十三日

題為裁革鎮守內臣以安地方事臣會同巡按廣西監察御史徐錦議得廣西先年設有太監與副總兵各一員同住省城鎮守地方緣照本省僻居邊徼土獠民貧賊巢連絡半於州縣田地多被占據

稅粮日以寖少且連歲用兵供應浩繁公私匱竭
比諸他省不同今鎮守太監傅倫雖稱行事安靜
不至酷害軍民但歲用徭差廩餼銀兩并役占官
軍等項勞費亦甚况整飭邊備自有副總兵三司
等官公同料理所據本官徒享厚祿無所事事誠
爲冗員如蒙伏望
皇上軫念邊方
特勑該部議處將鎮守廣西内臣裁革太監傅倫令其
回京别用其歲用徭差等項盡數免編所占官軍
發回該衛差操則省一内臣之費不啻貧民百家

之產而軍民受惠邊徼獲安矣緣係裁革鎮守內
臣以安地方事理未敢擅便爲此具本順差千戶
朱世威齎捧謹題請
旨

附諭田州叛目檄嘉靖六年公時爲廣西右布政使

廣西布政使司右布政使林　諭田州頭目盧蘇
撒爾本以逋播餘孽搆黨倡亂圍困職官竊據府
治揚言請復土官方纔解兵效順是謀叛以要君
也我
皇上大誥戎兵威柔四外該府改立流官已有

成命何物小醜敢爾其罪固天討所必加而不容已也

但軍門軫念田民先被逆徭驅迫爲亂實非其罪

舊歲大兵臨境橫罹鋒鏑之禍死者枕籍道塗生

者不得復業今又爲爾所脅若再加兵則田民恐

無噍類矣且

皇上威雖震於雷霆量實同於天地故軍門仰承

德意不忍加兵差人撫諭至再至三近又會委本職

前來撫處實憫田民之無辜特開爾更生之路非

故爲是姑息也爲爾之計須洗心滌慮悔罪求憐

聽知州王熊兆約束毋陽奪而不用命爾若懷疑

先差一二親信叛目到官首服本職爲爾禀白軍門差委公正官員前去相度地界選岑氏族屬立爲頭目分管地方爾與聽撫叛目亦得照舊管食城頭甲分俱聽流官鈐轄若岑氏族屬果能上盡前愆下恤民隱如期聽調征進有功軍門即爲奏請量授州佐縣正職銜以寓興滅繼絶之意爾若能率領王受出官聽撫王受則待以不死爾則仍照軍門原定賞格從重給賞决不食言且爾構黨爲亂者爲復土官也欲復土官者爲岑氏之後也爲便民也今立岑氏族屬爲頭目以爲後日授官

之階則岑氏爲有後矣土官好殺土俗簡易革土
官仍土俗去其害而存其利民尤便之夫既使民
矣岑氏又有後矣爾所願欲亦遂矣亦何必自干
天誅以求復土官爲哉或者謂爾自知罪在不赦
反亦死聽撫亦死姑反以緩死耳爾不知
朝廷多少錢糧多少兵馬不欲殺汝則已如殺汝何
難舊日之岑濬今日之岑猛安在哉大兵一臨如
泰山壓卵雖百盧蘇百王受亦噍類靡遺何必假
撫汝而後殺耶且撫而復殺不信也亦不武也汝
死不足惜我軍門肯冒不信不武之名以取譏士

人耶或又謂爾說軍門一面撫我一面調兵故不敢聽撫爾不知軍門制禦蠻寇之道非撫即勦汝果聽撫雖大兵在前亦不汝殺如不聽撫便當調兵豈容坐視汝及耶汝又奚疑且好生惡死樂安危而厭逋亡人之常情也今汝聽撫則得生得安居以保業不聽撫則必死幸而逃刑亦為荒裔之餓殍耳利害甚明爾當知所擇矣或又謂爾譎詐難以口舌告語不知陽順陰逆固爾無定心而欲撫欲擒亦官無定信本職已稟過軍門推誠撫汝不肯用小術以傷大體執此之信可質神明行蠻

貊爾雖譎詐其好惡亦與人相近豈終不可化哉
本職先年分守右江亦曾有帖子開諭岑猛彼時
若信吾言今日豈至誅夷耶岑猛既誤爾其可再
誤乎易逆爲順救身家已危之禍圖存於亡遺子
孫復安之業這機會不可失予不汝欺毋再執迷
以遺後悔　仰先差曉事親屬來聽面諭故諭

[illegible]疏畧卷下終

惠威録序

或曰曷爲天下理曰儒曷爲儒曰輪扁與夫繢畫餙矣曷爲輪扁曰輪扁之爲工也執以繩括運以矩矱翕以神扃闢以心户故放之而宇則宇焉放之而轍則轍焉放之而器則器焉物各有正小大有定取之於身利之於人餙之以任報之以因故於道則一於用則實輪扁矣夫繢畫之爲事也色以文之炫以藻之繆乎其質滲乎其真沃之則渙撒之則分餙以長浮頹焉弗聞繢畫矣夫儒有華有腴有大有小落其華食其腴執其大置其小是

之謂真夫儒者之道貫乎形氣究乎元紀細入毫札大無極止即而弗滞遠之則邇故通儒之方溢而不藏運儒之軸沛而不咼故能大能小能遠能邇能内能外能同能異能萃能渙能逝能止聲之斯應勞之則理如機斯發如硎斯肖是故沃其奏藻其言其儒曰瞽幻其内滑其外其儒曰巫援其名利其有其儒曰竊得其質守其物其儒曰芻四者儒之失也故儒道行天下均儒用實天下吉言已有携孝豊去思録至者倫予讀之至孝豊則曰碩哉儒乎固知兵矣讀去思曰偉乎斯澤物矣或

曰儒者政及物矣而事兵乎曰儒者抱五殊之精食二氣之根宣之為武潤之成文其弗知兵矣乎曰司馬林公之藩於吾土也化宣政和吾土之人德之其撫兵於吾土也寇平民擾吾土之人復頌之溥而益充播而益融匪二郡爾也儒者之用固若是乎吾子之言試矣曰如其然如其然司馬林公之為丞也如其守其為守也如其藩與撫其道不泥故遠其出不匱故裕其存之誠故感而不悖其功而不居惠而不知故求終譽嗣而晉焉宰四海理萬物真儒之效滋以全矣匪制兩省爾也旹

嘉靖十年辛卯又六月下澣之吉南海後學倫以
諒拜手書

德惠祠圖

白鶴峯

省吾林公像

贊

面之粹也侃而文輔之周也肅而温辭之修也懇而諄謨猷精確法議詳明不撓廷評之節其為海邑之丞陟守明郡更任栝蒼吾輩憶重臨之黃相隣封任敝芾之召棠甬水流波未遠青田鳴鶴將翀入生祠着如聆珠唾瞻影像也若挹春融噫此廣德湖田之利民減稅不忍效尤於樓异而獨追美於南豐歟

李堂侍郎兼左僉都御史

陳槐按察副使

昔人謂生不願封萬戶侯但願一識韓荊州於惟
先生伊誰者不釋之評漢黄召作述五馬散盈波
之春褰帷誠崇陰之儔拜像像之温醇知風節之
允休時流仰止顔褫汗羞愧東歸穩民心之去思
雖不必接光霽領德言每厭飫於桑梓之優柔考
政治可書於既往之歷歷夫詎减官租一事之邁
乎前修

豐坊 南京吏部主事

睟乎其容則伋之宏赫乎其聲則積之崇袞衣徽
孝洪守知忠蒼明表其文治交廣績其武功佇秉

鈞兮密邇期勒鼎兮無窮覩斯圖者怍摳趨之弗

逮則百世之下殆必有興起於遺風者矣

惠威録卷上

德惠碑

陳槐

記稱法施於民則祀之農棄殖穀后土平九州之類凡有功烈於民者並在祀典後世又有生祠若石齊相欒燕郡狄魏州諸公則以惠澤一方民感慕彌深方其遷去而遽為祠之亦義可起者吾郡德惠祠之建以奉郡侯莆陽林公所謂感之深而起以義其尤盛舉乎郡西僅舍許故有湖一區曰廣德瀦凰罧桃源諸水溉西七鄉之田宋政和間

樓异氏典鄉郡時高麗入貢值北路梗於金取道甬東餼弗給樓度光溪諸水足灌央堤墾田凡八百餘頃歲得租四萬石以充用時有益上損下之議入

國朝名曰官田令民佃惟納租而調不與求樂初軍奪為屯民愬之得復宣德以後既租復調民迺告病時周文襄公忱治吳奏海內官田賦重得減三之一前郡守張侯瓚量寬征役民稍甦自是而後官罔憂民征科倍急民佃湖田者終歲勤動輸官之外俯仰無資所占之田若瘡癬在膚恨不剔去

正德癸酉我林公來守郡首詢民瘼圖所以療之
會里之士人楊允恭捐貲累糧走
京師奏請如花嶼湖田全折例下其章戶部移浙藩
臬議督糧馬參政金持之公力言斯舉上不失惟
正之供下可解湖民之困雖他鄉官田不得均沾
而昔之偏苦衆所共憫有相讓而不相爭於事甚
便因上之獲允民歡若更生無何公以外艱去郡
凡湖之民感公之德惠裒金為祠白鶴山之陽中
貌公像旁祔允恭黎叟老稚爇香拜頌以祝公壽
福無疆者日趨于庭予家半湖實蒙惠者適謝武

邑事歸與里人同喜之僉屬爲文諸碑惟士君子奉
簡命分一方之任在興利除害俾物各得其所以助
翊參贊位育之功斯不負
天之所以與我與
上所以任我之責顧簿書期會筐篋之急者世所謂賢
而主於利民者視其說爲迂則三代之盛安望其
復哉公自登甲科授廷平守正忤逆奄左遷擢涖
吾郡持廉秉公法儒先之政而陋漢唐下循吏之
事功寬我湖民其一節爾茲祠之建固吾湖民之

意而公且柄用惠及天下天下之民所在當祠之此特其權輿哉允恭之功亦不可少侍公以享尸祝於無窮誰曰不然公名富字守仁別號省吾适為之歌曰

湖之田兮毎毎民之藝兮孔瘁厥賦兮上上徵吏呼兮如雷輸不足兮敲箠栲腹兮賣子力征兮傜来陬及荼兮昌水火生意鬱兮如灰我公兮蒞止恫民瘼兮若由已楊子奏下兮議獨主折輕齎兮畝金十分盈有餘兮袍有褚田直高兮倍數十召杜生我兮麃来何暮公宅憂兮去我重涖兮未儗

生祠立兮湖上廟貌崇兮焚香跽起祝公兮眉壽
登
廟堂兮澤寰宇躋唐虞兮凞皡我民樂兮無已

去思碑

豊坊

司馬大中丞林公去吾郡十有餘歲郡之人祠而
祝之者亦如之士曰夏屋之渠渠左詩右書瑽璄
璒華詵詵譽髦孰興其修我思省吾省吾之教也
康厥宇餯厥餼奐厥儀時迺試進爾二三子惟理
義是達毋皇于怠遯哉迺學是用修其簡士也弗

白黑以鴛弗大小以石納彼五光有眼如月披敷
佮俠爰償爰介彙征于
廷則惟臕士是用興風之休矣至于今是賴是以思
之農曰若昔郡西鶯脰瀉瀉七鄉是灌粤弁其田
厥賦上上于三百年匪惟利之衺而害之遠我公
来思淤徬之艱則賦之蠲則易之鍰則聞于天
天子曰俞閔哉生生賦蠲其九著令毋泯稗穗以釉婦
子以完我公去矣奕奕廟門秩秩占數公鑒攸存
惟此孖子𢎭挈弗聞惟彼鬷貜罔投其閒匏公匏
仁令聞顯顯是以思之賈曰吾郡吞五湖漸扶桑

枕丹山臂長江水陸並通貨集五方我公来思譏而不征尋貿于易優獲厥贏郡有市猾咆哮以放殺人鴻濤武斷于衢迫則趨海莫之敢攖公曰歎哉厥猷孔神偵之啺之縲而禽之萬民瞻之胥是慶也自偷之禽我市以平我弗爾虞子毋我爽公則去矣于今知讓是以思之公之治郡甫期月民至今謳吟公若此是以難初公為大理弗阿閹瑾坐左遷天下稱其節稍遷守吾郡在郡丁外艱訃至毀幾絶晝夜奔郡咸播公之孝服闋累遷至今官其在梧蒼在二廣又以武功顯若公可謂文武

全材矣漢黄霸以禮讓治潁川廹為相罔昜孝宣
方崇刻核後禮讓霸用是無成功史稱霸威名殊
失曰威則其繇禮讓昭矣公忠孝文武才過霸遠
甚今
皇帝專務德化天下又遠過漢宣萬萬公簡在
皇心
君臣道合殆若湯伊高傳者已余持釆郡人之思紀于
石
詩
姚鏌提督兩廣都御史

身依北斗
恩光重手握精兵海徼安回首并州蘋藻地行人猶自
拂碑看

張琦參政

好音天上迎風得老耳江南倚樹聽不識閒中曾
有問四明山似去時青

陸偁按察副使

赫赫雎黄署循良見此祠訏謨前哲並高誼後人
師春雨棠花發秋風塞鴈遲老予泉石眼勳業望
鐘彝

張邦奇 南京吏部侍郎

峩峩湖上祠薦我藻與蘋云誰之思矣顯允我賢君賢君政期月號令倏如神蠲我湖上租奠我域中人君去踰十載我思日以新煌煌中丞節行當秉

國鈞昔也萬年休今也四海均試問潁川守廟貌今焉存

余本 通政

文翁有巍堂叔子有片石百世見林公湖邊長廟食旣留菁莪詠復衍甘棠德邇來伏

天威銅柱屹南國共瞻鳳凰羽阿閣三千尺

倪復庠生

自公之别矣歲月忽已遥峩峩隔嵩華望望紆雲霄憶昔在郡時王租丐残凋遊公俎豆間春秋祝蠶苗嗟予抱末學揭我真文昭于今迫遲暮兩鬢徒蕭蕭毋懷復曷光使我心旌摇今公撫炎方令德播蠻謡頌公早旋軫雙旌入

天朝和風翕窮壑沃葉生枯條長為立壟民亦足慰沈寥

任子龍庠生

長飈起鴻漸雲霄邈孤征誰能制寧高翰所過隨有
聲翼翼異甬水祠旄倪香火肯凛凛嶺海颿蠻烟笑
尾清俾粥本帝賚霖雨無私生旦擬綴山龍章來
天子旌涼哉獨何似昔也甫鑑衡何當拜下風襪
線聽一呈際此股肱良上翊
元首明

陸釴 僉事

江皐潤陂澤桑野稠緑陰君去日已遠君恵流且
深豊碑勒鴻績撃壤懐好音渺渺長江水悠悠寄
我心

我心念徂年海堧歲罹虐痼瘵多遷移杼軸空籬
落君來播仁風四境忻所托政平沛皇慈肅以蓼

民瘼

民瘼負隱惻上書叩重閽煩苛迅鐲掃枯槁回春
温膏田秀禾黍夕陽散雞豚石壕無催吏山翁話

酒盆

酒盆樂未央公車倏然舉攀轅不可留遮道望延
佇胡彼秙蒼民奪我萬間宇覽德思鳳棲餘糧[illegible]

庭樹

庭樹何森蔚中有遺愛祠兒童走伏臘簫鼓日半

西峴山無乾土雷陽新竹□頭言慎呵護報德崇
遐思
遐思在海東粤南邁征幰□荘天際孤扶桑日角
遠秉鉞張貔威安邊殄蜂□旋軺理台衙鴻業誰
能篆

陳槐

風塵宦轍走西東無計庭□我令公歸卧野雲歌
湛露恒聞湖燕樂年豊細□甬郡龔黄政誰似甫
陽林伯功今日廣南瞻福□惟哲人扶運協從龍

黄綬僉事

當德湖中嘉穀生，明山浙水並垂名。功高銅柱有遺烈，文勒豐碑無限情。翔羽昔曾栖潁郡，雝鳴今已集虞廷。勇期早展經綸業，老我身親見太平。

葉應驄 刑部郎中

先生本負三台望，先作福生耀四明。鸞鳳鷹鷗王符政，圖書琴鶴古人情。桑麻原野千年潤，桃李門墻一世英。棠樹陰濃來不再，佇看調燮被滄瀛。

柴經 參議

兩浙山川增耿光，八閩人物振黃堂。冰壺冷浥葵山露，玉斧寒飛柏樹霜。光嶽全才歸間氣，漢家名

吏重循良江邊立馬收風物祠宇春深蔽芾棠

范欽 粤人

方叔年來壯

帝猷甘棠此日憶君侯天連海嶠春猶在月轉江城露

未收

國課有章輸下下峴碑無恙思悠悠夜來南望嵐光

徹疑是台垣護玉樓

王金 粤人

閩海高賢天尺五安危身已屬蒼生俄驚韓范傳

軍令更仰龔黃治郡名瘴嶺花深明豸節野雲春

暖護蠶耕香祠伏臘村翁走却似當年竹馬迎

王欽庠生

白鶴山前太守祠石趺千古悵思系麻夜雨髙低緑桃李春風次第枝按劍便令蠻寇靖理絃先與越人私青袍故故芹池上慙負當年過化時

張佑庠生

昔唐刺史吳公澤吾邦邦之人思報之至歃血以祠乃吾

中丞林公之德之入民深也視吳則同故邦人之為報亦同公方黑頭擬宰輔而麗牲之石嗣吳

以伐者十餘禩矣先哲後哲若合符契古之民

今之民心獨有異乎哉

白鶴新祠太守名祠前歌舞賽秋成澤民舊事幾

千載又見當年歃血盟

吴惠侍講學士

節鉞宣威日蒼生飲德時風雲馳

北極雨露滿東甾

國有股肱佐人傳峴首碑丹山與赤水千古共餘思

戴禮𢾾宫封郎中

嘉靖己丑歲大稔秋日約群公觀稼用曌賦謌

舊守林公生祠中嘆慕久之乃酌酒庭下僉謂
公澤吾邦甚厚而吾邦人思
公永弗諼吾輩何以紀之遂取
公素履分為十詠以備觀風者采録云

赫赫廷尉天下之平古有釋之公也克繩民曰弗
冤哀矜得情不畏彊禦直聲振廷
右棘寺持平

金洪 知府

二松何鬱鬱謫仙哦其間問君何為來立仗斥危
言白日升天衢浮雲滅西山青鸞將雨露翩翩來

賜環

右松庭表直　馮雁奎通判

昔播文翁化今流何武思絃歌日終月勳業又清
時已振南滇冀長存峴首碑
聖明方側席正覩集龍夔

右縠中名士　陳榮知縣

郡西有巨湖溉此七鄉田歲興功最[illegible][illegible][illegible][illegible]循
傳樓生獻狐媚遺害三百年堤[illegible][illegible][illegible][illegible][illegible]多

棄捐繫公惻然與一旦蹴

九天薄賦起疲瘵惠澤何綿綿何以報公德生祠湖水邊祝公壽而康子姓多才賢繼世顯與帝萬歲將精虔

右湖上生祠

黄巽知府

臨安城下看回軍共羨儒生早策勳虹氣飛衝千里月天風吹散五湖雲伏波標柱還遺烈征虜投壺更尚文最喜華夷沾雨露天教人傑佐明君

右蒼郡成功

章澤知府

桂林嶺外千枝秀銅柱雲中百尺長此日衣冠瞻
拜地紫薇花是舊甘棠

右薇垣宣化

張廷俊知府

編氓按堵鄖陽地卉服歸心大造功片石昔曾嗤
杜預高名今許竝羊公

右鄖陽撫治

李循義御史

兔絲附長松裊裊干青霄市馬逢伯樂聲價一日
高予本逢萬士公也譽斯髦公今提兵宅南交雲
端屹見銅柱標南州乳子跳且賀孰類其鋒王與
姚公克繼之甲冑殷赫將天威陰氛銷瘴癘盡起
為歌謠我邦之人仰成功一方澤推四海同生祠
歲歲蘋藻豐頓公眉壽海嶽崇共覩嘉會成雲龍
二十四年中書中君不見郭令公

右交廣平夷

屠僧 都督府經歷

皇明中葉繇祿內訌中外風靡屹立惟公在坎無何遂

登于崇曰惟公之忠有覺楓庭義方以教公克承

之移忠以報孔哀踰禮民是用儆曰惟公之孝惟

此忠孝厥惟大節克勤惟公夙夜對越

帝曰賢哉有虞秉鉞風于四方顯顯遺烈

右忠孝全名

屠仕中書舍人

周詩歌伴奐虞史記明良五百逢嘉會公孤待上

行蒼生望安否碧海視庚桑後學瞻山斗追隨意

不忘

右公孤繫望

屠僑參政

細讀德惠碑載觀觀稼詩龔黄昔在郡韓范今尊
師海晏南無警天高北有昆宗彝銘勒處不説四
明祠

祠中畫圖歌

豐坊

君不見陰陽一氣分剛柔忽有砥柱當鴻流衝撼
不動嶟且峭又不見松與柏群芳摇落時青青好
顔色丈夫立身要如此大纛高牙豈徒爾已聞汲
直寢淮南復道班名勳萬里省吾先生真柱否早

入棘垣握三尺手排
天閽落千仞睨遇
明時張八翮
穆穆天子即勳華四海歡然為一家精兵百萬鎮南域
布野煥若敷春花桓桓中丞秉節鉞肅將
皇威典滇勑塵烟蕩盡白日高陽和布德群生悅昔公
治郡僅朞年去後生祠湖水邊歘歷今為大司馬
溪毛行潦白年年菁菁之莪滿中谷只尺龍門木
投足煌煌北斗勞夢恩聊憑畫史將遥祝祝公如
鷹楊獨立振

朝綱茫然四顧凛寒色衆鳥不敢同翺翔如山不騫
水方至百祿萃止蘭孫芳升為三公封五爵四時
有喜神揚揚
君臣際會不易得一時喜起歌
明良會須竹帛千秋光吁嗟乎會須竹帛千秋光
樂府
戴鰲知府
鳳凰栖兮海之東倏高舉兮蒼穹簫韶奏兮
廷中德輝煥兮阿房崇邈桂嶺兮覃和風懷哉故民
兮徂豆無窮

惠威録卷下

征孝豐記

省吾富

湖浙東一轄郡也孝豐在湖為轄邑與諸邑比稱頃者湯毛九等頑寔不典仍襲為梗三十年于兹豐之雲溪遂蕪為盜域民不適有居矣鎮廵諸公用是為惻正德丁丑春聞其事于

朝下廷議命中丞張公尸其柄中丞公用是為勸交檄諸道時叅政閔公潘公僉憲劉公朱公各以抗諸衛兵徃都閫張公以所部兵徃承乏于梧時

亦有領兵之召栝兵素號精強但往者江右之役給賞不敷率多怨望竄于隣境予抵任多方招撫才復故業而生意未暢捧檄之日寢席不貼寔用是惴惴分遣召募以身先之始得其效用之志擇其精者千一百有奇廪給重撫四月廿又九日自栝啟行抵浙省五月八日也中丞趙公侍御吳公成公藩臬諸公觀兵于武林門外慰撫懇至士氣益以前抵安吉則十又二日也中丞張公遣官勞于郊時以松陽一支兵四百屬潘公領自深溪進予領七百有奇自孝豐進而參政閔公都閫張公

則已屯兵月餘矣傳者曰山險不可登又傳者曰路湫隘無所於焉予以賫藏府敝鄉邑勢不可徒也縱身獨出十又五日勒兵至賊巢曠然平地四無險伏賊虛其巢百十為群而執械登山為計傳者又曰彼勢盛莫之誰何利躬者期弗入其屯與守之予急白當道諄覆開譬謂圖宜速也毋俾弁潰潰則難收矣屯與守非計也當道者方俞吾請予即振旅登山分兵四出坐擒賊黨五十餘名及獲湯毛九之父之妻十有六日予詗知許小七諸人聚于天目山頂緣崖跳距栝之長技吾擄焉卒

而釋甲納降隻矢不遺一刃不血雖栝之功予固不敢自有分送諸司與夫同列從事者嗚呼玆行也始之憂中之激終付之一大笑而已竊試思之湯毛九一愚民耳素無騎射之能亦無險固之附搆黨逃刑釀成叛逆上而郡司不思所以招徠駕御之以至煩

聖慮屢

天討而底有今日之蔓及其蔓也勤師動衆又且不量虛實不揣便宜樂倖成而畜忌意私便身圖而不計事之成敗其所以得全幸也功其忍言哉功其

忍言哉設或當天下大事遘不測之變捏不貲之權則將如之何邪可慮哉可慮哉是用述顛末為記

序

王華 南京吏部尚書

漢廣陵賊張嬰寇亂徐揚間積十餘年莫之能平時梁冀恨張綱埋輪之劾思有以中傷之乃以綱為廣陵太守綱單車徑詣嬰壘喻以禍福嬰即將所部萬餘人以降綱乃散遣部衆南州晏然予每讀漢史至此未嘗不嘆賞綱之單車詣賊其勇略

過於百萬貔貅而其片言降賊其鋒鋭過於長槍大劍惜乎功雖當封乃為梁冀所遏千載之下尚有遺恨湖之孝豐頑民湯毛九據山谿之險久梗

王化惡聲驟聞

當宁

當宁集廷議咸慮養亂弗遏將復如往歲楚蜀之變賊未伏辜而吾民先受其害可念也乃命御史中丞南海張公往釐之于時兩浙承平日久武備廢弛中丞公深用為惻詢謀於方岳諸公僉議惟栝之士兵素號精鋭可用而郡守莆陽林侯守仁才望

老成素為衆所畏服遂檄侯專主是師侯承檄即日引道比至湖時上下同事者群議朋興甲可乙否莫有成算侯乃力排群議奮不顧身率鋭師冒險直入賊巢擒厥渠魁散厥黨與宥厥協從不血一刃而地方寧謐如他日既班師孝豐士民誦侯之功無間耄孺以予與侯有一日之雅請予言以張之予惟林侯平寇之功昭昭著人耳目雖不自伐人誰得而掩之獨奈今日公論在人心公道在

朝廷不日上功幕府侯之受上賞可必矣嗟夫世嘗謂今人不逮古人夫以侯之勇略能與綱齊而敢

直入賊巢侯之平賊雖與綱異而皆不血一刃即是觀之則今人豈果不逮於古人哉顧予退休林下弗克與

朝廷賞功之典喜侯有綱之功而無綱之恨故因邑人之請而贈之以辭

周南 提督兩廣右都御史

名士君子者有由也文行氣節根于性也根于性則如水之有源水之有本自然取辦有餘應接不匱名實兩得矣否則憑虛駕偽矯飾譎詭今日然明日背之今日有餘明日告餒以是取名名將益

遠觀人之法良不踰茲南不類家
上恩甄録奔走塵埃中餘四十春秋賢士大夫每辱延
接雖鑒賞不逮中人間有文行氣節綽有士君子
之風者南未嘗不識亦未嘗不敬而重之若否者
亦頗察識而得其大槩臧否之難掩於人如是乎
適南謝事居林下甫浹歲而栝郡守缺員所司上
其事于
朝下銓曹議以栝之為郡崇山疊巘民性多獷頑非
文行氣節才兼文武者弗能居而因廉得林公焉
公故八閩莆田仕族昔嘗守吾浙之四明未久以

循良聞丁外艱服除上
天官而竟爲吾栝有南竊聞之士論公家食時宗族
鄉黨以孝悌歸于公迨登甲科入仕版官棘寺侃
侃立
朝權勢不爲怵用是以事左遷縣佐而洊至居閒公
道既明當道薦貳守袁州聲聞籍甚遂有四明之
擢政化愈大行課最奚止爲兩浙稱首惜未久而
去今吾栝之得我公也疏别敝滯培植善良要皆
循恒守矱初無駭衆眩俗之爲卒之廡公明恕人
人獲惠利而安寢食者無閒十邑政暇則游戲翰

疾苦委難採取相應順時停止即於本年三月初
七日封池給與應得工食責令各原委官員督押
回還訖自嘉靖五年十一月十八日開池起至嘉
靖六年三月初七日封池止計三箇月零十八日
採過珍珠共八千八十八兩五錢共支用夫船工
食等銀九千三百一十八兩零等因到司巳將前
採珍珠差官起
進外今奉前因緣照嘉靖五年採取除解官盤纏并
雇覓民壯及紅櫃杠索等項銀兩不計外共用過
夫船工食銀兩將以萬計珍珠只八千餘兩所得

不償所費廣東地方頻年兵荒人民窮困即今又值潮水泛張風迅不便且去前採取之期只隔二年螺蚌必尤稀踈嫩小誠恐虛費錢粮不堪進用及如前被風打壞飄流人船不見下落病故溺死人命數多上干天和又訪得各處船隻不止數千刷船之時買免賣放大開官吏地方總甲人等騙局富者既已貨免所刷多係下戶船隻多舊且壞所用人夫撑駕大者不止二十名多雇無賴光棍告照脩船買辦器具紛擾爲甚至船發行及封池回還自稱官差沿海打刼客商并附近鄉村甚

有籍也唐高孝良名知人見房玄齡杜如晦即許其可任棟梁俱以子孫托之今公之自樹卓卓者如此海内人士豈無有如孝良頊以子孫相托者乎有不佞亦頊後相托之後庶可列中人鑒賞之末因并述以獻諒未必以有言為過也是為序

汪瑛兵部郎中

我栝侯嵩陽林公莅政之明年湖州孝豐民有蒲聚于山澤司者忽商滔天蓋有年于茲有司莫敢誰可當道者患之或釀成之也因上其事詔徵兵討之盡浙水西數州之兵之力環視亙月莫

敢向敵人發一矢旦夕須吾州兵至甚急公於是窮日夜之力簡虓勁卒銛銳躬擐甲冑率之以行無不一當百遂至其巢執其醜以來忽忽然若飄風之走敗葉蓋自五月既望抵其地越二日而盡擒之無遺類焉噫何其成功之速也往歲中原及江右及蜀群盜大劇蔓延十數州其初皆起于數家倡于數十人而其後遂不可制至合諸路之兵而後殲焉財力俱屈智勇交困邦用弗寧民亦勞止使今日孝豐之寇不仗吾州之衆一舉而剪其萌異時安知不復如河之南山之東江西而全蜀

也公之功於是乎高矣美矣不可以復加矣然求公之所以能速成功而弭大患者則嘗讀易而得其說矣師之初六曰師出以律否臧凶吾州之民兵雖素以膂力稱然往往悍而難制馭之失策則允罔功公之啟行部伍肅然不失紀律蓋望而知其必勝也出師之道當謹其始公茲有焉九二曰在師中吉夫九二以剛居柔無過無不及以能有成功而吉無咎公之在師也聞有欲攘公之功者公弗與之較而持之益堅蓋師克在和而幾不可失不從則譏謗蝟興從之則大事以去惟公不剛

不柔得持重審固之道故績用速成而亦罔敢有指摘之者六五之象曰長子帥師以中行也非公其孰能當之比班師而還公復退然自處若罔與焉者而督府憲臣則已具列其功于

朝上六曰大君有命開國承家盖賞以酬勞

盛典固自有在公論固自有歸而豈公之本心也哉

六月初吉公至自湖州視篆之後飲至有燕成功有歌闔郡士民罔不忻懌於是屬郡學教官信等率諸生賦凱旋與誦之什而屬予以序予以公盖一儒者耳身若不勝衣言若不能出諸其口而提

兵僅千人深入不測之艱以平蕩數十年窟穴之蛇豕使介胄而膏粱者靦顏若不能容昔人謂真儒無敵扵天下此殆其小試之一端而所謂詩書禮樂惟郤縠可者又烏足置人才頰間哉觀茲盛美是固不容以無言矣且古者出師受成于學歸而以訊馘告故僖公伐楚有功魯人歌于泮宮以致頌美垂之百世尚有餘馨然則諸君賦詩頌美之意其亦有見扵此也夫

文

陳中州　庠生

處州垣山壕海難治侯來鑿鑛刃髀鈎黝善善惡
惡無滯獄無繆縱無急科三月而頌作前侯無侯
聲或曰文哉安國矣君子曰不文處西界湖州孝
豊寇起壘巖營湖藪通以羣侵惟純官軍出輒北
莫或為鋒侯提處兵深入不刃而渙所生捉投他
軍勿多句軍成不中火或曰武哉靖國矣君子曰
不武夫道不我不物可以我物也可以物器也今
兵家類祖伊呂或語耕釣者亦曰吾莘渭主人也
穰山祭魚以尸非伊呂矣故曰道不容偏舉術不
可通濟不一之謂道一之之謂術術焉夫矣術敵

於道之謂神

又曰佚於兵有三善也乎不殺爲仁不老爲義不伐爲禮君子曰非也仁而不殺義而不老禮而不伐

葉素庠生

將不必將兵不必兵而摧鋒仆敵每有出於兵將之外者故善字其民者民亦兵也主亦將也兵心兵也將心將也不善字其民者民亦敵也主亦敵也敵心敵也下上之勢不敵而敵其心率心敵禦敵宜乎敵之久不能下也不賞而懷不教而技不

鼓而奮不號召而奔赴有不與焉者辱也故率心兵平國難其力自倍無足為者於乎天下之將孰有與於心兵者哉故不求將於將謂之善將將不求兵於兵謂之善將兵公還自孝豐

國家將將將兵之義備矣

頌

鄭潤舉人

惟十有二年淛孝豐之雲溪民上艱嚚獷若外區

鎮巡恐寖不制以其事聞

皇帝進張公中丞曰嘻德澤未究俾民不用寧汝其往

撫朕師不可黷武中丞馳傳至渊集藩臬諸執事咨曰二千石疇惟其良守將與事事僉曰於栝哉移檄下郡公遂發府藏募兵諸屬邑民大和會公曰無多煩爾有衆選其尤一千人有奇蒐餘歸農四月晦刑牲宜于社進師誓曰人無譁予其訓乃爾戈矛弓矢鋒刃謹爾刀斗有安其驅無寇攘竊誘汝不恭命其於爾躬有戮五月哉生魄師次于湖時有建議者以以死之寇未易卒破宜守以俟其斃公獨奮然曰用兵之法十則圍之五則攻之倍則分之今蠢茲小孽跧伏偷安以衆臨寡如牛

債家上所懼不死毋徒守以自老其師為也中丞是公議師進雲溪壁于介原公復徇師誓曰止如堵墻動如風雨戰無貪殺禽毋濫數衆曰諾響振林谷整而向之賊惶駭不知所措遂棄巢奔竄分兵逐捕搜山剔藪獲亂首湯毛九等餘數百人皆降公以分於藩閫同執事者不自有厥功且諷于中丞曰殲厥渠魁脅從其治宜請以須

上裁即日振旅以歸治郡如故口不言平湖之事縉紳有賀者輒辭曰當道處分自定予罔所攸與夫雲溪之積孽已非朝夕之故藩閫悉索潮賦守越月

莫利先發公以民甲一千旬日而舉之兵不血刃
師不病農取先武夫而奪之氣雖猶克壯曷臻茲
哉其在于人吾見其足之高而志之揚矣公方推
功遜賢自處于不伐之地則其日不動聲色措斯
世於泰山之安而天下莫與之爭能者可知也已
潤在公門下受知愛最深宜率先為歌詩以揄揚
其事不當以無學自解遂為文而獻之頌曰
繄惟我公名世之雄清規純節冰珉是同彤㫄朱
輪至止專城優優數政千里宅生蠢爾雲溪䠷梁
兇異

九重出綍孰能俾乂番番中丞持斧來浙選賢自佐

銷浴藩臬僉謂我公文武兼資中丞曰聞檄以召

之明明我公爰整其旅匪紹匪遊日三十里戈矛

畟畟師徒縜縜說于湖剡群醜騷繹我公率止撫

旗代鐲令三中五罙入其域乃徇其衆汝聽吾語

天子好生汝降汝撫汝其冥頑濯征奮擊禽草薙彌罔

有遺育惸彼士女扶老攜子崩角乞身罪當萬死

赫赫我公獲醜執訊曾不崇朝雲溪大順公謂中

丞不可盡劉告災肆赦誅其魁酋中丞曰咨同寅

恊恭俾爾不逆恃乃之庸公再拜手讓于藩讀卷

甲旋遄茀有碩膚噫嘻我公休休有容不矜不爭
大臣之風告成策勲奄有
恩綸陟兹轄省于宣千旬
帝心簡在終究厥施爰作柱石翼我
明時碩言我公德有恒修留芬石室於百千秋
陳中州
序曰兵以不兵爲勝勝以不勝爲功在離之上匪
醜周公曰有嘉晋勝齊庚克燮書不以力春秋許
之彼有道也夫頌於是乎再作頌曰九章章三句
太湖一夜湖風黑白骨填湖湖爲塞英雄殞涕濺

丹極

皇帝震悼官軍出官軍官軍豈其律僉曰林侯天下一

處兵翹踴嗟蹦距左右上下惟侯所

帝假侯重以其旅侯持干羽侯于

帝奏曰誅殺非所計

帝指彤盧及侯誓木蘭桴兮芙蓉旗茝甲椒戰鸞鳳馳

均朋蔽湖紛陸離肆握湖水洗孝豊滿湖悲號山

鞠窮處兵卧嘯湖天空官軍争功如獵漁侯所擒

捉侯不居侯之東歸但圖書不兵不勝咨侯德

帝心光明匪所忍剖獄蚪礪熿所勤處州湖州歌太平

我欲名侯侯無名百千萬歲呼

大明

賦

葉烓庠生

皇帝既踐祚之十有二年湖寇湯毛九許容四猶負固
不服乃
詔御史中丞張公率六師征之師次於湖以賊巢險
阻不可進檄我
刺史林公統鄉兵冒險以入壁於雲溪內外戒嚴
以侯其發賊計窮冒死突出公親禦之兵皆死戰

遂擒巨魁數百人盡俘其衆而還惟刺史公東征之殊勳固無愧於方叔召虎矣而釆芑江漢之雅愧娃鄙陋不能以繼之謹撰賦一篇直述其事而叶之音韻使壤翁轅童皆得以途謳之若夫繼周之雅則俟大手筆之君子云

聖皇御極兮手握神器億兆歸心兮萬邦作乂奸瑾柄國兮豊其蔀蔽竊大權以獨運兮高烈焰而益熾士皆側目以視兮民無駐足之地遂相梃而為盜兮勢蔓延而莫禦鋒鏑橫聲上懼於川陜兮戎馬蹂踐於淮蕢

帝赫然而震怒兮誅首禍之孽豎大聲颯颯兮震搖四
裔群兇折首兮餘黨受刈德澤下究於窮荒兮日
月重光於寰宇何湖鴇之無良兮猶據險以跳梁
怒螳臂以當車轍兮張蝟毛以磔鋒鋩肆毒虺之
吞噬兮恣狂狡之騰驤冤血下腥於坤軸兮妖霧
上塞於穹蒼
皇帝曰嗟兮民之艱阨昔之為盜兮為瑾所迫瑾既伏
辜兮舊染宜革猶稔惡而不悛兮當奉辭而誅殛
中丞汝其兮討其叛逆中丞受命以徂征兮沉機
密運其籌畫據險要於郊關兮簡精兵於郡邑來

帥師之丈人兮命群工而舉辟咸曰武弁之士兮皆不經事之少年略無一毫之可否兮惟唯唯諾諾於其閒章縫之士兮皆老生平日之常談臨敵而決機兮持首鼠之兩端惟栝

二千石之良兮文韜武略之兼盡正色立朝兮嘗忤於奸璫以棘寺而左遷兮猶滯跡於蒞郡鋤強梗以安善良兮開誠心以通民隱民心悅服兮如符節之相信令出民從兮如臂指之相運建大議而毫髮不謬兮臨大事而聲色不震無踰茲人兮可畀斯任中丞趙公於栝兮公乃募兵於農

庶民子來兮擐甲冑以相從義旗東指兮虜在目中欲犂其庭兮一掃而空僉謂兵出於萬全兮未可以輕舉柰何以欲生之民兮而抗其必死之勢孰若堅壁而守兮以待其自斃公曰戰守之術兮亦各因其所遇禦大盜如搏虎兮一時未可以力制設陷阱以納之兮可以徒手而取禦小寇如斬蛇兮斷之不可以不亟緩逸於草莽兮又為其所噬今茲小醜兮非大盜之可擬當戰而守兮亦兵法之所忌中丞謂是謀之臧兮師老者殃爰整其旅兮侵于之疆武夫洸洸兮旂旐央央乾旋坤轉

兮白日爲黃龍驤嶺吼兮百獸遁藏雪水之深兮
一葦可航雲谷之險兮橫槊可梁援險而升兮其
捷如狖（余救切）魚貫而進兮戰用三覆直突其衝兮
擒其酋首宥而弗劉兮以示群醜群醜曰噫惡我魚
網漏遊於釜中兮詎容其久棄杖請降兮惟恐或
後公曰予取於殘兮脅從罔究汝毋予畏兮予汝
父母汝衣予衣（去声）兮汝食予授汝輩乃心兮毋仍
其舊奏凱而旋兮騎從如雲公秉大鉞兮指麾三
軍遠而望之兮煒如神人四野晏然兮不驚一塵
萬姓歡迎兮稽首道側山川草木兮皆有喜色見

童走卒兮知頌偉績皆謂江北之冦兮其初本甚
扵孝豈有如公之神武兮可以一戰而降叶縱而
不治兮使之爭驅扵八衝連城蹀血兮河流漲紅
蓬蒿千里兮殆無人蹤春燕歸巢扵林木兮鬼燐
夜青扵頹墉驅百萬生靈之命兮僅收數年克捷
之功猶筆之扵史冊兮昭不世之勳庸矧今雲溪
之戰兮收功甚速兵不黷武兮遠人自服農不勞
役兮室家胥樂神功駿烈兮巍如山岳較之江北
之役兮可以超其芳躅尤當歌詠扵閭閻兮以備
史氏之采録

葉禎　庠生

嗟彼群醜逮厥殲夷斬木為戈揭竿為旗如鬼如蜮嘯聚雲溪肆擾攫而虎噬俾獷老其魚喁時代換而焰熾人轉徙而征伀守宰震業憂心忡忡遄馳奏于

神州壓

當宁之太息謂涓流之莫塞尋滔天其曷極需衣袽於未濡揣童牛於將然鑒齊蜀之振蕩釀禍患而蔓延爰命司馬端遴發虎符出車彭彭人當萬夫推轂受遣中丞是都端奔矢往旌旗蔽空神龍鬼慄

偰揄歛踪辟瘠牛之僨豚必剪此而朝食豈
之異枝徒對壘以終日彤弓槖而弗試青虵
長懸驪騤瘏矣士卒梼然不過糜供億以曠歲月
何異躬揖遜而甦倒縣烏合之鋒壓境鴟張之勢
瀰天主者亦茫然自失慱訪群言廡知我公國之
干城腹笥韜略胸含甲兵盤錯棼結匪公弗舒憐
遥遥而括公仗義而靡怪趣裝旆以西向集武
勇其如雲戒秋毫之無犯期不戰以成禽兔用命
而曰諸哉由婺而道嚴經武林而檇李不浹旬而
雪川顧巢穴之沮隘欲進退之無從山礮礮其竝

軋樹蓊蓊而相叢紛蝮虺於榛莽雜猿狖於松楓公舍車而徒負石以征視坦途於嶢屼致貔貅之奮激魚貫爭馳猿攀窣入攻刺搏擊恍電掃而風馳叱咤號呼歘山顛而水逆眩草木為甲兵駭風鶴於金鐲思鼠竄而無門皆延頸以就縛露布

天子獻馘泮宮談笑而郤兵戈軼韓魏公之逸駕偃息而當捍衛置薦希憲於下風蓋其始也得先聲之術故其終也收全勝之功驗真儒之無敵允投筆而侯封公既還師告至退然自居曰匪人謀

廟算神輸或競功而市賞公德大而有容公雖不

所人其舍公由是中丞眞知人之明收用賢之效
有容善之美無嫉能之非列公勛於第一膺
寵異之勤渠塹叺治於偏郡行超擢於天衢雖四
海之福實十邑之虞顧蘇生之慶幸際美盛之躬
逢藉剡藤而憑毛穎效春蚓而步秋蛩旣謏謭薄
尚計拙工俟特書於良史與天地而同終

歌

金旅舉人

君不見孝豐縣裏雲谿民曰作弗靖思橫行有司
坐視莫敢問醞釀弄兵潢池兵臺臣馳奏

黃金闕

敕遣中丞秉旌鉞堂堂陣自天上來海瘴山氛期蕩滅三軍對壘經幾時欲敵未敵心先疑相顧束手總無策飛檄遥遥來乞師我侯才畧兼文武勁節貞忠誰足伍星馳四境急召募聞風子來都是桓桓熊與虎戒嚴不日便長驅兼程直擣雲溪湄先聲到處魄已褫郊原草木皆旌旗不須用方略不須鏖鋒鍔樽俎談笑猶未闌五百餘人俱面縛渠魁授首餘黨平累年荼毒一旦清黃童白叟載道路椎牛釃酒歡相迎再拜稽首籲天祝侯師不來

我魚肉惟頑佚家孫子如蝨斯不羨當年榮九牧

佚心謙抑本天成功高不有歸中丞中丞露布獻

天子報功豈止錫百朋出將入相古來有君佚況是調

元手帡幪四海特餘事何但區區殲小醜

詩

汪瑛

有衆佚承　命選徒以徂征也

嗟爾有衆維邦之役藏兵于農維古有式霅川之墟狡童狂奔乃干天誅自投于昏選爾傍傍嘉爾方剛匪子戕之

王命是將以經營于東邦

有衆三章二章章四句一章五句

東邦俟誓師也約之以律無弗臧也

東邦顜顜潢池之卒乳餔嗷嗷棄而為賊爾往征之爾無讐之取彼一笠我其劉之我旌我旆于水于陸金鼓鏗鍧震于山谷期于一夫之不戮

東邦三章二章章四句一章五句

我武俟告成功也

我武維皇先聲是揚乃底其疆不戰以降援戈釋甲蔽于莽樾載縛其醜載空其穴乃撫赤子諭以

德音我弗爾劉爾維華心霅川既平大勲既成侯
拜稽首曰匪予能是維中丞之功
廟謨之雄

我武四章三章章四句一章六句

潘瑷翰林檢討

玉刃投諸膚牛鼎膈以膰所歷非所易所易非所
難宦豎設禍機毒騰天為干中外方杜口而公敢
披肝終然謫潮陽社稷賴以安况此穴湖醜借公
坭一丸謂人審可愕於公吾無歎平声太湖昔有岳
潮陽昔有韓武穆縱擊殺而公但坐觀昌黎竟淪

落
天子復公官
侯昔在
朝廷宦豎煽禍奇于時方讒言誰問南山箕天綱忽
震蕩神器幾披離我侯抱忠憤痛哭紛漣洏敢借
上方劍潛辨韓良椎獨立氣百倍正色詞愈危權
奸不敢殺破膽陰謀墮潮陽癘瘴地侃侃金石姿
開雲衡山明馴鱷海若悲蠢哉太湖寇猖獗亦何
為飲馬湖可乾袖手胡可瘵欲仆倚天壁鐫作忠
烈碑

洪鍾 太子太保刑部尚書

太湖湖頭百草青夜来狼耤風冥冥處州五馬帶
春去殘枝斷蔓今復生
山河無地眂英雄萬里沙霾起孝豊一片處州城
上月天風吹上太湖東

見素 諱俊都察院右御史

族子省吾官所至有聲其征孝豊也挺身直入
擒魁首及其黨四百以出一矢不發而積梗以
馴罪厓之蜀殆是也癡叔重有愧焉
坦上流来是幾篇慰懐此捷重無前家承自謂惟

夷簡閫寄容知更謝玄獨手風雷新號令並村雞
犬舊人煙不勞一矢功奇奏香火成都有像傳

劉瑞 提學副使

卧治西州花滿城銳師西指動雷霆筆干氣象昭
文治匆吐光芒懾敵營
鳳詔雲中來五色隼飛旟上建雙旌
九重咫尺恩如海坐見鋪張慰治平

徐文溥 給事中

明光
丹詔下青霄載

賜彤弓解紫貂西土政須王景略北門全仗霍驃姚

一生感激紆忠藎三錫分明見

聖朝自是蒼生慰深恩不教金甲困漁樵

治聲可把古人論武略還看今日奇長弓不射隼

自墮老手未試猿先悲固知聖神事已豫胥信英

雄生有期穎川入相本故事栖蒼鳳凰君勿疑

王瓚禮部侍郎

荀孟文章脉張韓戰伐功管絃緣棟宇冠屨及兒

童印綬青蘿月關山白鳥風夜來湖上眺秋色照

歸鴻

誄

悲風起兮湖水寒鵾鷄晝號兮天漫漫　周南

悲風起兮湖水寒自侯之來兮席且餐

悲風起兮湖水寒湖禽濯濯兮今蕙蘭　袁達教諭

侯覲于兵爰方啟行我心孔營無禁侯旌

侯征于湖雲霓其蘇我生何喜籲天以呼

侯旋其旌我樂其生惟侯無征庶以示寧

跋惠威錄後

淛東惠威録凡二卷諸名公所製用彰我
省吾林公者也公今以司馬秉大中丞節鉞惠威百
粤美奚淛東哉公正德間守四明
奏輕湖田輸惟惠守栝蒼提兵靖雪川寇惟威蓋不為
利回不為勢軋直以民心為心感以誠也既而民
皆以公心為心公在郡則懌公去郡則思思之不
巳且肖像以祠焉諸名公從而彰之應以誠也或
者謂惠在四明威在栝蒼彰之者各舉其盛而不
知誠無二則道亦無二惠以培威威以廓惠其在
栝蒼猶在四明彰德之文固二而一者也栢荏誦

其文而嘉其足以風世遂加編輯鳩工梓于梧山書院浹旬有五日告竣謹識以跋

嘉靖十年八月既望門下生舒栢頓首書

惠威録二卷皆我先大父司馬公守郡時事也孔明治蜀則曰恩威大父守郡亦曰惠威或謂守以牧民惠之足矣奚其威殊不知威所以成乎其惠去其所以害民者是亦牧也故治蜀振兵以威為勝守郡恤下以惠為尊先後一揆易地皆然也至以司馬出督兩廣軍政其所以保固封圉休養士

民者惠威並著難以悉紀即

踈徭秋調常例遇警剿捕更不復大征以徼

恩澤以濫及良民踈曰吾機方發而彼已先覺我兵方

集而彼已先遁所費不貲俱於無功勢必多殺良

民以塞其責是豈徒以威為勝哉抑亦以惠為尊

矣時

隆慶辛未長至日不肖孫男兆恩齋沐重命梓

惠[illegible][illegible]

[illegible]

省吾林公遺集目録

附

省吾林公大傳

耕原王鳳靈撰

省吾公壙誌

男萬仞等撰

重鍥誠意伯劉公文集序

富自童孺時即聞有誠意伯劉公之勳烈爲開　國宗臣之冠筮仕以來求公之遺文而讀之乃得公平生所建立之詳夫超世之蘊者厥振匪彝故峻其所樹嗇於蓄者無厚畜自古天下之事功未嘗不符於學術也公豪傑之才隆於帝授而天人之秘洞之素深遭元末運沉於下寮其志鬱而弗伸也其謀浚而孔忤也其才積而困於無所施也故得肆力於文焉或時事之感激而洩憂憤之紆餘或機會之在前而痛鋪張之失策證古

例令有寓而諷之〻意而開闔操縱皆經濟之資焉大率施爲理而不失其宜權變精而馭之以正辭意剴切如靈均之艸澤行吟英銳奮發如慱浪之椎未試一擊皆可攷也遂我

太祖高皇帝龍興淮甸蚤識真主於異雲映湖之日遂起而從之蓋懼中國之無統欲借權以立義也方其進謁金陵一見如舊受心膂之寄掌帷幄之機殄漢殲吳驅彝奠夏廓清寰宇之功曠世而僅見偉矣哉於今爲烈也予嘗考其行事當天下甫定之初首諗滯獄倡立兵衛居守按貴臣之侮法論相卜小犢之僨轅辭封爵

而不貪天之功終身顯融而私產無寸益時贊客勿係全勳舊口不言而人亦無知者臨終尤拳拳乎修德省刑之數語斯其道任天下之重智鈞物理之玄謀入九地之深而勇懾萬夫之氣所謂超世之學術著於文者鑿鑿乎親試之矣雖然公之神在天下不泯勳業聲光久而不磨固無賴乎文也但典籍存庶幾可論其世傳之弗昭或病焉公文梓行久矣歲遠寖湮字不復辨富承乏括蒼典型在目視篆之暇訂其譌落重加編輯捐俸再鋟諸梓俾公孫指揮瑜等世守之使天下後世亦知故家文獻之足徵也旹正德己卯夏五月既望

僊遊縣志序

昔在成周時有内史掌八枋之法外史掌四方之志以翼成一代之治史之義大矣夫志亦史也僊邑志昉於宋寶祐丁巳而修於元至正辛卯迨

皇明續修實更三手然或失之繁涉於謏或失之略遺其實垂遠則病焉于時督學午坡江公以逹涓郡守雲泉吳侯逵方表率風教闡揚人文乃延吾族人憲副寒谷有年卽其舊編重加詮次以續成完書事竣適二守石川譚侯鎧署郡符偕郡推少坡沈侯鏊來屬余序余惟世之拜伏官次救救於簿書間抑末也已今玆之舉

其達治體而識先務也乎矧寔谷以德學之望直諫之聲久歷耆舊爲余素所推信其又奚辭邪乃遂取邑之志遍覽兼辰用知其槩首地輿次官制學校人物公署祀典文章雜志又次之總其綱有八其目三十有六訂譌補缺咸度厥衷迥然異矣謹書之以復諸君子之請若其規措供具助成茲役則儒令黃宸也志修於嘉靖十六年丁酉十一月越明年之二月始畢事釐其書爲八卷云時戊戌夏五月初吉

福清縣舊志序

夏禹貢周職方氏志始也王會三輔爲圖方輿寰宇輿

地代且數家續之迨
皇明一統志始備焉夫志亦國之史也夫子悼杞宋之無徵由文獻之不足則夫一邑之志政治之得失官師之淑慝役繁簡而民疾苦于是乎徵其亦未可忽也福清爲七閩地自宋建隆歷于今五百有餘年矣其更延因革簡編紀載布濶寥寂宋先賢林亦之黃鍔者著有玉融志已漸滅無傳嘉靖癸巳冬適大參龍山陳公分守過宏路諭邑令朱君冕曰福清巨邑志以稽文獻宜乘時舉之令以有志未遑對公曰攷覽山川表章文物守土者之責也其可曰簿書之不閑而缺於訓方之簡

諭令以莆寒谷林先生文章氣節立言足徵盍請董厥成令奉命惟謹謀之司訓方君俶黃君陞暨邑庠諸生僉忻然從事遂命邑丞周瀾往請于甲午閏二月寒谷公至玉融寓聖蹟寺始事斯役旁搜窮討揆天道質人情叅古証今鴻纖畢舉歷六十四日而志成爲卷有十于建置疆域知其勝于城市風俗知其通于戶口貢賦知其挾于物產水泉知其利于兵防政典知其客于宦蹟人文知其勸于廟制秩祀知其正于僊釋襍志知其變嚴而公約而盡質而不浮其間有升落去取而默寓激勸歆羨合政與化而聯綴協偶之其固有史之義歟

寒谷學正而識精吾固知其言之足以貧後無疑也嗣是而生于斯官于斯者因之而監觀興起以爲程身治人之法其于政化豈小補哉然則是志也官之規民之鑑而于今聖謨神化實有攸助焉豈僅一邑之史巳耶故不辭而爲之序旹嘉靖甲午仲夏之吉

李壺塘墓誌銘

左丞壺塘李公將卜葬于鰲峰之麓其孤宗勳宗爋持督學憲副顧顧齋陽和君所譔行狀詣余請銘余念與公幼同學壯同朝老復辱姻好知君爲詳義不容辭撰狀公姓李諱廷梧字仲陽别號壺塘系出唐宗室安王

元祥後二世避難流落泉南逮宋徙居莆白水塘世祖

富宋殿前統制司制幹建炎初以義兵佐韓蘄王膺秩

有功力排和議入　國朝曾大父豐大父鑑俱隱德弗

耀父省菴公長源鄉進士授南京武學教授以公貴封

監察御史加封大理左寺丞母柳氏封孺人加封宜人

公省菴公仲子也少頴拔不羈稍長讀書過目成誦弱

冠補弟子員聲華籍甚乙卯舉鄉試第九己未擢第禮

闈爲贄鷄湖公所器初令桐鄉桐爲浙東劇邑公至敦

學校興禮俗孜孜然教民務本力學數年來桐文物可

齒上邑尤留意農桑事不以農蚕之候索索徵需稔知

吏胥舞文之弊凡公議文移悉出手稿勾稽出入身執籌筭狡猾之徒無所售其奸至决獄明允民不敢欺讞惡少盜金之訢縣稱神明未滿考當道交章論薦擢爲監察御史行之日民遮道攀留至脫履立石頌德議者以與宋邑並稱在內臺時逆瑾用事濁亂　朝綱凶荒盜賊相仍而額外徵需愈急公出按蘇松常鎮檄郡縣賑濟務行實惠又上疏丐寬恤懇懇以財匱民貧爲憂楊邃菴諸老先生見而韙之比入

朝討處賊情條陳七事鑿鑿可行正德六年京師地震條陳九事反覆千餘言無非欲修人事以回天意時

武廟甚嘉納之他如按守郡者剝民媚璫之罪劾逆黨孫和靖托興造之奸訟御史余禎正直不阿之冤其激濁揚清扶正抑邪之疏又無慮數十上悉得御史風裁臺綱振肅聞者咸爲縮氣方公之在蘇松也璫以厚望不副遂積憾矯 旨執公繫 詔獄多方搆害無可乘遂得出時陽明王公與余亦同在繫日與公講說易卦深明吉凶悔吝之故初不知拘囚之苦也公在臺職凡六載總臺章者居半以政蹟卓異遷大理右丞尋轉左丞公素精法律至决獄尤以敬明仁恕爲本故多所平反風望曄然有大疑獄群僚拱手必得公一言乃决秩

且滿朝議將轉公右地公遂以省菴公暨柳宜人年老疏乞歸養浩不可留時年四十五公論惜之公邃經學爲時所宗在仕途多所傳授若張君欽張君榮譚君鎧輩皆爲時顯宦旣歸家事省菴公柳宜人盡孝敬省菴公好施與公出俸餘助費不少蘄且以省菴公所遺克歲祭別割業以貽兄弟聯屬親族曲有恩意家居瀕海海滷時爲災公捐田爲鄉人築障義不責償復制幹公祠于梅峰夫室之左又捐金買田以祭暇則杜門著書罕跡城府飲禮虛賓席竟謝不赴時與吾叔琴庭翁暨鄭山齋諸老結社晚得痿疾猶手不釋卷所著有文集

詩集若干卷歿之日嘉靖戊戌八月初六日也距生成化庚寅四月二十日壽六十九配宜人九牧裔孫林紋仲公女爲余族姑有淑性方公未第時短檠夜坐宜人必旁績以分餘光省菴公俸薄又不爲子姓立產業宜人悉捐奩具爲奉俾不貽公內顧之憂公子晚置側室一宜人以娣姒視之撫其子若已出此又人所難者初封孺人尋再封宜人先公五年卒壽六十二生成化壬辰九月十四日卒嘉靖癸巳九月初十日男二長宗勳郡庠生娶余次宗熙娶陳女二長適舉人朱端表次適郡庠生林大道孫男二途塤女一議予孫兆春墓在與

教里吳衡山坐申向庚藏凡四竁中右公左宜人右之右左之左虛爲公二側室壽藏以今年巳亥十二月十五日奉二柩窆焉嗚呼公以磊落不羈之才克之以淵源純粹之學蚤馳名於學校繼拾取平甲科宰劇邑擢内臺陟棘寺敭歷中外聲望日隆未爲不遇也矧盛年引退保全芳節盤桓於壺山塘水之間二十餘年以享有眞樂又今世士大夫所希有者兹不可作矣爲之銘曰

遐邈皇唐慶鍾白水篤生聞人在塘之涘有曄聲華海國龜壁出宰名區樹德無射肅肅蘭臺糾糾棘司

砥平嶽立古直之遺　帝方揆席公也丘園大用弗
試以貽後昆猗與宜人淑行兼備家服攸宜君子樂
只鰲峰之麓艸木輝光旦復旦矣雙玉偕藏

省吾林公集

省吾林公詩集

與王陽明先生獄中講易

浮雲何黯澹淒風生暮寒微臣雖朽質豈敢惜摧殘守法奉　明主時哉良獨難　詔書忽來下械繫天牢間天牢相曉暮寤寐摧心肝同患有儔侶幸接心所懽王通攬名理講易清夜闌夜闌忽有得明明寸心丹且保洵沫命旋當叩　天閽庶幾浮雲滅恍惚見
天顔

征孝豐歸有感正德丁丑有引

孝豐頑民湯毛九等竊擾雪溪者三十年　廷

議以張中丞尸其柄征之予時應召提括兵千
一百有奇以五月十二日抵安吉乃分松陽一
支屬叅政潘領自深溪進予領七百有奇自孝
豐進而叅政閔都閫張則已屯兵月餘矣咸懼
險隘不進予破議縱兵獨出十五日至賊巢殊
無險伏賊惟虐其巢而執械登山我衆復以勢
盛不進予力乞振旅先登遂擒賊黨五十餘名
及湯毛九之父之妻懷忌者立取之十六日詗
知許小七諸賊聚天目山懷忌者欲圖予兵爲
援而自爲柔榆之收予曲承之然山戰實括所

長賊遂釋甲以降予並以分送諸司竊惟湯毛
九素無技能又非阻險乃不有以招徠之至積
梗三十年及匱　聖慮勤思動衆又不量其
虛實惟樂倖成至復屯兵數月則終捷者幸也
功其忍言哉因兵詩以紀之
孝豐有小醜竊據久未平都臺奉　朝命
天討自有名馳符走郡邑招募敷誓盟括蒼非隴右安
得有精兵特以忠義激壯士時從征我因奉檄去駐馬
湖州城兵機貴神速謀合當鼓行欲行乃更阻欲進旋
復驚逗遛几席間戰功何時成我乃破衆議奮身趨賊

營群賊忽見我瓦解咸無生擒其魁首出積梗一時傾
凱歌獻俘獲奏功歸　帝京茲役在國事豈云一身
輕所欣事已集榮賞非吾情潛身向吾郡罷兵更深耕

撫田州

單騎入田州蒿萊沒土丘連村餘破壁繞郭只寒流敢
負三軍勇遂忘赤子憂撫循隨旦暮聊以慰群酋

呈鄭山齋社長

境寂心逾靜樹幽風更涼　朝班休浪跡詩社且傳觴
龍卧山雲濕春歸野艸香　君王罷巡幸林壑任倘
徉

和山齋鄭翁約遊樵舍韻

地僻塵囂遠，園春花木深。幽棲成獨往，勝會愜重臨。
俗綴長吟思，親學苦吟。松風起林樫，悽愴欲霑襟。

東山會席和韵

世變日趨下，江湖多隱憂。朝班難浪跡，野渡自橫舟。地
赤逢時雨，山青愜勝遊。古風不可復，詩酒且賡酬。

書付潮兒之任寧波 有引

兒子萬潮從予守四明，讀書宦邸有年矣。既成
進士，復司理是邦，於其行也，書以示勉。

解郡四明自昔時，爾今司理更驅馳。河山舊國抒懷抱

風雨他鄉繫夢思郊舍崇留遲聽訟衙齋鯉退蚤聞詩
但存清操似而父何問人知人不知

疏請罷採珠復請罷市舶珠池鎮守內監並蒙
俞旨詩以志喜

微臣再疏動明王耿耿愚忠惓尚方補衮無人憂主闕
挍詩有 詔媿皇唐後宮不復崇珍飾邊鎮何須遣宦
璫開採從今免四出 天恩浩蕩遍遐方

題同年佳會卷

萍逢聚散本無期却喜今朝入 帝圻同榜少年今老
大一時高會偶追隨極知駑鈍茸疎放强逐鵷班遊羽

儀幸際　聖明圖化理頑攄忠赤奉無爲

齊山亭 有引

壺山之麓曰麟山吾舅氏壽丘在焉余謝鎭歸閒從舅氏遊獲睹玆山之勝乃知造物者孕奇秘精待人而顯也山有亭齊山謹次壁后韵

入境忘塵慮愛山不爲名草亭依石壁野色有餘淸

又

地爲人增勝亭因山得名石笥和雲碧松風入夢淸

題畫

湖海相忘幾度春白波京雨浩無津遊時莫向磻谿曲

世上今無直釣人

省吾林公大傳

耕原野史王鳳靈著

林公諱富字守仁別號省吾唐端州刺史葦之後端州兄弟九人並仕爲州郡官世稱九牧林氏十九傳至僖州同知洪公高祖也洪武庚辰進士初令辰溪有惠政生梅軒處士潛夫梅軒生清遠訓導遲菴公彌宣醇樸雅稱師儒遲菴娶洪生處士槐庭公垠夷曠洞達行誼甚高娶行人方公瀚孫女以成化乙未生公瑰奇秀偉望之若豐山峻嶽人知爲公輔器也性警敏絕人弘治戊午領鄉薦壬戌與仲父叅議公

塾同第進士乙丑授大理寺右評事明習刑書推讞
必詳慎于時叅議亦官京推
武廟登極覃恩槐庭公暨方遲菴暨洪俱得以其子官
錫位號父子姑婦同日拜
封盖甫僅見云逆瑾用事虐焰熻煽淟涊之徒多附之
或以諷公公正色曰士大夫當爲
帝室公臣此欲何爲者瑾深啣之會有故臺臣子請卹
典不先謁瑾迺矯
制下之獄欲法司重繩之公執不可於是并下公獄杖
三十左遷潮陽丞公怡然就官篤脩丞職未嘗以遷

謫自佚潮民屬心焉會御史行部饒平令以賍去其民願得公署饒平御史從之潮陽民遮道號曰
天子業以公畀我柰何奪而之他饒平民又爭訢之御史竟以公署饒平至則廉吏弊而罷行之諸所葺焉姦者悉寘諸法瑾怒未已復以棘寺他事文公罪令廣東巡按御史提問就逮惠州候
旨歲餘竟致仕去二邑民群走百里外懐金爲贐公悉辭不受既歸瑾復矯
旨罰米一百石率假貸以輸顧時雖甚貧奉親讀書由由然自適也吏部以公謫非罪稍遷崇德令而公業

巳歸矣庚午瑾誅公起落爲袁郡丞壬申抵任屬吏
籍當道檄董萬載事里胥竄易紛如公躬爲稽閱積
弊一清能聲大振數月陞浙江寧波知府寧故鉅郡
多豪貴人不易治公壞植弱強治烝烝日起歲饑多
方賑恤且爲請蠲貸當道欲增募民兵旁郡望風徵
募恐後公私大擾公謂歲凶宜弛力薄征力持不可
卒罷之市舶閹某素豪奪民財有鄉民持纖入市其
奴奪之不予金公收置于理且籍閹貪橫狀將上之
閹懼亟引謝自是更斂戢不復肆日本入貢故事館
于郡中恒驕蹇不可制公廩餼以時隨事微約飭之

諸夷悅輯民乃晏然廣德湖自宋成官田輸租特重已而租調並征業田者益不堪奏下所司輒議格公至乃力尸其事竟與全折湖民德公相率立生祠以奉公像政暇進諸生課試之所鑒拔數十人今悉爲中外顯仕明人至今稱焉癸酉槐庭公卒訃至奔歸號慟幾絕服闋補處州府處在浙萬山中多礦徒爲患公計縛其首惡數人斃之獄餘徒大怖願復業爲良民公念此皆勁夫可因爲用乃令諸邑募諸礦徒之願爲良者充民兵兵精而礦患亦熄孝豐寇湯毛九等煽亂當道檄公以處兵共往征之時叅政某屯

兵不進公謂小醜無深謀圖宜速挺身入賊巢亟以兵躡之擒其魁醜數百以出他哨兵乘之巢穴遂平某因掠爲己功公不校捷聞僅得金幣之賞而已麗水民巢道銘雄貲武斷嘗殺人逋誅久莫能得公廉而執之一訊具得姦狀乃集訟者數百人于庭出道銘杖殺之衆皆手額相慶景寧霪潦暴發民多漂溺郡適當下流公意有憑附浮至者豫戒數十舟逆拯之所存活甚衆不可救者悉收瘞之又遣官視恤于邑中其民溺而不害歲旱禱於白雲山徒步行二十里雨大至脩建郡邑諸學宮發治縉雲長道咸取官

餘所為民利罔費
今上初服慎選方岳擢公廣西右參政專命督儲公以
其地狃夷賦浮民瘠親藩及諸衛所祿粮不繼奏請
廣東折粮銀五萬兩益之至于今西人是賴癸未課
職吏部覈天下治行卓異者十六人奏旌之公與焉
是歲陞浙江按察司按察使行未至陞廣東布政司
右布政使酌立驛傳法及里甲均平法皆經久可行
先是督學魏子才氏毀廣中淫祠巨室爭利寺田公
乃議以其田充軍餉餘隸學宮及書院社學有差崇
報寺腴田五千畝舊為監舶閹私據云寺故市舶司

建也公欲併毀之閹撤佛像祀先聖其中公言於制
臣宜閹乃移文御史欲改祀崔清獻與之公謂清獻
增城有專祠祀此無謂且彼利土田何可以聖賢藉
口卒毀之南海衛城壞海闕巨防公脩復之大埔本
饒平鄙民苦寇難以邑遠莫能治乞別立縣久之議
未決公曰立縣久不決何也此不過憚費耳且縣費
孰與兵與又使民長無盜賊憂也撫按以公議上始
縣大埔又屬公為籌畫經費民不知有大役丙戌入
覲當道方將大柄授公乃為忌者所中飛語論劾不
得已量移廣西經而徐御史岱亦訟公誣公以母夫

人年高無他兄弟侍疏乞休不允吏部且檄促公行
時廣西有思田之師而撫按二臣方卻聞公至乃以
事屬焉初田州府土官岑猛以罪受兵奔歸順州無
何猛死歸順州以其首來獻且稱猛子邦彥亦死都
御史姚公鏌因罷兵以賊平聞而猛麾下盧蘇連結
思恩遺孽王受輩復弗靖御史石金以卻故奏言猛
故在賊勢轉熾都御史僞言功以規恩賚
朝旨勘報御史故持勘者不使明猛死狀又曰幸賊蔓
以甚姚罪諸司觀望將士益疑畏無一人敢言戰其
實前所獻者猛首級也公乃大恚曰委國事而崇

私讐非忠也忘大計而希容覲釁非義也始會諭兩江誓戒諸將以兵事爲計王受在思恩因執知府以下諸官屬置他所以其衆出掠膺墟去武緣縣僅舍許分守左江同官某懼逼議棄武緣退保南寧公叱曰逆豎何能爲顧舉全城畀之邪於是夜出兵令叅將張經部往武緣都指揮沈希儀屯下峰指揮張鶴屯黄桐副總兵張佑往來策應又令指揮劉濟齎金由間道至膺墟犒調團丁以截其後別遣兵屯刀週隘以斷三堡賊援且知受空城而出先發精兵百人潛入爲内應而令他將將兵徑趣思恩受至武緣遇

伏發連中一矢其黨死者數十人又聞思恩圍急遁

去至則我師已克思恩諸被繫之者盡出之矣遠近

以爲神方武緣告急時群僚希御史意不欲出兵顧

治酒高會公按劍起曰孤城危急諸君飲食燕樂何

爲者所不與戮力同心者有如此劍衆慚悚强聽命

然事多肘掣幾亦難濟公於是始歆議撫自爲檄遺

盧蘇諭以順逆禍福蘇遣所親信數人來乞生且覘

虛實公曰禽蘇受易耳軍門頓兵不發者哀田民也

因留其人給侍左右以示不疑蘇受遂連約毋侵犯

以需公命公雖外示寬假内不廢戰備以武緣膺墟

大傳

賊衝也益兵守之賊勢寖衰二郡事就妥御史聞而
大怒曰是將爲姚氏策勳耶宣言欲以他事劾公公
謂人曰吾以靖亂保圉耳寧知其他會姚公去位石
意乃解
朝命特起新建伯王公守仁代總粵師王公益委重公
公乃從容言曰田故鄙壤南邊交岑伯顏首歸附
高皇帝命之世官俾衛中土猛以昏恣觸法非有反形
且田民安岑氏久矣更之亦未易猝馭也故欲固邊
防莫若撫田民而下之欲下田民必立岑氏後者如
此則思恩之虜可無招而來也因備陳思田之畫王

公大以爲然遂下令盡撤調集防守兵遣檄諭蘇受俾從撫數日田州目黄富等十餘人先詣軍門降又數日蘇受率其衆七萬有奇降于邕州時王公以重望先聲公威信鎮定故能使机棿反側革面受成不煩一呼大難彌震矣公意諸酋雖從輕宥二兇首亂似當重處然王公業已撤兵徂唯求定笞之百而各醳之公因諭蘇受曰爾輩能掃境息兵吾與爾更始衆皆頓首受命公遂以一吏一隸自隨入田州其地彌望皆瓦礫萑葦民生蕭然公淒然泣下乃按行其村落經理且城堡爲之立約束賑恤而安輯之

時
朝廷已有改土設流之命公言土官不可改地可裂而權可分於是降田爲州以猛子邦相爲州吏目分其地爲巡檢司屬之土目忠恩仍流官亦立土巡檢九司視田州王公悉用公策且疏公勞績恩信請加中丞名秩以鎮撫恩田奏上未達而公已陞四川左布政使尋陞都察院右副都御史撫治鄖陽先是公知八寨猺賊爲兩江棯害巖谷邃阻綿亘千餘里且與思田勢相倚肆剽無忌嘗言于王公曰二郡既平八寨之寇宜以時定彼以我疲於兵必不備且湖兵詔

集未試思田新附之衆咸思自效猝而擣之可一鼓禽也刻日出兵而鄖陽之報至衆以兵事爲難幸附得免亟爲公賀公毅然必終其事遂冒暑雨提兵入險數十戰皆捷禽斬首從二千級俘獲千餘人牛馬衣械無筭諸巢悉平乃行至鄖陽值歲大饑流徙載道妖民周極等訛誕胥動勢甚倡擾公且賑且捕境内以寧會新建伯王公卒吏部擬代

上以公陞兵部右侍郎兼都察院右僉都御史往代提督巡撫之任公疏辭且乞終養不允巳丑五月始莅廣時

大傳

詔下所司採珠甚急公言

陛下仁孝恭儉宜遠珍麗敦朴素不宜爲此無益以困

遠黎且言時勢所不可反覆千餘言疏入不報初王

公上思田八寨事宜欲田寧特設流官遷南丹衛於

八寨移鳳化縣於三里割賓州之上林以屬思恩縣

南寧之思龍以屬田州

詔下公詳議公言思田設流叛者數起其鑒不遠不如

已之南丹爲兩江屏蔽不宜遠徙求其可遙制八寨

還護賓州中連思恩緩急可顧援者惟當遷南丹於

三里耳鳳化徙建空名不必改置上林不可割以弱

賓州思龍可縣也宜歸南寧不可以隸田州他如吹
築思恩府城於荒田增築鎮堡於五屯皆如原議疏
下廷議皆以公久諳邊事制置得宜悉從之嶺東盜
王基僭號稱亂公計禽之事聞有白金采幣之賜又
以廣南歲侵疏救荒備賑十一事諸所擘畫瘽瘁心
力屬又聞大夫人疾憂思不寐數日疾大作疏乞歸
養
帝若曰林某素有才望近於兩廣處置得宜有疾着用
心調理不准休致已復出視事庚寅廣東西盜間發
公遣副總兵張祐剿石硯參將張經剿斷藤峽副總

兵李璋劉七都板塘叅將沈希儀劉古䧺古風上功首虜二千級復有金幣之賜廣東市舶珠池廣西鎮守故皆莅以中官公奏請悉罷置之二廣民若弛重擔以

郊祀恩贈遲菴槐庭並如公官洪贈淑人方封太淑人公乃上廣聖恩以答天地疏一曰尚書羅欽順王承裕叅金侍郎何瑭劉玉都御史姚鏌太常卿魏校通政馬理俱宜召用兩廣謫戍都御史李璋李珏給事中常泰郎中劉仕等宜宥放不報海寇黄秀山作亂公擒滅之事聞復有金幣之賜廣州會寧諸寇憑險肆

亂流毒州縣孔熾自韓襄毅以來經營靡及至是所
司請討公陳便宜以聞乃集漢達官軍及兩江土兵
分左右軍翼擊之左軍入剿那潮墩寨康梏藤峒九
逕雷坑大隆等寨右軍剿長塘平田相峒黎峒等寨
公躬往會城督戰所俘蔡四千有奇以窮來歸者日
數百人會未十旬克寨七十有四降寨亦如之儲餉
所費僅萬餘金自開府以來兵莫神於此者捷聞
帝曰俞林某總理戎務委用得人撫剿盡絕䇿勞可嘉
賞銀三十兩紵絲三表裏是役也御史始欲毋煩師
既而泄其謀公曰謀而後陣謀泄不如其已也御史

則又數上狀請如大征故事公不可詎公知廣中治盜宜鵰剿不宜大征鵰剿則賊罔知備倏忽可收成功大征曠日持久賊知先遁多濫殺良民以報塞
朝命且彌息澤非安邊至計嘗以是言于
朝非甚棘勿事大征止復秋調常例遇警剿捕事竣題知而已以是與御史議異比秋調兵集公欵舉剿御史復使使請緩師公曰是儒生反覆勇怯尚可與言兵邪弗聽卒以輕兵取速捷衆皆驚服吏部擬公兵部左侍郎及南京戶部尚書皆不果公復上六事爲會寧善後計曰任將官以便統御益戍兵以定縣治立

營堡以據險阨立巡司以謹防邏處賊田以立民屯
蠲逋負以紓困憊
制皆從之會寧民群立祠祀公時太夫人年高數病公
聞益用憂懣血疾大作乃上患病不能任事乞
恩休致以便養親疏又連疏中乞人知公之亟欲去也
西山寇秉間刼高州府藏公命參將程鑒以所部兵
進討悉禽斬之時有權貴人其家衆怙勢橫奪民產
公一切裁以法權貴人大不堪乃從中擠公乞休疏
至則有回籍聽勘之
旨廣遣二校間行蒼梧以瞷公之微卒亡所得而止公

將歸海寇許圻桂爲梗御史適行部海上輒檄巡海副使某以官兵撲之不使公知也及兵殲將没則反以此方失事投禍于公權貴人中憾之竟落公職公第以得歸侍母爲幸它無所計也晨夕省候母夫人居遊每食必躬奉盂几務取其懽逾年癸巳太夫人疾卒公哀毁逾節喪事盡禮人謂公鉅卿歸老致養送終於臣子皆無遺憾以先塋在石門之西淙築廬以居更號西淙既免喪奉

詔以原職致仕作東山樵舍與少司馬山齋鄭公過從唫嘯爲逸老會又號東山樵叟郡邑藩臬諸公希得

見其函事關倚衆及大利弊當興去者亦必以直告居鄉閭然即僕御與人無競鄉人德焉歲戊戌公仲子萬潮以進士授寧波推官公每遺書必以官箴已政爲訓潮受命惟謹時海内舊臣淪謝殆盡如公年德力厲意群紳乃庚子正月十四日卒享年僅六十六卒之日猶能作手書遺潮薄暮對所親持論亹亹至夜分浴畢無疾奄逝可謂善彌所性矣幼至孝槐庭公洎太夫人性素嚴即能敬順靡違間怒即長跽請杖伏地移日怒平命之去猶逡巡弗敢去也既白首惕惕祗畏不殊少稚時爲人剛直間究論議英發

聞者莫不興起見賢士詞人輒心慕愛之貞欵寘諸
其懷鄙汙之士掉臂去不能顧也居官簡慎人莫敢
干以私尤不肯以耳目嗜好自汩嘗曰楊伯起畏四
知矣然所知者持金郎又不能使毋持金入室廉與
公似皆非其至也在郡縣日久習知民事令每下民
翕然安樂之長於聽訟有違引詰曲不可究者數言
而析咸適其情文劄屬目雖甚久不忘吏史更莫能
爲欺諸將卒來謁者過後即能識其狀貌姓名遇事
糾錯直前負荷不瑣屑顧慮經營翕張悉中肯綮章
疏剸切明備率閉閤自治藳不以屬人曰告

君之言何可茍也居制閫一意持重節愛始至軍餉金
僅萬餘及還乃十數萬嘗語人曰匡贊廟猷勸進
君德在密勿重臣若保固疆圉休養士民為國家殖元
氣則在邊臣耳故任鎮四年未嘗侈亂稱功亦弗獲
有異典然所殲率百年逋寇民所最患苦者軍政齊
肅凡師所過地農市不聞喧征硯山時士兵有攫取
屠民肉者立斬以徇及歸林下絕口不言兵聞
朝政興廢士君子進退憂喜輒形於色蓋不以既退忘
君云晚師陽明為學不事口耳所為文典重明潤然多
不存藁惟公牘奏議十五卷藏于家

野史氏曰余嘗西遊久於蒼梧之墟迹覩百粤之故韓公遺烈震耀矣其時臺史按東西廣者承属受事罔或詭於兵計及政權凌夷功實易置訌亂用長逆岑之事可睹也省吾公持危濟變獨立匪徊再莅粤師威先鑾落其勳伐又何可勝計邪然亦與臺史持異而歸傳曰人有弗爲也而後可以有爲乃

天子貴近臣公猶勿比此奚足道哉

大父司馬公歷宦中外三十載一貞素自持及

疏養而歸也時亦處約而家政之龐縮不復與知然

文樅谷公事大父至孝文善綜理家政大父嘗曰

吾之所以得夷猶林中及爲兒曹昏娶之資者伯
兒萬仞之力也以故雖荷
恩録太學生竟不入太學大父曰奚爲不入太學父曰
兒行矣誰與大人佐朝夕者大父大悦大父筮仕
大理即忤逆瑾落職後瑾誅起廢袁郡丞歷秩至
督府所至皆有惠德去民咸思之生祠之若兩廣
疏稿總二十有四卷悉皆經國之鴻猷也嘉靖庚
申歲五弟兆誥所選校而命之梓人者二卷題曰
兩廣疏畧後以島夷之變全稿并梓俱不復存近
廉人以大父疏罷採珠建祠以祀大父遠索大父

生平之所殆獲者而紀之石兆恩雖不肖誠不忍

大父之盛美不揄揚於世世也謹仍蹟畧二卷重

命梓人繫以大傳雖不能悉大父之碩德殊勳而

觀風諸君子庶亦可以少概見矣不肖孫男兆恩

齋沐謹書時

隆慶辛未歲春正月穀日

省吾林公壙誌

公諱富字守仁別號省吾姓林氏出唐端州刺史葦

公後世居莆城東赤桂巷高祖文範公諱洪登洪武

庚辰進士官儋州同知曾祖諱潛夫祖諱彌宣貢授

清遠訓導

封順天府推官考諱垠妣方氏與叔塾同登弘治壬戌

進士授大理寺評事得　封考如其官妣　封孺人

正德初忤逆瑾

廷杖

詔獄謫潮陽縣丞尋又勅致仕銓部以公謫非罪稍遷

崇德知縣公不赴瑾誅起袁州同知陞寧波府知府
以考憂歸服闋補處州府令
上登極陞廣西右參政浙江按察使廣東右布政使調
廣西轉四川左布政使陞都察院右副都御史撫治
鄖陽尋陞兵部右侍郎兼都察院右僉都御史總督
兩廣軍務兼理巡撫時
郊祀禮成覃
恩海内得贈祖考考如其官祖妣洪氏封淑人妣加
封太淑人居三年以太淑人年高乞歸歸逾年而太淑
人歿又七年爲嘉靖庚子正月十四日公終于正寢

距生成化乙未年十月廿五日享年六十六配淑人
張氏翁氏柳氏側室彭氏子萬仭官生張出萬潮戊
戌進士寧波府推官萬載夭萬峰廪于郡先公四月
卒柳出萬殊萬言彭出女三孫男十兆金辛卯舉人
兆恩縣學生兆居兆憲兆誥兆復兆瓊兆豸兆箕兆
穀孫女七曾孫男三紱綰綍曾孫女一公營樂丘于
澗東至是啓封弗利乃更卜十八代祖元五四府君
所遺文賦里紫帽山南麓石門之原以卒之次年二
月二日奉柩窆焉墓坐亥向巳凡四竁公居右左張
淑人左之左翁淑人右之右柳淑人壽藏公剛直貞

亮歷事三

朝觸逆璫左官忠義炳蔚既落而起剔歷中外巍勳沃
澤所在著聞在寧波有生祠在處州嘗提平湖寇之
難在廣西以治行高第被旌在廣東揚厲風紀贓吏
望風解印綬去再在廣西撫思田叛彝勦平八寨經
略制置具有成績在鄖陽請粟賑饑所存活數十萬
衆在二廣矢德宣威遠邇綏靖征石硯斷藤峽七都
板塘古風大隆諸地斬獲無算蕩滅數十年劇寇邊
功甚偉屢有金帑之賜民德之立祠于會寧之間晚
以乞養歸遭娼者乘間中公而公論卒白夫公勳伐

在方州聲望在
朝野天下方屬公以無窮事業而公不可作矣其烱然
不可磨者固當上爲日星下爲河嶽與元氣長存維
玆鼇靈閟精之地尤宜有神物主焉陰拱陽峙山朝
水衛百千萬禩與天地相與無終矣
不孝男萬仞萬潮萬峯萬殊萬言等泣血謹誌

陳若霖奏摺一卷

［清］閩縣陳若霖撰

福建省圖書館藏清抄本

陳若霖奏摺一卷，清陳若霖撰。若霖（一七五九—一八三二），字宗覲，一字望坡，號雨亭，閩縣人。乾隆五十二年（一七八七）進士，選庶吉士。歷任刑部主事，四川鹽茶道，山東按察使，湖廣、四川總督，工部、刑部尚書。精於律學，以善折獄聞名嘉道間，嫻習時務，居官勤慎，所至有聲。纂有螺江陳氏家譜。事詳陳壽祺皇清誥授光禄大夫兼振威將軍刑部尚書陳公墓志銘。

是書鈔録若霖道光初奏摺凡七道，前六道呈於湖廣總督任上，末一道已轉督四川。其一，奉道光元年（一八二一）九月十五日旨，訪察衡永郴桂道彭應燕居官辦事情狀；十月十三日覆奏，陳述彭氏「稍有才具，性情尚不乖異」。其二，道光元年十一月、二年正月兩次奉旨密察湖北巡撫楊懋恬居官辦事情狀；二年三月覆奏，稱其「操守可信」、「明白老成」。其三，奉道光元年十月初八日旨，密察湖北提督閻俊烈是否勝任；十一月十八日覆奏，陳其「於提督鉅任似非所宜」。其四，奉道光二年二月初六日旨，查辦湖北殷萬虛、高方瑶二案，並訪察「荆州府李熉酣飲賭博，於一切公事置之不問」確否；三月十四日，若霖與湖北巡撫楊懋恬聯名覆奏，已將犯事者「一併解省審辦」，知府李熉則查無實據，因其「聽斷不能明敏，辦公多形竭蹷」，奏請「改用京職，以肅吏治」。其五，道光二年五月十六日，奏請「敕令（湖南提督）祝廷彪赴京，另候簡用之處」。其六，奉道光二年四月初九日旨，密察湖北按察使陸言才具如何；六月三十日覆奏，稱其「居官清謹，不避嫌怨，任事老練嚴明，民情極其愛良及戴三錫之操守才行；四月十一日覆奏，備稱「裕泰才具明敏，潔己奉公；桂良辦事勤能，持躬清謹。該二員操守均屬可信」，又稱戴三錫「居官廉正，練達有爲，實川省不可多得之才」云。宣宗即位，極重吏治整頓，於此可見一斑。而若霖治事之明斷，奉上之謹慎，亦見於字裏行間。奏摺所涉清道光間滿漢重臣之仕履考成，可資治史者稽索。

若霖出螺江陳氏，係晚清閩省望族。該抄本每葉八行，行十八至二十字不等，無框格。無序跋。行款一遵奏摺格式。未見公私目録著録，於考述若霖生平治績，亦不無裨益。（劉國宣）

臣陳若霖跪

奏為密陳事竊臣欽奉

諭旨諭湖廣總督陳若霖朕聞衡永郴桂道彭應燕
乖張成性恣意奢華妓妾甚多每日侍童環列暢
飲酣歌自晝至夜以致公事廢弛聲名惡劣且於
各屬餽送節規壽禮挑斥平色行同市儈並於屢
署臬司糧道鹽道時由衡陽來省攜妾數人令衡
陽清泉供應大船数隻卸事後由省回任又令長

沙善化供應大車排船数隻沿途需索稍不如意呵斥立加似此貪劣不職之員如何列入卓異之中汝到任不久雖不能深悉其人若毫無見聞其誰信之此等劣員不即叅辦即屬姑息其可因倖深又善於迎合濫登薦牘督撫辦公如此一省之吏治可知矣汝係朕特用之人總宜矢公矢慎視國事如家事斷不可畏首畏尾懼招嫌怨一味姑容則是大負任用之恩諒汝亦不至如此檮昧可

将彭應燕平日居官辦事實在情形秉公訪察明
白迴奏勿代他人任咎也其慎之欽此臣跪聆之
下惶悚實深臣仰蒙
聖恩擢授湖廣總督於本年四月二十六日到任即
留心察訪湖北湖南大小各官賢否實迹已将
兩省衰庸不職各員劾叅在案至衡永郴桂道
彭應燕在任十有餘年歷署臬司印務經前任撫
臣廣厚臣哈布於嘉慶十六十九二十二等年

三次

大計卓異保薦雖無政績循聲亦未聞有貪黷縱
恣劣蹟臣因查閲宜昌一帶營伍復回省兼署
撫篆不克即赴湖南致未深悉其人茲蒙
聖明指示飭令秉公訪察明白迴奏自須逐一推求
得有確據嚴參辦理不可稍事草率臣一面向
曾任湖南官員密為訪詢並思藩司錢臻甫經
到任撫臣左輔並非保舉該道之人均無所用

其迴護復分别密札查詢茲據左輔錢臻先後
覆稱彭應燕稍有才具性情尚不乖異其在道
任多年及歷次署理臬篆公事亦無貽悮並無
貪婪劣蹟傳諸輿論至得受屬員節壽規禮挑
斥平色業經逐細查訪委無實據可指該道素
不飲酒署中有妾二人年俱四十餘歲生有子
女服役家人十三四名皆年在三四十歲以上
實無妓妾歌童每日環列及晝夜暢飲酣歌之

事惟該道衣服華麗未能節儉屢署臬司到任
三日之內收受首縣供饋酒席其由衡陽赴省
及卸事回任攜妾同行兼多僕從俱係首縣伺
備船隻該道未發水脚屬實此外別無向沿途
州縣需索規禮情事等語與 臣在鄂所訪相同
臣復思該道彭應燕果無性耽聲色恣意奢華
貪黷乖張之事何以有此惡劣聲名上達
宸聰 臣若稍存懼招嫌怨之見不再矢公矢慎透徹

跟求致負
皇上任用之恩獲咎益加深重是以又復加委明幹
文員前往查訪隨據回鄂面稟一切情由俱與
湖南撫藩所言無異查該道雖無貪婪縱恣實
迹而性喜逢迎收受屬吏供應船隻即屬居官
不謹有干
功令自應即予鐫革以飭官常除另摺
奏請革職外理合將遵

旨訪察情形據實附片密
奏謹將
諭旨硃封呈繳伏乞
聖鑒謹
奏
道光元年九月十五日奉到十月十三日覆奏

臣陳若霖跪

奏為遵

旨密陳事竊臣上年十一月二十日欽奉

硃封

諭旨新擢湖北巡撫楊懋恬朕原不識其人訪問官

聲尚無劣跡是以擢用伊於十月底到京朕連日

名見看其動靜尚屬平妥察其才具似不勝封疆

重任因一時乏人更換令其赴任矣汝近在同城

可隨時密行察看其居官辦事何如嗣後據實密
奏毋稍廻護用副朕虛衷擇賢慎重地方之至意
密之慎之欽此嗣楊懋恬於十二月初八日到任
臣本年正月十五日又奉
硃封
諭旨朕看楊懋恬人尚拘謹才具未免不能開展其
在藩司任内操守尚可資格亦深是以特加擢用
到任後汝可留心察看操守辦事何如隨時密奏

朕用人行政惟知公誠二字汝勿徇隱以副朕察
吏安民慎重地方之意慎之欽此臣遵查撫臣楊
懋恬蒞任已及三月操守可信時常與之晤談
察吏安民各要政人尚明白老成遇事和衷商
榷辦理地方政務均能迅速無悮雖屬初任人
地稍覺生踈漸加歷練才具似不甚平庸嗣後
再加密察倘守不能始終如一才不足以勝重
任臣當隨時密奏斷不敢稍有迴護瞻徇致負

聖主諄諄誥誡之至意所有撫臣楊懋恬到任後居
官辦事情形謹先行附片密
奏並恭繳
硃諭二分伏乞
皇上聖鑒謹
奏
道光元年十一月二十年正月兩次奉到二年三
月覆奏

臣陳若霖跪

奏為密陳事竊臣於十月初八日摺弁回楚欽奉
硃封
諭旨朕聞湖北提督閆俊烈性情粗鄙辦事鹵莽從前帶兵打仗是其所長提督全省恐難勝任汝可密行查看據實覆奏不必匆忙欽此臣仰荷
天恩補授湖廣總督自四月到任後即查知閆俊烈前在軍營打仗最為奮勇提督任内操防亦能

認真惟未深悉其人嗣 臣於秋間前赴荆宜一帶查閱營伍路過安陸府地方值閆俊烈由襄陽巡查營汛至彼相遇 臣與晤談數刻見其性氣雖屬粗鹵詢以營制尚能明晰兹 臣復細加察訪襄陽界連河南唐鄧地方兵民素稱強悍鎮撫非易閆俊烈性情粗直技勇有餘責以撫馭管轄非其所長每遇兵民交涉事件輕聽營弁之言辦理未能妥協輿情不甚帖服於提督

鉅任似非所宜理合據實密片覆
奏謹將所奉
硃諭附繳伏乞
皇上聖鑒謹
奏
道光元年十月初八日奉到十一月十八日覆
奏

臣陳若霖
臣楊懋恬跪

奏為密陳事竊臣等欽奉道光二年二月初六日

硃諭湖廣總督陳若霖湖北巡撫楊懋恬按察使陸

言朕聞黃岡縣有盜首殷萬虛殷世禄二匪黨夥衆多行蹤詭秘為各處盜賊逋逃之藪居民畏葸遷移府縣亦不敢過問再荆州府為水陸通衢商賈輻輳近来城鄉水泊亦常有搶刼及殺傷事主之案緣該處有積年窩家高方瑤者居住江陵縣

岑河口地方現充荆州府衙門掛名白役凡羣盜
搶刼贓物均先寄頓其家聽其擇取然後羣盜始
行分用甚至奉文緝拏要犯捕役等必先商之該
犯其獻出與否惟該犯是聽且外來及本處無業
棍徒均藉該犯周給是以樂為之用該荆州府李
焆酣飲賭博於一切公事置之不問内則委之幕
友長隨外則聽之書役佐雜委員乃於高方瑤窩
盜並充當衙役之事漫無覺察朕所聞若是特諭

爾督撫臬司等知之必應慎之又慎密之又密即
速訪察一有端倪即著遴派妥幹人員密行前往
查拏一面將知府李熉摘印解省據實叅奏汝皆
係朕簡任大員如能實力查辦不稍隱諱朕再不
加以失察之咎若不實心辦理苟且了事或恐招
嫌怨或化大為小嗣後經朕訪得確實試問汝等
能任其咎乎其慎勉之欽此仰見
皇上靖匪安民整飭官方至意臣等跪讀之下感悚

交深莫名欽佩維時臬司陸言尚未到任臣等
隨飭委因公在省之鄖陽府通判蔣尊典並試
用知縣周鳴鑾分赴黄岡江陵二縣不動聲色
密訪實情一經得有端倪即知會各地方官拏
解去後旋據委員蔣尊典禀稱密赴黄岡縣訪
得殷萬虚即殷萬書住居八角寨地方聚族而
居不及一百户該犯前因行竊並空瞎族人殷
文獻雙目犯案問擬流罪僉發山西安置在配

逃回窩留匪類藉稱代附近鄉村看守田地谷

麥勒索居民酬謝如不遂欲即令夥匪肆竊殷

世禄即殷名禄同悪相濟上年曾經府縣差拏

未獲該委員當即會同黄州府黄岡縣將殷萬

虚設法拏獲殷世禄聞信潛逃在趙家潭山後

自縊身死經黄岡縣帶同親屬驗明屬實又據

委員周鳴鑾禀稱馳赴江陵縣查得岑河口地

方係水陸交通之地有南北二街人烟稠密高

方瑶住居街市之中其子現開粮食行生理家有祖遺田產二十九畝密詢該地居民保鄰人等均稱其祖父當日家產尚不止此因該犯從前遊蕩致多浪費至於窩盜一層並未耳聞目見隨知會荊宜施道江陵縣前往拏獲查驗該犯高方瑶有六十餘歲久患半身不遂病症不能跪立其父高良褱原充荊宜施道差役嘉慶八年身故高方瑶接充後旋因黜卯不到革並

非荆州府掛名白役細查荆州府外簿實無其
名訊其平日如何窩留盜賊刼竊交結匪類各
情總無確供現在由縣出示召告各等情臣等
查殷萬虛即殷萬書既係犯竊逃流訪有窩竊
惡跡必得究出夥黨悉數拏獲審明有無刼掠
巨案按律問擬至高方瑶一犯雖據該處居民
保鄰人等均稱不知伊有窩盜之事並查非荆
府
州掛名白役但該犯既係遊蕩浪費不務正業

自非善類其有無包匪殃民把持捕務必須逐
細查究未便輕縱現飭司殷萬盧一併解省審
辦至荆州府知府李熉 臣陳若霖於上年四月
内到任後旋赴荆州宜昌一帶查閲營伍接見
其人心地尚為明白人亦安詳 臣楊懋恬於上
年十二月間抵楚亦曾見面平日留心訪察俱
未聞該府酗飲賭博其将公事諉諸幕友長随
書役委員細查亦無確據惟該府才識中平聽

斷不能明敏辦公多形竭蹶現經臣等另行恭
摺具
奏請
旨改用京職以肅吏治至殷萬虛高方瑤二案一經
究出窩匪窮刦情節尚須提拏夥黨飭查事主
報案不能尅期完結臣陳若霖因湖南全省營
伍係嘉慶二十五年前督臣慶保任内欽奉
諭旨派閱已有兩年之久如俟兩案辦竣誠恐時交夏

汛即須防護荆州萬城大堤並驗收各屬修築
堤塍不克分身巡閲益致遲悞是以未敢拘泥
即於本月十五日起程前赴湖南閲視各營官
兵其殷萬盧等案刻下臬司陸言業經到任臣
等謹將
諭旨給令跪閲即由臣楊懋恬率同該司細心研審
總期速得真情無稍縱漏臣陳若霖一俟查閲
營伍完竣即赶回武昌省城會督訊辦斷不敢

稍存化大為小之見苟且了事致負
聖恩謹將遵
旨查辦大概情形先行密片覆
奏所有恭奉
硃諭俟結案時隨摺恭繳伏祈
皇上聖鑒謹
奏
道光二年二月初六日奉到三月十四日附片

密奏

臣陳若霖跪

奏為密陳事竊臣自上年四月內到任後因聞湖南提督祝廷彪鈐束官兵不嚴所屬營員與文職不相和協茲臣前赴湖南校閱營伍復細心諮訪祝廷彪才識不甚精明遇有兵民交涉事件每多輕聽兵言意存迴護其營屬官弁優劣亦未能留心體察即如上年提標兵丁王汶元等逞兇揪辱知縣之案由於營將袒護兵丁幾

致地方文武不和現在常德協把總安金玉誣
告都司台禄濫刑拷訊兵丁之事是本營將弁
又不和睦祝廷彪俱不能詳查得實以致辦理
錯誤查提督為一省專閫大員必得馭下嚴明
官兵有所凛畏文武共相輯睦始克整飭戎政
以靖地方祝廷彪前在軍營歷著勞績打仗是
其所長惟總理營務撫馭兵民未能經理得宜
似不勝提督之任湖南地處苗疆營汛較多竊

恐難資控制臣身任總督有統轄營伍之責未

敢稍事容隱謹據實密陳應否

勅令祝廷彪赴京另候

簡用之處伏祈

皇上聖鑒謹

奏

道光二年五月十六日奏

臣陳若霖跪
奏為遵
旨密陳事竊臣前在湖南查閱營伍四月初九日途
次接到差弁賫回
硃封批摺欽奉
硃諭朕看陸言人甚可用嗣後居官辦事何如隨時
據實密奏等因欽此臣查陸言前任福建漳州府
知府嚴正率屬吏畏民懷地方日有起色維時

臣在浙江巡撫任内每遇同鄉士民過浙者無
不衆口交推嗣陸言由山東道員
擢授湖北按察使於三月初間到楚臣接見數日即
前赴湖南巡閲營伍隨將欽奉
諭旨拏獲殷萬書高方瑶一案令其隨同撫臣細心
辦理迨臣五月初一日回省陸言查辦此案認
真質訊無枉無縱並密查其到任四月之久居
官清謹不避嫌怨任事老練嚴明民情極其愛

戴該員現已蒙
恩陞授山東布政使臣就所聞所見陸言洵為實心
實政廉能可靠之員謹附片密陳恭繳
硃諭伏乞
皇上聖鑒謹
奏
道光二年四月初九日奉到六月三十日覆奏

臣陳若霖跪

奏爲遵

旨密陳事本年三月二十五日臣摺弁賫回

硃封批摺欽奉

硃諭裕泰桂良人頗去得但伊二人操守何如朕未深悉汝可隨時試看訪察如果可信隨便據實奏

聞不可因現已陞用稍存將就之見再戴三錫來

京面見朕看其人甚覺可靠若能才守兼優始終

如一即行具奏可也欽此竊查裕泰桂良臣舊冬調任抵川始識其人兹逾四月之久近在同城時加察訪裕泰才具明敏潔已奉公桂良辦事勤能持躬清謹該二員操守均屬可信嗣後倘有稍易前操臣即隨時據實密陳斷不敢因其已經陞擢稍存將就致負

聖主慎重用人之至意至戴三錫仕蜀已逾二十餘年臣歷任四川鹽道藩臬時即已深悉其居官

廉正練達有為實川省不可多得之才該員現
由牧令洊陞藩司其才愈練其守愈堅可信其
歷久不渝謹附片密
奏恭繳
硃諭伏乞
皇上聖鑒謹
奏
道光三年三月二十五日奉到四月十一日覆奏

八閩文庫

福建文獻集成

續編 史部 一七

吴格 主编

八閩文庫
文獻集成
257

福建人民出版社
海峽出版發行集團
THE STRAITS PUBLISHING & DISTRIBUTING GROUP

本册目次

萬培因奏稿不分卷

[清]崇安萬培因撰

福建省圖書館藏清抄本

萬培因奏稿不分卷，清萬培因撰。培因（一八三六—一九〇〇），字蓮初，崇安人。咸豐九年（一八五九）進士。歷任禮部主客司主事、山西道監察御史、吏科給事中、直隸天津道、直隸永定河道、長蘆鹽運使。光緒二十五年（一八九九）任四川按察使，轉布政使，尋卒。

此書分上、下二册，收録培因於光緒七年（一八八一）至十年、十五年、二十五年所上奏稿、奏片，計奏摺二十六件、附片三十餘件，並録清帝諭旨等文字，後附邸報、履歷片及引見摺等，世多未見。

奏稿中以中法馬江海戰前後所上奏議最具價值。蓋培因籍隸閩省，雖時任京中科道官，於桑梓海防特爲留心，自光緒九年十二月起連上數疏，陳奏福建輪船可進之口惟臺灣、福州、厦門三處，建議因地制防務之策，使會辦福建海疆事宜大臣張佩綸駐軍厦門，與臺灣劉銘傳軍互爲犄角。又奏法艦已駛入馬尾港内，夷情叵測，不可不防，並詳陳福州海口位置之緊要、兵備之不足，强調馬尾之船政局決不可棄，「棄船政即棄福州，棄福州則不特厦門、臺灣勢成孤立，情形岌岌，即濱海各省亦不能片刻安枕」。馬江戰敗後，極劾張佩綸怯戰、何如璋逃竄，並數陳加强臺灣海防、興辦民團及撫恤遇難將士等。於戰中南北洋水師、鄰省廣東之推諉觀望，則語多不忿。又記戰前戰後閩省防務情形及國内外局勢，頗爲翔實。

其餘奏疏，有彈劾不法官員者，其中不乏光緒間重臣，如劾湖廣總督涂宗瀛擅添兵勇，並及湖北兵變時涂氏昏庸怯懦，即彭玉麟爲之彌縫，亦不能掩其才短不知兵也；有關涉學政者，如諫言改革科舉及人才選拔途徑、培養洋務人才等；有淳風化俗者，如處置鄉民械鬥、旌表節烈等。既涉邊防、吏治，又兼及民情風俗，皆可補史乘之闕。（項　旋）

萬培因奏稿

上

奏為考試官學漢教習日久弊生擬請查照成案
於鄉會試薦卷內挑取以昭覈實恭摺仰祈
聖鑒事竊維京師八旗子弟各設官學選取舉貢分
培養人材兼資教育非為舉貢多
風聞近科考試教習有數卷字

[illegible]者有覆试文字間与首場不
形難保無鎗冒頂替諸弊且傳補
到学半係倩人充當官学院視為具文課程亦
日形弛廢積習相沿殊屬不成事體推原其故
向来例定考期在正科
殿試後舉行是以各省士子皆得及時應試至近

科禮部承辦
殿試事竣後接辦優貢
朝考間逢戊年兼辦拔貢
朝考定例拔貢考試二次優貢考試一次試畢引
所以考試衣冒一項其勢不得不
居第各省舉人前考衣冒遙無

定期寒士旅食維艱以故留京者少迨禮部出
示招考每以人數不敷疊展限期其正途貢生
一項非值鄉試之年尤患人數稀少間或臨期
推廣將各項貢監生一體收考否則人數愈少
選取愈難各學額數有定在考官不能不照額
取中致滋弊混有名無實若不設法變通力圖

整頓將來流弊日甚未知伊于胡底嗣查嘉慶十七年給事中甘家斌奏請照謄錄之例於鄉會試薦卷內挑取孰習當經禮部覈准詳定章程在案行之今日尤屬因時制宜擬請
旨飭下禮部查照嘉慶十七年所定章程復於鄉會試薦卷內挑取孰習以杜弊端而收實效用副

朝廷設學興賢至意臣愚昧之見是否有當伏乞

皇太后

皇上聖鑒謹

奏

光緒七年正月　　廿八　　日

再孝婦王劉氏係福建侯官縣監生劉江源之女封職王春霖之妻生有至性年十六于歸事舅姑以孝聞姑林氏於道光二十二年八月感疾氏晝夜侍奉衣不解帶者累月姑病重不省人事醫藥罔效氏焚香泣禱於神請減己算以延姑壽割臂肉和藥以進姑病旋愈嘗割臂時

祕不令人知久之因衣有血迹家人始得其實
氏辛於咸豐六年年六十四歲又貞女方氏係
福建甌寧縣拔貢生方應圖之女幼字同邑舉
人葉石蓀之子葉玉森為室咸豐六年玉森未
婚病故時氏年十八歲聞信哭泣矢志不貳越
年餘聞母黨內眷有談及求婚者變色而起闔

户悲嘑該氏父兄知其志不可奪慰之曰俟汝
夫弟生男繼嗣汝往撫孤可乎氏聞言止哭跂
容叩頭迨同治五年繼嗣廷鈞三歲氏翁華召
蓀迺徧告族黨迎氏以歸計在母家守節十一
年在夫家撫孤十六年現年四十三歲查割臂
療親及未婚守節二事歷蒙

慈之旨

恩准旌表今孝婦王劉氏貞女葉方氏實係孝義兼

全貞節可風臣誼關桑梓聞見既確不忍聽其

湮沒可否懇

恩給與旌表以維風化而闡幽芳謹附片陳請伏乞

聖鑒謹

奏

前摺一件附片一件於光緒七年正月二十八
日具奏本日內閣抄出奉
上諭御史萬培因奏考試官學漢敎習日久弊生請
查照成案於鄉會試薦卷內挑取一摺著禮部議
奏欽此又同日軍機大臣面奉
諭旨御史萬培因奏請將孝婦貞女給與旌表等語
恣文脅

王劉氏葉方氏均著准其旌表該部知道欽此由軍機處交抄

奏為學政考試草率請

飭部明定章程恭摺仰祈

聖鑒事竊維庠序之設以育英才學政之權專司衡

鑒識以今日拔取之髦士即預儲他年公輔之

良材論秀三升始於學校非可苟簡從事也臣

籍隸福建風聞本省學政宗室崑岡涖任以来
巡試日少閒曠日多雖各郡試事無誤而按臨
所至急就蕆事辦理殊形草率查福建省除臺
灣臺北兩府向歸巡道考試外實屬九府二州
歲科兩試三年之久認真考校歲月甚寬從未
聞按臨一郡十數日則歲試可竣六七日而科

試還畢如該學政之急促乃爾也即如建甯府
屬七縣八學文武生員實繁有徒童生應試者
文武幾五千人該學政於前年九月初三日按
臨建郡初四日開考十六日考竣其文試每以
生童合作一場今日考試明日揭曉校閱匆忙
棄取鮮當考試步射武童每以四人排列並射

有一矢未中而倖邀錄取三發三中而反遭棄置較射紛亂棄取顛倒士論譁然本屆科試含糊尤甚該學政於今年二月十八日按臨十九日開考廿四日考竣於覆試生童試卷尚未發齋業已出榜揭曉是名次之高下不必憑文之優劣覆試一場幾同虛設其一等生員正場試

卷均於覆試日黄交本直润色改謄士類怪愕
以爲創見一郡如是他郡可知近閲邸抄該學
政奏報於去歲十一月初八日出省科試首考
興化府次及永春州泉州府漳州府龍巖州汀
州府邵武府建甯府延平府九郡試竣於本年
三月初四日旋省等語統共不及四月按計巡

懿文齋

歷各郡程途均須兩月有餘是在各郡考試僅止五十餘日耳夫學臣視試事爲具文則真才無從表見且恐隨官丁役因之朋比弊竇叢生此必然之勢也并聞該學政所過郡邑導從鋪設事事講求而於生童試卷多不過目一任幕友評定曠職殊多若不明定章程誠恐相沿苟

簡有負
聖朝作育人才至意可否請
旨嚴行申飭以懲既往而儆將來並請
飭部酌議通行各省學政考試章程限定每場人衆
至三百卷以上者概不准於次日即行揭曉務
今詳加校閱毋许急遽任情至童生兩項除考

試詩賦經解仍照例生童合場分別東西生號
辦理外其餘各項考試人數較多者概不准生
童合併場以防弊混其歲科考前列生員例
應原卷解部不得換卷求工亟宜申明定例以
杜欺飾臣爲慎重考試起見是否有當伏乞
皇太后

皇上聖鑒謹

奏

懋文齋

光緒八年七月　初七　日

再臣風聞福建長汀縣署內有私設班館名曰暫押凡詞訟輕罪及干連人證未能速爲審理輒行交差暫押其差役多至數十人百般勒索儻不遂其所求輒用私刑淩虐且差役數日一換班前之得賄以去後之索賄又來故彼處民間有甘作獄囚毋見班頭監獄猶可班館殺我

之謠竊維州縣私設班館牢干例禁差役橫暴
至於此極豈歷任知縣力難約束邪抑有礙難
禁革者在耳蓋長汀為汀州府首縣該府該縣
兩衙署每歲架造涼棚及一切器用等費所需
皆繫悉由差役供給相習已久官取之役役取
之民遂敢肆行無忌一縣如此恐他縣亦在所

不免可否請

旨飭下該督撫嚴飭該府縣迅裁差役供給之費禁絕踵蹕訛索之端並查明名府州縣如有似此情事一併嚴行禁革以副

朝廷欽恤庶獄至意謹附片具陳伏乞

聖鑒謹

奏

再臣風聞福建建甯鎮標中軍守備關旗新駐紮浦城縣城敢於衙署開場賭博經年累月新有通天注名目不限賭注之多寡凡邑中惡劣紳衿無賴子弟皆得先交銀錢領牌入賭遂致浦邑賭風日熾城鄉內外寶攤花會等局不下數十百處該守備徵收陋規每局日交洋銀二

三四圓不等统约計每日可得洋銀二三四百圓知
縣文溥知情徇隱並不查禁亦不揭叅以致該
守備肆行無忌玩法營私貽害閭閻實非淺鮮
可否請
旨飭下該督撫查明該守備關旗新前項劣蹟嚴叅
懲辦以儆官邪責成知縣文溥迅將該縣城鄉

各處賭局一併嚴行禁止以靖地方是否有當

謹附片具陳伏乞

聖鑒謹

奏

奏為四川鹽務官運局截留帑本數目過鉅請

飭部議減並照案定限清還以昭核實而裕度支恭

摺仰祈

聖鑒事竊臣近閱邸抄四川督臣丁寶楨奏為黔滇

官運局帑本還清請將丁戊己庚四綱徵收稅

羨截釐各正款支存銀一百八十九萬四千七
百七十七兩九錢零永遠存留局中作爲運本
等語伏思四川鹽務改設官運原期整頓鹺綱
增益課餉創辦以來徵收既諳所有每年贏餘
銀兩即應妥爲存儲聽候撥用豈容以四綱支
存正款至一百八十九萬四千餘兩之多永遠

杉伍一號

留局致

國家應入巨款幾同畫餅殊非核實之道復查該

省官運初辦黔岸借撥運本不過五十萬三千

兩接辦滇岸截留運本亦止六十四萬九千餘

兩統計百十餘萬已足以敷購運今所請存留

之款近百九十萬爲數實太懸殊大凡事難於

創而易於繼歷辦五六年之久諸應駕輕就熟不宜驟增帑本致啟日久虧挪之漸況前兩次借撥截留款項俱已遵依年限提款歸還順理成章不聞支絀今請永遠存留巨款殊覺前後兩歧難保非隱有侵虧故為此不得已之請以彌其缺即使該省悉心經理而委員之蒙蔽影

財恐亦在所不免可否請
旨飭部核議酌減截留幫存數目並查照前案酌定
年限提款清還庶於驛務庫儲均有裨益臣愚
昧之見是否有當伏乞
皇太后
皇上聖鑒謹

奏

光緒八年九月三十日

十月初二日奏

上諭御史萬培因奏四川鹽務官運局截留帑本過鉅請飭部議減並照案定限清還一摺著戶部議奏欽此

再福建興化府莆田縣屬之平海地方外通臺

灣澎湖內控湄州忠門為興轄沿海要區地廣

民蠻全賴有司彈壓巡防不容稍懈乃臣風聞

平海縣丞秦錐榕自補授是缺以來積年不赴

任而寓居府城勾通府幕孫棣遺姪結拜師生

招搖撞騙朋比為奸該縣丞謀充委員每日必

松竹齋

入府署代審案件与傳供之府書余廉串通圖
詐每遇一案動借公事爲題科派銀錢名爲罰
款抑勒了結否則酷囚非刑株連拖累民怨沸
騰至於平海公事概置不問該處距府城八九
十里海邊居民見官長終年不到衙署又不能
遠行告狀遂致日尋械鬥搶擄焚殺盜賊漸多

命案疊出前年間曾經該處紳耆赴省僉呈請

撫防僱履任該物亟仍復遷延不赴似此擅離

職守藉委營私貽悮地方關係甚大可否請

旨飭下該（替）撫嚴行查辦撤任參處以懲曠職而儆官

邪是否有當伏乞

聖鑒謹

公竹齋

奏

[illegible]

再貞婦葉陳氏係福建建安縣監生陳清澔之女幼歸同邑葉氏子名朝烈為童養媳道光二十二年朝烈未婚病故時陳氏年十三歲拊膺悲绝幾不欲生繼念翁姑失養失志守貞忍苦食貧織紉織屨以佐甘旨所居乃村鎮雖蓬牖繩樞足跡未嘗出閾遠鄉近鄰無不同聲贊歎

公子齋

咸豐九年撫擇族子顯貴爲夫立嗣授室生孫
光緒元年四年翁姑相繼病歿均能哀戚盡禮
生養死葬有始有終該貞婦現年五十三歲計
守貞四十一年查貞節婦女例得仰邀
旌表今貞婦葉陳氏生自僻隅動明大義堅貞自矢
歷久不渝洵屬孝義兼全節行可嘉臣謹閱奏

梓閭見既確不忍聽其湮沒可否能

恩給予旌表以彰風化而式閭閻謹附片陳請伏乞

聖鑒謹

奏

光緒八年九月三十日附片具奏十月初二日

軍機大臣面奉

松竹齋

諭旨御史萬培因奏請旌表貞節等語葉陳氏着准

其旌表禮部知道欽此

掌山西道監察御史臣萬培因跪

奏為職官倚勢招搖據實糾參恭摺仰祈

聖鑒事恭閱邸抄本月初二日內閣奉

上諭給事中鄧承脩奏巡視東城御史載彩聲名惡

劣毋以城差必致貽誤地方請飭查參等語着都

察院堂官確切查明據實具奏欽此仰見

公忄 [illegible]

朝廷澄敘官方之至意竊臣前任東域與載彩共
事不及三月因其聲名惡劣加意訪察雖於應辯
公事件尚無違礙掣肘情形惟聞都察院候補都事楊
希祖向在載彩門下以三百金拜認師生招搖
嚇詐遇事生風并有出入司坊衙門為載彩宣
傳事件臣細詢司坊官等據稱十一月中旬

楊希祖親詣詞外坊署中面述載彩諭傳赴宅有

面交事件並稱有欲揭參司坊之語意在挾制

招搖證以平日所聞足知楊希祖實與載彩狼

狽為奸情節顯然臣正擬繕摺糾劾適奉

諭旨查辦相應據實揭參請

旨飭下都察院堂官將候補都事楊希祖一併嚴行

查辦是否有當伏乞

皇太后

皇上聖鑒謹

奏

光緒八年十二月　初六　日

杉竹嶠

再臣前任巡視東城查知正指揮鍾子明有侵
蝕練勇局口糧經費情事經臣疊次申飭令將
每月支銷細數清冊呈城察覈該指揮任意遷
延至十一月間始將清冊呈閱查冊開銀兩換
錢一項竟與市價懸殊計每月換錢合銀一百
四十餘兩冒銷京錢三百餘千遂致局中經費

公行

虧絀雖經臣批駁另覈造報適屆巡城一年期

滿該指揮有心延玩迄無回覆相應請

旨將東城正指揮（鍾子明）交部照例議處並請

飭下東城御史將該指揮前項（冊）冒銷款項勒限追繳

另造清冊存案庶於局務稍有裨益理合附片

具陳伏乞

聖鑒謹

奏

松竹齋

奏爲督臣專擅添募勇營飾辭覆奏請
旨仍飭遣散以杜欺朦而節糜費恭摺仰祈
聖鑒事竊臣近閱邸抄湖廣督臣涂宗瀛奏稱新募
南字等營勇丁業已成軍足額地方緊要驟難遣
散等語查閩浙督撫兩標向設額兵三千合々

縣字二營武毅二營升字三營暨漢陽向設營
兵約共七千餘人分駐城內外塘角漢口等處
相距不過十里之遙兵力不爲不厚勇丁不爲
不多設之未有軍興以前不啻加倍蓰矣
諭旨飭令毋庸添募勇營自爲節省餉需起見且承
平無事亦不值如此張皇乃該督輒以地方緊

要驟難遣散爲辭欺飾
聖聽殊不可解查光緒六年此次忠義武毅兩軍調
赴直隸山海關駐防業經三年有餘果如該督
所稱本省實形空虛何以李瀚章在任時並不
添募一勇撫臣彭祖賢蒞任日久上年又署督
篆數月於地方情形甚爲熟悉若真兵力單薄

何不於忠義營將撤之時汰弱留强請

旨送部耶又該督來稱督撫兩標官兵各有例應歸

理事件等語查標營官兵祇應督令按期操防

不得另當別差如上年該督撫湘時虐役兵丁

巡更看柵以致兵心不服畧衆滋鬧幾釀巨變

今據該督所稱未知其例應歸理在案屬何等

事件又該督先稱甄審審度因时制宜乘敵故
事靡費等語夫以鄂省兵勇七千之衆如果該
督善為駕馭何難悉成勁旅今該督藉口業已
成軍豈七千人皆不足恃而新募之一千五百
人獨足恃乎以臣觀之該督畏葸性成不過因
上年兵變並受其侮特募勇以敵兵便於自衛

原設防軍自度威令又不能制不若親自召募
者呼應較靈一味營私是直故事靡費耳不知
其因時制宜者何在也再查左宗棠辦理海防
東清添設六營事
旨交部議處是左宗棠尚不敢擅專今聞該督於上
年十月招勇並未先行入奏輒於兩淮軍械大

臣字寄之後託詞覆陈藉護前非其為意存欺

罔料難逃

聖明洞鑒且聞現募南寧武毅等營每營不過二百

餘人該督無非调劑宋甸南等為上下分肥之

計若竟聽其所請必至毫無儆畏他省亦必紛

紛效尤擬請

飭下該督仍遵前章

諭另將新募南字武毅等營全行裁撤以免虛糜每

查湖廣督臣向無護衛勇丁前因該省屢次失

守經官文設立小隊二哨藉資防禦現在鄂省

安堵如常自不得與南北海防重臣相埒應請

飭令一併撤散至直隸所調湖北武毅四營額不及

半并屬市井無賴之徒現在中外相安天津防
軍甚多容請
飭下署北洋大臣張樹聲酌量裁撤（悉數遣散）庶餉需可節而
該督專擅欺朦之私無所施矣臣愚昧之見是
否有當伏乞
皇太后

皇上聖鑒謹

奏

光緒九年三月　十九　日

再臣聞涂宗瀛本屬庸才又無清望初任豫撫時外間即不免物議迨調任湘鄂疊被糾彈彭玉麟兩次查覆雖為諉卸極力彌縫而其才識之短長事理之是非自有公論不容泯也即如指內所稱一則曰尚以為長江上將非得威望知兵者頗難勝此重任再則曰兵事是其所短

知人未能盡明察吏治軍何一非督臣專責深

宗瀛識闇才絀無威望而又不知兵其不能勝

此重任也明矣乃

聖恩高厚未即黜休不數月間而適值

東陵之案桂昂以昏庸畏葸奉

旨嚴議革職因恩尚比兵變涂宗瀛始則偏袒以徼

成其怒遏則恇怯而甘爲所侮跡其昏庸畏葸
殆無異於桂昂且鳳昌程春藻蔡炳榮各員俱
降革有差而庇縱僨事之督臣竟安然如故號
朝廷處置別有權衡而同罪異罰之疑實難解免
於悠悠之口也況河南胡燏棻一案涂宗瀛亦
曾照擬具題倘非調任湖南未必不能終迴護

李鶴年梅啟照代人受過尚干嚴譴而涂宗瀛
部議降調復荷
加恩似亦難以折服眾心嚴儆有位臣與涂宗瀛素
未識面亦無怨嫌徒以疆務匪輕紀綱所繫不
敢緘默披瀝直陳其應如何懲處之處出自
聖裁為此附片陳明伏乞

聖鑒謹
奏

松竹齋

署户科掌印給事中掌山西道監察御史臣萬培因跪

奏為疏通六部正途人員以重部務而作人才恭

摺仰祈

聖鑒事竊臣於光緒八年十一月二十八日恭讀

上諭為治之道首在任用得人際茲時事多艱需才

孔亟允宜博訪周諮以備擢用內而部院大臣外

而督撫大員各有以人事君之義平時見聞所及
如有器識閎遠才守兼優之員素所深悉者著各
舉所知出具切實考語秉公保薦等因欽此仰見

皇太后
皇上振拔人才至意臣維振拔人才當先以培植京

列

職為本京職者造士之權輿而鍊才之鑪鞴也
夫督撫躋自藩臬藩臬儲於道府綜其大數由
州縣而擢升者十之二三由截取京察而
簡放者十之六七除科道翰林外皆取資於六部
聖成法典甚盛也溯自軍興以來捐例廣而冗員多
冗員多而保舉濫六部之中額缺有數所有正

途人員自進士簽分以及庶吉士改用小京官升用類必十餘年始得一缺由是而員外而郎中而截取而京察又必十餘年焉求之於志盛氣鋭之時用之於老至耄及之後精力就衰英華消沮而欲責之以典守一郡觀察數州其不爲尸居素位者蓋無幾矣又况安流平進敘補

無期樸拙者或廢棄以終身稍有才幹者必鑽
營以求試所關於人才消長之道尤非淺鮮昔
日部員少而人才多今日部員多而人才少其
明徵也然而疏通正途之說言官屢疏之而吏
部屢駁之大抵局於成見動謂言官建議窒礙
難行部中有例有章久經遵辦驟議裁改將無

以示天下夫煌煌
掄才之典
特旨分授之職乃至淹滯困頓使懷才待用者視郎
署為畏途顧足以示天下乎　臣故願操進退人
才之柄者為
朝廷一籌之也要之專疏保薦破格錄用者所以

求特出之英才酌改舊章疏通正途者所以勵
羣才之彙進謹就管見所及為我
皇太后
皇上敬陳之
一前奉
諭旨停捐仰見
朝廷疏瀹正途之至意此後捐納候補候選人員

有減無增非若正途人員陸續到部惟未將補
缺班次稍為變通是捐班之日見其少者因停
捐而得缺反易正途之日見其多者雖停捐而
補缺仍難殊非
特旨停捐之意也查定章各部郎中員外選缺係三
缺一輪一留補二留題三咨選前經言官條奏

請改為四缺一輪一留題二留補三留題四咨
選吏部以專補選缺不止捐納一途四缺中留
補一次所有專補選缺人員未免偏枯議駁在
案今擬請仿照選缺主事章程以五缺為一輪
一留補二留題三留補四留題五咨選如此稍
稍轉移於專補選缺之員有益無損至各項銓

選究以捐納為大宗捐納既停員郎選班日見
疏暢雖五缺得一未為向隅
一各部司員異常勞績向准保舉無論題選咨
留遇缺即補前經吏部奏定章程每案不得逾
三員之數歷年以來如軍機處典禮工程館差
等項保案俱已遵照辦理惟總理各國事務衙

門並未依照定限吏部亦不照章覈駁殊不足
以昭平允擬請嗣後該衙門保奏此項班次如
逾定章員數概由吏部照章查覈奏請將保列
在後之員駁令另行核奬以歸一律而杜冒濫
一六部漢司員額設題缺專用資深正途惟
特旨即用人員不論何項出身及到部年分深淺並

得請補正途資深轉為所抑誠以此項人員班

次最優非他途可比第各部額缺皆為辦事而

設故題缺視選缺尤重如該員熟練部務原無

妨破格除授若係資淺年少不能辦事之員而

寵秩太過微特白首曹郎抱向隅之感且非

朝廷分職設官之本意查滿員奉

特旨即用者專以選缺請補成案具在應請比照辦理以歸畫一而重員缺儻慮其路徑較窄不足以示優異亦應稍予變通除本部出有選缺先儘請補外其額題缺出與正途資深一體酌量請補庶此項人員咸知勉力當差留心吏事未始非所以成就之也

一庶吉士留館者即日授職散館以知縣用者
統歷各班銓選數月可畢惟改用部曹補選均
無期日太覺向隅查此項人員奉
旨改用不論雙單月銓選並先行分部行走無庸學
習即准敘補如熟練部務遇有本部主事缺出
准該堂官保奏引

見請
旨補用揆厥例意原期其及時自効無如六部主事
近年歸選缺少每一缺出各班已屬壅滯自有
無論咨留無論題選咨留兩項紛紛侵占遂致
庶吉士選缺有名而無實近始選至咸豐丙辰
科分其在部則行走多年而補缺仍無期望該

員等郎署浮沉轉不若改用知縣者早膺除授
及時奮勵殊無以副
朝廷優待之意溯查
國朝舊制散館知縣五缺後用一人選途甚滯嘉
慶初年經吏部議定改爲到班即選至今永著
爲例主事選缺不如知縣之多然散館人員事

同一律縱未能儘數先選亦宜量予變通嗣後
六部咨選主事缺出請仿照截取銓選章程於
兩缺後插選庶吉士一人如慮該員歷練未深
應請以分部之日起查其食俸已過三年並現
在該部當差方准插選若雙單月正班輪選到
班仍照舊辦理

一漢郎中俸滿截取

記名以知府用者吏部歸於雙單月選並准其呈請

分發到省後無論何項缺出先儘補用各該督

撫因其班次過優往往藉口人地不宜故為裁

抑積習相沿致此項人員補缺無期於是人人

視分發為畏途即如主事之截取分發久經吏

部議定而呈請者殊覺寥寥未必不由於此似
不可不量予調劑查定章丁憂終養迴避撤回
四項遺缺不准聲敘截取
記名人員人地不宜立法具有深意第此四項缺出
較少敘補仍屬艱難擬請稍為推廣除題補題
調要缺由督撫隨時酌量照常辦理外其本歸

部選現留外補之缺有因升調病故休及降補
叅革出缺者均比照丁憂終養迴避撤回四項
遺缺先儘截取
記名人員請補不准聲敘人地不宜如此稍開生面
則必有樂於分發者部中乃可冀疏通若惟俟
輪選到班則現今歸選缺少凡截取部員自

記名以至銓選必十餘年之久司曹能無壅塞乎
一滿洲司員向以筆帖式為正途進士及散館
庶吉士轉視為雜流不得補用題缺實為偏枯
近來各部間有以進士題補者亦未畫一應請
飭下吏部將題缺主事以一缺歸進士二缺歸筆帖
式至宗室蒙古主事六部皆屬孤缺進士分部

終身不得望補如滿洲題缺定有章程併請宗室蒙古亦准借補滿洲題缺統敘科分一體補用並免扣還又滿洲定有漢字堂主事科甲員外郎員缺所以疏通正途也但科甲員外郎僅設一缺尚形壅滯擬請每部撥出滿洲題選三缺與原缺作為四缺庶科甲不致沉淪遇保送御

史時並可免乏材之歎至漢宇堂主事則蒙古
科甲小京官中書筆帖式及宗人府科甲出身
之宗室筆帖式皆不得補用亦爲向隅併請
飭下吏部酌量選法一體銓補
以上六條臣爲鼓舞人才起見是否有當伏乞
皇太后

皇上聖鑒謹

奏

光緒九年五月　　初六　　日

再現今時事莫重於洋務凡有洋務省分需才孔亟數以奏調為請誠以折衝樽俎非有通達穩練之才而復能熟悉中外情形者難期得力六部為人才淵藪豈無留心時事材堪造就之人然未親身歷練則放言高論既無當於事情即或用意講求而紙上空談亦復無裨實用查

部員本有揀派河工學習之例擬請推廣舊制
於現任實缺漢司員內無論何項出身如有年
力尚强情願發往洋務省分學習者准其赴吏
部揀派吏部以三年為期咨取六部奏請揀派
一次帶領引
見請

旨發往如果才具開展識見明通到省後由督撫出
具切實考語隨時送部引
見仿照揀選道員舊例郎中以道員用員外以知府
用仍發原省歸截取
記名人員班内按先後敘補主事一項本係截取直
隸州若仍循資録用不足以示鼓勵應請一併

從優仍發原省歸於截取班內先儘補用既閱
歷以練其識又鼓舞以盡其才則人材必有所
造就時事必有所裨益臣管窺之見是否有當
併請
飭下吏部核議施行謹附片具陳伏乞
聖鑒

再查婦郭王氏係福建莆田縣學訓導郭柏蔭
之妾素性和婉深明大義敬事嫡室襄理家政
隨侍任所備極勤勞光緒八年八月柏蔭因病
請假回歸侯官縣本籍調治氏侍奉湯藥朝夕
祈禱請以身代九月初一日柏蔭病故氏哀毁
誓以死殉親屬勸慰莫釋即於初七日家祭事

松竹齋

畢仰藥殉節時年四十二歲查節烈婦女歷蒙
旌表有案今烈婦郭王氏捐軀殉節節義烈可風臣誼
關桑梓聞見既確不忍聽其湮没可否懇
恩給與旌表以彰風化而闡幽芳謹附片陳請伏乞
聖鑒謹
奏

光緒九年五月初八日内閣奉
上諭御史萬培因奏請疏通六部正途人員各摺片
著吏部議奏欽此
同日軍機大臣面奉
諭旨御史萬培因奏請旌表烈婦等語烈婦郭王氏
著准其旌表禮部知道欽此

奏為教官違例添設戳記擾累生童請
旨裁革以杜弊端恭摺仰祈
聖鑒事竊查向来各省童生應試例設認保派保廩
生互相稽察防弊已極周詳法良意美我
朝培養士類二百餘年恪守成規迄無更易近聞

福建建甯府屬各学教官創立查驗戳記凡廪生保結概令童生送学加蓋戳記每名索錢數十百文其未經加戳者即不得應試士論譁然夫教官既非本籍而童生之散處城鄉或有身家不清冒籍頂替匿喪等弊豈能一一查覺且童生應否與試若以教官戳記為憑則凡童生

之有弊者賂求委官加戳而廩生不能不保其無弊者委官詐索不遂不加戳記廩生即不得保送非特廩保幾成虛設且弊竇因而叢生若謂加戳係因防弊起見又胡為索取錢文其存心不問可知況今年加數十文明年加數百文不數年即可加至數千矣新進生員委官向索

脩贄知亦由千數百文起乃變本加厲日甚一
日往往嚇詐威逼索錢至數百千索銀至數百
兩積習既重殊難究詰並猶以各屬師生美其
名曰脩贄今奈何累及童生耶寒士計日而食
數米而炊奚堪此許索前任學臣嵩岡僅據前
建甯府知府恩瑞受夜官囑託朦詳率行批准

添設戳記勒石永遵並未奏咨立案變易成規
徒滋弊竇即云慮保有臨場攻訐互易情弊原
不難嚴實懲治殊不應於例外擅行添設條例授
教官以藉口需索之權貽士子以擾累無窮之
患且加戳以後儻查有搶替等弊慮生受其罪
乎抑教官任其咎乎臣 知教官享其利必且諉

其過也近屆歲試之期若不即行裁革誠恐士
士論不服釀成事端可否請
旨飭下福建学臣查銷前案立毀其碑以肅官方而
培士類臣愚昧之見是否有當伏乞
皇太后
皇上聖鑒謹
奏

再查定例廩生考貢概令無須遠出歲科兩試
各就本棚投考如有實因患病事故致誤本棚
考試以學政按臨之期定限十年令其就便隨
棚投考違者不准出貢其廩缺一併開除仍將
況貢考補等語近聞福建所屬各府州縣學歲
貢生員往延至歲科兩試截止期限屆滿始始
行紛紛遠出赴省應試並不於學政按臨之月
就近投考且多遲至數年或十餘年始行補考
推原其故悉緣應貢之人懸缺以待名補廩者

松竹齋

再查定例廪生考貢概令無須遠出歲科兩試
各就本棚投考等語近閱福建所屬各府州縣
学歲貢生員往往延至歲科兩試截止期限居
滿始行紛紛遠出赴省應試並不於学政按臨
之日就近投考且多遲至數年或十餘年始行
補考推原其故悉緣應貢之人懸缺以待應補

公牘

廪者津貼出學學師胥斗院房皆有規費始猶
視人身家酌取今則一貢一補院房需費多至
七八十金而學師及出貢本生視此爲有加無
減寒士圖得一缺羅掘殆盡補廪後苟非操持
素定勢不能不意外營謀以資彌補而士習因
之日壞可否請

旨飭下福建學臣查照定例於歲科兩試按臨各郡
日責令各學教官將應貢廩生統行送考如有
託故延不赴考即將該生扣除不准出貢其廩
缺一併開除仍將次貢考補並嚴行禁止需索
規費津貼情事庶積弊可除而士習益端矣謹
附片具陳伏祈

松竹齋

聖鑒

光緒九年八月　十二　日

貞烈女周汀姑係福建閩縣已故處士周永年
之次女幼字同邑松溪縣學教諭陳葆善之子
師烈為室女父早卒家綦貧事母以孝道光十
三年七月師烈攖疾暴卒訃至母秘不使知女
察言色有異詢得其實（失志殉節）恆於無人處悲泣顧家
人防之嚴強顏為歡越兩月母偶適長女所女

遂從容仰藥卒年二十三歲陳家迎其柩歸而
時
合葬焉查節烈婦女歷經奏邀
例得仰
荷旌表有案今烈女周汀姑清閨守志黃壤從夫洵
旌表
矢
屬貞烈可風可否題既確不忍聽其湮沒可題
臣聞見
否
恩飭部准予旌表以彰風化謹附片陳請伏乞
給
西園幽芳
聖鑒

吏科給事中臣萬○○跪

奏為臺灣防務緊要鎮道不和請

飭巡撫照章移駐以專責成而固邊圉恭摺仰祈

聖鑒事竊維臺灣孤懸海外為東南七省門戶前兩

江督臣沈葆楨籌議全臺善後事宜有福建巡

撫移駐臺灣之請嗣經議准每年冬春駐臺夏秋駐

省前撫臣如王凱泰丁日昌岑毓英皆以駐臺

日久用能勤悉情形事可立斷鎮道就近稟承

不敢各存意見故開山撫番諸事克以告厥成

功其餘歷任巡撫往往視同閩邊故事即如

撫臣張兆棟上年冬季渡臺駐節旬日未久即行回

省現當嚴整海防之際撫臣既不駐臺臺防事

宜必專責之鎮道鎮道如果和衷共濟一面稟
商督撫一面相度機宜猶可隨時應變閩台灣
總兵吳光亮平日干預道署公事與臺灣道劉
璈積有嫌怨每遇該道會營事件動多掣肘縱
使該道盡心經畫其勢不容專擅將事事必待
決於督撫而後行督臣足未履臺撫臣駐臺日

少該處情形均未必能洞悉以海口甚多之臺
防機詐萬變之洋務而必遙決於隔海不甚洞
悉之疆臣未肯撫萬一事機坐失閩省可危即
東南七省亦可憂矣且臺地土番錯處近復雜
以洋教種類各殊釁端百出道署會營之事甚
多鎮道不和亦恐難以應機彌變擬請

飭下福建巡撫照章駐臺半年設遇防務緊要之時
即令常川駐紮駐臺日久則屬吏之賢奸地方
之利弊固可洞悉無遺而籌餉籌兵事權專一
鎮道得以就近稟承無疑忌無推諉無爭競文
武各盡其才兵勇各得其用內靖奸萌外禦寇
患庶幾海疆门户可保無虞不獨閩省士民之

幸亦東南七省士民之幸也臣爲愼重海防起　相符稿
見是否有當伏乞
皇太后
皇上聖鑒謹
奏
光緒九年十二月　初十日

再海疆各口業經奏
旨嚴密籌防臣愚以為各省通商口岸疆臣必能加
意修防且各國商賈麕集輜重雲屯各國亦必
互相保護所慮山海關僻處海濱既無洋商聚
集又無重兵駐守設彼乘虛而至勢必震撼
京畿關繫殊非淺鮮擬請

簡派知兵大員駐紮山海關豫籌戰守長策以期有

備無患謹附片具就管見所及附片具陳

奏伏乞

聖鑒謹

奏

巡視北城吏科給事中臣萬培因跪

奏為閩省海防緊要懇請

飭整頓廈門防務以固疆圉

欽派大臣駐守廈門恭摺仰祈

聖鑒事竊臣恭閱邸抄閏五月初四日奉

上諭前直隸提督劉銘傳著賞給巡撫銜督辦臺灣

事務等因欽此仰見

皇太后

皇上廑念海疆之至意伏讀之下欽感莫名臣查閩

省輪船可進之口凡三臺灣福州廈門臺灣地

方富庶民俗強悍其人習於戰鬥劉銘傳久歷

戎行聲望素著業經奉

欽派駐臺負有藜藿不採之威自可無容顧慮福州

必能隨宜措置

海口最險兼以督撫同城重兵所駐亦可不至
空虛惟廈門上蔽省會下瞰臺澎為閩中濱海
要區該處華夷雜處民心最易浮動本年三月
間越南邊事告急法兵輪船暫泊廈門該處防
軍一無可恃遂致居民紛紛遷徙數日一空並
聞該處內港一帶海寇乘機肆擾擄掠附近居

海口最險兼以督撫同城重兵所駐亦可不至
空虛惟廈門上敵省會下瞰臺澎為閩中濱海
要區該處華夷雜處民心最易浮動本年三月
間越南北甯失守謠傳到廈民間紛紛遷徙日
數千家並聞該處內港一帶海寇乘機肆擾至
有擄掠附近居民拘禁勒贖情事水師提督彭

民水師[illegible]備摺彭　林竹齋

楚漢駐廈多年貪黷營私營務廢弛統帶練軍

半多虛額設遇海上有警甚為可慮現值籌辦

海防之際可否亟宜大請加整頓可否請

旨飭下會辦福建海疆事宜大臣張佩綸駐紮廈門

察看情形將該處所有防軍認真稽覈妥籌布

置俾與劉銘傳軍互相犄角庶臺廈兩處聲勢聯

絡即閩省防務亦可益臻嚴密矣臣爲整頓海
防起見是否有當伏乞
皇太后
皇上聖鑒謹
奏

光緒十年閏五月　　二十一　　日

杉竹齋

再辦防之法稽察奸宄保衛地方向以民團為最
可恃廈门地處海濱其人習於水師勇敢可用
臣查前温州鎮總兵吳鴻源家於廈门號稱殷
富於閩省水師事宜最為熟悉可否請
旨飭下張佩瑜傳諭該鎮勸令首先捐輸次及廈门各
富商集捐鉅款募辦民團並訪舉地方公正紳

士公同籌辦卽著責成該鎭認眞訓練俾成勁旅有事既可爲折衝之用無事亦可爲捍衛之資如慮常年經費無著臣查厦門洋藥稅釐局向係商人包徵除每年應繳稅釐正額外贏餘溢額不下十萬悉爲該商中飽前於光緒六年經署興泉永道司徒緒察出侵蝕情形僅罰令

捐充書院膏火之資含糊了結並未澈底根究

拟應請

飭下張佩綸按款清查勒令該商儘數報解按年提

出若干爲該處團防經費以期經久是否有當

謹附片具陳伏乞

聖鑒

巡視北城吏科給事中臣萬培因跪

奏為夷情叵測福建船政亟宜保護恭摺仰祈

聖鑒事竊自越南搆釁以來法酋議和屢次渝約

朝廷重開邊釁曲與包荒現在外間傳議謂其要

求無厭勢非決戰不可機務秘密非微臣所敢妄

測臣籍隸閩省風聞法兵輪船二艘業已駛入

馬尾

船政港内別有鐵艦二艘停泊口外戰局未定

勢難禁阻臣維彼族勞師襲遠僅以四船進逼

福州其爲恫喝虛聲毫無疑義但船政爲海防

根本重地敵船近在肘腋而礮臺防營轉在其

外一旦決裂占據堪虞查船政大臣額設小隊

親兵七十名水師龍舵十隻載勇百餘名此外

此外僅有福靖後營一營向雖駐防船廠仍歸
省中調遣兵力既單事權不一苟有疏虞全局
瓦解擬請
飭令督撫將前由江南調往之霆慶兩營或別枝得
力勁旅撥歸船政大臣何如璋調遣益以各船
水勇庶中權得力首尾皆能策應內可樹省門

之保障外可防彼族之覬覦至口門以內大號
鐵艦吃水過深者自難駛入若夫臨敵之頃沉
木簰沙船以截敵舟密布水雷以張疑陣嚴查
奸民以絕帶港專攻附泊敵舟小船以斷煤米
接濟是在當事諸臣先期豫籌庶免臨事倉皇
有措手不及之患臣為保護船政（全局起見）事機已迫是

否有當伏乞

皇太后

皇上聖鑒迅賜施行謹

奏

光緒十年六月　初五　日

才竹寮

再閩省山多田瘠戶少屯糧向藉上海甯波等
處米船接濟現在和戰未決敵舟當前商船有
裹足之情則倉庾有告空之慮民食不支必致
內潰查建甯以上專恃江西糧米該處接壤饒
廣皆沃富之區而江西除九江一口他無防務
擬請

飭下江西撫臣籌借庫款專派妥員採辦米石運送

交建延邵道奎俊接收轉運延平以下一日可

達省門內地餉道既通則海口可以堅持主客

之勢分勞逸之情見矣謹附片具陳伏乞

聖鑒施行謹

奏

奏為閩防緊要關繫全局亟宜厚集鄰援迅辦
鄉團并力策應以固民心恭摺仰祈
聖鑒事竊臣風聞上海議和法人未能如約兵艦
來華要求無厭福州海口已有夷船已多隻駛
入口內
朝廷統籌全局斷不因邊省一隅動摇成算惟
臣籍隸福建畧悉情形閩中軍火戰艦均不

足用猝聞敵至手足無措民情惶駭鄰省中
惟廣東派撥兵船赴南北洋或云未撥兵船
或云由陸路赴援道路傳聞紛紛不一閩省
守弱兵單乞援日久戰艦未集小民懷疑紛
紛遷徙日數百家甚且有以揣測無據之詞
諠惑民心者我

朝軫懷閫外藩屬有急猶不惜勞師糜餉勤為
保衛矧福建為沿海要區與東南各省唇齒

相依有一搖百動之勢各疆臣敵愾同仇決
不致或分畛域臣查福州海口以芭蕉門為
第一門戶再進則為壺江金牌長門一帶均
有炮臺又進則南北岸閩安等處以達船政
局在中岐（船政局在馬尾）地方其地距海口將二百里此次
法船入閩直駛馬尾引港船隻即係內地漁
船防範不嚴實不能為之辭咎遂法船闖（助）入口
內相持是紛紛議論至有謂船政局為可尊之而

●退守福州者臣惟船政局在馬尾地方距省
城僅四十餘里船政不守則彼軍飛礮直逼
省城且其地在長門以內不守船政則長門
之炮臺必為敵人所據反客為主扼險置礮
以斷我軍船隻往來之路省城之危可翹足
待且●該地工匠繁多機器充積經營十餘
年帑項千萬兵刃未交委而去之殊為可惜
臣愚以為船政決不可棄棄船政即棄福州

棄福州則不特厦門台灣勢成孤立情形岌
岌即濱海各省亦不能片刻安枕臣所謂閩
防緊要關繫全局者此也法人用兵越南師
老餉絀此次來華意在以虛聲恫喝強索兵
費以償國債其國中精壯除留守越南其[illegible]
外來華兵船即以二十艘計每艘數百人合
計亦不過數千人多係各路現募充數未必
皆是善戰勁旅並聞其兵艦亦有向日本借

三十

來者兵法千里餽糧士有飢色法國距華且
数萬里糧米煤炭所費不貲其勢決難持久
故散布謠言若和議不成即取福州為質其
實願戀賠費●屢次展限不敢輕率為今之
計惟有由南北洋及廣東浙江江西各省多
派援軍星夜赴閩彼見兵艦雲集欲進攻福
州則前有堅城後有援兵腹背受敵將有所
顧忌而莫敢先發若敵艦他適圖犯別口則

我軍亦以各路兵艦尾隨其後互相策應亦不至顧此失彼彼軍曠日持久其勢將自岀於和而不敵敢執其要挾之說總之以一省之兵力船隻防一省則不足合數省之兵力船隻助一省則有餘此海防第一良策現在福州告急若不迅速救援或僅派一二兵輪赴閩而兵力不厚則福州必危萬一口岸要隘為其所據彼將分派戰艦擣廈門窺台灣

三山齋

即沿海各口胥受其擾矣抑更有慮者閩省濱海尚幹狼尾等鄉民俗頑悍日以械鬥劫掠為事又自通商以來其桀黠者多能學習外洋文字言語若法人入閩之後明拾此種莠民誘以金利用為鄉道其為中國之害將有不可勝言之今法人既以金力注閩警報疊至望救殷伏乞

飭下南北洋大臣及廣東浙江江西各省督撫多

派兵艦迅速援閩並另派精兵陸路赴援由建溪上游順流而下直達省城兵貴神速遲恐無及至閩省團練業經該督撫訪舉公正紳士分赴濱海各鄉募辦惟苦於經費無出未能迅速成軍可否仰懇

天恩飭下該督撫先行籌撥庫款若干作為民團經費再行傳諭紳富酌量勸捐毋得互相推諉其募成各軍沿鄉屯戍責令稽查奸宄嚴

督各港漁船移泊他所無得接濟夷人如此則内變不生外援踵至衆志成城不致勢成坐困矣臣情殷桑梓一得之愚不忍自默是否有當伏乞

皇太后

皇上聖鑒謹

奏

光緒十年六月十八日

再福州濱海各鄉民情浮動無事之日備滿
洋稅扎役失業痞在多有現值法艦闖入內
地人心洶洶查省城南門外南台地方為洋
商賈乃之所著華所萃各國領事又寓多在
其地難保無不肖棍徒煽惑細民藉端滋事
各國乘機搶擄洋人和戰尚未定局更波及
他國枝節別生深形棘手應請
飭下該署轉行照會各國領事嚴飭各國人等

三山齋

各船在海口一帶水底南之地方著令多派
明幹兵弁協同地方官精查礁礎不可向他
國船户暨其茲名頭得兵鄉等業嚴令告多之
須設法羈縻不可遽於操切致令鋌而走險
請將摺代陳伏乞
垂鑒謹
奏

再閩省餉需久絀早在
聖明洞鑒之中除臣前請由江西採運糧米外查
現存庫款無多並以防軍林立支應浩繁拮
据情形深慮譁潰應請
飭下户部就江浙鄰省指撥有著的餉趕緊籌解
現銀以濟要需并請
飭下閩省督撫察看情形如鄰省協餉未能尅期
解到猶恐緩不濟急即令該督撫先行向洋

商籌借款事平之後由閩海關陸續撥還庶
餉需不致匱乏即士飽馬騰海防可無圖矣
謹附片具陳伏乞
聖鑒謹
奏

奏為閩省舟師失利孤城援絕危急萬分請
嚴飭援閩水陸各軍星夜並發以救海疆而全大局
恭摺仰祈
聖鑒事竊閩防緊要目前業奏請迅集隣援以原兵力
計邀

聖明洞鑒風法人於初三日在福州馬尾先行開炮
轟壞我軍兵船七艘船局亦遭轟燬法兵現攻
長门炮台福州危在頃刻目查閩防師船夲少
經此次轟毀炮械軍火全行沉溺此外更無兵船
可以禦敵長门炮台孤懸海口若無外援水師
腹背受敵勢將立潰法人夥以并力亟攻者志

在占據炮台以斷輪船援閩之路長門一失則
險要盡為所踞彼且以逸待勞雖有援師亦難飛
渡福州孤城無餉無兵焉能保守沿海各口唇
亡齒寒大局決裂豈堪設想惟有仰懇電發
嚴旨飛飭南北洋及廣東各省迅派鐵甲快碰等船
多隻即行赴閩不得遲延觀望藉詞推諉坐視

不救前調黄少春程文炳各軍闖中道撤回仍

懇電發

寄諭令濬遵

前旨趲程前進援兵早到猶冀法人有所顧忌不敢

逕行上岸攻城庶可保危局於萬一雖否則敵勢

披猖得將有噬臍無及之悔矣謹披瀝上陳伏乞

皇太后
皇上聖鑒施行謹
奏

公介齋

光緒十年七月　初七　日

木竹山館

再行軍以足食為先餉糈既足兵雖寡而可募
餉糈不繼兵愈多而愈危昨以閩防請餉蒙
飭户部籌撥以濟要需乃臣日来風聞户部奏准截
留本省京餉銀二十萬兩夫際此庫款支絀之
時解京之餉勢難積有成數在閩何從截留有
撥解之名而無受協之實望梅止渴畫餅充飢
究屬緩不濟急擬請
飭下户部仍撥現款接濟俟海防事定再由閩省提

款撥還略一轉移庶閩軍不至飢潰臣愚昧之
見是否有當謹附片具陳伏乞
聖鑒謹
奏

再臣聞法船在閩約計十隻此次開仗亦有被
我軍轟擊者是法人士卒不無損傷已可概見
惟我船被燬過多現實不能成軍臣聞法法兵
為數無多除此次轟斃外約計不過千人迅派
輪船到閩水陸夾擊聚而殲之未始不可挫敗
為勝縱敵不擊撫將燎原海口義民綦多難保

不為誘煽應請電發
諭旨飭下該督撫及統兵各員亟行出示曉諭無論
兵弁民人等有能殺敵燬船者除得敵船輜重
全行充賞外再由該督撫奏請
破格奬敍量予官職以貽激勸謹附片具陳伏乞
聖鑒謹
奏

再臣風聞飭令前兩廣總督張樹聲馳赴龍門

為廣西後路接應現在閩事甚急何璟素性寬

柔軍旅非其所長張佩綸未更兵事敗衄之後

勢難再振而廣西邊境煙瘴甚重亦非進兵之

時擬請移緩濟急電令張樹聲迅率所部足帶

軍火糧餉乘輪入閩駛由福清縣屬平潭登岸

公竹齋

陸路前進半日可達福建州省城查平潭港口
去五虎口外二十餘里由此進兵無法人鐵艦
攔格之虞惟港口水淺宜
飭兵輪拖帶小輪船內港艇船以便換船入港一面
電寄福建督撫固守彼待援飛飭海壇鎮總兵派派
船引港不獨省城乃山重鎮可無保無虞即与

長门遥為聲援亦可資為犄角之勢再大枝兵
船只能駛至濂浦地方必須更換港船方能上
駛擬請飭令該督撫移兵於濂浦一帶擇地駐
守俟其換船即可轟擊更可防其登岸肆擾如因
兵力不敷或即商令紳士協同鄉團嚴密防守
旨
愚昧之見是否有當謹附片具陳伏乞

公竹齋

聖鑒謹

奏

奏為閩事危急擬請電飭防軍分紮陸路堅守待
援一面迅催各軍赴援以解倒懸而免貽誤恭
摺仰祈
聖鑒事福州長门礮臺業為法船轟陷门户洞開游
行無礙勢必上岸進撲省城風聞何璟有請撤
穆圖善軍退守省城之說竊思敵礮最利攻城
若陸路未能堵截礮及省门人心惶駭守兵雖

多無濟於事日閱法船十艘統計約二千餘人
并募雇粵人潮人倭人為數亦復不少我軍馬
尾長门兩戰水師失利陸兵雖未損傷難免潰散
計張日勝所統各營駐紮閩安与穆圖善互相
犄角此外閩黃超羣所帶之霆軍數百人●●
血戰方勛所帶之潮勇朱明亮所帶之桂勇擄
掠澌子毫無紀律勢難禦敵此次長门雖失究
竟穆圖善一軍尚能堅守若苦戰猶持旬日祇

以援絕兵單方行退○守現在濂浦已塞恐敵
兵從館頭等處上岸擬請電
飭穆圖善擇要駐紮不可遽入省城堅守並飭數日以
待援師之至並飭何璟督率所部出城並招集
鄉團進扼濂浦及南臺大橋一帶務令各軍分
段紮守步步為營竭力死拒仍請
嚴旨電飭諸臣如有退駐僻路讓敵進撲省城者必
當重治其罪近聞

朝旨命張樹聲援閩現在長门既失敵船麕集海口

非有大枝援軍恐難專恃比閩近日電報謂夷

船駛出閩口圖犯粵吴似乎閩防稍鬆何以閩

省電音獨遲奏報且法船他駛各口即未聞伏

亦必奏聞豈有舍無援之孤城不務進攻猜圖

他犯揆之兵機彼人嘗不出此意為聲東擊西

概以想見各省疆吏平日擁船自衛方慮閩防

失利詰問將加一旧敵人他犯謠言遂宗樂

為流布肝肺盡揭誰不知之懷坐視不救之心
墮敵人緩兵之計灰誓死登陴之志貽東南大
局之憂萬一閩省不救免敵愈張脣亡齒寒行
將自及
朝廷即加以嚴譴尚能為補牢之救乎區區之愚
不敢以夷船出口之說為可信也此夷情叵測
即去亦必復來惟有籲懇迅速發電
諭令張樹聲限三日內即行拔營赴援或雇並各國

商船駛至厦门取道泉州妙不能則徑由陸路前

進一面

飭催程文炳黃少春飛速前進倘再藉詞推諉請

旨予以嚴分援軍早到一日閩事尚冀挽回省城即有疎虞亦可責其克復之用現閩法酋增調亞非利加黑兵四千人不日將到援軍尅期啓行或可到在黑兵之先否則再一遲延黑兵既到水陸夾攻福州斷難堅守大局動搖悔將無及

矣再風聞張佩綸前此電請封口比

中旨准其封口而不果行電請先發比

中旨准其先發而又不果行電請飭客兵赴援比

諭令黃少春程文炳陸軍赴閩又以緩不濟事辭勿

令往其少閱歷而尚意氣當在

聖明洞鑒之中若各路援軍到閩之後深恐各存

意見牽掣阻撓勢所必至擬請

明降諭旨特簡知兵大員統節制諸軍俾一事權其閩

中水陸防軍仍歸穆圖善調遣庶和衷共濟於
閩省戰事不無裨益臣屢貢芻言非惟情迫桑
梓實為顧全大局煩瀆
天聽無任悚切屏營之至是否有當伏乞
皇太后
皇上聖鑒謹
奏
光緒十年七月　十五　日附片二件

再
日聞閩省上游延平建甯等府土匪蠢動盈千累百嘯聚成羣圖擾省會閩省兵力本單現值強敵壓境危在頃刻實難兼顧查建溪一產帶產茶最旺為中國稅務一大宗彼族垂涎已久萬一福州不守此種莠民為所煽誘閩省之患時將有不可勝言者涓〻不塞[illegible][illegible]將成江河

應請

飭令由江右撥援閩各軍星夜前進以資彈壓而絕

蔓延謹附片具陳伏乞

聖鑒謹

奏

又附片一件參刻船政何如璋棄廠逃入省城

情狀請予議處此件未存稿

奏為閩事極危辦防諸臣奏報不實

飭援各省違

詔不前請

旨迅飭封港並催取水陸援軍

嚴定處分毋任延抗恭摺仰祈

聖鑒事竊臣於十五日疏乞援閩知蒙

聖明洞鑒日內陸續接到閩信僉稱初三日馬江一

敗輪船全失擊沈五自焚回自鑿二陸勇多潰
各炮台之炮均為夷人藥水所裂法船擊沈者
前後不過兩艘長門失後穆圖善軍現駐何處
目未深悉餘自南臺至五虎無兵無礮敵船肆
行並未議及封口目風聞閩電兩次有沈燬夷
船六艘餘皆受傷之報有礮臺雖燬礮位尚好
之報該大目等於敵船入口之先不能封口攔
阻開門揖盗咎已難解既敗後乃復揑詞上

聞以為卸過之地夫使閩事果緩雖該大臣等奏報
參差臣亦不敢屢塵
聖聽遐聞敵船四艘仍留閩口日來復有續到夷船
三艘接載煤米軍火勢將反撲省城彼以生力
之軍攻我殘毀之地但一登岸潰散無疑臣恐
朝廷誤信諸臣所報將謂礮位尚好陸勇尚存諸
臣尚可補救稍一遲疑各路援軍必有後期之
寔即重治諸臣亦難贖喪師之罪不敢不披瀝
公子齋

肝膽再為我

皇上陳之現最急者莫如封口風聞未戰之先

朝廷曾諭封口該大目等以不能封口電後復夫洋

人碼頭粵吳最大閩吳淞粵東均已封口閩口

何以不能又自決戰以來各人省已將法人在華

照例驅逐閩已開仗而法領事猶住南臺以致

串通各國接濟牽制不許封口辦防諸目藉非

畏夷亦屬玩寇致敗應請

嚴飭疆臣將法領事即行驅逐立將各口沈塞僅容
小剝船出入其商船起剝貨物仿照官渡之例
由官派小剝船代運庶洋商無所藉辭再將船
廠舊置之一百二十个水雷分段暗布以備衝
擊其次則催集各省援師
朝廷飭南北洋撥船南北洋不應
命張樹聲援閩粵東諸臣復不應煌煌
詔旨而諸臣敢於阻留援閩事小如

朝廷號令何萬一犬羊難馴震驚
畿甸亦將因循觀望抗不應
詔耶本日風聞南洋電至謂吳淞口停船一艘予限一
日不去即行開礮夫吳淞之船我衆彼寡驅令
聞其去意使何之是各省疆吏不獨有坐視不
救之意且顯有以鄰為壑之心苟幸目前不顧
大局貽憂
君父良可痛心洋人聲言犯滬之船未集也聲言犯

粵之未集也懾以虛聲而海口俱為牽掣洋人
但守此故智得閩之後次第他犯縱擁船自衛
豈能獨全謀國諸臣亦嘗議及否耶
朝廷如注意粵防張樹聲不令来閩現閑
詔起楊岳斌可否
飭令迅募舊部數百人剋日馳抵閩境各路援軍統
歸節制以一事權一面
嚴諭南北洋撥船進援查南北洋除兵輪不計外北

船

洋有快輪二蚊子船六南洋有快船三蚊子船
四北洋屈意曹求和倡請棄船廠之説其漠視
閩事所不待言南洋本兼轄閩洋閩危如此而
曾國荃忍於一船不撥者未始非挾張佩綸陳
寶琛參劾之恨欲文戲之死地以快其報復之
私閩人何尤乃令其盡遭塗炭耶誅心之論百
喙何辭否則各口現未開仗若令各船赴援節
〻探進果有法船北來該船再行折回本境必

林什

在夷船之先非同陸路之軍可以繞越理勢顯
然無可推諉且
朝廷近日已
飭各省精餘陸軍勿專恃兵船礮臺是各省從容布
置有陸軍可以扼守趁此閩口敵舟尚未散擾
應請
飭令各撥得力快船兵船數艘即日赴援猶冀我兵
輪大集可以四面掩擊若縱之於閩閩失而各

公行齋

口終擾何如殲夷之闕於閩敵盡而各口可完
此理至明請
飭樞臣悉心籌畫當不疑微臣重視鄉里而置大局於
不顧也楊昌濬已报起程取道浙江非月餘不
達擬請
飭令楊昌濬移師至滬以重價雇覓美國船隻載至
福甯府海口上岸由白石北岸嶺三日可達省
城彼處無法船停泊攔阻夷人性貪當可利誘

否則請用吳淞駐口兵船送往由吳淞至福甯輪行不過一日吳淞口閉已封塞尚無戰事福州危在崇朝移吳淞二日之防可以速福州一月之救雖

朝廷重視江南財賦之區而福州同載

恲懞度可以俯如所請惟近来疆目眕域頗重非電

諭明示機宜且重其抗

旨之咎斷不足以破其成見此次決戰之意出自

朝廷雖屢奉

嚴諭仍不免牽戀私局故電令先發各省迄無一應

意將糜爛一省以顯平生主持和局之為慎重

輕開戰局之為鹵莽且冀福州失陷

朝廷之意或為游移勢必仍出於和將不獨貽笑

外夷且使主和諸目得以藉口臣故為

朝廷痛惜之也

皇上仁覆海表越南一荒服耳不惜竭中國之兵力

以勤為保護目亦知閩事瀕危上廑
宵旰惟既有聞見若隱忍不言上負
君國下無顏以立於父母之邦戰事方始
朝廷舉事尤宜收人心閩省赤子嬰守孤城延頸
頸望救若聽其飾詞推託任意欺蒙萬一福州
淪陷不惟億萬生靈盡遭虐殺深慮忠義之士
聞而寒心何以為各省異日死守待援者勸目
為統兵諸目捏报軍情抗違

詔旨縱敵速禍誤國殃民理合據事直陳伏乞

皇太后

皇上聖鑒謹

奏

光緒十年七月十九日

附片二件

奏為洋船旗號混淆難辨請
飭總理衙門照會各國兵船勿進閩口並明定標記
以杜詐冒而免貽悮恭摺仰祈
聖鑒事查外洋各國戰事既聞有封禁海口不許船
隻往來之例原恐敵船借用他國旗號蒙混

口守口防軍未能辨識遇有兵船開炮轟擊以
致誤傷目閲滬報載吳淞法船二艘借用英国
旗號又大沽口有法船懸掛英旗經用千里鏡
測視速布水雷該船開而遠颺近閩洋船駛進
閩口經我軍開炮誤傷他国洋人三人名並閩
法船在閩多有冒用他国旗號擊之不能毆驅

之不可臣惟馬尾之敗失在法艦先期進口深
入內港致我兵輪全失現法船猶泊閩口勢將
回撲省城守口防軍鑒於前失遇有夷艘速襲來
即行開炮固不暇辨其為法為誰此次誤傷洋
人度已大費唇舌若不申明約章再有誤擊必
至横生他變若縱之不擊万一墮法奸謀船技優進

公竹齋

口前車覆轍豈容後〔復〕蹈　且愚以為法船現猶在
閩似宜照會各國兵船勿得駛入閩口以防誤
被轟毀至各國商船通〔進〕口應如何明定標記與
法船顯示區別之處即由各該國議定章程報
明總理衙門飛飭閩省遵照辦理其各口法船
有冒用他國旗號者應由各國各口領事速查

報明中國各海口官員知悉經此次照會後如
有再有他國兵船經進閩口或法國借用他國
旗號被海口防軍開炮轟燬無論何國人船均
不得向中國理論可省無數葛藤此番戰事業奉
諭
旨奉今各口要擊敵船各督撫挾以隣為壑之心遲
延坐視若再有聽其旗號混淆怯戰諉目更可以藉

公牘

詞縱敵坐失事機關繫寔非淺鮮應請
飭下總理各國事務大臣妥商辦理勿涉大意臣愚
昧之見是否有當伏乞
皇太后
皇上聖鑒謹
奏
光緒十年七月二十六日 附片三件

再臣風聞英美各國均有接濟法人煤米軍火

而法俄交尤密滬報載俄國派鐵甲船三艘来

華保護法商道路傳聞謂將取道琿春以抵中

國口岸伏思法商在中國各口已奉

諭旨一律保護何以法人又請俄船来華陰謀叵測

不問可知現獨法人肆擾海口已勝防不勝防

松竹齋

若益以俄国生力之軍大局殊為可慮且恐俄
法若果合謀東省邊防尤関緊要應請
特簡知兵大員如楊岳斌鮑超等駐軍山海関一帶不動
聲色嚴密布置至法船以閩口為中国兵輪乃
以出入自如藉為休息之所目下裝運煤米修
理船隻添調援兵以圖大舉而議者或謂無兵

力未厚船艦未多以為敵不足慮夫法人豈嘗
須臾忘福州及各海口哉其發愈緩其謀愈深
臣恐敵援一集將不可復制應請
嚴飭閩省諸臣及各口防軍益嚴守禦勿以敵暫未至
遽生懈心海疆幸甚幸甚臣為思患預防起
見謹附片具陳伏乞

聖鑒謹

奏

再臣恭讀

上諭已革山西布政使林壽圖著賞給四品頂戴作

為福建團練大臣欽此仰見

朝廷垂念海疆之至意臣累疏陳請蒙

聖恩飭江西籌解二十萬兩接濟閩餉現在各路陸

營將次到閩約計防軍援軍數以三四萬計非

公竹齋

有大宗餉項不足以供支應請
旨飭部源源籌撥以濟軍儲至民間鄉團各衛身家不出里門無抽調剿防之事故多係自備資斧無俟官為籌費此次林壽圖創辦團練若令招集驍勇訓練成軍扼要防剿則非招募漳泉及尚幹等鄉丁壯難期得力所有軍裝器械以及

勇丁糧餉為費亦復不貲初州地瘠民貧近籌
辦海防省城紳士自出經費招鄉勇數百名晝
夜梭巡已將數月若再持久經費必形支絀所
有林壽圖團練之費應請
飭下閩省督撫由閩藩司陸續籌撥以濟要需方免
貽誤而紓時艱欽感莫名臣聞閩省當海防告

警省城紳士倡捐經費招勇數百名在城内晝
夜梭巡行之已閱數月此次奉
旨辦團勇丁糧餉軍裝器械所費不貲閩省瘠區恐
難籌此巨欵臣查同治三年左宗棠率師平閩
曾行抽收坐賈釐金事平裁撤可否請
旨飭下該督撫及團練大臣酌議仿照成法遴委公

正員紳會商同（摩）辦即將此項抽釐專（供）團練經費

一面

飭下該督撫及大臣照（於）省城殷富之家酌量勸捐以

濟眉急如慮創辦伊始經費實在不敷應由該

大臣向督撫先行挪借庫款抑或令督撫於雜

款項下指撥若干該督撫務當与團練大臣妥

松竹齋

籌辦法無得故各出納藉端刁難貽誤軍務又
臣前聞臺灣紳士林維源春間曾捐銀二十萬
兩辦理民国查台地辦国未必需銀若此之多
應請
飭下該督撫查明此款作何着落有無委員中飽情
弊從實奏報至若有餘款應令解交團練大臣以

充全省經費該紳家資億萬可否酌量情形再

行勸捐以濟桑梓之危而紓時艱謹附片具陳伏乞

聖鑒謹

奏

松竹齋

再臣聞福建長泰縣屬之港內山蛟水陡發於七月初一夜及初二日東北風甚烈飛瓦拔木大雨傾盆連宵達旦至初四日雨仍未息溪流泛漲嚴溪集鄉及上蔡下店等鄉溪岸均被沖壞房屋倒塌一千餘間窪下稻田數十里竟成汪洋一片淹斃人口甚多殊堪憫惻近溪人口

或在水中應請
飭下閩省督撫迅飭該屬查明被災各鄉遴派妥員
履勘據實申報妥籌賑恤務使實惠及民無
令災黎失所臣既有所聞謹附片具陳謹伏乞
奏
聖鑒

奏為閩省諸臣諱敗揑奏濫保徇私仰懇
收回成命並請
迅派大員馳往查辦按照軍律亟寘重典以伸公憤
而謝死綏恭摺仰祈
聖鑒事竊臣近日疊接閩省來信具言七月初三日
馬尾之敗主將先逃死事甚慘并諸臣種種罪

狀閩籍京員公擬聯銜疏揭臣以職司糾劾擬
即另摺密陳正繕摺間恭讀八月初一日
上諭仰見
朝廷嚴明賞罰之至意欽感莫名顧臣竊有不能已
於言者則以聞信所述證以風聞諸臣等多有
揑報欺罔之處不敢不據實上陳初三之戰以臣

所聞何如璋有隱匿戰書之事張佩綸有不發
軍火之事又有遣魏瀚往緩師期之事皆在照
會以前其可疑一也水陸各營之師以臣所聞
輪船惟福星等四船死戰屬實藝新船小逸去
伏波自鑿揚武并未開炮餘船皆縱火自焚陸
軍則方勳所部潮勇先潰而黃超羣一軍乘亂

入學堂廣儲所機器房等處搶掠殆盡其可疑
二也敵船被燬之數以　臣所聞敵以八船入馬
江僅用三船來攻開巨炮七我船已相繼沈惟
福星曾擊壞其魚雷船一其可疑三也方勳黄
超羣拒敵之事以　臣所聞敵攻馬尾後次日復
擊船廠轟壞拉鐵廠煙筒半折船槽微損即下

船出攻長門是時方動不知何往黃超羣已於
初三日退入後山但竄而未潰耳其可疑四也
閩安館頭等處之戰以臣所聞炮臺各軍聞炮
即鳥獸散敵遂上岸用强水裂炮擲火藥以燔
民居苟不上岸炮何由裂其可疑五也何如璋
之回省以臣所聞何如璋先覓輿夫為逃計六

月初二日法人演炮何如璋短衣出大堂呼輿
衆白空炮乃返初三聞炮即從後山遁是夜奔
快安復奔南臺洋行晨始入城以便服戴頂帽坐
竹兜中所到衆譟逐之乃四出狂竄其可疑六
也張佩綸之駐廠以臣所聞初三日張佩綸徒
跣走雷雨中夜奔鼓山下院宿以葦薦席地坐

遲明奔山後彭田鄉遣弁向城内巨紳家假絜被匿累日不出初四敵攻船廠時張佩綸方由鼓山入彭田何守廠之有其可疑七也以上數端臣疑之久矣惟穆圖善張得勝於法船入口即出駐長門身先士卒竭力抵禦至敵退始一回省馬尾敗後長門電線被絞督撫堅閉不出

張佩綸何如璋四處逃區匿消息斷絕所報容
或未真諸臣等隔至十餘日始行奏陳情形臣
固疑其必有欺蒙掩飾矣而猶徘徊累日不忍
遽發其覆者誠以諸臣縱敵僨事棄師潛逃致
使水師數千人無辜而橫罹鋒鏑苟稍有天良
亦應據實請罪以瞑死者之目而奏報揑飾至

此臣所以不能無言也溯自法事之起督撫絕
不籌防藩司復堅不撥餉一切交涉事務惟道
員陳維漢盛世豐方勳之言是聽該道員惟夷人
之言是聽他勿具論初三向晚該督撫尚據陳
維漢等所報謂我軍大勝移書紳士之言之是
夜潰勇踰城入而覆軍之報始至即此一端其

荒謬情形概可想見且即以馬江之役言之輪船十一非無船船也揚武等船非無炮也水師陸軍各營林立非無兵也相持一月餘非倉卒無備也戰書照會疊次而至非敵人猝發也臣聞洋人之論謂法兵之闖馬江駛入絕地有必敗之道三地本内港衹須以船擠船法艦必全

沈此上策也以四號砲船護以夾岸陸軍法兵
盡為炮的敵必不能上岸此中策也盡驅兵船
以駐上流祇以本地小船裝置火藥等物順流
蔽江而下加以陸軍火礶火箭（夾）岸抛射法當大
窘此下策也該大臣等計不出此陽雖主戰以
排和陰實望和而怯戰試問開（門）揖盜者誰聚輪

松竹齋

待殲者誰聞戰先遁者誰煌煌

諭旨所謂統率兵船屢請先發之張佩綸也且以張佩綸素負名重名屢陳洋務方其甫莅閩防孰不謂其必能保障海疆力籌戰局祇以未更兵事調度乖方該督撫與之同城豈能毫無聞見而規避取巧恇怯畏敵舉統兵之責拱手而退聽

於張佩綸卒至喪師辱
國以貽敵人之譏臣不禁為時事痛哭也夫邁達
一洋教習耳以曾在學堂故尚以戰期告該大
臣等乃秘不示衆必欲陷全軍於死地耶陳英
一輪船管駕耳寄書其家言積年薪水所得幾
及萬金受

國豢養苟戰必以死報該大臣等亦曾聞其訣別
家人之語耶且彼穆圖善者獨非大臣耶孤軍
無援堅當敵衝家有八十餘齡之老母而不敢
敢迴顧徒以受
恩深重目覩數十萬生靈不忍其盡遭塗炭而慷慨
誓死耳諸臣等尚復忌其成功日夕媒蘖其短

趣之以入城誣之以羣掣煽惑污衊無所不至
聖明洞見萬里敢以鬼蜮伎倆嘗試耶而猶不止此
也敵未燬船廠而揚言為克彼復方動黃超羣
一律逃竄而揑報其擊退法軍試問自初三敗
後以至初九何璟張兆棟始終未出城張佩綸
何如璋方各處逃匿何自而見各軍之接仗又

何自而見各軍之獲勝耶何如璋於何日入城
張佩綸於何時守廠有無督戰有無先遁耳目
昭彰公論具在而敢於變亂黑白顛倒功罪至
此忠義之士皆為寒心以上諸臣情罪輕重諒
難逃
聖明洞鑒臣惟喪師失律始終貽誤實以該督撫為

禍首僅予褫革嚴議不足蔽辜擬請

旨將該督撫交部治罪一面仰懇

密簡公正大員馳往查辦將此次潰敗情節形澈底

根究按照軍法奏請嚴懲以儆將來並請

收回成命將方勳黄超羣保案先行

撤銷聽候查辦其餘所保各員亦應查明有無

冒濫臣為統兵諸臣情罪重大奏報欺蒙謹據
實密陳伏乞
皇太后
皇上聖鑒謹
奏
光緒十年八月　初六日

再福建藩司沈保靖堅僻傲狠蔑視其長去冬
疊奉
嚴旨籌防該督撫方議次第舉辦該藩司堅不撥餉
時值浙商阜康兑局倒閉外間傳聞謂其於收
發各款時私行挪寄該局生息故倉卒不能提
撥此等曖昧之事臣亦不屑深求而閩省防務
實自委員赴浙監追後始辦臣查有台灣府知府
程起鶚係該藩司私人不飭赴任留省辦理局

務一人兼數優差招權納賄外議甚重該藩司
一切所為皆其經手現在援師集閩需餉尤亟
若再任其故吞出納朋謀營私抗不籌款深
恐肘腋變生閩疆垂危豈容再誤應請
飭下欽派大臣查明沈保靖程起鶚貪劣各迹從嚴
撤參請
旨罷斥至閩省現辦團練抽厘勸捐均緩不濟急請
飭下該督撫先行籌借庫欵若干作為團防經費以

濟急需事平陸續撥還謹附片具陳謹

奏

再督辦船政何如璋擅離船廠經臣前奏參劾

諒邀

聖明洞鑒臣閱閩信具言該局現無要工何如璋於

六月間將該局存銀二十六萬兩藉採辦為名

私兑回粵不經支應所員紳之手而私交旗昌

滙豐各洋行復預埋地雷署中為燔燬滅迹計

人言籍遠近駭然臣惟何如璋雖非統兵而故匿戰書情罪頗重若再有謀盜國帑等情居心尤不可問臣實不意其身歷華資而行類胠篋若此相應請

旨飭下欽差大臣一併查辦按律定擬以肅軍政而儆官邪謹附片具陳伏乞

聖鑒謹

奏

再目聞法船在厦門游弋居者遷徙甚多水師
提督彭楚漢近來於營務極為廢弛並聞有虛
報兵額剋扣軍粮情事任用右營游擊竇壯齡
声名尤為狼藉閱滬報载厦門守口輪船二艘
彭楚漢率行調往他處不知何意現在厦防緊
要仰懇
天恩嚴行訓斥該提督務當力除積習認真整頓不
得信任劣員致滋貽誤在籍總兵吳鴻源熟悉

地方形勢現在辦理民團頗資得力近聞有募
勇前赴台灣之信誠恐接辦非人防務難期嚴
密目查距廈[illegible]八十里之金門地方為洋船往来
必經之地該處兵力頗單請
飭該提督據險扼守力籌兼顧務成犄角之勢至廈
門軍火粮食俱乏應請
飭下該督撫轉飭興泉永道於厘金項下酌量提撥
派員迅赴廣東購辦軍火妥解到廈其就近之

漳州府屬產米最多私禁出口應令該道移咨

汀漳龍道諭令開禁以濟民食謹附片具陳謹

奏

萬培因奏稿 下

奏為民俗蠻悍械鬥蔓延會匪結連蠢動請

飭嚴加懲治並力行保甲以遏乱萌恭摺仰祈

聖鑒事竊福建興化府屬之莆田縣民俗蠻悍好鬥

近年尤甚遇有爭競動輒連結鄉村署鎗置鎗

礮倩教師呼羣挐隊多至千人少亦數百對敵

交鋒至傷斃多人而不悔地方文武積習畏怯

不敢查究民見告官不辦遂皆隱忍不告即佯

若罔聞必不得已則派差役前往諭止勉強取具空結粉飭了事不旋踵而鬥如故也聞自本年春來該縣東路笏石大崙兩互鄉相鬥致斃餘命報官不辦遂至蔓延四處羣相效尤於是北路九峰中沁至下滿郊上等村共鬥斃數十命南路則瀨溪頂至花亭埔頭等村共鬥斃數十命皆不許官自相報復惟西路廣業常太二鋪稍見靜謐最甚者笏石以下濱海數十鄉如

五虎六獅東沄東蔡朱寨等處現在無不鬥無
覽屍骸枕藉共見共聞而縣官安坐衙署若罔
聞知計自入以來春以來鬥者百餘鄉覽有數
十命禍亦烈矣絕未聞有辦一鬥案懲一兇徒
者現在南路近仙遊一帶黑白旗會匪又起在
瀨溪頂○嘯聚千餘人竪旗拜盟勾引鬥鄉入
會結党四出刦掠九里洋大路各處道路梗塞
民心洶洶倘非及早懲禁撲滅誠恐伏莽日久

連結日愈多閱係地方大局非淺可否請

旨飭下該督撫遴派妥幹員弁購拿銃鎗教師懲辦

勒令各鄉紳耆繳出銃礮毋許私藏聞保甲致

帶兵勇馳往圍捕著名匪犯并烏白旗匪盡法

懲治並將械鬥各互鄉起事各凶首及教習槍

砲各要犯按名悉獲到案究辦並拿收令收繳

私藏槍礮嚴行稽查保甲責成地方文武各官

遇有鬥案隨時親往拿辦稟报不准以取具空结私

和了事如有仍前諱匿粉飾立予參革庶官弁不敢玩視民命而兇徒亦知儆畏矣臣為綏靖地方起見是否有當伏乞

皇太后

皇上聖鑒謹

奏

光緒十年八月　二十二日　附片三件

壹文齋

再閩省教官於新進童生勒索脩贄多至累百
盈千士林不勝苦累前年七月間經御史謝謙
亨陳奏奉
上諭著督撫學政申明例禁加意訪查如有前項弊
端即將該教官嚴行參辦欽此士類聞風歡欣
鼓舞咸謂此後必能悉除錮習乃聞閩省教官
不但不肯革除而勒索比前更甚該教官等於
招覆前夕輒恃學署隔遠試院學政關防又密

惢文齋

外事莫得而知乘文武新進赴學填冊時威嚇
終宵照舊勒索未滿其慾則冊給不給填如議
至清晨未妥者教官反以抗不填冊為嚇聲言
要稟學政扣除新進未請不得不悉從其勒該
教官公然令新生各寫脩金單存執勒令原挨
廩生保認限期交納閩士紛紛傳說詫為數浮
於前方當
諭禁之初豈容該教官藐玩至此應請

旨飭下福建學臣於科考按試時認真禁革將欽奉

諭旨黏〔懸〕額〔各〕試院永遠遵守並飭提調官於招覆黎明親赴試院前查取學冊如內有被教官勒阻未填者當面給填送入覆試並准該生童控告稟明學政立將教官撤任參辦〔庶〕雪〔需〕索之積習稍可挽回矣臣愚昧之見是否有當伏乞

聖鑒

再選拔科為掄才要典自應多送備取方昭公道乃福建各屬教官於選拔一場生員赴學報名必多方勒索贄儀每堂每名或百餘金或數十百金不等始允報考否則不為冊送以致寒士無力照給雖有志切上進竟抱向隅聞前屆辛酉癸酉兩科多有一學止送一二名或止送一名者查拔貢每府學額設二名縣學額設一名若考者之數僅符取額之數何得謂選何得謂

拔似非秉公取士之道現逢乙酉選拔之期擬

請

旨飭下福建學臣於覆試各學生員一塲即諭令該

生等於卷面自註願考選拔字樣屆期教官送

冊查對有註考而不列送者必係教官勒索不

遂立行根究補送即將該教官撤任並先期懸

牌示限府學考拔至少送七八名縣學至少送

四五名所有教官陋規概行示禁如敢有仍前

需索者准各生員於點名時稟控立予參革庶
人才得以廣收而不背教官知所儆戒矣臣愚
昧之見是否有當謹附片具陳伏乞
聖鑒

再近閱邸抄閩督撫臣奏請將莆田縣選缺改
調摺內有該縣幁幅幁之廣甲於通省等語查
莆田縣近海各鄉民俗強悍自笏石鎮以下至
平海湄州忠門莆禧各處延袤近百里地廣民
頑最喜械鬥雖平海設有縣丞然汛兵差役不
過數十人不足以資鎮壓且地濱於南控馭勢
難周偏離郡窵遠而莆邑政務殷繁又有鞭長
莫及之勢臣查興粮通判與府縣同駐郡城職

總文齋

務殷簡可否請

旨飭下該督撫會商妥議將興化府糧捕通判改為海防通判移駐平海並就近於湄州各營水師酌調一營共扎鎮守即將平海縣丞移駐笏石首尾控制聯絡聲勢以成犄角不特海口不患空虛而笏石附近數百鄉亦可藉資彈壓一轉移間實於地方治理大有裨益矣臣愚昧之見[illegible]是否有當謹附片具陳伏乞

聖鑒

奏
奏為閩省船械缺之在事諸臣坐視沈毀有心
貽誤據實糾參恭摺仰祈
聖鑒事竊臣前以疆吏玩防督師失律情形具摺參
劾已蒙
聖明洞察現臣復接八月初一等日閩信知自法船

公牘

出口後諸臣泄沓如前善後事宜毫無布置揚
昌濬不日到防當可會同穆圖善次第舉辦惟
海道梗塞輪船既難猝辦礮械亦轉運維艱該
大臣等具有天良宜如何設補法補救乃據閩
函所述事後礮船沈毀情形令人髮指不敢不
為

皇太后
皇上覼縷陳之初三之敗毀者九船伏波藝新駛避
上游畏以脫逃獲罪次日捏稟督且何璟謂船
已被傷請鑿塞林浦該督並不查實遽行批准致
完好之船自鑿而沈管帶官并至今漏網若不
嚴懲何以警後更有永保等四艘舉火自焚管

公牘

帶水勇悉行鳧水而逃該船浮沈中流四五日
後餘燄猶未盡熄蓋輪船鋏木相銜外殼浸水
不易遽燼故也船廠近在咫尺使該大目何如
瑋等逃歸之後設法戢滅船殼雖不可用機器
鋏脅儘可收拾聽其自燼不知何心尤可怪者
閩輪十一艘並擊沈之法船就文中沈礮合計不

下五六十尊福勝建勝二船載礟尤鉅當此礟械缺之該大目等曾不議及撈取經福州府知府張國正稟明督撫飭督標副將岱齡雇工懸賞計費制錢六十餘千撈得揚武船所載之六千斤後膛大礟二尊三千斤後膛大礟二尊及各船所載大小礟位共計二十餘尊並後膛鎗

松竹齋

子一箱計八千粒暨鉛子銅帽礮架不少呈明
何如璋請賞何如璋給以洋番八元請益則大
怒請謂船中要物甚多爾等既能起取即行札
飭看守該副將回稟督撫始行批免而撈礮之
議遂罷迄目接信之日業已一月有餘仍聽沈
沒沙壅愈深撈取愈難且水浸易鏽日久必不

可修際此軍火萬緊之日坐視可用之大礮數
十百尊棄而不取喪心昧良莫此為甚謹據實
糾參請
旨究辦並請
飭下閩省疆吏速將所有沈溺礮械船隻懸賞設法
悉數撈取不得再有貽誤於閩防實有裨益是

松竹齋

否有當伏乞

皇太后

皇上聖鑒施行謹

奏

光緒十年八月　　二十二　　日

松竹齋

奏為基隆已復滬尾仍危亟請餉援以維全局恭
摺仰祈
聖鑒事竊臣比聞基隆之捷傷斃敵人甚多奪獲槍
械無算
天威可伸閩仇稍復不禁額手稱慶惟昨得厦門電
信知敵船駐基隆者五駐滬尾者八自二十攻
撲以後敵人於滬尾一帶營築山壘近泊淡水

援絕餉空旦夕可慮等語　臣維臺灣一隅屏障沿海七省兼以五金之產材木之饒甲于天下外夷虎視已非旦夕一擊不中勢必全力注之斷不能如福州之役稍受懲創即復捨而之他劉銘傳智勇沉深誠可獨當一面唯再接再厲將士不免損傷若復來往應援奔命則有疲乏之憂望餉則有饑潰之虞萬一疏虞縱猛獸于既困敗大功于垂成一著失先全局俱震甚可

惜也擬請

嚴飭戶部速撥有著的餉兌交外國商輪運交至臺北夫軍火或被禁格至轉載銀項商兌商收若不指明軍餉斷無阻掠之理餉糈既足兵氣自倍法人再有敗衄度可就我範圍是今日餉糈之濟否不僅係全臺之存亡主計諸臣亦必籌及當不至吝惜目前貽誤全局至敵船在港援臺之軍雖有

嚴旨飭令各省通籌臣決其必無一應何也盻域之
見中於隱微復有各國輪船不肯接載之例俾
得籍口勢不過以鞭長莫及自顧不暇等詞敷
衍復奏何裨實濟計惟請
斷自宸衷
諭令南北洋大臣立即選撥得力快碰銕脇等船各
五六艘會齊前進蹈瑕擊虛進可以分其攻取
滬尾之心退可以牽其竄擾各口之計夫法人

兩三月來聲言犯粵犯滬犯大沽曰徵黑夷曰
載越兵曰增銕艦調氣毬究竟皆恫喝耳意所
專屬者臺灣而已兵輪在中國者始終十三艘
而已所謂陸軍二千者被脅之奸民潰勇而已
向使馬尾既敗敵甫出口之時敗船未修傷夷
未復裹脅未集南北洋大臣果能公忠體
國協力同心撥船進剿一鼓可以聚殲乃聽其從
容修備一月有餘復致有基隆之失今雖基隆

克復滬尾仍屬可危即使幸保無虞縱其四出
竄擾難保各口不復為基隆之續縱敵失機一
之為甚其可再乎論者鑑於馬江之敗或謂我
舟實非彼敵不知是役也敵人先發我未起椗
且我萃港內敵人乘潮而進故彼轉棹裕如我
舟悉為礮的非真不能敵也今若發輪援臺敵
萃港內我在洋面登岸則襲他竄則躡可進可
退可戰可避我處處皆活著敵處處須反顧與

馬江一役正相反耳烏可泥懲羹吹齏之見為
因噎廢食之謀乎總之南北洋大臣若能遵
旨發船不必直攖敵鋒但為牽掣之計海道之險彼
不得自專自不至肆行無忌若仍抗
旨不發船擁船自衛將以為苟幸無事則只此十餘
敵舟勝則登岸侵掠敗則斂船休息萃于一處
而一處危擾及各口而各口獘彼得操縱自主
我轉防不勝防孰得孰失有不待再計而決者

臣故深願我
皇太后
皇上乾斷施行無為浮議所動全臺幸甚大局幸甚
臣愚昧之見是否有當伏乞
聖鑒謹
奏
光緒十年九月初二日附片三件

再臺防緊急風聞業奉
諭旨飭嘉彰兩邑迅募民團以厚兵力臣惟臺防急
務尚有二端一籌餉需一達文報臣查臺北紳
士林維源家資數千萬雖經兩次捐出鉅款際
此軍務危急責以再行倡捐保固桑梓實亦義
無可辭其次則臺灣府屬商人陳邦記係鳳山
縣人張怡記係泉州府人資產在臺不下數百
萬舉人張紹芬拔貢朱海樓亦數十萬又鳳山

縣屬之武職藍姓嘉義縣捐職黃季瑶陳熙年
彰化縣鹿港商人陳慶昌及大甲溪鄉王姓寓
鼇頭鄉蔡姓新竹縣捐職翁林萃鄭稼田林悅
都殷實著名擬請
飭
下劉銘傳遴委妥員馳赴各縣按名指款嚴諭捐
輸毋得藉端勒索該紳商等亦不得飾詞延宕
致[illegible]誤軍務其南北各口郊行富賈亦應酌量
勸捐以裕餉項又電[illegible]線惟安平至旗後一段

有之其府城至基隆路約千里風聞近日始議
設立電線擬請
飭下劉銘傳迅行舉辦其由臺達内地必須海線臺
南北各口現有夷船游弋磚碍難興工查鹿港
海口不通輪船請由該處安放海線達泉州府
屬之蚶江再由蚶江陸路接入福州取道較近
文報可期迅速又臺地產磺不產硝請設法運
硝到臺可以自製火藥於臺防不無少裨是否

有當謹附片具陳伏乞
聖鑒謹
奏

再馬尾之敗殉難輪船管駕官葉蒙
諭旨從優議卹仰見
朝廷褒忠之典於微末偏裨亦承殊渥伏讀之下欽
感莫名抑臣竊有請者五品軍功陳英蒙
特旨加銜優卹可照游擊陣亡例得有卹銀并加世
職守備許壽山葉琛應得卹典核與陳英亦屬差
等惟五品軍功林森林雖同奉
旨優卹而例載外獎軍功陣亡僅照馬兵例給卹銀

五十兩并無世襲其所得軍功是否奉

旨獎給尚應令該督撫查明咨部再行核議目惟林

森林與陳英等官職相等血戰捐軀事亦一律

朝廷概予優卹略無區別而詳繹例章該軍功林森

林所得卹典殊與陳英等相懸遠甚可否仰懇

天恩飭部免其行查將林森林逕照五品官陣亡例

從優議卹之處出自

鴻慈逾格目為激勵忠義起見是否有當謹附片具

陳伏乞

聖鑒謹

奏

忠文齋

壹文齋

再厦门兵力甚單經在籍總兵吳鴻源募辦民
團梭巡海口地方奸宄頗知斂迹風聞該鎮現
奏
諭旨赴援臺灣恐厦門團防因此廢弛擬請
旨飭下閩省督撫會同團練大臣擇舉本籍公正紳
士鄉望素孚者與該處提道公同籌辦其吳鴻
源所造龍艚數隻係巡視洋面之用即交該鎮
舊部守備陳瀚管帶認真巡緝勿任鬆懈又厦

門團經費甚形支絀亟應設法籌款以資辦公
查有捐職洪廷琛本係粵籍寄居廈門號稱巨
富不下數百萬次則捐職林遠芳葉文瀾王青
雲李永仁又次則商人容蘭生魏蓮緒歐陽井
楊文圃黃滄溪等家皆殷實際此桑梓多事需
餉孔殷該紳商等理應竭力報効應請
飭下該督撫轉飭興泉永道傳諭洪廷琛首先捐款
不得以寄籍為詞並令該紳商等踴躍捐輸集

成鉅款以為國防經費於地方大有裨益謹附
片具陳伏乞
聖鑒謹
奏

奏為疆臣參款查辦已有實據處分太輕請

旨交部嚴加議處以儆官邪而肅法紀恭摺仰祈

聖鑒事竊臣近閱邸抄江西撫臣滿霨被參經

欽派侍郎孫毓汶等查明覆奏除原參各款查無確

據外其楊姓欠漕及新喻縣鬨堂二案奉

旨交部照例議處臣愚以為此二案滿霨處分失之

太輕謹為

松竹齋

皇太后
皇上縷晰陳之原參德興縣勒徵斃命一款該侍郎
等覆奏小梅村楊姓一族所欠地丁一千一百
餘兩漕米六百餘石仍歸各本戶追完並非楊
之望經管該撫原奏於此處聲敘錯誤等語查
該撫原奏聲稱據該府縣稟報小梅村楊姓積
欠地丁銀一千五百餘兩漕米八百二十餘石
此項公產錢粮係職員楊之望經管各情敘述

詳悉案關人命不為重又經府縣通詳不為不
碻何以與該侍郎等覆奏竟至兩歧目以錯誤
殊為未當且楊之望身死雖查無威逼覽命碻
據然以楊姓一族積欠兩向楊之望一人追完是
則該撫早存一勒索苛斂之心屬員承其風旨
以致楊之望無路求生服毒自盡即謂楊之望
之死〻於該撫之手可也若僅科以聲敘錯誤
而不復覈究其玩視民命揑飾奏報之罪殊

殊不足以瞑死者之目原參知縣陳乃機諱灾
激變挾嫌誣揑一款覆奏上年八月間新喻兩
次滋事皆因鄉民赴縣報灾鬨鬧毆設役傷官該
縣訪係胡鷺荐主謀解省審訊訪撫以查無証
據批飭取保當時未經奏聞
聞殊屬疏漏等語臣查該撫辦理丁漕各指於紳
富欠粮等語弊言之可謂痛切新喻縣果有鬨
堂毆官重案該撫宜無不據實具奏從嚴懲辦

以儆刁風何以甘違定例應奏不奏其中疑竇
顯然難保無該縣辦理乖謬稟報不實種種情
節難以上
聞之處且該撫先時欲將陳乃機撤參後復調署
長甯委曲調停倏忽起滅人言嘖嘖謂其收受
賄賂此等暧昧之事固屬無從查明惟以如此
重大案情該撫匿不奏
聞顯係有心徇諱若僅科以疎漏之咎而不究及

該縣激變之由與該撫徇私袒庇挾同匿諱等情未免失之輕縱以上二款皆查有碻據而科罪太輕照例議處不過罰俸降留而已庸闇貪劣如潘霨轉得久於其位殊不足為疆吏溺職者戒再臣聞潘霨少年在前任安徽巡撫李嘉端幕中倚勢招搖聲名狼藉其在閩省學幕時與流妓阿嬌訂約私娶洎潘霨出綰閩藩該妓女業已改嫁潘霨令其往來署中醜聲四達

嗣因訛索不遂該妓女在大堂上穢詈將彤(行)上
控啗以多金僅乃息事其官閩歷年官聲亦貪
劣異常屢被參劾似此猥瑣齷齪之才實屬有
忝疆圻之寄現在潘霨年近七十逋負纍纍日
暮途遠倒(倒)行逆施誠如
聖諭
所云深恐貽誤地方者今既查有碻(確)據擬請將
德興新喻兩案按照原參覆奏各摺坐以勒徵
釀命匿命奏徇私罪名

飭部嚴加議處以肅官方至知縣高隆謙孟慶雲雖
查無關說通賄碻據然以被參有案之員該撫
甫及限期即急急為該二員請銷察看停委字
樣有無納賄交通殊難憑信且該二員平日倚
仗劣幕聲勢與撫署往來一切招搖聲名惡劣
該撫遽加信用亦應予以處分以示懲儆其高
隆謙孟慶雲二員仍請
飭下該撫調省察看停委如果不安本分即行奏參

倘再別經發覺即治撫該撫以兼應得之罪日為
疆吏省劣款屬實處分太輕起見謹據實密陳
伏乞
皇太后
皇上聖鑒施行謹
奏

光緒十年九月　　十六　　日

附片一件

同日遞兩封

壹文…

再巡撫之職重在察吏安民，而安民由於察吏，是察吏尤為當務之急。查江西實缺知府直隸州僅十四員，前江西學政陳寶琛奏參吉安府知府鍾珂、九江府知府達春布、甯都州知州韓懿章三員，並參候補知府榮綬，先後奉
旨韓懿章、榮綬革職，達春布、鍾珂開缺另補。侍讀王邦璽等奏參廣信府知府董兆奎一員，奉
旨交部嚴加議處，旋經部議革職。是實缺守牧中被

參之劣員已居三分之一此外未必皆能稱職該省吏治之壞爲近今所罕見該撫潘霨到任以來於實缺中貪劣最著之員毫無聞見形同聾瞶且陳寶琛原奏所稱江西府縣中因循廢弛顢頇粉飾者多及今不爲振刷養癰貽患不可勝言該撫偶以屬員賢否見詢臣亦據實相告等語乃該撫竟不將劣員劾治致該學政特疏糾彈尤屬明知故縱有心徇庇又知府董兆

奎劣聲素著本年
大計列入卓異該員於廣信府任内犯有貪酷不
法等欵現已別經發覺該撫既不先行揭參復敢
朦混保薦種種庸闇謬妄指不勝屈未能察吏
何以安民無怪其辦理地方事務顛倒乖舛毫
無治理苦累閭閻溺職辜
恩罪無可逭臣見聞所見及不敢自安緘默謹將江
西巡撫潘霨表率失職撫綏無術等欵一併糾

參可否請
旨立予罷斥以肅官方而固邦｜｜｜｜｜｜
本是否有當伏候
聖鑒施行謹
奏
光緒十年九月　十六日

吏科給事中臣○○○跪

奏為臺灣防務緊要請

飭紳士辦理團練以輔防軍而支危局恭摺仰祈

聖鑒事竊臣近聞法人併力攻臺議封海口臺地兵

力本單若果輪船不能往來援軍勢難飛渡計

惟有迅募民團一法臺人好勇善戰同治年間

松竹齋

土匪戴萬生之亂郡城及嘉彰兩邑俱陷卒賴民團之力以次克復維時為之倡者紳士林占梅一人而已臣查臺北三縣林陳兩姓最多聚族而居不下數十百鄉鄉不下數千戶臺人最重紳衿最敦族誼識得同姓紳士為之倡率鄉人一呼百應可以剋日成軍查臺北紳士三品卿銜

候選道林維源候選知府前內閣中書陳霞林居鄉皆有聲望為林陳兩姓鄉人所信服林維源田產尤富即佃戶已不下四五千家臣愚以為辦團必自臺北始臺北之團又必自該二紳合辦始惟聞該二紳平日因細故齟齬頗有嫌隙於地方公舉往往不肯共事可否請

旨飭下劉銘傳傳諭林維源陳霞林令其盡釋前嫌
合力齊心保衛桑梓由該撫移咨給予該二紳
督辦團練字樣以重事權（許以）事平之後請
旨破格超獎以示鼓勵至臺南各縣惟嘉義紳士候
選知府陳熙年鄉望素孚家資亦富應將嘉義
團務由該二紳移知陳熙年令其募辦其鳳山

臺灣彰化鹿港等處應由該二紳保舉公正紳
士隨同募辦募成各營仍歸該二紳調遣以專
責成如此則由北而南全臺可得團勇若干營
實足以厚兵力於防務大有裨益至臺地籌餉
勸捐臣前奏具陳諒邀

聖明洞鑒陳霞林家非巨富斷不必令其捐輸而一

公什齋

切勸捐事宜亦可幫同林維源辦理庶集款較速

可期早濟軍需臣愚昧之見是否有當伏乞

皇太后

皇上聖鑒施行謹

奏

光緒十年九月　十六　日

附片一件

再　臣接閩信知法船麕集臺北併力圍攻議封
海口福州口外僅餘二三艘泊連江縣之屬之
南竿塘地方皆係損傷待修之船每船僅數十
人且非精兵如蒙
諭令南北洋派船援臺可否審密
飭先赴福州海口圖襲南竿塘以多攻少我操必勝
足令彼軍奪氣如敵聞警回援援臺圍必鬆我
船可相機退駛或乘間逕往援臺臺彼軍兵力

既分使之疲於奔命然後以計攻之亦兵法也

目愚昧之見是否有當謹附片具陳伏乞

聖鑒謹

奏

奏為通籌臺防敬陳管見恭摺仰祈
聖鑒事竊臣前因
交議事件公疏條奏十六日復以臺防緊要專摺
陳計邀
聖明洞鑒茲臣復接廈門轉信及日內風聞妄擬三

端用備
採擇一湘軍淮軍宜互調也風聞左宗棠疏請由南
洋撥船五艘北洋撥船四艘迎接楊岳斌新募
八營赴臺現在楊岳斌所統之營能否剋期應
援固難懸揣第念髮捻平定以來湘淮兩軍各
樹一幟現在劉璈所募湘勇不下萬人而劉銘

傳奏報情形若除銘武一軍他無足恃是不獨
湘淮各存意見蓋腹心指臂之用非所素習亦
實有難於調馭者且楊岳斌與劉銘傳勢難相
下不莅臺則統帶無人莅臺則事權不一彼此
牽掣雖多奚為向特患南北洋不撥船救援耳
今既有九艘可以濟師則與其載緩不濟急之

湘軍不若將原撥援台折回之淮勇二營及現
駐江陰張景春所帶之淮勇六營移載赴台而
以楊岳斌所募之湘軍八營次第由江輪載至
江南填補淮軍之缺即令楊岳斌駐紮上海以
便調度接應如此則以湘軍歸曾國荃以淮軍
歸劉銘傳稍一轉移不獨台援迅集亦各收廉

頗用趙之效一客兵土勇宜並重也臣接厦門信云臺北淮軍不習水土受瘴故者甚多劉銘傳以親軍過單志在固守待救土人欵（疑）其退怯洶洶不平官紳積欵（疑）久恐激變等語臣惟臺人强悍性成緩急可用劉銘傳歷臺未久人情風尚猶未知盡知故不能就地取材因勢利導臣

謂與其上下猜憤將同室以操戈不若兵國相資化閭牆為禦侮蓋土勇之勝客軍其利有五無瘴故之患利一習山蹊之險利二傷亡即補無轉載之艱利三各衛身家其戰必力利四游手無業者悉編伍藉敵人無從誘脅利五第非假以重權則責成不專易致觀望查林維源本

有三品卿銜陳霞林係候補知府可否破格鼓
勵
寵以虛銜
特授督辦團練字樣
諭以劉銘傳孤軍無援兼須統顧全局該紳籌籍隸
淡水食毛踐土二百餘年理宜敵愾同仇以彰

義憤所有基隆地方為法人所侵占者責令該
紳等督率鄉團和衷共籌力圖克復亟取所用餉
糈即茲該紳就地籌捐俟事平之日准予開單
移獎
天語寵褒該紳等具有天良必能毀家紓難一面請
諭寄劉銘傳務須設法連絡維以固人心毋得專恃

客軍致成孤立一保護法商宜有限制也前奉
諭旨法商一體保護我
朝如天之仁原冀其悔而就範乃數月以來猖獗愈
甚要求貪愈貪嘗予詰且曾未規畫全局夫各
國之利於言和者為通商耳若一面決戰一面
可以通商則外夷與我遂有不必求和之勢故

法商不停不獨敗不可恃即我百戰百勝法人
斂兵歸國不言戰亦不言和彼但歲歲為入寇
之謀我遂處處設防之日相持既久於彼之
商務略無所損而我之餉力固已不知支從來
勞師襲遠其利在速戰今轉我急而彼暇其戰
是故今現在法人既據基隆復欲封我海口怗

悪欺淩普天因憤應請

明降諭旨將法人不知悛悔不能一體保護情形再

行宣布中外所有各省通商口岸法国坐商及

往来法国商船勒令限期一概与之绝市一面

飭南洋大臣將法使巴德諾即行驅逐不得任令留

滬潛通消息並

公寸齋

飭總理各國事務大臣照會俄使不得藉口保護此
議果行則法之商人度必以罷戰爲急蓋外國
之餉取之於商戰未得利商人先受其害孰肯
棄已獲之利供無窮之餉耶且各口停商之後
即使基隆煤礦毁一不守而煤礦得利之商未
必即各口停利之商我但堅持彼必内閧此理

再臺郡情形官与紳不協紳与紳復不協外
患方殷內訌未息何以禦難閩屢
飭劉銘傳轉諭各紳而伏處遐陬者恐未能遍諭
中旨現在吳鴻源度已渡台擬請
寄諭該員酌選公正紳士宣布
朝廷德意務令林維源陳霞林共釋夙嫌協心努力

公竹齋

遇有戰守事宜尤當進商控臣無乃阻撓推諉

庶幾鄉里臣民如盼

天語忠憤感激不戒以孚矣謹附片具陳伏祈

聖鑒謹

奏

再聞前任德國定造鐵甲船二艘計費三百三
十萬金約於去年六月即可駛至中國現已逾
限一年有餘當此軍務方興需船孔急不思設
法駛回殊形玩愒況此船定於法未開釁之先
斷非公法所能禁格且德人唯利是圖但重與
保險銀兩無不可通融辦理擬請

公于齋

嚴飭李鳴韋令其電催李鳳苞設法借旗即日回駛

儻再藉辭枝梧定治以有心延悞之罪是否有

當謹附片具陳伏乞

聖鑒謹

奏

三品銜新授直隸天津道臣萬培因跪

奏為恭謝

天恩仰祈

聖鑒事本月初七日內閣奉

上諭直隸天津道員缺著萬培因補授欽此竊臣閩

中下士知識庸愚由進士供職儀曹洊歷臺諫

恣之簪

涓埃未報兢惕方深茲復渥荷
溫綸補授今職自
天聞
命倍切悚惶伏念天津為繫要之區道員有監司之
責如臣檮昧懼弗克勝惟有籲求
宸訓敬謹遵循俾到任後於一切應辦事宜矢慎矢

奏為各直省年穀順成亟宜及時廣籌儲積俾得

圖匱於豐請

飭各省督撫查照川省辦理積穀章程實力籌備以

厚民生恭摺仰祈

聖鑒事竊維救荒之策積穀為要前此晉豫等省被災

荒災賑濟艱難曾於光緒四五兩年迭次奉
旨通飭各省督撫興復常平社義諸倉仰見
聖主痌瘝在抱軫念民依之至意各省大吏如果督
飭所屬實力奉行圖匱於豐何至如去年山東
湖北等省復有截漕請帑情事乃近聞各省州
縣雖累奉通行有全未開辦者亦有舉行數處

而各該省大縣應行廣爲籌儲各該督撫聽其
任意朦稟不即舉辦者以至上年災祲計無復
之輒向鄰省挪移轉爲敷衍目前之計似此節
節搬撥所費不貲且途中糝和偷漏在所不免
侵蝕中飽流弊滋多豈能實惠及民再閱各省
州縣捐收穀石多係官爲屯積收掌仍由胥吏

經手將來易新出陳難保該州縣不有侵蝕挪
移情弊殊非慎重積穀之道臣愚以為與其主
持在官而民無責成何如經管在民而官難虧
短查上年四川督臣丁寶楨奏稱該省向無蓄
積現經酌撥鹽釐飭由各該地方官一律興辦
通飭所屬州縣
採買
勸捐共積穀至一百二十餘萬石分別存倉均
數

由各該紳董自行經管並取具實收切結存案
是該省積穀尚屬辦有成效比年以來各直省
歲慶屢豐戶登康阜可否請
旨飭下各省督撫查照川省辦理積穀章程先行撥
款籌辦並通飭各屬州縣於所屬鄉村會集紳
耆隨宜勸導俾富民各出其有餘而不限以數

務在樂輸勿得苛派本鄉所捐印儲之本鄉當
社立倉仍以本鄉殷實公正之人總司其事所
有一切斂散章程悉依先賢朱子成式州縣官
社倉
並查照定例
但有稽查之責不得侵其出納之權其前此有已
捐積穀收掌在官者並令查照前因由州縣費
交紳董自行經管併取具各該紳董實收切結詳

報存案倘各該州縣延不交出一經發覺即將
該州縣嚴行查辦庶經久無弊而備荒有資矣
臣愚昧之見是否有當伏乞
皇太后
皇上聖鑒謹
奏

光緒十年十一月廿九日

再臣本籍福建崇安縣所屬五夫里即宋之開
耀鄉爲先賢朱子故里社倉積穀在焉自宋乾
道以來歲一斂散既以紓民之急又得易新以
藏具有條約累代相沿經理無異明季經有司
飭修倉廒碑記可考
國朝道光以前歷任地方官尚能留心民瘼屢奉
維

飭查勸捐買補選擇紳董責成經理近則日就頹廢而官不過問現在倉廒倒塌惟陳穀尚多及今振作猶可踵行可否請
旨飭下福建督撫轉飭該地方官設法整頓冀復先賢遺迹以廣偏隅備荒之義謹附片具陳伏乞
聖鑒

勢之必然者也故不停商務我雖勝而害無窮
能停商務我且敗而勢可脅利害之間相去霄
壤或謂法商在中國者無多恐非所重不知法
有租界碼頭等商且少而輪船運儀之利亦多
觀此次所擬條約一則欲購其船械再則辦欲
辦鐵路工程未嘗不以商務為請旋是其所認

且我家所畏法要挾壓抑商局於美國是彼能阻
家之商而我當欲護彼之市豈是理哉交迫而
言戰原
朝廷不得已之苦心不顧
國偉而一意求和其罪固不容誅但深知主戰而不思
制敵之策則無一日偉勝總無跨海聲討之日

是無論為和為戰權皆自彼操之將以何策為
收東地哉 臣故謂閉關絕市之謀不可緩也 臣
為籌防制敵起見是否有當伏乞
皇太后
皇上聖鑒謹
奏

光緒十年九月　二十六　日附片二件

再直省各府州縣地方廟祀正神實能禦災捍
患有功德於民者經該督撫奏請或
賜封號或崇祀典無不立荷
褒榮臣本籍福建建甯府崇安縣所屬之新豐鄉吳
屯里有瑞巖寺奉祀辟支古佛自唐迄今歷著
靈蹟捍災禦患不可殫述禱雨祈年尤為顯應

松竹齋

佛遺鐵牌珍藏府庫每逢旱潦瘟蝗迎請鐵牌
供奉無不隨地感應咸豐七八年髮逆兩次由
江西竄入崇邑四鄉擄掠殆盡惟端巖不能入
賊至則天昏地黑迷失路徑居民遷避山寺幾
數千家俱得無恙同治五年齋匪之亂崇安建
陽兩邑被擾府域戒嚴賊大隊由江西入關以

灰麪捻成僞主彩輿蜂擁到處煽惑脅從匪徒莫知其僞行經瑞巖山外忽然霹靂一聲雷擊僞主賊懼大潰脅從解散適值官軍追剿巨魁授首兩邑遂平郡城無恙近如光緒九年自五月上旬至七月中旬建屬七邑俱旱田苗焦槁紳民羣詣府庫迎請鐵牌虔赴瑞巖設壇祈禱大

雨隨降轉歉爲豐查古佛傳載佛姓翁氏法號
藻光祖巨隅官拜榮府諮議參軍文承欽辟薦
河西節度推官中年艱於子嗣棄職歸家廣佈
善根多行方便會歲饑倒廩傾囷損貲賑濟全
活多人一夕夢老僧荷錫持鉢求歇宿亭有侍
者曰此辟支古佛也已而母孟氏遂有娠誕於

唐會昌四年居繈褓中即具佛性長遂出家建寺於瑞巖刻苦清修杖錫雲遊冬日常扣冰而浴暑無寒色時人神其行號曰扣冰和尚道能驅魔降魅伏虎召龍每以救世度人為念四方有請不憚跋涉年八十五坐化成佛邑人供奉香火累代不衰宋封靈感法威慈濟妙應普照

大師又有護法三將軍曰顯仁[illegible]唐宏曰
協仁孚佑侯葛雍曰輔仁廣佑侯周武凡古佛
普濟之功皆三神襄助之力宋時並膺封號司
昭靈感洵屬被民生壹邑俗尚迎神建醮每歲
仲春報賽浮費頗繁近經邑紳公議節省迎神
經費
建立社倉名曰佛惠籌備積穀行之數歲頗有

成效是亦神靈感應功德及民之一端也竊維
報饗以靈有功位號克膺羣祀百靈效順典禮
有常相應請
旨飭下福建督撫查明古佛及護法三神靈顯事蹟
奏請
敕賜各神封號列入該縣祀典以昭　　而合輿情

謹附片具陳伏乞

聖鑒謹

奏

勤以期仰答

高厚鴻慈於萬一所有微臣感激下忱謹繕摺叩謝

天恩伏乞

皇太后

皇上聖鑒謹

奏

光緒十年十二月　初九　日

呈

遵查御史戴彩於八月二十三日到域於則會商事

件尚無可否堂訊訟案不置一詞迨越旬日以後會

審案件偶經詰問或不近情間有時意不耐煩輒令

將兩造併行責打或令將兩造併行看押均經本道

持正阻止然亦未嘗爭執是以公事尚無貽誤九十

月間本道兩次奉

派入

闈監試期內載彩並未提訊訟案僅有正指揮並根

王效合喊告鋪夥魏長庚一案經載彩手批飭傳訊

錄供詳報亦無不合款式又有並根無名男子倒臥

一案批飭速驗錄供詳報案係倒臥雖無供詞可錄

（驗明據實詳解）（人證可解）

亦於公事並無妨礙至載彩初任巡城車馬繁盛僕

從多人頗招物議曾經本道盡言規勸尚能虛心聽

紬頓加檢束嗣聞尚有在外招搖之人詢據司坊官
等覆稱十一月中旬有都察院候補都事楊希祖親
詣外坊口述載彩諭傳司坊等官赴宅有面交事件
並稱有欲揭參本城司坊之語意在挾制招搖當據
司坊官等呈出載彩所交飭拏通州倉匪諭單一件
緣非本城地面不應越境擅查拏經本道面飭司坊官

等回覆載移並將諭单繳回矣以上名節理合據實

聲覆謹呈

旨

萬培因現年四十九歲係福建崇安縣人由附
生中式咸豐五年乙卯科舉人六年丙辰科貢
士九年己未科進士奉
以主事用籤分禮部是年五月到部同治七年四月
學習期滿奏留以主事候補光緒元年十一月
以襄辦

公什齋

典禮出力保奏奉
旨著以本部主事無論題選洛留遇缺即補並賞加
道銜二年七月奏補主事三年丁丑科
派充會試副提調九月題升員外郎四年六月奉
旨記名以御史用五年
京察一等閏三月以襄辦

典禮出力保奏奉
旨賞戴花翎並俟補御史後作為歷俸期滿十月題
升郎中六年庚辰科
派充會試正提調十二月
實錄慶成以校對出力保奏奉
旨著在任以知府不論雙單月遇缺即選俟歸知府

班後賞加三品銜六[是]年九月奉

旨補授山西道監察御史七年四月截取

記名以繁缺知府用十二月奉

旨巡視東城事務九年七月奉

旨協理京畿道事務十一月奉

旨補授吏科給事中十年二月奉

旨巡視北城事務三月截取

記名以繁缺道員用十二月初七日奉

旨

上諭補授直隸天津道

公什齋

奏

花翎二品銜升授直隸永定河道臣萬堉因跪

奏為恭謝

天恩仰祈

聖鑒事本月十八日內閣奉

上諭直隸永定河道員缺著萬堉因補授欽此竊臣

閩中江下士知識庸愚前由吏科給事中補授

記名以繫鉄道員用旋蒙

恩補授直隸天津道承筆録旋以憂去亦因起服剔

涓埃未報虩惕附深荷後仰蘄

京候補後營

温綸補

飭授今職自

天聞

命佞切悚惶伏念直隸為繫要之區河遥員有宣防聯閱之

責如臣精昧懵弗克勝惟有籲求
宸訓敬謹遵循俾利任臣於一切應辦事宜矢慎矢
勤以冀仰荅
高厚鴻慈於萬一所有微臣感激下忱謹繕摺叩謝
天恩伏乞
皇上聖鑒謹

奏

光緒十五年六月　二十　日

萬培因現年五十四歲係福建崇安縣人由附
生中式咸豐五年乙卯科舉人六年丙辰科貢
士九年己未科進士奉
旨以主事用簽分禮部是年五月到部同治七年四月
學習期滿奏留以主事候補光緒元年十一月
以襄辦

典禮出力保奏奉

旨著以本部主事等論題選後留遇缺即補並賞加

品銜二年七月實補主事三年丁丑科

派充會試例提調九月補貴州郎四年六月奉

旨記名以御史用五年

京察一等閏三月以襄辦

典禮出力保奏事
旨著戴花翎並候補御史後作爲歷俸期滿十日補
郎中六年庚辰科
派充會試正提調十二月
實錄館成以校對出力保奏事
旨著在任以知府不論雙單月遇缺即選俟歸知府

班命賞加三品銜是年九月奉
旨補授山西道監察御史七年四月截取
記名以繁缺知府用十二月奉
旨巡視東城事務八年七月奉
旨協理京畿道　務十一月奉
旨補授吏科給事中十年二月奉

旨巡視北城事務三月裁缺
記名以繁缺道員用十二月奉
旨補授直隸天津道十一年到任十二年正月以辦
理江浙海運漕糧出力保
奏加二品銜六月卸任回籍守制十四年九月服闋
本年三月赴部候補本月十八日奉

新補授直隸永定河道

鄧承修片

再巡視東城御史載彬聲名惡劣目不知書而數上多言事其中詭秘不問可知但未經敗露言者亦未敢輕發耳若復畀以城差得所憑藉必致益無忌憚不惟敗壞風憲抑且貽誤地方應請

旨飭下都察院堂官查明參劾以肅台綱謹附片陳

奏伏乞

聖鑒訓示謹

奏

都察院為劄行事本月初二日奉
上諭給事中鄧承修奏巡視東城御史載彩聲名惡劣畀以城差
必致貽誤地方請飭查參等語著都察院堂官確切查明據
實具奏欽此查該道與該員係屬同城應抄錄原奏咨行原

叅各節據實查明呈〻侵切勿瞻徇因用印不〻〻行白片可也〻

須至劄者

計單一紙

右劄山西道萬　准此

光緒捌年拾貳月初伍日

當月官保[illegible]

前任天津道萬　年五十一歲係福建崇安縣人由附生中式

咸豐五年乙卯科本省鄉試舉人六年丙辰科會試貢士九年己未科

殿試進士奉

旨以主事用簽分禮部同治七年四月學習期滿奏留原補光緒元二年七

月奏補主客司主事三年九月題升祠祭司員外郎四年六月

奏

旨○○記名以御史用五年

京察一等三月奉以襄府○○典禮出力保奏奉

旨○○賞戴花翎十月題升祠祭司郎中六[redacted]年九月奉

旨○○補授山西道監察御史七年五月奉轉掌山西道監察御史十二月奉

旨○○協理京畿道事務十一月奉

8旨巡視東城事務九年七月奉

旨○○補授吏科給事中[redacted]十年二月奉

旨○○巡視北城事務三月裁缺

言名〃錄陝道員同十月初七日奉

旨〃補授直隸天津道於十一年四月二十四日到任十二年正月以辦理江浙

海運出力保獎

賞加二品銜茲於光緒六月十一日在任聞訃接到家信知丁親父憂於六月廿

日卸事任

計開 三代

曾祖父國清
曾祖母葉氏 俱殁
祖父年枝
祖母楊氏 俱殁
父方焜 光緒十二年五月十二日在籍病故
母安氏 俱殁

行文底

禮部為知照事儀制司案呈准軍機處片
交光緒七年正月二十八日軍機大臣面奉
諭旨御史萬培因片奏請將孝婦貞女給與旌
表等語王劉氏葉方氏均著准其旌表該部知
道欽此欽遵交出到部　查例開貞孝婦女應
旌表者給銀三十兩官為總建一坊題名其上前經
建坊者續行鐫刻姓氏已故者於節孝祠內設
位致祭毋庸再給坊銀如本家自願建坊亦

紳士願在本州縣捐建者均聽其便等語

今御史萬　片奏福建侯官縣孝婦王劉

氏甌甯縣貞女葉方氏應請

旌表相應行文該撫轉飭各該地方官遵照例案

建坊入祠可也

右　咨

福建巡撫

光緒七年二月 十九 日

掌山西道監察御史萬　謹

呈為查覆事本初旬准

堂札內開本月初旬奉

上諭給事中鄧承修奏巡視東城御史載彩聲名惡劣畀以城

差必致貽誤地方請飭查參等語著都察院堂官確切查

明據實具奏欽此查該道與該員係屬同城應抄錄原奏

飭將原參各節據實查明呈覆切勿瞻徇等因前來蒙此

將該員巡緝任內一切情形據實開具粘單呈覆

堂台察覈可也

光緒八年十二月　　　　　　　　　　　　　　　　　　　　　　　　　　日

東道印片

奏

二品銜四川按察使臣萬培因跪

奏為恭報微臣到川接印日期叩謝

天恩仰祈

聖鑒事竊臣在長蘆鹽運使任内於光緒二十五年

七月二十八日奉

旨補授四川按察使當即具摺謝

恩籲請
陛見奉
硃批著來見欽此遵於九月初三日交卸鹽運使篆
務初九日到京請
安疊蒙
召對三次仰荷

聖慈垂訓欽感莫名
陛辭後束裝起程十二月十三日行抵川省奉督臣
檄飭赴任十八日准署按察使張元普將印信
文卷委員齎送前來臣當即恭設香案望
闕叩頭謝
恩祗領任事訖伏念四川當荆楚上游臬司爲刑名

總匯課羣吏而張綱紀鈇鉞宜嚴清庶獄而衛
閭閻鼓枹可靖内奸何以肅保甲實弭盜之源
外侮何以消團練尤治兵之要值此艱虞時局
所當振刷精神檮昧如臣懼難勝任惟有懔遵
聖訓殫竭愚誠遇事稟商督臣悉心經理不敢稍涉
因循冀仰答

高厚生成於萬一所有臣到川接印日期並感激下忱理合恭摺叩謝

天恩伏乞

皇太后

皇上聖鑒謹

奏

知道了

光緒二十五年十二月　九　日

癸未五月十三日京報

閩浙總督臣何璟署理福建巡撫臣張兆棟跪

奏爲遵

旨查明縣丞被參各款據實覆陳仰祈

聖鑒事竊臣等承准軍機大臣字寄光緒八年十月初二日奉

上
諭有人奏福建莆田縣轄平海縣丞秦
維榕自補缺以來不赴任所寓居府城
勾通府幕徐楝遣姪結拜師生一摺等
因欽此遵經恭錄行司飭委候補知府
柯先榮暨新任興化府知府施啟宗
先後密查稟覆如原奏該縣丞不赴
任所寓居府城一節查秦維榕補授

平海縣丞因地處海濱衙署年久失
修間有坍塌該處離府八十里該縣
丞將眷屬寄居府城因公晉郡即住
寓所與郡差委人員較少該縣丞晉
郡時有派委查察彈壓事件鄉民見
其來往頻仍遇有口角爭鬧細故未
克即時控愬嘖有煩言又原叅該縣

丞勾通府縣孫棟遣姪結拜師生招
摇撞騙朋比為奸一節查孫棟籍隸
浙江會稽縣前署知府沈定均延令
襄辦刑名錢穀事件遇有提審之案
審慮之人往往歸過縣友未免招怨
秦維榕與孫棟素識其姪秦文瑩由
江蘇原籍來閩即從孫棟學習公事

沈定均交卸後閩孫橒業已回籍朋
查暗訪尚無勾通撞騙情弊又原參
該縣丞謀充委員時赴府署鑽案與
府書余康串同關說科罰酷刑一節
查泰維榕因公晉郡適逢放告日期
沈定均委令代收呈詞事寔有之現
訊府署吏役僉供該縣丞並未在府

審案其無科罰酷刑似屬可信至府
書余廉經沈定均派令值堂傳供旋
因悞公斥革詳加察訪亦無關說招
搖實跡聲明秦維榕在任未能得力
由臬司張夢元會同藩司沈保靖核
詳請奏前來臣等覆查該縣丞秦維
榕被參各款既據查明並無在府署

察與府書余廉閱說科罰其姪秦文瑩從府幕孫棟學習公事別無勾通撞騙情弊孫棟又已回籍應免置議惟該縣丞眷屬寄居府城時常晉郡任寓住宿原系擅離任所已有寔據平海為沿海要區該縣丞有彈壓撫綏之責乃不時逗遛郡城致招物議

未便以查無別項劣蹟稍事姑容相

應請

旨將福建莆田縣屬平海縣丞秦維榕即

行革職以肅官方至前署興化府候

補知府沈定均與該縣丞秦維榕晋

郡時委令收呈該縣丞之姪在府署

學幕又未能查知禁阻亦有不合應

請

旨交部議處是否有當謹合詞恭摺覆陳

伏乞

皇太后

皇上聖鑒訓示謹奏軍機大臣奉

旨着照所請吏部知道欽此

照錄出語

臣等查例開考試漢教習定於正科　殿試後舉行直省進士舉人貢生取具同鄉京官印結臨場識認其在監肄業各生即令該管助教等識認正場及覆試日如出結等官託故不到者除將該士子扣除外出结印官罰俸一年又考试教習奏。

派滿洲御史漢御史各三員監試又閱卷大臣秉
公披閱詩文並細覈筆蹟如有數卷字蹟相同均
黜置不錄各等語又道光十二年議准考取教習
覆試文字不符其中情弊顯然應將錄取之人斥
革嚴審倘訊明本人入場出結官知情徇隱並將
各該員嚴加議處等因在案是考試教習條例綦

嚴其日久弊生亦立法之不周乃奉行之不力也
咸豐同治年間八旗教習間有推廣收考之案其
時因軍務甫平投考者少近科以來人數足敷考
取並未續經推廣今御史萬　請將官學漢教
習於鄉會試薦卷內挑取自係爲設法變通力求
整頓起見惟查鄉會試薦卷無論取中式及挑取

謄錄外又須挑取教習既虞卷數不敷各房考或
預存成見輒以平庸之文遷就濫薦玉石雜呈又
令主司迷目且應試舉貢等多有小京官及曾經
取過教習謄錄校錄等項人員一經拔取後遇前
項應扣人多仍恐不敷詮補又況所挑取者非其
自行投考未必即願充教習之人恐詮補時更多

不到至八旗教習例須用正途貢生順天鄉試無
論捐納正途統歸皿號若因挑取教習之故將試
卷及號簿内分別記明於關防尤未嚴密是以嘉
慶十七年給事中甘家斌奏請官學教習於鄉會
試落卷内挑取當於十八年鄉試十九年會試各
挑行一次至二十年即據御史陶澍以挑取後有

格礙陳奏經大學士軍機大臣會同臣部議准仍
照例於正科　殿試後考取嗣於道光十二年據
左都御史昇寅奏請於鄉會試薦卷內挑取教習
復經臣部以挑取時多格礙仍乙例專場考試等
因議駁各在案茲該御史復請之案挑取臣等公
商酌與其更張舊制而窒礙難行莫如恪守定章

而認真等事應請嗣後各學教習仍照例於正科
會試年分專場考試責成各結官及該管助教等
臨場識認以有槍替立即指拏懲辦其有出結識
認官不到者將該士子扣除出結識認官交部議
處士子入場後一切換卷記號等弊即由監試御
史嚴密巡查並令閱卷大臣秉公披閱詳校文理

優絀以定去取如有字蹟相同之卷照例擬置不
錄倘覆試文字不符其中情弊顯然應將錄取之
人斥革審擬出結識認官知情徇隱亦一并交部
嚴議似此破除積習釐剔弊端自足以杜槍替而
昭核實該御史所請查照成案於鄉會試薦卷內
挑取之處應毋庸議至原奏又稱教習傳補到學

半係倩人充當等語查上年臣部奏准章程教習驗到令取具同鄉京官識認印結原所以防頂替業經轉飭遵辦在案惟防弊之法不厭周詳擬請嗣後傳補教習令該員取結赴部當堂面寫親供與錄取原卷覈對筆蹟如有不符其為倩人代驗可知其情節雖與槍替入場有間惟究屬朦混應

將該教習開除以示懲儆並將率行出結之員交
部議處至送補到學後是有無倩人充當情弊應
請旨飭下管學大臣及國子監堂官不時查察以
重學務所有臣等議奏緣由是否有當　奏片
再查新補教習到學例有限期原以學課攸關不
容稍有曠課乃近來驗到給咨後該教習竟有延

不到學者查吕部則例僅有逾限十日不到照京
官赴任逾限例於補官日扣俸之條其逾限數月
及半年一年者並無作何辦理明文立法殊未周
密擬請嗣後新補教習到學除逾限十日仍照例
辦理外其逾限一月或兩月以上者應照逾限十
日之例於補官日分別從重議處倘有逾限三月

尚未到學者曠誤太久未便再事姑容應即將該
教習開除以懲延玩謹片附具奏

二月二十五日奏奉
旨依議欽此

光緒九年八月十二日奉

上諭陳士杰奏神靈顯應請頒匾額等語山東濟甯州城隍素著靈異同治四五年間捻逆攻撲州城仰賴神靈顯佑轉危為安光緒七年夏秋亢旱經官紳請禱旋獲甘霖實深寅感著南書房翰林恭書匾額一方交陳士杰祇領敬謹懸掛以答神庥欽此　上諭前因曾國荃等奏職官畏罪潛逃請飭嚴拿等語廣東候補通判徐賡陛前因活埋民人鄭承望身死一案經該署督等奏請先行革職聽候訊辦該革員被參後自無蹤跡顯係畏罪潛逃著各直省督撫飭屬訪拏該革員逃匿何處一體嚴拏務獲該員解赴廣東聽候訊辦欽此　上諭降調浙江按察使陳寶箴奏交卸臬篆並瀝陳愚悃一摺據稱張佩綸所奏該員到京日營營於承審各官之門彌縫掩飾一節懇請飭查等語降調人員本不應嘵嘵瀆辯惟所稱名節攸關若不查詢明確無以折服其心著派閻敬銘查傳承審各員有無與陳寶箴往來情事據實

具奏欽此　上諭吳盖奏遵旨工程請旨辦理各摺片所有
昭西陵　隆恩殿等處工程著派本年承修另案工程之大臣張
之萬貴恒敬謹修理，孝陵　大碑楼工程著工部查照向例辦
理　孝陵七孔橋工程仍着暫緩修理欽此
上諭光禄寺少卿延茂奏敬抒管見一摺各直省問刑衙門承審
案件自應虛衷研鞫以持情法之平何得草率定擬致有失入情
事若明知案情未確或延擱屆審或規避處分以致冤抑無辜尤
屬不成事體嗣後着各該督撫督同臬司於人命重案悉心推勘
撫枉無縱其所請明辦各案如有失入情節准其奏明更正寃
處分之處着刑部議奏至各省京控案件自當逐加參考並委任
意遲延着各該衙門認真稽核如再有逾限未結着[illegible][illegible]指懲
奏欽此　軍機大臣面奉　諭旨御史鄒培涵奏請旌表烈女等
語烈女周汀姑着准其旌表禮部知道欽此

光緒八年十二月初八日內閣奉

上諭御史萬培因奏職官倚勢招搖據實糾參一摺據稱御史熙
彩聲名惡劣與都察院候補都事楊希祖拜認師生招搖嚇詐楊
希祖並有挾制司坊情事著都察院堂官歸入前案一併查明具
奏另片奏東城正指揮鍾子明侵銷練局經費延不造報等語著
都察院堂官查明該員侵銷款項勒限追繳並將鍾子明照例參
處欽此　上諭廣西思恩府知府員缺着劉恩溥補授欽此
上諭大理寺少卿劉緒奏應補知縣選補無期比照同通應補人
員一缺揀選並准于雙單月併選給事中周聲澍奏知縣選缺請
改為一留一咨各等語着吏部與戈靖英俊各摺片一併議奏鈔
軍機大臣面奉　諭旨御史李肇錫奏殉難人員請附祀京師昭
忠祠等語前署福建按察使延建邵道趙印川着准其附祀京師
昭忠祠禮部知道欽此　軍機大臣面奉　諭旨御史李肇錫奏
懇請旌表貞烈婦女等語韓田氏等均着准其旌表禮部知道鈔

二品銜四川按察使臣萬培因跪

請

慈禧端佑康頤昭豫莊誠壽恭欽獻崇熙皇太后聖安

安

孔門源流考十卷（卷一）

［明］長泰戴庭槐纂輯

日本内閣文庫藏明萬曆間刻本

孔門源流考十卷，明戴庭槐纂輯。庭槐（一五四六—一六〇二），字元植，長泰人。隆慶二年（一五六八）恩貢生。官淳安知縣。少能文，通書經，厭舉子業，潛心辭章之學，工賦，兩都賦尤名於一時，與嘉靖間王慎中同稱閩中美才之士。撰有學易舉隅、革節卮言、製錦堂集等。

是書卷首萬曆十二年（一五八四）戴氏自序，稱「余自有知，竊嘗志是。每繙載籍，見有關於孔門行跡者，輒手録而編輯之。薄遊兩都，攜以自隨，時時有所删潤，顧未及脱稿。待皋青溪，從計吏還謁闕里，印證舊聞，頗有穎見」，則知積累有年，且訪聞孔門舊跡，故信有所徵。

書前有凡例五則。卷一世系考，本之譜牒，首孔子六世祖孔父嘉，斷限自周桓王迄明穆宗。卷二姓譜考，含孔、顔、曾、孟四氏。卷三世德考，乃四氏之父母。卷四年譜考，爲孔子年譜。卷五門人考，含四氏及孔門諸子。卷六褒封考，含先聖、先賢、先儒，始魯哀公，迄明世宗。卷七祀典考，始漢初，迄明萬曆間。卷八禮樂考。卷九恩澤考，含四氏後裔及歷代詔制。卷十徵遺考，博涉孔子及弟子之廟宅、林墓、古蹟、考證、遊記、異聞等。每卷題下略敘所作緣由，卷二至十皆有「論曰」作結，自成一家之言。

或謂此書本之金孔元措孔氏祖庭廣記。孔氏書十二卷，分世次、詔文、崇奉、林廟親祠、學廟親祠、祭祀、族孫、姓譜、鄉官、古跡、古碑，戴氏略承襲之，然增顔、曾、孟等孔門弟子，自成體系，又徵引廣博，凡有出處必標明之，允稱嚴謹。存疑處則施按語辨析之，如卷十徵遺考引列子「西方聖人」條，商太宰問孔子孰爲聖人，孔子曰：「西方之人有聖者焉，不治而不亂，不言而自信，不化而自行，蕩蕩乎民無能名焉，丘疑其爲聖，弗知其爲聖與，真不聖與？」戴氏按：「此必當時有學佛者，張皇其教，高出於三皇五帝之上，而假託吾夫子之言以自尊也，學者其審之。」戴氏以此西方聖人即釋迦牟尼，孔子之世無得見聞其事，則列子文本有部分成於佛教傳入中土之後者，戴氏能辨别之，誠有識見。（張桂麗）

孔門源流考

一之五　共二冊

孔門源流考自序

今學者矻矻誦讀舍孔氏書奚適矣孟子與曰誦其詩讀其書不知其人可乎欲知其人不論其世亡繇得之生今之時而思考古之世非博采經籍旁摭子史參引襍證鱗次櫛比何以第其歲年覈其行事而得吾孔子之迹哉夫既粗得其迹猶未足則必推其傳姓之統自祖宗以及苗裔又

必推其傳道之統自宗傳以及羽翼猶未
足則必推其榮及所尊澤及所親者焉以
明光裕也又必推其配及宗傳祀及羽翼
者焉以表敎誨也猶未足則必羅網見聞
攟摭遺忘者焉以資詳擇也夫然後歷代
追崇之隆殺諸家論議之異同俱瞭然於
吾目而前聖後賢之心胸面貌且儼然於
吾心雖越數千里數千年之遠且久宛如

聚晤於一堂矣余自有知竊嘗志是每繙
載籍見有關于孔門行迹者輙手錄而編
輯之薄遊兩都携以自隨時時有所删潤
顛末及脱稿待臯青溪從計吏還謁闕里
印証舊聞頗有顓見第俛首朱墨弗暇終
業既廢斥杜掃出之巾笥乃加攷訂咸編
爲卷凡十爲目四十有四自命曰孔門源
流考云何以謂之源流也夫自蒼麟吐玉

赤爵化書靈鍾玄聖乖啓素王降生鄒魯之邦闡教洙泗之濱三千及門七十升堂顏氏始庶曾子得宗伋以庭訓有述軻以私淑願學存則人當時行事是巳沒則書四書六經是巳後之學者由其書而尚論其人存則爲一世溫良恭儉讓之宗沒則爲萬世仁義禮樂之主存則以奸七十二君而不用沒則萬代帝王舉以爲師然則

吾孔子者其古今聖學之淵源邪而四子而七十而三千而萬代帝王儒者皆其流委也不觀之洙乎臨樂山者其源也浮孔林以入于泗則洙之流矣不觀之泗乎陪尾山者其源也徑闕里以入于濟則泗之流矣是故以宗統論則紇路晳鯉宜者孔子與四子之源也而四氏苗裔爲流以道統論則孔子者四子七十子之源也而前

後宗傳羽翼為流世有儒者各得其學以
為學飲水而充其量也世有王者各致其
敬以為敬遡流而竆其源也祀孔子與四
子而必及其先者先河後海之誼也封孔
子與四子而必及其後者源深流長之報
也諸子百家汎引旁拾而不敢權裁者百
川學海之旨也而此編庶幾具是矣雖然
吾之所編者迹也夫迹心之所出而心豈

迹哉誦瀼聖賢者倘能因其應迹之粗以
探其心術之精會在川之趣通觀瀾之術
源泉以裕其本盈科以達其派時出以妙
其用則是編也亦收功一源者之一助云

皇明萬曆紀元十二年歲在甲申春
王正月既望七閩後學戴庭槐元植譔

孔門源流考凡例

一世系世祀褒封恩澤各有表者法司馬遷世表例也世系一遵譜牒始周桓王訖我

明穆廟褒封一稽史籍始魯哀公訖我

明世廟世祀始漢高帝恩澤始魏安釐王皆訖于今各以類編焉

一孔子為人倫之準的帝王之儀表獨為之年譜法司馬遷世家例也而年月事蹟頗與世家差異者別有所參攷不敢強同也門弟子之生年與其問荅行跡間亦附見之

一聖賢行事仕止久速憂樂好惡辭受語默危遜容拒寬嚴之節論孟二書具矣而不敢備載者以二書學者日所經見也惟散出諸書者取之或節約其詞或全錄其語所以備參攷也

一所載諸家之言難必其孰真孰贋亦未敢過求而懸斷之者何以竊比吾夫子信而好古意也

一各篇中偶有臆見輒成論斷不避續貂者非敢僭妄也欲觀者為我裁正也所媿學僅半豹目尚全牛或知好之者請以竢千載下之子雲云

凡例畢

孔門源流考目錄

目録畢

孔門源流考卷之一

明七閩後學戴庭槐纂輯

世系考

繄惟孔子尼山降神明德之後必有達人本支萬世豈曰雲仍顔曾孟氏附驥承承作世系考

世代孔氏世系　顔氏世系　曾氏世系　孟氏世系

周

桓王　宋殤公

孔父嘉

孔子六世祖爲宋華督所害生子木金

父

魯桓公

木金父

避宋華督難奔魯為大夫因家魯生子

祈父

祈父或作華夷

生子防叔

莊王

魯莊公

防叔

生子伯夏

襄王

魯僖公

鄅子來朝僖十六年

曾本鄅子爵禹之後夏少康封曲列于鄅

匡王 魯宣公

伯夏

生子叔梁紇

定王 魯成公

叔梁紇

爲郰邑大夫娶魯施氏無出妾生子孟皮病足復求婚顔氏徵在禱於尼丘生孔子

靈王 魯襄公

郈世子巫如晉仕魯襄五年巫仕魯去邑爲魯郈邑姓之始生子尺

孔子
名丘字仲尼周靈王二十一年庚戌生即魯襄公二十二年敬王四十一年壬戌卒即魯哀公十六年生子鯉

景象
王
昭公

鯉
字伯魚周景王十二年戊辰生敬王三

無繇
少孔子六歲孔子始教闕里受學焉為

天
生子阜

阜
生子點

點
字[redacted]皙學於孔子宋大中祥符元年封

	敬王 魯定公	魯哀
十八年己未卒魯哀公嘗以幣召鯉稱疾不行宋追封泗水侯生子伋		伋 字子思受業
魯卿士元贈杞國公娶齊姜氏生子回	回 字子淵受業孔子三十二歲卒葬魯城東防山南追封兗國公娶宋戴氏生子歆	歆 字子林魯大
萊蕪侯生子參	參 字子輿受業孔子追封宗聖公生子元申華	元 元養曾子疾
		激公宜 娶仉氏生子

公

曾子周安王二十三年乙亥居衛宋封沂水侯元封沂國述聖公生子白

白　字子上齊威王召為國相不受卒年四十九生子求

求　字子家楚召不受年四十

大塟顏子墓東元泰定三年從祀生子儉

儉　曾大夫元泰定三年從祀生子威

威　魯下大夫生子芃

一

食必有酒肉曾子有疾元申二子坐於足下生子西

西　參之孫元之子其學尊子路西畢管仲生子欽

欽　生子㝵

軻三歲早卒仉有賢德宜後追封邾國公

軻　字子輿一字子車受業子思卒塟鄒縣四基山後追封鄒國公娶田氏生子罼

罼　受學公孫丑著書論詩毛

五卒生子箕

襄詩傳嘗引其語云

箕

字子京爲魏相年四十六卒生子穿

芞

魯下大夫生子億

尋

生子羨

穿

字子高楚魏趙三國交聘不就著儒家語十二篇名曰讕言年五十一卒生子謙

億

魯下大夫生子岾

羨

生子遐

謙

字子順史記

岾

魯下大夫生

遐

生子偉

世家作慎又名斌仕魏爲安釐王相魏以孔子後嗣封魯文信君秦襄王召不行年五十七卒生子三鮒騰樹

子卸

秦

始皇

鮒 字子魚該通六藝始皇召爲魯國文通君拜少傅三

卸 字伯佃秦大夫生子譽

偉 生子樂

寓 三代

十四年秦焚
書鮒與弟騰
藏其家語論
語孝經等書
於祖堂壁間
隱嵩山教弟
子百餘人後
陳涉爲楚王
聘為太傅史
記世家云鮒
爲陳王涉博
士死於陳下
卒年五十七
著書二十餘
篇名孔叢子
子隨四傳至
吉吉生何齊

二世

漢 高帝

皆承殷後爲宋公嗣絶

騰 字子襄鮒之弟長九尺六寸高祖十二年過魯以太牢祀孔子封騰爲奉祀君惠帝時遷長沙太傅 史記

譽 中書舍人生子産

産 項羽嘗聞其名聘之不受生子典

樂 漢封鄒鄉侯生子滺

舒 四代 高祖九年爲雲中太守

惠帝

文帝

世家云子襄嘗為孝惠皇帝博士遷為長沙太守卒年五十七生子忠

忠 字子貞文帝時徵為博士封褒成侯年五十七卒生子武及安國 史記世家云忠生武武生延年及安國

異 字世仁為漢大夫生子愍

愍 為漢卿士生子逵

渙 生子旃

之後五代

景

安國師中公為武帝博士因魯共王壞孔壁得書承詔作書傳義古文孝經傳論語訓解仕至臨淮太守蚤卒生子卬
卬生驩

武
字子威文帝時爲臨淮太守早卒生子延年

延

旂
生子嘉

昭　六代

帝

爲漢大夫生子䊠

博覽經史該貫古今仕漢爲博士

武帝

延年博覽群書武帝時爲博士轉少傅遷大將軍年七十一卒生子霸

䊠一作肆字季達武帝時尚書郎會稽都尉生子衷

諾生子寶

但七代善易道武帝時爲太子門大夫

卿八代武帝時人善易春秋授后蒼疏廣世傳后氏禮疏春秋皆原于卿

昭帝

翾

字次孺勿有奇才昭帝時為博士宣帝時以太中大夫爲高密相元帝即位拜太師賜爵關內侯號褒成君卒年七十二生子四福捷喜光光即附新莽者

衷一作忠

郡工曹從事輦令和州刺史生子凱

寶

生子琰

宣帝

十九代

字長卿從田孫愛易故有

	元帝	成帝	哀帝
		福 襲封關內侯卒年六十三生子房	房 襲封關內侯生子均
	凱 字季卿張禹薦於朝爲安城太守生子遂		遂 字景潔郡上計吏爲刺史
琰 生子據			
孟氏易傳于世宣帝時舉孝廉拜爲郎遷曲臺署長			

東漢

平帝

均

字長平初名莽以同王莽名改均襲爵邑爲尚書郎平帝元年封襃成侯王莽簒位拜太尉不就卒年八十一生子志

生子倫

據

王莽簒據壯仕遷豫章廬陵郡之睦陂魯派遂絶據生閘及瑒閘遷吉陽瑒遷處州

閘

遷居吉陽乇子植

光武	明帝
志 光武拜大司馬建武十四年襲封褒成侯生子損	損 字君益永平十五年襲封褒成侯章帝元和二年東巡狩損助祭孔廟和帝永元四年徙封褒亭侯生子曜
侖 字茂宗州舉茂才生子綽	
	興 十一代 仕漢爲尚書

章帝	和帝	殤帝	安帝	順
		曜 字君曜襲封褒亭侯生子完及讚		
綽 字彥道為太守生子準	準 始仕為從事後高尚不仕生子阮		阮 字懷琳舉有道不起生子亮	亮
			植 生子耀	
		贊十二代 字伯周	展十三代	

帝	質帝	桓帝
	完 襲封褒亭侯早卒無嗣以同母弟讚之子羨襲封	
字世明郡工曹一作郡督郵見益州刺史王純碑生子敫		敫 字士榮州舉茂才有善政為御史大夫生子二斐盛
		耀 生子培
		戫十四代 桓帝朝為濟陰太守靈帝即位轉太常後為太尉

靈帝

獻帝

斐 尹京兆有善政生子二豐歡無傳

愔 生子千德

敏 十五代 字叔達博學能文靈帝時三公並辟俱不就

光 十六代 字孝裕無書不覽靈帝末為講部吏昭烈定蜀拜議郎獻帝戎祚為符節令屯騎校尉長樂少府遷大司農

三國

漢昭烈帝 魏文帝

羨
字子餘，即完之姪。魏黃初二年拜議郎，封宗聖侯，以魯縣百戶奉祀。生子震。

盛
字叔臺，敦次子，裴之弟。漢尚書郎，魏歷青徐二州刺史，關內侯。始自魯從居瑯琊臨沂，代傳恭，恭因號其居曰孝弟里。葬臨沂縣西七里，今屬沂縣。生子欽。

漢後主　魏明帝

魏主芳

德
生子珣

欽
字公若明詩禮易尚書多所通說歷東中郎將司馬

珣
生子洪

庾十七代
字公休魏明帝時為散騎侍郎弘農太守領典農校尉數海太守給事中散騎常侍中書令後轉為臨封廣陵亭侯嘗註漢社志若

羽林湖志卷之一　十

魏主與孫
吳主皓孫

太中大夫東莞廣陵太守給事中引流禁省葛繹縣子生子默

默
字靜伯汝陰太守護軍將軍給事中襲葛繹縣子生子二鐵楚合長次無傳

奐
生子稗

梓
生子緦

宗十八代
字恭武避吳主皓字改諱仁後爲鹽池司馬自捕魚作鮓寄母母不受冬月哭竹生笋以愈母病嘉禾末

生

勰
生子端

遷吳令永寧中為右御史寶鼎中為司空

晉

武帝

震
泰始三年改封奉聖亭侯拜太常卿黃門侍郎生子嶷

含
字弘都少有操行以孝聞歷官至國子祭酒散騎常侍光祿勳成帝美其素行加右光祿大夫致仕卒年九十三子三

端
生子鉉

惠帝

[illegible] 襲封奉聖亭侯生子撫

髦謙約

節 十九代 惠帝時為廬陵太守

觀 二十代 字叔時少讀書解天文惠帝時為殿中郎後為侍郎

懿帝

撫 舉孝廉辟太尉椽襲封奉聖亭侯為豫章太守生子懿

成帝

康帝

髦

字君道少篡家傳有喪在殯鄰火髦與弟謙約抱棺呼號火頓息人謂孝感儀整貌端桓公嘆為廊廟之望歷太尉西陽王散騎將軍尚書都官

鉉

生子海

嘉 二十一代

字萬年性沖默有遠量成帝鎮武昌時舉秀才累遷征西大將軍後除尚書不拜穆帝聞其名召見以疾辭詔使人扶入見之

穆帝

郎中國太中正給事黃門侍郎父老不就襲爵西平縣侯加給事中晉陵川太守侍中本州大中正加秩中二千石光祿勳生子三綝綸暢

綝

字文和川西散騎都尉西平縣侯生子靖之

海

生子横

哀帝	廢帝	孝武帝
誌 襲封奉聖亭侯從事中郎 辛年六十一 生子鮮		
	靖之 字茂宗郡主簿西中郎行參軍宣城太守司徒諮議御史中丞生子騰之	騰之 字弘道歷州西曹主簿度支校尉治書

安帝

侍御史巴陵太守生子二興之炳之

興之

安寧太守生子登其弟炳之字叔豹歷輔國江夏王參軍奉朝請員外散騎常侍生子二見遠宜仁

楷

生子興

懷玉二十二代

安帝時從宋武帝平京口定建業以功封鄱陽縣五等侯盧循逼都以戰功爲中軍諮議參軍循平封陽豐縣男位江州刺史南中郎

南北朝

宋

鮮

字鮮之恢廓大度好學善教宋文帝元嘉十九年襲封奉聖亭侯改封崇聖侯生子乘

齊

表 二十三代

字武達仕齊為馬頭太守元魏太和中據郡歸魏孝文帝除南兖

梁

登
字康之梁鄱
陽王府郎中
令無傳

見遠
煥之子博學
有志正色立
朝高祖受禪

興
生子隆

刺史領馬頭
太守賜爵譙
縣侯後封汶
陽伯歷濟州
刺史散騎常
侍光祿大夫
贈齊州刺史
兖州刺史

不食發憤痛哭而絶武帝恨之曰我自應天從人何預天下人事而顏見遂乃至如此歷安城王侍郎征西參軍治書御史兼中丞生子恊

恊

字子和湘東王右常侍領西記室撰晉仙傳五篇日

月災異圖兩
卷文集二十
二卷事具梁
書卒年四十
二生子四之
儀之奇之推
之善

魏
平
字欽山博學
有才魏舉孝
廉延興三年
封崇聖大夫
生子靈珎

靈珎
授秘書郎文
帝太和十九

隆
生子鈞

誠二十四代
事魏孝文帝
為右丞

威二十五代
字能重魏孝
明帝朝為東

年仍封崇聖
侯生子文泰

文泰
襲封崇聖侯
卒年五十八
生子渠

北齊

渠
襲封崇聖侯
北齊文宣帝
天保元年改
封恭聖侯後
周靜帝大象
二年改封鄒
國公生長孫

長孫
襲封崇聖侯

宮齋師羽林
監累遷沃野
鎮將軍節閔
帝除大鴻臚
卿贈司空

恂二十六代

陳

後周武帝宣政元年改封鄒國公卒年六十四生子二英哲嗣哲

英哲
陳光大元年封爲奉聖侯無子以弟嗣哲繼其爵

周

之儀
字子升周麟趾學士御正大夫平陽縣公隋文輔政不署矯詔索

儒一十七代

隋

霍嘗又拒之出為集州刺史新野郡公時朔望引至御榻曰見危授命臨大節而不可奪古人所重何以加焉卒年四十五生子二道昶無傳弟之奇亦無傳以弟之推子思魯繼

鈞

生子謀

文帝

嗣哲

長孫次子奐哲之弟隋應制登科授涇州司兵參軍遷太子通事舍人襲封鄒國公大業四年改封紹聖侯卒年七十生子德倫

煬帝

思魯

字孔歸博學善屬文隋秘書省校書郎長寧王侍讀

景二十八代

事煬帝為鷹揚郎將

蔡帝

踰岷將軍唐
師入關率子
迎於長春宮
拜儀同秦府
記室生子師
古

師古
隋安養南海
二尉直秘書
省校書郎唐
師入關授朝
散大夫燉煌
公府文學遷
起居中書二
舍人專典機
密太宗即位

善誼二十九代
蔡帝時為河
内通守

拜中書侍郎
琅琊男遷秘
書少監奉詔
校定經史修
五禮成進爵
子終校書監
銀青光祿大
夫弘文崇文
西館太學士
從征遼道卒
年六十五生
子趨庭

唐

高祖

德倫

武德九年改

	太宗高宗	武曌
封褒聖侯則天大授二年賜敕書及時服卒年七十一生子崇基		崇基 則天證聖元年襲封褒聖侯中宗神聖元年制授朝散大夫陪祭
	趨庭 字茂實朝散大夫職方郎吉州刺史生子尚賓	
誅 生子丞		
	三十一代 擢進士第歷鳳閣舍人武后時為春官侍郎相王召為侍讀拜同州刺史神龍初致仕睿宗召以老固辭賜物百段詔河南春秋[illegible]	

	中宗	睿宗	玄宗
朝會卒年五十六生子璲之			璲之 開元五年襲封褒聖侯郜王府文學蔡州長史二十七年改封文
	尚賓 右率府親衛鄜州司功監州錄事下邽令生子湍		
	丞 生子三長珪次舊幼晷	珪 生子寬	
羊酒麝[illegible]食料本草行世			浩然 三十二代 玄宗詔問其詩浩然自誦所作至不才明主棄之句卿自不求仕

	肅宗	代宗	德宗
宣公兼除兗州長史遷都水使者生子萱		萱 襲封文宣公兼兗州泗水令生子齊卿	齊卿 一作齊賢 建中二年襲封文宣公兼除兗州工曹參軍轉青州司兵參軍時
	鼎 生子迢		迢 生子傳贊
寬 生子莊	莊 生子慶		慶 生子一長偉次驕
未嘗棄鄉來何誣朕因放還	雲卿 三十二代 為校書郎		郊 三十四代 字東野有詩鳴世第進士調溧陽尉憲宗朝鄭餘慶鎮興元奏為

順宗
憲宗

亂陷於東平生子惟脛

惟脛
元和十三年東平兵解歸魯授兗州參

偉
生子輝輝六傳至載陽徙新陂是爲龍潭之派

參誅卒謚曰貞曜先生

章諫三十五代
德宗朝爲義成軍中軍兵馬使憲宗加朝議大夫安州刺史仍加侍御史安州防禦兵馬使

遵慶三十六代

琯三十七代
元和末召不仕

穆宗

軍襲封文宣公卒年六十五生子策

傳贊
生子昊

駙
生子耀是為質粹之祖

武宗

策
明經及第襲封文宣公遷國子尚書博士宣宗大中元年宰相白敏中奏復百縑充享祀生子振

宣

昊

宗

生子三長君則無傳次君佐君雅

懿宗

振

字國文咸通四年狀元及第除秘書省校書郎歷任水部員外襲封文宣公生子昭儉

僖宗

昭儉

兖州司馬除秘書郎襲封文宣公累宰曲阜卒年六

方立三十八代僖宗朝為照義節度留守

十生子光嗣

昭宗

光嗣
齊郎出身昭宗天佑中授泗水令陵廟主卒年四十二生子仁玉

君佐
生子文威

文威
隱泉嶧山號虛中先生文集行世生子承祐

耀
生子崇範遷居木塘源

五代

後唐

仁玉
字溫如身長

崇範
陞太子洗馬

晉

湛

七又姿貌異常六藝尤精春秋後唐時除曲阜令襲封文宣公後周祖謁窮口授曲阜令兼監察御史卒贈兵部尚書生子四宜憲冕勗

東宮使生子延府

延府生子碩

碩生子承呂

承誨三十九代事後晉少帝為太府卿

周

宋

太祖

承祐

生子二長昌德無傳次佺

昌

宜

字不疑幼聰穎十歲能文乾德四年詣闕上書詔為曲阜主簿調黃州軍事推官太宗召見遷太子右贊善襲封文宣

承昌

生子萬敵

萬敵

生子公瑩

漢卿四十代

事世宗為左羽林大將軍

貫四十一代

工詩

公雍熙二年督餉北征涉巨馬河卒年四十六生子三延世延澤延渥

太宗

延世　字茂先以父歿邊授曲阜主簿秩滿授許州長葛令真宗召見授曲阜令襲封文宣公生子延聖祐其弟延澤亦進士及

守昌　淳化二年講五經賜第仕終南京判官以曾孫岐任執政贈太子少保生子太初

祖　四十二代

第贈諫議大夫生子宗愿

真宗

聖祐　大中祥符元年授曲阜令襲封文宣公遷贊善大夫卒無嗣以從弟宗愿承襲

太初　字醇之號凫嶧先生南京國子監說書文集行世以孫岐任執政贈太傅生子復

公整　生子九思

公齊四十三代

仁宗

宗愿　字子莊延澤子宜之孫也天聖中以叔父道輔蔭補太廟齋郎至

復　字長道東曾名儒嘗為國子監直講出為臨晉簿嘉祐中訪有道

九思　生子文傑

寧四十四代　景祐四年龍圖閣直學士孔道輔守兗州訪孟子墓得鄒四基山

和二年改封衍聖公累遷尚書比部員外郎通判濰州卒于官生子三若蒙若虛若愚○按若愚生端立端立生琥琥生拂拂生二子長元孝次元用以元用襲爵後易元孝孫浣迄今襲封不絕

儒士京東部使者以後應試命為校書郎知永康縣擢太常博士又乞詔禮官考正祀典遷吏部員外郎元祐中為起居郎兼侍講以天章閣待制充國子祭酒卒年五十七以次子岐執政贈太師生子六嶢岐

文傑

生子好古

好古

生子尚忠

問其後得寧後薦于朝授鄒縣主簿

掄喋昭樵比尚忠
支自嶢以下　生子敬甫
建炎俱南徙

繼

進士世居陋
巷唐宣宗時
旻之六代孫
旻生子三長
君則無傳次
君佐君雅君
佐一支至六
代孫嶢爲承
務郎以下建
炎俱南徙君
雅生子二文
蘊文鐸文蘊

神宗

哲宗

若蒙
字公明熙寧元襲封衍聖公元祐元年改封奉聖公坐事廢以弟若虛襲生子二端友端操

若虛
宗愿次子若蒙弟元符元年襲封奉聖

生涉無傳文敬甫
鐸生衍衍生
樫樫生端端
生繼繼生昌

生子元德

公卒以若蒙子端友繼之熙豐間專主祀事不任他職大觀間復以奉聖公為衍聖公

徽宗

端友

字子交崇寧三年復封為衍聖公建炎初偕叔父傳姪玠扈從高宗南渡寓三衢終知郴州

堅四十五代

高

端操

寬四十六代

宗

端友弟尚在魯權襲封衍聖公生子四瑄璠瑱玠玠從南渡生子搢搢生文遠文遠生萬春萬春生洙俱襲封衍聖公于衢至元始罷封

璠

字文老廢齊阜昌二年襲封衍聖公金天眷三年復

元德

生子价翁

封衍聖公贈
榮祿大夫卒
年三十八生
子二拯摠

拯
字元濟金熙
宗皇統二年
方七歲襲封
衍聖公世宗
大定元年卒
年二十六無
嗣以弟摠繼
爵

孝宗

摠
字元會金大
定三年襲封

昌
繼之子生子
擎此居陋巷

欽四十七代

光宗

衍聖公終奉直大夫明昌元年辛年五十三贈光祿大夫生子元措

元措字夢得金章宗明昌二年襲封衍聖公天興二年遷光祿大夫卒改授太常卿無子以姪之固庶子湞嗣爵又無子以

故宅之支

寧宗

從兄元孝弟元用權襲封

元用 字俊卿元孝弟拂之次子為宗愿季子若愚之四代孫初貞祐二年襲封元措從元宣宗遷汴擬元元用攝祀事及宋克平山東理宗寶慶元年權襲封衍聖公仙源公元

价翁 生子汝霖

汝霖 生子崇文

理宗

度宗

元

世祖

太師國王木華里統諸道兵至承制封拜權襲封衍聖公世襲曲阜令生子之全

之厚

元孝[redacted]贈亞中大夫濟寧

擎

生子价

价

生子順

津

四十八代

路總管輕車都尉曾郡侯生子浣○自元措傳濵以来嫺長乃元孝生之厚至浣凡三世終不取馬亦可謂至德也已

之全

字元升乙酉年父元用從太師國王征益都之全遂權襲封衍聖公曲阜令癸巳年元措仍

襲封衍聖公之全止兖曲阜令卒年五十一生子治	成宗浣字日新屢贈通議大夫禮部尚書上輕車都尉追封魯郡侯生子思晦	治字世安補父之全闕充曲阜曾民長官中統元年歿	
德義四十九代進士授𢈔臺縣尹辭秩			

武宗

曲阜令元貞
元年赴朝特
授中議大夫
襲封衍聖公
生子思誠

仁宗

思晦
字明道浣之
子至大中舉
孝廉授范陽
寧陽兩學教
諭仁宗立訪
孔子後儒臣
元明善等曰
思晦嫡長應

順
生子寶

崇文
生子利賓

允祖
五十代

嗣時延祐三年遂授中議大夫襲封衍聖公泰定四年陞嘉議大夫卒年六十七生子克堅

英宗

泰定

明宗

文宗

寶

生子

利賓

生子三佐輔

志輔世輔

椿

中書工部劄

惟恭五十一代

字彥通

之訓五十二代

字曾甫單父

孔門源流考 卷之二

順宗

克堅 字璟夫至元六年授嘉議大夫襲封衍聖公遂拜治書侍御史辭歸後累召拜終不起

皇明取中原太祖高皇帝手詔趣入覲待以賓礼不名賜廩禄不煩

付監修祖廟提領生子之炎

之美 字宗德天成縣教諭益都李正盧州路教授歷山陽縣主簿文林郎東明縣尹生子池

教諭莒州李正

孫五十三代

以政洪武三年告歸卒于邳舟中年五十五生子九長希學

皇明

太祖

希學　字士行歲戊申我太祖初革元命希學首朝京師賜雜綵六端洪武元年授資善大夫襲封衍聖公

池　字德裕宣德府教授三氏學教授奉祀事生子拳

歲入覲特命
班亞上相開
設褒封府衙
門鑄降銀印
卒年四十七
生子訥

訥
字言伯天性
仁孝能詩書
工篆法洪武
癸亥
上諭曰既爵公
勿事敢官但
誥以織文玉
軸為與耳遂
爲故事每歲

志輔
生子德胄

	建文帝	成祖
覲得給符垂傳班列文臣首辛年四十三生子公鑑	公鑑 字昭文襲封衍聖公嗜學尤篤辛年二十三 成祖臨御初遣使諭祭生子彥縉	彥縉 字朝紳名字皆 仁宗所命永樂
		拳 字克膺主奉祀事生子希仁

仁宗宣宗

八年襲封洪熙中賜第東安門北宣德正統間禮遇尤厚景泰五年賜三臺銀印玉帶衣織金麒麟文視一品卒年五十五生子一
承慶

英宗

希仁
字士元正統十一年
欽定主奉祀事
生子議

克二五十四代
字信夫天順三年贈修職郎翰林院五經博士

景帝

承慶

從三氏學録
族祖克安學
所著有禮庭
吟藁未襲爵
景泰六年贈
襲封衍聖公
生子二弘緒
弘泰

弘緒

字以敬景泰
六年襲封衍
聖公特賜玉
帶錦衣視一
品弁賜金圖
書鈕作麒麟

希惠

景泰二年取
復聖公子孫
特授翰林院
五經博士後
以不係嫡派
黜革

宣文五十五代

景泰二年授
翰林院五經
博士俾世襲

御篆謹禮崇德四字時年八歲延入宮殿恩禮之盛可謂無前

憲宗

弘泰　字以和成化五年繼兄襲封衍聖公子聞詩恩賜五經博士

議　字定伯希仁長子因宗門紊亂上疏辯正仍授翰林五經博士俾世襲主奉祀事成化元年賜第京師入覲馳驛定為例生子公鋐

孝宗

武宗

世宗

聞韶 字知德弘治十六年襲封衍聖公生子二貞幹貞寧

貞幹 字用濟嘉靖二十五年襲封衍聖公生子尚賢

公鋐 字宗器襲五經博士主奉祀事生子重奮用德重禮

重德 字尚本襲五經博士主奉祀事生子從祖

從祖 字守嗣襲五經博士主奉祀事無傳

生子質粹

質粹 嘉靖十八年始授翰林院五經博士仍與世襲

元五十六代 字長倚弘治二年襲五經博士

公肇五十七代 嘉靖二年襲五經博士致仕

穆宗

尚賢　字象之嘉靖二十五年襲封衍聖公

肇先　字啟源重禮長子因長枝從祖絕嗣於嘉靖四十一年以次嫡襲五經博士主奉祀事生子嗣愼

公綮　字蒙文肇之弟嘉靖十二年襲五經博士

孔門源流考卷之一終

男國子生煜煊仝校刻

八閩文庫

文獻集成 258

福建文獻集成

吴格 主编

續編 史部 一八

海峽出版發行集團
THE STRAITS PUBLISHING & DISTRIBUTING GROUP
福建人民出版社

本册目次

孔門源流考十卷（卷二至卷一〇）

［明］長泰戴庭槐纂輯

日本内閣文庫藏明萬曆間刻本

孔門源流考卷之二

明七閩後學戴庭槐纂輯

姓譜考

因生賜姓厥有譜系孔氏在魯宋子、苗裔顔曾及孟皆出黃帝各歸其宗繩繩繼繼作姓譜考

孔氏姓譜

昔契佐禹治水有功封於商賜姓子氏周成王時以商帝長子微子啓國于宋（微國名子爵也）啓卒傳位其弟思衍因號微仲微仲生宋公稽（宋公世為宋卿）稽生丁公申申生湣公共（或作閔公泰）及襄公熙（襄或作煬）熙生弗父何何以

適嗣當立遜國于弟厲公何乃世爲宋卿何生宋父周周生世子勝（或作世父）勝生正考父考父生孔父嘉（孔父者其字也一謂生時所賜號非也）始爲孔氏孔父爲宋華督所害其子木金父避難奔魯爲大夫因家於魯木金父生祈父五世親盡别爲公族祈父因以孔父字爲氏而生防叔防叔生伯夏伯夏生叔梁紇叔梁紇爲陬邑大夫娶魯施氏無子復求婚于顔氏顔氏以女徵在妻之（史記云紇與顔氏女野合而生孔子索隱云梁紇老而徵在少非當壯室初笄之禮故云野合謂不合禮儀）徵在既往廟見以夫子年大懼不得有子乃私禱於尼山以祈嗣懷娠十一月而生孔子因名丘字

仲尼孔子生質異常有四十九表反首洼面月角日準河目海口龍顙斗唇昌顔均頤輔喉駢齒龍形龜脊虎掌駢脇修肱參膺圩頂史記索隱云圩音烏圩頂言頂上窊也故孔子頂如反宇反宇若屋宇之反中低而四傍高也山臍林背翼臂注頸阜脥堤眉地足谷竅雷聲澤腹修上趨下末僂後耳面如蒙俱手乘過膝耳垂珠庭眉一十二彩目六十四理立如鳳峙坐如龍蹲手握天文足履度字望之如仆就之如升視若營四海躬履謙讓胷有文曰制作定世符身長九尺六寸腰大十圍

論曰今天下稱孔孰不曰先聖之苗裔哉當是時

衛有孔悝魏有孔達陳有孔寧齊有孔虺鄭有孔叔孔棖又有子孔氏弟衛魏鄭三孔者皆出姬姓姞同族異陳嬀姓齊姜姓惟魯之孔獨爲子姓孫孔父嘉以孔爲字其子木金父避難以魯爲家至孫祈父遂以孔父字爲氏則魯之有孔蓋自孔父嘉始也是故司馬子長作世表始軒轅者表神明之胄也作世家始防叔者考奔魯之原也今余作世系始孔父嘉者明受姓之祖也開先托始厥誼各有攸當哉

宋紹興二年四十八世孫端朝孔氏家譜序云 端朝聞諸父祖

云吾家自五代亂離宗族散走死亡畧盡獨襲封尚
書諱仁玉守墳墓不去尚書幼子諱勗仕爲侍郎侍
郎長子及孫皆爲侍從今儒門復興聚族二百口皆
尚書公子孫依廟爲宅家有賜書以至祭器御書田
園服後皆上所賜許任鄉官著在吏部爲成法繇是
土人不敢以姓名稱止曰廟宅族人無異居者獨安
州族祖六中舍諱宗簡因官家長安不歸遂家焉宣
和末女眞始入寇靖康丙午羣盜蜂起家所蓄藏御
賜金銀祭器等物蕩然雲散建炎戊申十月端朝不
得已去陵廟南奔明年己酉八月蒙恩以孔氏子孫

特授徽州黟縣令後二年辛亥四月赴官六月張琪
祀徽州黟之四境焚殺一空端陽與幼累奔山間僅
得不死携上世誥敕祖父遺書生生之資皆失之矣
獨此譜山中人得之轉以見餽此譜乃古本頃叔祖
二卿削去旁枝獨載世襲者有識惜之今亡而更在
豈非天也因書以示子孫

明永樂七年錢塘蔡平孔族譜系碑云孔子道德與天地悠久
故子子孫孫繼繼承承亦與天地同其悠久焉粤自
漢唐以来歷代尊崇賔禮王家襲封縣令代不乏人
五季間有僞孔末者戕吾聖族幾盡惟四十三世祖

仁玉毓於外家罔克加害後為襲封文宣公贈兵部尚書生四子十孫我神明之胄由是再造故今闕里孔氏皆仁玉所出此聖人之靈天地造化有以默相之也洪惟

皇上繼纘大統一遵

太祖高皇帝之制遵敍先師優禮孔族比之前代尤加意焉永樂初復有僞孔誼者妄爲聖裔徵諸天歷洪武之碑已伏厥罪然二碑之刻五十四世子孫已弗克備載矧將來乎恐正僞罔分故自宣聖始祖以下至四十三世文宣公爲中興祖枝分派衍以及五

十九世子孫勒之堅珉垂之永久若夫五十九世而下則文有望於後人焉石刻之立張主其事者曲阜世尹也世尹始舉俾族人知所自出慎厥身修恪遵乃祖之遺訓俾異姓孔氏罔效末誼覬覦聖族以逮戾于成憲其慮遠矣世尹諱希範字士則寔五十六世孫乃前襲封衍聖公鑑之子彥縉之族曾祖也彥縉以嫡孫當襲爵今待年于家故世尹張主其事云

明孔承懿闕里宗系歌云

孔聖宗系伯魚傳子思子白求箕穿謙騰忠武延年霸福房均志損曜完羨震嶷撫懿鮮乘靈珍文泰紹其先三十代渠繼長孫嗣哲德

倫崇基連璲之子萱孫齊卿惟旺策振昭僚焉光嗣
仁玉值五季孔氏中興四十三四十四代祖宣公延
世延澤接芳名世生聖祐澤宗愿名聞俱載譜牒中
聖祐無子宗愿嗣宗愿三子長若蒙若虛若愚蒙毋
弟蒙子端友仍襲封端友南渡端操北南北封公親
弟兄端友無子操子繼玠繼友爵子播生播生文遠
傳三世二子萬春與萬齡萬春子洙嗣又無齡亦無
子負宗盟北派端操長子蟠蟠生拯摠續大宗拯絕
摠繼生元措措絕有弟曰元絃絃生一子名之固之
固之子曰孔湞端操至湞六世絕南北厄運何其同

惟有若愚生端立端立生琥傳無窮瑚公傳拂生二
子元孝元用雙崢瓅孝生之厚用之仝名有三子振
家聲之厚之子浣沂潾全子治澄濟相承浣生思晦
傳克堅恩禮優渥屬
大明希學孔訥茲公鑑彥縉承慶資階崇弘緒弘泰
俱襲爵聞韶貞幹紹遺風篤生尚賢傳正派我作此
歌傳宗祊

〔承懿又南派宗系歌云〕端友南渡從宋帝族叔孔偉與俱
逝端友居南端操北二公乃是親兄弟端友無子選
親姪操第四子玠承繼孔傳之後有五男繩繩不絕

引無棔玠繼友爵受襲封搢生文遠傳三世文遠始
生子二人萬春萬齡承宗系萬春子洙嗣又無齡亦
無子傳家廞南派宗子六世絶衢族皆衍孔傳佐
宗子宗法在禮不可不慎重而考諸史籍則因襲之
明程敏政聖裔考云先聖之後凡嗣爵奉祀者謂之大
間尚有可議蓋自先聖一傳爲泗水矦再傳爲沂國
公沂國五傳生斌仕魏以孔子後封魯國文信君蓋
聖裔之受封始此順生三子長曰鮒秦封魯國文通
君又爲陳王慱士次曰騰爲漢長沙王太傅次曰樹
而鮒騰之後分爲兩宗鮒六世生何齊成帝時梅福

上書言孔子殷人宜封其後以奉湯祀遂封何齊爲殷紹嘉矦尋進爵爲公地滿百里此一宗也騰四世生霸元帝時賜號襃成君奉孔子祀此一宗也然則紹嘉公乃大宗襃成君乃小宗何齊生安光武時嗣爵又進封宋公爲漢賓位諸矦上霸三世生均平帝元始初進封襃成侯均再世生損和帝永光中徙封襃亭侯至獻帝初國絶葢兩宗至於漢亡俱失傳矣魏文帝黄初中復求先聖之後得議郎羡賜爵宗聖矦傳再世生震晉武帝泰始初改封奉聖亭侯震再世生懿隨元帝南渡居會稽孔氏自此復分南北兩

宗懿生鮮宋文帝元嘉八年以罪奪爵十九年以隱之嗣隱之後以子不道失爵二十八年以惠雲嗣又以重疾失爵孝武大明二年以邁嗣邁傳其子亦以罪失爵此南宗也後魏時求先聖之後得二十七世孫乘以爲崇聖大夫孝文時改封其子靈珍爲崇聖矦靈珍三世生渠北齊文宣帝改封恭聖矦又後周宣帝進封鄒國公渠再世生嗣悊隋煬帝時改封紹聖矦此北宗也然則從元帝南渡者爲大宗受北魏所封者爲小宗南北兩宗至於隋亡又并失傳矣唐太宗貞觀十一年始得先聖之後德倫賜爵褒聖矦

德倫再世生璲之玄宗開元中進封文宣公傳七世
生光遺五季之亂失爵為泗水令有灑掃戶孔末欲
冒襲封盡殺諸孔氏光妻生子仁玉方九月遂秘養
之後周時乃得嗣爵入宋而卒至太平興國中復召
仁玉之子宜嗣封宜再世生聖祐無子以弟宗愿嗣
仁宗嘉祐中以祖謚不可加後人改封衍聖公宗愿
傳若蒙哲宗元祐初改封奉聖公若蒙坐事廢弟若
虛嗣復為衍聖公若虛傳若蒙子端友從高宗南渡
居衢州孔氏自此又分南北而宗端友傳四世生洙
以宋亡失爵此南宗也偽齊劉豫自濟南僭位得先

聖四十九代孫璠賜爵衍聖公豫廢金因之璠三傳生元措金末崔立作亂降元遂弃執元措以去此北宗也然則從高宗南渡者爲大宗受劉豫所封者爲小宗矣元措入元而卒乃召洙俾嗣爵固讓歸衢州仁宗延祐四年召中書定議先聖五十三世孫當嗣封者遂得元措宗人思晦以聞思晦受爵以卒因子貴追封魯郡公蓋今之爲大宗子者皆思晦之後矣夫宗禮先王之所制蓋以制天下之大倫而絶争端者也先聖定禮樂以爲萬世法而况其後人奉世祀可不慎乎夫以魏唐之初其所封者史記不載其世

次而凡在北宗者又皆出于一時之訪求乃以之當大宗子之責亦異乎先聖之禮矣必不得已則南宗猶爲近之蓋南宗出于當時嗣爵之人而北宗出其疎且遠者或乃以去宗國爲南宗之罪以守林廟爲北宗之賢則又有大不然者焉以史考之凡出于北宗者實皆逃難四出流落民間非真有仗義守禮之心効死而不去者也然則取此去彼又豈大公至正之道哉矧北宗祖瑨始受逆豫之命而終于胡元之朝所謂因襲之間尚有可議者凡以此而已

論曰余讀孔叢子云家之族胤一子相承以至七

世始有三子𦵏自尼父至子高歷七代皆單傳及

子順始生鮒騰樹云以今觀之孔氏之脈綿綿延

延與天壤無極矣初之式微曷故哉夫黃河之放

于海也豈不靈長矣乎然出崑崙東流必潛行地

上也及由蔥嶺注蒲菖而河之支派不可窮矣是

故氣以翕聚故能發河以潛伏故能遠族以式微

故能昌學以沈潛故能化

顔氏姓譜

顔氏之先出自黃帝黃帝生昌意昌意生帝高陽帝

高陽生稱稱生卷章卷章生吳回吳回生陸終陸終

生六子其五曰晏安爲曹姓國於邾歷唐虞夏商不能紀其傳周武王克商因封其裔孫挾爲小邾子挾生非非生成成生車輔車輔生將新將新生訾父訾父生夷甫夷甫字伯顏謚武公春秋邾武公爲魯之附庸故公羊傳稱顏公有功於齊齊威公命爲小邾子別封其子友於郳子孫以父字爲姓氏以其附庸於魯故世事魯爲卿大夫夷甫生友友生奭奭仕魯爲下大夫奭生連連生噭噭生鳴自連至鳴皆下大夫鳴生音音爲司寇音生羽羽生訓訓生簡簡生箱自羽至箱皆下大夫箱生虒虒生景景生整整生恤恤

生求自虒至求皆至司寇求生友爲邑宰友生無繇
字路爲魯卿士少孔子六歲娶齊姜氏生子回
按郳挾後至夷甫字伯顏即公羊氏所謂顏公
子孫因以爲氏者也陳留風俗傳及葛洪要字
皆如其說但謂伯顏謚武公考郳自顏六世至
文公蘧篨始有爵謚恐武公未必便先有號也
王儉譜又云顏出自魯侯伯禽支庶食采顏邑
因氏焉眞卿已謂未知儉何所憑然則仍舊譜
爲正矣

曾氏姓譜

鄫氏之先出夏禹之苗裔夏禹五代孫少康封其次子曲烈于鄫古者諸侯伯世無常族因其封國而命之氏子孫遂為鄫姓至魯僖公十九年諸侯盟于曹南鄫子不及其會宋襄公使邾人執之𢧵孫紇救鄫而後邾退魯襄公五年太子巫公修先君之業周德陵遲至六年秋使邾人莒人滅鄫鄫世子巫遂奔魯官失其守乃於魯立為桑梓因而嘆曰國既絕矣邑亦宜除遂為曾姓巫公生夭夭生阜阜生點點生參

按鄫姒姓夏禹之苗其氏則自鄫子云夏之鄫即漢之繒縣也春秋時見于經者鄫子來朝及

晋韓厥代鄭次于鄫繼則晋侯棄公請辱鄫明
年鄫世子巫如晋仕魯因去邑爲曾則巫實曾
始祖其後世避地遷于豫章以有龍潭木塘源
西派近日訪求曾氏後者則出木塘源一支云
昔曾子固自述其先曰子孫散處江南旣曰散
處疏逖紛綸柴池軋沕吾莫詳其宗矣

孟氏姓譜

孟子魯公族孟孫之後其先出自黃帝黃帝生玄囂
玄囂生蟜極蟜極生帝嚳帝嚳生棄姬姓之祖始封
國於邰十六世至周文王當商之季三分天下有二

生子發是爲武王遂克商而有天下武王封弟周公旦于魯留輔王室其子伯禽就封之國伯禽生煬公煬公生魏公魏公生獻公獻公生武公武公生伯御伯御生孝公孝公生惠公惠公生桓公桓公生莊公及三家三家皆桓公庶子初以仲叔季爲氏其後加以孫字公子之子稱公孫也仲後改爲孟孟庶子自爲長少不敢與莊公爲伯仲叔季公孫不敢祖諸侯也故自以庶長爲孟其後子孫因以孟爲姓孟子之父激公宜母仉氏或云李氏孟子娶田氏

明洪武四年張炳孟廟石刻孟氏宗支記云

我鄒國亞聖公五

十三代孫之訓世守宗祧值前元兵亂携家避兵避
于關陝秦晉間始五十餘年卒于亂時嫡子孫諒尚
幼及治稍平思諒方弱冠侍母氏歸鄒至正間任本
縣主簿守引祀事祖庭燬頹荒蕪止存遺基豐祀之
禮闕如也迄洪武戊申華夏統一思諒偕襲封衍聖
公朝京面奏
明詔歸鄉奉祀事適知縣桂孟主簿王公典史韓公
重修廟貌孟氏族人漸實於鄉遵古制行祭禮族長
之全暨思諒等集議推原上祀宗祧者思諒高曾祖
父也今思諒係五十四代嫡孫理宜繼典祀事為大

宗咸允其議恐久而迷序遂約明誓各書明押以為
萬世典族長之全謂余為記辭弗見獲余惟天地定
位四時順序宗支順序子孫不紊古聖賢法天地定
位之理分宗支之辨蓋順天道正綱常也天道順綱
常正家齊國治而天下平矣亞聖有言天下之本在
國國之本在家今孟氏原始要終依家禮立宗支之
法可謂奉先訓知先務也傳曰不愆不忘率由舊章
其孟氏之謂也

按孟姬姓魯桓公子慶父之後也慶父曰共仲

本仲氏亦曰仲孫氏其更為孟氏與子孟孫氏者

雖則自以庶長爲孟無乃爲閔公之故諱弒君之罪也乎當是時衛有公孟縶之後爲孟氏秦有孟説又魯公子孟之後爲子孟氏齊簡王時有子孟卿爲大夫其於孟氏姓同族異矣吾故表而著之

論曰余讀三氏譜其先皆出自黄帝黄帝之子孫何其傳之遠邪褚少孫云舜禹契后稷皆黄帝子孫也黄帝策天命而治天下德澤深後世故其子孫皆復立爲天子是天之報有德也爲乎人知子孫之復爲天子爲黄帝之報而不知子孫之復爲

聖賢其為黄帝之報碩不大哉乃令舜禹稷契之
胄遐乎邈矣三氏苗裔熾昌如昨也聖賢與宫胄
之子孫相越遠矣

孔門源流考卷之二終

男𪏭刻　仝校刻

孔門源流考卷之三

明七閩後學戴庭槐纂輯

世德考

遡彼太極生地生天於稽人道有開必先㞢丘誕聖流光則然三氏秉裕濟美象賢作世德考

孔子父母

孔子父叔梁紇其祖弗父何以有宋而授厲公及正考父佐戴武宣三命茲益共故其鼎銘云一命而僂再命而傴三命而俯循墻而走亦莫余敢侮饘於是鬻於是以餬余口其共也如是襄公時正考父作商

頒越數世生紇為郰邑大夫偪陽之役孟氏之臣秦
堇父輦重如役偪陽人啓門諸侯之士門焉縣門發
郰人紇抉之以出門者勇力與堇父並稱娶魯施氏
生九女無子妾生子孟皮一字伯皮有足疾不堪嗣
求婚於顏氏顏氏有三女顏父問三女曰郰大夫聖
王之裔其人身長十尺武力絶倫吾甚重之雖年高
性嚴不足為疑三子孰能為之妻二子莫對其季女
徵在進曰從父所制將何問焉父曰即爾能矣乃歸
于紇及廟見以夫子年大恐乏嗣私禱于尼丘之山
禎母所升之谷草木之葉皆上起所降之谷草木之

葉皆下垂時有麒麟吐玉書於闕里其文曰水精子繼衰周而爲素王顏氏異之以繡紱繫麟角信宿而去懷姙十一月而生孔子誕育之日有二龍繞室五老降庭顏氏房中聞鈞天之樂空中有聲云天感生聖子故降以和樂之音於是孔子生有異質三歲而叔梁紇卒葬于魯防山一十四歲顏氏卒殯于五父之衢既而合葬于防

晉王粲正考父贊云 恂恂正父應德孔盛身爲國卿族則公姓年在耆耋三葉聞政誰能不怠申茲約敬饘粥于口傴僂受命名書金鼎祚及後聖

明戴庭槐爲官司理記樂清縣重修啓聖祠略云在昔

世廟採輔臣議下所司別立一祠於學宮中祀啓聖

公以路點鯉及孟孫氏配而程朱蔡三氏父珦松元

定並在列葢通制也汝多士亦知啓聖之所由祠矣

乎禮祭川先河後海重本也廟孔子而復祠叔梁紇

者重本也 世廟之旨深哉然祠之也遍天下而廢

之也輒復興若有繫於人心而然者余于是而知孔

子之聖所以爲至啓聖之功所以爲大也葢孔子嘗

大舜孝矣不過曰德爲聖人而兼有其富貴光裕而

已然舜之富貴有時而盡位不及嗣虞陳緒亦亡徵

世未有祠瞽瞍者也今聖如孔子爲生民來之所未有而功遠賢於舜尊爲素王土以萬世廟食追於聖父上公延于後昆諸福之隆奚舜之敢望大哉孔聖斯其至矣乃若關先孕秀豈無自哉微啓肇宋弗父讓厲正考共命孔嘉抗忠越不數世篤生梁紇仕爲郰邑力能抉門顔父覩而進女徵在從其可妻不有明德孰誕聖躬然則聖父蓋萬古一人而已譬猶太極之生天地功德渾成誰得而名狀之乎夫繇前言之不有是子孰成是父由後言之不有是父孰生是子觀於父可以興啓佑之思焉觀於子可以篤尊顯

之志焉則父子定人倫明而學之道修矣

顏子父母

顏回父名無繇子路其字顏氏世為魯國卿大夫族最蕃衍路為魯卿士少孔子六歲孔子始教闕里從而受學焉娶齊姜氏生子回為孔門高弟父子事孔子先後異時卒塟于魯城東二十里防山之陽有顏林贊曰人誰無子爾嗣標奇行為世範學為人師請車誠非顧非其私千載之下盍以示慈宋從臣所撰下贊倣此

曾子父母

曾參父名點字子皙少孔子六歲從學孔子季武子

季大夫往吊點倚其門而歌孔子所謂狂者嘗侍坐言志點願暮春偕童冠浴沂風雩咏而歸孔子與之又欲修禮教孔子善之點使參過期不至人皆曰無乃畏也點曰彼雖畏我存夫安敢畏曾子芸瓜誤斬其根點援杖擊之仆地有頃而蘇退鼓琴而歌欲父知其康也孔子聞之曰昔舜事瞽瞍索而使之未嘗不在索而殺之未嘗可得曾子曰參罪大矣遂造夫子謝過人有與參同姓名者殺人人告其母曰曾參殺人其母織自若也頃又告之其母曰吾子不殺人有頃一人又告之其母投杼下機踰墻而走母早殁

後母無恩曾子供養不衰及父母卒曾子每讀喪禮泣下沾襟攀柩車引輴者為之止也塟於費縣西南成山賛曰維持義方有于誠孝怡怡聖域俱膺是道暮春舞雩詠歌至欲師故與之和悅宜召

明金陵馬憑龍云　造道之漸譬則傳家父賢子肖而亦拓之斯成巨族入道者不由家傳默契道體蓋亦鮮矣曾子乃父如點使之師事孔子始得聞道而竟傳之孰謂其遽爾式況乎灑落襟懷先開導以極高明氣象用清克魯以閑豁醇因廣大入簡易由始條理而遂得其終焉參而微點點微啓祐吾不知所造竟

何如也淵源所自可擬其功乎近以仲尼大聖之德尊崇厥考蓋物未有無本者而况大聖大賢乎哉噫舞雩春風天時人事之會至今興起可以想見自得者之樂况於生之膝下其親炙之盛又何如也點得師天覆地載之心而行其為吟風弄月之趣參得父吟風弄月之趣而行其為玉淵金井之美易曰子克家剛柔接也禮曰良弓冶之子必學爲箕裘蓋謂此夫

子思父母

子思父名鯉字伯魚孔子子也鯉生時魯昭公賜孔

子鯉榮君之貺故名孔子嘗謂伯魚曰君子不可不學見人不可不飾不飾則失禮失禮則不立夫遠而有光者飾也近而愈明者學也譬之汙地水潦注焉菅蒲生焉從上觀之則知其非源也嘗趨庭聞詩禮之教魯嘗幣聘為卿固辭不受生子伋字子思伯魚後黜其妻年五十先孔子卒其妻嫁于衛之庶氏及卒訃聞子思哭於孔氏之廟門人止之遂哭于他室伯魚葬于孔子墓東少南相去僅數步時孔子因貧其葬鯉有棺無槨葢孔子自卜其兆云

孟子父母

孟子父激公宜母仉氏（仉音掌）有賢德孟子未生時仉氏夢神人乘雲攀龍鳳自泰山來將止于嶧母凝視久之忽片雲墜而寤時閭巷皆見五色雲覆孟氏之居而孟子生既三歲父卒母挾其子以居舍近墓孟子少嬉戲為墓間事母曰此非所以處子也乃舍市嬉戲為賈衒事母曰又非所以居子也遂徙舍學宮之傍嬉戲設俎豆揖讓進退母曰此真可以居子矣遂居之東家殺豚孟子問曰何謂也母曰欲啖汝既而悔之曰吾懷妊是子胎教之也今適有知而欺之是教之不信也乃買東家豚食之以示勿欺稍長就

學而歸母方績問曰學何所至軻曰自若也母以刀斷織軻問其故母曰子之廢學若吾斷斯織矣夫君子學以立名問則廣智是以居則安寧動則遠害今而廢之是不免斯役而無以離於禍患何異織績而食中道而廢寧能食其[illegible]而長不乏食哉軻懼旦夕勤學不息遂成名儒[illegible]既長娶田氏將入私室其婦袒而在內孟子不悅[illegible]婦辭孟母而求去曰妾聞夫婦之道私室不與焉[illegible]者妾竊惰在室夫子見妾勃然不悅是客妾也婦人之義蓋不客宿請歸父母於是孟母召孟子而謂之曰夫禮將上堂

聲必揚所以戒人也將入户視必下恐見人過也今子不察乎禮而責于人不亦遠乎孟子遂留婦及壯爲卿于齊道不行有憂色擁楹而嘆孟母見之曰子若有憂色何也對曰軻聞君子稱身就位不爲苟得不貪榮禄今道不用於齊願行而母老是以憂也孟母曰婦人之禮精五飯幕酒漿養舅姑縫衣裳而已無擅制之義有三從之道故年少從父出嫁從夫夫歿從子禮也今子成人也而我老矣子行乎義吾行吾禮子何憂乎母卒孟子自齊反魯葬于馬鞍山之麓距鄒縣十里許與父墓同塋云

元貞元年五十一代孫祗祇立母墓碑記畧云　頌讀鄒公墳廟

碑莫釋其疑因不敢固讓以袪觀者之惑其言母氏曰李未知何據當考其塋曾也充虞以木若以美為問孟子荅以得之為有財古之人皆用之而臧倉沮魯平公之來見有曰孟子之後喪踰前喪然則實為齊卿時所以校然而盡於心者報母氏劬勞亦至矣夫以聖賢之質在傳不勤處節不煩固有不待教而能者考之劉向列女傳孟母之教歷歷可紀墓而築埋市而賈衒其居使之舍學宮之傍則設俎豆乃性然也以有知而教信示機織以勸學猶曰童子之教

爾子行子義吾行吾禮之言實在齊時孟子老矣而孟訓益嚴謂教之所致非邪世之人知所以教子責之父師而不察母教之尤近也知乳哺之爲恩而不知訓誨之爲恩知畜養之爲慈而不知禮法之爲慈咻噢則視無能則憐媮惰於襁褓之中養成於長大之後習與性成父師之訓不能入雖有美材不得爲良器矣孔子再歲而孤孟子夙喪其父操心危慮患深以達於大聖大賢之域繄母訓是賴因表諸孟母之墓使天下之爲人母者知所取則焉乃爲銘曰惟昔任姒來嬪于姬秩秩徽音爲周之基粤若孟母爰

適魯族篤生大賢喪父以夙輔之翼之教之誨之聖道有傳繫母之儀乃徙其居乃斷其織母廢於食母墮於德自古孤孽克成其才譬彼桐梓拱把孰培束望自齊居卿之位不僉其親有木以美馬鬣斯封隆然其冏千六百年山高水長嗟爾有子勿曰能食企而及之惟母是似 鎮張姓爲三氏學教授

明吳餘敬題斷機圖云子非母不能成如是之學母非子不能顯如是之名子之聖由母而成母之賢由子而著

明寧陽許彬斷機祠記畧云 古今稱母道之賢能成其子

之志者不曰陶母柳母則曰孟母然陶母剪髮延賓柳母丸膽教子固善矣而其子之成不過躋顯位而已豈若孟母斷機飭厲其子卒傳道統有功于天下後世也孟子初遊學齊梁之間未成而歸母怒引刀趨機斷之曰是織也累絲成寸積寸成尺如斯不已遂成丈匹子之廢學得無似之乎孟子懼復出就學遂成大儒觀其子之功因其母之賢在人心詎可一日忘之哉

論曰孔子之先胄于微子弗父能讓正考克共以至陬大夫積善累仁凡歷數世矣臧孫紇曰聖人

有明德者若不當世其後必有達人誠哉是言也
若路點親闕里之教伯魚承趨庭之訓父師授受
目懦耳染三子具體夫豈無自乎雖然非惟父道
蓋亦有母德焉孔孟皆以三歲孤雖則聖賢本於
性生非籍母訓何由而成哉飲河酌海貴知源委
余於二母觀其深矣

孔門源流考卷之三終　姪邑庠生熺校刻

孔門源流考卷之四

明七閩後學戴庭槐纂輯

年譜考

聖教文章貞觀同示大乘六經小識傳記表歲首年因年繫事原始要終纂擬一二作年譜考

庚戌周靈王二十一年魯襄公二十二年十一月庚子孔子生于魯昌平鄉陬邑正義云故陬城在兖州泗水縣東南六十里昌平山在泗水縣西南六十里鄉取山為名即今之别縣也

辛亥周靈王二十二年魯襄公二十三年孔子二歲在魯

壬子周靈王二十三年魯襄公二十四年三歲在魯聖父陬邑

大夫叔梁紇卒葬於魯東防山史記孔子疑其父墓處母諱之也索隱曰徵在笄年適梁紇無幾而老死是少寡蓋以為嫌不從送葬故不知墓處遂不告非諱之也

癸丑 周靈王二十四年魯襄公二十五年　四歲在魯弟子秦商生

甲寅 周靈王二十五年魯襄公二十六年　五歲在魯

乙卯 周靈王二十六年魯襄公二十七年　六歲在魯為兒嬉戲常陳俎豆設禮容是年弟子曾點顏路生

丙辰 周靈王二十七年魯襄公二十八年　七歲在魯是年靈王崩景王立弟子冉耕生

丁巳 周景王元年魯襄公二十九年　八歲在魯

戊午 周景王二年魯襄公三十年 九歲在魯

己未 周景王三年魯襄公三十一年 十歲在魯是年襄公薨昭公立鄭人游於鄉校以論執政然明曰毁鄉校如何子産曰是吾師也若之何毁之孔子聞是語曰以是觀之人謂子産不仁吾不信也是歲弟子仲由生

庚申 周景王四年魯昭公元年 十一歲在魯弟子漆雕開生

辛酉 周景王五年魯昭公二年 十二歲在魯

壬戌 周景王六年魯昭公三年 十三歲在魯

癸亥 周景王七年魯昭公四年 十四歲在魯弟子有若生

甲午　周景王八年魯昭公五年　十五歲在魯曰吾十有五而志于學魯叔昭子誅豎牛于塞關之外孔子善之曰叔孫昭子之不勞不可能也是年弟子閔損生

乙丑　周景王九年魯昭公六年　十六歲在魯

丙寅　周景王十年魯昭公七年　十七歲在魯

丁卯　周景王十一年魯昭公八年　十八歲在魯

戊辰　周景王十二年魯昭公九年　十九歲在魯娶宋开官氏

己巳　周景王十三年魯昭公十年　二十歲仕魯爲委吏料量平曰會計當而已子鯉生魯昭公以鯉賜之孔子榮君之貺故因以名曰鯉而字伯魚

甲戌周景王十四年魯昭公十一年二十一歲在魯為司職吏畜蕃息是歲弟子南宮适生于泉丘

乙亥周景王十五年魯昭公十二年二十二歲在魯始教於闕里顏路之徒受學楚靈公次于乾谿右尹子革侍坐左史倚相趨而過焉為王誦祈招之詩王揖而入饋不食寢不寐數日不能自克以及于難仲尼曰古也有志克己復禮仁也信善哉楚靈王若能如是豈其辱于乾谿矣

丙子周景王十六年魯昭公十三年二十三歲在魯晉會諸侯於平丘及盟子產爭承貢賦之次自日中以爭至于昏

晋人許之孔子曰子産于是行也足以爲國基矣

癸酉

周景王十七年（魯昭公十四年）二十四歲在魯聖母顔氏夫人卒孔子少孤不知父墓及母卒殯於五父之衢人之見之者皆以爲葬也其引也蓋殯也問於鄹曼父之母然後得合葬於防時晋邢侯與雍子爭鄐田久而無成叔魚攝理罪在雍子雍子納其女於叔魚叔魚蔽罪邢侯邢侯怒殺叔魚與雍子於朝宣子問其罪於叔向叔向曰三人同罪施生戮死可也雍子自知其罪而賂以買直鮒也鬻獄邢侯專殺其罪一也乃施邢侯而尸雍子與叔魚

於市孔子曰叔向古之遺直也治國制刑不隱於親三數叔魚之惡不爲末減義也夫可謂直矣

甲戌 周景王十八年魯昭公二十五年 二十五歲合葬其母於防曰吾聞之古也墓而不墳今丘也東西南北之人也不可以弗識也於是封之崇四尺孔子先反門人後雨甚至孔子問焉曰爾來何遲也曰防墓崩孔子不應三泫然流涕曰吾聞之古不修墓

乙亥 周景王十九年魯昭公二十六年 二十六歲母喪既祥五日彈琴而不成聲十日而成笙歌

丙子 周景王二十年魯昭公二十七年 二十七歲郯子來朝昭子

問焉曰少皞氏鳥名官何故也郯子曰我祖也我知之少皥摯之立也鳳鳥適至故為鳥師而鳥名仲尼聞之見於郯子而學焉既而告人曰天子失官學在四夷猶信遂之郯遭程子於途傾蓋而語終日甚相親顧謂子路曰取束帛贈之

丁丑　周景王二十一年魯昭公二十八年歲在魯射於矍相之圃觀者如堵墻射既闋子路進曰由與二三子者之為何如孔子曰能用命矣吾觀於鄉而知王道之易易也

戊寅　周景王二十二年魯昭公十九年二十九歲聞師襄善琴

適晉學之十日不進師襄曰可以益矣子曰丘已習其曲矣未得其數也有間曰已習其數可以益矣子曰丘未得其志也有間曰已習其志可以益矣子曰丘未得其爲人也有間曰有所穆然深思焉有所怡然高望而遠志焉曰丘得其爲人黯然而黑頎然而長眼如望羊如王四國非文王其孰能爲此也師襄避席再拜曰師蓋云文王操也既而反魯是歲弟子冉求商瞿子木梁鱣生

己卯周景王二十三年魯昭公二十年三十歲在魯孔子自謂三十而立齊侯田于沛招虞人以弓不進公使執

之辭曰昔我先君之田也旃以招大夫弓以招士皮冠以招虞人臣不見皮冠故不敢進乃舍之孔子曰守道不如守官君子韙之齊景公與晏嬰適魯問曰昔秦穆公國小處僻其霸何也孔子曰秦國雖小其志大處雖僻行中正身舉五羖爵之大夫起縲紲之中與語三日授之以政以此取之雖王可也其霸小矣景公悅鄭子產有疾謂子大叔曰我死子必爲政惟有德者能以寛服民其次莫如猛大叔爲政不忍猛而寛鄭國多盗大叔悔之孔子曰善哉政寛則民慢慢則糾之以猛政猛則

民殘殘則施之以寬寬以濟猛猛以濟寬政是以和及子產卒孔子聞之出涕曰古之遺愛也是年

弟子巫馬施冉雍生

庚辰周景王二十四年魯昭公二十一年三十一歲齊景公遣使來聘孔子適齊見景公梁丘據自外而至公曰何遲也對曰陳氏戮其小臣臣有辭焉公咲而目孔子曰周書所謂明德慎罰陳子明德也罰人而有辭非不慎矣孔子曰昔康叔封衛周公以成王之命作康誥曰惟乃丕顯考文王克明德慎罰克明德者顯用有德舉而任之慎罰者并心慮之衆

平然後行之致刑措也此言所任不失德所罰不失罪不爲巳德之明也公曰寡人不有過言安得聞吾子之教是年魯顔回齊高柴生

辛巳　周景王二十五年魯昭公二十二年三十二歲在魯魯人有儉嗇者瓦鬲煑食之自謂其美盛之土型以進孔子受之歡然而悦如受大牢之饋子路曰瓦甂陋器也煑食薄膳也夫子何喜之如此乎子曰夫好諫者思其君食美者念其親吾非以饌具之爲厚以其食厚而我思焉是年衛端木賜生

壬午　周敬王元年魯昭公二十三年三十三歲子路問曰君子

亦有憂乎子曰君子之脩行也其未得也則樂其意旣已得之又樂其治是以君子有終身之樂無一日之憂也又曰非其地而樹之不生也非其人而語之弗聽也得其人如聚沙而雨之非其人如聚聾而鼓之

癸未　周敬王二年魯昭公二十四年三十四歲在魯是歲魯大夫孟僖子卒遺命南宮敬叔與仲孫何忌學禮于孔子於是二子請命于昭公來師孔子孔子謂南宮敬叔曰吾聞周有老聃通禮樂之原明道德之歸吾將問之今往矣二子歸告昭公請以乘資之

臣請以往公遂賜車一乘馬二匹及侍御者敬叔與孔子俱適周歷郊社之所考明堂之則察廟朝之度喟然曰吾乃今知周公之聖與周之所以王也及觀周明堂覩四門墉有堯舜之容桀紂之象各有善惡之狀興廢之戒又有周公相成王抱之負斧扆南面以朝諸侯之圖孔子徘徊而望之謂從者曰此周之所以盛也夫明鏡所以察形往古所以知今人主不務襲跡於其所以安而忽怠於其所以危亡未有異於却走而求及前人也又入后稷之廟右陛之前有金人焉名磨兜堅參緘其口而

銘其背曰古之慎言人也戒之哉戒之哉無多言
多言多敗無多事多事多患安樂必戒無行所悔
勿謂何傷其禍將長勿謂何害其禍將大勿謂何
殘其禍將然勿謂不聞神將伺人焰焰不滅炎炎
若何涓涓不壅終爲江河綿綿不絶或成網羅毫
末不札將尋斧柯誠能慎之福之根也曰是何傷
禍之門也疆梁者不得其死好勝者必遇其敵盜
憎主人民怨其上君子知天下之不可上也故下
之知衆人之不可先也故後之温恭慎德使人慕
之執雌持下人莫踰之人皆趨彼我獨守此人皆

慼之我獨不徙内藏我智不示人技我雖尊高人
弗我害誰能於此江海雖左長於百川以其卑也
天道無親而能下人戒之哉孔子讀斯文也顧謂
弟子曰小子識之此言實而中情而信見老聃老
聃曰子惡乎求之哉曰求之度數五年而未得也
求之陰陽十有二年而未得也老聃曰然使道可
以與人則人莫不與其子孫其不可者無他也中
無主而不立外無正而不行由中出者不受于外
聖人不出由外入者無主于中聖人不隱孔子退
無何復見老聃而問禮老聃曰子所言其人與骨

皆已朽矣獨其言在耳吾聞之良賈深藏若虛君子盛德容貌若愚使天下無失其朴則天地固有常矣日月固有明矣星辰固有宿矣禽獸固有鮮矣物植固有立矣君子放德而行循道而趨已至矣訪樂於萇弘弘語劉文公曰吾觀仲尼有聖人之表河目而龍顙黃帝之形貌也脩肱而龜背長九尺六寸成湯之形體也言必稱先王躬履謙讓洽聞強記博物而不窮抑聖人之興者乎

甲申 周敬王三年魯昭公二十五年 三十五歲適齊季平子以鬭雞之故得罪昭公公率師擊平子孟氏叔孫氏

救之三家共攻昭公公敗奔齊魯亂孔子適齊中路聞哭者聲甚哀孔子追而問之曰奚哭之悲也丘吾子曰吾有三失吾少時好學周遍天下還喪吾親一失也長事齊君奢侈失王臣節不道二失也吾平生厚交而今皆離絕是三失也夫樹而不來者年也不可再見者親也請從此辭遂投水而死孔子曰小子識之斯足為戒矣自是弟子辭歸養親者十有三人孔子見齊景公景公讓登夫子降一等景公三辭然後登既坐曰夫子降德辱臨寡人寡人以為榮也而降階以遠自絕於寡人未

知所以爲罪孔子荅曰君惠顧外臣君之賜也然以匹夫敵國君非所敢行也雖君私之其義若何及舍於外館景公造焉周使適至言先王廟災孔子曰此必釐王之廟公曰何以知之曰釐王變文武之制而作玄黃華麗之飾宮室崇峻輿馬奢侈弗可振也故天殃加其廟以彰其過俄頃果報釐王廟災景公驚起再拜曰善哉聖人之智過人遠矣

乙酉　周敬王四年魯昭公二十六年　三十六歲在齊聞韶學之三月不知肉味齊高庭問事君之道子曰貞以幹

之敬以輔之施人無倦見君子則舉之見小人則退之終日言不遺已之憂終日行不遺已之患惟智者能之故自修者必恐懼以除患終身為善一言敗之可不慎乎是年弟子樊須原憲生

丙戌周敬王五年魯昭公二十七年三十七歲在齊延陵季子聘於上國至齊而長子歿瘞於嬴博之間孔子聞之曰延陵季子吳之習於禮者也往吊而觀焉曰延陵季子之於禮也其合矣乎

丁亥周敬王六年魯昭公二十八年三十八歲在齊晋魏獻子舒為政舉賈辛為祁大夫魏戊子舒庶為梗陽大夫

賈辛將適其縣見於魏子魏子曰汝有功於王室
吾以是舉汝行乎敬之哉孔子聞魏子之舉也以
爲義曰近不失親遠不失舉可謂義矣又聞其命
賈辛也以爲忠詩曰永言配命自求多福忠也魏
子之舉也義其命也忠其長有後於晉國乎
戊子周敬王七年魯昭公二十九年三十九歲在齊晉鼓鐵以
鑄刑鼎著范宣子所爲刑書孔子曰晉其亡乎失
其度矣且夫宣子之刑夷之蒐也晉國之亂制也
若之何以爲法是歲復至周周使伯常騫問道於
孔子孔子曰嘗聞剛折者則不終徑易者則數傷

傲倨者則不親就利者則無不斃此四者君子之所戒也子曰昔者周公事文王行無專制事無由巳身若不勝衣言若不出口可謂子矣武王崩成王幼周公承文武之業聽天子之政征夷狄之亂誅管蔡之罪抱成王而朝諸侯威動天地振恐海内可謂能武矣成王壯周公致政北面而事之請然後行無矜伐之色可謂臣矣故一人之身能三變者所以應時也及去周老子送之曰富貴者送人以財仁者送人以言凡當今之士聰明深察而近於死者好譏議人者也博辯閎遠而危其身好

發人之惡者也爲人子者毋以無巳爲人臣者毋以有巳孔子曰敬奉教自周反魯而道彌尊遠方弟子之進學者蓋三千焉是年澹臺滅明生

己丑 周敬王八年魯昭公三十年四十歲在齊孔子自謂四十而不惑齊侯問晏子曰爲政何患對曰審擇左右左右善則百僚各得其宜而善惡分孔子聞之曰此言信矣善言道者則不善無由入不進善言則善無由入矣是年弟子陳亢生

庚寅 周敬王九年魯昭公三十一年四十一歲在齊齊旱飢景公問如之何孔子曰凶年則乘駑馬力役不興馳

道不脩祈以幣玉祭祀不懸祀以下牲此則賢君自貶以救民之禮也子路問管仲何人也子曰大人也子路曰昔者管子說襄公不說是不辯也欲立公子糾而不能是無能也家殘於齊而無憂色是不慈也桎梏而居檻車中無慙色是無媿也事所射之君是不貞也召忽死之管仲不死是無仁也夫子何以大之乎曰管仲說襄公襄公不悅管仲非不辯也襄公不知說也欲立子糾而不能非無能也不遇時也家殘於齊而無憂色非不慈也知命也桎梏居檻車而無慙色非無媿也自裁也

事所射之君非不貞也知權也召忽死之管仲不
死非無仁也召忽者人臣之材也不死則三軍之
虜也死之則名聞天下夫何爲不死哉管仲者天
子之佐也侯之相也死之則不免爲溝中之瘠不
死則功復用於天下矣夫何爲死之哉又稱晏子
曰靈王汙而晏子事之以潔莊公愼而晏子事之
以勇景公侈而晏子事之以儉晏子君子也又曰
晏子以一心事三君君子也

辛卯 周敬王十年魯昭公三十二年四十二歲在齊魯昭公薨
于乾侯定公立齊景公問政孔子告以政在節財

公悅欲封以尼谿之田晏嬰不可曰夫儒者滑稽

而不可軌法倨傲自順不可以爲下崇喪遂哀破

産厚葬不可以爲俗游說乞貸不可以爲國周室

既衰禮樂缺弛孔子盛容飾繁登降之禮趨詳之

節累世不能殫其學當年不能究其禮君欲用之

以移齊俗非所以先細民也公惑之孔子遂行反

乎魯是年弟子公西華生

壬辰周敬王十一年魯定公元年四十三歲在魯時季氏強

僭陽虎專政孔子不仕退修詩書禮樂有飛隼集

於陳庭而死楛矢貫之石砮矢長尺有咫陳惠使

使問仲尼仲尼曰此肅慎氏之矢也昔武王克商通道九夷八蠻使各以其方賄來貢使無忘職業於是肅慎氏貢楛矢石砮矢長尺有咫先王昭其令德以肅慎氏矢分大姬配虞胡公而封諸陳試求之故府果得之金櫝於是時皆稱孔子之聖

癸巳　周敬十二年魯定公二年　四十四歲在魯孔子觀於呂梁懸水四十仞環流九十里魚鱉不能過黿鼉不敢居有一丈夫方將涉之孔子使人並崖而止丈夫不以錯意遂渡而出孔子問子巧乎且有道術乎所以入而出者何也丈夫對曰始吾入先以忠

信吾之出也又繼之以忠信忠信錯吾軀於波流而吾不敢用私吾所以能入而復出也孔子謂弟子曰水尚可忠信義久而身親之況於人乎

甲申　周敬王十三年魯定公三年　四十五歲在魯邾隱公即位將冠使大夫因孟懿子問冠禮子曰其禮如世子之冠冠於阼階以著代也醮於客位加其有成三加彌尊導喻其志冠而字之敬其名也雖天子之元子猶是也其禮無變天下無生而貴者故也

乙未　周敬王十四年魯定公四年　四十六歲在魯觀於魯桓公之廟有欹器焉問於守廟者此謂何器對曰此

宥坐之器曰吾聞宥坐之器虚則欹中則正滿則
覆明君以爲至誠故常置之於坐側顧謂弟子曰
試注水焉乃注之水中則正滿則覆夫子喟然嘆
曰嗚呼夫物惡有滿而不覆者哉子路進曰敢問
持滿有道乎子曰聰明睿智守之以愚功被天下
守之以讓勇力振世守之以怯富有四海守之以
謙此所謂損之又損之之道也是年弟子吴言偃
生
丙申 周敬王十五年魯定公五年 四十七歲在魯季平子卒
陽虎將以君之璠璵斂贈以珠玉孔子聞之歷級

而捄焉曰送歛而以寳玉是猶暴尸于中原也其示民以奸利之端而有害於死者安用之且孝子不順情以危親忠臣不兆奸以陷君乃止季桓子立桓子穿井得土缶中若羊問仲尼云得狗仲尼曰以丘所聞羊也木石之怪夔罔蜽水之怪龍罔象土之怪羵羊是年弟子曾參顔辛生

丁酉周敬王十六年魯定公六年四十八歲在魯孔子問漆雕馬人曰子事臧文仲武仲孺子容三大夫者孰爲賢漆雕馬人曰臧氏家有龜焉名曰蔡文仲立三年爲一兆焉武仲立三年爲二兆焉孺子容立

三年爲三兆焉馬人見之矣君夫三大夫之賢不賢馬人不識也孔子曰君子哉漆雕氏之子其言人之美隱而顯其言人之過也微而著故知不能及明不能見得夫數卜乎孔子出遊少源之野有婦人哭甚哀孔子使弟子問焉婦人曰鄉者刈著薪亡吾著簪吾是以悲也弟子曰刈著薪而忘著簪有何悲焉婦人曰非傷忘簪也蓋不忘故也是年弟子顓孫師生

戊戌周敬王十七年魯定公七年　四十九歲在魯魯定公問孔子曰二三大夫皆勸寡人隆敬於高年何也孔

子對曰昔者有虞氏貴德而尚齒周人貴親而尚齒虞夏殷周天下之盛王也未有遺年者年之貴於天下久矣次於事親魯公索氏將祭而忘其牲孔子聞之曰公索氏比及三年必亡之矣後一年而亡弟子問曰昔公索氏亡牲夫子何以知其將亡也子曰祭之為言索也索也者盡也乃孝子所以自盡於親也至祭而亡其牲則餘所亡多矣吾是以知其將亡也

己亥周敬王十八年魯定公八年五十歲在魯孔子自謂五十而知天命公山不狃以費畔召孔子欲往子路

不悦孔子曰夫召我者而豈徒哉如有用我者吾其爲東周乎然亦卒不行是年弟子叔孫會冉孺曹卹伯虔生

庚子周敬王十九年魯定公九年五十一歲在魯定公以孔子爲中都宰制爲養生送死之節長幼異食彊弱異任男女別塗路無拾遺器不雕僞市不貳價爲四寸之棺五寸之槨因丘陵爲墳不封不樹行之一年而四方諸侯則焉定公謂孔子曰學子此法以治魯國何如孔子對曰雖天下可也豈但魯國而已哉陽虎將殺三桓不克出奔齊復奔晋適趙

氏子謂子路曰趙氏其世有亂乎陽虎親富而不親仁趙簡子好利而多信必溺其說而從其謀禍敗所終非一世可知也

辛丑周敬王二十年魯定公十年五十二歲在魯由中都宰爲司空乃別五土之性而物各得其所生之宜由司空爲大司寇設法而不用國無奸民斷獄皆進衆議者而問之曰當從某子之議是時有父子訟者孔子同狴執之三月不別其父請止孔子赦之季孫聞之不悅曰子今戮一不孝以教民孝不亦可乎而赦之何哉冉有以告孔子喟然嘆曰嗚呼

上失其道而殺其下非禮也不敎以孝而聽其獄
是殺不辜也三軍大敗不可斬也獄犴不治不可
刑也何者上敎不行罪不在民故也子見季桓子
不悅子又見之宰予進曰昔予嘗聞諸夫子曰王
公不我聘則弗動今夫子之於司寇也屈節數矣
不可以已乎子曰然魯國以衆相淩以兵相暴之
日久矣而有司不治則將亂矣其聘我者孰大于
是魯人聞之曰聖人將治何不先自遠刑罰自此
之後魯國無爭者先是季孫葬昭公于墓道之南
孔子溝而合諸墓謂季桓子曰貶君以彰已罪非

禮也今合之所以摒夫子之不臣春及齊平齊大
夫犂鉏言于景公曰魯用孔丘其勢危齊乃使使
告魯為好會會於夾谷定公將以乘車往孔子攝
相事曰臣聞有文事者必有武備請具左右司馬
以從定公許之犂彌言于齊侯曰孔丘好禮而無
勇若使萊人以兵刼魯侯必得志焉齊侯從之至
會所遇禮相見遜揖而登獻酢既畢齊使萊人以
兵鼓譟刼定公孔子歷階而進以公退曰吾兩君
合好裔夷之俘以兵亂之非齊君所以合諸侯也
裔不謀夏夷不亂華俘不干盟兵不偪好于神為

不祥於德爲愆義於人爲失禮君必不然齊侯心怍麾而避之有頃齊奏宫中之樂俳優侏儒戲於前孔子趨進歷階而上不盡一等曰匹夫熒惑諸侯罪應誅請右司馬加刑焉於是斬侏儒手足異處齊侯懼有慚色將盟齊人加載書曰齊師出境而不以甲車三百乘從我者有如此盟孔子使玆無還揖對曰而不返我汶陽之田吾以供命者亦如之齊侯將享公孔子謂梁丘據曰齊魯之故吾子何不聞焉事既成矣而又享之是勤執事也且犧象不出門嘉樂不野合享而既具是棄禮也若

其不具是用粃粺也用粃粺君辱棄禮名惡子盍圖之夫享所以昭德也不昭不如其已乃不果享齊侯歸乃責其群臣曰魯以君子之道輔其君而子獨以夷狄之道教寡人使得罪於魯君奈何有司進曰君子有過則謝以質小人有過則謝以文君若悼之則謝以實于是齊侯乃歸所侵魯鄆讙汶陽龜陰之田以謝過

壬寅　周敬王二十一年（魯定公十一年）五十三歲在魯初孔子爲大司寇國人謗之曰麛裘而鞞投之無戾鞞之麛裘投之無繇既而政化盛行魯有販羊者沈猶

氏常朝飲羊以詐市人公慎氏妻淫不制慎潰氏奢侈踰法粥六畜者餙僞以儲價及是則沈猶氏不敢飲羊公慎氏出其妻慎潰氏越境而徙三月餙牛馬者不儲價賣羔豚者不加餙男女行者别於途耕者遜畔行者遜路道不拾遺男尚忠正女尚柔順四方客至如歸國人誦之曰衮衣章甫實獲我所章甫衮衣惠我無私是年弟子公孫龍生

癸卯 周敬王二十二年魯定公十二年五十四歲在魯孔子言於定公曰臣聞家無藏甲大夫無百雉之城今三家過制請損之於是使仲由爲季氏宰墮三都收

其甲兵於是叔孫氏墮郈季氏將墮費公山弗狃叔孫輒帥費人以襲魯孔子以公與三子入於季氏之宮登武子之臺費人攻之及臺側孔子命申句須樂頎勒士衆下伐之費人北國人追之敗諸姑蔑二子奔齊遂墮費成將墮成公斂處父謂孟孫曰墮成齊人必至於北門且成孟氏之保鄣無成是無孟氏也子僞不知我將弗墮公圍成弗克

甲辰　周敬王二十三年魯定公十三年五十五歲在魯定公問於孔子曰帝王郊祀其祖以配天何也孔子對曰萬物本乎天人本乎祖郊之祭也大報本反始也

故以配上帝天垂象聖人則之所以明天道也

乙巳周敬王二十四年魯定公十四年五十六歲在魯由大司寇攝行相事有喜色仲由問曰由聞君子禍至不懼福至不喜今夫子得位而喜何也子曰有是言也不曰樂以貴下人乎於是秉政七日而誅亂政大夫少正卯兩觀之下尸於朝三日子貢曰少正卯魯之聞人也夫子遽誅之或者為失乎子曰天下有大惡五而竊盜不與焉心逆而險行僻而堅言僞而辯記醜而博順非而澤五者有一不免君子之誅少正卯兼有之此乃人之奸雄也不可不

除三月魯大治齊人聞而懼曰孔子爲政必霸吾爲之先弁矣盍致地焉晏子曰君勿憂魯君弱主也孔子聖相也不如陰重孔子欲以相齊則必强諫魯君不聽將適齊君勿受之孔子困矣犂鉏曰請先嘗沮之沮之不可致地庸遲乎於是選國中女子八十人衣文衣舞康樂文馬三十駟遺魯君季桓子微服往觀之將語魯君爲周道游息於政事子路曰可以行矣子曰魯今且郊如致膰於大夫則吾猶可以止季桓子卒受齊女樂三日不朝郊又不致膰於大夫孔子行作猗蘭操適衛靈公

聞孔子居魯得粟六萬亦致粟六萬居頃之或譖
孔子於靈公孔子去衛出衛之東門逆姑布子卿
曰二三子引車避有人將來必相我者也志之姑
布子卿亦曰二三子引車避有聖人將來孔子下
步姑布子卿迎而視之五十步從而望之五十步
顧子貢曰是何爲者也子貢曰賜之師也所謂魯
孔丘也姑布子卿曰是魯孔丘與吾固聞之子貢
曰賜之師何如姑布子卿曰得堯之顙舜之目禹
之頸皋陶之喙從前視之盎盎乎似有王者從後
視之高肩弱脊此惟不及四聖者也適陳過匡匡

入圍之五日孔子弦歌不輟既而甲者進曰吾初以爲陽虎也遂解圍而去子路時爲蒲大夫孔子入蒲境曰善哉由也恭敬以信矣入其邑曰善哉由也忠信而寬矣至其庭曰善哉由也明察以斷矣子貢執轡而問曰夫子未見由之政而三稱其善可得聞乎夫子曰吾見其政矣入其境田疇盡易草萊盡闢溝洫深治此其恭敬以信故其民盡力也入其邑墻屋完固樹木甚茂此其忠信以寬故其民不偷也至其庭庭甚清雅諸下用命此其明察以斷故其政不擾也雖三稱其善庸盡其美

乎

丙午周敬王二十五年（魯定公十五年）五十七歲魯定公薨哀公立孔子去衛適曹去曹適宋孔子見宋君宋君問曰吾欲使長有國而列都得之使民無惑使士竭力使日月當時使聖人自來使官府理治為之柰何孔子對曰丘聞之鄰國相親則長有國君惠臣忠則列都得之不殺無辜無釋罪人則民不惑士益其祿則皆竭力尊天敬神則日月當時崇道貴德則聖人自來任賢黜否則官府理治宋君曰善哉在宋與弟子習禮大樹下司馬桓魋欲害孔

子伐其樹孔子曰天生德於予桓魋其如予何微
服過宋自宋適鄭孔子與弟子相失獨立鄭東門
之外或謂子貢曰東門有人其顙似堯其項似皐
陶其肩類子産然自腰以下不及禹三寸纍纍然
若喪家之狗子貢以告孔子孔子嘆曰形狀末也而喪
家之狗然哉遂至陳主司城貞子
打周敬王二十六年魯哀公元年五十八歲在陳吳伐越
墮會稽得骨節專車吳使使問仲尼骨何者最大
仲尼曰禹致羣神於會稽山防風氏後至禹殺而
戮之其節專車此為大矣吳客曰誰為神仲尼曰

山川之神足以綱紀天下其守為神社稷為公侯皆屬於王者客曰防風何守仲尼曰汪罔氏之君守封嵎之山在虞夏商為汪罔於周為長翟今謂之大人客曰人長幾何仲尼曰僬僥氏三尺短之至也長者不過十數之極也

戊申周敬王二十七年魯哀公二年五十九歲在陳時晉楚爭強更伐陳及吳侵陳陳常被寇孔子去陳復適衛林類年百歲被裘拾遺穗於故畦並歌並進孔子曰彼叟可與言者往訊之子貢曰先生少不勤行長不競時老無妻子死期將至亦有何樂而拾

穗行歌乎林類咲曰吾之樂人皆有之而反以為
憂少不勤行長不競時故能壽老無妻子死期將
至故樂子貢曰子以死為樂何也林類曰死之與
生一往一反死於是者安知不生於彼又安知營
營而生非惑乎又安知今日之死不愈昔之生乎
子貢還以告孔子曰吾知可與言者然得之而不
盡也衛靈公夫人南子使人請見孔子孔子辭謝
不得已而見之夫人在絺帷中孔子入門北面稽
首夫人自帷中再拜環珮玉聲璆然過蒲會公叔
氏以蒲畔人止孔子弟子有公良孺者以私車五

乘從其為人有勇力謂曰吾昔從夫子遇難於匡
今又遇難於此命也已吾與夫子再罹難寧鬬而
死鬬甚疾蒲人懼謂孔子曰苟毋適衛吾出子與
之盟出孔子東門孔子遂適衛子貢曰盟可負邪
孔子曰要盟也神不聽靈公聞孔子來喜郊迎問
曰蒲可伐乎對曰可其男子有死之志婦人有保
西河之志吾所伐者不過四五人靈公曰善不伐
蒲然不能用孔子將西見趙簡子至河聞簡子殺
竇鳴犢舜華乃臨河而嘆曰美哉水洋洋乎丘之
不濟此命也夫子貢曰敢問何謂孔子曰竇鳴犢

舜華晉之賢大夫也趙氏未得志之時須此二人而後從政及其得志殺之丘聞之刳胎殺夭則麒麟不至其郊竭澤涸漁則蛟龍不處其淵覆巢毀卵則鳳皇不翔其邑夫鳥獸之於不義也尚知辟之況於人乎乃還息陬鄉作陬操以哀之反於衛復主蘧伯玉家衛靈公與孔子語見蜚鴈仰視之色不在孔子遂行復如陳絕糧子路曰意者吾未仁邪人之不我信也意者吾未智邪人之不我行也孔子曰由有是乎譬使仁者而必信安有伯夷叔齊使智者而必行安有王子比干夫賢不肖者

才也遇不遇者時也君子慱學深謀而不遇時者
衆矣何獨丘哉子路出子貢入孔子曰吾道非邪
何至於此子貢曰夫子之道至大故天下莫能容
夫子盍少貶焉孔子曰良農能稼而不能為穡良
工能巧而不能為順君子能修其道綱而紀之統
而理之而不能為容今爾不修爾道而求為容而
志不遠矣子貢出顔回入孔子曰吾道非邪何至
於此顔回曰夫子之道至大故天下莫能容雖然
夫子推而行之不容何病不容然後見君子夫道
之不修是吾醜也道既已修而不用是有國者之

醜也不容何病不容然後見君子孔子欣然而笑
曰有是哉顏氏之子使爾多財吾爲爾宰於是使
子貢至楚楚昭王興師迎孔子然後得免先是孔
子遭厄陳蔡之間子路入見曰夫子之歌禮乎孔
子曲終而言曰君子好樂爲無驕也小人好樂爲
無懾也子路不悅援戚而舞三終而出孔子曰由
居不幽則思不遠身不約則志不廣夫陳蔡之間
丘之幸也二三子從丘者皆幸也吾與二三子厲
知其非激憤厲志之始於是乎

已酉　周敬王二十八年魯哀公三年六十歲在陳孔子自謂

六十而耳順陳侯起陵陽之臺未畢而死者數十人又執三監吏將殺之孔子既見陳侯與登臺而觀焉陳侯曰昔周作靈臺亦戮人乎對曰文王之興附者六州六州之衆以子道來不日成之何戮之有陳侯赦所執吏遂罷魯廟災孔子聞之曰其桓僖乎陳侯曰何以知之孔子曰禮祖有功而宗有德故不毁其廟焉今桓僖之親盡矣又功德不足以存其廟而魯不毁是以天災加之三日魯使至焉知桓僖災也陳侯謂子夏曰吾乃今知聖人之可貴季桓子病輦而見魯城喟然嘆曰昔此國

幾興矣以吾獲罪於孔子故不興也顧謂其嗣康子曰我即死若必相魯必召仲尼後數日桓子卒康子立欲召仲尼公之魚曰昔先君用之不終爲諸侯笑今又用之不能終是再爲諸侯笑康子曰誰召而可曰必召冉求於是使使召冉求冉求將行孔子曰魯人召求將大用之也子貢送冉求歸魯因誡曰即用以夫子爲招云於是孔子有歸與之嘆

庚戌　周敬王二十九年魯哀公四年　六十一歲孔子自陳如蔡孔子曰明王有三懼一曰處尊位而恐不聞其

過二曰得志而恐驕三曰聞天下之至道而恐不能行

辛亥周敬王三十年魯哀公五年六十二歲孔子自蔡如葉葉公問政子告以近悅遠來復自葉反蔡長沮桀溺耦而耕使子路問津子路從而後遇丈人荷蓧丈人食之見其二子子路以告孔子使子路反見之

壬子周敬王三十一年魯哀公六年六十三歲吳伐陳楚子救陳軍於城父聞孔子在陳蔡之間使人聘之時宰予在楚楚昭王欲以安車象飾遺孔子宰予曰

夫子無以此爲也夫子言不離道動不違仁貴義尚德清素好儉仕而有祿不以爲積不合則去退無吝心妻不服綵妾不衣帛車器不彫馬不食粟道行則治不行則樂其身若夫觀目之麗靡窈窕之淫音夫子過之弗視聽也王曰今而後知孔子之德之大也昭王使使聘孔子宰予冉有請見曰太公遇文王孰與許由之賢子曰許由獨善其身者也太公兼利天下者也世無文王誰能識之乃歌曰大道隱兮禮爲基賢人竄兮將待時天下如一兮欲何之楚王渡江有[illegible][illegible]舟使使問孔子孔

子曰吾昔之鄭過陳之野聞兒謠曰楚王渡江得
萍實大如斗赤如日剖而食之甘如蜜得無是乎
孔子至楚時弟子皆不及門孔子思而歎之昭王
將以書社地七百里封孔子令尹子西曰王之使
諸侯有如子貢者乎王之輔相有如顏回者乎王
之將帥有如子路者乎王之官尹有如宰予者乎
曰無有且楚之祖封於周號為子男五十里今孔
丘述三五之法明周召之業王若用之則楚安得
世世堂堂方數千里乎文王在豐武王在鎬百里
之君卒王天下今孔丘得據土壤賢弟子為佐非

楚之福也乃止楚狂接輿姓陸名通歌而過孔子下欲與之言趨而避之不得與之言乃自楚反乎衛

癸丑周敬王三十二年魯哀公七年六十四歲在衛靈公薨世子蒯聵入於戚蒯聵之子出公輒立父子爭國孔子既至冉有有夫子為衛君之問子貢以伯夷叔齊為問出曰夫子不為也

甲寅周敬王三十三年魯哀公八年六十五歲在衛衛將軍文子將立先君之廟於其家使子羔問焉孔子曰公廟設於私家非古禮乃不果立衛有送葬者孔子觀曰善哉其葬乎其往也如慕其反也如疑衛

司徒敬子卒孔子吊焉主人不哀孔子哭不盡聲而退蘧伯玉曰衛鄙俗不習喪禮煩吾子辱相焉孔子許之掘中霤而浴毀竈而綴足襲於床及葬毀踪而躐行也出乎大門及墓男子西面婦人東面既封而歸殷道也孔子行之子游問曰君子行禮不求變俗夫子變之矣子曰非此之謂也喪事則從其質而已

乙卯周敬王三十四年魯哀公九年六十六歲在衛孔子昧旦晨興顔回侍側聞哭者之聲甚哀曰哭聲非但爲死者而已又有生離别者也子曰何以知之對

曰回聞昔桓山之鳥生四子羽翼已成將分于四海其母悲鳴而送之哀聲有似於此謂其往而不返也回竊以音顯知之子使人問哭者果曰父死家貧賣子以葬與之長訣子曰回也善於識音矣

是年孔子夫人幵官氏卒

丙辰周敬王三十五年魯哀公十年六十七歲在衛伯魚母死期年而猶哭子聞之曰誰與門人曰鯉也子曰嘻其甚也伯魚聞而遂除之

丁巳周敬王三十六年魯哀公十一年六十八歲自衛反魯冉有謂季康子曰國有聖人而不能用欲以求治是

猶却步而欲及前人不可得也今孔子在衛衛將用之已有才而資敵國難以言智也然求之不以道雖累千社夫子不利也康子曰我欲召之可乎對曰無以小人間之則可矣康子逐公華公賓公林以幣迎孔子冬衛文子將攻太叔疾訪於孔子孔子曰簠簋之事則常學之矣甲兵之事未之聞也退命駕而行曰鳥則擇木木豈能擇鳥文子止之會康子迎孔子於是自衛反魯駕於河梁而觀焉蓋去魯十有四年而始返過泰山側有婦人哭於墓野而哀孔子軾而聽之使子貢問之曰一似

重有憂者婦人曰然昔吾舅死於虎吾夫又死焉今吾子又死焉孔子曰何為不去也曰無苛政孔子曰小子識之苛政猛於虎也至魯哀公館焉問曰夫子之服其儒服與孔子對曰丘少居魯衣縫掖之衣長居宋冠章甫之冠丘聞之也君子之學也博其服以鄉丘未知其為儒服也公曰敢問儒行孔子悉數之詳見戴記儒行篇季孫欲以田賦使冉有訪諸孔子孔子不對而私於冉有曰君子之行也度於禮施取其厚事取其中歛從其薄如是則以丘足矣季孫卒用田賦子貢曰葉公魯哀公齊景

公問政夫子應之不同政有異乎子曰夫荆之地廣而都狹民有離志焉故曰政在附近而來遠哀公有臣三人内比周公以惑其君外彰距諸侯賓客以蔽其明故曰政在諭臣齊景公奢於臺榭淫於苑囿五官之樂不解一旦而賜人百乘之家三故曰政在於節用察此三者之所欲政其同乎哉

孟懿子問書曰欽四隣何謂也子曰王者前有疑後有丞左有輔右有弼謂之四近周文王胥附奔輳先後禦侮謂之四鄰以免乎羑里之害懿子曰夫子亦有四鄰矣子曰吾有四友焉自吾得回也

門人加親是非胥附乎自吾得賜也遠方之士日
至是非奔輳乎自吾得師也前有光後有輝是非
先後乎自吾得由也惡言不至於門是非禦侮乎
孔子侍坐於季孫季孫之宰通曰君使人假馬其
與之乎孔子曰吾聞君取於臣謂之取不曰假季
孫悟告宰通曰今以往君有取謂之取無曰假孔
子曰正假爲之言而君臣之義定矣魯君臣終不
能用孔子孔子亦不求仕自周室微詩書缺禮樂
壞孔子乃討論墳典斷自唐虞以下迄于秦穆編
次其事爲百篇删詩之重復上采契稷中述商周

之盛下至幽厲之缺始扵袵席以關雎為風始鹿鳴為小雅始文王為大雅始清廟為頌始嘗曰吾自衛反魯然後樂正雅頌各得其所乃追述三代之禮損益文質從周憲章禮樂自此可得而述以備王道成六藝晚而喜易乃序彖繫象說卦文言作十翼以賛易道讀易韋編三絶曰假我數年我扵易彬彬矣嘗讀易至損益喟然歎曰夫自損者必有益之自益者必有決之謂子夏曰道彌益而身彌損天道成而必變凡持滿而能久者未嘗有也聖人不敢當盛故能長久又曰夫易有一道焉

大足以治天下中足以安家國近足以守其身者其惟謙德乎時孔子以詩書禮樂教弟子蓋三千焉身通六藝者七十二人

周敬王三十七年魯哀公十二年戊午孔子六十九歲在魯伯魚卒時年五十歲哀公問子從父命孝乎臣從君命貞乎孔子不對出遇子貢曰昔萬乘之君有爭臣七人則主無過舉千乘之國有爭臣五人則社稷不危百乘之家有爭臣三人則祿位不替父有爭子不陷無禮士有爭友不行不義故子從父奚爲孝臣從君奚爲貞哀公問政子曰政之大者莫大於

使民富且壽也省力役薄賦斂則民富矣敦禮教
遠罪疾則民壽矣公曰寡人欲行夫子之言恐吾
國貧矣子曰詩云豈弟君子民之父母未有子富
而父母貧者也夏五月昭夫人孟子卒孔子往弔
焉適季氏不絰孔子投絰而不拜子游曰禮與子
曰主未成服則弔者不絰禮也孔子侍坐於哀公
賜桃與黍孔子先食黍而後桃左右揜口而笑公
曰黍所以雪桃子曰丘知之矣夫黍者五穀之長
郊禮宗廟以為上盛菓屬有六而桃為下祭祀不
用不登郊廟丘聞之君子以賤雪貴不聞以貴雪

賤故不敢公曰善哉

杞周敬王三十八年魯哀公十三年七十歲孔子自謂從心所欲不踰矩曾子曰吾聞夫子三言未之能行也夫子見人一善而忘其百非是易事也見人有善若已有之是不爭也聞善必躬親行之然後道之是能勞也孔子喟然嘆曰鄉使銅鞮伯華無死天下其有定矣其幼也敏而好學其壯也勇而不屈其老也有道而能下人有此三者定天下何難乎子路曰有道下人何哉子曰吾聞以衆攻寡無不克也以貴下賤無不得也昔周公居冢宰之尊制

天下之政而猶下白屋之士日見七十人斯豈以
無道欲得士之用也惡有有道而不下天下君子
哉是年顏回卒子哭之慟
庚申周敬王三十九年魯哀公十四年七十一歲在魯西狩於
大野叔孫氏之車子鉏商獲麟折其左足載以歸
叔孫以爲不祥以賜虞人孔子觀之曰麟也胡爲
來哉反袂拭面涕泣沾襟子貢問曰夫子何泣子
曰麟之至爲明王也出非其時而見害吾是以傷
之先是孔子因魯史而作春秋舉十二公繩之以
文武之道成一王之大法文約而旨愽至是獲麟

傷周道之不興感嘉瑞之無應遂絕筆焉魯太史
子與適魯見孔子與之言道子輿悦曰吾鄙人也
聞子之名不覩子之形久矣乃今而後知泰山之
為高淵海之為大惜乎夫子不逢明王道德不加
於民而將秉寶以貽後世退而謂南宮敬叔曰今
孔子先聖之嗣自弗父何以來世有德讓天所祚
也成湯以武德王天下其配在文殷宗已下未始
有也夫子生於衰周先王典籍錯亂無紀而乃論
百家之遺記考正其義祖述堯舜憲章文武刪詩
述書定禮理樂制作春秋贊明易道垂訓後嗣以

為法式其文德著矣凡所教誨三千餘人成者天
將欲與素王乎夫何其盛也敬叔曰殆如吾子之
言吾聞聖人之後而非繼世之統其必有興焉今
孔子之道至矣乃將施乎無窮雖欲辭天之祚故
未得耳子貢以二子之言告孔子子曰豈若是哉
亂而治之滯而起之自吾志也天何與焉

辛酉周敬王四十年魯哀公十五年七十二歲在魯哀公問大
禮何如子曰丘聞之民之所由生禮為大非禮無
以節事天地之神也非禮無以辨君臣上下長幼
之位也非禮無以別男女父子兄弟之親婚姻親

疏之交也君子以此之謂尊敬然又問人道誰為大子曰人道政為大政者正也君為政則百姓從政矣君之所爲百姓之所從也夫婦別父子親君臣嚴則庶物從之矣又問舜冠何冠子曰以君之問不先其大者公曰其何大哉子曰舜之為君也其政好生而惡殺其任授賢而替不肖德若天地而靜虛化若四時而變物是以四海承風暢於異類鳳翔麟至鳥獸馴德此無他好生故也季康子晝居内寢孔子問疾子貢問曰季孫不疾而問疾禮與子曰夫禮君子不有大故則不宿於外非致

齋也非疾也則不晝處於内是故夜居於外雖弔可也晝居於内雖問其疾可也子路與子羔仕衛衛有蒯聵之難子聞之曰柴也其來由也其死矣既而衛使至曰子路焉子哭於中庭

壬戌周敬王四十一年魯哀公十六年七十三歲在魯顔淵之喪饋祥肉孔子出受之入彈琴而後食之夏四月己丑孔子卒若是四月十八日當為乙丑非己丑若是己丑當為五月十二日此必有誤初孔子蚤作負手曳杖逍遥於門歌曰泰山其頹乎梁木其壞乎哲人其萎乎既歌而入當戶而坐子貢聞之曰泰山其頹則吾將安仰梁木其壞

則吾將安仗哲人其萎則吾將安放夫子始將病也遂趨而入孔子曰賜爾來何遲也予疇昔之夜夢坐奠於兩楹之間夏后氏殯於東階之上則猶在阼殷人殯於兩楹之間則與賓客夾之也周人殯於西階之上則猶賓之也而丘殷人也夫明王不興天下孰能宗予予始將死也寢疾七日而終魯哀公誄之曰旻天不弔不憖遺一老俾屏予一人以在位煢煢余在疚嗚呼哀哉尼父無自律子贛曰君其不沒于魯乎生不能用死而誄之非禮也稱一人非名也君兩失之孔子之喪公西赤掌

葬焉含以疏米三貝襲衣十有一稱加朝服一冠章甫之冠佩象佩徑五寸而綦組綬桐棺四寸柏椁五寸飾棺牆置翣設披周也設崇殷也綢練設旐夏也兼用三代之禮以尊師且備古也孔子塋於魯城北泗水上有自燕來觀者舍於子夏氏子夏曰聖人之葬人與人之葬聖人也子何觀焉門人擬所服子貢曰昔者夫子之喪顏回若喪子而無服喪子路亦然請喪夫子若喪父而無服於是皆心喪三年孔子之喪二三子皆絰而出群居則絰出則否喪畢門人治任將歸入揖於子貢相嚮

而哭失聲而後歸獨子貢築室於墓右復居三年然後歸弟子及魯人往從冢而家者百有餘室因命曰孔里焉

漢司馬遷云詩有之高山仰止景行行止雖不能至然心鄉往之余讀孔氏書想見其爲人適魯觀仲尼廟堂車服禮器諸生以時習禮其家余低回留之不能去云天下君王至于賢人衆矣當時則榮没則已焉孔子布衣傳十餘世學者宗之自天子王侯中國言六藝者折中於夫子可謂至聖矣

唐司馬貞索隱述贊云孔子之先胄於商國弗父能讓正

考勒銘防叔來奔郰人倚立尼丘誕聖闕里生德七十升堂四方取則行誅两觀攝相夾谷歎鳳遽衰泣麟何促九流仰鏡萬古欽躅

論曰孔子之道皦如日星矣余讀他書何其謬悶也次乘南子交辭漂女則涉淫行也酒食於陳蔡則涉忍願也剖食乎巨魚則涉怪妄也餂進飯於顔回不假蓋於卜商則涉疑貳也然猶諸子雜志可無辨已至如經傳所載不亦足徵乎家齋有惑焉當二十四歲尚不知父墓豈其忘親邪母喪未三年而曰丘東西南北之人也豈其豫思去父母

之邦與防墓甫葬而雨崩豈其不誠不信而有悔
邪斯亦漢儒之附會矣乃若公山佛肸召而欲往
者以家臣張公室名義近正也誅正卯歸侵疆墮
三都孔子安得遂有魯權乎季氏無魯家臣無季
氏不獲已而捨已權用孔子爾魯稍治而孔子去
矣儒者憒聖人之失職談之為誇非知孔子者也

孔門源流考卷之四終　姪邑庠生高校刻

孔門源流考卷之五

明七閩後學戴庭槐纂輯

門人考

洙泗設科三千斷斷升堂入室七十七人速肖夫子羽翼道真功在萬古斯文未湮作門人考

四子列傳

顏回字子淵魯人也甫成童從事孔子天資明睿潛心仲尼善擇中庸志無施伐行無貳過心不違仁德合行藏貧安屢空蓋邁三千焉嘗問君子子曰愛近仁度近智爲己不重爲人不輕君子也問小人子曰

毀人之善以為辨狡計懷詐以為智幸人之有過恥學而羞不能小人也其問仁子告之克復四勿問為邦子告之四代禮樂皆千聖心法百王治法詳載魯論中顏子方且鑽仰博約既竭其才簞瓢陋巷不改其樂心齋坐忘見立卓爾而問於孔子曰夫子步亦步也趨亦趨也言道回亦言道也及奔逸絕塵而回瞠若乎其後者孔子嘗謂回曰家貧居卑胡不仕乎對曰回有郭外之田五十畝足供饘粥郭内之田十畝足為絲麻鼓琴足以自娛所學於夫子者足以自樂回不願仕也回願貧如富賤如貴無勇而威與士

交通終身無患難亦且可乎子曰賢哉回也貧而如富其知足而無欲也賤而如貴其讓而有禮也無勇而威其恭敬而不失人也終身無患難其擇言而出之也若回其至乎他日顏子與子路子貢從孔子北遊於農山子曰二三子各言爾志子路曰由願得鍾鼓之音上震於天旌旗繽紛下蟠于地由當一隊而敵之必也攘地千里搴旗執馘唯由能之子曰勇哉子貢曰賜願使齊楚合戰於漭瀁之野兩壘相望挺刃交兵賜著縞衣白冠陳說其間推論利害釋二國之患唯賜能之子曰辯哉顏子對曰回聞薰蕕不同

器而藏堯桀不共國而治以其類異也回願得明王聖主輔相之敷其五教導之以禮樂使民城郭不修溝池不越鑄劍戟以為農器放牛馬於原藪室家無離曠之思千歲無戰鬬之患則由無所施其勇而賜無所用其辯矣子凜然曰美哉德也子路抗手而對曰夫子何選焉子曰不傷財不害民不繁詞顏氏之子有焉東野畢善御馬定公稱之顏子曰其馬將佚臣以政知之昔舜巧於使民造父巧於使馬舜不窮其民力故無佚民造父不窮其馬力故無佚馬今東野畢升車執轡馬力殫矣然猶策之不已夫鳥窮則

啄獸窮則攫人窮則詐馬窮則佚自古及今未有窮其下而無危者也公曰善叔孫武叔多稱人之過而已評論之顔子曰吾聞諸孔子曰言人之惡非所以善巳言人之枉非所以正巳仲孫何忌問仁者一言而有益於仁智可得聞乎曰一言有益於智莫如預一言有益於仁莫如恕孔子嘗謂回有君子之道四强於行巳弱於受諫怵於待禄慎於持身子貢曰夫能夙興夜寐諷誦崇禮行不貳過稱言不苟是顔回之行也若逢有德之君世受顯命不失厥名以御於天子則王者之相也年二十九歲髮白齒落三十二

歲遂病[illegible]子哭之慟哀公弔焉葬于魯城東防山南
贊曰學冠孔門德行科首聞一知十若虛實有樂道
簞瓢不易所守步趨聖人瞠若其後
曾參字子輿魯南武城人也年十六孔子在楚其父
點即命往楚受學質雖魯鈍學惟反己功加三省志
存忠恕性至孝嘗出薪于野客至其家母以手搤臂
參即馳至問曰臂何恙乎母曰今者客至搤臂以呼
汝耳家貧食力敝衣躬耕日不舉火而歌聲若出金
石魯君聞之而致邑焉固辭不受曰吾聞受人施者
常畏人與人者常驕人縱君有賜不吾驕也吾豈能

勿畏乎及從孔子於齊齊景公以下卿禮聘之曾子
曰吾父母年老吾不忍遠遊而爲人役每思奉養不
倘援琴鼓之曰歔欷歸耕來兮安所耕歷山盤桓其
頃刻不忘親如此孔子閒居曾子侍子顧謂曰參汝
可語明王之道與昔者明王內脩七教外行三至七
教脩然後可以守三至行然後可以征此之謂明王
之道也曾子曰何謂七教子曰上敬老則下益孝上
尊齒則下益悌上好施則下益寬上親賢則下擇友
上好德則下不隱上惡貪則下耻爭上廉讓則下耻
節此之謂七教七教者治民之本也七者脩則四海

無刑民矣曾子曰何謂三至子曰至禮不讓而天下治至賞不費而天下悅至樂無聲而天下和篤行三至則君可得而知士可得而臣民可得而治矣自是每侍孔子輒有所問凡冠昏喪祭經常權變之禮天子諸侯卿大夫士庶人之孝身心意知家國天下之理尊聞行知博學詳說具載孝經大學曾子問篇孔子以其能通乎道告以一貫而唯之乃喟然嘆曰上不可以不弘毅任重而道遠蓋自任云從事孔子十有餘年孔子沒時年二十七門人以有若似孔子欲以孔子事之曾子曰不可乃止逮晚年道日益高大

子思公明儀公明宣樂正子春之徒皆從受業及親既沒乃適齊齊大夫禮贈之遊楚文子極其尊顯乃言曰往而不可返者親也至而不可用者年也初吾及親仕祿僅三釜而心樂者樂逮親也後得千鍾焉猶北向而悲者悲不逮親也終以道不可行歸老于魯及有疾孟敬子問之召門弟子啓手足樂正子春坐于牀下曾元曾申坐於足童子隅坐而執燭童子曰華而睆大夫之簀與子春曰止曾子聞之瞿然曰斯季孫之賜也我未之能易也元起易簀曾元曰夫子之疾革矣幸至於旦請敬易之曾子曰爾之愛我

也不如彼君子之愛人也以德細人之愛人也以姑息吾何求哉吾得正而斃焉斯已矣扶而易之反席未安而歿曾子卒於魯浴喪於釁室所著有曾子十八卷今存者惟大學一篇子貢嘗曰滿而不盈實而若虛過之如不及其德敢言於人無所不信其驕人也常以浩浩是曾參之行也贊曰孝乎惟孝曾子稱焉唐虞比德洙泗推賢服膺授旨終身拳拳封懿餙

贈永耀青編

孔伋字子思伯魚之子禀性剛毅家學淵源孔子閒居喟然而嘆子思再拜請曰意子孫不脩將忝祖乎

羨堯舜之道恨不及乎子曰孺子安知吾志子思對
曰伋聞夫子之教其父折薪其子弗克負荷伋每思
之大恐而不懈也子欣然笑曰然乎吾無憂矣世不
廢業其克昌乎嘗問於孔子曰物有形類事有眞僞
審之奚由子曰由乎心心之精神是謂聖推數究理
不以疑焉葢佩服庭訓久矣而又受業曾子誠明道
德有心傳焉始年十六適宋宋大夫樂朔與之言曰
尚書虞夏數篇善也下訖秦費效堯舜之言耳書以
喻民簡易為上而乃作難知之辭不亦繁乎子思曰
書之意兼複深奥古人所以爲典雅也昔魯委巷亦

有似君之言者仮謂之曰道爲知者傳苟非其人道不貴矣今君何似之甚也樂朔不悅而退曰孺子辱吾其徒請攻之遂圍子思宋君聞之駕而救子思子思既免曰文王囚於羑里作周易尼父詘於陳蔡作春秋吾困於宋可無作乎於是述父師之意作中庸繆公謂子思曰子所記夫子之言或者以爲子之辭子思曰臣所記臣祖之言或親聞之有聞之於人者然不失其意焉且君之所疑者何公曰於事無非子思曰無非爲得臣祖之意又何疑焉魯人有公儀潛者砥節礪行不事諸侯子思與之友繆公因子思欲

以為相謂子思曰公儀子必輔寡人三分魯國而與
之一子其言之子思對曰如君之言則公儀子所以
不至也君若飢渴待賢納用其謀雖蔬食水飲伋亦
願在下風今徒以高官厚禄釣餌君子无信用之意
公儀之智若魚鳥可也不然則彼將終身不躡乎君
之庭矣臣又安得為君操竿下釣以蕩守節之士乎
繆公將相子思老萊子謂之曰若子事君將何爲乎
齒剛易敝舌柔常存子思曰事君道行言聽而已吾
不能為舌故不能事君繆公問曰吾國可興乎子思
曰慕周公伯禽之治行其政化開公家之惠杜私門

之利結恩百姓脩禮鄰國其興也勃矣公曰善繆公不能用子思將去魯公曰天下之王亦猶寡人也去將安之子思曰伋聞君子猶鳥也疑之則舉今君既疑矣又以己限天下之君臣竊爲言之過矣繆公問爲舊君反服古與子思曰古之君子進人以禮退人以禮故有舊君反服之禮也今之君子進人若將加諸膝退人若將墜諸淵毋爲戎首不亦善乎又何反服之禮之有哉子思去魯之齊已而自齊适衛縕袍無表二旬九食田子方聞之使人遺白狐之裘因謂之曰吾假人遂忘之吾與人如棄之子思辭曰伋聞

之妄與如遺溝壑伋雖貧不忍以身爲溝壑也嘗言苟變於衛君其材可將五百乘而以食人二雞子棄之謂不可使聞於鄰國又言李音者賢而有實乃以父祖之農弗用謂君之取士不以實也衛君默然子思反於魯謂子上曰有可以爲公侯之尊而富貴人衆不與焉者非唯志乎成其志者非唯無欲乎夫錦繢紛華所服不過溫體三牲太牢所食不過充腹知以身取節者則知足矣苟知足則不累其志矣子上之母死而不喪門人問諸子思曰昔者子之先君子喪出母乎曰然子之不使白也喪之何也子思曰昔

者吾先君子無所失道道隆則從而隆道污則從而污伋則安能爲伋也妻者是爲白也母不爲伋也妻者是不爲白也母故孔氏不喪出母自子思始也子思卒年六十二葬於祖墓正南十步所作中庸四十九篇其載於禮記者乃其畧也又有子思子七卷贊曰閒居請膺世業克昌哥離非道孜孜立行發揮中庸體固有常入德樞要治道權衡

孟軻字子輿一字子車鄒人也有淑質年三歲喪父激公宜被母仉氏三遷斷機之敎旦夕勤學一以孔子爲宗往見子思子思見之甚悅命子上侍坐禮敬

甚崇既退子上請曰白聞女無媒不嫁士無介不見孟孺子無介而見大人悦而敬之敢問子思曰然吾昔從夫子於郯遇程本於塗傾蓋而語終日而別命子路將束帛贈焉以其道同於君子也今孟孺子言稱堯舜性樂仁義世所希有也事之猶可況加敬乎非爾所及也孟軻問子思曰堯舜文武之道可力而致乎子思曰彼人也我人也循其言襲其行夜思之晝行之如農之赴時商之趨利惡有不至者乎子思謂孟軻曰自大而不修其所以大不大矣自異而不修其所以異不異矣故君子高其行則人莫敢階也

遠其志則人莫敢及也禮接乎人人不敢慢詞交於人人不敢侮其唯高遠乎輙問子思牧民何先子思曰先利之曰君子之所以教民亦仁義耳何所以利之乎子思曰上不仁則下不得其所上不義則樂為亂也此為利大矣故易曰利者義之和也孟子師子思治儒術通五經長於詩書戢瓊皆易而自言則曰願學孔子也道既通值梁惠王卑禮厚幣以招賢者乃至梁告以仁義之道惠王以為迂而濶於事情弗能用也既而去梁適齊宣王以為上卿三見齊王而不言事曰先攻其邪心其餘問荅詳具孟子書嘗是

[墨丁]天下務於合從連衡以攻伐爲賢處士楊朱墨翟
之言盈天下孟軻乃述唐虞三代之德推明孔子之
道是以所如皆不合退而與萬章公孫丑之徒作孟
子七篇以詔來世娶田氏生子名睪字仲子葬于鄒
縣之四基山荀子曰是時趙有公孫龍魏有李悝楚
有尸子長廬子皆著書然不脩孔子之術非先王之
法也惟孟子尊仲尼小五霸以爲仲尼之門五尺之
童言羞稱五霸大有功於聖門云賛曰道術分裂諸
子爲書既極而合篤生真儒詆訶楊墨皇極是扶較
功論德三聖之徒

論曰顏氏子豈不卓卓乎聖門之高第哉乃曾子受業其師子思及見其祖何顏子歿而孔子未聞好學者邪余攷其年孔子没曾子年二十有七子思尚幼此孔子所以嘆也然曾子唯一貫子思達天德其夙悟不在顏下矣楊雄氏謂爲晞驥人睎顏諒哉參傳伋伋傳軻至軻而孔子之道尊自名曰私淑自任曰見知聖門眞傳斯其正宗乎

諸子列傳

閔損字子騫魯人少孔子十四歲氣象誾誾行敦孝友言無妄發義不苟祿以德行著名幼喪母爲後母

所苦冬月以蘆花代絮衣之所生二子衣以綿閔子爲父御車身寒失轡父持其手知之歸驗二子則皆綿也欲出後母損曰母在一子寒母去三子單父善其言而止後母感悔亦成賢母閔子始見孔子有菜色後有芻豢之色子貢曰何也閔子曰吾出蒹葭之中入夫子之門內切磋以孝外陳之以王法心竊樂之出見羽蓋龍旂裘旃相隨心又樂之二者相攻胷中而不能決是以有菜色今被夫子浸深之文又頼二三子切磋而進之內明於去就之義出見羽蓋龍旂裘旃相隨如壇土矣是以有芻豢之色惟是不仕

大夫不食汙君之祿季氏召為費宰辭弗往及居親三年喪畢見孔子與之琴使之絃切切而悲作而曰先王制禮不敢過焉子曰閔子哀未盡能斷之以禮不亦君子乎他日孔子晝息于室而鼓琴閔子聞之以告曾子曰鄉也夫子之音清徹以和淪入至道今也更為幽沉之音何所感之若是乎二子入問孔子曰然吾有感於蒙貴之哺食也閔子可與知音也已

賛曰子騫達者誾誾成性德冠四科學先百行人無間言道亦幾聖公袞增封均乃天慶

冉耕字伯牛少孔子七歲鄆人也嘗從厄於陳蔡之

聞以德行稱次於顔閔孔子節小物則以伯牛侍曰
吾以子自厲也及爲司空以伯牛爲中都宰有惡疾
孔子痛惜之曰亡之命矣夫斯人也而有斯疾也贊
曰德以充性行以澤身二事在躬日躋而新並驅賢
科得顔與鄰不幸斯疾命也莫倖
冉雍字仲弓魯人伯牛之族少孔子二十九歲生於
不顯之父天資厚重言論簡默德行與顔閔冉耕並
稱嘗問於孔子曰雍聞至刑無所用政至政無所用
刑信乎孔子曰聖人之治化也必刑政相參焉又問
古今刑赦孔子曰古之刑省今之刑繁故有過赦小

罪老弱不受刑先王之道也及問仁得敬恕之教則曰請事斯語仁而不佞深明敬簡之辨孔子許其可使南面子貢曰在貧如客使其臣如借不遷怒不深怨不錄舊罪是冉雍之行也贊曰不佞之仁具體之賢登彼堂奥用之山川代逢偃草禮畢升烟錫以三壤貫茲九泉

宰予字子我魯人長於言語嘗晝寢及欲短喪孔子皆責之曰以言取人失之宰予予嘗問鬼神子曰氣也者神之盛也魄也者鬼之盛也形魄歸於地謂之鬼魂氣升於天謂之神合鬼與神而享之教之至也

又問君子尚辭乎子曰君子以理爲尚問烈風雷雨弗迷何也子曰此言人事之合於天也堯既得舜歷試諸難故陰陽清和五星來備風雨各以時應不有迷錯愆伏明帝之行合乎天也問禋於六宗何也子曰所宗者六皆潔祀之也埋少牢於太昭所以祭時也祖迎於坎壇所以祭寒暑也主於郊宮所以祭日也夜明所以祭月也幽禜所以祭星也雩禜所以祭水旱也子使宰予於楚昭王問之予曰切見夫子道行則樂其治不行則樂其身今天下道德寖息志欲興而行之誠有欲治之君夫子固猶爲之他日歸以

告孔子子貢曰子之言行事之實未盡夫子之美也
子曰言貴實使人信之舍實何稱乎是賜之華不若
子之實也嘗贊孔子曰夫子賢於堯舜遠矣則智足
以知聖人云贊曰綽彼宰子服膺宣父學洞堂奥名
揚鄒魯喪期設問五常非矩遇我慶成增封茅土
端木賜字子貢衛人少孔子三十一歲嘗為説辭且
好方人孔子嘗黜其辨然資亦穎悟億則屢中器稱
瑚璉晚年聞性與天道造極高遠云初學孔子時堂
衣若扣孔子之門曰立在乎立在乎子貢應曰子何
言吾師之名堂衣若曰子年少何言之絞子貢曰大

車不絞則不成其任琴瑟不絞則不成其音子之言絞是以絞之也東郭子思問曰夫子之門何其雜也子貢曰夫隱括之旁多枉木良醫之門多疾人砥礪之旁多頑鈍夫子脩道以俟天下来者不拒是以雜也子貢嘗曰賜倦於學困於道矣願息而事君願息而事親願息於妻子願息於朋友願息於耕孔子皆告之曰焉可息哉子貢曰然則賜無息乎孔子曰望其壙睪如也則知所息矣子貢曰君子息焉小人休焉及爲信陽宰辭孔子孔子曰奉天之時無奪無伐無暴無盜子貢曰賜豈以盜爲累哉孔子曰盜非竊

財之謂也治官莫若平臨財莫若廉廉平之守不可
改也匿人之善斯謂蔽賢揚人之惡斯為小人内不
相訓而外相謗非親睦也故君子無所不慎焉季孫
之治魯也殺人當其罪罰人當其過子貢曰暴哉治
乎子產治鄭一年負罰之過省二年刑殺之罪亡三
年庫無拘人故民愛之如父母子產病國人皆吁嗟
曰誰可代子產死者乎及其不免死也士大夫哭於
廟商賈哭於市農夫哭於野今竊聞夫子病之時則
國人喜活則駭以死相賀以生相恐非暴而何於是
季孫稽首謝曰謹聞命矣子貢問今之人臣孰賢子

曰齊有鮑叔鄭有子皮賢者也子貢曰齊無管仲鄭無子產乎子曰汝聞進賢為賢邪用力為賢邪子貢曰進賢為賢子曰然吾聞鮑叔之進管仲子皮之進子產也未聞管仲子產之有所進也魯之法贖臣妾者取金于府子貢贖人而還其金子聞之曰賜失之矣受金爲不廉則後莫敢贖自是魯人不復贖矣齊景公問子貢曰仲尼賢乎對曰聖人也公曰其聖何如曰不知也賜終身戴天不知天之高也終身履地不知地之厚也賜之事仲尼譬猶渴操壺杓就江海而飲之腹滿而去又安知江海之深乎公曰子得無

太譽乎曰賜何敢譽尚慮不及耳賜舉仲尼譬猶兩手捧土而附泰山其無益明矣使不譽仲尼譬猶兩手把泰山而無損亦明矣公曰善哉豈其然乎魯定公十五年春邾子益來朝執玉高其容仰公受玉卑其容俯子貢曰高仰驕也卑俯替也驕近亂替近疾君爲主其先亡乎是年五月定公薨哀公七年秋伐邾以邾子益來獻于亳社囚諸負瑕孔子曰賜不幸言而中是使賜多言也齊田常欲作亂憚高國鮑晏欲移其兵以伐魯孔子聞之謂門弟子曰國危如此二三子何爲莫出子貢請行說齊伐吳復說吳救魯

伐齊與齊戰于艾陵大破齊師獲七將軍之兵而不歸果以兵臨晉晉大敗吳師越王聞之涉江襲吳三戰不勝城門不守越遂圍王宫殺夫差而戮其相破吳三年東向而霸孔子曰夫其亂齊存魯吾之初願若強晉以敝吳使吳亡而越霸者賜之説也美言傷信慎言哉子貢嘗相魯衛家累千金卒終於齊贊曰賜之望回獨云知二器稱瑚璉在禮斯貴服道稱師名垂萬世公爵追榮時禋肆類

冉求字子有仲弓之族也少孔子二十九歲多才藝普於政事孔子在陳冉有歸魯為季氏宰齊師伐魯

及清季康子謂曰齊師在清必魯故也若之何冉有
曰一子守二子從公禦諸境康子曰不能曰然則居
封疆之間康子告叔孫孟孫二子不可冉有曰君無
出一子帥師背城而戰魯之羣室衆於齊之兵車一
室敵車優矣子何患焉當子之身齊人伐魯而不能
戰子之恥也大不列於諸侯矣康子使冉有從於朝
俟於黨氏之溝武叔呼而問戰焉對曰君子有遠慮
小人何知孟懿子彊問之對曰小人慮材而言量力
而共者也武叔曰是謂我不成丈夫也退而蒐乘孟
武伯帥右師顔羽御邴洩爲右冉有帥左師管周父

御樊遲爲右季氏之甲七千冉有以武城人三百爲
己徒老幼守宫次雩門之下五日師及齊師戰於郊
右師孟孺子洩顔羽邴洩奔齊人從之渉泗冉有用
矛以師衆遂入齊師獲甲首八十齊人宵遁孔子曰
義也冉有有功於魯季康子問曰子之于軍旅學之
乎性之乎冉有曰學之孔子曰孔子何如人曰聖人
也文武之道並用兼通求也適聞其戰法猶未詳也
魯人乃以幣召孔子反魯舍哀公館焉然不能用也
哀公問冉有曰凡人之質必學而後爲君子乎對曰
子路卞之野人也子貢衛之賈人也學於孔子遂爲

天下顯士學之故也冉有問於孔子曰先王制法刑不上大夫禮不下庶人然則大夫不可加刑庶人不可治於禮乎子曰不然凡治君子以禮御其心所以屬之廉耻之節也以庶人處其事而不能充禮故不責之以備禮也冉有退而記之宋元公夫人卒季康子使冉有弔且送葬曰敝邑有社稷之事是以不得助執紼使求從輿人曰以肥之得備彌甥也有不腆先人之產馬使求薦諸夫人之宰其可以稱旌繁乎伯高之喪孔子之使者未至冉有攝束帛乘馬而將之孔子曰異哉徒使我不誠於伯高子貢曰恭老蕊

幼不忘賓旅好學博藝省物而勤巳是冉子之行也
孔子語之曰好學則知恤孤則惠恭則近禮勤則有
繼贊曰謙謙令德少著嘉聞敏於從政洽以斯文垂
鴻報本適遇明君永錫徽稱載揚清芬

仲由字子路魯之卞人少孔子九歲性鄙好勇力志
伉直重許可踐然諾厚孝友負兼人之氣有果决之
才政事與冉有並稱其聞義有為雖臨難不更其守
云初見孔子冠雄雞冠佩猳豚援劍而舞之及聞孔
子忠以為質仁以為衛之言遂儒服委質因門人請
為弟子子曰以子之所能而加之以學問豈可及乎

子路曰南山有竹不揉自直斬而用之達於犀革以此言之何學之有子曰括而羽之鏃而礪之其入之不亦深乎子路鼓琴有北鄙之聲孔子聞之謂冉有曰君子之音溫柔居中以養生育之氣乃所謂治安之風小人亢麗微末以象殺伐之氣乃所謂亂世之風昔舜彈五絃之琴而興紂為北鄙之聲而廢今由也習亡國之音豈能保七尺之軀哉冉有以告子路懼而自悔靜思不食七日而骨立子曰過而能改其進矣乎孔子與門人習射於矍相之圃使子路執弓矢出延射者又使公罔之裘序點揚觶而語射既闋

子路進曰由與二三子之爲司馬何如子曰能用命
矣小邾射以句繹奔魯曰使季路要我吾無盟矣使
子路子路辭季康子使冉有謂之曰千乘之國不信
其盟而信子之一言子何辱焉對曰魯有事于小邾
不敢問故死其城下可也彼不臣而濟其言是義之
也由弗能子路爲季氏宰季氏祭逮昏而質終日不
足繼以燭有司跛倚以臨祭他日祭子路與焉室事
交乎戶堂事交乎階質明而始行事晏朝而徹子聞
之曰孰謂由也而不知禮魯有溺者子路拯之其人
拜之以牛子路不受孔子曰魯人必不拯溺矣子路

曰由也聞諸夫子曰人者天地之心也天地以生物為心也非圖報也子曰由是也前言戲之也及為蒲大夫辭孔子子曰蒲多壯士又難治吾語汝恭以敬可以攝勇寛以正可以容衆恭以潔可以親上治蒲三年孔子過之三稱其善初從孔子阨於陳蔡後又隨之匡匡人以甲士圍之子路怒將與之戰孔子止之曰惡有修仁義而不免世俗之惡者乎夫詩書之不講禮樂之不習是丘之過也若以述先王好古法而為咎則非丘之罪也命子路彈琴而歌孔子和之三終匡人曰始以為陽虎也遂解而去子路問孔

子曰夙興夜寐樹藝養親而名不稱孝何也子曰雖
有國士之力不能自舉其身非無力也勢不便也故
入而行不脩身之罪也出而名不章友之過也君子
入則篤行出則友賢何爲而無孝之名也又曰負重
涉遠不擇地而休家貧親老不擇祿而仕昔者由也
事親嘗食藜藿之食爲親負米百里之外親沒之後
南遊於楚從車百乘積粟萬鍾欲爲親負米不可得
也子曰由可謂生事盡力死事盡思者也子路有姊
之喪可以除之矣而弗除也子問之子路曰吾寡兄
弟而弗忍也子曰先王制禮行道之人皆弗忍也遂

除之成回學於子路三年恭敬不已子路問之成回
對曰行年七十常恐行節之虧是以恭敬不怠以待
大命耳子路稽首曰君子哉顏讐善事親子路義之
後讐以非罪執於衛將死子路請以金贖焉衛人將
許之既而二三子納金於子路以入衛或謂孔子曰
受人之金以贖其私暱義乎子曰義而贖之貧取於
友非義而何初衛靈公太子蒯聵得罪於南子懼誅
出奔靈公卒立輒為君是為出公其父蒯聵居外十二
十年不得入子路為衛大夫孔悝之邑宰蒯聵與孔
悝作亂襲攻輒輒出奔而聵入立是為莊公方孔悝

亂時子路在外聞之而馳往時子羔爲衛大夫出衛城門謂子路曰出公去矣而門已閉子可還矣子路曰食其食者不避其難遂入蒯聵與孔悝登臺子路曰君焉用孔悝請得而殺之子路欲燔臺蒯聵懼乃下石乞壺黶攻子路擊斷子路之纓子路曰君子死而冠不免遂結纓而死孔子聞之曰自吾得由惡言不聞於耳於是哭子路於中庭人有弔者而孔子拜之既哭進使者而問故使者曰醢之矣遂命覆醢子貢曰不畏強禦不侮矜寡其言循性材任治戎是仲由之行也贊曰猗與魯哲義勇無儔獨立不懼從政

惟優欽屬仁聖勒封公丘褒賢進號載顯英猷

言偃字子游吴人少孔子四十五歲學得精華習於禮教初自吴之魯受業孔子孔子閒居子游問禮孔子告以郊社禘嘗饋奠射饗食饗之禮子游退而學禮孔子與於蜡賓事畢出游于觀之上喟然而嘆子游問何歎孔子曰昔大道之行天下爲公今大道既隱天下爲家子游曰今之在位莫知由禮何也孔子曰我觀周道幽厲傷之吾舍魯何適矣夫魯之郊禘非禮也周公其衰矣子游每侍孔子輒以禮爲問嘗問喪具子曰稱家之有無有也則無過禮苟亡矣斂

手足形還葬懸棺而封人豈有非之哉問葬者古有
塗車芻靈今或有偶是無益於喪子曰爲芻靈者善
矣爲偶人者不仁不殆于用人乎曾子襲裘而吊子
游裼裘而吊曾子指子游而示人曰夫夫也爲習於
禮者如之何其裼裘而弔也主人既小斂袒括髮子
游趨而出襲裘帶絰而入曾子曰我過矣我過矣夫
夫是也司寇惠子之喪嫡子虎不得立子游爲之麻
衰牡麻絰將軍文子辭子游曰禮也文子退反哭子
游趨而就諸臣之位文子固辭子游固以請文子退
扶適子南面而立曰敢不復位子游趨而就客位將

軍文子之喪既除喪而後越人來弔主人深衣練冠待於廟垂涕洟子游觀之曰將軍文氏之子其庶幾乎亡於禮者之禮也其動也中有若之喪悼公弔焉子游擯由左衛司徒敬子之喪子夏弔焉主人未小斂絰而往子游弔焉主人既小斂子游出絰反哭子夏曰聞之也與曰聞諸夫子主人未改服則不絰公叔木有同母異父之昆弟死問於子游子游曰其大功乎季康子謂子游曰仁者愛人乎曰然人亦愛之乎曰然康子曰鄭子產死鄭之人丈夫捨玦珮婦人捨珠珥巷哭三月不聞竽瑟之聲仲尼之死吾不聞魯國

之愛之若是何也子游曰譬子產於夫子其猶浸水之與天雨乎浸水所及人得而知之也天雨所及人不得而知之也子游在聖門以文學稱其宰武城以禮樂為教邑人皆絃歌稱思至今子貢曰先成其慮及事而用之故動則不妄是言偃之行也費曰魯堂登科覩與將聖武城之小可以觀政澹臺之譽行不由徑追進上公素風愈盛

卜商字子夏衛人少孔子四十四歲受業孔子雖覩模狹隘然篤信聖人文學與子游並稱家貧衣若懸鶉人曰子何不仕曰諸侯之驕我者吾不為臣大夫

之驕我者吾不復見曾子嘗謂子夏曰何肥也子夏曰吾入見先王之義則榮之出見富貴之樂又榮之兩者未知勝負故癯今先王之義勝故肥是以志之難也子夏讀詩已畢子曰尔亦何大于詩對曰詩之於事也昭乎若日月燎乎如星辰上有堯舜之道下有三王之義雖居蓬戶之中彈琴以詠先王之風亦可發憤忘食矣子曰商始可與言詩已矣孔子閒居子夏侍問詩云豈弟君子民之父母何如斯可謂民之父母子曰必達於禮樂之原以致五至而行三無曰何謂五至子曰志之所至詩亦至焉詩之所至禮

亦至焉禮之所至樂亦至焉樂之所至哀亦至焉此
之謂五至敢問三無子曰無聲之樂無體之禮無服
之喪此之謂三無奉三無私以勞天下天無私覆地
無私載日月無私照奉斯三者以勞天下此三王之
德所以參于天地也子夏嘗問顏回子貢子路子張
之爲人奚若子曰回之信賜之辯由之勇師之莊皆
賢於丘也子夏避席而問子曰回能信而不能反賜
能辯而不能訥由能勇而不能怯師能莊而不能同
此其所以事吾而不二也子夏三年之喪畢見於孔
子孔子與之琴衎衎而樂作而言曰先王制禮不敢

不及也子曰子夏哀已盡能引而致之不亦君子乎又問三年之喪無避金革之事者禮與子曰君子不奪人之親亦不可奪親也金革之事無避者吾聞諸老聃矣昔者魯公伯禽有爲爲之也今以三年之喪從其利者吾弗知也孔子曰吾歿之後商也日益賜也日損曾子曰何謂也子曰商也好與賢已者處賜也好與不若已者處曾子謂子夏曰君子有三費飲食不在其中君子有三樂鐘磬琴瑟不在其中子夏曰敢問三樂曾子曰有親可畏有君可事有子可遺此一樂也有親可諫有君可去有子可怒此二樂也

有君可喻有友可助此三樂也敢問三費曾子曰少而學長而忘此一費也事君有功而輕負之此二費也久交友而中絶之此三費也子夏曰善哉哀公問於子夏曰五帝有師乎子夏曰有商聞黃帝學乎大貞顓頊學乎綠圖帝嚳學乎赤松子堯學乎尹壽舜學乎務成跗禹學乎西王國湯學乎威子伯文王學乎鮫時子斯武王學乎郭叔周公學乎太公吾夫子學乎老聃雖聖人必有師也孔子既沒子夏居西河教授為魏文侯師文侯問曰吾端冕而聽古樂則唯恐臥聽鄭衛之音則不知倦敢問何也子夏曰君所

問者樂也所好者音也君之所好其溺音乎鄭音好
濫淫志宋音燕女溺志衛音趨數煩志齊音敖辟驕
志此四者皆淫於色而害於德是以祭祀弗用也巳
而喪其子哭之失明曾子弔之子夏哭曰天乎予之
無罪也曾子曰商汝何無罪也吾與汝事夫子於洙
泗之間退而老於西河之上使西河之民疑汝於夫
子爾罪一也喪爾親使民未有聞焉爾罪二也喪爾
子喪爾明爾罪三也子夏投其杖而拜曰吾過矣吾
離羣而索居亦已久矣子夏序詩傳易讀書正三豕
之訛讀禮著喪服等傳孔子亦嘗屬其傳春秋公羊

高穀梁赤皆從之遊云子貢曰迎送必敬上交下接若截焉是卜商之行也贊曰詩運天地起予者商溫柔立教文學升堂雅頌得所治亂攸彰慶成嘉贈其道彌芳

顓孫師字子張陳人少孔子四十八歲容貌堂堂資質寬宏初學干祿及聞忠信篤敬之訓書紳佩服功能著已焉子張問孔子曰仁者何樂於山子曰夫山草木植焉鳥獸蕃焉財用出焉直而無私興吐風雲以通天地之間陰陽和合萬物以成百姓咸饗此仁者所以樂乎山也孔子著卦得賁喟然仰而嘆息子

張進而問曰師聞賁吉卦而嘆之乎子曰賁非正色也吾聞之丹漆不文白玉不雕寶珠不飾何也質有餘者不受飾也嘗問入官子曰安身取譽爲難夫已有善勿專教不能勿怠已過勿發失言勿掎不善勿遂行事勿留君子入官自此六者則身安譽至而政從矣忿數者獄之所由生也距諫者慮之所以塞也慢易者禮之所以失也怠惰者時之所以後也奢侈者財之所以不足也專獨者事之所以不成也君子入官除此六者則身安譽至而政從矣又問曰聖人受命必受諸天而書云受終于文祖何也子曰受命

於天者湯武是也受命於人者舜禹是也夫不讀詩書易春秋則不知聖人之心又無以别堯舜之禪湯武之伐也又問書曰若保赤子聽訟可以若此乎子曰可哉古之聽訟者惡其意不惡其人求所以生之不得其所以生乃刑之君與衆共焉今之聽訟者不惡其意而惡其人求所以殺之是反古之道也子張見魯哀公七日而哀公不禮託僕夫而去曰君之好士也有似葉公子高之好龍也葉公好龍鉤鑿屋室雕文咸寫龍於是天龍聞而下焉葉公見之棄而還走失其魂魄五色無主是葉公非好龍也好夫似龍

而非龍者也今師聞君好士故不遠千里以見君乃七日不禮非好士也好夫似士而非士者也敢托而去子張既除喪而見孔子予之琴和之而和彈之而成聲作而曰先王制禮不敢不至焉子張病召申詳而語之曰君子曰終小人曰死吾今日其庶幾乎及死公明儀爲志焉褚幕丹質蟻結于四隅殷士也時曾子有母之喪齊衰而往哭之或曰齊衰不以弔曾子曰我弔也與哉子貢曰美功不伐貴位不喜不侮不佚不傲無告是顓孫師之行也孔子曰其不伐則猶可能其不侮百姓則仁也贊曰堂堂張也惟誰與

鄰尊賢容衆崇德依仁入趨函丈退而書紳升中優

贈道與名新

澹臺滅明字子羽武城人少孔子三十九歲有君子

之貲爲人公正無私吳大夫王犯嘗弁嘗爲武城宰

子羽之父好馬子羽貌狀甚惡欲事孔子孔子疑其

材薄既而受業益修厥行南遊至江弟子從者三百

人設取予去就名施乎諸侯孔子聞之曰吾以貌取

人失之子羽嘗齎千金之璧渡延津河陽疾波起兩

蛟夾舟子羽曰吾可以義求不可以威刧懆劒斬蛟

蛟死乃投璧於河三投而輒躍乃毀璧而去亦無介

意子羽行不由徑非公事不見卿大夫子游宰武城甚重之子貢曰貴之不喜賤之不怒茍利于民矣廉於行已是澹臺滅明之行也贊曰不由徑行其直可貴不私見人其公可畏擊蛟即勇毀璧見義紀號益

封旌厥賢士

宓不齊字子賤魯人少孔子四十九歲有才智孔子稱爲君子云爲單父宰辭於孔子子曰毋迎而距也毋望而許也許之則失守距之則閉塞譬如高山深淵仰之不可極度之不可測也子賤曰善敢不承命乎瀕行過於陽晝曰吾少也賤不知治民之術有釣

道二焉請以送子夫扱綸錯餌迎而吸之者陽橋也
其爲魚薄而不美若存若亡若食若不食者魴也其
爲魚也博而厚味子賤曰善於是未至單父冠蓋迎
之者交接于道子賤曰車驅之陽晝之所謂陽橋者
至矣至單父請其耆老賢者與之共治初子賤受單
父之命辭魯君請借善書者二人至單父使書子賤
從旁引其肘書醜則怒之欲好書則又引之書者患
之請辭去歸告魯君魯君曰子賤苦吾擾之使不得
施其善政也乃命有司毋得擅徵發單父子賤由是
得行已志齊攻魯父老請縱民穫麥子賤不聽曰若

使不耕者得穫是使民樂有冤也孔子謂子賤曰子治單父而衆悅子何施而得對曰不齊父其父子其子恤諸孤而哀喪紀子曰是小民附耳猶未也曰不齊所父事者三人所兄事者五人所友者十有二人子曰父事三人可以教孝矣兄事五人可以教弟矣友十有二人可以教學矣是士附矣猶未也曰此地有賢於不齊者五人不齊師之而稟度焉子曰昔堯舜聽天下務求賢以自輔夫賢者百福之宗也神明之主也惜乎不齊之所以治者邑也子賤在單父身不下堂鳴琴而治既巫馬期亦宰單父以星出以星

入日夜不處以身親之而單父亦治巫馬期問於子賤子賤曰我任人子任力任人者佚任力者勞巫馬期曰是施之未至也子賤所著書或傳有宓子十六篇贊曰天生良才為魯君子堂上琴作邑中民治五人致逸受教成美展禮崇賢疏爵有煒

南宮括又名縚字子容魯人孟僖子之子孟懿子之弟仲孫閱也初孟僖子會盟于祲祥泉丘人有女夢以其帷幕孟氏之廟遂奔僖子其僚從之盟於清丘之社曰有子無相棄也僖子使助薳氏之簉反自祲祥宿于薳氏生懿子及南宮敬叔于泉丘人其僚無

子使字敬叔居南宫因姓焉故曰南宫敬叔其爲人
以志自將世清不廢世濁不激孔子以兄之子妻之
先是魯昭公如楚鄭伯勞于師之梁孟僖子爲介不
能相儀及楚不能答郊勞僖子病之將卒召其大夫
曰禮人之幹也無禮無以立吾聞有達者曰孔丘聖
人之後也我若獲沒必屬說與何忌於夫子使事之
而學禮焉故孟懿子與敬叔師事仲尼初敬叔以富
得罪於定公奔衛載其寶以朝孔子聞之曰若是其
貨也喪不如速貧之愈也子游侍曰敢問何謂子曰
富而不好禮殃也敬叔以富喪矣而又弗改吾懼其

有後患也敬叔聞之遂循禮施散焉普一日三復白圭以謹斯言之玷哀公三年夏五月司鐸火踰公宮桓僖災救火者皆曰顧府敬叔至命周人出御書俟於宮曰庀女而不在死故子服景伯遂命宰人出禮書是時周禮在魯而典籍尚存者敬叔之功多也魯繆公時辛寬見公曰臣今而後知吾先君周公不若太公望之知也營丘海阻山高險固之地也是故地日廣子孫彌隆魯無山林谿谷之險諸侯四面以達是故地日削子孫彌衰辛寬出敬叔入公告之敬叔對曰寬少者弗識也君獨不聞成王定成周之說乎

其辭曰惟余一人營居於成周有善易得而見也有不善易得而誅也夫賢者豈欲子孫阻山川之險長爲無道哉小人哉寛也君子曰敬叔至是其不以富得罪矣子貢曰獨居思仁公言仁義此宮縮之行也

贊曰先覺既任簪履並馳尚德若子爾乃兼之㚈可斷禹稷可師三復此道載觀白圭

公冶長字子長魯人爲人能忍恥嘗備於縲紲孔子謂非其罪而以女妻之贊曰子長宏度高出倫輩雖在縲紲知非其罪純德備行夫子所采以子妻之允知英槩

原憲字子思宋人少孔子三十六歲清靜守節貧而樂道嘗問恥辭粟狷介絕俗孔子稱之憲言於曾子曰夏后氏用明器示民無知也殷人用祭器示民有知也周人兼用之示民疑也曾子曰明器鬼器也祭器人器也古之人胡爲而死其親乎孔子既沒憲居魯環堵之室茨以蒿萊蓬户甕牖桷桑而無樞上漏下濕匡坐而絃歌子貢乘肥馬衣輕裘中紺而表素軒不容巷而往見之原憲楮冠黎杖而應門正冠則纓絕振襟則肘見納履則踵決子貢曰嘻先生何病也憲曰憲聞之無財之謂貧學而不能行之謂病憲

貧也非病也若夫希世而行比周而友學以為人教以爲巳仁義之慝車馬之飾衣裘之麗憲不忍為之也乃拽杖拖屣行歌商頌而反聲滿天地如出金石子貢慚不懌而去終身耻其言之過也賛曰賢哉子思不怨清淨貧惟固學道乃非病衣冠忘敝草澤遂性升中進秩秉芳尤盛

公晳哀字季沉齊人天下多仕於大夫為家臣季沉鄙之未嘗屈節為人臣孔子貴之曰天下無行多為家臣仕於都唯季沉未嘗仕云司馬遷傳游俠嘗曰季次原憲閭巷人也讀書懷獨行君子之德義不苟

合當世終身空室蓬戶褐衣疏食不厭死而已四百
餘年而弟子志之不倦則其賢可知矣賛曰賢哉季
沉覆潔居貞卷懷不仕家臣是輕素王攸嘆式臨令
名封戀均慶侯爵疏榮
曾點史記作蒧字子晳詳見世德考
顔無繇字子路詳見世德考
商瞿字子木魯人少孔子二十九歲孔子嘗使之齊
瞿母因子無嗣欲為娶妻而請之孔子卜之曰無憂
瞿年四十後當有五丈夫子已而果然瞿好易孔子
以易傳瞿瞿傳楚人馯臂子弘弘傳江東人矯子庸

庇庇傳燕人周子家豎豎傳淳于人光子乘羽羽傳
齊人田子莊何何傳東武人王子中同同傳菑川人
楊何賛曰易之為書彌綸天地五十乃學師則有是
子能授受洗心傳世知幾其神宜被厥祀
高柴字子羔齊人敬仲高傒十代孫少孔子三十歲
長不盈五尺受業孔子孔子以為愚然其為人篤學
而有法子路為季氏宰以子羔為費宰及子路仕衛
子羔亦為衛士師刖人之足俄而衛有蒯聵之亂子
羔逃之走郭門刖者守門焉謂子羔曰彼有缺子羔
曰君子不踰又曰彼有竇子羔曰君子不隧又曰于

此有室子羔乃入焉既而追者罷子羔將出謂刖者曰吾不能虧主之法而刖子之足今吾在難正子報怨之時而逃我者三何哉刖者曰斷足固我之罪昔公之治臣以法臨當論刑君愀然不悅豈私臣哉天生君子其道固然此臣之所以悅君也孔子聞之曰善哉為吏其用法一也思仁恕則樹德加嚴暴則樹怨公以行之其柴乎又聞衛亂而曰柴也其來乎子羔復仕魯為成宰成人有其兄死而不為衰者聞子羔將至遂為衰成人曰蠶則績而蟹有筐范則冠而蟬有緌兄則死而子羔為之衰子蒲卒哭者呼滅子

羔曰若是野哉哭者改之子羔埊其妻犯人之禾申詳以告曰請更之子羔曰孟氏不以是罪予朋友不以是棄予以吾爲邑長於斯也買道而葬後難繼也及子羔寢疾慶遺人請曰如至乎大病則如之何子羔曰吾聞之生有益於人死不害於人吾縱生無益於人可以死害於人乎哉死埊我不毛之地可也子貢曰自見孔子未嘗越禮足不履影啓蟄不殺方長不折執親之喪未嘗見齒是高柴之行也贊曰婉彼子羔受業先聖宗廟之問一出乎正先篤於孝非愚乃令師知其生有渾賢行

漆雕開字子若一曰子開蔡人一曰魯人少孔子十一歲習尚書不樂仕孔子悦之墨子刺其形残孔叢子曰漆雕開形殘非行已之致何傷於德哉贊曰仕進之道要在寵習具臣而居咎欲誰執斯未能信謙以有立闕里悦之多士莫及

司馬耕家語作司馬黎耕字子牛宋人向魋之弟也為人性躁好言語見兄魋行惡常憂之魋作亂入于曹以叛宋宋景公使左師向巢伐之巢不能克魋奔衛巢奔魯司馬牛致其邑與珪焉而適齊魋出於衛地公文氏攻之求夏后氏之璜與他玉而奔齊陳成子使為

次卿司馬牛又致其邑而適吳吳人惡之而反趙簡子陳成子皆召之卒於魯郭門之外阬氏葬諸丘輿

贊曰仁遠乎哉其言也訒虛往實歸貌思勞訒違難迷邦奚虞悔吝號爵丁辰罷名以䜟

樊須字子遲魯人樊皮之後少孔子三十六歲爲人麤鄙近利每有所問孔子皆救其失少仕季氏齊伐魯及清武叔魋乘冉求帥左師樊遲爲右季孫曰須也弱冉求曰年雖少能用命焉師及齊師戰於郊齊師自稷曲師不踰溝樊遲曰非不能也不信子也請三刻而踰之如之衆從之遂入齊師獲甲首八十

見冉有傳賛曰學優乃仕齒千家陪我卑為右誓衆
靡回質疑辨問仁智既該建侯追策垂裕方來
有若字子有魯人少孔子十三歲為人彊識好古明
習禮樂嘗問曾子曰問喪於夫子乎曰聞之矣喪欲
速貧死欲速朽有子曰是非夫子之言也曾子曰參
與子游聞之也有子曰然然則夫子有為言之也曾
子以斯言告於子游子游曰甚哉有子之言似夫子
也昔者夫子居宋見桓司馬自為石槨三年而不成
夫子曰若是其靡也死不如速朽之愈也死之欲速
朽為桓司馬言之也南宮敬叔反必載寶而朝夫子

曰若是其貨也喪不如速貧之愈也喪之欲速貧爲敬叔言之也曾子以子游之言告有子有子曰然吾固曰非夫子之言也曾子曰子何以知之有子曰夫子制於中都四寸之棺五寸之槨以斯知不欲速朽也昔者夫子失魯司寇將之荆先之以子夏又申之以冉有以斯知不欲速貧也又吳師侵魯魯大夫微虎欲宵攻之私屬徒七百人卒三百人有若與焉其文武兼長敵愾有勇如此但既祥而絲屨組纓君子譏之孔子沒弟子以有若狀狀似孔子相與共立爲師以師之如夫子時也他日弟子問曰昔夫子當行

使弟子持雨具已而果雨弟子問夫子何以知之夫子曰詩不云乎月離于畢俾滂沱矣昨暮月不宿畢乎他日月宿畢竟不雨商瞿年長無子孔子曰無憂瞿年四十後當有五丈夫子已而果然敢問夫子何以知此有若默然無以應遂避師位有子之喪悼公弔焉子游擯由左贊曰人稟秀德氣貌或同而子儼然溫溫其容兩端發問未啓機鋒以禮節和斯言可宗

公西赤字子華魯人少孔子四十二歲習禮容善應對嘗問孔子曰太甲為王居喪行不義同稱君何也

子曰君子於人計功而除過太甲即位不明居喪之禮于冢宰之政伊尹放於桐憂思三年追悔前愆起而復位謂之明王以此觀之雖四於三王不亦可乎又問曰大夫以罪免而卒其葬也如之何子曰大夫廢其事終身不仕以罪免也死則葬之以士禮孔子卒公西赤治喪備三王之制以尊師且備古焉孔子先嘗稱之曰二三子之欲學賓客之禮者其於赤也至觀其養親則若與朋友處然恩勝禮也子貢曰齊莊而能肅志通而好禮擯相兩君之事篤雅有節是公西赤之行也餘詳見論語中贊曰翊聖賢者往來

之英謙言小相終成大名立朝儒雅出使光榮左右禮法諸侯作程

巫馬施字子期史記作子旗陳人一曰魯人少孔子三十歲期與子路薪於韞丘之下陳之富人有處師氏者脂車百乘觴於韞丘之上子路與期曰使子無忘子之所知亦無進子之所能得此富終身無復見夫子子爲之乎期喟然嘆闟然投鐮于地曰吾嘗聞之夫子志士不忘在溝壑勇士不忘喪其元子不知予與子路慚負薪先歸孔子曰由何爲偕出而先返也子路以告孔子曰予道不行邪使汝以是願也期寧單

父戴星出入日夜不處以身親之而單父治事見宓不齊傳中贊曰英英子施受之和氣名登魯堂位沉周季剛克戴星庇民爲治讓德追封垂芳永世

梁鱣字叔魚齊人少孔子二十九歲年三十未有子欲出其妻商瞿謂曰子未也吾年三十八無子吾母爲吾更娶室夫子曰無憂也瞿過四十當有五丈子今果然吾恐子自晚生未必妻之過也居二年而有子贊曰玄聖舊邦森然精爽於惟子魚式瞻遺像紀豨停鑾侯封錫壤儒道有光百王所仰

冉孺字子魯家語云字子魚史記云一作曾魯人少孔子五十歲一作

四十九歲贊曰聖人之道一以貫之允矣子魯堂奥斯窺

惟帝登岱克陳上儀追封矦社沂水之湄

顔辛史記作幸字子柳魯人少孔子四十五歲史記作四十六歲

贊曰執封于蕭實惟子柳夙飫格言克遵善誘明德

斯馨賢業所就以侑於儒傳芳逾茂

伯虔字子析一作子楷家語云子哲魯人少孔子五十歲

贊曰肅肅魯堂侁侁闕里伯氏達者克肖夫子運偶

慶成禮崇追美後學式瞻高山仰止

曹卹字子修史記作子循蔡人少孔子五十歲贊曰肅肅

曹伯王室之裔積習樂道切磋明義惟善則主爾德

足類史筆有煥令名宋紀

冉季字子產魯人贊曰冉子挺生鍾見純粹游聖之門切磨道義時邁升中禮成肆類錫壤諸城式昭遺懿

公孫龍字子石衛人少孔子五十三歲鄭玄曰楚人莊周云堅白之談即此贊曰子石鉅賢探微博古禀粹剬衛從師鄒魯令聞不已儀刑斯覩展義疏封遂荒故土

秦祖字子丕一作子南秦人贊曰秦有子南贊贊述作守道之淵成德之博範若鑄金契循發碟歷世明

視少梁寵爵

漆雕哆一作修字子斂魯人贊曰子斂受封爰居武城疊〻其聞翩〻其英摳衣時習願學日明誕敷孔教爵里疏榮

漆雕徒父家語作漆雕從字子期家語作子文贊曰受教聖人服勤墳籍如彼時術故能日益元封慶成分圭追錫圖形繪素鏤美金石

顔刻史記作顔高字子驕魯人魯定公八年魯公侵齊門于陽州士皆坐列曰顔高之弓六鈞皆取而傳觀之陽州人出顔高奪人弱弓籍丘子鉏齊人擊之與一人

俱斃偃且射子鉏中煩殪初孔子去衛將適陳過匡顏刻為僕以其策指之曰昔吾入此由彼缺也匡人聞之疑為陽虎故圍之史記五我云孔子在衛南子招夫子為次乘過市顏高為御贊曰瑯琊之伯其惟子驕徵言既彰德音孔昭以觀雩舞同聽齊韶歷千百祺跂思高標

壤駟赤字子從史記作子徒秦人贊曰式是壤伯昭乎聖徒執經請益載道若無詩書規矩問學楷模得時而駕領袖諸儒

問澤字子季一作子秀魯人贊曰子季從師服膺儒雅闕

里垂名同於達者昔寵睢陽今旌郰野運偶登封荐
臻純嘏
后作蜀家語作石子蜀字子明賛曰宣尼日月無得而踰粤
有哲士嘗為學徒登封偶聖至德崇儒以地進爵斯
文刃姝
任不齊字子選楚人賛曰任城建伯其表曰選㳅問
稚馳才華清遠競辰力行夌日黽勉孜敎崇崇令緒
顯顯
公良孺字子正陳人賢而有勇孔子去陳過蒲將適
衛會公叔氏以蒲叛蒲人止孔子公良孺以私車五

乘從喟曰吾昔從夫子遇難于匡今又遇難於此命

也吾於夫子再罹難寧鬬而死挺劒合衆將與之戰

蒲人懼謂孔子曰苟無適衛吾出子與之盟出孔子

東門贊曰子正真賢從師宣父服膺大猷配享終古

運屬聖神時巡鄒魯五等疏封三綱式叙

后處字子里家語作石處字里之齊人贊曰温温子里入問至

聖博道之華秉德之柄深造門域不乖言行全齊之

封竹素榮盛

秦冉字子開蔡人贊曰彭衙高士經籍是親贊成德

業協於彞倫底續聖學期肖素臣優哉游哉學以致

公肩定史記作公堅定字子中魯人

奚容點一作蒧史記作箴字子哲史記作子哲魯人衛人正義曰贊

曰奚英子哲服勤儒墨闕里橫經魯堂施德昔從游

騁今逢檢勒皇錫侯奎洙泗改色

鄡單史記作鄡單一作鄵單字子家

顏祖一作顏相字子襄魯人

罕父黑一作宰父字子素史記作子索魯人

句井疆家語作勾疆正義句作鉤字子野衛人贊曰衛之君子達

者北肩服勤鼓篋學慕章編升中軍慶儒術攸先胤

侯疏爵闕里之賢

秦商楚人家語云字丕慈魯人鄭玄云字子丕少孔子四歲孟氏之臣

秦堇父與孔子父叔梁紇俱以力聞嘗輦重如偪陽之役及歸獻子以為右生秦子丕慈云贊曰孔父秦父相尚以力俱生賢嗣相與以德是父是子致詰疇克會弁儒林令名無極

申黨家語作申續字子周魯人贊曰倚與子周龜蒙垂裕昔參八九今逢旦暮淄川錫壤儒風載路檢土旌賢昭我王度

公祖句茲家語作公祖茲正義句作鉤字子之魯人贊曰惟彼子

之錫伯期思與賢並進德聖而施彬彬雅道量詡與令
儀一日至言廟食不喙
顔之僕字子叔魯人顔氏世爲魯國卿大夫族最蕃
衍孔門達者七十二人顔氏居其八顔子父無繇其
次曰辛字子柳曰高字子驕曰祖字子襄曰之僕字
子叔曰何字子冉曰噲字子聲而回則尤爲高弟六
贊曰賢行顔叔親承尼父志銳所期道尊是輔泥在
鈞陶木就規矩終摩好爵揚名東武
榮旂一作祈字子祺一作旗魯人贊曰伯茲雩婁務學實
著三千之徒七十是預匪甚莫行惟德乃據紀于前

書式彰厥譽

左郢字子衡家語史記俱作左人郢字子行魯人贊曰伯彼臨淄左行稱賢睎蹤十哲秀韻三千心悅誠服家至戶傳樂只君子文聲益宣

縣成字子象家語作縣成字子横魯人縣子問子思曰顔回問爲邦夫子曰行夏之時若是殷周異正爲非乎子思曰夏數得天堯舜之所同也殷周之王征伐革命以應乎天因改正朔若云天時之改耳故不相因也夫受禪於人者則襲其統受命於天者則革之所以神其事如天道之變然也三統之義夏得其正是以夫

子云贊曰至聖立教子橫安雅擅譽魯邦啓祚鉅野
煒矣風猷時哉用舍出倫離類後學是傚
燕伋家語作級字子思秦人贊曰師習高振大成是集至
道克傳賢達斯執善教云褎儒風可立漁陽之士得
跂而及
薛邦史記作字子徒魯人正義云史記作國者避高祖諱薛字與鄭字誤耳
鄭國
秦非字子之魯人贊曰七十之賢皆傳聖道彼美子
之學臻堂奧珍席圭璋儒宫黼藻列爵華亭令名長
保
施之常字子恒一作子常魯人贊曰懿彼施常學深儒雅

魯國上賢孔堂達者蹟晦名彰德高言古侯封臨濮

昭錫純嘏

顔噲字子聲魯人贊曰回也庶幾諸顔有之洙泗受

業汶上從師輔翊儒道經營得基俾侯于濟君子實

宜

步叔乘字子車齊人贊曰聖人之門子車服勤學以

時習道宜日新歎仞爰扃函丈是親追封遺列旌美

儒臣

琴牢字子開一字子張衛人初齊豹薦宗魯於衛公

孟縶爲驂乘及豹將作亂謂宗魯勿與乘吾將殺之

宗魯對曰聞難而逃吾所不忍子其行子之事吾將死之公孟有事於郭門之外齊豹用戈擊公孟宗魯以背蔽之斷肱以中公孟之肩皆殺之琴張聞宗魯死將往弔之仲尼曰齊豹之盗而孟縶之賊汝何弔焉君子不食姦不受亂不為利疚於回不以回待人不盖不義不犯非禮琴張與孟之反子桑戶三人為友曰孰能相與於無相與相為於無相為孰能登天遊霧撓排無極相忘以生無所終窮三人相視而咲莫逆於心子桑戶死未葬孔子使子貢往待焉或編曲或鼓琴相和而歌曰嗟來桑戶乎而已反其真而

我猶為人兮子貢問臨尸而歌禮乎琴張與孟之反相視而笑曰是惡知禮意哉子貢反以告孔子子曰彼遊方之外者也論語嘗載其言曰子云吾不試故藝孟子亦曰孔子之所謂狂者矣贊曰多能鄙事聖人曲意維其知之是以不試宗魯雖友弔必以義尚師嘉言祀亦罔替

廉潔字子庸衛人贊曰兄弟之邦士有廉庸涵泳素敎表揭儒宗杏壇探賾洙泗從容作興一時莒父其封

原亢（一作伉）字子籍魯人

欒欣史記作欬字子聲魯人贊曰欒氏子聲錫爵昌平信道之篤見善乃明引領高萴載惟思誠先賢聿集出為時英

陳亢字子禽陳人少孔子四十歲陳子車死於衛其妻與其家大夫謀以殉葬定而後陳子亢至以告曰夫子疾莫養於下請以殉葬子亢曰以殉葬非禮也雖然則彼疾當養者孰若妻若宰得已則吾欲已不得已則吾欲以二子者之為之也於是弗果用其問夫子聞政及伯魚異聞詳具論語中贊曰於美子禽伏膺尼父問一得三垂訓千古名由實賓德以位序

聿屬封𧨏爵崇分土

公西輿家語史記俱作公西輿如字子上魯人

顏何字子冉索隱云家語字稱魯人贊曰木鐸興教英賢輔翼猗與子冉恢張文德孝弟承風詩禮是則千歲丁辰始開侯國

狄黑字子晳家語作子之衛人贊曰矯矯子晳來學有方依仁游藝攝齊升堂羽儀先聖物色上庠林慮錫壤百世之光

邽巽字子斂魯人家語巽作選又文翁圖作國選謂避漢祖諱改之刵是訛邽爲刲矣贊曰展矣子斂孔門高弟模範將聖博聞六藝斯詞

達者顯於當世追封列侯流芳永裔

叔仲會字子期魯人鄭玄曰晉人少孔子五十四歲與孔琁索隱作孔族年相比二人迭侍孔子執筆記事孟武伯見孔子而問曰此二孺子之幼也於學豈識於壯哉孔子曰然少成若天性習慣成自然贊曰瑕丘祚邑子期是為親訓有日廣業于時四教允隆五常以持比肩俊傑聞望斯垂

孔忠字子蔑孔子兄孟皮之子蔑與子賤皆仕孔子往過問之曰自子之仕何得何亡孔蔑曰未有所得而先有所亡者三王事若襲學焉得習是學不得明

也奉祿少饘粥不足及親戚親戚益踈公事多急不得弔死視病是以朋友益疏所亡者三也孔子不悅復見子賤曰自子之仕何得何亡子賤曰未有所亡而所得者三始誦之文今履行之是學日益明也奉祿少饘粥得及親戚是親戚益親也公事雖急夜勤弔死視病是朋友益親也所得者三也孔子謂子賤曰君子哉若人賛曰維子挺生道德之門佩服至論鯉則弟昆三得三亡所問姊溫君子帰宓（謂子賤）義不掩恩

孔鯉字伯魚詳見世德考

公西䵥一作蒧史記作蒧字子高家語作子尚史記作子上魯人贊曰曾

多學者服勤遊聖祝龢惟肖蒧也成性綽有餘裕是

以爲政追侯于徐用均天慶

公夏守史記作首字子乘魯人

申棖字子續魯人或以爲剛子曰棖也慾焉得剛贊

曰洙泗之秀横經魯堂名亞十哲道尊五常時巡跓

蹕闕里爭光封侯錫命永代流芳

左丘明楚左史倚相之後受經孔子以春秋一經不

刋之書故傳或先經以始事或後經以終義或依經

以辯理或錯經以合異隨義而發其例之所重身爲

國史躬覽載籍必廣記而備言之其文緩其旨遠以其雅思未盡復采錄前世穆王以來下訖魯悼知伯之誅以爲國語其文不主於經故號曰外傳昔人稱之曰命世之材博物善作者非虛譽云贊曰猗與左氏聞道素王依經作傳微旨用彰詞有餘韻人希未光褒封錫壤廣魯之疆

按孔子嘗曰受業身通六藝者七十有七人皆異能之士也今學者槩稱七十二弟子升堂入室云史記弟子列傳載顏回至公孫龍顏有年名及受業聞見于書傳者三十五人内有公伯

寮子周其無年及不見書傳者自冉季至公西
箴凡四十有二人合之共七十有七人司馬貞
索隱云公良孺秦商顔刻叔仲會四人家語有
事迹史記闕然自公伯寮秦冉鄡單三人家語
不載而別有琴牢陳亢縣亶當此三人之數皆
互有也蘓氏古史云孔子高弟七十七人余以
太史公書及孔子家語考之皆同秦冉顔何不
載於家語而琴牢陳亢不錄于史記二書旣不
可偏廢而琴張陳亢又見于論語故并録之凡
七十九人今余作門人考亦因之或謂史記所

有鄭國申黨家語不載而薛邦申績史記無有不知薛邦即鄭國也申績即申黨也邦因避諱而改國績本與黨而同字又黨之訛起於堂而堂之訛更為棠績之訛而爲繢皆以字畫之疑似而訛也至於申黨之即為申棖琴張之即為琴牢皆以一人為二人而訛也然朱晦翁註論語於琴牢則曰姓琴字子開一字子張於申棖止曰弟子姓名不敢分疏其為堂為黨為棠為績為續也故余於二琴則合之於二申則分之姑存其舊以俟来者亦疑以傳疑之意也

論曰史記家語仲尼弟子皆七十有七人是仲尼所云異能之士者非邪閔冉仲弓具體聖人其寔著矣游夏諸子有其一體亦可謂彬彬盛也故有若似聖人子夏疑夫子蟲祝而肖良有以夫乃若予短喪求聚斂賜貨殖師之辟張之慾牛惡于吳由醢于衛龍之善堅白牢之遊方外彼得聖而師之猶然蹈此失矧聖遠教微者乎仲尼曰吾黨小子狂簡不知所以裁之於戲七十子得仲尼裁成之功大矣

孔門考卷之五終　壻俞啓章校刻

孔門源流考

六之十
終

孔門源流考卷之六

明七閩後學龔庭槐纂輯

褒封考

生民以來孔聖獨隆歷代褒稱報德報功爰及
聖門群哲咸被旌崇素王素臣尊顯曷窮作褒封考

歷代　先聖孔子　先賢諸子　先賢諸子　先儒諸子

周

敬王四十一年　魯哀公誄為尼父

漢

平帝元始元年　追謚為褒成宣尼父

孔門淵源考　卷之六

東漢　和帝永元四年封為褒尊侯

後魏　文帝太和十六年改謚為文宣尼父告謚孔廟

後周　靜帝大象二年追封為鄒國公

隋　文帝贈為先師尼父

唐

太宗皇帝 貞觀十一年	升為先聖 尊為宣父	
高宗 乾封元年	追贈為太師	
總章元年		贈顏子為太子少師 贈曾子為太子少師
武后 天授元年	封為隆道公	
睿宗 太極元年		加贈顏子為太子太師 加封曾子為郕國宗聖公

玄宗開元二十七年

追謚為文宣王加贈顏子為兗國公親為之贊

贈閔損為費侯　贈冉耕為鄆侯
贈冉雍為薛侯　贈宰予為齊侯
贈端木賜為黎侯　贈冉求為徐侯
贈仲由為衛侯
贈言偃為吳侯　贈卜商為魏侯
贈顓孫師為陳伯　贈澹臺滅明為江伯
贈宓不齊為單父伯　贈南宮适為郯伯
贈公冶長為莒伯　贈原憲為原伯
贈公晳哀為郳伯
贈曾點為宿伯　贈商瞿為蒙伯
贈顏無繇為杞伯　贈高柴為共伯

贈漆雕開為滕伯
贈司馬耕為向伯
贈公西赤為郜伯
贈梁鱣為梁伯
贈冉孺為紀伯
贈伯虔為聊伯
贈冉季為東平伯
贈漆雕哆為武城伯
贈漆雕徒為須句伯
贈商澤為睢陽

贈公伯寮為任伯
贈樊須為允伯
贈有若為汴伯
贈巫馬期為鄫伯
贈顏辛為蕭伯
贈曹卹為曹伯
贈公孫龍為黃伯
贈秦祖為少梁伯一作上洛伯
贈顏高為瑯琊伯
贈壤駟赤為北徵伯

伯
贈任不齊為任
城伯
贈公良孺為東
牟伯
贈秦冉為彭衙
伯
贈公肩定為新
田伯
贈鄵單為銅鞮
伯
贈罕父黑為乘
丘伯
贈申黨為邵陵
伯
贈榮旂為雩婁

贈石作蜀為成
紀伯
贈公夏首為元
父伯
贈后處為營丘
伯
贈奚容蒧為下
邳伯
贈顏祖為臨邑
伯
贈句井疆為淇
陽伯
贈秦商為少梁
伯
贈公祖句茲為
期思伯

伯
贈左人郢為臨
淄伯
贈鄭國為滎陽
伯
贈廉潔為莒父
伯
贈仲會為瑕丘
伯
贈邽巽為平陸
伯
贈公西輿為重
丘伯
贈蘧伯玉為衛
伯
贈林放為清河

贈縣成為鉅野
伯
贈燕伋為漁陽
伯
贈顏之僕為東
武伯
贈樂欬為昌平
伯
贈顏何為開陽
伯
贈狄黑為臨濟
伯
贈孔忠為汶陽
伯
贈公西葴為祝
阿伯

伯

贈陳亢為潁伯

贈秦非為汧陽伯

贈申棖為魯伯

贈顏噲為濟陰伯

贈施之常為乘氏伯

贈琴張為南陵伯

贈步叔乘為淳于伯

閔損以下命文臣分贊

宋

真宗大中祥符元年

加謚為玄聖文宣王　封开官氏為鄆國夫人

二年

加封閔損為瑯琊公

加封冉雍為下邳公

改封冉耕為東平侯

改封宰予為臨淄公

追封公羊高為臨淄伯

追封穀梁赤為龔丘伯

加封端木賜為黎陽公
改封仲由為河內侯
加封卜商為河東公
加封澹臺滅明為金鄉侯
加封南宮适為立侯
加封原憲為任城侯
加封曾點為萊蕪侯
加封商瞿為須昌侯

加封冉求為彭城公
加封言偃為丹陽公
加封顓孫師為宛丘侯
加封宓不齊為單父侯
加封公冶長為高密侯
加封公皙哀為北海侯
加封顏無繇為曲阜侯
加封高柴為共成侯

追封伏勝為乘氏伯
追封高堂生為萊蕪伯
追封戴聖為楚丘伯
追封毛萇為樂壽伯
追封孔安国為曲阜侯
追封刘向為彭城伯
追封賈逵為岐陽伯
追封鄭衆為中牟伯

加封漆雕開為平輿侯	加封公伯寮為壽張侯	追封馬融為扶風伯
加封司馬耕為楚丘侯	加封樊須為益都侯	追封杜子春為緱氏伯
加封有若為平陰侯	加封公西赤為鉅野侯	追封鄭康成為高密伯
加封巫馬期為東阿侯	加封梁鱣為千乘侯	追封盧植為良鄉伯
加封顏辛為陽穀侯	加封冉孺為臨沂侯	追封何休為任城伯
加封曹卹為上蔡侯	加封伯虔為沭陽侯	追封服虔為榮陽伯
加封公孫龍為枝江侯	加封冉季為諸城侯	追封王弼為偃師伯
加封秦祖為甄城侯一作馮翊侯	加封漆雕哆為濮陽侯	追封范甯為新野伯

加封顓高為雷澤侯
加封駟赤為上邽侯
加封石作蜀為成紀侯
加封公夏首為鉅平侯
加封奚容蒧為濟陽侯
加封秦商為鄄城侯
加封公祖句茲為即墨侯
加封縣成為武城侯

加封漆雕徒為高苑侯
加封商澤為鄒平侯
加封任不齊為當陽侯
加封公良孺為牟平侯
加封秦冉為新息侯
加封申黨為淄川侯
加封榮旂為厭次侯
加封左人郢為南華侯

加封燕伋為汧源侯　加封鄭国為樂平侯
加封顏之僕為宛句侯　加封廉潔為胙城侯
加封樂欬為建成侯　加封仲會為博平侯
加封邽巽為高唐侯　加封狄黑為林慮侯
加封蘧伯玉為內黃侯　加封林放為長山侯
加封孔忠為鄆城侯　加封陳亢為南頓侯
加封琴張為頓丘侯　加封施之常為臨濮侯
加封步叔乘為博昌侯　加封秦非為華亭侯

		加封申棖為文登侯 追封左丘明為瑕丘伯	加封顏噲為濟陰侯	
五年	詔改為至聖文宣王			
神宗元豐六年		追封孟軻為鄒國公		追封韓愈為昌黎伯
徽宗崇寧元年		追封孔鯉為泗水侯 改封南宮适為汝陽侯以原封丘侯犯宣聖諱 加封后處為膠東侯 加封句井疆為	追封子思子為沂水侯 改封司馬耕為睢陽侯亦以原封楚丘犯諱 加封顏祖為富陽侯 加封公肩定為	改封穀梁赤為睢陽伯以原封龔丘犯諱 改封戴聖為考城伯以原封楚丘犯諱

理宗紹定年

滏陽侯

加封鄒單為聊城侯

加封顏何為棠邑侯

加封公西輿為臨朐侯

改封左丘明為中都伯（以原封瑕丘犯諱）

梁父侯

加封罕父黑為祁鄉侯

加封公西蒧為徐城侯

改封琴張為陽平侯（以原封頓丘犯諱）

追封荀況為蘭陵伯

追封程顥為河南伯

追封程頤為伊陽伯

年

度宗咸淳二年

封子思子為沂國公
改封閔損為費公
改封冉耕為鄆公
改封冉雍為薛公
改封宰予為齊公

三年

追封張載為郿伯
贈朱熹為太師
追封信國公
追封張栻為華陽伯
追封呂祖謙為開封伯
改封朱熹為徽國公
追封邵雍為新安伯
追封司馬光為温國公

改封端木賜為黎公

改封冉求為徐公

改封仲由為衛公

改封言偃為吳公

改封卜商為魏公

改封顓孫師為陳公

元

成宗大德十一年　加封為大成至聖文宣王

仁宗　年

文宗至順元年　加封顏子為兗國復聖公

加封子思子為沂國述聖公

追封許衡為魏國公

加封程顥為豫國公

加封程頤為洛國公

三年　封鄆國夫人為大成至聖文宣王夫人

加封孟子為鄒國亞聖公

追封董仲舒為江都伯

贈蔡沉為文正公

贈真德秀為文忠公

追封吳澄為臨

皇明

太祖洪武元年　遣使詔孔氏封爵如舊

英宗正統　年

	憲宗成化二年	世宗嘉靖九年	
		改稱至聖先師	又改稱孔子父
		改顏曾思孟稱子復聖顏子宗聖曾子述聖子思子亞聖孟子	改顏無繇曾點
		改澹臺滅明以下及門弟子皆稱先賢	
	川郡公　改封董仲舒為廣川伯　改封宋贈文定伯胡安國為建寧伯　改封蔡沈為崇安伯　改封真德秀為浦城伯	改左丘明以下皆稱先儒	以程珦朱松蔡

叔梁紇齊公爲啓聖公　孔鯉孟孫子之稱先賢　元定稱先儒

至四十二年魯哀公誄尼父曰昊天不吊不愸遺一老俾屏予一人以在位煢煢余在疚嗚呼哀哉尼父無自律

後周靜帝大象二年封孔子爲鄒國公詔曰大德之後是稱不絕功施于民義昭禮典孔子德惟藏往道實生知以大聖之才屬千古之運載弘儒業式叙彝倫至如幽替天人之理裁成禮樂之務故作範百王垂風萬葉朕承寶曆服教義眷言洙泗懷道滋深而褒成啓號雖彰故實旌崇聖績猶有闕如可追封爲鄒國公邑數准舊并立後承襲列于京師置廟以時祭

享

唐玄宗開元二十七年追謚爲文宣王詔曰弘我王化在乎儒術能發揮此道啓迪含靈則生民以來未有如孔子者也所謂自天攸縱將聖多能德配乾坤身揭日月故能立天下之大本成天下之大經美政教移風俗君君臣臣父父子子民到于今受其賜不其偉歟嗚呼楚王莫封魯公不用俾夫大聖才列陪臣棲遲旅人固可知矣年祀寖遠光靈益彰雖代有褒稱未爲崇峻不副於實人其謂何夫子既稱先聖可追謚爲文宣王門人三千見稱十哲包夫衆

美實越等夷暢玄聖之風規發人倫之耳目並宜

褒贈以寵賢明

宋真宗大中祥符元年謚為玄聖文宣王詔曰王者順考古道懋建

大猷崇四術以化民昭宣教本總百王而致治丕

變人文方啓迪於素風思丕揚於鴻烈先聖文宣

王道膺上聖體自生知以天縱之多能實人倫之

先覺玄功侔乎簡易景鑠配乎貞明惟列辟以尊

崇為億載之師表肆朕寡昧欽承命曆曷嘗不尊

守彝訓保乂中區屬以祇若元符告成喬嶽觀風

廣魯之地飭駕數仞之墻躬謁遺祠緬懷遐躅仰

孔門源流考　卷六

明靈之如在肅薦獻以惟寅是用稽簡册之文昭

聰睿之德聿舉追崇之禮庶申嚴奉之心備物典

章垂之不朽誕告多士昭示朕懷宜追謚曰玄聖

文宣王

元武宗大德十一年加封爲大成至聖文宣王詔曰蓋聞先孔子而聖者

非孔子無以明後孔子而聖者非孔子無以法所

謂祖述堯舜憲章文武儀範百王師表萬世者也

朕纂承丕緒敬仰風休循古治之良規舉追封之

盛典加號大成至聖文宣王遣使闕里祀以太牢

於戲父子之親君臣之義永惟聖教之尊天地之

大日月之明奚罄名言之妙尚資神化祚我皇元

主者施行

皇明太祖洪武三年遣使詔孔氏封爵如舊詔曰自有元失馭群雄鼎沸土宇分裂聲教不同朕奮起布衣以安民爲念訓將練兵平定華夷大統以正永惟爲治之道必本于禮考諸祀典如五嶽五鎮四海四瀆之封起自唐世崇名美號歷代有加在朕思之則有不然夫嶽鎮海瀆皆高山廣水自天地開闢以至於今英靈之氣萃而爲神必皆受命於上帝幽微莫測豈國家封號之所可加瀆禮不經莫此爲甚至

如忠臣烈士雖可加以封號亦惟當時為宜夫禮所以明神人正名分不可以僭差今命依古定制凡岳鎮海瀆並去其前代所封名號止以山水本名稱其神郡縣城隍神號一體改正歷代忠臣烈士亦以當時初封以為實號後世溢美之稱皆與革去其孔子善明先王之要道為天下師以濟後世非有功於一方一時者可比所以封爵宜仍其舊庶幾神人之際名正言順於理為當用稱朕以禮祀神之意

皇明世宗嘉靖九年改孔子及諸弟子稱號緣由　先是太學士張璁

建言按唐玄宗開元間詔加追謚孔子為文宣王
元武宗大德間詔加孔子為大成至聖文宣王
國初太學士吳沉作孔子封王辯詳具吳沉辨下前布政
夏寅作正鑑曰自漢元始初追謚孔子以來歷魏
晉隋唐各有加封然釋奠於學校止稱先聖豈可
專以開元李林甫不學無術之謬為萬世成式乎
又前祭酒丘濬論曰自漢平帝追謚孔子為宣父
又為宣尼至開元又加文與宣為謚然文之為言
謚法有所謂經緯天地者也孔子亦曰文不在茲
乎以是謚之亦幾矣若宣之為宣謚法不過聖善

周聞而已豈足以盡聖人之大德哉自古諡號必加實字未有用譬喻之語孟子以樂之始終兼聖智之全譬喻聖而時出之蓋假設之辭非真實之德也䟽奏下禮部議諸臣桂萼顧鼎臣等題請宜稱至聖先師孔子其王號及大成文宣之稱不宜復用廟宇亦宜稱廟不宜稱殿四配宜稱子十哲以下凡及門弟子宜稱先賢左丘明以下宜稱先儒凡一切公侯伯不宜亂稱以混成周一代封爵之制

上允其議命頒行天下自曲阜及國學諸郡縣學

詔改稱號

御製正孔子祀典申說刊布

明吳沉孔子封王辨曰後世之禮有似是而實非者不可不察也且以夫子追謚爲王言之夫子聖人也生不得位沒而以南面之禮尊之其說似矣然王君之號也夫子人臣生非王爵死而謚之可乎哉昔者夫子嘗有言曰必也正名乎又曰名不正則言不順臣而王之於名正乎於言順乎春秋之時諸侯有僭稱王者矣麟經削而黜之夫子之生也不獲尺寸之土今而以有天下之號歸之在天之靈肯

歆之哉嗟夫有德者必有位理之常也有其德而無其位此則夫子之不幸也曾謂以無實之稱而足以爲聖人榮乎哉或曰夫子之道王者之道也謂仲尼素王其來久矣至今封之而不可哉謂夫子有王者之道則可謂夫子有王者之號則不可昔夫子病子路使門人爲臣夫子責之曰久矣哉由之行詐也無臣而爲有臣夫無臣不可以爲有臣非王而可以稱王乎聖人不敢欺天也其可以欺聖人乎然則當若之何曰夫子之澤不被於當時而其教實垂於萬世褒之以王者之貴孰若事

之以師之尊乎書曰天降下民作之君作之師古
者治教之職不分君即師也師即君也二帝三王
盡君師之責者也若夫子則不得為君而為師者
也師也者君之所不得而臣者也故曰雖詔於天
子無北面所以尊師也彼以王爵之貴為隆於稱
師者習俗之見也曰請問今將何以尊聖人曰在
明其道不在乎王不王
明楊守陳議尊孔子帝號論畧曰孔子道德教化之盛賢於
堯舜而配天地自生民以來一人而已後世人君
皆師之則皆其弟子稱為先師當矣若追崇之典

必當臻乎極而後已焉夫禮因人情以義起周公制禮追王其父祖前未有也師生之義與父子之恩同子可以追王其父則生可以追王其師況孔子又萬世一人後王實被罔極之恩者乎近世人君師孔子追王之固禮也而未之至者古之皇帝皆因侍建號非有等差秦始稱皇帝而後世有天下者無不稱帝其父祖雖編氏伍卒亦追帝之而族屬功臣則皆封之為王於是帝為君號王為臣爵而帝王始懸絕矣君於臣禮當其為師則不臣況異代之聖師而可臣邪王孔子而不帝是猶臣

之也其可乎在宋真宗已欲帝之矣其下不能將
順而沮之謂孔子周之陪臣固止稱王不當加以
帝號夫謂周之陪臣則雖公之與魯公班且不可
況王之與周王埒乎既王之則固謂其萬世之聖
師而不以成周之陪臣視之矣於帝號而褒崇之
誠萬世不易之至論也今言者遷就有司之說謂
孔子周人當用周制王乃天王之王非國王之王
故不帝猶可夫用周制則當稱魯大司寇耳安可
王之王之者後世尊崇之典非周制也在周制則
王猶帝耳在後世則帝之與王猶天澤之不可混

猶衣冠之不可淆矣尚可以周制論哉尊異代之
聖師而尚用異代之臣爵曰此天王也彼國王也
則亦非正名別嫌之禮矣孰若直諡帝號之為確
乎我
太祖高皇帝之定祀禮也凡嶽鎮海瀆皆革去舊封
忠臣烈士亦止稱當時名號獨於孔子不稱曾大
司寇而仍舊號大成至聖文宣王其尊崇之意極
至而無加矣但當時未有援宋真宗羅從彥告者
故未及帝之耳有司沮言若乃為舊制而不肯更
夫以

太祖尊崇聖師之心如彼其至苟聞今議有不擂更邪彼有司於異端與他政弗能一遵舊制也而此獨曰舊制舊果不敢改邪又謂孔子之道惟在君臣身體而力行之謚號器數皆不足較夫道在身體力行是矣餘亦安可置之如彼之說明則王但奉天道繩祖武足矣而尊稱上帝追王先公制為郊社禘嘗之禮樂蓋必極其至而定為萬世式者何邪有司之議過矣

論曰謚以尊名王以追崇由周公後未之有改也孔子秉憲萬世功德罔極非有上稱尊號何足酬

罔極之報哉故嘗論孔子無假襃封爲榮則可若
謂其不當帝王封則不可我
朝易王以師易公以子易侯伯以賢以儒輔臣之論
正矣第曰至聖云者易乾元稱大坤元稱至至比
大義差緩孔子稱天爲大惟堯則之孟子稱孔子
曰集大成元稱大成至聖今去大成而止稱至聖
毋乃未備與草茆之議竊擬曰大聖先師始識之
以竢議禮者敬焉

孔門源流考卷之六終　姪邑庠生　熯　校刻

孔門源流考卷之七

明七閩後學戴庭槐纂輯

祀典考

倬彼夫子萬世王祀寰海同尊匪惟闕里羣賢諸儒後先間起俎豆其間示我遐軌作祀典考

世代	先師孔子	四配十哲	先賢	先儒
漢 高祖十二年	過魯以太牢祀孔子敕諸侯卿相至國先謁廟然後從政			

元帝初元年	詔令太師褒成君霸以所食八百户祀孔子			
後漢				
光武建武五年	幸闕里使大司空以太牢祀孔子			
明帝永平十五年	幸孔子宅詣廟致祭		祭及七十二弟子	
章帝元和二年	過魯祀孔子太牢		祭及七十二弟子	
安帝延光三年	過魯祀孔子於闕里		祭及七十二弟子	

桓帝元嘉三年　詔[redacted]孔子廟置百戶卒史一人典主守廟春秋饗禮財出王家錢太常丞監祀河南尹給牛豕各一大司農給米從司徒吳雄等請也

晉

武帝太始三年　詔魯國四時備三牲祀孔子　祀及七十二弟子

明帝太寧三年　詔給奉聖侯孔嶷四時祀孔子祭儀如太始

故事

後魏

文帝太和十九年 幸魯城親祀孔子廟

顯祖皇興二年 遣中書令兼太常高允以太牢祀孔子

北魏

太平七年 至鄒山以太牢祀孔子

北齊

文宣帝天保元年 令魯郡脩廟遣以顏回配孔子使致祭又制春秋仲月行釋奠禮

秋二仲釋奠禮

唐

太宗貞觀升　孔子為先詔以顏回配
二年罷周公用房先聖
玄齡朱子奢言

貞觀親釋奠於國子
四年詔州縣皆
作　孔子廟

貞觀幸國子學親臨
十四年釋奠

貞觀幸國子監親觀
十二
年釋奠

陞左丘明卜子
夏從祀

陞穀梁赤公羊
高高堂生伏勝
毛萇戴聖劉向
孔安國鄭衆賈
逵杜子春馬融

			盧植鄭康成服虔何休王肅王弼杜預范甯從祀
貞觀二十一年		制以左丘明卜子夏爲先師	制以穀梁赤等二十人並爲先師
玄宗開元八年	勑改顏生等十哲爲坐像悉陞從祀又謂曾參大孝德冠同列特爲塑像坐於十哲之次	圖畫七十子于廟壁左丘明卜子夏與焉	并圖穀梁赤等二十人于廟壁
開元十三年	幸孔子宅致祭令天下州縣立廟享奠		

開元二十七年 詔西京國子監及天下諸州夫子南面坐內出王者袞冕之服以衣之

後周

高祖廣順二年 至兗州因幸駐蹕升堂將拜聖像或謂天子不當拜異代陪臣上曰聖人百王取則而又夢告寡人得非幽賛所及安得不拜因晉所奠祭

孔門源流考 卷之七

器銀爐于廟

宋

真宗大中祥符元年幸曲阜謁廟詣孔林墳拜奠行殊禮留御香銀爐及祭器于廟中

二年復幸曲阜謁孔廟

仁宗慶曆四年敕差廟戶五十充洒掃

嘉祐元年降御祭文遣兗州通判田洵致薦

理宗淳祐元年

附周敦頤張載程顥程頤朱熹

度宗咸淳三年	釋菜于孔子	以顏回曾參孔伋孟軻配又升顓孫師于十哲		並從祀廟庭黜王安石從祀列邵雍司馬光于從祀
元				
武宗至大元年	遣集賢大學士王德淵致祭	祭兗國公鄒國公各有文		
仁宗即位 元	遣官者李邦寧致釋奠孔子邦寧行礼方就位忽大風起殿上及兩廡燭盡滅燭臺底鐵鐏入地尺許無不駭			

者邦寧悚息伏
地慚悔累日

皇慶二年
詔陞許衡從祀
廟庭

皇明
太祖洪武元年遣使致祭曲阜
廟庭定以仲春
仲秋二上丁日
降香遣官祭于
國子學

洪武二年
洪武御製祭文以通
贊舍人張漢英
齎香及銀往曲
阜買牛酒致祭

洪武作文廟成遣官
罷孟軻配享諭

五年　以太牢祭　上
遂視學釋菜
年　上曰我聞孟子辨異端闢邪說發明孔子之道宜配享如故

洪武十五年　詔天下通祀孔子

洪武二十八年
黜莽大夫楊雄進漢董仲舒從祀從行人司副楊砥議也

成祖永樂　遣官釋奠
永樂元年　先師
八年　令天下文廟聖賢衣冠繪塑不合古制者悉改

永樂遣祭闕里正

十四年

宣德遣太常寺丞孔克準詣闕里致太牢祭

宣宗元年

回配十哲俱享太牢兩廡亦俱享太牢

英宗正統元年

正統遣國子監司業趙琬祭告

令刊印儒學從祀先賢名爵位次頒行天下

正統二年

以宋胡安國蔡沉真德秀從祀

正統三年

禁天下祀孔子於釋老宮

正統八年

追封元吳澄為臨川郡公從祀

從輔臣楊士奇

景帝景泰元年遣翰林院侍講吳節祭告
憲宗成化元年遣吏部右侍郎尹旻詣闕里祭告
成化十二年遣翰林學士王獻詣闕里祭告
孝宗弘治元年遣太常寺少卿田景賢詣闕里致祭
弘治九年
弘治十二年遣翰林院侍讀學士李傑致祭
年

議也
追封宋楊時為將樂伯從祀從太學士溥言也

弘治遣大學士李東
七年陽致祭

武宗 正德遣巡撫僉都御
八年史趙璜致祭

世宗 嘉靖遣尚書石珤致
元年祭

嘉靖令國子監及天
九年下學校聖賢塑
像俱易木為神
主 上自作奉
安 先師文又
別立 啓聖公
祠祀齊公叔梁
紇改稱大成殿
曰 先師廟大
成門曰廟門孔
四配稱子從祀
二申存萇去黨荀況戴聖劉向
公伯寮秦冉顏賈逵馬融何休
何罷祀林放蘧王肅王弼杜預
瑗祀於其鄉又吳澄各罷祀鄭
以顏無繇曾點玄鄭衆盧植服
孔鯉孟孫氏配虔范甯各祀其
享啓聖公鄉進后蒼王通
胡瑗歐陽脩從
祀又以行人薛
侃議進宋陸九

氏祠曰啓聖祠皆從輔臣璁議

淵從祀又以程珦朱松蔡元定從祀啓聖祠

穆宗隆慶元年 隆慶遣尚寶卿劉奮庸詣闕里致祭

隆慶六年 升先禮部侍郎薛瑄從祀

今上萬曆十三年 升新建伯王守仁檢討陳獻章前衣胡居仁從祀

歷代祭告文

唐高宗祭文曰惟神玉鈞陳既靈開四時之源金鼎流禎慶傳三命之範神資越誕授山岳以騰英天縱攸高蘊河海而標狀折衷六藝宣創九流曆乃生知靈非外奬於是考三古泉一言刊典謨定風什

莊敬之容畢備鐘鼓之音載和父子爰親君臣以穆蕩乎煥乎樂正雅頌各得其所可不謂至聖矣夫朕以寡德嗣膺神器式崇祇配展义云亭感周禮之尚存悲素王之獨往杼軸洙泗如挹清瀾留連舞雩似聞金奏闕門曳練徒有生芻之疑漢曲移舟非復祥萍之寶慨然不已爰贈太師堂宇卑陋仍命修造褒聖子孫合門勿事庶能不遺百代助楨盃之可知永鑑千年同比肩而為友聿陳菲奠用旌無朽梅曙霞梁松春月牖德音暢而無斁形神忽其將久儻弗昧於生前亦知榮於身後

宋真宗祭文曰朕以有事岱宗畢告成之盛禮緬懷闕里欽設教之素風躬謁奠於嚴祠特褒崇於懿號仍令舊相載達精誠昭薦吉蠲用遵典禮以兗國公顔子等配

宋仁宗祭文曰惟王淵聖難名誠明異禀敷厥雅道大闡斯文生民以來至德莫二教行萬世儀比三王闕里之居祠宇惟煥遐瞻墻仞遊叩門扉奮于飛梁之蹤新兹標榜之制命王庀事推策涓辰敢議形容盍申崇奉仰惟降格遥冀監觀

元武宗祭文曰惟王秉德生知垂教不朽聖之時者夫

何言哉由百世後莫能違自生民未有之特加
封號大成祭儀仍命臣僚往祀林廟以兖國公鄒
國公配又祭兖國公文曰惟公省私不愚克已復
禮獨冠四科之首不違三月之仁宜配聖庭式嚴
禋祀又祭鄒國公文曰惟公生有淑質思濟斯民
述堯舜之道遂乃著書距楊墨之徒非為好辨位
尊侑坐祭重推誠
皇明太祖祭文曰惟王德配天地道冠古今删述六經垂
憲萬世惟兹仲春謹以牲帛醴齊粢盛庶品式陳
明薦以兖國復聖公郕國宗聖公沂國述聖公鄒

國亞聖公配

皇明宣宗祭文曰仰惟先師丕隆道德表正綱常集群

聖之大成為百王之儀範茲余嗣位之初謹用祭

告永資聖化翼我治平

皇明憲宗祭文曰惟先師以天縱之聖為文教之宗萬

世而下綱常正而世道隆實有賴焉茲予嗣位之

初景仰惟深時中祭告永資聖化翊我皇猷

憲宗又遣官詣闕里祭告文曰惟王生知之資天縱之聖道

德配于二儀教法昭于萬世緬懷功烈宜極褒揚

顧冕服之章數鉼隆而祀事之儀物弗稱爰考彝

章參合輿論增樂舞為八佾加籩豆為十二益用

祭天享地之禮樂庶副尊師重道之本意也特遣

儒臣遠詣闕里用伸祭告王其鑒知

皇明孝宗祭文曰惟王道德高厚教化無[illegible]廟貌尊嚴

古今崇奉比遭回祿煨燼靡遺斯文在茲胡天弗

弔肆惟統緒承傳在予修復舊規所不敢後特申

祭告奉慰聖靈洋洋在天尚其歆鑒

孝宗又遣輔臣祭文曰惟我先師代天立教禮嚴報祀四海

攸同嶽降在茲廟貌自古頃罹災變實軫予衷爰

勅有司命工重建越既五載厥功告成陳宇畢新

粢物咸備光昭儒道用妥聖靈特遣輔臣遠將祭

告尚祈歆鑒永享明禋

皇明武宗祭文曰比歲盜起北方肆行東郡屢經闕里侵

犯廟庭畜嘗中命將官分兵守護聖靈昭布克保

安全逆亂既平儀文斯舉聿嚴祀事兼飭有司灑

埽汙萊修葺損壞式還舊觀仰慰明神尚祈鑒歆

□祐邦國

皇明世宗御製祭文曰自昔混沌之初天命羲農軒聖創

世開物以至堯舜禹湯文武周公以及先師列聖

相繼奉天行道立教誨人肆我

聖祖再造區宇化行天下我

聖祖崇禮于 先師 御製有文典冊俱在予惟寡

昧之人仰遵

祖憲去胡元褻慢之偶像如

祖宗崇禮之 聖謨號稱核實俎豆究本以尊禮典

務體先聖至意于實不聰頻先師默鑒及良輔洪

儒所贊之也爰擇令辰特命大臣奉安 先師神

位以及配從之人于此惟 先師鑒知永依陟降

大運神化教我君民俾予性理早開而無負

皇天付托之眷命暨士庶學業咸正而無違 先師

傳道之至情于實有望焉惟先師竟之以復聖顔

子宗聖曾子述聖子思子亞聖孟子配

皇明穆宗祭文曰追惟先師道兼群聖教備六經歷代帝

王是宗是式兹于踐祚之始良深景慕之懷特遣

廷臣用申祭告伏冀昭垂訓廸永祚皇圖

廟庭從祀議

明宋濂孔子廟堂議畧曰古之有道有德者使教焉死則以

爲樂祖祭於瞽宗謂之先師若漢禮有高堂生樂

有制氏詩有毛公書有伏生也又凡始立學者必

釋奠於先聖先師釋奠必有合謂國無先聖先師

則所釋奠者當與鄰國合若唐虞有夔伯益周有周公魯有孔子則各自奠之不合也當是時學者各自祭其先師非其師弗學非其學弗祭也學校既廢天下莫知所師孔子集群聖之大成顏回曾參孔伋孟軻實傳孔子之道尊之以為先聖先師而通祀於天下固宜若七十二子止於國學設之庶幾弗悖禮意開元禮國學祀先聖孔子以顏子等七十二賢配諸州但以先師顏子配今也雜置而妄列甚至荀况之言性惡揚雄之事王莽王弼之尊莊老賈逵之忽細行杜預之建短喪馬融之

黨附勢家亦厠其中吾不知其何說也古者立季

專以明人倫子雖齊聖不先父食久矣故禹不先

鯀湯不先契文武不先不窋宋祖帝乙鄭祖厲王

猶上祖也今一切置而不講顔回曾參孔伋子也

配享堂上路點孔鯉父也列祀廡間張載二程之

表叔也乃坐其下淳祐初張坐程上後因國子監

集議再定張遂居程下顛倒彝倫莫此爲甚吾又

不知其爲何說也或曰建安熊氏欲以伏羲爲道

統之宗神農黄帝堯舜禹湯文武各以次而列焉

皐陶伊尹太公望周公旦稷契夷益傅說箕子皆

可典掌于先王天子公卿所宜師式也當以此秩
祀天子之學若孔子實兼祖述憲章之任其為通
祀則自天子下達矣苟如其言則道統益尊三皇
不汨於醫師太公不辱於武夫也不識可乎昔周
有天下立四代之學其所謂先聖者虞庠則以舜
夏學則以禹殷學則以湯東膠則以文王復各取
當時左右四聖成其德業者為之先師以配享焉
此固天子立學之法也奚為而不可也濂時為國子司業上
上不喜謫廣安遠知縣

元許約定配享議曰自唐祀夫子配以顏子至宋陞孟子

與顔子並配然當時未知道統之傳也自伊洛之
學興性理之説明始以顔曾思孟並列于夫子之
左隅葢得夫子之傳者顔曾子思得曾思之傳者
孟子也道統之傳於是得其序矣故江南諸廟學
皆以四子並配夫子之左以子張居七十二子之
首自而廡升於十哲以補曾子之闕雖亡宋之制
然綱常名教所係此當因而不當革者也今京師
廟學與河北諸路府學並循亡金之制左顔右孟
與夫子並居南面奚有是理哉孟子學於子思子
思學於曾子是知孟子乃曾子門人之弟子曾子

乃孟子師之師也今屈曾子於從祀之中降子思於廟廡之末師之師不過一籩一豆門人弟子牲牢幣帛一與先聖等又豈有是理哉況今天下一家同文同軌豈容南北之禮各異也或問學校所以明人倫然路點皆父也回參皆子也子先父食於理安乎竊以為不然蓋廟學乃國家通祀循朝廷之禮也父為庶僚子為宰職各以其德與勳也如遇朝會殿庭班列父雖尊安能超子之上哉殊不知抑私親而昭公道尊道統而崇正學乃所以明人倫也如今序傳道之配使顏曾思孟並列夫

子之左虛其右隅以避古者神位之方自西廡升

子張於十哲以補曾子之闕不惟先師師弟子之

禮不廢使南北無二制天下無異禮亦可以見我

國家明道統得禮之中足以垂世於無窮矣

明丘濬釋奠先師禮議曰臣按塑像之設中國無之至佛

教入中國始有也三代以前祀神皆以主無有所

謂像設也彼異教用之無足怪者不知祀吾聖人

者何時而始為像云觀李元瓘言顏子立侍則像

在唐前已有矣嗚呼姚璲有言北史敢有造泥人

銅人者門誅則泥人固非中土以祀聖人法也後

世莫覺其非亦化其道而爲之郡異縣殊不一其

狀長短豐瘠老少美惡惟工之巧拙是隨就使盡

善亦豈其生時盛德之容甚非神而明之無聲無

臭之道也　國朝洪武十四年首建太學

聖祖毅然見千古之非自天子以下像不土繪祖以

神主數百年夷敎乃革嗚呼盛哉夫國學廟貌非

但以師生瞻仰之所而

天子視學實於是乎致禮焉夫以冕旒之尊而臨夫

俎豆之地聖人百世之師坐而不起猶之可也若

夫從祀諸儒皆前代之縉紳或當代之臣子君拜

於下而臣坐于上臣知非獨名分之乖舛而觀瞻之不雅竊恐聖賢在天之靈亦有所不安也或謂既已摶土為之事之以為聖賢一旦毁之以為泥滓似乎不恭竊觀

聖祖詔毁郡邑城隍塑像用其泥壁以繪雲山載在令甲可考也矧所塑者特具人形耳豈真聖賢之遺貌哉程頤論人家祖宗影有一毛不類則非其人彼親見其人而貌之有毫髪之不肖似尚非其人况工人隨意信手而為之者哉臣惟文廟之在南京者固已行

聖祖之制令京師國學乃因元人之舊天下郡邑恐
於勞民無俟改革惟
天子臨視之所乞如
聖祖之制以革千古之夷敎如儒臣宋訥所云者誠
千萬世儒道之幸也

明程敏政考正祀典疏曰臣聞古聖王之治天下必以祀典
為重所以崇德報功而垂世敎淑人心也況先師
孔子有功德于天下于萬世天下祀之萬世祀之
則廟庭之間侑食之人豈可苟焉而已必得文與
行兼名與實副有功於聖門而無疵於公議者庶

一附會圖讖以致貴顯蓋左道亂正之人也王弼與何晏倡為清談所註易傳祖述老莊而范甯追究晉室之亂以為王何之罪深於桀紂何休則止有春秋解詁一書黜周王魯又註風角等書班之于孝經論語蓋異端邪說之流也戴聖為九江太守治行多不法懼何武劾之而後為博士毀武於朝及子賓客為盜繫獄而武平决之得不死而又造謝不慚先儒謂聖人乃禮義之宗而父為贓吏子為賊徒可為世鑒王肅以女適司馬昭當是時昭篡魏之勢已成肅為世臣封蘭陵侯官至中領

軍乃坐觀成敗及毋丘儉文欽起兵討賊肅又為
司馬師畫策以濟其惡若奸人佞巳乃其過之小
者杜預所著亦止有左氏經傳集解其大節亦無
可稱如守襄陽則數餽遺洛中貴要紿人曰懼其
爲害耳非以求益也伐吳之際因聽癭之譏盡殺
江陵之人以吏則不廉以將則不義凡此之人其
於名教得罪非小而議者謂能守其遺經轉相授
受以待後之學者不為無功臣竊以為不然夫守
其遺經若左丘明公羊高穀梁赤之於春秋伏勝
孔安国之於書毛萇之於詩高堂生之於儀禮后

足以報德報功之意邇者言官欲出文廟從祀諸
賢之有罪者詔禮部集議臣愚亦在預議之列疑
其所言尚有未盡而議者相持憚于改作臣考之
於書揆之于心不敢妄為異同謹畫一條陳上瀆
聖覽唐貞觀二十一年始以左丘明等二十二人從
祀孔子廟庭葢當是時聖學不明議者無識拘于
舊註疏謂釋奠先師如詩有毛公禮有高堂生書
有伏生之類遂謂專門訓詁之學為得聖道之傳
而幷及馬融等行之至今誠不可不考其行之得
失與義之可否而釐正于大明有道之世也臣考

歷代正史馬融初應鄧騭之召爲秘書歷官南郡太守以貪濁免官髡徙朔方自刺不殊又不拘儒者之節前授生徒後列女樂爲梁冀草奏殺忠臣李固作西第頌以美冀爲正直所羞即是觀之則衆醜備于一身五經爲之掃地後世乃以其空言目爲經師使侑坐於孔子之庭臣不知何說也劉向初以獻賦進喜誦神仙方術嘗上言黃金可成鑄作不驗下吏當死其兄陽城侯救之獲免所著洪範五行傳最爲舛駁使箕子經世之微言流爲陰陽術家之小技賈逵以獻頌爲郎不修小節專

萫之於禮記杜子春之於周禮可以當之葢秦大之後惟易以卜筮僅存而餘經非此九人則幾乎息矣此功之不可泯者以之存祀可也若翮等不過訓詁此九人之所傳者耳今當理學大明之後易用程朱詩用朱子書用蔡氏春秋用胡氏又何取於漢魏以来駁而不正之人使安享天下之祀哉臣恐學者習其訓詁之文於身心未必有補而考其奸謟淫邪貪墨恠妄之迹將自毋於效尤之地曰先賢亦若此哉其禍儒害道將有不可勝言者矣至於鄭衆盧植鄭玄服虔范甯五人雖若無

過然其所行亦未能以窺聖門所著亦未能以發
聖學五人者得預從祀則漢唐以来當預者尚多
臣愚乞將戴聖劉向賈逵馬融何休王肅王弼杜
預八人褫爵罷祀鄭衆盧植鄭玄服虔范甯各祀
於其鄉后蒼在漢初說禮數萬言號后氏曲臺記
戴聖等皆受其業蓋今禮記之書非后氏則不復
傳於世矣乞加封爵與左丘明等一體從祀則儒
儒免欺世之名賢者受專門之祀而情義兩得矣
孔子弟子見于家語自顏回而下七十六人家語
之書出于孔氏當得其實而司馬遷史記所載多

公伯寮秦冉顔何三人文翁成都廟壁所畫又多蘧瑗林放申棖三人先儒謂後人以所見增益殆未可據臣考宋邢昺論語注疏申棖孔子弟子在家語作申續史記作申黨其實一人也今廟庭從祀申棖封文登侯在東廡申黨封淄川侯在西廡重複無稽一至於此且公伯寮愬子路以沮孔子乃聖門之蟊螣而孔子稱瑗為夫子决非及門之士林放雖嘗問禮然家語史記邢昺注疏朱子集註俱不載諸弟子之列秦冉顔何疑亦為字畫相近之誤如申棖申黨者但不可考耳臣愚以為申

帳申黨位䣊宜存其一公伯寮秦冉顔何蘧瑗林
放五人既不載于家語七十子之數宜罷其祀若
瑗放二人不可無祀則乞祀瑗于衛祀放于魯或
附祭于本處鄉賢祠仍其舊爵以見優崇賢者之
意亦庶乎其名實相符而不舛于禮也又洪武二
十九年行人司司副楊砥建議請黜楊雄進董仲
舒
太祖高皇帝嘉納其言而行之主張斯道以淑人心
可謂大矣然荀況揚雄實相伯仲而況以性為惡
以禮為偽以子思孟子為亂天下以子張子夏子

游爲賤儒故程子有荀卿過多揚雄過少之説今
言者欲弁黜況之祀宜也然臣竊以爲漢儒莫若
董仲舒唐儒莫若韓愈而尚有可議者一人文中
子王通是也通之言行先儒之語已多大約以爲
僭經而不得比于董韓云爾臣請斷之以程朱之
説程子曰王通隱德君子也論其粹處殆非荀揚
所及若續經之類皆非其作然則程子豈私于通
哉正因其言之粹者而知其非僭經之人耳朱子
曰文中子論治體處高似仲舒而本領不及爽似
仲舒而純不及又曰韓子原道諸篇君非通所及

者然終不免文士之習利達之求若覽觀古今之
變措諸事業恐未若通之精到懇惻而有條理也
至於河汾師道之立出于魏晉佛老之餘迨今人
以為盛則通固豪傑之士也今董韓並列從祀而
通不預疑為闕典臣又按宋儒自周子以下九人
同列從祀而尚有可議者一人安定胡瑗是也瑗
之言行先儒之論已詳大約以為少述著而不得
比于濂洛云爾臣亦請斷之以程朱之說程子看
詳學制曰宜建尊賢堂以延天下道德之士如胡
瑗張載邵雍使學者得以矜式朱子小學書亦備

載瑗事以為百世之法臣以為自秦漢以来師道之立未有過瑗者矧程子於瑗之生也欲致其與張邵並居于尊賢之堂其沒也乃不得與張邵並侑于宣聖之廟其為闕典或有甚矣况宋端平二年議增十賢從祀以瑗為首若以謂瑗無著述之功則元之許衡亦無著述但其身教之懿與瑗相望誠有不可偏廢者臣考之禮有道有德于教于學者歿則為樂祖祭于瞽宗鄉先生歿則祭于社若通瑗兩人之師道百世如新得加封爵使與衡同列祀于學宮最得禮意自唐宋以來以顏子曾

子子思孟子配享坐堂上而顏子之父顏無繇曾
子之父曾點子思之父孔鯉皆坐廡下臣考之禮
子雖齊聖不先父食而三代之學皆所以明人倫
也夫孔子之所以為教與諸弟子之所以為學者
不過明此而已今乃使子坐于上父坐于下豈禮
也哉若以為此乃論傳道之功則自古及今未有
外人倫而言道者縱出于後世之尊崇非諸賢之
本意臣恐諸賢於冥冥之中必有不安于心而不
敢享非禮之祀者臣考之元至順三年嘗封顏無
繇為杞國公謚文裕孟子之父孟孫氏亦嘗封邾

國公臣愚乞下有司於各處廟學如鄉賢祠之制
別立一祠中祀啓聖王以杞國公顔無繇萊蕪侯
曾點泗水侯孔鯉邾國公孟孫氏配享庶不失以
禮尊奉聖賢之意臣又竊觀聖學失傳千五百年
至程朱出而後孟氏之統始續則程朱之先亦不
可缺況程子之父大中大夫封永年伯程珦首識
濂溪周子于屬椽之中薦以自代而又使二子從
游朱子之父韋齋先生追謚獻靖公朱松臨沒之
時以朱子託其友籍溪胡氏而得程氏之學珦以
不附王安石新法退居于洛松以不附秦檜和議

奉祠于閩其歷官行已俱有稱述臣愚以將永年伯程珦獻靖公朱松從祀啓聖王使學者知道學之傳有開必先明倫之義不為虛文矣時敏改為少詹事兼侍講學士疏奏下禮官議不可遂已

明謝鐸疏畧曰宋儒楊時息邪放淫承孟氏之傳衍晦翁之派雖晚年一出不克盡行其志而力闢新經廷衛吾道若吳澄生長於淳祐貢舉於咸淳受宋之恩已如此其久為國子司業為翰林學士歷元之官乃如彼其榮迹其所為曾不及洛邑之頑民何敢望首陽之高士況二人皆太學之師乞升時

上祔宋諸賢之位斥澄下從祀大夫之列時鐸爲祭酒疏

上不報

明張璁桂萼等議畧曰孔廟從祀之賢桂敏政等所論其去取誠各有攸當申棖位號宜存其一公伯寮秦冉顏何荀况戴聖劉向賈逵馬融何休王肅杜預吳澄宜如所論罷祀林放蘧瑗鄭衆盧植鄭玄服虔范甯名祀於鄉后蒼王通歐陽脩胡瑗宜如所論增入從祀又考之唐宋廟制以顏曾思孟配享孔子堂上而回之父路參之父點伋之父鯉皆坐廡下其於倫理何如竊恐諸賢之心必有不安宜

下所司别立一祠中祀啓聖公以路點鯉及孟孫氏配而程子之父珦朱子之父松亦皆有宋大賢並得在列因見道統之傳有開必先而明倫之義不爲虚具此又先儒洪邁熊禾及先朝詹事程敏政之見而臣深有取焉者也時璁蔓爲輔臣議上上悉從之通行天下

明薛侃疏畧曰宋儒陸九淵生而清明學術純正自孟子没而心學晦至宋周敦頤程顥追尋其緒九淵繼之心學復明故所至從游雲集當時吕祖謙張栻輩莫不悅服今諸子皆已從祀而九淵獨未從祀葢以蚤歲嘗與朱熹論説不合故其徒遂擠之爲

禪臣考九淵赴荆門時朱熹延入白鹿洞講喻義利之旨僚屬諸生聽者為之流涕熹亦嘆服以為不及且請筆之書又自為之跋以為不迷於入德之方則其非禪明矣况荆門之政可驗躬行之效則見於賢相之稱超然獨契乎本心以俟聖人百世則見於名儒之贊而宋朝議謚文安亦極尊美之詞及先儒吳澄許衡國朝名臣程敏政席書皆有撰述每稱其學之純乞賜贈從祀風示四方使學者反諸心以精利義之辯篤於行以成淳厚之風時侃為行人司司正上下禮部覆議上俞允

明唐順之議畧曰故禮部侍郎薛瑄以復性爲究竟以持敬凝静爲工夫歷其平生其背於聖人者亦少矣謂其爲聖門之羽翼也復何疑乎此瑄之可附於祀典者一也瑄其我朝理學之一闢也比之濂洛倡道於宋雖其所自得或有深淺而功則並之此瑄之可附於祀典者二也元之世且推其臣許衡而從祀焉我明乃無一人之幾於衡者其不然矣茍爲聖人之徒者猶宜援而進之而况如瑄之真可以羽翼聖門者乎此瑄之可附於祀典者三也勝國時之能尊師道而作人材者莫如衡我

朝之能尊師道而作人

祖瞽宗之議否邪　也或

謂瑄於六經少所著述臣竊　書録且

十餘萬言固濂洛關閩之緒而六經之旨也其為著述則亦已繁此瑄之無礙於祀典者也或又謂宋儒若尹焞羅從彥李侗黄幹皆不得與今瑄所得未知其與數子何如乃得與臣又以為自濂洛倡道之後羣儒連茹而出故其興起為易而瑄獨崛起絶學之後故其樹立為難其連茹而出也不得不擇其尤者而祀之其崛起也不得不援而進

之安得牽彼以例此乎此又瑄之無礙於祀典者也故臣以爲宜如御史臣瞻臣得仁所疏先弘治元年諫官請進祀薛瑄下禮官集議言瑄無著述遂已至是順之又議上不允及隆慶間瑄始得從祀云

文廟位次圖

正位

至聖先師孔子

四配

復聖顏子名回字子淵魯人東一位　述聖子思子名伋東二位

宗聖曾子名參字子輿南武城人西一位　亞聖孟子名軻字子車鄒人西二位

東哲

先賢閔子損字子騫魯人一位　先賢冉子雍字仲弓伯牛之族二位

先賢端木子賜字子貢衛人三位　先賢仲子由字子路魯之卞人四位

先賢卜子商字子夏衛人五位

西哲

先賢冉子耕字伯牛魯人一位　先賢宰子予字子我魯人二位

先賢冉子求字子有仲弓之族三位　先賢言子偃字子游吳人四位

先賢顓孫子師字子張陳人五位

東廡

先賢澹臺子滅明字子羽武城人一位　先賢原子憲字子思宋人二位

先賢南宮子适字子容三位　先賢漆雕子開字子若蔡人四位

先賢商子瞿字子木魯人五位　先賢樊子須字子遲魯人六位

先賢公西子赤字子華魯人七位　先賢梁子鱣字叔魚齊人八位

先賢冉子孺字子魯魯人九位　先賢伯子虔字子祈魯人十位

先賢冉子季字子產魯人十一位　先賢漆雕子哆字子斂魯人十二位

先賢漆雕子徒父字子文魯人十三位　先賢商子澤字子季魯人十四位

先賢任子不齊字子選楚人十五位　先賢公良子孺字子正陳人十六位

先賢奚子容蒧字子晳魯人十七位　先賢顏子祖字子襄魯人十八位

先賢句子井疆字子野衛人十九位　先賢秦子商字子丕魯人二十位

先賢公祖子句茲字子之魯人廿一位　先賢縣子成字子祺魯人廿二位

先賢燕子伋字子思秦人廿三位　先賢顏子之僕字子叔魯人廿四位

先賢樂子欬字子聲魯人　廿五位　先賢邽子巽字子歛魯人　廿六位

先賢公西子輿如字子上魯人　廿七位　先賢公西子蔵字子尚魯人　廿八位

先賢陳子亢字子禽陳人　廿九位　先賢琴子牢字子開衛人　三十位

先賢步子叔乘字子車齊人　三十一位　先賢左子丘明魯人　三十二位

先儒穀梁子赤漢魯人　三十三位　先儒高子堂生漢魯人　三十四位

先儒毛子萇漢趙人　三十五位　先儒杜子子春東漢河南人　三十六位

先儒王子通字仲淹隋龍門人　三十七位　先儒歐陽子脩字永叔宋廬陵人　三十八位

先儒周子惇頤字茂叔宋道州人　三十九位　先儒程子頤字正叔宋程顥弟　四十位

先儒張子載字子厚宋郿縣人　四十一位　先儒楊子時字中立宋延平人　四十二位

先儒朱子熹字仲晦宋婺源人　四十三位　先儒陸子九淵字子靜金谿人　四十四位

先儒蔡子沉字仲默宋建陽人四十五位　先儒許子衡字仲平元河內人四十六位

先儒王子守仁字伯安明餘姚人四十七位　先儒胡子居仁字叔心明餘干人四十八位

西廡

先賢宓子不齊字子賤魯人一位　先賢公冶子長字子長齊人二位

先賢公晳子哀字季次齊人三位　先賢高子柴字子羔衛人四位

先賢司馬子耕字子牛宋人五位　先賢有子若字子有魯人六位

先賢巫馬子施字子期魯人七位　先賢顔子辛字子柳魯人八位

先賢曹子卹字子循蔡人九位　先賢公孫子龍字子石衛人十位

先賢秦子祖字子丕秦人十一位　先賢顔子高字子驕魯人十二位

先賢壤子駟赤字子徒秦人十三位　先賢后子作蜀字子明秦人十四位

先賢公夏子首字子乘魯人十五位　先賢后子處字子里齊人十六位
先賢公子肩定字子中魯人十七位　先賢鄡子單字子家十八位
先賢罕父子黑字子素魯人十九位　先賢榮子旂字子棋魯人二十位
先賢左子人郢字子衡魯人廿一位　先賢鄭子國字子徒魯人廿二位
先賢原子亢字子籍魯人廿三位　先賢廉子絜字子庸衛人廿四位
先賢叔仲子會字子期魯人廿五位　先賢狄子黑字子晳衛人廿六位
先賢孔子忠字子蔑孔子兄子廿七位　先賢施子之常字子恒魯人廿八位
先賢秦子非字子之魯人廿九位　先賢申子棖字子續魯人三十位
先賢顏子噲字子聲魯人三十一位　先儒公羊子高齊人三十二位
先儒伏子勝鄒平人三十三位秦　先儒孔子安國字子國魯人三十四位漢

先儒董子仲舒景州人三十五位漢　先儒后子蒼字近古漢東海郯人三十六位

先儒韓子愈字退之唐鄧州南陽人三十七位　先儒胡子瑗字翼之宋壽陵人三十八位

先儒程子顥字伯淳宋洛陽人三十九位　先儒邵子雍字堯夫宋范陽人四十位

先儒司馬子光字君實宋夏縣人四十一位　先儒胡子安國字康侯宋崇安人四十二位

先儒呂子祖謙字伯恭宋金華人四十三位　先儒張子栻字敬夫宋漢州綿竹人四十四位

先儒真子德秀字景元宋建寧人四十五位　先儒薛子瑄字德溫明山西河津人四十六位

先儒陳子獻章字公甫明廣州人四十七位

按文廟位次四配十哲無容議矣惟兩廡先賢先儒位次已經

本朝正統元年校正名爵刊印頒行天下著爲

令甲其後又經嘉靖隆萬

三朝有進有革誠恐下邑庸吏不加考究其革出者
猶附俎豆之榮其進入者尚失苾芬之薦非所
以遵　時制而昭典禮也故余謹序而圖之俾
夕斋云然愚又有説焉夫禮祭為大而從祀於
夫子之廟為尤大論其至則必其能承吾道統
宗之傳其次亦必有羽翼六經之功在四配固
無復論若七十子者果為有得統宗者乎有功
羽翼者乎然而並祀之者所以表異能之士而
彰吾夫子之教也但其質賦有高下學力有淺
深夫子因材而篤豈有厚薄其間哉今進十哲

於堂前人已謂其無謂而四科十子特一時相從於陳蔡者爾今因顏子在四配之首復進子張以足十哲之數夫以南宮适之謹行尚德見稱君子於其師則不讓冉仲之德行也公西赤志禮樂可與賓客言則不讓子賜之言語也宓子賤鳴琴治單父民不忍欺則不讓由求之政事也有若似夫子商瞿左丘明皆傳經則不讓游夏之文學也今棄彼而取此寧免程氏世俗之論之譏乎近世舒國裳氏謂廟祭贊唱詔東哲西哲哲字恐非所宜宜曰東楹西楹或曰東

序西序如兩廡之例蓋亦有見於此與我

世廟從輔臣張孚敬之請引宋洪邁姚燧熊禾及

本朝謝鐸程敏政諸公之遺論肇祀啓聖釐正從

享足為一代之盛典百王之通制矣但說者謂

其不正十哲之非猶有遺議且父子之倫不可

廢也長幼之節如之何其廢之兩廡位次致史

記載諸子少孔子若干歲雖代遠莫稽然史遷

必有所據而朱子詳魯論嘗引顏路少孔子六

歲亦信以為證則諸賢位次按諸史記多有不

合如東廡澹臺滅明少孔子三十九歲原憲少

孔子三十六歲則憲不宜在滅明之下况又有當居憲之上者如西蒧容不齊少孔子四十九歲高柴少孔子三十歲則柴不宜在不齊之下况又有當居柴之上者舉此以例其餘失次者亦多矣愚意史記可考者當依之為叙如不可考者仍舊次次之又張載乃程頤表叔也宜升載於頤之上許衡宋人而仕元也宜黜衡從澄之例則倫序明典禮正而諸賢之心不必避席而安其享矣臆見謬妄輙私附之于此俟

聖君賢相議禮者裁焉

論曰在昔建學先聖先師必有祀也矧惟夫子天縱之聖萬世先師其祀典通天下亘古今宜也漢高以太牢一祀千古用爲美談章帝自誇孔宗有光郚哉不有孔僖之對彼惡知崇禮先師之輝光已德也及門之徒侍坐侑食非附驥尾而名著行顯者與後儒稽古傳經羽翼斯文生不同代沒共廟庭於戲彼何人哉希之則是若不俎豆其間者非夫也

男國子生熑焜仝校刻

孔門源流考卷之七終

十二

十二

孔門源流考卷之八

明七閩後學戴庭槐纂輯

禮樂考

古祀先聖殊禮合樂明備四代以彰卓犖固哉俗儒隆殺辯駁欲識情文而可弗學作禮樂考

一祭期

用春秋二仲月上丁日行禮月用仲者取其時之正也日用丁者丁為陰火取文明之象也

一禮器

祝板　犧尊六　象尊十　太尊二　壺尊六

山尊二　著尊二　雲雷尊　尊冪二十八　爵一百二十八

坫二十八　龍勺二十八　簠百一十五　簋百一十五　籩二百四十八

豆二百四十八　登六　鉶　篚　俎一百三十三

籩巾　右闕里所用

圻壇

登一　籩豆各十成化二年增各十二嘉靖九年仍用各八　鉶二

簠簋各二　酒尊三共設爵二　篚一于壇東南向

祝文案設于壇西

四配位每位同

登一　鉶　籩豆各十今各六　簠簋今二　爵三

篚一

牲

東五壇 篚一 爵三

每位 鉶一 籩豆各四 簠簋各一 酒盞一

西五壇器同

東廡原五十三位共十三壇後五十五位共十四壇今四十六位共十二壇

篚共一 爵共三

每壇 籩豆各四 簠簋各一 酒盞四

西廡原五十二位共十三壇後五十五位共十四壇今四十六位共十二壇

器同 右載大明會典所用

欽定儀註俱同但會典用酒盞儀註用爵

禮器解

神牌以木為之正位長三尺濶六寸上刻曰至聖先師孔子神位四配各長二尺有半濶五寸上刻曰復聖顏子宗聖曾子述聖子思子亞聖孟子神位

祝板以木為之高九寸濶一尺二寸用白紙書祝文貼其上祭畢司祝者揭而焚之

犧尊毛詩傳云犧尊者沙飾也言沙牛飾尊沙牛謂黃牛先儒謂有沙羽飾畫鳳凰形非是

象尊舊傳象尊或為象載或以其齒飾之或空其腹以為尊形制不一但不失為象尊

太尊太古瓦尊也受五斗口圓徑一尺脰高三寸中橫徑九寸脰下大橫徑一尺二寸底徑八寸腹上下空徑一尺五分厚半寸底平厚寸

壺尊受五斗漆赤中以壺為之口圓徑八寸脰高三寸中徑六寸半脰下橫徑八寸腹中橫徑

一尺一寸底徑八寸腹上下空徑一尺二寸
足高二寸下横徑九寸

山尊 受五斗口圓徑九寸脰高三寸空徑一尺五
分足高二寸下徑九寸

著尊 受五斗漆赤中著地无足口圓徑一尺二寸
底徑八寸上下空徑一尺五分

雲雷尊 刻木爲之畫爲山雲之形又說文雷字從晶
古文靁字作䨓疑雲雷尊即雲罍尊也

尊幂 幂人以疏布巾幂八尊以畫布巾幂六彝今
正位尊幂以絳帛方幅爲之中画雲龍旁飾
文彩綴以金錢用覆尊上若兩廡則不用雲
龍止用青

爵 飲器考工記云梓人爲飲器勺一升爵二升
爵象雀形三足前俯後仰上兩柱名止貪取
飲不盡之義金玉瓦木隨便可制

坫 周禮祭器圖云坫以致爵漆赤中画赤雲氣
亦隨爵爲飾

龍勺 明堂位曰夏后氏以龍勺注云爲龍頭狀柄
長尺二寸口縱徑四寸半中央横徑四寸兩

頭横徑各三寸

簠　外方内圓曰簠盛稻粱之器口圓徑六寸深七寸二分底徑亦五寸二分厚八分足底徑六寸厚半寸底厚寸盛數及蓋形制一與簋同陶瓦金木皆可為今以簠盛黍稷豈但攄其外方者而以為方簠之用耶

簋　外圓内方曰簋盛黍稷之器考工記瓬人為簋受一斗二升高一尺厚半寸脣寸口徑五寸二分深七寸二分底徑亦五寸二分厚八分足底徑六寸今以簋盛稻粱豈但攄其外圓者而以為圓簋之用耶

籩　以竹為之有縢緣上覆以蓋用盛果脯等物

豆　圓徑尺二寸有蓋高一尺漆赤中盛葅醢之屬但古今不同夏楬豆殷玉豆周獻二蓋爾雅云以木礼旅人云以瓦之歟和近制以銅

豆……形上……下有画飾異尔
豆用薦大羹亦有鉶金一

鉶　古範金為之三足口有耳覆以蓋施三紐同薦和羹

匪　以竹為之長二尺濶五寸深四寸足高一寸五分上覆以蓋用盛幣帛今易以木取易成
下

俎　以木為之舊圖謂高二尺四寸廣尺二寸今制高二尺七寸廣二尺三寸長三尺下有跌上覆以蓋兩端施銅環繫以朱用載牲体祭則舉環而去其蓋歷代俎各不同有虞氏以梡斷木四足而已夏后氏以嶡加横距矣商以椇則曲其足也周以房又設下附於兩端今用房俎蓋周制也

一　祭品

籩實

形鹽　蕘魚　棗　栗　榛

菱角　芡　鹿脯　白餅　黑餅

糗餌　粉餈

豆實

韭菹　菁菹　芹菹　笋菹　鹿醢

醓醢　兎醢　魚醢　豚拍　脾析

飽食　糝食

簠實用時制

黍　稷

簋實用時制

稻　梁

登實

太羹

鉶實

和羹

俎案

牛　惟太牢用之　羊　豕

篚實

帛

器物解

[illegible]二[illegible]小者

[illegible]無白則以紙黑代之

[illegible]用[illegible]黑者

鹿[illegible]角者

兔無白以紺絳代之

形鹽用[illegible]潔白者

薧魚用鹽醃過曬乾水洗酒浸片鱐

棗用[illegible]棗或紅[illegible]之

栗用大栗

榛榛實卑者[illegible]

菱角 用鮮菱或用菱米
芡即俗呼雞頭蓮
鹿脯 取鹿肉爲之
白餅 白麵造者
黑餅 蕎麥麵造者
糗餌 白粳米爲粉造者
粉餈 白糯米成餈造者
韭菹 以生韭切去本末用中四寸
菁菹 略經沸湯切作長片淡用
芹菹 生芹切作長段用之

筍菹　用乾筍煮過水々洗淨切作長片淡用

鹿醢　鹿肉小切用油鹽香料拌勻作酢

醓醢　豬肉酢用鹽酒料物調為

兎醢　兎肉小切用油鹽香料拌勻作酢

魚醢　活魚切作方塊用油鹽椒蘿作鮓

豚胉　一云豚背上肉一云豚肩膊上取肉一員塊成之

脾析　或牛或羊用其百葉切細湯熟以鹽酒拌造

酏食　用糯米飯羊脂蜜熬

糝食　以牛羊豕肉細切粳米飯同熬用小盞印造

黍　禮記黍曰薌合蓋黍爲五穀之長許維那維秠尒雅秬黑黍秠一稃二米秬秠皆黑黍但

米有二等故別名之如吾鄉之黃黍鴨脚黍又黍之別種也祭用黍米滚湯澇起如造飯法

稷

爾雅粢稷注今江東人呼粟為粢疏義曲禮稷曰明粢則粢與稷與粟均是一物但本草稷米在下品粟米在中品又似二物愚按今俗呼為粟有黃白二種即稷也粒稍大與稷相似而微黃其米黎糯即粢也祭用稷米製法如前

稻

禮記稻曰嘉蔬種類最多有秔稻有糯稻又各有早晚祭用稻米白粳製法如前

粱

粱香稻也有五色俗呼好穀今一種山山畲比粱尤香北地指糯稷白者作粱非是

大羹

牛肉汁或備肉和羹汁用菜料和者汁不用鹽醬

帛

白色長一丈八尺

一陳設

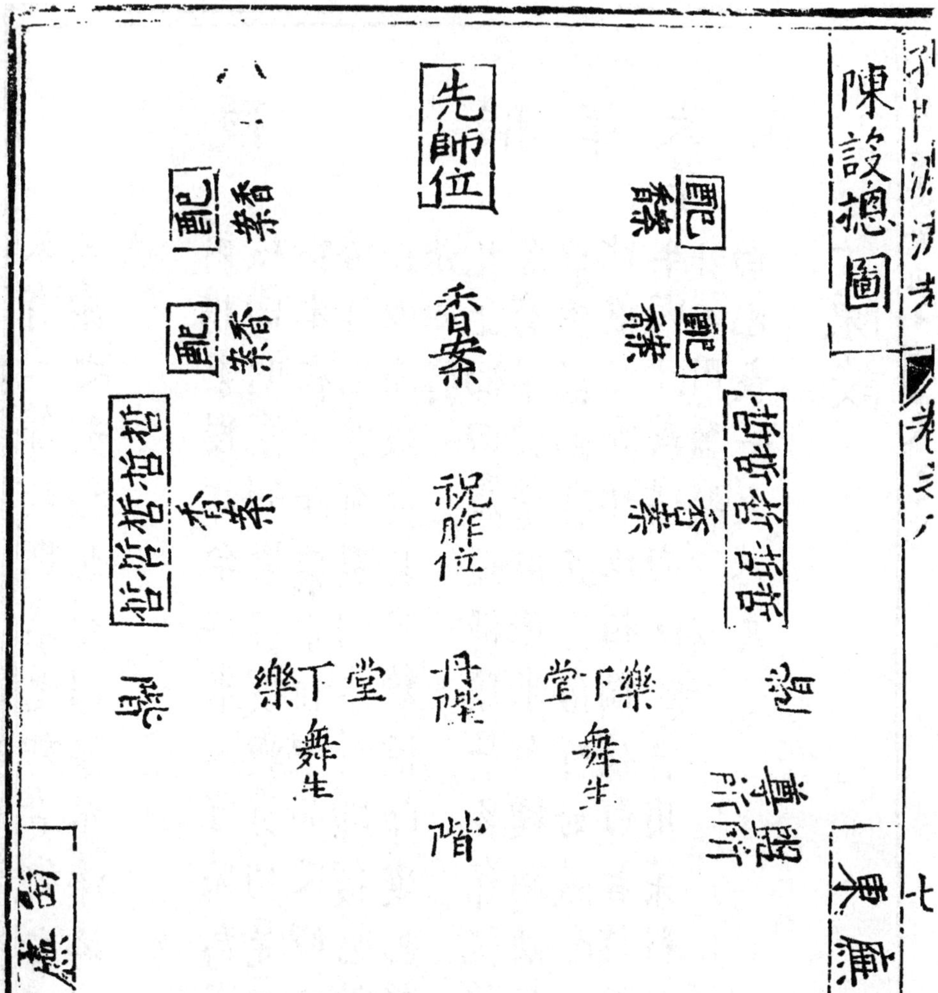
陳設總圖
先師位
配 饌案
配 饌案
配 香案
配 香案
香案
哲哲哲哲 香案
哲哲哲哲 香案
祝昨位
門
門
樂 堂下
堂 樂下
舞生
舞生
丹墀
階
草所 明所
東廡
西廡
官 祭 陪
官 祭 陪
分獻官
分獻官
分獻官
分獻官
卷之八
七

大學陳設圖

先師位

爵　和羹
爵　太羹
爵　和羹

左籩十二
右豆十二

糗餌　粉餈
白餅　黑餅
芡　鹿脯
榛　菱芡
棗　栗
形鹽　藁魚

黍　稻
稷　粱

韭菹　菁菹
芹菹　筍菹
醓醢　鹿醢
兔醢　魚醢
豚胉　脾析
飽食　糝食

羊
牛
豕

燭　燭　燭　燭

祝板　帛　卓
燭　香　燭

設祭物于案方設一小几于前
置香燭祝板奠帛于上
酒尊三先師一四配一十哲一皆設于
廟前之東
爵三盛酒三次獻上
登一盛太羹鉶二盛和羹
籩左十二盛形鹽及粉餈等物
豆右十二盛韭菹及糝食等物
簠二盛黍稷
簋二盛稻粱
篚一盛帛
牲三牛一羊一豕一用牲匣三盛
置于前與高案並牛中羊
左豕右
祝板一

府州縣陳設圖

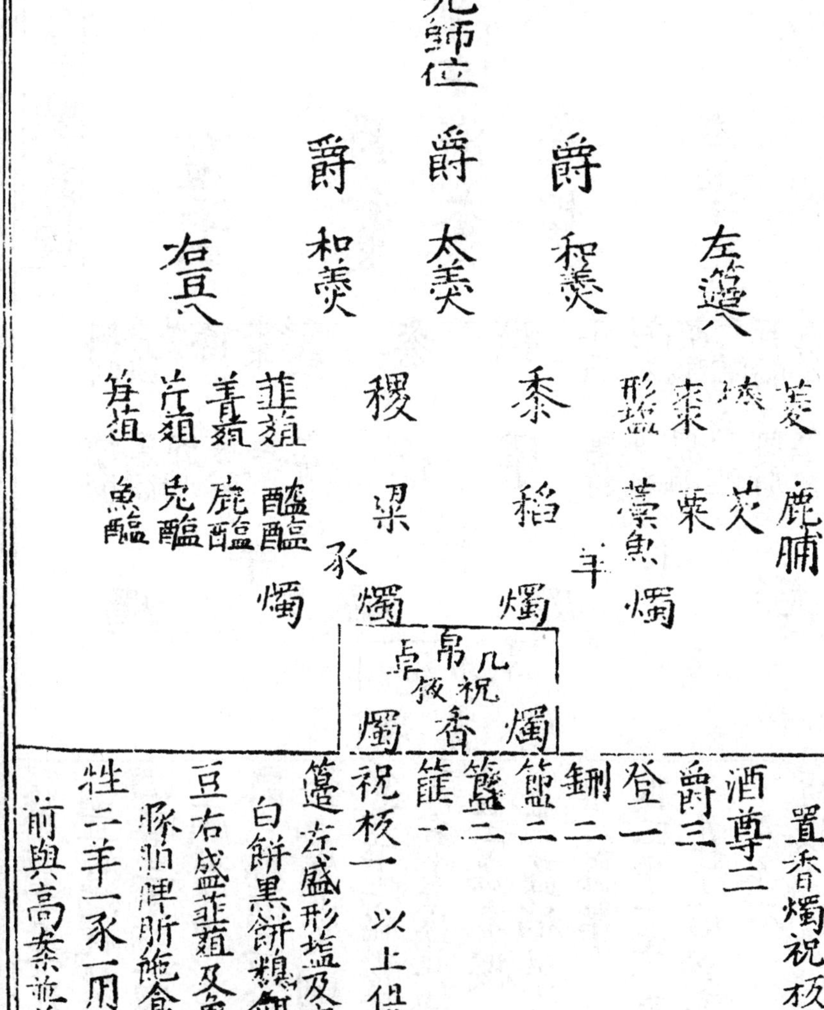

設祭物于案另設一小卓于前
置香燭祝板奠帛于上
酒尊二
爵三
登一
鉶二
簠二
簋二
篚一
祝板一　以上俱同太學陳設
籩左盛形塩及鹿脯等八物無
白餅黑餅糗餌粉餈
豆右盛韮菹及魚醢等八物無
豚舶脾析酡食糝食
牲二羊一豕一用牲匣二盛置于
前與高案並羊左豕右

四配每位陳設圖

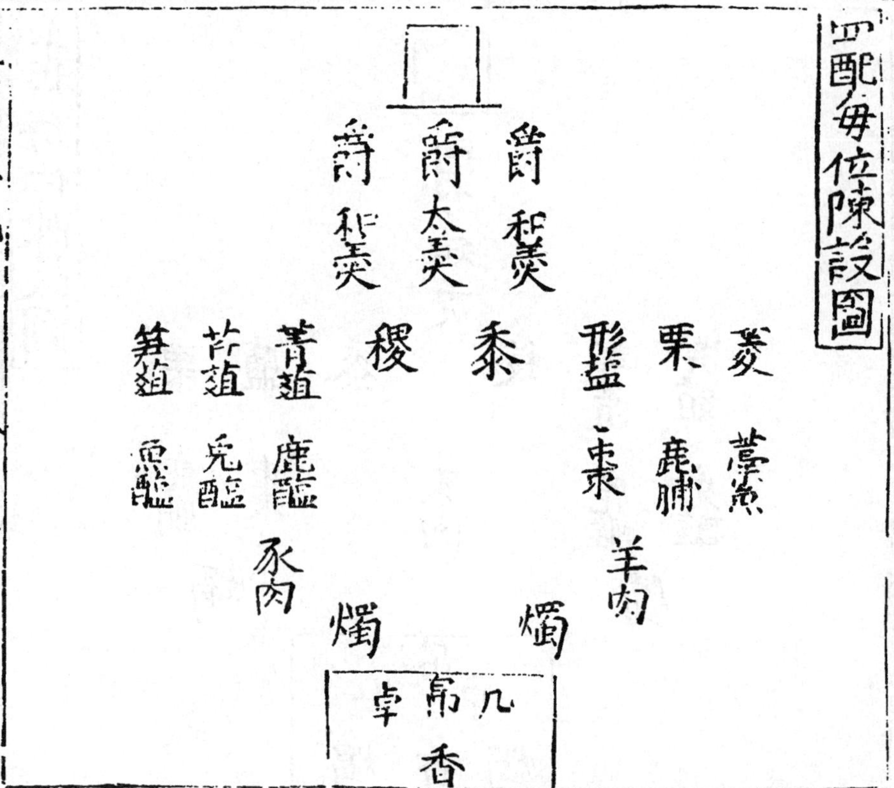

四配位每位設祭物于案另設一小几于前置香燭奠帛于上

爵三

登一

鉶二

簠一 以上俱同前

籩左六 無棗榛餘盛如前

豆右六 無韭葅醓醢餘盛如前

簠一盛黍

簋一盛稷

牲羊一豕一各分作四分用方盤盛置四位前

十哲每位陳設圖

爵

和羹

粟　鹿脯

鹽　棗

燭

黍

稷　豕肉

菁菹　鹿醢

芹菹　兔醢

燭

几

帛　燭

卓　香

燭

十哲東五位每位設祭物于前另於中總設一小几置奠帛香爐于上

爵五每位各用一爵至行禮時執事注酒于爵内分獻官行禮另獻一爵

燭

于中

鉶一盛和羹

籩四盛鹽棗栗鹿脯

豆四盛菁菹芹菹鹿醢兔醢

醢

簠一

簋一　同品飯

篚

牲用豕二分作五分設方盤盛置卓

帛　亞位同

兩廡陳設圖

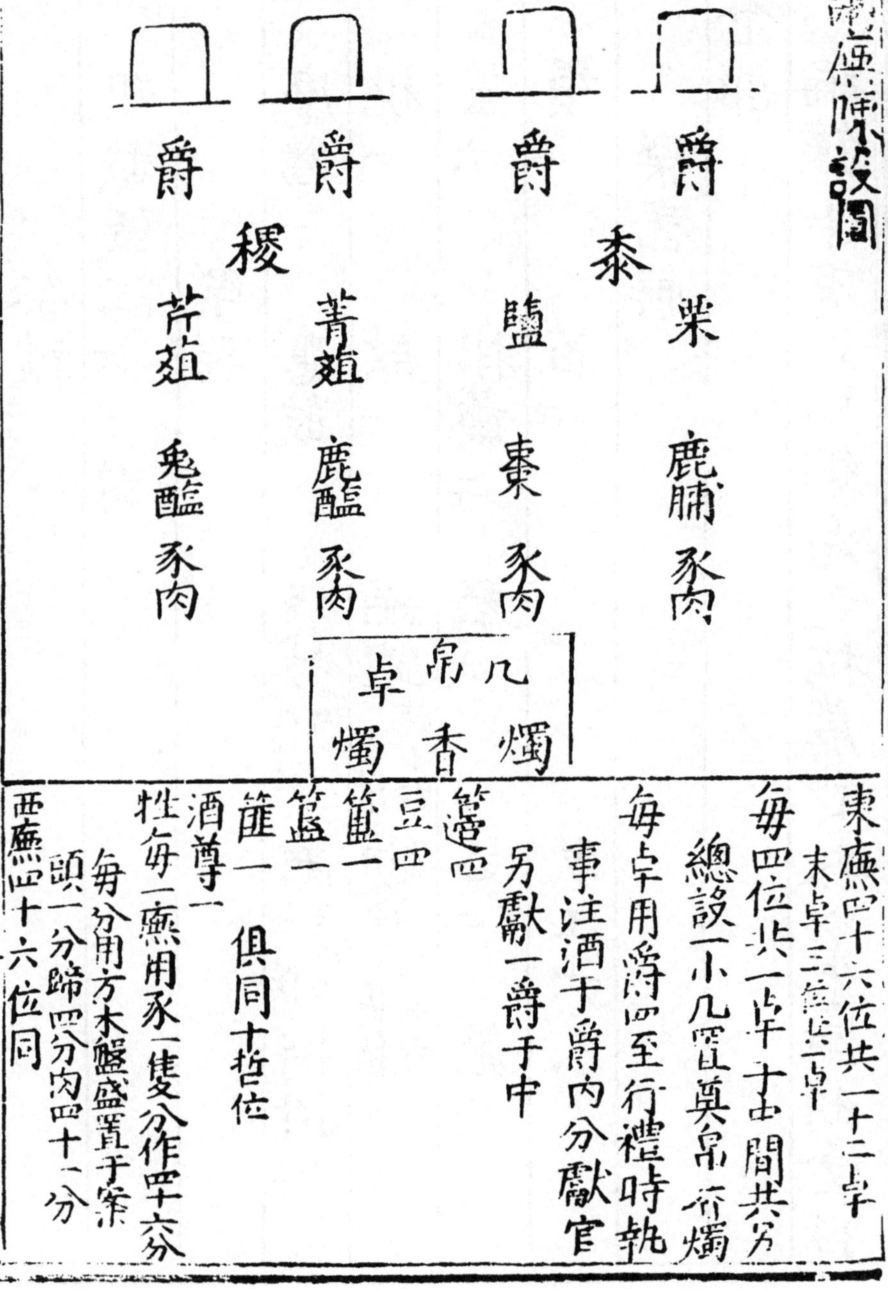

東廡四十六位共一十二卓
末卓三位共一卓

每四位共一卓十一間共另

總設一小几置奠帛行燭

每卓用爵四至行禮時執

事注酒于爵內分獻官

另獻一爵于中

籩四

豆四

簠一

簋一

篚一　俱同十哲位

酒尊一

牲每一廡用豕一隻分作四十六分

每分用方木盤盛置于案

頭一分蹄四分肉四十一分

西廡四十六位同

一祭禮

俱載儀註兹不錄

一樂器

麾幡一 應鼓 鼗鼓儀註無 簫二儀註用四 搏拊二

祝一 敔一 編鐘二十四儀註十六 編磬二十四儀註十六

笙六 排簫二 琴六 瑟二 篪二

塤二 笛四 歌工六人

樂器解

金部

編鐘十有六以銅為之栒簴皆綵以朱樹羽塗彩

鳳五上有五色雲板中列博山崇牙一十有六

懸以鈎方趺藉地加後猊其上以植簴栒兩端

木刻蝸首塗以金各銜五色流蘇而末垂縧

結木為槌竹柄司鐘者擊之有六律六吕以應

十二月之候又有四清聲以配之愚按周禮小

胥凡縣鐘磬十為堵全為肆註云鐘磬編縣之

二八十六枚而在一簴謂之堵鐘一堵磬一堵

謂之肆十六枚之數起於八音倍而設之故十

六也後魏公孫崇又參縣之合王倍為二十四

至唐分大小二調兼用十六二十四枚之法皆

本二變四清言之其實鐘磬編縣各不過十二以當十二律古之制也

石部

編磬十有六靈壁石爲之栒簴皆髹以朱樹羽塗彩鸞五上有五色雲板中列博山崇寸一十有六懸以紅絨縧穿之方趺藉地加白鷺其植簴栒兩端木刻鳳首塗以金各銜五色流蘇九而末垂縧結木槌竹柄司磬者擊之音律與鐘同凡擊則先擊鐘以宣一字之音既闋則擊磬以收之所謂金聲而玉振之也其十六二十

絲部

琴昔七絃舜用五絃乃宫商角徵羽五音文武增二絃名少宫少商故七絃也徵十有三其制桐面梓底木軫漆質金徽氷絃長三尺九寸首濶五寸二分通足中高二寸七分旁各高一寸尾闊四寸一分通足中高二寸旁高一寸五分俱以青布囊貯之作樂時則用第七徽其第一絃黄鐘律合字應之左手中指按右手中指勾第二絃太簇律四字應之左手食指按右手中指勾第三絃林鐘律尺字應之左手大指按右手

食指剔第四絃七徽半仲呂律上字應之左手無名指按右手中指勾第五絃南呂律工字應之左手大指按右手食指剔第六絃黄鐘清律六字應之左手大指按右手食指剔琴案以木爲之高三尺闊一尺長如琴髹以黑

瑟古五十絃黄帝命素女鼓之其音哀怨破去二十五絃其制面底皆用梓木面施五彩雲兩端繪錦長七尺首闊一尺一寸九分通足中高四寸旁各高三寸尾闊一尺一寸七分通足高五寸旁各高三寸五分底首對山岳有一竅徑三

寸横四寸尾底後一竅徑四寸長五寸面兩頭各有小孔疏通以繫絃長一丈内外各十二以朱中一絃名君絃以黃揔二十五絃各設一柱游移前後以和其音外十二絃用右手食指鼓内十二絃用左手食指鼓内十二絃用左手食指鼓外第一絃黃鐘律以合字應之用右手食指順勾凡鼓此字必與内第一絃六字並鼓取清濁相應二三絃太簇律以四字應用右手食指連勾六絃仲吕律以上字應右手食指順勾七八絃林鐘律以尺字應用右手食指連勾九

十絃南吕以工字應右手食指連勾内一絃黄鍾清律以六字應用左手食指順勾其十一絃與外絃音律指法相同凡鼓四上尺工字内外絃亦竝鼓皆取清濁相應以青布囊貯之瑟二架四木為之高一尺濶則視瑟略寬寸許緣以

黑

竹部

簫截紫竹為之長一尺九寸五分前孔五後孔一通六孔各徑二分口開半竅名山口直而吹之後一孔黄鍾清律以六字應之凡吹六字止開

此孔前五孔皆閉其第二孔南吕律以工字應凡吹工字此孔與下四孔皆開餘皆閉第三孔林鍾律以尺字應凡吹尺字此孔與下三孔皆開餘皆閉第四孔仲吕律以上字應凡吹上字此孔與下二孔皆開餘皆閉第六孔太簇律以四字應凡吹四字止開此孔餘皆閉惟黃鍾清律六孔皆閉以合字應之下有一孔相通以紅絨縧繫之吹者宜緩取其音斯悠揚不逼用青布囊囊之

排簫一名鳳簫排竹如鳳翼故名管一十有六露

其端二寸上則平列下則長短不齊長者聲濁短者聲清管口各開半竅外以木為櫝闊一尺二寸高一尺髹以朱兩面皆餞金鸞鳳紋藻自右吹起第一管黃鍾律以合字應之第二三管太簇律以四字應第六七管仲吕律以上字應第八九管林鍾律以尺字應第十十一管南吕律以工字應第十二十三管黃鍾清律以六字應吹者以兩手捧按律次第輕吹則其聲無不和矣舜作十管韶簫即此

笛截紫竹為之長一尺六寸通七孔上一大孔徑

三分乃吹竅也横而吹之下六孔徑各二分第
一孔黄鍾清律以六字應凡吹六字下五孔皆
閉第二孔南吕律以工字應凡吹工字此孔與
下四孔皆開餘皆閉第三孔林鍾律以尺字應
凡吹尺字此孔與下三孔皆開餘皆閉第四孔
仲吕律以上字應凡吹上字下二孔皆開餘皆
閉第五孔太簇律以四字應凡吹四字下一孔
開餘皆閉第六孔黄鍾律以合字應凡吹合字
六孔皆閉末一孔相通繫以紅絨𦅸亦青布囊
囊之馬融笛賦謂出羗中舊制四孔京房加一

孔以備五音此即今俗之笛也廣雅篇謂之笛亦未考笙師篇遂為器之異耳

篪以竹為之長一尺四寸圍五寸三分（或曰上一大孔徑三分（或曰寸三分）名曰翹云）横而左吹前四孔後一孔底一孔通六孔其後一孔黄鍾清律以六字應凡吹六字止開此孔餘皆閉第二孔南呂律以工字應凡吹工字此孔與下三孔底一孔皆開餘皆閉第三孔林鍾律以尺字應凡吹尺字此孔與下二孔底一孔俱開餘皆閉第四孔仲呂律以上字應凡吹上字此孔與下一孔底

一孔俱開餘皆閉第六孔太簇律以四字應凡吹四字只開此孔餘皆閉惟黄鍾律以合字應六孔皆閉正面尾上開二小孔繫以紅絨𦃃亦用青布囊囊之此樂聲大宜輕用氣吹之其聲乃和詩伯氏吹壎仲氏吹篪又天之牖民如壎如篪則篪可以和壎者

匏部

笙截紫竹為之十有七管長短排如鳥翼插於匏中管裹各製以簧簧以響銅為之裹外各有小孔管上用竹篾作箍箍之令管不散匏用黑漆

以木為項勢如壺嘴亦以黑漆飽端邊有短嘴
以項插其中但呼吸則簧動而聲發第一管第
三管第七管第十一管皆南吕律以工字應凡
吹工字以此四管用左右手大指食指按其孔
餘孔皆開第十二管第十五管林鍾律以尺字
應凡吹尺字以左手食指及中指按其孔餘孔
皆開第二管第十管仲吕律以上字應凡吹上
字以左右手大指按其孔餘孔皆開第四管第
八管第十一管太簇律以四字應凡吹四字以
右手食指及左手大指按其孔餘孔皆開第十

二管第十四管黄鍾清律以合六二字應凡吹合字必吹六字吹六字必吹合字亦取清濁相應以左手食指及中指按其孔餘孔皆開以青布囊囊之不可令灰虫入其管恐閉塞其簧吹之則不應音也又有十三管者爾雅謂之和〈笙〉三笙一和而成聲是也

土部

塤以綿紙觔和黄土為之朱質戧金雲龍為飾圍七寸五分高三寸四分銳上平底狀如稱錘中虛厚四分上及前後共六竅上竅平吹為太簇

律以四字應下五孔俱開左手中指與食指二竅為仲呂律以上字應凡吹上字止開此竅餘皆閉右手食指竅幷左手二竅俱開林鍾律以尺字應凡吹尺字止開此三孔餘皆閉後二孔左手大指竅南呂律以工字應凡吹工字此竅與前三竅俱開餘皆閉右手大指竅黃鍾清律以六字應凡吹六字前後各竅俱開吹者以兩手無名指及小指托其底輕用無節取葦以和為美大抵其竅盡合則為黃鍾其竅皆[illegible]則為應鍾爾雅大塤謂之嘂釋名塤之為言[illegible][illegible]以其

六孔交鳴而喧喧然也

革部

應鼓制以木身高三尺五十面濶二尺二寸兩傍四面銅環首邉以銅飽釘各釘二行身以朱漆中植以柱穿于頂透皐接朱髹上有彩鳳飛舞之狀方盖幷繚以黃羅銷金雲花繒雙簷四角為龍首銜流蘇各九下綴以絲結柱下方趺形如十字與蘇以朱刻後猊四于趺上各向于外

晉鼓[illegible]一面以椎擊者三但節奏從容

鼗鼓小鼓以木貫之有柄耳還自擊古人謂鼓以節之鼗以兆之堂下之樂必先鼗鼓亦樂記先鼓以警誡之意也但鼓則擊而不播鼗則播而不擊爾

搏拊制如鼓面濶四寸四分高一尺三寸面繪雲彩身繪花上有二環繫以紅絨絛司此者掛于項兩手拊之以應鼓節樂書曰搏拊拊琴瑟以詠周官師瞽登歌令奏擊拊鄭康成曰拊形如鼓以韋為之著之以糠白虎謂革而糠是也其設則堂上其用則先歌言拊搏者以其或搏或拊

莫適先後也用畢則置之于架

木部

柷以木為之狀如方桶上濶一尺九寸下濶一尺四寸深一尺八寸中虛有底三面各繪山一面繪水竅徑四寸五分中有椎柄名曰止以梓木為者長二尺四寸大四寸奏時先以止撞底旁擊左右共三聲以起樂

敔亦以木為之狀如伏虎身長三尺首高一尺二寸五分尾高一尺一寸背有二十七鉏鋙刻繪黄色黑紋載以方趺截竹為籈長二尺四寸分

中破碎一尺二寸爲十莖凡止樂以籈先擊其首復以籈逆戛齟齬三柷以合樂敔以節樂柷方二尺四寸者陰數也陰數四八而以陽一主之故柷居宮縣之東敔齟齬二十七者陽數也陽成三變於九而以陰十勝之故敔居宮縣之西

麾幡

麾幡制以絳繒爲之長七尺濶一尺一寸上板繪雲下板繪山以相連首尾前面繪升龍後面繪降龍各塗以金及五色綵雲朱竿長八尺五寸

末施銅龍首塗金銜其麾下垂樂中用麾生執之升龍向外降龍向內舉之則升陽見而樂作偃之則降龍見而樂止亦用木為架髹以朱朙則植其上

已上樂生并歌工共用四十二人

一舞器

引舞旌節二 籥八佾用六十四六佾用三十六

翟八佾用六十四六佾用三十六

舞器解

旌節以紅纓為之纓上加塗金銅雲盖于其上數

九長七尺以紅絨絛繫之下綴以結竿長八尺
五寸朱髹末施塗金龍首銜其節二人執立于
東西兩階舞生之前以導其舞
籥截竹為之長一尺四寸三竅朱飾舞生左手執
以舞周禮籥師祭祀鼓羽籥之舞文王世子秋
冬學羽籥詩籥舞笙鼓春秋萬籥則秉籥而舞
其來尚矣
翟翟是五雉之一取其毳羽以秉之用木為柄長
一尺四寸朱髹柄端刻龍首長五寸塗以金彩
每翟用雉尾三根插于口中舞生右手執以舞

詩所謂左手執籥右手秉翟是也蓋籥以為聲翟以為容皆所謂文舞也或謂余曰書云胤之舞衣則舞必有其衣矣今朝廷郎舞皆用幘冠繪袍華帶雲履文廟舞生易以儒服夫佾既可用天子之樂司佾者獨不可服其服乎國學苟可用郡邑所祀者獨非夫子而不可用乎余應之曰祭夫子而備樂者尊師也佾數之有隆殺者趨時也國學傳

制而祭祭以

天子也故舞衣可用也郡邑守令是祭祭以諸侯也

雖儒服亦可用也所謂祭用生者之祿各有攸

當也

一樂章

迎神樂奏咸和之曲儀註第一奏有樂无舞

大(四太)哉(工南)先(尺林)聖(上仲)　道(四太)德(上仲)尊(尺林)崇(上仲)

維(工南)持(尺林)王(上仲)化(四太)　斯(尺林)民(上仲)是(合黃)宗(四太)

典(合黃)祀(四太)有(上仲)常(尺林)　精(工南)純(尺林)並(四太)隆(上仲)

神(六黃清)其(工南)來(尺林)格(上仲)　於(尺林)昭(上仲)聖(合黃)容(四太)

奠帛樂奏寧和之曲按會典奠帛初獻各有樂章亞獻終獻同一樂章

儀註以奠帛之章為初獻以初獻之章為亞獻非是第二奏奠帛樂舞俱全

□四太　生上仲　民尺林　來上仲　誰四太　底合黃　其四仲　盛上太

維工南　師尺林　神四仲　明上太　度合黃　越四太　前上仲　聖四太

粢上仲　帛四太　具上仲　咸尺林　禮合黃　容乙太　斯尺林　稱上仲

黍四太　稷工南　非六黃清　馨尺林　惟工南　神尺林　之上仲　聽四太

初獻樂奏安和之曲儀註第三奏樂舞俱全

大四太　哉上仲　聖合黃　師四太　實工南　天尺林　生上仲　德四太

作上仲　樂四太　以上仲　崇尺林　時上仲　祀四太　無尺林　斁上仲

清六黃清　酤工南　惟尺林　馨上仲　嘉尺林　牲上仲　孔合黃　碩四太

薦四太　修工南　神六黃清　明尺林　庶工南　幾尺林　昭上仲　格四太

亞獻終獻樂奏景和之曲儀註第四第五奏樂舞俱全

百上仲王工南宗尺林師四仲生尺林民上仲物四太軌合黃

瞻六蕤清之工南洋尺林洋上仲神尺林其上仲寧合太止上黃

酌四太彼合黃金尺林罍上仲維工南清尺林且四太旨上仲

登上仲獻四太于尺林三上仲於六蕤清嘻工南成尺林禮上仲

徹饌樂奏咸和之曲儀註第六奏
有樂無舞

犧上仲象四太在上仲前尺林豆四太籩上仲在合黃列四太

以四太享工南以尺林薦上仲既上仲芬尺林既四太潔上仲

禮合黃成四太樂上仲備四太人工南和尺林神上仲悅四太

祭合黃則四太受上仲福尺林率六蕤清遵工南無尺林越上仲

送神望瘞樂奏咸和之曲儀註第七奏
有樂無舞

十二

有(四太)嚴(工南)學(尺林)宮(上仲)　四(合黃)方(四太)來(上仲)宗(四太)

恪(六蕤)恭(工南)祀(尺林)事(上仲)　威(工南)儀(尺林)雍(上仲)雍(四太)

歆(上仲)格(尺林)惟(工南)馨(尺仲)　神(上仲)馭(四太)還(尺林)復(上仲)

明(六蕤清)禋(工南)斯(尺林)畢(上仲)　咸(工南)膺(尺林)百(上仲)福(四太)

一樂舞

自(四太)　東開翟籥向上起左手手肩垂左手手下蹺
右足向前
西開翟籥向上起右手手肩垂右手手下蹺
左足向前

生(上仲)　東開翟籥向上起右手手肩垂左手手下蹺
左足向前
西開翟籥向上起左手手肩垂右手手下蹺
右足向前

民(尺林)　東合籥向上移左足過右足過交立
西合籥向上移右足過左足過交立

來 上仲
東轉身向西開翟起左手于肩垂右手于膝
蹲身曲足更加左足虛其根足尖着地
西轉身向東開翟起右手于肩垂左手于膝
蹲身曲足更加右足虛其根足尖着地

誰 四太
東合籥向內拱手出右足
西合籥向內拱手出左足

底 合黃
東合籥轉身向外拱手出左足
西合籥轉身向外拱手出右足

其 上仲
東合籥躬身向上揖
西同

盛 四太
東合籥轉身向西躬身出左足
西合籥轉身向東躬身出右足

維 工南
東開籥向上起左手于肩垂右手于下出右足
西開籥向上起右手于肩垂左手于下出左足

師 尺林
東開籥向上起右手于肩垂左手于下出左足
西開籥向上起左手于肩垂右手于下出右足

孔門源流考　卷之八

神　上　東合籥轉身向西蹈左足
　　仲　西合籥轉身向東蹈右足

明　四　東開籥以右手平肩左手平胷斜
　　　　偏面西左足虛其根足尖着地
　　一　西開籥以左手平肩右手平胷斜身向上
　　　　偏面東右足虛其根足尖着地

度　合　東合籥向上過左足於右交立
　　黃　西合籥向上過右足於左交立

越　上　東合籥向上過右足於左交立
　　仲　西合籥向上過左足於右交立

前　上　東合籥向上躬身揖
　　仲　西同

聖　四　東合籥向上拱手平身立
　　太　西同

築　上　東開籥向上趄左手于肩垂右手于下跷右
　　　　足向前
　　仲　西開籥向上趄右手于肩垂左手于下跷左
　　　　足向前

帛　四　東開籥向上趄右手于肩垂左手于下跷左
　　太　足向前

西開籥向上趣左手于肩垂右手于下蹺右
足向前

具　上仲
東合籥當胷向上揖手于左
西合籥當胷向上揖手于右

成　尺休
東合籥當胷向上揖手于右隨復中平身[illegible]
手立于中
西合籥當胷向上揖手于左隨復中平身[illegible]
手立于中

禮　合黃
東合籥蹈左足轉身向上
西合籥蹈右足轉身向上

容　四太
東合籥蹈左足向西
西合籥蹈右足向東

斯　尺林
東合籥低頭向西揖
西合籥低頭向東揖

稱　上仲
東合籥轉身向上平立拱手
西合籥轉身向上平立拱手

黍　四太
東合籥向上過左足于右交立
西合籥向上過右足于左交立

稷　上南
東合籥向上過右足于左交立
西合籥向上過左足于右交立

非 六 蕤清
東合籥低頭揖向上
西同

聲 尺 林
東開籥向上起左手于肩垂右手于膝蹲身
曲左右足更加右足虛其踝以足尖着地
西開籥向上起右手于肩垂左手于膝蹲身
曲右左足更加左足虛其踝以足尖着地

維 工 南
東合籥低首揖于左左足隨揖蹈之于後
西合籥低首揖于右右足隨揖蹈之于後

神 尺 林
東合籥低首揖于右右足隨揖蹈之于後
西合籥低首揖于左左足隨揖蹈之于後

之 上 仲
東合籥轉身向西南拱手蹺左足尖
西合籥轉身向東北拱手蹺右足尖

聽 四 太
東合籥復身向上拱手蹺左足尖
西合籥復身向上拱手蹺右足尖

大 四 太
東開籥向上起右手于肩垂左手于下蹺左
足向前
西開籥向上起左手于肩垂右手于下蹺右
足向前

哉 上 仲
東開籥向上起左手于肩垂右手于下蹺右
足向前

西開籥向上起右手于肩垂左手于下蹺左足向前

聖　台　黃
東合籥向上過右足于左交立
西合籥向上過左足于右交立

師　四　太
東開籥向上起左手于肩垂右手于下蹲身曲左足更加右足虛共跟以足尖着地
西開籥向上起右手于肩垂左手于下蹲身曲右足更加左足虛共跟以足尖着地

實　工　南
東合籥向上躬身揖于右隨蹺左足尖
西合籥向上躬身揖于左隨蹺右足尖

天　尺　林
東合籥如實西
西合籥如實東

生　上　仲
東合籥向上躬身復揖于右隨蹺左足尖
西合籥向上躬身復揖于左隨蹺右足尖

德　太　四
東開籥起左手于肩垂右手于下蹲身曲左足更加右足虛跟以足尖着地
西開籥起右手于肩垂左手于下蹲身曲右足更加左足虛跟以足尖着地

作　上　仲
東合籥拱手向東出左足
西合籥拱手向西出右足

樂 四 太
東合籥轉身拱手向內出右足
西合籥轉身拱手向東出左足

以 上 仲
東合籥向西過左足于右交立
西合籥向東過右足于左交立

崇 尺 林
東合籥向西徹右足虛左足跟斜拱手于上
西合籥向東徹左足虛右足跟斜拱手于上

時 上 仲
東開籥向上起右手于肩垂左手于下蹺左足向前
西開籥向上起左手下肩垂右手于下蹺右足向前

祀 四 太
東開籥向上起左手于肩垂右手于下蹺左足向前
西開籥向上起右手于肩垂左手于下蹺右足向前

無 尺 林
東合籥蹈右足轉身
西合籥蹈左足轉身

斁 上 仲
東合籥向西拱手蹺左足
西合籥向東拱手蹺右足

清 六 蕤賓
東躬身向上開籥雙手向右蹺左足尖
西躬身向上開籥雙手向左蹺右足尖

酤 工 南
東躬身向上如清西
西躬身向上如清東

惟 尺林
東合籥向上低揖
西同

馨 上仲
東開籥起左手于肩垂右手于下蹲身曲其左足更加右足虛其跟以足尖着地
西開籥起右手于肩垂左手于下蹲身曲其右足更加左足虛其跟以足尖着地

嘉 尺林
東合籥向西拱手出右足
西合籥向東拱手出左足

牲 上仲
東合籥如嘉西
西合籥如嘉東

孔 合潢
東開籥向東起左手于肩垂右手于下蹲身曲其左足更加右足虛其跟以足尖着地
西開籥向西起右手于肩垂左手于下蹲身曲其右足更加左足虛其跟以足尖着地

碩 五太
東開籥轉身向西起右手于肩餘如孔西
西開籥轉身向東起左手于肩餘如孔東

薦 四太
東合籥躬身向上揖于右
西合籥躬身向上揖于左

羞 工南
東合籥向上揖于左
西合籥向上揖于右

神 六 蕤 東合籥躬身向上復揖于右
西合籥躬身向上復揖于左

明 尺 林 東合籥復手于中躬身拱手向上
西同

庶 工 南 東開籥躬身左手起舞加額右手垂舞于後
右足隨手出後足尖着地
西開翟躬身右手起舞加額左手垂舞于後
左足隨手出後足尖着地

幾 尺 林 東如庶西
西加庶東

昭 上 仲 東開籥如庶東
西開翟如庶西

格 四 太 東合籥拱手下拜
西同

百王宗師以下儀註亞獻樂奏此八句舞用自生民未八句儀終獻樂奏此八句舞用六哉聖師八句儀

已上共用舞生八佾六十四人

六佾三十六人

孔門源流考　卷之六　十七

樂器陳設圖

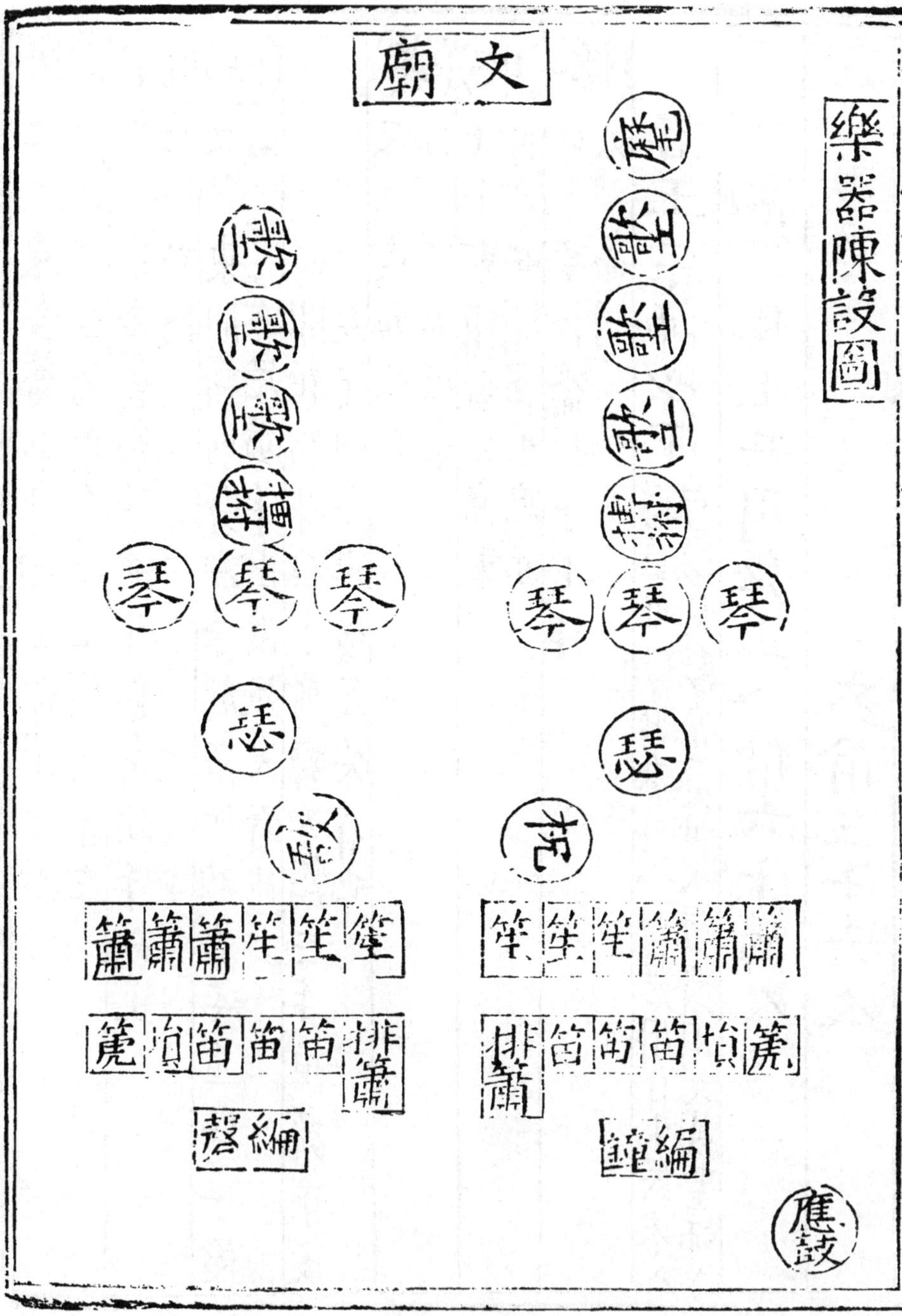

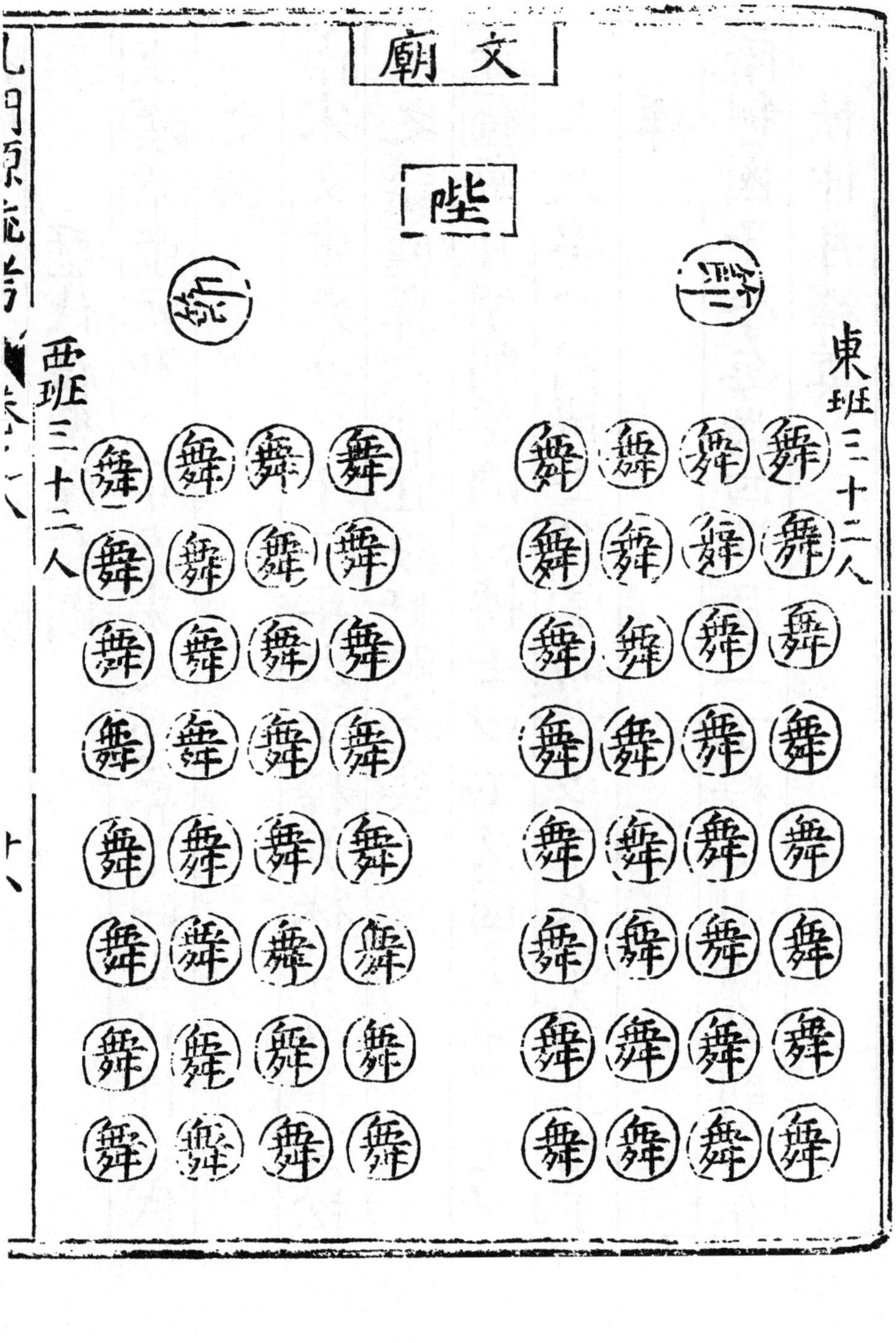

文廟
陛
東班三十二人
西班三十二人
舞

歷代禮樂隆殺圖

東漢章帝元和二年春東巡過魯詣闕里祀作六代之樂

南宋文帝元嘉二十二年太子釋奠採晉故事裴松之議應舞六佾宜設軒懸之樂

北齊每月朔制祭酒領博士以下及國子諸學生以上太學四門博士升堂助教以下太學諸生階下拜

隋制國子學每歲四仲月上丁釋奠州縣學則以春秋仲月釋奠

唐高祖武德二年詔國子學立孔子廟一所四時致祭

太宗貞觀二十年詔皇太子於國學釋奠于先師皇太子爲初獻國子祭酒爲亞獻司業爲終獻中書又奏請國學釋奠國子祭酒爲初獻祝辭稱皇帝謹遣仍令司業爲亞獻博士爲終獻其諸州刺史爲初獻上佐爲亞獻博士爲終獻縣學令爲初獻丞爲亞獻無博士以主簿爲終獻祭以太牢樂用軒懸六佾之舞并登歌一部

玄宗開元七年勅皇太子謁先聖太子初獻亞終獻

行齒胄禮又詔春秋釋奠用牲牢犀縣用酒脯

宋太祖建隆三年詔廟門立戟十六枝

真宗大中祥符二年詔太常定釋奠禮先聖酒尊二籩八豆八簠二簋二俎三罍一洗一篚一諸座各籩二豆二簠一簋一俎一燭一爵各一

仁宗天聖中判國子監孫奭言舊禮以祭酒司業博士爲三獻新禮以三公行事近年只差獻官二員通攝未副崇祀嚮學之意景祐元年詔釋奠用登歌

徽宗崇寧四年詔文宣王用冕十二旒服九章從司

業蔣靜請也大觀四年詔先聖廟用戟二十四文宣王執鎮圭並用王者之制

高宗紹興七年加孔子廟鉶鼎三登一羊豕各一

皇明洪武三年十一月禮部更定孔子釋奠祭器禮物正位犢一羊一豕一籩豆各十登一鉶二簠簋各二酒尊三爵三各置高案籩豆簠簋登鉶悉用磁器牲用熟樂舞生擇監生及文職大臣子弟在學校者預教習之先是洪武元年令仲春秋上丁傳制遣官祭先師於國學丞相初獻翰林學士國子祭酒亞終獻

洪武六年翰林國史院學士承旨詹同侍講學士樂韶鳳上釋奠樂章舞六佾禮部尚書牛諒上禮儀制曰可遣御史大夫陳寧釋奠胡丞相惟庸言誠意伯劉基不陪祭顧受胙

上曰基學聖人之道不陪祀使弗學者何以勸既不與祭而享胙禮乎奪俸一月寧坐不舉奪半月

洪武十五年頒釋奠儀於天下

洪武十七年議大成樂又敕每月朔望祭酒以下行釋菜禮郡縣長以下詣學行香

洪武二十六年頒大成樂于天下府學令州縣如式

製造

正統三年定祭丁品物其不係出產者鹿兎以羊代

榛棗以土產果品代

景泰六年以兩廡祭品儉薄從太常寺奏增豕四隻

棗栗各五十斤黍稷各一斗形鹽五十斤及行南

京國學一例增設

成化十二年祭酒周洪謨請改大成至聖為神聖廣

運加服冕十二旒十二籩豆舞八佾又言古鳴球琴瑟

堂上之樂笙鏞柷敔堂下之樂而干羽舞于兩階

今干羽居上而樂器居下宜正如禮下禮官議尚

書鄒幹言聖神廣運乃伯益贊堯之詞不若大成至聖本於孟子中庸猶可擬議朔像徒仍元舊不忍撤毀故有冕旒原非國典籩豆佾舞之數祖宗品式具在不敢輙議惟佾數居下宜令太常考正

上從之洪謨又請

上曰尊崇孔子朝廷盛典遂從洪謨言增樂舞為八佾籩豆各為十二

弘治元年

上視學從吏部尚書王恕請釋奠用太牢加幣

嘉靖九年

上以改稱先師故皮弁服謁廟用特奠帛行釋奠禮

迎送神各再拜三樂三奏文舞六佾配從祀賢儒

及啓聖祠分奠用酒脯

禮樂隆殺議

明宋濂孔子廟堂議畧曰世之言禮者咸取法於孔子然

則爲廟以祀之其可不稽於古之禮乎奈何今之

人與古異也古者將祭主人朝服即位於阼階東

西面祝告利成主人立於阼階東西面尸出入主

人降立于阼階上西面此皆主人之正位也卒晉

祝盥于洗升自西階主人盥升自阼階祝先入南面主人從戶內西面祝酌奠主人西面再拜稽首皆為几筵之在西也尸升筵主人西面主于戶內拜妥尸尸酢主人王人西面而奠爵拜皆為尸之在西也漢晉春秋所載章帝元和二年幸魯祝孔子帝升廟西面再拜開元禮亦謂先聖東向先師南向三獻官皆西向是猶未失古之意也今襲開元二十七年之制遷神於南面而行禮者北面則非神道尚右之義矣古者造木主以棲神天子諸侯之廟皆有主卿大夫士雖無之大夫束帛以依

神士結茅為蕝無有像設之事開元禮亦設先聖神座於堂上西楹間設先師神座於先聖神座東北席皆以莞則尚掃地而祭也今因開元八年之制摶土而肖像焉則失神而明之之義矣古者灌用鬯臭鬱合鬯臭陰達於淵泉既灌然後迎牲致陰氣也蕭合黍稷臭陽達於墻屋故既奠然後焫蕭合羶薌蓋求神於陰陽也今用薰薌代之庸非簡乎古者朝覲會同與凡郊廟祭饗之事皆設庭燎司烜共之火師監之其數則天子百公五十餘三十以為不若是則不嚴且敬也今以秉炬當之

庸知讀乎古者士之見師以菜為贄故始入學者必釋菜以禮其先師其學宮四時之祭乃皆釋奠今專用春秋亦非矣釋奠有樂無尸而釋菜無樂是二者之重輕係乎樂之有無也今則襲用魏漢津所制大晟之樂乃先儒所謂亂世之音者也其可乎哉古者釋奠釋菜名義雖存其儀注皆不可知唐開元禮彷彿儀禮饋食篇節文為詳所謂三獻各於獻後飲福即尸酢主人主婦及賓之義也今幷其煩唯初獻者得行之其可乎哉嗚呼學校者禮之所自出也今乃舛謬若是則其他可知矣

禮固非士庶之所敢議有人心者孰能默默以自安乎雖然此殆言其畧爾若非廟制之非宜冕服之無章器用則襍乎雅俗升降則昧乎左右如此類甚多雖更僕不可盡也

明丘濬釋奠先師禮議畧曰古今異時制度不一古席地而坐故俎豆置於豆間之地今既塑為高像坐於椅榻之間而俎豆仍置於地此蘇氏所以有匍匐就食之譏也然既為今人之座則當用今人之案既用今人之案則用今人之器亦何不可也又祭所以寓吾誠不專在物禮從宜而可以義起古祭必

用牲牢蔬果而牲牢蔬果之用於今者其物雖同於昔而物之生則在於今也以今日之物而祀先代之神政不必泥也　今制國子監每月朔先期太常寺送免蔬菁物至日行禮其春秋上丁二祭則先期傳　制遣官行禮文武官朝服侍班牲用太牢行三獻樂備登歌舞用八佾其禮可謂備矣說者謂釋奠釋菜二者之重輕繫乎樂之有無今世之樂襲勝國用宋人魏漢津所製大晟之故耳非古樂也吁禮廢羊存雖曰不合於古豈不勝於無哉

明戴庭槐孔子祀典議曰余觀宋景濂孔子廟堂議僉卷而思之有當於予心者有未當於予心者亦有濂論所未及而不安於予心者其當於予心者若熏薌不宜代鬱蕭秉炬不宜代庭燎七十二子之祀不宜偏天下荀況楊雄王弼賈逵杜預馬融之徒不宜列從祀顏路曾點孔鯉為回參與伋之父不宜祀在廡間張載為二程表叔不宜坐在程下魏漢津大晟之樂不宜用之以祭三獻各當於獻後飲福不宜止于初獻得行此皆斟酌典禮討論精詳所謂有當於予心也其未當於予心者則予不可

以不議其曰古者神道尚右而引祭禮主人盥升
自阼階祝酌奠及尸升筵奠爵拜皆西面以為几
筵及尸在西之証又以漢章帝幸孔廟西面再拜
開元禮先聖東向三獻官皆西向為未失古意而
譏今遷神南面行禮者北面非神道尚右之義余
竊謂不然夫謂神道尚右者漢儒之説也其實古
者以左為尊何者先王之祭宗廟有堂事者有室
事者堂皆南向設始祖之位于堂上以東為昭以
西為穆左右相向以次而南此堂事也室皆東向
設始祖之位于室中以北為昭以南為穆左右相

向以次而東此室事也堂事室事皆父左而子右

左不爲尊乎而父居之邪禮祭有尸有主朝踐之

時尸居木主之左尸南面主東面左不爲尊乎而

尸居之邪夫子相司徒敬之喪男左而女右左不

爲尊乎而男居之邪以至陽左陰右賞左罰右吉

事尚左凶事尚右客入門而左主人入門而右若

此之類皆以左爲尊也曷言其尚右乎今孔子之

廟既以南面爲向已非東向之制而猶欲遵西上

之舊吾見右之非果尊而古之不善變也又曰古

者造木主以棲神無有像設之事今搏土而肖象

若沿開元八年之制也失神而明之之義矣噫朱
子不云乎立象非禮也既立而毀之亦非禮也斯
言其正矣夫孔子之像在其當時門人尚不能擬
其髣髴况可以摶土而肖乎假令塑之而肖已非
神明之德矧巧拙異工州縣殊狀拭拂弗虔褻瀆
尤甚此所謂立象之非禮也是以我　朝
聖祖易以木主灼然有見
世宗先帝用輔臣之議革去塑像誠為合古然愚竊
有說焉家語載孔子觀周見堯舜之容周公負成
王南面而立之圖歎曰此周之所以興也繪塑類

也繪像既不為孔子之所非則塑像必不為孔子
之所厭矣中人以上䘹會乎孔子之道者雖無塑
像與木主猶能肅然而知敬仰中人以下必有所
感而後興有所觸而後動不但遊於學校者見吾
孔子之容有所撿束以不放雖武夫悍卒田父野
老一見之未有不易慮而起敬者也若只以木主
為祀未必其觀感有是也夫既塑而像之像而神
之神而祀之者矣因其自毀而去之可也未毀者
用板遮隔而藏之可也未立者止之勿立亦可也
一旦使健兒厲夫繫長繩持大戟挑畚荷鍤而加

之孔子之身吾恐非所以妥安先聖之靈而令衆
庶見也朱子嘗以白鹿洞改作書院神像摧毀腰
膂斷絶不意聖賢遭此厄會為深恨玆非朱子地
下無窮之恨哉但此二事皆濂論之所及者其所
未及論而為予心之所不安者予請畧言之今之
祀孔子者革去王號官仍司寇位曰先師謂得孔
子尊周之意與稱
本朝重道之禮似矣愚又謂不然夫司寇者魯之大
夫也如以其官也孔子爲司寇三月失位矣萬世
天子又何祀焉雖曰世代遼遠然君臣之分明也

君拜於下臣坐於上而謂孔子安然受之乎謂其尊周則亦無謂夫春秋者孔子正名分之書也周天子稱王未嘗冠以天也孔子則繫王於天矣魯侯爵稱公僭也孔子則稱公於魯矣孔子為周之臣尚得以隆其君之稱爵况以異代天子之尊而隆爵號以尊其先師何不可之有哉謂孔子之稱只宜加之以先聖先師而不必稱王則可謂其只宜仍司寇之舊而不當稱王則不可謂不必稱王者葢孔子之道不待稱王而後尊也若謂其不當稱王則非惟王者之禮樂孔子不得而用之雖

諸侯之禮樂亦非一司寇之所宜用也然則當以何稱乎曰今稱至聖先師可矣曰祭先師可用天子之禮樂乎曰何為不可古人祭用生者之禄維非謂祭先師然謂之祭則皆以祭者之所宜有而薦之於其所祭也文王世子曰凡釋奠者必有合也又曰凡大合樂必遂養老謂之大者朱干玉戚以舞大武八佾以舞大夏之謂也則是古天子之釋奠于其先師皆得用己之禮樂又何疑於今乎至若西廡之間不下八十餘人止於豚肩一豆醴酒一獻秖增褻瀆耳竊謂 西京國學宜求全備

闕里廟庭諸賢故墟當存兩廡其餘府州縣只宜存祀周子二程朱子四人以明道統相傳之緒或曰此論可乎曰胡居仁陳真晟皆我

朝所稱理學名臣者居仁欲陞二程朱子配享孔子位次顔曾思孟之下將十哲列於兩廡真晟亦欲增程朱次於孟軻之下以為六配夫配享尚可何為其不可以獨祀兩廡乎第居仁所論不免周子見遺而真晟之議以二程合為一人似為未當夫苟有得於道統之傳雖八配十配亦豈為多邪此皆予心所未安者姑舉而私議之于此其餘則真

如景濂所謂更僕不可盡也以俟世之君子云

論曰昔梅福上書漢成帝曰仲尼之廟不出闕里以聖人而歆匹夫之祀非皇天意也旨哉言乎故記有備酌備味備器備樂之文有一不備豈隆礼先師謂邪古學官四時咸祭今獨春秋二仲簡於禮矣世稱釋奠有樂無尸釋菜無樂夫大胥正入學舍菜合舞月令仲春上丁命樂正習舞釋菜仲丁又命入學習樂誰云無樂哉今釋奠幸存又簡於樂矣令梅福而在寧巳於嘆乎寧巳於嘆乎

孔門源流考卷之八終

男　熺、烈　仝校刻

孔門源流考卷之九

明七閩後學戴㒷庭槐纂輯

恩澤考

萬世不斬仲尼之澤爵延後昆給田復役推及三氏錫類而獲告爾苗裔勉追先德作恩澤考

世代 孔子後裔 顔子後裔 曾子後裔 孟子後裔

魏 封孔子順爲魯國文信君

秦 封孔鮒爲魯國文通君始皇

西漢

高祖	封孔騰為奉祀君
文帝	徵孔忠為博士封褒成侯孔武為臨淮太守
武帝	以孔延年為博士少傅遷大將軍孔安國為博士
昭帝	以孔霸為博士
宣帝	以孔霸任大中大夫為高密相
元帝	以孔霸為帝師賜爵關內侯號褒成君

成帝綏和元年　封孔何齊爲殷紹嘉侯，子六百七十戶，後六月進爵爲公，地滿百里

平帝元始元年　更封孔均爲褒成侯，食邑二千戶

東漢

世祖十四年　以孔志襲封褒成侯

明帝永平十五年　以孔損襲封褒成侯

和帝永元四年　徙封孔損爲褒亭侯，食邑二千戶

殤帝	以孔曜襲封褒亭侯
質帝	以孔完襲封褒亭侯
魏　文帝黃初元年	封奉議郎孔羨為宗聖侯以魯縣百戶奉祀
晉　武帝太始三年	改封孔震奉聖亭侯
惠帝	以孔嶷襲封奉聖亭侯
懷帝	以孔撫襲封奉聖亭侯為豫章太守

哀帝	以孔懿龍封奉聖亭侯從事中郎	
「宋」文帝 元嘉元年	改封孔鮮為崇聖侯	
「後魏」文帝 延興三年	封孔乘為崇聖大夫	
太和九年		如魯城詔拜顏子後二人為官
太和十九年	詔拜孔氏四人官選諸孔宗子孔靈珍封崇聖侯食邑百戶奉祀	

北齊	文宣帝天保元年	詔孔渠為恭聖侯	
梁	敬帝太平二年	詔求魯國之族為奉聖侯	
後周	靜帝大象二年	以孔渠改鄒國公食邑一千戶	
隋	煬帝大業四年	封孔嗣哲為紹聖侯	
唐	高祖武德九年	封孔德倫為褒聖侯	

太宗貞觀元年詔孔氏子孫並免賦役

貞觀十一年封孔德倫為褒聖侯，參先聖皆服玄冕，朝會位同三品

高宗乾封元年詔孔氏子孫並免賦役

中宗神龍元年授孔崇基朝散大夫，陪參朝會

玄宗開元五年以孔璲之襲封褒聖侯，邠王府文學、蔡州長史

開元十三年詔孔氏子孫並免賦役

詔顏氏子孫並免賦役

	開元二十七年改封孔璲之為文宣公兼兖州長史遷都水使者食邑一千户
代宗	以孔嘗襲封文宣公兼泗水令
德宗建中三年	以孔齊卿襲封文宣公兼兖州司馬子文瑾為兖州都督府功曹
貞元六年	南郊授四十一代孫穎穎五品正員官
憲宗元和十三	授孔惟晊兖州參軍襲封文宣

年　公

文宗

以四十一代孫穎從覽為殿中侍御史弘式同州參軍

武宗　會昌元年　以孔策襲封文宣公遷國子尚書博士

懿宗　咸通　孔振狀元及第罷除秘書省校書郎歷兗州觀察判官至刑部員外郎襲文宣公

僖宗　乾符年　以孔昭儉任兗州司馬除秘書郎累宰曲阜

昭宗天祐元年　授孔光嗣泗水主簿

後唐　明宗長興元年　除孔仁玉曲阜縣主簿三年遷龔丘令襲文宣公

後晉　高祖天福五年　改孔仁玉為曲阜令

後周　高祖廣順二年　以孔仁玉復為曲阜令賜緋魚袋　以四十六代孫顏涉特授曲阜主簿

宋　太祖乾德四年　以孔宜為曲阜主簿調黃州軍

太平興國二年以孔憲進士及第仕至工部員外郎知浚儀縣

以孔冕任應城主簿

太平興國三年以孔宜特遷賛善大夫襲文宣公免其家租庸調

至道二年以孔延世任曲阜令襲文宣公

賜孔延澤進士及弟贈諫議大夫

真宗景德年以孔冕為兖州參軍

大中祥符元年詔襲封文宣公以四十八代孫親伯叔兄弟並顏端特授郊社齋郎許陪位及賜出身者六人擢孔聖祐為太常寺奉禮郎後改大理評事又賜田百項于孔氏

祥符二年以殿中丞孔勗知曲阜縣

祥符六年陞孔勗屯田員外員

天僖五年授孔聖祐光禄寺丞襲封文宣公知仙源縣後遷太子中舍

仁宗天聖九年　以大理寺丞孔
道輔知仙源縣
景祐二年　以龍圖閣直學
士右諫議大夫
孔道輔知兗州
景祐三年　孔道輔以龍圖
閣直學士給事
中起復知兗州
景祐五年　以孔良輔任仙
源主簿
景祐八年　以孔彥輔任仙
源主簿
寶元二年　以國子監簿孔
宗愿知仙源縣
慶曆三年　孔宗愿以大理
丞再任

慶曆五年　以將作監丞孔宗禎知仙源縣

慶曆八年　以衛尉寺丞孔彥輔知仙源縣

皇祐二年　特授顏惟孜將仕郎處州司事參軍顏似賢守台司事參軍

至和二年　改封孔宗愿為衍聖公

嘉祐元年　以孔宗翰為秘書省著作佐郎知仙源縣

英宗治平四年　以孔宗壽為仙源縣主簿

神宗熙寧　以孔若蒙襲封

元年衍聖公

熙寧以尚書屯田郎

三年中孔宗翰提點

京東路刑獄公

事

熙寧以尚書都官郎

十年中孔宗翰提點

京東路刑獄公

事

元豐以孔若什任仙

元年源縣主簿

元豐孔若升以新泰

五年縣令監修祖廟

哲宗

元祐以朝議大夫孔

元年宗翰知兖州以

孔宗質為從事

郎仙源縣丞

元祐四年 以孔傳任仙源主簿孔陶屯田員外郎知仙源縣

元祐八年 以孔傳任仙源縣尉○敕將舊賜田百頃均給族人新田百頃撥分贍養生員歲祀置薦幕雜物及修葺廟宇寺費本年又賜田一百頃

紹聖元年 以孔宗壽為宣德郎知仙源縣

元符元年 以孔若虛襲封奉聖公

徽宗崇寧三年 復封孔端友衍聖公以孔宗哲補迪功郎

大觀二年 以孔若谷為文林郎任仙源丞 孔宗哲為從事郎任兗州觀察推官

政和四年 敕孔端友管勾祀事

政和五年 孔傳以朝奉郎任京東路轉運司管勾文字

宣和 以孔端節為宣

元年　教郎任京東路轉運司管勾公事

宣和四年　以孔若采補迪功郎充興仁府濟陰縣主簿

宣和五年　以孔壎任通直郎仙源縣丞

宣和七年　以孔端問為迪功郎任仙源丞

高宗建炎二年　以孔松為宣教郎僉書泰寧軍節度判官廳公事

建炎四年　金以孔若鑑為迪功郎仙源簿

大定十二年	金以孔瑞襲衍聖公管勾祀事以孔璠為登仕郎任曲阜主簿又勑兗孔氏賦役
紹興二年	以孔賛補迪功郎後璪珉琗夫俱續授迪功郎璡授迪功郎池州石埭主簿瑄授迪功郎終從事郎行可授迪功郎奉南嶽祠贈太子少傅璪璋俱續授迪功

郎奉南岳祠元龍授迪功郎餘干縣簿瑛授迪功郎曲阜縣簿

紹興五年

以顏卲為右修職郎顏卓補右迪功郎顏琇補下州文學

紹興六年

特授顏師禹迪功郎

紹興八年

詔衢州於官田内撥五頃賜衍聖公孔玠主祀事

天德二年

以孔㴊為承直郎任兗州司法

孔政為

監

熙金廿
年百八
十六訟
屋四百

紹熙金以孔一
二年封衍聖

紹熙
五年

寧宗泰和金以孔

欽給曾已祭田
一十六頃佃戶
一十六戶

希
衍聖公仍令此
襲以孔克昌
承事郎曲阜尹
後克光任曲阜
學教諭宗仁榮
古衛學教授歷
翰林典籍思逵
曲阜尹歷陞太
常禮儀院判思
永黃縣簿歷東
平路同知思遵
消川簿歷嘉祥
尹思政虞城教
諭克寬濟寧學
正克欽曲阜尹
克仁廟學正希

正三氏學教授
希顔曲阜學教
諭希祉泗水知
縣希遠兗州判

元
至元以孔思誠任從
世祖十事郎曲阜令終
一年朝列大夫業州尹

成宗元貞授孔治中議大
夫襲封衍聖公
大德元孔氏後[illegible]
年粟[illegible]

有旨
大德勅中書
五年千畝

大德

氏後此
止擬

[illegible]氏子孫奉

詔孟氏子孫與

頭色税
差撥並
孫八

十二

顏氏一例蠲免
免孟氏子孫二
家差役
免孟氏子孫税
糧

英宗至治二年	以孔思凱授從仕郎曲阜縣尹又敕有司䘏孔氏子孫貧乏者			
泰定四年	進襲封衍聖公孔思晦為嘉議大夫			
五年		賜田三十頃供顔氏春秋祭祀		賜田三十頃供孟氏春秋祭祀
文宗至順年	命鄒縣長沐陽令往尼山覈復田五十畝從孔思晦言	給沛縣刁陽里三氏學田三千畝以贍三氏師主		
順帝元統元年	沒入鄆城縣田八頃八十九畝屋二十七間為			

	襲封世業	
至元二年		詔顏氏子孫並免賦役
至正十八年	改世職曲阜尹 孔希大為秘書郎辟中書省掾承直郎翰林院都事調承德郎大宗正府都事	
皇明太祖洪武元年	詔襲封衍聖公并世職知縣並如歷代舊制授孔希學資善大夫襲衍聖公鑄降銀印開公府	免顏氏大宗差役餘枝不免
		免孟氏大宗差役餘枝不免

衍門每歲終赴京正旦朝賀頒詔官屬皆從襲封選舉仁柳省銓用又詔孔氏子孫皆免差徭税糧有司依例科徵

洪武二年

蠲免洒掃戶一百戶差役又免衍聖公本戶田土稅糧三十頃餘田起科族人田土納糧免差

改三氏學為三氏子孫教授司設教授一員李錄一員

洪武七年

授孔克伸世襲曲阜知縣

洪武十八年，行聖公孔訥朝，給三氏學田五十二頃九畝，續襲賜金綺龍文水馬驛券二道，以便歲行。墾尼山周圍地二十餘頃，以贍三氏師生。

我
朝欽賜鄆城、鉅野、曹州、東阿、滋陽、魚臺等處佃戶地二千頃，免糧地一百四十六頃五十餘畝。

英宗正統七年
免孟氏差役，從五十六代孫孟希文請。

正統十年
免顏氏差役，從五十九代孫顏希仁請。

景帝 景泰二年	上幸太學召孔彥縉率三氏子孫觀禮賜冠帶錦衣越三年朝會賜三臺銀印玉帶一織金麒麟文視一品			授孟希文翰林院五經博士
景泰三年		詔顏氏宗子世襲五經博士著為令		詔孟氏宗子世襲五經博士
景泰六年		蠲前元賜顏氏後田更賜田二十頃免役		蠲前元賜孟氏後田更賜田二十頃免役
英宗 天順元年				封五經博士孟希文父克仁為修職郎如其官

憲宗成化元年　免徵孔氏續置民間糧地百六十頃五十餘畝　從五十六代孫孔克昫請

賜顏氏子孫第於京入覲馳驛者為令

成化五年　賜衍聖公弘泰子聞詩翰林院五經博士

成化二年　封六十一代孫顏公銃為翰林院五經博士世襲

孝宗弘治元年　以三世子思子奉祀博士世以嫡次孫襲充山洙泗書院前代

多設山長一員今改爲李録其爲世襲博士者衢州孔彥繩也

武宗正德元年

詔孔氏税糧盡行蠲免佃戸五百戸共丁二千四揃戸一百一十五戸俱免役從衍聖公孔聞詔請也又設衢州世襲五經博士一員

世宗嘉靖元年

孟公肇年請于山東巡撫續置民田俱免賦役

嘉靖十八年

授曾子後五十九代孫曾質粹世襲翰林院五經博士仍命撫按官議處護墳供祀田宅曾質粹奏乞如三氏子孫例改爲四氏学

嘉靖二十八年

穆宗隆慶四年

准曲阜世襲知縣止管林廟祀事於邑務無涉從監察御史趙可懷疏也不數年仍世襲如舊云

歷代詔制

魏文帝封孔羨爲崇聖侯制畧曰昔仲尼抱大聖之才懷帝王之器當衰周之末無受命之運乃退考五代之禮脩素王之事因魯史而制春秋就太師而正雅頌俾千載之後莫不宗其文以述作仰其聖以成謀遭天下大乱百祀墮壞舊居之廟毀而不修褒成之後絕而莫繼闕里不聞講誦之聲四時不睹蒸嘗之位斯豈所謂崇化報功盛德百世必祀者哉

梁敬帝授求魯国孔族爲奉聖侯詔曰夫子降靈體喆經仁

緯義允光素王載闡玄功仰之者彌高誨之者不倦立忠立孝德被生民制禮作樂道冠群后雖泰山頹峻一簣不遺而泗水餘瀾千載猶在自國圖屯阻祀薦不修奉聖之門胤嗣殲滅敬神之寢簠簋寂寥永言聲烈實兼悽愴外可搜舉魯國之族以爲奉聖侯并繕廟堂祗備祀典四時薦秩一皆遵舊

隋煬帝封孔嗣哲紹聖侯詔曰先師尼父聖德在躬誕發天縱之資憲章文武之道命世膺期蘊茲素王而頹山之歎忽踰於千祀至德之美不存於百代永惟

懿範宜有褒崇可立孔子後為紹聖侯有司求其
苗裔錄以申上

唐高祖封孔德倫褒聖侯詔曰宣父以大聖之德天縱多能
王道藉以裁成人倫資其教义故孟軻稱生民以
来一人而已自漢歷魏室分區爰及晉朝暨於
隋代咸相崇尚用存享祀朕欽若前王憲章故實
親師宗聖是所庶幾存亡繼絶抑惟通典可立孔
子後為褒聖侯以隋故紹聖侯孔嗣哲嫡子德倫
為嗣

唐玄宗改封孔璲之文宣公制曰永惟聖道思闡儒風故尊崇

先聖所以弘至教獎褒後嗣所以美前烈褒聖侯
孔璲之纂承睿哲克履中庸三命益欽敦素憑于
祖業百代必祀光寵秘於朝恩積慶之餘既開于
土宇至德不朽宜傳于帶礪可改封文宣公兼兗
州長史遷都水使者食邑一千戸

宋太宗以孔宜遷贊善大夫襲文宣公制曰朕以夫子之聖其道
猶天睠彼裔孫宜其嗣襲況聞爾服勤素業砥礪
官常乃諭善於東宫俾增崇於闕里勉遵家法以
荷國恩

又詔曰素王之道百代所宗傳祚襲封抑存舊典文宣

王四十四代孫孔宜服勤有素砥礪廉隅亟歷官
聯洽聞政績聖人之後世德不衰俾登朝倫以光
儒冑可授太子右賛善大夫襲封文宣公

宋仁宗改封孔宗愿衍聖公制曰孔子之後以爵號褒顯世世
不絶其來遠矣自漢元帝封為褒成君以奉其祀
至平帝時改為褒成侯始追謚孔子為褒成宣尼
公褒成其国也宣尼其謚也公侯其爵也後之子
孫雖更改不一而不失其義至唐開元中始追謚
孔子為文宣而尊以王爵封其嗣褒聖侯為文宣
公孔氏子孫去國名而襲謚號禮之失也蓋由此

始朕稽考前訓博採羣議皆謂宜去漢之舊革唐之失稽古正名於義為當朕念先帝崇尚儒術親祀闕里而始加至聖之號務極尊顯之意肆朕纂臨繼奉先志尊儒重道不敢失墜其後裔嗣爵之號不其重與宜改封至聖文宣王四十六代孫宗愿為衍聖公

皇明太祖授孔希學資善大夫襲封衍聖公制曰古之聖人自羲黃至于文武法天治民明並日月德化之盛莫有加焉然皆隨時制宜世有因革至於孔子雖不得其位會前聖之道而通之以垂教萬世為帝者師其

孫子思又能傳述而明言之以極其盛有國家者
求其統續尊其爵號蓋所以崇德而報功也歷代
以來膺襲封者或不能繩其祖武朕甚憫焉當臨
御之初訪其世襲者得其五十六代孫孔希學大
宗是紹爰行典禮以致褒崇爾其勤敏以進學恭
儉以成德庶幾領袖世儒益展聖道之用於當時
以副朕之至望豈不偉與可授資善大夫襲封衍
聖公

洪武七年曲阜縣世襲知縣員缺孔希學舉孔克
伸資稟明敏操履清修揆之宗族之中鮮有出其
右者於曲阜知縣擢用誠為相應
上召克伸以蔣山為題試以詩即俯伏丹墀須臾而

成曰壓盡羣山素有名巍巍形勢獨崢嶸數峯碧
玉朝天闕一帶螺屏映
帝京雲竇雨晴龍虎見月嵓日煖鳳皇鳴應知
聖主无疆福日聽崑崙萬歳声
上閱之喜謂侍臣曰真孔氏子孫也遂授世襲曲阜
知縣焉

太祖授孔克伸世襲知縣勑曰

昔君天下者官以五爵自漢以下職分九等凡斯之職非德功者可見昔君慎名爵而重志能者朕值胡運天更布衣而起草萊天命歸而羣英附不五七年間偃兵息民一華夷主兆民紀年洪武當建國之初已定神人之分故天地其位黔黎附焉其于先聖先師朕不敢外稽諸歷代載在祀典者則仲尼有血食後嗣有襲封于

是法前代仍舊章孔希學爰封世爲縣令者希大
職如前何期希大不依祖訓屢干國憲自蹈罪戾
以失世官今特選本族以孔克伸授從仕郎知濟
寧府兖州曲阜縣事爾尚夙夜忠勤承流宣化宜
鑒前車之失永無忝于聖裔則予汝嘉爾勉之

皇明憲宗封顔公鉉翰林院五經博士勑曰朝廷置五經博士于
翰林所以資講讀備顧問也况有授是職而不任
其事者亦未得人焉爾翰林院五經博士顔公鉉
乃顔子六十一代孫生禀清資世傳賢裔宜膺褒
命以負厥宗是用進階修職郎錫之勑命以爲爾

榮爾往懋哉毋忝朕命至今恪遵恩命世襲不改云

皇明英宗封孟希文父克仁翰林院五經博士勑曰朕惟若古老以及人之老此先賢論治天下之道然也肆朕舉隆盛典於廷臣之親者召命必及焉矧在先賢之後顧可以常例拘哉爾孟克仁乃孟子五十五代孫令翰林院五經博士孟希文之父克世其家訓成令子降年有永惟德之徵宜錫異恩以示褒寵茲特封爲修職郎翰林院五經博士爾其祇承嘉命用迓壽康至今恪遵恩命世襲不改云

國朝疏議

嘉靖年間禮部題覆訪求曾子子孫疏畧曰該學士顧鼎臣奏

爲崇植先賢系胄以隆道化事竊惟堯舜禹湯文武周公之道傳至孔子而大明其德與功垂之萬世與天地同其高厚矣孔子傳之曾子曾子傳之子思子思傳之孟子不惟心相授受且筆之於書以詔後世考之論語大學中庸孟子所載如一貫之吉正心脩身之學中和位育之功性善誠明之説王霸義利之辯微言妙道不一而足然則曾子之功豈小補哉暴秦坑焚之後道學不明漢司馬遷號稱有良史才其序孔門弟子列傳但曰孔子

以曾參為通孝道故授之業作孝經而已唐韓愈竊附於聖人之徒其序道統之傳直以孟子上接孔子他尚何說哉良由大學中庸二書混于戴記篇中不與論語並集學者莫知其為道學之樞奧而討論之是以時君世主徒知推尊顔孟而忽于曾子子思自唐迄宋雖加曾子封爵而從祀猶列于十哲之後子思則杳無聞焉宋仁宗始表章學庸二書而程顥程頤朱熹諸儒更相發明遡流窮源使天下後世曉然知正則道統授受之功曾子為大而子思次之咸淳三年由是始封曾子為成

國公子思爲沂國公配享次於顔子躋於孟子之

上而四配之位始正是萬古不易之定論也我

太祖高皇帝御極之初首　詔孔氏襲封衍聖公并

世襲知縣並如前代舊制固崇儒重道之宏規矣

弘治中因修顔子孟子廟特置世襲翰林院五經

博士各一人以主祀事此

孝宗皇帝稽古右文之盛舉也夫曾子傳道之功優

於顔子而孟子私淑于曾子子思今顔孟子孫皆

世襲博士而曾子之後獨不得沾一命之榮豈非

古今之闕典也哉當時典禮守土之臣曾無一言

及此者豈以曾子子孫散在四方亦世歷久明譜系不明恐有冒濫之弊與臣嘗考之春秋之時莒人滅鄫其太子巫仕魯去邑爲氏然則曾氏去受姓之祖甚近也後世凡曾姓者孰非曾子之子孫乎又訪得正德年間今都御史錢宏任山東按察司僉事巡歷至嘉祥縣謁曾子祠墓因而訪求附近編民中曾姓者得一農夫于深山中貌甚朴野詢之果曾子之後也不知錢宏當時何以不請于朝而復使之湮沒耶必以其人鄙陋不可厠衣冠之列故爾臣愚以爲先王興滅繼絶崇德報功其

意甚遠其道甚廣不當因其子孫之無賢而遂已
也臣自入仕以來見三氏子孫來　朝輒有感於
衷幾三十年矣特以地卑人微不敢輕率妄議爾
茲者恭遇
皇上釐正孔廟祀典一洗前代陋規重勞
聖駕臨幸國學躬行釋奠之禮真可謂功光
祖廟而範垂百王矣臣謬以章句之儒得預俎豆之
事乃敢陳其愚見仰瀆
宸嚴夫亦數千載未備之典必有待於今日與如蒙
乞　勑內閣禮部擬請自

聖裁准照弘治年間追崇顏孟二氏事例訪求曾氏
子孫相應者一人授以翰林院五經博士世世承
襲俾守曾子祠墓蒸主祀事等因抄呈到部為照
曾子親受一貫為聖門之高弟獨聞大學得吾道
之正傳垂世立教與顏孟同功號稱述聖已並追
崇然獨世嗣弗傳祠墓失守雖配聖有靈而象賢
無主誠為闕典本官欲追求其後同于二氏子孫
實足以仰體　朝廷崇儒重道之盛心也但歷世
久遠譜牒無傳若非精訪博求難免僞冒之弊覆
奉

欽依移咨都察院轉行山東撫按官親臨嘉祥縣查
訪曾氏子孫詳考歷代支系之真及正德年間曾
經都御史錢宏所考農夫有無見在通拘到官督
同縣學官吏師生并高年父老逐一詢問務求的
係曾氏正派子孫明白先行具　奏以憑議處施
行再照今去曾子之世上下千有餘年中間更歷
變故子孫播越流寓豈無散而之四方者如南豐
曾氏鞏肇布兄弟並顯于宋其家乘以爲出自曾
子之後今其嫡派子孫亦不知誰何合無通行天
下大小衙門一體訪求務得其人具實奏

聞但不許輕易起送前來以啓覔緣爭奪之端至嘉
靖十八年二月禮部尚書嚴　題奉
欽依始授曾參後五十九代孫曾質粹江西永豐人
世襲翰林院五經博士
隆慶四年御史趙可懷題革曲阜世襲知縣疏畧曰　山東曲阜縣
為先師孔子闕里我
朝於孔氏子孫公爵博士之外又世官以本縣知縣
一員崇儒重道禮本不踰使世得賢者任之有光
國典不媿先德可也但其流之弊誠有當變通者蓋
授官非有定派凡為孔族皆有縣令之望皆得以

淩轢百姓及其捘職管事凡民間美屋良田諸可
欲者肆意侵取既而怨深禍作多受慘毒如近日
孔承業已死而被人碎屍孔弘鄣告發而繫獄追
贓夫欲厚其裔而未必貽之以安是所以處之者
尚未善也臣伏思
祖宗於藩王且不假以事權葢亦曲全之道查得該
縣隸兗州府相距三十里本府清軍同知職務頗
簡合無令其駐劄曲阜掌管縣事著為定例其世
職知縣常俸外再加優給止管林廟於邑務無涉
有缺仍令撫按官公舉一人赴部銓補庶在孔氏

幸享安全之福而
朝廷崇重之典亦曲盡矣
論曰自昔哲王澤被黔庶者豈不欲慶流苗裔哉
乃祖宗為帝王子孫為編列所謂當世則榮歿則
已焉孟氏云君子之澤五世而斬所以嘆也乃若
孔子以及三氏祀垂百世賞延後昆寵數優異作
賓王家非德厚流光之徵與嗣緒繼爵者不思繩
武象賢以致嘖有煩言豈光國隆家謂乎余聞古
有世賞而無世官盍慎之也
孔門源流考卷之九終　　晉國子生洪惪卿校刻

孔門源流考卷之十

明七閩後學戴庭槐纂輯

徵遺考

聖遠賢邈踪蹟莫追廟林墟墓神䰟所居徵故質實聊用備遺異聞摭拾疑以傳疑作徵遺考

廟宅

孔子生于魯及薨門人會葬之明年即其故宅為廟祀之藏衣冠琴瑟車書廟中漢高祖世祖明帝章帝安帝皆親幸闕里祠以太牢魏晋南北用兵文帝黄初武帝太始皆詔修廟祀給灑掃守衛歷宋齊梁

及拓拔魏高齊有國皆因之然天下尚未有廟至唐武德國子監始有廟開元郡邑始有廟而家廟惟存于魯乾封以還凡人主東廵者悉修漢故事周太祖平兗州謁拜如弟子禮宋真宗幸曲阜謁廟有司定儀止肅揖帝特展拜留御香銀爐祭器扵廟中靖康之難衍聖公端友扈蹕南渡與其從父傳俱家于衢惟端友弟端操在魯權襲封衍聖公但家藏御賜金銀祭器等物蕩然無餘然宋人廟宅宏規猶有可攷云先聖廟在兗州仙源縣西二里西接魯城二百餘步闕里之舊宅也𠀌外門曰前三門乃宋仁宗御書門榜之門三

門之後曰書樓（藏御賜書）書樓後御路東西二亭其東曰
本朝脩廟碑亭其西曰唐封孔子太師碑亭次殿庭
門內曰御讚殿次殿曰杏壇杏壇之後即先聖正殿
（仁宗御書飛帛殿榜之殿）直殿後曰鄆國夫人殿後殿東廡曰泗
水侯殿西廡曰沂水侯殿祖殿廊西門外曰齊國公
殿直殿後曰魯國大夫人殿自大夫人殿由其東廊
以北曰五賢堂祖殿廊東門外曰齋廳齋廳之東廊
門外曰客位直齋廳後曰齋堂齋堂後曰宅廳（孔氏接見
賓客之所）直宅廳後曰家廟自客位東一門直北曰襲封
視事廳直廳後曰恩慶堂（堂乃中丞公典郡日侍致政尚書會孔氏內外親）

族所之東北隅曰雙桂皇祐年四十五代孫兄弟同堂年陽第嘗于此會李故名
諸位皆列於祖殿之後并恩慶堂東西自祖殿之後
并諸位俱係勅修除諸位外祖廟庭堂廡共計三百
一十六門此前代規制之大略也哉
國朝洪武元年首　詔修曲阜廟庭遣使致祭明年
又遣使降香　御製祭文以祭十五年又　詔天下
通祀孔子自西都並建國子監及郡縣各有廟弘治
十二年六月闕里廟災遣侍讀學士李傑祭告勅有
司命工重建越五載功成復遣大學士李東陽祭告
薝棟宇一新器物咸備喬宇舒芬等諸游記可得其

槩云若衢州孔氏亦有家廟則始自宋時端友南渡家于衢宝祐初郡守孫子秀請于朝始賜田五頃建宮墻于郡東北菱湖之上廣至二百餘楹後燬於寇乃徙城南宋亡入元至元間曲阜宗子絶嗣徵端友之孫洙襲爵洙入朝固讓特授國子祭酒歸守江南廟祏會兵革廟益圮壞不治及我

王師取衢州以分省郎中王愷董郡事命有司葺而新之胡翰為紀其碑曰由春秋以來傳序五十有三世廟于曾者禮也舍曾而南者宗子去國以廟從焉亦禮也

顔子廟在先聖廟東即陋巷地此載大明一統志者余謂顔廟實在孔廟東北六百舉武有園曰顔樂亭亦曰顔樂井蓋陋巷故宅也歷代顔族世守之宋程頤嘗有顔樂亭銘蘇軾亦有記曰顔子之故居所謂陋巷者有井存焉膠西太守孔君宗翰始得其地復治其井作亭於其上命之曰顔樂亭

子思祠在鄒縣

孟子廟舊在鄒縣東北三十里四基山之麓宋元豐六年詔封鄒國公後徙縣東郭宣和初縣令朱𡵨將廟復置于今城南門外巴許通衢東舊廟則改爲墓

祠

孔子故宅即今廟地後魏酈道元水經注云夫子故宅大一頃所居之堂後世以為廟漢武帝時魯恭王壞孔子舊宅得尚書春秋論語孝經時人已不復知有古文謂之科斗書漢書秘之希有見者于時聞堂上有金石絲竹之音乃不壞矣廟屋三間夫子在西門東向徵母在中間南面夫人隔東一間東向夫子牀前有石硯一枚作甚朴云平生時物也魯人藏孔子所乘車於廟中是顔路所請者也獻帝時廟遇火燒之永平中鍾離意為魯相出私錢治夫子車魏黃

初二年文帝令郡國修起孔子舊廟置百尺吏卒廟有夫子像列二弟子執卷立侍穆穆有詢仰之容漢魏以來廟列七碑二碑無字栝栢猶茂廟之西北二里有顏母廟廟像猶嚴有脩栝五株愚按今孔廟基地止四十一畝五分有奇視昔故宅大一頃廣狹不同若此

顏子故宅 即今廟地一云陋巷在廟之街東南

孟子故宅 即曝書臺下臺在鄒故庠少西有臺崇二丈許名曰曝書臺臺相傳為子思曝書之所

斷機堂 今在鄒縣城南孟祠之北

林墓

先師孔子墓在先師廟東北三里許墓高丈餘前有壇石厚三尺許方亦如之縱橫各七其數四十有九前夾路石柱二石獸四翁仲二後漢永嘉元年魯相韓叔節建神門一間齋廳三間在先師墓南春秋為族衆餕神惠之所林周圍十里愚按孔林基地四十四頃二畝九分九釐樹木繁茂無荊棘無鳥巢其中楷木獨多蓋孔子歿弟子各持其鄉土所宜木人植一本于墓而去楷木出海南縱橫有文堪為手板云烱守孔林户入户千泗掃户内僉撥

泗水侯伯魚墓在先師墓東少南相去僅數步

述聖子思子墓在先師墓南少東相去數十步墓前石昺至元二年總管張仲仁製石門前翁仲二左執笏右携劍像文武也稍前石獸二肖虎形又前石獸二若角端作仰天狀又前乃二石表外門已廢惟餘石甃崇基四代白墓在西北隅五代求墓在東北隅六代箕墓在東南隅七代穿墓在西南隅

子貢廬墓場在先師墓側東向嘉靖初巡按山東御史廬陵陳鳳梧重建

駐蹕亭輦路宋真宗幸孔林以古木擁道降輿乘馬詣亭中故名自林前石橋直趨駐蹕亭有輦路皆甃以石

啓聖公叔梁紇墓在魯防山

啓聖公夫人顏氏合葬于防

伯皮墓在啓聖公墓東南三步許

顏子墓魯城東二十里防山之陽有顏林石刻曰先師兖國公之墓前一石鐫兩甲士背負而坐一執斧一執金吾又一碑湮沒不存惟坐趺在墓高丈餘林木森鬱其地廣袤各一百五十尋有五尺少東村曰上宋有祀田六十畝歲收其租以奉時祭

杞國公顏路及夫人姜氏合葬墓在魯防山之陽又任昉述異記云曲阜古城顏林墓上古楠二株可四

十圍土人云顏子手植之木今不存

【曾參墓】一統志云在嘉祥愚按曾子南武城人自魯申而下歷漢唐宋何寥寥也舊有曾廟于南武山陽成化初嘉祥儒學教諭㠯弘因弔于此見山多石勒皆曾子事如封謚廟庭書院塋墟與祀田四至靡不備悉乃進鄉人告之曰此曾子故處何當湮沒後有承其祀者必復其家廟云頃之旁有富室范氏多田于此因謀竊碎其碑投之水火務滅其跡後邑庠生王洲乃以其事上

聞遂命中外臣工勘驗竟為范氏所沮舊傳有書院

在南武山東為曾子讀書處據元時吳氏墓碑有東
至曾子書院之文則知曾子墓在南武山之西南玄
泰山之東麓但代遠緒湮聊不知處云成化初山麓
大水鄉人捕魚陷一深穴中有懸棺得石碣上刻曾
參墓遂白之有司聞于朝
上命隆土為原封土為丘中建饗堂前築神路旁樹
松栢周圍繞以赤垣中樹石坊俑宗聖墓自是祭掃
瞻拜各以時至云范氏子孫寖以微滅焉
萊蕪侯曾皙及曾子母氏墓合葬在費南城山
孟子墓在鄒縣東三十里四基山歲久不祀宋兗州

守孔道輔始訪為之廟今改為墓祠

孟子父邾國公及宣獻夫人墓合塟于鄒之馬鞍山麓

冉伯牛墓在東平州墓有碑刻尚存孟津又有墓

宰我墓在曲阜

仲弓墓在曹縣一云在冠縣一統志两載之

高柴墓在沂州

澹臺滅明墓在鄒縣江右南昌亦有墓未知孰是

閔子騫墓在蕭濟南城蘇軾有碑一云在濮州范縣一統志亦两載之

公冶長墓在青州府諸城縣

子張墓在徐州蕭縣

子游墓在吳郡

古蹟

闕里酈道元水經注云孔廟東南五百步有雙石闕即靈光之南闕北百餘步即靈光殿基東西二十四丈南北十二丈高丈餘東西廊廡別舍中間方七百餘步闕之東北有浴池方四十許步池中有釣臺方十步池臺悉石也遺基尚整是漢景帝程姬子魯恭王之所造也然以愚見度之恭王在後當孔子時已

有闕黨之名矣何待至此而後有哉所謂東有兩觀闕故名或是之取乎然則二石闕者蓋里門也

杏壇在先聖殿前即先聖教授堂之遺址

鄆國夫人殿昔為先聖燕居之室

矍相圃即孔子觀射處今在聖廟之右

舞雩臺一名雩壇即曾點風雩處今在曲阜城外

金絲堂即魯共王欲壞孔子宅以為宫室聞金石絲竹之音而止處今在先聖廟内

先聖手植檜凡三株在御贊殿前高六丈餘圍一丈四尺其紋左者左紐右者右紐一株在杏壇東南隅

高五丈餘圍一丈三尺其枝盤屈如龍形世謂之再生檜晉永嘉三年（至此幾及千歲）枯死（枯三百有九年）至隋義寧元年復生（生五十一年）唐乾封元年（一作二年）又枯死（枯三百七十有四年）至宋仁宗康定元年復生金貞祐二年正月二十四日兵火災于本廟延及本檜俄有五色雲覆其上中有羣鶴翔鳴良久而去後八十年癸巳是為元世祖至元三十年故根重發我

皇明洪武二十二年己巳凡九十七年其高三丈有奇圍僅四尺根本枝葉凌雲而盛紋理復左旋與故本無異詳其理似有關於世道之理亂聖人手澤良

不偶然

廟庭松栢檜皆舊有也歷漢晉榮茂如雲至金大安三年季冬復入東蒙山移松一千株栽于廟中

顏母山在孔廟東南六十里周圍一十里高三里乃聖父與聖母顏氏禱尼丘山嘗遊此憩息山去尼丘山五里

尼山居曲阜東六十里山有五峯下為夫子廟廟東有壑曰中和南有亭曰觀川亭下有溪曰智源溪滙衆流為川川上有洞曰坤靈明畢瑜有記

坤靈洞在尼丘山西崖下臨水東向相對即顏母山

其洞中石角濈濈不可入昔有廟戶管用吉成身瘦小持火曳絙而入比至數丈忽隙間有光覩一室廣西楹許中橫石牀并枕不可動類天成云嘗有聖人石像若其中兵後毀損不完洪[illegible]子孫奉莚于山頂有張頴碑記立於洞口宋祥符間嘗封此山后土氏之神為毓聖侯蓋亦取坤靈之義也

尼山孔子像　昔漢文翁立學宮成都故蜀有文翁石室設孔子危坐像其坐歛蹠向[illegible]屈膝當前七十二弟子繪事兩傍晉王右軍嘗簡[illegible]守寫倣之宋嘉祐中王素摹為禮殿圖此像最真者其闕里行教像頗

于從後者顧愷之筆杏壇小影像吳道子筆及司寇像皆漢晉衣冠耳有鄒縣令司居敬與三氏子孫教授張頡講求孔子衣冠按禮記儒行篇自言少居魯衣逢掖之衣長居宋冠章甫之冠逢掖即深衣章甫即玄冠於是倣文翁石室作石像章甫逢掖危坐又以孔子毓秀尼山奉居坤靈洞既又作子思像于中庸精舍孟子像于孟子墓廬

昌平鄉陬邑 按史記正義云故陬城在兖州泗水縣東南六十里昌平山在泗水縣西南六十里鄉取山為名即今之鄒縣也

洙泗講壇 洙水出泰山蓋縣臨樂山西南流盜泉注之水名盜泉仲尼不漱即此洙水又西南流于卞城西西南泗水亂流西南至曾縣東北又分爲二水洙水西北流浮孔林入于泗非兖城北之洙泗水自陪尾山四泉並出西流循泗水經曲阜之北强折而南會于沂入濟寧分流非出乘氏入淮之泗孔里實在洙泗之間而壇又據二水之勝乃因元書院增大之易以今名

刪述所 在孔林東北四里許

呂梁莊 列所稱孔子觀水于此呂梁洪東南有懸水

村即所謂懸水三十仞流沫四十里者或疑今呂梁水無此勢欲擬為石州之呂梁及致禹貢治岐及梁爾雅梁山晉望呂不韋之龍門未辟呂梁未鑿酈道元之呂梁崇墉河流激盪雖指石州之呂梁而言俱未有懸水之文今獨此洪有懸水村謂尼父觀瀾之地非歟史記記孔子將西見趙簡子至河而返則石州呂梁孔子亦未問津矣

厄臺桑落　俱在今河南陳州乃孔子絕糧之所

孔子轍跡　山西澤州太行山相傳有孔子轍跡今山有孔子廟

孔臺在無為州巢縣西槖臯鎮有臺狀如圓壇可容千人俗傳先聖與羣弟子嘗憩于此

孔子書季札碑在丹陽之嘉賢廟文武進山陰皆有之

孔子登東山東山即蒙山在費縣書蒙羽其藝詩奄有龜蒙之蒙皆即此山龜山亦在泗水縣孔子作龜山操即此山

曾點浴沂沂水出自尼山經闕里之南西流滙于逵泉溢于雩水行七十里入于泗乃曾點浴地其水經所載沂水出泰山蓋縣艾山以至下邳縣西南入泗

者非是

閔子汶上　汶水出泰山萊蕪縣原山西南入齊在齊南魯北故閔子欲徃芶亦去魯如齊之意也

言偃宅　在蘇州常熟縣又有子游巷文學橋

澹臺湖　在吳地東南即其南遊遺蹟云

耘瓜臺　在今南武山東崩山之西南北相望有二馬上濶各三畝許說苑謂曾子耘瓜之處即此又有石蝦蟆狀如伏虎今尚在人家相傳以為曾氏舊物未知是否

琴臺　今在兖州之單縣即宓子賤彈琴而治處

攺諡

曲阜 史記神農氏都陳遷曲阜即此若少昊之徙都曲阜在今魯城北六里然亦隨代異名或為奄國或為魯國或為薛𨚗或為汶陽或為仙源未幾復攺為曲阜云攺仙源者宋祥符中復曲阜者宋建炎中

鄹人騶人 孔子稱鄹人之子孟子為騶人皆古邾子國也武王封陸終第五子晏安之裔曰曹挾于邾曾隱公及邾儀父盟于蔑即其後也後為楚所滅魯莊公攺曰鄒因山為名蓋古鄹騶與陬皆通用但舊在嶧陽後徙嶧陰即今縣治嶧一作繹禹貢嶧陽孤桐

即此山或疑此山去徐地遠非即禹貢所載之山致之詩保有鳧繹遂荒徐宅書海岱及淮惟徐州杜祐通典故邾國城在縣東南周圍四十里上冠峯巒下屬巖壑窮險勝景有邾嶧山又鄒山記鄒山古之嶧山也孤桐之所植邾文公之所卜由此言之則鄒嶧本是一山而即禹貢之所載者無疑矣

中都 孔子定公九年初仕為宰即今汶上縣也本古厥國有鬫城春秋昭公在乾侯取鬫即此為魯中都也哀公八年齊伐魯取三邑閔子不欲臣季氏故曰如有復我者則吾必在汶上矣以在汶水之上故曰

汶上詩汶水滔滔淮南子答渡汶則死即此水也戰國時為齊之南陽及平陸邑皆故中都也今東平州亦中都地

郯子 郯祁姓或言嬴姓少昊之後周有郯子國魯之附庸春秋魯昭公十七年郯子来朝能辨古官孔子問之戰國屬楚下邳東北百五十里有古郯城今之沂州即郯城縣是也

鄆讙龜陰田 左氏以鄆讙龜陰田為汶陽之田其後司馬遷史記及杜預春秋傳皆云三邑鄆讙龜陰田今蛇丘縣有讙亭博縣有龜山並鄆皆在汶北豈併汶而言之乎不知山北曰陽汶陽乃齊地鄆讙龜陰

為魯田與汶陽無干朱子辨之已詳孔子　相魯公
會齊侯於祝其齊人遂以此田來歸實吾聖人之績
也

三都　郈費郕皆三家私邑也公山不狃以費畔召此
必在定公九年孔子為中都宰未仕之前春秋經不
書費叛者以費叛季氏非叛魯也當是時三家強而
公室弱孔子雖為大司寇安得遂有魯權而墮之無
亦季氏憤不狃之叛費叔孫氏憤侯犯之叛郈其欲
墮之也固二子之本心又喜孔子以公義使已而墮
之也故墮之易為力至孟氏惑公斂處父之言而不

前墮成至公自圍之而不克則郕固未易墮也叚令
孔子久于其位郕終不可墮乎且必别有所作為雖
不墮郕亦可也近代王氏廉有論

武城南武城 史記子魯參下著南武城人于澹臺滅
明下著武城人後人遂岐為二邑按武城本有南北
北者今屬高唐州隷東昌府南者今屬嘉祥縣南武
山隷兖州府但嘉祥之山名南武則其邑惟名南武
非武城也武城故在費縣西北七十里在漢為南武
城在晉為南武城縣劉昭注東漢南城曰哀十九年
城武城杜預曰泰山郡南武城縣此益明武城在費

縣北泰山南也孟子曰曾子居武城金仁山氏引曾子雜篇云魯人攻費曾子謂費君曰請出避姑無使狗豕入吾宅又唐章懷太子注後漢書王符論曾子蒸父南成山云南成在今費縣西南又戰國策甘茂曰曾子居費之武城似此則曾子乃為費人無疑而非嘉祥之南武也若南武邑則非子游所宰澹臺所生之武邑也史遷加之以南者以時左馮翊有西武城清河郡有東武城故曰南者將別于二邑也加南于曾而不加南于澹臺者蒙上而言耳若謂嘉祥縣南二里許有山與河俱名澹臺據此為信則今北武

城亦有絃歌臺遂可據以爲信乎

陳蔡　陳都宛丘本太昊之墟今陳州治是也蔡本周畿内地以爲蔡叔之采邑及蔡叔逆命國除至蔡仲始改封汝南故以汝南爲蔡及遷州來則以州來爲下蔡汝南爲上蔡今上蔡縣西南十里有故蔡城地而下蔡即今壽州治也

卞人　子路爲卞人卞邑屬魯即今之泗水縣春秋僖公十七年夫人姜氏會齊侯于卞此今縣東五十里有卞城故址其改爲泗水者以水出自卞縣桃墟西北陪尾麓有四源焉故名

鄆人　冉耕冉雍冉求皆為鄆人今濟寧州屬有鄆成縣春秋時為魯西鄆邑成公四年城鄆晉人執季文子公待於鄆即此地人

衛人　子貢子夏子石子野皆衛人衛故都朝歌今河南衛輝府之朝歌縣即其地也其後以曹及楚丘帝丘為衛者因懿公為狄所滅宋桓公迎衛之餘渡河立戴公以廬于曹齊桓公城楚丘而居文公至成公又遷帝丘皆非故衛也今一統志謂高柴為衛人按柴乃齊人敬仲高傒十世孫豈以其嘗為衛士師而誤記之邪

齊人公析哀高柴梁鱣后處步叔乘皆齊人齊都薄姑遷于營丘營丘即今臨淄縣隸青州府薄姑亦謂蒲姑在臨淄西北或云博興有蒲姑故城昌樂有營丘故城大抵博興昌樂與臨淄皆青州屬邑也一統志謂公治長爲齊人按家語乃魯人不知志何所據而云

秦人秦祖壤駟赤燕伋皆爲秦人秦始封非子居秦谷至襄公赴幽王之難以兵助送平王王與之岐豐之地莊公居犬丘文公居汧渭德公遷于雍自德公以下十八世居雍獻公遷櫟陽孝公乃遷咸陽春秋

僖十五年穆公始見於經至悼十年西狩獲麟後九世乃為孝公據此魯隱公之元年實秦文公之四十四年也此時尚居汧渭即今鳳翔之隴州故古謂隴州為汧縣為隴東郡為汧陽為汧源者以此或曰隴州有故秦城遺址尚在

鄫　曾子得姓之先本鄫子國夏少康所封曲列而都于鄫者漢為繒縣宋沂州承縣有故鄫城鄫世子巫去晉仕魯始去邑為曾　　十　故地也但

國于沂凡五曰郎曰如

中

居少泗州所屬止有郯費二 春秋時鄫子學

雩門 左傳莊公十年公子偃請擊宋師竊從雩門学

皐比而出即此門以門南隔水有雩壇壇故高三丈

曾點所欲風處也但雩門本名稷門春秋名南門僖

公高大之又名高門即今曲阜城之南門也其東門

外即海鳥爰居所止處

滕 武王封其弟叔繡于滕本侯爵也周制公侯皆封

百里孟子獨謂滕不能五十里何與蓋滕自叔繡後

傳十七世至滕侯穀為魯隱公之七年始見春秋即

宣公嬰齊也後降稱子地亦寖削至文公時所謂將

五十里是矣自宣公後六世而齊滅之

公孫龍即尼子也作樂記緇衣者本朝郴陽何孟春

疑程敏政議從祀而不及尼子是不知尼子之為龍

也

孔子生卒歲月辯　宋濂曰或有問於濂者曰孔子之

生傳記所載歲月不同公羊氏云魯襄公二十一年

冬十有一月庚子孔子生穀梁氏之說年之與日同

於公羊而謂冬十月孔子生則與公羊實差一月月

固差矣至賈逵注二十一年經云此年仲尼生昭公

二十四年服虔載賈逵語云仲尼時年三十五則皆

以孔子二十一年生也司馬遷著孔子世家云孔子生於襄公二十二年則與公羊穀梁實差一歲日則穀梁與公羊同而月復與穀梁異杜預主司馬遷以注左氏傳謂二十二年生司馬貞主穀梁公羊以證史記謂二十一年生遷誤為二十二年者蓋以周正十一月屬之明年也孔若古主公羊穀梁謂為不易之論胡舜陟主司馬遷謂如穀梁公羊所書則孔子出處之年與經史諸子皆不合孔宗翰亦主司馬遷羅泌之議畧與宗翰同洪興祖主穀梁而謂周家改月十月二十一日庚子即夏之八月二十一日馮去疾

見傳記異辭則造爲禍人之言曰襄公二十一年實已酉之歲也是歲八月置閏以歷法積之則大雪節當在十月十七日或十八日是爲十一月朔氣又三四廿方爲庚子是孔子之生已在十一月節矣既在十一月則是二十二年庚戌歲首無疑公羊書爲十一月以誤而非誤也司馬遷書爲二十二年而又謂孔子之年七十二以卒亦未嘗誤也穀梁於年於月皆據實而書公羊於年亦據實而書於月則以節書謂以日可以表見也司馬遷於年則以節書三者皆非誤也若是無言之不齊何如濂應之曰公羊穀梁

二氏傳經之家也傳經之家當有講師以次相授且
去孔子時又爲甚近其言必有據依司馬遷固良史
則後於穀梁公羊者也吾則無徵乎爾孔子所生之
年吾當從公羊氏穀梁氏然以春秋長曆考之二十
一年己酉十一月無庚子乃在十月之二十一
日孔子所生之月吾當從穀梁氏注家謂己酉爲己
卯卯酉之文相近故誤書也曰孔子周流諸國之年
世家所記多不可考宋之大儒或取之若如子言無
不遷一歲者遷尚不足信乎曰衛靈公之時孔子適
衛又適陳匡人以爲陽虎而拘之世家謂孔子使從

者為甯武子臣於衛然後得去按武子仕於成公之
朝至穆公末武子之子相已與孫良夫將兵侵齊則
武子年當老矣復歸定獻二公凡三十七年至靈公
三十八年而孔子至衛使武子猶在其年將一百五
十有餘歲矣武子之事然也孔子之年乃獨可信乎
非惟此也孔子去魯日世家謂定公十四年年表則又
謂為十二年以年表為是則世家為非以世家為是
則年表為非一書之中自若矛盾若此他盖不足深
論皇王大紀曰還轍孔子言行不得其真者九多言
行且爾而况於年丁曰洪興祖謂周之十月即夏之

八月者然乎曰非也三代雖異建而月則未嘗改也
曰馮去疾謂十月庚子在大雪後即為十一月者可
乎曰亦非也世之星史曆生以六物占人休祥當氣
會之交固有生於已酉而以庚戌歲推之者孰云吾
儒乃有是邪曰孔子之生予既得聞命矣其卒之時
亦有一定之説乎曰左氏云魯哀公十六年夏四月
己丑孔丘卒司馬遷遵之諸儒又從而遵之理之所
在孰得而違之故孔子所卒之年吾當從左氏然十
六年乃壬戌之歲也是歲四月戊申朔有乙丑而無
己丑己丑乃在五月之十二日己與乙文亦相近故

愼書也所謂乙丑則四月十八日謂當夏正二月十八日者非也謂十六年爲辛酉巳丑日爲戊戌者亦非也自壬戌歲上遡己酉孔子之年乃七十四謂七十三者尤非也

孟子生年辯

張頵曰頵讀鄒公墳廟碑謂孟子後孔子三十五年生時周定王三十七年謹按孔子以周敬王四十一年壬戌歲卒後三十五年實貞定王二十五年丙申又三年戊戌貞定崩孟子之至魏顯王三十三年也歲在乙酉逆數至貞定丙申爲一百十年愼靚王二年壬寅去魏適齊視乙酉十八年赧王

元年丁未去齊在齊六年自齊薨魯凡六年閒皇極經世書謂孟子顯王四十三年乙未為齊卿四十四年丙申去齊則薨魯丙申前事其生不在孔子卒後三十五年明矣且周敬王壬戌即魯哀公十九年孟子安得二吾猶不足之語禁哀公於口舌閒邪孟子曰由孔子至於今百有餘歲去聖人之世若此其未遠也蓋自孔子卒至孟子游梁時方百四十餘年而孟子已老則孟子之生去聖人未百年也

游記

元楊奐東遊記曰壬子春三月十六日庚子東平行臺公

宴于東園是日衣冠畢集既而請謁闕里迨丙午乃命監脩官盧龍韓文獻德華谷劉詡子中相其行丁未同德華子中暨攝祀事孔構器之梁山張宇子淵汴人郭敏伯達出望嶽門幕府諸君祖於東湖之上東行六十里宿汶上縣汶上古之中都也先聖之舊治魯定公九年宰此縣署之思聖堂是也有杜子美望嶽詩刺王彥章墳祠在西城外以斯人而仕於梁時可知矣戊申是日至兖州會州佐孟謙伯益教官張鐸振文話嶧山之勝為甚詳子美所謂浮雲連海岱山平野入青徐者登南樓詩也徐在南四百里青在

東北七百里海在東北不啻千里岱嶽一百餘里吁二三千里之遠今一舉而至與其終身拘拘儒儒於百里之內者不亦異乎已酉拉振文而東不四五里過泗河地頗高敞南望鳧嶧諸峯出沒於烟蕪雲樹之表使人豁如也又一舍許達于苗孔村見曳而斷者其魯城與欝而合者其孔林與不覺喜色溢於眉睫遂入自歸德門魯門一十有二正南曰稷左曰章右曰雩正北曰闈左曰齊右曰龍正東曰建春左曰始明右曰鹿正西曰史右曰麥歸德其左也當時天下學者多由是門入故魯人以此名族長德剛又率

諸子弟姪迓於廟之西相與鞠躬趨大中門而東由
廟宅過廟學自毓粹門之北入齋廳任金絲堂南燕
中門之北堂取魯共王事也是日私忌不敢謁庚戌
鍾鳴班杏壇之下痛廟貌焚毀鄆國夫人新殿設繪
像脩謁而版祝如禮告先聖文宣王畢降階謁齊國
公及魯國夫人之殿殿西而南向者尼山毓聖侯也
次西而東面者五賢堂也謂孟荀楊王韓也碑孔中
丞道輔文遂飲福於齋廳執事者族中子弟也進退
揖讓禮貌可觀信乎遺澤之未泯也杏壇二字竹溪
党懷英書壇之北世傳子路捨丁石益石之釁也壇

南十步許真宗御贊殿也七十二賢弁諸儒贊從臣所撰貞祐火餘物也手植檜三兩株在杏殿前一株在壇南業已焚檄趙太學秉文麻徵君九疇有傾有詩世多傳誦之次南碑亭二東亭宋碑一吕蒙正撰白崇矩書全碑一党懷英撰弁書篆西亭皆唐碑一碑崔行功撰孫師範書碑陰刻武德九年十二月詔又乾封元年二月祭廟文一碑江夏李邕撰范陽張廷珪書開元七年十月建次南奎文閣章宗時剏閣之東偏門刻顧凱之行教吳道子小影三像東廡碑六皆隸書西廡之碑八隸書者四餘皆唐宋碑也是

日出北偏門由甕封甋署讀姓系碑文又北行由西
巷觀頳井亭亭廢矣北出龍門入孔林謁思堂之
上由輦路而北夾路石表二石獸四石人二獸作仰
號之狀拜奠先聖墓如初禮墓前有壇石厚三尺許
方如之其數四十有九後漢永嘉元年魯相韓叔節
造東連泗水侯伯魚墓南連沂國公子思墓世家云
相去十步耳而密邇若此疑後人增築之也然規制
甚小禮之所謂馬鬣而封者是也子思之西石壇居
禰元年二月造有曰上谷府卿者有曰祝其卿者先
聖墓西北白兎溝也二石獸狀甚怪林廣十餘里竹

木繁茂未見其比而楷木以文為世所貴無荊棘無
鳥巢林東三里講堂也林與堂俱在洙北泗南按世
家云周敬王三十六年孔子自衛反魯刪詩書定禮
樂繫易於此硯臺井在西惜去秋為水漫沒矣辛亥
謁周公廟廟居孔廟之東北三里有眞宗御賛碑東
輞井在正東少南水清白而甘俗呼漿水井者是
廟北雙石梁井石上綆痕有深指許者百步許得勝
果寺魯故宮也殿之東北大井圓徑六十丈深二丈
水色墨如也東過顏侍郎墓林城之址顏廟也廟中
柧檜高五丈許由曲阜西復東北行一里入景靈麻

宮觀壽陵陵避諱而改也東北少昊墓所宋時疊石飭之前有白石象為大爆裂壇之石欄窮工極巧殆神鬼所刻也讀碑記始知草刱於祥符潤飾於政和此亦人君貪侈之心將以徼福者也福可求乎哉大碑四諺云萬人愁者是也一在城之外一在城之內無文字意者垂成而金兵至也陵曰壽陵者誠何謂邪入東門復西南馳觀漢之魯諸陵大塚四十餘所石獸四石人三人胸臆間篆刻不克盡識折而北渡沂水入大㟧禪院觀逵泉水中石出如伏黿怒鼉寺碑云鬻之泉宮也薄暮歸自稷門望西觀穹然以步

正卯之姦雄而七日之頃談咲剔去則知舜刑四凶使天下翕然服之明矣登泮宫臺臺下水自西而南深丈許而無源其西靈光殿基也破礎斷瓦觸目悲凉壬子復由縣城東北行十里許過陶樂村南望脩壠蔓延不絶者周之魯陵也東南五里逹脊溝村拜聖考齊國公墓而林廣四十畝墓前石刻甲辰春五十一世孫元措立石滥津高翿書灞水在林之東北入於泗其南防山也而山之峯東西五禮云合葬於防是也林之北東蒙路也自西峯而南謁顔子墓石刻曰先師兖國公大定甲辰三月先聖五十代孫承

直郎曲阜令襲封衍聖公孔摠立石太原王鈞書篆
前一石僅二尺許西甲士背附而坐一執斧一執金
吾正北有小塚不可考顏氏子孫二房在少東上宋
村是日東南行弁戈山而西由白村歷西魯原達東
魯原館癸丑穿林麓而東約六里許達尼山五峯隱
隱在霄漢間而中峰特迥出昔之所謂圩其頂者是
也廟廢雖久而規模猶可見其西智源溪橋也端門
即大成門次北者即大成殿也其東泗水侯殿其西
沂水侯殿也大成之後鄆國夫人殿也其後齋所也
西有齊國魯國之殿齊國之東而南向者毓聖侯殿

大成之東齋廳也兵餘猶存焉正北中和壑也廟
之西南觀川亭也亂礫中得一斷石蓋前進士浮陽
劉燁夾蘆辨也或曰夾驢劉惡其鄙俚故辨正之夾
蘆峴在尼山西由亭之東西旋而下得坤靈洞石角
戢戢不可入族長云廟戶管用吉成嘗持火曳綆而
入比入數丈忽隙間有光睹一室其廣兩楹許中橫
石床石枕皆天成也而不可動今五十年矣以管與
吉幼而瘠故可入也所言如此洞名劉燁之所刻也
因涉沂水過顏母山下觀文德林以草木障翳廟與
聖井無所見尋舊路復達曾原西南瀨竭而出由桑

家莊歷峻山二十里而近達四箕山至鄒國公墓墓
在廟東北有泰山孫明復碑孔中丞立石其西大塚
乜比正墓差小無從考之南有亞聖寺行四五里過
黃注村又十里由石經埠正南少西行二十里達鄒
縣四月甲寅出南門二十五里達嶧山之西北絕澗
亂石如屋復西北行遊太湖懸鐘二洞東南行入燕
子嵓僕以病延坐嵓下諸君且示嶧山圖蠟紙按圖
指顧若仙槁之巨石七真之西軒下瞰紀侯之重城
漢相之故塚一如眼底如玉女峰千佛塔尤號奇絕
所至流水修竹雜花名果殆若屏面而客縷數哉

夕陽下山迤邐由西北而進達于縣之南關造鄒國
公廟庭奠乙卯出西門北行十里入岡山寺沿竹逕
渡横橋出山東北行二十五里達馬鞍山謁孟母墓
北行十五里達趙山莊又十里許達于會城南登郯
臺臺東西五十八步南北四十步曾之臺可見者三
是臺與泮宫臺莊公臺也北涉沂水由竹徑登浮香
亭亭以梅得名小北一石穴茶泉也亦竹溪書而不
名緬思前輩風度又有足敬也丙辰丁巳將訪瞿相
圃不果戊午登西南角臺望射圃圃在歸德門裏已
未辭先聖於杏壇之下

明喬宇謁闕里記曰正德五年天子命予東祀畢將之
沂山戊子渡汶河北至闕里已丑晨衍聖公
成殿由大中門入左右皆國朝碑亭再入
閣甚宏麗上藏秘圖古典億萬卷左右
碑亭入大成門過杏壇杏壇二字乃金
然至殿下成拜仰瞻宣聖暨哲塑像煥然
古碑半已剝落又䙶
先帝御製碑乃西涯翁奉命代告者手書
已焚搬尚有一枯根可二三丈又謁啓聖
楹中設神龕一位覽金絲堂堂亦五楹

事以名庚寅長淌對南溪小山諸亭

甚午後

出龍

石

作

城又南謁周公廟

廟[illegible]贄碑有車輞井又西

行[illegible]閒乃舊沂水流帶宛然有

江南之[illegible]有大石甚奇予為題曰瑞雲辛

卯起行

明許芬謁闕里記曰嘉靖二年閏月芬舟抵濟寧問道謁

闕里得九川呂君為主伍寒泉適以部事至偕行甲

子發濟寧東趨昌平驛六十里又東趨四十里乃至

是夕薄公館沐浴明日早具菜果携麻姑泉入廟修

釋菜禮九川曰此禮廢久矣禮畢入寢殿拜鄆國夫

人入右殿拜啓聖王出觀杏壇壇在正殿前有新杏
行亭出大成門觀手植檜孤榦古色若虬旋起未巳
出奎文閣至大中門又至儀門見兩墀栢陰鹿數十
皆黄色乳而馴却登奎文望之北南東皆山環抱若
人冠冕佩玉執圭秉笏端拱正揖逡巡於三十里外
正南為綱山其外為鳧山山之麓為伏羲畫卦所東
南為防山其外為尼山尼山之南為黄山又其外為
顔母山為嶧山為三峯山亦名[illegible]山卓蒼二百里而遥正
東為東山其外為九龍山又其外為鳳皇山為陪尾
為蒙山山之南為夾谷蒼三百里而近東北為馬鞍

山山之夕陽為夫子删述所其外為臨樂山為呂平山又其外為龜山蒼二百里而近正北為九峰山其外為雞山為杏山又其外為梁父為云云為亭亭為介丘為徂徠至所聚嶕為泰山望之煙雲縹緲蓋百里而遥其西則廓然惟淺隴平阜依稀環把若宫墻皆城郭周遭數十界水曲曲可辨其内為沂為洙為泗其外為漕為洸又其外為汶為濟大抵皆西南流會于今之濟河乃折而東徑徐以入于淮也然沂水出于尼山徑闕里之南西流滙于逵泉溢于雩水行七十里入于泗非東出于岱麓之沂山至于下邳行

六百里之沂也洙水出臨樂山西北流浮孔林入于
泗非出于兖城北之洙也泗水出陪尾山西流徑闕
里之北百里強折而南會于沂入于濟非東出乘氏
南東流至睢陵行千餘里入淮之泗也汶水有仙臺
原山寨村三源皆西流合于泰安之下又西流六十
里合徂徠源之小汶河乃注于洸而南入于濟惟良
泉則仰出于黃山北流徑東峙群峰之外以入于泗
奇矣九川曰凡山皆發于崑崙至為都會山必西峙
水必東流闕里之山環北南東三面而沂汶洙泗又
皆西逝蓄逆矣芬曰地勢東南傾而水流焉氣漸盡

也中原地氣也其障與夫黄河排積石入中國衝潰突厥其患不啻徐兖金元非岱嶽諸山東奠之則青徐之境與碣石俱淪矣兹上山水俱逆實啓中國元氣之運故岱於五嶽得稱宗焉而伏羲畫八卦以始斯文孔子作六經以終斯文皆于兹土亦萬古人心之障也九川曰闕里當奎分漢書云魯奎婁之分野與步天歌言角亢氐為兖州之分野異衛文徙曹楚丘仍占東壁東壁衛分今以漢書云野曹楚丘魯地也然則斯文在兹真天地之交元氣之會與聖公曰予今日始有聞矣遂下登詩禮堂堂舊名延實又入觀孔氏家廟廟前為舊金絲堂基即魯共王欲壞

處九川曰事亦神哉芬曰不然昔夫子戹於陳蔡大夫而弦歌不衰大夫乃感而去共王壞宅時孔氏子孫無如之何亦惟金石絲竹是修丹共王果亦感而止故君子貴自艾聖公寒泉皆躍然曰子於處憂患之道幾矣已乃訪聖公宅與修士相見禮公固讓廢之日午公留餉設酒樂具絲竹有琵琶短簫而琴簫缺焉酒七行罷往拜顏廟于街之東北有樂亭于冉儀門外有古井其陋巷在廟之街東南昇行也聖公不與既而出城北四里所拜孔林至則聖公及博士聞禮先生亦集矣導自漸門入二百步餘為夫子墓

土封高丈餘芬升之林木深秀無禽鳥聲洙水漾於
前綠淨可染其西南有子貢舊場時有為除草築室
者東南隧道左有駐驛亭未入出饗殿前觀二石人
四石獸甚奇古予三人摩挲久之聖公曰人則翁仲
獸則或以前二為角端然與芬曰獸則外一為神羊
即獬豸內二馬駁馬人則魏明帝鑄銅列於司馬門外
者號翁仲恐墓前石人別有稱或者方相之類與上
前門王少頃九川復引至剛述所距孔林東北亦四
里因元有書院九川增大之且易書院名為洙泗講
壇壇實據二水之勝而馬鞍山又別委三峰如筆架

冊畀神秀哉壇後為魯公別墅亓吉焉因與之別
而往拜周公廟于城之東北其地隆聳足俯瞰北
南東三面之奇也公之後有東野氏殊零落九川曩
新其垣廟祥一人典修除事為月給粟而寒泉曰夫
子集群聖周公兼三王一也何後之人哉芬曰周公
在當時位稱其道自伯禽受封南面以食報又三十
有四世其賢不媿乃位則僖公穆公二人已而不
肖以厲氏者亦多也夫天豈其以聖裔處慢之昏
庸暴虐淫邪之夫以深人禍哉欽皋陶丁上下
敬哉有土夫子六經裁成輔相之事也能為報

哉惟天也既曰天報之則隆名顯號
終不授之民者為其後之慮也遠矣
亦嚴乎明曰返于昌平九川曰大溪之
時九川方欲圖闕里而未竟也芬引[illegible]
向背而成之弁書此行所觀見者一[illegible]
為吳人九川為闕中人名經芬姓[illegible][illegible]
溪之上聖公為先聖六十二代孫[illegible][illegible]
明陸武闕里圖論曰闕里吾夫子所居[illegible]
子生於鄒長徙曲阜仍號闕里焉
西南三里有闕里中有孔子宅[illegible]

然
衆

考之酈道元水經注曰孔廟東南五百步有雙石闕即靈光之南闕北百餘步即靈光殿基又其東有兩觀闕則闕里之名義其在茲乎闕里之勝環以洙泗水源出陪尾山水經所謂泗水出魯卞縣北山山海經所謂泗水出魯東北者是也韋昭曰泗在魯城北京璠曰洙水在魯城北南則泗水夫子教於洙泗之間今城北二水之中即夫子領徒之所也從征記曰洙泗二水交於魯城東北十七里闕里背洙泗四門各有石閫去洙水百餘步惟郭緣生謂泗水在魯城南則非矣史記世家曰孔子葬魯城泗上弟子及魯

人徃從塚而家者百有餘室命曰孔里後楊與東遊記謂孔林東三里講堂也林與堂俱在洙北泗南者是已乃若孔壁金石之流響尚講堂荊棘之自闢素書懸甕之符契千古之下詫為靈異則吾夫子道德神化之妙遠而彌光此又其驗也自漢高帝過魯以太牢祀孔子明帝幸孔子宅親御講堂說經唐玄宗封禪迴幸孔子宅親設奠祭後歷代英君誼辟報祀日崇表章封護之典有隆弗替而闕里之名遂與天地並其悠長矣嗟乎士君子幸而生於聖賢之邦瞻依登拜亦既親其盛矣彼殊方異域之士思宫墻室家

之美而不得一履其庭者斯圖庶乎其有考焉

明畢瑜遊尼山記曰丁酉之春仲月十有六日余自濟南謁翰林學士王公於曲阜又明日衍聖公偕學士遊尼山適風和日麗一時欣然聯轡者憲副張公珩陳公相余及叅議杜公鋐也尼山在曲阜東六十里出城十里左右累累然盡魯漢諸陵去二十里茂林蔥鬱中有馬鬣封者顔墓也及二十里餘遠近岡巒秀列隱若龍虎蟠踞環結而為五峯此即尼山也下有夫子廟廟東有中和壑南有觀川亭亭下有智源溪滙衆流為川川有坤靈洞俯視之深黑不可入相

傳中有石床石枕諸公徘徊久之相與嘆曰天下之大非無名山大川可觀而千萬年斯文獨肇于此得非天地五行精華之氣自開闢初已秘于此一旦吾夫子應禱而生有以獨得之盡奪天下古今之秀為人之至又為聖人之至也邪

明戴庭槐謁闕里記曰余嘗過鄒魯之墟經孟廟未嘗不下馬肅揖也獨以未至闕里謁孔林為恨則嘆曰嗟乎太史公生龍門距鄒魯遠矣乃北涉汶泗講業齊魯之都觀夫子之遺風鄉射鄒嶧低回不忍去以余數過魯曲阜三十里而近不一造焉余則陋哉今年

春余從計吏事竣與應天太平二功曹約曰兹行必謁闕里拜孔林二君曰諾仲春二十一日三人者出都門余馬駛二君從而後數日不相及暮春朔余至暘谷店避雨止宿遅之越明日二君始至遂訂前約曰此去曲阜近矣余聞天下有戒壇二釋子不憚跋涉必一造為快吾輩受孔子戒乃其衣冠劍舄之地不一造焉曾釋子弗若耶二君曰誠然誠然又明日雞鳴促行至兖州早飰已從曲阜東去僕夫有難行余決然行二君尾之行三十里至闕里廟南向前為櫺星門門之南為城門其譙樓顔曰宮墻萬仞余由

廟右過古矍相圃趨而前又趨而左自公府門進肅衣冠入廟行謁拜禮禮畢循陛左側上殿仰瞻聖賢皆塑像左眺先師刻石像兖冕衮侍德容如在入寢殿拜鄆國夫人出巡東簷下遶寢殿而北一望曠圃麋鹿數十在檜栢陰復遶而西入右殿拜啓聖王出過杏壇壇直正殿南覆以亭其字為金党懷英筆也有杏數株植壇左右時未作花庭中檜柏姝蒼古可敬觀先師手植檜園以玉欄枯榦可二三丈文作左旋狀恍如虬龍風雨急欲飛去已歷觀古碑刻大半莓苔剥落不可辨出大成門左扉登奎文閣閣高敞

壯麗有藏書橱數座獨無書嵉俯攔四望其南爲綱
山鳧山則包犧之所畫卦也其東爲東山東山之外
爲九龍爲鳳皇爲陪尾爲蒙山爲夾谷則先師之所
相會也正北曰九峯其外曰甗曰杏又其外則梁父
云云亭亭介丘徂徠泰山屹然上矗雲表直欲神遊
之庶幾有封禪之遺蹟踵先師爲後登者乎西望則
平原淺壠周遭廻環沂汶洙泗漕洸諸水皆西南流
以滙于濟庶幾猶有川上源泉之想若乎下閣出大
中門左右皆　國朝碑亭出儀門麋鹿無數伏兩墀
門甚馴復折而右登金絲堂嘆曰魯共王侈心哉欲

壞宅以為宮室聞金石絲竹聲而止今魯殿安在哉而先師一亩宮乃宏麗與帝王居亡異若茲信乎先師有萬世土也二君問闕里何謂余曰先師生於鄒遷於曲阜所居東南有雙石闕即魯靈光殿之南闕又其東有兩觀闕闕里名義或是之取爾談已各從舊道出公府門往北行過顏廟觀樂亭古井詢陋巷遺址出城北三四里許度文津橋入孔林門由輦路越洙水橋至更衣所更衣肅拜享殿下前有石獸四石表石人各二夾路側殿後路東為子貢手植楷云再上為宋真宗駐蹕亭稍折而西北上為先師文宣

王墓上封高丈餘泗水侯伯魚墓在其東子貢築室場在其西沂國公子思墓在其南三世墓甚密迩其上各有石碑二内識世代外表封爵焉墓林廣十餘里相傳先師葬時弟子各以四方名木來植故皆奇卉佳木云是時凋葉未萌然檜柏之屬已葱蒨蔽虧守者告予鄒無荆棘烏巢心尤異之享殿之左為孔氏義塚凡亡祀者皆葬焉復渡洙水橋徘徊橋上俯視水緑净可愛二君曰泗水何在余曰史記世家云孔子葬魯城北泗上弟子及魯人往從塚而家者百有餘室元楊奐東遊記云孔林在洙北泗南然則洙

水其南環泗水其北經者邪日將入出孔林門上有崇樓余循左級升二君以足力疲不能從也倚垣遐矚羣山拱揖起伏晚色尤佳馳入城則繁星在天矣是日也為寒食道中天際密雲若有雨意入廟而霽登奎文閣則赤日當空入林夕照映人衣裾意者先師在天之靈其以錫我遊與詰旦出曲阜城南經舞雩壇取道去望四基山謁孟氏塋處達鄒縣復謁孟廟而行夫以夙昔懷想而不克至者今一旦而愜其素心可不謂快二君顧予曰兹遊信大觀也不可無記余曰遊於聖人之門者難為言記何容易然竊有

訖焉先師設教於洙泗之濱彼顔曾冉閔四子尚矣七
十子僅稱身通六藝者爾其餘三千斷斷如也余即
顓蒙幸當先師時縱不敢望四賢七十子於三千人
中未必不厠末席而坐乃今生數千載後過聖人居
瞻拜徬徨宛與先師相對越矧親覩其宮墻室家之
美其觀感興起不知又當何如也塵襟俗抱記不能
文聊以志一時之行踪云爾

異聞

竊食進飯　孔子戹於陳蔡顔回仲由炊於壞屋之下
有埃墨墮飯中顔子取而食之子貢望見之以為竊

食也告夫子子曰或者其有故乎召顔回曰疇昔予夢見先人豈或啓祐我哉子炊而進飯吾將進焉對曰向有埃墨墮飯中欲置之則不潔欲棄之則可惜回即食之不可祭也見家語

食肉飲酒　孔子戹於陳蔡之間子路烹豚孔子不問肉之所由來而食之剥人之衣以沽酒不問酒之所從來而飲之鮒詰之曰所謂戹者沽酒無處藜羹不粒乏食七日若烹豚飲酒則何言乎戹且子路為人勇於見義縱有豚酒不以義不取之可知也又何問焉見墨子

剖食巨魚 仲尼困於陳蔡從者莫能興夜絃歌于堂上有異人貌甚偉被甲持戈立於庭下子路與之鬭久不勝仲尼諦視之語子路曰何不探其脅即時而落乃巨魚也剖而食之明日遂行見萬花谷

交辭漂女 孔子南遊適至於阿谷之隧有處子佩瑱而浣者孔子曰彼婦人其可與言矣乎抽觴以授子貢曰善為之辭以觀其語子貢曰將南之楚逢天之暑願乞一飲以表我心婦人曰阿谷之隧隱曲之汜欲飲則飲何問婦人乎孔子抽琴去其軫以授子貢子貢曰有琴而無軫願借子以調其音婦人曰鄙野

之人僻陋而無心五音不知安能調琴孔子抽絺綌
五兩以授子貢子貢曰有絺綌五兩吾不敢以當子
身敢置之水浦婦人曰吾年甚少何敢受子子不早
去今竊有狂夫守之者矣見韓詩外傳

按平原君問子高曰吾聞子之先親見衛夫人南
子又云南遊過乎阿谷而交辭於漂女信有之乎
答曰士之相保聞流言而不信者以其行已之事
占之也昔先君在衛衛君問軍旅焉拒而不告色
不已攝駕而去衛君請見猶不能終何夫人之能
覲乎由此言之漂女之事鄉黨自好者尚不肯為

而以誣吾夫子乎

西方聖人　商太宰見孔子曰丘聖者與孔子曰聖則丘何敢然則丘博學多識者也商太宰曰三王聖者與孔子曰三王善任智勇者聖則丘弗知曰五帝聖者與孔子曰五帝善任仁義者聖則丘弗知曰三皇聖者與孔子曰三皇善任因時者聖則丘弗知商太宰大駭曰然則孰者爲聖孔子動容有間曰西方之人有聖者焉不治而不亂不言而自信不化而自行蕩蕩乎民無能名焉丘疑其爲聖弗知真爲聖與真不聖與商太宰黙然心計曰孔丘欺我哉見列子

按此必當時有學佛者張皇其教高出於三皇五帝之上而叚托吾夫子之言以自尊也學者其審之

孔子東遊見兩小兒辯鬬問其故一兒曰我以日始出時去人近而日中時遠也一兒以日初出遠而日中時近也一兒曰日初出大如車蓋及日中則如盤盂此不為遠者小而近者大乎一兒曰日初出則滄滄涼涼及其日中如探湯此不為近者熱而遠者涼乎孔子不能決也兩小兒笑曰孰為汝多知乎 同上

按日初出天側所見而大近也然而滄涼者陽未

盛也及升天中所見而小遠也然而炎熱者陽極盛也以晉太子尚能對長安與日近遠之問曾謂夫子也於荅是何有哉

拓國門關孔子之勁能拓國門之關而不肯以力聞

同上

按此必因聖父扶門之事而加諸吾夫子者

牛生白犢宋人有好行仁義者三世不懈家無故黑牛生白犢以問孔子孔子曰此吉祥也以薦上帝居一年其父無故而盲其牛又復生白犢其父又復令其子問孔子其子曰前問之而失明又何問乎父曰

聖人之言先迕後合其事未究姑復問之其子又復問孔子孔子曰吉祥也復教以祭其子歸致命其父曰行孔子之言也居一年其子又無故而盲其後楚攻宋圍其城民易子而食之析骸而炊之丁壯者皆乘城而戰死者大半此人以父子有疾皆免及圍解而疾俱復同上

按此與塞翁得馬失馬同意夫子惟以理度之爾

將師王駘魯有兀者王駘從之游者與仲尼相若常季問於仲尼曰王駘兀者也從之游者與夫子中分魯立不教坐不議虛而往實而歸固有不言之教無

形而心成者邪是何人也仲尼曰夫子聖人也丘直後而未往耳丘將以爲師而況不若丘者乎奚假魯國丘將引天下而與從之見莊子

兀者無趾

魯有兀者叔山無趾踵見仲尼仲尼曰子不謹前既犯患若是矣雖今來何及矣無趾曰吾惟不知務而輕用吾身吾是以亡足今吾來也猶有尊足者存吾是以務全之也夫天無不覆地無不載吾以夫子爲天地安知夫子之猶若是也孔子曰丘則陋矣夫子胡不入乎請講以所聞無趾出孔子曰弟子勉之夫無趾兀者也猶務學以復補前行之惡而

況全德之人乎無趾語老聃曰孔丘之於至人其未
邪彼何賓賓以學子為彼且蘄以諔詭幻怪之名聞
不知至人之以是為己桎梏邪老聃曰故不直使彼
以死生為一條以可不可為一貫者解其桎梏其可
乎無趾曰天刑之安可解 同上
西見老聃 孔子往見老聃而老聃不許於是繙十二
經以說老聃中其說曰太謾願聞其要孔子曰要在
仁義老聃曰請問仁義人之性邪孔子曰然君子不
仁則不成不義則不生仁義真人之性也又將奚為
矣老聃曰請問何謂仁義孔子曰中心物愷兼愛無

私此仁義之情也老聃曰意幾乎後言夫兼愛不亦迂乎無私焉乃私也夫子若欲使天下無失其牧乎則天地固有常矣日月固有明矣星辰固有列矣禽獸固有群矣樹木固有立矣夫子亦放德而行循道而趨已至矣又何偈偈乎揭仁義若擊鼓而求亡子焉意夫子亂人之性也同上

已陳芻狗孔子西遊於衛顏淵問師金曰以夫子之行為奚如師金曰惜乎而夫子其窮哉顏淵曰何也師金曰而夫子亦取先王已陳芻狗聚弟子遊居寢卧其下故伐樹於宋削迹於衛窮於商周是非其夢

邪圍於陳蔡之間七日不火食死生相與鄰是非其眯邪 同上

孔子見龍 孔子見老聃歸三日不談弟子問曰夫子見老聃亦將何規哉孔子曰吾乃今於是乎見龍龍合而成體散而成章乘乎雲氣而養乎陰陽予口張而不能噌予又何規老聃哉 同上

六經陳迹 孔子謂老聃曰丘治詩書禮樂易春秋六經自以為久矣孰知其故矣以奸者七十二君論先王之道而明周召之迹一君無所鉤用甚矣夫人之難說也道之難明邪老子曰幸矣子之不遇治世之

君也夫六經先王之陳迹也豈其所以迹哉今子之所言猶迹也夫迹履之所出而迹豈履哉同上

生見盜跖

孔子與柳下季為友柳下季之弟名曰盜跖孔子謂柳下季曰請為先生往說之柳下季曰先生必無往孔子不聽顏回為馭子貢為右往見盜跖謁者入通盜跖聞之大怒曰此夫魯國之巧偽人孔丘非邪為我告之子之罪大極重疾走歸不然我將以子肝益晝餔之膳孔子復通曰丘得幸於季願望履幕下謁者復通盜跖曰使來前孔子趨而進說以三德規以大利盜跖大怒曰子脩文武之道掌天下

之辯以教後世縫衣淺帶僞言偽行以迷惑天下之主而欲求富貴焉天下何故不謂子為盜丘而乃謂我為盜跖丘之所言皆吾之所棄也亟去走歸孔子再拜趨走出門上車執轡三失歸到魯東門外適遇柳下季柳下季曰今者闕然數日不見車馬有行色得微往見跖邪孔子仰天而嘆曰然柳下季曰跖得無逆汝意若前乎孔子曰然丘所謂無病而自灸也疾走料虎頭編虎須幾不免虎口哉（同上文多曼衍故節約其詞）

按莊周一書往往稱老聃王駘無趾漁父之徒以抑吾孔子至盜跖篇譏誹又甚焉所推許僅僅曾

儒一人之片語爾或謂盜跖篇為後人偽撰其餘諸篇或抑或揚皆寓言也隱居放辭筆端鼓弄吾毋怪乎爾

赤爵黃玉

春秋孔演圖曰鳥化為書孔子奉以告天赤爵銜書化為黃玉刻曰孔提命作應法為赤制說題辭曰孔子卒以所受黃玉葬魯城北見水經注

懸甕丹書

魯人藏孔子所乘車於廟中獻帝時廟遇火燒之永平中鍾離意為魯相到官出私錢萬三千文付戶曹孔訢治夫子車身入廟拭几席劍履男子張伯除堂下草土中得玉璧七枚伯懷其一以六枚

白意意令主簿安置几前孔子授堂牀首有懸甕意召孔訢問何等甕也對曰夫子甕也背有丹書人勿敢發也意曰夫子聖人所以遺甕欲以懸示後賢耳發之中得素書文曰後世修吾書董仲舒護吾車拭吾履發吾笥會稽鍾離意璧有七張伯藏其一即召問伯果服焉 同上

將亡遺秘 孔子將亡遺秘曰後世一男子自稱秦始皇上我堂踞我床顛倒我衣裳至沙丘而亡始皇至魯觀孔子宅至沙丘而崩 見論衡

闕里自開 後漢董憲裨將屯兵于魯侵害百姓光武

刀拜鮑永為魯郡太守永到大破之惟别將彭豐不
肯下頃之孔子闕里無故荆棘自除從講堂至里門
永異之謂魯令及府丞曰方今危急而闕里自開豈
夫子欲太守行禮助吾誅無道邪乃命人衆修鄉射
之禮請豐等共會觀視欲因此擒之豐等亦欲圖永
乃持牛酒勞饗而潛挾兵器永覺手格殺豐語見兖州
伐柏之報先聖庭舊有柏二十四株歷漢晋其大合
抱有二株先倒析魯人莫敢犯宋文帝時江夏王義
恭出鎮彭城悉遣伐之父老為之嘆息及義恭遇害
解體挑目時以蜜漬之為鬼目粽時人以為伐柏之

報也迄今廟庭松檜多而栢少同上

按以上數事疑若後人神異其說然以吾夫子在天之靈諒必前知而默運者則雖異而不為異也

論曰文獻不足杞宋無徵小大有識文武未墜聖賢往矣不恃徵典故曷得其芳躅哉第世邈地遐掃塵落葉恨不能詳之其旁及諸子採取異聞述好事之言涉語恠之謬亦以資談柄而裨四寸如歷有聞著有奇欲觀者一裁度焉爾

孔門源流考卷之十終　姪邑庠生燁校刻

八閩文庫

八閩文庫
文獻集成
259

福建文獻集成

吴格 主编

續編 史部 一九

海峽出版發行集團
THE STRAITS PUBLISHING & DISTRIBUTING GROUP
福建人民出版社

本册目次

榕陰新檢十六卷

[明] 閩縣徐𤊹撰

湖北省博物館藏清賭棋山莊抄本

榕陰新檢十六卷，明徐𤊹撰。𤊹（一五七〇—一六四二），字惟起，號興公，閩縣人。以布衣終，與兄熥並有才名。萬曆間與曹學佺主閩中詞盟，後進稱「興公詩派」。藏書處曰紅雨樓，積書五萬三千餘卷。撰有筆精、續筆精、紅雨樓集、鼇峰文集等。生平具見列朝詩集小傳、荊州徐氏族譜等。

此書採群書所載閩地閩人之事，分十六類輯之，類各一卷。卷首自敘曰：「不佞家承千萬卷之藏，日手一編，與蠹魚爲伍，於凡吾郡之事，往往見諸載籍，疑信參半。乃就榕陰之下，隨筆録之，各分其類，倣稗官小説之例，史傳有焉者不入焉。」其旨大抵在表彰桑梓、鄉人，存其故實。徐氏以藏書聞於晚明，所引典籍皆訖於明，晚清時謝章鋌已謂「今日流傳者尚可得半」，則亡佚者亦不在少（如竹窗雜録、冶山拙稿、晉安逸志等），故頗資輯佚之用。

今傳之版本，有兩種系統：一即此抄本（冠悔堂叢書本當源出於此），一爲明萬曆三十四年（一六〇六）吴騰蛟刻本。兩本相較，其類目、分卷、篇章等皆有差異。吴氏刻本卷次及類目爲：卷一孝行，卷二忠義，卷三貞烈，卷四仁厚，卷五高隱，卷六方技，卷七名僧，卷八神仙，卷九妖怪，卷十靈異，卷十一冥報，卷十二數兆，卷十三勝蹟，卷十四物産，卷十五幽期，卷十六詩話。差異較大者，如此抄本卷二忠烈，吴氏刻本釐爲忠義、貞烈二卷；卷三方正不見於吴氏刻本；卷一孝順下有剜肝行孝，吴氏刻本亦未載。蓋吴氏所得乃徐氏初撰稿本，此抄本又經王啓、高景删定。吴氏序曰：「余見而契之，相與歡甚也。因出其新檢一册示之。」則其底本乃徐氏親授者。吴氏頗好此書，命其子洵美「考核校正，授之殺青」，故闕載處恐非删削所致。徐氏紅雨樓家藏書目序曰：「會壬辰、乙未、辛丑，三爲吴越之游。」疑其與吴氏相交在此之間，則至晚止於萬曆二十九年。此抄本徐氏敘作於萬曆三十二年，於二十九年後有所增訂亦屬常理。試舉一證：此抄本與吴氏刻本卷二，均有疏忤權奸一則，述閩清人陳剛中事。此抄本注引自竹窗雜録，吴氏刻本則徵引群談採餘、竹窗雜録。意者竹窗雜録概括其事已較完備，故不再徵引群談採餘。此抄本又有「吾鄉守杭者代不乏人，無一人爲之修復，可慨也夫」一句，爲吴氏刻本所無，更可證徐氏以竹窗雜録代原録二條。

四庫存目著録此書「兩淮鹽政採進本」，提要云：「分孝行、忠義、貞烈、仁厚、高隱、方技、名儒、神仙八門，所載多閩中事，大旨表章其鄉人也。」其所見本似爲吴氏刻本之殘帙，故僅八卷，所論僅及人物而已。

此抄本舊爲謝章鋌所藏，鈐「賭棋山莊校本」白文方印。書前有謝氏題跋，言其曾借郭兼秋（柏蒼）家藏另一抄本校過，天頭所校即是。題跋後有謝氏抄録榕陰新檢所引書目，計一百七十二種，頗便稽核。（韓　超）

榕陰新檢四卷 徐興公著

光緒庚子從生生翰臣購得儒部董秋家抄本校之其缺誤處
錄臺與吳想此兩本同時傳錄於一本故彼此相符也雖卷目
乃此得與多者當求善本校之四月校后記　按十三卷中缺
九則有錄與此陳鳳金傳不載此卷或曰此傳乃與公輩門儒
純　又按與公著竹窗雜錄不采入此編未知原書若干卷但
此采自首卷十五或四五則或十數則十六卷詩詞數其通其
卷之半想未采者不多矣　又按吾先方伯莊梳公有四部
叢談一書志及家譜俱不載而此編不采數則是足以補家乘
矣八十一叟校后又記

榕陰新檢所引書目

夷堅志　福安志　逸志　蓬軒別記
幔亭集　竹窗襍錄　涉異志　稽古類編
恭敏逸事　福寧志　遂昌襍錄　姑蘇志
晉安逸志　西湖志　羣談采餘　風俗錄
宋史　福州舊志（并程史）　冶山拙稿　延露篇
王忠文集　道山清話　清異錄　樽俎餘功
國琛集　游宦紀聞　宋范公稱過庭錄　餘冬序錄
藏一腴話　月台陳氏譜　蒼霞草　自警編
荆溪吳氏林下偶談　松亭晤語　孫公談圃　莆陽人物志
[illegible]

江湖紀聞	厚德錄	隋志	宋趙彥衛雲麓漫抄
雲山葉氏譜	潛穎錄	馬氏家乘	惠州府志
為善陰騭	避暑餘話	晉安逸志	王氏日抄
吳興掌故	鼓山志	楊東里文集	輟耰述
三山志	鳴盛集	異林	事林詩話
草木子	仙史類編	神僧傳	古今詩話
台嶼陳氏譜	閩中實錄	鶴汀私抄	姓源珠璣
陸游避暑漫抄	傳燈錄	吳航志	長樂志
禪宗正脈	釋氏通鑑	全唐詩話	上虞志
閩中記	北夢瑣言	稽神錄	荔枝通譜

馬石田集
祥異類纂
秉齋記事
建寧志
耳談
廣客談
剪燈新話
東甌後記
高坡異纂
古穰雜錄

歐陽文忠集
老學菴筆記
法苑珠林
異聞總錄
七修類稿
謝肇淛四部談
泊宅編
大明一統志
文獻類言
九鯉湖志

歐陽詹集
黃御史集
酉陽雜俎
古田志
續元錄
東坡志林
草澤篇
墨客揮犀
名山類苑
韋居聽輿

鶴林玉露
孤樹裒談
壺山集
閩都記
江寧志
幽怪錄
宋潛溪集
墨莊漫錄
瑣綴錄
天靈稿

吳越備史	異夢類徵	閩中逸事	王氏世譜
睽車志	太平廣記	廣古今五行志	南村輟耕錄
覽勝餘談	塵餘	孔平仲談苑	萬鳥啼春集
古今事實	聞窗異志	遯齋閒覽	韻語陽秋
法帖譜系	瑯琊代醉篇	閩部疏	歸田錄
容齋四筆	福州府志	翰府名談	劉欽謨岳台集
詩話總龜	鶴林玉露	名賢清話	歐陽公詩話
閩川名士傳	福清縣志	永福縣志	燕居筆記
山房隨筆	趙世顯客窗隨筆	唐摭言	五代史補
古今詞話	湖海新聞	梅澗詩話	焦氏筆乘

蘭莊詩話　東坡集　丹鉛摘錄　冷齋夜話

清波雜志　表忠錄　菊坡叢話　瀛奎律髓

碧溪詩話　長溪志　竹田年譜　漁溪詩話

南谷詩話　五國故事　升庵詩話　詩藪

困學紀聞　藝苑巵言　懷麓堂詩話　蓉塘詩話

風雅叢談　東皐雜錄　青瑣集　浙江志

臨安志　朱子語類　名賢清話　雅言系述

按所引書目今日流傳者尚可得半予故錄出異日當尋而校之　章鋋記

榕陰新檢敘

夫莊生寓言於大鵬，洪氏因夷堅而作志，吳均續諧而志怪，野史集虞初以成書。不惟好古之士甘之若海錯山珍，即愚夫愚婦亦嗜之若鳳羹鸞炙矣。不佞家承千萬卷之藏，日手一編，與蠹魚為伍。於凡吾郡之事，往往見諸載籍，疑信叅半，乃就榕陰之下隨筆録之，各分其類，倣稗官小說之例。史傳有焉者不入焉，全忠死孝事不傳於信史，志誠可　正仁厚之　白于皇天蹟原

衲子僊真　精神於百

堪述巖居

佳句字　都會名區三山勝蹟妖怪數兆

豈盡淪於虛無技術幽期安得俱為影響述而不作式

有　塵談筆之於書不有賢手傳博奕

萬歷甲辰　三山徐𤊹惟起書

榕陰新檢目録

第五卷

高隱

第六卷

神仙

第七卷

名僧

第八卷

勝蹟

第九卷

第十四卷
方術
第十五卷
物產
第十六卷
詩詞

榕陰新檢卷之一

閩中　徐𤊹　興公編輯

友人　王啟　永宇

高景　景倩刪定

孝順

出髓救母

福州西禪寺行者名妙心無父兄弟姪獨母存患瘋疾累年不能步履妙心日饋粥飯受本寺差監作碓坊嘗用紙糊一毬實以紙錢一夕焚香告天曰妙心母老而

卷一　孝順

苦瘋疾世人取肝割股以行孝者今願破腦出髓救母
餘年望三界神明賜祐妙心令貯大毬内若使紙錢成
灰而外毬不損當即償荅已而果然遂對空再拜以左手
持斧置顖門右手執木槌擊之應手頭裂暈倒在地不
自知忽有神人呼之曰汝適所禱為何事而乃不起耶
始覺少甦摸其頂則髓已出如鴨卵大殊不痛楚漫覆
以刀鎗藥碓坊去家五里急走歸母云兒將何藥來吾
已聞馨香矣對曰昨晚遇道人與我此藥令煮粥和服
粥成一室皆香母一啜而盡便覺手足輕快呼曰試扶

我行比下床若初無疾者母子俱喜妙心還碓坊掌事者欲糾其夜出不敢隐乃以寔告監寺僧從皎驗之不誣具白長老達於州適時王與道尚書作牧賜錢五十千絹二十疋以為孝養之勸士大夫多作詩賛咏時紹興三十年九月也夷堅志

侍癩不避

寧德漁人江晏郎同胞三人父晚年患癩親隣勸從於山調治不然恐相染三子俱應曰縱一染尚存二人即俱染亦天也何忍棄父於山越半年父卒三子躬沐浴

而掩殮之竟不染福安志

孝女報讐

李十一娘者永福李師翁之女也師翁能為越方以其術療病病無不立愈然時時與人戲言若有物人亦以此憚之諸公候之者門外之轂相擊也金錢衣食雖不佃作而足於餽遺矣時永福令王教者循州人也暴酷好殺以師翁惑衆逮繫論死於是十一娘自械詣轅門請父罪不許請得以身代亦不許竟搒笞殺十一娘乃密懷利刄欲以刺教而教出入衛侍甚衆百計不能

得因自毀面使形狀不可知潛至循州聞教母好方士求長生不死之藥十一娘推傳父亦即為女道士居教旁近觀行禁架之術隱淪出入變幻不測令教母聞之教母聞果名女道士十一娘因大言年數百歲其方取日精月華為藥服之能拔宅飛昇教母乃喜奉千金為壽跪而請之十一娘佯為辭謝固請乃許而却其金曰吾藥能使海水化為黃金且亦安事金為矣遂使教母及子孫親戚齋戒五日後五日夜半皆會十一娘陰為鴆酒手自斟酌一時皆死絕無人焉十一娘乃盡斷其

頭題壁而去三日外門不開隣舍撞入見之馳報教教伏地號哭亦自殺也逸志

孝魂歸鄉

陳士貴侯官人古靈先生之苗裔也父子敬永樂末以百户長為福州府司庫居人失火延燒庫中進御棕毛屑罪當死傳之燕京時士貴年甫弱冠自髡詣郡請代父刑許之遂就逮故人賓客皆白衣冠送之芋江之上既發皆垂淚涕泣以弔士貴笑曰士恒患不得其死今吾無愧於死矣受賀不受弔也故人賓客皆曰善士貴

不顧而去至京備極楚毒臨決延頸受刑顏色不變其蒼頭焚尸裹骨以歸未至十餘里子敬方坐堂中忽見士貴歸拜堂下問其事曰主上幸哀憐見宥矣因索浴既入室而蒼頭繼至子敬大駭急視之獨盆中有血數斗不知士貴所在 逸志

孝子有後

閩揮使王勝少孤賴母氏撫育得世厥蔭官母卒浮屠印滌屍穢水勿污地則死者釋愆資福王急命勿覆貯留他器日以杯飲之越百日乃竭八閩咸稱孝順王云

他行猶有奇絶者。王近四十乏嗣，其妻為納麗寵以進。王具冠裳焚香籲天曰：某實不德，天斬吾後，吾不承天。又污一女子體，吾不為也。乃伏地長號，妻懼而還之。後連得二子。蓬軒別記

童孝希聞

林逸夫，字元適，古田人，處士林春秀之仲子也。四歲喪母，祖母甘氏鞠育之。處士家貧，逸夫負薪於市以供菽水。萬曆己亥五月，甘氏疾危，逸夫年十五，負薪籲天涕泣，焚香割股，和藥以進，家人不知也。藥進而甘氏稍蘇。

郭本三作七

三日復病篤逸夫復於舊剜之傍重割之時當皇急刄不由手入深可寸許筋落血暈（迸）痛幾絶以掌覆肉悲泣號呼父兄家人始知之急作羹以進甘氏復蘇遺囑後事乃瞑縣令延至公庭大加奬異上其事於藩臬諸司復其終身扁其居曰童孝希聞　惕亭集

手殺三仇

閩縣令王仰楚人以進士起家甲午莅任三日暴卒僚屬驗其中毒死寔家奴三人謀殺之繫獄以俟其子廷鳳至鳳少年負俠㡪得其狀一日會勘於城隍廟鳳私

懷一劍手刄三奴一時俱斃閩人聞而壯之陳薦夫詩紀其事云悲風掣天天欲裂父腸飲恨兒腸絶九閽欲吁道路長忍使親仇延歲月魚腸刺入血如縷天遣三奴同日死同日死兒更匆嗔兒身得死父得瞑孤身已分殉孤親君不見仲孺馳吴胥射楚歲月悠悠竟何補人生倫行自有真當時愧殺高譚侶徒自喧王家有子生入門九重豈為王家恩　竹窓襍録

墜水救父

恭敏馬公贈君石巖公常往建州經黯淡灘前舟覆没

父子二人俱墮身[水]死其子得一篙　一　見其父浮
沉間急拋篙衛父值沉駛竟不救遂俱溺死惜不知其
名但先一日同泊舟問其姓是侯官姓陳也恭敏曾稱
述之謂其窘急之際尚知有父亦天性云　竹窗襍録

刻木祀親

宋福州連江人倪神保幼失怙恃嘗念罔極之恩未報
與妻林氏共禱於天欲得木兩枝連理而生者取刻父
母像以祀焉乃遍求山中至石巖州見二木同[生]倪拜祝
曰此木可刻當自動三祝畢其木交股搖動凡三而止

即取歸傭工刻之既成祭哭祀於中堂凡飲食供奉出告反面一如事生之義涉異志

禱天延算

元蓬琅閩人七歲而孤母沙氏守節不貳琅採薪拾穗以養鄉人以孝稱時旱父老祈於神弗應或曰蓬孝子有至行使之禱果雨又繼有大災求禳之大隨息母嘗搆疾服藥弗効夜露禱北辰願以身代時父母不粒食七日忽蘸曰適有語我曰爾有孝子加爾壽三十自是疾成風痺琅夫婦日夜扶掖不離匕母沒果符三十之

數有薦其孝行者，瑔辭曰：此人道之當然，豈敢衒名哉。

稽古類編

孝馴蛇鶴

馬恭敏公葬贈君於群麼山，經年有雙鶴宿於墓側，長松及公歸而後去。又一日倦隱几臥，有朱蛇六七繞身數匝，奴輩見之驚呼。公醒，數蛇猶蜿蜒至几前，如俯伏狀而散。知者以公爲非凡人矣。恭敏逸事

行孝免禍

衢州李五郎，雖閭巷編氓，而好賢樂善，事親孝，勤祖母

病篤割股以療家貲稍腴尤喜賑恤貧乏閩士張師中赴省試過衢時歲寒欲雪過竚立其門李適見之邀入附火問其鄉里張具以告且言一僕負擔行遲故候之于此及僕至日已晡李因留宿具酒饌明旦雪大作又留一夕仍遣僕送至嚴灘張感德無已春闈不利鄉人薦為大理吳少卿宣之家館賓方月餘衢州械送宄盜二十輩來對獄李生在列張客使詢其由云為盜有求不愜誣為窩停主訴於郡不見察故陷黨中至暮吳少卿詣書院張即白之曰頃過三衢邦人多談其賢且家自

豐贍何由作賊當即以詳讞之吳瞿然躬至獄户閲實知非惡徒立釋遣之李未及里歸棹得疾甚危并一子隨行亦罹疾張為名醫拯救皆獲愈李遂歸其妻夢人告之曰五郎有大難緣能行孝以活祖母上帝録其孝誠特令張吉甫（師中字也）做此一段果報不如是當死於獄矣人益證李生為長者云（柴椿年教授說夷堅志）

孝感獲瓜

王薦字希賢福寧人父疾禱天減年以益父壽父絶而復生甦曰適有神人皂衣紅帊語我曰汝子孝上帝賜

汝十二齡後果符其數而卒母沈氏病渴思啖瓜時冬

不得薦至深墺嶺值雪避樹下思母病仰天而哭忽見

石巖間青蔓離披有二瓜摘歸奉母渴遂止至正間福

建宣慰司上狀旌之御製詩云父疾精虔禱上天願將

巳算益親年孝心感格天心順恍惚神將帝命傳母渴

思瓜正歲寒那堪山路雪漫漫雙瓜忽產空巖裏歸奉

慈親痼疾安。福寧志

孝徵四瑞

林文恪公仲子世勤天性至孝文恪捐館刻木祀於中

堂出告反靣備生存之禮母夫人黄氏喜種蔬仲仲子屋室狹隘賃隣圃以娱親意夫人未寝仲子不寝百端孝養無一息容忽厨下産靈芝數本盆中生禾結寔生穗枯竹編籬皆重生枝葉園中瓜俱並蒂四瑞一時駢集人以為孝感所致直指使者上其事詔表廬以旌焉

竹窓雜録

剜肝行孝

吴貞小連江人及笄歸鄭時豐萬歷戊申吴氏年二十八、肖年適耋兩載瀕死浹旬夫亦貧出入號泣吴氏請以身代三月二十夜夢黄衣老嫗告云孝婦欲活而翁無如割肝侵晨夫出吴氏用剃刀剖腹裂三寸許背若有推之者肝出剜下二指許鮮血淋漓竟不自覺入厨細切烹酒以進翁啗其半吴氏暈絶忽有醫至覔神散敷其裂晡時調餘肝以進翁是夕病甦次日櫛沭又次日出肅容吴氏亦無恙邑令聞其事親往察之申請兩臺藩臬例應旌表天性奇孝古今所未覩者也竹窓襍録

榕陰新檢卷之二

閩中　徐𤊹　興公編輯
友人　王啓　永宇
　　　高景　景倩刪定

忠烈

太學鄭義

鄭所南，字思肖，閩之連江人。宋有國時，其上世時仕於吳。宋亡，遂客吳下，有田數十畝，寄之城南報國寺，以田歲租入寺為祠其祖禰。遇諱，必大慟祠下。而先生併館轂於寺焉先生自宋亡矣不與北人交接於賔朋坐間見語音異若輙引起人知其孤僻故亦不以為異其上世本業儒而先生於佛老教則喜之平日喜畫蘭疏花枝簡葉不求甚工其所自賦詩以題蘭皆險異詭特葢以攄其憤懣云吳人好事者為板刻其所謂錦錢集者行於世若先生在周為頑民在殷為義士葢不易窺其涯涘云 遂昌襍録

鄭所南一名思肖連江人宋太學上舍剛介有志操會元兵南下所南常叩闕上書元人爭耳目之遂更名曰

思肖示不忘趙意氏也曰南示不復向他姓也隱居吴下坐必向南歲時伏臘輒向南野哭再拜乃返誓不與朝客交往或於朋友座上語音異者即引去人知其狷潔亦弗為怪工寫蘭邑宰求之不得因脅以他事所南怒曰頭可斷蘭不可得常寫一幅自題其上云純是君子絶無小人深山之中以天為春又云一國之香一國之殤懷彼懷王於楚有光又過齊子芳書塾題云此世但除君父外不曾别受一人恩又題寒菊云禦寒不藉水為骨去國自同金鑄心其忠義發於詞章者多類此連江縣志

趙孟頫才名重當世鄭所南惡其宗室而受元聘數往候之終不得見疾亟時囑其友唐東嶼曰思肖死矣煩為書一牌位云大宋不忠不孝鄭思肖語訖而絶年七十八蓋謂其不能死國與無後也自贊其像云不忠可誅不孝可斬懸此頭於洪〻荒〻之表以為不忠不孝之榜樣宗社既墟適意緇黄自稱三外野人嘗著大無空工十空經一卷空字去工而加十宋字也寓為大宋經造語奇澁自題其後云臣思肖嘔三斗血方能書此後當有具眼識之又著釋氏施食心法一卷太極祭煉一

卷謬餘集一卷文集一卷自序一百二十圖詩一卷題寒菊云寧可扶頭抱香死不曾吹落北風中姑蘓志

女俠報仇

申屠氏宋時長樂人美而艷申屠虔之女也少名以糞既長慕孟光之為人更名希光十歲能屬文讀書一過輒能成誦其父漁釣海上作詩送之曰生計漁竿二十年茫茫此去水連天往來酒灑臨江廟晝夜燈明過海船霧裡鳴螺分港釣浪中抛纜枕霜眠莫辭一棹風波險平地風波更可憐其父常奇此女不妄許人年二十

侯官有董昌以秀才與等為學宮弟子虞既見之學宮
遂以希光妻昌希光臨行作留别詩曰女伴門前望風
帆不可留岍鳴蕉葉雨江醉蓼花秋百歲身為累孤雲
世共浮淚隨流水去一夜到閩州入門絶不復吟食貧
作苦晏如也居久之當靖康二年大豪方六一者虎而
冠者也聞希光美心悦而好之乃使人陰誣昌重罪罪
至族六一復陽為居間得輕比獨昌報殺妻子幸無死
因使侍者通殷勤強委禽焉希光具知其謀謬許之密
寄其孤於昌之友人乃求利七首懷之以往謂六一曰

妾自分身首異處矣賴君高誼生死而肉骨之妾之餘生君之身也敢不奉承君命但亡人未歸淺土心竊傷之惟君哀憐既克葬乃可成禮六一大喜立使人以禮葬之於是希光僞為色喜盛裝入室六一既至即以匕首刺之帳中六一立死因復殺其侍者二人至夜中詐謂六一卒病危篤以次呼其家人皆愕起不意先後奔入希光皆殺之盡滅其宗因斬六一頭置囊中馳至董昌葬所以其頭祭之明旦走名山下人告之曰吾以此下報董君吾死不愧魂魄矣遂以衣帶自縊而死晉安逸志

誓死抗賊

閩清王蕙妾錢氏農家女也少時許蕙既長父傭奴其婿欲奪王氏婚錢以死自誓父啓之百終不許適嘉靖巳未之變倭奴欲犯之錢且哭且罵賊惜其色連斫數刄不動竟殺之頸血湧起數尺灑壁上成王字大小凡十三蕙聞之大哭祔葬于先姑終身不娶去為僧也

忠義憤激

宋謝翺字翺羽長溪人徙浦城倜儻有大節刻厲憤激不混流俗意所不願雖萬夫莫回每慕屈平託興遠遊

因號晞髮子宋亡文天祥被執翱悲不能勝嚴州有子陵臺孤絶千尺時天凉風急挾酒登之設天祥主跪酬號慟取竹如意擊石作歌楚招之歌闋竹石俱碎其志節益汗漫浩不可禦視世間無足當其意者獨好佳山水遇即恣遊倦輒訪隱流方鳳吴思齊輩歌吟取適至元甲午來家西湖上前代遺老咸詑見翱晚也其過故宫四絶句云複道垂楊草欲交武陵無樹著凌霄野猿引子移閒來往覆盡花間翡翠巢隔江風雨動諸陵無主園池草自春聞説就中誰最泣女冠猶有舊宫人禾黍

何人為守闕落花臺殿暗消魂朝元閣下歸來燕不見前頭鷓鴣言紫冥樓閣宴流霞今日凄涼佛子家寒照下山花霧散萬年枝上掛袈裟明年乙未年四十七臨没囑其家曰慎收吾骨與鄱鄉子耆已而鳳與思齊果至與方幼學葬之子陵臺南初翱以朋友道喪作許劍録就鳳等復為作許劍亭於墓右吴渭祠翱月泉書院

西湖志

殺子全孤

李相閩縣人本壽州人也少跅弛不事家人生産好走

馬屠狗博塞以游其母李媪家素豐酤酒市中王緒未
起時從媪貰酒數負債又醉毀媪酒舍相怒欲毆之媪
蹣相而數之曰天下方大亂此壯士也奈何失壯士歡
相狀之遂相與為刎頸交是時王緒方困從人寄飲食
於是因舍緒破家奉給之緒以故資用益饒得結賓客
廣明元年相坐法當誅逮壽州獄王緒聚少年數百人
謂之曰今黄巢薄東都海内飈同豪傑並起諸君來亦
效之王侯將相寧有種乎少年皆曰敬受命於是為壇
而盟推王緒為長期旦日日出會旦日日出皆會乃入

壽州獄篡取李相執守令斬之郡中皆慴服莫敢動時
江淮冦賊蜂起皆以衆屬緒凡數千人遂引軍而西攻陷
固始秦宗權以蔡州叛使人授緒光州刺史印徵其兵
會擊黄巢相勸緒謬詐因而襲之緒不從遂率衆南奔
自南康下臨汀誅殺數不當軍校王潮等恐禍及遂襲
緒而將其軍緒之遇殺其子建齊生四五歲相抱建齊
扶緒尸而哭之仰謂潮曰天乎天乎將軍誠自貫禍乎
固北面而事之矣其已甚乎且其孤何罪也請活之潮
曰諸相遂抱建齊而歸謂其妻曰潮忍人也今佯許之

後必且復索之奈何吾終不令王氏絕嗣矣乃以其少子〻與建齊易名而呼居三日潮果使騎索建齊其少子子應之曰諾遂見殺然真建齊乃反在相卒與共從軍居閩縣冒姓李氏至其曾孫瑩復姓王氏與李氏以兄弟數此兩家者宋時子孫咸至大官矣

勇敢成功

閩趙榮〻當正統末也先奉乘輿入寇京師時虜情不測人心洶〻榮為中書舍人獨請往迎學士高穀壯其志解所束金帶贈之及曹吉祥反時文武皆畏縮逃避榮

為工部尚書披甲躍馬奮呼於市曰好漢來從我曹家
是亂臣賊子當共剿殺我輩是忠臣義士不可退避於
是從者數百人戰於陣前鼓舞奬勵士卒滅賊成功李
賢對上語之上曰固忠臣也　群談採餘

節婦沉江

林節婦閩永慶里人正德丙子節婦生年十九歸福清
韓敬韓有前室子世英夢雲失毋終日嘎〻節婦愛如
已出未週歲而夫卒欲繼以死以姑老子幼歷十七年
屏居一樓卒撫二子有室既治舅姑葬畢哭謂二子曰

韓不張吾畢吾責死在今日絕食單衣期以必死子婦環侍守之數晝夜節婦紿之曰吾初欲死者欲明吾志耳今若此豈忍矯世以狗名哉吾不死矣子婦信之更數夜守者暫息節婦潛赴龍江抱石以殁時嘉靖庚戌十二月二十夜也二子求其尸不得明年正月六日乃於海門東澳沙護濤冏衣袂攣結其面猶生計卒日十六日矣不葬魚腸豈非天乎時有葉刺史邦榮傳其事

竹窓襍録

仲蒙續孟

腸疑作腹

唐有林慎思長樂人作伸蒙子三卷續孟子二卷崇文書目鄭夾漈馬貴與書目俱有之即吾鄉觀其書者亦鮮矣余近得一本於故家所藏續孟十四篇無甚高論而伸蒙子有岸穢洳道硃砒殘畋麰麲麤亂等字各有解説謂不忘山水方事甲起家於來自隱於陶之意亦吾闢千載不朽高士也黄巢寇長安逼以偽官不受服孟氏舍生取義之旨駡賊不屈遂遇害今倜巖讀書石室遺址尚存夫太元擬易卒至美新伸蒙續孟終成死節百世而下不能不為子雲惜也竹窓襍録

截耳表貞

閩儒士鄭坦妻鄧氏竹嶼官族之子（女）十六歸坦半載夫亡乃引刀斷其兩耳血流七晝夜厭其耳以遺父母曰此可以明吾志矣留候續纊即同納諸木庶免毀傷之罪鄧氏博通書史孀居五十餘年所著詩詞甚多哭夫云舊涓春殘芳草怨新墳日暮野猿悲又云菱鏡半生塵不染柏舟千載誓同、哭姑云衣中忍着縫時線機上空餘斷後絲又云堂北清霜凋宿草窗前落月照殘機兩臺使者疏其苦節於朝旌表其門嘉靖庚申病卒

年八十三風俗録

太學直諫

陳良鼒字廷器閩清人以太學生需選公車值世廟南
巡抗疏諫止詔獄除名黜為民隆慶改元録言事諸臣
鼒已老矣福建按察使徐中行贈之詩云千官扈從漢
江行展禮山陵自聖情總為叩閽危萬乘却教止輦數
諸生精神不為雷霆折肝膽仍逢日月明世廟諫臣徵
欲盡客星猶復卧孤臣未幾卒伯兄惟和輓之詩云龍
駕南巡日何䀿批逆鱗誰知伏闕者却是布衣臣抗疏

青雲薄憂時白髮新至今遺廟蘋藻自千秋欲迴江漢輦痛哭叩重閽死諫孤臣節生還聖主恩青山藏疏草白日照忠魂寂寞荒墳上西風啼暮猿夫以太學生抒忠恍而訐朝政漢推劉唐何蕃宋惟陳東及鼎四人而已歿後立祠崇祀固其宜也噫今之太學能如良鼎者鮮矣 竹窓襍録

壁上血書

永福林空齋失其名舉進士歷官縣令解官居家益王立張世傑圖泉州乃與鄉人黃必大劉同祖起義兵復

永福縣北兵至屠永福必大同祖走他邑空齋盛服坐堂上嚙指血書壁云生為忠義臣死為忠義鬼草間雖可活吾不忍生爾諸君何為眷自古皆有死俄見執不屈死舊志作令永福人宋史劉同祖妻林氏以為空齋之妹而空齋本傳俱云福清人近葉太史於空齋福清建空齋祠則空齋非永福人無疑矣竹窗襍録

死忠死節

劉同祖妻林氏福清人同祖為福建招撫使倡義抗元兵後亡命自經死有司執其妻具反狀林叱曰林劉亡

族世爲宋臣欲以忠義報國事不成天也何爲反耶汝知去歲有以血書壁而死者乎是吾兄也死且求治汝於地下可生爲汝等辱耶遂遇害兄指林空齋也宋史

御賜書詩詞

張以寧古田人洪武三年奉使安南太祖御賜詩句云朕聞歷代賢君必有賢臣能事其主者居則規諫有方出則能示威德以撫四夷漢之陸賈於南越馬援持書於竇融是也朕居江左十有六年思慕此等之臣終未得至怏怏於心自即位之初特遣翰林官知制誥

事張以寧典簿牛諒使安南初未知其懷抱何如去後今年寔封來奏朕再三覽之喜不自勝以寧至彼其主行長逝彼國人請授王印於世子我以寧言此吉禮非凶禮事也今爾國有喪況來文伊先君之名非世子之名也降之非禮也爾國當遣使往奏庶依大禮於是國人從之今使者至如以寧實封之言朕思安南僻在外夷瘴烟甚重古人以為要荒聖人不居之地賢者不遊之處恐瘴烟乖其體故耳今我臣以寧抱忠貞之氣奮古能使之風執之以大義守之以法使安南同命而後降

印又安南國中人民官屬以我中國揖為大禮見人長揖為禮畢惟我以寧能評之以禮使彼國中今行稽首頓首之禮拜覲其所以我以寧非獨抱忠貞而能使其事者遂能化夷行中國之禮可謂智哉於戲抱忠貞之氣奮守節之剛非生性之自然歷練老成愚夫猛士可予使之善者以寧也綴詩以勉之句雖不佳朕本非儒文之——不深專述其事耳以寧初使聞說西南瘴似烟林叢草密有蛇蚿承差不避言君命自是前賢忠義傳得以寧實封嶺南南又海南邊惟有安南奉我天使者往

還多議説瘴雲埋樹若堆坰民人跣足為鄉禮斷髮衣冠似野禪話到異鄉人異處老臣何日得來前

念以寧涉江海

我臣奉命之册徼驛路迨遥渡幾河野宿聽猿啼夜月朝看狸走疾岩阿風塵未紀回何日取性觀山勢態多晴頭好瞻紅日勝但陰驅逐片雲過

又

離馬乗舟涉大洋風號帆掛幾尋檣巨鼇聞話衝前浪澗底雄蛟翊駕航舵轉水鳴聲霹靂蚌開珠擁海雲光

我臣勁節遐方好靖把冊衷奉上蒼

念以寕入重山

卿初奉命便前奔道路崎嶇實慘魂千尋樹杪猿飛走

萬壑風生瘴氣昏日暮鳥啼人不到月沉象吼夜還溫

何時化作中原地風俗流行禮樂敦

又

使者登山日進程崎嶇石徑動人情鳥啼深樹聲投耳

獸立幽陰未識名太古以來樵不到至今人往獸無驚

峯頭一點無科木駐馬觀來四海平

慎言引

卿因國年事往期年、應是朝同世子賢語善久知人道是

話非雖壯往無便也知周廟三緘口、猶恐臨時不自然、

彼處受封王即位、但將詩慶便迴旋

戒財引

海濱邦國室多珠勿為區〻化作迂此去爾家豐俸祿、

好將方寸向前圖功名千載誠難得、一失應須目下汙、

記得黃、金乘夜送、四知不納却來誣

保身引

華林江狹水湍流為問民人是幾秋水色紅黃民性獷

山生巨獸象為頭我臣至彼還收眷豈被南方瘴氣愁

彼國有人依禮待卿當歸告甚崇優

諭張制誥令世子守服引

安南世子性惟賢志行將來必備全初附能尊中國禮

訃音來報朕心悽以寧休作殊邦看萬里神交是宿緣

更把聖書深道與直教素服衣三年

死難貽詩

姚銑侯官人正統初官兵科都諫巳巳從征北虜死於

土木之變難先時銑自誓必死在軍中遺僕伯通歸貽
家人詩曰愧我無才久侍班又從奉駕出邊關青袍誰
寄床頭笏華髮新添鏡裡顏許國丹心今日盡輸忠白
骨幾時還叮嚀妻子休垂淚好引故魂入故山竹窓樵録

疏忤權奸

陳剛中閩清人紹興初以廸功郎上封事主議恢復忤
秦檜意後胡銓以鯁直言事貶諂州剛中作啟壯其行
有云屈膝求和知廟堂禦侮之無策張膽論事喜樞密
謀遠之有人又云知無不言願借上方之劍不遇故去

聊乘下澤之車檜猶憾之遂與張九成等七人同謫剛
中知五遠縣有詩言同日五人俱去國何時萬里許還
家卒葬杭州龍井山風篁嶺下沙盆塢予嘗遊龍井詢
其墓所蓁蕪日甚人無知者吾鄉守杭者代不乏人無
一人為之修復可慨也夫 竹窓雜錄

詩刺奸臣

敖陶孫字器之福清人弱冠魁鄉薦補太學韓侂胄用
事逐朱文公陶孫首以詩送之趙汝愚謫死陶孫揭詩
於通衢云左手旋乾右轉坤如何群小肆流言狼胡無

地容姬旦魚腹終天葬屈原一死固知君不免孤忠賴有史長存九原若遇韓忠獻休說渠家末世代孫佹胄大怒刊章追捕陶孫變姓名遁去 福州舊志并程史

章除忠諫

葉福字叔疇閩縣人洪武庚辰進士授給事中極言庭宗室之非宜建文震怒杖幾死函遺室人歸奉其母靖難兵攻金川門首犯其鋒死之衣冠歸葬有禁諱其事久之楊文敏入省求其從孫順為文碣其墓萬歷初奉恩詔從元孫宥安吉守邦榮白祀於鄉賢祠節鎮龐公

表其堂曰諫苑孫忠大諫議死於雲擾中三十餘年微楊公疇表其墓乎萬歷詔將二百年矣微安吉公疇白諸宮而享有俎豆乎天地正氣竟難自泯也 治山拙稿

忠魂不泯

半洲張公堂弟纘將遊太學會隆慶初恩詔纘為上章申雪冤輯浙直斬獲凡三千二百九十餘功皆寔蹟也屬草月餘未及就一夕燈下忽綸巾布服臨纘榻前面命曰弟念我冤事良懇一念之善念〻皆善一事之善事〻皆善吾甚仗汝也言訖不見纘毛髮悚然令二僕

各就寢仍夢公索奏草筆削之詞旨明確纉驚覺取燭以書遲明以質諸識者遂具以聞公精爽表於燈前筆削徵於夢裏公其不死乎 冶山拙稿

姊貞妹友

林貞女菜姐其妹仁姐閩縣叅政舜道女也貞女許嫁長樂中丞陳省子長源于歸有日矣長源死貞女欲奔其喪父母不可日夜號泣其妹友厥姊姊不茹葷已亦不茹葷姊病不能寢已亦不敢寢積勞瘁先卒貞女益憤欝嘔血數升而絶將死曰葬之必之長樂時萬歴五

年六月也恭政友人林熑哀其志為楚歌以弔之竹窓襍録

誓死殉夫

馬氏名蕚恭敏公第五女也字于王大恭應鐘之子德溢未數月死馬氏匍匐哀號欲殉以死者屢家人守之水漿不入口者旬餘瘠毁骨立嘔血繼之舅姑為延醫診脉不可曰勿診脉惟談病症進藥亦不可踰月復請曰身為王家婦謂舅姑何遂私治送終之具三年喪畢復請曰兒之所以苟延為未亡人者痛夫無有執三年喪者兒今決矣忽一夕呼父母兄弟永訣而斃馬氏歸王

倡隨不數月而從容就義可稱烈婦萬歷初輿論以烈婦宜在旌表之列督學使者王希元故寢之迄今無有以揚之者貞魂不抱恨於九原乎竹窓襍録

決瘡死節

貞婦名懋細王融人同知林資深女也字于鄭若舟舟以秋試還閩尋感末疾卒林聞訃慟絕奉柩還奔喪哭奠如禮閤卧內自刎未絕以救免遂不食積十七日不死乘間以爪抉頸瘡以死焉郡人陳薦夫為作貞婦歌嘖〻復嘖〻路上人嘆息問汝何嘆息阿婦太難得阿

婦林家女婉孌字懋細阿舅鄭府君若舟阿婦婿十七
入鄭門眕睞生輝光流藴翠羽帳繡帶生鴛鴦郎君性
早慧新婦甚賢良府君佐惠州新婦隨姑嫜綢繆滿三
載欵﹅侍高堂府君謂阿兒女合先還鄉棘闈試期近
急去無倉皇阿兒再拜謝入門促嚴裝上堂拜阿娘入
門撫阿婦氣塞聲不揚阿婦牽衣泣君行當自寬此別
固不長阿夫舍婦去忽﹅若有忘抵家未浹旬未疾纏
膏肓窅﹅即冥路骨肉含悲傷鄉書昨日至大小皆驚
惶阿婦聞信來絕去半日強一慟失魂魄再慟摧肝腸

裂我文錦襠褫我紅羅裳抽我金雀釵碎我碧玉璫一瞑不復視誓死無異言姑抱阿婦泣汝勿妄思量夫病汝未扶夫喪汝未奔夫婦死異處何以慰九泉我當挈汝去汝且慎自將婦聞如此語沉痛臥蘭房府君得聞之促名阿婦言阿夫汝姑子夫死姑自傷姑今挈婦去汝勿妄思量婦當慎自愛勿重姑心傷阿婦泣拜辭努力治行裝渺〻城南路漸次長阿亭不見阿夫同入門但見當時主人出門迎渺〻長河路漸次空江頭不見阿夫同入舟但見當時江水傷心流一日復一日望〻

故山頭軀車入里門哀猿鳴啾〻上堂候阿姑入室惟哭
狂夫絶命撲什棺下嘔血常斗餘日晏卧空房空房夜
何長欲死苦不得家人慎周防吞珠珠不驗吞金金不
傷金珠豈無毒不損鐵石腸窺奩探錯刀引頸就鋒鋩
刀之創未深暈絶地中央家人走驚救血流何滂日
晏稍復蘇哽咽不能言驚覺創上藥引決自棄將姑伏
阿婦言新婦太孟浪兜死復奈何得婦身差強婦今百
計死誰復侍我旁阿婦嗚咽言姑勿重心傷阿夫有少
弟新婦有小郎小郎事阿姑常比新婦強新婦苦命薄

生死負姑恩來生如有緣再侍姑舅傍姑謂阿婦食阿
婦口不嘗姑謂阿婦飲阿婦絶水漿一卧十七日家人
驚惶〻〻大姊為妹來欵曲諭衷腸大兄為妹來朝夕相
勸聲琅〻〻夜半四顧望守者咸卧僵起坐床褥間手抉
頸上瘡氣絶鮮血流畢命歸冥鄉兩家忽驚呌中外大
喧攘縣官騎馬來網紀烈婦喪府官騎馬來樹楔相旌
揚開歷卜葬地兩〻同蓋藏上有連理枝下有雙鴛鴦
夜〻相和鳴朝〻比翼翔寄語後世人見義無傍徨 延
霅齋

疑擘誤

一門死事

柏帖木爾者字君壽蒙古人至正中為福建中書省郎中我師至城下城将陷引其妻妾五人上樓慷慨謂之曰丈夫死國婦人死夫義也今城不守吾且死君等能吾從乎皆泣謝曰無他志也有死而已即皆引繩自縊死有十歲女度其不能自殺呼諸佛龕紿之曰汝稽顙拜佛可保爹娘無恙也甫拜擊米囊壓其背囊米重女即壓死囊下獨念宗祀不可絕有男始三歲命乳媼抱匿旁、居民居中仍俾賫金銀自隨萬一事不測以此贖性命

或可全也未幾兵入城乃引燈火屋四圍有頃窓火四
面一發遂焚死王忠文集

榕陰新檢卷之三

閩中　徐𤊹　興公編輯

友人　王啟　永宇

高景　景倩刪定

方正

毀滅浮屠

嘉靖二十二年二月杭州知府福清陳公仕賢擊楊璉真珈等三髡像於飛來峯臯之靈隱寺山下田汝成為之記曰飛來峯有石人三元之總浮屠楊璉真珈僧閒

有脫字

剡僧澤像也盖其時刻畫諸佛像于石壁而以己像雜之到今三百年莫為掊擊至是陳侯見而叱之曰髡賊髡賊胡為遺惡蹟以蠖我名山哉命斬之身首異處聞者莫不雪然稱快嗟乎談宋事而至楊浮屠尚忍言哉當其發諸陵盜珍寶襦玉匣零落草莽間真怵心奇禍雖唐林兩義士易骨潛埋而神魄垢辱徹於九幽莫可雪滌已夫趙氏立國庶幾存仁而叔世寖削寖微覆宗海濟又不憖借一坏以盖藏題湊悲夫悲夫或謂藝祖欺嫠孤竊神器冥報宜然嗟乎天之所壞不可支也所

興不可禦也假令天不祐宋藝祖能胄昧搴取之乎如以實報論則古今奸雄以欺奪濟事者或不蒙鞭暴之禍又將何説以通之然則趙氏遘厄豈其天乎胡運方張中華祚歇殺機横發敷毒兩間即沉淪黃壤猶不免斃不然胡為乎荼毒若此也陵穀谷遷移觸目鮮故而梟髡傒烈留玷兹山殆非所以令衆庶見也穆陵顱骨韜匿穹廬高皇帝籍而返之惜其時無以賊像事上聞者廼今竟誅滅於陳侯宣皇帝之德意洩異代之幽憤作義士之雄心掃名山之氛厲良足快矣昔申屠廸毀

曹操之祠許伯高去臭公之廟史氏記之以為奇節以令方之不亦并美前修哉春秋之法翦亂賊雖死曰誅以明刑也竊有取焉系之頌曰有宋不競圖存海陬胡為梟憝犯此靈邱株送 公猶有餘譴就以峨容顯我峻巘陳侯殛之義憤所宣人雖神怒倏然偕籲生脫明誅死復幽戮何必市朝遊魂駭悚烈烈陳侯為政有紀崇正祛邪規民於禮陳侯烈烈秉德靖共旌善癉惡教民作忠澤及枯骴受天百祿報爾宿讐直陟遐福黎祇述頌我用是修名誅三賊竊取春秋西湖志

祀火不焚

長溪陳使君者居鄉與人和同賦性剛介乾道五年邑中大火將廹其居鄉黨相率請避陳曰吾平生未嘗有一毫之私今天降災必不及我堅坐不動但焚香於庭朝服而禱曰此屋皆清俸之餘所建神天其鑒之須臾四面皆為灰燼惟陳一區獨存夷堅志

踰墻避妓

旴江李覯一日與處士陳烈同赴蔡君謨飲時正春營妓皆在後圃賣酒君謨因命以佐飲烈已不樂酒行衆

妓方歌烈踰墻而遁覯座上賦詩云七閩山水掌中窺乘興登臨對夕落暉誰在畫樓沽酒處幾多嗚櫓送潮歸晴來海色依稀見醉後鄉心積漸微山鳥不知紅粉樂一聲檀板便驚飛後烈聞之遂投牒云李覯本無士行輙造賔筵詆釋氏為狐禪指孟軻為非聖聖經云非聖人者無法合依名教肆諸市朝君謨覽畢牒笑謂來者云傳先語先生今後不復使一弟子也道山清話

父子清貞

陳復、正統四年為杭州知府公正廉明濟以簡靜尋以憂去民保留之起復再任竟卒於官貧無以為斂按察使鹿邑軒輗倡聘之民爭來助其子盡却之曰不忍黷貨以死其親也時布政使則德興孫元貞仁和知縣鳳翔許璞而軒輗為監司之長皆一時之選璞不久亦卒於官　西湖志

因醉自警

閩士劉乙嘗乘醉與人爭妓女既醒慚悔集書籍凡因飲酒致失賈禍者編以自驚警題曰百悔經自是不飲至於終身　清異録

教徒學走

福州張觷字柔直蔡京賓致為塾客柔直以師道自居待諸生嚴勵諸生已不能堪一日呼之來前曰汝曹曾學走乎諸生曰某等嘗聞先生長者之教但令緩行柔直曰天下被汝翁作壞了早晚賊發先到汝家汝曹若學得走緩急可以逃死諸子大驚走告京曰先生忽心恙如此京聞之矍然曰此非汝所知也即入書院因訪策馬柔直曰今日救時已是遲了只有收拾人才是第一義京叩其所知以楊龜山為對龜山自是有名命朱子語類

詩關風教

趙仁甫年少時，有一新寡孀湖陽公主於香囊，命其子乞詩。仁甫村付，知其意，題云：「湖陽自有共姜操，戲使綸音試宋弘。」其人自此不敢通問。竹窓雜録

對策侃直

困學紀聞：宋浚儀王應麟所著中考史一類載：乾道壬辰黄定對策謂：「以大有為之時，為改過之日月。」又云：「雖有無我之量，而累於自喜；雖有知人之明，而累於自恃。」又云：「欲比迹太宗而掛其所不用之術，顧眄周行，類不適

用則曰腐儒曰好名曰是黨耳於是始有棄文就武親內疎外之心何不因群情之所共違而察一己之獨嚮其言愷切孝皇擢之第一有以見容直之盛德而秉史筆未之紀焉應麟深以為憾定永福人林宗伯修郡志較之宋史尤畧豈定之不幸耶後有纂修之責者當採應麟之書表而出之竹窓雜錄

積書貽後

宋城山鄭龔其子曷官樞密院編修嘗諭曷曰畜耒耜者子孫必習為農藏博奕之具者其家必習為戲玩之

事汝能不靳貲費廣收書籍以遺子孫其後必有以儒業昌其家者㬎遂捐數百金裒書二十櫃皆親自校治殘編斷簡蟲殘鼠嚙雨敗塵昏者皆裝標而畫識之六經十七史諸子百家皆以朱黃定其句讀補其訛缺以至山鑱石刻星文藥書方言地記亦咸經目雖力盡神疲猶惓惓不忘也㬎生三子曰渾曰濛曰湜猶子曰湞曰浚曰沅皆登進士爲宋名臣予嘗借其家譜於裔孫孝廉吉甫家深羡古人積書之勸（勤）而子孫得藉詩書以歷膴仕今之登高科一門金紫者亦不乏人若求其藏

書若鄭氏者蓋鮮矣豈其有關於葬地之吉又不待學問致通顯者耶竹窓襍録

中丞恬静

林粹夫謝中丞事而歸也杜門謝客屢日以著述自娱聞時有頗僻意有所觸則發為樂府命小僮歌之歌竟則陶然以怡未嘗一至公所有事於閩者各先加禮公以方巾野服接之有謀焉則以大體相告未嘗委曲循其意樽俎餘功

曠志辭榮

鄭善夫侯官人性疎闊無留伏為禮部郎曠志辭榮博學為古文尤長於詩義不詭於詩風人浩然仰頫縱遊名山川其意嘸々如也正德末以養病終其身國琛集

髯蛇就餉

會稽虞愿字士恭宋明帝時為晉平郡太守郡舊出髯蛇膽可為藥有餉愿蛇者愿不忍殺放二十里山中一夜蛇還床下復送四十里外經宿復還故處愿更令遠乃不復歸論者以為仁心所致也海邊有越王石嘗隱雲霧相傳云清廉太守乃得見愿往觀視清徹無隱蔽

後瑯琊王秀之為郡與朝士書曰此郡承虞公之後善政猶存遺風易遵差得無事又見蕭子顯南齊書則愿之德政在閩彰彰可觀矣郡志為愿作名宦傳第曰為政廉平人懷其惠何其泛而不切也蓋纂脩時只沿襲舊志未及攷齊書故爾不然何不指其事而論著之乎

竹窓襍録

有德有言

永福邑東有嶽宮乃吴太博繹創大門建三清殿上梁日邑中諸公咸在吴以書梁儷語首讓給事黃公龜年

公即領畧立解手帖濡墨云風馬雲車灑百順勾陳之衛金枝玉葉拱萬齡宸極之尊詞語鏗潤筆法高古吳大喜心服其未第時最貧奉自處淡如應應鄉試黃引保曰有考官某縣尉居簾內見公丰姿秀發驚喜曰有如此奇男子安得出我門下既而預薦尉喜甚約妻以女及中第曰尉已捐館其妻挈累扶櫬相遇於中途黃哭之慟命逆旅主人達情請遂初約夫人曰往事尚忍言哉無祿縣尉清貧死無餘資吾携百指扶櫬而歸衣衾斥賣殆盡方以不達鄉井為慮那可復議婚先輩事

況黄甲少年當結好鼎族吾且行矣善為我辭黄垂涕
曰嗚乎吾許人以諾死而負之吾行將何歸夫人不念
死者言乃作世俗夷虜語茍遂吾志秋毫自　不敢
聞命也遂定婚於邂逅間分携痛哭而別某氏從公歸
能執婦道琴瑟在御没齒無間言公登從槖夫人尚無
恙若公者可謂有德有言者也噫今之年少弄筆墨取
科第者項背相望聞公之風焉亦知所自省哉關游宦紀

威懾監司

許將沖元以前執政知大名府以剛畧稱時同屬曹蒙

御命寀訪蕟視郡縣威令甚嚴至大名府見冲元當廳下轎冲元出見其倨甚復入呼法司曰不知前執政作前宋監司得當廳下轎否法司具條白之不許竚立甚久復令白曹曰請就賓次以全國體曹失措而退許接武迎之曰在将無稱此乃朝廷禮耳不可以人而輕國也曹氣懾無語更不問一毫事屏縮數日而去宋范公稱過庭録

陶使再來

洪武中福建按使察陶垕仲寧波人性清介在任治贓吏草宿弊時布政薛大方貪暴垕仲奏之大方亦奏俱

至京問理事既白大方得罪皐仲還閩人為之語曰陶
使再來天有眼薛公不去地無皮　餘冬序録

見色不亂

馬恭敏公年十四狀貌非常出市中人々屬目有將家
子欲得公為婚(婿)贈君謂家(吾)世寒素紈綺輩女子未必堪
為吾家婦且　海漁翁必無戲言辭馬其人亦馬族戚
屬計拉公讀書於空室與僕輩見女姿而以告主人成
其事且恣女時出挑公公逃歸贈公怪之公唯々不道
其故其家人奇公々而露於贈公　馬恭敏遺事

不阿權相

馬恭敏公為進士北闈同考取一魁吳姓者不知其為夏相國婿也夏則喜甚屢令吳引公相見公竟不私一謁夏䘏之及為郎袖分九江清廉聲籍甚令徽守缺而公資次當補銓曹擬上夏阻弗與竟出守姑熟入覲僅携三十金行李中謁翟相國閽者索錢無也三刺皆不報公曰吾何所求第規例入貢官員何可不一面相見既不見通吾儀狀只一書三金閽者擲於門外謂以遺吾尚輕視閣老門下人而以此餽閣老公遣役拾之歸

曰正缺路費乎三年而銓曹擢爲苑馬卿翟之阻猶夏
隨兵備九江弭盜渡虎、百姓尸祝之翟䜮敗卒莫中
傷也恭敏遺事

直忤御史

馬恭敏公爲江右藩伯值直指高姓者性貪公正大不
好婞阿高思有以中公一日枉以事而拘藩司吏書公
報曰有所否者請即彈藩伯罪不在吏書不可拘也牌
再至公怒甚遽命輿往毆之僉事鄭世威亦怒輿出助
惟恭政譚大初促輿至途中觧歸然公怒未已也重九

節至例直指門下役必私索藩臬二司之六房一日公坐堂上遥見數人索之從儀門入公令閉門搜之鞫果直指皂役也俱拷枷革去高竟無可奈何未幾謫典史

恭敏遺事

脅殺奸臣

宋鄭虎臣字廷翰福安栢柱人為會稽尉德祐元年賈似道安置循州遣使監押之貶所虎臣以其父嘗為似道所配欲報之欣然請行似道寓建寧開元寺侍妾尚數十人虎臣悉屏之去奪其寶玉撤轎蓋暴行秋日中令

舁夫唱杭州歌謔之名斥似道窘辱備至一日入古寺
壁上有吴潛所題詩虎臣呼曰吴丞相何以至此似道
慚不能對舟次劍南黯淡灘虎臣曰水清何不死此似
道曰太后許我不死倘有詔即死十月至漳州木綿庵
諷令自殺不肯虎臣曰吾為天下殺似道雖死何憾拘
似道之子於别室即厠上拉似道脅殺之殯于厠所李
東陽詩云多寶閣前歡不足木綿庵前新鬼哭裂膚拉
脅安足論天下蒼生已無肉君王不誅監押誅父讐國
憤一時攄監押雖死死不滅元城使者空嘔血夫虎臣

殺似道為天下洩忿也陳宜中黨似道殺虎臣而籍沒其家福安二十四都至今賠没納所没莽田若宜中者可勝誅乎　福寧志

賈似道嘗遇術者言平章不利姓鄭人故朝士鄭姓者多摧抑之武學生素見憎於似道廷議遂以虎臣為押送官瀕行置酒飲虎臣言前夢且祈哀庇虎臣微笑而已途中備加窘辱及抵清漳似道泣曰夜夢不祥離此恐無生理漳守趙介如者似道門客也宴虎臣欲請似道偶坐虎臣不許似道亦固讓不敢當口稱天使承惟

謹介如察虎臣有殺似道意挑之曰天使今日押團練至此想無生理曷令速殞無受許多苦惱虎臣笑曰便是這物事受得許多苦惱好死不死明日促之行離城五里小憩木綿庵似道知不可免乃服腦子踞虎子欲絕虎臣曰好教祇恁地死大捶數下而殂先是吳履齋潛安置循州時似道命知府劉宗申掊摭其短竟以毒死至是介如祭似道為之辭曰嗚乎履齋死　、死於宗申先生死閩死於虎臣祇此四句然哀激之懷無往不復之微意寓其中矣西湖志

監門直言

鄭俠介夫未第時讀書清凉寺王荆公以中書舍人持服寓江寧聲迹相聞治平四年俠果擢甲移後公叅大政俠以疑獄數事為公諫公皆如其請公（俠）為監門公行新法俠極言其非不報時荆公有詩曰何處難忘酒君臣會遇時高堂拱堯舜客席坐皋夔和氣襲萬物歡聲連四夷此時無一盞争負鹿鳴詩俠和云何處難緘口熙寧政失中四方三面戰十室九家空見佞眸如水聞忠耳似聾君門深萬里焉得此言通故宰相之歎總不

能勝監門之直云藏一話腴

百可自銘

陳鼒字調玉懷安人以易教授弟子甚衆張司馬經周
御史亮許進士繹廖太守世魁舒御史汀藍别駕淦羅
知縣釗王兵部欽皆出其門下者也爲人方正不苟時
有憲伯極愛重之當爲閲卷官私召鼒以秘旨授之鼒
入試苦心爲文頓忘憲伯之旨坐此不第偃蹇終身所
著有百可漫志二十卷散逸不傳晚年自作壽藏銘曰
我性愚拙亦厠爲人縶身泮水四十餘春奔走棘闈三

十六寅誠士林之大蠹渺滄海之纖塵雖大德之弗踰胡小善之足陳功縱未加乎人已志幸無悪於心身嗚乎此百可之自信敢厚誣以得罪於儒紳月台陳氏譜

察御僚屬

宋許冲元察御僚屬甚嚴一日賓佐過廳一都監曳皮鞋而前許問曰公何得此鞋都監以為美急云某衙一卒能造樞密亦須之否許作色曰某非無此但不敢對同官着耳都監惶恐失措坐間數十客莫不各視其足先年自州為張子文所拉沿檄至大名坐中親覩其事

過庭論録

父子却金

福建布政司叅政王懋德瓊之文昌人也舉隆慶戊辰進士公無子多羿烌藥得消渴疾亟乞歸寮友争致賮公固辭不受曰吾瓊固魚米鄉家粗自足吾以十六年所餘月俸佐仲産為二親養安所事諸君賮毋吾不留而亟行恐以歸櫬為閩人累也公至延年竟卒卒之日作書謝寮友誓不受賻而臺使者循故事括六百金遣使傳護之渡海至則授金於封公封公不受曰吾子固

業有成言吾即耄奈何沒六百金以傷吾子之義吏固請而封公却益固竟令持歸曰為我謝諸大夫老矣且老死海外無能為報也封公名良弼年八十餘王敬美傳其事余謂王公之廉難矣而死後之廉為尤難死後之廉難矣而封公之廉為尤難可以為封公貪得者之戒竹窗襍錄

恭介清脩

長樂鄭恭介公世威為少司寇歸日問桑麻至與傭保雜作不知有侍郎客有謁公者遇公田間授公刺云為

我肅主人翁公諾而入頃之衣冠肅客即向迺遇諸田
者也主客相視而笑蒼霞草
不阿宰執
鄭恭介公爲江西臬僉日夏相國方名入兩臺藩臬詣
第脩謁率循掖門進公呼閽者叱之曰相國尊然奈何
令邦大夫縮縮而旁趨還吾刺去耳閽者錯愕闢中門
公乃入巡撫汪立錫偕夏有事上清宫以祝釐爲名藩
臬皆從往公視祝辭相國祈衞耳怫然語其寮吾儕爲
相國來耶時在事者皆匍匐公屹立竟拂衣出蒼霞艸

薦賢不已
陳述古自始達及終身凡聞天下之賢有學行者有吏
能者有道德者有忠義者其才可進之於朝以為民庇
及其表則者不必識其人也必書其實以遺其所部使
牧守或執政柄者未登其賢薦之不已也因之拔擢置
身於亨顯者而不知其自於公者衆矣是以四方髦士
及與卿大夫識與不識若丧其朋咨嗟靡息焉自警篇
賢令亢直
紹興中王参預帥閩以貴倨御寮屬正字劉翔時為福

清宰初至以法不當堦墀令吏先白之參預怒劉候客位連日不得見竟棄去曰吾不妨教學子以活參預使吏覘之則已過大義渡矣不得已使吏挽回批報以省元特免堦墀他不為例劉在福清每出市巷遇小兒讀書者必下車問其讀何書為解說訓誨之市巷小兒皆相習為士而邑之士風特盛至今人稱之荆溪吴氏林下偶談

廉吏令鶉衣

萬歷初閩清令洗効嶺南人性好施與尤愛士凡人士貧者恙周之不足則繼以官帑會查覈失額論罷行槖

只餘七金適遇鄉人客閩遊困甚無措洗傾囊與之而
自鬻衣以行予時率同志稍為助乃得發松亭晤語

榕陰新檢卷之四

閩中　徐𤊹　興公編輯
友人　王啟　永宇
高景　景倩刪定

仁厚

户曹長者

長樂陳希穎至道中為果州户曹有税官無廉稱同僚雖切齒而不言獨户曹數以大義責之與其或悛已而有他隙後税官秩滿將行廳之小吏持其貪墨狀於郡

曰行篋若干各有字號某字號其篋皆金也郡將盛怒以其事付户曹俾陰伺其行則於門之外羅致其所狀字篋驗治之聞者皆為之恐户曹受命不樂曰夫當其人居官之時不能懲艾而使遂其奸今其去也反以巧吏之言害其長豈理也哉因遣人密曉税官曰吾不欲以持訐之言危君事無當自白不則早為之所税官聞之乃易置行李亂其先後之序既行户曹與吏候於闗門外俾指示其所謂有金者拘送之官他悉縱遣及造郡庭啟視皆衣衾郡將釋然税官得以無事去郡人翕

莘疑莘談

然稱户曹為長者孫公談圃

放囚造福

孫莘老覺知福州民有欠市易錢者繫獄甚衆適有富人出錢五百萬葺佛殿請於莘老莘老徐曰汝輩所以施錢者何也衆曰願得福耳莘老曰佛殿未甚壞又無露坐者孰若與其錢為獄囚償官逋使數百人釋枷鎖之苦其得福豈不多乎富人不得已從之即日輸官囹圄遂空孫公談譜圃

不負約婚

蔡端明與屯田員外郎劉異約婚。厥後端明登禁從，而屯田既没，家益落。劉世為候官人，端明出知福州，就尋前約。其家力以非偶為辭。端明曰：古人掛劍，尚有心許。吾與劉君氣義相求，兩家之好，雖在髫齡，媒氏未行，然一言豈可食耶？今其所不足者，不過謂奩具爾。凡女家資遣，乃悉自為治辦，遂使其子旬授室以歸。莆陽人物志

謹愿得妻

宋景定庚申，福建某氏寺行童張文啓同周某避寇山藪，鑽入巖中，見一美少年所攜包中鏗鏗皆金銀聲也

父之見其足彎小乃婦人初釋纏者遂問之曰爾乃女子何獨處此愧不能對愴惶欲去張曰幸得於此逃生出必遇寇爾果女子但安於此吾等謹誠人亦避禍者勿憂其他遂對以果是女子作男子粧束欲以避寇今早寇至一家散走偶伏於此亦不知去家遠近周欲私之張力止焉中夜張寐周抱之求歡女子許以金釵釧求免周欲強之張驚覺遂不果及旦張語女子曰此地僻無寇爾可耐處我輩能奔走出下觀之寇退當報汝蓋張欲挽周以去使女子安處也出山遇一村老知寇

已退遂同村老至穴令引女子歸以金謝張不受令周受之張遂問村老居止姓名遂屬之曰我某處人與女子家為姻眷女子所携皆金寶爾善送歸令厚謝爾一毫疎失爾莫逃罪張未嘗詳女子姓氏未幾父母取張歸俗云里中黄宅欲納為婿黄大富家合卺之際乃即穴中所遇女云村老送歸後父母大喜感君此意必欲得君為姻眷也江湖紀聞

賞識名畫

黄澤閩縣人官浙江布政使時有戴進字文進錢塘人

脱題

當宣德正統時馳名海内山水人物翎毛花鳥兼法諸家作畫不耐拘束其時按察使某着往、以勢凌之文進崛强不肯就役按察使大怒以徽纆攣之裸膝跪階下、逼令畫神荼鬱壘適布政黄公雅重之文進見而大驚為之申觧乃免、文進感之、作畫四幅以獻其孫憲副宗器嘗舉以示彔真神品也西湖志

陳德宗字克脩號後齋長樂人、八九齡時侍毋毋疾身為桃籍晨夕不離側逮事繼毋鄭起居温凊無異所生

即厠牏躬為浣滌兄弟四人同爨五十餘年友人林碩膚旅死靈山寺德宗時寓歸化聞即貸金往殯為挈櫬歸嘉靖乙酉責任始興訓導歸休恬淡自樂兄弟之子凡十四人擴堂宇居之竹窓襍録

收養棄子

劉彝所至多善政其知虔州也會江西饑歉民多棄子於道上彝揭榜通衢名入收養日給廣惠倉米二升每日一次抱至官中看視又推行之縣鎮細民利二升之給皆為字養故一境間子無夭閼者厚德録

賑饑化盜

閩人連光裕，爲應山令，既爲磁、郢二州推官，卒而返葬。因家焉。子正孫舜賓，少舉毛詩，一不中，遂養父母，餘年不復仕。正卒，家故多資，悉散之鄉里，而教其子庠、庠以學，曰：「此吾資也。」歲饑，出穀萬斛以糶，市穀之價不增，及旁近縣民皆賴之，曰：「此吾資也。」盜有竊其牛者，吏爲捕之甚急，盜窮，以牛自歸，舜賓謝曰：「煩爾送牛。」且厚遺以遣之。嘗以事之信陽，遇盜於西關，左右以舜賓告，盜曰：「此長者，不可犯也。」舍之而去。隋志

藝文見償

林高閩人擢第終屯田郎中子張堅亦擢第為集賢校理終於京師妻黃氏携其孤扶護将歸葬閩道出姑蘓時蔣公侍郎嘗知姑蘓二子長子希次子旦方年十二三贊文上謁蔣大奇之留姑蘓給以戴城橋官屋為葬二櫬於寶華山蔣公遣其子與二林讀書希字子言後為樞密旦亦為從官蔣之子即之奇亦為樞密子言兄弟六人希旦紹顔并登科遂為姑蘓人 宋趙彥衛雲麓漫抄

君子上達

先正陳大中丞達蒞官日有隸卒與君同姓名而不知諱避一日呼而問之卒曰君子上達小人下達公笑而遣之竹窓襍錄

猾吏為奸

福州老胥夏鐸者自治平時為吏政和中以年勞得官首尾四紀嘗言閱郡將多矣無不為其黨所欺不能欺者唯見二人焉其一程公闢師孟其一羅壽老時程公初精明莫敢犯後亦有罅可入羅好學每讀書必研究義意每有得則怡然長嘯或未會意則搔首踟躕吏

秉其長嘯則抱牘以入雖包藏機械略不加問或遇其
掻首雖小奸欺無不摘發以故得而欺之鐸曰彼好讀
書尚見欺於吾曹況於他哉夷堅志

周貧高誼

葉漢福清人長身黑面衆呼為葉玄壇閩清鄭仲達孤
貧好學漢與遊十五年一切婚嫁喪葬皆倚辦之費千
金未幾鄭舉於鄉教授高州寄詩曰道義情深見肺肝
天南天北會何難洪江别去春三度粤水相思漏幾殘
金贈遠踰蘓叔厚玉酬尚愧鄭毡寒炎凉本是平生事

誰向塵埃識冷官官滿歸其橐若干金置酒泣下語坐客曰仲達有今日者斯人力也不然溝中殍矣出金為葉壽竟却不受　雲山葉氏譜

宵人盜秫

陳履吉課麻夜深有宵人垂竹過墻犬吠獲之問其所欲曰聞山主多秫故來爾心計曰山林盜亦高雅所惟得酒耳乃滿其囊畀之又恐為虎狼所廹留酌達旦乃去　潛穎録

仁德有後

馬驄字良夫懷安人四十無子既而生子週歲付僮僕懷抱誤跌而殂奴懼將赴井死先生急阻之曰彼失慎可責然本因兒笑而嬉致此命也吾若無子寧又死僕竟不加一箠楚越一月餘子森生又數年子楷生面有紅紫痕容貌即前跌兒也森官户部尚書贈先生如其官馬氏家乘

哭奠輿夫

趙仁甫先生令梁山時墊邑一野夫胡寵僱直為令肩輿未幾死於雲陽仁甫捐俸遣人助其葬恤其妻孥他

日過其墓酬之酒而哭之以文今之為官者鞭扑輿隸往〻斃于杖下而不之悔如梁山君之掩骼酬祭誠縉紳中之所希覯者也竹窓雜録

自刎救民

王希周閩縣人嘉靖四十年知惠州和平縣蒞任僅月三有鄰邑人寄宿東埧張德傑家捕盜通判黄佳聽牙爪往捕勢張甚德傑不堪死牙爪生事詭言東埧居民盡寫盜佳暴怒欲盡屠之逼縣同舉希周不聽至夜乃勒取門鑰開城發兵希周曰事急矣無如之何遂拔劍自

刎時謂王令不死東垻不生云惠州府志

不詰追賊

閩縣令陳惇臨潮人萬曆丁亥蒞任壬辰擢南畿御史去嘗獄中有重辟周奴着夜半越獄而遁事聞兩院監司追捕無踪幾匝月矣公因任俸限期緝獲否則論劾公怡然安之不動聲色後半月賊自汀州捉歸閩人群聚邑門觀公譴責公上堂無一語特令仍拘獄中不加一箠公之仁厚寬洪世所無也竹窓雜録

文妻圓盥

文紹祖福清人有子與柴公行議姻將聘柴女忽中風紹祖欲更之其妻大怒曰我有兒當使其順天理自然久長悖禮傷義是為逆禍因勸紹祖仍娶柴氏婦次年紹祖子登科第柴女風疾亦痊生三子皆登第成祖文皇帝御製詩曰不因有疾即渝盟為子求婚本至情身處閨房能積善昭昭一念感幽冥又曰天令子婦疾全瘥子步青雲慶未涯秀毓孫枝綿嗣續并登科甲更榮華

為善陰隲

榕陰新檢卷之五

閩中　徐𤊹　興公編輯

友人　王啓　永字

高景　景倩刪定

高隱

隱居抗賊

梁虞寄會稽人為宣城王常侍嫺於文辭嘗上瑞雨頌武帝謂其兄荔曰卿家士龍也侯景之亂避地入閩陳寶應據閩有異志徵寄為幕職固辭遯迹東山杜門稱

疾寶應怒遣人焚其舍寄安卧不動縱火者爲滅其炬乃已寶應敗賓客多伏誅寄得免閩人重之呼其居爲虞公菴寄無子蔭子世南嗣之曾子固爲福郡守詩云虞寄庵前薜徑通滿山臺殿出青紅難逢堆案文書少偶見凭欄笑語同梅粉巧含溪上雪柳黄微破日邊風從今準擬頻行樂日伴樽前白髮翁竹窓雜録

罷舉舟居

崔唐臣閩人也與燕子容吕晉叔同學相好二公先登第唐臣遂罷舉久不相聞嘉祐中二公在館中一日忽

見艤舟汴岸坐於船窗者唐臣也亟就見之邀與歸不可問其別後事曰初倒橐中有錢百千以其半買此舟往來江湖間意欲往則從之初不為定止以其半居賃間取其贏以自給粗足即已不求有餘差勝於應舉覓官時也二公相顧太息而去翌日自局中還唐臣有留刺乃携酒具再往謁之則舟已不知所在矣歸視其刺末有細字詩一絶云集仙仙客問生涯買得漁舟度歲華案有黄庭樽有酒少風波處便為家訖不復再見避暑餘話

不赴相召

陳翰字文起，侯官人也。父元脩，善青烏之術。翰年八歲，隨父之建安。是時楊文敏公榮方以文學詣博士受業，見翰，謂之曰：「孺子何能？」曰：「治論語。」文敏因試問「天下歸仁」，翰曰：「須彌納芥子。」客有未喻者，時薦含桃，翰舉其核曰：「仁在其中矣。」於是座中皆愕然。文敏大奇之，呼為陳君，相得歡甚，非陳君食不甘也。後五年，文敏以進士起家，翰送歸鄉里。文敏屢使使呼之，不答也。永樂辛丑，文敏移書福建叅知政事錢孝循，令必致之。翰自匿不肯

見遂遍遊名山、十年乃歸與妻子決、隐居於太姥山脩
淨業焉居久之、山中老貍夜化美女子、來縕請太翰叱
之曰四生異形、輪廻無足汝若脩行、當為天人師何必
女子、於是貍乃悲泣長跪請得以身居作翰許之乃復
化為童子名伏哥為翰拾橡栗以供朝夕正統五年預
知文敏將卒遂與伏哥弔之於武林、不見喪主而去後
竟不知所往 晉安逸志

鵬鶴傳書

陳嘉言字帝喻性善讀書、積書至數萬卷、自少至老吚

唔之聲晝夜不徹以是人稱之曰書隱先生云先生舉
宋咸淳進士奏策多言襄陽之事忤賈似道旨斥為乙
榜授建州司户侍次客邸嘗畜一黄鶴出入必與鶴俱
暇日游開元寺見白鵬甚馴鼓翼歡呼鳴若與客偶遂
為前導先生隨之至一山中長松夾溪沿溪里許修竹
蔽空竹盡奇巖怪石星列碁布有中石門對峙由石門
左轉百花爛然茅屋數間竹門長掩白鵬與鶴飛入少
頃童子開門庭宇潔淨有老僧跏趺其中客至延坐談
出世法間及詩文吐辭清俊扣其名曰道頴先生贈以

詩曰片〻閒雲屋上流更無人跡到靈林邱千燈早歲傳西域一鉢當年住建州水大定中黄葉老金銀臺上白蓮秋偶隨山鳥來相見彷彿前生是舊遊穎師亦以詩贈先生早歲辛勤賦兩都宦遊大半是窮途祿無五斗腰空折家散千金口不糊當宁一時疎賈傅長纓何日繫單于浮雲世事君須見且住山中聽鷓鴣自是兩人相得甚歡先生無日不至山中或以事阻則黄鶴白鵬啣書來往及景炎丙子元師入建州先生遂歸福州福州去建州千里而遥而二禽傳命不間晨夕一日先生

與友人郭昉待月江上忽白鵬至得詩云草煖蘋香月上遲白鵬黃鶴往來時雲山隔斷一千里日日相通人不知先生覺其聲調有異明日遣黃鶴訪之果是吳人章彬避地建州慕先生之風託穎師以交者也於是遂與章彬郭昉董師謙結神交社藝文相與二十餘年彼此俱不識面晋安逸志

變名遁迹

永樂時侍讀林蔀齋誌祖清避元不仕變姓名匿居山寺會府君檢刪寺中見清詰問且曰能詩乎曰頗能即

以冊珧八音命為詩應聲曰金紫何曾一掛懷石田節
屋自天開絲竿釣月江頭住竹杖挑雲嶺上來甃實曉
收栽藥圃土花春長讀書臺草除一點浮雲念木筆題
詩酒數杯府君驚羨遂與為友政暇載酒過飲倡和移
日一日忽論海濱人物因曰若林清者雄才碩德惜未
見其人林不覺有感公曰公殆林清耶林曰若清者公
安得見之此吾所以有感也相與盡醉而歸明日府君
再往訪之林已去矣多方物色竟不能見王氏日抄

岐江避貴

黄子野字仲唐時候官人也父周行賈於杭州子野年十三從之杭州其父就時他郡以子野守舍適亞王任微時覆舟於羅刹江子野行見之奮臂大呼曰能生得人者予百金於是漁者得任子野即與以舍中裝值百金其父歸大異之子野曰身得其名乃令父喪贏非孝也遂去為人傭傭主人微聞救任事義其為人因倍其傭乃為小賈小賈之息得過當愈於父久之既致蓄藏以其半為親甘毳費以其半散之貧交昆弟乃折節讀書治左氏春秋無何客有勸之仕者子野不荅因自悔

見知於人遂變名姓樊毫耒耕於方山其後王伾為散騎常侍使人召之則亡乃令福州觀察處置使以物色訪之得之於陽岐江上有一男子扁舟披蓑獨卧雪中忽扣舷歌曰早潮初上海門開漠漠彤雲雪作堆一百六峯都掩盡不知何日處有僧來又歌曰幾日江上醉不醒滿天風雪卧滄溟定知酒伴無尋處門外松濤坐獨聽使者疑其子野遥呼之曰仲無恙乎子野曰唯唯於是遂達伾之命隨子野至深山中家徒四壁立几上獨周易一卷子野佯喜設脫粟之食與之紿曰旦日雪

齎會於傳舍旦日傳舍長展車待客夕時子野不至使者馳至其家則書帶封識如故子野已逃遁去矣晋安逸志

僑寓著書

敎繼翁字君善福州人寓居烏石築一小樓冬不爐夏不扇惟事經史吴下名士從之遊者甚衆元浙西平章事高彦敬薦授信州教授有文集二十卷趙子昂亦出其門吴興掌故

棄官得道

唐黄太和侯官人少好學導引之術年三十餘棄家入

鼓山、妻求之不得至大順初、有一道人貌類黃、璞趺坐

甃甃、橋上終年不食有與之食者置於前累月不入口

一日璞遊山間見之問其家世則璞五世祖也璞悲泣

請歸家不聽明日卒家人往謁則已亡去遂不復見鼓山志及

萬王潭亭

三山陳週仲昌所居石潭之上有竹數萬挺作亭其中

題曰萬王潭草亭水光澄明林影森邃四時雖殊雅趣

不絕常倚竹而歌、曰脩竹兮青〻中虛兮外直素節兮

貞姿寒暑兮一色泠〻風兮朝夕余舍之兮焉適又常

臨水而歌曰湛淵兮渟渟澹靜兮澄泓渺微波兮不興涵天光兮容與恒皎潔兮鏡平聊適我兮性靈國風所咏兮考槃碩人

楊東里文集

抱甕灌圃

抱甕（灌）子閩人所居冊山碧水之間與老圃隣習圃之業治五畝之地為十數畦雜蒔蔬菘芥薑葵韭莧蔓菁瓜瓠之屬悉具日行畦間以旦去蟲日中去草暮則抱甕以灌率以為常抱甕子雖業圃手一編未嘗釋稍暇坐膝傍箕踞誦聲琅琅自為詞以歌曰灌畦東西兮灌畦

北南吾任吾力兮聊逸其心我思古人兮丈人漢陰又曰戴星以灌兮戴日以鋤聊任吾力兮焉知其他我思古人兮仲尼飯蔬會賓興詔下縣令廉知抱灌子賢薦之朝擢天官郎。抱灌子陳氏福名，九疇字，東里文集

販酒吟詩

陳哲懷安人，篤嗜山水，嘗販酒入永福諸溪，至則登眺高咏，溢月忘返。歲計折閱，或勸就他利，曰：吾販酒得資此遊山，且日可取醉，折閱吾寧一也。小舟往來江上，夏月繫柳陰中，卧吹長笛，冬則載酒尋梅方山下，意豁如

也嘗有詩云家在河南柯嶼村桃花彷彿武陵源道人不欲通塵跡詞客何勞到華門一卷冊書渾自解三千奇字許誰論年來耕鑿應多廢翠柏明霞自可飧可以想見其風致也潛穎録

湖心隱居

傅丁戌擬築宛在堂於西湖招高石門隱居云城外西湖煙霧光孤山宛在水中央開門獨樹懸青磴徑繞千花上碧堂蘭艇桂橈搽自穩藥房荷榻卧偏長秋波不隔尋真路乘興須君到隱鄉輙擾述

梅花莊墅

齊謹之別墅樹梅三百本花時瑩然素合縞積如水林雪谷謹之結小庵其中吟嘯自適焚香彈琴終日不倦又擇盤石之上構小屋壘以白作雪洞引水為潯長自作梅花十咏洪武初吴處士海為之記今齊坑之梅尤盛昔時第不知更有如謹之之逸韻者否 竹窻樵録

松江漁翁

松江漁翁不知何許人恒擢舟遊長橋往來波上意氣自得醉則扣舷而歌紹聖中閩人潘裕自京師調官放

道吳江遇而異焉趨揖之曰予視先生氣貌固非漁翁之流願丐緒言以發蒙陋翁曰吾厭喧囂處閒曠於茲三十年矣幼喜讀經史百家之言後觀釋氏書今皆棄去惟飽食以嬉尚何所事裕曰先生澡身浴德如此今聖明在上盍出而仕乎翁笑曰君子之道或出或處吾雖不能棲隱巖穴追園綺之蹤竊慕老氏曲全之義其視軒冕若糞土耳與子出處異趣子勉之裕曰幸聞養志者忘形養心者忘道致道者忘心心神俱忘其先生之高義敢問舍所翁曰吾姓名且不欲人知況居室耶

飲畢鼓枻而去 姑蘓志

榕陰新檢卷之六

閩中　徐𤊹　興公編輯
友人　王啓　永宁
高景　景倩刪定

神仙

入洞遇仙

虞臯者羅源鶩黄精者也當閩王鏻時羅源有朱益公好客自喜食客四座常满臯以貧身歸之又病疥瘥是時益公門下諸公賓客皆富衣服珠履者也無不人人

瘥宜作痤与癬同病痤見史記句踐世家

卷六　神仙

厭皐皐愈豪居嘗坦腹卧溪上吹蘆笛為樂龍啟閽陳守元以道士貴幸客有惡皐於守元者守元大怒使監奴笞擊數百於是盖公不敢復客皐皐既困故人木當敏即背皐而去莫顧皐者皐仰天大笑因去入仙茅山中當敏意皐貧無行去何所之遂陽為祖道陰微隨之至羅喜洞洞門忽開其中玉堂金闕横亘不知其極皆飾以明珠翠羽仰不見梁麗美人被珠襦曳方空者以萬計皐至皆却行前迎建翠旍孔盖官屬甚盛當敏大駭乃鮮衣冠頓首流血請甘湯鑊皐目笑之有頃宴客罷乃攝通梁棟也

殿上甚設飲食更為當敏賜僕妾之食坐之堂下然亦
龍胎麟脯非人世所有居十日罷歸當敏皐及賓客皆
送之至洞門客吹尺八擊玉磬皐和而歌曰朝為雄兮
暮為雌天地終盡兮人生幾時歌畢忽然俱去當敏踐
荆棘而歸過盜公之門已為丘壠城郭人民殆非昔時
遍羅源無木姓者蓋洪武之十二年也晋安逸志

高蓋冲舉

徐登兄弟姊妹七人隐於永福高蓋山名院齋建元初
僧姓陳氏號慧炬與一侍者姓諭氏號智著亦入此山

絶粒禪定唐乾封中因霍童山趙炳來於白岩時樵者戢步林間見炳與登酌東流水爲醪剥枯松皮爲脯醉卧久之炳語登曰吾當先去汝亦速來登曰鳳立烟霄邀桃香碧洞逢言畢俱不見脯鳳二年元日登與兄弟姊妹七人於壇上並蟬蜕上昇而去僧慧炬者後縣宰三請不下乃遣侍者赴縣城屆重光寺始信宿命浴坐化時炬在室内亦然今二真身皆存室前有一石龜禱必應三山志

仙舟駕鑾

游三蓬看秦時閩清人也少而孤有田僅足糠覈久之不竟耕與弟乞奴釣漁溪上日歌呼相和寒暑以三莎蔽體故閩清人謂之三蓬人或憐之與以短褐數日亦棄之始皇帝二年停舟江口有一老父襤褸求渡三蓬兄弟為其長老長跪而和之父老曰旦日玉皇太姥宴群仙於玄化洞天子能從我游乎三蓬兄弟相視而驚因跪曰幸甚老父遂令瞑目而坐但覺蓬蓬如飛食頃忽聞鶴唳竊視之則二舟已閣巖礴不復動矣老父怒曰與若云何而竊視耶於是王皇太姥乃使謁者設虹

橋從巖引入金闕闕内外鹵簿繽紛天樂迭奏殿上設龍旂芝蓋玉皇太姥南向坐殿下若天神若冥官羽士及老父等分班侍立陛左右設霞幄雲茵三蓬尺弟及山下數百人以次奉謁禮畢皆呼為曾孫賜宴幄下以尊卑次起上壽酒罷三蓬輩從虹橋而下至家遂辟穀不復飲食至漢昭帝時人有見之於武夷山中云晋安逸志

仙女憐才

林鴻福清人也洪武時為將樂縣訓導歲辛酉十月之望與客游玉華洞酒酣藉草而卧夢入莎徑行可百步

有脱字

許見華表朱榜金書曰瑶華洞天因縱而入見宫殿一所金碧瑩煌制度閎麗兩觀迥絶而門扃閉不可得入乃沉吟一絶云翠微臺殿濕紅雲五粒高松寄鶴群銀鑰已扃苔蘚合不知何處遇茅君乃沿西牖而行墉外有流水一帶夾岸植奇花美竹水極清潔可鑒毛髮又多白石磯、而澣、見鴻諦視輟澣拜曰子非林郎耶妾之女郎待子久矣毋惜一往妾當為子通刺鴻驚愕唯唯女奴從一便門而入少頃出肅客鴻踵其武而入路經後苑奇卉異草皆人世所無至怡神亭西偏有天葩軒軒中碼磁石几上有紫雲端硯一方兔毫一枝玄圭一笏宣和灑金箋數幅詩集一册題曰霞光集女奴曰子姑止此鴻乃拱候須臾女奴掖一女年可二八姿容端麗精彩炫燿向鴻再拜鴻荅拜已而延坐於西席女坐東席女奴以白玉甌饋荼荼罷鴻因前席請問姓名女子俛首良久乃曰妾之嚴君瑶華洞主葆素真君董其姓處默其字妾乃第三子小字芸香也嚴君陪列地仙職司文衡凡文人才子詩文佳者皆録於霞光集以備上帝觀覽妾嘗閲是集見君之詩數十餘首有鳥渡鏡

天净萬花潭雨香與檄雨古壇暝禮星寒殿開之句尤
為嚴君所稱賞是以知君之名頃着嚴君廵視武夷洞
天未返既荷見遇願求佳作鴻謙讓殊久乃揮翰曰白
玉仙源隔紫霞人間有路入瑶華絳囊倘示飧霞訣長
向天壇掃落花女子覽詩笑曰佳則佳矣然子方以文
章宦達揚名於世辟穀之事請俟他日乃援筆而和若
不搆思而詩立就曰天葩芳艷絢雲霞自愧才非蕚緑
華待得塵緣收拾盡鳳笙同奏碧桃花鴻因其有鳳笙
同奏之句因戲之曰既蒙接遇蒹葭之質願倚玉樹未

審雅意若何女子正色曰妾與君雖有冥合之數顧君塵凡未脫安足議此況詩發於性情而止乎禮義君何侮之深耶鴻方愧謝忽聞鐃吹之音闇有報曰真君歸矣女子辭謝而逝鴻返出户猶墜萬仭之淵而覺視向諸同客猶枕藉未起翌日避客獨遊先迹履夢中所行之徑宛然如故但阻一潭深不可測旁皆石壁巉巇莫攀潭中頳鯉數尾浮沉自若鴻乃書詩一首投之於淵曰曾入瑤華洞裏來天葩軒檻絕纖埃玉笙未奏青鸞曲山下碧桃空自開忽見雙魚啣箋而入如炊黍久見

一蠟箋上浮有詩云天葩小院敞銀屏鵲散天河逗客星欲識别來幽意苦晚峯長想黛眉青鴻覽看畢精神恍惚如失尋所得箋乃一黄葉字亦隨滅快〻而歸此後再尋前徑惟見荆棒縱横巨蟒當道不可得而前也

鳴盛集

修煉上昇

侯官沖虚宫西禅寺之南梁王覇父增自齊朝渡江入閩令西禅其宅也善黄老術覇幼好之每登怡山經宿乃返年三十遊武夷山十六年還舊居乃於山居鑿井

有白龜吐泉煉藥既成點尾為金是歲閩中斗米千錢乃鬻金運米以濟貧民後以所餘藥服之旬日如醉忽於所居皂莢木下蟬蛻而去林嵩記云梁時三月三日也周朴詩云王君上昇處信首故居前碧色壇荪黛今時誰可仙唐貞元中觀察使李若初登樓西望有五色雲當其宅遂以為冲虛宫塑任放董奉徐登及王霸像為四仙祠祠閩王延翰重創其木與壇井今存三山志

市酤遇仙

福州安翁者以市酤為業常有道人沽飲輙去不償直

翁亦不責久之道人來會翁曰良意久不酬今幸枉遇乞遂偕行翁許之須臾至一山下草庵中成賓主畢道人曰有一道友此去甚近亦有仙術僕往邀請共君相娛可乎翁喜諾道人遂去久不來翁且餒顧室中蕭然無供具惟破釜在壁下餘飯可升許仰視屋樑上懸橘數顆壁上張畫梅二軸翁不勝餒取釜中飯食訖道人適至曰道侶不遇無以為歡不陋貧居可遂留數日耳翁懇辭道人再三曰煩君遠臨無以相贈奈何翁曰可掇壁間畫道人曰此吾道友之物奈何與君君既相愛

吾當揭之耳既覆之以手拭之宛然如畫因題其上曰
為買東平酒一巵近來相會話仙機壺天有路容人到
凡骨無緣化鶴飛莫道烟霞愁縹緲好将家國認希夷
可憐寂寞空歸去莫向紅塵說是非翁持此遂別述道
不知所向問野中人曰福州離此四日程矣翁始悟遇
仙悵怏而歸後以壽終於家云異林

張遇鍾離

福州一農家子張生父使持錢三千入山市斧柯遇村
人有為逋負所廹欲自經者惻然盡以所賫贈之而親

釋縛因坐石上旁有人不相識問飢渴乎曰然因指路隅竹筍令食之堅不可嚙徐傾小瓢水於掌以飲之生飲水頓覺精爽非常自此絕粒忽識字能為詩頗言人未來事後祝髮為浮屠蓋所遇乃鍾離先生至今往來不絕厚德錄

鄭僕仙庖

提刑鄭南長溪人登第赴京携一僕善庖廚至鎮江遇數故人設饌待之皆善其味請於南願同飲食南以告僕反覆諭之竟不從南怒遣歸請得一書以示信南作

書授之僕抵家驗之即當日癸也蓋三千里云僕遂不見託謂仙遇嘗食仙庖珍品必享上壽果九十七而終

馬福寧志

劍仙再世

林紹用字向卿閩縣人自號方南年二十一登萬歷癸未進士授湖廣茶陵知州以是年臘月履任越旬日循故事之長沙謁恭郡長行二十里至雲陽山之麓相傳是山爲七松故墟有七十一峰王華秦人諸洞高聳秀拔乃神仙窟宅也林忽下車引佩劍自刺嘒嘒有聲若

有人對語狀與人問其故曰頃衣紅衣者邀我甚急耳
舁歸官舍神色不亂遲兩日待其父至目遂瞑楚之有道
人尹法振者嘗有神棲其身説人前生事迹甚悉召而
問之尹曰州大夫仙骨也在吕仙門下學劍術謫人世
間二十一年今數盡當歸矣乃設箕禱之有稱功曹使
者先至曰州大夫非守茶陵蓋託仙踪於此爾約次日
偕吕仙至至時箕舉云别却塵寰返舊山神遊混沌有
無間閒依翠栢聽鶯嘯坐倚青松看鶴還黍米珠中窺
妙術紫霞光裏列仙班蓬萊咫尺原如夢風雨泠泠泣

劍環父問山中有何事又云日乘黃鶴萬山遊珠榜金樞白玉樓翠壁雲深丹氣熟絳壇月滿紫霞流元都符籙銀箋爛洞府香煙寶鼎浮塵世虛名應莫惜瓊枝瑶草萬年秋擲筆而去先是其母夢一仙持劍至家遂有娠産時甚艱浹旬始生身如澡雪無纖毫血濡幼穎異倍常未第時常召箕仙書一絶云黃金沙滌瑩生光誇馬逢羊姓字香風滿湘江花滿鄂即時學得小張良林壬癸聯捷至赤松故地而化神仙儼然先告之矣荼陵人祀林於雲陽山麓竹窓襍録

公文仙誤

藩司頭門拱辰樓上有二木人相傳建樓時即置於此嘉靖壬午年忽變為人到市中遊戲每探懷中錢買菓餅啖之市人晨起檢錢輙有紙錢雜銅錢之内後夜再至市人另以他器貯晨起則盡紙錢也有泉州吏投公文至藩司值往太早司門未開獨坐樓下見二木人語云今日有仙人手持蓮花晨時自南門至是呂洞賓也吏聞言遂匿公文不投直出南門見一道士敝衣草履手執猪肝吏人拜跪求仙道士曰汝可合眼道士噓氣

吹之身輕上溪瞬息一陣風起吏墜地張目則城郭人民皆不相識詢之則湖廣岳陽下也官府執之以為奸吏具白其事出胸前公文驗之方是昨日僉押者遂換岳州印信封緘中為述仙誤事吏歸福州月餘矣今公文猶在藩司　竹窗襍録

道人贈金

嘉靖丙戌進士林㙐為舉人日與龔殿元同上春官道經徐州阻雪客邸偶有道人闖入詼諧亹亹二公咸敬禮之留連累日主人戲謂之曰二公待子良厚子獨無

以報之乎道人遂呼主人取竈下鉄鍋用薪煆熱偶堂上有鉄椎重數斤持入鍋中頃刻成白金一餅分送二公曰知君此行少路費也且預言龔公春榜大魁天下言訖不見二公用白金甫訖遂皆登第道人盖仙人云

竹録襍録

米中金釵

閩中姓莊者好善持齋人稱莊佛朔望香燭誦經拜祝求仙一日有一丐丐者衣衫襤褸負一袭而來以索縛之寄莊佛而去莊佛觧縛見袭中有米斗餘内金釵一

對想此釵必富家失誤連米與之意丐者不知遂藏釵依前縛裹明日丐來發裹視之米在釵無矣指謂莊佛曰朝相憶暮相憶正相尋不相識可笑世間人貪圖無暇日金釵還汝燈油錢從今此去無消息言訖不見釵亦不知所在事竹詩語

箕仙垂訓

至順辛未間福建廉訪使容蘭沙求仙詩云刀筆相從四十年是非非是萬千千一家富貴千家怨半世功名萬世愆牙笏紫袍今已矣芒鞋竹杖任悠然有人問我

蓬萊事雲在青山月在天草木子

夫婦得道

彭耜字季益三山人早有文名事白玉蟾得太乙刀圭大符之法九鼎金鉛砂汞之書紫霄嘯命風霆之文隱居鶴林以符治疾與世絶交遊其内子潘蓝珠厥志一也後尸觧福州爲鶴林真人夫婦咸得仙焉仙史類編

榕陰新檢卷之七

閩中　徐𤊹　興公編輯
友人　王啟　永宇
高景　景倩刪定

名僧

本淨伏魔

釋本淨道氣高抗閩闇嶺多禪宗知識歷往參之閩長溪霍童山多神仙洞府然山中不與凡俗淨乃結茅為室室側有毒蛇石穴其龍夭矯而出變現無恒遂呼名

卷七　名僧

之而馴擾馬又諸猛虎横路為害樵不敢深入淨撫其頭誡約丁寧虎弭耳而去嘗清宵有九人冠幘袴褶稱寄宿盡納諸庵内明旦告辭皆化為鶴鳴唳空中而去後罔知其終神僧傳

化身造塔

咸通中連江應院靈僧志勤號源寂曾恭溈山見桃花而悟後有四明僧欲造開山塔行化得錢因買石卵附海船歸及境語舟人曰少需於此吾往院趣役者挈之越二日不至舟人因詣院蹤跡無之既而過開山堂見

所塑像則儼然行化僧也衆異其事遂以其石為塔三山志

扣錫異蹟

唐乾符間侯官僧義存初参德山得其玄旨及歸閩建寺於象骨峯凡所需木石以錫杖扣之即數百里皆能自至若驅鬼物嘗題水磨云菴前盡日無狼子磨下經年絶雀兒忽有一雀作人語曰狼子雀兒俱是佛有何分别却驅之師大悟合掌懺悔曰老漢錯也然自是狼雀亦絶至今猶然三山志

行遵前知

釋行遵福州閩王王氏之子開運中狀貌若七十餘然壯力不衰或詢其年臘則必杜默於閭中寓光國禪院院徒以法律住持人不知遵之能否有李氏子家命齋飲啜之次欻起出門叫噪若有所責謂李曰今夜有大自東南至於西北街隣居咸令備之是夕果然煨燼無遺衆問其故曰昨一婦女衣紅秉炬而過老僧恨追不及耳又於趙法曹家指桃樹下云有女許錢不言其數趙乃名人發之沓錘方興適遇客至爲家僮所取喧喧之際盡化爲青泥或經行人塜墓知其家吉凶至於風

角鳥獸聞見之間預言災福後必合契故州閭遠近咸以預言用口實終於晉安王山神僧傳

移石馴虎

連江縣西北五里有獨覺巖唐宣宗時僧銓與怡山大溈老為法空為友峰有巨石如覆盆銓雅好居之欲移其室未能因指之曰人實無力佛乃有功俄而風雷大作詰旦石移山下儼成一室乃坐禪其中凡四十年既死十數年容貌如生髮長至項削之復生今中鵠里寶林院尚有雷移石在焉巖猛虎為獵矢所傷至庵前若

有所訴銓為拔去之拊摩良久去數日瘡愈復來由此出入常相隨號降虎峯政和元年勅賜慈恩慧塔林臯詩云寶爐香穗遶松筠遙想遺踪二百春幽石移時雷電設孤峯坐處虎狼馴三山志

懷濬二絕

閩僧懷濬有詩二絕云家在閩山東復東其中歲歲百花紅而今再到花紅處花在舊時紅處紅家在閩山西復西其中歲歲有鶯啼而今再到鶯啼處鶯在舊時啼處啼人多誦也古今詩話

扣氷古佛

扣氷澡光佛初叅雪峰峰曰子異日必為王者師後自鵝湖歸温嶺結庵繼居将軍巖二虎侍側神人獻地為瑞巖院學者爭集夏則衣楮冬則扣氷而浴故世人號為扣氷古佛後住霧曜天成三年閩王延居内堂拜曰謝師遠降賜茶次師提起槖子曰大王會麽曰不會曰人王法王各自照了留十日以疾辭至十二月二日沐浴升堂告衆而逝至今遠近禱祈靈異非一 神僧傳

有世無世

僧文謙、福州人、頴悟絶人、好誦佛書十一出家遊吳楚金陵諸山、住臺之鴻福寺振揚宗教洪武初召至京師言論稱旨居久之忽謂其徒曰吾將去矣援筆書偈云有世可辭是衆生見無世可辭是如來見踏倒須瀰盧空虛無背面端坐而化其後郡人王鑛有詩云有世可辭是衆生如來無世可辭行須瀰踏破眼前陣面背虛空即化城竹窓雜録

雪峰留香

雪峰寺留香有三僧堂　堂　有一僧破絮百結毒瘡

偏膚每剮痂血故穢汚席與處者不堪其惡主事遣之獨隣榻僧憐而送之門已而行數里其僧曰荷君勤意適留香相況回可取之言訖冉冉而去及還所坐處異香襲人經時不歇三山志

飛臂禱雨

僧義奴後唐時居於萬歲寺貞明元年閩中春夏不雨義奴以膏燃指而祝之積薪通衢期時七日自焚方烈日觀者山湧須臾有黑雲從鉢盂中起大雨立注十刻黑雲復歸鉢盂烈日如初其後洪州大旱州人聞奴名

詣寺請馬奴截左臂與之曰出此以禱必有應者及臂入境雷雨大作臂隨飛去是日義奴在萬歲寺閉關入定及出關兩臂宛然三山志

康僧顯迹

閩縣嘉崇里之南貞明二年有光竟夕居民往視之得一浮木已而夢一胡僧云吾康僧行化吴越今將福汝閩宜以是木立吾像既悟衆異之乃嚴精亭宇飾睟曆金容榜曰聖跡院康僧者康居人縣權時言佛舍利事乃置餅於几忽聞餅中有聲果獲舍利權歎服乃營塔三山志

弘濟絶怪

福州有僧弘濟齋戒精苦嘗於沙岸得一髗骨遂貯衣藍中歸寺數日忽眠中有物嚙其耳以手撥之落聲如數升物疑其髗骨所為也及明果墜在床下遂破為六片零置瓦溝中夜半有大如鷄卵次第入瓦下弘濟責曰爾不能求生乆憑朽骨何也於是怪絶 酉陽雜俎

歐陽詹秋夜寄弘濟上人詩云尚被浮名誘此身今時誰與德為隣遥知是夜檀溪上月照千峯為一人 竹窗雜録

應之善事

僧應之姓王閩人能文章習柳氏筆法以善書冠江左初舉進士一黜於有司投册罵曰吾不能以區區章句取程於庸人遂學為浮屠保大中授文章應制大德賜紫凡禱詞章疏一筆即就意如夙構元宗喜楞嚴經命左僕射馮延巳為序勑令應之書鏤板既成上之元宗歎曰是深得公權之法者也吾聞公權嘗以筆諫穆宗為之改容今效其法尚可想見其丰采應之書名由是益振遷　街僧録固辭求居奉先西庵許之應之多著述尤喜音律嘗以讚禮之文寓諸樂譜其聲少下而終

歸於梵音讚念協律自應之始 續夷堅志

契盈切對

契盈者閩僧也從吴越王登溗波亭王曰三千里外一條水契盈云十二時中兩度潮人以為切對盖其時多浙貢賦自海路至青州登陸故云三千里外 西湖志

馬跡謁親

馬跡祖師崇壽柯嶼陳氏子也勝國初出家於長樂岩泉寺居三月去遊名山數年歸結茅棲鼓山絶頂每朔望必還家謁親鄉人怪其來早後期先往伺之師固未

州下空格當是僧
刹二字下僧刹字
羡　臺嶼疑柯誤

嘗跬步下山而仍至家如常福州路總管郭瑮異之舉爲福州　、　朔望歸謁親如故僧判復至饒州居馬跡山大樹下後示寂於靈隱寺臺嶼陳氏譜

月潭和尚

月潭和尚柯嶼陳氏子也長不肯娶北遊五臺祝髮爲僧易名本清萬歷廿八年上堂台大衆誦偈曰脱了長枷出了殼蓮花臺上黄金闕畢竟無人知去來依舊潭澄一輪月誦已下座至佛前合掌而逝台嶼陳氏譜

摩尼禅偈

南澗寺有普眼菴唐安文頭陀因遊山寺榛莾中得有巖石側足而入有一穴僅可容身遂宴坐號頭陀岩大觀間顏曰普眼頭陀嘗摩偈云客至不點茶相看淡如水白雲深谷中穏坐浮生裡閩中實録

福州詩僧

南方浮層能詩者多矣往往多不顯其名福州有一僧作詩百篇餘其中佳句有云虹收千嶂雨潮展半江天又有詩云詩因試客分題僻棋為饒人下子低不減古人古今詩話

作頌化人

雪峰祖師住山後作頌曰光陰迅速暫須臾浮世何能得久居出嶺年登三十二入閩早是四旬餘他非不用頻〻舉已過還須旋旋除報與滿朝朱紫道閻王不怕佩金魚唐僖宗朝賜覺號真覺大師鶴汀私抄

臘殘餽遺

閩俗臘盡豪門富室爭相饋歲有一僧立寺門口占云殘年節禮送紛〻盡是豪門與富門惟有老僧堦下雪始終不見草鞋痕鶴汀私抄

正淳絶句

洪武中福州詩僧正淳咏蒼苔云青如蚨血染頽垣漢寝唐陵幾斷魂莫笑貧家春寂寞更隨積雨上朱門咏鄭家孔雀云甘隨故主入泉扃不管人間失錦屛惆悵故山明月裡有人曾拾舊時翎國初詩人輩出至於衲子黄冠亦皆吟咏有韻正淳遺稿散失傳者僅此二首陳叅知仲伸極愛誦之收入三山詩選竹窓襍録

禪師度母

黄蘗運禪師遊方得道思父母至家止見一婆子問何

處人運曰江西婆子曰我子出家在江西多年不歸運因借宿明日辭去運與人言老母不識貧道但母子一見足矣人報其母母趕至福清渡運已登舟母一跌而死運不同但於隔岸舉火云一子出家九族登天若不生天諸佛妄言擲火燃之見其母於火焰中乘光上昇後官改為大義渡姓源珠璣

詩徵氣象

宣宗微時以武宗忌之遁跡為僧一日遊方外黄蘗禪師同行因觀瀑布黄蘗曰我咏此得一聯而下韻不接

宣宗曰當為續成之黃蘗云千山萬壑不辭勞遠看方知出處高宣宗續云溪澗豈能留得住終歸大海作波濤其後竟踐大位兆先見於此詩陸游避暑漫抄

木毬趯出

雪峯和尚趯三個木毬有時見僧來趯出一個有時趯出兩個見玄沙來三個一時趯出玄沙撒開兩手作仰倒勢雪峰曰汝在彼用一個用三個曰三即一一即三當以此雪峰便休古禪師曰此是雪峰不立名題覿體受用傳燈錄

有眠錄

鑽紙出蜂

古靈禪師行脚因其師一日窗下看經有蜂子投窗求出靈曰世界如此濶不肯出鑽他故紙師問汝脚遇何發言異常靈曰蒙百丈和尚指箇歇處靈乃舉偈曰百丈門風靈光獨耀迥脱塵根體露真常不拘文字心性無染本自圓成但離妄緣即如如佛其師於言感悟（傳燈錄）

百丈禪師

唐百丈山大智禪師長樂清平里人初事龍泉禪師一日師令浣布於井見青黄二龍戲井中玩之歸遲其師

詰之遂以鉢探二龍獻於師師奇之令削髮遊方臨行囑之曰子逢馬則叅逢丈則止果至百丈山叅馬祖師得道後復歸龍泉立道場著叢林清規傳於世是航志

頭陀廬墓

長樂李頭陀幼從百丈住洪州後歸葬毋於沙堤廬墓三年題詩石上曰守墳三載念生緣種樹爲陰出世恩劃石寄言相囑咐一重孫付一重孫題畢石自開頭陀遂端坐於中石復合長樂志

聖君得道

永福下鄉有農家子姓張以採薪鬻鋤柄為業鄉人目張鋤柄狀貌醜怪口能容拳一日入山遇仙人對奕投之以桃苦不可食張心知為仙異有所遇忍苦嘬咽且及半苦將螫舌遂棄其餘以而歸因忽忽若狂絕粒食草木實時言人隱惡能道未來禍福素不讀書忽奮筆作字得羲獻體口占頌偈如宿搆聞傳四散士大夫多往赴之因度為僧人號張聖者遊邑中募緣造高蓋石橋富室揮金嘗云石橋半出通判石橋全出狀元及侍講蕭公國梁魁天下乃生於橋成之日方半時實生通

判吴公其言禍敗事尤奇中人於其狂時亦畏其毒罵
莫敢詣者作字多以左手或以足指挾筆又時扱筆臭書
時里中吴氏建重光寺輪藏成求讚於僧援筆立就云
無上雄文貝葉鮮幾生三藏往西天行〻字〻為珍寶
句〻言〻是福田苦海波中猴行復沉毛江上馬馳前
長沙過了金沙難望岸還知過岸緣夜叉歡喜隨心答
菩薩精虔合掌傳半千六十餘函在功德難量熟處圓
筆力遒勁可愛一日遊白面村有少婦隨衆往謁僧命
至前撮其項婦號叫觀者大笑婦語其夫夫怒奮臂往

詬僧笑曰子毋怒公案未了宜令再來罵者不聽居無何婦以他恚投繯而死又有鄉民着新紫襦詣謁僧請以爲施氏難色僧曰急抖擻去狗毛蓋民竊烹隣狗得襦人無知者故戲之又有富室携少女求頌福僧曰好弓鞋取一借語再四不得已遺之即裂其底得襯紙乃佛經也張自遇異人後絶烟火走人間五十年奇事不止如此永福吴信可言是數事皆髫齡時得之鄉老末議云游宦紀聞

九峯圓老

福州九峯僧圓老高僧也陸放翁宦閩時具疏請之云閙藍裡入頭不妨奇特懸岸邊撒手只要承當須遇作家方了此事某人奉靈濟正法眼得補陀大辦木雖則跛跛挈挈走諸方不認昭昭靈靈作自已伏願如雲出岫似月印潭放下鉢袋衣囊打起齋魚粥鼓頭直到佛頭祖不知處猶是半塗須向父母未生前試道一句（竹窓禪錄）

聖泉穎老

陸放翁請福州聖泉寺穎老疏云少室玄機岐陽正脉最端的處只、要言下承當有多少人盡向面前蹉過某人譚鋒峻崢心地圓明當初向竹篦子頭偶然築着磕着而今踞寶華上座還甚胡來漢來便須拈起鉗鎚打開窠臼以鉄酸䶕普供大衆與木上座同演宗風鐘鼓鏗鍧旛幢炳煥豈惟流輩知不由免　高要使師翁發撞破烟樓之嘆竹窓雜録

僑遇坐化

鄭起潛字子升閩縣人父時發遊學吴中生起潛於天心橋起潛篤志力學長通易寧宗朝登甲第累遷崇政殿說書侍讀除禮部侍郎起潛好浮圖說以端午日坐

誤

化有旨歸葬陽山姑蘓志

木蛇迎客

宋木蛇禪師寧德漳灣阮氏子也大觀中受舉杭州天竺寺法名邦静詞偈髙古禪法超悟程尚書顯謨師之紹興辛亥程帥請住持皷山寺僧堂有木蛇或檀越樂施者登山木蛇輒出門迎之因號木蛇禪師為沙門祖皷山志

詩僧百鍊

福州平遠臺僧百鍊嘗作詩云名刹網中無麯蘖醉人

至死不回頭老僧涓滴不入口靜坐巖前看水流百鍊
與薩雁門天錫友善多所倡酬竹窓雜錄

見日頓悟

越山師鼎禪師閩王請於清風樓齋坐久舉目忽睹日
光豁然頓曉而有偈曰清風樓上赴官齋此日平生眼
界開方信普通年往事不葱嶺帶将來臨終示偈曰
眼光隨色盡耳識逐聲消還源無别旨今日與明朝禪宗正脉

遺骸施蟻

寶福清豁禪師忽捨衆入山待滅遺偈曰世人休說路

難行鳥道羊腸咫尺間珍重苧溪溪畔水汝歸滄海我歸山謂門人曰吾滅後將遺骸施諸蟲蟻勿置墳塔禪宗正脉

乘龜飼虎

唐僖宗光啟三年紙衲僧惟亮謚介空自龜山寺來福州長溪䓁庵於龜湖禪院之前山岡有湖水與海潮準忽有大龜浮沉於湖循庵游止僧有所之龜輒以載師見餓虎乃棄身以飼焉龜化為石菴鞠為草湖亦隨湮後人乃棄舊庵基今院至今與焉釋氏通鑑

黄蘗禪機

唐裴休贈黄蘗僧希運詩曰自從大士傳心印額上圓珠七尺身挂錫十年棲蜀水浮杯今日渡江濱一千龍象隨高步萬里香花結勝因欲擬事師為弟子不知將法付何人休會昌中官於鍾陵請還至郡以所觧一篇示師師不顧曰若於紙筆何有吾宗休問其故曰上乘之印惟是一心更無別法心體一空萬緣俱寂如大日輪升於虛空其中照耀静無纖埃證之者無新舊無淺深説之者不立義觧不開户牖直下便是動念即乖其後休録之為傳心法要云 全唐詩話

從契開山

上虞縣四十里法果教寺石晉天福五年敕含珠院以山得名也閩僧從契長溪人棲隱於此宋沙門仲休為記集晉右軍書今碑尚在 上虞志

雪峰源潭

侯官雪峰山有廿四景天順中寺僧源潭有廿四首咏雪峰云瓊瑶臺凍合深迷路玉樹花開半雜松藍田村庄云分水遠從寒澗落偶雲長見夕陽舂一洞山云松逕月斜巢鶴喚石門雲濕雨龍還無字碑云剥落舊文

惟蘚迹模糊新篆是蝸涎萬松關云珀琥氣浮成翠靄黄金花落混香泥梯雲嶺云雲開鳥道層々險路入松關步々通藤月潭云弄珠神女乘空去臨鏡嫦娥倒影看佳句層出亦詩僧中之巨擘也竹窓雜録

了心捷對

林太史誌遊鼓山寺僧了心者俗姓姚延接甚恭林試以一對云風吹羅漢摇姚和尚姚應聲曰雨浥金剛淋林大人林賞其捷鼓山志

桃花悟道

青山原不動浮雲任去來此乃志勤禪師證明之語也
師因見桃花悟道曰三千年來尋劍落幾回葉落又抽
枝自從一見桃花後直到如今更不疑輟輟述

榕陰新檢卷之八

閩中　徐𤇆　興公編輯

友人　王啓　永宇

高景　景倩刪定

勝蹟

金鎖渡

越王無諸時殿前鑄一金牛久之為祟往往渡江其宮人遂以金鎖絜之後乃帶鎖犇入郡南江中往來舟航多為覆溺晉康帝時有漁者垂釣得金鎖引鏁盡見金

疑項誤

牛急挽至岸俄而鎖絶猶得數尺有司以聞詔立廟江滸舟行者必薦以酒有唐光啓中靈雲勤禪師過此未嘗致禮舟至中流風濤湃天舟人大恐師推蓬叱之曰業畜不思解脱溝中住得幾時語畢風濤應聲而定及抵岸有一衣褐老父迎船長跪五體投地求師超度師為説十二因縁併無生法言傾再拜禮謝而去曰我本金牛之精蒙師説法今生忉利天矣自是神遂無靈廟亦頹廢 逸志

榴花洞

唐永泰中樵者藍超於福州東郊遇白鹿逐之渡水入石門始極窄忽豁然有鷄犬人家主翁謂之曰吾避秦人也留卿可乎超云欲與親舊訣乃來遂與榴花一枝而出恍若夢中撫而尋之不知所在蔡襄詩洞裏花開無定期落紅曾見逐泉飛仙人應向青山口嘗却春山不與歸富山魏萬詩江山巧秀入禅扃四徑仙源盡未真萬疊好峰侵碧落一條流水隔紅塵澗邊鹿迹知何代洞口榴花鎮似春自恨聲名尚吞鎖無因長對洞中人

三山志

飛來峯

後漢元和三年獵者張五郎即禽於郡地之西巖見白鹿奔入巖中五郎尾之行可數百步皆兩巖壁峙仰不見天側肩而進意將闌忽聞樂聲遂復前百餘武微見日光如縷折而東石門半開豁然別一天地有四人衣冠古樸一鼓琴坐梅花樹下一坐磐石臨流吹笙一倚脩竹擊磬一騎白鹿執如意而歌見客至皆舍樂驚起相問從何得來王歸未也五郎不審所謂其人曰吾越王樂工也昔者夫椒之役吾抱樂器竄身於此石門

忽開遂不得出乃掘黃精採松藥為糧久之亦不復饑於是相與結茅而居續野麻葛苧以為衣服時有仙人來此分惠藥物然竟不知吾王今何如也五郎聞之大駭求歸其人各以脯黃精為贈既出石門即合其後人遂以此山為越王勾踐時自會稽飛來因名飛山晉太康中道人任放得復入巖中得傳金丹秘訣至唐天寶中昇舉於此復名昇山唐周樸有詩云昇山自昔道飛來此是神功莫浪猜色氣雖然離禹穴峯巒猶自接天臺岩邊枯樹泉衝落巔上浮雲日照開南望郡城塵世

界千秋萬古捲浮埃逸志

羅漢寺

侯官五百羅漢寺在烏石山之麓本雪峰寺廨院貞明五年閩王審知夢梵僧數百奕奕有光光所至處有雙檜并池幽而秀一僧擎跪而前曰王能飯吾於此乎及旦圖而訪之得今寺地百步池檜皆如夢中乃為堂環之命池曰浴聖檜曰息聖今改名為放生池三山志

螺女江

唐開元間道士許甲垂釣於侯官白龍洲邊俄有一大

螺浮江而至道士釣得之螺殼合抱中有女子年可十五六姿色絶佳仰謂道士曰妾徐水仙之第三女也聞先生有冲舉之分故假此螺而來耳道士因與印證所聞各試其小分有頃女子復乘螺而去至南州遂棄螺登髙蓋峯見其地有苦參即採之洗於山下皆成甘草良久乃於峯頂上昇今此峯名徐女峯白龍洲因名螺女江道士釣磯見存南洲因名螺洲五代時屬伯韶親見螺壳於吴氏宅前余家去髙蓋不三里而近聞之故老及博山經者蓋如此而捜神乃以謝端事附會於侯

官蓋翻刻者因徐女事而訛耳先達不察遂皆信之晉安逸志
㘈按任昉述異記云晉安郡有一書生謝端為性介潔
不染聲色嘗於海崖觀濤得一大螺大如一石米斛割
之中有美女曰予天漢中白水素女天帝矜卿純正令
為君作婦端以為妖呵責之女嘆息升雲而去又按陶
潛搜神後記云晉安帝時侯官人謝端少喪父兄為鄰
人所養年十七八恭謹自守後於邑下得一大螺如三
升壺以為異物取以歸貯甕中畜之十數日端每早出
夜還見其戶中有飲食湯火如有人為者端謂鄰人為

之惠也數日如此便往謝隣人隣曰吾初不為是何見謝也端又以隣人不喻其意然數爾如此後更實問鄰人笑曰卿已自取婦密着室中炊爨而言吾為之炊耶端默然心疑不知其故後以雞鳴出去平旦潛歸於籬外竊視其家中見一少女從甕中出至竈下燃火端便入門徑至甕所視螺但見女匿竈下問之曰新婦從何來而相為炊女大惶惑欲還甕中不能得去答曰我天漢中白水素女也天帝哀卿少孤恭慎自守故使我權為守舍炊烹十年之中使卿居富得婦自當還去而卿

無故竊相窺掩吾形已見不宜復留當相委去雖然爾
後自當少差勤于田作漁來治生留此殼去以貯米穀
常可不乏端請留終不肯時天忽風雨翕然而去端為
立神座時節祭祀居常饒足不致空乏耳於是鄉人以
女妻之後仕至令長云今道家素女祠是也又唐曹松
詩云謝氏海邊逢素女越王臺下見青牛正用此事今
攄陳汝翔逸志之說以為許甲而非謝端不知何証且
云博山經與故老傳聞此屬紕繆蓋陶氏任氏去晉安
帝時未遠事之有無不可知但名人紀異於千載之前

汝翔以為附會而反以証輿謬説野史迂談為信是窺管之見也汝翔目未睹搜神記浪云翻刻而訛尤為可笑汝翔喜砭舊事余借為攻正非掭入室之文也至於搜神後記為陶潛之作恐亦未有的據也竹窓襍録

鍾南山

鍾南山去閩清縣一里許上有盤谷巖嘗有二人裹糧深入山中憩草屋下忽有一人自外至袖中出芋數枚撥落葉煨之以相啖遲明不見草屋但有木葉數尺題詩其上云偶與雲水會不與雲水通雲散水流後杳然

天地空閩中記

聖泉寺

閩縣東山唐景龍初僧懷一居之苦乏水忽二禽啄於地心異之因卓錫其所泉湧為池至今不涸竹窗雜録

古松甘露

靈源洞水雲亭下有松相傳神晏國師手植根蟠石壁上天矯若蛇龍有甘露降其上名為甘露松今尚在鼓山志

化成寺

化成寺昔有居士夜遇兎逐之至山中忽見僧舍遂止

宿達旦恍然林莽居士詰之僧曰此天冠化成寺也今時聞聲鐘或燈光隱隱寺南有望鐘寺旱禱屢應三山志

瑞迹寺

大中六年有郤環者遊閩縣瑞迹寺頓聞異香又白光爍然環乃即其光而往見銀色化佛須臾入林木光亦不散因現足跡於盤石後人於對石亦鑿一跡未幾亦磨滅惟舊跡獨瑩然因刻像有禱必應三山志

福頂廟　大小亭廟

侯官福頂廟縣西南號古靈其山之陽有神居焉唐天

復三年始降於義興社後遷於吴嶼已乃遷此每歲孟
春士人競祭以祈福於是以福頂名山政和八年賜額
昭惠紹興十九年封普濟侯二十九年加威顯乾道三
年又加靈應　連江大小亭廟縣東江口晋時有黄助
兄弟二人漢黄香之孫也舟行自海南至是遇風兄弟
連臂浮於江峯夜則畫沙成字表其履歷復見夢於鄉
人曰爲我南山作壙北山立廟吾能避災降福如其言
里無虎狼之患建監亭獲其利人號其兄廟爲大亭弟
廟爲小亭永隆元年大亭號浮濟將軍小亭號照遠將

軍三山志

爐峯廟

爐峰廟在侯官縣北號東鄉唐景福中王氏入閩淮民隨之始至有桴浮香爐及書硯漂於岸側其人異之曰此吾州杜三郎故物也因創為祠通文三年號高義侯永慶元年改稽聖侯保大中升為靈瑞王都僉判南鄉為記

靈津廟

靈津侯廟在侯官縣相傳始有浮波間達境上晚而視之石也衆異之遂立廟令有唐勅廣漫滅不可讀三山志

剛顯廟

周朴字太朴本吴人隐於福州烏石山與僧靈觀薛長官逢友善雙峯寺法主大溈寺懶安更為禅悦之交黄巢之亂求公得之曰能從我乎公曰我尚不仕天子安能從賊遂遇殺鄉人即其山立三賢祠觀逢與公為三雙峯寺亦有三賢堂法主李中丞瓚與公也紹興初張丞相浚謫福州将遊雙峯寺夜夢一僧及一金紫人一白袍士來謁翌日且登三賢堂見三公容貌如夢中異之及為帥遊烏石山至公祠嘆公死節三百年未有廟

頟可以激勵當世乃奏之詔賜號剛顯郡人鄭顯昂記而序之東漢之衰陳蕃李固孔融之徒相與標榜以節義名世故雖以曹公之陰賊終身睥睨漢室終不敢取唐末名節掃地君子在野小人在位朱公以斗筲穿窬之才談笑而攘神器士大夫亦欣然與之莫敢正議使公得志其肯以國與人乎乃為詩以貽來者俾歌以祀公詩曰公昔隱居烏石岡老觀禪師同道場法主懶安共徜徉李薛咨參互擊揚擺脫利祿心清涼是以能全此至剛黃巢兵亂來福唐公力抗之不肯降欣然引頸

齒劍銛白乳上湧如雪霜老賊自謂暴無傷纔殺半人於南方巢斬公白乳高一尺五寸時懶安聞巢至坐蛻去入塔以劍斫塔白乳高三尺巢與人言自入閩、纔殺人半而已一公無爵位在周行史臣不書名不彰後三百年丞相張夜夢三賢與迎將翌日遊山登公堂宛如夢中貌昂藏再來為州刺奏章賜光剛顯烈有光葺祠為廟飾棟樑普與州人奉肴觴於薦荔丹與蕉黃歲時來享以為常我作銘詩刻其旁千億萬載死不亡　三山志

植柱廟

植柱廟在長樂東北南唐開元中有神降於察山之陰

乘大木泝湍流而上漁者林生負以趨下還不旋踵復泝而上如是者三心異之取而置石室下遠近望之若植柱遂以名廟嘗有林氏女浣紗其旁見若銀卮浮水中褰裳採之水漸深為蛟所吞其家訴於神不終日雷雨暴作剚蛟於水濱得女尸蛟腹中林氏感泣虛其居刻所取木為像塑其女配焉景祐中王侯以禱雨獲應倡里人更立廟宇紹興二年賜額顯應慶歷中潘奎為記

香爐山

連江縣香爐山雲笈七籤以爲七十一福地謝真人治之以其形似香爐故名唐開元中里人章壽學道晝得仙術嘗遇延平津値蛟爲害因斬之今絕頂壇址宛然天寶六載禁採樵東西各二十五步南北各二十步壇側有石井每旱暵汲水歸而禱之必雨旁有章井尤深山南一峯峭秀石上有章仙峯三大字精神〃不誌書者及歲月鄭侍講鑑詩云屹立交輝紫翠間疎簾半捲鎮長開精神似有祈年術一縷青烟起博山

湯院泉

有脱字

閩縣崇賢里龍德外湯院地有多墺泉數十步必一穴迸河渠中味甘而性和熱勝者氣如琉璜能熟蹲鴟旱潦無增減閩天德二年占城遣其國相金氏婆囉來道里不時徧體瘡疥訪而求沐之數日即瘳乃捐五千緡創亭其上仍售田鳩僧以司之陳藏記慶歷二年條有畨書二碑在

甘棠港

福州海口黃崎崖橫石巉峭常為舟楫之患王審知為福建觀察使思欲制置憚於役力乾寧中因夢金甲神

自稱吴安王許助開鑿及覺言於賓寮因命判官劉山甫往設祭，迨祭未終海四靈怪俱見山甫憩於僧院憑高觀之風雷暴興見一物非魚非龍鱗黄鬣赤凡三日風雷暴興乃霽已别開一港甚便行旅驛表以聞號甘棠港閩從事劉山甫乃中朝舊族也著金溪閒談十二卷具載其事 北夢瑣言

薛老峯

福州烏石山有峯大鑿三字曰薛老峯癸卯歲一夕風雨聞山上數千人喧噪之聲及旦則薛老峰倒立峯字

反面(向)上城中石碑皆自反側其事(年)閩亡稽神録

荔枝軒詩

時昇里有王泉院院内植荔枝數百株名其軒曰荔枝軒宋楊朏詩云曾觀荔枝圖幾費丹青粧能紅紫能亦能緑不能寫得天然香曾讀荔枝譜品品堪第一較量滋味論高低大抵聞名不聞實我疑真宰推化工安排百果分番紅杏梅桃李不足數先數碌碌隨春風錦囊玉液相渾淪百菓讓作東南元别有真香與色味一時分付荔枝軒荔枝通譜

閩王墓詩

閩王審知墓在蓮花峯下宣德四年爲盜所發獲金寶無算有司仍復修治古今題其墓者甚多余伯兄一首爲最王葬何年去不回霸圖千古總成灰秋深兎穴依寒隴歲久漁燈暗夜臺故國關河甌越在遺民蘋蘩鼎湖哀蓮花峯下黄昏月猶見三郎白馬來蓋審知在軍中好騎白馬自號白馬三郎竹窓襍錄

古城留咏

閩王古城在戰坂五代晉開運三年南唐兵興李仁達

鏖戰築營壘於此後世人稱為古城予於庚子冬與吳友洸從化尋古蹟過此今有村落數家其地平曠似可為戰場者從仙詩云巍宮北闕出層霄此日青松響寂寥花發空疑嬌妾笑殿庋不復侍臣朝盜同寶藏棺中器鋤得遺金馬上鑣最是易深前事感井樓門外雨瀟〻詩調雄偉佳作也但此城非閩王建國之城用宮妾笑侍臣朝則非實境矣凡作弔古詩更當考核竹窓樵錄

釣臺盤石

釣龍臺有盤石越王餘善釣龍處也三山志以為無諸

受漢冊即此地又名越王臺有石刻全閩第一江山六
字宋時趙汝愚分書古南臺三字唐韓偓流寓閩中
題詩云無奈離腸日九廻强舒懷抱立高臺中華地向
城邊盡外國雲從島上來四序有花長見雨一冬無雪
却聞雷離宫紫氣生冠冕試望扶桑病眼開竹窗樵録

萬壽橋梁

閩之會城三面距江其水皆自高而下迅湍廻洑旁折
千里滙爲南臺江昔以舟楫比連横絙爲浮梁每潦漲
卒至絙絶舟裂民多溺焉至治三年僧法助命弟子吴

道可走京師疏聞於上詔辛戌之不一年得錢數百萬貫再為墩二十八工未成而師化矣後二年其徒法善輩終成之長一百七十丈御史中丞曾公肩曰萬壽橋仁宗朝賜璽書加號宏濟大行禪師尚書馬祖常為碑銘馬石田集

鼓山銘刻

鼓山絕頂有盤石熙寧四年知福州丁竦提刑沈紳郡布衣陳烈同登刻銘曰鼓岁前頂峯特窮島夷眺封域屏閩東拱辰北歲辛亥帝司赤竦紳烈從峭陟搴右華

挹瑶極呵蜚霆蹴鼇脊披霄根殚目力高者仰俯必惕謹其至惟古則書法遵古舊架亭其上今廢址尚存竹窗襍録

喝水巖詩

鼓山喝水巖舊無屋宇萬歷初年蜀僧寶珠者始創小菴於洞為止宿之處遊人便之先朝題刻之多無過此洞者因僧創菴亦微損鑿今洞門前有一絶句頗有風韻而年月名字已鑿斷矣觀者無不懊恨今考之舊志漫録於此重巖複嶺鎖松關只欠泉聲入座間我若當年侍師側不教喝水過他山淳祐己酉徐鍚之題竹窗襍録

王塚改遷

十國紀年閩王葬夫人任氏於閩縣鳳池山後忠懿王亦葬焉今鳳池寺山也唐同光四年改葬永福山則蓮花山也後唐賜神道碑張文寶撰文王氏在閩者無噍類矣今惟甥劉氏歲時祀之據紀年之說則今之認王氏子孫者謬矣竹窗襍録

光禄吟臺

城中有閩山在闤闠間向屬林員外有臺居室後令展轉數主矣辛丑之夏余與曹能始借之主人始得一至

内有一小阜阜上有盤石可三丈餘樹木幽蒨亦城中古蹟也石上篆光禄吟臺四字字徑二尺古色蒼然右小字題曰宋嘉祐定十四年仲秋提刑知州事程師孟書愚按師孟字公闢吳郡人宋熙寧九年以光禄卿知福州至三年移知廣州夫熙寧至嘉定歷八十餘載年號訛舛一不合也程只郡守未嘗提刑官爵倒置二不合也閩山舊為法祥院程為郡守嘗至兹山吟眺寺僧推尊之刻光禄吟臺非師孟自書師孟有詩云永日清陰喜獨來野僧題石作吟臺無詩可比顔光禄每憶登

臨却自回其詩載在三山志可考三不合也其下更有一石方平如砥又書雪樓程師孟書雪樓乃元人程鉅夫之號今又併師孟為一人四不合也蓋林員外影響聞其說遂添刻小字耳

銅壺滴漏

威武軍門熙寧二年程大卿師孟為郡守始作銅壺滴漏有詩呈監官葉左院云台門新漏一聲聞從此朝昏百刻分他日郡人思太守也須諟及葉參軍風雨雖昏漏不移百年應未失毫釐須知萬户千門裡正得人間

凶吉時又云百尺譙門守萬兵黃昏初動畫龍聲銅鉦猶是閩王點銀秤纔懸漢守更四面僧誇金作界半天人看玉為城官程不去（稍近）千餘里不到儂家向此行說云更以鼓點以鉦今鉦間欵識云梁開平五年歲次辛未七月壬午朔十三日甲辰造重百二十觔所謂閩王點即此舊有十二角昏時吹角八人人各二十六聲為三疊撾鼓八人角聲止乃各撾鼓千為三通凡三角三鼓而畢四更三點及申刻各吹角三疊為小引三山志

黃蘗山洞

黃蘗山在福清清遠里唐黃蘗祖師道場也相傳山有巨蟒游逝甚少癸卯杪秋曹能始邀余同遊其山有十二峯周遭數百里山下有九潭一潭最深有龍蟄焉宋人鐫靈淵於側篆書古拙其旁更有小字磨滅不可讀潭水泛為瀑布龍湫不可名狀山行十四里至蟒洞洞故不可尋山下有老樵曾一履其處遂命為鄉導第三洞為巨蟒所居不敢入惟窮二洞而返山麓有寺舊甚宏麗嘉靖中燬於倭火今甚寥落矣梁江淹嘗為崇安令入閩曾遊茲山詩云長望竟何極閩雲連越邊

南州洲一作饒奇怪赤縣各靈仙金峯各屬日銅洞一作石
共臨天陽壽岫作照飛作鸞彩一作靈采陰谿噴龍泉殘石廻作十代
木廧薔作峷萬古烟禽鳴丹壁上猿嘯青崖虛作清閒秦皇
慕隐淪漢武願長年背負雄豪威棄劍藏名山況我葵
藿志松木横眼前所居同遊好臨風載悠悠曹能始詩
云高山有奇洞靈物之所處其觀多奇怪譎大言似夸詡
我直持一勇於以勝百阻路長到實難食人有猛虎天
陰日無光雲霧作細雨潭壑乍隐見鄉縣悉周溥仙人
鷄犬鳴聞聲不可覩入木成矛戟叩石如鐘呂遇物難

駭新本質實已古外遊不學道來此亦何補寫景紀遊無一剩語繼文通者其唯曹郎耶竹窓襍録

黄蘗寺

黄蘗寺清遠里以山多黄蘗故名江淹南齊人好山水嘗遊馬貞元五年沙門正幹嘗從六祖學既得其旨乃辭去祖送之曰把善即上幹抵此乃安之遂創院名般若臺今十二祖師堂其地也

六洞仙山

永福縣六洞仙山山極高而秀舊有仙居之風雨晦明

不可測又時有音樂出巖洞外鄉人有緣崖而至其地者遇二人對奕越明日再造不復見焉衆以為異遂刻六洞仙像於其上禱雨祈夢屢有應驗昔嘗有縣尉因歲旱詣山乞靈茹葷而徃未至有蜂數百若將螫之竟不達仙之靈異多類此對面南山有三石室石室中有一石龍四面雲霞分明如斷如畫龍口出泉鑿井貯之四時不溢亦不竭閩掌故

芙蓉洞 此洞予已深入有記別見

芙蓉洞在懷安縣六都稷下里去郡城纔二十里卑有

芙蓉洞，洞口可丈許，縈紆十餘里，遊人篝燈秉炬以進，紺乳時凋，陰氣逼人。五里至義存祖師開山堂，可坐百人。有石床、石鼓、石盆，過此益凜凜不敢近，故莫窮其際。按舊志，院創自唐咸通中，宋太平興國修建。國朝林子羽有夜宿芙蓉峰詩，則此洞洪永間似猶未塞。歷二百年，遂莫能尋覔，豈湮塞日久，無好事者搜剔耶？予嘗約曹能始往探其蹟，屢以事阻，不知何日有好奇者出而共訪之也。竹窓雜録

石塔碑文

唐德宗貞元十五年德宗誕節觀察使柳冕以石造塔
賜名貞元無垢淨光塔庚承宣為記今寺廢已久而碑
尚存闌闠間文字古雅下半折俱已剥蝕予嘗偕陳伯
孺曹能始往讀猶可以意會之第撰者存其官爵缺其
名姓不無恨〻偶閱三山志知為承宣筆也亦是一快

竹窗襍録

社垓銘刻

福州社垓遷置不一宋季立在隣霄臺之後石壁刻銘
曰后牧民天廼食維社稷作稼穡風雨雷賛生殖練時

卬癸有秩歲庚午夏率職即坤維昄垓域地汙隘癸匪

式爰廣新古是則辛未春工告畢齋有廳器有室賜若

雨事咸飭後之人敬無斁元祐六年三月温陵柯述古

撰、王民裕書竹窓襍録

無名仙篆

福建永泰縣觀音院後山上世俗多傳以為仙篆太常

博士黄孝亣閩人也嘗言其山無名上多頑石無復鐫

刻之蹟如人以手指畫泥而成文文隨圓石之形環布

之如車輪循環莫知其首尾今人亦有以道家之言譯

之者曰勤道守一中有不死術亦莫知其是非也歐陽文忠集

南澗寺石佛

南澗寺上方峨峨巨石巖峭上立鎮郡城之前阜壓蓮宫之上界唐天寶八年五月六日清晝忽騰雲旁湧驟雨來集驚飈環駭軒旬沓冥雷聲光噴野大聲殷空須臾雨風散雷雲收項劈輪囷嶄然中闢亭亭厥心隱出真像三十二相具八十種好備列侍環衛覺有序歐陽詹集

七祖御客

福州啟運宮在開元寺有七祖御容塑像乃西京陵寢之舊南渡之初迎奉於此時金兵傲擾倉忙間載以藍輿七乘至今猶存别造朱輦七乘列於殿廡專差中官一人主香火謂之直殿節序朝廷遣快行家賫送香燭帥守與直殿同致祭每位用朱盤列食十數品酒三獻鶴林玉露

平章古墓

元平章政事王積翁墓在華峯山路旁翁仲石馬各二福安知縣于震詩云福寧城中來往路知是人家舊墳

墓道旁石人相對立下擁石羊驅石虎此墳距葬知幾年高原無隴低無阡墳中白骨定遭掘四邊已作人家田石羊無知石人苦有口應慚不能語眼見主人營此墳今日無墳豈論主人言人死葬墳好豈知有墳還不保烏鳶螻蟻日澌盡何用石人張墓道福寧志

通霄路扁

鼓山寺山門扁曰通霄路游人俱莫解其義歷代名公遊記亦都不了了余考傳燈録神晏祖師赴閩王請雪峯送至法堂曰一隻聖箭直射九重城裏去也孚師趁

至中堂便問師兄向甚麽處去神晏曰九重城裏去乎曰忽遇三軍圍繞如何晏曰他家自有通霄路字畫端楷前代之筆也客有不得其義者余輙以此觧之竹窓襍録

龜湖廟

永福縣西南有龜湖廟宋末黄大夫與元兵接戰至洪塘為追兵所斬大夫英勇異常身首二處猶持其頭以就頸口尚噴〻欲言遇一婦忽出聲曰頭斷可續乎婦答以不能遂仆於地鄉人異之為立廟𣑯嶺寨祥異類纂

荆中石刻

予為福寧府寧德縣主簿入郡過羅源縣走馬嶺見荆棘中有崖石刻樹石二大字奇古可愛即令從者薙除觀之乃才翁所賞樹石六大字盖蘇舜元書也因告縣令頊（項）膺服善作欄楯護之右見陸游老學菴筆記余尋得之在白塔庵數步石字宛然而樹則無矣

萬歲塔影

酉陽雜俎言揚州東市塔影忽倒老人言海影翻則如此沈存中以為塔大抵塔有影必倒予在福州見萬歲塔成都見正法塔蜀州見天目塔皆有影亦皆倒也然

塔之高如是而影只二三尺纖悉皆具或自天窓中下或在廊廡間亦未易以理推也老學庵筆記

勺泉應潮

福州雪峯有應潮泉其廣不過二三尺水纔數寸而進退深淺與潮候無差然四旁皆頑石惟當中有數沙石眼每潮上則涓涓而出潮退復竭故老相傳以為海眼但其處高當山脊不知何以能與水澤相通也老學庵筆記

湯泉冷煖

福州湯院有泉凡四五泓其一當中獨冷如水餘鼎沸

引入浴室冷煖甚得其中餘澗導以灌田為利甚溥蔣穎叔留題詩所謂及物孰為多灌田一萬頃是也老學庵筆記

温泉愈疥

福郡温泉總二十處一在閩縣崇賢里數十步輙迸一穴或出河中味甘和熱多在河邊一在閩縣易俗里東門太保亭晋安橋北洋有四五里竅味甘和熱左右二池石甃路分左右中有溝一在侯官八都一在侯官九都一在侯官方山上二石池一温一冷一在懷安一在湯門内南邊温泉坊内有十槽一在湯門外河邊呼為

官湯堂宇亭榭俱完正德間公府休暇閒浴於此太監
崔安尚春廓而大之今頗頹廢一在井樓門外名雙槽
一在湯門外百步名石槽一在井樓門外名石壁一在
懷安六都溪邊上有嶺名湯嶺接連江界一在古田湯
渡頭一在閩清縣東十九都一在閩清賀思里一在連
江光臨里一在永福縣中一在永福十八都溪側一在
永福十五都名大小湯大湯四池小湯二池一在永福
十九都一在永福二十六都大抵俱有琉璜氣浴之能
愈疥竹窓雜録

蘓公鑿井

宋福建提刑蘓舜元字才翁城中鑿十二井一在嘉營坊内今南營口一在開元寺前一在慶城寺前一在左二坊石井一在萬歲寺前一在官賢坊長官衙前一在甘液坊今房井營一在塩運司前一在察院後一在斷事司前臺門外一在桂枝坊第一井銅底其水用之漏壺輕重適宜福州舊志

第一泉井

福州布政司前多甃甘泉士人初名曰第一泉第二泉

每大比五魁多為泉人所占以為泉讖也改顏曰一福井二福井文理殊未昭然每放榜泉士裒然如故（開都颩）三山之俗立春前一日出牛於鼓門之前若晴明自晡及旦傾城出闞巨室或乘轎旋繞相傳云看牛則一歲利市三日遊玄沙四日遊天寧六日烏石山之神光寺西湖之水晶宮逮暮始散此皆圖記所不載也（游宦紀聞）

汰王灘刻

永福創自唐代宗時割福泉建三州之地因年號曰永泰後避哲宗陵寢諱改名永福在唐新劍縣後有邑宰

潘君滿鮮遺愛在民扳卧祖餞留連累日其夫人王氏已先解舟泊五里汰王灘下俟久不至月夜登岸書一絶於石壁云何事潘郎弄別筵歡情未斷妾心懸汰王灘下相思處猿叫山山月滿舩末署太原王氏書詩蹟已漫滅獨太原二字入石至今尚存字方五六寸許邑人因以名其灘政和陳武祐慮歲久詩亡大書繫以記文鐫之於石自唐至今流潦巨浸之所漂嚙震風淩雨之所滌盪而異色爛然如新一夫人望夫之切精神入石千古不變如此則知至誠之道感鬼神入金石者詎

不信然舊閩中記作汰王灘陳武祐刻石却作太原灘今灘旁之地名太王入石字之左不復可容字矣恐未係太原王氏書為正陳記大字下云疑作汰王閘游宦紀

實塔創始

唐天復三年甲子威武軍節度使瑯琊王公以大孝之誠發大誓願於九仙山造塔建號定光為先君司空先秦國夫人元昆故司空薦祉於幽陰也七層八面雕鏤丹䕶曲盡其妙方七十有七尺高二百尺相輪之四十尺叅之也懸輪之鐸一百九十懸層之鐸五十有六角

尾之神五十有六初掘地瑩然穴貯俄獲寶珠大不及拳坐以金錢光能奪目號之曰定光 黄御史集

丈六金身

天祐三年丙寅秋七月乙丑閩王銅佛像一高丈有六尺菩薩二高丈有三尺銅有為內肌金為外膚初己未秋王夢天之西際彩雲鍔裂大佛顯中座熙熙而啟言曰斷予一臂衛此一方王嘉其異姑默其事及鳩工鴻爐卜境擇日鑄斯佛於九仙山定光多寶塔之右自辰及午一瀉而成其像大大工慮其不就計以一臂別鑄而會

之翌日禮謁之乃與夢中一類其儀形長短無差冬十
二月迎於開元寺壽山之塔院獨殿以居之翼二菩薩
於左右其明年正月十有八日設二十萬人齋號無遮
以落之是日也客有右省常侍李洵翰林承旨韓偓中
書舍人王滌右補闕崔道融大司農王標吏部郎中夏
侯淑司勳員外郎王拯刑部員外郎楊承休弘文館學
士楊贊圖王倜集賢殿校理歸傳懿皆以文學之奥東
浮荆襄南遊吴楚謂安莫安於閩越依劉表起襄漢其
地也御史黄滔刻石以碑之黄御史集

依下和詩驅宜作軀

萬歲寺鼓

鼓原自有樟木丈餘分作三鼓一置雪峯寺一置萬歲寺鼓額上刻云萬歲長講楞嚴經苾芻廷詔置圓大木鼓奉本寺永鎮香積院乃成頌曰木立早為驅長圓六九模十方憑號令萬歲壯香廚槌大擂聲遠臺高月相孤普門真法界聞聽豈差殊時宋寶元三年庚辰三月造至南宋紹興十七年正月僧丕遠重染鞔漆又和前韻曰如如靈覺妙圓軀幸遇長工巧製模色相一生辭樂府音容萬歲壯香廚跡留寶剎名增重

聲和琅函德不孤朝夕思聞椎擊處恍疑獅吼降文殊

弘治六年癸丑秋九月重脩萬歷十三年乙酉閩令葉

隆光、侯官令條良選捐俸重蒙之郡人吳應文詩曰法

鼓何年創開山自大、梁猶存圓木式重搆兩圍襄閱畫

僧徒老闌餘花雨香摩挲舊題偈塵世幾興亡竹窗樵録

紫袍拂地

福州支提山、有吳越王紫袍寺僧升椅舉其領猶拂地

兩肩有汗迹老學庵筆記

枕峯寺詩

閩縣永慶里有枕峯寺宋王十朋題二絶句云門外峯如桃宜眠清淨身禪僧自面壁誰是枕峯人飯罷匆匆別勞生可奈何不能留一宿有愧此峯多竹窓襍録

鱔溪禱雨

唐太和元年閩觀察使張仲方祈雨鱔溪廟回至聖泉寺而雨巳至仲方詩云入門池色淨登閣雨聲來團練副使李貽孫和云旌旆憂民至風雲逐馬來團練判官李敬彝和云雨隨青嶂合雲拂畫旗來内供奉彭城侍御和云雲陰隨雨度桂馥逐香來廟在鼓山之北山峽

間有二潭閩越王郢第三子有勇力射大鱔於此三山志

羅隱詩石

寧德四都有石崖唐羅隱題詩其上字跡磨滅僅辨添硯沼三字福寧志

榕陰新檢卷之九

閩中　徐𤊹　興公編輯
友人　王啓　永宇
高景　景倩刪定

靈異

九仙夢驗

何氏九仙者以祈夢著靈異相傳漢時有兄弟九人學道先居福州九仙山後遷石竹山再遷九鯉湖故山水多以九仙名山上有道觀其中塑九仙像及傳夢判官

卷九　靈異

人祈夢者先於判官前致禱祀以白鷄因留宿祠中夜
必有夢起用珓杯卜之如得勝兆則已否則此夢無准
及夜再祈如有童僕相隨者其夢亦同多為隐語過後
始驗常熟雙鳳鄉人顧某母老問壽數夢神擲與一布
袋即諺所謂撩膝者後其母病膝疽而卒不悟撩膝者
猶云了膝耳長洲學生徐昊託朱敎諭家人祈終身事
返報云夢到一高山下俱聞大風刮地而已後十餘年
昊以蠱病死易卦山下有風為蠱也文太守林知温州
時遣二隷往問壽數答云問孔老人自知之先是孔老

人跽解一朩隸還報知明日文升堂老人適跪白板數云五十五片與文年數正合文為之悚然問曰尚可解乎曰朽欄不可觧文大不樂未幾疽發背卒王御史獻臣故蕪人而占籍京師既貴常有桑梓之思自謂他日得嫁女於蕪且有一居宅即留家於此及知浙之永嘉使從者往乞靈以決二事先問嫁女云白石堦前先唱第也是龍華會裏人又問居宅乃夢到一所門貼一道家符上有二印後（門見榴）王女歸朱狀元希周之子及買第城東併得一道院入門一符上有天師印二與夢合於是

定居馬一前輩忘記姓名為閩守便道過家時其妻有
妊將産守到官久未得家信使祈所得生男女報云是
福寧不是福清守大喜曰吾得男矣問之曰吾行離家
時語妻云生男當名福寧生女當名福清義取閩之二
縣也然此言獨吾妻知之今仙語云然非男而何又數
日報至果男也莆田黃如金弘治甲子舉鄉試第一前
此有鄉縣儒學一齋僕祈夢於九仙山欲知是科解首
所在得報云黃一鳥六水桶門裏借問黃如金便是思
本學諸生無此姓名者必他邑人也乃之莆田訪焉侵

晨順便逢而至一所有兩人立於門漫揖之曰此有黃如金秀才乎曰此即是也問兩人姓名曰黃一鳥二皆黃氏僕也窺門中則有水桶在焉遂以夢告而先生果占首選庚巳編按耳談閩守者賀霖鄱陽人

南臺殿帥

湯和征福建從海道進兵遇漁翁貌藍色掾舟就之曰子勿殺人吾指子欲攻之處遂指潛兵直抵城下金城降附觀昔之漁翁乃南臺殿帥也至今祀之孫樹袁談

鰲精知遇

男子曾甲世居閩縣金鰲峯下灌園為業園中有破祠其神嘗棲箕自稱凡弟二人南唐徐知誥之弟知證知詳也晉開運二年率師入閩秋毫無犯閩人祀我於此自是書符療病驗若影響永樂間成祖皇帝北征弗豫詔曾甲入侍　箕有驗遂封知證清微洞元真人知詳弘靜高　真人勅有司建廟金鰲峯下歲遣龍虎山張真人齋賜衣袍久之張弗堪其役致命畢按劍坐殿上名之須臾二金鰲從帳中出匐伏於前張叱之曰何等小畜敢煩乃翁明歲復來當斬汝矣先是每歲賜袍明

日二真人、親至雲頭謝恩至是奏免張真人今但遣官
而已晋安逸志

法師拜章

李明法師福州人、道戒孤高爲人拜章伏詞報應甚著
紹興五年建州通判楊伩一、使與天慶觀葉道士同拜
醮既罷謂葉曰適拜章時到三天門下見此郡張道士
亦爲人奏青詞函封極草率又已破碎天師云此不可
進御擲去之矣葉曰張乃觀中道士也但不知今夕在
誰人家明日張自外而歸葉叩其所往曰昨日在二十

里外葉家作醮村民家生疎青衲詞紙破絶不佳及焚
奏際架復傾倒詞墜於地吾急施手扱承之賴以不甚
損然鶴氅遂遭焚葉為話明微述所見張甚懼即自具
一醮謝過云夷堅志

普安菴除妖

鄭一觀者隆慶時福清農家也雅好持齋誦經凡桑門
之徒過者無不留宿罄家所有資其衣糧先是有一少
年不知何自而來挾數百金占籍於隣村容貌清俊器
度温雅一觀因許以女招之入贅其日適有道士求宿

一觀以婚辭強之乃許趺坐中堂手結普庵印凝然不動須臾婿至鼓樂沸天燈光載道及入門見道士一時俱沒道士叱之曰畜生來前復汝故形赦汝死罪婿即化為老猿伏地乞命道士勅遣之一觀大驚拜請何居道士手指前山化為電光而去明日尋其跡得廢寺故基叢莽中有普庵像儼然夜來道士也

夢裏蛇精

蔡君謨知福州以疾不視事者累日每夜中即夢登鼓角樓憑鼓而睡通判有怪鼓角將累日不打三更者因

對數夜有大蛇盤據鼓上不敢近君謨既愈與通判言
所夢正與鼓角将所說同遂以君謨為蛇精 東齋記事

杉洋樟樹

梁天監中古田杉洋有大樟樹魁穤若龍扶疎數畝行
者止之輙死一夕旁近諸村聞鬼哭曰屈屈屈萬人不
飽将軍腹如是者幾一年有一少躡其後至樟樹而止
明日遂率曹偶往砍之隨砍隨合後月餘少年忽率數
十人皆披髮墨面五彩文身武噪鼓行遂砍之其孫枝
至唐時猶存大可蔽日時大目寺寺方興有一游僧自稱

杉洋人俗姓章夜誦掛搭音韻如鐘機鋒莫敵衆咸異之留宿方丈明旦乃一樟木遂剖而爲鼓晋安逸志

佛自刻像

宋寶慶二年有合抱樟木長二丈許浮於永福石壁溪邊經年不去鄉人黄姓者異之取至其家議欲雕長眉老佛二像適有游僧自言精於雕刻遂舁木樓中令去其梯但多具餅菓以給朝夕既十餘日樓上寂然登樓視之餅菓俱在僧已不見二像雕刻完好非人工可及黄乃以其一送妙峯寺一送方廣巖元初侯官陳億翁

先生有題方廣巖老佛自製像詩云青蓮非妄亦非真自刻旃檀度世人昨日龍山親接待祖師面目本無形蓋指此也

國朝正德間僧徒散逸法相剝落萬歷己丑道士郭清昏夜登岩見一老僧前懸一燈趺坐誦經清至命童子汲龍泉水烹石花茶以進味極甘美清告以飢復命童子蒸胡餅數枚因語清曰貧僧居此有年矣近為頑徒破壞遂致狼籍明年有檀越主至岩當復興清參請玄機僧揮麈高談如翻河水頃之天漸明欻遂不復語清

諦視之乃老佛木像傍侍兩童子而已清大驚下岩累月不飢口中嘗有香氣明年余與林應起陳价夫僧真潮來游乃謀興復莊嚴佛像重建僧房云晉安逸志

寄女斬蛇

閩中有庸嶺高數十里其下隰中有大蛇長七八丈圍一丈常懼東治都尉及屬城長吏多有死者祭以牛羊故不得禍或與人夢或喻巫祝欲得啖童女年十二三者都尉令長患之共求人家婢子兼有罪家女養之至八月朝祭送穴口蛇輒夜出吞之累年如此前後已用

九女一歲將祀之募索未得李誕家小女名寄應募欲行父母不聽寄曰父母相留今惟生六女無有一男既不能供養父母徒費衣食生無所益不如早死賣寄之身可得少錢以供父母不亦善乎父母憐之不聽終不可禁止乃請好劍及咋蛇犬以行至八月朝便詣廟中坐懷劍將犬先作數石米餈蜜麨以置穴口蛇出頭大如囷目如二尺鏡聞餈香氣先噉食之寄便放犬犬就嚙咋寄從後斫蛇因踊出至庭而死寄入視穴得其九女髑髏悉舉出咤曰汝曹怯弱為蛇所食甚可哀愍於

是寄女緩步而歸越王聞之聘寄為后其父為將樂令

法苑珠林

臨安金穴

福州王生者來臨安省其兄止宿六和塔下次早起行大雨如注山水湧出見空穴中推出金牌六面拾而懷之窺見穴中堆積金銀無數急以土石窒穴口誌其處奔告其兄將欲取之日暮往訪竟無踪跡乃宿塔下夜夢金甲神人怒而呵之曰荷君封我金穴已捐金牌六面酬之矣安得復生覬覦其人驚覺而去

西湖志

彭演乾道二年官至吏部尚書墓在鳳邱

興慶絲絡

無諸彭演西遊鄠縣宿甘泉店閒步原野忽有一少年引至一古官舍甚宏壯梁上有紅絲羯鼓絡數條垂於地一老人杖而守之演問曰此何處老人曰此開元興慶宮也來此者二百年中十二人爾去時莫不為詩請書一絕可乎演為詩曰長安宮闕半蓬蒿塵暗紅梁羯鼓絡惟有水天明月夜一條空碧見秋毫演曰十二人之咏可得聞乎老人舉一章曰小〻蓬山刻得成宮簾不動結飛鯨將誰八月天河水瀉到重樓無浪聲此楊尚

書所作也又誦一章曰金人無路守瓊山坐見雲生棟宇間忽墜霜飛翚樓曉不知龍尾許誰扳此裴中書所作也再詢楊裴之名則瞪而不荅 詩話

東山紫珠

晉福州東山樵人陳氏恒見山中有紫光燭天伺之久乃見一大鹿光自口出設罝捕而獲之剜其腹得一紫石圓瑩如珠因寶藏之家自是富至其孫奢縱好酒而玩其珠以為石何神因擊碎之家自是貧矣 稽神録

榕樹鷺巢

福州儀門外夾植榕樹每樹有白鷺千數巢其上鳴噪往來狼籍穢污過者皆掩鼻薛直老為郡守嘗乘輿出為糞污衣以為不祥欲盡伐樹而未言是夕安撫恭議官曾寐夢介胄懇云某受命護府治所部數百人皆棲於榕樹間今府主欲伐樹吾無所歸矣願為一言既寤不聞有伐樹議不以介意明夜復夢曰乞亟言之不然無及矣府主所惡不過鷺穢耳此其易事請期三日悉屏之寤許諾明日且告之薛訝曰吾欲伐樹言未出而神先知可敬也至暮天大雨三日乃止鷺羣悉空濯濯

如新矣吏堅志

王廟蜂蛇

武烈英護鎮閩王廟在釣龍臺之西廟有左右二王相傳王二將也不顯姓氏英靈間發惠祐一方土人世事之熙寧中閩兵出戍熙河二王現雲端大戰獲捷政和間復戍桂府征蠻之際二王復現降大雹飛黃蜂以退蠻兵宣和二年浙寇竊發連陷數郡將及境俞提刑向自建安鎮兵南下黃蜂數萬隨舟蔽江居民咸謂神兵之助境內貼然廼五月大新祠宇建楹之日有青紅二

小蛇蜿蜒香几間暨上梁又見其端舉首北向六月以儀曹陳璉奉二王像入廟二蛇又見七月廟成俞公向臨奠前夕夢有神人青色謝以遷祠者祀事青蛇忽現左王前神色如所夢瞻嘆久之禱右王曰願賜臨降尋亦現邦人敬信之益篤以其寔聞於朝十一月勅賜廟號武濟六年進封二王左封靈應侯右封顯應侯三山志

貞元聖龜

福州貞元末有人賣一籠龜其數十三徐仲以五鐶獲之村人曰此聖龜不可殺徐置庭中一龜藉四龜而行

八龜為導悉大六寸一夕而失酉陽雜俎

蝸牛聽經

莊元美福寧人嘗夢到陰府吏命誦度人經謂之曰汝生前陀羅天既覺朝夕受持不怠每誦經有五色蝸牛數百集堂前花木之上若諦聽者翌日復然自是不食烟火劍畫斗文咒除疾癘全活甚衆乾道六年冬風雪晦暝家人聞户外有聲燭之見五色鳥羽大如掌高六尺許文采爛然元美嘆曰準鳳適至示吾行期遂書偈而化焉福寧志

犢逸啣刀

永泰俗尚屠牛徐確為尉時禁止嚴甚會令之子病思啗牛心屠者不得已市一犢且將鼓刀犢逸啣刀徑趨尉治確適在縣廳犢亦走庭下確驗問為治屠者送承天寺為長生牛提點刑獄祖無頗刻石記其事。壺山集

無蓬島船

紹興二十年七月福州甘泉港有舟從東南漂來載三男子一婦人沉檀香數千觔其一男子本福州人也家在南台向入海失舟偶值一木浮行得至大島上喜吹

笛常置腰間，島人引見其主，夙好音樂，見笛大喜，留而
飲食之，與屋以居。後又妻一女，在彼十三年，言語不相
通，莫知何國，而島中人似知其爲中國人者。忽見其舟
約同行，經兩月，乃得達北岸甘棠港寨巡檢，以爲透漏
海舶，遣人護至閩縣，縣宰邱鐸文，招予往視之。其舟刳
巨木所爲，更無縫罅，獨門一竅出入，内有小牕，濶三尺
許云。女所居也，二男子皆其兄，以布蔽形，一帶束髮，跣
手與之酒，則跪坐，以手攄地，似拜者，一飲而盡。女子齒
白如雪，眉目亦疎秀，但色差黑耳。予時以郡博士被檄

考試臨漳欲俟歸日細問之既而縣以送泉州提舶司未及守亦終罷去至今為恨云夷堅志

安境侯廟

九仙安境侯廟在光孝觀之北偽閩永隆元年封光威振威將軍會同七年封安境侯制詞云閩府苦於多難近致承平得非神福其善而善者興禍其淫而淫者敗九仙山光威振威將軍夙嚴祠宇久尊是邦幽賛伊人炳然慕義是致封疆大肅泰稷長馨苟虛褒美之恩曷報感通之惠舊云本靈龜也原有青白石二片宋元時

猶在今不知為何人移去嘉靖中郡人藍御史歸相其地可營別業邀巡按使者高對往觀欲廢之使者方入門而紡帽雙翅忽若有神掣之去竟覓不得使者皇急回輿議遂寢廟前有榕樹二株係唐代立廟時種翠色參天會同七年契丹年號也

真人靈應

王元美宛委餘篇云太宗嘗夢二神人言南處海濱來輔國家明日禮官言閩中靈濟二真君事遂遣使函香請神像於宮城西南作宮祀之英宗初加封九天金闕

明道達德大仙顯靈普濟清微洞玄冲虚妙感慈惠護
國庇民崇福洪恩真君九仙天王闕宣化扶教上仙昭
靈博濟高明宏靜冲湛妙應仁惠輔國佑民隆福洪恩
真君記文稱二神皆南唐義祖之第一名知證封江王
一名知諤封饒王其神與否吾不得而知也但生既無
功德於民死又無禦災捍患之蹟而禮崇聖朝爵亞上
帝不亦負乘之至幸者乎攷按御製碑文稱二神奉命
守金陵勳德兼盛民咸感悅後率師入閩愛民之至心
與天謀民用慕戴歸者如雨閩人建生廟於金鰲峯北

圖像致敬如嚴父焉一日謂衆曰來歲吾與汝別然終
不忍與汝違及期相繼化去未幾神降於人言并奉上
帝命列職斗宫以祐下土於是閩人益虔祀禮禱無弗
應宋熙寗中閩人劉彛知桂州禦蠻冦韓世忠戰大儀
吴价戰和尚原皆得神助穹碑屹立事蹟昭然先是文
皇帝北征弗豫百藥罔效二真人默運精靈翊衛聖躬
頃刻不違施以靈符敷以妙藥回生之功神實有與焉
冊加封號春秋享祭歲易衣袍遣官賫致文皇著其事
於為善陰隲必爾時神能効靈故膺重典若生無赫奕

之功没無神通之應而能禮崇清明之世如此耶負乘之譏毋乃過乎　竹窓襍録

厠生神貿

今少宰葉臺山公母林太夫人舉公時倭夷肆虐海上居人奔竄太夫人逃之外家俗謂女誕其家若不利諸族人驅之出遑遽依敗厠頽垣而生公小名曰厠未浹旬夷復大至夫人徒步抱公出避屢為賊所窘足盡瘃疱不能行匿叢蒲中賊屢睨其旁而公又呱〻泣夫人祝曰天乎兒之有成立也止勿啼輒祝輒止如是者數四

復迷失道至海隅履泥淖行海水鹹嚙膚盡裂前後為婦人負兒悲棄之夫人亦窘甚一老父過而呼曰媪乎事廹矣盍速行吾為若負兒先趋約至某所還汝夫人夫人曰吾夫幾五十而有此子寧俱死不忍棄諸道路適在旁婦人恐賊至兩甦勸如老父言夫人強聽之匍匐行至某所則老父已先得待矣問姓名亦不答遂去江憂郭祭酒嘗云古來之聖生固不凡公乃自厠生其文章流品宜自神降鳴乎臭穢神奇神命之矣 竹窗襍錄

禪師防虎

宋治平間皷山茶園多虎暴居民患之聞芹山有伏虎禅師祠甚靈異褁糧往請齋盐鷄子肉脯為食比至發槖中鷄子皆出㲉翅足具備魚肉脯皆化少蟲成墜飛去衆知師顯異悔不齋戒哀懺久之遂請香火於茶園之上建祠祀焉既祀之後每年二月二十九日為師誕日前後三日山中時聞虎聲有至師座下伏者而不傷人過此絶無虎跡歷數百年而土人奉祀惟謹曾能始茶園詩云翔雞知客與防虎託神靈道其實也　竹窓襍録

黄石飛爐

宋熙寧間鼓山井眠岡村民初夏鋤地忽聞空中砉然有聲仰視樹杪有香爐落其上遂取而下不知其所自來也翌日有道人曰此黃石公爐自穀城飛來者宜為立廟言訖忽失所在鄉民驚異謀為建祠先是龍江畔有商人積木數千一客至問值遂遍號其木皆作黃石二字而去後涉旬無耗商誕之以斧削其字字皆入木削至數寸而墨蹟愈明至數百根皆然相與駭異不知所為翌日建祠者至具言其故遂以其價之半歸之鼓山志

化身救產

宋浦城徐清叟子婦懷孕十七月不產舉家危急忽一婦人踵門自言姓陳專醫生產徐喜以事告陳曰此易耳令徐別治有樓之室樓心鑿一穴置產婦於樓上仍令備數僕持杖樓下候物墜地即捶死之既而產一蛇長丈餘自穴而下群僕捶殺之舉家相慶酬以禮物俱不受只索手帕一方令其親書徐清叟贈救產陳氏數字且曰某居福州古田縣某處右左右隣某人異日若蒙青眼萬幸出門不見後清叟知福州憶其事遣人尋訪所居云鄰舍云此間只有陳夫人廟嘗化身救產細視

之則所題手帕已懸於像前其人歸以報徐為請於朝加贈封號宏新廟宇焉建寧志

天妃顯靈

天妃莆田人姓林氏嘉靖初行人高澄同友周應龍王仲錦高進小試於通州暇日遊天妃廟見有跪而祈籤者周曰吾將決吾儕中否俟其籤出筒遂紾臂而奪之乃第十六也詩曰久困雞窓下於今始一鳴不過三月內虎榜看聯名是秋四人俱登鄉薦九月往謝又祈以卜來春之事詩曰開花雖共日結果自殊時寄語乘桴

客危當為汝持然不知所謂歲己丑三人登進士仲錦除知州進除知縣澄除行人獨應龍不第以舉人選太原通判結果似殊矣踰年澄被使琉球之事命事畢歸海中颶風大作大桅折去舟人哭聲震天决無生理須臾紅光燭舟喜曰天妃至矣舟果少定又有粉蝶黄雀集於桅上種〻顯靈所謂危當為汝持者也嘉靖甲午高澄使琉球作天妃靈應記　竹窓雜錄

雷震賣米

宋季羅源縣畫錦坊有賣米者一夕雷震死一家三人

祐

大書屍上凡九字六口月八㞋口、月六㒷有於萬歲塔
以詢知者一老人釋之云但於中貫一直即成文矣謂
米中用水康中用木查釋異類纂

帝君顯靈

蜀人崔福子寓居福建三世仕宦父至宋福子以蔭承
務郎某處幹官而遊蕩不檢尤喜賭博嘉禧年間父怒
逐之宿里中廟、中夜不寐聞報曰梓橦帝君至廟神出
肅帝君中座言語應對皆不可曉久之或曰何有生氣
廟神入曰里人崔某帝君曰啞福子欲問前程事至前

下拜曰帝君掌人間功名事某三世仕宦皆監司郡守未知某前程所到何如帝君曰爾家富貴皆爾高祖一人所積耳曾祖以下三世當秉鈞而既以富貴幸皆驕淫貪暴故不復顯令爾亦止一任福子曰某子如何帝君曰長子可作州次者可作漕皆在四十年後福子喜廟神問君何事至此福子告以故神曰君父雖相逐君母甚相念君幸急歸母貽母憂福子出廟回顧則寂然無覩矣遂歸其母正號泣秉燭遍索三年福子死悟神言止一任者三年也至元江南歸附後長子遇兵三刀

而死、蓋三刀為州字也次子溺曾水乃成漕字也異聞總録

泰山託生

閩邑濂江有泰山康都統之廟極靈異禱無弗應林文安公生於濂江父老夢泰山之神託生焉文安歷翰林至大司馬而神頗不著靈天順甲申年北畿會場火文安公方為考官火熾皇急忽有神人掖之過墻得免於難文安公偶患耳瘡百計醫治不効有人言公係神託生至廟禱之見神左耳有蛸蛾作窩遂剔去之公是日耳愈竹窓襍録

古廟神書

嘉靖中福清林某萬歷乙酉舉人尚義之父也商於楚之日求裝歸閩有湖南人李姓阿父僑寓延平以家書欲附林歸且云左隣某右隣某再四拜囑林唯〻受之既而歸至延平忽憶前事遂遍尋李姓者竟不獲乃詢及左右隣則唐湖南觀察使李先鋒在焉始悟向之所託者神之子也置書再拜而返廟官啟書視之則恙如符篆不可曉早幼聞之故老而未信也萬歷己亥之冬謁楊参知入劍州與友人李之宇索觀於廟官一紙長

僅二尺高一尺中詰屈成字如禹碑蟲蛀幾二百字無一字可識林某後再商於四方每有風波盜賊之險必呼神名號皆有陰助焉靈應事見延平志竹窓襍録

齊廟周鼎

林世瑞弘治二年鄉薦仕肥城知縣涖任數日忽夢齊桓公告之曰吾血食兹土者幾百年邇來廟宇頽廢吾甚苦之君守兹土能為吾重新之必有以重報君也林驚覺明日來詢得桓公廟僅餘土偶林脩復之像設腹中得周鼎一隻林乃取而有之余曾從其孫借觀款識

色澤目所未覩真神物也竹窓襍録

城隍託夢

古田廟縣城隍廟洪武初將改創移神廟於外知縣鄧恭晝寢忽夢一神冕冠而前曰我無宮室何以處我覺而異之以語左右荅曰城隍拓主劉侯也恭隨往視其像一如夢中所見遂别立宮於雲漢坊以奉像焉古田志

極樂三興

古田極樂寺西廊銅鐘聲聞三百里宋朝有盲鋸其唇三寸法堂扁紹興間被劓冠猶存𦍑鋏藏殿雕龍昔遇

風雨化去章子彥詩廊鐘默許亡昏恨堂扁猶存箭鏃機假榻客欣風雨霽倚欄僧看暮雲飛禪關未晚門先閉似恐雕龍去復歸古田志

塔嶺石珠

水口塔嶺庵醫官尊王前有石珠一丸萬歷癸未醮司蕭敏道者自結髮應試夜夢人持石一丸如珠大二尺許命吞之既寤腹復微漉語於人異之而罔知是事閱三十年以嚴州大守謫官分司一日過塔廟謁鄭真人祠見巨石若珠列香几上如疇昔夢中所吞者詢所從

來守庵對以辛巳之夏溪水暴漲流移溪畔若珠旋轉鄉人異之舁至祠中蕭公因以石珠名庵扁額勒石以記之古田志

醫官大玉

正至間溪水泛溢忽一木像乘浮槎往來洪溝者數日鄉人異之乃登於巨石上是夜父老夢一緋衣神謂吾素習岐黄濟人為多今當廟食茲土以福汝等翌日各言所夢皆同因即其廟處立廟凡疾疢瘡瘍丐香燼服之輒愈廟在下鄭洋閩都記

神靈降戒

葉朝榮福清人官養利知州中年得奇病每睡欲合眼則背蓬々然動始如斗大漸縮至背心僅如錢孔則湧起醒矣以此三年不成寐遂因骨立延醫診之不能名其病遍訪得名醫十人無一良也家人相對泣計無所出忽見一人星冠道服自空下拊葉告曰君病服越鞠丸愈矣遂倏然去明日詢之醫醫曰方誠有之乎々無奇耳方載冊溪心法遂合一劑服之即成寐再服則通宵安寢三日而起矣更十年讀書三山忽一夜前神復

至語公曰君何尚留此其急歸避倭時倭已遠去鄉人安居殊不以為然第念神囊者救病於垂危今豈誕耶因五鼓就道徒步疾走二百里夜分抵家鄰人咸笑之留三日竟挈家去止東城未十日倭以風便突至鄉人不及避誅殺慘毒而葉得免居東城數載倭難平與家人浮海歸故居業登舟矣神復來告以不利心雖信之而難於易舟適有友人王姓者挽之同舟方有所待而前舟先發颶風作舟中人皆葬魚腹矣然竟不知何神

雲山葉氏譜

樟柳神通

閩人武弁陳生寓揚州軍中料敵有奇中後何青陽公任南少司以大司馬李克齋薦至衙中談往事及家居墳墓園宅如指諸掌生所挾有樟柳馬近三寸許白面紅衣能從岫躍出至几上飲水歷歷有聲而自嘆作閩語謂曾為儒生死而陳制取之然相隨不久亦當去矣耳談

空中人語

舒侍御訂嘉靖中巡按蕪松浙江抑豪強彈貪墨人稱

真御史先是御史未遇時夜讀書寺中忽聞空中呌曰忤逆子早回頭舒公異而秘之及登第廵按浙江行部至一驛夜半忽有群僧從街上呼曰忤逆子早回頭舒公問左右左右曰僧每夜經行以勸世之為子者舒公忽憶少年讀書時事晨起盡縛諸僧一訊而伏曾殺商人奪之金屍於寺後悉置之法舒公本有風節至此浙人稱為神明云 竹窗襍録

神鐘出没

福安神鐘本文殊院物也唐廣明中黄巢欲取烹半鐘

忽飛入龍潭復移六嶼江每晦暝與江濤出没鏗然出聲咸寧十三年衆舉不動惟雙巖寺僧一舉手而起元符三年移龜湖寺長溪尉馮躬行有記正德三年移於譙樓鑛徒侵縣民爭撞鐘遂毁鶴汀私抄

龍湫浮疏

景泰三年七月寧德縣禱雨西山龍湫疏文未善投之須臾別浮片紙取觀乃元至正間禱雨疏也其文衆爲誦之大雨如注福寧志

闕王身動

隆慶六年閏二月晦守備張奇峰移關王像於福寧州教場中三月三日王身自揺動觀者盡一城人奇峰晉江人後削髮爲僧名斯圓竹窓襍録

愬旱魃文

乾道元年寧德大旱官民禱不應士人阮元齡作愬旱魃文禱龍湫大雨立至三日乃止是夕夢黄衣使者曰上帝索旱魃文元齡覺乃齋以沭録其文焚之明日遂卒福寧志

滅火扶樹

福寧林瞪常言平生無過生不貴顯死當為神嘉祐間
閩人失火人望空中素衣人持鉄扇撲火遂滅遥告衆
曰我長溪林瞪也閩人訪求至其墓拜謁事聞勅封興
福真人立廟致祭墓前有大樹一旦狂風顛仆着民當
夜夢瞪告曰汝等可備酒飯明日召衆扶樹着民卒衆
如言樹果起正德初閩縣令劉槐失囚禱之夜夢神告
以亡處明日果獲福寧志

留嶠佛靈

宋福安張寶居福州開元寺會造皇宫奉神宗御容乃

抱佛歸福安留嶠庵是夜舟人夢有三佛坐蓮花獅象買舟至長溪明日實果以佛附舟儼然夢中所見也不一日順風至庵佛像今存福寧志

土地託夢

天順間盛御史暴謫古田典史日欲折土地一祠夜夢神告曰予血食有年且無過失公何欲毀之甚愈以為邪遂折之後夜神復託夢於鄉官某祈其再立某詰曰何不訴之盛公予曰彼威嚴難干也盛遷去始為修復

七修彙稿

榕陰新檢卷之十

閩中　徐𤊹　興公編輯

友人　王啓　永宇

　　　高景　景倩刪定

妖怪

誤追還魂

侯官縣黄秀才女十一娘立簾下觀人往來一日急足直入曰官追汝女還房即苦心痛死經日復生曰追我者與我俱行數十里忽有恐色曰吾所追乃王十一娘

卷十　妖怪

誤喚汝今日汝見大王但稱是王氏若實言當捶殺汝强應之至官府見三人鼎足而坐中坐者乃我父也望我來即憑軒問曰汝何為來此曰正在簾内為人追至及中途則言當追王十一娘而誤追我我不得言父還坐謂東向者曰所追王氏今誤矣曰公何以知之曰此吾女也東向者即命吏閲簿顧曰果誤矣因笑曰王法無親今日却有親皆大笑乃放還 夷堅志

狐哺孤兒

晉胡商本長樂鄭梅之子其母婢也姓張氏婉麗善舞

又喜聲詩梅絶嬖之及梅死主母聞張幸有身妬之危
殺張者屢矣張逃走之七岩山中其夜免乳生子商後二
日主母之子使人共求張張皇急告求者曰予我兒棄
之幸有舉之者毋令並死求者許諾乃齧指血書帛棄
兒山中其詞曰結髮事君子隆寵充下陳君命既纔絶
人彘將何親賤妾罪當殛兒子生不辰出腹甫再朞棄捐
荆與榛一步一反顧五内為摧崩鬥轂委楚澤后稷生
寒冰天命儻不絶虎鳥或慈仁其後張氏為其家所責
嫁為會稽賈人婦是時七岩山中有老狐能變形為麗

人誑惑男子行於山徑而見鄉者張所棄兒歸哀而乳之居四五歲建康人商景過之狐因託所棄兒於景謂景曰善藏兒帛書言訖復故形而去景遂携入建康名之曰小乚肙姓商氏教之讀書習左氏公羊春秋既長每見帛書晝夜輒哭不絕其聲太和六年景為桓温稗將所殺商涕泣曰嗟乎身為人長養之而不與其難若然是者人頭而畜鳴耳我必為報仇而死乃挾匕首偽為言事者直入轅門刺殺之左右大亂復擊數十人因自剌佯死夜從狗竇中出亡伏匿更名姓曰胡商亡命出

闞轉入河間而歌其帛書詩乞於市聞者無不垂淚流
涕初其母張氏從賈人之會稽傳數家至河間以歌舞
得幸於富人吳翁始適過聞之大駭召見問之具言其
故因出帛書其母持之而泣商亦伏地涕泣幾不自勝一
市皆泣遂與母自言翁始載歸閩中比至先母之子相
繼死殁惟孫留孫始生浹辰商令妻哺養之與子等奈
何絕先母嗣後至七巖山中求老孫不得於是環七岩
山而拜之竟以胡為姓以致報德之意每伏臘并祠老
孫商景

妖鼠詠詩

成化二年，長樂士人陳豐獨坐山齋，梁上忽墜二鼠，相鬬俄化兩老翁，長可五六寸，對坐劇談，聲如小兒，合復為鼠，分復為老翁，如此者四五遍。既而由兩而四，由四而八，由八而十六，合坐共飲，中有兩女子歌舞勸酬，其歌詞曰：天地小如喉，紅輪自吞吐，多少世間人，都被紅輪誤。又歌曰：去去去，此中不是儂住處，儂住三十三天天外天，玉皇為儂養男女。酒既闌，乃合為一大鼠，向士人拱揖而去。晉安逸志

鬼國返生

福清海商楊氏父子三人同溺於大洋共附一木遂漂墜鬼國中烟火聚落悉如人世但其人形軀枯悴生理窮窶每相報云去某州某縣赴法會則各有喜色往〻盡室而行大率醉歸挾餘饌分三楊餉賴以充飢或數日不値楞腹竟夕居數年不堪鬼氣薰蒸父兄皆死唯幼子存一日見飛符使者從天而下訪問此子衆鬼謀曰使去則不可若不去又已有他姓名将奈之何或曰令隨緣隊而行亦可戒楊瞑目勿開既登途耳畔聞風

雨波濤之聲甚厲良久脚履平地見僧振鈴咒食衆合掌畫入引楊生蔽身大木之上時持食物出饋忽鈴響群誦大悲咒楊少年時能之自墜異域已廢忘一聽其聲便能憶亦隨口持誦鬼不復相親會散掃迹楊彷彿到曉往來見着指為猿猱乃下樹與人説本末始認得夜來法食正其家也楊氏一門且疑且畏妻亦不敢相認識經日驗其無他方悲泣存問積復人色越歳一切如初夷堅志

白雞顯跡

白鷄小姐者古麻剌國王哇來頓本之女其前生哈烈人也名阿罕得兒哈烈人既重拜天而阿罕兒獨喜浮屠之說得其書常習誦讀之以其國及旁近諸部落莫足與發明者乃西入天竺臨兒迦毗羅衛諸國皆無所遇父之至於闐待渡烏玉河有胡僧長丈餘大十圍履水如平地亂流而濟阿罕得兒大駭殆非人也因長跪請得奴事之胡僧曰喏即與之結言約於是天厨從空而下為此二人具食食已忽然不見居有間胡僧亦知阿罕得兒非常人也乃呼與語曰若利根也吾非若師吾

為若見獨眉師獨眉師者居葱嶺絶處生一眉介於兩目之間其長有尺得佛正法吾不若非世之所聞也於是遂隨入山行十餘日山中空無人獨一窟僧按白狼瞑目坐松下客至削松葉酌流泉啖之於是阿罕得兜遂留不去卒為弟子元至正間於闐國王聞有獨眉師也使人強召之師不得已遣阿罕得兜謝王既至見王貴盛心悅之辭而歸師師曰嗟乎子幾得道為有外心今生王宮矣奈何雖然吾終度子其後阿罕得兜示寂至古麻剌國生王後宮為王哇來頓本女獨眉師數阿

罕得兜行巳以至古麻剌國之十年亦合掌而逝以從
適王後宮雞且雛遂為白雞予王女見而絕愛之國朝
永樂間王哇來頓本卒其妻子內屬詣闕未幾病死女
獨與雞居雞忽人語曰阿罕得兜來前顛憶愬嶺周旋
乎女大悟曰嚄涕泣交橫下因脫簪珥叩頭求懺悔雞
乃説偈曰有種因有果因果種還生無種亦無果菩提
亦不萌女即拜別其母右手持雞而化立三日而不僵
閩人異之號曰白雞小姐歲奉祠不絕也晉安逸志

寶劍化精

王華柴周時閩縣人慕張華之為人故名華家累巨萬性耽奇喜事適世亂民貧凡人家有畫古器無不以貲致之間有不可致者至忘寢食殫思慮遇之繼以泣必得乃已嘗從一奴宿於蓮花峯塚居奴往隅村沽酒未返忽聞扣門聲急華自起開門見一鬼三頭六角藍面赤髮目若電光華笑曰鬼頭何多鬼曰未若先生心多華了無懼意因與握手登堂談往昔事鑿鑿可聽華乘間詢其姓名鬼但吟詩曰身是雲臺第一功橫行海内兩雌雄却爀文叔無英武血染滹沱江水紅因自請於

華曰身是楚人漢光武時為破姦将軍與婦莫氏助帝取天下大小凡數百餘戰吾夫婦未嘗不在行間及天下既定遂與客渡江南展轉流落於此嘗欲擇主而事無可吾意者竊聞先生好古是以暮夜求謁今見先生膽畧真吾主也請得終身事之華曰甚幸遂與同宿比曉乃一寶劍耿耿有光驗之干将也始知破奸将軍之意莫氏者莫邪也華大喜出入常佩之一日入山有虎當道劍飛斬之及華死劍在匣中作牛吼者經日有頃雷雨大作化為龍而去　晋安逸志

鄭鬼小娘

福州黃閭人劉稅監之子秀才娶鄭明仲司業孫女淳熈初女卒越三月葬於鄭氏先壠之旁既掩壙劉生邀送客飲於庵中忽一蝶大三寸許又似蟬飛舞盤旋於左右十數匝劉異之戲言得非吾妻乎倘冥途有知當集吾掌上蝶應聲而下集於右掌間移刻乃去遺二卵卵坐客爭起觀劉呼一婦使藏之且嘆且泣少頃一婢來舉止聲音全類鄭氏衆初以爲狂至脫還家函發鄭篋取冠裳釵珥被服如所素有仍數其夫某事爲非是某

至下有脫誤

妾有何過某僕有何失皆的〻不誣夜則登主榻如鄭生時明旦區理家事、而檢校庄租薄書尤加親黨目為鬼小娘其父盖田僕也嘗來視女女不復待以父禮呼罵之曰汝去年負穀若干斛何嘗為不償令他僕執而撻之如是五年劉生卒婢即時洗然如舊詢所見皆莫知夷堅志

妖蟒惑人

福清黄蘗山唐僖宗時有巨蟒為祟邑人劉孫禮妹三娘姿色妖艷蟒攝入洞中為妻劉孫禮不勝忿恚誓必

死之遂棄家遠遊得遇異人授以驅雷秘法歸與蟒鬭是時其妹已生十一子孫禮殺其八妹奔出為蟒再拜請命孫禮乃止其後三子為神曰九使十使十一使閭中往〻立廟祀之然他蟒為祟者每託三子之名淫人婦女所與淫者得見其形儼然美好少年其家人及隣里但與虛空言語歡笑酣飲一如生人淫者之家隨意所欲無不立致少忤之則罄其所有若遇劫或火其居或擊其人國朝高蓋山亦有一蟒其姓百餘口世受其毒凡娶婦者合巹之夕婿必他宿以讓之次夕乃敢成

婚嘉靖初有一婦先知此事乃令人禱於九使廟密懷利刄以往比至其家果見白衣少年入室隨有金甲人追逐婦遂遮刺之少年失聲而走明日有蟒死於山中其害遂絶晉安逸志

永福猴王

永福縣能仁寺護山寺神乃生縛獼猴以泥裹塑之猴王歲月滋久遂為居民妖祟寺當福泉南劍興化四郡界村俗怖聞其名遭之者初作大寒熱漸病狂不食緣籬竹木自投於地往往致死小兒被害尤甚於是祀者

蓋衆祭血未嘗一日乾也祭之不痊則名巫覡乘夜至寺前鳴鑼吹角目曰取攝寺衆聞之亦撞鐘擊鼓與相應言助神戰邪習巳日甚莫之或改長老宗演聞而嘆曰汝可謂至苦其殺汝者既受報而汝横淫及平民積孽轉深何時可脱為誦咒梵語大悲咒資度之是夜獨坐見婦人之身猴足血污腋下傍一小猴腰間鉄索㩜兩手抱推女再拜於前曰弟子猴王也久抱沉寃之痛今賴法力得解脱生天故來致謝復乞解小猴索演從之且説偈曰猴王久受幽沉苦法力冥資得上天須信即

心原是佛靈光洞耀照無邊聽偈已又拜而隱明日啟其堂施鎖三重盖損年曾為巫者射中左腋以是常深閉猴負小女知所覩乃碎之并部從三十餘軀亦皆烏鳶鴟鴞之類所為也投之溪流其怪遂絶 夷堅志

變虎食人

南陽張逢貞元末薄遊嶺表行次福州横山鋪時日將暮山色鮮媚逢策杖尋勝不覺極遠忽有一段細草碧藹可愛其傍有一小樹遂脱衣掛樹投身草上左右翻轉既而酣睡踈然意足而起其身已成虎也遂騰躍而

起越山超壑其疾如電夜久頗飢因傍村落徐行犬彘駒犢之輩逢無可取意中恍惚自謂當得福州鄭録事乃旁道潛伏未幾有人自南行乃候吏迎鄭者見人問曰福州鄭録事計名璫計程當宿前店俄而鄭到導從甚衆逢御之走而上山時天未曙人雖多莫敢逐遂得恣食之既而行於山林孑然無侶乃忽思曰我本人也何樂為虎蓋求初化之地而復焉乃步〻尋求日暮方到其所衣服猶掛樹上依然翻復轉身於其草上意足而起即復人形矣於是衣衣秉杖而歸昨往今來一復

時矣其僕夫驚喜問從何來逢紿之曰偶尋山泉到一山院共談釋教不覺移時僕夫曰今旦側近有虎食福州鄭録事郎君未回憂負實函且喜平安無他逢遂行

續元録

老鷄化人

福州城北禊遊堂下有公蓮池數十畝民金四擢其利其居在南臺去池七里慮有盜每輒往巡邏嘗遇一人行大支徑中詰之答曰我以事他適偶夜歸耳時三更金素有膽視其舉措不類人又非人所常行路乃好謂

之曰我家在江南偶飲酒多覺醉不可歸欲與汝互相負汝先自此負我至合沙門去城二里我乃負汝至馬鋪又四里汝復負我至浮橋其人欣然如約而去至馬鋪欲下金執之甚急連呼家人燭大來視已化爲一老鷄乃搏而焚之夷堅志

吳嶼夜談

成化間侯官有吳師愈禹者名洪鏘之　也結屋於吳嶼江滸遶屋植奇異卉讀書其間每夜月必掉小舟載酒遍飲漁翁既醉各泛舟來往謳唱相和以此爲常嘉

靖辛酉師禹物故已久士人張君壽以秋試見黜鬱鬱不樂乃買舟浪遊恣其所之八月十四夜皎月澄空泊舟吴興江心忽見上流一舟如鶴獨一老翁盪槳浩歌曰即持密網截江圍妾抱長竿守釣磯滿載鯿魚都換酒輕烟細雨又空歸又歌曰蓼香月白醒時稀潮去潮來自不知除却醉眠無一事東南西北任風吹君壽異之因刺舟與語翁曰我是吴師禹察君之色得非失意於棘院者吾家去此不遠請得為旦夕之歡可乎君壽素不聞有師禹亦不知其已化遂與方舟入其家但見

門臨碧水屋繞緑陰屋中羅列經史數百餘卷一童子年可十五六進茶已具蔬筍為餉酒數行君壽請曰適聞佳詠風致絶倫既荷晉接敢求一篇為贈師禹欣然即揮羅紋箋一幅其詩曰世路無媒君莫悲開欄看取牡丹枝姚黄魏紫俱零落能得春風有幾時君壽再拜稱謝置之几上夜既闌遂與共寢旦日睡覺乃在叢莽中石上詩箋猶存觸手成灰晉安逸志

黿吞女子

侯官縣黿溪唐大歷中有女子浣紗溪次為黿所食其

父哭之哀既而網得黿烹而釋忿憤名士多為紀述其山險源深民多盜販茗鹵官莫誰何俗號七村黿裏三山志

蘆根不斷

連江縣東南四十里有七龍江秦始皇以東南氣王自江以南秀拔者皆鑿之至是得蘆根長可數丈朝劚暮合終不能斷執役者夢有告之曰鍬鍤可夕置勿收乃如其言血流而絕通水成峽三山志

雨錢致富

閩清賀恩里唐乾符中有池錫家天雨錢數萬夜夢人

送鈇鎮三至旦各得錢致富後有白鶴盤旋庭下號其山曰朱項林曰白鶴至今池氏子孫居之　三山志

妖道逐虎

蔡君謨嘗夢為虎所廹有一人救之虎既去與之坐曰公貴人也但頭角不正手為之按曰骨已正矣翌日李志寧道人謁君謨曰夜夢頗驚惶否君謨愕然視其狀乃夢中逐虎正骨者遂叱之此蓋方術家幻惑人之事爾　江寧志

石堦屍跡

福州鄭丞相性之所居清風堂石堦墀下有眠屍形跡天陰雨時其跡尤著蓋鄭在宋末暮年及第尋躋相位至今閭里名之曰耆德魁輔之坊當為相時侵奪小民廬舍以廣其居民為逼抑者遂自殺於清風堂階下余遊閩中親至其堂取水噀石其迹果見今所居竟為官豪所據子孫不絕如綫書香脉遂斬然矣世之梗強可不知所鑒哉 廣客談

鉄嶺龍潭

侯官大穆溪崇慶院前豐澤潭相傳龍二年一興興則

暴雨漲溪衝梁突岸乃以鉄纜纜之上鑄鉄佛縫鑄皆藏碎鉄自此不為患三山志

老佛叟授書

福州有道人常見老叟同室歲餘告之曰吾乃漢莊君平也取書授之天明叟出不歸視書皆脩身度世之説今但記其語云事業與功名不直一杯水夷堅志

畜蠱殺人

淳熙二年古田林紹先母黄氏患蠱垂絶人謂若中蠱但燒患者燿之且自言黄氏遂言某年日時黄谷妻賴

氏置毒食我所事之神今尚在其厨中紹先集吉都保
入谷家厨中得銀珂鎖子及五色線環珓小木棊子兩
面書五順五逆四字盛以七孔針盒兩褁各五十兩十
一無眼皆非人家恒用物也官捕訊鞫急則佯死釋之
復甦類有鬼神持之下主簿余靖窮治靖恐其以鬼物
遁急擊庭下礪兩斷其首府帥上其狀提刑謝公師稷
躬涖其家詰之少頃一蜈蚣甚巨從穴中出謝曰此明
証也逮賴氏訊鞫獄具論死所謂順逆棊子者行蠱之
日用以卜者也順則客當之逆則家人當之針以眼承

毒既用則鎚斷其眼盖所殺十一人矣凡蠱喜食錦錦不多得則五色線代之銀珂鎖者将分毒他家則故棄之見者利而捨去鬼物憑之矣毒入腹輒胎久之食人五臓死則七孔出蠱蟲千萬數魂為祟攝則為鬼服役於其家云夷堅志

窓外吟聲

趙仁甫讀書羅山寺夜聞窓外有人聲良久吟云露殘荷有淚風細竹無聲開户視之不知所在謝肇淛四部誒

述古冥官

書吏陳昱暴死三日而蘇云初見壁孔有人擲一物至地化為人乃其亡姐也曰冥吏追汝使我先見吏在旁昏黑如夜極望有明處空有橋榜曰會明人皆用泥錢有行橋上者姐曰此生天也昱行橋下猶有在下者為鳥雀所啄姐曰此網捕者也又一橋曰陽明人皆用紙錢有吏坐曹十餘人以狀及紙久至者吏輒刻除之如抽貫然已而見冥官則陳襄述古也襄問何故殺乳母昱曰無之呼乳母至熟視之曰非此人也乃門下吏陳周官遂放昱還曰路遠當給竹馬又檢籍示之年六十九

昰還道見追陳周徃周果死東坡志林

閩僧禮斗

閩僧道著云有同叅兄弟二人共寓一寺兄出遊數歲而歸見其弟顏狀尫瘦怪問之笑而言曰吾比者夜禮北斗若有感遇令神識所遊蓋鈞天紫府中至所受用乃天凝甘露其去凝霄卅闕不遠矣兄曰審如是汝當容色敷腴肌體強健今乃爾得非墮妖魔境界乎弟曰明日當謁兄盍面觀之兄甚喜如期而徃弟設香花几席拜於庭至數十俄有大毛手從空中下摑其首不已

夜半醒詢以所見云與昔日同兄已証其異秘而不言他日再往預買犬肉恣食之而置其汁於缶挈以入正拜時毛手復現兄自空中挈汁出澆之倉忙縮去弟俄頃而覺謂兄曰適將至斗宮忽為微雨沾身故不克進兄大笑始告以實自是不復有所見越半歲乃復初道著今住持建康草堂寺吏堅志

閩僧行脚

處州縉雲縣近村一山寺處勢幽僻有閩僧行脚到彼憩於旦過堂經數日當齋時不展鉢開單寺僧邀茶語

之曰堂中獨卧無恐怖乎且何以不索食曰身老矣不能免食肉荷小行哥勤渠非舊識而每夜携酒炙果實見過此必諸尊宿相憐遣來存慰既得酒饌飽足何必又叨齋食寺僧曰非也二三年前有小童名阿伴自縊於此堂常常出惑人有雲水高人寓此必出煎湯煮茗供侍謹飭前夕本寺一房內有壺酒合食忽不見疑師所享必此也懼為彼所禍今夜倘再來願斥之曰汝非阿伴乎何得造妖作怪不求超脫徐察其色相如何客僧受教夕復至即如所言責之童面發赤色無以對吐

舌長尺餘而滅後來宿者不復有影響矣夷堅志

榕樹作怪

陳朝錠、閩縣人、以舉人守厓州萬歷甲申秋儒學訓導吳公日昌次子吳生年可十七尚未娶方齋舍讀書夜恒有一少婦來與之狎有似夢魘昏昏然疾作垂斃者數次其父令其入宿內室妖復追隨日方夕即拋沙石或響屋尾或屋下虛空擲人頭向吳公夜伏劍逐之見是有物狀矮而黑黑竄入院中水缸內因提劍擊缸碎之化為火色青熒復將劍斫之大細分星星而走繼是夜中書其案上字歷〻可讀如畫炭所書者吳公始令吳生夜同卧又來迷魔者數次吳聞其子噉吽呼之醒則云來擊其背他夜又云大咬其頸視之果有二齒痕又書於几案猪首一枚吳亦依具以賽而拋擲迷魔如故人以告陳陳謂邪祟行妖往〻有之但未敢於學宮聖棲之所且密邇城隍豈容縱肆若此遂潔誠為文禱於城隍後夜吳生卧即恍惚見之來自云吾居此六十二年未得出見塵凡今得爾子三生有幸仍求與狎覆壓吳生用口翕取其氣氣勃〻上升有聲吳宜公呼之醒自

云拖彼在此吴君覔燈視之又云、只得一片衣視其把握中一榕葉也吴以告陳詢其讀書齋舍面城鋪咫尺有古榕樹雖亦不高大而盤旋糾結於磚石之内植根甚深殆數百年物也乃命人撤其鋪縱斧斤盡落其柯葉適因驟雨中輟其根株未悉拔兹夜吴生復見是妖身無外裳道剝我衣壞我屋我命亦在數日盡矣陳聞是語益令人握其地伐其本頗有漬血由是拔其根片析寸捨舉以赴城隍神祠而焚之至旦無餘燼焉自是怪絕竹窗襍録

狐媚惑人

新鄭驛卒黄興者偶出夜歸倦憩林下見一狐拾人髑髏戴之向月拜俄化為女子年十六七絶有姿容哭新鄭道上且哭且行興尾其後覘之狐不意為興所窺故作嬌態興心念曰此奇貨可居乃問曰誰氏女子敢深夜獨行乎對曰奴杭州人姓胡名媚娘父調官陜西適被盜於前林父母兄弟俱死罷手財物為之一空獨奴伏深草得存殘喘至此今苦守一身無所依託將投水而死故此哭耳興曰吾家雖貧賤幸不乏饘粥荆妻復

良善可以相容汝能安吾家乎女忍淚拜謝曰長着見憐真再生之父母也隨至興家復以前語告興妻妻見女婉悅亦善視之而興終不言其故時進士蕭裕者閩人新除耀州判官過新鄭與新鄭尹彭致和為中表兄弟因訪致和致和宿之館驛黄興供役驛中見裕年少迭宕非端士且所携行李甚富乃語妻曰吾貧行可脱矣因欲動裕數令媚娘汲水井上使裕見之喜其果艷也即求娶為妾興曰官人必欲娶吾女非十倍財禮不可裕不吝傾資成之抵任携以媚娘賦性聰明為人柔

順上自太守之妻次及衆官之室各奉綠羅一端胭脂
十貼事長撫幼皆得其歡心由是内外稱譽人無間言
其或賓客之來裕不及分付而酒饌之類隨呼即出豐
儉舉得其宜暇則躬自紡績親繰蠶絲深處閨房足不
履外閫裕有疑事輒以咨之即一一剖析曲盡其情裕
自託得内助而僚寀之間亦信其爲美婦人也未幾藩府
聞裕才能檄委催糧於各府娟娘勸裕曰努力公門盡
心王事閨闈細務妾可任之惟當保重千金之軀以圖
報埍埃之萬一慎勿以家自累也裕領之而别因前進

宿於重陽宫道士尹澹然見之私語裕吏周榮曰爾官
妖氣甚盛不治將有性命之憂榮以告裕叱之曰何物
道士敢妄言耶是年冬末糧完同州無事届春暮而裕
病矣面色萎黄身體消瘦所為顛倒舉止倉皇同寅為
請醫服藥百無一効然莫曉其致疾之因周榮忽憶尹
澹然之言具白於太守太守以問裕裕曰然於是謂同
知劉恕曰蕭君卧病皆云有祟吾輩不可坐視劉曰盍
請尹道士而治之乎守即具書幣遣周榮齎詣重陽宫
請澹然澹然曰渠不信吾語致有今日然道家以濟人

為事何吝一行乎便偕榮至守出迎以裕疾求救為請澹然曰屏人告守曰此事吾久已知彼之舂宅皆新鄭北門老狐精也化為女子惑人多矣若不亟去禍實巨測守驚愕曰蕭君内子衆所稱賢安得遽有此論哉澹然曰姑俟明日便可見矣乃就州衙後堂結壇次日午澹然按劍書符立召神將須臾鄧辛張三帥森立壇前澹然焚香誓神曰州判蕭裕為妖狐所惑煩公即為勦除乃舉筆書檄付帥持去俄而黑雲滃墨白雨翻盆霹靂一聲媚娘已震死闌闠矣守率僚屬視之乃真狐也

而人骷髏猶在其首各家眷宅急取所贈諸物視之緑羅則蕉葉數畚胭脂則桃瓣數片以示於裕裕始釋然尹公命焚死狐瘞之僻處鎮以鉄簡使絶迹焉然後取丹砂蟹黄篆符與裕服而拂袖歸山飄然不顧矣裕疾愈始以媢娘事告太守遣人於新鄭問黄興興已移家居遂致富不復為驛卒蓋得裕聘財所致耳始畧言嫁狐之實於人詢者歸具以告太守衆乃信狐之善惑而神澹然之術焉幽怪録

三山福地

元自實山東人生而質鈍不通詩書家頗豐殖以田莊
為業同里有繆君者除得閩中一官缺乏路費於自實
處假銀貳百兩自實以鄉黨相處之厚不問其文券如
數貸之至正末山東大亂自實為群盜所劫家計一空
時陳有定據守福建七閩頗安自實乃挈妻孥由海道
趨福州將訪繆君而投託焉至則繆君果在有定幕下
當道用事威權隆重門戶赫奕自實大喜然而患難之
際跋涉道途衣裳襤褸容貌憔悴未敢遽見也乃於城
中僦屋安頓其妻孥整頓其衣冠卜日而往適值繆君

之出拜於馬首初似不相識及叙鄉井通姓名方始驚
謝即延之入室待以賓主之禮動問良久啜茶而罷明
日再往酒果三杯而罷落落無顧念之意亦不言假銀
之事自實還家旅寓荒凉妻孥怨詈曰汝萬里投人所
幹何事今爲三杯薄酒所買即便不出一言吾等何所
望也自實不得已明日再往訪焉則似已厭之矣自實
方欲啓白繆君遽言曰向者承借路費銘心不忘但一
官荒凉俸入微薄故人遠至豈敢負恩以望文券付還
即當如數陸續酬納也自實悚然曰與君舊同里閈自

小契承命周旋素無文券今日何為出此言也繆公正色曰文券誠有之但恐兵火之後君失之耳然而券之有無某亦不較惟望寬其程限使得致力焉自實唯唯而出怪其言詞矯妄負德若此羝羊觸藩進退惟谷半月之後再登其門惟以溫言接之終無一錢之惠展轉推託遂及半年市中有一小庵自實往繆公之居適當其中路每於門下憩息庵主軒轅翁者有道之士也見之往返頻久與之叙語因而情熟時值季冬已迫新歲自寔窮居無聊詣繆公之居拜而泣曰新歲在邇妻

子饑寒囊乏一錢瓶無遺粟向者銀兩今不敢求但望捐斗水以活涸轍之枯下壺飧以救緊桑之餓此則故人之賜也伏望哀之恤之遂匍匐於地繆公扶之於地屈指計日之數而告之曰更及一旬當是除夕君可於家專待吾分禄米二石銀二錠令人馳獻於宅以為過歲之資幸勿以少為怪耳又再三叮嚀幸勿他出以俟之自寔感謝而退以繆公之言慰其妻子至日舉家懸望自寔端坐於床令稚子於巷外覘之須臾奔入曰有人負米至矣急出候馬竟越其廬而不顧自寔猶謂來

人不識其家趨往問之則張員外之饋館賓者也默然而返頃之稚子又入告曰有人携錢來矣急出迓焉則過其門而不入再往扣之則曰李縣令之贐遊客者也憮然而懟如是者凡數度至晚竟絶影響明日歲旦矣粒米尺薪反為所誤俱不及辦妻子相對而哭自實不勝其憤陰礪白刄坐以待旦雞鳴鼓絶則徑投繆公之門將候其出而剌之是時震方東啟道無人行惟小菴中軒轅翁明燈誦經當門而坐見自實前行有奇形異狀之鬼數十輩從之或握刀劍或持椎鑿披露形體甚

勢甚兇惡一飯之頃則自實復回有金冠玉佩之士從之或擎幢蓋或昇旌旛和容悅色意甚安閑軒轅翁叵測謂其必死矣誦經已罷急往訪之則自實固無恙坐定軒轅翁問曰今日之晨子將奚往何其去之匆匆而回之緩緩也願得一聞自實不敢諱具言繆君之無義令我狼狽今早實礪霜刃於懷將殺之以快意及至其門忽自思曰彼實得罪其妻子何尤又有老母在堂今若殺之其家何所依寧人負我毋我負人也遂隱忍而歸耳軒轅翁聞之稽首而賀曰吾子將有厚祿神明已

知之矣自實問其故翁曰子一念之惡而冗鬼至一念之善而福神臨如影之隨形如聲之應響固知暗室之内造次之間不可銘心而為惡不可造惡而損德也因具言其所見而慰解之且以錢米少許周其急然而自實終抑欝不樂至晚投於三神山下八角井中其中忽然開闊兩岸皆石壁萬仞中有狹路僅通行履自實捫壁而行將數百步壁盡路窮出一街口則天地明朗日月照臨儼然别一世界也見大宫殿金書其額曰三山福地自實仰瞻而入長廊畫靜古殿烟消徘徊四顧閴

無人聲蹤，惟聞鐘磬之聲隱隱雲外。饑餒頗甚，行不能前，因困卧石壇之側。忽忽一道士曳青霞之裾，搖明月之珮，呼之起，笑而問曰：翰林舊識旅遊滋味薄乎？自實舉手而對曰：旅遊滋味則盡足矣，翰林之稱一何誤乎？道士曰：不憶草西番詔於興聖殿側乎？自實曰：某山東鄙人，布衣賤士，生年四十，目不知書，平生未嘗遊覽京國，何有草詔之說乎？道士曰：子應為飢寒所惱，不暇記前事爾。乃於袖中出梨棗數枚，令食之，曰：此所謂交梨大棗也，食之當知過去未來事。自實食後，惺然明悟，因記為學士時在興聖殿側草西畨詔如昨日馬遂請於道士曰某前世得何罪而今受此報耶道士曰子亦無罪但在職之時以文學自高不肯汲引後進故今世令君愚懵而不識字以爵位自尊不肯接納遊士故令世令君飄泊而無所投爾自實因指當世達官數人而問之曰某人為丞相而貪饕不止賄賂公行異日當受何報道士曰彼乃無厭鬼玉地下有十爐以鑄其横財今亦福滿矣當受幽囚之禍又問曰某官為平章而不戢軍士殺害良民異日當受何報道士曰彼乃多殺鬼王有

陰兵五百皆銅頭鉄額輔之以助其虐今亦命衰矣當受割截之殃又問某人為監司而刑罰不振某人為郡守而賦役不均某人為宣慰不聞所宣者何事某人為經畧不聞所畧者何方然則當受何報道士曰此輩已枷杻其身縲絏其頸腐肉穢骨待戮餘魂何足算也自寔遂及繆公負債之事道士曰彼乃王将軍之庫子錢物豈可妄動乎道士因言不出三年世運變革大禍将至甚可畏也汝宜擇地而居否則恐預池魚之殃自實乞指避兵之處道士曰福清可矣久之曰不若福寧言

訖謂自寔曰汝到此久家間懸望今可歸矣自寔告以無路道士指一逕令其去遂再拜而別行二里許於山後指一穴而出到家已半月矣急携妻子徑赴福寧村中墾荒田兩歷數畝而居揮鋤之際錚然有聲獲瘞銀四錠家遂稍康未幾而大兵臨城陳平章遭虜而官吏皆不保其首領而繆公爲王將軍者所殺家資皆歸之焉以歲月計之僅及三載而道士之言悉驗矣剪燈新話

古溷毒蟾

閩俗古溷中相傳有三足蟾隱其中其氣襲人必死萬

歷癸巳夏張燦者為刑部郎家溷深可五尺許一日家人入其中不出命僕拯之相繼三人皆溺死張募人竭其溷竟無所見人疑張以過殺奴故為此說耳逾一年城南有古溷亦然淘者相繼四人皆死人無敢近者始知其信怪也四部叢談

死囚就飲

萬歷丙子冬至前三日闔中決死囚之次民家陳某者忽聞扣戶出視之一客自言渴求水陳取水至見客手脫其頭就盆飲陳驚懼入門少時即死四部叢談

銀瓶助績

長樂民女子夜績忽有鄰女容貌姣好衣裳鮮潔首插金釵輒來助績問其家輒以他對夜來曉去如是月餘女心疑之一日窺視其所往出門至墻西隅入穴而没女以告父母率衆掘之三尺許得銀瓶而金其紐精巧倍常自是家日殷富四部叢談

闔王擊祟

福清民林某女幼喜齋素得香木數寸刻為闔王像甚愛之每食必祭及嫁藏之袖中其夫素事山魈娶婦初

夕必他往讓祟先宿而後合巹女都不知臨宿袖中出神像置寢閣上夜半祟至但聞空中劃然有聲如物被擊之狀更無他異天明起視床前有血一團自是怪絶大小驚問具説所以信神力也四部叢談

湖石自行

林豫齋應雷官兩淮運使歸閒坐堂上堂前有大湖石一片自東行至西林心怪之未幾林得疾卒諸子欲碎此石時族人林刑部有臺以其石理明潤遂乞以歸列之園囿又數年一夕月夜與夫人對坐偶談及是事而

石自東復行至西刑部驚悸次夕無疾而終石自是擊碎蓋有鬼物憑之也竹窓襍録

麵床神攝

福州幽岩寺千人麵床君謨作帥因聖節遣人舁置使厨人之院僧禱護伽藍神春會動無麵床何以聚衆施利不至神亦何依一夕公獨坐便齋神聲諾而不見形問何人神對幽岩每歲時春會以覘衆願請麵床以歸公領之明日公庫中夜失麵床令問幽岩果已還院莫不異之泊宅編

大水神濟

馬恭敏公初出守姑熟未渡江忽大水淹道上行人皆逃生公同奴輩併隨役尋高處避之兩岸不相聞莫覔舟楫遥見二人以大桶至呼載公並輿馬到岸水稍退二人指郡逆人至公同視二人忽不見恭敏逸事

山鬼夜吟

鄭翰卿少時白石頭夜泊同弟允和沽村酒酌沙中月色微明聞喃喃吟咏來者鄭曰月夜吟詩必非俗客可呼偕飲起視四向寂寞無人頃復有剥啄聲數步許隐

隐云骨在江頭家在匀閩中猶憶別離愁可憐沙際黃昏月長伴孤魂泣野秋為之毛髮俱悚三莫江干草澤篇

孝子遇神

羅源紫霄巖有一女神號石真仙妃靈異頗著永樂初出海軍張元誨等戴星過嶺遇簥二乘侍女數輩執燭籠前導元誨等疑為于歸之婦弛擔候之忽然不見知為二妃叩謝而過二妃者羅源徐公里石氏女也姐曰月華妹曰雪英皆有姿色涉書史五季末處州青巾賊作亂二女被虜義不受辱相繼投河死宋時林孝子戇

有疑字

孫入山採樵遇二女明粧儼然肅入其家延茶久之咏吟間雅月華有百尺潺湲擇禹穴寸心皎潔付陶泓雪英有肉芝勝比蓮花鮓甘露何如竹葉醲之句吾乃石氏女遭難而死上帝憫吾貞烈勅吾為火部曜靈真妃吾妹為水部風毒真妃封此岩為紫霄岩命吾主之俗呼曰石八娘岩是也君以孝聞不久當貴已而相別送出回望無復人宇矣涉異記

古墓寶氣

昔波斯人來閩相古墓有寶氣乃謁墓隣以錢數萬市

之墓隣不肯波斯曰汝無庸爾也此墓已無主五百年矣墓隣始受錢波斯回發之見棺衾肌肉潰盡惟心堅如石鋸開視之有佳山水青碧如畫傍有一女憑欄凝睇蓋此女有愛山水癖朝夕玩望吐吞清氣故能融結如此宋潛溪集

虹化女男子

故越王無諸舊宫有大杉樹空中可坐十餘人越人夏世隆高尚不仕常之故窩因雨霽欲暮斷虹飲於宫池漸漸縮小化為男子着黄赤紫緑之衣入樹良久不出

怪之乃召鄰之少年十數人往視見一大赤蛇盤繞懼不敢逼而少年遥擲瓦礫聞樹中有聲如婦人聲須臾雲霧不相見俄有一彩龍與赤鴿飛去及曉世隆往視之見樹中紫蛇皮及五色蛟皮欲取以歸有火生樹中焚蕩殆盡吴景帝永安三年七月也東甌後記

異政牒蛇

陳祖長樂人洪武初為新繁縣丞有老嫗一孫十歲為巨蛇所吞哭於道祖聞之移文城隍限日引蛇至公庭至日果有群蛇集庭下祖諭曰無罪者退有罪者償命

中一大蛇獨伏不去以劍仰刄置地蛇乃就殞其首民
以為異立祠祀之大明一統志

鴟尾吐氣

國初吳元年季冬福州鼓樓鴟尾上吐氣如烟霧者累
日時陳有定據閩未幾敗釋異類纂

地流血水

成化間福寧州一民居室内地板下一道烟起直衝於
天偶以白紙白布或白色器皿盛之即流成血水鮮赤
有司具疏上聞禮部移文各省時山陰儒士羅頎甫博

洽紹興守戴琥就問馬羅云藏經中第九卷地出血工不修職之象取藏經觀之信然　群談採餘

飛粟蔽天

萬歷元年秋寧德縣鄉民穀連稲草乘風飛上蔽天人望之一陣一隊若牛若馬若虎豹獅象之類或飛遇山木髙處偶為木杪所碍即有一二穗飄掛其上土人援木取視之則皆腐巳化爲爲蟲矣巡道東陽王公親見撫按具文竟莫知何怪　群談採餘

五色龍卵

唐大中間令長樂縣治東十里有溪流入演江迅雷烈風俄有黑白二龍演江飛起白者處山之陽因名水曰白龍潭黑者居山之陰因名水曰祥雲潭後於潭側古木穴中獲卵殻大如斗元黄五色閩中記

靈源虎鷹

鼓山有老僧云數十年前曾登靈源洞見一禽自海上至身大如牛翼廣二丈餘下村疃間低飛掠食俄攫二大羖羊復望海而去識者云是虎鷹能捉捕虎豹墨客揮犀

社神獻詩

蔡君謨作福守，有一書生投詩來謁，云：遠入清霄疊疊峯，前真宰讀書宮。半岩冷落高宗雨，一枕凄凉吉甫風。鎖烟豹眠開霧露，井凋風宿舊梧桐。九龍山下英雄氣，盡屬君家世胄中。君謨異之，尋令人伺其所歸，至一山下，忽不見，四顧無人，惟一社屋爾，意其社神也。墨莊漫録

明教左道

閩中有習左道者，謂之名教，亦有明教經，甚多刻板摹印，妄取道藏中校定官名銜贅其後。燒必乳香，食必紅蕈，故二物皆翔貴。至有士人宗子輩，衆中自言：今日赴

明教齋予嘗詰之此魔也奈何與之遊則對曰不然男女無别者為魔男女不親授者為明教明教遇婦人所作食則不食然嘗得所謂明教經觀之誕謾無可取真俚俗習妖妄者所為耳又或指名族士大夫家曰此亦名教也不知信否偶讀徐侍稽神録云即善魔法者名曰明教則明教亦久矣老學庵筆記

水鬼成婚

温州教授官舍有小樓為鬼物所據嘗拋擊瓦礫歎息歌呼時〻書小紙擲於外人不敢登紹興二十九年癸

源李知巳智仲為教授將窮其怪乃設几案筆硯於樓中聯紙兩幅題其上曰汝為何物或是伏尸遺魄未獲超脫既能書字當具生平告我我為汝呼僧徒誦經薦拔無為栖滯於此貽生人殃是日晚親扃其户明旦試諸生在學其姪不待歸遽啟户荅祠詞巳盈紙云妾姓陳氏衢州西安人甲子年隨父來處州值大水漂蕩全家溺死流屍到温州北門外魂魄無所依煢々入城過此廳門外為土地邀流為侍妾荏苒十五年比者城南洪秀才遣媒者來議婚土地許自便旦夕思當出嫁不

復顧此室矣其言大畧如是字體纖弱真女子筆跡也呼智仲為樞密學士人皆見之招僧誦金光明經以薦陳氏又別具疏四向土地使早發遣之自是一樓貼然他日詢郡士云洪秀才者福州人遊學於温亦以其年溺死　閩異總録　按睽車志陳氏作

石貓為祟

福建布政司左有莊嘉公祠祠中有石貓不知置自何代萬歷壬寅間某姓者妻美而艶每夜常有人至卧榻與狎身冷如水自稱石一老恆袖菓餅之屬餉之如是

數月偶一夕以豬肝來餉婦與夫計曰必是妖祟有癸賽者夫踪跡至祠見石貓心疑之詢問前夕果有豬肝祭者夫以鉄鎚碎其口鼻有血流出自是祟絶（竹窓襍錄）

都司梁墜

嘉靖丁酉福建學使集諸生試都司先一日諸生各布席令人卧據其上以防奪徙（從）夜半忽空中隐〻如雷聲仍墮火五圍團旋轉几席間卧者皆驚次朝諸生就席忽棟梁無故震落死傷者四十餘人（耳談）

孕婦産虎

嘉靖間閩縣有孕婦摘蔬園中虎踰垣攫取婦坐之婦驚怖神散良久家人共驅虎去婦稍甦後産一虎棄之再産一子虎首而人身又棄之三産人也而面目猶虎及長無他但多力耳耳談

鬼邀入井

萬歷己丑歲福州大旱夏月泉水枯竭南臺有邵某者行至龎鼓洋忽遇一人就前問之近來無生事吾與君出貲賣米得息均分期次日黎明會於潭尾泗洲堂之前邵如期往則其人先在焉遂與同行至越王廟前殿

古井中井深數丈久無人汲井口有巨石遮壓至暮閩令蘓公淳臨出祭天地壇聞井中有聲連呼救人蘓公命人舁石燃炬入井救之卻得不死病數日愈自言其事竹窓襍録

亡魂棲箕

林玠字廷珪候官雲程里人憲副玭弟也天順間與弟瑭同領鄉薦赴京至鵝湖疾甚瑭亟扶以歸及門遂卒魂轡未散聲若有聞形若有見寢坐器物或自動家人為之布几設箕滚滚不依[休]别父母云如今我已終天别

何計能酬寸草心別兄弟云鴻雁層雲憐隻影池塘芳草憤殘春幸吾尚有連枝樹莫道孤根無所終凡七十餘首一年方泯其迹鶴汀私抄

虎傷海寇

嘉靖十七年七月二十九日福寧州有海寇三十餘人登岸刼四十都古田縣姓孫者將至門渠魁為虎所傷羣賊辟易虎逐賊復傷一人群賊驚懼登舟遁去知州謝廷舉詩云忽聞神鬼出閩東衞我生民奮武戎蠢爾紅巾剛入畧猛然白額便爭雄干戈奔殿隳全策牙爪

追擒得有功食餉海濱多守禦誰知良將是毛蟲　鶴汀私抄

女鬼邀賓

閩縣竹嶼鄧某諸生也萬歷乙未三月之朔黎明入城拜壟行至東嶽嶺其僕忽失主人四向呼之不得歸報家人尋至午後見山麓有殯屋而鄧仰臨棺上家人大呼始甦云過嶺上即遇少女姿態艷逸邀與同行一室設酒有菓餅之屬欵待殷勤求與合卺鄧欣從之詢之墓謂是官氏之女未婚而卒寄柩於此再訪官氏則所飲食之物皆前月晚之夕設奠其女者也官氏遂擇日

葬之鄧無恙

鬼贈鞋悅

弘治間福安言生者遇女子哭道旁生悅而問之荅曰妾父母以事見譴欲歸失落路願從君子遂與交臨別女贈以繡鞋布悅戒曰善藏之他日不復相見見此如見妾也生歸以鞋悅納書笥中見朋輩誇喜奇遇頃之就浴僵於湯盆救甦病狂啓笥視之鞋乃二竹葉悅則樹皮也亟治之差福安志

巨墓作怪

福安漁溪洋漁者夜聞人呼同捕魚遽持網至溪邊寂若無人見一黑物在溪呼曰汝下水來心知其怪撒網舉之重百餘觔負歸呼其妻以火視之乃巨蟇也蓋蟇欲害漁反為漁所獲福寧志

榕陰新檢卷十一

閩中 徐𤊹 興公編輯

友人 王啟 永宇

景 景倩刪定

數兆

樓中婦人

毛孔域福清人嘉靖乙酉正月朔旦出賀節於親友中途顧見其家樓中有一婦人越窗登樓舂身坐紅被上心異之馳歸名其二子驗視無所見樓亦扃鑰如故其

卷十一 數兆

年子秉鐸領鄉薦明年登進士第高波異纂

伏兵詩兆

馮延魯公出使閩中催督急如星火李建勳以詩寄之曰粟多未必全為計師老須防有伏兵既而福州之兵果為越人所敗

大魁先兆

馬鐸長樂人永樂壬辰狀元縣西太平港舊名馬江江之東有十洋街古諺云十洋成市狀元來鐸應其兆鐸幼時與閩人林誌同學見誌宏博恒推讓之誌鄉會試

俱第一比殿試深以狀元自許傳臚前一夕夢有馬踏其首誌始懷疑既而馬果第一誌榜眼甚快〻不服每欺馬互於上前爭之上曰朕試一對佳者為優題云風吹不響鈴兒草雨鐸應曰雨打無聲鼓子花上大稱賞誌不能對遂愧服先是鐸幼時祈夢前程夢神告曰雨打無聲鼓子花不知不解至是用之蓋天設也文獻類言　一出異夢類徵

一飯前定

宋淳祐戊午間三山繆文龍幼學京庠與陳魁峰相厚

善一日辭歸求陳魁峯書為介紹謁建漕節齋陳昉繆意謂陳要路尺書必可規求權局歸次衢之江山縣乞靈於江郎廟神賜夢遊一所官舍廊廡邃深有士官數輩巍冠博帶翱遊其間少頃有一人捧一碗飯與繆繆下視之則真珠飯也飧未及半進飯者復奪之夢覺卜之於神果神所賜飯也初未測其意及來富沙投書於節齋謂繆曰西洋鎮建安書院有朱文公真西山之祠今請君為堂賓一月可得官楮五百貫之俸少為養廉之助繆遂以漕屬來參至書院一如夢中所見會食堂

中飯未畢繆之母訃音至也一飯未竟即以憂去信知人之飲啄莫非前定真珠飯者乃朱文公真西山二賢之祠云江湖紀聞

財各有主

福州阮教授爲胡侍郎館客累年不歸胡曰君在此日久侯涓吉當以一婢爲侍阮但感謝忽一日婢知主意乘間尋阮曰此月十五夜侍郎大飲賓客汝勿飲酒我房門路邊隔籬君過彼咳唾數聲侯有好音及夜阮歸失約里有張十七者負米去碓少憩其下偶咳唾數聲

婢疑阮至地下黄白一大袋張為之驚喜不知所來拾而歸之阮聞此語愕然不知其由此婢厭〻不得志遂致非命阮亦自殞其身自後張生日富娶妻育子其子與阮教授絶類或有人指之曰此阮秀才也隔溪有李辛四牙者常以此事譖之張子恃財勢往有司以別事告之辛四牙坐獄遂至喪命李妻不甘其事往陳王祠呪之一日張氏子歸自門首見一大蛇口吐大燄當門盤屈一時驚仆在地謂其妻曰李辛四牙妻咀我我將死矣言訖而卒自後此日復貧江湖紀聞

誤薦子方

黄宗字子方莆田人宣和初為閩清令平日多蔬食但日市肉四兩供母為人方嚴不畏強禦時方興道教郡守黄冕忠尚書常使十二縣持疏斂之民宗獨不應命既聞他縣数百萬乃自詣縣以巳俸四月輸之冕忠雖不平然以直在彼莫敢詰内臣廉訪使者數干以私皆拒不答常切齒思報會奏事京師每見朝士必以濫惡之言詆宗常入侍徽宗問汝在閩郡知屬縣有賢令否其人出於不意錯愕失對惟憶宗一人姓名極口稱賛

之即日有旨改京官通判判漳州使者既出始大愧悔乃知吉人之報轉禍為福也如此夷堅志

誌公托生

林諭德誌生時母夢梁僧寶誌入室因以為名幼穎悟其母常教以經傳即朗然成誦在髫齡時已默喜為文詞後從學於王猛暘極好辨理因字之曰尚默將冠選入郡庠於經史子集旁及天文地理星命醫卜之書無不研究尤工舉業後鄉試會試俱第一殿試賜及第第二名山類苑

公輔占對

寧德林莊敏公聰，九歲時，邑宰包姓者謁其尊人梅所先生，公侍側。有白犬在門，顧梅所包曰：公能對乎？梅所曰：頗能。包出句云：白犬當門，兩目睜睜惟顧主。應聲曰：黃蜂出洞，一心耿耿只隨王。包嘆異曰：公輔之器也。世名類苑

送春詩讖

林子真少有才情，樂府短歌，喜學長吉。萬歷甲辰暮春之晦，同社置酒於王永啟園林，分韻賦送春，子真有句云：花為離愁魂易斷，柳當別淚眼難開。大自快意，未幾

子真卒竟符長吉算豈非語讖歟竹窓襍録

洪英會元

永樂乙未科始開會闈於北京泊菴先生主考得一卷三塲俱優取定為會元折卷乃陳芳洲循先生以鄉故為嫌亦取林文秸閩人而文秸字難識進呈不便因見第五名洪英曰此洪武間英才也遂取為會元而循居二王翺第五 瑣綴録

英中省元會元為文選主事詞藻新奇遷考功郎中士林重之尋陞山東左布政歷轉都臺未曾至京中官不

識其人泊往浙江考察官員被黜者妄訐之且加謗毀朝廷不及察而罷之令致仕二三大臣雖知其故莫能扶持朝士皆後進不知其爲人及既去方惜之眞儒雅君子動履似迂而處世若泛然者以此見笑於譎智（古穰雜錄）

箕詩讖兆

建寧鄭子晉爲閩省理問所吏嘗問功名之事箕仙詩云獨駕扁舟下紫芝三山夜夜夢西歸不須更望長安道花老香山白板扉子晉不逾月而卒（草木子）

禾稼倒生

閩王審知初為泉州刺史州北數十里地名桃林光啟初一夕村中地震如鳴數百面鼓及明視之禾稼方茂了無一莖試掘地求之則皆倒懸在土下其年審知克晉安盡有甌閩之地傳國六十年至子延曦立桃林之地復有鼓聲時禾已收穫餘稜在田及時視之亦無一莖掘地求之則亦倒懸土下其年延曦為左石所殺王氏遂滅稽神錄

天寶石讖

永福古讖云天寶石移瑞雲來龍瓜花紅狀元東西宋

乾道間天寶瑞雲寺後厓石横山而行𧇊地成溪既此松石上復生龍爪花是年蕭國梁魁天下繼而鄭僑黄定相聯狀元人以為應閩掌故

關侯箕讖

閩張大司馬經懸車日久忽有倭亂起公總督公行止未決閩里人能以箕名仙者命之良久不至忽然箕旋轉如風食頃乃止大書云吾關雲長也留詩曰萬里縱横事已空戰袍裂盡血猶紅夜來祇有思鄉夢雨暗關河路不通書畢而去公殊惡之然逼於朝命遂出破賊

後果為趙文華所請棄市　四部叢談

明德堂榜

謝廷寀長樂人大司寇（曾良）之父也歲貢至京師謁選之次夢授一官衙宇規制皆如學宮而中堂獨非明倫堂榜既覺心異之以語人人曰妄耳安有學而堂不明倫者既注選授臨江府學訓導既至所見宛如夢中而中堂榜為明德堂詰之乃宋文丞相所書後人不忍易之也笑語僚友莫不驚嘆事之前定如此　四部叢談

鄭啟莫言

嘉靖庚子觧元鄭啟謨閩縣人先是莆士鄭啟求夢於九鯉湖仙曰今年觧元鄭啟莫言鄭大喜秘不洩及放榜乃鄭啟謨也九鯉湖志

司空先兆

福州林尚書廷棉未遇時夢一牌扁上大書一司字下半空白無字後歷官工部尚書大司空義也耳談

貧資賣卜

閩士曺仁傑淳熈末預秋榜待補明經入都貧無裝資假賣卜自給在市售卦一人來卜為畫一官人發怒一

事字甚大而無挑脚憂字半缺一喜字下畫不滿解之曰君當恐居官事其事大如天然憂不成出此月翻有獲財之喜客請其說曰官既怒為可憂而事不負故知無害憂去財喜至以下畫缺須候改月乃吉客曰誠如所言吾必奉謝欣然而去後旬月持二萬錢來饋不詼曲折但云足下之術通神都城卦肆滿街無如公者當廣揚盛名少効寸力耶曹之友叩之矣曰我本不能卜筮而粗曉相法認彼是公吏非有公事不求卜視其面色不見有災厄以是言之後訪其人果是府吏因治獄

受賄怨家将告之懼甚府尹置不理遂得錢三百千文又一官人發課数與隣坐言春班日期知必改秩者乃大書升之革謂曰與此當升還詳卦名可見矣一少年自云占和合事盖一枷一匙其下有喜曰卦中惟婚姻事最吉少年滿意而去留數月藉此以濟旅途直可付一笑也夷堅志

陽官冥召

嘉靖丙寅馬恭敏公督漕夢儀衛甚整來迎曰揚州城隍有請公曰我方為陽官何有冥召曰未也第請公相

見叙次此中城隍一載一遷凡十五遷方到公耳遂醒

萬歷庚辰公謝世距丙寅正十五載耳恭敏逸事

卯氏墓地

宋朝議大夫卯允福福寧人墓在馬鞍山龍壽岡政和

間里婦周氏以夫死鬻財遲明将立券婦夢人自外呼

其姓名婦意其主家遽出應門見一人紫袍金帶乘白

馬立岡上以鞭指之曰此卯十郎地勿售之他人詰旦

神其事䀢哀而償之卒葬其地逾歲有重棺納於壙中

取寶帶而瘞其石獸者福寧志

有誤

獅走狗吼

福州舊讖云獅兒走狗吼兕狀元在門前皆莫曉至黃朴賜第之年元日其家相對屋上有瓦獅墜地群犬從而吠之已而黃魁天下韋居聽輿

金梅榮痒

滇臬憲黃者有養子閩人也慧過其諸兒諸兒妒之乃呼從吏陳綸告之曰能全是兒者惟掾且有以重報掾幸子之綸收而撫焉眎其子聽改名之曰翀翀聽交相愛殊黃家兒無家并試弟子員高尊督學使者察翀籍

閩也黜落之綸乃泣遣翀還翀不得已歸則登閩省試聽亦起家于滇嘉靖辛卯科後歷官中原逆旅相逢悲喜交集卒以為常聽宅有金梅忽枯一枝聽異之未幾翀之訃至復枯一枝聽大異之未幾聽亦卒二氏子姓驚奇其事為作金梅傳索詩翀復游姓名新祐謝大司農杰詩云文人收春春滿堂文人愛花花滿曉廊金梅一株更奇絕殊芳根合幹參群芳南枝乍長北枝短北枝怎比南枝暖雨露無私春色勻庭前歲歲花開滿自從花飛歸故叢江鷗海燕各西東連枝曾入長安市春風幾

度桃花紅二十年來八千里歧路相看悲復喜叢桂山原分小大紫荆花合同生死北枝既瘁南枝零卉木無情似有情只今肥瘠分秦越四海誰堪託弟兄天靈碻

學宫瑞榕

長樂縣學之西有古栁一株高二丈許忽榕子寄生其顛歲月既久栁日衰而榕日長栁幹卒為榕膚所包識者以為士子登第之兆嗣是陳全廷試榜眼馬鐸李騏廷試狀元因名其軒為瑞榕軒吴航志

夢浴温泉

孫賛明武肅王時為吴江尉常夢浴于温泉及賛明為福州守途次見飛泉洶湧因問從者答曰此温泉也方語前夢之應及使汲之将浴從者曰此非佳者至州有之頗佳賛明既及郡齋亟取其泉浴之 吴越備史

木人馬旗

李騏長樂人永樂戊戌狀元上科狀元陳循有馬上揷旗之夢至是循又夢迎新狀元一木人騎馬上執一令字旗黃及傳臚狀元乃李騏騏原名馬上御筆改為騏始知木人為李黃旗應御書其名也 異夢類徵

輕薄困躓

陳通方閩縣人貞元十年第四人及第與相國王播同榜播年五十餘通方戲拊之曰王老王老奉贈一第言日暮途遠同贈官也播後入相通方因之仕宦不達困躓而終閩掌故

預夢金榜

陳彥博學朝美唐元和五年及第初夢至一公庭帷幄熒煌几榻上有尺牘煥然若金字主者曰此明年進士名將奏之上帝彥博前覷有三十二人其名在焉及榜

出果符前夢官至信州貴溪令閩掌故

山下水邊

陳蜀字文郁唐乾符五年及第初夢神人謂曰當在山下水邊及第至是主考乃岑澹豈非前兆乎閩中記

東岳寄書

章詧字隱之本閩人遷於成都數世矣善屬文不仕晚用太守王素薦號冲退處士一日夢有人寄書名之者云東岳道士書也明日與李士寧遊青城濯足水中詧謂士寧曰脚踏西溪留流去水士寧答曰手持東岳寄

寄來書詧大驚不知其所自也未幾詧果死東坡志林

冀報魁名

都下許姓者能迎致大仙所言多奇中嘉定壬午之春

三山黄公朴同一二朋友訪許叩功名大畧即書沙門

光遠降先自贊云伸脚自由屈脚自在不知十二部尊

經不識三千條大戒醉後高歌無障無礙當時若見閻

王任他枷鎖杻械後再書云黄子黄子文魁多士醞藉

胃中千萬兵縱横筆下三千字無垢為朋汪公相侶若

得大土相逢一躍禹門浪裡後八年歲在己丑黄公果

大魁天下黃生於壬子魁於巳丑實符大士相逢之句狀元局中諸公倡和詩有醞藉縱橫一聯不差一字鬼物巳知之矣光遠乃南僧不許入蜀者以此距今百載尚為黠鬼可謂異事 游宦紀聞

試對知貴

宋陳韡北山先生十四子也朱晦翁避居三山主於北山之宅時韡年十一晦翁試之對偶云一行朔雁避風雨而南來萬古陽烏破烟雲而東出晦翁大奇之後果為龍圖閣學士 鶴汀私抄

有脫字

龍頭入夢

龔用卿懷安人嘉靖丙戌廷試前夕自夢神寫狀元字於龍頭上用卿不敢自擬未知狀元屬何人往事年廷試納卷彌封官以會試前列及平日有聞望者潛送內閣內閣密覘儀貌以定一甲之選是科禮部尚書奏疏其弊彌封官不得與閱卷官通同傳臚之晨內閣方執卷品評未敢遽決適車駕往西宮折卷必了此啟行內侍促卷數次恐上久待潛于劣卷內抽三卷進呈上亦未明詳覽望見龔用卿名曰此龍頭也御筆書第一名內

閩知之已無及矣始信龍頭之夢為神非人之所能為也

夢坐蓮花

陳謹閩縣人嘉靖壬子鄉試監臨御史曾佩曰今早榜出之後吾少假寐夢狀元龔用卿公來謁心期諸士中必有大魁天下繼龔而出者已而陳獨先諸士報謁曾遂以夢語衆官癸丑春陳謹果中狀元陳自夢坐蓮花中冉冉垂雲端亦夢應聯登之兆並與夢類徵

以娣元吉

翁正宗福建候官人生時火光滿室熖至榻前經宿始歇幼即聰明奇偉及長熟舉子業早膺鄉薦父任延平府教職元旦夢人贈彩帳上書以娣元吉四字郡守周保公觧曰以娣乃周易帝乙歸妹詞元吉為狀元吉兆後臚唱果然先是公授龍溪教授聞海上龍吟三日以為龍溪應出大貴不意乃應於公耳異夢類徵

神諭假玉

至正末陳友定擴閩過福寧栖雲忠烈祠叩乩當為天予懸箕一絶云將軍何事訪山家火冷爐温漫煮茶若

問聖明吾豈敢止能療病與驅邪不懌而去　鶴汀私抄

禪神晏興法

唐會通間大除佛教鼓山僧徒逃竄殆盡有村民於靈源洞傍鑿井三丈許得一古碑不知何年代上刻神晏興法四大字獻于州時禁方嚴官懼而毀之至忠懿王請神晏住持大興法教如其讖云　閩中逸事

榕陰新檢卷十二

閩中　徐𤊹　興公編輯
友人　王啟　永宇
景　景倩刪定

報應

葬僧得子

洪武中閩人陳三使家貧時京師有僧辭禅師南遊師語之曰汝到閩可訪陳三使僧至閩尋見之陳待以齋膳留宿後僧得疾語陳曰我化縁得銀百兩今來訪汝

豈期葬身此地此銀為我埋葬餘還我師陳曰諾乃出已財殯葬之將前銀寄還禪師後陳妻子相繼而殁一日遇術士相之曰此老陰隲紋滿面當有二子大貴術士為之區畫娶妻陳氏年七十妻連生二子曰循曰景著及孫俱登第而景著及第群談採餘

射烏遭報

陳文韶懷安柯與人酷好射烏晨出暮歸鳩鵲滿囊一日有烏鴉數百繞噪其屋殫之不去如此三日文韶自縊而死台與陳氏譜

還魂寄信

嘉靖間閩縣萬壽橋男子王甲死而復甦告其子曰吾頃者為一卒所縛至大府門過都陳憲紀題吾舌令報其子孫因伸舌舌有字云前受貴裔後貽孫兒泰圖有出八卦先推錯忙猶寄、子孫福不微買臣寄迹決登皇基冥司大尹書其子急呼隣人録之字迹隨録隨滅竟復死 晋安逸志

刻佛預報

萬歷十六年閩清有雷法振居深山中以燒炭為業家

有鴨欄木頗佳法振偶念欲刻觀音大士像未果一日入山燒炭道遇猛虎勢將搏噬忽有美婦人當前叱虎虎即懾服叩首而退法振再拜稱謝因詢夫人曰身是君家鴨欄木耳法振大悟遂如法雕刻終身奉祀不敢茹葷晋安逸志

掩墓全舟

閩縣人王韶素長者弘治間隱居石室山夢有人云自紹興三年居兹地矣明日將有毁我屋者非公弗能救韶覺而異之次日出觀鄉人治園堀地少許得石壙韶

驗其蓋有宋聞人之墓紹興三年造十字亟令掩之因得勿壞後其子聰仕爲浰於潜令適部卒於官舍子聰扶櫬歸夜夢一人稱宋聞人求謁謂之曰明日有大風君當停舟勿行子聰達旦起視天氣霽甚因託他故戒舟人遲發日中忽風浪大作凡先放舟者盡葬魚腹惟子聰一舟無恙焉王氏世譜

貴人度鬼

候官唐瀶微時泊舟永福溪夜間二鬼共語忽一鬼吟詩曰隨波逐浪滯孤魂白骨沉沙漾水痕幾寸柔腸魚

嚙斷不關今夜聽啼猿又有吟者曰飢烏送我棠梨道雨打風吹梨樹老寒食何人奠一卮髑髏戴土生春草後吟者謂前吟者曰明日鍊帽生至矣子當得代遂脫沉淪相與噫吁而散明日濵停舟候之至日中果有戴釜於首者将渉濵告之故得無恙其夜前夢鬼叟甚哀頃之一鬼來謂曰鍊帽生未至乎曰至矣乃為唐叅政所救濵聞之大喜自負必貴旦日親作奏章告於上帝度此二鬼越數日坐於齋中有二人拜謝於前曰蒙君保奏今得生善地矣語畢忽不見明年濵遂登第官至

山東叅政 晋安逸志

贖黿獲緡

嚴恭侯官人陳太建間商維揚舟次江滸市黿五十而
舍之其父光家居一日被黑衣者五十人送緡五千曰
君之子恭揚州所附還也及恭回驗之實未嘗有乃悟
贖黿之故遂捨宅為光嚴寺捨田為湖寺背二里有瀑
布下有白龍潭 三山志

捕盜陰助

高南壽福州人赴省試道出衢州境憩大木下聞有人

聲喀喀出於後同首覘之一男子方投繯氣猶未絶為解索酌水灌救移時而甦云是開化弓手尉逸一妾遣跡捕盜知其在豪子家欲辦取贖間欠錢三萬家業窮空無由足其數而子侄婿皆充役若徒步歸報必遭譴怒計無所出寧以身死庶不貽家禍也高惻然傾囊資三十千與之遂行是歲中科適調開化尉既到官詢聞所救之人則亡已久矣邑有兇盜刼巨室州督捕甚峻期以必得高大窘獨步小亭旋繞百匝未有計忽有拜於階下者驚問何人曰官人無怖某乃昔年蒙恩再生

者今雖死念無以報德偶知冤所在故來告其人方醉卧郭外神祠中宜亟往擒之高即集部曲出門鬼導於前至一大廟群盜祀神飲酒醺然醉寢兩輩差不醉方收拾器皿遂悉縛之不遺一人高用賞格改京官淳熙六年知隆興奉新縣卒於官夷堅志

葉母遭蛇

長溪民為贅婿於海上人家以漁為業其母思而往見之民殊不樂毋覺其意明日即告歸民已募食先出婦留之曰阿姑少留俟得魚作羹以別民還至門毋未去

急藏魚於舍後乃歸大言曰今日風惡不獲一鱗毋遂去既行民責妻曰吾適所得皆鰻魚既多且大平日不曾獲此汝何故留此媪耶妻往視籃中皆蛇也驚走報民不信自往觀果見蛇蟠結一最大者昂首出咋民喉而死蛇皆不見夷堅志

棄妻下第

宋丙午科舉福州有赴省士人李某道經衢州擔簦負笈貧窶亦甚路旁店主姓翁夢其家土地與言明日有秀才獨行赴省姓李者是黄甲人宜善待之店主伺候

果如夢中所言者來遂待以酒食給以果囊隨以僕從俾如京師士人曰主人何愛厚如此店主曰本店土地最靈報我云官人明日登黄甲所以相待也士人大喜而夜宿其店心思我此去作官但妻不稱作孺人此時更當娶美者越兩日土地復獻夢於主人曰此士人用心不善便欲棄妻今無功名矣士人到省同尚覩店主待之如前乃一茶不與且不納之士人苦問其見薄之因店主云吾家土地已知君有棄妻之意不復有功名矣士人惆悵而歸果不中榜江湖紀聞

不葬落第

陳昊字克明，福州人，貢至京師，往二相公廟祈夢。夜夢神曰：「子父死不葬，科名未可問也。」寤猶疑而未信。明年果黜於禮闈，遂遺書告其家亟治喪事，後再試登第。夷堅志

南劍寃厲

福州海口巡檢孫士道嘗遇異人，授符法，治病甚簡易，神應響答。提刑王某之弟婦得疾，為物憑焉，作王公姓名呼罵不絕口。如是逾年，禱祀備至，不少瘥。聞孫名，遣之之孫，請合家齋戒七日，然後冠帶焚香，親具狀投天

樞院弟婦已知之，卒孫延檢能治邪鬼耳，如我負冤何
孫至，與婦人使出，王曰病態若此，呼者必遭咄罵，苦無
出理，孫曰試呼之，婦回欣然應曰諾，少頃盥洗，即出矣，
良久整衣斂容，如平時，見孫曰我家四人，皆無死罪，死
於非命，既得請於天，必索償，乃已，法師幸勿多言，且披
其胸示之云，被屈如此，冤安得釋，孫但開曉勸解，使勿
為厲，即再三拜謝而入，孫密語王曰，公憶南劍州事乎，
王不能省，孫先書四人姓名于掌內，開示之，王垂首不
語，意殊悔懼，蓋昔通判南劍日，以盜發，厲邑往督捕，得

民為盜橐槖??擒其夫婦戮之其女嫁近村聞父母被
害亟來視號哭怒罵王怒亦執而戮之方有娠實四人
併命一時也孫曰此冤吾法不可治特可暫寧耳他日
病復作勿見名也自是婦病稍止越兩月復然及王死
婦乃安夷堅志

殺降有應

紹興初福建冦亂賊魁曰張義張萬全葉百三凶焔頗
盛提刑李稷臣諭降之二張譖葉於稷臣且言初無降
意將復為變稷臣信之乃植大柱於通衢取葉以鉄索

鎖於柱燒炭圍繞醞和五辛飲之備極楚毒稷臣躬臨視之董大呼曰我已就降何罪至此體皆焦爛乃死自是稷臣每獨坐時見董在側大惡之後三年稷臣徧體生瘡疮狀如火灼痛不可言竟卒宋臣諱睽車志

括利陰譴

閩王審知初入晉安開府多事經費不給孔目吏陳峴獻計請以富人補利市官恣所徵取薄酬其直富人苦之峴由是寵遷為支計官數年有二吏執文書詣峴家中問陳支計家所在人問其故對曰渠獻市利官之匱

因此破家者衆彼祖考皆訴於水西大王王使來追耳峴方有勢人懼不敢言明日峴自府馳歸急召家人設齋致祭意色愴惶是日里人復見二吏入其家峴遂暴卒初審知起事其兄潮首倡及審知據閩中爲潮立廟於水西故云水西大王太平廣記

借婢白冤

王純福州人紹興二十六年知崇安縣摘奸發伏如神吏憚其嚴一日食[illegible]餅未半亟入宅堂撲地而卒後二日有小婢忽發狂語踞榻而坐呼小吏招丞傳尉既至

命左右斥録事吏瞋怒曰殺我者此人也予數日前嘗面數其罪彼乃賂庖者置毒餅中食其半方覺亟歸來未及語妻子而絶幸為啟棺視之吏遽服并庖人送府正罪邑人祠之夷堅志

殺犬化蛇

永福縣有材律院伯仲二僧同房伯僧愛一犬每食必呼使前仲甚惡之見必叱逐或繼以鞭箠如是累歲伯嘗出外旬日歸不見犬責仲曰汝常日讎犬特甚乘我之出必殺食之矣仲力辨不得已乃言因其竊食誤擊

殺之埋諸後圃非食之也伯殊不信潛往瘞所發視歸語仲曰犬雖異類心與人同汝與結冤非一日適吾視其體已為蛇會當報汝汝不宜往可倩所知者再覩之洎別一人往視之蛇頭愈長始大恐問所以解冤之策伯教以鬻衣鉢對佛懺謝遂入懺堂晝夜不息凡數年一夕焚紙鏹覺盆中有物意其有鼠撥視之蛇也乘仲張口急奔入喉中遂死夷堅志

殺魚亡身

晉安群民斷溪取魚忽有人着白帖黃練单衣來詣之

即同飲饌畢語之曰明日取魚當有大魚甚異其在最前者慎勿殺明日果有大魚長七八丈逕來衝網其人即殺之破腹見所食飯悉在其人家死亡略盡廣古今五行記

饕餮病瘍

張中書愨壯年時無日不服冊砂其歸福州身體充腯飲啖加人十倍家人困於供億獨一任與婦力竭祇事張命以官每中夜告飢但擊以床屏亟以饅頭進非五十枚不飽茹蔬必十柈常食羊肉必五觔經年之後姪家為之、後忽髮際生瘍浸淫及項巍然若高阜結為

三十六瘡旬餘瘡畨外向如人口及唇卒夷堅志

棄寺業報

城南法海寺舊名羅山本孟司空之第舍宅為之唐咸通中有道閑紹孜義因義聽諸禅師主是山香火不絕内有放生池寺甚宏敞嘉靖已亥有舉人高某者請於御史臺廢其寺為宅金身之上沃以沸湯覆以濕紙刮其金箔燒煉成金佛像高廣所獲真金無算不數年高患惡瘡卧床第累月遍體皮膚剥盡僅餘肉骨以死人以為毁佛之報當時有讖云舉人廢寺只一甲子至萬歷

巳亥仍復為寺竟符其讖云　竹窓襍錄

醫師厚積

余穉年入閩過福州聞有黑虎王醫師者富甲一郡問之則繼先之別名也世業醫其大父居京師以黑虎冊自名因號黑虎王家及繼先幸於高宗積官留後通國稱為醫師初秦檜擅權而未張頗賂上左右以固寵繼先實表裏之當其盛時勢焰與檜等諸子至列踐閤金紫盈門掩顧賕寵攘市便腴抑民氏子女為妾侍罪不可勝紀而依憑城社中外不敢擬者三十年紹興三十

一年蜀人杜莘老欲擊之而未發會邊釁啟繼先輩重寶為南遁計都城為之騷動上聞之不樂劉錡帥京口請以先發制人之策決用兵上意猶隱忍不決但欲以兵應繼先素怯猶幸和議之堅以竊安因間言於上曰邊鄙本無事蓋新進用主兵官好作弗靖欲邀功耳若一二人可復固上不答徐謂待詔曰是欲我斬劉錡耶莘老遂上疏列其罪初進叩榻曰臣以執法事陛下不能去一醫死不敢退猶未許因密言外議謂繼先以左道幸恐謗議旁起臣耳不忍聽上始變色與肯詔繼

先居於福子孫勒停都城田宅皆沒官婢奴之强黠者從便令下中外大悦繼先以先事聞詔多藏遠徙准籍不害其富也迄今其故居華棟連甍猶號巨室一傳而子弟蕩析至於不能家或者謂其致不以道宜於厚亡趙甡作中興遺史載繼先始末極詳参以所聞而著其事程史

毁廢東禪

郡東東禪寺在白馬山郡人鄭昭允捨宅為之中有放生池芙蓉閣東野亭蔡君謨多有字跡國朝成化中重

建極其壯麗嘉靖間郡人陳節之少年登第入翰林官至中允聞其地有吉穴竟請於有司廢其寺爲葬身之處今基址猶存而荒蕪凄凉過者無不感慨盖廢寺之後節之倏然物故今子孫寖微不絶如綫佛殿不可毀堪輿不足信可知矣竹窓襍録

不孝天譴

福寧民夏某者生一子方五月其母襁之於背往溪邊擣衣失手杵擊兒額夏聞怒甚欲殺母翌日誑母往舅家先藏利刄山谷間至中途紿母少俟逕取利刄手入

巖際忽有大石從山崩墜下正壓其臂伸縮不得大呼求救毋聞聲往視亟呼人集欲舁其石臨動輒有雷霆莫之敢近痛楚彌日具說所以經十餘日風侵日曝殆非人類復有烏鵲百餘飛來啄噬驅去復至至于蟻蚋群集困苦備極半月後乃死　四部談叢

畫馬送灶

宋鄭姓之丞相微時家貧閩俗臘月廿四日祀灶人家必設祭牲之以是日貸肉於巷口屠者之妻屠歸大恚徑入其舍時取肉時牲之已熟其肉屠取其熟牲之畫

一馬題詩其上焚以送灶云一匹烏騅一隻鞭送君騎之上青天玉皇若問人間事為道文章不值錢後以狀元及第積官寶章閣待制衣錦歸第氣勢烜赫屠者睨視之臥向鄭秀才至是耶性之令縛之庭數其罪殺之奏聞屠人手執刚刀睥睨大臣自是出入巷無行人名其巷曰急避國朝嘉靖間里人惡其名更曰吉庇（閩掌故）

吕梁覆舟

薛欽字寅甫福清人舉嘉靖甲午鄉試第三博學能詩會試經吕梁舟覆溺水先伯兄愛其詩請逸魂訪數年謨字

刻而傳馬萬歷辛丣伯兄再上春官與陳孝廉𫖯臣方舟行至呂梁日中假寐忽夢薛公衣冠嶅然蹴之起伯兄心異之遂呼孝廉舟談此事再上船而惡風大作伯兄舟覆行李俱付波臣陳舟得免薛之陰相之也竹窓襍録

妖僧被殺

宋福州趙甚作江夏簿任滿寓邑寺日久僧厭之簿每旦詣殿炷香僧偽為信與其妻置爐下簿見詰妻不能明訟離之僧受杖歸俗為商簿赴臨安知録妻與婢寓鄂州賣酒自給僧託媒問姻越數年生二子矣值中秋

對月飲樂僧偶言故妻俟其醉並二子殺之赴官馬
官義之免其罪時溥再任和州知錄聞其事復合焉時
理宗朝淳祐戊申年也夷堅志

減米陰譴

淳熙初王浚明曉為司農少卿嘗以平旦出訪林景度
給事值其在省林之妻浚明姪女也垂淚而訴之曰林
氏滅矣浚明問之對曰天向曉有朱衣人持天符來言上帝有勑
林機論事害民特令滅門怖而寤猶彷彿在目也浚明
因不知何事姑慰安之曰果如是林家將獲譴吾族何

與焉無為自戚戚也因留食侯林歸從容叩近日所論奏林曰蜀郡以部内旱災奏乞撥米十萬石賑贍即以旨如其請機以為米數太多蜀道不易當實審斟酌而後與故封還勅黄上諭宰相西川往返萬里更復待報於事無及姑以半與之可也只此一事耳浚明聳歎而去未幾林以病丐歸到福州捐銀有二子繼踵而亡王氏求諸林族子以為嗣亦輒不終竟絶嗣夷堅志

謫官免難

劉器之謫英州宰相章子厚必將置諸死地福唐人林

甚以書生晚得官用縣尉捕盜賞格改秩入京往謁章曰嶺外小郡於銓法注知縣資叙今英州見闕計資可擬願得從堂除奠為相公了公事章悟其意答曰君能舉職當遂以轉運判官相處林生甚喜兼程南去不兩月及境群僚出迎劉公不携妻孥但携從一道人寓近郊五里山寺道人與孔目吏善是日垂泣告劉曰適孔目容報新使舉措殊不佳未交印已諭都監吏引軍圍寺約三更鳴鐘將加害命我速引避我不忍也公必不免乞自為計不可坐待廹辱執手大慟劉叱之曰人之生

死前定何用慟汝出家學道見識乃爾劉好食雞粥率以二更食然後睡至是謂之曰吾當即就寢安神定志以俟之汝為吾作粥俄頃鼻息栩〻然道人泣不止淚落粥中忽聞鐘聲急撼劉覺雞猶未熟強盡一器明燭作家書已而寂無所聞遣僕視外間不見一人危坐待旦始知林生纔到徑詣群齋自謂得秉趨上堂不覺蹴户限撲地立死鐘聲者乃無常所擊云宣和中吳傳朋見劉公於宋都親聆其說云使此遲半日死則必墮危計矣夷堅志

黄巢兵穴

趙生宋宗室子也家苦貧居閩之深山業薪自給一日伐木溪澼忽見一巨蛇章質盡白昂首吐舌若将噬己生棄斧斤奔避得脱妻問故具以言因竊念曰白鼠白蛇豈寳物變幻耶即拉夫同往蛇尚宿留未去見其夫婦來回首溯流而上尾之行數百步則入一巖穴中就啟之得石石陰刻押字與歳月姓名乃黄巢手瘞治為九穴中穴置金甲餘八穴金銀無算生掊取畸零仍舊掩蓋自是家用日饒不復業薪隣家疑其為盗告其姊

之夫嘗為吏者吏詗之嚴不敢隐隨餽白金五錠吏貪求無厭訟之官生不獲巳主一巨室悉以九穴奉巨室廣行賄賂有司莫能問追帥府特委福州府路一官往廉之巨室私獻金甲因向申問本根所以實不曾掘發實藏其事遂絕路官得金甲珍襲甚至任滿他適其妻徙置榻下一夕聞繞榻風雨頃刻而止頗怪之夫婦共取視鎬鑰如故啟籠則無有也生無子夫婦終老巨室嗟夫天地間物苟非我有雖得之終失也巢之亂唐天下寶貨歷三四百年至我朝而為編氓所得氓固得之

不能保之而卒歸於富家者其路官者得金甲自以為子孫百世計一旦作神物化去是皆可為貪婪求者勸

南村輟耕錄

攫金輪廻

薛鳴岐福清人父如岡生三子長即鳴岐少頑獷以倭難避居三山貿易為生饒機變射利如準十載累千金妻俞氏枝婦也相與計吾夫婦勤苦有尺寸而仲季坐享之因時相鬪鬩母從旁觧之擲銕器中母額幾死父屢責不悛将訟之官鳴岐挾利劍喝其父曰訟我我即

屠數家父無如之何則丙夜焚香書其罪狀訴之帝忽夢一道人語之曰汝嘉善人尉嘉祥家家二十口有金三百兩遇強盜薛滿殺死大小長溝盡沒汝金今作父子父醒心念此既以償債來其不久矣不數日鳴岐疾作遍體如刺呼號之聲人不忍聞如此者彌月乃死俞氏無子遂絕嗣如罔收其微（遺）貲歸故居安樂以享壽考葉少宰曰今之導官苟於取予者豈少哉何以輕雜流也鳴岐以德可為處骨物（肉）者鑒矣　雲山葉氏譜

育禽受福

陳魯福州人十五喪父廬於墓側有一黑烏如鴛為鷹所搏投其懷魯以衣蔽之得免分羹糝以畜之里中有富民得心氣疾求得是烏肉魯不可曰始烏之吾投也吾固活之今以財棄之是不若不救之為愈也養之一年毛羽成就乃以綵線結其羽縱之去烏廻翔盤轉鳴聲哀慕乃入雲表既十年其世父為山東尹坐誣謫戍因喪其明魯望視之世父曰既來意誠厚然此轄戍者嚴急有一餘下必令搽習既不得歸矣匆匆與銀五兩乃誤持其準五錢魯自念伯已老不應再索遂行逐中為

人談命擇日賴以自濟行至仙霞關雪甚迷不知道腹又虛餒自分今夕死矣須臾有一黑鳥起於前鳴呼盤旋不已魯祝之曰果吾所養當隨我往如誤鳴繞吾身不誤者直飛爲導鳥立展翅若聽許者引之行三十餘里夜向分始逢一鋪禁不能言以手擊門主人出疑爲鬼物掖之入曰人也圍爐久之始能言鄉邑曰福州曰福州有陳魯孝子子識之乎曰我即是也其主捧魯首哭曰既也何以至此吾汝之父執某也因告以來故相與洒泣明旦視樹上鳥黑鳥翅絲尚在共拜了因嘆天之

恤孝義殆不薄也覽勝餘談

檻車首入

吴兵圍建州閩王璘遣張彦柔救建州及中途士卒不進曰得薛文傑方得討賊馳使聞太后及福王繼鵬泣謂璘曰文傑盜弄國柄上下怨憤久矣今吴兵深入士卒不進社稷一日傾覆留文傑何用繼鵬以笏擊之於啟聖門外檻車送軍前士卒踴躍臠食之初文傑以古制檻車疎濶更為之形如木櫃攢以鋭芒内向車成文傑首自入焉元楊廉夫詩云檻車成狼牙釘狼牙鑿⺀

刺人骨　血點之銅花腥建州城、未解圍三年軍不進將
何為三軍誓得檻車子檻車之車且勿馳大鵬徬如神
趙啟聖門前鷄剖鷄心吮鷄血三尺鸞刀斷霏雪天好
還老鷄三日身先殘、君不見唐家錬甕子請君入甕死

竹窓襍録

風水有驗

洪武初閩縣人陳週仲昌家居義溪業農好書隱居不
仕惟以養鴨為生時有堪輿者相一吉穴欲向於其鄉、
呂姓者呂暴發、登科貴倨驕佚闇者不為通伺於門墻

累日值春雨淋漓地師乃投仲昌宿焉雨連旬不止仲昌家酷貧無以供其初以鴨卵餉之既久卵亦盡乃烹鴨以食之呂氏竟不得入地師感其意遂以獻呂之地獻陳為其遷葬考妣永樂辛丑長子叔剛第進士封仲昌監察御史次子叔紹亦第進士官参政四世而第進士者九人咸至顯官呂氏日衰微不振厚德之報堪輿之驗益信矣 竹窓襍録

讓葬獲報

林觀者有隱德洪武初嘗覓葬地於甘泉山得吉壤石

也鑿之土術者言後當數世公卿觀曰吾田野人敢望此乎乃取族葬者二十四甕與親骼俱掩其中必也有福與吾宗共之後子元美貴孫翰曾孫廷棉廷機元孫熑累贈太子太保工部尚書　閩都記

貧神焚屋

閩古田有喬松松下祠神曰林九姑樹固輪囷成林而柯九出曰九姑者亦託名耳禱者雲集靈應如響毛秉義者自福清來貧不能歸求濟於神或誂之曰汝能償神貸汝義曰可即書劵字置案上翌日松枝上有羅綃

懸金數九十義得大喜過望持回家數年息十倍饒裕矣而忘償姑忽以聲至其家見索起居飲啜皆如人義但盛供具為枝詞款語而無償意姑曰不償吾金恐貽禍在胤子義有子九歲即潛匿其師家戒毋出姑曰安所匿顧　無罪也吾但焚而居義復戒室人甚為之備數日火起群生中義有叔曰孔墀亦在坐救焚姑曰相公貴人也公家安得有負義人如　者曾不念資自何來而久負至是索又不與吾欲奪其所有還其所本無耳自是義貧如洗孔墀成嘉靖庚戌進士官户部主

事耳誌

施藥釋冤

王伯讓行貨于閩度馮公嶺見一人撲於道一婦守而泣一童負行李竚而俟王善醫視其脉暑所中耳即取藥畀之而去撲者遣童子問名氏曰我蕪人王伯讓也抵閩為貨滯不得歸明年始促裝以酒飲邸主告別甫別去主遽殂厥妻訟王行毒王就逮群倅訊鞫之 贖見王名力辨其誣乃獲釋倅即向撲者事之相遇如此

蓬軒吳記

黄鰑道人

宣德五年七月，督銀場太監周覺成至寧德十三都青岩下，令藥石魚。煉巨石爆烈，投水中，群魚驚出。是日有道人來告曰：一切蠢動皆有佛性，乞減藥三分。覺成不從，但啗以菜飯而去。明日下藥，石魚蝦盡死，中有大黄鰑，剖之，所食豆腐菜飯尚在。覺成遂病，恍惚見魚蝦索命而死。福寧志

扊搏村漢

萬歷九年，洪水蕩福安縣，有婦人漂尸于黄瀾坂一村

漢遇之取耳環而裂其耳取金戒指而斷其指更金鐲一雙帶在手腕之上水漬腕腫鐲不可脱乃舉刀落臂臂夅轉搏村漢之面即時怖死福安志

葬士登第

傅壓字次張濰州人爲士子時以紹興二十年過吴江縱步塔院見僧房東室有殯宫問爲誰僧云數歳前邑令館客故此其家在閩無力歸窆權厝在此敞心憐之是夜夢一儒人持名刺來謁曰三山陸蒼自叙踪跡與僧言同將退拱手曰旅魂漂泊無依君其念我明旦敞

以告邑宰爲遷葬於官地至七月敞赴試寓西湖小斜復夢陸生來謝且云舉場題目蒼知謹以奉告幸勿泄敞悟而精思屬稿洎入場果如其夢遂登高第居東禩纂

殺僧無後

俛組閩縣人與弟緝同登嘉靖丙戌進士歷官御史夔州知府在蜀時有高僧坐誣罪不至死組素不知浮屠氏教箠殺庭下時組未有子妻正懷孕將娩身忽見僧從後堂入組愕然頃報生男容貌儼然老僧也組宦歸囊橐甚裕組死而子游蕩不檢不十年家産費賣殆盡至

於組之葬墳亦為他人所得後昆子然矣夫陳三使葬僧而二子登第及組_殺僧而子敗其家輪廻報應之説昭彰耳目而人不知省何耶竹窓襍録

身脱崩崖

萬歴甲辰福城陳家有權奴索逋於雪峰山民謀鬻子賣妻尚不得了徹夜號哭各欲自縊有一齊公亦向取債見而憫之解橐中五金代為償復予五金為營生資且曰汝狀貌如此不宜終窮若有亨時自不負我若尚爾〻我不責也後二年山民家稍裕思報恩無地一日

齋公適至主於楊家隔三里許民聞亟往邀令妻治具時齋公已就寢不欲赴民力挽出門而屋後懸崖崩墜死者十三人齋公獨得免壓餘

冤獄陰報

宋福州販鹽賊謀者四五人從者四十人大理斷官趙衍審刑詳議祝諫盡斷死罪衍尋卒臨終自語曰冤枉殺人祝諫通判揚州未幾亦卒孔仲平談苑

榕陰新檢卷之十三

閩中　徐𤊹　興公編輯

友人　王啟　永宇

景　景倩刪定

幽期

離魂奔婿

福州洪某有女美貌色、厚儲畜擇婿甚嚴淳祐初里人羅尉年十七登第遂嫡　羅圖　闕授沿邊尉以沿邊遠不欲挈家單騎之　既而思想成疾百藥不效年餘

卷十三　幽期

其妻忽至羅怪且喜疾忽脫然妻原少飲少食至是不飲酒顆粒不進任滿罷歸其妻由廳入中堂復見其妻由室中出中堂荏苒而合乃知羅赴任後妻在家亦淹淹如瘵蓋其精感而神交也江湖紀聞

孀婦感孕

謝氏者閩縣博士弟子林德賢之妻也二十喪夫家垂罄而無子樸釜以須紡織銼且無烟娣姒宗婦或遺之輒閉門不受為之補綻乃受顧獨與族姑陳氏吳氏善陳氏者博士弟子吳朝珂之妻吳氏其少妻也朝珂無

子卒時年二十八吳年二十九二娶以貞婦稱者也久之謝氏夜績忽上機上人影急視之德賢也謝氏大驚號哭因而孕及期悉名里婦及二娶聚其舍產肉圓焉見風化為沫未幾病不能織會二娶亦病竟不嘗他人之粒餓而死晉安逸志

潘黃奇遇　　戴林幽會

紅橋唱和　　連理樹記

名妓宿緣　　王主報仇

名姬伉儷

冥感孕兜

韓夢雲福清諸生也嘉靖甲子授經於邑之藍田道石湖山見遺骸焉哀而掩之其夜宿于藍田書舍忽聞異香滿室頃之一童子欵扉投刺曰娘子奉謁夢雲愕然則麗人已立燈下歛袵而拜曰妾藁里之纍也委身草莽二百年於玆矣君子厚德惠及骼胔靜言感念啣結焉忘偶作小圖用伸寸報遂出袖中彩障一軸以遺之題其標曰萬鳥啼春夢雲釐折拜受因詢其世家麗人曰妾楚人也姓王氏名秋英澹容其別號也父曰德育

至正間以兵曹郎参軍入閩妾從父之任見執強冠至石湖山不忍受汚投崖而死囊者車騎臨（沉）躡踵相從此亦夙世因緣非偶爾也因與夢雲共談言若懸河夢雲曰卿能詩否曰惟先生命於是啟齒微吟曰咄〻復咄〻二百年來滯閩越回頭往事付宣華淚逐西風寒刺骨當時恨不早見機扁舟一葉隴襄歸海上烽烟驀地起一家骨肉隨流水渺〻殘魂寄碧岑花開花落古猶今相逢此日無他物贈爾平生一片心夢雲擊賞久之遂伸伉儷之私枕上作滿江紅一闋曰偶度銀河霎時

間雲收雨歇枉做了叢莽溪頭一塲轟烈江山風雨百年心家國存亡千里月娩今宵勾引蔓藤又添凄切烟花恥因難雪雲雨債何時滅只為塵緣把白瑜玷缺高唐夢裏

如海望帝山中淚成血羞覩着嫦娥長自在瓊瑤闕比曉起視謂夢雲曰妾以感遇之故失身於君惟君始之惟君終之君之恵也不者曲且在君妾何敢言遂飄然而去自是數日一至至則讐校經籍揚搉古今意澹如也是歲之秋夢雲歸自藍田獨坐於其家小之樓秋英遣向者童子遺之以詩曰朔風震撼似瀟湘滿

樹歸鴉噪夕陽不見王孫停駟馬惟聞牧豎喚牛羊荒山野水悲長夜懶鬢疎容怯凍霜漠漠陰雲愁黯黯幾時相對一爐香夢雲乃以除夕設主於樓薦以酒肴其夜秋英盛粧飾而至與夢雲讌飲凭酒酣凭夢雲肩作臨江仙一曲曰燈火滿城鳴竹爆家家收拾殘年春陽初轉動朱絃金爐香幾縷裊裊散輕烟人事天時又一歲迎春送臘閑遶多情盃酒更烹鮮殷勤斟玉斝相對淚潛潸明年寒食夢雲復携雞黍過秋英墳上少頃秋英至設席藉草謳唱相和夢雲以巨觥酌秋英曰今日

之樂千古一時可無　詞以紀盛事於是秋英乃作瀟湘遇故人慢一闋曰春光將暮見嫩柳拖烟嬌花帶霧頃刻間風雨　深恩閨中遺事鑽火留餳都付却落花飛絮又何心挈藟提壺鬭草踏青載路子規啼蝴蝶舞遍南北山頭紙灰緑醑奠一邱黄土嗟海角飄零湘陰淒楚無主泉扃也能得有情難忝盡角聲吹落梅花又帶離愁歸去因謂夢雲曰妾懷君之子今將分免身矣當產君家食以生人乳少許乃可育於人間也遂與夢雲並轡同歸夢雲妻子皆安之容有聞及澹容前

身者以詩答之曰地老天荒一化人寒烟衰草度芳晨
冥〻渺〻無生死豈有前身與後身其二曰熒〻瘦魄
濯寒流偶為塵緣世外遊莫道此生原不滅生〻滅〻
一浮漚後月餘産一丈夫子時乙丑年四月十八也夢
雲妻聞之大喜遍覓人乳以食之於是里人求觀者如
堵矣秋英乃謂夢雲曰神奇之事愚者駭焉兒育於君
恐招物議妾當歸楚寄兒於楚人後十八年圖與相見
未晚也乃作留別詩曰兩年歡會夢魂中聚散人間似
轉蓬歲月無情催去燕關河有信寄來鴻劍沉延浦光

終合瑟散湘靈調自工他日扁舟尋舊約夕陽疎影楚雲東遂将兜擘尾片升屋而去忽一日遺夢雲以詩曰處ゝ深山叫子規家ゝ乳燕鑄芹泥獨憐知己千山外遥望白雲雙眼迷是後每歲巧夕一過小樓嘗作滿江紅一闋曰暮暑誰收秋聲報梧桐一葉又聽得蛩立階除雁啼沙磧清光玉宇本無塵無奈妬雲遮素魄意難忘倏忽馭飈輪尋舊約柳風踈權情折蓉露冷離愁結這滴ゝ丁ゝ不堪苦惡夢魂河漢隔年期骨肉一關山一里別兩關情極目楚山雲籠江外迫至萬歷壬午遺書

夢雲招之入楚曰兒寄湘陰黄朱橋今弱冠矣君得無
意乎妾請為鄉導暇間賦得長相思二篇請教其詞曰
長相思相思長獨鶴高飛九廻翔楚天嘹唳驚胡霜側
身東望淚沾裳思君間阻天一方欲往從之河無梁臨
流欲溯川無航江東渭北恨參商安得共此明月光長
相思相思長其二曰長相思相思長寒蟲唧唧九廻腸
中夜為君起徬徨期君不至倚胡床衰草淒烟漫隴襄
願言載道歷盤塘扁舟一葉過武昌身隨鴻雁過度衡陽
無令戚戚滯湖湘長相思相思長是年夢雲不果行明

年乃行自洪塘買舟秋英已先至矣與之同寢處他人莫見也及至湘陰果有朱黃橋者湘陰豪宗也有三子曰鶴算鶴齡鶴鳴鶴算得之神女叩門授兒忽不見以白衣裹兒而題以血書曰血書尺帛裹孤兒抱送君家好護持乙丑之年辛巳月甲申日主丑初時閩生楚長人非幻陽氣陰胎事亦奇莫道螟蛉難似我恩深還有報恩期末書十八年後有韓夢雲來此其也及楚夢雲至相視愕然夢雲具道其詳朱橋大駭鶴算持父哭幾不自勝是時鶴算已婚易氏女不能從父之閩夢雲遂

留飲數日而別秋英乃從夢雲入閩閩士大夫及當道
諸君往來至 卜事求詩者踵相接也萬歷癸巳年秋
英謂夢雲曰妾以寘數得侍巾櫛不自韜斂籍籍人間
今肴賈客如雲答之則事步泄漏不答皆且歸咎然亦

此條古田周娼附
從郭本抄補

陳筑字夢和莆田人初登第爲古田尉邑娼周氏能詩贈筑絕
句云夢和殘月上高樓西目遥樓兩夢已迷喚起一聲腸斷處
落花枝上鷓鴣啼昔句蕃寫花字也又春晴詩曰燕語飛過誰家
燕壘地氣柔甚處飛過院日長無個事一簾春水自煎茶後與
蘇作合歡紅綬帶自種於南山松蘿院背祝之慕共桃園故鬼
東甌志

司訓將樂取道沙陽而朱氏死矣乃作絶句九首哭之

青樓十二敞銀屏長記生前幾醒（醉）今日重來人不見青峯猶似黛眉青珠沉血殞雨茫〻十里溪流與恨長倚（依）舊春山花似綺不知何處瘞蘭香二十年來一夢歸楚臺秦館事應非春魂想化西園蝶猶向碧桃花下飛綠梁（楊）雨葉想眉顰誰寫新詩詠玉真一自朱樓人去後鶯花不似舊時春玉露香蘭憶淚涴殯宮香暗夜如年空餘舊日香奩句一度悲吟一惆悵青鸞影斷香難回瞑掩紅歒向夜臺可惜玉樓空鵲鏡也隨羅綺葬寒灰舞

袖何年化作雲王簫聲斷鳳離羣春風似惜泉宮恨片
片吹花落古墳蘭消桂蠹雨初晴寂寂泉宮夜不吟聞
説七峯山下水至今流恨也吞聲栁臺花榭寄塵蹤名
籍蓬萊第一宮脱出人間風露表佩聲夜夜響瑶空風
韻蕭逸情致柔婉衷景從馬用昭重刻子羽集並删去
之殊乏麗情之致録出以資多情者一賞竹窓襍録

荔枝託夢

明皇既幸蜀貴妃縊死於馬嵬十八娘亦歸里居晉安
城東報國院至德三載無疾而卒遂就院傍之隙地瘞

焉萬曆中有東海生者閩人也一日出遊東郊少憩於報國院晝夜長假寐夢至一所朱户紅樓丹楹紫閣極其壯麗徘徊間俄見一雙髻侍兒紅裙翠袖揖生而進曰奉十八娘命敬邀郎君生從之入〻未及百步香氣襲人行至一室扁曰扶離別館少頃見緑紗侍兒導一女郎年可十七八〻衣綃衣顔色殊絕冉〻而至生進曰偶因休暇駕言出遊既昧生平敢逢勝果女郎曰妾開元侍兒也以江采蘋之薦得幸於上今歸此中以與郎君有夙緣故相屈耳因出金鍾貯瓊液以酌生生飲之甘

如醍醐醴酪酒酣姬容色轉靨因歌菩薩蠻一闋妾身本是瑯琊種當年曾受（被）君王寵艷態鬥紅粧人稱十八娘絳綃籠玉質纖手金盤擘驛路起塵埃驪山一騎來生聞之愈加歎賞因請問開元遺事姬憶在宮中時正月十五夜上御常春殿遣妾撒闘中錦丸於地令宮人競拾之多者受上賞又一日上幸長生殿奏新曲未有名值妾為貴妃稱觴大悅遂以妾名其樂左右懽呼聲動山谷皆妾之受寵於上不聞於人間者生聞之愈驚駭既而侍兒報以周家江家陳家三姬至江衣紅周衣

綠陳衣紫種〻嬌麗三姬曰聞吾妹今日有佳賓故來
相賀三姬各集古詩二章江姬吟曰百般紅紫鬥芳菲韓愈
隔水殘霞見畫衣曹唐別有玉盤承露冷盧綸紅粧飛
騎向前歸武元衡行人相贈滿筠籠杜甫時似開元天
寶中杜牧大樹風來翻絳艷白居易樹頭樹尾覓殘紅
王建周姬吟曰紅樹枝頭日月長曹唐一枝濃艷露凝
香李白凌晨併作新粧面韓愈玉碗盛來琥珀光李白
綠蘿陰下到山莊劉禹錫丹粉經年染石床皮日休能
食不須愁內熱王維分巴甜露飲瓊漿司空曙陳姬吟

曰何處横釵帶小枝 秦韜玉 可憐妖冶正當時 白居易
曾縁玉貌君王寵 劉得仁 莫比潘家大谷梨 崔興宗 可
愛深紅間淺紅 杜甫 離離朱實緑叢中 周元範 不知多
少開元事 譚用之 香氣潛來古陌風 袁不約 三姬吟畢
十八娘亦集古句二首 遥指紅樓是妾家 李白 瓊枝日
出曬紅紗 白居易 摘時正帶凌晨露 白居易 應脤朝來
一片霞 秦系 曉嫩瓊膏氷齒寒 包佶 一生長對水晶盤
李義山 香隨翠籠擎初到 韓愈 長得君王帶笑看 李白
四妃吟畢十八娘出紅繡鞋一雙贈生且囑曰願君以

此傳傳之人間既而江妃出麝囊一函周妃出真珠一顆陳妃出紫瓊一枝為贈生蘧然驚覺惟見荔枝垂熟繁星離〻詢其旁果有十八娘塚云因賦詩曰驪山一騎紅塵起七日能行數千里丹荔攜來色正新金盤滿注華清水花外遙聞百步香寒冰一片剖羅囊長生殿上連枝進太液池頭半醉嘗樂工初製梨園曲小部聲音聽不足佳名新賜荔枝香左右歡呼動山谷一聲鼙鼓震漁陽西幸鑾輿道路長蛾眉宛惜含情死馬上君王掩面傷矣方仍進青絲籠垂涕還思當日寵丹實猶

然貢上方朱顏久已歸荒塚妃子妖魂去渺茫千秋何處覓紅粧夢中細說前朝事不及王家十八娘慢亭集

探花方便

探花王剛中爲福建御史龍溪陳彥臣與隣女倩娘私被獲聞官剛中見簷前蛛網懸蝶指曰汝能爲詩乎彥臣吟云只因賦性太顛狂遊盡名園竊盡香今日誤投羅網裏脫身惟願探花郎又指竹簾謂女曰汝亦能詩乎女亦吟云綠筠劈破條條直紅線經開眼眼奇爲愛如花成片段致令直節有參差剛中見二人供稱未議

婚問爾願諧琴瑟否乃判之曰佳人才子兩相宜致福端由禍所基永作夫妻諧汝願不勞鑽穴隙相窺時人稱其斷曰王方便古今事實

金鳳外傳

陳后金鳳者閩主王延鈞之后福清萬安鄉人也父侯綸少年美丰姿唐景福初事閩觀察使陳岩以色見嬖起居輒與共因得出入卧内其妾陸氏與之私通有娠未幾岩卒婿范暉自稱留後陸依於范生一女其夕夢飛鳳入懷因名金鳳冐姓陳及王審知兵入閩攻殺范

氏金鳳流落民間岩族人陳匡勝收養之梁開平三年審知封閩王採良家女充後宮時金鳳年十七性度窈宛善歌舞通音律審知聞之名為才人令特蒙寵倖宮室服御之奉與魯國王夫人比嘗築水晶宮於西湖傍列亭榭周廻十餘里金鳳時扈駕由于城複道中出遊然不及蕩後唐同元三年審知卒子延翰繼之翰妃崔氏醜而淫性復妬捜諸宮人之美者幽之別室械以三木鑄銅為人手擊其頰又以大錐刺其臂一歲中死者八十四人時金鳳已乞身為尼深自匿故得免次年延翰為周

彥璟所弑而延鈞立延鈞審知次子娶漢王女清遠公主有美色早世繼選金氏劉氏皆賢而無寵後宮數百無可意者內侍李倣極譽金鳳姿態超絕延鈞御紫宸門宣見大悅封之為淑妃長興三年民間有言真封宅龍見者延鈞於其地造躍龍宮自稱帝國號閩改元龍啟進封金鳳為皇后進封其假父陳岩為威武將軍節度使母陸氏為長樂郡夫人族人陳匡勝為殿使特築長春宮以居之延鈞數於其中為長夜之宴每宴輒勑宮人燃金鳳燭數百枝環左右光明如晝復勑宮女數

百人擎一杯盤皆瓊瑤瑪瑙琥珀流動之屬以隊遞進不設几筵酒酣張長枕一床擁金鳳及諸宮女裸卧隨意幸之又遣使於日南造水晶屏風圍四丈二尺延鈞與金鳳淫狎於内令宮女隔屏觀之嬉笑為樂三月上巳延鈞修禊桑溪金鳳偕後宮襍衣文錦列坐水次流觴娛暢窮日而返沉麝之氣環珮之響燎炬之光達於遠近途中絲竹絃管繽紛奏和清音入雲觀者塞道不能前端陽日造彩舫數百於西湖每舫載宮女二三十衣短衣鼓楫爭先延鈞御大龍舟以觀金鳳作樂遊曲使

宮女同聲歌之曰龍舟搖曳東復東採蓮湖上紅更紅波澹〻水溶〻奴隔荷花路不通西湖南湖鬥綵舟青蒲紫蓼滿中洲波渺〻水悠〻長奉君王萬歲遊遊人士女綺繡夾岸襍沓如市夜收宮女入宮多不知所之者延鈞亦不問有小吏歸守明弱冠美皙如玉延鈞嬖之嘗呼為歸郎延鈞素多疾守明日侍禁中薫緣與金鳳通又有百工院使李可殷與守明昵因守明以通於金鳳可殷慧敏有智巧守明令造縷金五彩九龍帳於長宮織八龍於帳中而以延鈞為一龍既成進之極

其華靡延鈞歡甚益昵狎明數留宿於内不出國人歌曰誰謂九龍帳惟貯一歸郎初金鳳因李倣得進及為后倣自矜其功且微聞九龍帳中事頗恣橫不為畏忌金鳳不能堪令可殷譖之延鈞倣知之怨金鳳負己謀所以奪之寵乃盛飾其妹春燕進於上春燕婉媚絕代初入宮年纔十五顧盼舉止動移上意遂大見幸冊為皇妃以倣為皇城使擅愛專席延鈞自是不復御九龍帳矣因為春燕造東華宮以珊瑚為挽柄琉璃為欞瓦檀楠為梁棟真珠為簾幙範金為柱礎窮工極麗佚匠作

者萬人用匱不給倣舉薛文傑充國計使文傑巧于聚斂多察富人陰事文致之以罪而籍沒其資被榜棰者胸背布受仍銅斗熨之建州大盜吳先來朝文傑利其財將求其罪治之先大怒帥衆叛入吳引吳人來攻建州延鈞遣將往救建州兵行在道不進曰得文傑乃進延鈞不得已送于軍中軍士磔殺之金鳳諷右省常侍李詢上言文傑導九重淫竭萬户膏脂天怒人愁禍亂叵測皆由李妃與倣為戎首今文傑伏誅倣不宜在上左右延鈞意猶豫元夕御大酺殿名前翰林承旨韓偓

宏文館直學士王倜右補闕崔道融吏部郎中夏侯淑等觀燈賜宴命各賦大酺樂偓感長春宮失麗賦詩曰淚滴珠難盡容殘玉易消倘隨明月去莫道夢魂遙延鈞為動念因返駕長春宮李倣知罪已者衆不自安私與春燕畫全身之策以太子繼鵬與陳氏有隙乃言春燕之美於繼鵬繼鵬入宮問疾遇春燕於前廡悅之遂所居丞馬匡勝聞而白其事延鈞大怒與次子繼韜議殺繼鵬繼鵬懼與李倣圖之適醫工陳究從宮中出言延鈞病不起倣遽令壯士先殺李可殷於家金鳳許之

延鈞強起視朝詰殷（可殷）死狀倣聞驚怖逼繼鵬率皇城衛
士入延鈞聞鼓譟聲走匿九龍帳中衛士刺之不死宮
中不忍其苦為絕之繼鵬及金鳳守明陳匡勝皆為倣
所殺於是繼鵬即位改永和二年為通文元年立春燕
為后加李倣判六軍諸衛事繼鵬元妃梁國夫人李氏
同平章事敏之女鵬繼寵春燕欲廢夫人內宣徽使恭
政葉翹諫曰夫人先帝甥聘之以禮奈何以新愛易乎
繼鵬不聽復上書極爭繼鵬批其疏曰春色曾看紫陌
頭亂紅飛盡不禁秋人情自厭芳華歇一葉隨風落御

溝放翹歸永東梁國竟廢春燕信左道之術繼鵬惑之
有妖人譚紫霄以方術見幸事無大小皆決焉紫霄言
紫薇星臨后教繼鵬別起紫薇宮為春燕遊幸之所土
木之盛倍于春華又建三清臺三層於城中括民間黄
金數千斤鑄寶皇大帝元始天尊太上老君像日焚篤
耨董陸諸香數十斤紫霄導春燕諸後宮齋宿其下晝
夜聚禱謂為繼鵬祈年永祚而媟褻無忌國人醜之後
紫霄事敗奔吳倣復以異志見殺春燕之寵寝衰繼鵬
徙居長春宫夜坐忽〻不樂俄聞悲泣聲将近彷彿見

金鳳啣哀至前而歸守明李可殷陳匡勝等自宮外領紅衣執戈矛者數千人繼鵬大驚趨而避之有頃宮中大起紫薇東華躍龍諸處頃成灰燼繼鵬控鶴都將連重遇軍有謀將加誅重遇懼夜繞統軍圍長春宮繼鵬挾春燕率黃門衛士斬關出奔次梧桐嶺追兵至執繼鵬歸拖藏醉而縊之春燕度不免觸墻死時通文四年七月十三日也葬蓮花山側號康陵先是金鳳與延鈞亦葬是山號惠陵開運中唐師敗李仁達於古城亂兵發諸陵剔取寶玉金鳳春燕容色如生鮮血流漬山為之

焉後人名其山為臙脂山云

予居高蓋山中有農家掘地遇土穴得銀錢數枚色黑如漆石硯一銅爐銅刀各有一篆文乾德五年造有石匣一啟視有抄書一帙為陳后金鳳外傳不著作者姓名楮墨漫滅而字跡猶可句讀農家弗能省予聞急往索歸參之史乘諸書始末多不興因與友人徐𤊹訂正之夫飛燕別傳出諸壞墻南郭烟花檢之廢閣前人藏秘後人搜傳故有意焉況諸王縱欲名亂竟亡其國固來世之明戒也是宜傳之而以存

野史之一明萬歴甲辰夏閩邑王宇識

王永啓既得陳后傳於農家予借録一本反覆考核其姓氏事蹟歲月地理與史乘符合者勿論中有少異者史謂審知節儉府舍卑陋何至築離宫自娛然西湖水晶之名古志有之豈立國拜王之後遊觀所不廢乎五代史南唐俱謂延鈞妻早卒繼娶金氏通鑑記事本末謂延鈞兩娶劉氏傳稱初娶漢王劉岩女繼選金氏劉氏豈歐馬二公未備載乎史謂繼鵬因陳氏請春燕于延鈞延鈞與之傳稱延鈞怒欲殺

繼鵬豈陳后曾請之而延鈞未之許乎史謂林興敎
繼鵬造三清臺傳稱出於譚紫霄豈妖巫之黨史不
一一書乎抑紫霄實主其謀乎史謂延翰爲審知養
子延稟所殺傳稱出於周彥琛而資治通鑑謂延鈞
誅延稟隨復其姓名豈姑從其舊乎李倣怒金鳳而
進春燕匡勝怒繼鵬而白其奸雖無可證然可覈請
李倣於閩王匡勝無禮於福王史之所載甚明豈盡
影響乎金鳳爲陳岩之女春燕爲李倣之妹縱無可
考然陳岩奪人之位妻子爲人所淫或亦天道而李

倣不難弑君何難獻其妹以要寵豈史氏以其曖昧
淫穢而略之乎他若韓偓大酺樂詩向疑與樂府題
不切今乃知其有指傳之言似不誣也偓與李洵崔
道融等官爵姓名雖史氏不載乃於偓本傳及唐黄
滔集中見之豈當時諸公來依審知至延鈞時猶在
乎蓮花山閩王時陵寢甚多惠陵康陵想亦在其左
右而梧桐嶺桑溪宋三山誌俱有臙脂山之名閩都
記謂審知女洗妝水所染傳稱金鳳春燕鮮血所漬
此皆好事者為之也徐𤊹題

金鳳事有似趙飛燕其生平出身與其貴幸以後驕恣荒淫事〻恍怫嗟乎尤物之亂人國大都不甚相遠也延鈞不道乃至父子聚麀君臣衷衵其及宜爾茲傳已沉淪幽壤數百年一旦掘地得之安知非造物者欲以垂戒將來故假手出人間耶則安啟傳之不為無補也或以為稗官之言偶有所託未足盡信嗚乎魯壁之韋編汲冢之竹冊種贋物耳於六藝何所考信蘇長公閒居無事往〻強人說鬼讀斯傳視說鬼何如哉 陳价夫題

襪帶重逢

嘉靖己未倭奴順風寇福州諸鄉村殺傷無算而婦女有色及男子少年者往往擄入寨中閩縣吳山林氏女年十六為賊所擄賊以其幼也未犯之時已受江口宋氏子聘而宋亦同被擄各不相識群賊睡熟各通鄉曲乞姓名兩人始知其為夫婦也吞聲飲泣女以雙金珥贈宋宋子然一身只解襪帶一隻遺女約云今生若有重逢毋忘夫婦之好未幾賊去以繩繫宋於艦末女密以利刃斷繩宋得越舟逃歸而女徑為俘去矣既入倭國

賊令自為配偶不從者加以白刃女遂配與泉人蘸泗
為妻居三十載生二子矣每言及故夫襪帶事輒欷戲
泣下泗亦為之泣萬歷丁亥海賈大舶自日本來蘸泗氏
與林氏附海舶歸至臺江萬壽橋林氏持襪帶大哭于道
具言始末觀者如覩忽有斑白老人相抱而哭曰吾宋
某也遂邀至其家相勞苦焉蘸泗曰吾之所以百計圖
歸者為君合此襪帶也吾有故妻在室曷能忘之明日
遂携二子歸泉州而林氏終依宋氏以居偕老焉時候官
陳鳴鶴過萬壽橋目擊其事因作韈帶歌曰萬壽橋邊

人簇〻側身争看婦人哭手指襪帶賊中來自言妾是
衣冠族少時許嫁宋家兒宋居江口妾盤谷嘉靖已未
倭寇來白日殺人如伐木刼掠男女驅前行睚眦失意
輙遭戮是時妾也方及笄邂逅相逢寨中宿白刃環向
耀日光言如禽獸貌如狼同囚亦有數十輩低頭不敢
輕相望夜深賊睡各嘆息欲死不得生無方自通姓字
及鄉里不意遭逢宋氏子吞聲號泣恐被驚低言密計
妾附耳賊奴飲醉向壁卧帳道直出妾留此妾身已許
為君妻今日甘心為君死存亡永隔從此辭悲啼贈以

雙金珥宋郎為妾立踟躕報妾襪帶長嗟吁自茲分背不復見明日賊去身為俘千刄萬劍迫入海洪波巨浪隨倭奴妾居倭國三十載四顧無人皆狗彘髡頭洗足食臭腥朝南暮北無根蒂形容焦黑一死難襪帶常懷心不替　水茫〻更語誰肝腸摧裂但流涕今年海賈中國來零丁萬死附船回閭閻處〻更新屋依稀猶記登南臺懷中襪帶尚未朽人乎人乎今在否橋中忽有斑白人撫膺痛哭不停口把持襪帶仰號天破鏡重圓鸞再偶三十年前贈故妻去日朱顏今老醜自分抵死無

還期寧知相見更有時相扳一哭頓復起三光失色路

人悲昇平聚樂每不覺貧賤何如遭亂離竹窓褋録

榕陰新檢卷之十四

閩中　徐𤊹　興公編輯

友人　王宇　永啓

景　景倩删定

方術

飯飽腸斷

咸淳年間，有醫僧至臨安，明脉識證，凡王侯邸第迎者盈門。時太學有福州王上舍，身長八尺，氣體充實，生平無疾。同舍友相與戲曰：「令王上舍詐病為狀，邀僧診視僧到報王急就寢時王方食後忙就榻偶遭一跌而後寢僧診脉曰脉已絶矣不可復救諸人撫掌大唉僧曰非有所要須臾即死矣雖有重劑弗及也群駡逐之逾半日而王死蓋王身體肥壯遭跌時飯飽腸斷也江湖紀聞

女道除妖

陳靖姑閩縣人，五世好道。靖姑少孤，與其兄守元力田牧畜。守元食牛山中，靖姑餉而遇餒嫗，即發其簞飯飯之。别以已食進，兄嫗因托身靖姑。靖姑以毋事之，不敢有闕。嫗嘗病疽，靖姑跪而為之吮嘗，無何嫗死，靖姑為

棺斂畢一日守元出靖姑為守牛渡江溺忽見紫府嚴
麗前時簇嫗雲衣月被迎立而笑曰既來何暮遂揆以
神篇秘籙居歲餘見靖姑於寶皇寶皇大悅乃拜為真
官得主地上鬼神賜鶴馭歸家守元見之大恐曰妹既
已為魚鱉餌矣何遽如許靖姑告之故乃竊發嫗冢但
衣被而已於是守元為靖姑再拜求其術願得通籍金
闕望見寶皇顏色靖姑上書請之嫗嫗報曰上下有等
幽明有章道俗有別而兄凡品也安敢

高鳳奇卜

宏治時閩縣人高鳳善卜遇物輒以意推不專周易也
傳爲未第時求占鳳曰君第一人也既而果然或問其
故鳳曰吾適剖椰子而傅君至其象鮮圓當為解元後
閩縣林士元亦舉第一先數日鎮守内臣欲預知其人
書一興字令占之竊觀興尊意得無在興化乎不然也
今所書興字乃從俗省書也其人在中而八府俱下必
閩城矣鳳奇中多如此類鳳嘗自占語人卜如可信鳳
儒學吏矣當至(五)品京職不知何從得之弘治間居(召)入皇
(宮)賓中占驗恩拔工部郎中 群談採餘

點金賑飢

王霸梁時人父增善黃老之術霸少習之久而無驗專心叅請不憚千里積十六年始還結茅怡山凡遇緇黃之流及踪跡有異者無不延致其家事以師禮有一妄男子戲為道者往扣其門夸詡不根霸大驚喜匍匐再拜跪而進食如是者累日乃敢頓首請教男子佯為不顧而去出門指其所居之岩以詔之曰此為而師如是霸則晝夜向岩頂禮至忘寢食凡三年不倦而膝跪處石為之穿一日岩忽自開中有老父授以丹書一卷遂

隱不見視其書皆金丹要訣霸遂用其方鍊藥點瓦礫為金是時閩中方飢即以金賑之服其餘藥蟬蛻而化唐貞元中觀察使李　初建冲虚宫於郡城之西郊以祀之宋朱晦翁先生仰書八大字於岩下曰怡山良石神仙所居閩掌故

梁仆僕毛公

福唐梁緄居城中嘗往其鄉永福地視田一仆毛公搽舟半途值暮望遠岍民家男女雜沓若有所營毛語梁曰彼了賽神當往求酒肉來獻即施茅拋之微作叱咤

良久寂無應者毛宿懼失措亟入舟舉二盂覆其首俄
風雲晦冥嘈囋小舟搖棹如舞一物鏗然有聲墜盂上
若刀劍之臨頭上响止風急盂碎為四五片但有甚破
蘆管在馬毛喜而出曰彼伎倆極矣本只是寄個消息
去戲覓祭餘不料他便起惡意反要相害今殺之不難
不欲為官人作業但當小報之乃拈亂桿一把置熅火
焉其家應時烟起焰合轉盼間焚盧几半主人率徒侶
千餘人携酒一壺豚蹄一隻奔造水次見毛遜謝曰若
早知是毛公自當祇奉何意却成急激觸怒其罪過納

此微物毛為朴滅桿烟彼家炎炎方熾隨手頓息但已焚者不可救耳永福人大約好奉妖術而毛伎最高故勝之也兩卜皆洞曉其名若外人遇之危矣夷堅志

老僧占色

常袞之在福州也有僧善占色言事若神袞惜其老命弟子就其術僧云此事未可造次為傳某嘗于公左右見一人可教遍招得小吏黄徹焉袞命就學老僧遂於暗室中致五色綵於架令自取之曰世人皆用眼力不盡但熟看之旬日復命依稀認其白者後半歲看五色

即洞然而得矣命之曰以若㾭中之視五綵迴之白晝
占人因傳其方怏且言後代當無加也李吉甫云黃徹
之占表許之亞也太平廣記

神膏種齒

鄧雲翁者嘉靖間閩縣人少遇異人授以種牙之法令
患者飽食後吞藥丸七粒復以末入湯漱口片時諸牙
皆下乃用生鼠去皮和藥搗爛成膏依牙之序迎枚黏
鼠以種原孔死至堅如少壯或老人已脫落以他牙種
之亦如生成七修類稿

術知天運

道士王裕福唐人術數頗工常云天運四百二十年一周而七甲子備天地人江河海鬼凡七今正行鬼神元後十八年復行天當有天平應又云唐明皇時正行天元故也 舊洎宅編

子不拜父

閩人陳舜鄰為信州教授其父湜常傳法於風僧哥時時語人災祥十得七八一日復遇僧哥於京之城西責饒舌且戒自此勿受教授拜他日當死於水湜歸靳其

世豈有子不拜父者無他日長至舜隣率子弟羅拜湜急止之已再跪矣是日湜一手中風不能舉明年春約客為泛溪之遊未舉爵湜起更衣久之不至視之已仆於舟尾不復能言輿歸信宿而卒是時玉山鄭同以入行延及群學亦預此會湜未嘗識鄭氏故盧忽謂同曰君宅前水舊是數錢聲今變為呵喝聲矣鄭素高貲至是散盡而長子繆宣和辛丑上舍登第泊宅篇

篆籀名家

永樂甲申詔吏部簡士之能書者儲翰林長樂陳登字

孝思以篆籀徵至時吳中滕用亨亦工篆籀且時春秋高輕後進往往屈折之登初至謹慎謙下父淵閣六卿大臣旁視不可耐一日與論說文許氏說文娓娓皆用亨素所忽者乃默默不敢自矜登於六書本原精考詳究周秦以來二千年間其石刻委棄山巔水涯荒蕪瓦礫之墟者雖歲月名氏殘缺剥落無可考必審度其出其代其人十中七八其收畜之盖歐陽文忠趙明誠之後所僅見也歷十年擢中書舍人登死廬陵楊士奇銘其墓曰 典博史籀所作時同久遺於秦斯古尚

盍疑富 誠宜作 誠

趍簡便降隸分東都沿晉務草真傳葩逐葉失本根唐氷復古楷前聞後有作者承餘薰思孝之作泝深源奇迹審義窮寒温涵積而放波瀾翻落手揮霍風雨辭交金屈鉄雕與璠雄渾竭澤特絶倫大書深刻盤繡雲鳴呼思孝登九原有偉其著不刊 楊東里文集

紙馬還

三山曾先生陟嘗寓館于陳氏七載音信不通夏日青衿倶歇獨處一室有道人自吴山來謂之曰子思鄉之切何不少稱歸陟曰水陸三千里幾時得到道人剪紙

馬以水噀之其疾如風祝曰汝歸不可久留須臾到家門
戶如舊妻令入浴易新衣陟曰我便去妻曰纔歸便去
何不念父母妻子爭陟便上馬而行所騎馬足折驚悟
乃身在書館中隨身衣服皆新製春道人亦不見惟留
一藥籃中有詩云一騎如龍送客歸銀鬃綠耳步相隨
佳人未許輕分別不是仙翁豈得知宋曹應龍開窓異志

借日晒衲

元項此舟古田人修道　亭山　行雷法人生死有
薛姑者請往其家項曰我衲衣方洗未乾薛請異處項

乃仰天言者張大哥借我一道日光晒衲衣頃刻日出一衲處其衣果乾日亦隨没時往來於崇真道院臨終雷雨驟然至立化而已 古田志

種杏活人

董奉字君異候官人蜀先主時本縣長佘姓者見奉年三十餘罷去五十年復為他職經候官奉隨諸吏往謁故長問曰君莫得道 在縣時 幼於君今已衰白而君猶少何也奉曰偶爾奉居山間呪水治病不取錢物重病 者但使栽杏五株輕者一株數年得杏七萬

餘根森然成林山中羣獸遊戲林下竟不生草杏每熟
時於樹下作一𥫱倉語人曰欲買杏者不須來報往自
取之但將谷一器置倉中即自取杏一器每有納谷少
而取杏多者即有虎隨後逐之其多取杏即傾覆地上
虎即還去有偷其杏者至家即死其家送杏還叩頭謝
罪即活自是買杏更無欺無欺　奉以所　賑
貧歲消三十斛　尚　餘後人　杏處建祠祀之
神仙傳

摸鐘獲盜

陳述古以浦城主簿攝縣事時有民失物者捕偷兒數輩相撐柱述古詒之曰某廟有鐘靈能辨盜爲盜者摸之轍有聲乃陰使人以墨塗鐘上而以幃蔽之隨引偷兒指鐘祈祭令入其幃暗摸出驗手一人無墨訊之遂伏

自治瘵疾

田嵒閩人以醫著名尤善治瘵疾察情診候度疾成深以計售之值約定始肯爲治多至五百千少不下百千疾平乃受期以時日未嘗有失嵒後自得瘵疾歷試平

日所用之方無一驗者遂死 遯齋閒覽

榕陰新檢卷之十五

閩中　徐𤊹　興公編輯
友人　王宇　永啓
景　景倩删定

物産

北苑試茶

仲春上旬福建漕司進第一綱茶名北苑試新皆方寸小夸進御止百夸護以黄羅軟盝藉以青蒻裹以黄羅夾複臣封朱印外用朱漆木匣鍍金鎖又以細竹篾絲

卷十五　物産

織笈貯之凡數匣此乃雀舌水芽所造一夸直四十萬僅可供數甌之　耳或以一二賜外邸則以生線分觧轉遺好事以為奇玩茶之初進御也翰林司例有品嘗之費皆漕司邸吏賂之間不滿欲則入鹽少許茗花為之散漫而味亦漓矣禁中大醆賀則用大鍍金甏以五色韻果簇飣龍鳳謂之繡茶不過悦目亦有專攻者外人罕知西湖志

奩雌負雄

奩雌常負雄而行漁者必得其雙南人到肆賣之雄者

少肉舊說過海輒相積於背高丈餘如帆乘風遊行今鱟殼上有物高七八寸如石珊瑚俗呼鱟帆至今閩嶺重鱟醬十二足殼可為冠次於白角南人取其尾為小如意酉陽雜俎

刺桐紅芳

刺桐花狀比圖畫者不類其本為材三四月時布葉繁密後有赤花間生葉間三五房不得如畫者紅芳滿樹陳去疾家於閩因語方物去疾云閩之泉州刺桐葉綠而花紅芳照物朱色靉然與番禺者不同乃知此地所畫

者實閩中之木非南海之所産也太平廣記

設傾筐會

僞閩甘露堂前兩株茶欝茂婆娑宫人呼爲清人樹每春初嬪嬙戲摘新茅堂中設傾筐會清異録

西施舌詩

詩説雋永云福州嶺蛤蠣號西施舌極甘脆其出時天氣正熱不可致遠吕居仁甫詩云海上凡魚不識名百觔生命一杯羮無端更號西施舌重與唐起安情韵語陽秋

福清法帖

福清縣民家舊有板刻帖急就章雁塔題名四帖其刻稍精責碑家得之往往駕名官帖以惑人但被中匠者不善用蠟每每有研光痕可以驗證法帖譜系

錢文古塼

閩王築南北夾城塼上俱印錢文後國歸吳越人以為先兆今夾城皆闢出為外城塼石無復得見矣憶余少時見家人中一片四面有錢文然余兄弟爾時未嘗學問不知其為古物也竟屑越之近來出東郊拜墓見一

村民屋砌墻有三五片錢文即此物也竹窻雜録

程守種榕

榕樹極易生臃腫不中繩墨宋熙寧中程師孟爲福州守多命植之自爲詩云三樓相望枕城隅臨去重栽木萬株試問國人来往處不知還憶使君無至今目爲榕城閩中掌故

勝畫荔枝

荔枝名品蔡君謨譜之予又爲續著名曰通譜矣長樂六都郎産勝畫荔枝七月熟味極甘美嘉靖庚申縣令載

時望多索民間荔予饋送上司時有賣兒買勝畫充官
者邑人鄭副郎世威紀其事云勝畫名果何處來六都
殊品閩中稀總是地靈太英持儲精生也偏絕奇豈知
今日送餽廣蝴使肥甘作苦悲春風仳離勞草草早疲
為災百枯槀寃哉崇獨榮華轉轉輸官府承奉好晨炊
無米吏拍門東催西討送司道勵勸戎馬漏孔多涓流
不塞成江河鬻兒供應已云極設復濫觴無已將若何
司道堂高隔千里那得熟知民痛痾　痛瘠多餓莩
側望循良少舒嘯常德之龍東莞何卹青賑飢恒悄悄

鎮守需採屢空囮間落晏如無句擾嗚呼安得賢牧長
若渠坐令凋𧺆皆歡娛白叟只今稱阜魯何如一騎笑
須臾君不見塡中石廣南珠何時滅天壤始作俑者誰
千古萬古長嘆吁　竹窗雜錄

靈源雨茗

鼓山靈源洞之後志名舍利窟居民數十家種茶爲業地名茶園產不甚多而味清冽王敬美督學在閩評鼓山茶爲閩第一武夷清源不及也同時僚屬陳王叔碩道行諸公大加稱賞茶一兩索賈一分敬美諸公嘆其

極廉適日兩臺藩臬府縣科取一斤給官價一分種茶村民逃竄鼓山寺僧重施箠楚一歲所產輸官不足民間俱不得食矣種茶之家半改業避稅 竹窗雜錄

鼓山志云鼓山半岩茶色香風味當為閩中第一不讓虎邱龍井也雨前者每兩僅十載其價甚廉鄭原岳詩云雨後新茶及早秋山泉石鼎試磁甌誰知岁剪山頭產勝却天池與虎邱一云國初每歲進貢楊文敏當國始奏罷之然近來官取其擾甚於進貢矣

小艸齋詩話

閩中木棉

閩中多木棉植之數千株採其花〔紡〕為布李商隱詩木棉花發鷓鴣飛王轂詩紙錢灰出木棉花南中木棉樹大盈把花黃似山茶黃蕊花片極厚即今之班枝花也瑯琊代醉篇

閩廣多種木棉樹高七八尺葉如柞結實如大菱而色青秋深即開露白棉茸然土人摘取去殼以鉄杖捍盡黑子徐以小弓彈令紛起然後紡績為布名曰吉貝今所貨木棉特其細緊者耳當以花多為勝橫數之得一

百二十花此最上品李琮詩有腥味魚中墨衣成木上棉之句泊宅編

紅蕉佳卉

美人蕉福州為多而無蕉寔可供玩余廨中以盛冬發一紅瓣上抽綠莖三四月間齊放簇若萬朵蓮經月不敗大是佳卉閩部疏

前督學使者顧大典咏官舍美人蕉云翠袖因風舉紅妝帶雨妍願言心不卷長得美人憐既而改官還吳攜數本植於家園別構一軒名曰美蕉軒竹窗雜錄

四明楊太史德政出參閩藩署中種美人蕉數百本花時舉酒賞咏殆無虚日花開能經月不凋而公與朋輩燕賞不輟有詩云艷冶紅妝倚畫欄參差翠袖舞迴鸞恰如金谷園中見羅綺分行擁合歡珊瑚寶髻緑紅鬟清曉明霞映遠山獨立牆陰思無限恐驚秋色老朱顔鳳尾妝成出絳綃絶勝脂粉鬧春宵憑施千尺芙蓉障爛醉琵琶倚阿嬌百寶闌前是妾家臨風徙倚憶天涯曉來幾陣催花雨紅淚千行濕絳紗 竹窓雜録

永福蚊樹

永福山中有一種樹高一二丈葉如茱萸能結子剥其子有小蚊數千飛出樹皮内蚊藏亦然鄉人名曰蚊樹竹窓雜録

茉莉清香

辛稼軒咏三山茉莉小重山詞云倩得東風染緑衣國香收不起透冰肌略開些個未多時窓兒外却早被人知越惜嬌癡一枝雲鬢上那人宜莫將他去比荼蘼分明是他更韻些兒竹窓雜録

榕木怪狀

榕賤木也材不中器爨不生焰至福州始多故以名城扶藤旁出枝如流藤下垂着幹即把負為一輪囷連拳好作怪狀其根盤地崚嶒虬卧埴垣畝許多根故易茂而難拔不才故寡伐而長壽其自處晦與道合者居民植之以當堪輿之屏翳行人賴之以為憩息之嘉庇豈所謂無用之用耶 閩部疏

榕樟合樹

布政司在山上堂後一大樹是榕樟二樹相樛結而生欝然干雲囷為堂以嘉樹顔之王敬美陳王叔俱有詩

閩部疏

三月柚花

柚花大而粗柑橘中最下品也福延間多有之花亦奇大三月間開香氣甚郁余嘗有詩云最是南閩三月景滿城微雨柚花香（閩部疏 王世懋）

斷腸毒草

斷腸草一枝三葉葉大如蔓食之輒死山谷中在在有之民間鬥不能勝者服之令妻子扶而之怨家死焉其妻子利之亦不甚禁也怨富家而畏事厚償之解此毒

者首以蜜灌之已後灌羊血吐出可不死閩部疏

蘭花多品

蘭以建名而福興四部尤盛民家無大小皆傳種之然絕不生山間不知種所自來大都以王鱿為最四季開者為珍又賽蘭蔓生樹蘭木本其香皆與蘭埒閩部疏

錦鷗茶盞

閩中造盞花紋鷓鴣班點試茶家珍之曰展蜀畫鷓鴣於書館江南黄是甫見之曰鷓鴣亦數種此錦地鷗也清異錄

龍鬚蘢葜

蘢葜出閩中凡百毒悉能解之引蔓而生土人號龍鬚葜清異録

閩香玉女

閩士越科臨川人赴詞會京師旗亭各舉鄉產閩士曰我土荔子真壓枝天子釘坐真人天下安有并駕者撫不人識荔枝之未腊者故盛主楊梅閩士不忍遂成喧競旁有滑稽子徐為一絕云閩香玉女含香雪吳美新郎駕火雲草木無情爭底事清明經對赤參軍清異録

相府荔枝

余深罷相居福州第中有荔枝初實絶大而美名曰亮功紅亮功者深家御書閣名也靖康中深謫建昌軍既行荔枝不復實明年深歸荔枝亦如故乃知世家富貴人皆有陰相之者老學庵筆記

荔枝枯萎

閩中無雪大元庚寅季冬二十二日余時在長樂雨雪數寸遍山皆白土人莫不驚嘆蓋未嘗見也是日召友人吳述正同賞是歲荔枝木皆凍死遍山連野望盡成

枯至後年初春始於舊根株漸抽芽蘖又數年始復繁盛譜云荔枝木理難老至今有三百歲者生不竭今去君謨又五十年矣是三百五十年未有此寒也墨客揮犀

茉莉清香

茉莉花或云抹麗謂能掩衆花也至暮則尤香今閩人以陶盎種之轉海而來以為佳玩然性不耐寒極難愛護經霜雪則多死亦土地之異宜也顏博文持極約詩云竹梢脱青錦榕葉隨黄雲嶺頭暑正煩見此蕚緑君欲言嬌不吐藏意久未分最憐月初上濃香夢中聞蕭

然六同屏西施帶微醺叢深珊瑚帳枝轉翡翠裙襞如追風騎一抹萬里群銅瓶汲深泚聊復為子勤願言少須臾對此髯參軍觀此詩則花之清淑柔婉風味不言可知矣墨莊漫錄

龍鳳團茶

茶之品莫貴於龍鳳謂之團茶凡八餅重一斤萬（慶）曆中蔡君謨為福建路轉運使始作一小片龍茶以進其精絕謂之小團凡二十餅重一斤其價值金二兩然金可有而茶不可得每因南郊致齋中書樞密院各賜一餅

四人分之宫人往〻鏤金花於其上其貴重如此歸田錄

溪中鬥魚

三山溪中產小魚斑文赤黑相間里中旣秦之角勝負為博戲昔有鬥禽未見有鬥魚亦可觀也游宦紀聞

三山黃澹

三山有黃澹子金斗子菩提果羊桃皆他處所無黃澹大如小橘色褐味微酸而甜本草載於橘柚條豈桔中別有名黃澹者長樂志曰王壇子舊記又云相傳生於王壇（霸）側游宦紀聞

茨菰回青

三山方言茨菰曰藨傍水多植之雖嘗在水中遇晩稻損、槐蘇亦損有一種柑曰回青寔大凌冬不凋滿樹垂金玉、春復回青再黃始摘味不甚佳花極香與茉莉相頡頏游宦紀聞

丁香橄欖

橄欖閩蜀俱有之閩中丁香一品極小雋永其味勝於蜀產家君嘗手植核於小園伺其萌茁再歲而樹壯畏霜雪覆以屋又三歲高二丈許始寔初如綠豆凡兩月

漸大有墜地者　拾之木槵子也皮可洗衣功不讓皂
角核則人以為念珠者嗚呼地土風氣之能移物性如
是耶桔踰淮而北為枳鸜鵒不踰濟貉踰汶則死地氣
使然橄欖在芋厚上八十里間沿江樹之蒼欝可愛甘蔗
州獨多土人雖擔城市貨之頗不登羞閩部疏

壽山美石

候官縣壽山離城七十里與芙蓉九峰對峙其山產石
瑩潔如玉可為硯為印章柔而易攻大者可一二尺蓋
珉類也距山十數里有五花石坑其有紅者緗者紫者

惟艾綠難得宋黄幹詩云石爲文多招斧鑿寺因野燒轉熒煌正謂此也今寺僧常掘得佳石入城貫錢純白者可匹青田凍石竹窗雜錄

寶圓龍眼

龍眼雖後熟於荔枝然甘美圓融有所謂寬圓者自可與荔枝伯仲昧者目之爲奴徒欲爲荔枝張價要未識龍眼之真耳竹窗隨筆

通印子魚

王荆公送張兵部知福州詩長魚俎上通三印蓋以福

福州瀕海多魚其大如此初不指曽子魚也東坡始以
通印子魚對披棉黄雀乃借子字與黄字為假對耳山
谷云子魚通印蠔破山蓋承而用之陳正敏遯齋閒覽
云其地有通印應廟之前有港子魚最佳王初寮詩通
應子魚塩透白正採其說郡人黄處權云興化子魚去
城五十里地名迎仙者為上所產之處土人謂之子魚
潭而已初無通應港之名有大神祠賜額顯應乃遯齋
所指之廟者亦非通應也潭旁又有小祠一間卑陋之
甚農家以祀田神好事欲實遯齋之說遂粉以一匾曰通

應廟側題五小字曰元豐某年立此石可笑且用神廟封額以名土物他處未嘗有也容齋四筆

三山羊桃

三山羊桃七八月熟味酸而有韻辛稼軒爲守日有臨江仙云憶醉三仙芳樹下幾曾丰韵忽懷黃金顏色五花開味如盧橘熟貴似荔枝來聞道商山餘四老橘中自釀秋醅試呼名品細推排重重香肺腑且進兩三杯竹窗雜錄

榕陰新檢卷之十六

閩中　徐渤　興公編輯

友人　王啟　永宇

景　景倩删定

詩詞

葛天像贊

宋白玉蟾姓葛名長庚號瓊琯閩清人嘗贊朱文公遺像云天地棺日月葬夫子何之梁木壞泰山頹哲人萎矣兩楹之夢既往一唯之妙不傳竹簡生塵杏壇已草

嗟文公七十一年王潔氷清空武夷三十六峯猿啼鶴唳絃管之聲猶在耳玉木之像頼何人仰之彌高鑽之彌堅聽之不聞視之不見恍兮有像未喪斯文惟正心誠意者知之欲存神索至者説爾玉蟾自贊云千古蓬頭跣足一生服氣餐霞笑指武夷山下白雲深處吾家嘉定　　赴闕對御稱旨館太乙宫一日不知所往詔封紫清明道真人仙志

山居遺詠

邵京實字仲堅閩縣人務學而尚隱國初名宿若葉鋱

林王鑲耆德鍾明德任宗仁林延孫吳忠皆為道誼交有過從即相與唱和為樂詞皆清雅為一時鄉邦之所推重惜其遺稿皆散逸弗傳惟明德為京實所題山居十六咏僅存今録二三首以附於篇其他亦可概見山屏秋月詩有云浩歌起舞不成眠清寒入骨疑欲仙山風吹夜露華滴一聲孤鶴秋連天赤石暮霞詩有云巖前昔日仙人家仙人結廬煉丹砂火光爍石石為赤祇今暮雲流紅霞巫頂飛雲詩云白雲飛去山色深白雲飛歸山色陰時來時去自古今山亦無語雲無心有人

結廬占巫頂白石支頭卧雲影清霄雲起隨飛龍行雨

歸來人未醒福州府志

守杭吟句

陳文惠公述古守杭州喜江南梅度支至二首淡薄交

情老更濃為君彈琵送金鐘苧羅香逕無人到姑射僊

姿在處逢鸞鶴品流尠晚達烟霞門户憶先容公餘莫

向西湖景步步蒼苔岸岸松其二公望當年最得君畫

圖城郭喜同群門前碧浪家家海樓上青山樹樹雲松

下玉琴邀鶴聽溪邊苔石共僧分情多景好知難盡且

倒金樽任半醺杭州繁盛自前宋時已然此詩錢塘景
物已畧盡矣又題林和靖水亭詩云城外逋翁宅開亭
野水寒冷光浮荇葉靜影浸漁竿吠犬時迎客饑禽忽
上欄疎簾僧舍近嘉樹鶴庭寬拂砌烟絲裊侵窓筍戟
攢小橋横落日幽徑轉層巒好景吟何極清歡
亦難
憐君留我意重疊取琴彈齋閣中絶句二首綽約多嬌
生眼底侵尋舊事上眉尖問君别後愁多少好似春潮
夜夜添又云長垂玉筯殘粧臉肯為金釵露指尖萬斛
閒愁何日盡一觥真態為誰添葢為佳人敘幽思也蘊

子瞻常書此詩並周胡龍三妓詩作一卷元時柯敬仲得之虞邵庵佰生題其後云衹今誰是錢塘守頗解湖中宿畫船曉起鬬茶龍井畔花開陌上鬥嬋娟又云三生石上舊精魂邂逅相逢莫重論縱有繡囊留別恨已無明鏡著啼痕又云能言學得妙蓮華贏得春風對客誇乞食衲衣渾未老為誰靈塔向金沙西湖志

投詩諷過

陳烈先生幼嘗與蔡君謨同硯席後君謨鎮福唐勵精為郡嚴肅吏治毫髮不容合境大化先生往見焉維舟

庭下聞君之嚴察不往謁留詩曰溪山龍虎盤溪水鼓角喧中宵鄉夢破六月夜衾寒風雨生殘樹蛟螭喜怒瀾慇勤囑舟子移棹過前灘庭吏録詩以呈公公見遽命以記謝過曰先生既以詩誨之不若耳提面教之也先生竟去公為之少露威
翰府名談

投詩見賞

林鴻字子羽福清人詩名聞海内毘陵浦舍人初至閩時往見子羽子羽不出使二玄問所為來浦舍人乃書送人之荆門一詩投之曰以此相評耳二玄讀至雲邊

路遠巴山路色樹裏河流漢水聲大喜曰此吾家詩也遂以白子羽、子羽始出相見甚歡因留連久之蓋多所唱和浦舍人之詩名於是大譟出劉欽謨岳台集浦舍人名源、字長源二玄謂周玄黃玄也

詩送歸閩

鄭侍制穆字閎中福州人與劉彝陳烈二公皆以德行為世所尊號四先生時鄭歸閩孫公有詩送之曰清曉都門祖帳開路人相與嘆賢哉流塵幾翳看山眼落日休停別酒杯何待諸生留北闕自存遺直在東臺連江

四老嗟誰在白首今朝只獨來　孫公談譜

詩刺貪官

海寇鄭廣陸梁莆福間飄駛兵犀雲合亡命無不一當百官莫能制自號滾海蛟有詔勿捕命以官使主福之延祥兵以徼南溟延祥隸帥閫廣旦望趨府群僚以其故所為徧賓次無與立談者廣鬱鬱弗言一日晨入未衙群僚偶語風騷或及詩句廣矍然起於坐曰鄭廣麄人欲有拙詩白之諸官可乎衆屬耳廣乃吟曰鄭廣有詩上衆官文武看來總一般衆官做官却做賊鄭廣做

賊却做官滿座嘶咬章以初好誦此詩每曰今天下士大夫愧鄭廣者多吾儕可不知自警乎程史

題却金亭

正統間福建都司王勝身居武弁有文德廉介自持出巡則齎食自隨人號為齋王一日有千戶奉白金一錠以餽不受命造亭衛北名却金明日勝到亭題曰每因性褊遭彈劾四十年過不動心匣内惟存三尺劍囊中肯受四知金平生節操何曾改半點秋毫孰敢侵今對此亭堪駐馬仰天無愧發長吟時海道副使李顒曰孔

子忍渴盜泉之水曾子迴車勝母之閭惡其名也暮夜金不受義也何必求聞於人因題曰懷金相送獨能辭高搆華亭照路歧不比當年胡刺史平生清節畏人知胡刺史胡威父也群談採餘

題帘得錢

福唐有老嫗當壚有舉子謂嫗曰吾能與爾數千錢乃令嫗作帘酒題曰下臨廣陌三條潤斜倚危樓百尺高太守王祠部逵見之大喜呼嫗與錢五千酒一斛盖詩乃王公詠酒旗詩平生最得意者詩話總龜

賦聯稱旨

紹興間黄公度榜第三人陳脩福州人，解試四海想中興之美賦聯第五韻隔對云葱嶺金堤不日復廣輪之舊泰山玉牒何時清封禪之塵時諸郡試卷多經御覽高宗親書此聯以幅紙粘之殿壁及唱名玉音曰卿便是陳脩吟誦此聯凄然出涕問卿年幾何對曰臣年七十三問卿有幾子對曰臣尚未娶乃詔出内人施氏嫁之年三十貲奩甚厚時人為之語曰新人若問郎年幾五十年前二十三　録鶴林玉露

三歲神童

蔡伯倫閩縣人四歲對真宗誦書授校書郎春宫伴讀齒猶未三周故曰三歲神童賜之詩曰七閩山水多神才俊三歲奇童出盛時家世應傳清白訓嬰兒自得老成資初嘗學步來朝謁方及能言解誦詩更勵孜孜圖進益青雲千里有前期 續歸田録

不喜外補

元厚之平生嗜富貴不喜處外外補多觖望及以給事中領長樂親舊祖道都門勉以東閩盛時府百貨所聚

永嘉之柑烏石荔子珍絶天下　下車作書謝之云丹荔黄柑北苑茶勞君引我向天涯争如太液池邊看池北池南總是花名賢清話

烏之逸句

楊皂字烏之閩人山中即事云背日流泉生凍早逆風歸鳥入巢遲雅言系述

五歲神童

林傑字智用閩縣人五歲與父同遊王仙君壇父曰能詩乎傑曰羽客已登雲路去丹砂草木盡凋殘不知千

歲歸何日空使時人掃舊壇又謁唐中丞作七夕今宵看碧霄牽牛織女渡河橋家家乞巧望秋月穿盡紅絲幾萬條唐公曰真神童也年十歲方秋初忽有雙鶴盤空而下忻然下階抱得一隻父恐非常令放之鶴升空而去是夕得疾卒鄭立之以詩哭曰才高未及賈生年何事孤魂逐逝川螢聚帳中人已去鶴離臺上月空圓

古今詩話

林傑幼而聰慧言發成文質瑩凝脂音清扣玉方五歲父因挈行作詩云 云後業詞賦頗振聲光有仙客入壺

中賦云仙客變化隨物道遥放情處於外則一壺斯在入其中則萬象皆呈飛閣重樓不是人間之狀奇花異草無非物外之名至九歲謁大夫盧員常侍黎埴無不嘉獎尋就賔薦曰在讌遶侍御李逵支使趙格深所知愛不捨斯須和趙支使咏茘枝尤佳金盤摘下排朱顆紅殼開時飲玉漿副使鄭立之作奇童傳判使劉潼序以貽之閩川名士傳

伯初詩窮

謝伯初字景山閩縣人天聖景祐之間以詩知名余謫

夷陵景山初許州法曹以長韻見寄頗多佳句有云長官袍色江波緑學士文華蜀錦張余荅曰參軍春思既如雲白髮題詩愁送春蓋景山有多情未老頭先白野思到春亂似雲之句故余以此戲之景山詩頗多如自種黄花添野景旋移高竹聽秋聲園林換葉梅初熟池館無人燕學飛皆無愧唐賢仕宦不偶終以困窮而卒其詩因録於此江流無險似瞿塘滿峽猿聲似斷旅腸萬里可堪人謫宦經年應合髮成霜長官袍色江波緑學士文華蜀錦張異域化為儒雅俗遠民爭識校讐郎

才如夢得多為累情似安仁久悼亡下國難留金馬客
新詩傳與竹枝娘典辭懸待脩青史諫草當留集皂囊
莫為明時輕譴謫便將纓足濯滄浪歐陽公詩話

撰詔賜死

鄭首字晉信福清人少年強記能文年十九魁鄉薦朝
廷有新頒温公通鑑有鬻於門者首一覽輒能默識高
宗南渡大赦天下首以赦書不文別撰數語遣弟子二
百人馳宣於水南山下躬效縣官跪拜又以鄉人借地
蓋屋首戲荅之曰近來土地窄狹無處可借遂為人所

告訐詔賜死臨刑之際天霧酸黑太史奏東南文星墜上有旨赦之而首已死矣平生著述有六經解及榕溪文集行於世福清縣志

南滁留詠

宋三山林嶿為滁郡守登醉翁亭詩云烟嶂空村日未西野禽嗔客下橋遲山行幾曲復幾曲泉滿一池仍一池明月清風無處買落花流水有誰知塵頭城裏高千尺正是溪翁爛醉時又瑯琊山和歐陽公六絶其一歸雲洞云洞中疑為仙人家雲烟出没不可涯世人好

事莫輙入晴中往往藏龍蛇其二瑯琊溪云一溪寒光
爽亂石酌之可以濯塵勞堪嗟流去合江水逆風駕起
為驚濤其三石屏路云嶄然巨石立當路見者指名為
石屏蔦蘿紛紛共虧蔽只應山鬼作門庭其四班春意
云春風東來繞孤亭使君駐馬時一登雖欲勸耕問風
俗不見老農惟見僧其五庶子泉云泉落空巖六月寒
幼卿疏鑿自當年清名相與流不竭餘潤更　滋下田
其六方丈云危徑蕭森入亂山四方問道日躋攀巳将
方丈容方丈休託空言落世間嘌無詩名偶覽南滁山

志愛而録之竹窓樵録

作傳蒙禍

吴元美字仲弢永福人宋宣和六年進士由太常寺簿書爲福建憲司機宜文字作夏二子傳其畧云天以商伐夏是以伊尹相湯伐桀而聲其刻剥之罪當是時清商飈起義氣播揚勁風四掃宇宙清廓夏告終於鳴條二子之族無大小長少皆望風殞滅殆無遺類天下之民始得安食酣飲而鼓舞於清世矣夏二子謂蚊蠅也其鄉人進士鄭瑋得之持以告本路提點刑獄公事權

福州孫汝翼汝翼惡之抵瑋罪瑋怒走行在訴元美譏毀大臣元美家有潜光亭商隱堂瑋上奏檜啟曰亭號潜光蓋有心於黨李堂名商隱實無意於事秦他皆類此檜進呈上令有司究實取旨法司等言元美指斥國家譏毀大臣法當死上特宥之除名容州編管再謫雄州以死後五年楊椿洪遵等言於朝特旨官其子（永福縣志）

周朴得句

周朴吳人寓閩中假僧寺丈室以居不飲酒茹葷諸僧齋粥輒携巾盂畢飲而退郡中豪貴設供施僧錢朴即

巡行拱手各丐一錢有以三數錢止受其一備茶藥資將盡復然僧徒未嘗厭也性苦吟每遇景物搜奇抉思日旰忘歸及得句欣然自快嘗郊外逢負薪者持之厲聲曰我得之矣樵夫驚駭棄薪而走遇遊邏（徼）疑負薪者為偷兒執而訊之朴徐往告卒適見負薪者得句云子孫何處閑為客松柏被人伐作薪非偷也卒方釋之一士人欲戲朴騎驢於路遇朴在欹帽掩頭吟朴詩禹力不到處河流復向東朴忿遽隨其後士但促驢而走進及一里曰朴詩向西士人頷之閩中傳以為笑朴詩曉

來山鳥鬧雨過杏花稀又古陵寒雨絶高鳥夕陽明又高情千里外長嘯一聲初皆警句黄巢寇福州執朴烏石能從我乎朴曰我不臣天子安能從賊巢怒斬之湧起白膏數尺閩人葬之鄰霄臺全唐詩話

折簡復外

三山吴仁叔業太學寄簡與妻韓氏韓折簡乃白紙一幅遂題詩返附之云碧紗窻下啟緘封一紙從頭徹尾空料想仙郎無別意憶人長在不言中仁叔得妻詩答云一幅空箋聊達意佳人端的巧形言賢妻若也投科

試應作人間女狀元燕居筆記

題畫詩讖

閩長樂鄭憲未登第時作館於邑之大姓家大姓戚屬有以省祭還自京東人名飲鄭亦與焉將登筵省祭虛讓曰先生請左鄭慨然就之不辭省祭啣之酒數巡省祭顧壁間畫曰鄭先生高才何不各請賦一絶東曰久懷此意第未敢發耳先生曰不難即索題題一幅乃楊太真醉卧於地二閹官扶之不勝明皇顧笑之狀詩曰龍顏回首顧紅顏醉卧東風上馬難不是侍兒扶不起

只因恩愛重如山次幅乃朱買臣挑柴讀書詩云一擔
荆薪一束書且行且讀樂何如擔頭自有經綸策堪笑
糟糠妾婦愚三幅乃韓信乞食漂母詩曰乞丐當年事
本虛英雄未遇古誰無臨題恨殺丹青手不畫登壇拜
將圖四幅乃桃竹間植詩曰竹桃二物不相同萬綠叢
中幾點紅我去化龍君作浪人生何處不相逢題畢主
人各嘆賞後先生聯登科甲歷官巡按御史省祭以典
史為其所屬果一龍一浪真詩讖歟燕居筆記

瓊海作詩

莊維春長樂人年十三時父官瓊州維春往省之將抵海陜作詩曰十里至海路已絶四面無村人獨行百夢不能一到此雙親猶自隔蓬瀛後官至豫章太守四部叢談

南豐遺詠

南豐曾子固守福州有惠政而山川勝蹟多有題咏有出郊詩云葛葉催耕二月時斜橋曲岸馬行遲家家賣酒清明近紅白花開一兩枝夜過利涉門云紅紗籠燭過斜橋複觀翬飛入斗杓人在畫船猶未曉滿堤明月一溪潮登西樓云海浪如雲去却回北風吹起數聲雷

朱樓四面鈎疏箔卧看千山急雨來寒食云一身漂泊在天涯寒食園林不見花惟有市亭酤酒客俚歌聲到日西斜出城南云雨過橫塘水滿堤亂山高下路東西一番桃李花開盡惟有青青草色齊水滿橫塘雨過時一番紅影襍花飛送春無限情惆悵身在天涯未得歸仁元寺云襍花飛盡綠陰成處處黄鸝百囀聲隨分塍歌與樽酒且偷閒日試閒行皆清逸有致誰謂子固不能詩也福州郡守在宋有蔡襄曾鞏元絳孫覺程師孟葉夢得趙汝愚辛棄疾真德秀王逵諸公翩翩文學長言

短詠至今誦之迨我閩二百餘年寥寥絶響豈今人不如古耶竹窗雜録

三山卓用字稼翁能賦馳聲嘗作詞云丈夫隻手把吳鈎欲斷萬人頭因何鐵石打成心性却為花柔君看項籍並劉季一怒使人愁只因撞着虞姬戚氏豪傑都休其為人溺志可想山房隨筆

投草屋瓦

趙仁甫分考棘闈每詩成吟罷輒投草屋瓦尹位甫見而戲咏曰許多詩句鵲聲中天籟鳴來自不同仁甫隨

戲續之曰為語傍人休掃却春來留伴落花風相與大
噱竹窓樵録

閩僧可士

天聖間閩僧可士有送僧詩云一鉢即生涯隨緣度歲
華是山皆有寺何處不為家笠重呉天雪鞋香楚地花
他年訪禪室寧憚路歧賒可與雲微皎然方駕趙世顯
客窓隨事

楊妃春醉

友人陳卿仲題醉楊妃圖云夘酒醒來仗侍兒嬌羞無

力拜還遲馬嵬山下梧桐雨不見楊妃睡起時蓋以侍寵者終及於禍不能久存也意悲而辭婉深得風刺之體客窓随筆

留題館妓

潘庭堅牥題妓館南鄉子詞云生怕倚闌干閣下溪聲閣外山惟有舊時山共水依然暮雨朝雲去不還應是踊飛鸞月下時時整珮環月又漸低霜又下更闌折得梅花獨自看竹窓襍録

燈聯記諷

武廟初荒遊無度閩中鎮巡藩臬諸公略無社稷之慮閩士鄭堂於元夕大爇鰲山燈題一聯云鰲山東聳今宵樂龍駕南巡何日還當道諸公嘆服屏跡不出鶴汀私抄

贈言取罪

胡銓乞斬秦檜竄新州一時士大夫畏罪箝舌莫敢與立談獨王盧溪廷珪詩而送之檜怒坐以訕謗流夜郎又有朝士陳剛中三山寓公張仲宗亦以作啟與詞為餞而得罪時論韙之桯史

當是桯史误

臯羽警句

謝皐羽因文天祥被執以死悲不能禁遇山川池榭雲嵐草木則顧盼失聲時天凉風急皐羽挾酒上子陵釣臺設天祥主拜跪伏酹號慟者三乃以竹如意擊石作楚歌招之曰魂朝往兮何極暮歸來兮關水黑化為朱鳥兮有咮焉食皐羽卒年四十七葬子陵臺傍以文稿殉揚用脩最取其鴻門讌一篇並歌行明河篇諸作好句皆拔出矣然未能盡也五言如雨餘　化血林黑見歸魂越樹夜啼烏禹陵冬落花天陰月不死江晚汐徐生積葉吳宮冷吟猿顧渚秋七言如烏棲烏啼官燭秋

脞録

越女入宫吴女愁陰風吹雪月堕地幾人不得楊州死蒼苔染根烟雨泣歲久游魂化為碧莓苔鎖窓居神散髮天衣夜行酒青烟濕塵鞋藥臼嵯峨壓天夢等句又在李洞李賀之間用修生平不喜冲泼詩故於皐羽每致賞焉竹窓襍録

韓偓謫閩

韓偓天復初入翰林其年冬車駕幸鳳翔有扈從之功返正初帝面許用偓為相奏云陛下運契中興當須用重鎮風俗座主右僕射趙崇可以副陛下是選乞同臣

之命授崇天下幸甚上甚嘉歎翌日制用崇暨兵部侍郎王贊為相時朱太祖在京素聞崇輕佻贊又有嫌釁乃馳入請見於帝前且言二公長短帝曰趙崇乃韓偓薦時偓在側帝　叱之偓奏臣不敢與大臣爭帝曰韓偓出尋謫官入閩故偓詩曰　風慵展八行書病眼休看一局圖窓裡日光飛野馬案頭筠管長蒲盧謀身拙為安蛇足報國危曾捋虎鬚滿世可能無、未知誰擬試齊筝唐摭言

鄭園題咏

鄭繼之謝病家居築别墅名桑苧園自書其門曰少谷柴門顔其堂曰青野亭曰遲清信陽何景明寄題鄭園詩云三山今有鄭公園避俗從來亦避喧蘿竹青青垂谷口花林藹藹覆桃源天邊鴻雁春寥廓海畔蛟龍晝曲蟠南海尺書招隱意白雲荒桂幾扳翻園今寥落不可問矣竹窓襍録

諫議逸詩

翁承贊字堯福清人登唐乾寧三年進士累官右拾遺部員外後失節爲梁諫議大夫自號狎鷗翁全唐

詩話載其咏槐花一絶云雨中粧點望中黄勾引蟬聲送夕陽憶昔當年隨計吏馬蹄終日為君忙承贇有詩集一卷見唐藝文志並畫錦集宏詞前後集十二卷俱軼不傳余家收得冊封閩王時詩律廿餘首中多佳句如窓含孤岫影牧卧斷　雲旱淳生户牖孤月照關河參差雁陣天初碧零落漁家蓼欲紅長淮江上魚翻鬣荒渚人稀獺印蹄松都往日門人種路是前朝釋子開綽有風韻可愛誠晚唐之作手也竹窓襍録

唐賢逸詩

陳去疾候官人字文醫登唐元和十四年進士有西上別母墳詩云高蓋山頭日影微黄昏獨立宿禽飛稀林間滴酒空垂淚不見叮嚀囑早歸黄仲昭先生作通志以為歐陽詹作誤矣去疾有王師如時雨賦騏驥長鳴排律皆見文苑英華唐賢如去疾輩亦不可多得郡志只載其名弗稱其能文不亦含冤於地下也耶竹窓襍錄

王孫佳句

五代史云開運元年泉州人殺黄紹頗迎王繼勳為刺史後唐執繼勳送於金陵繼勳王氏諸子也嘗贈妙空

禪師詩云四面山南靈慶寺茅齋道着雪峰禪只棲雲樹兩三畝不下烟蘿十五年猿鳥啼聲呼喚易神龍降伏住持堅誰知今日秋江畔獨步醫王闡法筵竹窗襍錄

隨州託諷

唐天寶中鮀防為福州觀察使時有秦侍御外甥張蒙之福州謁之秦與鮀有舊隨州刺史劉長卿送之詩云萬里閩中去渺然孤舟水上入寒烟轅門拜首儒衣敝貌似牢之豈不憐竹窗襍錄

風流太守

宋辛稼軒棄疾紹熙中為福州太守在三山所作詞調甚多有西江月云貪數明朝重九不知過了中秋人間那得許多愁只有黃花如舊萬象亭中置酒九仙閣上扶頭城鴉喚我醉歸休細雨斜風時候時有盧國華由閩憲移運建安陳端仁給事同諸公餞別稼軒為酒困卧清深堂三鼓方醒乃賦滿江紅云宿酒醒時算只有清愁而已人正在清深堂上月華如洗紙帳梅花歸夢覺蓴羹鱸膾秋風起問人生得意幾何時吾歸矣君若問相思事料長在靜清歌裏這情懷只是中年如此明月

何妨千里隔顧君與我何如耳向尊前重約幾時來江山美稼軒歷城人可謂風流太守矣棄官後僑寓鉛山而卒今分水嶺下有稼軒墓在焉竹窗襍録

藏書不借

宋三山有鄭元英者畜書甚富搆巢經樓樓側有尚友齋欲借書者就齋中取讀書不借出時郡守辛棄疾與元英善作歸朝歡詞題其樓云萬里康成西走蜀藥市船歸書滿屋有時光景射星躔何人汗簡讎天禄好之定有足請看良賈藏金玉記斯文千年未喪四壁聞絲

竹試問辛勤挾一束何似牙籤三萬軸古來不作借人痴有朋只在芸窻讀憶君清夢熟覺來笑我便便腹倚危樓人間誰舞掃地八風曲今有藏書可以元英為法矣竹窻樵録

千巖工緻

宋蕭德藻字東夫三山人嘗宰烏程遂家焉所居在弁山有千巖競秀因自號千巖老人有千巖集行於世楊誠齋序曰近世詩人若范石湖之清新尤梁溪之平淡陸放翁之敷腴蕭千巖之工緻皆予所畏也吳興掌故

唐詩閩景

唐人作閩中詩甚多往往有佳句高常侍曾到閩中只見諸詩而他書未之載也送鄭侍云謫去君無恨閩中我舊過大都秋雁少只是夜猿多東路雲山合南天瘴癘和自當逢雨露行矣慎風波皇甫冉送韋判官云孤棹閩中客雙旌海上軍路人從北少嶺水向東分野鶴驚秋別林猿忌夜聞漢家崇 相知汝遠邀勳李洞送福州從事云嶺前齊鳥飛雨過荔枝肥南斗看 近北人來甚稀湖浮廉使宴珠照島僧歸幕下聞還拜何官着

茜衣僧法震送客云不須行借問為爾話閩中海島春冬雨江帆來去風道由玄度宅身寄朗陵公縱別何傷遠於今關塞逼僧皎然送沈秀才云越客不成歌春風起綠波嶺重寒不到海近瘴偏多野戍枕椰發人家翡翠過翻疑此中好君問定何如劉禹錫送唐舍人云閩嶺夏雲近皂蓋遠溪秋樹映紅旌趙蝦送陳蝦云洲迷翠羽雲遮檻露滴紅蕉月滿廊又云雷霆入地建溪險星斗逼人梨嶺高杜荀鶴云雨勻紫菊叢叢色風弄紅蕉葉葉聲北畔是山南畔海祇看圖畫不堪行皆能寫

閩中風景者也竹窓襍録

題冲虛觀

陳旅字衆仲莆人元季詩客也題福州冲虛觀云力士持兵守絳宮吹笙人去斗壇空白榆城闕秋雲上紅樹樓臺夕照中鴻寶昔疑丹枕謬龜泉今誤玉池、他年不跨芝田鶴曾向清虛學馭風本集不載竹窓襍録

咏柳落花

友人康元龍袁無競少年負才長於賦咏康有咏柳詩袁有落花詩皆一時膾炙人口康咏柳云照影盈盈拂

自垂受風縷縷弱還吹關山笛裡思歸引灞水橋邊恨
別枝翠黛莫因春去損纖腰乍向月明移可憐空傍章
臺老欲惜凋零更有誰袁落花詩云江南春信遞相催
片片輕紅委碧苔雨暗粧樓和淚濟風飄綉幙帶香來
緑珠掩袂辭金谷妃子含哀葬馬嵬怪底欄干長寂寞
曾無一片蝶飛來二君壽俱不永相繼而歿每誦其詩
不無山陽之淚耳竹窓襍録

詩咏廉貧

唐薛令之閩之長溪人及第遷庶子開元中東宫官僚

華穀作蘭方叶

清浂令之題詩自述曰朝日上團團照見先生盤盤中何所有苜蓿長欄干飯澁匙難綰羹稀筯易寬只可謀朝夕何由度歲華玄宗幸東宮覽之索筆題其傍曰啄木嘴距長鳳皇毛羽短若嫌松桂寒任逐桑榆煖令之遂謝病歸東宮即位詔起之令之即世矣因勅其村曰廉村水曰廉溪唐詩話

求名再試

閩人廖復天禧二年求薦天府下撾鼓訟之覆考再收省試又下湖人陵景陽因復訟之亦再收高第遂登科

士子作詩嘲復曰細思堪恨廖賢良論中科名屬景陽啼得血流無用處為他人作嫁衣裳詩話總龜

燈聯諷諭

蔡君謨守福州上元日令民間一家點燈七盞有陳烈作大燈長丈餘大書云富家一盞燈太倉一粒粟貧家一盞燈父子相對哭風流太守知不知猶恨笙歌無妙曲君謨見之還輿罷燈閩掌故

鞋韈寄夫

古田鄭均德永學中貢入太學五閱春秋不歸妻譚氏

在家悵望時逢秋日思皇都寒汎欲臨淳飈將動遂製鞋襪並寄詩云細戢宮鞋巧樣新殷勤寄與讀書人好將穩步青雲上莫向平康漫惹塵稽古類編

送勉夫子

洪武間莆田汪氏能詩夫赴秋闈少年雙美欲行未行慕戀難捨汪氏作詩以勉之曰自古男兒志四方出門何必淚雙行聖朝天子文章貴夙世夫妻日月長衾煖不如桃浪煖衣香難比桂枝香願君早赴鰲頭選衣錦榮歸拜彩堂至臨歧拭淚分飛之際汪氏口占曰大義

江頭水相思嶺上雲雲水常相見何時得見君好事若刻石於相思嶺事林詩語

屬對得婚

馬恭敏公七歲嬉竹下贈君友任海漁至公傴僂匿叢中任呼而出之曰客至不迎而反避何因試以偶語稺子蛇行竹塢公應聲曰侍臣鵠立金鑾任君摩頂而奇之復試故事及栁下惠坐懷不亂謂彼時甚矇眛公曰聖人心事如青天白日要卜諸平時耳任益奇公謂他日必非凡器而許女妻焉恭敏逸事

穉年捷悟

福清林章七歲時立於江滸有塾師見其韶秀試以對偶時江上風起舟不得前師云風翻白浪舟難進章應聲曰雪擁藍關馬不前師又見有群羊嚙草師試以詩章答曰三百群中步獨先時時高叫白雲天曾從北海風霜裡伴過蘓卿十九年章初名春元登萬歷癸酉鄉

薦竹窗襍録

饋魚謝箋

黄滔在閩中為威武將軍推官王審知饋之魚黄滔方

與徐寅對詼遂請寅代為謝箋寅援筆而成其略曰銜

諸斷索才從羊續朝來列在珊盤便到馮驩■食處時

大稱之五代史補

仲嘉警句

林仲嘉福清人題長溪之虎溪曰山潤青連海溪長綠

繞城規模唐故郡紘誦魯諸生又曰白日經簷短風霜

吹客衣梅梢驚歲晚河際識春歸其所作多類此輟耰述

酒樓爭妓

張任國福州人自太學謁告館於無錫馮氏家時省試

下第道出平江入市樓買酒就呼一妓佐樽偶與惡少年數人隣席顧一秀才獨坐奪妓同飲張有膂力不勝憤起毆之為廂卒録送府詣曹供對張取紙大書一詩臥扁舟一葉下姑蘇正值春風賣酒壚欲買一杯澆耗驟不甘群小恣揶揄青衫有分終須着紅粉無身不受呼聞得使君明似鏡不知照得此情無府守談詩激賞餉以十萬而盡杖諸惡子夷堅之志

古靈女子

陳述古諸女子多能詩文其一嫁李生為晉寧判官部

使者知其妻工詩以所藏小雁屏從之求題品婦自作黄魯直小楷書兩絕句云蓼淡蘆欹曲水通幾雙容與對西風扁舟阻向江鄉去却喜相逢一枕中曲屏誰畫小瀟湘雁落秋風蓼半黄雲淡雨疎孤樹遠會令清夢到高唐兩篇清絶洒落不必真見畫也夷堅之志

童子驚詩

三四山林觀過年七歲嬉遊市中以驚詩自命或戲令詠轉失氣詩曰視之不見名曰希聽之不聞名曰夷不啻若自其口出入皆掩鼻而過之林試詞科不甚

達山房隨筆

中秋詞調

許狀元將帥成都日時遇中秋宴客有妓歌小詞許問誰作妓曰西州士人鄭元薰作許乃名之相見仍厚贈之其詞乃臨江仙云不比尋常三五夜人人盡仰清輝欄銀盤透碧琉璃莫辭終夕看動是隔年期試問嫦娥還記否主人曾折高枝來年此夜正圓時且開東閣宴人醉鳳凰池古今詞話

數目破題

江古心漕江石有三山林德頌駒謁之問其所業曰詞賦江命題云一二三四五六七八九十林破曰四後五六一先二三七八九而至十奇偶伍而撲参江大喜厚周之　湖海新聞

竹夫人表

三山林浗大困竹溪溪水能詩尤長于四六題岳王一聯云忠[illegible]無身報主冤有骨封王極為人稱奨又戲竹夫人謝表云丙枕思治則任股肱甲帳侍宸則置左右長生殿無人之夜睡曾見於海棠摩訶池避暑之時曲

誤字多

亦聞於花蕊冢冢濫登於尚寢空空宜退于幽闈半梅澗詩話

評駁杜詩

余家中有鄭善夫批點杜詩其指摘疵類不遺餘力實子美之知己餘子議論雖多直觀場之見耳嘗記其數則一云詩之妙處正在不必説到盡不必寫到真而其欲説欲寫者自宛然可想雖可想而又不可道斯得風人之義杜公往往要到盡處真處所以失之一云長篇沉着頓剉指事陳情有根蔕骨格此杜老獨擅之能唐人皆出其下然詩正不必以此為貴但可以為難而已

宋人學之往往以文為詩雅道大壞由杜老起之也一云杜陵只欲脱去唐人工麗之體而獨占高古盖意在自成一家不肯隨場作劇也如孟詩云當杯已入手歌妓莫停聲便自風度視王佩仍當歌便自霄壤矣此詩終以興致為宗而氣格反為病也善夫之詩本出子美而其持論如此正子瞻所謂知其所長而又知其弊者也焦氏筆乘

海瓊秀句

白玉蟾詩多清逸乃宋季一作手也如鳥聲人靜處山

色雨來時蛇罔嵐霧濕魚市水風腥又云清風千里夢明月一聲砧風嘯、月生海猿啼風撼山夕照雌黃筆秋烟水墨屏雨壁琴絃潤風窗硯水枯春鶴飲藥院夜猿啼石樓七言如山後山前鳩喚婦舍南舍北竹生孫博山香篆浮青蚓古壁燈光吐玉蟲有客放船芳草渡何人吹笛夕陽樓雲粘暮色月華濕樹顫秋聲天籟寒千尺雲崖春上蘚九重月樹夜啼猿天際寒雲糊遠岫松梢歸鶴客枯枝皆有深思置之長慶大歷之間渾然唐響誰言宋人無詩也竹窗樵錄

彭止題壁

崇安彭止詩名籍甚辛棄疾持憲閩中止入謁值棄疾寢題一絶於齋而去詩云棋子聲乾棊挼壓午窻詩夢煖於春清風不動階前竹誰道今朝有故人棄疾覺使人追之延留累月 蘭莊詩話

夏相鷗圍

夏桂州白鷗圍改賜陶真人閩中人胡廷順題云相公御賜是何年又見真人築墓田行過隣家乞新火竹籬茅舍只依然羣談採餘

旅館題菊

姑蘇唐子畏過寧德宿旅邸館人懸畫菊子畏愀然有感詩云黄花無主為誰容冷落疎籬曲徑中儘把金錢買脂粉一生顔色付西風 群談採餘

判妓落籍

宋時杭妓周韶有詩名蘇子客過杭太守陳述古留飲名韶侑酒因子容求落籍子容指簾前鸚鵡命作一絶韶云隴上巢容歲月驚忍看回首自梳翎開籠若放雪衣女長念觀音般若經時韶服白衣一坐笑賞述古遂

令落籍群談採餘

白鬚髮誌

閩鄭鵬鬚髮謡云凡人鬚與髮恆憂不到白待得白將來覽之殊不懌憂不到白妨夭殤白也不懌嗟易亡嗚乎少壯老死人人常請君聽命勿干忙群談採餘

買馬畫像

閩鄭堂題買臣像云四十年來命若何書聲長聽出烟蘿他年露冕經行地無數青山識面多此末句最有味蓋買臣未遇不惟人不之知而妻亦棄之所知者惟采

薪于山、而山知之也閩鄭鵬續之云噫嘻此是朱買臣貌來未識真不真夜窗展玩發長嘆爾來四十誰相親凌晨引斧入山麓向晚出街來賣薪書聲隨擔不輟響孔顔彷佛處形神此時敝衣兼破笠他年紫綬輝朱輪庸孺奔走且駭汗舉頭悵望瞻車塵乃知窮通有定命古來如此非君身會稽愚婦君莫嗔于今更多白眼人群談採餘

詩譏道學

陳白沙先生唱道東南有閩吳鏘仲和、舉進士宰陽偶

誤字

流寇陷治謫海南衛幕往叩之適送一閫帥出遂投刺
陳以其衛幕也竟拒之吳大書廳壁云考亭之下蹟荒
蕪野鳥庭中獨自呼欲向白沙問真處越人曾笑楚人
愚又題云扁舟一葉抵天涯罷釣歸來晒晚霞莫道水
村如拙也曾梳洗揷金花書畢遂去白沙讀詩悵恨
追之不及群談採餘

王帯侑觴

龍麟州先生過福建憲府設宴命官妓小王帯佐觴酒
憲使舉杯請之曰今日之歡皆王帯為之也願先生酬

之以詩先生其毋辭先生負海内重名雅畏清議又不能達憲使之請遂書一絕句云菡萏池邊風滿衣木樨庭下雨霏〻老夫記得坡仙語病體難禁玉帶圍於是舉席稱嘆盡歡而散羣談採錄

點額盆魚

陳幼孺既舉廉孝貧日益甚偶謁當道遂令其咏點額盆魚幼孺云盆池影裏波紋下一片硃砂鶴頂圓為是龍門挣不上至今搖尾乞人憐當道笑而飲之竹窓襍錄

述古賞花

藕子瞻守杭州日陳述古過杭時吉祥花將落子瞻以詩招之云今歲東風巧剪裁含情只待使君來對花無信花應恨直恐明年便不開述古聞之明日即來復用前韻云仙衣不用剪刀裁國色初酣卯酒來太守問花花有語為君零落為君開東坡集

陳章生子

陳述古弟章生子藕子瞻以詩云鬱葱佳氣夜充閭始見徐卿第二雛甚欲去為湯餅客惟愁錯寫弄麞書參軍新婦賢相敵阿大中郎喜有餘我亦從來識君英物

試教啼看定何如東坡集

述古小妓

陳述古有小妓嘗稱之蘸子瞻嘲以詩云漫説東山第二州棗林桑泊負春遊城西亦有紅千葉人老簪花却自羞又云小桃破萼未勝春羅綺叢中第一人聞道使君歸去後舞衫歌扇總生塵東坡集

真齡鐵杖

柳真齡字安期閩人也家寶一鉄拄杖如榔栗木牙節宛轉天成中空有簧行輙微響柳云得之浙中相傳王

審知以遺錢鏐之以賜一僧柳偶得之以遺蘸子瞻子瞻作詩謝之云柳公手中黑蛇滑千年老根生乳節忽聞鏗然爪甲聲四坐驚顧知是鉄含叠賑中細泉語迸天后上飛星裂公言此物老有神自昔閩王餉吳越不知流落幾人手坐看變滅如春雪忽然贈我意安在兩脚未許甘衰歇便尋轍跡訪崆峒經渡洞庭探禹穴披榛覓葯採芝菌刺虎鍛蛟觸𧑒蛇蝎會教化作兩錢錐歸來見公未華髮問我鉄君無恙否取出摩挲向公說蘸子由、截竹為杖瘦且輕石堅竹破悮汝行削木為杖輕且好道遠木折恐不到閭君鉄杖七尺長色如黑虵氣如霜提携但恐汝無力挿堅過險安能傷栁公雖老尚強健閉門却掃不復将知君是力無險阻携君未有登山侶同生四海惟一身袖手長劍為兩人洞庭漫天不覺過半酣起舞驚鬼神願君此杖亦如此適意遨遊亦千里歸來倚壁示時人海外蒼茫空自記後樂全先生張安道生日子瞻議鉄拄杖為壽詩云先生真是地行仙住世因循五百年每向銅人話疇昔故教鉄杖鬥清堅入懷冰雪生秋思倚壁蛟龍護晝眠遥想人

天會方丈衆中驚倒野狐禪三年相伴影隨身踏遍江湖草木春擿后舊痕猶作眼閉門高鄗欲生鱗畏途自衛真無敵捷徑爭先却累人遠寄知公不嫌重筆端猶自幹千鈞竹窓襍録

落葉隨風

閩王昶以永泰葉翹為内宣徽使昶好巫拜陳守元為天師造寶皇殿嬖父婢李春燕翹諫之昶不悦復上書昶批其紙尾曰一葉隨風落玉溝遂放歸永泰元楊廉夫詩云后皇嘉樹翠葉翹翹植于東皇春陽龍根未撥

兮歲未凋一葉落隨風飄寶皇殿肆巫妖樓頭春燕飛凌霄葉落溝兮水迢迢竹窓襍録

三山風景

宋時三山風景諸賢題景品殆盡呂伯恭詩云路逢十客九青衿半是同窓舊弟兄最憶市橋燈火靜巷南巷北讀書聲龍昌期云蒼烟巷陌青榕老白露園林紫蔗甜百貨隨潮船入市萬家沽酒婦垂帘鮑祗云雨信潮生水接天魚蝦入市不論錢户無酒禁人爭醉地少冬霜花正燃謝泌云潮田種稻重收穀山路逢人半是僧城

裡三山千簇、夜間七塔萬枝燈，今歷數百年，而風景不殊，惟寺院什九頽廢，城中七塔僅存其二矣。竹窓襍録

狀元遺詩

許將詩有幽致，同時與蘸長公唱和甚多，然散逸無傳，近得其碧岩亭一首云：舊室曾留古岍邊，新亭同賞碧巖前。日生獅子峰頭木，烟伴榴花洞口泉。黄葉入秋山出地，白雲臨曉海垂天。飄然踪跡今何定，別去江湖又一年。竹窓襍録

半白梨花

魏几字天隨福清人少師事艾軒嘗賦冊霞夾明月詩有白半白在梨花之句人以半白梨花郎目之後潛德弗耀其弟有雪堂天遊亦名士也三山舊志

麗賦警句

黄滔律賦如明皇駕經馬嵬云日慘風悲到玉顔之死處花愁露泣認朱臉之啼痕褒雲萬疊斷腸新出于啼猿秦樹千層比翼不殊于飛鳥景陽井云理昧納隍處窮泉而詎得誠乖馭朽扳素綆以胡顔亦可喜也冊鉛摘録

詩句奇險

謝皋羽晞髮集詩皆精緻奇峭有唐人風未可例於宋視之也予尤愛其鴻門宴一篇大雲屬地汗流宇杯影龍蛇分漢楚楚人起舞本爲楚中有楚人爲漢舞䴏鶋淬光雎不語楚國孤臣泣俘虜君看楚舞如楚何楚舞未終聞楚歌此詩雖使李賀復生亦當心服李賀亦有鴻門宴一篇不及此遠甚可謂青出於藍矣楊廉夫樂府力追李賀亦有此篇愈不及皋羽矣其他如短歌行秦淮没日如没鶻白波摇空濕弦月舟人倚棹商聲發洞庭脱木如脱髮建業水云太白入月魚腦減武昌城

統系一點

頭鼓紞紞〻海上曲云水花生雲起如蘇神龍下宿藕絲

孔明河嶲云牽牛夜入明河道泪滴相思作秋草娶女

城頭玩月華星上星冢上無啼鴉俠客吳歌云潮動西風

吹牡荊離歌入夜斗西傾伙飛廟下蛇含草青拭吳鈎

入匣鳴効孟郊體云牢牛秋正中海白夜疑曙野風吹空

巢波濤在孤樹律詩如驕花殘楚水烽火到交州夜氣

浮秋井陰花冷碧田山鬼下茅屋野雞啼苧蘿戍近風

鳴柝江空雨送船隣通燈下索鄉夢戍邊囘紫闕當太

白藥氣近樵青暗光珠母從秋影石花消下方聞石磬

南斗掛秋河雖未足望開元天寶之蕭墻而可以擬長慶寶歷之上座矣卅鉛摘録

越臺懷古

雁門薩天錫元季為福建憲司知事有越臺懷古詩云越王故國四圍山雲氣猶屯虎豹關銅獸暗隨秋雨泣海鴉多背夕陽還一時雲物風塵外千古英雄草莽間日暮鷓鴣啼更急荒苔野外雨斑斑刻碑在南臺山故老云碑　農家舁入作墻基而字跡宛然竹窓襍録

句類元之

鄭介夫作詩多至数千篇謫英州遇赦得歸有句云未言路上舟車費尚欠城　酒藥錢絶似王元之也老學菴筆記

狂僧矜伐

福州僧可遵好作詩暴所長以蓋人叢林貌禮之而心不然嘗題詩湯泉壁間東坡遊廬山偶見爲和之曰禅庭誰立石龍頭龍口湯泉沸不休直待衆生塵垢盡我方清冷混常流東坡曰石龍有口口無根龍口湯泉自吐吞若信衆生本無垢此泉何處覓寒温遵自是愈矜伐金陵佛印元公自京師還過焉遵作詩贈之曰上國

歸來路幾千渾然猶帶御爐香烟鳳凰山下敲篷咏鷩
起山禽白晝眠元答曰打睡禪和力萬千夢中趣利走
如烟勸君拚快修禪定老境如昏已再眠元詩雖少蘊
藉然一時快之冷齋夜話
僧可遵有詩本凡惡偶以直待衆生本無垢之句為東
坡所賞書一絕于壁間繼之山中道俗隨東坡者甚衆
即日傳至圓通遵適、焉大自矜迫東坡至前途又傳
東坡三峽橋詩即向東坡自言有一絕却欲題三峽之
後旅次不及書遂朗吟曰君能識我湯泉句我却愛君

三峽詩道得可噤不可漱幾多詩將豎降旗東坡既悔
賞拔之誤且惡其無禮因促駕去觀者稱快遵方大
言曰子瞻護短見我詩好甚故詒而去徑至棲　欲題
所舉絕句寺僧方礱石刻東坡詩大詒而逐〻山中傳
以為笑老學菴筆記

宮花獨存

徐遹子聞人博學尚氣累舉不捷久困場屋崇寧二年
為特奏名魁時已老矣赴聞喜賜宴于瓊林苑歸騎過
平康俠邪之所同年所簪花多為群娼所求惟遹至所

寓花乃獨存因戲題一絶云白馬青衫老得官瓊林宴罷酒腸寬平康過盡無人問留得宫花醒後看後仕至朝官知廣德軍謝事而歸墨莊漫録

垂老議親

朴樕翁陶朱集載閩人韓南老就恩科有來議親者韓以一絶示之讀盡文書一百擔老來訪得一青衫媒人却問余年紀四十年前三十三朴樕單父人嘗官于晉宣間或云陳君向也清波襍志

㘅按鶴林玉露所載謂紹興中黄公度榜陳修之事其

詩與清波雜志所録稍異又攷三山宋志是歲無宋陳修之名惟特奏名有韓懋者豈即南老歟福州韓姓且特奏名式因恩科當以韓南老為是竹窓雜録

祭酒罷歸

鄭穆字閎中閩士所尊四先生鄭其一也元祐初為國子祭酒久而請老諸生数千人詣司業又詣丞相請留不報以待制奉祠将行公卿大夫多以詩贈之三學之士皆為詩且出祖汴東門外三獻酒再拜堂下決而去觀者歎息煇從合淝王公助學王與鄭中表親有一編

曰歸榮乃送行詩也後未見此本宋周煇清波雜志

賦詩坐黨

鄭居貞其先徽州人居貞豐頎美髭髯父潛官閩中居貞從尚書貢泰甫遊洪武中舉明經授鞏昌通判陞禮部郎中二十三年以河南左參政三載去吏民以不便能留為憾方孝孺之為漢中教授也居貞贈以詩曰翩翩紫鳳雛羽翮備五彩徘徊千仞翔餘音散江海于焉覽德輝濟濟鏘環佩天門何嵯峨羣仙久相待晨沐晞朝陽夜息飲沆瀣如何復西飛去去秦關外岐山諒匪

遥啄食良自愛終當巢阿閣庶以鳴昭代永樂初坐方
黨死有閩南集關隨行稿歸來稿檜庭稿子孫因留居
福州瓜山表忠録

閨閣秀句

嘉靖巳未進士潘仲巖計偕北上陳氏寄以詩云暮雨
沉沉不肯休知君今夜宿誰樓可憐楚水吴山外旅况
閨情一樣愁又云良人挾策上長安欲訴衷腸隔萬山
乳燕似憐人寂寞雙雙飛近玉欄杆又云忽夢夫君得
意旋醒來情緒轉凄然東風不管閨中恨故送鐘聲到

枕邊仲嶶未仕卒陳亦繼殁後昆斬然遺稿散逸惜哉

竹窗襍録

罷繡春咏

女郎王廣鳳閩人萬歷中許石城令林紀嫡隆孫逢隆年十七卒所著有罷繡吟中多雋語春閨詞云融和天氣喜初晴為愛簷花却放針玉枕夢回人寂寂瑤琴揮罷院沉沉綠鴛戲水穿荷影紫燕啣泥織柳陰晝靜金爐香欲燼推窗滿地落紅深又春日詩云濃陰柳色罩窗紗風送爐烟一縷斜庭草黃昏隨意綠子規啼上木

蘭花竹窓襍録

使夷却金

謝大司農杰萬歷巳夘以行人册使琉球琉球國主每一宴酬以金故事也謝固却之自作却金行云夷中一宴一酬金使君不改初來心還君酬金盡君爵為君翻作却金吟丈夫書中金為屋少小賣金買書讀一朝通籍入金閨姓名時附泥金牘金函捧詔來扶桑並趨金殿辭君玉腰間白玉金魚佩袍上蒼鱗金光裝何用金為賂有金不售長門賦此身自許雙南金懷金豈為貪泉

涥秋風回首上金臺臺下黄金買駿𩢿回都門他日還疏廣猶賜兼金歸去來竹窻襍録

齊名酬和

唐寶歴元年進士歐陽衮閩縣人字希甫與項斯齊名官至監察御史衮歸閩斯送之詩云秦城幾年住猶着故鄉衣不失意時相識成名後獨歸海秋蠻樹黑嶺夜瘴禽飛為學心難滿知君更掩扉竹窻雜録

杞脣詩讔

陳述古因靈壽同兄䔍再以杞脣分惠復成小詩以代善

讜詩云塲屋十年長鈴齊一笑歡微言師水薤交比託金蘭腹飽仙人杖心存姹女丹他時玉京路同綴侍臣官方萬里云仙官有侍帝宸如世之侍中謂之侍宸宮徐庶殷浩王嘉何晏等皆為之見真誥用薤本水盂以對金蘭誠佳而巧仙人杖姹女丹亦工侍宸之說博洽者乃通曉 菊坡叢話

臣作宸方与下文叶

千巖工詩

蕭海藻字東夫三山人初與楊誠齋湖湘同官誠齋盛稱其詩為尤蕭范陸次傳惟 詩云竹根蟋蟀太多事

脱误

喚來得秋來離落鬬又過暑天如許久未償詩債若為顏

肝腸與世苦相反巖壑嗔人不早還八月放船歸㨾去

蘆花叢外數青山東夫止于福建帥參使不早使死雖誠

齋詩格猶出其下姜堯章乃其壻云詩板舊在永叔傳

者罕焉瀛奎律髓

畫溪夜泛

陳襄畧畫溪詩云五雲無處問新亭月裏乘舟夜半行

不見籐花相掩映鄉人遥指畫溪名湖州府志

神童咏月

福志寧二十都繆家岫山唐時繆氏有子七歲聰慧能文開元間以神童名試賦新月詩云初出如弓未上弦分明掛在碧霄邊時人莫道蛾眉小十五團圓照滿天人怪其志高大邁竊掘其山有涘血流出遂不顯碧溪詩話

及第賜詩

宋紹熙元年福寧余復及第第一人光宗臨軒賜詩云臨軒策士豈徒然嗣守丕基務得賢爾吐忠言攄素藴吾縻好爵副詳延愛君憂國無終怠厚澤深仁賴廣宣賜宴瓊林修故事朕心期待見詩篇復和云風虎雲龍

豈偶然信知盛世士多賢虞庠教育蒙深澤漢殿咨詢愧首延褫褐遷沾瓊宴寵錫詩齊聽玉音宣愛君憂國平生志敢負周王宴樂篇福寧志

頭蛇陀砌路

福寧六都有嶺險峻宋時有王頭陀砌路名王頭陀嶺郡守王十朋詩云凌晨飽飯渡秦淮溪要上青山九級梯不使甌閩隔人世頭陀力與五丁齊福寧志

不附秦檜

鄭昌齡寧德人登宣和進士有才名秦檜欲處以美官

令其客以書諭意昌齡謝以詩云先生瞰晚醉官傍不覺滂沱入醉鄉來書恐是醉中語使我大笑識荒唐福寧志

御賜詩扇

宋理宗御賜鄭寀詩扇云秋思泰華峰頭雪晴憶巫山一片雲去國歸來猶未得詩篇遥贈北山君寀福安人端明殿學士理宗嘗書北上澄菴賜之寀謝表云皇度恢宏赦常侍登床之罪榮光焜耀頒聖人賜筆之書敢不肅拜琬琰昭示雲礽云云後人建北山祠祀之長溪志

公輔占對

大司空竹田林公少時渡馬江舟中人試以對偶云烏
巹鸛巢中抱卵想汝變雀難成公立應云錦鯉魚浪裏
翻身看我化龍有準識者便以公輔期之矣竹田年譜

人瑞自贊

百四歲人瑞林旗峯公自題畫像云武宗皇帝曰爾嚣
資端慎世宗曰爾大雅不群愧一官之蹇滯負二聖之
乾文幸殘喘之苟延龐眉皓髮每曠懷而獨適青山白
雲心乎道矣玩詩書而不厭為斯世也奚功業以何聞
忘此生之碌〻咏太平而欣〻是為我之云云公與鄭

善夫友善為詩多所和唱善夫不滿四十而公壽逾百齡卒之日頭顱不垂端坐而逝竹窓襍録

釣臺遺咏

嚴子陵釣臺屹立桐江之濵往來題咏者極多前賢所作人皆膾炙久矣不可盡載頃見一絶不知名氏云范蠡忘名載西子介推逃迹累山樊先生正爾無多事聊把漁竿坐水村又見閩人陳政題云足加帝腹似痴頑詎肯折腰求好官明主莫將臣子待故人只作友朋看又皆出自新意也漁溪詩話

回仙贈詩

閩中士人姓楊家貧而事親孝忽七月七日一道人自稱姓回至其家久之因取囊中藥點化一小石為金贈之曰助爾甘旨之費楊力辭曰不願得此祇欲求一詩為陋室之光道人用朱題壁間曰楊公真慤士孝行動穹壤上帝憐其勤七夕遣回徃須臾藥頑石助子為孝養子既不我受吾亦不汝強風〻久難留願子志勿替

行看首鼠紀青雲如返掌後不知所終漁溪詩語

武夷佳咏

武夷志載七言律詩不下數十首，惟宋陳襄林嘌二先生差勝。陳云：「萬疊峰巒接遠空，瑞雲晴靄氣溶溶。高於泰華五千仞，秀出巫山十二峰。蕙帳曉寒孤鶴怨，桃源春盡落花濃。鳳鸞一嘯最深處，仙客樓臺有幾重。」林云：「武夷山樹曉陰陰，無數長岑接短岑。怪石月沉蒼虎立，老松風起黑龍吟。小舟洞口流泉急，斜日溪邊落葉深。我欲幅中携杖去，數椽茅屋傍疎林。」二公皆三山人。竹窗襍録

弓寮詩畫

宋林詠自號弓寮，雅善丹青，不落畫家蹊徑，而為詩有

深思題岳墓云天意只如此将軍實可傷忠無身報主恩有骨封玉茁雨樓牆暗風花廟路香沉思百年事揮淚洒斜陽竹窻襍録

傀儡寓言

先輩葉明府繼熙咏傀儡詩云鼓拍頻催夜漏長賞心樂事喜逢場隨人舉動多牽掛過眼興亡漫感傷面目故知非本相綺羅抵事競新粧矮人不省當筵事枉把郎當笑部郎竹窻雜録

詩人夭折

友人王叔魯有異質喜為詩清逸雅淡類其為人年僅二十卒未有室也叔魯工制藝詩不甚多死後稿盡散逸偶見其數聯句可誦漫滅於後恐日久漸忘耳如冷雲沉遠樹落月暗孤城離群半行雁別恨一聲猿月散寒林影鐘傳上界聲寒色蹤簾入秋聲遠樹來七言如雁挾晚雲歸別浦風吹殘月過蘆花半侶演成織月上殘鐘敲定老僧歸翩翩唐響也蘭摧玉折悲夫竹窓襍錄

夷穆高風

李廷儀閩縣人宏治庚戌進士官至南安郡丞門人私

謚夷穆先生嘗咏醉漁父詩云短蓑宿雨晞殘瀫一竿浮生磯頭石捲綸歸去踏沙堤莹影斜翻半山日紅杏橋邊有酒家將魚換酒不須賒醉倒竹根呼不醒夢魂隨月入蘆花又田家云濯攏雨晴春水生人人驅犢壠頭耕太平不在笙歌裡只聽前村打稻聲二詩雅有山林之趣非意超塵埃者不能道也竹窓襍録

松雪畫馬

故家有趙子昂畫馬筆法精絶國初閩人黄布政澤題云黑髮黄孫舊宋人汴京回首已成塵傷心忍見胡兒

馬何似臨池又寫真又洗周續題云兩目晶瑩耳竹披江南流落乘黃姿千金千里無人識可惜胡兒買去騎

竹窓襍録

咏楊妃菊

閩鄭唐咏楊妃菊云憶昔嵬坡別駕時芳魂飛上傲霜枝如今冷落東籬下惆悵君王知不知南谷詩話

因詩遷謫

謝在杭司理吳興時太守北人極忌諱民間不許衣白或出而遇白衣者輒置之法不少寛假因前守卒于官

甫蒞任盡撤其堂宇廨舍掘地數尺重為架造勞民傷財民患苦之在杭作吳興竹枝詞數首末有云五月新絲白勝棉（綿）輕羅織造就雪花鮮為卽製得雙襠予官府頭行不敢穿又云臘盡春生年復年望郎長在太湖邊水門不閉聞簫鼓同避黃堂採木船太守聞之頗不悅時當計吏竟陰中之謫為東昌司理然民間盛稱傳其詩為口實也竹窻襍録

剩員老奴

閩人黃通累舉不第後該恩歷官數任年六十猶最鎖

闌或人嘲之剩員呈武藝老妓舞柘枝 詩話總龜

冠中雅俗

輩下失王字當補

先輩王侍御鉞嘗慕孫山人太初(往)訪之孫留坐竹下贈林詩云清泉長日漱潺湲豸史峩冠訪竹關自笑道人迂野性相逢先問武夷山詩思清逸綽有林壑幽致第豸史峩冠之句頗譏林公有貴倨態至於贈鄭繼之新着小烏巾云道人相見一笑同烏巾自製誇新工禮數懶慢政着我山林風流今愛公眼前物議一時事溪邊自照雙鬢蓬接羅倒載 紅羽何當江上悲漁翁觀此

詩則繼之脩然物外絶無冠冕之氣太初二詩可謂定二公之雅俗也竹窓襍録

拜人父母

周總福州人天禧二年因事游京師值詔下奔鄉薦不及有故人在詣郡守官遂往投之倚爲拔解之地而國家申嚴條約不許寄籍郡有司吏周吉者頗植涯產總遂拜爲父吉欣然納之齒於諸子三代名諱亦從而更焉或人問吉則對以此子當年與母氏俱作近吞歸總亦以是對秩預薦未幾達于鄉父乃馳詩一絶寄之遂不

敢南歸因此慚恨而歸詩曰文章不及林洪範德行全虧學坦然敬拜他人為父母直須焚却蓼莪篇詩話總龜

樂府擅長

五言古絶句得樂府藁砧體者最不易作余友陳幼孺林子真能擅其長陳古意云黃蘗種作籬圍繞合歡樹不見合歡時但見生離苦子夜歌云不見金鈷鉧大盛柄自爇裁衣持箭寄郎郎溫儂亦爇林情詩云春風誰謂煖不入妾空房只向鴛鴦尾吹露不成霜採蓮曲云不喜湖水疾生嫌郎船急船急趂水疾蓮子何由得錦心繡

口願為下拜焉竹窓樵録

草澤狂歌

王恭安永樂初聘為翰林典籍年六十餘老矣未幾乞歸所著詩盈數十萬言其家居曰白雲樵唱金陵曰鳳臺清嘯歸田曰草澤狂歌歲久軼不盡傳袁舍人馬恭軍僅得白雲樵唱一種入十子其他集俱未搜出余近歲又求得草澤狂歌一種有千餘篇首祠〻唐響寫置山齋一時無好事者授之梓恨不起袁馬二先生于九原而披誦之也今晉安風雅中所選雜公璽一篇是其

一也聲調詞意當在張王之右至於長篇短句燦若黃珠不能盡記竹窓襍録

天風海濤

丹鉛摘録曰趙知愚詩江月不隨流水去天風直送海濤來朱文公愛之遂書天風海濤字于石今月不知為趙公詩也愚按用修謂今人不知為趙公詩即用修亦不知文公書在何處朦朧臧否可發一笑竹窓襍録

王岑詩社

祝時泰字汝亨候官人舉嘉靖壬午鄉薦歷任德州長

史棄官隐于杭州西湖築室以居與光州守高應冕承天守方九敘憲副童漢臣處士沈仕王寅劉子伯結玉岑詩社人主一山即景賦詩推祝為祭酒一日登鳳山各賦懷古詩祝云白馬南來定宋京五雲長繞鳳山城星隨數盡中天殞潮讓沙屯兩日兵輦路獨餘春草緑行人猶説故宫名當年多少難平恨併作江流萬古聲衆作皆不及也竹窓雜録

駝蹄荔枝

唐制驛置有明駝使非邊塞軍機不得擅發楊貴妃私

發明駝使賜安祿山荔枝事見小説楊用修曾筆之予
既作荔枝譜成陳幼孺賦荔枝詩十首中有咏駝蹄荔
枝云朱實西來驛路長明駝驕蹴潚蹄霜當時也合馳
千里不獨涪州馬足忙其用事妥貼予思慮所弗及者
贊服及之時廣陵柳陳甫在座病其用天寶事太多真
癡人説夢耳竹窓襍録

滄州逸老

陳亮字景明沙堤人好文工詩樂義輕財家居作儲玉
樓爲藏書之所建滄州草堂日與名士高棟王恭周元

林鴻鄧定輩賡唱迭和又締三山諸耆彥爲九老會號滄洲又號拙修翁有滄洲集多軼不傳傳者十之一耳如微風度荷香霽月散林影風生蘆葦鳴水落洲渚廣沙明日在埜林暝風起嶺皆警句也景明生于元泰定間至永樂中年已八十矣閩十才子景明最長竹窓襍録

肩書訪友

周元字又元一字微之閩縣人嘗令數蒼頭肩書數千卷縱遊四方至長樂寓止龍門高棟家曰吾益友也與居十年後辭去棄其書曰在吾胸中矣後徵任禮部員

外郎有揭天謡九章學李長吉奇怪詭異雜之長吉集中不知其為今人詩也竹窓襍録

典籍遺詩

王典籍生平佳句超子羽顔伭而上之孟楊二元諸子遠拜下風予伯兄選風雅拔安中絶句甚多然未能盡收也如書王孫射雁云錦袍朱帽緑弓絃却射飛鴻灞水邊不識楖林關外路白狼黄鼠滿秋田書李白問月云銀甕間傾采石春水天凉月夜無塵如何翠輦西行處凝碧池頭照别人書李白觀泉云朝别金鑾是醉鄉

香爐飛瀑晚蒼蒼布衣早悟雲泉興不到秋霜滿夜郎題衮塵騮云暫卸銀鞍賜浴歸錦塵香撲衮龍衣誰憐胃戰陰山北滿地黃埃苜蓿飛淘沙揀金往〻見寶（竹窓襍録）

廷對詩表

蕭公國梁登第歲第一人本丞相忠定趙公故事設科以待草茅士凡豫屬籍掛仕版者法當退避唱名日陛蕭公為榜首故蕭公對御吟有名傳玉陛星辰曉澤沛金枝雨露春之句其謝表有慙豫飛龍之選淮安論次以當先無汗馬之勞酇侯何功而居上蓋用宗室及蕭

家事至今膾炙人口　游宦紀聞

王子能詩

王延彬閩王審知猶子審邽之子也能為詩亦好説佛理

其詩有曰兩衙前後訟堂清軟錦披袍擁鼻行雨後綠

苔侵履迹春深紅杏啟鶯聲因携久蘊松醪酒自煮新

抽竹筍羹也鮮為詩也為政儂家何似謝宣城人多誦

之　五國故事

雲崩塔勢

謝在杭司理吳興登道場山海天閣詩云飛閣接天都

珠宫控太湖山光團百雉野色入三吴木落禽聲盡雲崩塔勢孤東南多王氣回首起栖烏而雲崩塔勢孤之句又為時人傳誦鄭翰卿寄以詩云翠荇青蒲碧浪湖栽詩對酒憶人無謝郎近日縱横甚尚有雲崩塔勢孤

竹窓襍録

貴粟興謡

萬歷甲午春夏之交三山粟價湧貴富民閉糶民不堪命陳幼孺作貴粟謡云生不聞辟穀方飧霞吸露充枯腸生不逢飲血俗旦飲腥臊暮鼓腹胡為生此荒饉年

棄男拋女耀明玉去年禾爛雨不休今年赤地黃埃浮富人雖損百斛麥粟貴反信勝常年收封倉閉廩索高值今日不得同昨日稱貸約取新租償一斗纔當五斗食羸滕搖簦倚高門一語可當千金恩吞聲飲泣出門去寄秦那得同孤豚吾聞大官靡費日萬鍾廒倉倉粟多陳紅文夫生不博取五鼎食乃至嘖嘖嗟窮途嗚乎文淵不敬死眼中之人田舍翁竹窗謹錄

大旱禱雨

萬曆乙未夏月大旱福郡禾苗槁死將盡府官循故事

作土龍祈雨，閱月無涓滴之潤。陳幼孺作禱雨謠云：禱雨禱雨，土龍背裂。蜥蜴死，貧民撾鼓號籲天，淵中老龍不得眠。師巫禹步走田野，唇焦面赤喉生烟。東鄰富兒檢箱籍，尚有三年積。但願粟價十倍售，何必年年是豐日。貧人籲泣復怨嗟，大雲圻得紅如霞。龍王無靈天帝遠，巫師漸次逃還家。土龍前致富翁語，但旱貧人不旱汝。此詩切中時弊，亦誅富人之斧鉞也。竹窗襍録

連城合劍

家兄惟和乙未三上春官，行至德州連城鎮所佩古劍

偶為偷兒所有車馬襍遝無從尋覔乃作失劍詩云恩
讐俱未報失去竟何心難将延陵劍不及少原簪及下
第南歸，與陳幼孺同稅駕舊主人家訪得之酧以金錢
復佩而歸又作詩云神物合雄雌歸來事大奇精光猶
未滅會有報恩時蓋家兄携雙劍出故有合雌雄之語
迨戊戌春試家兄北遊而幼孺守禮家居賦詩送行云
魚腸覔得幾經春須訪連城舊主人昔日共來今獨往
與君離合愧延津竹窓襍録

卧芝山人

卧芝山人傅汝楫與兄汝舟齊名才思奇峻所著詩絶
無烟火食氣如淵盤龍自適天遠鶴終歸又林發花朝
盡山含蕠雨來又菰米秋田食天蠶卒歲衣又茗甌春
睡足爐篆午香殘又野人卧隱翻荷酌山鬼縫衣傍荔
墻又沙際學書尋鳥跡林間會意解禽言又絶句云習
家池上酒初醒竹下焚香對石屛閒箋一卷長生訣解
與溪南白鶴聽山人早卒遺稿散逸惜哉竹窻襍録

陽谷嘲鶯

惟和伯兄與陳君幼孺萬歷乙未上春官俱放歸去陽

谷馬上作詩云萬樹垂楊送客行春風三月未聞鶯上林此日方千囀不向歸人喚一聲幼孺和云帝城春色正氤氳那得鶯聲遠送君縱使陌頭千萬囀也應不似上林聞亦可謂善謔者竹窓襍録

岳墓題詩

閩林靖源先生泉生題岳武穆墓云將誰收將骨葬西湖必卜他年必治吳孤塚有人來下馬六陵無樹可栖烏廟堂短計慙嫈婦宇宙惟君是丈夫往事重觀如敗局一龕燈屢浮圖讀此詩而不知墮淚者幾希南村輟耕録

雪蓬草聖

陳廉字平叔福清人善草書學張長史晚居黄山搆醉墨堂權貴索書不與或故人輒……不揮洒數十紙不倦自號雪蓬[illegible]散人同時林子羽贈之詩云雪蓬散人有嫣喬翰墨遊心與神契摹臨秘帖追晉風揮洒雄文臨古制華門鉄限人争求荒郊瘗筆應成邱嫵媚雲霞晴變態[illegible]傾斜風雨寒颼〻伊余與子共鄉縣結交自昔忘貧賤啣杯拓落胆氣豪江樓野 書題遍借問君書初若何君言妙悟應同歌譜音本自車振鐸渙汗有類

風行波乃知至理無不寓要在高人會其趣古來入室
惟逸少後者升堂有懷素當代如君誠亦稀莫嘆蹉跎
一布衣有錢沽酒與君飲醉卧目送孤鴻飛王安中題
醉墨堂云黄山筆塚連糟邱墨池酒泉相映流霜臺書
酣玊玉蕤露雲箋夜酗蒲萄秋黄山中人鷃冠子身履緑
羅着雙履瀟洒惟應繼右軍護落偏能如長史山人草
聖自豪雄何事棲遲酩酊中年過五十無名位其耐瀟
然澹海東硯雲顛倒烏皮几落日壚頭睡初起向壁憑
陵小吏驚攙床揮霍郎官喜七閩大聖五陵兒握粟持

金豈願之心同氣合即揮洒歸卧山中無所為想當脱
腕臨池處與入寥天與神遇深沉鐵緶鎖寒蛟偃蹇烏
藤結髙樹魚麗雲鳥勢縈紆疑是将軍破骨都驂麟翳
鳳何飄忽倏忽仙遊蕋珠闕又如祇苑説空禪靈花歷
亂迷語尺離麗磊落千萬態流水行雲皆自然醒來不
記濡頭墨千〻照寒濤照眼白淮海仍傳空晉風長沙復
見藏真跡黄山茆宇思悠〻柿葉青〻覆酒樓白頭未
遂中書貴風流亦似醉鄉侯 竹窓雜録

山中太守

嘉靖丁巳朝廷詔下採木時陳津南先生全之爲荆州
守奉命入蜀自作山中太守歌荆州太守陳津南出建
隼旟乘左驂舍車策蹇入山谷道穿鳥背覔杉楠來時
正是三月三迎人語燕聲呢喃凌危上俯千巖碧履險
下矙百花含野猫洞口亂石巃嵸嵡交加天蔚藍山精
野魈向人語樵童牧豎時共談登高若與星斗參黜谷
禹穴不可探雲迷竹徑窺紅日霧繞征衣滴翠嵐榔木
鱗次若荷擔找橋架壑爲廂函前呼後擁應資人㕥左
推右挽皆丁男我愿皇天憫愚憨風雲雷雨走虎魁盤

岩巉澗水澎湃千流萬派漲溪潭蔽日連雲飛巨筏造
作夏屋垂耽〻蒼莨老子出茅庵青山如幢水涵泓涵
帝居山河賀燕雀芙蓉溪上薰風酣竹窓襍録

宮人斜詩

宮人斜漢人多有賦者秦京襍記謂長安舊墻外長三里曰
宮人斜風雨夜多聞歌哭聲錐裕之幾多紅粉委黃泥
野鳥如歌又似啼應有春風化為燕年年飛入未央栖
為唐人絶唱後權德輿陸龜蒙二絶遠不及也憶十年前伯兄
惟和嘗作是詩同社各有賡和最後謝在杭有云落花

啼鳥怨青春生不卸恩死作塵長信月明秋寂〻君王只夢李夫人咄〻謝郎探驪得珠矣竹窓襍録

漢祀壇詩

武夷漢祀壇詩勝蹟最古歷千百年題咏不乏皆庸常無警拔語耳獨余友陳汝翔一絶云吸露飡霞絶世氛石壇親見武夷君漢家天子多烟火却把乾魚污白雲前無古人後無來者矣竹窓襍録

唐詩正聲

五言古詩漢魏而下其響絶矣六朝至初唐祇可謂之

是抄氏高棅皆作高棟誤甚

半格又曰近作體者本自分曉品者亦能亡別高揀(棅)選唐詩正聲首以五言古詩而其所取如陳子昂故人江北去楊栁春風生李太白去國登兹樓懷歸傷暮秋劉春虛滄溟千萬里日夜一孤舟崔曙空色不映水秋聲多在山皆律也而謂之古詩可乎譬謂新寡之文君屢醮之夏姬美則美矣無(若)謂之初笄室女則不可於此有盲灼(妁)取損鑵而充(充)完璧以白練而為黃花苟有孱婿必售其欺高棅之選誠盲妁也近見蕪刻本某公之序乃謂正聲其格渾其選嚴噫是其孱婿乎升庵一詩話

唐至宋元選詩殆数十家英靈閒秀間氣極言但輯一時之詩判公百家鈇畧初盛章泉絶句僅取晚中至周弼三體牽合支離好問鼓吹薰蕕錯雜数百餘年未有得要領者惟楊伯謙唐音頗具隻眼然遺杜李詳晚唐尚未盡善蓋至明高廷禮彙品而始備正聲而始精習唐詩者必熟二書始無他歧之惑楊用修乃極詆之何也

詩藪

正聲於初唐不取王楊四子於盛唐特取李杜二公於中唐不取韓柳元白於晚唐不取用晦義山非凌駕千

古膽超越千古識不能用修於此四者政自不能耶宜其輕於持論也詩藪

正聲不取四傑余初不能無疑盡取四家讀之乃悟廷禮鑒裁之妙蓋王楊近體未脫梁陳盧駱長歌有傷大雅律之正始俱未當行惟照鄰賓王二排律合作則正聲亟取妝之至李杜二集以前諸公未敢有措手者而廷禮去取精核特愜人心真藝苑功人詞壇偉識也詩藪

嚴羽卿之詩品獨探元珠劉會孟之詩評深會理窟高廷禮之詩選精極權衡三君皆具大力量大識見苐自

運俱不逮嚴丞稱盛唐而調仍中晚劉甚尊李杜而格僅黄陳高稍能伴初唐語亦纔影響耳然不可以是掩其所長如近李于鱗選唐詩與己所作略無相涉若並波及其詩則非公論也詩藪

高廷禮選正聲揚用脩極詆之胡元瑞極稱之自有正法在予不能置喙但七言收劉長卿明月灣尋賀九不遇並送友人東歸實四首絶句也或當時刻板不精相接應謄寫而廷禮遂沿其誤而作短歌余家有選本劉詩分作四首春草滋一云春色深傷心歸一云傷歸心

此可攄為証者至於五言古詩選拔太多如王昌齡塞下曲飲馬渡河水一首聯雖不對調則律也不獨用脩所拔数首耳七言絶句李欣為政心閒物自閒一首有何意味盧綸雲物呈祥禮物殊雙滕過顧頂在肩有何風致陳陶一顧成周力有餘李白三川北虜亂如麻寔宋人之濫觴也何云正聲耶竹窓襍録

十倍鋏屋

謝臯羽為宋末詩人之冠其學李賀歌詩入其室而不蹈其語比之楊鋏厓蓋十倍矣小絶句如牽牛秋正中

海白夜疑曙野風吹空巢波濤在枯樹絶妙可傳郊島不能過也升菴詩話

賦彈綿詩

吾鄉先生正林九成豪於詩官瀧水令歸官橐蕭然因挾蒯緱遊于四方偶訪一貴人值其廨中彈綿貴人請賦之九成援筆立就云聲聲何處響丁東想在秦樓燕市中休問孫絃無古調輕彈白雪捲春風細裁蜀錦宜宮製暗度金針稱夜工縱舊莫令易抛擲綈袍摛取古人窮貴人得詩厚贈之竹窓襍録

丁戊山人

傅汝舟山人與鄭吏部善夫交莫逆鄭詩蒼古學杜傅詩雖師法乎鄭而天然之趣尤勝律之以唐人蹊徑則遠矣如雖貧一榻能高卧縱老名山欲遠尋焚香漫與僧來往得句惟應弟唱酬郊原亂後飛烽火村落年來變劫灰異書自作得者意長劍不借時人看呼來鸂鶒添新侶拋去鸕鷀省舊粮新點玉書仙賜讀舊趨瓊闥帝容歸語句絶似和靖先生無一毫塵埃之氣名之重當時也有以夫 竹窗襍録

晦跡耕隐

畊隐先生鄧定字子静元至正間遣使徵之不起曰吾定（寧）晦迹山林不肯身事胡虜也洪武中又徵不起曰吾既削迹畎畝生於元已不事元肯事明乎遂終身耕隐卒無子有詩數卷其從孫汝高序而梓之如松窓朝聽雨石碓夜舂雲澗光摇樹影石甃沁松雲帶雨還看山曾到寺隔水忽聞鐘酷有王孟風骨、野水流花出先生與國初王恭諸子相倡和幾百餘年無有知者若非汝高捜梓以傳名幾與草木朽矣竹窓襍録

周朴逸詩

唐時紀事載周朴事甚詳寄收其詩特數句耳朴詩甚多予嘗見于他集中如夜色薊門火秋聲邊塞風野烟孤客路寒草故人墳客淚有時有猿聲無處無不是旅人病豈知秋夜長歸鄉憑遠夢無夢更思鄉牛馬放多春草盡原田耕破古碑存竹在曉烟孤鳳去劍荒秋水一龍沉皆晚唐之妙句也予嘗掇拾朴詩一卷並歐陽詹陳陶林蘇黄滔翁承贊系 暇徐寅作唐十家尚乏梓鋟耳

竹窻樵録

許黄門詩

嘗聞先輩許黄門天錫能詩即鄉之士大夫皆言天錫才子恨遺言不傳於世近得使安南一稿盈百餘篇可誦者陳參参知元珂選閩中詩收天錫詩數章亦皆陳腐只青山對面似無路黄犢出林疑有村兩句頗有晚唐氣味實類宋人口吻且一首中逸兩韻何以取爲林文恪公修郡志文苑不列許黄門而列龔祭酒蓋有卓然之識不爲習俗所移者竹窓襍録

詩誚太守

孝廟晏駕時，五日競渡，太守同僚屬飲於西湖。秀才鄭棠故以素巾過其前，太守呼揖之，問其名，曰棠也。守曰：「子能詩，可賦之。」棠曰：「苦。欲某作詩，乞請題。」太守曰：「即以苦字為題。」棠執筆應聲曰：「苦苦苦苦苦憂天，先皇晏駕未經年。山川草木皆沉淚，不忍西湖看畫船。」太守因之罷讌。竹窗襍録

臨終不亂

王鑛，字公範，閩縣人。官至思明府同知，生平所為一遵古禮。嘗著詠史詩，囊千古，人稱武庫。年八十三卒，臨終

遺戒勿殮作歌曰衰頽如此安足憐端居吾直了吾玄
八十三年春殆過馬雷霆雅羨膠漆堅白眼看他世上
賢弾琴説劍空夙縁憐霄平遠屹相連蓮灶逍遥非昔
年生服冠束　全殯從巾履太古先青山招我横紫
烟駕我兩蝸寧着鞭三十六峰長周旋飄若羽化而登
仙堂虚息我漆榫前覆以布衾遵董宣蓋謚橐中無一
錢遊魂西上瞻　言終罔愆慎無殯我還
自然詩成擲筆而逝竹窓襍録
才翁詩字

蘓才翁為閩觀察使遊長樂七都當陽、有詩云未窮雙佛刹先到一漁家山雨已殘藥溪風猶落花汲泉石河脉動敲火石痕斜應是佳公子竹間曾煮茶游鼓山靈源洞鐫八分書竟二尺於石壁古雅不凡蘓公詩在宋季亦鐵中之錚：者耶竹窓襍錄

水仙遺咏

唐乾符中有舟人陳蓬者駕舟從海來家於桐山後崎舟首尾皆尖衝波逆浪略無危攫自號曰水仙有詩云水簻雞踈見浦茅屋漏通星又云石頭巇嶫高低踏竹户

左右開三山志

道鄉題詩

瀟庭堅題嶽麓寺道鄉臺曰坡仙不謫黃〻應無雪堂道鄉不如新此臺無道鄉青山非其心山靈能頡頏一落名勝手境與人俱香悲吟倚空寂臨眺生慨慷道鄉不可作承君不可忘困學紀聞

令妻留詩

永福開平里太原灘〻下石刻太原二字唐大中初縣令王某罷官艤舟於此邑中餞行暮夜未返夫人題詩

一章何事潘郎戀別筵君心未斷妾心懸太原灘下相思處猿叫三山月蒲船政和三年知縣陳武佑刻之石

三山志

檢討逸詩

永樂初主孟楊詩學李白有虛舟集行世歌行律絶如幽澗流泉清而有韻近年吾鄉彙刻十子集孟楊詩册去十之三如咏紅葉云一片飛來堦下風蕭林驚覺夜霜紅綠圭不剪封周弟錦字頻題出漢宮亂撲征衣山徑裏染成秋色夕陽中幾回記得傳車處錯把春華認

晚楓又如寄張真人云海潤傳書曾令鶴夜深飛佩欲騎星又如挽林處士云雨荒修竹棋聲靜塵滿閒床鳥跡稀又如送人之揚州云往事玉簫明月夜江南春雨緑蕪天皆集中佳句也當時削之似失斟酌每覽舊刻輙為三嘆竹窗襍録

百歲人瑞

林春澤正德甲戌進士官至程番知府家居候官旗山之陽壽百四歲有司為建百歲人瑞坊公賦詩為謝云翠旗谷口萬松風喘息猶存一老翁詎意夔龍黃閣上遙

儕園綺白雲中擎天華表三山壯醉日桑榆百歲紅朝
借末光垂晚照康衢早晚頌堯封竹窓襆録

民獻箭旗

程雪樓為閩守任滿歸民有獻箭旗者以百數公於内
取其一聯云閩中有雪方為貴天下無樓如此高草木子

仙詩垂戒

至順辛未福建廉訪使客蘭河求箕仙詩云刀筆相從
四十年非〻是〻萬千〻一家富貴千家怨半世功
名百世愆牙笏紫袍今已矣芒鞋竹杖任悠然有人問

我蓬萊事雲在青山月在天 草木子

詩人阻抑

鄭文涓字稚[雅]源古田人古田自張學士以定[寧]以詩名二百年間寥寥絕響文涓少負才氣每每發於文詞舉嘉靖丁酉鄉薦官至寶　府同知歲遊金陵薊吳越蜀隴所至皆有詩歌著作甚富林文恪公雅重之如早行云市橋霜滑馬庭樹月移烏宿南陽寺云堦餘春草露林暗夕壇雲曉泛羅刹江云雲沙醒宿鷺露葉咽殘蜩早秋云草換秋前色蟬繁雨後聲過萇宏墓云貞血成靈

碧忠名照汗青潼關道上云山河秦地盡烽戍塞雲髙
咏斷雁云霜前陳帯金河冷月下書傳王塞寒夏日齋
居云烟消露草粘遊展風定晴花掛網絲亂後云兩稅
諸徭兵後急千村萬落火中空傷魂暗泣關山月寃血
腥隨草木風早發水口云腥紅被野霜粘樹鴨緑揺波
雨染溪感秋云野色逢秋添慘淡物情經亂轉蕭條可
與晚唐劉許輩頡頏藝林囿不獨雄視一邑也近年邑令劉
日暘不知詩為何物纂脩懸縣志苦不為鄭立傳且欲
詆之時與予友陳价夫力諍不聽俗吏之剛愎自用如

此竹窓襍録

六歲吟詩

王維琬閩縣人六歲能詩矢口成章郡守吳崧名至署中試看竹詩琬應聲曰為愛淇園種冰霜共此心雲收開鳳尾風動作鸞音散地玲瓏玉穿簾瑣碎金羡君明政暇清興發高吟邑人林世璧愛而奇之有詩贈云山人甘遯跡童子解賡歌即有風雲興誰云闕黨過海霞開秀色雲日俯滄波別作蘊門嘯餘音天外多試之春日曉堂詩有句云春園雨來花落早曉堤風急絮飛忙

人占其不壽未幾卒竹窓襍録

知已愛名

鄭郎中善夫初不識王儀封廷相作漫興十首中有云海内談詩王子衡春風坐遍魯諸生後鄭卒王始知之為位而哭走使千里致奠為經紀其喪仍刻其遺文人之愛名也如此藝苑卮言

晏鐸逸詩

林子羽鳴盛集專學唐皆極力摹擬不但字面句法並其題目亦效之開卷驟視宛若舊本然細味之求其流

出肺腑卓爾有立者指不能一再屈也宣德間有晏鐸者選本歌詩亦名鳴盛詩集其第一首林子羽應制曰堤柳欲眠鶯喚起宮花乍落鳥啣來非林最得意者則其他所選可知 麓堂詩話

月泉吟社

元季國初東南人士重詩社每一有力者為主聘詩人為考官隔歲書題于諸郡郡能詩者期以明春集卷私試開榜次名仍刻其優者略如科舉之法今世所傳惟浦江吳氏月泉吟社謝翱為考官春日田園雜興為題

取羅公福為首其所刻詩以和平溫厚為主無甚警拔

而卷中亦無能過之者蓋一時所尚如此吳氏等集尚

有存者然未及見也蘗堂詩話

除夜賦詩

張式之為都御史在福建督軍務作詩曰除夜不須燒

爆竹南山烽火照人紅為言者所劾而罷詩體不可不

慎者蘗堂詩話

題詩釣臺

古田張志道學士有題嚴子陵臺云故人已乘赤龍去

君獨羊裘釣月明魯國高名懸宇宙漢家小吏待公卿天回御榻星辰動人去空臺山水清我願長竿數千尺坐來東海看潮生張之意蓋以鴻飛冥冥弋人何求名迹俱遠斯可也于結句見之蓉塘詩話

祭酒罷歸

鄭閎中祭酒閩中先生也年老　得宮詞太學生上書懇留純夫奏疏引退之退留孔戣故事不報公有詩送閎中云顧我言非韓吏部多公節似孔　、閩中長者嘗論邊事閎中先生只是饒人罷氏

詞
序作詞

楷書赴召

鄭居、長樂人，永樂初以楷書赴召，王安中送之詩云：
爾家山房多柿葉，架上床頭饒古帖，柳骨顏觔手屢摹，
王與鍾繇每精獵，兔園挟策幾經秋，不見將　干五侯，
一飄只謂山中隱，疋馬都那看西上，遊河橋，酒幔青青
草祖帳離歌滿官道，行篋春衣莫畏貧，上將權門與君
好，高閣陰陰繞鳳池，紫花鸞綾光陸離，登壇點筆須經
意，莫叱家林醉墨時。竹窓襍録

憲司知事

元季詩人薩天錫雁門人至元間觧為閩海廉訪使知事余家藏天錫遺詩数卷詞藻横逸真足馳騁虞楊毋論石田松雪也入閩賦詩頗多今録其数篇于後南臺看月歌云城南江上逢中秋城南石梁初截流長虹一道貫秋色中分百里江南卅殘霞燒盡魚尾黑金蛇翻動三江白水輪展出碧琉璃照見釣龍臺上客臺中之客懷古心黄河泰華三登臨今年携月醉臺畔越水越山為月吟無諸城裏人如海無諸故塚堆殘霧無諸臺上草離〻龍去臺空幾千載昔龍已去江悠〻今龍雖

在人未求懷珠豈立此臺下腰上黄金臺下鈎乾坤四顧渺空濶詩書元氣行勃〻合沙古讖此其詩天下英雄求一决南臺月照男兒面豈照男兒心與肝燕山買駿金萬斛萬里西風一劍寒又登烏石山仁王寺横山閣云千尺金蓮座烱霞擁地靈山川幾輛屐日月兩浮萍烏没天垂海龍歸月水在瓶深書説法夜應有石頭聽又立秋日登烏石山云海國山四圍繁華坐消歇樓觀沉夕陽鴻雁下秋色水邊無麗人石上多古刻感上〻暮歸遲秋露蒲山白竹窓襍録

唐詩品類

高廷禮唐詩品類收唐詩精詳毋論已但卷首詩人爵里詳節多有訛誤至于歐陽詹小傳亦沿襲韓文公言閩人第進士自詹始不知薛令之在神龍初登進士林藻在貞元初登進士皆在歐陽之先廷禮閩中人不宜憒憒若是如陳通方乃閩縣人貞元十年進士志乘載之極詳廷禮不知其何許人且註云元和中崔立之同時殊無分曉陳陶劍浦人後隱豫章西山見南唐書並延平志廷禮以為番陽人似未深考周朴吳興人流寓

候官縣隱烏石山廷禮直書閩人似未得其始末翁承贊福清人乾寧三年進士居蒜嶺亦云莆田人廷禮以為建安人又云建安之登第蔡京為始次承贊愈謬矣蔡京乃葉京豈刻板之訛耶梅妃莆田人即元宗之妃江采蘋者賜珍珠不受賦詩元宗令樂府度之號一斛珠廷禮亦未之述但云元宗有題梅妃畫真者是也似未核其詳悉已上數事皆耳目所及尚且如此其他舛誤又不知其何若也竹窻襍録

文公像贊

宋趙汝騰古田人官至禮部尚書朱文公之友也嘗贊文公像云理精義明德盛仁熟折中群言如射中鵠絶學梯航斯文菽粟在慶元初中行獨復文公諸贊此爲第一也元有林興祖者羅源人亦作文公贊云自甲子來凡幾庚戌不有二庚安有今日前庚作後庚續日月行天照人心目意新語簡愈見推崇矣竹窓襍録

藏書樓銘

馬恭敏公家富典籍嘗搆藏書樓自作銘曰敞其閣以壯其居九冬有隙三暇餘時傾其瀝液挼其隱微皇甫

有淫而賓有癡㝡哉子孫無能蠹魚而虧吾之所遺余與公子季聲交最善得窺公秘藏多天文星歴卜筮測算抄本然纔四之一耳他皆屬之諸從子無從得覽也

竹窓襍録

唐守喪内

閩鄭棠汝昂叅政洛之子也為郡諸生能詩滑稽成化間雲間唐珣守福州喪内將歛目不瞑乞諸僚屬賦詩慰諭棠即援筆云夫人淑德王無瑕四十年來鬢未華何事不瞑雙眼淚恐教兒子着蘆花唐大慟稽首稱謝

待以殊禮風雅叢談

擣衣傑作

潘庭堅端平進士第三對策讜言忤時坐是偃蹇嘗作擣衣曲云擣衣復擣衣擣得更深月落時力弱不勝砧杵重心忙惟恐擣聲遲妾身不是商人妻商人射利東復西妾身不是蕩子婦寂寞空房為誰守妾夫為國戍邊頭黃金鎖甲跨紫騮從渠一去三十秋死當廟食生封侯如此別離猶不惡年〻為君擣衣與君着謝疊山云此詩志趣高遠非凡俗作風雅叢談

上溪遊咏

蔡襄知福州遊上溪詩云　偶過上溪遊雨後溪洪水亂流因傍池松却飛盖為聞山鳥輙鳴騎平田穲稏黄雲合蕅座芭蕉碧玉抽開濟無功須早去故時仈隴有通侯風雅叢談

鳴秋雅調

趙迪字景哲閩縣人國初十才子能詩景哲其一也詩多散逸少傳尤長于調送友還山踏莎行云徑轉清溪花飛紅雨武陵風景知何處當年厭聽水聲寒豈知忘

却來時路水繞人家烟迷津樹晚峰江上青無數幽人
此別更多情移家歸向山中住又感懷書青蓮精舍百
字令云青蓮境界春去也寶地落花如雪殘雨閉門深
竹暝江山曉鐘初歇夜雀驚魂前途有淚斷葉蕭蕭髮
不見故人日暮誰憐范叔遥想翠華南渡三百載相傳
衣冠不絕江山非舊龍管聲沉烟草空餘陵闕倚遍危
闌此情無盡誰解心如鐵欲問當年畫堂歸燕能説景
哲號鳴秋山人竹窓襍録

製瓶梅

謝在杭為吳興司理日友人陳伯孺往訪之時方盛夏市上有假瓶梅一株製作精巧宛然如生因購以遺在杭并寄二絶句云每逢笑處獨巡簷尚憶開時擬撤鹽分付東君須着眼寒芳原不觧趨炎誰家剪綵綴瑤林曾讃江城笛裏音莫為炎敲令轉盛一時忘却歲寒心二君元善謔者社中傳為佳話云 竹窓襍録

賦老妓詩

先輩黄道行先生用中先大令執友也高才善詩少以神童稱嘗賦老妓詩云舞榭歌臺早擅名盛年偏向暗

中更巖中羅綺非時製鏡裏鉛華異後生喜向鄰嫗誇舊事厭聞公子愛新聲香風漫為寒　思月冷更闌夢不成當勝劉後村原唱一籌竹窓襍録

　　脩書嶺南

三山鄭汝昂詩多滑稽嘗寄親戚令廣東者一絶云三尺兒童事未諳飢來強扯我襤衫老妻牽住輕輕語爹正脩書去嶺南可謂善曉人意輟擭述

　　冬月牡丹

成化間太監盧勝鎮守福建冬月牡丹盛開官僚俱賦

詩為賀太監未善也三山儒士林憲賦詩云陽春纔發
牡丹荼冬月何曾見此花自是堯天恩澤厚繁華先到
鎮侯家盧大喜建儒宗坊旌之後盧罷去巡按惡其以
詩媚内官毁之竹窻襍録

御愛古檜

真廟朝寢殿前有古檜秀茂不群名御愛檜欹横礙殿
前真皇意欲去之一夕雷風轉折其枝因以為瑞題咏
者多惟福州林垌一律稱旨云古殿當年欲葺時槎枒
髙檜礙簷榱人間斤斧難容手天上風雲為轉枝烟色

误字

併來春益重月華饒得夜相宜真皇一駐鑾輿賞從此聲名四海知真皇見之喜見天顏即賜號南華翁藏一話腴

西湖遊賞

歷城辛稼軒為福州守日常出西湖讌游有行香子詞云好雨當春要趁歸畊況而今已是清明小窓坐地側聽簷聲恨夜來風夜來雪月夜來雪花絮飄零鶯燕丁嚀怕防儂湖上閒行天心背後費甚心情放霎時陰霎時雨霎時晴又遊西湖作賀新郎詞云翠浪生吞平野挽天河誰來照影卧龍山下烟雨偏宜晴更好約略西

施未嫁待細把江山圖畫千頃光中堆灔澦偏舟欲下
瞿塘馬中有句浩難寫詩人例入西湖社記風流重來
手種緑成也陌人遊人誇故國十里水晶臺榭更複道
横空清夜粉黛中州歌妙曲同當年魚鳥無存者堂上
燕又長憂又小重山詞云緑漲連雲翠拂空十分風月
處着簑翁垂楊影斷岸西東君恩重敎且種芙蓉十里
水晶宮有時騎馬去笑兒童癡㦖却謝打頭風船兒住
且醉浪花中稼軒之在閩風雅〔流〕況豈減白傅蘓公之在
杭州哉昔日西湖之盛觀其詞旨可想矣今湖山漸湮

豪家享其利為有得可慨也

二妓落籍

林子中希知潤州東坡自錢塘被召過之有二官妓曰鄭容高瑩久在籍中欲求去子中曰待蘇内翰過此東坡既至子中置酒令二妓投牒予中以屬東坡東坡書其紙尾減字木蘭花曰鄭莊好客容我尊前時墮幘落筆風生籍〻聲名滿帝京高山自早瑩玉肌膚那觧老從此南徐良夜清風月滿湖子中見之即判曰鄭容落籍高瑩從良蓋取其句端八字云 東皐雜録

團練記文

文獻通考云唐長慶初吳興沈亞之為福建都團練使亞之本集有閩城新開池記并文祝一篇皆官閩所作攷府志通志歷官失亞之之名纂脩掛漏歷百年而無知者亞之與徐晦同事記之以俟他日修志採擇竹窓襍録

古田典史

姑蘓盛泉杲年二十餘任御史巡廣東覈鎮守兩廣王翺復諫直景皇帝姑容之及翺為冢宰降杲為古田典史都察院皆為之惜杲曰此去只去杲一字尚存史字

雖是戲謔言甚曠達古田在萬山中杲賦詩云縣門如水倚崢嶸租稅無多訟亦清有酒可斟詩可咏也無官長要逢迎後陞羅江知縣去 高 筆記

九十七予

林太守春澤公年登九十七時自作詩云老夫今年九十七耳目聰明能把筆再問天公乞三年湊成三萬六千日此詩語近戲謔亦甚類白香山集中不載可惜也

竹窓襍錄

玉泉遊咏

林迴與黄秘教同遊連江玉泉詩曰泉山好景微權尹訟庭希曉馬破雲去夜船乘月歸妓歌珠不斷人醉玉相依薄宦自拘着咄哉多是非青瑣集

桃塢留題

宋敖陶孫福清人遊杭州桃花塢詩樵路縈紆入翠微清泉白石可忘機雲中犬吠劉安過樹杪春深望歸歸白鶴曾留華表語蒼官合受錦衣圍珠襦玉柙今何許一笑人間萬事非浙江志

陪祀賦詩

端平中潘昉陪祀宗廟詩云玉天無滓月光寒霽色分明在露盤一夜九重全不寐時教中使捲簾看臨安志

賡咏芙蓉

陳密學襄守杭州中和堂芙蓉盛開戲呈燕子瞻詩云千林寒葉正疎黄占得珍莊第一芳容易便開三百朶此心應不畏秋霜

此下郭本載子瞻有和作而未錄想其本已殘缺

圖書在版編目（CIP）數據

福建文獻集成續編. 史部. 第二輯：8册 / 吴格主編. -- 福州：福建人民出版社，2024.12. --（八閩文庫）. -- ISBN 978-7-211-09679-4

Ⅰ. K295.7

中國國家版本館CIP數據核字第2025BE5048號

福建文獻集成續編・史部（第二輯）

主　　編：吴　格
責任編輯：趙遠方
裝幀設計：張志偉
美術編輯：陳培亮
出版發行：福建人民出版社
電　　話：0591-87533169（發行部）
網　　址：http://www.fjpph.com
電子郵箱：fjpph7221@126.com
地　　址：福建省福州市東水路76號
郵政編碼：350001
經　　銷：福建新華發行（集團）有限責任公司
印刷裝訂：雅昌文化（集團）有限公司
地　　址：深圳市南山區深雲路19號
開　　本：787毫米×1092毫米　1/16
印　　張：276.25
版　　次：2024年12月第1版第1次印刷
書　　號：ISBN 978-7-211-09679-4
定　　價：4000.00元（全8册）